Fischer

Handbuch zu Marcel Prousts

»Auf der Suche nach der verlorenen Zeit«

Bernd-Jürgen Fischer, ursprünglich Mathematiker und Linguist, lebt als freier Autor in Berlin. Seit zwei Jahrzehnten publiziert er zu Marcel Proust. Er übersetzte für Reclam *Auf der Suche nach der verlorenen Zeit* sowie Briefe und Gedichte Prousts. Zuletzt gab er mit *Auf der Suche nach Marcel Proust* ein Album heraus, das Proust und sein Umfeld in Fotografien, Gemälden und Texten porträtiert.

Stellenangaben in den Registern dieses Bandes beziehen sich auf die in der Reclam Bibliothek erschienenen sieben Einzelbände der Übersetzung von Bernd-Jürgen Fischer (978-3-15-010900-7, 978-3-15-010901-4, 978-3-15-010902-1, 978-3-15-010903-8, 978-3-15-010904-5, 978-3-15-010905-2, 978-3-15-010906-9) sowie auf die identisch paginierte dreibändige Ausgabe im Schuber (978-3-15-030070-1).

Bernd-Jürgen Fischer

Handbuch zu Marcel Prousts »Auf der Suche nach der verlorenen Zeit«

Mit 36 Abbildungen, Stammtafeln und Karten

RECLAM

Inhalt

I. Kurzbiographie 9
Biographien 9
Herkunft 14
Ausbildung und Beruf 18
Gesundheit 24
Liebschaften 26
Bekanntschaften 30
Curriculum vitae 39

II. Frühe Werke 52

III. Die »Suche nach der verlorenen Zeit« 64
Materialien 64
Vorveröffentlichungen 68
Die Erstausgabe 71
Zur Rezeption 81
Die Kritik zu Lebzeiten 83
Nachrufe und Kritik der postumen Bände 106
Proust und kein Ende 115
Proust über die »Suche nach der verlorenen Zeit« 123
Übersetzungen 137
Ins Deutsche 137
Ins Englische 158
Ins Spanische 167
Ins Russische 171
In weitere Sprachen 181
Umsetzungen in audio-visuelle Medien 201
Illustrierte Ausgaben 201
Graphic Novels (Bandes dessinées) 203
Hörbücher 203

Verfilmungen, Ballett, Vertonungen 207
Kino- und Fernsehfilme 207
Filmprojekte 210
Ballett 211
Vertonungen 212
Literatur zu »Proust und die Medien« 212
Zum Aufbau der »Suche« 215
Zur Makrostruktur 215
Zur inneren Struktur 220
Zur chronologischen Struktur 225
Die »Suche« und ihre Zeit 243
Technik 245
Wissenschaft 252
Kunst 256
Gesellschaftliche und politische Entwicklungen 264
Schwere Zeiten: Einstein und Bergson 273

IV. Korrespondenz 285

V. Bibliographien 292

VI. Marcel-Proust-Gesellschaften 296

VII. Die Geographie der »Suche« 300
Die Bucht von Balbec 300
Les Rues de Paris 302

VIII. Stammbäume 307
Stammbaum Marcel Proust 307
Stammbaum Reynaldo Hahn 314
Stammbaum der Guermantes 323

IX. Register zu den Bänden I–VII 331
Namenverzeichnis 336
Titelverzeichnis 725
Themenverzeichnis 763
Konkordanz 819
Abbildungsnachweis 820

Proust mit sechzehn und Lavallière.
Foto von Paul Nadar, März 1887.

I KURZBIOGRAPHIE

»Er hat etwas von einem verdorbenen Bernardin de Saint-Pierre und einem naiven Petronius an sich.« (Anatole France in seinem Vorwort zu Prousts *Les Plaisirs et les Jours*.)

Biographien

Das Leben Prousts wurde im Laufe der letzten fünfzig Jahre gründlich erforscht und in zahlreichen Biographien mehr oder weniger umfassend beschrieben. Ich beschränke mich deshalb hier auf die Kerndaten. Für umfangreichere Information sei der Leser vor allem auf die werkorientierte Biographie von Tadié (1996) verwiesen, die zwar etwas trocken ist, dafür aber auf ihren über 1000 Seiten kein Detail auslässt. Nicht minder sorgfältig recherchiert, mit einem Schwergewicht auf Prousts künstlerischen Kontakten, ist William C. Carters Biographie *Marcel Proust. A Life* (2000), die durch ihren diskursiven Stil besticht. Den gleichen Schwerpunkt gibt Mary Ann Caws ihrer überblicksartigen Biographie *Marcel Proust* von 2005. Angenehm lesbar, allerdings auch wenig zuverlässig, ist die autorenzentrierte Biographie von Painter (Bd. I: 1959; Bd. II: 1965), die noch von dem Verständnis der *Suche* als einer verklausulierten Biographie ausgeht und deshalb Prousts Leben gelegentlich aus seinem Werk zu rekonstruieren scheint, um dann das Werk aus seinem Leben heraus zu erhellen. Dieser bei Proust oft schwierigen Unterscheidung zwischen Realität und Fiktion verleiht Adam Watt Gewicht in seiner Biographie *Proust* von 2013. Eine unterhaltsame und dabei sorgfältig recherchierte Biographie stammt von Ghislain de Diesbach (1991), die sich allerdings allzu sehr auf das gesellschaftliche Leben Prousts kapriziert; sie ist bislang nur auf Französisch und auf Spanisch erhältlich. Ronald Hayman bemüht sich in seiner Proust-Biographie (1990), vor allem anhand der Korrespondenz den inneren Zustand zu rekonstruieren, der für Proust überhaupt erst den Ansatz zur *Suche* ermöglichte. Dabei ist ihm der Aspekt der Homosexualität besonders wichtig, ohne dass er allerdings über die Ebene des Altbekannten nennenswert hinausgelangte; zudem verwechselt er gern, wie schon Painter, den Erzähler der *Suche* mit ihrem Autor. Die leicht lesbare Biographie von Edmund White (1999) betrachtet Prousts Leben ebenfalls unter dem homosexuellen Aspekt, ohne dabei jedoch zu neuen Erkenntnissen zu gelangen. Henri Bonnets lesenswerter Essay von 1959, *Marcel Proust de 1907 à 1914*, der allerdings außerhalb Frankreichs wenig bekannt ist, stellt die Genese des Werkes in den Vordergrund.

In eine eigene Klasse von Biographien gehören sicherlich die Erinnerungen von Céleste Albaret, die als ehemalige Haushälterin Prousts und zugleich die Françoise des Romans von einer ganz eigenen Warte auf das Leben und Werk Prousts blickt. Der weit entfernte Zeitpunkt (1974), von dem aus sie zurückblickt, lässt freilich gelegentlich Zweifel aufkommen, ob nicht auch früher Gehörtes zu später Erinnertem geworden ist. Eher als Kuriosum seien hier auch die Erinnerungen *Avec Marcel Proust* (1966) von Marcel Plantevignes (1889–1966) erwähnt, den Proust 1908 in Cabourg kennen- und allem Anschein nach auch lieben lernte. In seinem Buch stellt er sich mehr oder weniger als Prousts Ideenlieferant für die *Suche* dar; wohl nicht ohne Grund nannte Proust ihn »Le Chevalier Fantaisie«.

Für eine rasche Orientierung bildet Michel-Thiriets *Marcel Proust Lexikon* (1987, erw. 1992) ein nützliches Hilfsmittel. Einen enzyklopädisch aufgebauten Zugang zu Leben und Werk Prousts bietet der *Dictionnaire Marcel Proust* von Bouillaguet und Rogers (2004), der bei der Übersetzung aus dem Französischen durch Luzius Keller und Melanie Walz unter dem Titel *Marcel Proust Enzyklopädie* (2009) obendrein einige wesentliche Erweiterungen erfahren hat. Für ganz Eilige sei schließlich noch auf den kompakten Überblick über Leben und Werk von K. Biermann (2005) hingewiesen sowie auf die CD *Suchers Leidenschaften. Marcel Proust. Eine Einführung in Leben und Werk*, gelesen von Gerd Wameling und C. Bernd Sucher (Argon, 2012).

Eine Sammlung von 14 Essays über die Freunde und Bekannten Prousts erschien 2010 bei Gallimard. Eine Biographie von Prousts Vater erschien 2003 unter dem Titel *Le Dr Adrien Proust*, eine Biographie seiner Mutter 2004 unter dem Titel *Madame Proust*. Einem besonderen Aspekt des Lebens Prousts geht 2014 Rubén Gallo nach, der überraschend viele Lateinamerikaner in Prousts Umfeld entdeckt.

1943 Ramon Fernandez: À la gloire de Marcel Proust. Paris: Éditions de la Nouvelle Revue Critique, 1943. [Mit Faksimiles und Fotografien Prousts, seiner Familie und seines Umfeldes.]

1949 André Maurois: À la recherche de Marcel Proust. Paris: Hachette, 1949. [Dt.: Auf den Spuren von Marcel Proust. Übers. von Ruth Uecker-Lutz. Hamburg: Claassen, 1956. Neuausg. Frankfurt a. M.: Suhrkamp, 1971.]

1949 Léon Tauman: Marcel Proust. Une vie et une synthèse. Paris: Librairie Armand Colin, 1949.

1953 Claude Mauriac (Hrsg.): Marcel Proust par lui-même. Paris: Éditions du Seuil, 1953. [Dt.: Marcel Proust in Selbstzeugnissen und Bilddokumenten. Übers. von Eva Rechel-Mertens. Reinbek b. Hamburg: Rowohlt, 1958.]

1959 Henri Bonnet: Marcel Proust de 1907 à 1914. Essai de biographie critique. Avec un supplément bibliographique. Paris: Nizet, 1959.

1959 George Painter: Marcel Proust. A Biography. London: Chatto & Windus, 1959.

1984 Pierre-Louis Rey: Marcel Proust. Sa vie, son œuvre. Paris: Birr, 1984. [Dt.: Marcel Proust – Eine Bildbiographie. München: Heyne, 1990.]

1987 Philippe Michel-Thiriet: Quid de Marcel Proust. Paris: Laffont, 1987. [Dt.: Das Marcel Proust Lexikon. Übers. von Rolf Wintermeyer. Frankfurt a. M.: Suhrkamp, 1992.]

1991 Alain Buisine: Proust. Une journée particulière. Samedi 27 novembre 1909. Paris: Lattès, 1991. [Coll. Une journée particulière.]

1991 Ghislain de Diesbach: Proust. Paris: Perrin, 1991.

1992 Renate Wiggershaus: Marcel Proust. Leben und Werk in Texten und Bildern. Frankfurt a. M. / Leipzig: Insel-Verlag, 1992.

1994 Roger Duchêne: L'Impossible Marcel Proust. Paris: Laffont, 1994.

1994 Michel Erman: Marcel Proust. Paris: Fayard, 1994.

1996 Jean-Yves Tadié: Marcel Proust. Paris: Gallimard, 1996. [Dt.: Marcel Proust. Übers. von Max Looser. Frankfurt a. M.: Suhrkamp, 2008.]

1999 Edmund White: Marcel Proust. New York: Viking Press, 1999. (Penguin Lives Series.). [Dt.: Proust. Übers. von Monika Noll. Hildesheim: Claassen, 2001]

2000 William C. Carter: Marcel Proust. A Life. New Haven / London: Yale University Press, 2000.

2001 Ronald Hayman: Proust. A Biography. London: Heinemann, 1990. [Dt.: Marcel Proust. Die Geschichte seines Lebens. Übers. von Max Looser. Frankfurt a. M.: Suhrkamp, 2001.]

2003 Mary Ann Caws: Marcel Proust. Woodstock [u. a.]: Overlook Press, 2003.

2003 Daniel Panzac: Le Dr Adrien Proust, père méconnu, précurseur oublié. Paris: L'Harmattan, 2003.

2004 Évelyne Bloch-Dano: Madame Proust. Paris: Grasset & Fasquelle, 2004. [Dt.: Madame Proust. Übers. von Eliane Hagedorn und Barbara Reitz. Berlin: Classen, 2006.]

2004 Annick Bouillaguet / Brian G. Rogers (Hrsg.): Dictionnaire Marcel Proust. Paris: Champion, 2004. [Dt.: Luzius Keller (Hrsg.): Marcel Proust Enzyklopädie. Übers. von Luzius Keller und Melanie Walz. Hamburg: Hoffmann und Campe, 2009.]

2005 Karlheinrich Biermann: Marcel Proust. Reinbek b. Hamburg: Rowohlt, 2005.

2010 Jean-Yves Tadié (Hrsg.): Proust et ses amis. Paris: Gallimard, 2010.

2013 Adam Watt: Marcel Proust. London: Reaktion Books, 2013.

2014 Rubén Gallo: Proust's Latin Americans. Baltimore: Johns Hopkins Univ. Press, 2014.

2017 Andreas Isenschmid: Marcel Proust (Leben in Bildern). Berlin/München: Deutscher Kunstverlag, 2017.

Erinnerungen

1923 Robert de Montesquiou: Les Pas effacés. Mémoires. Paris: Émile-Paul, 1923.

1925 Élisabeth de Clermont-Tonnerre: Robert de Montesquiou et Marcel Proust. Paris: Flammarion, 1925.

1925 Louis de Robert: *s.* Briefe.

1926 Robert Dreyfus: Souvenirs sur Marcel Proust (accompagnés de lettres inédites). Paris: Grasset, 1926.

1928 La Princesse [Marthe] Bibesco: Au bal avec Marcel Proust. Paris: Gallimard, 1928. (Les Cahiers Marcel Proust. 4.) [Dt.: Begegnungen mit Marcel Proust. Übers. von Eva Rechel-Mertens. Frankfurt a. M.: Suhrkamp, 1972.]

1928 Jacques-Émile Blanche: Mes modèles. Paris: Stock, 1928.

1929 Lucien Daudet: *s.* Briefe.

1929 Élisabeth de Gramont: Les marronniers en fleurs. Mémoires II. Paris: Grasset, 1929.

1930 Robert de Billy: *s.* Briefe.

1932 Daniel Halévy: Pays parisiens. Paris: Grasset, 1932.

1933 Reynaldo Hahn: Notes. Journal d'un musicien. Paris: Plon, 1933.

1934 Gustave Schlumberger: Mes souvenirs, 1844–1928. Paris: Plon, 1934.

1935 Jean Cocteau: Portraits-souvenirs 1900–1914. Paris: Grasset, 1935.

1935 Marie Scheikévitch: Souvenirs d'un temps disparue. Paris: Plon, 1935.

1937 Reynaldo Hahn: L'Oreille au guet. Paris: Gallimard, 1937.

1939 Maurice Sachs: Au temps du Bœuf sur le Toit. Paris: Grasset, 1939

1946/48/49 Maurice Sachs: Le Sabbat. Souvenir d'une jeunesse orageuse. Paris: Corréa, 1946. – Chronique joyeuse et scandaleuse. Ebd. 1948. – La chasse à courre. Ebd. 1949. [Dt.: Der Sabbat. Eine Chronique scandaleuse. Übers. von Herbert Schlüter. München: Deutscher Taschenbuch Verlag, 1970.]

1947 Fernand Gregh: L'Âge d'or. Souvenirs d'enfance et de jeunesse. Paris: Grasset, 1947.

1947 François Mauriac: Du côté de chez Proust. Paris: La Table Ronde, 1947.

1949 Paul Morand: *s.* Briefe.

1953 Edmond Jaloux: Avec Marcel Proust. Suivi de 17 lettres inédites. Paris: La Palatine, 1953.

1958 Fernand Gregh: *s.* Briefe.

1966 Marcel Plantevignes: Avec Marcel Proust. Causeries-Souvenirs sur Cabourg et le Boulevard Haussmann. Avec une préface du Maître Gustave Pimienta. Paris: Nizet, 1966.

1972 Maurice Duplay: Mon ami Marcel Proust. Souvenirs intimes. Paris: Gallimard, 1972. (Cahiers Marcel Proust. 5.)

1974 Céleste Albaret: Monsieur Proust. Souvenirs recueillis par Georges Belmont. Paris: Laffont, 1973. [Dt.: Monsieur Proust. Übers. von Margret Carroux. München: Kindler, 1974.]

1992 Léon Daudet: Souvenirs et polémiques. Hrsg. von Bernard Oudin. Paris: Laffont, 1992.

1992 Daniel Halévy: *s.* Briefe.

Herkunft

Valentin Louis Georges Eugène Marcel Proust wurde am 10. Juli 1871 als erster Sohn des Arztes Adrien Proust und dessen Gattin Jeanne, geb. Weil, in dem noblen Pariser Viertel Auteuil (Teil des 16. Arrondissements) geboren, im Haus seines Großonkels mütterlicherseits, Louis Weil.

Die Seite von Illiers Die Familie Proust stammte aus der etwa 100 km südwestlich von Paris gelegenen Kleinstadt Illiers (ca. 3000 Einwohner, Dép. Eure-et-Loir), wo der Großvater Marcels, Valentin Proust, ein Lebensmittel- und Kurzwarengeschäft am Marktplatz betrieb; dieser Großvater starb bereits 1855, vor Marcels Geburt. Die Großmutter, Virginie, geb. Torcheux, betrieb das Geschäft weiter und wohnte bis zu ihrem Tod 1889 an Urämie in Illiers.

Bei ihren Besuchen in Illiers stiegen die Prousts jedoch nicht bei Marcels Großmutter ab, sondern bei der Schwester Élisabeth seines Vaters, die mit dem Besitzer des größten Modegeschäfts am Ort,

Jules Amiot, verheiratet war und in der Rue du Saint-Esprit wohnte; Élisabeth dürfte in vielen Hinsichten ein Vorbild für die Tante Léonie in Combray geliefert haben, auch wenn sich die Verwandtschaftsverhältnisse etwas verschoben haben: Die Mutter von Léonie tritt als Großtante Marcels auf, nicht als seine Großmutter.

Die Amiots beschäftigten eine Haushälterin, Ernestine Gallou, ein Vorbild zumindest für die Françoise in Combray. Jules Amiot pflanzte als hingebungsvoller Botanik-Liebhaber in Illiers nach dem Vorbild des Bois de Boulogne den öffentlich zugänglichen englischen Garten »Pré Catelan«, der sicherlich für Swanns Parkgrundstück Pate gestanden hat.

Der Vater Prousts, Adrien, hatte sich als Arzt auf Seuchenbekämpfung spezialisiert und erwarb sich in dieser Funktion weltweite Anerkennung. So beriet er den Schah von Persien und den Großwesir des Osmanischen Reiches in Fragen der Volkshygiene und insbesondere bei der Bekämpfung der Cholera.

Die Seite von Auteuil Der Großvater väterlicherseits von Marcels Mutter Jeanne, Baruch Weil, war vor 1800 aus dem Elsass (Niedernai) in das damals außerhalb der Stadt gelegene Dorf Auteuil bei Paris gezogen und hatte dort eine Porzellanmanufaktur gegründet, die die Grundlage für das nicht unerhebliche Vermögen der Weils bildete, das der Vater von Jeanne, Nathé Weil, als Börsenmakler noch zu mehren verstand. Marcel machte von dieser Seite her erhebliche Erbschaften, die ihm nicht nur in seinem Roman ein Leben auf großem Fuß ermöglichten. Nathés Bruder Lazard, genannt Louis, war ebenfalls ein äußerst erfolgreicher Geschäftsmann; seine Knopffabrik beschäftigte zeitweilig 5000 Arbeiter. Er kaufte sich in Auteuil das Haus, in dem Proust später geboren wurde, und lebte dort ein vergnügtes Leben, das in seiner Familie durchaus Missfallen erregte, insbesondere sein Zusammenleben mit der als

Kurtisane beschriebenen Laure Hayman, die Proust bei seinem Onkel kennenlernte und die wie Odette in der Rue La Pérouse wohnte. Proust erbte von Onkel Louis eine Sammlung von Schauspielerinnen-Fotografien, über deren genaueren Charakter sich nur Vermutungen anstellen lassen – Elstirs Porträt der androgynen *Miss Sacripant* soll jedoch eine Fotografie der amerikanischen Sängerin Marie van Zandt zugrunde liegen, die diese Prousts Vater zueignete.

Der Großvater mütterlicherseits von Jeanne, Nathanael Bernkastel, war ebenfalls um Anfang des 19. Jahrhunderts aus Trier nach Paris gezogen und hatte sich dort als Kaufmann einen ansehnlichen Wohlstand erworben. In der Familie Bernkastel wurde noch viel Deutsch gesprochen, das insbesondere Jeannes Mutter, Adèle Bernkastel, noch beherrschte; so gibt es einen Brief von Proust an diese Großmutter, in dem er gar nicht mal schlecht auf Deutsch und in deutscher Schreibschrift seine Glückwünsche zu ihrem Geburtstag übermittelt (Abb. S. 286). Auch sein Brief an Ernst Robert Curtius vom 7./8. März 1922 lässt vermuten, dass seine Deutschkenntnisse genügten, um sich zumindest einen Eindruck von Curtius' Aufsatz über Proust im *Neuen Merkur* verschaffen zu können, den er am 28. Februar erhalten hatte. Bei seiner Prüfung im März 1895 für die »Licence ès lettres« (etwa: Magisterprüfung) galt zudem Deutsch als Prousts zweite Sprache.

Adèle, die in mehreren literarischen Salons verkehrte, hat zweifellos ihre Vorlieben für Madame de Sévigné, Saint-Simon und George Sand an ihre Tochter weitergegeben, die eine gründliche humanistische Erziehung genießen durfte. Marcel konnte so in einem liberalen, gleichermaßen natur- wie geisteswissenschaftlich interessierten und anregenden Haushalt aufwachsen.

Der katholische Adrien Proust und die jüdische Jeanne Weil heirateten am 3. September 1870 standesamtlich. Der Ehe entspross noch ein zweiter Sohn, Robert (1873–1935), der wie sein Vater Arzt wurde. Beide Kinder wurden katholisch getauft. Nach Marcels Tod kümmerte sich Robert um die hinterlassenen Manuskripte und edierte zusammen mit Jacques Rivière die letzten drei Bände der *Recherche*.

Die Tochter von Robert Proust mit Marthe Dubois-Amiot, Adrienne, gen. Suzy, verh. Mante, war eine glühende Verehrerin ihres Onkels Marcel und seines literarischen Werkes; sie erbte nach dem Tod ihres Vaters ein umfangreiches Konvolut an Manuskripten und Briefen, das sie sorgfältig hütete und von dem große Teile, wie insbesondere das sog. Mauriac-Typoskript (vgl. S. 278 f.), eine Überarbeitung von *Albertine disparue*, erst nach ihrem Tod 1986 ans Tageslicht kamen. Nicht zuletzt diese Entdeckungen ließen die Neuausgabe der *Recherche* durch Jean-Yves Tadié wünschenwert erscheinen.

Die Tochter Louise Neuberger der Cousine Laure Lazarus von Prousts Mutter Jeanne (Tochter der Schwester Adèle von Jeannes Vater Nathé) heiratete 1892 den französischen Philosophen Henri Bergson, bei dessen Hochzeit Proust den Trauzeugen abgab. Proust und Bergson hatten sich bereits 1890 kennengelernt, waren aber allem Anschein nach an einem Gedankenaustausch nicht weiter interessiert, wenn auch Bergson 1904 Prousts Übersetzung von Ruskins *Bible of Amiens* der Académie in äußerst lobenden Tönen vorstellte. Die Mutter seiner Großmutter Adèle Weil war zudem eine Schwester der Großmutter von Valentine Peigné-Crémieux (1855–76), die mit dem erfolgreichen orientalistischen Gleyre- und Gérôme-Schüler Jean-Jules Lecomte du Nouÿ (1842–1923) verheiratet war, allerdings noch im Jahr der Eheschließung starb. Von du Nouÿ stammt das bekannte Porträt von Marcels Vater Adrien, das wohl nur dieser Verwandtschaft, die der Maler weiterhin pflegte, zu verdanken sein dürfte, denn ansonsten sind von ihm an Porträts nur solche seiner zweiten Frau Caroline Evrard (1851–92) bekannt. Über die Familie Weil war Proust zudem auch mit Karl Marx verschwägert, jedoch nur so weitläufig, dass er es selbst nicht wusste: eine der Ururgroßmütter von Prousts Großvater Nathé Weil war eine Schwester einer Ururgroßmutter von Karl Marx. Die Eltern der beiden Schwestern und damit die letzten gemeinsamen Vorfahren von Marcel Proust (sieben Generationen zurück) und Karl Marx (fünf Generationen zurück) waren Aaron Moïse Ezechiel Lwow (in deutschen Urkunden häufig »Lemberg« oder »Lemberger«, in französischen Urkunden meist »Levouf«; 1660–1712) und Bat Samuel Cohen (gest. 1700). Zu weiteren Details s. den Stammbaum in Kap. VIII.

Ausbildung und Beruf

Proust besuchte zusammen mit Jacques Bizet, dem Sohn des Komponisten Georges Bizet, die Grundschule und anschließend das renommierte Lycée Condorcet im 9. Arrondissement, wo die beiden zusammen mit Daniel Halévy, dem Sohn des Librettisten Ludovic Halévy, und Robert Dreyfus einen engen Freundeskreis bildeten. Sein Lehrer Alphonse Darlu, der in der Oberstufe des Condorcet Philosophie unterrichtete und einen spiritualistischen Rationalismus vertrat, wurde von Proust außerordentlich geschätzt und dürfte einen nachhaltigen Einfluss auf ihn ausgeübt haben. Am Condorcet lernte Proust neben dem obligatorischen Latein auch Altgriechisch immerhin so weit, dass er Übersetzungen aus dem Französischen ins Altgriechische anfertigen konnte.

Geneviève Straus, die Mutter von Jacques Bizet und Tochter des Komponisten Fromental Halévy, öffnet Proust ihren berühmten Salon und gibt ihm so Gelegenheit, bedeutende Künstler seiner Zeit zu treffen, wie ihm auch das Condorcet Gelegenheit gab, viele

Sprösslinge bedeutender Familien kennenzulernen. Am Condorcet lernte Proust auch Horace Finaly kennen, der wie sein Vater, der äußerst vermögende Bankier Hugo Finaly, Finanzfachmann wurde und Proust bei seinen Geldanlagen beriet.

In seinen späteren Schuljahren engagierte Proust sich zusammen mit seinen Freunden für verschiedene hektographierte Schülerzeitschriften mit literarischem Anspruch – *Le Lundi, La Revue de seconde, La Revue lilas, La Revue verte* –, die es zwar jeweils nur auf wenige Nummern brachten, aber die literarischen Interessen des Freundeskreises formten, der sich in der Folgezeit immer wieder mit ähnlichen Projekten befasste.

Um der Wehrpflicht zu entgehen, die fünf Jahre betrug, meldete sich Proust 1889 freiwillig für ein Jahr zum Militär. Er leistete seinen Dienst in Orléans ab, nahm sich ein Zimmer und lebte nur pro forma in der Kaserne. Aufgrund seiner schwachen Gesundheit wurde er vom Morgenappell und den anstrengendsten Übungen freigestellt, wie auch später von Wehrübungen. Prousts militärische Laufbahn war vielleicht kein Gewinn für Frankreich, aber sicherlich für Proust selbst, der bei einem Diner des Präfekten des Dép. Loiret den späteren Diplomaten Robert de Billy (1869–1953) kennenlernte, mit dem ihn eine lebenslange Freundschaft verband, die sich in einem umfangreichen Briefwechsel niederschlug.

Nach dem Militärdienst schrieb sich Proust an der juristischen Fakultät und an der École libre des sciences politiques ein, wo er zwar ausgewählte Vorlesungen mit Interesse anhörte, das Studium jedoch niemals ernstlich aufnahm: »Etwas Grauenvolleres als den Anwaltsberuf habe ich mir selbst in den Tagen meiner größten Verzweiflung nicht vorstellen können« (Brief vom 28.9.1893 an den Vater, *Corr.* I, S. 238). Immerhin besuchte er in der juristischen Fakultät die Vorlesungen von Paul Desjardins (1859–1940), der ihn auf Ruskin aufmerksam machte, und an der École libre lernte er den symbolistischen Dichter Gabriel Trarieux (1870–1940) kennen, der ihm die Bekanntschaft mit André Gide vermittelte. 1892 erwarb er sein Diplom als Lizentiat in Jura. 1894/95 hörte Proust verschiedene philosophische Vorlesungen an der Sorbonne, insbes. die von Victor Egger und von Charles Secrétan, und bestand im März 1895 seine Prüfung zum Lizentiat in Philosophie.

Neben seinem lustlosen Studium beschäftigt sich Proust vor allem mit der Zeitschrift *Le Banquet*, die Ferdinand Gregh 1892 gegründet hatte und an der seine alten Schulkameraden Bizet, Halévy, Dreyfus und Robert de Flers sowie Gabriel Trarieux beteiligt waren; sie erschien ein Jahr lang, mit 8 Heften insgesamt, in denen sich jedoch bereits Studien Prousts befinden, die dann später in mehr oder weniger veränderter Form in *Les Plaisirs et les Jours* Eingang fanden und schon die Hand des zukünftigen Meisters spüren lassen. Dennoch fühlte sich die Redaktion bemüßigt, sich in einem Hinweis von Prousts wohlwollendem Blick auf das mondäne Leben zu distanzieren – was einigermaßen überflüssig war, denn nach dem nächsten Heft war die Kasse leer. Während dieser Zeit entwickelte sich eine enge Beziehung zwischen Proust und dem Marquis Robert de Flers (1872–1927), der in der Folgezeit Karriere als Journalist und Bühnenautor machte.

Nach vielen unrealistischen Überlegungen hinsichtlich einer diplomatischen Laufbahn oder einer Verwaltungslaufbahn nahm Proust schließlich im Juni 1895 eine Stelle als Bibliothekar bei der bedeutenden Bibliothèque Mazarine an, sieht aber diese Stelle offenbar als eine Fortsetzung seines Studiums: »Er war der am wenigsten ›mitarbeitende‹ Mitarbeiter von allen und nahm einen Urlaub nach dem anderen« (André Maurois, *À la recherche de Marcel Proust*, S. 82); schließlich wurde ihm im Dezember desselben Jahres ein einjähriger Urlaub bewilligt. 1900 wurde überraschenderweise sein Fehlen bemerkt und sein Dienst beendet.

Nach Ausbruch des Ersten Weltkriegs Anfang August 1914 rückten die deutschen Truppen binnen weniger Wochen bis auf wenige Kilometer an Paris heran. Proust wurde Zeuge der Bombardierung der Stadt durch Zeppeline und des Abwehrkampfes am nächtlichen Himmel. Anfang September brachte er sich dann aber doch, wie viele seiner Freunde zuvor, nach Cabourg an der normannischen Küste in Sicherheit, wo er sich an der Betreuung von Verwundeten in Hospitälern beteiligte. Dass er selbst trotz Kampfeswillen nicht kriegsverwendungsfähig war, war ihm klar, jedoch nicht der Militärbürokratie, die den dreiundvierzigjährigen Asthmatiker einziehen wollte – bis ihn 1915 zwei Militärärzte besuchten und »musterten«. Sein Bruder Robert arbeitete in Feldlazaretts, mehrere seiner engsten Freunde wie Reynaldo Hahn kämpften als Freiwillige an der Front, und die täglichen Gefallenenlisten in den Zeitungen berührten ihn unmittelbar: »durch die schreckliche Gewöhnung an die tägliche Angst hat der Krieg uns eine neue Fähigkeit verliehen, nämlich die, uns für Unbekannte leiden lassen zu können« (Brief an die Prinzessin Soutzo vom 29./30. 10. 1917; *Corr.* XVI, S. 272). Der Tod des nahen Freundes Robert d'Humières 1915, der ihm bei der Ruskin-Übersetzung assistiert hatte, und vor allem des angebeteten Freundes Bertrand de Fénelon schon in den ersten Kriegsmonaten, im Dezember 1914, stürzte Proust in eine tiefe Depression, die unübersehbar Ausdruck in seiner Behandlung der Weltkriegserfahrung in *Le Temps retrouvé* gefunden hat. Die Zusammenführung des Obszönen und des Erhabenen, die Koinzidenz von Prostitution und Heldentum in dem Orden, den Saint-Loup im Bordell verliert, das Abgleiten der Erotik in die »Darkrooms« der Métroschächte bei Fliegerangriffen zeigen, in welch hohem Maße Proust die »Grande Guerre« als die Perversion der christlichen Zivilisation wahrgenommen hat: der Feuersturm von Sodom wird parodistisch zum Brutofen für Homosexualität verkehrt, die Selbstzerstörung des Abendlandes – wie der Erste Weltkrieg jedenfalls von Prousts Zeitgenossen wahrgenommen wurde, die vom zweiten noch nichts wussten – findet ihren metaphorischen Ausdruck in der masochistischen Flagellation Charlus' in Jupiens Bordell.[1]

Proust war bereits 1913 mit dem ersten Band der *Recherche* für den äußerst renommierten und elitären Prix Goncourt vorgeschlagen worden, der jedoch an Marc Elder für *Le Peuple de la mer* ging. Mit dem zweiten Band dann war Proust erfolgreicher: bei der Nominierung für 1919 stimmten sechs Mitglieder der Jury für sein Werk, die anderen vier dagegen für Roland Dorgelès' (d. i. Roland Lécavelé, 1885–1973) *Les Croix de bois* (dt. *Die hölzernen Kreuze*, Übers. Tony Kellen und Erhard Wittek, Horw-Luzern/Stuttgart/Leipzig: Montana-Verlag, 1930; von Tucholsky euphorisch besprochen). Die Entscheidung der Académie Goncourt wurde in der Presse scharf angegriffen, zum Teil mit absurden Argumenten (»ein Talent von jenseits des Grabes«), im wesentlichen aber mit der Begründung, dass in einer Zeit, die noch immer ihre Toten zähle, eine Auseinandersetzung mit der gesamteuropäischen Katastrophe des Weltkrieges angemessener und notwendiger sei als die mit den Problemen halbseidener Damen der Belle Époque oder spätpubertärer Jugendlicher im Luxusurlaub: »Diese Collage ruheloser Grübeleien ... steht im Missklang mit dem neuerwachten klassischen Geist, den die Partei der Intelligenz für allein verträg-

1 Zum Thema Proust und der Erste Weltkrieg s. auch Hans-Dieter Zimmermann, *Französische Hauptstadt, deutsche Provinz. Marcel Proust und der große Krieg. Bad Kreuznach und das kaiserliche Hauptquartier*, Aachen: Rimbaud Verlag, 2014; Alexis Eideneier / Reiner Speck, *Marcel Proust und der Krieg*, Köln: Marcel Proust Gesellschaft, 2015; sowie die vorwiegend französischen Literaturhinweise unter: http://www.item.ens.fr/upload/proust/Bibliogr_Proust_Guerre.pdf

lich mit der Größe unserer siegreichen Nation erachtet« (beide Zitate von dem bis dahin mit Proust befreundeten Jean de Pierrefeu am 12. 12. 1919 immerhin im *Journal des débats*, einem liberal-konservativen Wochenmagazin, das hohes Ansehen nicht nur bei dem »Parti de l'Intelligence«[2] genoss); Proust geißelt dann übrigens dieses verengte Verständnis von Literatur in einer Passage der *Recherche* (WZ, S. 268–271 und 278f.) ausgiebig. Auf kurze Sicht jedoch gab das Publikum den Nörglern recht: Die *Croix de bois* erzielten bis Mitte 1920 eine viermal so hohe Auflage wie die *Jeunes filles en fleurs* (79 779 gegenüber 19 600). Auf lange Sicht haben sich die Verhältnisse bekanntlich umgekehrt, jedoch wird auch Dorgelès' Buch noch immer aufgelegt, so 2014 bei Magnard, und 1988 erschien eine Überarbeitung der deutschen Übersetzung von 1930 bei Kiepenheuer.

2 Es führt ein bisschen ab, ist aber ganz interessant: In seiner auch von Einstein und Russell signierten »Déclaration de l'Indépendance de l'esprit« in *L'Humanité* vom 26. Juni 1919 hatte Romain Rolland die Intelligentsia aufgefordert, nun, nach Kriegsende, die patriotischen, nationalistischen Attitüden abzulegen, die sie während des Krieges aus guten Gründen eingenommen hatte, die aber nur das Denken verkleisterten. Drei Wochen später, am 19. Juli 1919, erschien daraufhin im *Figaro* ein Manifest »Pour un parti de l'intelligence« von Henri Massis, das von dem Nationalismus Charles Maurras' und der Ideologie der Action Française geprägt war und in konservativen Kreisen großen Anklang fand. – Zu Prousts Reaktion auf Pierrefeus Artikel *s.* seinen Brief an Pierrefeu von Ende Januar 1920, in: *Corr.* XIX, S. 73–81. Pierrefeus »gentille lettre« (S. 119) als Antwort darauf ist leider nicht erhalten geblieben.

Gesundheit

Der Eukalyptus-Zerstäuber, den Proust mit in die Bibliothèque Mazarine nahm, weil ihn der Staub irritierte, hat ihn sicherlich einige Sympathien seiner Kollegen gekostet, lässt aber auch seine bürgerliche Laufbahn in einem milderen Licht erscheinen; Proust war wirklich von schwacher Konstitution. Schon als Zehnjähriger litt er an Asthmaanfällen, die ihn zunehmend in seinem gesellschaftlichen Leben beschränkten, aus dem er sich ab 1906 dann auch weitgehend zurückzog. Um die durch Atemnot bedingte Schlaflosigkeit zu bekämpfen, experimentierte er mit allen möglichen Arzneien und Drogen herum, die ihm womöglich kreative Träume bescherten, die sich dann auch in der *Suche* wiederfinden, aber seine Konstitution nur weiter untergraben haben dürften. Berühmt-berüchtigt sind seine »fumigations« mit Legras-Pulver geworden, bei denen er sein Schlafzimmer mit Dämpfen zunebelte, die ihm Luft verschaffen sollten.

Der Arzt Dr. Pierre Merklen hatte 1904 Prousts Asthma als nervös bedingt diagnostiziert. Proust verbrachte daraufhin von Anfang Dezember 1905 bis Mitte Januar 1906 sechs Wochen im Sanatorium des Neurologen Dr. Paul-Auguste Sollier (1861–1933) in Boulogne-sur-Seine zur Behandlung seiner »Neurasthenie«, jedoch nach seiner eigenen Einschätzung ohne nennenswerten Erfolg. Dennoch dürfte dieser Aufenthalt in anderer Hinsicht Früchte getragen haben, denn Solliers Therapie baute nicht nur auf Isolation, sondern auch auf der Auslösung »unwillentlicher Erinnerungen« auf. Proust mag hier also auf ein entscheidendes Konzept für die Umgestaltung des *Jean Santeuil* zur *Recherche* gestoßen sein: vgl. dazu etwa die Titel von Solliers Monographien *Les Troubles de la Mémoire* (1892) oder *Le Problème de la Mémoire* (1900). Auf den Zusammenhang zwischen Prousts zentralem Thema und Solliers Spezialgebiet haben wohl als erste Bogousslavsky und Walusinski[3] hingewiesen. Besonderen Einfluss dürfte aber die zur Konzeption der *Recherche* zeitlich nahe Schrift *Le doute* (1909) von Sollier ausgeübt haben, denn das Konzept des Zweifels zieht sich wie ein roter Faden durch die *Recherche*: das Wort »doute« tritt ungefähr ebenso häufig auf wie das Wort »amour«, jedoch mit unübertroffener Regelmäßigkeit: die Liebe zwar kommt und geht, der Zweifel aber besteht.

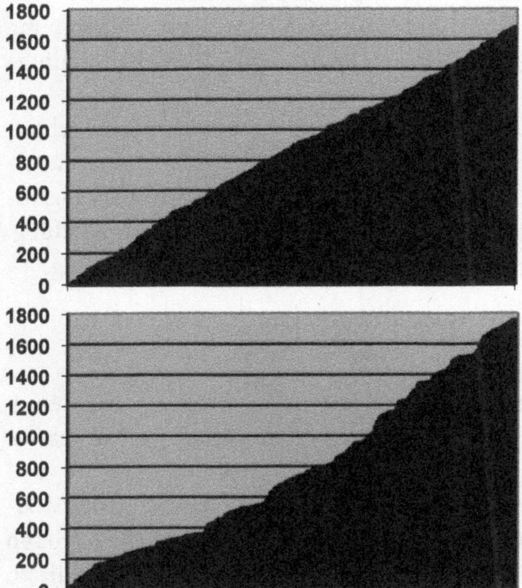

Oben »doute«, 966 Vorkommen; unten »amour«, 933 Vorkommen (Seitenzahl des Typoskripts meiner Übersetzung der *Recherche* aufgetragen über der Nummer des Vorkommens des jeweiligen Wortes).

3 Olivier Walusinski / Julien Bogousslavsky, »À la recherche du neuropsychiatre perdu. Paul Sollier (1861–1933)«, in: *La Revue Neurologique* 164,8 (2008) S. 239–247.

Zu Erwähnungen Solliers durch Proust vgl. insbes. jene in den *Carnets* S. 51, wo er die Pfiffe der Lokomotive aus dem Auftakt zu *Combray* in Verbindung mit dem Aufenthalt bei Sollier bringt, sowie etliche in der *Correspondance*.

Aus heutiger Sicht deutet das Auftreten der Asthmaanfälle vor allem im Frühjahr und insbesondere in Parks und Gärten auf eine Pollenallergie hin, die meist mit einer Hausstauballergie einhergeht; unter diesem Aspekt war Prousts Entschluss, 1910 sein Schlafzimmer am Boulevard Haussmann zur Geräuschdämmung mit Korktapeten ausschlagen zu lassen, ohne Zweifel kontraindiziert.

Seine letzten Lebensjahre verbrachte Proust vorwiegend schreibend im Bett. Kurz nach der Fertigstellung des Manuskripts zu seinem Hauptwerk *À la recherche du temps perdu* starb er am 18. November 1922 in seiner Wohnung in Paris an Lungenentzündung. Die geeigneten Antibiotika standen erst ab 1935 zur Verfügung.

Liebschaften

Prousts erste Jugendliebe war den Quellen zufolge Marie Bénardaky (1874–1949), zweifellos ein Vorbild für Gilberte, die in der Nähe der Champs-Élysées (Rue de Chaillot) wohnte, wo er ihr 1886 begegnete, mit der er dort Barlauf spielte und die er in einer Widmung von 1918 für Jacques de Lacretelle als »eine der beiden großen Lieben meines Lebens« bezeichnete – ohne allerdings die zweite zu benennen. Aber Marie schien nicht viel von ihm wissen zu wollen.

Vermutlich im Frühjahr 1888 schrieb Proust einen Brief an seinen Schulfreund Jacques Bizet, der darauf schließen lässt, dass Proust ihm zuvor einen Antrag gemacht hatte, der Jacques wohl nicht willkommen war (»Ich finde es traurig, die Frucht nicht zu pflücken, die wir schon bald nicht mehr werden pflücken können.

Dann wäre es schon ... die verbotene Frucht. Aber jedenfalls findest Du sie ja jetzt schon vergiftet«; *Corr.* 1, S. 104). Jacques wurde später Taxiunternehmer in Monaco und vermittelte Proust den Fahrer Alfred Agostinelli, der später noch eine erhebliche Rolle in Prousts Leben spielte.

Im Oktober 1888 reichte Proust bei der von ihm mitgegründeten Schülerzeitschrift *La Revue lilas* ein kräftig homoerotisch getöntes Prosagedicht *Glaukos* ein (Übers. in: *Nachgelassenes*), das als zu skandalös abgewiesen wurde und Daniel Halévy gemeint haben dürfte: Man muss nicht nur die Bravour bewundern, mit der der damals siebzehnjährige Schüler die übliche Verstellung verweigerte, sondern auch die Gelassenheit, mit der die Adressaten die offenbar unerwünschten Anträge auf sich beruhen ließen.

Eine Freundschaft, mit der Proust offenbar große Hoffnungen verband, war die zu Willie Heath, einem jungen Engländer, den Proust im Frühjahr 1893 im Bois de Boulogne kennenlernte und der bereits ein halbes Jahr später, am 3. Oktober 1893, an Ruhr starb. In der Widmung »Meinem Freund Willie Heath« von *Les Plaisirs et les Jours* schreibt Proust: »Wir träumten davon, wir hatten uns geradezu fest vorgenommen, immer inniger in einem Kreis großherziger, auserlesener Frauen und Männer zusammenzuleben, von Dummheit, Laster und Bosheit weit genug entfernt, um uns vor den Pfeilen ihrer Vulgarität sicher zu fühlen.«

Im Herbst 1901 lernte Proust den Comte Bertrand de Salignac-Fénelon (1878–1914) durch den gemeinsamen Bekannten Antoine Bibesco kennen. Offenbar entwickelt sich zwischen den beiden schnell ein enges Freundschaftsgefühl: Die Szene aus *Guermantes*, in der Saint-Loup über die Bänke im Restaurant steigt, um Marcel einen Mantel zu besorgen, hat ihr Vorbild im Restaurant Larue, wo Bertrand sich entsprechend verhielt. 1902 jedoch kam das Erwachen: Die beiden unternahmen eine gemeinsame Reise durch Holland, die Proust sich wohl recht sentimental vorgestellt hatte, von der er jedoch äußerst deprimiert an seine Mutter berichtete. Fénelon ging kurz darauf als Attaché nach Konstantinopel, meldete sich dann als Freiwilliger im Ersten Weltkrieg und fand 1914 den Tod. Proust betrauerte ihn zutiefst.

Alfred Agostinelli (1888–1914) schließlich, der letzte in diesem Reigen tragischer Liebesaffären, war Proust von seinem Kollegen Odilon Albaret, dem Gatten von Prousts Haushälterin Céleste Albaret und Chauffeur bei Jacques Bizets monegassischem Taxi- und Mietwagen-Unternehmen, als Fahrer vermittelt worden. 1907 und 1908 machten Proust und Agostinelli zahlreiche Ausflüge vor allem in die Normandie und die Bretagne, die in Prousts *Figaro*-Artikel »Reiseeindrücke im Automobil«[4] ihren Niederschlag gefunden haben. Im Sommer 1913 stellte Proust Agostinelli abermals ein, diesmal als Sekretär, der seine Manuskripte abtippen sollte; Agostinelli wohnte in dieser Zeit zusammen mit seiner (übrigens als hässlich verschrienen) angeblichen Frau Anna Square in der Wohnung Prousts, der zudem Anna eine Beschäftigung am Théâtre des Variétés beschaffen sollte. Im Dezember jedoch kehrten die beiden Knall auf Fall Proust und Paris den Rücken, und Alfred meldete sich als »Marcel Swann« bei einer Pilotenschule in Antibes an. Proust setzte alle Hebel in Bewegung, um ihn zur Rückkehr zu bewegen, aber vergebens. Nachdem Agostinelli mit 26 Jahren seinen Pilotenschein erworben hatte, versprach Proust, ihm ein Flugzeug zu kaufen, in das Verse aus Baudelaires *Le Cygne* eingraviert werden sollten. Bevor es dazu kommen konnte, stürzte er jedoch schon bei seinem zweiten selbständigen Flug ab. Seine von den Fischen übel zugerichtete Leiche wurde erst eine Woche später gefunden. Proust war von Alfreds Tod so sehr erschüttert, dass er sich mit Selbst-

4 »Impressions de route en automobile«, in: *Le Figaro*, 19. November 1907.

mordgedanken trug. An André Gide schrieb er: das »Maß ist übervoll geworden durch den Tod eines jungen Freundes, den ich wohl mehr geliebt haben mag als alle anderen« (*Corr.* XIII, S. 245).

Als Lebensgefährte Prousts wird häufig Reynaldo Hahn (*s.* unten) genannt, und sicherlich war diese lebenslange Freundschaft von zärtlicher Zuneigung geprägt, wie die etwas infantile Turtel-Sprache der Briefe Prousts an Hahn ausweist. Die frühen Briefe geben allerdings Anlass zu der Vermutung, dass die Beziehung zumindest in ihrer Anfangsphase auch sexuelle Aspekte aufwies. So schreibt Proust am 16. Oktober 1894 in wohl eindeutig zweideutiger Absicht an Hahn: »Ihre kleine Gans, die dabei ist, im Stall zu spielen, trägt mir ihre ehrerbietigsten Grüße an den kleinen Meister auf, als dessen respektvolle Diener wir uns zu bezeichnen wagen.« Über die körperlichen Aspekte von Prousts Liebesleben gehen allerhand Gerüchte um, denen Céleste Albaret in ihren Erinnerungen allerdings energisch entgegentritt. Unbestritten sind aber wohl zahlreiche Ausflüge in das Männerbordell, das Albert de Cuziat in der Rue de l'Arcade seit 1916 betrieb. Die dort gesammelten Erfahrungen haben sich – eventuell nur zum Teil – in dem Hotel Jupiens niedergeschlagen, in dem Marcel in *Le Temps retrouvé* vorgeblich unwissentlich landet. Proust war bereits seit 1911 mit de Cuziat gut bekannt, dessen umfangreiche Kenntnisse aristokratischer Genealogien er schätzte.

Etwas unklar ist in dieser Hinsicht Prousts Verhältnis zu der Schauspielerin Louisa de Mornand, der Geliebten seines Freundes Louis d'Albufera. Louis hatte Proust offenbar in Verdacht, mit Louisa angebändelt zu haben, was dieser aber im Juni 1903 in einem Gedicht an Albufera (in: *Cahiers Marcel Proust* 10, S. 141–143) weit von sich weist. Ein Gedicht an Louisa selbst vom April 1904 beweist allerdings eine verdächtige Vertrautheit Prousts mit ihrem Boudoir (siehe *Cahiers Marcel Proust* 10, S. 127 f.) – ein Verdacht, den sie 1928 in einem Interview mit der Zeitschrift *Candide* allem Anschein nach bestätigt –, wogegen dann allerdings wieder Prousts Brief an Louisa vom 9. Juli 1903 zu sprechen scheint: »glauben Sie nicht, dass dies eine indiskrete, anmaßende und fehlgeleitete Art sei, Ihnen den Hof zu machen. Nicht nur, dass das sinnlos wäre, denn Sie würden mich schnellstens davonjagen, ich würde auch lieber eher sterben, als die Augen zu der bewunderten Frau eines Freundes zu erheben ...« (*Corr.* III, S. 366); aber danach mag ja noch viel passiert sein!

Bekanntschaften

Nicht ganz ohne Grund hatte André Gide Proust als einen »*mondain amateur*« eingeschätzt (Brief vom 11. 1. 1914, s. auch unten): Schulfreunde führten ihn in die Salons ihrer Mütter ein, wo er offenbar mühelos neue Freundschaften schloss, die ihn in weitere Salons einführten, und so weiter. Der Kreis der Freunde und Bekannten wuchs damit ins Uferlose, so dass hier nur die wichtigsten Persönlichkeiten hervorgehoben werden können; einen deutlich umfangreicheren Überblick, der aber trotz der 188 Einträge noch immer eine Auswahl darstellt, gibt Michel-Thiriets *Marcel Proust Lexikon.* Für das volle Spektrum muss auf Tadiés Biographie verwiesen werden.

Ein entscheidender Schritt in Prousts Leben war sicherlich der in den exklusiven Salon der ***Madame Madeleine Lemaire*** (1845–1928) in der Rue de Monceau, denn dort schloss er 1893 engere Bekanntschaft mit Robert de Montesquiou und 1894 mit Reynaldo Hahn, den beiden zentralen Personen in seinem geistigen Leben (Montesquiou hatte bereits bei Prousts Eltern gesellschaftlich verkehrt). Madame Lemaire hatte Proust vermutlich im Salon der Madame Straus kennengelernt, der Mutter seines Schulfreundes

Jacques Bizet. Madame Lemaire war Malerin und deshalb mit der Kunstszene wohlvertraut, und zudem eine Freundin der Princesse Mathilde, die ihr den Zugang zu höchsten Adelskreisen eröffnete.

Comte Robert de Montesquiou-Fezensac (1855–1921) war ein unvergleichlicher Repräsentant dieser Salon-Szene; er entstammte einem alten, vermögenden Adelsgeschlecht und kehrte dieses auch gern heraus; ein Dandy und Snob, aber gut aussehend und intelligent, stellte er eine Art Leitfigur für die Jugend des Adels und des gehobenen Bürgertums dar. Proust bewunderte vor allem sein sicheres künstlerisches Urteil und apostrophierte ihn in einer Rezension als einen »Lehrer des Schönen«; seine symbolistischen Gedichte kursierten in den mondänen Kreisen, fanden darüber hinaus aber kaum Verbreitung und wurden nach seinem Tod weitgehend vergessen. Seine Autobiographie *Les Pas effacés* (1923) bildet jedoch eine wichtige Informationsquelle über seine Zeit. Als 1919 der zweite Band der *Recherche* erschien, erkannte Montesquiou sich in dem Baron de Charlus wieder und war nicht amüsiert (siehe *Corr.* XVIII, S. 468ff.) – die Beziehung litt entsprechend, trotz Prousts Beteuerung, dass er vielmehr den Baron Doäzan im Auge gehabt habe (siehe *Corr.* XX, S. 194f.). Dennoch kann man wohl mit François Mauriac und Jacques-Émile Blanche sagen, dass die *Recherche* ohne den Einfluss und das Vorbild Montesquious nicht geworden wäre, was sie ist.

Durch Robert de Montesquiou lernte Proust zahlreiche Mitglieder des französischen Adels kennen, die dann auch die eine oder andere Spur in der *Recherche* hinterlassen haben: nach dem Erscheinen des jeweils nächsten Bandes war es ein beliebtes Pariser Ratespiel, zu ermitteln, wer wohl wer sei. Die wichtigsten von Robert vermittelten Bekanntschaften waren die mit Boni de Castellane, Élisabeth de Clermont-Tonnerre und mit Maurice Barrès.

Der Marquis ***Boniface (»Boni«) de Castellane*** (1867–1932) war eine kaum weniger schillernde Figur als Montesquiou, warf allerdings noch ungehemmter mit Geld um sich als dieser. Dank seiner Ehe mit der Amerikanerin Anna Gould, der Erbin eines Eisenbahnmagnaten, schienen die Mittel unerschöpflich: am 2. Juli 1896 etwa gaben die Castellanes im Bois de Boulogne ein Fest für 3000 Gäste.[5] Nach dem Bau eines Palastes aus rosa Marmor an der Avenue du Bois sahen die Dinge allerdings anders aus. Anna ließ sich 1906 von ihm scheiden, und Boni musste sich dazu bequemen, seine teuer erworbene Expertise mit erlesenen Sammlerstücken als Antiquitätenhändler für den Broterwerb zu nutzen.

Die Kochbuch-Autorin Duchesse ***Élisabeth de Clermont-Tonnerre*** (1875–1954) lernte Proust 1903 kennen; sie wurde bald zu einer seiner engsten Vertrauten. Élisabeth stand dem Dichterinnenkreis um Nathalie Barney nahe, der seinerseits Sappho nahegestanden haben soll und zu dem insbes. Lucie Delarue-Mardrus gehörte, die Frau des *1001 Nacht*-Übersetzers Joseph-Charles Mardrus.

Den Politiker und Schriftsteller ***Maurice Barrès*** (1862–1923) schließlich lernte Proust 1891 vermutlich durch Montesquiou kennen; mit seinen nationalistischen Überzeugungen, die er in Wort und Schrift zum Ausdruck brachte, konnte Proust wohl nicht viel anfangen; dafür bewunderte er aber seinen leicht fließenden, durchrhythmisierten Stil. Barrès ist sicherlich neben Alphonse Daudet und Anatole France ein Leihgeber für den »style Bergotte«.

Reynaldo Hahn (1874–1947),[6] ein empfindsamer, feinfühliger Sänger, Pianist und Komponist, der Proust bis an dessen Lebensende in einer zärtlichen Freundschaft verbunden blieb, war in gewisser Weise die Gegenfigur zu dem exaltierten, exzentrischen und

5 *Corr.* II, S. 91.

6 Als Geburtsjahr wird häufig das Jahr 1875 angegeben, das auf unzutreffenden Angaben in seinen Militärunterlagen beruht.

extrovertierten Montesquiou. Hahn wurde in Caracas als Sohn einer baskischen Venezolanerin und eines jüdischen Kaufmanns aus Hamburg geboren, verließ aber bereits 1878 zusammen mit seiner Familie Venezuela in Richtung Paris. Dennoch sprach er fließend Spanisch »mit einem ausgesprochen heimatlichen Akzent« (so der kubanische Schriftsteller Alejo Carpentier, der Hahn in den Dreißigern besuchte, am 16. August 1951 in der venezolanischen Tageszeitung *El Nacional*). Im Salon Lemaire spielte Hahn Lieder von Schubert, Schumann, Gounod sowie eigene Vertonungen von Gedichten Verlaines am Klavier; sein umfangreiches Œuvre wird noch heute zumindest in Frankreich hoch geschätzt. Hahn machte Proust mit der Musik von Saint-Saëns bekannt, dessen Sonate in d-Moll für Geige und Klavier mit Hahn am Piano im Salon Lemaire in Prousts Gegenwart aufgeführt wurde; die »kleine Phrase« daraus wurde zu einem Leitmotiv ihrer Freundschaft. In Ruskins Todesjahr und vermutlich anlässlich dieses Todes am 20. Januar 1900 unternahmen Proust und seine Mutter im Mai eine Reise nach Venedig, wo sie sich mit Reynaldo Hahn und dessen Cousine Marie Nordlinger trafen, mit der Proust seine Begeisterung für Ruskin teilte und die ihm später bei seinen Ruskin-Übersetzungen assistierte. Hahn komponierte 1902 ein Stück *Les Muses pleurant la mort de Ruskin* (BnF VM7-17879) und widmete es Proust. Diese Venedigreise hat sicherlich in der Venedigreise Marcels in der *Entflohenen* ihre kunsthistorischen Spuren hinterlassen (im Herbst desselben Jahres unternahm Proust eine weitere Reise nach Venedig, diesmal allein). 1895 lernte Proust durch Reynaldo Hahn Sarah Bernhardt kennen, mit der dieser befreundet war und deren Biographie er 1930 verfasste (*La Grande Sarah*). Ebenfalls durch Reynaldo Hahn wurde Proust 1910 mit Jean Cocteau bekannt gemacht, der zusammen mit Federico (»Coco«) de Madrazo y Ochoa das Libretto zu Hahns Ballett *Le Diable bleu* verfasste, aber auch an den

Szenarien für die *Ballets Russes* beteiligt war, was es Proust ermöglichte, auch Diaghilev und Nijinsky zu treffen. Durch Hahns Schwester Marie de Madrazo ließ Proust Erkundigungen zu Stoffmotiven bei ihrem Neffen einholen, dem Damenschneider und Stoffdesigner Mariano Fortuny (1871–1949). Zur Verwandtschaft Hahns mit der weitverzweigten, auch im Prado gut vertretenen spanischen Maler-Dynastie de Madrazo, die Proust zum Teil kennenlernte – insbes. auch Coco (= Frédéric = Federico) de Madrazo y Ochoa, mit dem ihn eine langjährige Freundschaft verband – *s.* den Stammbaum in Kap. VIII.[7]

Die folgenreichste Bekanntschaft, die Proust durch Hahn 1894 vermittelt wurde, war aber zweifellos die mit ***Alphonse Daudet***, dessen Werke Proust schon von Jugend an bewundert hatte; Bergotte dürfte einige seiner literarischen Charakteristika von Daudet geerbt haben. 1919 war Daudets Sohn Léon maßgeblich daran beteiligt, dass Proust den Prix Goncourt (*s.* unten) erhielt. Mit beiden Söhnen, Léon und Lucien, verband Proust eine lebenslange Freundschaft, trotz des aktiven Antisemitismus des Journalisten Léon. Die Freundschaft mit ihm führte 1900 zu der Bekanntschaft mit Gaston Calmette, dem Herausgeber des *Figaro*, der Proust nachdrücklich förderte und dem der erste Band der *Recherche* gewidmet ist. Die Freundschaft mit dem sieben Jahre jüngeren Maler und Schriftsteller Lucien nahm recht bald deutlich amouröse Züge an, was den Kritiker Jean Lorrain vom *Journal* dazu veranlasste, von einer »besonderen Freundschaft« zu sprechen; Proust forderte ihn daraufhin zum Duell mit Pistolen: »Niemand wurde verletzt, und die Sekundanten erklärten den Streit für beigelegt« (*Le Figaro*,

7 Eine prägnante Skizze Reynaldo Hahns und seiner Freundschaft mit Marcel Proust findet sich in: Rubén Gallo, *Proust's Latin Americans*, Baltimore: Johns Hopkins University Press, 2014, S. 25–72.

2.2.1897). Nach dem Erscheinen von *Swann* schrieb Lucien eine hingerissene Rezension für den *Figaro*.

Im Salon von Madame Straus hatte Proust neben Madame Lemaire 1891 auch ***Jacques-Émile Blanche*** (1861–1942) kennengelernt, einen erfolgreichen Gesellschaftsmaler, der 1892 das allgemein bekannte Porträt von Proust anfertigte. Die Familie Blanche lebte in Auteuil, was Proust Gelegenheit zu häufigen Besuchen gab; Émiles Vater, der berühmte Neurologe Antoine, betrieb in Auteuil eine Nervenheilanstalt, in der er neben anderen Künstlern und Schriftstellern auch Maupassant in dessen letzten Lebenstagen behandelte. Die Freundschaft zwischen Proust und Jacques-Émile Blanche hatte eher sporadischen Charakter; so ruhte von 1893 bis 1914, immerhin 21 Jahre lang, jeglicher Kontakt zwischen den beiden. 1918 verfasste Proust ein Vorwort zu Émiles *De David à Degas*, das zu heftigen Meinungsverschiedenheiten führte, auf die Émile dann in der Widmung des Folgebandes *Dates* einging. In seinem Buch *Mes Modèles* (1928) erinnert sich Émile ausführlich an Proust und seine Beziehung zu ihm.

Dem gleichen Salon verdankte Proust die Bekanntschaft mit der Urenkelin Laure-Marie (1859–1936) des Marquis de Sade, die 1879 den Comte Adhéaume de Chevigné heiratete und der der junge Proust im Frühjahr 1892 bei ihren Spaziergängen aufzulauern pflegte. Als sie sich bei der Lektüre von *Guermantes* in dieser Szene und in dem Vogelprofil (»das zähe Huhn, das ich einst für einen Paradiesvogel hielt«, *Corr.* XX, S. 349) der Herzogin von Guermantes wiedererkannte, brach sie die Beziehung zu Proust ab: »Als ich zwanzig war, wollte sie mich nicht lieben; muss sie sich jetzt, wo ich vierzig bin und aus ihr das Beste der Herzogin von Guermantes gemacht habe, weigern, mich zu lesen?«[8]

8 Zit. nach: Jean Cocteau, *Opium*, Paris: Stock, 1930, S. 162.

Einen weiteren Ausgangspunkt für interessante Bekanntschaften bildete die aus Rumänien stammende Chopin-Interpretin ***Princesse Rachel Bassaraba de Brancovan*** (1847–1923), die Proust während seines Urlaubs in Évian 1893 kennenlernte. Ihre eine Tochter, Hélène (1878–1929), der Proust eine tiefe Zuneigung entgegenbrachte und der er 1906 das Vorwort zu *Sésame et les Lys* widmete, heiratete 1898 den Prince Alexandre de Caraman-Chimay, die andere, Anna (1876–1933), den Comte de Noailles. Anna wiederum machte Proust mit ihren Cousins bekannt, den Princes Antoine und Emmanuel Bibesco, zu denen sich eine enge Freundschaft entwickelte, die gelegentlich auch als »intim« beschrieben wird. Vierter im Bunde war Prousts stets angehimmelter Schulfreund Bertrand de Fénelon, den die Bibesco-Brüder aber schon vorher kannten. Die Mutter der beiden Brüder, die ebenfalls aus Rumänien stammende Hélène Bibesco (1855–1902), unterhielt einen Salon, in dem die künstlerische Elite verkehrte, nicht zuletzt der von Proust geschätzte Autor Pierre Loti (1850–1923). Die Sprachschnitzer des Hoteldirektors in Balbec, der aus Rumänien stammt, mag Proust zum Teil auch Rachel de Brancovan oder Hélène Bibesco abgelauscht haben.

Enger noch als Prousts Verhältnis zu Hélène, deren Charme ihn bezauberte, war das zu ***Anna de Noailles***, deren Dichtungen er bewunderte und deren Gedichtband *Les Éblouissements* er 1907 in der Literaturbeilage des *Figaro* in den höchsten Tönen lobend besprach. Umgekehrt bezeugt ein umfangreicher Briefwechsel das lebhafte Interesse, das Anna an Prousts Arbeit schon während der Entstehung von *Contre Saint-Beuve* und später an der *Recherche* nahm. Über Anna de Noailles lernte Proust 1902 den halbjüdischen Duc Armand de Guiche (1879–1962) kennen, mit dem er sich häufig in Restaurants traf und der später als Physiker reüssierte, sowie den Duc Louis d'Albufera (1877–1953), genannt »Albu«, der sich vor allem für Autos, Reisen und Frauen interessierte, aber dennoch an Proust hing, bis er nach dem Erscheinen von *Sodome et Gomorrhe* 1922 sich und seine Geliebte Louisa de Mornand in Saint-Loup und Rachel wiederzuerkennen meinte. Prousts Versöhnungsversuchen war kein Erfolg beschieden.

1889, während seines Militärdienstes, wurde Proust in den berühmten Salon der Bankierstochter ***Léontine Arman de Caillavet*** (1844–1910) eingeführt – von wem, ist nicht bekannt –, in dem »Tout Paris« verkehrte (Maler, Politiker, Schauspieler, Schriftsteller, jedoch keine Musiker), freundete sich mit dem Sohn Gaston (1869–1915) an, der Redakteur des *Figaro* war und im Ersten Weltkrieg fiel, und lernte endlich einen seit früher Jugend glühend verehrten Autor kennen, Anatole France (1844–1924), den Geliebten von Madame Arman, dem Proust im ersten Teil des zweiten Bandes in der Person Bergottes ein liebevoll-ironisches Denkmal errichtete. Anatole France schrieb 1896 zwar das Vorwort zu Prousts *Les Plaisirs et le Jours*, schien aber kein tiefergehendes Interesse an dieser Bekanntschaft zu haben.

André Gide (1869–1951) lernte Proust 1891 durch seinen Studienkollegen Gabriel Trarieux kennen. Gide arbeitete ab 1893 bei der avantgardistischen Literaturzeitschrift *La Revue blanche* und leitete ab 1911 mit anderen die *Nouvelle Revue Française*, eine Funktion, in der er noch eine besondere Rolle für die *Recherche* spielen sollte; dazu s. weiter unten den Abschnitt zur Erstausgabe (S. 71). Die Beziehung zwischen dem heimlichen Homosexuellen Proust und dem bekennenden Homosexuellen Gide beschränkte sich bis 1921 auf das Geschäftliche, bis die Publikation von *Sodome et Gomorrhe* I das gemeinsame Interessengebiet offenbarte. Von da an besuchte Gide Proust öfter, um seine Darstellung des Themas mit ihm zu diskutieren. Gide seinerseits hatte eine Verteidigungsschrift der Homosexualität verfasst, betitelt *Corydon*, die er 1920 privat drucken ließ (publiziert 1924).

Eine wichtige Bekanntschaft schließlich, die einmal nicht über Dritte vermittelt wurde, ist die mit den Kunstmäzenen **Violet** (1874–1962) und **Sydney Schiff** (1868–1944). Violet, geb. Beddington, war eine englische Übersetzerin französischer Literatur, die der englische Romanautor Sydney Schiff 1911 in zweiter Ehe heiratete. 1919 schrieb Sydney an Proust, um ihm seine Bewunderung für *Swann* auszudrücken, widmete ihm seinen Roman *Richard Kurt* und bat ihn, in seiner Literaturzeitschrift *Art and Letters* einen Auszug aus dem zweiten Band vorabdrucken zu dürfen, was Proust aber so kurz vor dessen Erscheinen ablehnte. Die Korrespondenz zwischen quasi Unbekannten, die sich – soweit erhalten – wie ein Briefwechsel zwischen uralten Freunden liest, riss bis zu Prousts Tod nicht ab. In der Spargelzeit 1919 begegneten sie sich schließlich persönlich in Paris und diskutierten eine Nacht hindurch in Prousts Wohnung. Erstaunlicherweise klärte sich dennoch nicht der Irrtum Prousts auf, dass »Stephen Hudson«, der Name, unter dem *Richard Kurt* erschienen war, das Pseudonym von Violet und nicht von Sydney Schiff sei, was Prousts Briefen an die Schiffs gelegentlich eine unfreiwillige Komik verleiht. Im Mai 1920 und im Mai 1922 kamen sie noch einmal in Paris zusammen, wenn auch nur kurz. Das Treffen 1920 erfolgte anlässlich eines Diners, das die Schiffs zu Ehren Strawinskys nach der Uraufführung von dessen Oper *Le Renard* gaben; bei dieser Gelegenheit war auch das legendäre Schweigen zwischen Proust (im Pelz) und Joyce (im Vollrausch) zu hören, als die beiden Großmeister der Sprache einander nichts zu sagen wussten.[9]

9 Eine unterhaltsame Darstellung der Mythen, die sich um diese Begegnung ranken, gibt Richard Davenport-Hines in *A Night at the Majestic*

Curriculum vitae

In der folgenden Übersicht über die wichtigsten Lebens- und Publikationsdaten sind am Ende jedes Jahres-Absatzes die Veröffentlichungen aus dem jeweiligen Jahr aufgelistet.

1871 10. Juli: Geburt von Valentin Louis Georges Eugène Marcel Proust.

1873 24. Mai: Geburt von Marcel Prousts einzigem Geschwister Robert.

1878 Osterferien in Illiers.

1881 Proust hat seinen ersten Asthmaanfall. Im Herbst der erste Theaterbesuch.

1882 Oktober: Eintritt in die Quinta des Lycée Condorcet.

1886 Proust beantwortet das erste Mal einen der berühmten Fragebögen (s. unten, S. 52–56) und liest Augustin Thierrys *Aux temps mérovingiens*. Im September Aufenthalt in Illiers. Oktober: Er muss die Sekunda wiederholen, weil er im Vorjahr zu lange gefehlt hat.

1887 Proust spielt mit Marie de Bérnadaky in den Champs-Élysées. Im Oktober Versetzung in die Unterprima, wo er einen Aufsatz über Racine verfasst: »Racine leidenschaftlich zu lieben wäre ganz einfach die tiefste, zärtlichste, schmerzlichste, die aufrichtigste Empfindung …« Zusammen mit Daniel Halévy gründet er die monatliche, hektographierte Schülerzeit-

(London: Faber and Faber, 2006). – In ihrem Einakter *Proust and Joyce at the Majestic* (2013) geht Debbie Wiess der Frage nach, was alles zwischen den beiden hätte besprochen worden sein können. – Einen Abriss des literarischen Lebens der Schiffs gibt Stephen Klaidman in *Sydney and Violet* (New York: Doubleday, 2013).

schrift *Le Lundi. Revue artistique et litteraire*, von der dreizehn Nummern erscheinen.

1888 Im Oktober Versetzung in die Philosophieklasse (Oberprima). Proust liest Barrès, Renan, Leconte de Lisle, Loti und belegt den Philosophie-Kurs von Alphonse Darlu, mit dem er auch später noch in Verbindung blieb, und schreibt im Unterricht Liebesbriefe an seine Klassenkameraden Jacques Bizet und Daniel Halévy.

1889 Ernest Renan widmet ihm sein Buch *La vie de Jésus*. Seine Großmutter väterlicherseits stirbt. Im Juli Gymnasial-Abschluss (»bachelier ès lettres«). Ab November Wehrdienst in Orléans – den Proust »freiwillig« leistete, um den unfreiwilligen zu vermeiden.

1890 Im Januar stirbt seine Großmutter mütterlicherseits an Urämie. Im November Beendigung des Wehrdienstes. Proust schreibt sich in die Faculté de droit de Paris und in die École libre des sciences politiques ein. Er lernt Maupassant kennen.

1891 Urlaube in Cabourg und in Trouville. Er lernt Oscar Wilde, André Gide und Maurice Barrès kennen und schreibt Betrachtungen und Novellen für *Le Mensuel*.

1892 Proust und seine Schulfreunde Fernand Gregh, Robert Dreyfus, Daniel Halévy und Horace Finaly gründen die literarische Zeitschrift *Le Banquet*, in der er im wesentlichen die Texte aus der späteren Sammlung *Les Plaisirs et les Jours* (1896) publiziert. Er beantwortet den zweiten Fragebogen (s. unten, S. 52–56); im Juli fertigt Jacques-Émile Blanche sein berühmtes Porträt an.

1893 Veröffentlichungen in Le *Banquet*, das allerdings im gleichen Jahr eingestellt wird. Proust lernt Robert de Montesquiou kennen und beginnt seine Mitarbeit bei der *Revue blanche*.

L'Indifférent, ein entfernter Vorläufer zu *Un amour de Swann*, entsteht in dieser Zeit, wird aber erst 1896 veröffentlicht. Urlaube in Sankt Moritz, Évian und Trouville. Er schließt sein Jura-Studium erfolgreich ab (»licence en droit«).

– Violante ou la mondanité, in *Le Banquet*.
– La Conférence parlementaire de la rue Serpente, in *Le Banquet*.
– Mondanité de Bouvard et Pécuchet, in *La Revue blanche*.
– Mélancholique villégiature de Mme de Breyves, in *La Revue blanche*.
– Avant la nuit, in *La Revue blanche*.
– Souvenir, in *La Revue blanche*.

1894 Beginn der Dreyfus-Affäre. Proust lernt Reynaldo Hahn und Lucien Daudet kennen.

– Mensonges, Gedicht mit Musik von Léon Delafosse, bei Heugel.
– Une fête littéraire à Versailles, in *Le Gaulois*.
– Bouvard et Pécuchet II: Mélomanie (publ. 1919 in *Les Plaisirs et les Jours*).

1895 Proust schließt sein Philosophie-Studium erfolgreich ab (»licence ès lettres«) und nimmt eine Stellung bei der Bibliothèque Mazarine an. Urlaub im Sommer in Bad Kreuznach mit seiner Mutter, im August in Dieppe mit Reynaldo Hahn, wo er Saint-Saëns kennenlernt. Im September Aufenthalte, ebenfalls mit Reynaldo Hahn, auf der Belle-Île-en-mer und in Beg-Meil. Er beginnt die Arbeit an *Jean Santeuil*.

– Portraits de peintres, in *Le Gaulois*.
– La Mort de Baldassare Silvande, in *La Revue hebdomadaire*.
– Figures parisiennes: Camille Saint-Saëns, in *Le Gaulois*.

1896 Prousts Onkel Louis Weil stirbt an Lungenentzündung, wie später Proust selbst, der die Symptome wiedererkennt. Beginn der Freundschaft mit Lucien Daudet. Mit *Contre l'obscurité* erteilt Proust dem Symbolismus und Mallarmé eine Absage.

Urlaube in Mont-Dore (Auvergne) und in Fontainebleau. Proust liest Dumas, Balzac, Sainte-Beuve, Rousseau, Shakespeare, Goethe, Eliot und lernt Marie Nordlinger kennen.

– Les Plaisirs et les Jours, bei Calmann-Lévy.

– Contre l'obscurité, in *La Revue blanche.*

1897 Duell mit Jacques Lorrain. Ein zweiter Urlaub in Bad Kreuznach mit der Mutter gilt heute als zweifelhaft.

– Silhouette d'artiste, in *La Revue d'art dramatique.*

– Sur M. Alphonse Daudet, in *La Presse.*

– Adieux, in *La Presse.*

1898 Die Dreyfus-Affäre gelangt mit Zolas *J'accuse* auf ihren Höhepunkt; am Tag nach dem Erscheinen unterzeichnet Proust eine Petition für die Revision des Verfahrens; stattdessen findet ein Verfahren gegen Zola statt. Seine Mutter durchleidet eine Krebsoperation; er begleitet sie anschließend nach Trouville. Im Oktober Reise nach Amsterdam zur Rembrandt-Ausstellung. Im November besichtigt er das Haus Moreaus, das zu einem Museum umgewandelt wurde.

– Robert de Flers, in *La Revue d'art dramatique.*

1899 Proust gibt den *Jean Santeuil* auf und widmet sich ganz seinen Ruskin-Studien und der Übersetzung von dessen *The Bible of Amiens.* Urlaub in Évian. Er lernt Hauptmann Picquart kennen und freundet sich mit Antoine Bibesco an. Urlaub mit seinen Eltern in Évian.

– Lettres de Perse et d'ailleurs, in *La Presse.*

1900 Ruskin stirbt; Proust veröffentlicht mehrere Artikel über ihn. Er gibt seine Stelle in der Bibliothèque Mazarine auf und fährt mit seiner Mutter nach Padua und Venedig, wo er Marie Nordlinger und Reynaldo Hahn trifft. Im Herbst fährt er noch einmal, jetzt allein, nach Venedig, während seine Familie vom Boulevard Malesherbes Nr. 9 in die Rue de Courcelles

Nr. 45 umzieht; diese zweite Venedigreise wird heute allerdings angezweifelt.

- John Ruskin, in *La Chronique des arts et de la curiosité* (27. Januar).
- Pèlerinages ruskiniens en France, in *Le Figaro* (13. Februar).
- Ruskin et Notre-Dame d'Amiens, in *Mercure de France* (April).
- John Ruskin (I), (II), in *La Gazette des beaux-arts* (1. April, 1. August).

1901 Mit Léon Yeatman nach Amiens und nach Abbeville. Im Dezember bietet Proust dem Verlag Ollendorff seine Übersetzung von Ruskins *Bible of Amiens* an.

1902 Wiederaufnahme der Arbeit an *Jean Santeuil*. Proust hört *Tristan und Isolde*. Charles Haas stirbt. Kurze Reisen nach Amboise, Chartres und Brügge, wo er die Ausstellung flämischer Malerei der Renaissance besichtigt; später eine Reise mit Bertrand de Fénelon nach Brügge und dann allein weiter nach Holland, wo er in Haarlem die Gemälde von Frans Hals besichtigt und in Den Haag zum ersten Mal Vermeers *Ansicht von Delft* sieht. Im Dezember verabschiedet sich Fénelon zu Prousts großem Schmerz nach Konstantinopel.

1903 Robert Proust heiratet Marthe Dubois-Amiot, die sich nach Marcels und Roberts Tod um eine Vernichtung des Angedenkens an ihren verhassten Schwager bemühen wird. Proust lernt den Herzog von Guiche, den Prinzen Léon Radziwill und den Marquis von Albufera kennen. Urlaube in Trouville, in Burgund und mit den Eltern in Évian; Ausflüge mit dem Auto nach Laon, Senlis und Coucy-le-Château. Tod des Vaters.

- Auszüge aus *La Bible d'Amiens*, in *La Renaissance latine*.
- Un salon historique. Le Salon de S.A.I. la princesse Mathilde, in *Le Figaro*.
- Le Salon de Mme Lemaire, in *Le Figaro*.
- Le Salon de la princesse de Polignac, in *Le Figaro*.

1904 Beginn der Übersetzung von Ruskins *Sesame and Lilies* gemeinsam mit Marie Nordlinger, worin er auch Maeterlincks *Le double jardin* zitiert. Beim *Mercure de France* erscheint *La Bible d'Amiens*. Nach einer Reise durch die Bretagne und die Normandie und einer Kreuzfahrt entlang der bretonischen Küste und nach Guernsey erscheint im *Figaro* Prousts Betrachtung *La Mort des cathédrales*.

– Le Salon de la comtesse d'Haussonville, in *Le Figaro*.
– Fête chez Montesquiou à Neuilly, in *Le Figaro*.
– Le Salon de la comtesse Potocka, in *Le Figaro*.

1905 Proust verfasst das äußerst einfühlsame Vorwort zu *Sésame et les Lys* und eine weitere Studie über Robert de Montesquiou, *Un professeur de beauté*. Er beginnt, Saint-Simon und Homer zu lesen. Anfang September begleitet er seine Mutter nach Évian, die jedoch in einem Nottransport nach Paris zurückgebracht werden muss, wo sie Ende September stirbt. Sein Beitrittsgesuch zum Cercle de l'Union wird abgelehnt. Er begibt sich von Anfang Dezember bis Ende Januar in das Sanatorium des Charcot-Schülers Paul Sollier (1861–1938): »Meine Kur hat mich nur noch kränker gemacht.«

– La vie à Paris: la comtesse de Guerne, in *Le Figaro*.
– Sur la lecture, in *La Renaissance latine*.
– Un professeur de beauté, in *Les Arts et la vie*.

1906 *Sésame et les Lys* erscheint im Verlag des *Mercure de France*. Proust hält sich von Anfang August bis Ende Dezember im Hôtel des Réservoirs in Versailles auf. Danach wohnt er bis September 1908 in der Wohnung seines verstorbenen Großonkels Georges Weil am Boulevard Haussmann Nr. 102. Er liest André Gide, Francis Jammes und Dickens.

1907 Verschiedene Studien über die Dichterin Anna de Noailles, über den Salon der Prinzessin von Polignac und über die *Mé-*

moires der Madame de Boigne, von denen Teile auch in die *Recherche* eingeflossen sind. Er liest über Carpaccio. Im Sommer unternimmt Proust von Trouville aus verschiedene Ausflüge mit dem Automobil in die Bretagne und die Normandie, die sich im November im *Figaro* in dem Artikel *Impressions de route en automobile* niederschlagen, der bereits »Balbec« als Ausgangspunkt nimmt und mit einer Vorform des »Martinville-Aufsatzes« in *Combray* beginnt, die dann in *Le Côté de Guermantes* als »spätere Überarbeitung« ausgegeben wird. Bei diesen Fahrten hatte Alfred Agostinelli als Chauffeur fungiert, der ihm von dem Autovermieter zur Verfügung gestellt worden war.

– Sentiments filiaux d'un parricide, in *Le Figaro*.

– Une grand-mère, in *Le Figaro*.

1908 Proust beginnt mit dem Essay *Contre la méthode de Sainte-Beuve*, der sich jedoch zunehmend zur Novelle entwickelt. Im Frühjahr wird er in den Polo-Club aufgenommen. Im Sommer lernt er in Cabourg Marcel Plantevigne kennen und sieht mit ihm im Hotel eine Kinovorführung, die er jedoch als »Kasperltheater«[10] abtut. In den Monaten September bis November wohnt Proust erneut im Hôtel des Réservoirs in Versailles, danach zieht er endgültig in die Wohnung am Boulevard Haussmann 102 ein, obwohl es ihm dort eigentlich zu laut ist (teppichklopfende Nachbarn; siehe *Lettres à sa voisine*, 2013). Er liest die Memoiren von Chateaubriand.

10 Martine Beugnet / Marion Schmid, *Proust at the Movies*, Aldershot [u. a.]: Ashgate, 2004, S. 11. Andererseits schreibt Proust Ende Januar 1920 an Jean de Pierrefeu: »Ich bin niemals – was ich sehr bedauere, denn es hat immer eine große Anziehung auf mich ausgeübt – ins Kino gegangen.« (*Corr.* XIX, S. 76.)

– Serie von Pastiches von Balzac, Goncourt, Michelet, Faguet, Flaubert, Sainte-Beuve, Renan für den *Figaro*.

1909 Er gibt das Zwitterprojekt des essayistisch-novellistischen *Sainte-Beuve* auf und beginnt mit einem eigentlichen Roman, den ersten Entwürfen zu *Combray* und zu *Le Temps retrouvé*. Im Herbst hat er bereits 200 Seiten beisammen und veranschlagt seinen zukünftigen Roman *Le Temps perdu* auf drei Bände.

– L'affaire Lemoine, par Henri de Régnier, in *Le Figaro*.

1910 Urlaub in Cabourg, wo Proust an *Un amour de Swann* arbeitet und die Grundlagen für *Le Côté de Guermantes* entwirft. Er lernt Jean Cocteau kennen. Lektüre von Henri Bergsons *Matière et mémoire* und Thomas Hardys *A Pair of Blue Eyes* (1873; frz. *Deux Yeux bleus*, 1913).

1911 Proust macht in Begleitung seines Sekretärs Albert Nahmias Urlaub in Cabourg, wo er eine Maschinenabschrift seines Textes herstellen lässt, die den Titel *Les Intermittances du cœur, Le temps perdu, 1ère parti* trägt. In Paris hört er Wagner und *Pelléas et Mélisande* am »Theatrophon« (Drahtfunk). Zur Jahreswende erleidet er empfindliche Spekulationsverluste an der Börse.

1912 Er legt seinen Roman erst dem Verlag Fasquelle und dann der *Nouvelle Revue Française* vor, die beide ablehnen. Im *Figaro* erscheinen Auszüge aus *Combray*. Cocteau liest ihm aus seinem *La Danse de Sophocle* vor. Erneut schwere Spekulationsverluste.

– Zwei Auszüge aus *Combray*, in *Le Figaro*.

– L'Église de village, in *Le Figaro*.

1913 Der Verlag Ollendorff lehnt den Roman ab; am 11. März schließt Proust mit Grasset einen Vertrag zu Selbstkosten. Sein früherer Chauffeur und jetzt angebeteter (»je l'adorais«;

Corr. XIV, S. 358) Sekretär Alfred Agostinelli zieht am 30. Mai mit seiner Verlobten Anna Square in Prousts Wohnung ein. Vorveröffentlichungen im *Figaro* aus *Un amour de Swann* und aus *Le Côté de Guermantes.* Proust korrigiert nacheinander fünf Fahnensätze für den ersten Band, in dem zwei weitere Bände angekündigt werden. Am 12. November publiziert *Le Temps* (datiert 13. November) ein Interview von Élie-Joseph Bois mit Proust, in dem das »morgige« Erscheinen von *Du côté de chez Swann* im Buchhandel angekündigt wird. Proust überwirft sich mit Agostinelli, der am 1. Dezember zu seiner Familie in Nizza zurückgeht und in Antibes seine Pilotenausbildung fortsetzt. Proust versucht, ihn zur Rückkehr nach Paris überreden zu lassen und ihn mit finanziellen Angeboten zurückzulocken. Erneut schwere Spekulationsverluste.

– Auszüge aus *Du côté de chez Swann* in *Gil Blas, Le Temps* und *Les Annales.*

1914 Proust bereitet den zweiten Band für Grasset vor, der Mitte des Jahres die Fahnen fertig hat. Am 30. Mai verunglückt Agostinelli tödlich mit einem Schulflugzeug. Proust führt die Figur Albertines in sein Manuskript ein und arbeitet an den Teilen von *Sodome et Gomorrhe*, die später *La Prisonnière* und *Albertine disparue* werden; dabei erweitert er auch Vinteuils Sonate zu einem Quartett und später einem Septett. Céleste Albaret zieht als Haushälterin in Prousts Wohnung ein. Im September fährt Proust mit seinem neuen Kammerdiener Ernst Forssgren nach Cabourg. Am 3. August erklärt Deutschland Frankreich den Krieg; am 17. Dezember fällt Bertrand de Fénelon an der Front, Proust erfährt davon jedoch erst am 15. März 1915.

– Vorabdrucke aus dem geplanten zweiten Band in *La Nouvelle Revue Française.*

1915 Der kriegsbedingte Stillstand bei Grasset gibt Proust Gelegenheit, das Kapitel über Sodom und Gomorrha wie auch die Albertine-Episode zu eigenständigen Bänden auszuarbeiten.

1916 Proust wechselt zu Gallimard. Er vertieft seine Bekanntschaft mit Jean Cocteau und mit Paul Morand und beginnt, wieder auszugehen, unter anderem auch in Le Cuziats Männerbordell. Die dort gesammelten Erfahrungen wie auch die Eindrücke von Paris während des Krieges werden in *Le Temps retrouvé* eingearbeitet.

1917 *Sodome et Gomorrhe* und *Le Temps retrouvé* werden weiter ausgearbeitet. Die Fahnen für *À l'ombre des jeunes filles en fleurs* und für eine Neuauflage von *Du côté de chez Swann* werden korrigiert. Diners bei Larue und im Ritz mit der Prinzessin Soutzo. Am 27. Dezember bewundert er von einem Balkon des Ritz aus den Luftkampf über Paris.

1918 Proust engagiert den Schweizer Henri Rochat, einen ehemaligen Angestellten des Ritz, als Sekretär. Er lernt François Mauriac bei einem Empfang bei Francis Jammes kennen. Am 30. November (Druckvermerk) liegt *À l'ombre des jeunes filles en fleurs* vor. Proust konsultiert den anerkannten Neurologen Joseph Babinski (1857–1932) wegen einer Gesichtslähmung und wegen Sprachstörungen.

1919 Das Haus des verstorbenen Großonkels Georges Weil am Boulevard Haussmann 102, in dem er seit 1906 gewohnt hatte, wird von der Erbengemeinschaft verkauft, und Proust muss ausziehen; er findet Unterschlupf im Haus der Schauspielerin Réjane in der Rue Laurent-Pichat Nr. 8*bis*. Da ihm die Wohnung zu laut ist (Toilettenspülung des Nachbarn) und sich auch ungünstig auf sein Asthma auswirkt (zu nahe am Bois de Boulogne), zieht Proust nach drei Monaten weiter in die Rue Hamelin Nr. 44. *Pastiches et mélanges* erscheint sowie die Neuauflage von *Du côté de chez Swann*. Am 10. November wird Proust der Prix Goncourt verliehen.

– Mme de Villeparisis à Venise, in *Le Matin* vom 11. Dezember.

– À Venise, in *Feuillets d'Art* vom 15. Dezember.

1920 *Le Côté de Guermantes* I erscheint im Oktober bei Gallimard; im gleichen Jahr erscheint auch der aufschlussreiche Essay *À propos du style de Flaubert*. Proust wird zum Ritter der Ehrenlegion ernannt.

– Pour un ami: remarques sur le style, in *La Revue de Paris*.

1921 *Le Côté de Guermantes* II *suivi de Sodome et Gomorrhe* I erscheint im Mai bei Gallimard; ein Vorabdruck *Jalousie* aus *Sodome et Gomorrhe* II erscheint im November in der seit Juli bestehenden Reihe *Les Œuvres libres* bei Fayard. Der nutzlose Sekretär Henri Rochat wird nach Argentinien komplimentiert. Besuch der Ausstellung holländischer Maler im Jeu de Paume, wo auch Vermeers *Ansicht von Delft* gezeigt wird. Im Herbst kränkelt Proust besorgniserregend aufgrund eines Irrtums seines Apothekers.

– À propos de Baudelaire, in der *Nouvelle Revue Française*.

1922 Yvonne Albaret, eine Nichte der Haushälterin Céleste Albaret, übernimmt die Maschinenabschrift der Manuskripte für *La Prisonnière* und *La Fugitive*. Anfang des Frühjahrs verkündet Proust Céleste, dass er soeben das Wort »Fin« geschrieben habe. *Sodome et Gomorrhe* II erscheint (Druckvermerk 10. November). Beginn des Briefwechsels mit Ernst Robert Curtius. Am 18. Mai findet nach der Uraufführung von Strawinskys *Renard* die verunglückte Begegnung zwischen Proust und James Joyce sowie Igor Strawinsky bei einem Diner des Ehepaars Schiff statt. Im September erscheint der erste Band, *Swann's Way*, von Scott-Moncrieffs Übersetzung *Remembrance of Things Past* der *Recherche*, doch Proust ist mit den Titeln unzufrieden. Im Oktober erkrankt er an einer Bronchitis, die sich zu einer Lungenentzündung auswächst, an der Proust am 18. November stirbt. Er wird auf dem Pariser Friedhof Père Lachaise in der Section 85 beigesetzt.

– Vorabdrucke aus *La Prisonnière* in der *Nouvelle Revue Française.*

1923 *La Prisonnière* (Druckvermerk 14. November).

– Vorabdruck *Précaution inutile* im Februar aus *La Prisonnière* in der Reihe *Les Œuvres libres.*

1926 *Albertine disparue* (Druckvermerk 30. November 1925).

1927 *Le Temps retrouvé* (Druckvermerk 22. September).

1927 *Chroniques.* Eine Sammlung kleinerer Schriften, hrsg. von Robert Proust.

1929–36 Erste Gesamtausgabe in der Reihe »À la gerbe«, in 18 Bänden, bei Gallimard.

1952 *Jean Santeuil* (s. unten).

1954 Erste kommentierte Ausgabe von *À la Recherche du temps perdu*, hrsg. von Pierre Clarac und André Ferré, bei Gallimard (Bibliothèque de la Pléiade).

1954 *Contre Sainte-Beuve* (s. unten).

1971–89 Kommentierte Gesamtausgabe in sechs Bänden, hrsg. von Pierre Clarac und Yves Sandre (*Jean Santeuil précédé de Les Plaisirs et les Jours* sowie *Contre Sainte-Beuve précédé de Pastiches et mélanges suivi de Essais et articles*) bzw. von Jean-Yves Tadié (*À la recherche du temps perdu*, 4 Bde.), bei Gallimard (Bibliothèque de la Pléiade).

1988–2007 Erste deutsche kommentierte Gesamtausgabe, hrsg. von Luzius Keller bei Suhrkamp.

1991 *Écrits de jeunesse, 1887–1895*, hrsg. von Anne Borrel beim Institut Marcel Proust International (nicht in den frz. und dt. Gesamtausgaben berücksichtigt).

PROUST

II FRÜHE WERKE

Zeitungs- und Zeitschriftenbeiträge Prousts Veröffentlichungen aus den Jahren 1892–96 sind 1896 unter dem Titel *Les Plaisirs et les Jours* gesammelt erschienen (s. unten) und die aus den Jahren 1900–07 in *Pastiches et mélanges* 1919 (s. unten). Prousts zahlreiche Literatur- und Theaterkritiken aus der Zeit 1882–1922 finden sich gesammelt im dritten Teil des Bandes *Contre Sainte-Beuve, précédé de Pastiches et mélanges et suivi de Essais et articles*, Gallimard (Bibliothèque de la Pléiade) 1971 (dt. *Essays*). Unveröffentlichtes oder nur in Schülerzeitschriften erschienenes Material aus Prousts Jugendtagen gab das Institut Marcel Proust International 1991 unter dem Titel *Écrits de jeunesse 1887–1895* heraus.

Der Fragebogen Auch wenn es sich dabei nicht eigentlich um ein »Werk« handelt, ist der »Proust Questionnaire« doch zu bekannt und vor allem zu informativ, als dass man ihn hier übergehen könnte. Es handelt sich eigentlich um eine Salon-Spielerei, die um 1860 in England in Mode kam und dann auf den Kontinent überschwappte. Proust wurde zum ersten Mal 1886 mit einem solchen Fragenkatalog für das »Album to Record Thoughts, Feelings, &c« von Antoinette Faure konfrontiert (der Tochter des späteren Staatspräsidenten), wobei er die englischen Fragen auf Französisch beantwortete. 1891 oder 1892 wurde der Bogen Proust abermals in geringfügig veränderter Form für das Album »Les Confidences de Salon« vorgelegt, diesmal mit den Fragen auf Französisch. Hier die beiden Bögen in Zusammenfassung, wobei die Fragen von 1886 von denen von 1891/92 durch einen Schrägstrich getrennt sind, soweit sie voneinander abweichen:

Frage	Antwort 1886	Antwort 1891/92
Ihre bevorzugte Tugend.	Alle Tugenden, die nicht für eine Sekte spezifisch sind, die universellen.	
Der wesentlichste Aspekt Ihrer Persönlichkeit.	—	Das Bedürfnis, geliebt zu werden; genauer gesagt, vielmehr das Bedürfnis, gestreichelt und verwöhnt zu werden, als das nach Bewunderung.
Die Qualität, die ich mir bei einem Mann wünsche.	Intelligenz, ein Sinn für Moral.	Männliche Tugenden, und Offenheit in der Freundschaft.
Die Qualität, die ich mir bei einer Frau wünsche.	Sanftmut, Natürlichkeit, Intelligenz.	Weiblicher Charme.
Was gefällt mir am besten an meinen Freunden.		Wenn sie zärtlich zu mir sind, wenn ihre Persönlichkeit wundervoll genug ist, um den Wert dieser Zuneigung hoch zu veranschlagen.
Mein größter Fehler.		Dass ich nicht weiß, was ich will; meine Willensschwäche.
Meine Lieblingsbeschäftigung.	Das Lesen, Träumen, Gedichte, Geschichte, Theater.	Zu lieben.
Mein Traum vom Glück.	Nahe bei denen zu leben, die ich liebe, und mit dem Charme der Natur; mit einer Menge Bücher und Partituren, nicht weit von einem Theater.	Ich fürchte, er ist nicht groß genug, ich wage es nicht, davon zu sprechen, ich habe Angst, ihn zu zerstören, wenn ich von ihm spreche.

Was wäre mein größtes Unglück?	Von Maman getrennt zu sein.	Meine Mutter oder meine Großmutter nicht gekannt zu haben.
Wer ich gern wäre.	Da ich mir die Frage nicht zu stellen brauche, ziehe ich es vor, sie nicht zu beantworten. Ansonsten wäre ich gern Plinius der Jüngere gewesen.	Ich selbst, wie mich die Leute, die ich bewundere, gern hätten.
Das Land, in dem ich am liebsten leben würde.	In einem idealen Land, oder vielmehr, in einem Land meines Ideals.	Ein Land, in dem gewisse Dinge, die mir gefielen, wahr würden wie von Zauberhand, und wo Zuneigung immer erwidert würde.
Meine Lieblingsfarbe.	Ich liebe sie alle.	Die Schönheit liegt nicht in den Farben, sondern in ihrer Harmonie.
Meine Lieblingsblume.	Weiß nicht.	Ihre/Seine [»la sienne«] – und danach alle.
Mein Lieblingsvogel.		Die Schwalbe.
Meine bevorzugten Prosa-Autoren.	George Sand, Auguste Thierry.	Zur Zeit Anatole France und Pierre Loti.
Meine bevorzugten Poeten.	Musset.	Baudelaire und Alfred de Vigny.
Meine fiktiven Heroen.	Die Helden poetischer Romane, solche, die eher ein Ideal als ein Modell sind.	Hamlet.
Meine fiktiven Heroinen.	Jene, die mehr als nur Frauen sind, ohne dabei ihr Geschlecht zu verleugnen, alles, was poetisch zart, rein, schön in allen Gattungen ist.	Beatrice.

Meine Lieblings-Komponisten.	Mozart, Gounod.	Beethoven, Wagner, Schumann.
Meine Lieblingsmaler.	Meisonnier.	Leonardo da Vinci. Rembrandt.
Meine Heroen in der Wirklichkeit.	Ein Mittelding aus Sokrates, Perikles, Mahomet, Musset, Plinius dem Jüngeren. Auguste Thierry.	Monsieur Darlu, Monsieur Boutroux.
Meine Heroinen in der Wirklichkeit / in der Geschichte.	Eine geniale Frau, die das Leben einer gewöhnlichen Frau lebt.	Kleopatra.
Meine bevorzugten Namen.	—	Ich habe immer nur einen auf einmal.
Was ich vor allem verabscheue.	Leute, die nicht spüren, was gut ist, die von der Süße der Zuneigung nichts wissen.	Was schlecht an mir ist.
Historische Gestalten, die ich am meisten verachte.	—	Dafür bin ich nicht gebildet genug.
Die militärische Leistung, die ich am meisten bewundere.		Mein Wehrdienst.
Das Talent, das ich am liebsten besäße.		Wille, und Verführungskraft.
Wie ich sterben möchte.		Gebessert – und geliebt.
Ihr gegenwärtiger seelischer Zustand?	—	Überdruss daran, dauernd an mich denken zu müssen, um diese Fragen zu beantworten.

Fehler, mit denen ich die größte Nachsicht habe.	Das Privatleben von Genies.	Solche, die ich verstehen kann.
Mein bevorzugtes Motto.	Eines, das sich nicht zusammenfassen lässt, weil sein einfachster Ausdruck das Schöne, das Gute, das Große in der Natur ist.	Ich hätte zu viel Angst, dass es mir Unglück bringt.

L'Indifférent (1. März 1896 in: *La Vie Contemporaine*; dt. *Der Gleichgültige*, in: *Freuden und Tage*, S. 242–257) Es handelt sich hierbei um eine kleine Novelle, in Prousts Worten eine »nouvelle imbécile« (*Corr.* X, S. 197), die bald nach ihrem Erscheinen wieder vergessen worden war, bis Proust sich im November 1910 an sie erinnerte und Robert de Flers fragte, ob er ihren Abdruck noch habe, da er sie jetzt brauche. Es handelt sich um die Skizze einer zur Manie gewordenen Liebe, wie wir ihr dann in *Eine Liebe von Swann* breit ausgeführt wiederbegegnen, allerdings mit umgekehrten Vorzeichen: in *L'Indifférent* ist es eine große Dame, »Madeleine«, die sich in einen Mann verliebt, der von ihr nichts wissen will – und weil er von ihr nichts wissen will. Wie Kolb in seinem Vorwort hervorhebt, ist es eben diese von Proust beschriebene »berühmte Maxime der Koketterie« des »wenn ich dich nicht liebe, wirst du mich lieben«[11], was auch die Beziehung zwischen Swann und Odette, Marcel und der Herzogin von Guermantes, Marcel und Albertine, Saint-Loup und Rachel überschattet. Daneben finden sich auch etliche Einzelheiten aus *Un amour de Swann* bereits in dieser Novelle, wie etwa die »catléya« oder die Fetischisierung eines Gemäldes, das in den Augen des/der Verliebten der/dem Geliebten ähnelt; auch der Na-

11 *L'Indifférent*, Paris: Gallimard, 1978, S. 41 f.

menwahl »Madeleine« dürfte das gleiche Sündenmotiv zugrunde liegen, das die »Petite Madeleine« in *Combray* so attraktiv macht. – Diese frühe Fingerübung in der Psychologie der Liebe geriet abermals in Vergessenheit, bis Philip Kolb sie 1978 wieder ausfindig machte und bei der *Nouvelle Revue Française* erneut publizierte.

Les Plaisirs et les Jours (1896 bei Calmann-Lévy; dt. *Freuden und Tage*) Eine Zusammenstellung früherer Publikationen in den Zeitschriften *Le Banquet* und *La Revue blanche* aus den Jahren 1892–96, die von Madeleine Lemaire illustriert und von Reynaldo Hahn mit vier Stücken für Klavier ausgestattet wurde; mit einem Vorwort von Anatole France. Diese in nur kleiner Auflage hergestellte Liebhaberausgabe blieb praktisch unverkauft. 1924 erschien bei Gallimard eine reine Textausgabe. Der Titel des künstlerisch aufgemachten Buches, dessen Texte eine hedonistische Gesellschaft am Ende ihrer Zeit skizzieren und in dessen geistigem Zentrum die schönen Künste stehen, lehnt sich ironisch an Hesiods griechisches Lehrgedicht *Erga kai hemerai* an (8./7. Jh. vor Chr.; dt. *Werke und Tage*; frz. *Les Travaux et les jours*, Übers. Leconte de Lisle), das auf der einen Seite eine Theorie der Weltzeitalter und des unaufhaltsamen Niedergangs entwickelt, jedoch auf der anderen Seite auch die tägliche Problematik der bäuerlichen Überlebenskunst diskutiert.

Jean Santeuil Während eines Urlaubs 1895 in der Bretagne nahm Proust jenen »deutschen Bildungsroman« in Angriff, den er bereits 1893 in *Violante ou la mondanité* (dt. *Violante oder die mondäne Welt*; EA in *Le Banquet*, Wiederaufnahme in *Les Plaisirs et les Jours*) angekündigt hatte. Das Manuskript wurde unter den Papieren von Prousts Nichte Adrienne gen. Suzy Mante-Proust aufgefunden und 1952 von Bernard de Fallois unter dem Titel *Jean Santeuil*, dem Namen der Hauptperson, bei Gallimard herausgegeben. Das Romanprojekt erzählt in der dritten Person in einer Mischung aus Autobiographie und Fiktion von der Jugend Jeans, die er in einem Zustand naturekstatischen Egozentrismus verbringt, verliert sich dann jedoch zunehmend ins Fragmentarische, als es gilt, den Protagonisten in die Welt hinauszuführen und ihn mit deren Wahrnehmung der Wirklichkeit zu konfrontieren. Während sich das Ich des im Ich befangenen jungen Jean noch von außen vom Standpunkt einer dritten Person beschreiben ließ, wird die Er-Form zunehmend problematisch, als es darum geht, das Abbild der Außenwelt in der Innenwelt des Protagonisten zu betrachten. 1899 gab Proust das Projekt auf, benutzte es jedoch als Ideenreservoir bei der Arbeit an der *Suche*; zahlreiche Schlüsselmotive sind aus dem Romanfragment in wenig veränderter Form übernommen, so der Gutenachtkuss, die Weißdornblüten, der Besuch in einer Garnisonsstadt, das Herzogspaar, die Dreyfusaffäre, sowie zahlreiche Skizzen zum Thema Liebe und Eifersucht. Vor allem aber zeichnet sich in *Jean Santeuil* bereits Prousts Unterscheidung von zwei Formen von Erinnerung ab, der willentlichen und der unwillentlichen, eine Entdeckung, der er in *Contre Sainte-Beuve* weiter nachgehen und die er in der *Suche* endgültig ausarbeiten wird.

Eine deutsche Übersetzung von Eva Rechel-Mertens erschien 1965 unter dem Titel *Jean Santeuil* bei Suhrkamp; eine Überarbeitung dieser Übersetzung durch Luzius Keller erschien 1992 im selben Verlag.

La Bible d'Amiens (1904, Mercure de France) Auf Ruskin ist Proust vermutlich von seinem Professor an der École libre des sciences, Paul Desjardins, aufmerksam gemacht geworden, der ab 1893 Übersetzungen von Auszügen aus Ruskins Werken publizierte. Als Proust 1899 Urlaub in Évian am Fuß der Alpen machte, überkam ihn ein so dringendes Bedürfnis, »die Berge mit den Augen dieses großen Mannes zu sehen« (*Corr.* II, S. 357), dass er seinen Urlaub abbrach, um sich in Paris in Robert de La Sizerannes Studie *Ruskin et la religion de la beauté* (1897) vertiefen zu können. Noch im selben Jahr nahm Proust dann die Übersetzung der *Bible of Amiens* (1884) in Angriff, die 1903 abgeschlossen wurde. Der Text wird begleitet von einem umfangreichen Vorwort Prousts, das von seiner eingehenden Auseinandersetzung mit der Architektur der Gotik zeugt, von der auch zahlreiche Partien in der *Suche* profitiert haben; insbesondere das Strukturkonzept, das Proust bei *Jean Santeuil* noch gefehlt hatte, das des Romans als Kathedrale, hat die *Suche* sicherlich der Auseinandersetzung mit Ruskins Werk zu verdanken. Wie sehr es Proust aber verstanden hat, bei aller Assimilation doch die Distanz zu Ruskin (und zu sich selbst) zu wahren, zeigt übrigens sein brillanter Ruskin-Pastiche »La Bénédiction du sanglier« aus dem Nachlass (vermutl. 1908; in: *La Nouvelle Revue Française*, 1. Okt. 1953; dt. »Die Segnung des Ebers«, in: *Nachgeahmtes und Vermischtes*).

Sésame et les Lys (1906, Mercure de France) Anfang 1904 begann Proust in Zusammenarbeit mit Marie Nordlinger mit der Übersetzung von Ruskins *Sesame and Lilies* (1865), zwei Vorträgen, deren erster, *Of Kings' Treasuries*, vom richtigen Umgang mit Büchern handelt, während der zweite, *Of Queens' Gardens*, die Mädchenerziehung zum Thema hat. In der Auseinandersetzung mit dem ersten Thema gab Proust der Übersetzung als Vorwort einen Essay *Sur la lecture* mit, den er 1905 in *La Renaissance latine* vorveröffentlicht hatte und 1919 mit geringen Veränderungen unter dem Titel *Journées de lecture* (dt. *Tage des Lesens*) in die Sammlung *Pastiches et mélanges* aufnahm. (Dieser Titel ist etwas irreführend, da Prousts Rezension von 1907 der Memoiren der Madame de Boigne den gleichen Titel trägt.) Darin finden sich bereits die Erinnerungen an

Lektüreerlebnisse, die dann auch Eingang in *Combray* gefunden haben. Ein Faksimile der Handschrift wurde zusammen mit begleitenden Essays und einer Transkription 2004 unter dem Titel *Sur la lecture – Tage des Lesens* von Jürgen Ritte und Reiner Speck bei Suhrkamp herausgegeben.

Pastiches et mélanges (1919, Gallimard; dt. *Nachgeahmtes und Vermischtes*) Eine Sammlung von Pastiches um die Lemoine-Affäre, die 1908 und 1909 im *Figaro* erschienen, einem neuen Pastiche zum gleichen Thema im Stil von Saint-Simon, den Essays »Tage des Lesens« und »Sohnesgefühle eines Muttermörders« von 1905 bzw. 1907 sowie verschiedenen Artikeln zu Ruskin und zur Sakralarchitektur aus den Jahren 1900–04. Die deutsche Übersetzung wurde noch um fünf Pastiches aus dem Nachlass vermehrt. Während die Ruskin-Texte Prousts eigenständige Auseinandersetzung mit seinem Autor unter Beweis stellen, wirken die Pastiches wie Sprechübungen für die verschiedenen Stimmen, mit denen Proust in der *Suche* einzelne Personen ausstattet: den ›Klang‹ Sainte-Beuves etwa findet man bei Madame de Villeparisis wieder, Renans bei Legrandin, Saint-Simons bei Charlus und Ruskins bei Marcel während seines Venedig-Besuchs in der *Entflohenen*.

Contre Sainte-Beuve (1954, Gallimard; dt. *Gegen Sainte-Beuve*) 1908 begann Proust, vermutlich angeregt durch Romain Rollands Roman *Jean Christophe*, sich näher mit dem Dichter und vor allem Kritiker Charles-Augustin Sainte-Beuve (1804–69) auseinanderzusetzen, dessen Methode, ein Werk von der Biographie des Autors her zu beurteilen, wie Norpois es mit Bergotte in der *Suche* machen wird, ihm zutiefst suspekt war. Proust hält diesem Supremat des Verstandes die eigentliche Qualität der Literatur entgegen, das Gefühl direkt anzusprechen, und entwickelt in diesem Zusammenhang das Konzept einer »Erinnerung des Gefühls«, die geeignet ist, die Vergangenheit wieder zum Leben zu erwecken, in Gegensatz zu der lediglich sezierenden »Erinnerung des Verstandes«. Zur Erläuterung dieser Unterscheidung treten hier bereits die aus der *Suche* vertrauten Erinnerungsauslöser auf, der Stolperstein in einem Hof, der Klang eines scheppernden Löffels, die in Tee getunkte Madeleine (hier noch »pain grillé« oder »biscotte«, die womöglich auf eine Erinnerung an Wagners Zwieback zurückgehen[12]). Proust bot im August 1909 dem *Mercure de France* eine erste Fassung an, der jedoch ablehnte. Danach scheint Proust das Interesse an dem Projekt verloren zu haben; zahlreiche Notizen und Entwürfe, die den verwendeten Namen nach zu urteilen für das Sainte-Beuve-Projekt gedacht waren, wurden nicht mehr eingearbeitet und später für die *Suche* verwendet, insbesondere der Abschnitt »La Race des tantes« für SG I. Aus diesen Übernahmen erklären sich auch die gelegentlich überraschenden Umbenennungen

12 Mathilde Wesendonck hatte Richard Wagner Zwieback geschickt, der ihm nach seinen eigenen Worten (Brief an Mathilde vom 9. Mai 1859) dazu verhalf, eine Schaffenskrise zu überwinden. Die Briefe Mathildes an Richard wurden 1905 in französischer Übersetzung publiziert. Siehe im einzelnen Marc A. Weiner, »Zwieback and Madeleine. Creative Recall in Wagner and Proust«, in: *Modern Language Notes* 95 (1950) S. 679–684. – »Biscotte«, in Cahier 8 von Françoise serviert, im Cahier 25 von Maman. Im Vorwort zu *Contre Sainte-Beuve* erinnert der »pain grillé«, serviert von der »alten Köchin«, an den »biscotte«, einst serviert vom Großvater. – Die ganze Tee-Episode mag zudem auch von Hans-Christian Andersens Märchen *Hyldemoer* (dt.: *Mutter Holunder* oder *Fliedermütterchen*) inspiriert worden sein, das 1844 von Marc Auchet als *La Fée du sureau* ins Französische übersetzt wurde; hier kocht die Mutter ihrem Sohn einen Holundertee, unter dessen Einfluss er einschläft oder halb schläft, während ein alter Mann ihm Geschichten (die Märchen der eingebetteten Sammlung *Eventyr*) erzählt – »Gib acht, nun ist eins [d. h.: ein Märchen] in der Teekanne!«

von Personen der *Suche* (z. B. General Beaucerfeuil als Beauserfeuil, dann als Saint-Joseph und schließlich Monserfeuil) als übersehene Korrekturen bei der Neuverwendung.

Der Text wurde, wie schon der für *Jean Santeuil*, in den Papieren von Suzy Mante-Proust entdeckt und 1954 bei Gallimard publiziert. Da es sich nicht eigentlich um ein Manuskript handelt, sondern um eine Sammlung von Fragmenten, erschien 1971 eine Neufassung durch Pierre Clarac und Yves Sandre, die in anderer Weise mit dem Material umgeht. Einen eigenen Weg, der die beiden französischen Ansätze zu vereinbaren sucht, geht die von M. B. Bertini und L. Keller edierte und von Helmut Scheffel übersetzte deutsche Ausgabe unter dem Titel *Gegen Sainte-Beuve* bei Suhrkamp 1997.

Die Pastiches Proust war sein Leben lang von einem unbändigen Nachahmungstrieb beseelt. Mit seinen nach allen Erinnerungen offenbar äußerst gelungenen Imitationen prominenter Mitglieder der Gesellschaft machte er sich bei Soireen nicht nur Freunde: So war Robert de Montesquiou gründlich verschnupft, als man ihm hinterbrachte, dass er selbst das Opfer von Prousts Witz geworden sei. Dieser Spaß am überkonturierten Konterfei zeigte sich schon früh in Prousts schriftstellerischer Tätigkeit: Bereits mit siebzehn Jahren reicht er bei der Schülerzeitung *La Revue Lilas* einen Pastiche des Literaturkritikers Jules Lemaître ein. Er verfertigt Zeichnungen im Stil Manets oder Dethomas', schreibt (an Freunde) Briefe im Stil der Gräfin von Greffulhe oder auch in der Sprache der Bibel, verfasst Gedichte im Stil von Boisrobert oder Mallarmé, und in einer Artikelserie über die »Lemoine-Affäre« (dt. in *Nachgeahmtes*) ahmt er Autoren wie Balzac, Maeterlinck, Goncourt, Saint-Simon und sogar Ruskin nach und übt in der Stimme Sainte-Beuves Kritik an seinen eigenen Flaubert- und Chateaubriand-Pastiches. In die *Suche* sind etliche Miniaturen eingegangen, so eine Passage über Goethe im Stil Goethes (WG, S. 344f.), ein Proust-Pastiche, dieser allerdings von Albertine (G, S. 170–173), und in WZ ein längerer Bericht der Goncourts von einer Soiree bei den Verdurins (S. 24–35). In einem Brief vom Mai 1922 (*Corr.* XXI, S. 187–189) an den Kritiker Paul Souday schließlich verfertigt Proust seinen letzten Pastiche: als Kritik in des Kritikers eigenem Stil an seiner Kritik an Proust.

Gedichte Von seinem siebzehnten Lebensjahr an vergnügte Proust sich damit, Gedichte für Freunde und Bekannte oder für den Vortrag in Salons zu verfassen. Eine kommentierte Sammlung dieser Werke gaben Claude Francis und Fernande Gontier 1982 bei Gallimard heraus (*Cahiers Marcel Proust*, 10). Übersetzungen erschienen auf Englisch, Italienisch und Spanisch; eine deutsche Übersetzung (Macel Proust, *Les Poèmes – Die Gedichte*, frz./dt.) erschien 2018 bei Reclam.

Zeichnungen Proust bereicherte zuweilen seine Kladden (*Cahiers*) wie auch seine Briefe an Freunde mit Zeichnungen, meist schlichten Kritzeleien, manchmal aber auch genial hingeworfenen Skizzen wie etwa die »Studie für einen lachenden Montesquiou«. Eine leider immer noch nicht vollständige Sammlung dieser Werke – auf Auktionen erscheint doch von Zeit zu Zeit ein neuer Fund und verschwindet gleich wieder – gab Philippe Sollers 1999 bei Gallimard unter dem Titel *L'Œil de Proust – Les dessins de Marcel Proust* heraus (darin S. 76 das Montesquiou-Porträt).

III DIE »SUCHE NACH DER VERLORENEN ZEIT«

»Ceci est une œuvre de force, du moins c'est son ambition« (»Dies ist ein kraftvolles Werk, zumindest ist das sein Anspruch«; Proust über die *Recherche* in einem Brief an Gaston Calmette vom 12. 11. 1913, *Corr.* XII, S. 309).

Materialien

Proust pflegte seine Texte in Schulhefte zu schreiben, die sog. *Cahiers* ›Kladden‹, die sich heute zum großen Teil in der Bibliothèque nationale de France (BnF) befinden und im Internet unter der Adresse »gallica.bnf.fr« mit etwas gutem Willen zu finden und einzusehen sind. Die BnF verfügt über vier Notizbücher, 75 Entwurfshefte (arabisch numeriert), 20 Reinschrift-Hefte (römisch numeriert, mehrere Bände mit Typoskripten, unkorrigierten und korrigierten Fahnen, eine große Zahl loser Blätter sowie Schriften aus Prousts Jugend. Da es die Suche im Internet-Portal »gallica« der BnF erheblich erleichtert, wenn man die Bibliothekssiglen kennt, gebe ich hier einen Überblick. Die Cahiers 1–62 tragen die Bibliotheksnummern NAF (»nouvelles acquisitions françaises«) 16 641 bis NAF 16 702 (= 16 640 plus Cahier-Nummer), die erst später erworbenen Cahiers 63–75 die Nummern NAF 18 313 bis NAF 18 325 (= 18 250 plus Cahier-Nummer).

Die Reinschriften zu den letzten fünf Bänden werden unter den Nummern NAF 16 705–16 727 katalogisiert, und zwar wie folgt:

– *Le Côté de Guermantes* (*Der Weg nach Guermantes*) II: 16 705–16 707.

– *Sodome et Gomorrhe*: 16 708–16 714.

Die Cahiers 16 709–16 714 sind von Proust als Cahiers I–VII durchnumeriert; diese Bezeichnungen finden sich häufig in der Sekundärliteratur. Das erste Cahier (16708) trägt keine römische Nummer.

– *La Prisonnière* (*Die Gefangene*): 16715–16719 = Cahiers VIII–XII.

– *La Fugitive* bzw. *Albertine disparue* (*Die Entflohene*): 16720–16722 = Cahiers XIII–XV.

– *Le Temps retrouvé* (*Die wiedergefundene Zeit*): 16723–16727 = Cahiers XVI–XX.

Einen vollständigen Überblick über den Bestand des Fonds Marcel Proust inkl. der Typoskripte, »Placards« (Fahnen) und »Épreuves« (Probedrucke) der BnF mit Verknüpfungen zu den jeweiligen Scans der BnF gibt die »Équipe Proust« des Institut des textes et manuscrits modernes (ITEM) unter http://www.item.ens.fr/index.php?id=578147.

Die Cahiers 54 (zu *La Prisonnière* und zu *Albertine disparue*), 71 (zu *Albertine disparue*), 26 (zu *Contre Sainte-Beuve* und zu *Du côté de chez Swann*) und 53 (zu *Sodome et Gomorrhe* und zu *La Prisonnière*) wurden 2008, 2010, 2011 bzw. 2013 bei Brepols in Turnhout als Faksimiles und in diplomatischer Transkription sowie von wechselnden Arbeitsgruppen mit Kommentaren und Indizes versehen in jeweils zwei Bänden herausgegeben. Das Cahier 46 (zu *La Prisonnière*) wurde 2009 von Julie André in einer Dissertation an der Université de la Sorbonne nouvelle weitgehend transkribiert und umfangreich kommentiert als pdf-Datei in der public domain zur Verfügung gestellt. Die Cahiers 51, 57 und 58 zum letzten Band gab Gallimard bereits 1982 unter dem Titel *Matinée chez la Princesse de Guermantes. Cahiers du »Temps retrouvé«* heraus (im endgültigen Text von *Le Temps retrouvé* dann »soirée«). Dieses Material, soweit es nicht in den Text Eingang gefunden hat, wurde allerdings im wesentlichen später als »Esquisses« in die Pléiade-Ausgabe von Tadié integriert.

Während Proust in den Cahiers seine Texte niederlegte, benutzte er sog. *Carnets* – schmale, längliche Notizbücher, die ihm Geneviève Straus geschenkt hatte –, um Augenblicksbeobachtungen und -einfälle festzuhalten. Die Einträge in diesen Carnets, die es dem neugierigen Leser ermöglichen, Proust bei der Textfindung ein wenig über die Schulter zu schauen, wurden 2002 bei Gallimard veröffentlicht.

Eine von Charles Méla transkribierte Reproduktion des kompletten korrigierten ersten Fahnensatzes zu *Combray*, der sich im Besitz der Fondation Bodmer Genf befindet, publizierte Gallimard 2013 in einer äußerst sorgfältig erarbeiteten und aufwendig ausgestatteten, numerierten Liebhaberausgabe zum hundertsten Jahrestag des Erscheinens von *Du côté de chez Swann*. Ein zweiter Band mit den Fahnen zu *Un amour de Swann* erschien 2016.

Eine unerschöpfliche und unersetzliche Fundgrube für denjenigen, der Proust und seine Arbeitsweise genauer kennenlernen möchte, bildet die *Correspondance*, die von Philip Kolb 1970–93 herausgegeben und annotiert wurde; dazu s. unten, Korrespondenz.

In Deutschland hat sich seit 2011 die Bibliotheca Reiner Speck in Köln zur zentralen Anlaufstelle für Proust-Forscher entwickelt, die als Sammlungsteil die Bibliotheca Proustiana Reiner Speck mit einer Fülle von Korrespondenz, Erstausgaben und Proust-bezogenen Sammlerstücken enthält.

1975 Les Cahiers Marcel Proust conservés à la Bibliothèque nationale. Inventaire matériel et descriptif. Bulletin d'informations proustiennes 1 (1975) S. 13–17.

1982 Marcel Proust: Matinée chez la Princesse de Guermantes. Cahiers du »Temps retrouvé«. Hrsg. von Henri Bonnet in Zsarb. mit Bernard Brun. Paris: Gallimard, 1982. [Cahiers 51, 57, 58.]

1991 Marcel Proust: Écrits de jeunesse 1887–1895. Hrsg. von Anne Borrel. Illiers-Combray: Institut Marcel Proust International, 1991.

2004 Anthony R. Pugh: The Growth of »À la recherche perdu«. A Chronological Examination of Proust's Manuscripts from 1909 to 1914. 2 Bde. Toronto: University of Toronto Press, 2004. [Bd. I: 1909–11; Bd. II: 1911–14.]

2008 Marcel Proust: Cahiers 1 à 75 de la Bibliothèque nationale de France. Cahier 54. Transcription diplomatique, notes et index par Francine Goujon, Nathalie Mauriac Dyer et Chizu Nakano. Introduction, diagramme et analyse par Nathalie Mauriac Dyer. 2 Bde. Turnhout: Brepols, 2008.

2009 Julie André: Le Cahier 46 de Marcel Proust. Transcription et interprétation. Paris: Université de la Sorbonne nouvelle, 2009. [https://tel.archives-ouvertes.fr/tel-00713945/document]

2009 Marcel Proust: Cahiers 1 à 75 de la Bibliothèque nationale de France. Cahier 71. Transcription diplomatique par Shuji Kurokawa et Pierre-Edmond Robert. Introduction, notes et index par Francine Goujon et Nathalie Mauriac Dyer. Diagramme et analyse par Nathalie Mauriac Dyer. 2 Bde. Turnhout: Brepols, 2009.

2009 Akio Wada: Index général des cahiers de brouillon de Marcel Proust. Osaka: Matsumotokobo, 2009.

2010 Marcel Proust: Cahiers 1 à 75 de la Bibliothèque nationale de France. Cahier 26. Transcription diplomatique par Hidehiko Yuzawa. Introduction par Françoise Leriche et Hidehiko Yuzawa. Notes par Françoise Leriche, Akio Wada et Hidehiko Yuzawa. Diagramme, analyse et index par Nathalie Mauriac Dyer, Akio Wada et Hidehiko Yuzawa. 2 Bde. Turnhout: Brepols, 2010.

2012 Marcel Proust: Cahiers 1 à 75 de la Bibliothèque nationale de France. Cahier 53. Transcription diplomatique, notes et index par Nathalie Mauriac Dyer, Pyra Wise et Kazuyoshi Yoshikawa. Introduction par Nathalie Mauriac Dyer et Kazuyoshi Yoshikawa. Diagramme et analyse par Nathalie Mauriac Dyer. 2 Bde. Turnhout: Brepols, 2012.

2013 Marcel Proust: Du côté de chez Swann. Combray. Premières épreuves corrigées (1913). Fac-similé. Introduction et transcription de Charles Méla. Réalisé sous la direction de Jean-Yves Tadié. Paris: Gallimard, 2013.

Vorveröffentlichungen

> »Der einzige Name, den zu kriegen lohnt, ist Proust; nach dem angle ich gerade.«
> (T. S. Eliot am 9. Juli 1922 an Ezra Pound hinsichtlich eines Vorabdrucks für seine literarische Zeitschrift *Criterion*.)

Gaston Calmette, der Herausgeber der bedeutenden Tageszeitung *Le Figaro*, hatte Proust tatkräftig zwischen März 1912 und März 1913 mit vier Vorveröffentlichungen aus WS unterstützt, zu einer Zeit, als Proust noch auf der Suche nach einem Verleger war: die Widmung des ersten Bandes war zweifellos der Dank dafür. Nachdem sich die *Nouvelle Revue Française* darauf besonnen hatte, dass sie sich mit WS ein Meisterwerk hatte entgehen lassen, geizte sie nicht mehr mit Raum für Prousts Texte und publizierte regelmäßig längere Auszüge aus den zu erwartenden Bänden; einige wenige Auszüge erschienen auch in anderen Zeitschriften. Eine vollständige Übersicht gibt Tadié: *Recherche* IV, S. 1500 f.; sechzehn der dort gelisteten vierundzwanzig kürzeren Auszüge finden sich in deutscher Übersetzung in Hanno Helblings Sammelband Marcel Proust, *Der gewendete Tag*[13]. T. S. Eliots Literaturzeitschrift *Criterion* gelang es 1924 endlich, die Genehmigung Gallimards für einen Vorabdruck (in englischer Sprache) eines Auszugs aus *Albertine disparue* zu erlangen (»The death of Albertine«, in: *Criterion*, July 1924,2, S. 376–394).

Zu Gallimards nicht geringem Verdruss hat Proust auch der beliebten Reihe *Les Œuvres libres* zwei lange Auszüge, *Jalousie* und *Précaution inutile*, aus *Sodom* II bzw. der *Gefangenen* überlassen,

13 *Der gewendete Tag. »Auf der Suche nach der verlorenen Zeit« in den Vorabdrucken*, hrsg. und übers. von Christina Viragh und Hanno Helbling, München: Deutscher Taschenbuch Verlag, 1996.

die November 1921 bzw. Februar 1923 erschienen; die wohlfeile, aber dennoch gut zahlende Monatszeitschrift war auf die Publikation »unveröffentlichter vollständiger Werke« spezialisiert. Beide Texte sind in deutscher Übersetzung unter dem Titel *Eifersucht* (ca. 130 Seiten) bzw. *Unnötige Vorsorge* (ca. 100 Seiten) in Hanno Helblings Sammelband Marcel Proust, *Albertine*,[14] enthalten.

Der letzte Band, *Le Temps retrouvé*, wurde von der *Nouvelle Revue Française* in neun Heften von Januar bis September 1927 veröffentlicht, bevor die Buchausgabe im November 1927 erschien.

14 *Albertine. Ein Roman aus der »Suche nach der verlorenen Zeit«*, hrsg., übers. und mit einem Nachw. vers. von Hanno Helbling, München: Deutscher Taschenbuch Verlag, 2001.

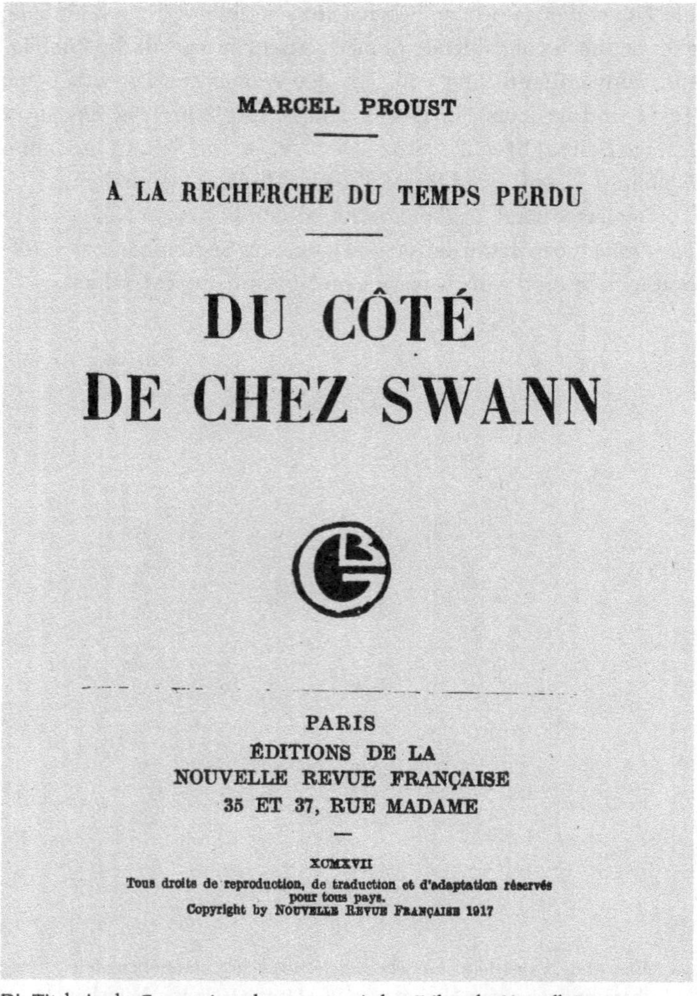

MARCEL PROUST

A LA RECHERCHE DU TEMPS PERDU

DU CÔTÉ
DE CHEZ SWANN

PARIS
ÉDITIONS DE LA
NOUVELLE REVUE FRANÇAISE
35 ET 37, RUE MADAME

XCMXVII

Tous droits de reproduction, de traduction et d'adaptation réservés pour tous pays.
Copyright by NOUVELLE REVUE FRANÇAISE 1917

Die Titelseite der Grasset-Ausgabe von 1913 mit dem Etikett der *Nouvelle Revue Française*

Die Erstausgabe

»Die *Recherche* hat etwas von ›Es war Milady‹ an sich«
(Gérard Genette, *Figures* III, Paris: Seuil, 1972, S. 97).

Swann Ende Oktober legte Proust nach einer Empfehlung seines Förderers, dem Herausgeber des *Figaro*, Gaston Calmette, der bereits 1912 Auszüge aus *Swann* vorabgedruckt hatte, sein damals noch zweibändig konzipiertes Romanmanuskript (*Le Temps perdu* und *Le Temps retrouvé*) mit dem Arbeitstitel *Les Intermittances du cœur* dem bekannten Literaturverleger Eugène Fasquelle (1863–1952) vor, bei dem auch zahlreiche Autoren aus Prousts Freundeskreis publizierten. Im Dezember desselben Jahres lehnte Fasquelle jedoch ab, vermutlich aufgrund eines umfangreichen internen Lektoratsberichts des Dichters Jacques Normand (1848–1931; Pseudonym »Jacques Madeleine«), der unter anderem schrieb: »Am Ende von siebenhundertzwölf Seiten dieses Manuskripts (siebenhundertzwölf mindestens, denn viele Seiten sind mit *a, b, c, d* versehen) – nach unendlicher Verzweiflung darüber, in unauslotbaren Verwicklungen zu ertrinken und nervenzerrüttender Ungeduld darüber, niemals an die Oberfläche aufsteigen zu können – hat man keine, aber auch nicht die leiseste Ahnung, worum es eigentlich geht. Wozu das Ganze? Was soll es bedeuten? Wohin soll es führen? – Unmöglich, das zu ergründen. Unmöglich, dazu etwas zu sagen. [...] Aber insgesamt und auch hinsichtlich der Bestandteile kommt man nicht umhin, hier ein höchst ungewöhnliches intellektuelles Phänomen zu konstatieren.« (Übers. nach Compagnon, *Swann*, S. 446–450; der Brief wurde erstmals 1966 publiziert.) Ein kleines Juwel aus dieser Rezension möchte ich dem Leser nicht vorenthalten: Madeleine zitiert eine Passage aus WZ, S. 355 f.: »›In der Armee ... hatte ich einen Freund, an den mich dieser Herr [Bréchot] ein wenig erinnerte. Ganz egal über was, was soll ich sagen, über dies Glas hier zum Beispiel, da kann er sich stundenlang die Lippen fusselig reden, na ja, vielleicht nicht über dies Glas hier, das war dumm von mir; aber etwa über die Schlacht von Waterloo, über was immer Sie wollen, lässt er so ganz nebenher Sachen vom Stapel, auf die Sie niemals gekommen wären‹« und kommentiert: »Fürchtet der Autor nicht, dass wir das auf ihn anwenden könnten?«

Parallel zu Fasquelle hatte Proust sein Manuskript auch an Gaston Gallimard (1881–1975) geschickt, den Proust 1908 in der Normandie kennengelernt hatte; Gallimard war Leiter des 1911 von André Gide und seinem Freundeskreis gegründeten avantgardistischen Verlags Les Éditions de la Nouvelle Revue Française, der den von Proust bevorzugten Rahmen für sein Werk geliefert hätte. Doch die NRF lehnte ebenfalls Ende Dezember ab, auf Anraten Gides, der sich aber 1914 eines Besseren besann und Proust am 11. Januar einen Entschuldigungsbrief schickte, der in der Proust-Gemeinde einige Verwirrung stiftete, denn 1928 wurde noch nicht jener Brief publiziert, den Proust erhalten hatte, sondern Gides Kladden-Entwurf. Darin schreibt er: »Die Ablehnung dieses Buches [*Swann*] wird der größte Fehler bleiben, den die NRF je begangen hat – und (da ich die zweifelhafte Ehre habe, dafür weitgehend verantwortlich zu sein) für mich ein Gram, der quälendste Gewissensbiss meines Lebens. [...] Ich hatte Sie für einen von der ›*Côté de chez Verdurin*‹ gehalten, einen Snob, einen Salonhelden – etwas, was man in unserer *Revue* nicht ausstehen kann.« Diese Passage findet sich auch in dem Brief, den Proust tatsächlich erhielt, der aber erst 1963 publiziert wurde (*s. Corr.* XIII, S. 51 ff.). Der folgende Passus aus der Kladden-Veröffentlichung von 1928, der den Anstoß gegeben haben dürfte für den ›Vertèbres-Wirbel‹ (s. dazu MPE, »Wirbel« I und II), fehlt aber in dem eigentlichen Brief: »Das Unglück wollte es, dass meine Aufmerksamkeit sogleich in die Tasse Kamomillen-Tee [sic] auf S. 62 fiel, und dann S. 64 über den Satz stolperte (der einzige des Buches, den ich mir nicht recht erklären kann – bislang, denn ich wollte nicht warten, bis ich es zu Ende gelesen habe, um Ihnen zu schreiben), in dem von einer Stirn die Rede ist, durch die die Wirbel hindurchscheinen.« (*Corr.* XIII, S. 50 f.). Womöglich hat Gide ihn ja zwischen Entwurf und Reinschrift begriffen.

Nach diesen Misserfolgen ließ ein Freund Prousts, der Schriftsteller Louis de Robert (1871–1937), dem Leiter Alfred Humblot (1865?–1920) des Verlages von Paul Ollendorff (1851–1920) das Manuskript zukommen; um den 10. Februar 1913 schreibt Humblot an Robert: »Lieber Freund, ich mag ja total vernagelt sein, aber mir will nicht in den Kopf, wie ein anständiger Mensch dreißig Seiten darauf verwenden kann zu beschreiben, wie er sich in seinem Bett dreht und wälzt, bevor er Schlaf findet. Da kann ich nur die Hände über dem Kopf zusammenschlagen [...].« (Übers. nach Robert, *Comment débuta Marcel Proust*, 1925, S. 13.)

Im Rückblick waren diese ganzen Ablehnungen womöglich ein Glücksfall für Proust und die Leser der *Suche*, denn die etablierten Verlage hätten wohl kaum die endlosen Änderungen und vor allem Erweiterungen in den Fahnen widerspruchslos hingenommen, die Proust dann schließlich bei Grasset vornahm – allerdings auf eigene Kosten, wie den ganzen Druck des ersten Bandes: Im Februar 1913 hatte Proust seinen Bekannten René Blum (1878–1942), der mit Bernard Grasset (1881–1955) befreundet war, gebeten, diesem das Manuskript des ersten Bandes anzubieten – das ganze Projekt, dessen Gesamttitel jetzt die bekannte Form angenommen hatte, war inzwischen auf drei Bände angeschwollen. Grasset willigte am 11. 3. 1913 ein, *Swann* auf Kosten des Autors zu verlegen. Nach dem großen Erfolg dieses ersten Bandes nach seinem Erscheinen am

14. November[15] 1913 hätte Grasset natürlich gern seinen Autor an sich gebunden, aber der Ausbruch des Ersten Weltkrieges machte ihm einen Strich durch die Rechnung: Grasset wurde eingezogen, und sein recht kleines Verlagshaus lag damit brach. Zudem war die Beziehung zwischen Proust und Grasset ohnehin nicht von Zuneigung geprägt. Dies gab der NRF Gelegenheit, nachdem sie ihren Irrtum eingesehen hatte, Proust zu umwerben und schließlich Grasset abspenstig zu machen, der, von Typhus geschwächt und nach langem Hin und Her, 1916 mit Bitternis einem Auflösungsvertrag zustimmte. Die NRF kaufte die Fahnen für den zweiten Band auf, soweit sie schon hergestellt waren, sowie die Restauflage von 206 Stück des ersten Bandes, die sie anschließend mit einem Aufkleber über dem Grasset-Druckvermerk und in ihrem eigenen Umschlag ab 1917 vertrieb.

Mädchenblüte Die Papierknappheit der Kriegsjahre wie auch Prousts ständige Änderungswünsche führten dazu, dass der zweite Band auch bei dem neuen Verleger erst am 30. November 1918 gedruckt vorlag – und noch ein weiteres halbes Jahr warten musste, bis er erscheinen konnte. Über die Gründe für diese Verzögerung lässt sich nur spekulieren: da der öffentliche Diskurs Ende 1918 so sehr vom Ende des Ersten Weltkrieges am 11. November 1918 in Anspruch genommen war, dürfte Gallimard gefürchtet haben, dass seine Neuerscheinung nicht die gewünschte Aufmerksamkeit finden könnte. Einen weiteren Hinweis liefert Prousts Brief an Berthe Lemaire aus dem Dezember 1918, in dem er die winzige Schrift beklagt (»Fliegenfüße«, »kann und wird keiner lesen«) und

15 Als Erscheinungsdatum wird häufig irrtümlich der 13. November angegeben, da die Zeitung *Le Temps* vom 13. November, die das Buch für »morgen« ankündigte, schon am Abend des 12. November erschien.

schreibt: »auch meine finanziellen Schwierigkeiten werden mich vor einem nicht zurückschrecken lassen: einem ›Nachdruck‹ auf meine Kosten« (s. Briefwechsel Proust–Gallimard, 1989, S. 147).

Nach dem Erscheinen – in unveränderter Form – am 20. Juni 1919 schließlich wurde das Buch jedoch praktisch umgehend mit dem Prix Goncourt honoriert: es lag wohl doch an Prousts Augen (»selbst die, die gute Augen haben, werden es nicht lesen – all die Arbeit für so ein Ergebnis!«, ebd.).

Neben der regulären Ausgabe erschien 1920 noch eine Luxus-Ausgabe zu 300 statt drei Francs, der »als Lockmittel« jeweils zwei der sogenannten »Placards« beigelegt waren, Collagen aus den Grasset-Fahnen, die Gallimard übernommen hatte, und Ausschnitten aus Prousts Kladden (»Cahiers«). Diese Placards, die von der Sekretärin Mademoiselle Rallet der *Nouvelle Revue Française* angefertigt worden waren, hatten dem Verlag als Manuskript-Vorlage für den zweiten Band gedient. Für die Sonderausgabe war eine Auflage von einundfünfzig Exemplaren ins Auge gefasst worden; von den demnach einhundertundzwei verteilten Placards sind bislang allerdings erst wenige wieder aufgetaucht, darunter mehrere, die sich jetzt in der Sammlung Speck befinden.

Guermantes, Sodom 1920, 1921 und 1922 erschienen die Folgebände *Le Côté de Guermantes* I, *Le Côté de Guermantes* II *suivi de Sodome et Gomorrhe* I sowie *Sodome et Gomorrhe* II. Proust hatte gehofft, dass die beiden *Guermantes*-Bände gleichzeitig mit den »beiden Bände von *Sodom* I« (das spätere *Sodom* I plus *Sodom* II) erscheinen könnten (s. Briefwechsel Proust–Gallimard, S. 242 und auch S. 232 f.), doch durch diese Rechnung machte nach Meinung Prousts der Verleger einen Strich, nach Meinung des Verlegers das Druckhaus: »Die Setzer machen Schwierigkeiten mit Texten, die schwierig zu lesen sind. Die Arbeiter sind auch nicht mehr das, was sie mal waren« (Gallimard am 24. Januar 1921 an Proust). Gallimard war deshalb auf Verlangen des Druckhauses dazu übergegangen, Prousts Manuskripte abtippen zu lassen und ihm diese »Dactylographien« zur Korrektur zu schicken; die Korrektur der Fahnen sollte dann im Verlagshaus nach diesen korrigierten Typoskripten vorgenommen und diese Fahnen Proust nur noch zu einer letzten Durchsicht geschickt werden. Natürlich expandierte Proust wie gewohnt, so dass Gallimard nun diese Ergänzungen abtippen und wiederum an Proust zur Durchsicht schicken musste – die Korrespondenz zwischen Gallimard und Proust in den Jahren 1920/21 vermittelt einen Eindruck von dem entstandenen Chaos. Die Erstausgabe war dementsprechend von Fehlern durchsetzt: »Bei *Guermantes* I ist es so katastrophal, dass ich schon überlegt habe, Sie zu bitten, den Band erst im Februar zusammen mit *Guermantes* II herauszubringen, damit es nicht so auffällt. [...] Monsieur Breton glaubt, es gelesen zu haben, Jacques Rivière glaubt, es gelesen zu haben. Und beide haben nicht gemerkt, dass man jedesmal, wenn ich von Bergottes Romanen spreche, ›Bergsons Romane‹ gedruckt hat.« Die Fehlerliste, die Proust für den Verlag zusammenstellte, umfasste 23 Seiten (*Corr.* XIX, S. 438 f.). Der Ton in der Korrespondenz mit Gallimard blieb trotz aller Ärgernisse freundlich und höflich, doch in der *Gefangenen* machte Proust seiner Frustration Luft: »[Gisèle] log nicht auf die gleiche Art wie Albertine, und auch nicht auf die gleiche Art wie Andrée, aber ihre jeweiligen Lügen waren, trotz ihrer großen Vielfalt, derart ineinander verschachtelt, dass die kleine Bande die undurchdringliche Solidität gewisser Handelshäuser wie beispielsweise Buch- oder Zeitungsverlage aufwies, bei denen der unglückliche Autor [...]« – zur Fortsetzung siehe *Die Gefangene*, S. 239.

Wann und warum der Entschluss gefasst wurde, das erste Kapitel des ursprünglichen *Sodom* I als *Sodom* I an *Guermantes* II anzubinden und das restliche *Sodom* I in *Sodom* II umzubenennen (damit dann auch das ursprüngliche *Sodom* II in *Sodom* III), lässt sich nicht mehr rekonstruieren; in einem Brief Prousts an Gallimard von Ende Juni 1920 findet sich die Bemerkung: »Die *Côté de Guermantes* II will ich in einem Band mit *Sodome et Gomorrhe* I erscheinen lassen. Das ist eine bessere Aufteilung. Es ist im übrigen auch das, was vereinbart wurde«, während Ende Februar noch von »den zwei Bänden *Sodome et Gomorrhe* I« die Rede war, also offenbar der alten Einteilung (Briefwechsel Proust–Gallimard, S. 250 bzw. 242).

Die Gefangene, Die Entflohene, Die wiedergefundene Zeit Im Januar 1922 beschloss Proust, den ursprünglich geplanten Band *Sodom* III in zwei Teilbände *Sodom* III und *Sodom* IV aufzuspalten, auch auf die Gefahr hin, dass die Einzelbände recht dünn werden könnten: »man sollte in meinem Fall [...] nicht die Behauptung herausfordern [...]: ›Er lässt arg nach‹« (Briefwechsel Proust – Gallimard, S. 573; 22. Juni 1922). Im Juli 1922 schlug Proust für diese beiden Teile die Untertitel *La Prisonnière* und *La Fugitive* vor (a. a. O., S. 551 f.), wobei sich aber das Problem ergab, dass bei der *Nouvelle Revue Française* gerade die Übersetzung eines Romans von Rabindranath Tagore unter ebendiesem Titel erschienen war, und »ohne *Fugitive* keine *Prisonnière*« (ebd.). Ende September fragte Gallimard deshalb bei Proust an, ob er denn wirklich den vorgesehenen Titel beibehalten wolle, und Proust antwortete (Briefwechsel Proust–Gallimard, S. 621): »seit der Titel *La Fugitive* im Verschwinden begriffen ist, ist die Symmetrie [zur *Gefangenen*] dahin«. In der ersten Maschinenabschrift des Manuskripts zum ursprünglichen (ungeteilten) *Sodom* III findet sich dann die handschriftlich eingetragene Überschrift: »*Albertine disparue / Chapitre* I«, und in der zweiten Maschinenabschrift, die den Titel *La Fugitive* trägt, ähnlich der Vermerk: »Hier beginnt *Albertine disparue*« (NAF 16748; s. auch Tadié, *Recherche* IV, S. 1043, zu *page* 3, der die Handschrift offenbar Marcel Proust zuschreibt).

Nach Prousts Tod nahmen sich Prousts Bruder Robert und der NRF-Redakteur Jacques Rivière der nachgelassenen Manuskripte an und bereiteten sie zur Publikation vor; das Manuskript zur *Gefangenen* lag Gallimard bereits fertig vor, soweit man bei Prousts Manuskripten von ›fertig‹ reden konnte (»keiner der beiden Teile ist ›fertig‹ im eigentlichen Sinn von ›fertig‹«, Briefwechsel Proust-Gallimard, S. 551), zu den letzten beiden Bänden jedoch existierten nur Prousts sogenannte Reinschriften (»Papyrollen«) und zahllose lose Zettel. Bei der Zusammenstellung der Texte wurden deshalb zahlreiche Irrtümer begangen und auch Auslassungen vorgenommen, weshalb Gallimard, der inzwischen die *Nouvelle Revue Française* übernommen hatte, 1954 eine dreibändige kritische Neuedition unter der Herausgeberschaft von Pierre Clarac und André Ferré in der Reihe Bibliothèque de la Pléiade unternahm. Infolge des so neugeweckten Interesses und auch nach dem Tod von Prousts Nichte Adrienne »Suzy« Mante-Proust tauchte jedoch eine solche Menge neuen Materials auf, dass abermals eine Überarbeitung vor allem der letzten Bände erforderlich wurde. Diese Aufgabe übernahm Jean-Yves Tadié mit der vierbändigen, umfangreich kommentierten Ausgabe bei Gallimard 1987–89, die unserer Übersetzung im wesentlichen zugrunde liegt.

»Albertine disparue« Zu der Hinterlassenschaft von Suzy Mante-Proust gehörte auch eine stark gekürzte und im übrigen wenig veränderte Fassung des sechsten Bandes, das sog. Mauriac-Typoskript, das 1987 von Nathalie Mauriac-Dyer, einer Enkelin von Suzy Mante-Proust, unter dem Titel *Albertine disparue* bei Grasset publiziert wurde. Der Stellenwert dieses Textes ist umstritten. Helbling

(*Albertine*, 2001) argumentiert, dass es sich eventuell um eine Fassung für einen Vorabdruck in der Reihe *Les Œuvres libres* handelt, der an den oben erwähnten Vorabdruck *Précaution inutile* aus der *Gefangenen* in dieser Serie anschließen würde und mit dem nicht im aufgefundenen Manuskript vorkommenden Satz »Mademoiselle Albertine est disparue« endet, während in der tradierten Fassung dieser – kaum verzichtbare – Satz nicht am Ende der *Gefangenen*, sondern am Anfang der *Entflohenen* steht. Auch die Länge des gekürzten Textes, die derjenigen der beiden anderen *Œuvres libres*-Vorveröffentlichungen gleichkommt, spricht für diese These. Andere Stimmen, wie etwa Nathalie Mauriac-Dyer, neigen eher zu der Auffassung, dass Proust eine völlige Umstrukturierung des Romanendes geplant habe. Eine für Gaston Gallimard bestimmte Notiz am Rande des Mauriac-Typoskripts weckt zumindest Zweifel an Helblings These. In der Reihe *Le Livre de poche* hat Mauriac-Dyer die gekürzte Fassung unter dem Titel *Albertine disparue* an die *Prisonnière* angeschlossen und diesem Band einen Band mit der tradierten Textfassung unter dem Titel *La Fugitive* folgen lassen. Eine Übersetzung der gekürzten Fassung des sechsten Bandes findet sich unter dem Titel *Die Flucht* in Hanno Helblings Sammelband *Albertine*.

"He's into Proust as only a child can be."

»Er geht ganz in Proust auf, wie nur ein Kind das kann.«

Zur Rezeption

»›Das Lesen.‹ – ›Oh!, das ist aber eine sehr beruhigende Leidenschaft bei einem Ehemann!‹ rief Madame Bontemps und erstickte ein boshaftes Lachen.« (SJM, S. 247.)

Die Literatur zu Proust hat inzwischen den Pegel von 10 000 Titeln überschritten – die meisten davon gewiss zur *Suche*. Es ist daher kaum noch menschenmöglich, und ganz bestimmt nicht in diesem Rahmen, einen auch nur annähernd vollständigen Überblick über die Diskussion zu geben. Ich beschränke mich hier darauf, die wesentlichsten Gesichtspunkte anzudeuten, die unmittelbar nach Erscheinen der einzelnen Bände in der Tagespresse und Literaturkritik vorgebracht wurden. Die meisten dieser Rezensionen sind heute nur noch unter Mühen erhältlich; dem interessierten Leser steht aber immerhin Hodsons Sammlung (1989) umfangreicher Auszüge in englischer Übersetzung zur Verfügung. Eine erste Zusammenfassung der zeitgenössischen französischen Rezeption Prousts liefert Catalogne bereits 1926, eine naturgemäß umfangreichere Darstellung der französischen Kritik bietet dann Alden 1973. Eine speziell auf den moralischen Aspekt fokussierte Analyse der französischen Reaktionen auf Prousts Werk in den Jahren zwischen 1913 und 1930 liefert Ahlstedt 1985. Einen Überblick über die zentralen Themen der Diskussion liefert die 1971 erschienene Sammlung von Jacques Bersani mit 20 Aufsätzen, die den Zeitraum von 1912 bis 1970 umfasst und so illustre Namen wie Curtius, Butor, Deleuze, Barthes und Genette vereint. Ein ähnliches Konzept verfolgen 1990 Paolo Pinto und Giuseppe Grasso mit ihrer Sammlung *Proust e la critica italiana* von 36 Aufsätzen zur italienischen Proust-Rezeption, in der Beiträge von u. a. G. Ungaretti, B. Croce, A. Moravia, A. Beretta-Anguissola, G. Macchia und P. Citati zu finden sind. Ein feinmaschigeres Netz wirft 1983 Angelika Corbineau-

Hoffmann aus, die unter dem Titel *Marcel Proust* die Literatur zu Proust thematisch gegliedert in Abrissen darstellt.

Einen vorläufigen Überblick über die Proust-Rezeption auch außerhalb Europas gab 2001 das Institut Marcel Proust International in einem Kongressbericht. Detailliert befasst sich Herbert E. Craig 2002 mit der Proust-Rezeption im spanischsprachigen Amerika; die umfangreiche Bibliographie erfasst zudem über die Fachdiskussion hinaus auch Zeitungsrezensionen und -erwähnungen.

2009 erschien an der Université de Provence eine Dissertation von Hongmei He, die einen Überblick über die Rezeption Prousts in China liefert.

1926 Gérard de Catalogne: Marcel Proust et ses critiques. In: Marcel Proust. Paris: Éditions de la Revue Le Capitole, 1926.

1967 René de Chantal: Marcel Proust. Critique littéraire. Montréal: Presses de l'Université de Montréal, 1967.

1971 Jacques Bersani (Hrsg.): Les critiques de notre temps et Proust. Paris: Garnier, 1971.

1973 Douglas W. Alden: Marcel Proust and his French Critics. Los Angeles: Lymanhouse, 1940. Nachdr. New York: Russell & Russell, 1973.

1983 Angelika Corbineau-Hoffmann: Marcel Proust. Darmstadt: Wissenschaftliche Buchgesellschaft, 1983. (Erträge der Forschung.)

1985 Eva Ahlstedt: La Pudeur en crise. Un aspect de l'accueil d'»À la recherche du temps perdu« de Marcel Proust, 1913–1930. Paris: Touzot, 1985.

1989 Leighton Hodson (Hrsg.): Marcel Proust. The Critical Heritage. London / New York: Routledge, 1989.

1990 Paolo Pinto, Giuseppe Grasso (Hrsg.): Proust e la critica italiana. Torriana: Orsa Maggiore, 1990.

2001 Institut Marcel Proust International (Hrsg.): La Réception de Proust à l'étranger. Illiers-Combray: Société des Amis de Marcel Proust, 2001.

2002 Herbert E. Craig: Marcel Proust and Spanish America. From Critical Response to Narrative Dialogue. London: Associated University Presses, 2002.

2009 Hongmei He: La réception de Marcel Proust en Chine. De la lecture critique à la lecture créatrice. Aix/Marseille: Université de Provence, 2009.

Die Kritik zu Lebzeiten

> »The clumsy centipedalian crawling of the interminable sentences.«
> (Arnold Bennett in Erinnerung an eine Lektüre von *Swann* kurz vor Prousts Tod; in: A. B., *Things that have interested me*, London: Chatto & Windus, 1926, S. 197.)

Swann (erschienen 14. 11. 1913) Man muss Grasset zugutehalten, dass er das Erscheinen von *Du côté de chez Swann* in professioneller Manier nach modernsten Maßstäben vorbereitet hatte. Zahlreiche Besprechungsexemplare wurden beizeiten versandt, der Freundeskreis Prousts wurde animiert, Rezensionen zu verfassen. Am 13. November 1913 erschien in der bedeutenden Tageszeitung *Le Temps* eine umfangreiche Ankündigung durch Élie-Joseph Bois (1878–1941), in der dieser »vorhersagt«, dass der angekündigte erste Band der *Recherche du temps perdu* »wohl keinen Leser gleichgültig lassen wird. Er wird vielleicht manche verstören«, und *Swann* als »eigenartig, tief, überraschend, mitreißend, verwirrend, überwältigend« charakterisiert: »Kann nicht als leichte Lektüre für eine Zugreise bezeichnet werden.« Hier wird auch erstmals das notorische Bild von Proust als einem bettlägerigen Invaliden gezeichnet: »Marcel Proust ist ein Märtyrer seiner schlechten Gesundheit, aber erscheint nicht so, sobald der Schriftsteller in ihm, bittet man ihn, sein Werk zu erläutern, erwacht und spricht.« Eingebettet in den Artikel ist ein Interview mit Proust, in dem dieser auf seinen Stil, seine Arbeitsmethode und seine Ästhetik eingeht: »Für mich ist der Roman nicht Psychologie in der Ebene, sondern Psychologie in der Zeit. Ich habe versucht, diese unsichtbare Substanz der Zeit zu isolieren, aber damit das möglich wurde, musste das Experiment über längere Zeit fortgeführt werden. [...] Die Charaktere werden sich später als sehr verschieden herausstellen von dem, was sie in diesem Band sind und von dem, was man von ihnen annehmen wird. [...] Mein Werk ist beherrscht von der Unterscheidung zwischen unwillentlicher und willentlicher Erinnerung, eine Unterscheidung, die nicht nur nicht in Bergsons Philosophie vorkommt, sondern der sogar von ihr widersprochen wird.« Zu seiner Arbeitsmethode erklärt Proust: »Ich meine, dass der Künstler das Rohmaterial für seine Arbeit eigentlich nur in den unwillentlichen Erinnerungen suchen sollte. [...] Nur sie tragen den Stempel der Authentizität. [...] Sie lassen uns dasselbe Erlebnis unter verschiedenen Umständen wahrnehmen, sie befreien es so von allen Zufälligkeiten und zeigen uns seine außerzeitliche Essenz, eine Essenz, die tatsächlich den Inhalt eines schönen Stils ausmacht, jene allgemeine und notwendige Wahrheit, die allein die Schönheit des Stils verständlich machen kann.« Und weiter zum Stil: »Stil ist nicht nur Zierat, wie manche Leute meinen, nicht einmal eine Frage der Technik, er ist, wie die Farbe des Malers, eine Qualität des Sehens, die Enthüllung jenes besonderen Universums, das jeder von uns sieht und das kein anderer sehen kann. Das Vergnügen, das ein Künstler uns bereitet, liegt darin, dass er uns mit einem weiteren Universum bekannt macht.« (Übers. nach Compagnon, *Swann*, S. 451 ff.)

Am 27. November 1913 veröffentlichte Lucien Daudet, der den Text bereits aus den Fahnen kannte, eine enthusiastische und einfühlsame Besprechung im *Figaro*; darin hebt er neben anderen auch den amüsanten Aspekt des Textes hervor: »Marcel Prousts Analysen [...] stehen so perfekt im Einklang mit einer überwältigenden Sensibilität, dass die beiden untrennbar zusammengehen sowohl bei schmerzlichem Empfinden wie auch bei Ironie, und wir schließlich […] meinen, dass seine Analyse unsere Gefühle freisetzt und seine Sensibilität unser Lachen.« Zum Stil steuert Daudet eine Beobachtung bei, die den Übersetzer ständig in den Konflikt zwischen Texttreue und Inhaltstreue stürzt: »Der Stil von Marcel Proust befindet sich in vollkommenem Einklang mit seinem Denken: mit einer skrupulösen Präzision erfüllt er unaufhörlich in unglaublicher Weise unsere Erwartungen hinsichtlich der Beziehung zwischen einem Eindruck und seinem Ausdruck.« Es ist dies wohl die schwierigste Hürde bei einer Übersetzung, denn so mancher französische Ausdruck neigt dazu, nach Übersetzung nicht mehr den Eindruck zu liefern, dem er im Original entsprach. In seinem Résumé schließlich schreibt Daudet: »Man kann ganz schlicht sagen, dass später einmal, vielleicht sehr viel später, Marcel Prousts Buch, wenn man von ihm spricht, als eine außergewöhnliche Manifestation menschlichen Verstandes im zwanzigsten Jahrhundert erscheinen wird.« (Übers. nach L. Daudet, *Autour de soixante lettres de Marcel Proust*, 1929.)

Bereits am 3. Dezember 1913 erschien auch eine Besprechung im *Times Literary Supplement* von Mary Duclaux (1857–1944), die sich schwerpunktmäßig mit literarischen Kindheitserinnerungen befasste und sich begeistert zeigt von der Darstellung des Knaben Marcel: »Von allen diesen Büchern [bis vielleicht auf zwei] ist das zarteste, das mit einer außerordentlich tiefen Empfindsamkeit gesättigtste, umfassende und doch für das Erleben von Krankheit oder die ersten Eindrücke der Kindheit sensible, ein gewaltiger Roman […] von Marcel Proust […]. Das Buch, mit dem man ihn am ehesten vergleichen könnte, wäre Henry James's *A Small Boy*, obwohl dieses ganz entschieden schlicht und kompakt ist verglichen mit Marcel Prousts Versuchen, die undeutlich schillernden Eindrücke eines jungen Geistes zu rekonstruieren, das – uns unerklärliche – Staunen, mit dem er Orte und Personen betrachtet, die in unseren Augen keinerlei Zauber ausüben.« Als Beispiel zitiert sie die Träumerei, in die Marcel versinkt, als seine Mutter ihm erzählt, sie habe Swann in den Trois-Quartiers getroffen, der einen Schirm kaufen wollte (WS, S. 567), und schließt: »Etwas Älteres und Tieferes als Wissen erfüllt dieses Buch.« (Übers. nach Hodson, *Heritage*, S. 89–92.) Mary Duclaux hatte übrigens für Proust während des Ersten Weltkrieges eine Patenschaft für Soldaten übernommen.

Nach diesen Elogen meldeten sich allerdings auch weit weniger begeisterte Stimmen. So erschien im *Figaro* am 8. Dezember eine weitere Rezension, diesmal von Francis Chevassu (1862–1918), der *Swann* als eine kaum verhüllte Autobiographie liest: »Das Fehlen einer Handlung und das kapriziöse Wesen der Komposition zeigen darüber hinaus, dass es Marcel Prousts geringster Wunsch war, sich auf das zu beschränken, was für gewöhnlich die Betrachtung des Lebens genannt wird. Man wird wohl eher zu dem Schluss kommen, dass das, was er schreiben wollte, eine angenehme und bilderreiche Autobiographie war, aber in einem ungewöhnlichen Format.« Die von Duclaux so überschwenglich gelobte Kindheitsdarstellung sieht Chevassu in einem anderen Licht: »In Marcel Prousts Buch bleiben seine Erinnerungen in einem unberührten Zustand und sind klar umrissen; und doch ist ihnen das Empfinden des erwachsenen Mannes, der sie wachruft, unweigerlich aufgeprägt; dieses Empfinden führt zu keiner Veränderung; es setzt sie lediglich fort in einer träumerischen Stimmung oder illustriert sie mit einem zarten, feinsinnigen Humor; im Gegensatz zum üblichen Vorgehen ist es hier die Gegenwart, die der Vergangenheit ihre Ausstrahlung verleiht.«

Auch *Le Temps* schob am 10. Dezember eine zweite Kritik nach, diesmal von dem anerkannten und einflussreichen Literaturkritiker Paul Souday (1868–1929). Trotz des scharfen Tones dieser Kritik (»Enthält durchaus glänzende Partien, aus denen der Autor ein recht hübsches Büchlein hätte machen können«) war Proust erfreut über die Publizität, die sie ihm verschaffte, jedoch indigniert über den Vorwurf, schlechtes Französisch zu schreiben. Soudays Mängelrügen bezogen sich jedoch fast ausschließlich auf Fehler, die jedermann mühelos als Satz- oder Druckfehler erkennen könnte, so er denn wollte. Aus heutiger Sicht etwas befremdlich nimmt sich eine Bemerkung gegen Ende von Soudays Besprechung aus: »Den nächsten Band erwarten wir mit Wohlwollen und in der Hoffnung, etwas mehr Ordnung und Strenge zu finden und einen etwas ausgefeilteren Stil.« Wie ausgefeilt denn noch? Der emimente britische Literaturwissenschaftler Leighton Hodson bemerkt dazu, wie auch zu den Rufen nach mehr Ordnung und Strenge, die allerdings auch schon bei anderen Kritikern zu hören waren: »Veränderungen im geistigen und künstlerischen Klima erklären zum Teil, was heutige Leser wahrzunehmen vermögen. Die Erklärung besteht zum Teil darin, dass Prousts Genie von 1896 an [dem Erscheinen von *Les Plaisirs et les Jours*] dem künstlerischen Verständnis seiner Leser weit vorauseilte« (Hodson, *Heritage*, S. 36).

Übrigens antwortete Proust Souday am nächsten Tag mit einem spöttischen Brief, in dem er genüsslich auf eine falsche Zuschreibung und obendrein falsche Deutung eines lateinischen Zitats hinwies, das Souday in seiner Kritik verwendet hatte: unter Aufnahme von Soudays Empfehlung, einen pensionierten Akademiker einzustellen, der seine Grammatik kontrolliert, empfiehlt Proust Souday (»ich hoffe, Sie nehmen mir diese kleine Bosheit nicht übel«), jemanden einzustellen, der seine lateinischen Zitate überprüft: »Er würde nicht versäumen, Sie darauf hinzuweisen, dass *Materiam superabat opus* nicht von Horaz stammt, sondern von Ovid, und zudem nicht als Rüge, sondern als Lob verwendet wurde« (*Corr.* XII, S. 380–383). Die kleine Gemeinheit wurde nicht verziehen, wie man sieben Jahre später in Soudays Rezension von *Guermantes* I nachlesen kann (s. unten).

Offenbar verärgert über die Lobhudelei der Freunde Prousts in den ersten Kritiken, stößt Lucien Maury (1872–1953) in der *Revue politique et littéraire* am 27. Dezember 1913 in dasselbe Horn: Nachdem er erst einmal Lucien Daudets Charakterisierung Prousts als »Genie« auf menschliches Maß zurechtgestutzt hat (»ich würde eher sagen, dass er eine ganze Menge Talent hat«), fährt er fort: »Eine ausgedehnte Fläche klaren Wassers, das all die Großartigkeit einer ausgedehnten, vielfältigen Landschaft widerspiegelt, mag sich als nicht so sehr tief erweisen; wir werden angezogen von seiner Durchsichtigkeit, dem Zauber dieser glatten und trügerischen Oberfläche. [...] Die Anziehungskraft von Prousts Geist beruht auf ähnlichen Eigenschaften.« An Prousts Stil bemängelt er die »konturlosen Sätze, in denen Klammereinschübe und Nebensätze ziellos umherwandern in einem ungezügelten ›Jeder-kann-mitmachen‹« und spricht von »kakophonischem Schreiben« (Übers. nach Hodson, *Heritage*, S. 101–104).

Gaston de Pawlowski (1874–1933) hebt in seiner Rezension vom 11. Januar 1914 für die Zeitschrift *Comœdia*, S. 3, wohl erstmalig in dieser Deutlichkeit die psychologische Durchdringungskraft Prousts hervor, dessen Analysen er geradezu als Neuland empfindet: »Wir haben uns weit von der bruchstückhaften, lediglich beschreibenden Psychologie der Romanciers entfernt, die wir in unserer Jugend genossen haben. [...] Dies ist Psychologie, die dem Studium von Bakterien unter dem Mikroskop vergleichbar ist; dies ist nicht die Psychologisiererei eines Salonhelden mit Hilfe eines bloßen Monokels. [...] Nachdem ich dies gesagt habe, habe ich jedoch auch den Eindruck, dass das psychologische Vorgehen des Autors in bedenklicher Weise durch die Theorien Bergsons inspiriert wurde [...]« (Übers. nach Hodson, *Heritage*, S. 108 f.). Gegen diesen Brückenschlag zu Bergson verwahrt sich Proust energisch in einer umgehenden Antwort an Pawlowski (Datierung 11. 1. 1914 unsicher): »Nicht im Traum habe ich daran gedacht, die Philosophie Bergsons zu ›illustrieren‹. Ich habe den Namen Bergson nur einmal ausgesprochen, und dies, um zu sagen, dass es nichts ›Bergsonisches‹ an einem solchen Buch gibt [in dem Interview mit Bois, s. oben]. Doch von dem Augenblick an wurde ich unaufhörlich entweder beglückwünscht oder gescholten, der Autor eines ›bergsonischen‹ Romans zu sein.« Übrigens findet sich in diesem Brief auch eine Bemerkung, die so manchen Kenner der *Suche* verblüffen dürfte: »Die Fotografie ist jene Kunst, die ich am heftigsten verabscheue« (*Corr.* XIII, S. 54 f.).

In der letzten publikationsnahen Rezension, die ich hier erwähnen möchte, rückt der Maler und Kunstkritiker Jacques-Émile Blanche am 15. April 1914 im *Écho de Paris*, S. 1, Prousts Stilkritikern den Kopf zurecht: »[Prousts] Mut wird in den Verbindungen und den Verzierungen nicht enden wollender Satzgefüge deutlich, die dennoch klar sind, bildhaft und, wenn sie nicht dabei verweilen, zu viele Girlanden einzuweben, fest gefügt, konturiert, geschmeidig und bedeutungsgeladen sind.« Blanche hebt die amüsanten Seiten an Proust hervor, die bislang bestenfalls in Nebensätzen zu ihrem Recht kamen: »Zu seinen Fähigkeiten als Irrenarzt und Psychologe fügt er dieses seltene Gewürz feiner Ironie hinzu, das unbarmherzig wäre, wenn es nicht durch Sympathie gemildert würde. Er ist geistvoll und profund.« Blanche schließt mit dem Satz: »Es [dieses Buch] ist fast zu grell für Augen, die halb blind sind selbst bei vollem Tageslicht.«

Mädchenblüte (erschienen 20. 6. 1919) Der Prix Goncourt wird seit 1903 im Herbst für das beste erzählerische Werk französischer Sprache vergeben, das im vorangegangenen Jahr publiziert wurde. Er verschaffte sich trotz seiner intellektualistischen Tendenzen im Handumdrehen ein außerordentliches Renommee beim Publikum wie auch bei den Autoren. Als Gallimard 1913 *Swann* für den Prix Goncourt vorschlug, war dies bereits ein Griff nach den Sternen – ein berechtigter, aber etwas verfrühter Vorstoß, denn Proust erhielt am Ende nicht eine der zehn Stimmen des Preisgremiums. Aber auch Alain-Fourniers erfolgreicher Roman *Le Grand Meaulnes* (dt. *Der große Kamerad*, 1930) wurde nach immerhin elf Abstimmungsrunden für nicht preiswürdig erachtet; ausgezeichnet wurde vielmehr Marc Elders *Le Peuple de la mer* (nicht übersetzt), ein Roman, der vom Überlebenskampf der Fischer auf der Insel Noirmoutier erzählt. Beim Erscheinen von *Mädchenblüte* dagegen war der Boden gründlicher vorbereitet: am 10. Dezember 1919 wurde ihm der mit 5000 F (etwa 3900 €) dotierte Preis verliehen; sechs der Jury-Mitglieder hatten für Proust gestimmt, die restlichen vier dagegen für Roland Dorgelès' Kriegsroman *Les Croix de bois* (dt. *Die hölzernen Kreuze*, 1930), den immerhin Tucholsky als ein Meisterwerk apostrophierte.

Allerdings war die Kritik in dieser Zeit, zu der das Kriegsende erst ein Jahr zurücklag, von der Entscheidung der Jury nicht einhellig überzeugt, wenn auch nicht unbedingt aus literarischen Gründen. Am prägnantesten kommt dieses zeitpolitisch motivierte Missfallen in Jean de Pierrefeus Rezension für das *Journal des débats* vom 12. Dezember 1919 zum Ausdruck, in der er bemängelt, dass Proust schon zu arriviert sei, um der Unterstützung des Prix Goncourt zu bedürfen, ferner zu alt (»Talent von jenseits des Grabes, nicht ohne Charme«), zu pazifistisch, und vor allem zu antiquiert: »Diese Sammlung von Erörterungen […] werden jene kränklichen Seelen genießen, die sich der Realität nicht stellen können und sich in Träumereien verlieren. Sie hat wenig mit den Neigungen einer jungen Generation zu tun, die die Schönheit des Kampfes feiert und die Tugenden des Lichts; sie steht nicht im Einklang mit der Erneuerung des klassischen Geistes, den die Partei der Intelligenz zum einzigen erklärt, der mit der Größe unserer siegreichen Nation vereinbar ist.« Mit einer hübschen Wendung richtet sich Jacques Rivière in der *Nouvelle Revue Française* gegen die Oberflächlichkeit des Alters-Arguments, das in der Tagespresse wiederholt angeführt wurde: »Sollten wir der Académie Goncourt nicht dankbar sein, dass sie nicht den Jüngsten, sondern den Verjüngendsten [...] gekrönt hat?«

Neben diesen neuen, wenn auch entlegenen Stellungnahmen ist auch wieder das Klagelied zu vernehmen, das schon im Zusammenhang mit *Swann* angestimmt wurde. »Ein Buch, das zu lang ist, offenbart«, nach Meinung von Rachilde (d.i. Marguerite Eymery, 1860–1953) im *Mercure de France* vom 1. Januar 1920, »immer einen Mangel an Höflichkeit«, und Jean Pellerin befürchtet in seinem Artikel für die Zeitschrift *La Lanterne* vom 11. Dezember 1919, dass »das große Publikum verzagen wird, wenn es sich diesem undurchdringlichen Gewebe von Subtilitäten gegenübersieht«, dass es »nicht zum ersten Mal über die ›Literatur‹ hohnlachen und sich einfach wieder seinem *Fantomas* zuwenden wird«. Ganz anders dagegen J. A. G. Binet-Valmers Zukunftserwartungen am 5. Oktober 1919 in *Comœdia*: »Wenn wir seinen Charakter erst einmal nach noch weiteren Bänden vollständig kennengelernt haben werden, werden wir vermutlich über Marcel Proust sagen: ›Vor dem Krieg gab es in Paris eine sensible Zivilisation; sie war eingeschlossen in einen Kranken, der lächerliche Beobachtungen machte, während er mit Freunden Tee trank, während er in den Alleen spazieren ging, während er versuchte, sich in erblühende junge Mädchen zu verlieben. Und er war ein Poet, ein Poet voller Traurigkeit ...‹«

Erfreulicherweise waren überhaupt die Stimmen, die Prousts neues Werk enthusiastisch begrüßten, in der Überzahl und auch von größerem Gewicht. Léon Daudet (ältester Sohn von Alphonse Daudet), der im Goncourt-Gremium für Proust stimmte, hebt in einem Beitrag für die *Action française* vom 12. Dezember 1919 den bislang übersehenen Aspekt des genialen Humors hervor, der Prousts Skizzen von Personen und Alltagssituationen kennzeichnet; besonders das Diner mit Monsieur de Norpois zu Anfang von *Mädchenblüte* hat es ihm angetan: »Denken Sie an ein Fresko, dessen allgemeine Wirkung man aus der Entfernung bewundern kann und das einen aus der Nähe durch seine Details entzückt. Die präzisen Beschreibungen, die Proust von einer häuslichen Szene, jemandes Kleidung oder Gesicht liefert, bilden letztlich moralische Züge oder geistige Merkmale in einer überraschend überzeugenden Weise ab.« Auch Jacques Rivière begrüßt am 11. Dezember 1919 in der Zeitung *Excelsior* aus vollem Herzen die Goncourt-Entscheidung und ist gleichermaßen von Prousts geradezu »anatomischer« Analyse noch des feinsten psychologischen Details begeistert, denkt dabei jedoch in erster Linie an die kleine Mädchenbande: »Seit langem – womöglich seit Stendhal – hat sich niemand in Frankreich – dem einzigen Land, in dem man eine solche Person treffen könnte – mit einer solchen Sorgfalt mit der Liebe befasst, d. h. der einzigen Angelegenheit auf der Welt, auf die es wirklich ankommt. Und seine Frauen-Porträts!« Abel Hermant hatte zu diesem Aspekt bereits am 24. August 1919 im *Figaro* geschrieben: »Er hat die wahrsten Seiten aller Literatur über die Liebe in den unsicheren und unbeständigen Jahren der Reifung geschrieben.« Anders als Hermant jedoch, der in Proust einen unsteten Charakter am Werk sieht, mit »Launen wie Madame de Sévigné und dem grausamen Talent eines La Bruyère für Porträts«, sieht Rivière hinter dem Werk einen »zutiefst unromantischen« Autor, dessen »Mangel an intellektueller Bequemlichkeit eines Naturwissenschaftlers würdig wäre«.

Nachdem sich die Wogen ein wenig geglättet hatten, fasste Albert Thibaudet in einem Artikel für den *London Mercury* im Mai

1920 den Stand der Diskussion zusammen und verglich wie viele vor ihm Proust mit Stendhal: »Proust hat ein Bild der Welt gemalt als ein Mann, der die Welt mit der gleichen aufrichtigen Herzlichkeit liebt wie die Goncourts die Literatur oder wie ein Militarist die Armee. [...] Seine Porträts [...], darunter der erstaunliche Legrandin, ein Charakter wie von Dickens, erwecken den Eindruck von Unmittelbarkeit und bewegen den Leser mit einer lebensvollen Körperlichkeit, wie wir sie seit der *Chartreuse de Parme* nicht mehr gewohnt waren.« Interessant ist aber vor allem der Zusammenhang des Proustschen Textes mit literarischen Strömungen der Zeit, auf den er hinweist und den die französische Kritik bis dahin übersehen hatte: »Bei der Proust-Lektüre denken wir an jenen Roman ohne Handlung, von dem die Naturalisten träumten und den sie zu schreiben versuchten. ›Huysmans‹, sagt Rémy de Gourmont, ›dachte lange Zeit über ein Buch mit folgendem Plan nach: Jemand verlässt seine Wohnung auf dem Weg ins Büro, sieht, dass seine Schuhe ungeputzt sind, lässt sie putzen und denkt derweilen über seine Geschäfte nach, und geht dann weiter. Das Problem war, die Sache auf 300 Seiten auszudehnen.‹« James Joyce' *Ulysses*, der einen Tag im Leben des Leopold Blum beschreibt, war da schon in Arbeit und erschien nur zwei Jahre später. Und erscheint ›Marcels‹ Leben, oder genauer gesagt die Erinnerung an sein Leben, nicht eigentlich auch wie ein einziger Tag, der im Fluge vergeht?

Guermantes I (erschienen 22. 10. 1920) und ***Guermantes II*** (erschienen 29. 4. 1921) Ich fasse hier die Stimmen zu *Guermantes* zusammen und unter *Sodom* I die Stimmen zum Thema Homosexualität in der *Suche*.

Der erste Teil von *Guermantes* hat erstaunlich geringen Widerhall in der öffentlichen Presse gefunden; Paul Souday, der es sich als aufmerksamer Proust-Beobachter nicht hat nehmen lassen, auch diesen Band ausführlich in *Le Temps* vom 4. November 1920 zu besprechen, weist gleich zu Anfang auf einen möglichen Grund hin: »Dieser dritte Teil ist nur ein Übergangsband, weniger in sich abgeschlossen als die beiden anderen, und dient vor allem dazu, die beiden letzten Bände vorzubereiten, die schrecklich werden dürften und uns den Ankündigungen zufolge bis nach Sodom und nach Gomorrha verschleppen sollen.« Auch die römische Eins hinter dem Titel mag so manchen Rezensenten bewogen haben, erst einmal abzuwarten. Souday geht in dieser Rezension ungewohnt milde mit Proust um. Er verdeutlicht anhand umfangreicher Textauszüge, wie präzise und gnadenlos Proust die »Arroganz (*insolence*) und Flegelhaftigkeit (*grossièreté*)« einer Schicht geißelt, von der Souday kaum zu glauben vermag, dass es sie »von diesem Kaliber« noch gibt: »eine Schatztruhe voller scharfsinniger Betrachtungen, empfindsamer und profunder Wahrnehmungen, lebhafter und subtiler Vorstellungen.« Die Milde ist vielleicht der Tatsache zu verdanken, dass Souday in diesem Zusammenhang Gelegenheit findet, in subtiler Weise die »kleine Bosheit« von 1913 heimzuzahlen: Sein Zitat der Passage, in der sich der Erzähler darüber ärgert, dass er die Gelegenheit verpasst hat, sich bei der Herzogin von Guermantes einzuschmeicheln, indem er ihr Bergotte vorstellt, und sich stattdessen seiner Bekanntschaft mit dem Literaten geschämt hat, kommentiert Souday süffisant: »Gut gemacht, mein Freund, zu deinem eigenen Schaden! Das wird dich lehren, den Umgang mit einem überlegenen Geist, der dich andernfalls hochzuschätzen wüsste, für kompromittierend zu halten und ihm den erstbesten Dummkopf mit Adelsprädikat vorzuziehen.« Zum Ende seiner Rezension weist Souday noch auf zwei »exquisite und bewundernswerte Gemälde« im Text hin, »deren deskriptive Meisterschaft mit den größten Malern wetteifert: ich empfehle insbesondere den Böcklin [die Baignoire-Szene S. 50–52], der sehr viel harmonischer ist als jene in Basel [s. insbes. *Spiel der Najaden*, 1886], und den Rembrandt [*Der Antiquitätenladen*, S. 127 f.].«

André Gide nutzt die Gelegenheit des Erscheinens des dritten Bandes, um in der *Nouvelle Revue Française* vom 1. Mai 1921 in einem seiner regelmäßigen literaturkritischen Briefe *Billet à Angèle* an eine fiktive Adressatin in der NRF einen Überblick über die vorliegende erste Hälfte des Gesamtprojekts der *Suche* zu geben, die bekannten Kritikpunkte zu entkräften und vor allem die unvergleichlichen Stärken auf den Punkt zu bringen: »Da die Dinge, die er beobachtet, die selbstverständlichsten von der Welt sind, kommt es uns, wenn wir ihn lesen, ständig so vor, als seien wir selbst es, in die er uns einen Blick gestattet.« Dies erinnert sehr an Proust selbst, der in WZ, also sehr viel später, schreibt: »mit meinem Buch würde ich ihnen [den Lesern] das Mittel an die Hand geben, in sich selbst zu lesen.« Gide wendet sich dann dem Stil Prousts zu und konstatiert begeistert: »Soll ich etwas gestehen? Jedesmal, wenn ich in diesem Meer von Herrlichkeiten geschwommen bin, wage ich es eine Reihe von Tagen nicht mehr, die Feder in die Hand zu nehmen [...] und kann in dem, was Du die ›Reinheit‹ meines Stils nennst, nur noch Armut erkennen.« Dann wendet er sich dem beliebtesten Beschwernis der Proust-Anfänger zu, der Satzlänge: »Warte nur, bis ich zurückkomme und Dir diese endlosen Sätze laut vorlese: sofort fällt alles einfach an seinen Platz! Die verschiedenen Ebenen nehmen eine nach der anderen ihren Platz ein, die Landschaft seiner Gedanken vertieft sich einfach immer weiter! [...] Ich kann Dir [mit meiner Intonation] beweisen, dass es nichts Überflüssiges gibt in diesem Satz, dass jedes Wort notwendig ist, um die verschiedenen Ebenen getrennt zu halten und seine Komplexität erblühen zu lassen.« Zum Abschluss seiner im Ganzen äußerst lesenswerten Rezension verweist Gide auf die Umstände, unter denen Prousts Werk erscheint: »Es ist seltsam, dass solche Bücher in einem Augenblick erscheinen, in dem überall Ereignisse über Ideen triumphieren, in dem die Zeit knapp ist, in dem Handeln das Denken zum Gespött macht, in dem Besinnung nicht mehr möglich oder zulässig zu sein scheint, in dem wir, die sich noch nicht gänzlich vom Krieg erholt haben, keine anderen Erwägungen mehr anstellen als die der Nützlichkeit, der Dienlichkeit. Und auf einmal scheint uns Prousts Werk, das so uneigennützig, so genügsam ist, ertrag- und hilfreicher zu sein als so manches Werk, dessen Nützlichkeit seine einzige Rechtfertigung ist.« Ist die Zeit stehengeblieben?

Gides Angebot an »Angèle«, ihr einen längeren Satz Prousts vorzulesen, hätte übrigens Paul Souday gern selbst wahrgenommen: In seiner Rezension von *Guermantes* II vom 12. Mai 1921 in *Le Temps* zitiert er einen Kandidaten für ein solches Unternehmen (den ich so strukturgetreu wie irgend möglich übersetzt habe):

> Liegt es daran, dass wir unsere Jahre nicht in ihrer ungebrochenen Abfolge wieder durchleben, Tag für Tag, sondern in der Erinnerung in der Kühle oder der Durchsonntheit eines Morgens oder eines Abends erstarrt, im Schatten dieses oder jenes abgeschiedenen, umschlossenen Ortes, unbeweglich, gefangen und verloren, fern von allem anderen, und so die allmählichen Veränderungen nicht nur außerhalb unserer selbst, sondern in unseren Träumen und unserem sich entwickelnden Charakter, die uns im Leben unmerklich von einer Zeit in eine völlig andere geleitet haben, unterdrückt werden, dass wir, wenn wir eine neue, aus einem anderen Jahr stammende Erinnerung wieder durchleben, zwischen den beiden, dank von Auslassungen, von immensen Wänden des Vergessens, so etwas wie einen abgründigen Höhenunterschied, wie die Unvereinbarkeit zweier

nicht vergleichbarer Eigenschaften, geatmeter Atmosphäre und umgebender Farbtönungen, feststellen?[16]

und kommentiert: »Glasklar. Aber er würde noch klarer für uns werden vermöge der ausgefeilten Vortragskunst eines André Gide.« In der Tat fällt es schwer, am Ende des Satzes seinen Anfang zu erinnern – aber ist die *Suche* nicht ganz wesentlich auch ein Buch über das Erinnern? Und ist das Problem des Erinnerns nicht insbesondere, den Anfang wiederzufinden, sich zu entsinnen, wie alles begann?

Sodom und Gomorrha I (erschienen 29. 4. 1921) Ich fasse hier die Stimmen zum Thema Homosexualität in den ersten vier Bänden zusammen.

Die lesbische Szene in Montjouvain (*Combray* II) war schon vor Erscheinen von WS auf einigen Widerstand gestoßen; so hatte der Schriftsteller Louis de Robert, der mit Begeisterung die Grasset-Fahnen las, Proust empfohlen, die Passage zu entschärfen, was Proust aber dezidiert mit den Worten ablehnte: »ich kann nicht die Ergebnisse moralischer Erfahrungen verändern, die ich vielmehr

16 »Est-ce parce que nous ne revivons pas nos années dans leur suite continue jour par jour, mais dans le souvenir figé dans la fraîcheur ou l'insolation d'une matinée ou d'un soir, recevant l'ombre de tel site isolé, enclos, immobile, arrêté et perdu, loin de tout le reste et qu'ainsi les changements gradués non seulement au dehors, mais dans nos rêves et notre caractère évoluant, lesquels nous ont insensiblement conduit dans la vie d'un temps à tel autre très différent, se trouvant supprimés, si nous revivons un autre souvenir prélevé sur une année différente, nous trouvons entre eux grâce à des lacunes, à d'immenses pans d'oubli comme l'abîme d'une différence d'altitude, comme l'incompatibilité de deux qualités incomparables d'atmosphère respirée et de colorations ambiantes?« (122 Wörter)

mit der Aufrichtigkeit eines Chemikers zu vermitteln habe« (*Corr.* XII, S. 271). Souday hatte dann in seiner Rezension von WS in *Le Temps* vom 10. Dezember 1913 kategorisch erklärt, dass »Szenen von so zweifelhaftem Geschmack ganz und gar nicht notwendig« seien. Und auch Francis Jammes, der nicht im Ruf erotischer Zimperlichkeit stand, hatte einem Brief an Henri Ghéon vom 2. Januar 1914 zufolge Proust geraten, in der nächsten Auflage die Stelle zu unterdrücken (*Corr.* XIII, S. 26). Es war also zu erwarten, dass *Sodom und Gomorrha* I Beachtung finden und Interesse an den Folgebänden wecken würde; auf der anderen Seite waren auch Fehldeutungen zu erwarten, da sich der Stellenwert dieses Essays im Rahmen des ganzen Romanprojekts so noch nicht abschätzen ließ und er deshalb mehr oder weniger als ein Text für sich gelesen wurde. Montjouvain war schon vergessen, und in *Mädchenblüte* und *Guermantes* spielt Homosexualität eine nur so unterschwellige Rolle, dass sich eine Lesung von *Sodom* I ausschließlich im Licht des Vorangegangenen kaum anbot. Umgekehrt lässt wohl erst dessen erneute Lektüre im Lichte von *Sodom* I das Verhalten des Baron de Charlus in *Mädchenblüte* verdächtig erscheinen oder das von Monsieur d'Argencourt in *Guermantes* verständlich. Es geht da wohl dem Leser nicht anders als Marcel: hinterher sind wir alle klüger.

Die nächstliegende und falscheste Frage, nämlich die, ob *Sodom* I denn nun ›dafür oder dagegen‹ sei, hat Proust in einem Brief von Mitte September 1920 an seinen Bruder Robert kommen sehen: »Die Mitglieder des Kommitees [für die Aufnahme in die Ehrenlegion] mögen denken, dass es um pro-sodomitische oder pro-gomorrhitische Bücher gehe, so wie Barrès und Abbé Mugnier, die etwas enttäuscht waren, als sie erfuhren, dass sie im Gegenteil anti-sodomitisch und anti-gomorrhitisch sein würden. Tatsächlich hätte ich es vorgezogen, wenn sie weder pro noch anti wären, sondern einfach objektiv. Aber die Schicksale ihrer Personen, ihrer

Charaktere haben sie anti werden lassen« (*Corr.* XIX, S. 467). In Hinblick auf *Sodom* I zumindest folgt die Kritik dieser Auffassung nicht; Souday deutet seine Einschätzung durch die Blume und unterhalb der Gürtellinie an, indem er Proust zu dessen Ärger als »morbide und feminin« charakterisiert (»fragen Sie mal meine Duell-Sekundanten, ob ich die Weichlichkeit des Effeminierten habe«, *Corr.* XIX, S. 575), und Binet-Valmer, der selbst einen Roman über einen homosexuellen *Lucien* geschrieben hat, der freilich am Ende scheitert, liest *Sodom* I offenbar als eine Art Verteidigungsschrift, die man junge Damen nicht lesen lassen dürfe: »Soweit ich kann, werde ich verhindern, dass unsere lieben Leserinnen glauben, die letzten Seiten dieses schönen Buches, und die abstoßenden Bücher, die folgen sollen, seien eine angemessene Wiedergabe der französischen Seele« (in: *Comœdia*, 22. Mai 1921). Noch deutlicher werden »Les Treize«, die in einer Kurznotiz in der Zeitung *L'Intransigeant* am 5. Juni 1921 schreiben: »Der Anfang von *Sodom und Gomorrha* überrascht durch einen rücksichtslosen Realismus und durch seine Plädoyers von einem romantischen und amoralischen Ungestüm.« Erstaunlich starke Worte fand der mit Proust befreundete Henri Ghéon, allerdings erst nach dessen Tod, am 10. März 1923 in der *Revue des Jeunes*: »Sein schwerster moralischer Fehler war, ohne alle Heuchelei, als seien es akzeptierte, normale Dinge, Laster zu beschreiben und zu benennen, die geheim blieben oder verurteilt wurden, bis er kam; es geht nicht um das Aufstechen der Blase, sondern darum, ob man den Eiter überall hin verschmiert und einer ›Blutvergiftung‹ den Weg bereitet.«

Wie Hodson S. 29 anmerkt, scheint die Debatte über Proust nach seinem Tod ganz allgemein für einige Zeit vom Stilistischen ins Moralische abgeglitten zu sein: »Es fiele uns schwer, auch nur die Titel seiner letzten Werke zu nennen. An Marcel Proust war etwas Krankhaftes, was die morbiden Aspekte seines Werks zwar erklärt, aber nicht entschuldigt« (anon., in: *Le Gaulois*, 20. November 1922), und dann wenig später noch sehr viel expliziter Charles-Henry Hirsch im *Mercure de France*: »Proust kann nicht dafür gerühmt werden, ein Chronist seiner Zeit zu sein. Alles, was er gesehen hat, ist die pilzartige Ausbreitung einer ungesunden Gesellschaft, einer Clique, die es zum Laster treibt, [...] eine auf den Kopf gestellte Elite: eine Elite des Müßiggangs und der Inkompetenz – eine Kaste, die ihrer selbst überdrüssig ist, ein paar Hundert Individuen, die er, krank wie er selbst, mit einer Präzision beobachtet und analysiert hat, die einer Klinik angemessen wäre« (1. März 1923).

Auf der anderen Seite gab es aber auch genügend Stimmen, die mit Staunen Prousts Durchdringungskraft zur Kenntnis nahmen und entdeckten, was Proust selbst vorgeblich vermisste: eine leidenschaftslose, objektive Position, von der aus er schlicht darstellt, was der Fall ist. »Dieses erste Kapitel über Invertierte ist ein Meilenstein in der Literaturgeschichte. Diese von so scharfsinniger Beredsamkeit geprägten, in ihrer Poesie so herben und hochherzigen Seiten brechen einen Bann, den ästhetischen Bann, der über der sexuellen Inversion lag und unter dem die Künste und die Literatur so lange gestanden haben«, schreibt Roger Allard am 1. September 1921 in der *Nouvelle Revue Française* zu *Sodom* I und setzt den Gedankengang am 1. Juni 1922 in seiner Rezension zu *Sodom* II fort, ebenfalls in der *Nouvelle Revue Française*: »[...] Monsieur de Charlus, der Herzog von Guermantes [gemeint ist vermutlich der Prinz von Guermantes] und der Violinist Morel sind, selbst wo sie sich mit den bizarren und grotesken Abenteuern lächerlich machen, denen ihre sexuellen Neigungen sie aussetzen, nicht weniger überzeugend und anrührend als die Könige und Prinzessinnen Racines. In der Tat dürfte der Leser bemerken, dass Proust in [diesem] Band vermehrt aus *Esther* und *Athalie* zitiert.« Fernand Vandérem vergleicht in seiner Rezension von *Sodom* II am 15. Juni 1922 für die *Revue de France* die Schwäche des seriösen Charlus für den geriebenen Morel mit der Zuneigung des zwielichtigen Vautrin zu dem naiven Rubempré in den *Illusions perdues* und erklärt: »Ich will nicht sagen, dass Balzac schlechter sei als Proust; doch wie viel weniger unterhaltsam, wie viel weniger anrührend finde ich ihn bei der Beschreibung vergleichbarer Ereignisse. Denn sowohl die Feinfühligkeit als auch die blendende Klarheit, mit der Proust für uns diese ›argen Männer‹ [»hommes damnés«] analysiert, grenzt an Wunder. Sie sind ein endloser Quell des Lachens für ihn und für uns, und dennoch gelingt es ihm, uns Mitleid mit ihnen empfinden zu lassen.«

Sodom und Gomorrha II (erschienen 28. 4. 1922) Die Kritik scheidet sich auch bei diesem Band wieder in eine konservative Fraktion, die lieber einen Roman aus dem 19. Jahrhundert in Händen hielte, und die zukunftsoffenen Geister, die neue Horizonte der Wirklichkeitsbemächtigung in Prousts Werk erblicken. Paul Souday moniert, nachdem er den Reichtum an Konjunktiven beklagt hat, die Abwesenheit des einen oder anderen Zirkumflex, der ein *eut* oder ein *fut* als Konjunktiv ausgewiesen hätte, und deutet sie als Beweis für Prousts mangelnde Beherrschung des Französischen: »Proust steht mit dem Tempus, den Modi und überhaupt ganz allgemein mit der Grammatik auf Kriegsfuß.« Interessant wird dann aber die Fortsetzung des Zitats, da Proust sich offenbar darüber geärgert hat: »Diese Unvereinbarkeit der Charaktere [Prousts und der Grammatik] reißt ihn zu amüsanten Missverständnissen hin: ›‚J'ai pas pour bien longtemps', sagte der Liftboy, der die Regel von Bélise ins Extreme trieb, nach der die Wiederholung des *pas* mit *ne* zu vermeiden sei, und sich stets mit einer einzigen Verneinung begnügte.‹ Bélise hätte sich gehütet, eine derart falsche Regel aufzustellen.« Da hat Souday zwar gut aufgepasst, aber in seinem Eifer übersehen, dass Molière sich mit der Sprachpedantin Bélise über Sprachpedanterie im allgemeinen und ihre Anhängerschaft im besonderen lustig macht – fast, als hätte Proust ihm, Souday, hier geschickt eine Falle gestellt. In einem Brief vom 17. oder 18. Mai 1922 schreibt Proust in diesem Zusammenhang an Gallimard: »Haben Sie die vorgeblich grammatische Anklageschrift von Souday gelesen? [...] Was für eine hübsche Antwort könnte ich ihm erteilen, wenn ich nicht auf so gutem Fuß mit ihm stünde.« Der letzte Halbsatz muss blanke Ironie gewesen sein, denn noch Mitte des Monats schickt Proust Souday einen Brief, in dem er dessen Artikel in Soudayscher Manier rezensiert: »Monsieur Souday hat uns ein neues Feuilleton über das Werk Marcel Prousts vorgelegt. Dieses Feuilleton zählt nicht weniger als fünf Spalten. Von diesen fünf Spalten nehmen die Erörterungen hinsichtlich der Länge des Werkes, der Seitenzahl, der Verwandtschaft mit den längsten und unerträglichsten Romanen des 17. Jahrhunderts nicht weniger als zwei Spalten ein«, usw. Doch dann zum eigentlichen Punkt des Ärgernisses: »Die Regel von Bélise ist schon bei Molière gänzlich ungenügend ausgedrückt; eine logische und grammatische Analyse würde vollständige Überarbeitung erfordern [...]. Doch die beiden Verse sind deshalb nicht weniger schön, und wer würde sich bei dem Schwung des Ganzen wohl über die Schiefigkeit einer Formulierung ereifern?« Fazit: »Dies beweist, dass man bei seinem Urteil nicht allzu sehr den Grammatiker herauskehren sollte« (*Corr.* XXI, S. 187–189).

Inzwischen wird jedoch die Kritik im Geiste eines Souday zunehmend weniger hörbar, und verständigere Stimmen beginnen, die Diskussion zu beherrschen. François Mauriac entdeckt in der *Revue hebdomadaire* vom 26. Februar 1921 die Funktion des von anderen Kritikern zuvor so gern geschmähten Detailreichtums: »Je gründlicher er spezifische und auffällige Merkmale ansammelt, desto gründlicher vermeidet er die Gefahr, sich im Detail zu verlieren, und desto gründlicher gewinnen seine Bilder eine universelle Bedeutung. Die Tausende von Notizen, ihrerseits von diesem geduldigen Visionär ausgewählt aus Abertausenden, zeigen uns die Wahrheit, und die ist der Heilige Gral der Kunst.« In diesem Sinn äußerte sich auch schon im *Figaro* vom 19. September 1919 Henri de Régnier, der vor allem von der Soiree der Prinzessin von Guermantes hingerissen war: »Dieser Bericht von einem Diner bei den Guermantes mit all seinen Verwicklungen und Gesprächen, mit den detailliertesten Details, mit seinen Momenten der Stille und seinen Anspielungen, liefert ein erstaunliches Bild des privaten gesellschaftlichen Lebens in seinen fein abgestuften Tönen und Nuancen. [...] Prousts Realismus verhält sich zum gewöhnlichen Realismus wie eine Apothekerwaage zur Gepäckwaage im Bahnhof.« Auch Henry Bidou weist in seinem Beitrag für die *Revue de Paris* vom 1. Juni 1922 auf diese »Kunstfertigkeit des Uhrmachers, Dinge auseinanderzunehmen« hin, hebt aber noch einen weiteren Aspekt hervor, Prousts »Talent eines Malers, Zeichen zu beachten«, und illustriert diesen mit einem in der Tat bemerkenswerten Beispiel: »Der Erzähler hat den Verdacht, dass die Prinzessin von Guermantes eine Schwäche für Monsieur de Charlus hat; jetzt beachte man, an welchen Symptomen ihm dies deutlich wird:

> Als ich einmal zu ihr sagte, dass Monsieur de Charlus zur Zeit ein recht lebhaftes Gefühl für eine bestimmte Person hege, sah ich mit Erstaunen, wie in die Augen der Prinzessin jener andere, flüchtige Zug trat, der sich wie ein Sprung durch die Pupillen zieht und von einem Gedanken ausgeht, den unsere Worte unbewusst in dem Menschen ausgelöst haben, mit dem wir sprechen, einem heimlichen Gedanken, der sich nicht in Worten

> Ausdruck verschaffen, jedoch aus den Tiefen, die wir aufgerührt haben, an die für einen Augenblick veränderte Oberfläche des Blickes aufsteigen wird. Doch wenn auch meine Worte die Prinzessin berührt hatten, so ahnte ich doch nicht, in welcher Weise. [SG, S. 163.]

Das ganze Buch steckt in diesem Auszug.« Gerade aber diese Wahrnehmung in allen Details führt dazu, dass insbesondere Personen bei verschiedenen Gelegenheiten kaum mehr wiedererkennbar sind, da diese allerfeinsten Details einem, für Proust offenbar bewusst, für alle anderen zumindest unbewusst, bemerkbaren Wandel unterliegen: »Die menschliche Persönlichkeit teilt sich zwei- und dreifach, in eine unendliche Anzahl sukzessiver Wesen. Unser gestriges Ich ist heute ein Fremder für uns.« Man muss hinzufügen: nicht weniger das gestrige Du, wie die »zweifache« Gilberte und die »unzählbare« (*innombrable*) Albertine mit ihrem wandernden Schönheitsfleck schon in SJM (S. 192 bzw. 570) demonstrierten; s. dazu ausführlicher unten, S. 117. Die psychologische Lesart, die Bidou vorschlägt, führt ihn zu dem Fazit, dass »die inneren Dramen der Stoff dieses Buches sind. Äußere Anlässe wie ein gesellschaftlicher Empfang oder eine Reise ans Meer sind von geringem Gewicht«, und entzieht so der im Grunde genommen schon damals überholten, aber noch immer vorherrschenden Lesart der *Suche* als ›Chronik der Belle Époque‹ den Boden.

Am gleichen Tag, dem 1. Juni 1922, veröffentlicht Roger Allard in der *Nouvelle Revue Française* einen Beitrag, in dem er in etwa die gleiche psychologische Lesart wie Bidou vorschlägt, sie aber zudem einbettet in die bestimmende geistige Strömung seiner Zeit. Als Beispiel betrachtet er Marcels Eifersucht auf Albertine: »Solange er sich Albertines Verhaltens nicht sicher ist, sehen wir den Erzähler als Opfer von Lustlosigkeit und Widerwillen: erst in dem

Augenblick, in dem Zweifel für ihn nicht mehr möglich ist, weil tausend winzige Tatsachen zusammenkommen, und so viele Wege, die zuvor verfolgt und aufgegeben wurden, in denselben hell leuchtenden und schmerzhaften Punkt einmünden, findet er gerade in der Gewissheit, dass sein Verdacht berechtigt war, die Entschlusskraft, seine Geliebte heiraten zu wollen.« Er zieht daraus das Fazit: »Solche Analysen gehen weit über die Grenzen psychologischer Erzählliteratur hinaus. Sie hinterlassen in uns einen ganzen Bodensatz von Ängsten und Reue. [...] Das Wort ›Relativität‹ drängt sich jedem auf, der über die Bedeutung dieser psychologischen Entdeckung nachsinnt«, und fährt fort: »Kann man sagen, dass Proust die Psychologie in ähnlicher Weise umgekrempelt hat wie Einstein die Physik? [...] Wenn die Vorstellung von moralischer Relativität aus einem psychologischen Werk der Vorstellung abgeleitet werden kann, dann ganz gewiss aus Prousts, in dem Gesichtspunkte ad infinitum vervielfältigt werden.«

Welche Rolle Prousts Werk zur Zeit des Erscheinens von *Sodom* II im öffentlichen Diskurs bereits spielte, geht aus einer Anekdote hervor, die Fernand Vandérem wiedergibt, um ebendies zu demonstrieren: »Neulich befragte mich bei einem Diner eine Dame über den Status der Personen, die einen bestimmten Pariser Salon frequentierten. Da ich mich offenbar ziemlich vage ausdrückte, sagte sie schließlich mit einem Lächeln: ›Nun, würden Oriane und Basin dort verkehren?‹« (In: *La Revue de France*, 15. Juni 1922.)

Nachrufe und Kritik der postumen Bände

> »Eine Literatur, die man lesen muss, wie man ein Gemälde von Manet betrachtet, mit halbgeschlossenen Augen«
> (Ortega y Gasset 1923, S. 294)

Die Nachrufe auf Proust nach seinem Tod am 18. November 1922 gestatten es, ein erstes Fazit der Rezeption der *Suche* zu jener Zeit zu ziehen: es wird die großartige Leistung Prousts bei der psychologischen Analyse der Verhaltensweisen und der Sprache seiner Personen anerkannt, und es wird, offenbar mit Bedauern, festgestellt, dass es sich um keinen klassischen Roman handelt, ohne dass jedoch erklärt würde, worum dann.

Eine ernsthafte Diskussion setzte erst mit der *Hommage à Marcel Proust* ein, die die *Nouvelle Revue Française* am 1. Januar 1923 publizierte, eine Sammlung von kurzen Aufsätzen stark schwankender Qualität, von Erinnerungen an die Person bis hin zu Analysen verschiedener Aspekte des Werks, die teils den Ausgangspunkt zu späteren, vertiefenden Untersuchungen lieferten. So betrachtet Henri Duvernois die *Suche* unter dem Aspekt einer Gesellschafts-Chronologie, Thibaudet untersucht die Wurzeln des Werks in der französischen Literaturgeschichte, Maurois hebt den wissenschaftlichen Aspekt der psychologischen Erörterungen Prousts hervor, den Louis Martin-Chauffier in seinem Beitrag *Marcel Proust analyste* in ein subjektives Licht rückt: »Wie Proust selbst mir einmal sagte, ist sein Präzisionsinstrument nicht das Mikroskop, sondern das Teleskop. Nicht das unendlich Kleine interessiert ihn, sondern sich Entferntem anzunähern, das sich jenseits des Blickfeldes im Nebel verliert, und verschwommene und verworrene Tiefenebenen klar und deutlich in ihrer berichtigten Perspektive erkennen zu können« (S. 165). Edmond Jaloux weist auf den relativierenden Grundzug in Prousts psychologischen Analysen hin (»Relativierung in das Konzept der Liebe einzuführen und es so von jenem Mythos des Absoluten zu befreien, von dem es bis dato abhing, wird man als eine der essentiellen Wahrheiten erkennen, zu denen Proust gelangt ist«, S. 142), während Ernst Robert Curtius auf das unauflösbare Miteinander von Gefühl und Intelligenz in diesen Erörterungen und auf die Unsezierbarkeit der *Suche* im allgemeinen aufmerksam macht. Eine besonders fruchtbare Betrachtung der *Suche* lieferte aber vor allem José Ortega y Gasset mit seinem Essay *Le temps, le distance et la forme chez Proust* (folgende Zitate nach Bd. 1 der deutschen Ortega-y-Gasset-Gesamtausgabe, 1978), in dem der Autor die Grundtendenz des Impressionismus, die »äußere Form der Realität zu verneinen und die innere Form, das heißt, die innere Vielfalt der Farben, wiederzugeben« in Zusammenhang mit der zeitgenössischen Philosophie – »Die Philosophen um 1890 behaupteten, die einzige Realität käme aus unseren sensorialen und emotionalen Zuständen« (S. 526) – wie auch der Psychologie stellt: »Der impressionistische Psychologe stellt das in Frage, was man den Charakter, das plastische Profil eines Menschen zu nennen pflegt, und sieht in ihm eine ständige Umstellung, eine ununterbrochene Folge verschwommener Zustände, eine sich unaufhörlich verändernde Verflechtung von Gefühlen, Gedanken, Farben und Hoffnungen« (S. 527). Hier drängt sich die Erinnerung an die »mois successifs«, die ›aufeinanderfolgenden Ichs‹, des Erzählers und an die »Albertine innombrable«, »insaisissable«, die ›unzählbare‹, die ›ungreifbare Albertine‹, auf. Der impressionistische Charakter von Prousts Werk kommt für Ortega besonders prägnant in der »Monographie« über eine Liebe von Swann zum Ausdruck, ein Fall »psychologischer Pointillierung, […] in der alles enthalten ist, […] Sinnlichkeit, […] Argwohn, […] Gewohnheit, […] Lebensüberdruss. Das einzige, was nicht darin gefunden wird, ist die Liebe«, die für einen »urwüchsigen« Autor wie den von *Tris*-

tan und Isolde »eben Liebe ist und nichts anderes als Liebe« (S. 527). In diesem impressionistischen, auf die Wahrnehmung und nicht ein So-Sein der Dinge konzentrierten Aspekt sieht Ortega auch Prousts Neuentdeckung im Umgang mit der Erinnerung: »Nicht die Dinge, an die man sich erinnert, sondern die Erinnerung an die Dinge ist Prousts allgemeines Thema« (S. 523 f.).

In England, wo Proust sofort nach dem Erscheinen des ersten Bandes von Scott-Moncrieffs Übersetzung 1922 hingerissen gefeiert wurde, erschien 1923 eine Sammlung von Würdigungen unter dem Titel *Marcel Proust – An English Tribute*, unter anderem mit dem Beitrag *A Prophet of Despair* von Francis Birrell, der Prousts Wurzeln bei Stendhal und Rousseau sowie seine pessimistische Weltsicht in diesem »riesigen Epos der Eifersucht« (S. 23) verdeutlicht, aber auch darauf aufmerksam macht, dass dies »der erste Autor ist, der sexuelle Inversion als ein geläufiges und gewöhnliches Phänomen behandelt«, das er »weder im Ton einer abgeschmackten Eulogie beschreibt wie so manche dekadente Autoren, noch auch mit der Attitüde eines Schaustellers, der einem aufgeregten Touristen unauslotbare Abgründe des Horrors vor Augen führt« (S. 28). Ralph Wright dagegen verdeutlicht in seinem Beitrag *A Sensitive Petronius* die Funktion der minutiösen »Mikroskopie« in Prousts Personenbeschreibungen als die Grundlage für das merkwürdige Gefühl des Déjà vu, das einen bei der Lektüre der *Suche* so häufig beschleicht: »Er versucht mit allen Mitteln, einem seine Hauptcharaktere vertraut zu machen, aber nicht nur so, als träfe man sie jeden Tag, sondern als hätte man tatsächlich für einen Augenblick in ihrer Haut gelebt und in ihrem Geist gewohnt« (S. 36 f.), bis wir sie besser kennen als uns selbst und uns selbst damit umso besser erkennen. »Die Komplexität unserer Gefühle, die Fähigkeit, verschiedene Dinge zugleich über etwas oder jemanden zu empfinden, kann nur die Novelle einfangen, und in dieser Hinsicht genießt Proust einen gewaltigen Vorsprung« (S. 39). J. Middleton Murry beweist in seinem Beitrag *Proust and the Modern Consciousness* sein tiefgehendes Verständnis von Prousts Werk, wenn er – noch Jahre vor dem Erscheinen der Bände 5 bis 7 – schreibt: »wir haben den Verdacht, dass uns die letzte Seite des letzten Bandes zurückgeführt hätte zur ersten Seite des ersten Bandes, und dass sich die lange und gewundene Erzählung am Ende als die Geschichte ihrer eigenen Erfindung herausgestellt hätte« (S. 108). Als Grund für diese Selbstzentriertheit des Werkes sieht er die Selbstzentriertheit des Autors, dem das Schreiben nicht das Beschreiben von etwas ist, sondern eine Suche nach dem Urgrund seiner eigenen Persönlichkeit. Die Feder war für ihn »die Lanze, mit der er dem Heiligen Gral nachjagte – ›la vraie vie‹« (S. 109).

Wie die Skizze der zeitgenössischen Kritik verdeutlicht hat, waren vor allem zwei Porträts des Autors gezeichnet worden: das des »wissenschaftlichen« Beobachters und das des einfühlsamen Psychologen[17]. Ernst Robert Curtius weist dagegen in seinem Beitrag für die *Hommage* auf das Zusammenspiel von »frischester, spontanster Sensibilität« und »kulturbefrachtetster Intelligenz (Ruskin, Saint-Simon)« hin, »aus dem die Kunst Prousts ihre neue und bewegende Schönheit bezieht« (S. 284). In seiner umfangreichen Studie[18] von 1925, die mehrere kleinere vorangegangene Aufsätze zusammenfasst, nimmt er diese Beobachtung einer Durchdringung von »Intellektualismus und Impressionismus« (S. 312) in

17 Z. B. André Maurois, »Attitude scientifique de Proust« (in: *Hommage à Marcel Proust*, S. 151–154); bzw. Edmond Jaloux, »Sur la psychologie de Marcel Proust« (ebd., S. 140–150).

18 Ernst Robert Curtius, *Französischer Geist im neuen Europa*, Stuttgart [u. a.]: Deutsche Verlags-Anstalt, 1925; zit. nach der Ausg.: *Französischer Geist im zwanzigsten Jahrhundert*, Bern/München: Francke, [2]1960.

Prousts Werk wieder auf und verdeutlicht durch beispielhafte Stilanalysen, wie sich physische Wahrnehmung und psychische Wahrnehmung in Prousts Situations- und Erlebnisbeschreibungen untrennbar zu einem neuen Ganzen verbinden und erst damit dem Leser die »wahre« Wahrnehmung vermitteln. In dieser ganzheitlichen Beschreibungsweise spielen Metaphern eine unverzichtbare Rolle, da sie einerseits bei der Beobachtung ein Hinausgehen über die Grenzen der deskriptiven Sprache ermöglichen, ihre präzisierende Leistung jedoch nicht erbringen können ohne die Fähigkeit oder Bereitschaft des Lesers, assoziative Verbindungen zwischen der gegebenen Situation und dem wörtlichen Sinn der Metapher herzustellen, wie etwa bei der Beschreibung der Fliederblüte (WS, S. 190) in aquatischen Begriffen (»Bläschen«, »vergossen«, »Gischt«, »Schaum«). Die stillschweigende Voraussetzung des Autors beim Gebrauch von Metaphern, dass der Leser bereit und in der Lage sein wird, die ihm zugemutete assoziative Leistung tatsächlich zu erbringen, trägt im übrigen erheblich zur Bindung zwischen Autor und Leser bei: »One is exhausted and angry after an hour, submerged, dominated by the crest and break of metaphor after metaphor: but never stupified«, stellte Beckett 1931 zu Prousts Stil fest.[19]

In seinem Aufsatz *Note sur Marcel Proust et John Ruskin* von 1924 weist Guy de Pourtalès[20] darauf hin, dass Proust von Ruskin nicht nur Kulturfracht geerbt hat, sondern vor allem einen Darstellungsmodus, der sich in reichem Umfang assoziationsgeladener Erinnerungsbilder bedient – die jedoch bei Ruskin sich selbst genügen, während sie für Proust als Bausteine für seine Rekonstruk-

19 Samuel Beckett, *Proust*, London: Evergreen Books, 1931, S. 67.

20 Guy de Pourtalès, *De Hamlet à Swann. Études sur Shakespeare, La Fontaine, Senancour, Benjamin Constant et Marcel Proust*, Paris: Gallimard, 1924, S. 219–231.

tion des Vorgangs des Erinnerns dienen: »Ruskin war für Proust die Offenbarung, die ihm ermöglichte, sich selbst zu entdecken« (S. 223).

Mit dem Erscheinen der *Prisonnière* 1923 schlug die herrschende Meinung über Proust als einen detailversessenen, aber objektiven Autor, »der dem staatlichen Register von Geburten, Eheschließungen und Todesfällen Konkurrenz machen möchte«, um in die Sicht von einem höchst subjektiven Werk mit einem egozentrischen »Marcel, der resolut die Bühnenmitte für sich in Anspruch nimmt«.[21] Paul Souday schreibt in *Le Temps* vom 21. Februar 1923 über *La Prisonnière*: »Man kann wohl sagen, dass Proust die Philosophie des Individuellen und des Besonderen an ihre äußersten Grenzen geführt hat.« Etwas bodennäher sieht Fernand Vandérem die *Prisonnière* in der *Revue de France* vom 1. April 1924: »Wir haben es mit Satire zu tun, also einer der kraftvollsten und höchsten Formen der literarischen Kunst« (S. 83).

Die Entdeckung Freuds für die französische Öffentlichkeit drängte der Proust-Kritik die Frage auf, inwieweit die erstaunliche Überlappung der grundlegenden Konzepte in den Werken beider Autoren – Unbewusstes, Traum, Erinnerung, Verdrängung – auf eine eventuelle Kenntnis des Freudschen Ansatzes bei Proust zurückzuführen sei; eine in diese Richtung gehende Vermutung, die Allard in seiner Rezension von *Guermantes* II, *suivi de Sodome et Gomorrhe* II in der *Nouvelle Revue Française* vom 1. September 1921 angedeutet hatte, indem er Proust einer Schule zurechnete, die im Gefolge Freuds den Traum als Ausdruck verdrängter Wünsche interpretiert, wies Proust jedoch umgehend in einem Brief an Allard zurück: »Wenn ich den Satz über Freud nicht verstanden ha-

21 Beide Zitate von François Mauriac in der *Nouvelle Revue Française* vom 1. April 1924, S. 489.

be, dann deshalb, weil ich seine Bücher nicht kenne; man könnte ihm [dem Satz] eine unfreundliche Absicht unterstellen, wenn er nicht von Ihnen stammen würde« (*Corr.* XX, S. 447; Zitat gerafft). Die spätere Kritik bemüht sich dann auch eher, die konzeptuellen Gemeinsamkeiten herauszuarbeiten und die *Suche* im Licht der neuen psychoanalytischen Erkenntnisse zu lesen, wie René Rousseau in seinem Artikel »Marcel Proust et l'esthétique de l'inconscient«, der am 15. Januar 1922 im *Mercure de France* erschien und in dem der Autor darauf hinweist, wie sehr Prousts Stil sich »an der rudimentären Logik des Traums orientiert« (S. 378), oder Jacques Rivière in seiner Vortragsreihe »Marcel Proust. L'Inconscient dans son œuvre«[22] von 1924, der die Wirkung der Sätze Prousts auf den Leser mit der Wirkung der Sonate Vinteuils auf Swann vergleicht: »Es ist Prousts besonderes Verdienst, wie in Swanns Augen das von Vinteuil, ›einige der Millionen Tasten der Zärtlichkeit, der Leidenschaft, des Mutes, der Heiterkeit‹ angeschlagen zu haben, [...] die die ›unbekannte Klaviatur‹ unseres Unbewussten ausmachen« (S. 48; Zitate aus WS, S. 480).

Die psychoanalytische Wende in der Proust-Interpretation hatte allerdings auch eine Nebenwirkung, die Proust sicherlich wenig amüsiert hätte, nämlich die Betrachtung des Autors statt des Werkes, ganz im Geiste Sainte-Beuves. Besonders nach dem Erscheinen der *Prisonnière* mit ihrer hochgradig subjektiven Perspektive bildete sich ein Verständnis heraus, das die *Suche* als den Ausdruck eines Versuchs zur Selbstanalyse des Autors las und damit als im wesentlichen für Dritte von minderem Interesse. Madeleine Clemenceau-Jacquemaire etwa schreibt am 16. März 1924 im *Écho National* zur *Prisonnière*, dass Prousts Werk kein Kunstwerk sei,

22 *Marcel Proust*, Monaco: Imprimerie de Monaco, 1924 (Société de conférences).

sondern ein »persönliches Notizbuch«, dessen Nichtbeachtung zulässig sei; Pierre Loewel kommt in einem Beitrag über die *Prisonnière* für den *Éclair* vom 19. März 1924 zu dem Schluss, dass es nur eine einzige Figur in Prousts gesamtem Werk gebe: Marcel; und Norbert Guterman löst am 15. Mai 1924 in *Philosophie* das Rätsel, wer dieser Marcel denn nun sei: »Es gibt eine Person, die zunehmend tiefer und klarer erscheint, je weiter wir fortschreiten: diese ist Proust selbst – und gewiss ist dies der eigentliche Grund für diese ganze gigantische Romanfolge.« Amüsanterweise wurde bei allem psychoanalytischen Impetus eine eventuelle Homosexualität des Erzählers vom Publikum nicht etwa aus den zahlreichen Hinweisen im Text erschlossen, wie etwa der Onanie-Szene im Angesicht des Turms von Roussainville-le-Pin schon in *Combray*, sondern die des Autors (!) aus der Tatsache, dass in *Guermantes* eine unverheiratete Albert»ine« skandalfrei bei ihm (offenbar dem Autor!) wohnen kann – etwas scheinheilig fordert Mauriac (ebd.) eine Erklärung dafür.

Das Erscheinen von *Le Temps retrouvé* 1927 belebte die Diskussion um Prousts Werk neu und gab ihr eine neue Richtung, denn nun wurde auch für das breitere Publikum das Ensemble der bekannten sechs Bände als Teil einer durchkomponierten Einheit erkennbar: die Frage des Lektors Jacques Normand vom Verlag Fasquelle, »Wohin soll das Ganze führen?«, fand nun nach fünfzehn Jahren ihre Antwort. Mit dem Vorliegen des Gesamtwerks entwickelte sich zugleich eine Diskussion um dessen literaturhistorische Einordnung. Ist Proust ein Rationalist, der die »lois profondes de la vie« zu erhellen sucht, wie Raphael Cor im *Mercure de France* vom 15. Januar 1928 behauptet, oder ein Mystizist auf der Suche nach der »essence des choses«, wie Ramon Fernandez in der *Nouvelle Revue Française* vom August 1928 überlegt? Doch schon in der Januar-Ausgabe 1928 der Zeitschrift *Marsyas* hatte Denis Saurat darauf hingewiesen, dass die Verflechtung beider Komponenten, der Konflikt zwischen Rationalität und Irrationalität, gerade Prousts besondere Wahrnehmung der Wirklichkeit kennzeichne. Auch die alte Debatte um Subjektivität und Objektivität bei Proust flammte erneut auf, so betont Henri Daniel-Rops 1928 in seinem Beitrag »Notes sur le réalisme de Proust« für ein Symposium, das im Aprilheft von *Le Rouge et le noir* publiziert wurde, die »absoluteste Objektivität«, mit der Proust das Subjekt betrachtet, während Henri Massis 1930 in einer Serie von Artikeln in der *Revue universelle* die *Suche* als ein »Alibi« abqualifiziert, das lediglich durch Objektivierung das sündige Subjekt Proust exkulpieren soll. Marcel Péguy treibt in den *Cahiers de la Quinzaine* vom 25. Februar 1930 diese Denkrichtung, die noch einige Jahre in Frankreich die Diskussion bestimmen sollte, mit der Erklärung, Proust sei »ein Kranker, ein willenloser Mensch, der seine Zeit damit verbringt, sich selbst zu analysieren«, auf die Spitze. Als Reaktion auf diese Entwicklung veröffentlichte die gleiche Gruppe, die auch das Aprilheft von *Le Rouge et le noir* bestritten hatte, eine *Défense de Marcel Proust*, in der zwar Henri Bonnet auf den optimistischen Grundton des Werkes hinweist, die aber im großen und ganzen wenig Wirkung hatte, da sich die Mehrzahl der Autoren auf die Kernpunkte der klassischen Interpretation zurückzogen. Der kontinuierliche Rückgang des Interesses an Prousts Werk im Schatten der Freudianischen Analyse fand seinen markantesten Ausdruck in einer Rundfrage Gaston Picards für die *Revue mondiale* vom Dezember 1929 unter neun Autoren, von denen acht der Frage zustimmten, ob sie es nicht leid seien, »diese schicken Leute, diese lasterhaften Müßiggänger heiliggesprochen« zu sehen, »deren oft unerquickliche Fälle uns gemäß den Riten des Freudschen oder des Proustschen Evangeliums dargelegt werden«.

Proust und kein Ende

»Thomas Mann hätte wahrscheinlich gesagt: ›Proust und kein Ende‹.«
(Jean Jacques Nattiez, *Le Combat de Chronos et d'Orphée*, Oxford University Press 2004, S. 183.)

Während Prousts Leserschaft in Frankreich in den dreißiger Jahren stetig abnahm, differenzierte sich das literaturwissenschaftliche Interesse an der *Suche*, und es erschien eine Reihe von Spezialuntersuchungen zur ihrer Genese (Feuillerat 1934) und zu einzelnen Aspekten wie der Behandlung der Musik (Benoist-Méchin 1926), der Psychologie (Blondel 1932), des Raumes (Ferré 1939), der Ästhetik (Fiser 1933) oder des Mystizismus (Pommier 1939).[23] Samuel Beckett stellte 1931 in seinem Essay *Marcel Proust* die Verbindung zu Schopenhauer her und reflektierte über Zeit, Gewohnheit, Musik und Philosophie bei Proust. Ernst Robert Curtius veröffentlichte 1925 in seiner Schrift *Französischer Geist im neuen Europa* eine Zusammenfassung seiner früheren Artikel zu Proust, von der zahlreiche Anregungen vor allem zu stilistischen Untersuchungen ausgingen (Spitzer 1928).

Nach dem Zweiten Weltkrieg erlebte das Interesse an Proust eine Renaissance in Frankreich, insbesondere nachdem 1952 *Jean Santeuil* und 1954 *Contre Sainte-Beuve* publiziert wurden, die ein neues Licht auf die Genese der *Suche* warfen. Die Neuausgabe 1954

23 Albert Feuillerat, *Comment Marcel Proust a composé son roman*, New Haven: Yale University Press, 1934. – Jacques Benoist-Méchin, *La Musique et l'immortalité dans l'œuvre de Marcel Proust*, Paris: Kra, 1926. (Der 21jährige Benoist-Méchin hatte Proust 1922 kurz kennengelernt.) – Charles Blondel, *La psychographie de Marcel Proust*, Paris: Vrin, 1932. – André Ferré, *Géographie de Marcel Proust*, Paris: Éditions du Sagittaire, 1939. – Emeric Fiser, *L'Esthétique de Marcel Proust*, Paris: Redier, 1933. – Jean Pommier, *La mystique de Marcel Proust*, Genf: Droz, 1939.

in der kritischen Bearbeitung von Pierre Clarac und André Ferré stellte zudem der Diskussion und auch den Übersetzungsbemühungen erstmals eine belastbare Textversion zur Verfügung. Die Folge war eine reiche Ernte an Analysen, die zwar im wesentlichen Themen aufnahmen, die schon in den zwanziger und dreißiger Jahren diskutiert wurden, diese nun aber in ganz anderer Schärfe behandeln konnten. Mit dem Aufkommen des Nouveau Roman, der sich mit seinen minutiösen Beschreibungen zum Teil auch explizit auf Proust bezieht (so Natalie Sarraute in *L'Ère du soupçon*, 1956), gewann Proust zudem den Status eines Vorläufers der Moderne. Ein reges Interesse fand Proust insbesondere auch in Italien, wo 1946–1953 der größte Teil von Prousts Werk übersetzt wurde und darauf aufbauend eine rege Diskussion stattfand. Das Interesse in der englischsprachigen Welt war stets ungebrochen geblieben; hier sind als wichtigste Beiträge Philip Kolbs Studie von 1948 zu Prousts Korrespondenz hervorzuheben, die schließlich zu der 21bändigen Ausgabe *La Correspondance de Marcel Proust* führte, und die umfassende Biographie von Painter 1959, die bei allen Mängeln aus heutiger Sicht zu ihrer Zeit ein wichtiges Arbeitsinstrument zur Verfügung stellte.

Die Auseinandersetzung mit Prousts Werk war in den sechziger und siebziger Jahren geprägt von der Diskussion um die Frage, wodurch denn eigentlich der Eindruck einer Kontinuität in der *Suche* trotz des offenkundigen Episodencharakters der Erzählweise zustande kommt. Gegen Georges Poulets Deutung in *L'Éspace proustien* (1963), dass das Bewusstsein des Erzählers die einheitsstiftende Instanz bilde (s. insbes. Kap. IX, S. 93–112 der deutschen Ausgabe[24]), wendet sich bei einer *Table ronde* 1975 Gilles Deleuze, der vor allem in den Querverbindungen (»transversales«), die

24 Georges Poulet, *Marcel Proust*, Frankfurt a. M.: Suhrkamp, 1966.

durch gemeinsame Merkmale im erinnernden Rückbezug hergestellt werden, die »Fäden des Spinnennetzes« sieht, »das vor unseren Augen gewebt wird«.[25] Proust selbst liefere hier, wie Deleuze schon 1963 in *Proust et les signes* (S. 126) betont, den entscheidenden Hinweis:

> Denn was wir für unsere Liebe, unsere Eifersucht halten, ist keine fortdauernde, unteilbare Leidenschaft. Sie bestehen aus einer Unendlichkeit von aufeinanderfolgenden Lieben, verschiedenen Eifersüchten, die kurzlebig sind, aber ihre lückenlose Vielzahl vermittelt den Eindruck der Kontinuität, die Illusion der Einheit. (WS S. 511.)

In Hinblick auf die »innombrable« und »insaisissable« Albertine mit ihrem wandernden Schönheitsfleck ließe sich auch auf Françoises Küchenhilfe verweisen:

> Das Küchenmädchen war eine juristische Person, eine ständige Einrichtung, der die Zuschreibung unveränderlicher Merkmale durch die Abfolge flüchtiger Gestalten hindurch, in denen sie Fleisch wurde, eine Art von Kontinuität und Identität verschaffte: denn wir hatten niemals länger als zwei Jahre hintereinander das gleiche. (WS S. 115.)

Malcolm Bowie nimmt 1998 in *Proust Among the Stars* die Diskussion um die Kontinuität bei Proust wieder auf und sieht deren Quelle vor allem in Prousts Technik, gedankliche Schritte in die Zukunft noch im selben Satz durch Rückgriffe auf die erinnerte

25 *Table Ronde*, in: *Cahiers Marcel Proust*, nouvelle série, 7, Paris: Gallimard, 1975, S. 91.

Vergangenheit abzusichern oder sie überhaupt schon gleich in die Vergangenheit zu verlegen. Damit wird auch die verwickelte Struktur der Proustschen Sätze als erzählerische Notwendigkeit deutlich, denn indem so die isolierten Gegenwarten mit zeitlichen Halos umgeben werden, wird zugleich ihr Verschmelzen ermöglicht. Als markantes Beispiel führt Bowie die Passage über den Ruderer auf der Vivonne an, bei der der Erzähler seine eigenen langfristigen Zukunftserwartungen wie auch die vermutete kurzfristige des Ruderers in einem rückblickenden Satz unterbringt:

> Wie oft habe ich hier einem Ruderer zugesehen, habe ich mir gewünscht, es ihm gleichzutun, wenn es mir freistünde, ganz nach meinem Belieben zu leben, der seine Riemen eingelegt hatte und sich, am Boden seines Bootes auf dem Rücken ausgestreckt, mit zurückgelegtem Kopf willenlos treiben ließ, nichts sah als den Himmel, der langsam über ihm dahinzog, und auf seinem Gesicht den Vorgeschmack von Glück und Frieden trug. (WS, S. 237.)

Roland Barthes dagegen kommt es ohnehin im Umgang mit Prousts Werk weniger auf Interpretationen des Textes als auf seine Aneignung durch Variation an, durch jene »reécriture«, wie er sie beispielhaft in den *Fragments d'un discours amoureux* (1977) vorführt, wo er Albertines sprachliche Abirrungen als Ausgangspunkte zu eigenen Betrachtungen über die Liebe nimmt. Auch diese Herangehensweise findet, wie Barthes in *Proust et les noms* 1969 darlegt, ihre Rechtfertigung in Prousts Text selbst, dessen Erzähler sich insbesondere Eigennamen wie etwa Guermantes oder Parme (Parma) zu eigen macht, indem er sie mit längeren Assoziationsketten und Träumereien verknüpft. Dass damit jedoch nicht der Beliebigkeit Tür und Tor geöffnet wird, demonstrierten Jean Milly

1974 und Claudine Quémar 1978 in *Sur quelques noms proustiens* (in: *Litterature* 14, S. 65–82) bzw. in *Rêverie(s) onomastique(s) proustienne(s) à la lumière des avant-textes* (in: *Litterature* 28, S. 77–99) anhand einer phonetisch-phonologischen Analyse der Namen und der Bezüge zu den mit ihnen verknüpften Konzepten.

Der Erwerb der Notizbücher (Carnets) und Kladden (Cahiers) Prousts durch die Bibliothèque nationale de France im Jahr 1962 machte es möglich, die Entstehung der Werke Prousts detailliert zu verfolgen, wie es Anthony Pugh mit seinen großangelegten Studien *The Birth of »À la recherche du temps perdu«* (1987) für die Jahre 1908–09 und *The Growth of »À la recherche du temps perdu«* (2004) für die Jahre 1909–14 unternahm. 2009 legte Akio Wada einen *Index général des cahiers de brouillon de Marcel Proust* vor (Osaka: Matsumotokobo), der es insbesondere ermöglicht, die Entwicklung der Namensgebung für die einzelnen Personen seit ihren ersten Vorentwürfen nachzuvollziehen. Die Publikation der einundzwanzigbändigen, ausführlich kommentierten *Correspondance de Marcel Proust* durch Philip Kolb in den Jahren 1970–93 ermöglichte neue Einblicke in Prousts Leben, die die Veröffentlichung einer Reihe neuer Biographien in den neunziger Jahren anstießen. Das damit neuerlich erweckte Interesse an Proust führte in den verschiedensten Ländern zur Gründung literarischer Freundeskreise; s. dazu unten, Marcel-Proust-Gesellschaften.

Die verbesserte Forschungssituation zog zudem eine erhebliche Differenzierung in der Proust-Forschung nach sich, die sich dem Werk heute unter den verschiedensten Aspekten und in den verschiedensten Zusammenhängen nähert. Zu Odettes bekannter Anglomanie und dem Einfluss Ruskins auf Proust betrachtet Daniel Karlin *Proust's English* (2005), und Sophie Duval untersucht das davon nicht allzu fern liegende Thema *L'Ironie proustienne* (2004). Die Philosophie Prousts, die sich nicht unbedingt in den Abschnitten mit philosophischen Themen niederschlägt, arbeitet Vincent Descombes 1987 in *Proust: Philosophie du roman* heraus. Die Verbindung Prousts mit verschiedenen Strömungen in der philosophischen Diskussion stellen der britische Philosoph Malcolm Bowie 1987 in *Freud, Proust, and Lacan: Theory as Fiction* dar, die ungarische Philosophin Erika Fülöp 2012 in *Proust, the One, and the Many* (Oxford University Press) oder der schwedische Philosoph Martin Hägglund 2012 in *Dying for Time: Proust, Woolf, Nabokov* (Harvard University Press). Die psychoanalytische Untersuchung des Textes nahm Michael Schneider 1999 mit *Maman* (Gallimard) wieder auf, während sich Jean-Yves Tadié 2012 in *Le Lac inconnu: Entre Freud et Proust* (Gallimard) vor allem für die Unterschiede und Gemeinsamkeiten zwischen Proust und Freud interessiert.

Eine Reihe von Publikationen wendet sich Prousts Interesse an darstellenden Künsten zu, so 2003 Jean-Pierre Montier und Jean Cléder in *Proust et les images: Peinture, photographie, cinéma, vidéo*, und 2004 Marion Schmid und Martine Beugnet in der anregenden Untersuchung *Proust at the Movies*, sowie Eric Karpeles' *Paintings in Proust* (2008) mit Reproduktionen aller in der *Suche* direkt erwähnten Kunstwerke, während sich Kazuyoshi Yoshikawa in *Proust et l'art pictural* (2010) auf die Suche nach den im Text verborgenen Kunstwerken macht. Eine wichtige Studie in diesem Zusammenhang ist auch Peter Colliers Untersuchung *Proust and Venice* (1989), die sich mit Prousts Ästhetik befasst, insbesondere am Beispiel des Venedig-Kapitels in der *Entflohenen*. Den Einfluss der Fotografie schließlich auf Prousts Sicht der Welt untersucht 1997 der Fotograf Brassaï in *Marcel Proust sous l'emprise de la photographie* (dt. *Proust und die Liebe zur Fotografie*, 2001, Übers. Max Looser). 1999 erschien eine Sammlung von Aufnahmen von Prousts Zeitgenossen und Brassaïs nicht minder bekanntem Kollegen Paul Nadar, *Le Monde de Proust vu par Paul Nadar* (Texte von

Anne-Marie Bernard; dt. *Proust und seine Modelle*), die insbesondere Lesern, die einer autobiographischen Lesart der *Suche* zuneigen, das nötige Lokalkolorit liefern. Eine fotografisch anspruchsvolle, sich assoziativ relativ frei bewegende Spurensuche unternimmt 1982 François-Xavier Bouchart mit seinem reizvollen, in Schwarz-Weiß gehaltenen Bildband *La Figure du pays*; Elger Essers faszinierende Suche nach dem alten im neuen Frankreich dagegen trägt ihren Titel *Combray* (2016) in einem eher metaphorischen Sinn.

Die Fülle der Ansätze in der Proust-Literatur hat das Bedürfnis nach Werken entstehen lassen, die es ermöglichen, sich zumindest einen Überblick zu verschaffen. Hier war gewiss der von Richard Bales 2001 herausgegebene *Cambridge Companion to Proust* wegweisend, an dem sich auch spätere Ausgaben mit ähnlicher Zielsetzung orientierten, wie etwa die von Adam Watt 2013 herausgegebene Sammlung von Aufsätzen *Marcel Proust in Context*. Ein inzwischen unentbehrlich gewordenes Arbeitshilfsmittel stellten 2004 Annick Bouillaguet und Brian G. Rogers mit ihrem monumentalen *Dictionnaire Marcel Proust* zur Verfügung, das 2009 in einer überarbeiteten und erweiterten Übersetzung von Luzius Keller unter dem Titel *Marcel Proust Enzyklopädie* auch in Deutschland erschien. Eine Zwischenstellung zwischen Enzyklopädie und Biographie nimmt Philippe Michel-Thiriets *Quid de Marcel Proust* von 1982 ein, das nach Sachgruppen geordnet verschiedene Aspekte zu Leben und Werk stichwortartig behandelt; die deutsche Übersetzung der 2. Aufl. 1987 von Rolf Wintermeyer erschien 1992 unter dem Titel *Das Marcel Proust Lexikon*. In diesem Zusammenhang sollte auch noch das reich bebilderte *Album Proust* von Pierre Clarac und André Ferré aus dem Jahr 1965 erwähnt werden, das sich bemüht, dem Leser und Betrachter einen leichten Zugang zur Person des Autors und zu seinem Werk zu ermöglichen; die deutsche

Übersetzung von Hilda von Born-Pilsach erschien 1975 unter dem Titel *Das Proust-Album*. Das Bildmaterial aus diesem Album hat inzwischen Eingang in verschiedene französische E-Book-Ausgaben der Werke Prousts gefunden.

Die Jahrtausendwende hat eine überraschende Populärkultur zu Proust hervorgebracht, deren Tiefenwirkung sicherlich begrenzt ist, deren Breitenwirkung man aber nur begrüßen kann, denn gewiss haben viele, selbst aufgeschlossene Leser zum ersten Mal von Proust dank Alain de Bottons Ratgeber *Wie Proust Ihr Leben verändern kann* (1997; dt. 1998) gehört oder sich dank Jean-Bernard Naudins *La cuisine retrouvé* (1991; dt. *Zu Gast bei Marcel Proust*, 1992) mit Françoise im Bunde fühlen können. In *Il capotto di Proust* (2008; dt. *Prousts Mantel*, 2011) spinnt Lorenza Foschini eine Detektivnovelle um Prousts berühmten Mantel, und Anita Albus knüpft 2011 in *Im Licht der Finsternis. Über Proust* längere Gedankenspiele an die in der *Suche* erwähnten Pflanzen an. Zu einem Paris-Besuch, der nicht ausschließlich dem Konsum geweiht ist, regen schließlich Bücher wie Rainer Moritz' *Mit Proust durch Paris. Literarische Spaziergänge* (2004; Neuauflage 2015) an, oder zu etwas weiteren Ausflügen der Bildband *Les Promenades de Marcel Proust* von Nadine Beauthéac und François-Xavier Bouchart (1997; dt. *Auf den Spuren von Marcel Proust*, 1999).[26] Ein Vorläufer dieser Popularisierung Prousts war zweifellos Monty Pythons *All-England Summarise Proust Competition*[27] vom 16. November 1972 mit dem unerreicht gebliebenen Ziel, eine Inhaltsangabe in 45 Sekunden zu liefern,

26 Die Webseite https://www.terresdecrivains.com/ bietet eine Reihe von Spaziergängen auf den Spuren von Marcel Proust in Paris und anderen Orten.

27 »Unzensierte« Version:
https://www.youtube.com/watch?v=uwAOc4g3K-g

während diese Entwicklung 2009 mit dem (2011 ins Französische rückübersetzten) japanischen Manga *Ushinawareta toki o motomete* ihren vorläufigen Höhepunkt erreicht haben dürfte – die ganze *Suche nach der verlorenen Zeit* in einem Taschenbuch!

Proust über die »Suche nach der verlorenen Zeit«[28]

> »Ich sehe schon Leser vor mir, die sich einbilden, ich schriebe hier im Vertrauen auf willkürliche und zufällige Gedankenverbindungen die Geschichte meines Lebens.«
> (Brief an Paul Souday vom 10. 11. 1919 zu SJM, in: *Corr.* XVIII, S. 464.)

Die autobiographische Lesart, von der Proust in der oben zitierten Stelle aus seinem Brief an Paul Souday spricht, wurde zwar einerseits durch die Abschnitte *Combray* und *Ländliche Namen: Der Name* des ersten Bandes ziemlich nahegelegt, dann aber doch durch den ganz und gar unautobiographischen Abschnitt *Eine Liebe von Swann* ad absurdum geführt. Dennoch fühlten sich viele Kritiker eher berufen, *Swann* als Ungereimtheit zu empfinden denn als Widerlegung ihrer Herangehensweise (vgl. dazu das Ghéon-Zitat unten, S. 130) – die dann durch SJM neue Nahrung erhielt. Dazu schreibt Proust kurz nach dem 6. November 1920, also etwa zwei Wochen nach dem Erscheinen von WG I, offenbar etwas entnervt an Jacques Boulenger: »Ich schildere so viele verschiedene Dinge in meinem Werk, dass niemand ernstlich glauben kann, das sei alles Ich. Ohne nun gleich wie die ›Dadas‹ in Bewunderung ob meiner Seiten über die Schwerhörigkeit zu erstarren (die ich, trotz ihrer Lobgesänge, ziemlich mittelmäßig finde), sind sie dennoch zutreffend. Trotzdem bin ich keineswegs schwerhörig und wünschte nur,

28 Siehe auch René de Chantal, *Marcel Proust. Critique littéraire*, Bd. II, Montréal: Les Presses de l'Université de Montréal, 1967, Kap. II.

ich könnte ebenso gut sehen wie hören« (*Corr.* XIX, S. 580 f.). Immerhin, wollte man die *Suche* nicht als Autobiographie lesen, so legte das zeitgenössische Ambiente zumindest die Lesung als Schlüsselroman nahe.

Da Proust in den bedeutendsten Salons von Paris ein und aus ging und er sich zudem mit seinen Essays im *Figaro* einen Namen als Berichterstatter von Herzoginnen-Festen und Opernpremieren gemacht hatte, war es auch nicht weiter erstaunlich, dass »Tout Paris« sich auf den *Weg zu Swann* machte, um zu sehen, ob man wohl darin vorkomme – und beleidigt zu sein, wenn ja, und erst recht, wenn nicht. Auch gegen diese – schwerer zu widerlegende – Lesart der *Suche* als ein »roman à clef« hat sich Proust schon früh und immer wieder energisch verwahrt – »es gibt keine Schlüssel oder Porträts« (Brief an Madame Straus vom 3. Juni 1914, *Corr.* XIII, S. 231) –, doch mit mäßigem Erfolg: Noch Painter 1956 legt Wert darauf, Swann in Charles Haas, Odette in Laure Hayman, Charlus in dem Baron Doäzan, Saint-Loup in Louis d'Albufera wiederzuentdecken. Dazu Proust in dem zitierten Brief an Madame Straus: »[...] jener, den Sie Swann-Haas nennen. (Obwohl er nicht Haas ist [...])«, am 19. Mai 1922 an Laure Hayman: »Sie lesen mein Buch und stellen eine Ähnlichkeit zwischen sich und Odette fest! Man möchte ja am Bücherschreiben verzweifeln« (*Corr.* XXI, S. 209), im April 1921 an Robert de Montesquiou: »Viele Leute glauben, Saint-Loup sei d'Albufera, an den ich dabei nie gedacht habe« (*Corr.* XX, S. 194), und im Mai 1921 an denselben: »Meine Person [Charlus] war schon im voraus aufgebaut und gänzlich erfunden [...] sie ist größer, enthält mehr an menschlicher Vielfalt, als wenn ich sie auf eine Ähnlichkeit mit Monsieur Doäzan beschränkt hätte« (*Corr.* XX, S. 281). Allerdings muss man auch sagen, dass Proust das »keine« in »keine Schlüssel« an anderer Stelle ein wenig relativiert, wenn er zum Beispiel an Lucien Daudet schreibt: »Es gibt so viele [Schlüssel] für jede Tür, dass es in Wirklichkeit gar keinen dafür gibt«, oder in der Widmung von WS für Jacques de Lacretelle feststellt: »Es gibt keine Schlüssel für die Personen in diesem Buch; oder besser gesagt, es gibt acht oder zehn für jede einzelne« (*Hommage à Marcel Proust*, S. 191).

Hinsichtlich eventueller Modelle für die Kirche von Combray und für Vinteuils Sonate gilt mehr oder weniger das gleiche wie für die Personen der *Suche* – »selbst für die unbelebten Gegenstände destilliere ich etwas Allgemeines aus tausend unbewussten Reminiszenzen« (Brief an Robert de Montesquiou vom Mai 1921, *Corr.* XX, S. 281) –, hier erlaubt Proust allerdings doch einen kleinen Einblick in die Natur dieser Eindrücke. So schreibt er in seiner Widmung von WS für Jacques de Lacretelle: »Für die Kirche von Combray hat sich mein Gedächtnis zahlreicher Kirchen als Modelle bedient. Ich könnte Ihnen nur nicht sagen, welcher. Ich erinnere mich nicht einmal mehr, ob das Pflaster aus Saint-Pierre-sur-Dives oder aus Lisieux stammt. Manche der Fenster stammen sicherlich aus Évreux, andere aus der Saint-Chapelle und aus Pont-Audemer«, und fährt dann fort: »Was die Sonate angeht, sind meine Erinnerungen genauer. [...] die kleine Phrase der Sonate [...] bei der Soiree Saint-Euverte ist die charmante, aber letztlich mittelmäßige Phrase von Saint-Saëns, ein Komponist, den ich nicht mag. Es würde mich allerdings wundern, wenn ich weiter unten bei der kleinen Phrase nicht an den Karfreitagszauber gedacht hätte. Und dann an eben diesem Abend, wo Violine und Klavier zwitschern wie zwei Vögel, die einander antworten, nicht an die Sonate von Franck [...], dessen Quartett in einem späteren Band in Erscheinung treten wird. Die Tremolos, die bei den Verdurins die kleine Phrase überdecken, sind mir durch das Vorspiel zum Lohengrin suggeriert worden, aber die Phrase selbst in diesem Augenblick durch etwas von Schubert. Und noch an diesem selben Abend ist sie auch ein hinreißendes Stück für Klavier von Fauré.« Wie weit man allerdings Prousts weitere

Ausführungen zu den Monokeln bei Madame de Saint-Euverte wirklich als Charakterisierungen »lebloser Gegenstände« ansehen darf oder sie nicht doch schon als klare Anleihen bei lebendigen Personen ansehen muss, erscheint fraglich; auf jeden Fall aber erscheinen sie mir von eigenständigem Interesse: »Bei dem Monokel von Monsieur de Saint-Candé habe ich an das von Monsieur Bethmann gedacht (nicht der Deutsche – auch wenn der der Ursprung sein mag –, sondern an den Vater der Hottinguers), bei dem von Monsieur de Forestelle an das eines Offiziers, den Bruder eines Musikers namens d'Ollone, für das des Generals Froberville an das eines vorgeblichen Schöngeistes – ein veritabler Rohling –, den ich bei der Prinzessin von Wagram und ihrer Schwester kennengelernt habe und der sich Monsieur de Tinseau nannte. Das Monokel von Monsieur de Palancy ist das des armen und teuren Louis de Turenne, der sich wohl nicht hatte träumen lassen, dass er eines Tages mit Arthur Meyer verwandt sein würde, zumindest nach der Art zu urteilen, in der er ihn bei mir einmal behandelt hat. Turennes Monokel geht dann in *Le Côté de Guermantes* an Bréauté über, glaube ich.« (*Hommage à Marcel Proust*, S. 190 f.)

Natürlich erschafft kein Schriftsteller seine Figuren aus dem Nichts; die Komposition aus Einzelzügen, die der Realität entnommen wurden, dürfte eine allgemeingültige Vorgehensweise sein. Die Frage, die ja in den letzten Jahrzehnten zunehmend auch die Gerichte beschäftigt hat, ist dabei, inwieweit ein Leihgeber erkennbar bleibt. Hierzu gibt Proust in der *Suche* selbst einige entscheidende Hinweise zu seiner Vorgehensweise:

> Der Literat beneidet den Maler, er würde auch gern Skizzen anfertigen, Notizen machen, und ist verloren, wenn er es tut. Wenn er aber schreibt, so ist da nicht eine Geste, nicht ein Tick oder Tonfall seiner Personen, die seine Inspiration nicht aus

seinem Gedächtnis bezogen hätte, kein Name einer erfundenen Person, dem er nicht sechzig Namen von Bekannten unterlegen könnte, von denen der eine für die Grimasse, der andere für das Monokel, ein dritter für den Wutanfall, ein weiterer für die gefällige Armbewegung usw. Modell gestanden hat. Und dann wird dem Schriftsteller klar, dass sein Traum, ein Maler zu sein, zwar nicht auf bewusste und willentliche Art zu verwirklichen war, dass er aber gleichwohl Wirklichkeit geworden ist und dass auch er, der Schriftsteller, sein Skizzenbuch geführt hat, freilich ohne es zu wissen.

Denn getrieben von dem Instinkt, der in ihm war, unterließ es der Schriftsteller schon lange, bevor er glaubte, eines Tages ein solcher zu werden, regelmäßig, allerlei Dinge zu betrachten, die anderen auffielen, was ihm von diesen anderen den Vorwurf eintrug, zerstreut zu sein, und von ihm selbst, weder recht hören noch sehen zu können; während jener Zeit hieß er seine Augen und Ohren sich für immer merken, was die anderen für kindischen Kleinkram hielten, den Tonfall, den Gesichtsausdruck, die Schulterbewegung, mit denen irgendeine Person, von der er womöglich sonst nichts weiß, in einem bestimmten Augenblick vor vielen Jahren einen Satz gesagt hat, und zwar deshalb, weil er diesen Tonfall schon einmal gehört hatte oder weil er spürte, dass er ihn einmal wiederhören könnte, dass er etwas Wiederholbares, Dauerhaftes war; das Gefühl für das Allgemeingültige wählt beim zukünftigen Schriftsteller selbständig das aus, was allgemeingültig ist und in das Kunstwerk wird Eingang finden können. Denn er hat den anderen nur zugehört, wenn sie sich, so dumm oder verrückt sie auch sein mochten, genau dadurch, dass sie wie Papageien wiederholten, was andere von ähnlichem Charakter sagen, zu weissagenden Vögeln machten, zu Verkündern eines psychologischen Geset-

> zes. Er erinnert sich nur an das Allgemeingültige. Durch diesen Tonfall, jene Veränderung im Gesichtsausdruck, selbst wenn er sie in frühester Kindheit wahrgenommen hat, war das Leben der anderen in ihm repräsentiert und würde, wenn er später schriebe, aus einer Bewegung der Schultern zusammengesetzt werden, die vielen gemeinsam ist, so getreu, als ob sie aus dem Skizzenbuch eines Anatomen stammte, aber hier, um eine psychologische Wahrheit auszudrücken, indem auf die Schultern des einen die Halsbewegung eines anderen gepfropft wird, so dass jeder für einen Moment Modell gestanden hat. (WZ, S. 295 f.)

Dieses weiträumige Kompositionsprinzip sieht der Erzähler als einen der Gründe an »für die Sinnlosigkeit aller Versuche, die man anstellt, um herauszubekommen, von wem ein Autor spricht« (WZ, S. 306). Dies muss allerdings mit einem Körnchen Salz genommen werden, denn in seinem Brief an Lucien Daudet vom 3. Juni 1915 schreibt Proust beispielsweise: »Im nächsten Band dagegen werden Sie in Madame de Villeparisis eine [[...]] oder [[...]] sehen, während die Guermantes die [[...]] oder die [[...]] sind«; zwar wurden die Namen vom Empfänger oder seinen Erben geschwärzt, aber die Existenz von Vorbildern wird eben doch zugegeben. Und wohl auch nicht ohne Grund verweist Proust in WG (S. 567) ausdrücklich auf Carpaccio und dessen Neigung, Freunde und Verwandte wiedererkennbar unter die Statisten zu mischen, während die Hauptpersonen meist weitgehend typisiert sind. Bei genauerem Hinsehen erweist sich durchaus, dass etlichen Nebenpersonen ziemlich zweifelsfrei der eine oder andere Zeitgenosse Prousts zugeordnet werden kann, so etwa dem geschwätzigen Bruder Cartier der fiktiven Madame de Villefranche der sehr reale Pariser Präsident der Anwaltskammer Ernest Cartier, oder dem großsprecherischen

Bildhauer Viradobetski, genannt Ski, aus dem Kreis Verdurin der Bruder des Arztes von Prousts Mutter, der Pariser Bildhauer Paul Landowski, dem die Welt den Christus von Rio de Janeiro verdankt.

Der Ruf als Salonlöwe, der Proust vorauseilte und ihn die Sympathie André Gides als Lektor der *Nouvelle Revue Française* gekostet hatte[29], hatte 1896 durch die Publikation der Sammlung von Prousts *Figaro*-Essays *Les Plaisirs et les Jours* neue Nahrung erhalten, in der konzentriert auftrat, was man sonst nur gelegentlich genoss. Offenbar sah Proust die Gefahr, dass das Publikum, wie André Gide[30], das neue Werk im Lichte dieser früheren Arbeiten lesen und missverstehen würde, und versuchte, dem mit Briefen an die wichtigsten Kritiker vorzubauen und sie insbesondere von den Charakterisierungen *délicat* und *fin* abzubringen, die die Besprechungen von *Les Plaisirs et les Jours* geprägt hatten – wobei Proust offenbar *exquis* vergessen oder verziehen hat. So schreibt er An-

29 »Die Ablehnung [von WS] war einer der größten Fehler der NRF […]. Für mich waren Sie derjenige geblieben, der bei Mme X und Z verkehrt – derjenige, der im *Figaro* schreibt. Ich hielt Sie offen gesagt für einen ›du côté de chez Verdurin‹, einen Snob, einen Liebhaber der mondänen Gesellschaft, etwas, worüber man sich in unserer Revue kaum heftiger erregen kann.« Text vom 10. oder 11. Januar 1914 aus Gides Kladde, am 1. November 1928 in der *Nouvelle Revue Française* veröffentlicht (in: *Corr.* XIII, S. 50 f.).

30 Wobei allerdings anzumerken ist, dass Gide das Manuskript aller Wahrscheinlichkeit nach gar nicht gelesen hat; nach Céleste Albarets Erinnerung kam das Paket mit dem Manuskript ungeöffnet von der *Nouvelle Revue Française* zurück: »[Prousts Kammerdiener] Nicolas Cottin verwandte eine minutiöse Sorgfalt darauf, den Knoten […] in einem ganz besonderen und unnachahmlichen Stil zu binden. Und das war für Monsieur Proust immer der unwiderlegbare Beweis, dass das Paket mit seinem Manuskript niemals geöffnet worden war […]« (Céleste Albaret, *Monsieur Proust*, München: Kindler, 1974, S. 277).

fang (5., 6. oder 7.) November 1913 an René Blum, den Redakteur der täglich erscheinenden Literaturzeitung *Gil Blas*: »All dies ist nur das Gerüst des Buches. Was es trägt, ist wirklich, leidenschaftlich, ganz verschieden von dem, was Sie von mir kennen und, wie ich glaube, weniger schlecht, es verdient nicht mehr die Epitheta *délicat* und *fin*, sondern lebendig und wahr« (*Corr.* XII, S. 296); am 7. oder 8. November 1913 an seinen Jugendfreund und Leiter des Feuilletons des *Figaro*, Robert de Flers: »Was gesagt werden muss ist vor allem, dass es sich hier keineswegs um meine Artikel im *Figaro* handelt, sondern um einen Roman, der zugleich voller Leidenschaften, Betrachtungen und Landschaftsbeschreibungen ist. Vor allem aber ist er völlig verschieden von *Les Plaisirs et les Jours* und weder *délicat* noch *fin*« (*Corr.* XII, S. 298); und schließlich noch am 12. November, zwei Tage vor dem Erscheinen des ersten Bandes, an den Herausgeber des *Figaro*, Gaston Calmette: »Falls Sie eine Besprechung machen wollen, würde ich es begrüßen, dass die Epitheta *fin*, *délicat* ebenso wenig vorkommen wie irgendein Verweis auf *Les Plaisirs et les Jours*. Dieses hier ist ein Werk voller Kraft […]« (*Corr.* XII, S. 308 f.) – »une œuvre de force«, was man wohl am besten noch als »ein Kraftwerk« wiedergäbe.

Natürlich haben Prousts Demarchen nichts genützt, und die Kritiken sind durchsetzt mit den Vokabeln *délicat*, *subtil*, *exquis*, *précieux*. Was ihn aber vor allem ärgerte, ist das Insistieren der Kritik auf seiner angeblichen Detailverliebtheit und ihr Unvermögen, den Plan hinter dem Ganzen zu erkennen. So schreibt Henri Ghéon ausgerechnet in der *Nouvelle Revue Française* in seiner Besprechung von WS vom 1. Januar 1914: »[Proust] vertrödelt seine Zeit damit, die Bäume zu zählen, die verschiedenen Arten von Bäumen, die Blätter an den Zweigen und die hinuntergefallenen Blätter« (S. 140), und weiter: »Wir halten vergeblich nach einer Möglichkeit Ausschau, die ersten Träume eines Kindes in Verbindung mit dieser Affäre zwischen Monsieur Swann und Odette de Crécy zu bringen, von der Monsieur Proust gewiss erst lange nach seiner Kindheit erfahren hat und die ohne jegliche Rechtfertigung in die Erzählung von seinen Sommerspaziergängen in Combray und seinen Spielen in den Champs-Élysées eingeschaltet ist« (S. 142). Zum Vorwurf des literarischen Pointillismus, den der mit Proust befreundete Autor psychologischer Romane Louis de Robert ihm offenbar nach Lektüre der Fahnen gemacht hatte, schreibt er ihm im Juli 1913:

> Sie schreiben von meiner Kunst des winzigen Details, des Nichtwahrnehmbaren, usw. Ich weiß nicht, was ich tue, aber ich weiß, was ich tun will; ich unterdrücke vielmehr (außer in den Passagen, die mir nicht gefallen) jedes Detail, tatsächlich wende ich mich nur dem zu, was mir […] irgendeine allgemeine Gesetzmäßigkeit zu offenbaren scheint. Und da diese uns niemals vom Verstand enthüllt wird und wir nach ihr sozusagen nur in den Tiefen unseres Unbewussten fischen können, ist sie in der Tat nicht wahrnehmbar, denn sie ist entfernt, sie ist schwierig wahrzunehmen, aber sie ist keineswegs ein winziges Detail. Ein Gipfel in den Wolken kann, obwohl ganz klein, sehr wohl höher sein als eine benachbarte Fabrik. Beispielsweise ist dieser Geschmack des Tees, den ich zuerst nicht wiedererkenne und in dem ich die Gärten von Combray wiederfinde, so eine nicht wahrnehmbare Sache. Aber sie ist keineswegs ein winziges beobachtetes Detail, sie ist eine ganze Theorie der Erinnerung und der Wahrnehmung (das ist jedenfalls mein Anspruch), die nur nicht in Begriffen der Logik verkündet wird (das alles wird noch im 3. Band wiederauftreten). (*Corr.* XII, S. 231.)

Im gleichen Sinne schreibt Proust am 28. oder 29. Dezember 1913 an Robert Dreyfus: »Dein Freund und Nachbar [der Redakteur Raymond Recouly der Tageszeitungen *Le Temps* und *Le Figaro*], ein im übrigen ausgezeichneter Schriftsteller, hat mir einen liebenswürdigen und ungerechten Brief geschrieben. Er sagt zu mir: ›Sie bemerken alles‹. Aber nein, ich bemerke nichts. Er ist es, der bemerkt. Keine meiner Personen schließt jemals ein Fenster oder wäscht sich die Hände, zieht einen Mantel an oder sagt eine Vorstellungsformel. Falls es irgendetwas Neues in diesem Buch geben sollte, dann ist es das, und im übrigen gänzlich ungewollt; ich bin einfach nur zu faul, um Dinge aufzuschreiben, die mich langweilen« (*Corr.* XII, S. 394), und am 6. März 1914 an André Gide: »[...] ich selbst kann nicht, wenn ich schreibe – sei es aus Faulheit, Trägheit oder Langweile – Dinge erzählen, die nicht einen poetischen Zauber auf mich ausgeübt haben oder in denen ich nicht eine allgemeingültige Wahrheit glaubte erfassen zu können. Meine Personen binden sich niemals die Krawatte oder erneuern auch nur deren ›Sortiment‹« (*Corr.* XIII, S. 108). Der Vorwurf der Detailverliebtheit scheint Proust gewaltig gewurmt zu haben, denn ganz gegen Ende von WZ erteilt er seinen Widersachern schließlich die letztgültige Antwort:

> Bald schon konnte ich einige Skizzen vorweisen. Niemand begriff auch nur ein bisschen davon. Selbst diejenigen, die meiner Sicht der Wahrheiten, die ich später in den Tempel meißeln wollte, wohlwollend gegenüberstanden, gratulierten mir dazu, sie mit dem »Mikroskop« entdeckt zu haben, während ich mich im Gegenteil eines Teleskops bedient hatte, um die Dinge wahrzunehmen, die zwar tatsächlich sehr klein waren, aber nur, weil sie sich in großer Entfernung befanden und jedes für sich eine eigene Welt darstellten. Dort, wo ich nach den großen

Gesetzen suchte, nannte man mich einen Kleinigkeitenkrämer. (WZ, S. 492.)

Zu dem anderen Vorwurf Ghéons und anderer Kritiker, dem der Planlosigkeit, schreibt Proust am 6. Februar 1914 an den Schriftsteller und Mitarbeiter der *Nouvelle Revue Française* Jacques Rivière, der Proust vorbehaltlos bewunderte: »Endlich finde ich einen Leser, der *errät* [*divine*], dass mein Buch [WS] ein dogmatisches Werk und eine Konstruktion ist!« (*Corr.* XIII, S. 98.) In diesem Zusammenhang kann man allerdings den anderen Kritikern keine allzu großen Vorwürfe machen, denn der erste Band allein oder auch im Zusammenhang mit den spärlichen Ankündigungen zu den in Aussicht gestellten beiden Folgebänden lässt den Plan des Architekten kaum erahnen:

> Erst am Ende des [ganzen] Buches, wenn die Lehren des Lebens verstanden worden sind, wird sich mein Denken enthüllen. Was ich zu Ende des ersten Bandes ausdrücke, in diesem Nebengedanken über den Bois de Boulogne, den ich dort wie einen Wandschirm hingestellt habe, um einen Band zu beenden und abzuschließen, der aus materiellen Gründen nicht über 500 Seiten hinausgehen durfte, ist das *Gegenteil* meiner endgültigen Schlussfolgerung. Es ist eine allem Anschein nach subjektive und oberflächliche Zwischenstation auf dem Weg zur objektivsten und gläubigsten aller Schlussfolgerungen. [...] In diesem ersten Band haben Sie gesehen, welches Vergnügen mir die Empfindung der in Tee getunkten Madeleine bereitet, ich sage, dass ich aufhöre, mich sterblich zu fühlen usw. und dass ich nicht verstehe, warum. Das werde ich erst am Ende des dritten [nach damaliger Planung letzten] Bandes erklären. Alles ist in dieser Weise konstruiert. Wenn Swann Odette so arglos

> Charlus anvertraut […], dann deshalb, weil Charlus weit davon entfernt ist, Odettes Liebhaber zu sein, und vielmehr ein Homosexueller ist, der Frauen verabscheut, was Swann weiß. Ebenso werden Sie im dritten Band die tieferen Hintergründe für die Szene zwischen den beiden Mädchen [Mademoiselle Vinteuil und ihre Freundin] erkennen, für die fixen Ideen meiner Tante Léonie usw. (*Corr.* XIII, S. 99.)

Proust dagegen hatte bei Erscheinen des ersten Bandes den Grundriss des Ganzen bereits im Kopf: »Dieses Werk […] ist so peinlich genau ›komponiert‹ (ich könnte Ihnen dafür zahlreiche Beweise liefern), dass das letzte Kapitel des letzten Bandes unmittebar im Anschluss an das erste Kapitel des ersten Bandes geschrieben wurde« (Brief an Paul Souday vom 17. Dez. 1919; *Corr.* XVIII, S. 536).

Auch bei diesem »alles« in »alles ist in dieser Weise konstruiert« in dem oben eingerückten Zitat aus dem Brief an Rivière ist eine Prise Salz angebracht. Denn wenn Proust auch Herr des Ganzen ist, so ist er doch auch Paladin des Textes:

> Ich denke, […] dass Sie enttäuscht gewesen sind, ihn [Swann] weniger sympathisch und sogar lächerlich werden zu sehen. Ich versichere Ihnen, dass es mir großen Schmerz bereitet hat, ihn derart zu verwandeln. Aber es steht mir nicht frei, gegen die Wahrheit zu verstoßen und die Gesetze der Charaktere zu verletzen. *Amicus Swann, sed magis amica Veritas* [Swann ist mir teuer, doch die Wahrheit ist mir teurer; nach Platon]. Die nettesten Menschen machen manchmal abscheuliche Perioden durch. Ich verspreche Ihnen, im nächsten Band wird Swann als Dreyfus-Anhänger wieder sympathisch werden. Unglücklicherweise stirbt er im vierten Band, und das bereitet mir gro-

ßen Kummer. Und die Hauptperson des Buches ist nicht er. Ich hätte es gern gesehen, wenn er es wäre. Aber die Kunst ist ein ständiges Opfer des Gefühls an die Wahrheit. (Brief an Violet Schiff vom 2. Juli 1919; *Corr.* XVIII, S. 295 f.)

Oder doch zumindest Juniorpartner: »[...] während ich mein Buch schrieb, hatte ich das Gefühl, dass ich, wenn Swann mich gekannt hätte und es ihm möglich gewesen wäre, Gebrauch von mir zu machen, Odette sich in ihn hätte verlieben lassen können.« (Brief an André Gide vom 22. März 1914; *Corr.* XIII, S. 119.)

MARCEL PROUST

DER WEG ZU SWANN

ERSTER BAND

BERLIN
VERLAG DIE SCHMIEDE
1926

Titelblatt des ersten Teilbandes (von zwei) der ersten deutschen Übersetzung von Bd. 1 durch Rudolf Schottlaender.

Übersetzungen

»Ein Französisch, in dem alle Wörter leicht und alle Sätze schwierig sind.« (*The Spectator*, 11. November 1922, anlässlich des Erscheinens von Scott-Moncrieffs Übersetzung von WS.)

Ins Deutsche

Der ›Entdecker‹ Prousts für Deutschland war sicherlich Rainer Maria Rilke, der bereits in einem Brief vom 21. Januar 1914 der Prinzessin Marie-Auguste von Thurn und Taxis die Lektüre empfahl[31] und in einem Brief vom 3. Februar 1914[32] den Verleger Anton Kippenberg aufforderte, unverzüglich die Übersetzungsrechte für den Insel-Verlag zu sichern. Die erste öffentliche Stellungnahme zu Proust in Deutschland war aber wohl eine Studie des eminenten Romanisten Ernst Robert Curtius (1886–1956), die im Februar 1922 in der Zeitschrift *Der Neue Merkur* S. 745–761 erschien und von der Proust begeistert war (s. Prousts Brief an Curtius, *Corr.* XXI, S. 81, und dessen Antwort S. 128 f.). Fast zeitgleich (1923, aber Vorwort von Oktober 1922) erschien Victor Klemperers *Die moderne französische Prosa*, ein Studientext, in dem er Proust mit einem Ausschnitt aus *Swann* vorstellt (der letzte Abschnitt von *Combray* I) und die Passage vom »ungeheuren Bauwerk der Erinnerung« (WS, S. 70) mit den Worten kommentiert: »Man könnte die Formel aufstellen: Baudelaire + Bergson, doch ohne Bergsons Religiosität« (S. 301). Prousts literarische Bedeutung hat er offenbar nicht erkannt, obwohl er ihm die

31 Ernst Zinn (Hrsg.), *Rainer Maria Rilke und Marie von Thurn und Taxis. Briefwechsel*, Leipzig: Insel-Verlag, 1951, S. 348.

32 Siehe Jean Rudolf von Salis, *Rainer Maria Rilkes Schweizer Jahre*, Frauenfeld (Schweiz): Huber, 1936, S. 300, Anm. 42.

»Schluss- und Gipfelstellung« gibt: »Man wird in Marcel Prousts reichem und lockerem Skizzenbuch der modernen Seele kaum die große moderne französische Dichtung schlechthin sehen dürfen. Zu viel kühles und beklemmendes Spiel, zu viel bloßes Anschauen der Welt ohne den Versuch, einen Höhenweg in ihr zu finden, zu viel Religionslosigkeit der Haltung befremden mehr als der Verzicht auf Komposition eines Ganzen, als die Neuheit des Technischen. Aber ein Zeugnis für die Möglichkeiten der Verschmelzung von Romantik und Klassik ist das vielbändige und vielfältige Werk und weiter ein Zeugnis für den unversieglichen Reichtum und das ständig strömende Werden der französischen Dichtung« (S. 71 f.).

Einem breiteren deutschen Publikum wurde *À la recherche du temps perdu* eigentlich erst 1925 durch Curtius' umfangreichen Essay *Marcel Proust* bekannt gemacht, der die ersten fünf Bände zum Gegenstand hat und als Teil seiner Monographie *Französischer Geist im neuen Europa* erschien (Einzeldruck 1955 bei Suhrkamp). Die Verzögerung lag freilich ebenfalls an Curtius, der es verstand, sein Territorium zu verteidigen und Proust dazu zu bewegen, allen Übersetzungsversuchen, so 1922 für die *Tägliche Rundschau* – »›Taëjlishes Roundschau‹ (excusez l'allemand de Céleste)« –, eine Absage zu erteilen, weil sie nicht Curtius' Beifall fanden (s. Briefwechsel Proust–Gallimard, S. 517, 519, 525). Auf Anfrage des Berliner Verlages Die Schmiede, ob denn nicht Curtius selbst eine Gesamtübersetzung erstellen wolle, lehnte dieser jedoch ab. Nach diesem »Korb« betraute der Verlag den Philologen Rudolf Schottlaender (1900–88) mit der Übersetzung und publizierte 1926 den ersten Band des Gesamtprojekts *Auf den Spuren der verlorenen Zeit* unter dem Titel *Der Weg zu Swann* in zwei Teilbänden.[33] Diese

33 Zu Schottlaenders Ausgabe s. im einzelnen unter: http://www.schottlaender-proust.de/index.htm

Ausgabe wurde – man ist versucht zu sagen: erwartungsgemäß – von Curtius so unmäßig verrissen, dass auf Druck von Gallimard der deutsche Verlag die Fortführung des Vorhabens an Walter Benjamin (1882–1940) und Franz Hessel (1880–1941) übertrug. Deren Band II, *Im Schatten der jungen Mädchen*, erschien 1927. Nachdem der Berliner Verlag 1929 den Betrieb einstellen musste, übernahm der Piper-Verlag München das Proust-Projekt; hier erschien 1930 in der Benjamin/Hessel-Übersetzung (in zwei Teilbänden) der dritte Band, *Die Herzogin von Guermantes*. Der heraufziehende Faschismus setzte dem Versuch, einen ausländischen und zudem halbjüdischen Autor in Deutschland zu publizieren, ein Ende; das Manuskript zur Übersetzung von *Sodome et Gomorrhe*, das Notizen Benjamins zufolge bereits 1926 fertig gewesen sein soll, ist verschollen.

1953 verkaufte der Verleger Peter Suhrkamp sein Haus in Kampen auf Sylt an das Verlegerehepaar Axel und Rosemarie Springer, um liquide genug zu sein, die Rechte an der deutschen Übersetzung vom Piper-Verlag erwerben zu können. Hier war wohl auch der Suhrkamp-Autor Hermann Hesse ein moralischer Motor, der schon seit 1925 gedrängt hatte, die »Gespinste dieses zarten Dichters«[34] endlich vollständig ins Deutsche zu übertragen. Noch im gleichen Jahr stellte Suhrkamp die Literaturwissenschaftlerin Eva Rechel-Mertens (1895–1981), die bei Ernst Robert Curtius promoviert hatte, in seinem Verlag ein mit dem ausschließlichen Auftrag, eine Neu- bzw. Erstübersetzung von *À la recherche du temps perdu* zu erstellen; diese wurde 1957 abgeschlossen. Die Hilfsmit-

34 Hermann Hesse, »Der Bücherberg«, in: *Berliner Tageblatt*, 29. April 1926; ebenfalls enthalten in: *Sämtliche Werke*, Bd. 19: *Die Welt im Buch. Rezensionen und Aufsätze aus den Jahren 1926–1934*, Frankfurt a. M.: Suhrkamp, 2003, S. 46.

tel, die ihr als Angestellte in einem Verlag zur Verfügung standen, erklären das erstaunliche Tempo, mit dem sie sich ihrer Aufgabe entledigte. Doch noch während Rechel-Mertens mit dem ersten Band beschäftigt war, erschien in Frankreich in Gallimards Reihe Bibliothèque de la Pléiade die von Clarac/Ferré überarbeitete, textkritisch kommentierte Neuausgabe der *Recherche*, die Rechel-Mertens dann ihrer Übersetzung zugrunde legte, notgedrungen erst nach dem ersten Band; dass der erste Band noch auf der EA beruht, ist jedoch nicht weiter problematisch, da bei diesem Band die Unterschiede zwischen dem Text der EA und der Clarac/Ferré-Fassung ohnehin marginal sind. Die erneute umfassende Revision des französischen Textes durch Tadié in den 1980er Jahren, die sich vor allem durch Neufassungen in den Texten der postumen Bände auszeichnete, machte allerdings auch eine Überarbeitung der deutschen Übersetzung erforderlich. Diese Aufgabe übernahmen Luzius Keller und Sybilla Laemmel 1994–2004 im Rahmen einer Gesamtausgabe der Werke Prousts bei Suhrkamp, die zudem mit Editionsberichten, Anmerkungsapparat, Namenverzeichnis und Bibliographie ausgestattet wurde.

2002 legte der Autor Michael Kleeberg mit *Combray* eine Übersetzung der ersten Hälfte des ersten Bandes vor, der 2004 die zweite Hälfte unter dem Titel *Eine Liebe Swanns* folgte.

Zu den Übersetzungen der Vorveröffentlichungen von Auszügen aus der *Suche* durch Hanno Helbling siehe oben, »Vorveröffentlichungen«.

Zur Reclam-Übersetzung

Die in den Bänden I bis VII der Reclam-Ausgabe vorgelegte Übersetzung hat sich zum Ziel gesetzt, die Sprache Prousts so, wie der Übersetzer sie im französischen Text gehört hat, auch im Deutschen zum Ausdruck zu bringen. Die Verwirklichung dieses Vorhabens ist natürlich nur auf einer sehr abstrakten Ebene möglich, denn dass das Französische anders klingt als das Deutsche, ist bekannt. Und so zeigen sich die ersten Fallstricke auch schon auf phonetischer Ebene, etwa bei den Händlerrufen in G, wenn der Ruf des Glasers »le vitri–, le vitri–er« mit seinen spitzen »i« unverzüglich Glasscherben assoziieren lässt – eine Assoziation, die im Schriftbild noch durch die Gestalt der »i« mit den Splittern ihrer Punkte unterstützt wird –, während das deutsche »Gla–, der Glaser« eher Gemütlichkeit transportiert. Ein ähnliches Problem stellt sich in großräumigerer Ausprägung bei der Aufführung von Vinteuils Sonate für Piano und Violine in WS, in deren Beschreibung Proust einen Absatz mit überdurchschnittlich vielen »p« und »f« ausstattet, offenkundig, um die Anschläge des Pianos und die Striche der Violine zu Gehör zu bringen – wobei dem Frikativ »ph« in »phrase«/»Phrase« offenbar eine Gelenkfunktion zwischen den Instrumenten zukommt, wie ja auch das Wort »phrase«/»Phrase« selbst als Gelenk zwischen dem Sprachlichen und dem Musikalischen fungiert:

> Elle re**p**arut, mais cette ***f***ois **p**our se sus**p**endre dans l'air et se jouer un instant seulement, comme immobile, et **p**our ex**p**irer a**p**rès. Aussi Swann ne **p**erdait-il rien du tem**p**s si court où elle se **p**rorogeait. Elle était encore là comme une bulle irisée qui se soutient. Tel un arc-en-ciel, dont l'éclat ***f***aiblit, s'abaisse, **p**uis se relève et avant de s'éteindre, s'exalte un moment comme il

n'avait **p**as encore *f*ait: aux deux couleurs qu'elle avait jusque-là laissé **p**araître, elle ajouta d'autres cordes dia**p**rées, toutes celles du **p**risme, et les *f*it chanter.

Swann n'osait **p**as bouger et aurait voulu *f*aire tenir tranquilles aussi les autres **p**ersonnes, comme si le moindre mouvement avait **p**u com**p**romettre le **p**restige surnaturel, délicieux et *f*ragile qui était si **p**rès de s'évanouir. **P**ersonne, à dire vrai, ne songeait à **p**arler. La **p**arole ine*ff*able d'un seul absent, **p**eut-être d'n mort (Swann ne savait **p**as si Vinteuil vivait encore) s'exhalant au-dessus des rites de ces o*ff*iciants, su*ff*isait à tenir en échec l'attention de trois cents **p**ersonnes, et *f*aisait de cette estrade où une âme était ainsi évoquée un des **p**lus nobles autels où **p**ût s'accom**p**lir une cérémonie surnaturelle. De sorte que quand la **ph**rase se *f*ut en*f*in dé*f*aite *f*lottant en lambeaux dans les moti*f*s suivants qui déjà avaient **p**ris sa **p**lace, si Swann au **p**remier instant *f*ut irrité de voir la comtesse de Monteriender, célèbre **p**ar ses naïvetés, se **p**encher vers lui **p**our lui con*f*ier ses im**p**ressions avant même que la sonate *f*ût *f*inie, il ne **p**ut s'em**p**êcher de sourire, et **p**eut-être de trouver aussi un sens **p**ro*f*ond qu'elle n'y voyait **p**as, dans les mots dont elle se servit.

Ein solches onomatopoetisches Spiel ließe sich in der Übersetzung nur auf Kosten der Semantik reproduzieren. In solchen Fällen heißt es abzuwägen, wie weit man dabei gehen sollte. In diesem Fall schien mir eher Zurückhaltung geboten, da auch die wenigsten französischen Leser diesen Kunstgriff überhaupt bemerken:[35]

35 Den auch ich erst nach einem Hinweis in Jean Milly, *La Phrase de Proust*, Paris: Champion, 1983, bemerkt habe.

Sie kehrte wieder, doch dieses Mal nur, um *f*ast reglos in der Lu*f*t zu schweben, einen Augenblick ihr S**p**iel zu treiben und dann zu ersterben. Deshalb versäumte Swann nichts von dieser so kurzen Zeit, die sie verweilte. Sie war noch immer da, wie eine irisierende Sei*f*enblase, die nicht vergeht. Wie ein Regenbogen, dessen **P**racht verblasst, versinkt, dann wieder erblüht, bevor er gänzlich erstirbt, sich *f*ür einen Augenblick begeistert erhebt wie noch niemals zuvor: So *f*ügte sie den beiden **F**arben, die sie bisher nur hatte erblicken lassen, andere schillernde Bänder, alle jene des **P**rismas hinzu und ließ sie erklingen.
Swann wagte nicht, sich zu rühren, und hätte auch gern die anderen Leute zur Ruhe gebracht, als hätte die leiseste Bewegung den übernatürlichen, lieblichen und zerbrechlichen Nimbus ge*f*ährden können, der doch so nah daran war zu vergehen. Tatsächlich jedoch dachte niemand daran, zu s**p**rechen. Das unsagbare Wort eines einzelnen Abwesenden, vielleicht eines Toten (Swann wusste nicht, ob Vinteuil noch lebte), das über den kultischen Handlungen dieser Zelebranten atmete, genügte, die Au*f*merksamkeit der dreihundert **P**ersonen gebannt zu halten, und machte aus diesem **P**odium, au*f* dem eine Seele also beschworen wurde, einen der erhabensten Altäre *f*ür den Vollzug eines übernatürlichen Rituals. Dieser Eindruck war so stark, dass Swann, als die **Ph**rase sich schließlich au*f*löste und in Bruchstücken durch die *f*olgenden Motive *f*latterte, die bereits an ihre Stelle getreten waren, zwar im ersten Augenblick irritiert war, als er die Grä*f*in von Monteriender, berühmt *f*ür ihre Naivität, sich zu ihm neigen sah, um ihm ihre Eindrücke sogar noch vor dem Ende der Sonate anzuvertrauen, sich dann aber eines Lächelns nicht enthalten konnte, wohl auch, weil er in den Worten, deren sie sich bediente, noch einen tie*f*eren Sinn *f*and, den sie nicht darin sah. (WS, S. 483 f.)

Anders etwa bei dem Martinville-Aufsatz in WS (S. 252f.), der rhythmisch stark gebunden ist und deshalb in SJM auch als »Prosagedicht« bezeichnet wird. Da dieses Merkmal insbesondere dazu dient, das etwas Schülerhaft-Eklektische dieses Marcelschen Erstlings zu transportieren, schien es mir wichtig genug, bei der Wortwahl gegebenenfalls Konzessionen an die Präzision zu machen, um hier auch im Deutschen einen naiv-plätschernden Tonfall zu erzielen.

Sein Interesse an den musikalischen Aspekten der Sprache machte Proust schon in dem Essay *Mélancolique villégiatur de Madame des Breyves*[36] explizit; in der *Suche* wird es ganz allgemein im Gebrauch der Satzzeichen deutlich und kommt konzentriert in den »cris de Paris« der *Gefangenen* zum Ausdruck. Die Kommasetzung in der *Recherche* ignoriert großzügig die »logischen« Regeln der französischen Grammatik und orientiert sich primär gleich den Atempausen im Gesang an rhythmischen Merkmalen; dies im Deutschen nachbilden zu wollen erwies sich jedoch als heikles Unterfangen, denn da die Intonationsstrukturen im Deutschen von anderen Regeln geleitet werden als im Französischen, könnte eine prosodische Kommasetzung im Deutschen nicht mehr die des Autors sein, sondern wäre zwangsläufig die des Übersetzers, der sich damit etwas zu sehr in den Vordergrund spielen würde; zudem ist eine Kommasetzung, die sich nicht dem Duden unterwirft, jen-

36 Erstausgabe in der *Revue blanche* vom 23. September 1893; später aufgenommen in: *Les Plaisirs et les Jours*; dt. Übers. unter dem Titel »Melancholische Sommertage in Trouville«, in: *Freuden und Tage*, Frankfurt a. M.: Suhrkamp, 1988. In diesem Interesse am Zusammenwirken von Sprache und Musik begegneten sich übrigens Proust und Reynaldo Hahn, der am 18. September 1894 an Édouard Risler schreibt: »Eine Sache allein interessiert, begeistert und verfolgt mich: die Vereinigung von Literatur und Musik« (in: *Bulletin*, Nr. 43, S. 43).

seits historischer Orthographie in wissenschaftlichen Editionen in Deutschland kaum plausibel zu machen. Im übrigen aber orientiert sich die Punktuation gänzlich – bis auf eine Ausnahme – an der Textvorlage. Die Sätze blieben durchweg unangetastet, Semikola blieben Semikola, Klammereinschübe und Einschübe zwischen Gedankenstrichen wurden originalgetreu wiedergegeben. Die Ausnahme bilden einige Einschübe, die bei Proust nur durch Kommata eingefasst sind; hier legte dann gelegentlich der andere Satzbau des Deutschen dem Leser eine falsche Vermutung über den Fortgang des Satzes nahe. In solchen Fällen hielt ich es für besser, die Kommata durch Gedankenstriche zu ersetzen.

In den »cris de Paris« (G, S. 153–157, 167–173, 182–184) werden die Händlerrufe, die Marcel in seinem Schlafzimmer von der Straße hereindringen hört, explizit in Bezug zu melodischen Strukturen der Gregorianik und zum Parlando bestimmter Opern gesetzt. Hier war natürlich Sorge zu tragen, dass die Übertragung der Rufe dann auch den beschriebenen Merkmalen entspricht. Zudem verleiht Proust den »cris« (auch: ›Schreie‹) eine gewisse Straßen-Authentizität, indem er sie mit derb-erotischen Konnotationen befrachtet. Um diesen beiden Aspekten Genüge tun zu können, waren gelegentlich Eingriffe vor allem auf lexikalischer Ebene notwendig, wenn eine deutsche Entsprechung einfach nicht passt oder nichts hergibt (z.B. »Römersalat« oder »Artischocke«, die durch »Feige« bzw. »Pflaume« ersetzt wurden). Um solche Behelfe zu vermeiden, hatte ich anfangs erwogen, die Rufe im Text auf Französisch stehen zu lassen und nur in den Anmerkungen eine wortgetreue Übersetzung anzubieten. Dies hätte aber den meines Erachtens erheblichen Nachteil gehabt, dass ein Leser, der nicht das Französische beherrscht – und von dem muss der Übersetzer natürlich ausgehen – dieses Glanzstück der *Recherche* (und ich hoffe, auch der *Suche*) nicht als die verliebte Komposition für ein Solo-

Instrument, die Sprache nämlich, zu lesen, zu hören und zu genießen vermöchte, die es für französische Leser darstellt.

In rhythmischer Hinsicht bilden die deutschen Hilfsverben ein ständiges Ärgernis: während sich im Französischen auch bei längeren, im Perfekt oder Plusquamperfekt gehaltenen Passagen die Formen zu »avoir« mit ihren weichen oder gar nicht vorhandenen Konsonanten prosodisch im Hintergrund halten, gehen die deutschen Hilfsverbformen gern auf stimmlose Plosive und womöglich obendrein noch Frikative aus (»bist«, »hattest«) und drängen sich so verstärkt ins Bewusstsein, was die Sätze dann leicht ins Stampfen bringt. Um einer linguistischen Seekrankheit beim Leser vorzubeugen, habe ich gelegentlich den einen oder anderen Teilsatz ins Passiv transformiert, um wenigstens einen Wechsel zwischen den Formen von »haben« und »sein« zu erzielen.

Ein bekanntes Problem bei Übersetzungen aus dem Französischen bilden die Partizipialkonstruktionen, die zwar eine kompakte Ausdrucksgestaltung erlauben, aber im Deutschen für ungeschickt gelten und deshalb im allgemeinen in Relativsätze aufgelöst werden. Damit ist jedoch eine Erhöhung der syntaktischen Komplexität verbunden, was bei der Startbasis, die Proust vorgibt, wenig wünschenswert ist. Erfreulicherweise benutzt Proust aber gelegentlich auch Konstruktionen, bei denen man sich fragt, ob es nicht auch einfacher geht. Hier bietet sich dann die Möglichkeit, ein wenig Ausgleich zu schaffen. Die Auflösung der Partizipialkonstruktionen in Relativsätze sollte man allerdings nicht zum Prinzip erheben, denn häufig verbindet sich damit auch ein Verlust an Dynamik. So habe ich etwa dem längsten Satz der Recherche (SG, S. 28 ff., »Ohne mehr als eine zerbrechliche Ehre ...«) schließlich die verpönten Partizipien belassen, da alle meine Versuche, sie zu vermeiden, dem Satz (dessen Matrixsatz übrigens die finite Verbform fehlt) die Spannkraft ausgetrieben hatten.

Obwohl das Französische und das Deutsche so eng verwandte Sprachen sind, zeigen sich bei der Genuszuordnung, die doch sprachhistorisch im allgemeinen recht stabil ist, erhebliche Unterschiede: man denke nur an le/die »Tour de France«. Dies hat weitreichende Konsequenzen, denn der Zusammenhalt der verschiedenen Teile eines Satzes wird ganz wesentlich über Kongruenzen gestiftet, d.h. durch Übereinstimmungen (oder eben Unterschiede) zwischen den Genus-Markierungen der Nomen und Pronomen des Satzes. Durch die Übersetzung wird aber gelegentlich verschieden, was gleich war, was kein Problem ist, und leider häufig auch gleich, was verschieden war: das kann dann den ganzen Satz durcheinanderbringen. Mit etwas Glück findet man zwar für dieses oder jenes Wort ein Synonym mit passenderem Genus, aber meist lässt sich nicht vermeiden, den Satz umzubauen, um ein Nomen aus dem Fokus eines Pronomens zu entfernen, in den es nicht gehört, oder um es umgekehrt in den Fokus des zugehörigen Pronomens hineinzurücken. Je komplexer der Ausgangssatz, desto umfassender im allgemeinen die Umbauarbeiten. Dabei treten natürlich auch Konflikte auf, wenn z.B. Proust eine Konstituente ans Satzende rückt, um ihr mehr Gewicht zu verleihen, sie im Deutschen an dieser Stelle aber aus Kongruenzgründen nicht stehen bleiben kann. Solche Erwägungen haben allerdings untergeordneten Stellenwert, da im Französischen die Prominenz der Endposition auch weitgehend durch die Neigung der französischen Sprache zur Endbetonung bedingt ist, während man bei den deutschen Satzenden mit ihrer Tonsenkung eher aufpassen muss, dass sie einem nicht allzu abrupt abstürzen (weshalb ich gelegentlich eine Partikel einfüge oder zu einer Langform greife, um eine Silbe zu gewinnen) oder sich in Gemurmel verlieren.

In lexikalischer Hinsicht habe ich mich insbesondere bei Fremdwörtern im Zweifelsfall am Verwendungsstatus eines Wortes orientiert, über den man sich ja heute mit Hilfe von Suchmaschinen mühelos ein einigermaßen repräsentatives Bild verschaffen kann. Wenn etwa Sachs/Villatte für »métempsycose« kommentarlos »Metempsychose« und »Seelenwanderung« nebeneinander anbieten, und umgekehrt für »Seelenwanderung« »métempsycose« und »migration des âmes«, dann zeigt ein Vergleich der Trefferhäufigkeiten, dass vom Gebrauchswert her der »métempsycose« mit Abstand die »Seelenwanderung« entspricht, der »Metempsychose« dagegen eher die »migration des âmes«. Häufig ist es allerdings auch so, dass sich Fremdwörter im Französischen ganz anders in einen Satz einschmiegen als im Deutschen, wenn sie Sprachen entstammen, die dem Französischen eng verwandt sind. So wird »chimisme« im Französischen kaum mehr als Fremdwort empfunden (obwohl es aus dem Lateinischen stammt, letztlich sogar aus dem Altägyptischen), während »Chemismus« im Deutschen stilistisch deutlich aus dem Rahmen fällt. In solchen Fällen habe ich es vorgezogen, zu Umschreibungen zu greifen – womit ich freilich das Fremdwort nicht vom Dienst suspendieren möchte. Denn bei anderen Gelegenheiten, wie etwa dem *Wilhelm Meister*-Pastiche in WG (S. 344f.), wo goethisches Lokalkolorit aufgelegt werden muss, kann ein vollmundiges Fremdwort (»Kreszenz«) äußerst gelegen kommen. Generell habe ich mich, wie auch Proust selbst (vgl. das Motto zu diesem Kapitel), darum bemüht, lexikalisch den Ball flach zu halten – die Steilvorlagen liefert ja schon die Syntax – und damit die Sprache jener Salonatmosphäre fernzuhalten, in der sich der Proust der *Freuden und Tage* (»ich verleugne sie«)[37] noch zu Hause fühlte: »Ich würde begrüßen, wenn [wie in den Rezensionen zu *Freuden und Tage*] die Epitheta ›feinsinnig‹ [›fin‹] oder ›empfindsam‹ [›délicat‹] ebenso wenig vorkämen wie Hinweise auf

37 Brief an Paul Souday vom 5. Januar 1921, *Corr.* XX, S. 47.

Freuden und Tage – dies hier [*Swann*] ist ein Werk der Kraft«, mahnt Proust den Herausgeber des *Figaro*, Gaston Calmette,[38] und den Kriker René Blum weist er ausdrücklich auf den »›changé‹ et ›grandi‹«, den »›veränderten‹ und ›gewachsenen‹« Marcel hin, der ihm in der *Suche nach der verlorenen Zeit* begegnen wird.[39] Ein Wort wie »Antlitz« etwa, das in der Rechel-Mertens/Keller-Übersetzung neunzigmal vorkommt, wäre geeignet, einem Text ein goethisches Flair zu verleihen, das dem reifen Proust nicht mehr steht; allerdings ist es auch kein Wort, auf das man mit leichter Hand verzichten könnte, denn neunmal habe ich es selbst auch für das Wort der Wahl angesehen.

Ein scheinbar untergeordnetes lexikalisches Problem bilden bei Proust die Wortwiederholungen. Er benutzt sie (in den Teilen, die er noch selbst durchgesehen hat) als Instrument, einem Satz, einer Passage und sogar dem ganzen Text ein konzeptuelles Zentrum zu verschaffen. Als Beispiel für einen Satz sei etwa auf den von »Blaubarts Zimmern« (so Michel Butor) in WS hingewiesen (S. 15f., »Aber bald hatte ich ...«), der um das Verb »creuser« (in der Übers.: »ausheben«) kreist, um das Motiv vom Bett als Grab zu konturieren, für eine längere Passage auf das »Diner Norpois« in SJM, dessen »Komposition« von dem Wort »composition« gekennzeichnet ist (S. 26–47), um auf die im Hintergrund stehende »composition« = »Aufsatz« zu verweisen, Marcels Martinville-Essay nämlich – der dann ironischerweise als einziges nicht als »composition«, sondern als Prosagedicht (»poème en prose«) auftritt. Hier wird das Problem deutlich, dass Allerweltswörter wie »creuser« oder »composition« je nach Zusammenhang verschieden übersetzt werden können und im allgemeinen auch sollten, hier aber wegen der speziel-

38 Brief an Gaston Calmette vom 12. November 1913, *Corr.* XII, S. 309.
39 Brief an René Blum vom 9. November 1913, *Corr.* XII, S. 302.

len Wiederholungsfunktion gleichartig behandelt werden müssen, will man nicht einen wichtigen Aspekt des Textes verschenken. In solchen Fällen nehme ich dann schon einmal leichte Schiefigkeiten im Ausdruck in Kauf: So würde man gemeinhin kaum von der »Komposition« eines Aktienpakets sprechen. – Zu einem textübergreifenden Leitbegriff *s.* die Bemerkungen zu »doute« S. 25 und S. 241. Den Wortwiederholungen in den späteren Bänden, insbes. E und WZ, lässt sich allerdings in den meisten Fällen schwerlich eine gestalterische Funktion zusprechen; hier handelt es sich aller Wahrscheinlichkeit nach einfach um unkorrigiertes Material.

Der Erzähler der *Suche* ist im allgemeinen in einem Monolog befangen, doch gelegentlich wendet er sich auch mit Verve an den Leser. In *Sodom und Gomorrha* II,*1* etwa entspinnt er sogar ein fiktives Zwiegespräch mit dem Leser über das mangelhafte Namengedächtnis des jungen Mannes, »›der der Autor‹« war bzw. »›der Ihr Held war, falls Sie es nicht selber sind.‹ – ›Das ist in der Tat sehr fatal, werter Herr Leser‹« (S. 75). Diese Erzählereingriffe werfen gewisse Übersetzungsschwierigkeiten auf, denn da das Französische häufig mit dem definiten Pronomen »vous« (»Sie«/»Ihr«/»ihr«) auch ausdrückt, was im Deutschen im Nominativ mit dem indefiniten »man« bzw. in den anderen Kasus mit »eines«/»einem«/»einen« ausgedrückt wird, bleibt an solchen Stellen unklar, eben weil direkte Erzählereingriffe keine Seltenheit sind, ob nicht auch bei diesen Formulierungen eine direkte Leseransprache intendiert ist. Ein typischer Fall, in dem dann auch die verschiedenen Übersetzungen zu verschiedenen Lösungen gekommen sind, ist etwa die Beschreibung der Aufführung eines Prélude von Chopin bei Madame de Saint-Euverte in WS II: »pour […] vous frapper au cœur« – um »Sie« (von mir lange bevorzugt), um »dich« (Schottlaender), um »einen« (Rechel-Mertens) oder um »uns« (S. 456) ins Herz zu treffen? Da der Fall häufiger vorkommt, wird jede starre Lösung auch das Gewicht von Erzählereingriffen verschieben und die *Suche* damit mehr oder eben weniger dem auktorialen Roman annähern, für den eine gewisse Distanz zwischen dem Erzähler und seiner Erzählung charakteristisch ist. Letztlich muss der Übersetzer von Fall zu Fall entscheiden und sich dabei auf sein Gefühl für Angemessenheit verlassen.

Zur Gretchenfrage der Übersetzungstheorie: »Wie hältst du's mit den Redewendungen?«, gibt es im wesentlichen zwei Antworten: man übersetzt die Wendung wortgetreu, um die Metaphorik der Quellsprache zu erhalten und damit die Weltsicht ihrer Sprecher abzubilden (»Der frühe Vogel fängt den Wurm«), oder aber man sucht eine Wendung in der Zielsprache, die das in Rede stehende Konzept zum Ausdruck bringt (»Morgenstund hat Gold im Mund«). Beide Lösungen sind unbefriedigend: bei der ersten hat man oft das Gefühl, die »Übersetzung« überhaupt erst noch übersetzen zu müssen, bei der zweiten dagegen, dass die Wendung einfach nicht zu den Personen passt, denen sie in den Mund gelegt wird, die ja trotz aller Übersetzerei weiterhin Engländer, Franzosen, eben Angehörige der Sprechergemeinschaft der Quellsprache bleiben. Wie so häufig in den Geisteswissenschaften ist auch hier mit allgemeinen Rezepten nicht viel zu holen. Für gewöhnlich bemühe ich mich, Redewendungen so wörtlich wie möglich zu übersetzen, mich dabei aber an Wendungen, die im Deutschen zur Verfügung stehen, anzuschmiegen. Wenn etwa Albertine ausruft: »Tu me mets aux anges«, so wäre die sinngemäße Übersetzung »du bringst mich zum Höhepunkt« arg akademisch angesichts der Situation, die wörtliche »du bringst mich zu den Engeln« im Deutschen aber zu unüblich. Die Lösung »du bringst mich in den siebten Himmel« (E, S. 157), für die ich mich schließlich entschieden habe, versucht, beiden Aspekten gerecht zu werden, weist allerdings die Schwäche auf, dass es auch im Französischen die Wendung vom siebten Himmel (»septième ciel«) gibt, die Albertine ja aber nicht benutzt hat.

Auf dieses Problem der Erhaltung von Lokalkolorit bei Übersetzungen geht Proust übrigens selbst in *Sodom und Gomorrha* ein, wenn er von den nicht wiedererkennbaren »korrekten« Namen bei Mardrus und dem »entstellten Titel« auf dessen *Tausendundeiner Nacht* spricht (S. 323 f.), nämlich »Mille nuits et une nuit« – was dem arabischen Titel »alf laila wa-laila«, ›Tausend Nacht und Nacht‹, mehr oder weniger wörtlich entspricht und wohl den breit angelegten orientalischen Erzählerduktus signalisieren soll, damit aber etwas in den Titel legt, was im Original so nicht vorhanden ist, denn »alf laila wa-laila« ist einfach nur die grammatisch richtige Ausdrucksweise, um auf Arabisch »tausendundeine Nacht« zu sagen – und wie Galland es auch mit »Mille et une nuits« wiedergibt.

Bei Zitaten aus anderen französischen Sprachkunstwerken, die ja meist auch in deutscher Übersetzung vorliegen, hatte ich ursprünglich vor, jeweils diese etablierten Übersetzungen anzuführen; es stellte sich aber bald heraus, dass Proust diese Zitate aus inhaltlichen Gründen wählt, für den Übersetzer von Gedichten oder Theaterstücken jedoch häufig ganz andere Merkmale, wie Lautung, Reim oder Rhythmus, im Vordergrund stehen, so dass ein Zitat der entsprechenden Stelle der deutschen Übersetzung oft nicht das enthält, weswegen sie von Proust überhaupt erst angeführt wurde. Ich habe daher sehr häufig auch Zitate selbst übersetzt; wo ich übernehmen konnte, habe ich das getan und in den Anmerkungen vermerkt. Bei Zitaten aus einem klassischen griechischen oder lateinischen Text kommt noch hinzu, dass er bereits auf französischer Seite in mehreren verschiedenen Übersetzungen vorliegt, man aber nicht immer weiß, welche Proust benutzt oder gekannt hat, und dann im Deutschen ebenfalls mehrere Übersetzungen mit ganz verschiedenen Auffassungen der Übersetzer vorliegen (man denke nur an Ovids *Metamorphosen*). Hier habe ich mich im allgemeinen für die Übersetzung entschieden, die dem »kanonischen«

Textverständnis am nächsten kommt, wie es bei Roscher[40] (für die Auffassung zu Prousts Zeiten) und bei Pauly[41] (für die moderne Sicht) umrissen wird.

Generell werfen intertextuelle Anspielungen die Frage auf, wie viel des anderen Textes denn »mitgemeint« ist und damit, wie eng man am Wortlaut bleiben oder wie weit man sich von ihm entfernen muss, um die Intention des Autors einzufangen. Wenn Proust etwa in WZ, S. 229, vom »enfarinement« bestimmter Parteien nach dem Krieg schreibt (›Einmehlung‹, im Text als »in Mehl gewälzt« übersetzt), wie es die Katze in La Fontaines Fabel *Die Katze und die alte Ratte* (1668) zum Zweck der Camouflage macht, so würden wir im Deutschen im allgemeinen wohl eher sagen, dass die fraglichen Parteien »Kreide gefressen« hätten, wie der nach Geißen lüsternde Wolf in Grimms Märchen. Ob man aber mit einer Übersetzung zugleich eine so weitgehende Transformation auch des kulturellen Bezugsrahmens vornehmen sollte, erscheint mir höchst zweifelhaft, besonders insofern, als damit ja meist noch weitere Verschiebungen verbunden sind, in diesem Beispiel etwa der Charakterisierung der in Rede stehenden Parteigruppierung als einer »Katze« hin zu einem »Wolf«, zwei Konzepte, die mit ganz verschiedenen Assoziationsfeldern ausgestattet sind, wie ein Blick in Lexika deutscher oder französischer Redewendungen unmittelbar vor Augen führt. Im vorliegenden Fall legt allerdings der für den Proust-Leser unsichtbare Text La Fontaines eine bestimmte Entscheidung äußerst nahe: Die Ratte der Fabel bezeichnet die getarnte Katze als

40 Wilhelm Heinrich Roscher, *Ausführliches Lexikon der griechischen und römischen Mythologie*, Leipzig: Teubner, 1884–90.

41 *Der kleine Pauly. Lexikon der Antike in fünf Bänden*, München: Deutscher Taschenbuch Verlag, 1979. – *Der Neue Pauly. Enzyklopädie der Antike*, Bd. 16: *Register, Listen, Tabellen*, Stuttgart: Metzler, 2003.

»bloc enfariné«, als ›mehlbepuderten Block/Klumpen‹, und die politische Gruppierung, um die es Proust geht, ist der »bloc national«, der ›nationale Block‹.

Ein eher persönliches Problem des Übersetzens, das sich wohl kaum umgehen lässt, liegt in der Tatsache, dass der Übersetzer im allgemeinen das Werk, das er übersetzt, sehr viel besser kennt als jeder Erstleser und er sich deshalb gelegentlich überlegen muss, ob er sich für eine Lösung entscheiden will, die von vielen vermutlich nicht nachvollzogen werden kann, da ihnen die nötige Vertrautheit mit dem Text fehlt, oder sich sicherheitshalber doch lieber mit einer weniger markanten, konventionellen Lösung begnügen sollte, die keine Fragen aufwirft. Wenn sich etwa gleich zu *Beginn* von WS der Erzähler »völlig zerschlagen« fühlt von der Last der »taille« einer erträumten Eva, so liegt es natürlich nahe, die Übersetzung »Hüfte« zu wählen, die sich schließlich in jedem Wörterbuch findet. Doch der Kenner des Textes hat spätestens nach seiner dritten Lektüre ziemlich unweigerlich den Verdacht entwickelt, dass auch der Erzähler (und nicht nur der Autor) die Sache mit der Eva biologisch nicht so genau nimmt – so ist zum Beispiel seine Eva »aus einer falschen Lage meines Schenkels entsprungen«: aber war das denn nicht Dionysos, der aus dem Schenkel Zeus' geboren wurde? Hier bietet einem dann ein Wort wie »Lende«, dessen Anwendungsbereich ja keineswegs auf Männer beschränkt ist (vgl. etwa Luthers »Lob der tüchtigen Hausfrau« in den Sprüchen Salomonis oder Goethes »Wanderer und Pächterin«), das aber dank Odysseus' notorischer »Kraft der Lenden« eine gewisse Konnotation von Maskulinität gewonnen hat, eine der seltenen Gelegenheiten, durch eine minimale Akzentverschiebung dem verständigen Leser einen Wink zu geben, der ihm schon vor der soundsovielten Lektüre des Textes eine Ahnung von der eigentlichen Lage der Dinge eröffnen kann (WS, S. 11).

Grundsätzlich habe ich mich bemüht, keine Eingriffe am Text vorzunehmen, da ich es nicht für die Aufgabe des Übersetzers ansehe, Texte zu erklären oder gar zu verbessern: Wo Satzteile fehlen wie in WG, S. 481, wo Metaphern unverständlich sind wie die von Tante Léonies Stirnwirbeln in WS, S. 77, so wird der deutsche Leser damit wohl ebenso zurechtkommen müssen wie der französische. Anders sieht es aus, wenn eine im Französischen perfekt verständliche Passage durch eine Eins-zu-eins-Übersetzung unverständlich würde, wie es bei den meisten Kalauern Cottards der Fall ist (z. B. in WS, S. 359, die Doppelbedeutung von »blague« als ›Witz‹ und ›Beutel‹), bei den Sprachschnitzern des Hoteldirektors (z. B. in SG, S. 232, die Verwechslung der fast gleichlautenden »sole«, ›Seezunge‹, und »saule«, ›Weide‹) oder bei dem verlotterten Französisch des Liftboys in SG, S. 270, dessen Widerwille gegen die im Französischen grammatisch korrekte doppelte Verneinung im Deutschen nicht reproduzierbar ist. In solchen Fällen habe ich so vorsichtig wie möglich den Zusammenhang angepasst, um die Textlogik zu retten; auch diese Fälle sind jeweils in den Anmerkungen identifiziert und erläutert.

Zum Abschluss dieses Abschnitts sei noch auf die Problematik des texthistorischen Kontextes eingegangen, die sich bei der Neuübersetzung eines Textes zwangsläufig einstellt – denn dass schon eine oder mehrere ältere Übersetzungen existieren, lässt sich natürlich nicht ignorieren. Damit tritt dann die Versuchung auf, gegen die alten Übersetzungen anzuarbeiten. Schon der erste Satz der *Recherche* wirft ein helles Licht auf dieses Problem. Schottlaender etwa ersetzt das Perfekt der Vorlage durch ein Präteritum und übersetzt fragwürdig, aber sehr prägnant, »ging ich schlafen« statt »bin ich schlafen gegangen«; ein T-Shirt, das ich bei Ebay erworben habe, propagiert nicht Rechel-Mertens' »schlafen gegangen«, sondern »zu Bett gegangen«; bei Kleeberg geht der Erzähler »zu früher

Stunde« schlafen, und nicht einfach »früh«; hier könnte man dann mit einer Umstellung der »Zeit« anschließen und »Lange ... frühzeitig« statt »Lange Zeit ... früh« erwägen; schließlich wäre noch »sich zu Bett begeben« oder »sich schlafen legen« zu bedenken. Das ergibt 48 Möglichkeiten, von denen sich allerdings die meisten schon auf den ersten Blick als unbrauchbar erweisen. Die theoretische Möglichkeit, »longtemps« einfach nur als »lange« zu übersetzen, wie das Wörterbuch es vorschlägt, und damit auch die Zehnsilbigkeit des Originals zu erhalten, die eine lange epische Tradition hat, verbietet sich hier, da zum einen das »temps« in »longtemps« offenkundig auf den Kernbegriff des Titels rekurriert und es zum anderen mit dem »dans le temps« am Textende – 4251 Seiten später – eine Klammer bildet. Das eigentliche Problem mit den schließlich verbleibenden Kandidaten – »lange Zeit ging ich abends früh zu Bett«, das die Zehnsilbigkeit des Originals bewahrt, allerdings nicht das Tempus; »lange Zeit habe ich mich früh schlafen gelegt«, das die Reflexivität des »se coucher« bewahrt, aber umständlich klingt; »lange Zeit bin ich früh zu Bett gegangen«, um das deutsche »schlafen« für das französische »dormir« zu reservieren, das aber ein wenig nach Schlafsaal klingt – ist jedoch: Wird nicht jeder von ihnen das unangenehme Odeur mit sich tragen, nur als Konkurrent zur tradierten Fassung ins Rennen geschickt worden zu sein? Wie immer man sich da entscheiden mag – ich habe dann schließlich der Tradition meine Reverenz erwiesen –: Es bleibt das noch unangenehmere Gefühl, sich nicht wirklich frei entschieden zu haben.

Zu den Fehlern, die der aufmerksame Leser hier und dort finden mag und die bei der Erstauflage eines Werkes von diesem Umfang (1,1 Millionen Wörter) und Anspruch unvermeidlich auftreten, bitte ich um Vergebung, doch lassen Sie mich eine Bemerkung Prousts in einem Brief an Constantin de Brancovan vom Januar 1903 (*Corr.* III, S. 221) zu seiner eigenen Ruskin-Übersetzung zitieren: »Wenn es Fehler in meiner Übersetzung gibt, dann in den klaren und einfachen Partien, denn die unklaren, schwierigen sind über Jahre hinweg begrübelt, umgearbeitet, ergründet worden.«

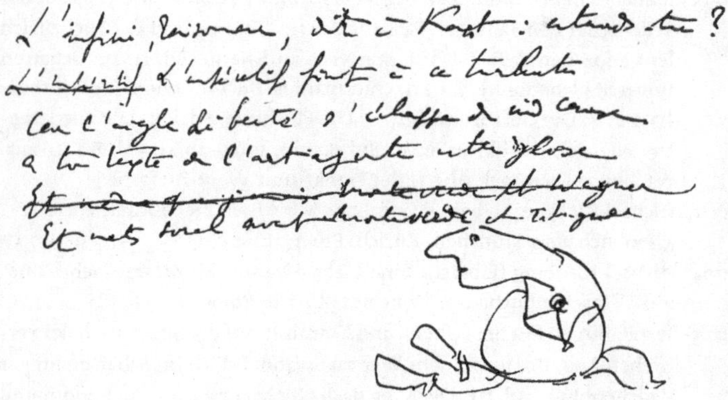

L'infini, raisonneur, dit à Kant: entends-tu?
L'impératif finit à ce turlututu
Das Unendliche, der Widerspruchsgeist, spricht zu Kant: Hörst du gut zu?
Der Imperativ endet bei diesem Turlututu

1926 Rudolf Schottlaender (Übers.): Auf den Spuren der verlorenen Zeit. Tl. I: Der Weg zu Swann. 2 Bde. Berlin: Verlag Die Schmiede, 1926.

1926 Walter Benjamin / Franz Hessel (Übers.): Auf den Spuren der verlorenen Zeit. Zweiter Roman: Im Schatten der jungen Mädchen. Berlin: Verlag Die Schmiede, [1926]. Neuausg. in: Walter Benjamin: Gesammelte Schriften. Übersetzungen. Supplement II. Frankfurt a. M.: Suhrkamp, 1987. Weitere Neuausg.: Köln: Anaconda, 2016.

1930 Walter Benjamin / Franz Hessel (Übers.): Auf den Spuren der verlorenen Zeit. Dritter Roman: Die Herzogin von Guermantes. 2 Bde. München: Piper, 1930. Neuausg. in: Walter Benjamin: Gesammelte Schriften. Übersetzungen. Supplement III. Frankfurt a. M.: Suhrkamp, 1987.

1953 Eva Rechel-Mertens (Übers.): Auf der Suche nach der verlorenen Zeit. Bd. I: In Swanns Welt. Bd. II: Im Schatten junger Mädchenblüte. Bd. III:

Die Welt der Guermantes. Bd. IV: Sodom und Gomorra. Bd. V: Die Gefangene. Bd. VI: Die Entflohene. Bd. VII: Die wiedergefundene Zeit. Frankfurt a. M.: Suhrkamp / Zürich: Rascher, 1953–57. [Textgleiche Ausgabe für die DDR: Berlin: Rütten und Loening, 1974.]

1994 Luzius Keller (komm. Rev. der Übers. von Eva Rechel-Mertens auf der Grundl. der von Tadié rev. Fassung des frz. Textes): Auf der Suche nach der verlorenen Zeit. Bd. I: Unterwegs zu Swann. Bd. II: Im Schatten junger Mädchenblüte. Bd. III: Guermantes. Bd. IV: Sodom und Gomorrha. Bd. V: Die Gefangene. Bd. VI: Die Flüchtige. Bd. VII: Die wiedergefundene Zeit. Frankfurt a. M.: Suhrkamp, 1994–2004. [Ab Bd. II zus. mit Sibylla Laemmel; Abt. II der Frankfurter Werk-Ausgabe.]

2002 Michael Kleeberg (Übers.): Combray. München: Liebeskind, 2002. [Taschenbuchausg. München/Zürich: Piper, 2004.]

2004 Michael Kleeberg (Übers.): Eine Liebe Swanns. München: Liebeskind, 2004. [Taschenbuchausg. München/Zürich: Piper, 2005.]

2013 Bernd-Jürgen Fischer (Übers. und Komm.): Auf der Suche nach der verlorenen Zeit. Bd. I: Auf dem Weg zu Swann. Bd. II: Im Schatten junger Mädchenblüte. Bd. III: Der Weg nach Guermantes. Bd. IV: Sodom und Gomorrha. Bd. V: Die Gefangene. Bd. VI: Die Entflohene. Bd. VII: Die wiedergefundene Zeit. Stuttgart: Reclam, 2013–16.

2017 Stefan Zweifel (Übers. und Vorw.): Das Flimmern des Herzens. Aus den frz. Druckbogen erstmals übers. Berlin: Die andere Bibliothek, 2017.

Ins Englische

Der mit Proust befreundete englisch-jüdische Autor Sydney Schiff bemühte sich seit 1920 bei Proust darum, zumindest den ersten Band der *Recherche* ins Englische übersetzen zu dürfen, doch Proust hielt ihn unter anderem für einen »Dilettanten« (*Corr.* XXI, S. 342) und entschied trotz seiner Freundschaft mit den Schiffs, der Übertragung der Aufgabe durch Gallimard an den professionellen Übersetzer Charles-Kenneth Scott-Moncrieff (1889–1930) zuzustimmen, der 1923 den ersten Band seiner Übersetzung vorlegte.

CITIES
OF THE PLAIN

by

MARCEL PROUST

Translated by

C. K. SCOTT MONCRIEFF

Volume One

NEW YORK

ALBERT & CHARLES BONI

1927

Titelblatt des ersten Teilbandes (von zwei) der Erstausgabe der Scott-Moncrieff-Übersetzung von *Sodome et Gomorrhe*.

Scott-Moncrieff hatte 1920 seine Stelle bei der *Times* aufgegeben, für die er gelegentlich Artikel schrieb, um sich ganz seiner Übersetzungsarbeit widmen zu können: 1921 beendete er die Übersetzung des altenglischen *Beowulf*, und ab 1922 arbeitete er an der Übersetzung von Prousts *À la recherche du temps perdu*. 1923 ging er wegen gesundheitlicher Probleme nach Italien, wo er abwechselnd in Florenz und Pisa und ab 1928 in Rom lebte; er starb 1930 in Rom an Magenkrebs und wurde im Campo Verano beigesetzt.

Die ersten drei Bände von Scott-Moncrieffs Übersetzung der *Recherche* waren noch in verhältnismäßig dichter Folge erschienen, 1922, 1924 und 1925, doch dann trat ein Hiatus von vier Jahren ein. Der Grund war nicht nur, dass Scott-Moncrieff inzwischen Pirandello, sondern mehr noch, dass der Verlag Chatto & Windus *Sodome et Gomorrhe* I entdeckt hatte, das in England kaum eine Chance gehabt hätte, die Zensur zu überstehen: »Werden Sie dafür sorgen, dass ich nicht verfolgt werde, wenn ich *Sodome et Gomorrhe* übersetze?« (Scott-Moncrieff an Winston Churchills Sekretär Edward March am 28. 11. 1924, zit. nach Findlay,[42] S. 232). Der amerikanische Verleger Thomas Seltzer brauchte damals solche Bedenken zwar nicht in diesem Maße zu haben, schlug aber dennoch vor, »die schlimmsten Stellen auf Französisch, unübersetzt, zu belassen, dann werden sich unsere Zensoren ja vielleicht nicht einmischen« (Seltzer an Scott-Moncrieff am 18. 12. 1925, zit. nach Findlay, S. 249). Seltzer hatte bereits einschlägige Erfahrungen mit D. H. Lawrences *Women in Love* gemacht – die ihn in den Bankrott trieben, noch bevor er mit Scott-Moncrieff handelseinig werden konnte. Seine Neffen und Nachfolger Albert und Charles Boni kauften Scott-Moncrieff für $ 3000 die Rechte an den restlichen Bänden für den Fall

42 Jean Findlay, *Chasing Lost Time. The Life of C. K. Scott-Moncrieff. Soldier, Spy and Translator*, London: Vintage Books, 2014.

ab, dass Chatto & Windus nicht publizieren sollte; so erschien eine erste, auf 2000 Exemplare limitierte und numerierte amerikanische Ausgabe 1927 unter dem camouflierenden, aber immerhin noch biblischen Titel *Cities of the Plain* bei Albert and Charles Boni, Inc., der schließlich, 1929, unter gleichem Titel auch eine Ausgabe beim amerikanischen Partner-Verlag von Chatto & Windus, Alfred A. Knopf, folgte, die auch in England vertrieben wurde, bis dann in den Vierzigern Chatto & Windus den englischen Markt wieder selbst versorgte. Merkwürdigerweise – merkwürdig insofern, als völlig unerklärlich ist, wie sich das alles vertrags- und urheberrechtlich dargestellt haben sollte – erschien parallel zur Boni-Ausgabe auch eine Ausgabe bei der amerikanischen Modern Library (New York: Random House). Diese beiden Ausgaben zumindest tragen die erklärungsbedürftige »Widmung des Übersetzers für Richard und Myrtle Kurt und ihren Schöpfer«, die Titelpersonen nämlich von Sydney Schiffs (1868–1944) Roman *Richard Kurt*, den dieser 1919 unter dem Pseudonym »Stephen Hudson« bei M. Secker (London) mit einer Widmung »To M. P.« veröffentlichte, wobei die Figur Richard Kurts im allgemeinen als eine Hommage an Proust gedeutet wird, mit dem Schiff befreundet war.

Nach dem Tod Scott-Moncrieffs übersetzte 1931 Sydney Schiff (abermals unter seinem Pseudonym »Stephen Hudson«) den letzten Band für Chatto & Windus mit dem Titel *Time Regained*; wenig später (1932) erschien in den USA eine weitere Übersetzung des letzten Bandes für den Verlag The Modern Library von Frederick A. Blossom unter dem Titel *The Past Recaptured*. Mit dem englischen Gesamttitel *Remembrance of Things Past*, den Scott-Moncrieff dem 30. Sonett Shakespeares entlehnt hatte (der sich seinerseits auf *Wisdom of Solomon* 11:12 in der *Bishops' Bible*, 1572, bezog), war Proust allerdings nicht sehr glücklich: »›À la recherche du temps perdu‹ heißt das keineswegs«; auch der Titel *Swann's Way* missfiel Proust wegen seiner unerwünschten Doppeldeutigkeit: »*Swann's Way* kann *Du côté de chez Swann* bedeuten, aber auch ›auf Swanns Art und Weise‹. Hätten Sie ein ›to‹ hinzugefügt, wäre alles gerettet«, schrieb er im Oktober 1922 an Scott-Moncrieff (beide Zitate in *Corr.* XXI, S. 499). Dieses »to« begründet und rechtfertigt übrigens die Richtungskomponente »zu« in den neueren deutschen Titel-Übersetzungen *Unterwegs zu Swann* (Keller) bzw. *Auf dem Weg zu Swann* (Fischer).

Bei Proust-Kennern stießen auch die anderen von Scott-Moncrieff gewählten Einzeltitel, *Within a Budding Grove* für Bd. 2, *Cities of the Plain* für Bd. 4 und *The Sweet Cheat Gone* für Bd. 6, auf wenig Gegenliebe (»prissy euphemisms«: Graham Robb im *Telegraph*, 12.10.2002). Dennoch behielt die von Terence Kilmartin und Andreas Mayor auf der Grundlage des Clarac/Ferré-Textes 1981 durchgeführte Überarbeitung diesen Titel bei, wie auch die Untertitel für Bd. 2 und Bd. 4. Bd. 6, dessen Titel *The Sweet Cheat Gone* zwar sehr poetisch war, nämlich einem Gedicht von Walter de la Mare[43] entlehnt, aber auch gänzlich unzutreffend, wurde jetzt mit *The Fugitive* neu betitelt. Die Kilmartin/Mayor-Bearbeitung bemüht sich neben der Anpassung an den neuesten Forschungsstand auch um eine Entrümpelung des ins Preziöse (»purplish prose«, R. Douglas-Fairhurst in *The Observer*, 17.11.2002) neigenden Stils Scott-Moncrieffs: Bei allen Meriten, die seiner Übersetzung zukommen, war es doch riskant, daraus zu zitieren, denn oft genug musste man dann feststellen, dass das, worauf es einem ankam, so bei Proust gar nicht stand (vgl. etwa Peter Bien in *The Times Literary Supplement*, 19.11.2014, S. 6). Scott-Moncrieff hatte kein Problem damit, Proust zu verbessern (»more Proustian than

43 Letzter Vers von Walter de la Mares »The Ghost«, in: Edward Marsh / Harold Munro (Hrsg.), *Georgian Poetry 1916–1917*, London: The Poetry Bookshop, 1918.

Proust«, A. N. Wilson in *The Times Literary Supplement*, 31. 10. 2014, S. 5), mit dessen Werk er sich offenbar derart identifizierte, dass »er mich für gewöhnlich mit einer Schimpfkanonade über Albertine empfing, deren Launen und üble Gewohnheiten ihn damals sehr beschäftigten« (Ernst Robert Curtius 1931 an Scott-Moncrieffs Mutter Jessie Margaret, 1858–1936, zit nach Findlay S. 284).

Bei der Überarbeitung 1992 des Kilmartin/Mayor-Textes wiederum durch D. J. Enright und Andreas Mayor, die durch die Neuordnung der französischen Textgrundlage durch Tadié notwendig geworden war, entschloss man sich beim Verlag Chatto & Windus, bei dem auch alle früheren Ausgaben erschienen waren, mit *In Search of Lost Time* einen Titel zu wählen, der dem des Originals deutlich näher kommt. Auch der Einzeltitel des 4. Bandes wurde jetzt in *Sodom and Gomorrah* geändert, den sehr lyrischen, aber wenig originalgetreuen Titel des zweiten Bandes, *Within a Budding Grove*, den Scott-Moncrieff dem Gedicht *The Lover and Birds*[44] von William Allingham entnommen hatte, behielt die Bearbeitung jedoch bei.

2002 erschien bei Allen Lane (Penguin) eine Neuübersetzung unter dem Titel *In Search of Lost Time*, die von einem Team unter der Leitung von Christopher Prendergast erarbeitet wurde und bei der auch der zweite Band nun einen originalgetreueren Titel trägt, *In the Shadow of Young Girls in Flower*. Die einzelnen Bände wurden von jeweils eigenen Übersetzern bearbeitet, eine Vorgehensweise, die nicht überall auf Beifall stieß (»why use seven translators rather than 70? Or 700?«, Douglas-Fairhurst in *The Observer*,

44 In: Arthur Quiller-Couch (Hrsg.), *The Oxford Book of Victorian Verse*, Oxford / New York: The Clarendon Press, 1922. Proust selbst hatte seinen Titel ebenfalls einem Gedicht entnommen, jedoch Baudelaires *Lesbos*: »Car Lesbos entre tous m'a choisi sur la terre / Pour chanter le secret de ses vierges en fleurs« – die Anspielung auf Lesbos bereits im Titel war mir bei der Kommentierung des 2. Bandes entgangen.

17.11.2002). Auch die Änderung des Titels des 7. Bandes, der auf Sydney Schiff zurückgeht, von *Time Regained* (»triumphant past-participle«) in *Finding Time Again* erschien der Kritik wenig glücklich (»mealy-mouthed«, beide Zitate Graham Robb, a.a.O.). Die Prendergast-Übersetzung berücksichtigt zudem Prousts Kritik an der Doppeldeutigkeit des Moncrieffschen Titels für den ersten Band, fügt jedoch kein »to« hinzu, wie von Proust angeregt, sondern ein »by«, womit sie allerdings mit *The Way by Swann's* der Bedeutung von *Du côté de chez Swann* deutlich näher kommt; erstaunlicherweise heißt dann jedoch der erste Band in der amerikanischen Ausgabe wieder *Swann's Way* – vielleicht ja, weil »swans weg« aus Scott-Moncrieffs Übersetzung des *Beowulf* stammt.

Zum hundertsten Jahrestag des Erscheinens des ersten Bandes der *Recherche* startete die Yale University Press eine von William C. Carter kommentierte und überarbeitete Neuausgabe der ursprünglichen Übersetzung von Scott-Moncrieff unter Berücksichtigung der späteren Revisionen unter dem Titel *In Search of Lost Time*. Der erste Band, wieder mit dem heiklen Titel *Swann's Way*, erschien im Januar 2014, der zweite im Januar 2016 unter dem Titel *In the Shadow of Young Girls in Flower*. Diese Ausgabe erspart dem Leser die Last des Blätterns, da die Anmerkungen an den Rand der jeweiligen Text-Seite gesetzt wurden.

1922 Charles Kenneth Scott Moncrieff (Übers.): Remembrance of Things Past. Bd. I: Swann's Way. London: Chatto & Windus, 1922. Bd. II: Within a Budding Grove. Ebd. 1924. Bd. III: The Guermantes Way. Ebd. 1925. Bd. IV: Cities of the Plain. London: Knopf, 1929. Bd. V: The Captive. Ebd. 1929. Bd. VI: The Sweet Cheat Gone. Ebd. 1930. – In England: Stephen Hudson (d.i. Sydney Schiff; Übers.): Bd. VII: Time Regained. London: Knopf / [später:] Chatto & Windus, 1931. – In den USA: Frederick A. Blossom (Übers.): Bd. VII: The Past Recaptured. New York: Random House, 1932. (Modern Library Edition.) [Der Band »Time Regained« konnte von Scott Moncrieff nicht mehr fertiggestellt werden.

Der Band »Cities of the Plain« erschien in den USA bereits 1927 in numerierter Auflage bei Albert & Charles Boni (New York) sowie bei Random House in der Modern Library Edition (New York).]

1970 Charles Kenneth Scott Moncrieff (Übers.) / Stephen Hudson (Übers., Bd. VIII und XII) / Terence Kilmartin (Rev. von Bd. I–VI der Übers. von 1922–30 auf der Basis der rev. frz. Textfassung von Clarac/Ferré) / Andreas Mayor (Rev. von Bd. VII der Übers. von 1931 auf der Basis der rev. frz. Textfassung von Clarac/Ferré): Remembrance of Things Past. Bd. I/II: Swann's Way. Bd. III/IV: Within a Budding Grove. Bd. V/VI: The Guermantes Way. Bd. VII/VIII: Cities of the Plain. Bd. IX/X: The Captive. Bd. XI: The Fugitive. Bd. XII: Time Regained. London: Chatto & Windus, 1981. [Mayors Revision der Hudson-Übers. erschien bereits 1970 unter dem Titel »The Past Recaptured«.]

1992 Charles Kenneth Scott Moncrieff (Übers.) / Stephen Hudson (Übers.) / Terence Kilmartin (Rev. 1970) / D. J. Enright (Rev. von Bd. I–VI der rev. Übers. von 1970 auf der Basis der rev. frz. Textfassung von Tadié) / Andreas Mayor (Rev. von Bd. VII der rev. Übers. von 1981 auf der Basis der rev. frz. Textfassung von Tadié): In Search of Lost Time. Bd. I: Swann's Way. Bd. II: Within a Budding Grove. Bd. III: The Guermantes Way. Bd. IV: Sodom and Gomorrah. Bd. V: The Captive / The Fugitive. Bd. VI: Time Regained / A Guide to Proust. London: Chatto & Windus, 1992.

2002 Christopher Prendergast (Hrsg., Ltg. der komm. Neuübers. auf der Grundl. der frz. Textfassung von Tadié): In Search of Lost Time. Bd. I: The Way by Swann's (Übers. Lydia Davis). Bd. II: In the Shadow of Young Girls in Flower (Übers. James Grieve). Bd. III: The Guermantes Way (Übers. Mark Treharne). Bd. IV: Sodom and Gomorrah (Übers. John Sturrock). Bd. V: The Prisoner / The Fugitive (»The Prisoner«: Übers. Carol Clark / »The Fugitive«: Übers. Peter Collier). Bd. VI: Finding Time Again (Übers. Ian Patterson). London: Allen Lane, 2002. London: Penguin, 2003. [In den USA erschien Bd. I bei Viking unter dem Titel »Swann's Way«.]

2013 William C. Carter (Hrsg., komm und überarb. Fassung der Übers. von 1922–31/32): In Search of Lost Time. Bd. I: Swann's Way. New Haven: Yale University Press, 2013. Bd. II: In the Shadows of Young Girls in Flower. Ebd. 2015.

Umschlag-Vorderseite des ersten Teilbandes (von zwei) von Bd. I in der spanischen Übersetzung von 1920. Auf der Innenklappe befindet sich die Ankündigung von Bd. II.

Ins Spanische

Im Januar 1920 schreibt Proust an Gallimard, er solle dem peruanischen Schriftsteller Ventura García Calderón (1886–1959), damals Chefredakteur der Zeitschrift *Hispania*, keine Fotos mehr schicken, denn er habe schon mehrere – ein Hinweis, dass Proust sich aktiv um eine spanischsprachige Lesergemeinde bemüht hat. Dafür mag ein Grund gewesen sein, dass Proust nicht nur mit dem in Venezuela geborenen Reynaldo Hahn eng befreundet war, sondern zu seinem Bekanntenkreis noch weitere Ibero-Amerikaner zählte, wie den aus Peru stammenden Geliebten Montesquious, Gabriel Yturri (1860–1905), den in Kuba geborenen Schriftsteller José-Maria de Heredia (1842–1905), den in Mexiko geborenen Schriftsteller Ramon Fernandez (1894–1944) und den Maler Antonio de La Gandara (1862–1917), der einen mexikanischen Vater hatte und zwar in Paris lebte, jedoch bis zu seinem vierunddreißigsten Lebensjahr die mexikanische Staatsbürgerschaft beibehielt – ähnlich wie Ramon Fernandez, der sich auch erst mit dreiunddreißig nationalisierte. Einen weiteren Ausdruck findet Prousts Faible für die spanischsprachige Welt in seinem Aktien-Portefolio, das sich stark um südamerikanische Werte gruppierte[45]. Die Übersetzung von *Du côté de chez Swann* als *Por el camino de Swann* durch Pedro Salinas (1891–1951), die 1921 zweibändig im Verlag CALPE, Madrid, erschien (Druckvermerk 1920; gelegentlich irrtümlich José Ortega y Gasset zugeschrieben), dürfte dann auch

45 Siehe dazu Rubén Gallo, *Proust's Latin Americans*, Baltimore: Johns Hopkins University Press, 2014, insbes. das Kap. »Proust's Mexican Stocks«, S. 73–89, und die Tafel 4 (nach S. 118) mit der Abbildung einer Aktie der mexikanischen Straßenbahngesellschaft, die auch einen Straßenbahnwagen samt Kondukteur zeigt – Charlus wäre entzückt.

die erste Übersetzung eines kompletten Bandes der *Recherche* überhaupt gewesen sein; der zweite und der dritte Band folgten 1922 bzw. 1931 unter dem Gesamttitel *En busca del tiempo perdido*. Es ist unklar, warum der Proust-begeisterte Salinas sich mitten in der Arbeit am dritten Band aus dem Projekt zurückzog und den zweiten Band von *Guermantes* dem Schriftsteller José María Quiroga Plá (1902–55) überließ, und vor allem, warum die CALPE nun ebenfalls das Projekt einstellte – freilich legt ein Blick auf die englische Übersetzungsgeschichte den Verdacht nahe, dass auch hier die Schere im Kopf der Schere des Zensors vorausgeeilt ist. So dauerte es vierzehn weitere Jahre, bis schließlich der in Buenos Aires angesiedelte Verleger Santiago Rueda den argentinischen Übersetzer Marcelo Menasché mit der Übersetzung der restlichen vier Bände für seinen erst 1939 gegründeten Verlag beauftragte – ein Raubdruck des zweiten Bandes, der 1937 in Chile beim Verlag Zig-Zag erschien, hatte das anhaltende Interesse in der spanischsprachigen Welt an Proust hinlänglich verdeutlicht, der vor allem in Chile und in Argentinien lebhaft diskutiert wurde. Santiago Rueda legte auch die ersten drei Bände neu auf und gab so 1944–46 die erste spanische Gesamtausgabe heraus (1946 auch als einbändige Dünndruckausgabe). Sie wurde in Argentinien lobend aufgenommen, in Spanien dagegen sah sich Menasché mit seiner Neigung zu einem argentinischen Spanisch heftiger Kritik ausgesetzt, obwohl ja unter der Knute des Franco-Faschismus an eine europäische kastilianische Ausgabe vorerst gar nicht zu denken war. Erst 1952, nachdem die Boykott-Maßnahmen gegen Franco-Spanien ihre Wirkung zu zeigen begannen und das Regime eine vorsichtige Öffnung nach Westen wagte (1953 wurde der erste US-Stützpunkt in Spanien errichtet), konnte eine Übersetzung im kastilianischen Spanisch der letzten vier Bände von dem spanischen Schriftsteller und multilingualen Übersetzer (Lampedusa, Pasternak) Fernando

Gutiérrez (1911–84) erscheinen. Sie wird zwar vom internationalen Fachpublikum als deutlich besser bewertet als die Übersetzung von Menasché, hat diese aber nicht aus der Gunst der südamerikanischen Leserschaft verdrängen können.

In den Jahren 2000–05 publizierte der spanische Verlag Valdemar eine Neuübersetzung von Mauro Armiño, und 2000–09 der mexikanisch-uruguayische Verlag Lumen eine weitere Neuübersetzung von Carlos Manzano. Während sich Armiños Übersetzung durch eine penible Originaltreue auszeichnet – anders als die alte Übersetzung von Salinas, der, wie auch Scott-Moncrieff, nicht davor zurückschreckte, proustischer als Proust zu sein –, bemüht sich Manzano um eine Hispanisierung des Textes, indem er barocke Traditionen der spanischen Syntax aufnimmt, um Prousts komplexen Satzbau im Kastilianischen nachvollziehen zu können. Eine dritte Neuübersetzung durch die argentinische Autorin Estela Cantó (1916–94), die eine dem argentinischen Spanisch vertrautere Sprache zu finden sucht, indem sie die typisch kastilianischen Ausdrucksweisen Pedro Salinas' vermeidet, ohne sich jedoch, wie Menasché es gelegentlich tut, mit »Rioplatismen« als Argentinierin ausweisen zu wollen, erschien in Buenos Aires im Losada-Verlag in den Jahren 2000–10. Allerdings ist nicht bekannt, wann Cantó – die 1994 gestorben ist – ihre Übersetzung angefertigt hat und also, auf welcher Textgrundlage; verschiedene Details deuten jedoch darauf hin, dass zumindest die ersten Teile ihrer Übersetzung noch auf dem Clarac/Ferré-Text beruhen. Craig[46] betont in seiner Besprechung für *La Nación*, dass die drei neuen Übersetzungen von Cantó, Armiño und Manzona jene Wörtlichkeit vermeiden, zu der

46 Herbert E. Craig, »Sobre los traductores de Proust«, in: *La Nación* (Argentinien), 6. Januar 2005; http://www.lanacion.com.ar/753523-sobre-los-traductores-de-proust

die Übersetzung ins Spanische aus dem so nahe verwandten Französisch einlädt und die die Übersetzungen von Menasché, Gutierrez und de la Serna kennzeichnet, und dass sie zudem auch davor zurückschrecken, Prousts Syntax »begradigen« zu wollen, wie es die Übersetzung von Consuelo Berges aus den Sechzigern noch für geraten hielt.

Eine detaillierte Darstellung sowie eine umfangreiche Bibliographie der in Europa bislang kaum wahrgenommenen Proust-Rezeption im spanischsprachigen Amerika gibt Herbert E. Craigs *Marcel Proust and Spanish America* (s. S. 82).

Spanisch

1920 Pedro Salinas (Übers. Bd. I–III) / José María Quiroga Plá (Mitarb. an Bd. III): En busca del tiempo perdido. Bd. I. Madrid/Barcelona: Espasa-Calpe, 1920. Bd. II. Ebd. 1922. Bd. III. Ebd. 1931. [Die restlichen vier Bände von Marcelo Menasché für Rueda (Buenos Aires, Argentinien), 1945–46; von Fernando Gutiérrez für José Janés (Spanien), 1952; von Consuelo Berges für Alianza Editorial (Madrid, Spanien), 1967–69.

1981 Julio Gómez de la Serna (Übers.): En busca del tiempo perdido. 2 Bde. Madrid: Aguilar, 1981. [Bd. I und II der dreibändigen Gesamtausgabe.]

2000 Mauro Armiño (Übers. und Komm.): A la busca del tiempo perdido. 3 Bde. Madrid: Valdemar, 2000–05.

Spanisch (Argentinien)

2000 Estela Cantó (Übers.): En busca del tiempo perdido. Buenos Aires: Losada, 2000–10. [Beruht vermutl. noch auf dem Clarac/Ferré-Text. Cantó starb 1994.]

Spanisch (Kuba)

2008 Hugo Vidal Obregón (Übers. Bd. I) / Jacques-François Bonaldi (Übers. Bd. II): Sodoma y Gomorra. 2 Bde. Havanna: Arte y Literatura, 2008.

Spanisch (Ecuador)

1974 Ana Bergholtz Mujica (Übers.): Por el camino de Swann. 2 Bde. Guayaquil: Cromograf, 1974/75.

1994 Mario Campaña Avilés (Übers.): El tiempo recobrado. Quito: Libresa, 1994.

Spanisch (Kolumbien)

2007 Daniel Quintero (Übers.): A la sombra de las muchachas en flor. Bogotá: Yoyo Libros, 2007.

Spanisch (Uruguay)

1990 Carlos Manzano (Übers.): En busca del tiempo perdido. Montevideo: Lumen, 1990 ff.

Ins Russische

Obwohl eine größere Zahl von russischen Intellektuellen in Paris lebte und z. T. auch als Korrespondenten tätig war, so etwa Waleri Brjussow, Maximilian Voloschin, Michail Voloschin oder Michail Kusmin, entging Proust der russischen Literaturszene gänzlich, die vollkommen auf den Symbolismus fixiert war. Selbst die französischen Lobeshymnen 1913 auf *Du côté de chez Swann* (WS) wurden als Freundschaftsdienste abgetan; zwar machte Kuzmin, der mit dem Leningrader Verlag Academia zusammenarbeitete, diesen auf das französische Echo auf WS aufmerksam, doch der Beginn des Ersten Weltkriegs rückte Übersetzungsprojekte an den Rand des Interesses. Auch *À l'ombre des jeunes filles en fleurs* musste trotz des Prix Goncourt aus russischer Perspektive, die nach Krieg und Revolution eher Zeit- als Menschheitsprobleme in den Fokus zu nehmen bereit war, hinter dem zweitplazierten Dorgelès mit seinem Kriegsroman *Les Croix de bois* (dt. *Die hölzernen Kreuze*, siehe S. 90) zurücktreten, der ja auch in Frankreich Prousts »Mädchen in

Innentitel des 1. Bandes der russischen Übersetzung von 1973 durch Nikolaj Michajlovič Ljubimov.

Blüte« absatzmäßig überrundete (in den ersten zwei Jahren 85 000 gegenüber 23 000 Exemplaren).

Der erste sowjetrussische Hinweis auf Proust dürfte die Todesnachricht in der Красная нива (*Krasnaja Niwa*, »Rotes Feld«) vom 11. Februar 1923 sein, in der der Volkskommissar für das Bildungswesen, Anatoli Lunatscharski, Prousts außergewöhnlich eleganten Stil, seine Landschaftsbeschreibungen, seine Analyse psychischer Phänomene sowie seine subtile Kritik am aristokratischen Frankreich rühmt, das er aber dennoch – nach Lunatscharskis Auffassung – bewundere. Dieses grundlegende Missverständnis – die Fokussierung auf die Kulisse – begleitete alle späteren Stellungnahmen dieses einflussreichen Kritikers zu Proust, der ihn zunehmend als einen Repräsentanten der bourgeoisen Literatur darstellte – »es ist einfach unmöglich, sich mit dem unerträglichen Snobismus und der unterwürfigen Schmeichelei gegenüber der Aristokratie abzufinden, von denen dieser Roman überbordet. [...] Zutiefst dekadent« (a. a. O., 10. Januar 1926) –, ohne ihn jedoch als einen solchen zu sehen, denn er förderte durchaus die frühen Übersetzungsbemühungen. Dennoch bestimmte auch nach seiner Amtsenthebung 1929 dieser einmal angewiesene Kurs weiter die breite Rezeption Prousts in Russland.

Ein merkwürdiger Randaspekt ist das völlige Schweigen des Malers, Schriftstellers und tonangebenden Kunstkritikers Alexander (frz.: Alexandre) Nikolajewitsch Benois (1870–1960) über Proust. Benois lebte von 1905 bis 1907 in Paris und verkehrte in den Salons von Robert de Montesquiou, Reynaldo Hahn und Madame Greffulhe, bei der er nachweislich Proust begegnet ist; als Bühnen- und Kostümbildner (insbes. des »skandalösen« Kostüms für Nijinsky in *Gisèle*) der Ballets Russes bewegte er sich in den progressivsten französischen und russischen Künstlerkreisen, war mit Jean Cocteau bekannt, und über seine Künstlergruppe und Zeitschrift

Мир искусства (*Mir Iskusstwa*, »Welt der Kunst«) hatte er markanten Einfluss auf das kulturelle Leben in Russland. Jedoch kein Wort über Proust, nicht einmal in seinen Memoiren. Proust dagegen erwähnt ihn in SG (S. 202) und in G (S. 503).

1927 riskierte es der auf klassische europäische Literatur spezialisierte Leningrader Verlag Academia, den ersten Band der *Recherche* in der Übersetzung des ausgewiesenen Übersetzers englischer und französischer Literatur Adrian Frankowski (1888–1942) in drei Teilbänden herauszubringen, während fast gleichzeitig im Nedra-Verlag der zweite Band in der Übersetzung von Ljubow Gurjewitsch unter Beteiligung der bekannten Dichterin Sofia Parnok erschien. Die wenigen Kritiker, die diese Publikationen wahrnahmen, so I. Anassimowa, K. Loksa, G. Jakubowski, ließen zwar keinen Zweifel daran, dass es sich um das Werk eines bedeutenden Autors handelte, beim großen Publikum aber stießen sie auf wenig Resonanz. Entscheidender jedoch war, dass jetzt die russische Avantgarde um Anna Achmatowa, Marina Zwetajewa, Boris Pasternak, Georgi Iwanow, Georgi Adamowitsch, Michail Kusmin, Ossip Mandelstam und andere auf Proust aufmerksam wurde. Diese Autoren gehörten zu dem »progressiven« Moskauer Verlag Goslitisdat. Die Ende der zwanziger Jahre sich verschärfende stalinistische Gesinnungsdiktatur zwang die Verlage Nedra und Academia, ihre Proust-Projekte einzustellen; der Nedra-Verlag verschwand auf unerklärten Wegen vom Markt und wurde 1963 neu gegründet[47], der Academia-Verlag wurde dem Goslitisdat-Verlag, der

47 Russische Verlagsgeschichte zu recherchieren ist nichts für kleingläubige Gemüter. Nach einer nicht näher identifizierten amerikanischen Internetquelle hat der neue Nedra-Verlag (»nedra« hier ›innen‹, ›inside‹) nichts mit dem alten zu tun, der schlicht pleiteging – hoffentlich nicht an den *Jungen Mädchen in Blüte*.

symbolistische und futuristische Literatur verlegte und an dem Proust-Projekt keinerlei Interesse hatte, angegliedert und ging 1937 in ihm auf. Die Auflagen der drei Teile des ersten Bandes betrugen je rund 3000 Exemplare. 1927 hatte der Academia-Verlag noch eine Übersetzung des zweiten Bandes in zwei Teilen durch den bekannten Literaturwissenschaftler und Balzac-Übersetzer Boris Grifzow (1885–1950) angekündigt, doch davon erschien 1928 nur der erste Teil in einer Auflage von ebenfalls 3000 Exemplaren.

Unter dem Schutzschirm der »Progressivität« konnten schließlich die oben erwähnten avantgardistischen Autoren von Goslitisdat einen Stimmungswandel in ihrem Verlag herbeiführen und das Proust-Projekt wiederbeleben. Boris Grifzow fragte Frankowski im Auftrag von Goslitisdat, ob er eine Gesamtübersetzung erstellen wolle; dieser teilte sich den Auftrag mit dem nicht minder ausgewiesenen Übersetzer Andrej Fjodorow (1906–97). Beide waren aber wohl trotz ihrer Erfahrung mit dem Auftrag überfordert, denn in ihren Übersetzungen sind häufig grammatische Konstruktionen in bedenklicher Weise vereinfacht und schwierige Partien gelegentlich sogar einfach ausgelassen. Die ersten vier Bände dieser Übersetzung erschienen 1934–38; als jedoch Frankowski gerade seine Übersetzung der *Gefangenen* abgegeben hatte, verschärfte sich durch den Ausbruch des Zweiten Weltkriegs der politische Wind in Russland abermals, und das Typoskript sollte aus ideologischen Gründen vernichtet werden; Frankowskis Mitarbeiterin Raissa V. Frenkel gelang es jedoch, das Typoskript (oder aber eine übersehene Kopie) 1940 aus den Verlagsarchiven zu entwenden und, nachdem Frankowski während der Blockade Leningrads 1942 verhungert war, zu verwahren. Ihre Erbin Sofia Poljakowa reichte das Manuskript schließlich 1992 an den Moskauer Verlag Inapress weiter, der diese *Gefangene* Frankowskis 1998 im Rahmen einer kommentierten Neuausgabe der Übersetzung Frankowski/Fjodorow herausgab.

1963 wurde der Goslitisdat-Verlag in Isdatelstwo Chudoshestwennaja Literatura (Verlag für fiktionale Literatur, kurz »Chudosh« oder IKL) umbenannt; die verschiedenen Umbenennungen und Zusammenschlüsse von Verlagen erklären übrigens, warum in Literaturhinweisen oft voneinander abweichende Verlagsangaben bei demselben Buch gemacht werden. Anfang der Siebziger beschloss Chudosh, das Proust-Projekt wieder aufzunehmen, und bot dem Literaturwissenschaftler und Übersetzer klassischer französischer Literatur, Nikolai Ljubimow (1912–92), den Auftrag an. Die ersten drei Bände dieser Übersetzung erschienen noch in einigermaßen enger Folge – 1973, 1976 und 1980 –, *Sodom und Gomorrha* jedoch, das bereits 1982 fertig übersetzt war, wurde von der Sitten-Zensur bis 1987 aufgehalten, und die *Gefangene*, die 1988 druckfertig war, konnte erst 1989 nach umständlichen Verhandlungen für einen neuen Vertrag erscheinen. 1990 dann wurde Chudosh zahlungsunfähig, und Ljubimow wechselte zu dem kleinen Privatverlag Krus. Über diesen Verzögerungen ließen Ljubimows Kräfte mehr und mehr nach, so dass seine Übersetzung der *Entflohenen*, die er vor seinem Tod 1992 noch abschließen konnte, nicht mehr die von den anderen Bänden gewohnte Qualität und zudem erhebliche Lücken aufwies. Ljubimow schrieb deshalb ein Nachwort, in dem er die Mängel seiner Übersetzung auf das Original abwälzte, was ja bekanntlich nicht völlig unbegründet ist, aber bei weitem nicht deren Umfang in seiner Arbeit rechtfertigt; das Manuskript wurde deshalb von Tatjana Sikatschewa für den Krus-Verlag überarbeitet und erschien so 1993 im Rahmen eines Nachdrucks der Ljubimow-Übersetzung, wobei merkwürdigerweise Band V ausgelassen wurde. Kurz danach spaltete sich jedoch der Verleger A. V. Markowitsch vom Krus-Verlag ab und überredete Ljubimows Witwe, ihm das »unverfälschte« Manuskript zu überlassen, das dann 2001 im Amphora-Verlag erschien. Ljubimow hatte noch kurz vor seinem Tod den produktiven Übersetzer Waleri Nikitin mit der Fertigstellung seines Projekts beauftragt, doch auf eine *Wiedergefundene Zeit* aus Nikitins Hand wartet Russland noch heute vergeblich. Die Abspaltung Markowitschs oder auch das Proust-Projekt hat der Krus-Verlag übrigens nicht überlebt.

Das Moskauer Verlagshaus Natalis startete Ende der neunziger Jahre eine Übersetzung des noch fehlenden letzten Bandes, doch die Herausgeber nahmen so tiefgreifende Änderungen an dem Manuskript des Übersetzers vor, dass dieser sich schließlich weigerte, seinen Namen dafür herzugeben. Der Text erschien deshalb 1999 unter dem Pseudonym A. I. Kondratjew, fand aber keine Gnade bei der Kritik, die den Text streckenweise eher als Nacherzählung denn Übersetzung wahrnahm. Die Übersetzung von 2009 der anerkannten Literaturübersetzerin Alla Smirnowa für den Alfa-Kniga-Verlag wurde zwar besser aufgenommen, aber dennoch als unbefriedigend empfunden, insbesondere in den Partien mit komplizierterer Syntax, in der sich Smirnowa nach Ansicht der Kritik gelegentlich hoffnungslos verheddert.

2012 nahm Jelena Bajewskaja, die seit 1998 in den USA unter dem Namen Helen Bayes eine Professur für französische Literatur innehat, eine Neuübersetzung der *Recherche* in Angriff, da ihr die Gestückeltheit des russischen Textes von verschiedenen Übersetzern aus verschiedenen Perioden missfiel – »Proust hat nicht sieben Romane geschrieben, sondern einen, und er wollte, dass wir ihn auch als solchen lesen können« – und weil sie ohnehin der Auffassung war, dass jedes große Werk der Weltliteratur alle fünfzig Jahre neu übersetzt werden müsse, »da die Meisterwerke das Altern nicht mögen«[48]. Zudem war sie in den bekannten Übersetzungen auf zahlreiche Probleme gestoßen – auf deren syntaktische

48 Interview mit Elena Kalaschnikowa im Magazin *Colta*, 17. Dezember 2014.

Unzulänglichkeiten war bereits hingewiesen worden –, die ihrer Ansicht nach der Bereinigung bedurften; so interpretiert sie schon den ersten Satz im Gegensatz zu Frankowski und zu Ljubimow, aber auch zu der gewohnten Lesart, in dem Sinne, dass der Erzähler sich lange Zeit nicht früh, sondern in der Früh schlafen gelegt habe[49] – wie bekanntlich auch der Autor. 2013 erschien im Fremdsprachen-Verlag Azbuka-Attikus der erste Band der Bayes-Übersetzung, für den sie noch im gleichen Jahr den Maurice-Vaksmahera-Preis erhielt.

Mittlerweile werden im russischen Buchhandel etliche Gesamtausgaben angeboten, die sich aus verschiedenen der oben beschriebenen Bände zusammensetzen, wie auch diverse Ausgaben des ersten Bandes in der einen oder anderen Übersetzung mit immer neuen Vorworten. Die Prophezeiung aus dem Jahre 1924 des Pariser Korrespondenten der Literaturzeitschrift Звено [*Zveno*] ([das Verbindungs-]Glied), Georgi Adamowitsch, beginnt, sich zu erfüllen: »Russland wird Proust lieben«.[50]

1927 Adrian Antonovič Frankovskij: V storonu Svana [В сторону Свана]. [»Der Weg zu Swann.«] 3 Bde. Leningrad: Academia, 1927. [Nachdr. in 1 Bd. bei Azbuka, 2000.]

1927 Ljubov' Gurevič / [unter Mitarb. von] Sofia Parnok (Übers.): Pod sen'ju devušek v cvetu [Под сенью девушек в цвету]. [»Im Schatten junger Mädchen in Blüte.«] Moskau: Nedra, 1927.

1928 Boris Grifcov (Übers.): Pod sen'ju devušek v cvetu [Под сенью девушек

49 Interview mit Olga Logosch im Magazin *Piterbook*, Herbst 2013.

50 Zu weiteren Einzelheiten s. J. G. Fridštejn / O. A. Vasil'eva / M. V. Lindstrem (Hrsg.), *Marsel' Prust v russkoj literature* [Марсель Пруст в русской литературе] [»Marcel Proust in der russischen Literatur«], Moskau: Rudomino, 2000, und darin zur Übersetzungsgeschichte insbes. A[ndrej] D. Michajlov: *Russkaja sud'ba Marselja Prusta* [Русская судьба Марселя Пруста] [»Das russische Schicksal von Marcel Proust«], S. 1–45.

в цвету]. [»Im Schatten junger Mädchen in Blüte.«] Tl. 1. Leningrad: Academia, 1928. [Tl. 2 ist nicht erschienen.]

1934 Adrian Antonovič Frankovskij (Bd. I, III) / Andrej Fëdorov (Bd. II, IV) (Übers.): V poiskach utračennogo vremeni [В поисках утраченного времени]. [»Auf der Suche nach der verlorenen Zeit.«] Moskau: Goslitizdat, 1934–38.

1973 Nikolaj Michajlovič Ljubimov (Bd. I–V) (Übers.) / M. Tolmačev (Komm.): V poiskach utračennogo vremeni. Moskau: Chudožestvennaja Literatura, 1973–89.

1992 Nikolaj Michajlovič Ljubimov (Übers.) (Bd. I–IV, VI): V poiskach utračennogo vremeni. Komm. von O. Volček und Sergej Fokin. Moskau: Krus, 1992–93. [Bd. VI fertiggestellt von Tatiana Sikacheva.]

1992 Adrian Antonovič Frankovskij (Übers.) (Bd. I, III, V) / Andrej Fëdorov (Übers.) (Bd. II, IV): V poiskach utračennogo vremeni. Komm. Neuaufl. der Bde. I–IV von Goslitizdat 1934, 1935, 1936 und 1938, sowie von Bd. V aus dem Nachlass Frankovskijs. Moskau: Inapress, 1992–1998.

1999 A. I. Kondrat'iev (Pseudonym) (Übers.): Obretënnoe vremja [Обретённое время]. [»Die wiedergefundene Zeit.«] Moskau: Natalis, 1999. [Im Text illustrierte, komm. Ausg.]

2001 Nikolaj Michajlovič Ljubimov (Bd. I–VI) (Übers.): V poiskach utračennogo vremeni. Moskau: Amphora, 2001. [Bd. VI in der Originalfassung von Ljubimov.]

2009 Anna Smirnova (Übers. und Komm.): Obretënnoe vremja. Moskau: Alfa-Kniga, 2009.

2010 Alexej Godin (Übers. und Komm.): Obretënnoe vremja. [Internetpublikation, 2010:]
http://lit.lib.ru/g/godin_a/text_0010.shtml

2014 Elena Baevskaja (= Helen Bayes) (Übers. und Komm.): V storonu Svanna [В сторону Сванна]. [»Die Seite von Swann.«] Moskau: Azbuka-Atticus, 2014.

第一部 在斯万家那边 第一卷　贡布雷（1）

赠迦斯东-卡尔梅特先生：

谨致深深的、衷心的感激。

马塞尔-普鲁斯特

第一卷贡布雷

一

在很长一段时期里，我都是早早就躺下了。有时候，蜡烛才灭，我的眼皮儿随即合上，都来不及咕哝一句："我要睡着了。"半小时之后，我才想到应该睡觉；这一想，我反倒清醒过来。我打算把自以为还捏在手里的书放好，吹灭灯火。睡着的那会儿，我一直在思考刚才读的那本书，只是思路有点特别；我总觉得书里说的事儿，什么教堂呀，四重奏呀，弗朗索瓦一世和查理五世争强斗胜呀，全都同我直接有关。这种念头直到我醒来之后还延续了好几秒钟；它倒与我的理性不很相悖，只是象眼罩似的蒙住我的眼睛，使我一时觉察不到烛火早已熄灭。后来，它开始变得令人费解，好像是上一辈子的思想，经过还魂转世来到我的面前，于是书里的内容同我脱节，愿不愿意再挂上钩，全凭我自己决定；这一来，我的视力得到恢复，我惊讶地发现周围原来漆黑一片，这黑暗固然使我的眼睛十分受用，但也许更使我的心情感到亲切而安详；它简直象是没有来由、莫名其妙的东西，名副其实他让人摸不到头脑。我不知道那时几点钟了；我听到火车鸣笛的声音，忽远忽近，就象林中鸟儿的啭鸣，标明距离的远近。汽笛声中，我仿佛看到一片空旷的田野，匆匆的旅人赶往附近的车站；他走过的小路将在他的心头留下难以磨灭的回忆，因为陌生的环境，不寻常的行止，不久前的交谈，以及在这静谧之夜仍萦绕在他耳畔的异乡灯下的话别，还有回家后即将享受到的温暖，这一切使他心绪激荡。

我情意绵绵地把腮帮贴在枕头的鼓溜溜的面颊上，它象我们童年的脸庞，那么饱满、娇嫩、清新。我划亮一根火柴看了看表。时近子夜。这正是病羁异乡的游子独宿在陌生的客舍，被一阵疼痛惊醒的时刻。看到门下透进一丝光芒，他感到宽慰。谢天谢地，总算天亮了！旅馆的听差就要起床了；呆一会儿，他只要拉铃，就有人会来支应。偏偏这时他还仿佛听到了脚步声，自远而近，旋而又渐渐远去。门下的那一线光亮也随之又消失。正是午夜时分。来人把煤气灯捻灭了；最后值班的听差都走了。他只得独自煎熬整整一宿，别无他法。

Die erste Textseite »Combray« der chinesischen Übersetzung von 2010.

Inzwischen liegen Übersetzungen in die meisten größeren Sprachen vor, darunter neben den oben genannten insbesondere ins **Arabische** (Kairo 2006), **Koreanische, Hebräische, Japanische, Rumänische** (Bukarest 1987) oder **Vietnamesische** (Hanoi 2013). Übersetzungen in **Hindi** (600 Millionen Sprecher), **Malayisch** (200 Millionen Sprecher) oder **Urdu** (60 Millionen Sprecher) stehen allerdings noch aus. Jedoch muss auch der Subkontinent nicht mehr gänzlich ohne Proust auskommen, denn 1986 wurde immerhin *Du côté de chez Swann* in die indische Sprache **Malayalam** übersetzt (Region Kerala, ca. 33 Millionen Sprecher).

Die erste komplette Übersetzung der *Recherche* war die ins **Tschechische** unter dem Titel *Hledání Ztraceného Času* durch ein fünfköpfiges Team unter der Leitung von Jaroslav Zaorálek, die 1927–30 in Prag bei Odeon erschien (die englische wurde erst 1931 abgeschlossen). Inzwischen ist eine neue Übersetzung von Prokop Voskovec und Jiří Pechar erschienen, die auf dem revidierten Tadié-Text beruht.

In **Italien** wurde die Bedeutung Prousts schon früh erkannt; so hatte der Autor und Kritiker Lucio d'Ambra (d.i. Renato Tommaso Manganella, 1880–1939) bereits am 10. Dezember 1913 Prousts Werk in der *Rassegna contemporanea* der italienischen Öffentlichkeit wärmstens ans Herz gelegt: »Merken Sie sich diesen Namen und diesen Titel: [...]. In fünfzig Jahren werden unsere Nachkommen den einen neben Stendhal, den anderen neben *Le Rouge et le noir* und *La Chartreuse de Parme* rücken«.[51] Dennoch nahm erst 1937 Natalia Ginzburg (1916–91) für Einaudi eine Übertragung von *Swann*

51 Zit. nach: Constanza Pasquali, *Proust, Primoli, La Moda*, Rom: Edizioni di Storia e Letteratura, 1961, S. 59 f.

in Angriff. Diese Übersetzung konnte sie, bedingt durch die Verfolgung ihres Ehemannes, der im antifaschistischen Widerstand aktiv war, und die Wirren des Krieges, erst nach Ende des Mussolini-Regimes fertigstellen;[52] sie wurde unter dem Titel *La Strada di Swann* im Rahmen der Einaudi-Gesamtübersetzung 1946–51 der *Recherche* herausgegeben und 1990 in einer von der Übersetzerin überarbeiteten Fassung wiederaufgelegt. Als Erklärung für das späte Erscheinen von Proust-Übersetzungen in Italien verweist der Romanist Paolo Pinto in seinem Online-Aufsatz[53] »Due errori curiosi nelle traduzioni di Proust« darauf, dass vor dem Zweiten Weltkrieg die Beherrschung des Französischen für das gebildete italienische Bürgertum eine zu große Selbstverständlichkeit war, als dass Bedürfnis nach einer Übersetzung bestanden hätte. – Besondere Beachtung verdient aber die Ausgabe von 1983–93 bei Mondadori mit der Übersetzung durch den Schriftsteller und Journalisten Giovanni Raboni unter dem Titel *Alla ricerca del tempo perduto*, die mit ihrem umfangreichen und tief auf das Textverständnis eingehenden Anmerkungsapparat von Alberto Beretta-Anguissola und Dario Galateria neue Maßstäbe der Proust-Edition setzte; eine erweiterte und auf der Grundlage des Tadié-Textes überarbeitete Ausgabe erschien 1993–98. – Der Romanist Paolo Pinto initiierte zusammen mit dem Journalisten und Autor historischer Romane Giuseppe Grasso eine Neuübersetzung für Newton Compton durch bandweise verschiedene Übersetzer, die 1990 erschien; er selbst übersetzte in dieser Ausgabe den ersten Band. Eine weitere

52 Vgl. »An Interview with Peg Boyers«, in: Angela M. Jeannet / Giuliana Sanguinetti Katz, *Natalia Ginzburg*, University of Toronto Press, 2000, S. 10–31, hier S. 28 f.

53 http://dspace.unitus.it/bitstream/2067/798/1/errori%20dolosi%20o%20colposi.pdf

Neuübersetzung, diese jedoch wieder aus einer Hand, von der Romanautorin Maria Teresa Nessi-Somaini, gab der Verlag Rizzoli in den Jahren 1985–2006 heraus. – Im gleichen Jahr, in dem der erste Band der Einaudi-Gesamtübersetzung neu herausgegeben wurde, 1946, gab auch Sassoni in Florenz eine Übersetzung des ersten Bandes durch den Theaterkritiker und Widerstandskämpfer Bruno Schacherl (1920–2015) unter dem Titel *Casa Swann* heraus. Ebenfalls 1946 erschien bei Jandi Sapi in Rom und Mailand eine Übersetzung des zweiten Teils des ersten Bandes durch Armando Landini unter dem Titel *Un amore di Swann* (»Eine Liebe von Swann«). Dieser beliebte Textauszug wurde 1948 erneut von Giacomo Debenedetti, 1965 von Oreste del Buono, 1988 von Gianna Tornabuoni und 1990 von Eurialo De Michelis für jeweils einen anderen Verlag (*s.* Liste unten) übersetzt.

Die erste Übersetzung ins **Portugiesische** wurde von einem Team von fünf brasilianischen Autoren unter dem Titel *Em Busca do Tempo Perdido* vorgelegt, wobei der »Dichter der einfachen Dinge«, Mário de Miranda Quintana (1906–94), mit den Bänden I bis IV die Hauptlast trug. Diese Ausgabe erschien im Verlag Globo in Porto Alegre in den Jahren 1948–57 und löste in Brasilien eine lebhafte Proust-Diskussion aus: Während zuvor nur vereinzelte Stimmen zu hören waren (Mario de Andrade wies bereits 1927 auf Proust hin, Manuel Bandeira äußerte sich 1930 ausführlich zu Proust), erschienen von den ca. 250 Titeln, die der »Bibliografia Proustiana«[54] zufolge bis 1997 in Brasilien zu Prousts Werk oder zu Werken über Proust veröffentlicht wurden, allein 132 in den Jahren 1948–50. Dabei handelt es sich ganz überwiegend um Zeitungsartikel; eine universitäre

54 Maria Marta Laus Pereira Oliveira, »Bibliografia Proustiana«, in: *Fragmentos Florianópolis* 6,2 (Januar/Juni 1997) S. 229–262. Darin Quellen zur Rezeption in Brasilien S. 247–262.

Auseinandersetzung mit Proust hat erst in den 1960er Jahren eingesetzt.[55] Naturgemäß beruhte die Übersetzung von 1948–57 auf der Erstausgabe; mit der Revision des französischen Textes durch Clarac/Ferré wurde eine Neuübersetzung wünschenswert, die nun von der Portugiesin Maria Gabriela de Bragança erstellt wurde und 1984–86 im portugiesischen Verlag Publicacões Europa-América in Mem Martins erschien. Die erneute Überarbeitung des französischen Textes durch Tadié führte zu zwei Neuübersetzungen, die eine durch den brasilianischen Lyriker Fernando Py (d.i. Fernando Antônio Py de Mello e Silva, geb. 1935), die 1992–95 von Ediouro in Bonsucesso (Brasilien) herausgegeben wurde, die andere durch den bekannten portugiesischen Lyriker Pedro Tamen (geb. 1934), die 2003–05 bei Relogio d'Água in Lissabon erschien. Eine weitere brasilianische Übersetzung durch den Journalisten Mario Sergio Conti (geb. 1954; »Proust ist nicht heilig. Er lebt.«) publizierte die Companhia das Letras in São Paulo in den Jahren 2003–12.[56]

Im **Katalanischen** liegt seit 1991 eine Gesamtübersetzung auf der Grundlage von Clarac/Ferré vor, und seit 2009 konkurrieren die beiden Verlage El cercle de Viena und Labutxaca mit Neuüber-

55 Siehe dazu wie auch zum Einfluss Prousts auf die brasilianische Literatur Alexandre Bebiano de Almeida, »A crônica dos modernistas encontra Proust. Mário de Andrade e Manuel Bandeira«, in: *Lettres Françaises* 15,2 (2014) S. 275–286 ([Internet-Publikation: http://seer.fclar.unesp.br/lettres).

56 Zur Rezeption Prousts in Portugal *s.* insbes. den Abriss von Maria do Rosário Girão Ribeiro Dos Santos, »La réception de Proust au Portugal«, in: *Marcel Proust aujourd'hui* 5, S. 187–216. Ebenfalls enthalten in: *La réception de Proust à l'étranger*, Illiers-Combray: Institut Marcel Proust international, 2002. Eine ausführliche Darstellung liefert Maria Marta Laus Pereira Oliveira, *A recepção crítica da obra de Marcel Proust no Brasil*, Porto Alegre: Universidade Federal do Rio Grande do Sul, 1993.

setzungen auf der Grundlage von Tadié, die allerdings noch nicht abgeschlossen sind; eine Übersetzung des Mauriac-Typoskripts erschien bereits 1989.

In **Polen** lag bei Ausbruch des Zweiten Weltkriegs eine Übersetzung der Bände I–V vor. Der Übersetzer, Tadeusz Żeleński, gen. »Boy«, wurde im Sommer 1941 in Lemberg (Lwiw) zusammen mit den anderen Professoren der dortigen Universität von der Wehrmacht ermordet. Die Übersetzung der verbliebenen Bände VI und VII erfolgte erst 1960 durch den bedeutenden Romanisten Maciej Żurowski in Zusammenarbeit mit der Schriftstellerin Magdalena Tulli (Bd. VI) bzw. mit dem erfahrenen Übersetzer französischer Literatur Julian Rogoziński. – Der polnische Kriegsgefangene Joseph Czapski (1896–1993), der die ersten Teile der *Suche* eingehend und auch auf Französisch studiert hatte (»Ich bin unzählige Male zu ihm [Prousts Werk] zurückgekehrt und habe immer wieder neue Akzente und neue Perspektiven darin entdeckt«), hielt 1940/41 im russischen Lager Grjasowez aus dem Gedächtnis Vorträge über Proust und Prousts Werk für seine polnischen Mitgefangenen. 1944 diktierte er, abermals aus dem Gedächtnis, diese Vorträge auf Französisch, die dann schließlich 1987 bei den Éditions Noir sur Blanc in Lausanne und 2006 in der Übersetzung von Barbara Heber-Schärer bei der Friedenauer Presse Berlin erschienen. Das obige Zitat stammt aus diesem Buch, S. 11.

Eine **rumänische** Übersetzung lag Proust sehr am Herzen, da er mit mehreren rumänischen Familien befreundet war, insbes. den Soutzos und den Brancovan/Bibescus. Im Februar 1924 war zwar ein kurzer Auszug aus dem zweiten Band in *Năzuinţa* (Nr. 8, S. 44 f.) in einer Übersetzung von Felix Aderca erschienen, doch diese Anregung verhallte ungehört. Erst nach dem Waffenstillstand 1944 begann die Fundaţia Regală pentru Literatură şi Artă (Königliche Gesellschaft für Literatur und Kunst), sich für ein Übersetzungsprojekt zu interessieren. Der ursprünglich zum Chemiker ausgebildete, später als Musiker erfolgreiche Direktor des Radio-Sinfonieorchesters Bukarest und nebenher als Übersetzer anerkannte Radu Cioculescu (1901–61) hatte bereits an der Front mit einer Übertragung der *Recherche* ins Rumänische begonnen, deren erster Band 1945, für den Anton Bibescu ein Vorwort schrieb, von der Fundaţia regală in zwei Teilbänden herausgegeben wurde. Die Installierung eines kommunistischen Regimes in Rumänien setzte dem Projekt jedoch ein rasches Ende. 1947 wurde Cioculescu, der versucht hatte, die Abschaffung der Bauernpartei zu verhindern, nach einer politisch missliebigen Radioansprache verhaftet und wegen »Verrats« zu zwölf Jahren Zwangsarbeit verurteilt; dieses Urteil wurde in einem Revisionsprozess 1955 auf zehn Jahre »ermäßigt« – ab 1955. Er starb 1961 im Hochsicherheitsgefängnis von Dej an Lungenentzündung. Die noch von ihm angefertigten Übersetzungen der Bände II–IV wurden 1968 aus seinem Nachlass bei Editura pentru Literatură herausgegeben, wie auch 1971 der von ihm noch begonnene und von seiner Frau, der moldawischen Opernsängerin Eugenia Babad-Cioculescu, fertiggestellte fünfte Band, dem 1974 bzw. 1977 die verbleibenden Bände VI und VII in der Übersetzung von Eugenia Babad Cioculescu folgten. Der Verlag hatte zuerst den Journalisten und Literaturkritiker Vladimir Streinu mit der Übersetzung beauftragt, war dann jedoch mit dessen *Swann* so unzufrieden, dass er den ersten Band noch im selben Jahr erneut herausgab, jetzt in der bewährten Übersetzung von Cioculescu.[57]

57 Zur rumänischen Übersetzungsgeschichte s. im einzelnen Andreea-Anca Chetrariu, »L'histoire de la traduction de l'œuvre de Proust en roumain«, in: Larisa Schippel / Magda Jeanrenaud / Julia Richter (Hrsg.), *»Traducerile au de cuget să îmblînzească obiceiurile ...«. Rumänische Übersetzungsgeschichte – Prozesse, Produkte, Akteure*, Berlin: Frank & Timme, 2014,

Die erste **ungarische** Übersetzung stammte von dem Schriftsteller, Romanistik-Professor und rührigen Übersetzer aus dem Französischen Gyergyai Albert, der die ersten drei Bände der *Recherche* in ungarischer Übersetzung 1937/38 veröffentlichte. Es ist unbekannt, warum er nach Bd. III abbrach – man kann nur spekulieren, dass er oder der Verlag die gleichen Gründe hatten, die auch Chatto & Windus in England und CALPE in Spanien nach dem dritten Band haben abbrechen lassen – die Angst vor dem Homosexualitätsthema bzw. vor der Angst der Zensur vor ebendiesem Thema. Die Fertigstellung des Projekts wurde erst 1995 von Jancsó Júlia in Angriff genommen und 2009 abgeschlossen; zu ihrer Übersetzungsarbeit bemerkte sie in einem Interview mit dem Literaturmagazin *Litera* (12. 2. 2006) lakonisch und treffend: »Es ist leichter, mit Proust zu leben, als ohne.«

Der Hiatus zwischen Band III und Band IV findet sich dann auch zu niemandes Überraschung in der **arabischen** Übersetzung, deren Bände I–III von Elias Badiwi in Syrien 1977, 1978 und 1980 erschienen, bis völlige Ruhe einkehrte. Erst 1997 machte sich das Institut Français d'Égypte in Kairo für eine Fortsetzung stark, die mit dem postumen Erscheinen, jetzt in einem Kairener Verlag, der Übersetzungen der Bände IV und V im Jahr 1998 bzw. 2000 des allerdings 1997 verstorbenen Badiwi erfolgte. Der am Institut Français au Caire für Übersetzungen zuständige Autor und syrische Literaturwissenschaftler Jamal Chehayed brachte schließlich mit der Übersetzung der Bände VI und VII, die 2003 bzw. 2006 erschienen, das Projekt zum Abschluss.

Die **griechische** Übersetzung wurde von dem rührigen Kul-

S. 263–274. – Zur Proust-Rezeption in Rumänien s. den Abriss »La réception de Proust en Roumanie« von Yvonne Goga in: *Marcel Proust au début du troisième millénaire*, Kluj-Napoca: Editura limes, 2002, S. 259–276.

turmanager und Filmexperten (Jurymitglied der Internationalen Berliner Filmfestspiele) Paulos Zannas (1929–89) im Gefängnis begonnen, nachdem er 1968 wegen der Teilnahme an der Widerstandsorganisation »Demokratische Verteidigung« verhaftet worden war (Anfang 1972 wegen unheilbarer Gesundheitsschäden entlassen). Die von ihm fertiggestellten Bände I–V.1 erschienen 1969–88 im Eridanós-Verlag. Nach Zannos' Tod durch Herzversagen 1989 führte Panagiótis Poúlos, sein Nachfolger als Leiter des Übersetzungszentrums des Institut français de Grèce in Athen, das Projekt zu Ende, wobei er auch die alte, noch auf Clarac/Ferré beruhende Übersetzung in Hinblick auf die neue französische Textfassung von Tadié revidierte. Das Institut français gab schließlich 1998–2000 die erste griechische Gesamtübersetzung der *Recherche* heraus. Seit 2001 liegt die Herausgabe beim Hestia-Verlag, der die Bände zudem mit einem Kommentar von P. Poúlos ausstattete. – Unabhängig von diesen Gesamtübersetzungen erschien 1997 bei Dioni eine Übersetzung des siebten Bandes von Pantelis Andrikopoulos und Dimitris Dimoulas.

Die **chinesische** Übersetzung *Zhuiyi sishui nianhua* (nach Erklärung eines der Übersetzer wörtl. etwa »Erinnerung an die vergangenen Jahre, die verronnen sind wie Wasser«) von 1989–91 (Nanjing-Ausgabe) war in der reformierten Kurzzeichenschrift veröffentlicht worden. In Taiwan, das sich der Schriftreform nicht angeschlossen hatte, erschien deshalb 1993 eine Version in traditionellen Langzeichen (Taipeh-Ausgabe). Da die ursprüngliche Ausgabe von einem fünfzehnköpfigen Übersetzerteam erstellt worden war, erschien 2012 eine revidierte Fassung der Nanjing-Ausgabe, die die Unebenheiten zwischen den einzelnen Übersetzer-Abschnitten auszugleichen suchte. Eine Neuübersetzung durch Zhou Kexi auf der Grundlage der Textfassung von Tadié ist bei Shanghai yiwen chubanshe seit 2009 im Erscheinen begriffen; eine Sammlung von Auszügen (424 S.) daraus erschien 2016 bei der Guangxi Normal University Press. Eine weitere Neuübersetzung durch Xu Hejin auf der Grundlage der von Milly erstellten Textfassung erscheint seit 2005 bei Yilin chubanshe (Nanjing).

Im **Koreanischen** liegt seit 1981 eine auf der Fassung von Clarac/Ferré beruhende Übersetzung vor, die zwar den Gesamttitel trägt, aber nur den ersten Band umfasst; womöglich war eine Gesamtübersetzung geplant, die dann aber wegen des Erscheinens der neuen Textfassung von Tadié eingestellt wurde. Deren Erscheinen führte dann aber zu einer hektischen Neuübersetzungs-/Revisionstätigkeit, der Korea nun zwei konkurrierende vollständige Ausgaben verdankt sowie eine dritte, die sich noch im Erscheinen befindet. Der Übersetzer Chang-seok Kim legte neben seiner elfbändigen Gesamtübersetzung noch eine auf 829 Seiten komprimierte Fassung vor.

Einer besonderen Erwähnung bedürfen die Auseinandersetzungen mit Proust in **Japan**, wo bereits 1931 eine Übersetzung des ersten Bandes durch ein vierköpfiges Team erschien; 1934/35 folgten die Bände bis einschließlich *Guermantes* I. Die erste vollständige Übersetzung, die von einem sechsköpfigen Team angefertigt wurde und noch auf der Textfassung der Erstausgabe basierte, erschien 1953–55. Im Rahmen einer Gesamtausgabe der Werke Prousts erschien 1973–88 eine auf der Clarac/Ferré-Fassung beruhende Neuübersetzung der *Recherche* durch den eminenten Proust-Experten Kyuichiro Inoué, der auch schon an der vorangegangenen Ausgabe beteiligt war. Inoué schuf dabei de facto ein neues, eigenes, weitgehend als unlesbar erachtetes Sprachkunstwerk, indem er französische grammatische Strukturen ins Japanische zu integrieren suchte. 1996–2001 erschien eine weitere, jetzt auf dem Tadié-Text basierende Neuübersetzung durch Michihiko Suzuki, die sich weniger der syntaktischen Struktur des Originals verpflichtet fühlt als die Inoué-Übersetzung, sondern vielmehr der Prosodie, die im Japanischen nach anderen Mustern funktioniert als in den indoeuropäischen Sprachen. Das Projekt begann 1993 mit einer zweibändigen Sammlung von Auszügen und Zusammenfassungen, die im Laufe der Zeit ergänzt und erweitert wurden. Zwei weitere Neuübersetzungen, von Yoshikawa Kazuyoshi bzw. Takato Hiromi, sind im Erscheinen begriffen (s. die Liste unten).

In neuerer Zeit sind auch Übersetzungen und Teilübersetzungen in kleinere Sprachen zu konstatieren, so die von Jean-Baptiste Orpustan ins **Baskische** (Bd. I und Bd. III, 2013), von Pétur Gunnarsson ins **Isländische** (Bd. I, 1997/98) oder die ins **haitianische Kreolisch** (Kreyòl) durch Guy Régis Junior (im Erscheinen). Trotz der Nähe des Kreolischen zum Französischen tun sich auch hier unvermutete Probleme bei der Übersetzung auf: »In einem Satz spricht Proust zum Beispiel vom ›craquement organique des boiseries‹. Wie soll man das ins Kreolische übersetzen? Das Wort ›organique‹ gibt es nicht. Das Kreolische verfügt nicht über diese wissenschaftlichen Begriffe. Um zu übersetzen, musste ich zusammensetzen: Knacken, Körper, Holz. ›Das Knacken des Körpers des Hauses.‹«[58]

Albanisch

1989 Ymer Jaka: Anës Suanit. [»Swanns Seite.«] Priština: Rilindja, 1989.
2007 Edmond Tupja: Kur dashuronte Suani. [»Eine Liebe Swanns.«] Tirana: Fan Noli, 2007.

58 »Dans une phrase, par exemple, Proust parle du ›craquement organique des boiseries‹. Comment traduire ça en créole? Le mot ›organique‹ n'existe pas. Le créole ne possède pas ces mots scientifiques. Pour traduire, j'ai dû composer: craquement, corps, bois. ›Le craquement du corps de la maison.‹«

Arabisch

1977 Elias Badiwi (Übers. Bd. I–V) / Jamal Chehayed (Übers. Bd. VI–VII): Bahthā can al-waqt al-dhā'iya [بحثا عن الوقت الضائع]. Bd. I–III. Damaskus 1977–80. Bd. IV–VII. Kairo: Dar Charqiyyat, 1998–2006.

Armenisch

2006 Nvard Vartanian (Übers.): Korusyal zhamanaki oronumnerum. – Svanw uighghuit'yame. [»Swanns Richtung.«] Eriwan: Zangak Publishing House, 2006.

Bosnisch

2007 Živojin Živojnović (Übers.): U traganju za minulim vremenom. Sarajevo: Paideia, 2007.

Bulgarisch

1984 Lilia Staleva (Übers. Bd. I–II) / Maria Georgieva (Übers. Bd. III–VII): V tŭrsene na izgubenoto vreme [По следите на изгубеното време]. Sofia: Panorama, 1984–2012.

Chinesisch

1989 [Kollektiv von 15 Übersetzern:] Zhuiyi sishui nianhua. [»Erinnerungen an vergangene Dinge.«] 7 Bde. Nanjing: Yilin chubanshe, 1989–91. Neuausg. in 3 Bdn. 1994. Neuausg. in 2 Bdn. 2001. Rev. von Hejin Xu auf der Grundl. der Textfassung von Tadié in 7 Bdn. 2005–12. – Fassung in nichtreformierter Schrift und mit leicht verändertem Titel: Zhuiyi shishui nianhua. [»Erinnerungen an verlorene Zeit.«] 7 Bde. Taipeh: Lianjing chuban shiye gongsi, 1993.

2000 Zhou Kexi (Übers.): Zhui xun shi qu de shi guang. [»Auf Ausschau nach verlorener Zeit.«] Bd. I–II, V. Shanghai: Huadong shi fan da xue, 2000–12. – Ausg. mit den Ill. von Van Dongen, auf der Textbasis von Tadié, in 2 Bdn.: Volksliteratur-Verlag, 2010. – Dúběn (Reader): Guangxi Normal University Press, 2016 [Sammlung von Auszügen, etwa ein Drittel des Gesamtumfangs].

2010 Xu Hejin (Übers.): Zhuiyi shishui nianhua. [»Erinnerungen an verlorene Zeit.«] Bd. I–IV. Nanjing: Yilin chubanshe, 2010–14. [Neuübers. auf Grundl. der von Jean Milly für Flammarion erstellten Textfassung.]

Dänisch

1963 Christian Rimestad (Übers. Bd. I) / C. E. Falbe-Hansen (Übers. Bd. II–IV, VII) / Tom Smidth (Übers. Bd. V) / Helmer Engel (Übers. Bd. VI): Paa sporet efter den tabte Tid. Kopenhagen: Martins forlag, 1963.

2006 Else Henneberg Pedersen (Übers. Bd. I) / Peter Borum (Übers. Bd. II, mit Else Henneberg Pedersen) / Niels Lyngsø (Übers. Bd. III, IV und VII) / Lars Bonnevie (Übers. Bd. V und VI): På sporet af den tabte tid. Kopenhagen: Multivers forlag, 2006–13.

Esperanto

2015 Jerome Vase: Kombreo. [Internetpublikation, 2015:] jxvasxe.free.fr/tradukoj/la-vojo-de-svan-eo.htm

Estnisch

1973 Leili-Maria Kask: Swanni armastus; Tallinn: Kirjastus Eesti Raamat, 1973.

1995 Leili-Maria Kask (Übers. Bd. I) / Tiina Indrikson (Übers. Bd. IV) / Tõnu Õnnepalu (Übers. Bd. VII): Kaotatud aega otsimas. Bd. I. Tallinn: Eesti Päevaleht Raamat, 2006. Bd. IV: Périodiques. Ebd. 1995. Bd. VII. Tallinn: Eesti Keele Sihtasutus, 2004.

Finnisch

1968 Pirkko Peltonen / Helvi Nurminen (Übers. Bd. I.1) / Inkeri Tuomikoski (Übers. Bd. I.2–VI) / Annikki Suni (Übers. Bd. VII): Kadonnutta aikaa etsimässä. 10 Bde. Helsinki: Otava, 1968–2007.

Galizisch

2005 Xesús Riveiro Costa: Pola banda de Swann. Vigo: Xerais de Galicia, 2005.

Griechisch

1969 Paulos Zannas (Übers. Bd. I–V.1): Anazitóntas ton chaméno chróno [Αναζητώντας τον χαμένο χρόνο]. Athen: Ekdóseis Eridanós, 1969–88. [Από τη μεριά του Σουάν, 3 Bde., 1969–70; Στον ίσκιο των ανθισμένων κοριτσιών, 3 Bde., 1971–74; Η μεριά του Γκερμάντ, 3 Bde., 1976–79; Σόδομα και Γόμορρα, 2 Bde., 1981–85; Η Φυλακισμένη, Bd. 1, 1988.]

1997 Pantelis Andrikopoulos / Dimitris Dimoulas (Übers.): O xanakerdisménos chrónos [Ο ξανακερδισμένος χρόνος]. [»Die wiedergefundene Zeit.«] Athen: Dioni, 1997.

1998 Paulos Zannas (Übers. Bd. I–V.1) / Panagiótis Poúlos (Übers. Bd. V.2–VII, Überarb. Bd. I–V.1): Anazitóntas ton chaméno chróno. Athen: Gallikó Institouto, 1998–2000.

2001 Paulos Zannas (Übers. Bd. I–V.1) / Panagiótis Poúlos (Übers. Bd. V.2–VII, Überarb. Bd. I–V.1, Komm. Bd. I–VII): Anazitóntas ton chaméno chróno. Athen: Hestia, 2001–14.

Hebräisch

1968 Israel Zamora (Übers.): Comber [קומברה]. [Combray]. Israel, 1968.

1990 Aviva Blitz (Übers.): Albertine inanna [אלברטין איננה]. [»Albertine abwesend«; i. e. das Mauriac-Typoskript.] Tel Aviv: Ha-sifriyah ha-khadashah, 1990.

1992 Menachim Perry (Hrsg.) / Helit Yeshurun (Übers.): Be-ʻikvot ha-zeman ha-avud [בעקבות הזמן האבוד]. Bd. I–V. Tel Aviv: Ha-sifriyah ha-khadashah, 1992–2002. Bd. VII. Ebd. 2012.

Isländisch

1997 Pétur Gunnarsson (Übers.): Í leit að glötuðum tíma. Bd. I: Leiðin til Swann. 2 Tle. Reykjavik: Bjartur, 1997/98.

Italienisch

1946 Natalia Ginzburg / Franco Calamandrei / Nicolette Neri / Mario Bonfantini / Elena Giolitti / Paolo Serini / Franco Fortini / Giorgio Caproni (Übers., bandweise): Alla ricerca del tempo perduto. Turin: Einaudi, 1946–51. Überarb. Neuausg. auf der Grundl. der frz. Textfassung von Clarac/Ferré: Ebd. 1981. [Von der Übers. Natalia Ginzburg überarb. Neuausg. von Bd. I (»La strada di Swann«) mit einem Nachw. der Übers.: Ebd. 1990. Davon Neuaufl. 2005 mit Beiträgen von Erich Auerbach und Giovanni Macchia sowie einem Nachw. von Mariolina Bongiovanni Bertini.]

1946 Armando Landini (Übers.): Un amore di Swann. Mailand/Rom: Jandi-Sapi, 1946.

1946 Bruno Schacherl (Hrsg. und Übers.): Casa Swann. Florenz: Sansoni, 1946. [Spätere Ausgaben, so 1965, unter dem Titel »Dalla parte di Swann«.]

1948 Giacomo Debenedetti (Übers.): Un amore di Swann. Mailand: Bompiani, 1948.

1965 Oreste del Buono (Übers.): Un amore di Swann. Mailand: Garzanti, 1965.

1983 Luciano De Maria (Hrsg.) / Giovanni Raboni (Übers., auf der Grundl. der frz. Textfassung von Clarac/Ferré) / Alberto Beretta-Anguissola (Komm.) / Daria Galateria (Komm.): Alla ricerca del tempo perduto. Mailand: Mondadori, 1983–93. Auf der Grundl. der frz. Textfassung von Tadié rev. und im Komm. erw. Fassung: Mailand: Mondadori, 1993–98.

1985 Giovanni Bogliolo (Hrsg.) / Maria Teresa Nessi-Somaini (Übers.): Alla ricerca del tempo perduto. Mailand: Rizzoli, 1985–2006.

1988 Gianna Tournabuoni (Übers.): Un amore di Swann. Trento: Reverdito, 1988.

1990 Eurialo De Michelis (Übers.): Un amore di Swann. Rom: Newton Compton, 1990.

1990 Paolo Pinto / Giuseppe Grasso (Hrsg.) / Paolo Pinto, Maura Del Serra / Maurizio Enoch / Giovanni Marchi / Giovanna Parisse / Rita Stajano / Giuseppe Grasso (Übers., bandweise): Alla ricerca del tempo perduto. Rom: Newton Compton, 1990 / Torriana: Orsa Maggiore, 1990.

Japanisch

1931 Yodono Ryuzo / Inoue Kyuichiro / Sato Masaaki / Kume Fumio: Ushinawareta toki o motomete. Bd. I. Tokyo: Musashino Shoin, 1931. Bd. I–III.1: Tokyo: Mikasa Shobo, 1934/35.

1953 Yodono Ryuzo / Inoué Kyuichiro / Ibuki Takehiko / Ichihara Toyota / Ikushima Ryoichi / Nakamura Shinichiro (Übers.): Ushinawareta toki o motomete. Tokyo: Chinshosha, 1953–55. [Übers. auf der Basis der Erstausg.]

1973 Kyuichiro Inoué (Übers.): Ushinawareta toki o motomete. 7 Bde. Tokyo: Chikumashobo, 1973–88. [Übers. auf der Basis von Clarac/Ferré.]

1996 Michihiko Suzuki (Übers.): Ushinawareta toki o motomete. 13 Bde. Tokyo: Shueisha, 1996–2001.

2010 Takato Hiromi (Übers.): Ushinawareta toki o motomete. Bd. I.1. Tokyo: Kobunsha, 2010. Bd. I.2. Ebd. 2011. Bd. II.1. Ebd. 2013.

2010 Yoshikawa Kazuyoshi (Übers.): Ushinawareta toki o motomete. Tokyo: Iwanamishoten, 2010–15. [Bei Drucklegung Bd. I–IV, in 9 Teilbdn.]

Katalanisch

1932 Jaume Bofill i Ferro (Übers.): Un amor de Swann. Barcelona: Proa, 1932. Neuausg. Ebd. 1971.

1986 Joan Casas (Übers.): El temps retrobat. Barcelona: Edicions 62, 1986.

1990 Jaume Vidal Alcover / [zu Ende geführt von] Maria Aurelia Capmany (Übers.): A la recerca del temps perdut. Barcelona: Columna, 1990. [Die Bände I und VI in der Übers. von J. V. Alcover erschienen bereits 1986 bzw. 1989.]

2009 Josep Maria Pinto (Übers.): A la recerca del temps perdut. Bd. I–III. Barcelona, El Cercle de Viena, 2009–15. [»Combray« erschien 2009 separat.]

2011 Valèria Gaillard Francesch: A la recerca del temps perdut. Bd. I/II. Barcelona, Labutxaca, 2011/13.

Koreanisch

1981 Wŏn-dal Yang (Übers.): Irŏbŏrin sigan ŭl ch'ajasŏ. Seoul: Chisong Chulpansa, 1981.

1998 Chang-seok Kim (Übers.): Ireobeorin Shigan-eul Chajaseo; 11 Bde. Goog-il media, 1998–2007.

2010 Hŭi-sik Min (Übers.): Irŏbŏrin sigan ŭl ch'ajasŏ. 3 Bde. Seoul: Tongso Munhwasa, 2010.

2012 Hui-Yong Kim (Übers.): Irŏbŏrin sigan ul ch'ajasŏ. Bd. I: Suwan ne Chip tchok uro. Bd. II: Kkot p'in sonyŏdŭl ui kŭnŭl eso. Seoul: Minŭmsa, 2012–14.

Kroatisch

1953 Miroslav Brandt (Übers. Bd. I.1) / Tin Ujević (Übers. Bd. I.2–III) / Vinko Tecilazić (Übers. Bd. IV–VII): U traženju izgubljena vremena. 7 Bde. Zagreb: Mladost (Zora), 1953–72.

Lettisch

1996 Skaidrīte Jaunarāja (Übers.): Zudušo laiku meklējot. Bd. I/II. Riga: Jumava, 1996/2000. Bd. III/IV: Jurmala: Daugava, 2002/04. [Bd. I trägt ausschließlich den Gesamttitel.]

Litauisch

1979 Aldona Merkytė (Übers.): Prarasto laiko beieškant. Svano pusėje. Vilnius: Vaga, 1979. [Auf der Grundl. einer frz. Textfassung von 1936, die mit der Erstausgabe übereinstimmen dürfte.]

1996 Galina Baužytė-Čepinskienė (Übers. und Komm. Bd. II, IV, VII) / Birutė Gedgaudaitė (Übers. und Komm. Bd. III) / Pranas Bieliauskas (Übers. und Komm. Bd. V, VI) / Aldona Merkytė (Übers. und Komm. Bd. I): Prarasto laiko beieškant. Vilnius: Vaga, 1996–2013. [Bd. II–VII: komm. Ausg. auf der Grundl. der Textfassung von Tadié; Bd. I: Neuaufl. der Ausg. von 1979.]

Malayalam

1986 Usha Namboothiripadu (Übers.): Poypoya Kālam Thēdi. [»Erinnerung an Verlorenes.«] Kottayam: D. C. Books, 1986. 2016. [112 Seiten; zusammenfassende Nacherzählung.]

Mazedonisch

2000 Ġorġi Marjanović (Übers. Bd. I, III, IV) / Maja Bojadžievska / Goran Dautovski (Übers. Bd. II): Vo potraga po zagubenoto vreme [Во потрага по загубеното време]. Bd. I–IV. Skopje: Tri, 2000–07.

Niederländisch

2009 Niko Lijsen (Übers. Bd. I, II.1, II.2) / Miep Veenis-Pieters (Übers. Bd. I) / Thérèse Cornips (Übers. Bd. I, II.3, III–VII): Op zoek naar de verloren tijd. Amsterdam, Antwerpen: De Bezige Bij, 1979–98. [Bd. I neu übers. von Thérèse Cornips 2009. Bd. I neu übers. von Martin de Haan und Rokus Hofstede, 2015.]

Norwegisch

1963 Anne-Lisa Amadou (Übers.): På sporet av den tapte tid. 6 Bde. Oslo: Gyldendal Norsk Forlag, 1963–92.

Persisch

1990 Mehdi Sahabi (Übers.): Dar ğustğû zaman az dast rafte [از دست رفته در جستجوی زمان]. 7 Bde. Teheran: Naschr-e Markaz, 1990–2007. [Mit Anm. und einem Verz. frz. Literatur zu Proust in Bd. I.]

Polnisch

1937 Tadeusz Żeleński, gen. Boy (Übers. Bd. I–V) / Maciej Żurowski / Magdaleny Tulli (Übers. Bd. VI) / Julian Rogoziński / Maciej Żurowski (Übers. Bd. VII): W poszukiwaniu straconego czasu. Bd. I–V. Warschau: Towarzystwo Wydawnicze »Rój«, 1937–39. Bd. VI–VII. Warschau: Panstwowy Instytut Wydawniczy, 1960. Gesamtausgabe: Ebd. 1974.

Portugiesisch

1984 Maria Gabriela de Bragança (Übers.): Em busca do tempo perdido. Mem Martins (Portugal): Publicacões Europa-América, 1984–86. [Auf der Basis von Clarac/Ferré.]

2003 Pedro Tamen (Übers.): Em Busca do Tempo Perdido. Lissabon: Relogio d'Água, 2003–05. [Auf der Basis von Tadié.]

Portugiesisch (Brasilien)

1948 Mário de Miranda Quintana (Übers. Bd. I–IV) / Manuel Bandeira / Lourdes Sousa Alencar (Übers. Bd. V) / Carlos Drummond de Andrade (Übers. Bd. VI) / Lúcia Miguel Pereira (Übers. Bd. VII): Em Busca do Tempo Perdido. Porto Alegre (Brasilien): Editora Globo, 1948–57. [1993 durchges. von Maria Lucía Machado; spätere Aufl. zum Teil mit einem Komm. von William Ignacio da Silva.]

1989 Ivan Junqueira (Übers.): Albertina Desaparecida. Em busca do tempo perdido. Edição original da última versão revista pelo autor. Rio de Janeiro: Nova Fronteira, 1989. [Übers. des Mauriac-Typoskripts.]

1992 Fernando Py (Übers.): Em Busca do Tempo Perdido. Bonsucesso (Brasilien): Ediouro, 1992–95. Überarb. Neuaufl. in 3 Bdn. Ebd. 2016. [Auf der Basis von Tadié.]

2003 Mario Sergio Conti (Übers.): Em busca do tempo perdido. São Paulo: Companhia das Letras, 2003–12.

Rumänisch

1945 Radu Cioculescu (Übers.): In căutarea timpului pierdut. Swann. Bukarest: Fundaţia Regală pentru Literatură şi Artă, 1945. [Mit einem Vorw. von Anton Bibescu und einer Einführung von Tudor Vianu.]

1968 Radu Cioculescu (Übers. Bd. I–IV) / Radu und Eugenia Cioculescu

(Übers. Bd. v) / Eugenia Cioculescu (Übers. Bd. vi, vii): In căutarea timpului pierdut. Bd. i–iv. Bukarest: Editura pentru Literatură, 1968–70. Bd. v–vii. Bukarest: Editura Minerva, 1971–77. [Bd. i identisch mit der Ausg. von 1945; Neuaufl. 2008 bei Editura Leda Clasic.]

1968 Vladimir Streinu (Übers.): În partea dinspre Swann. Bukarest: Editura pentru Literatură, 1968.

1987 Irina Mavrodin (Übers.): În căutarea timpului pierdut. Bukarest: Editura Univers, 1987–2000.

Schwedisch

1930 Sonja Vought (Übers.): På spaning efter det svunna. Var van Swann. Stockholm: Bonniers, 1930.

1964 Gunnel Vallquist (Übers.): På spaning efter den tid som flytt. 7 Bde. und ein Registerband. Stockholm: Albert Bonniers Förlag, 1964–82.

Serbisch

1953 Eli Finci (Übers.): U traganju za izgubljenim vremenom. Frajmenšu [У трагању за изгубљеним временом. Фрајменшу]. [»Auf der Suche nach der verlorenen Zeit.«] Belgrad: Prosveta, 1953. [Auszüge.]

1965 Živojin Živojinović (Übers.): U traganju za izgubljenim vremenom. Belgrad: Zora, 1965 ff.

2003 Ana Moralič: U traganju za izgubljenim vremenom. Iščezla Albertina. Belgrad: Paideia, 2003. [»Albertine verschwunden«; i.e. das Mauriac-Typoskript.]

2004 Živojin Živojinović (Übers.): U traganju za minulim vremenom [У Трагање за минулим времена]. [»Auf der Suche nach vergangener Zeit.«] Belgrad: Paideia, 2004–07.

Slowenisch

Radojke Vrančič (Übers.): Iskanje izgubljenega časa. Lubljana: Državna založba Slovenije, 1963–97.

Slowakisch

2001 Elena Krššáková (Übers.): Hl'adanie strateného času. Bd. i: Na Swannovej strane. Bratislava: Kalligram, 2001. [Mit Anm. von Albert Gyergyai.]

Tschechisch

1927 Jaroslav Zaorálek (Hrsg.): Hledání Ztraceného Času. Prag: Odeon, 1927–30.

1979 Prokop Voskovec (Übers. Bd. I–II) / Jiří Pechar (Übers. Bd. III–V): Hledání ztraceného času. 5 Bde. Prag: Odeon, 1979–84.

Türkisch

1996 Roza Hakmen (Übers.): Kayıp Zamanın İzinde. Istanbul: Yapi Kredi Yayinlari, 1996–2001. [Bd. I: Swann'ların Tarafı.]

Ungarisch

Gyergyai Albert (Übers. Bd. I–III) / Jancsó Júlia (Bd. IV–VII): Az eltűnt idő nyomában. Bd. I–III. Budapest: Grill Károly, 1937/38. Nachdr. Budapest: Magvető, 2006. Bd. IV–VII. Budapest: Atlantisz, 1995/2009.

Ukrainisch

1997 Anatol' Perepadia (Übers.): U poschukach wtratschenogo tschasu [У пошуках втраченого часу]. 7 Bde. Kiew: Ed. Univers, 1997–2002. Kiew: Ed. Folio, 2009–13.

Vietnamesisch

1992 Nguyễn Trọng Định (Übers.): Đi tìm thời gian đã mất. Bd. II: Dưới bóng những cô gái tuổi hoa. Tl. 1. Hanoi: Literature Publishing House, 1992. Tl. 2. Ebd. 1999. [Nachdr. in einem Bd.: Ebd. 2008.]

2013 Đặng Thị Hạnh / Lê Hồng Sâm / Dương Tường / Đặng Anh Đào (Übers.): Đi tìm thời gian đã mất. Bd. I: Bên phía nhà Swann. Can Tho: Van Hoa, 2013.

Die Madeleine-Episode in dem Manga der »Variety Art Works«.

Umsetzungen in audio-visuelle Medien

Illustrierte Ausgaben

Der erste illustrierte Proust war sicherlich *Les Plaisirs et les Jours* von 1896 mit 69 Tafeln mit Holzschnitten nach Zeichnungen und Aquarellen von Madeleine Lemaire. Die erste illustrierte Ausgabe der *Recherche* war jedoch die dreibändige Ausgabe von 1947 bei Gallimard mit 77 Farbtafeln mit Aquarellen von Kees van Dongen; als Textgrundlage diente die Ausgabe »À la gerbe« von 1929–36. 1961–63 erschien im Verlag Plaisir du Livre eine siebenbändige Lizenzausgabe mit 128 Farbtafeln mit Aquarellen von Emilio Grau-Sala auf der gleichen Textgrundlage. Für die siebenbändige Ausgabe von 1968–69 mit 107 Tafeln mit Kohlezeichnungen von Philippe Jullian diente der Text von Pierre Clarac und André Ferré von 1954 als Grundlage. Der 2010 erschienene *Illustrated Proust* von Patrick Alexander und David Richardson illustriert farbenfroh 16 Kernszenen der *Suche* auf Tafeln und reduziert den Text auf eine Reihe von den Tafeln gegenübergestellten »tweets«.

Der »Swann-Roman« erfreut sich einer gewissen Beliebtheit unter Illustratoren. 1930 erschien *Un amour de Swann* mit 26 Radierungen von Pierre Laprade, 1951 eine Ausgabe mit 12 Aquarellen von Hermine David, und 2013 eine von Pierre Alechinsky im Text illustrierte Ausgabe. Diese drei Ausgaben erschienen bei Gallimard.

Eine von dem französischen Zeichner Yan Nascimbene mit schwarz-weißen Illustrationen im Text ausgestattete Ausgabe der Tadié-Fassung von *Du côté de chez Swann* erschien 1990 in dem zu Gallimard gehörigen Verlag Futuropolis.

2001 erschien ein mit Gemälden und Fotografien versehener

Bildband zu den Venedig-Passagen im ersten (S. 533–539) und im sechsten Band (S. 296–335) der *Recherche* unter dem Titel *Voyage à Venise*.

1896 Les Plaisirs et les Jours. Illustrations de Madeleine Lemaire. Préface d'Anatole France et quatre pièces pour piano de Reynaldo Hahn. Paris: Calmann-Lévy, 1896. [14 kolorierte Holzschnitte auf Tafeln und 55 Holzschnitte im Text von Rougeron Vignerot nach Illustrationen von Madeleine Lemaire. Partitur von R. Hahn in Holzschnitten von R. Vignerot.]

1930 Un amour de Swann. Mit 26 Radierungen von Pierre Laprade. Paris: Gallimard, 1930. [Numerierte Vorzugsausgabe mit 31 Radierungen.]

1947 À la recherche du temps perdu. Illustrationen von Kees van Dongen. 3 Bde. Paris: Gallimard, 1947. [Mit 77 Farbtafeln.]

1951 Un amour de Swann. Mit zwölf Aquarellen von Hermine David. Paris: Gallimard, 1951.

1956 Julie [?] Reynolde-Jalla: Du côté de Combray avec Marcel Proust. [Selbstverlag] 1956. [Mit einem Vorw. von André Maurois; Auszüge aus WS 1 mit 16 Aquarellen illustriert; 200 numerierte Exemplare.]

1961 À la recherche du temps perdu. Illustrationen von Emilio Grau-Sala. 7 Bde. Paris: Plaisir du Livre, 1961–63. [Mit 128 Farbtafeln.]

1968 À la recherche du temps perdu. Illustrationen von Philippe Jullian. 7 Bde. Paris: Gallimard, 1968–69. [Vorw. von André Maurois; mit 107 Farbtafeln.]

1990 Un amour de Swann. Illustrationen von Yan Nascimbene. Paris: Gallimard, 1990.

2001 Voyage à Venise. Sur les pas de Marcel Proust. Kommentare von Gilbert Lascault, Gemälde von Candida Romero, Fotografien von Michel Le Louarn. Paris: Éd. du Garde-Temps, 2001.

2013 Un amour de Swann. Illustrationen von Pierre Alechinsky. Paris: Gallimard, 2013.

Graphic Novels (Bandes dessinées)

1998 begann der französische Zeichner Stéphane Heuet mit einer farbig gezeichneten Nacherzählung von *À la recherche du temps perdu*, die sich sofort wegen ihrer zeichnerischen Qualität und ihrer adäquaten Umsetzung des Textes in Folgen visueller Impressionen größter Beliebtheit bei Publikum und Kritik erfreute. Bis 2016 sind bei Delcourt sechs Bände im Albumformat zu je 48 Seiten erschienen, die die Teile WS (in vier Bänden) und SJM (in zwei Bänden) der *Suche* abdecken. Englische, spanische und chinesische Übersetzungen liegen vor; eine deutsche Ausgabe in der Übersetzung von Anja Kootz erschien 2010–14 im Münchner Verlag Bleibtreu.

2009 erschien in Japan von dem Kollektiv »Variety Art Works« die *Recherche* als einbändiger schwarz-weißer Manga unter dem Titel *Ushinawareta toki o motomete* bei Eastpress. Eine Rückübersetzung von Julien Lefebvre-Paquet ins Französische erschien 2011 bei Soleil Manga, Paris.

Für den Herbst 2017 kündigte der Suhrkamp-Verlag eine 176-seitige, zweifarbige Graphic Novel an, in der der Wiener Illustrator Nicolas Mahler Motive aus der *Suche nach der verlorenen Zeit* zeichnerisch umsetzt.

Hörbücher

Auszüge

Auf der Suche nach der verlorenen Zeit. Gelesen von Maria Wimmer. 2 CDs. Berlin: Deutsche Grammophon, 2010. [CD 1: 1. Combray; 2. Die Großmutter; 3. Balbec, Grand Hotel. CD 2: 1. Das Telefon; 2. Der Besuch; 3. Ein kleiner Anfall; 4. Krankheit und Tod; 5. Wiederbegegnung.]

Combray. Hörspiel. Gelesen von Sylvester Groth, Thomas Holtzmann, Doris

Schade [u. a.]. München: Der Hörverlag, 2003. [Lesung 2003 im Bayrischen Rundfunk; auf der Grundl. der Übers. von Michael Kleeberg.]

Suchers Leidenschaften. Marcel Proust oder Lieben, um geliebt zu werden. Gelesen von Gerd Wameling und C. Bernd Sucher. 1 CD. Berlin: Argon, 2006.

Lesungen von Auszügen aus der englischen Übersetzung von Charles-Kenneth Scott-Moncrieff werden bei youtube angeboten.

Gesamtlesungen

Auf der Suche nach der verlorenen Zeit. Gelesen von Peter Matic. München: Der Hörverlag, 2010. 17 MP3-CDs. [Lesung 2001–08 in den Studios der Rundfunkanstalt Berlin-Brandenburg; auf der Grundl. der von Luzius Keller überarb. Übers. von Eva Rechel-Mertens.]

Auf der Suche nach der verlorenen Zeit. Gelesen von Bernt Hahn und Peter Lieck. Köln: Lengfeld'sche Buchhandlung, 2001–08. 135 CDs. [Lesung 1997–2003 in der Lengfeld'schen Buchhandlung Köln; auf der Grundl. der von Luzius Keller überarb. Übers. von Eva Rechel-Mertens.]

Eine Lesung in französischer Sprache von Monique Vincens steht im Internet unter http://poesis.fr/la-recherche-du-temps-perdu-proust-audio/ zur Verfügung. Eine französische Lesung auf 111 CDs von sechs verschiedenen Sprechern[59] wird von Thélème Éditions angeboten (Paris 2006; ebenfalls auf 35 CDs im mp3-Format erhältlich; ebenfalls zum Download).

Eine Lesung in spanischer Sprache von Daniel Quintero (Bd. I und II) und Santiago Munevar (Bd. III–VII) wird seit 2007 von dem kolumbianischen Hörbuchverlag Audio libros auf CD angeboten, und von Editorial Fonolibros (North Miami Beach) im mp3-Format. Es ließ sich nicht feststellen, welche Übersetzung zugrunde liegt.

59 André Dusollier, Lambert Wilson, Robin Renucci, Guillaume Gallienne, Denis Podalysdes, Michael Lonsdale.

Eine Lesung in polnischer Sprache von Michał Breitenwald der Übersetzung von Tadeusz Żeleński und anderen vertreibt Heraclon International unter dem Label »storybox.pl« auf CD/mp3. (Bei Drucklegung waren die ersten fünf CDs mit den Lesungen der Bände I–V erschienen.)

Eine Lesung in englischer Sprache auf 120 CDs unter dem Scott-Moncrieff-Titel *Remembrance of Things Past* von Neville Jason wird von Naxos Audiobooks vertrieben; eine gekürzte Version ist seit 2004 auf 39 CDs erhältlich. (Beide Versionen auch zum Download.)

Proust (vorn Mitte) im Defilee bei der Hochzeit von Arman de Guiche. Einzelbild aus einem Amateurfilm.

Verfilmungen, Ballett, Vertonungen

> »Einige [Kritiker] waren der Ansicht, der Roman müsse eine Art kinematographisches Defilee der Dinge zeigen. Diese Vorstellung war absurd. Nichts ist von dem, was wir in Wirklichkeit wahrgenommen haben, weiter entfernt als eine solche kinematographische Schau.« (WZ, S. 271.)

Kino- und Fernsehfilme

Volker Schlöndorffs Ausstattungsfilm *Un amour de Swann* von 1984 hat zwar die Belle Époque recht sinnfällig darzustellen vermocht, ist dann aber auch an dieser Oberfläche hängengeblieben: »So knarzig hölzern wie verschwenderisch, macht Schlöndorffs Version des Dampfkinos aus *Un amour de Swann* eine Historienklamotte.«[60] Dass Odette eine Sexbombe wäre, ist ebenso wie die Darstellung de Charlus' als Witzfigur ein Missverständnis, das auf die Lektüre von Painters Proust-Biographie zurückzuführen sein dürfte, in der Odette kurzerhand mit Laure Hayman und Charlus mit Robert de Montesquiou identifiziert wird – »die wirklichen Personen Prousts sind nicht in dieser Weise verkürz- und karikierbar«, stellt jedoch Jean-Yves Tadié in seiner irritierten Rezension »À côté de chez Swann«[61] fest. Die Vielschichtigkeit, die Proust seinen Personen verleiht, wird immer wieder billigen Effekten geopfert, wie besonders prägnant in Swanns vulgärem und also gänzlich unproustischem Bordellbesuch zum Ausdruck kommt, der doch im Buch in einer freundlichen Unterhaltung mit dem »Mädchen mit den blauen Augen« gipfelt (»Schau an, neuerdings

60 Margaret E. Gray, »Adaptions / afterlives«, in: Adam Watt, *Proust in Context*, Cambridge 2013, S. 227.

61 In: *Les Nouvelles*, 23. Februar 1984, S. 16 f.

kommt man zu mir, um sich zu unterhalten!«, kommentiert die Puffmutter in WS, S. 512).

Raúl Ruiz' Verfilmung von *Le Temps retrouvé* als Collage aus Rückblicken fängt zwar sehr kongenial, aber auch zu genial Prousts Umgang mit der Zeit ein: bei der notwendigen Verknappung des umfangreichen Stoffes lässt der Film dem Zuschauer nicht die ebenfalls notwendige Zeit, Zusammenhänge herzustellen und die einzelnen Sequenzen zu einem Ganzen zusammenzufügen: »dizzyingly complicated«, wie Peter Bradshaw in *The Guardian* vom 7. November 2013 konstatiert.

Chantal Akerman hat dagegen sehr umsichtig entschieden, sich mit der *Captive* auf einen cineastisch bewältigbaren Ausschnitt zu beschränken, in dem es ihr dann auch gelingt, die klaustrophobische Enge in der Beziehung Marcels zu Albertine und den Narzissmus in seiner »Liebe« sinnlich nachvollziehbar zu machen. Die Transponierung der *Prisonnière* in die Gegenwart hat zudem nicht nur den Zuschauer vom Kostüm- und Kulissen-Albtraum befreit, sondern auch den Allgemeingültigkeitscharakter der dargestellten psychologischen Mechanismen sichtbar werden lassen.

Die Verfilmung von Nina Companéez erzählt schulmäßig den Inhalt der *Suche nach der verlorenen Zeit*, vergisst dabei jedoch, dass dieser Inhalt nur Folie ist und der eigentliche Gehalt auf einer ganz anderen Ebene liegt, deren genauer Ort zwar in der Diskussion heiß umstritten ist, die aber jedenfalls sehr viel höher liegt, wie schon die Fülle an – offenbar verschmähter – Sekundärliteratur verdeutlicht. Die langweilige Kameraführung macht zwar verständlich, warum der Film fürs Kino nicht geeignet zu sein scheint, dem uneingeweihten Zuschauer bleibt bei dem Ganzen aber leider unerfindlich, warum Prousts Werk denn Weltgeltung haben soll, und meinem Bekanntenkreis, warum ich mich damit befasse.

Einen Film von 170 Stunden Länge stellte 2009 Véronique Aubouy unter dem Titel *Le Baiser de la Matrice* ins Netz, der aus 3424 Videoclips von rund um den Globus (»von Papeete bis Kinshasa«) verteilten Teilnehmern besteht, die jeweils eine ihnen am 27. September 2008 um 12h GMT von der »Matrix« zufällig zugeteilte Seite aus der *Recherche* vorlasen und sich dabei filmten: »Auf diese Weise kann *À la Recherche du temps perdu* theoretisch in 10 Minuten gelesen werden.«

Erwähnt werden sollte hier vielleicht auch Percy Adlons *Céleste* von 1981, der zwar nicht die *Suche* verfilmt, sondern Proust selbst und vor allem Prousts Haushälterin Céleste Albaret zum Thema hat, dem aber die Proust-Mimesis in besonders eindrucksvoller Weise gelingt. Eine ähnliche schwierige Gratwanderung zwischen Roman- und Lebens-Verfilmung, hier noch zusätzlich gekreuzt mit einer tatsächlichen oder fiktiven Biographie des Regisseurs, unternimmt Fabio Carpi 2003 in *Le intermittenze del cuore*.

Unter der Adresse faz.net/proustfilm findet sich im Internet ein Amateurfilm von 1904 von der Hochzeit von Hélène (gen. »Élaine«) Greffulhe mit dem Herzog Arman de Guiche, in dem Proust allem Anschein nach einen Sekundenauftritt hat. Proust war mit dem Herzog befreundet und zum Hochzeitsdiner eingeladen, wo sich die denkwürdige Szene abspielte, dass der Vater des Bräutigams Proust ermahnte, als dieser über dem Gästebuch sinnierte: »Nur den Namen bitte, keine Gedanken.«

1971 Du côté de chez Swann. Regie: Claude Santelli. Mit Madeleine Renaud, Marie-Christine Barrault und Isabelle Huppert. Frankreich 1971. [TV-Verfilmung.]

1981 Céleste. Regie: Percy Adlon; mit Eva Mattes und Jürgen Arndt. Deutschland: Bayrischer Rundfunk / Pelemele Film, 1981.

1984 Un amour de Swann. (Dt.: Eine Liebe von Swann.) Regie: Volker Schlöndorff. Mit Jeremy Irons und Ornella Muti. Deutschland/Frankreich: Gaumont, 1984.

1999 Le temps retrouvé. Regie: Raúl Ruiz. Mit Catherine Deneuve, Emmanuelle Béart und John Malkovich. Spanien: Gémini, 1999.

2000 La Captive. Regie: Chantal Akerman. Mit Sylvie Testud, Stanislaus Merhar und Olivia Bonamy. Frankreich: Gémini, 2000.

2003 Le intermittenze del cuore. Regie: Fabio Carpi. Mit Vahina Giocante, Hector Alterio und Assumpta Serna. Italien 2003.

2004 Ushinawareta toki o motomete. Regie: Akihiro Toda. Mit Tetsushige Chiba, Saori Hatsuoka und Noritaka Nishimori. Japan 2004.

2009 Le Baiser de la Matrice. Regie: Véronique Aubouy. Frankreich 2009. [Internet.]

2011 À la recherche du temps perdu. Regie: Nina Companéez. Mit Micha Lescot, Caroline Tillette und Didier Sandre. Frankreich 2011. [TV-Verfilmung.]

Filmprojekte

Luchino Visconti ließ immer wieder Aspekte der *Suche* in seinen Filmen anklingen, so die Beziehung zwischen Charlus und Morel in *Senso* (1954), das Balbec der Belle Époque in *Tod in Venedig* (1971) und das Salonleben à la Madame Verdurin in *L'Innocente* (1976). 1970 hatte er sich sogar vorgenommen, die *Suche nach der verlorenen Zeit* als Ganzes zu verfilmen, mit Alain Delon als Erzähler, Marlon Brando als Charlus und Helmut Berger als Charlie Morel, den Visconti in das Zentrum seiner Verfilmung rücken wollte. Obwohl auch schon Drehorte ausgesucht worden waren und die Finanzierung gesichert war, und zudem Greta Garbo womöglich die Königin von Neapel gespielt hätte, machte Visconti im letzten Augenblick aus ungeklärten, womöglich aber gesundheitlichen Gründen einen Rückzieher.

Im gleichen Jahr wie Visconti startete Joseph Losey ein Projekt zur Verfilmung aller sieben Bände in einem einzigen, etwas über zweistündigen Film, für den er zwangsläufig Kürzungen im Text vornehmen musste; so wurden etwa die Madeleine-Episode wie auch der Elstir-Komplex gestrichen. Dafür sollten Vermeer und die *Ansicht von Delft* die Funktion eines Leitmotivs übernehmen. Harold Pinter hatte bereits für Losey ein Drehbuch geschrieben, und eine glänzende Besetzung stand zur Verfügung: Dirk Bogarde als Erzähler, Jeanne Moreau als Madame Verdurin und die Callas als Königin von Neapel. Dieses Vorhaben scheiterte schließlich an der Finanzierung, für die Valéry Giscard d'Éstaing die Unterstützung verweigerte mit den Worten: »Sie sind Amerikaner, im Mittleren Westen geboren. Wie können Sie sich da an einem Meisterwerk der französischen Literatur vergreifen?«[62]

Harold Pinters Drehbuch von 1972 wurde 1977 publiziert und 2000 von ihm gemeinsam mit der Dramaturgin Diane »Di« Trevis zum Bühnenstück umgearbeitet. 1995 wurde eine Radio-Adaption des Drehbuchs mit Harold Pinter als Erzähler von der BBC ausgestrahlt.

Ballett

Hier ist wohl nur ein einziges Werk zu verzeichnen, *Proust ou les intermittences du cœur*, ein Ballett von Roland Petit nach *À la recherche du temps perdu* von Marcel Proust; Choreographie von Roland Petit 1974, Uraufführung 1988 an der Opéra Nationale de Paris mit dem Ballett und dem Orchester der Opéra nach Musik von Debussy, Wagner, Fauré, Saint-Saëns, Franck, Beethoven und Hahn. Wiederaufnahme mit Hervé Moreau, Mathieu Ganio, Eleonora Abbagnato, Stéphanie Romberg, Stephane Bullion und Manuel Legris 2007; diese Kreation ist auf DVD bei Bel Air Classique 2008 erhältlich. Wiederaufnahme in veränderter Besetzung 2009.

62 Die Bemerkung wird häufig zitiert, so z. B. in *Le Monde* vom 20. Januar 2011 oder bei Brigitte Gauthier, *Dramatologies*, S. 81 (s. Literaturliste unten).

Vertonungen

Du côté de chez Swann. Chanson von Dave (d.i. Wouter Otto Levenbach). Text: Patrick Loiseau. Musik: Michel Cywie. Als Single erschienen 1975.

Marcel Proust. Video-Clip der Pariser Rock-Gruppe Jinx. Inari Productions, 2006.

Madeleine. Stück der Jazz-Gruppe Cattleya, auf dem gleichnamigen Album der Gruppe. Erschienen bei rent a dog productions, 2003.

Proust ist mein Leben. Stück der Rockgruppe Christian Rottler & Galakomplex, 2007. Überarbeitet als Flashanimationsfilm 2009.

J'aime tellement Proust. Chanson auf dem Album »Oserai-je t'aimer« (2005) des Sängers Pascale Borel.

The Different Albertines. Musical in zwei Akten. Text: Richard Nelson. Musik: Ricky Ian Gordon. Uraufführung 2003. CD bei PS Classic Records # PS-313.

Le Café Proust. Chanson von Aliénor (d.i. Nathalie Bonnaud) in Begleitung eines Trios. MP3-File, 2010.

Marcel Proust. Chanson auf dem Album »Karaoke Blues« (2010) des Folk-Sängers und Gitarristen Daniele Maggioli.

In Search of Lost Time. Stück auf dem gleichnamigen Album des Lars Jansson Jazz-Trios, 2011.

Die Gruppen *Balbec* und *Swann* scheinen leidiglich von den Namen Gebrauch zu machen.

Literatur zu »Proust und die Medien«

1977 Harold Pinter: The Proust Screenplay. New York: Grove Press, 1977.

1984 Suso Cecchi d'Amico / Luchino Visconti: À la recherche du temps perdu. Scénario d'après l'œuvre de Marcel Proust. Paris: Editions Persona, 1984.

1984 Bruno Villien: Visconti, Losey, Schlöndorff. Trois visions de Proust. Hollywood: American Society of Cinematographers, 1984. S. 24–30. (American Cinematographer Magazine.)

1985 Joanne Klein: Making Pictures: The Pinter Screenplays. Columbus: Ohio State University Press, 1985. [»The Proust Screenplay«, S. 103–128.]

1994 Joseph Losey: L'œil du Maître. Textes réunis et présentés par Michel Ciment. Traduits par Brigitte Lescut et Ia Burley. Lyon: Institut Lumière / Actes Sud, 1994.

1997 Michael Billington: The Life and Work of Harold Pinter. London: Faber and Faber, 1997.

1997 Brigitte Gauthier: Dramatologies. Document de synthèse présenté en vue d'une habilitation à diriger des recherches. 2001. Annexe C1: Débat sur »Harold Pinter scénariste«, Cinéma de l'Entrepôt. Paris, 25 avril 1997, avec Michel Ciment et Eric Kahane. S. 75–98.

2000 Harold Pinter / Di Trevis: Remembrance of Things Past. By Monsieur Marcel Proust. Play. London: Faber and Faber, 2000.

2002 Jean-Jacques Abadie / Claude Schwartz: Luchino Visconti à la recherche de Proust. Suilly-la-Tour: Findakly, 2002.

2003 Vincent Ferre: Mais dans les beaux livres, tous les contresens qu'on fait sont beaux. M. Proust, R. Ruiz, V. Schlöndorff, L. Visconti et H. Pinter. In: J. Cléder / J.-P. Montier: Proust et les images. Peinture, photographie, cinéma, vidéo. Rennes: Presses Universitaires de Rennes, 2003. S. 203–220.

2003 Steven Gale: Sharp Cut. Harold Pinter's Screenplays and the Artistic Process. Lexington: The University Press of Kentucky, 2003. [»The Proust Screenplay«, S. 217–224.]

2005 Martine Beugnet / Marion Schmid: Proust at the Movies. Farnham: Ashgate, 2005.

2005 Uta Felten / Volker Roloff (Hrsg.): Proust und die Medien. München: Fink, 2005.

2006 Florence Colombani: Proust – Visconti. Histoire d'une affinité élective. Paris: Rey, 2006.

2008 Audrey Vermetten: De la lanterne magique au cinématographe. Les images animées dans À la recherche du temps perdu. In: Mélanges de la Maison Saint-Exupéry 4 (2008) S. 121–140.

2014 Thomas Carrier-Lafleur: Proust et le cinéma. Temps, images et adaptations. Thèse en cotutelle. Doctorat en littérature, arts de la scène et de l'écran, Université Laval, Québec, Canada, et Université Paul-Valéry, Montpellier, France. [Internetpublikation, 2014:] http://www.theses.fr/2014MON30023/document

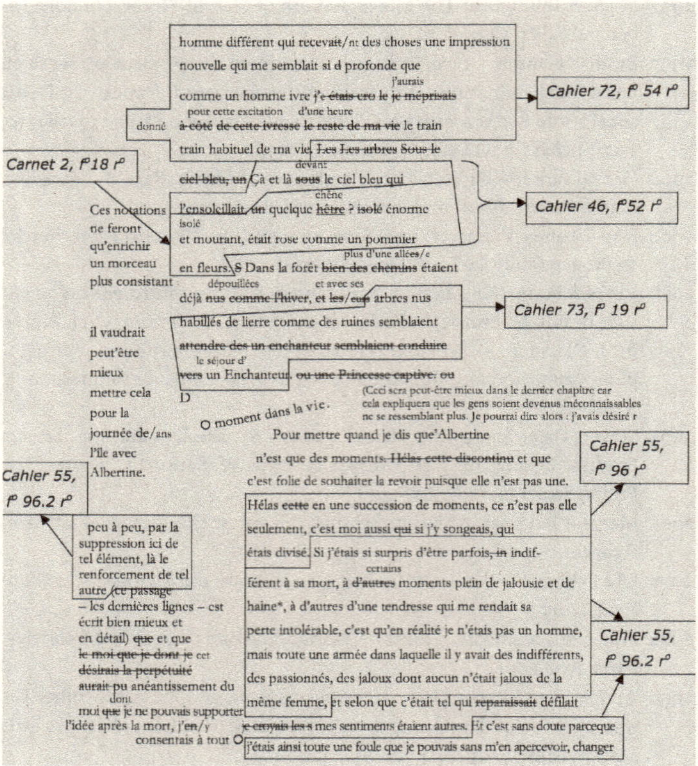

Diagramm der Textgenese der Seite 16 v° des Cahier 54.

Zum Aufbau der »Suche«

> »Mein lieber Proust, […] deine Bücher machen den Eindruck, als seien sie nicht ›komponiert‹ und als ob du deine Überfülle nach Belieben ausbreitest; doch obwohl ich erst noch deine zukünftigen Bücher abwarten muss, um zu einem endgültigen Schluss zu kommen, habe ich doch schon den Verdacht, dass alle Bestandteile ihre Positionen einem verborgenen Plan gemäß einnehmen.«
> (André Gide, »Billet à Angèle«, in: *La Nouvelle Revue Française*, Mai 1921, S. 588.)

Zur Makrostruktur

Als Proust 1911 Grasset *À la recherche du temps perdu* (*Auf der Suche nach der verlorenen Zeit*) zur Veröffentlichung anbot, war ein Werk mit den beiden Teilen *Le Temps perdu* (*Die verlorene Zeit*) und *Le Temps retrouvé* (*Die wiedergefundene Zeit*) geplant. Bei der Veröffentlichung des ersten Bandes 1913 unter dem Titel *Du côté de chez Swann* (*Auf dem Weg zu Swann*) hatte sich dann bereits *Le Côté de Guermantes* (*Der Weg nach Guermantes*) als dritter Band dazwischengeschoben, bei der Veröffentlichung des zweiten Bandes 1919 unter dem Titel *À l'ombre des jeunes filles en fleurs* (*Im Schatten junger Mädchenblüte*) wurde zusätzlich *Sodome et Gomorrhe* (*Sodom und Gomorrha*) als ein fünfter Band angekündigt. Bei dieser Entwicklungsgeschichte könnte man mit Feuillerat 1934 geneigt sein, die *Suche* als eine Art Wildwuchs zu betrachten, dem keinerlei Organisationsprinzip jenseits des assoziativen Weiterschreibens zugrunde liegt.

Man könnte dagegen auch, wie Tadié[63] 1971 vorschlägt (der freilich zusätzlich eine Überlagerung durch ein binäres Prinzip sieht –

63 Jean-Yves Tadié, *Proust et le roman*, Paris: Gallimard, 1971.

eine Überlagerung, die besonders deutlich im zweiten Vorschlag an Grasset zum Ausdruck kommt, s. die Tabelle unten –), von der Dreiteilung aus dem Jahr 1913 der ersten Veröffentlichung ausgehen mit *Swann*, *Guermantes* und *Zeit*, und darin ein dialektisches Prinzip wirken sehen: die Swann- bzw. Guermantes-Wege Judentum bzw. Francité, Kunst bzw. Gesellschaft, wilder Mohn bzw. Orchideenzucht als These und Antithese, denen das Finden der Berufung und die Entdeckung des Zusammenhangs der beiden Wege in *Zeit* als Synthese gegenübersteht. Später wird dann der Garten Eden in Combray bzw. Balbec über zwei Bände verteilt (Kindheit und Jugend), die Hölle der anderen ebenfalls (das Purgatorium der hohen Gesellschaft in *Guermantes*, das Inferno der niederen in *Sodom*) und die allmähliche Wiedereroberung des zeitlosen Paradieses der Kindheit durch die Kunst auf die restlichen drei Bände. Dieser Ansatz sieht demnach die *Suche* eher wie eine Irrfahrt auf der Suche nach dem Heiligen Gral, den nur findet, der dazu berufen ist – eine Sicht, die durch Prousts Gebrauch von »vocation« durchaus unterstützt wird. Die Binnenstruktur des Textes lässt jedoch ein dialektisches Prinzip kaum erkennen: der Erzähler neigt zwar zum »einerseits« und »andererseits«, zum »sei es ... oder sei es ...«, kaum aber dazu, in einer Synthese ein Fazit zu ziehen.

Auffällig ist in der Binnenstruktur des Textes dagegen eine Neigung zur Verdoppelung (übrigens ein ausgesprochen alttestamentliches Stilmittel, vgl. etwa Pharaos Träume) durch Parallelführung – so etwa in der Parallelführung der Beziehungen zwischen Madame de Sévigné und ihrer Tochter mit der zwischen Marcels Großmutter und Marcels Mutter, der Parallelführung der Beziehung zwischen Charlus und Morel mit der zwischen Madame Verdurin und der Prinzessin Sherbatoff, der Parallelführung der Beziehung zwischen Swann und Odette mit der zwischen Saint-Loup und Rachel (eine Parallelführung, die ihrerseits durch die Parallele zwischen Charlus und Morel einerseits mit Marcel und Albertine andererseits verdoppelt wird), aber auch weiträumigere Themen wie der Parallelführung von Homosexualität und Judentum; durch Spiegelung – so etwa in der Seitenvertauschung von Status und Bildung im Herzog von Guermantes und Jupien, dem Rollenwechsel zwischen Marcel und Empfangschef im Palais Guermantes einerseits und in Jupiens Bordell andererseits (wo sich die Orangeade der Prinzessin als Cassis wiederfindet) –; aber auch durch Wiederholung, wie dem nachdrücklichen Wiederaufgreifen von Motiven aus dem ersten Band im letzten, der nahezu wortgleichen Kopie der Argumentation zum Text–Leser–Autor-Verhältnis innerhalb von lediglich rund hundert Seiten in *Zeit*, oder solch klassischen Doubletten wie der zweimaligen Erzählung derselben Anekdote in geringfügig veränderter Form, wie etwa der vom Prinzen von Léon bzw. von Les Laumes auf dem Land (*Gefangene* bzw. *Entflohene*).

Leriche[64] 1999 sieht daher eine binäre Struktur als grundlegend an, die sie als »Zeit der Irrtümer« und »Zeit der Entdeckungen« bezeichnet. Der Weg von den Irrtümern zu den Entdeckungen gleicht hier nicht der Suche eines Berufenen mit schließlich glücklichem Ausgang, sondern der dynamischen Anpassung eines in der Zeit verhafteten (synchronischen) sozialen Ich (»moi social«) an die Wirklichkeit, bei der die Irrtümer nicht abgestreift werden, sondern einen integralen Bestandteil der Entdeckungen bilden, welche ohne jene gar nicht interpretierbar wären. Das in *Swann* von seiner Herkunft (Elternhaus und dessen Vorgeschichte), in *Mädchenblüte* von seinem Trieb und in *Guermantes* von der Gesellschaft geprägte Ich entdeckt in *Sodom* nicht zuletzt dank der Etymologien Brichots das Wirken der Geschichte in der Gegenwart

64 Françoise Leriche, *»Sodome et Gomorrhe« de Proust*, Neuilly: Atlande, 1999.

und damit das für die *Suche* entscheidende Konzept des Ich als einer Wesenheit (»Weltlinie«, in Einsteinscher Terminologie), die ihre eigene Geschichte umgreift. In der *Gefangenen* und der *Entflohenen* fördert der Erzähler sein eigenes Ich in diesem diachronischen Sinn zutage, indem er sich erst in der Beziehung mit Albertine jeglicher Sozialität entledigt und anschließend, allein gelassen, auch des Triebes, bis ihm in *Zeit* wie eine Offenbarung die Möglichkeit bewusst wird, dieses selbstentdeckte Tiefen-Ich (»moi profond«) in einer Rückkehr zu den Wurzeln, nämlich zu dem Grundzustand des Kindheitsparadieses, dem Außer-der-Zeit-Sein, künstlerisch fruchtbar zu machen. Die Aufteilung des Textes zwischen *Sodom* und *Zeit* in zwei Teile entspricht dem spiegelbildlichen Aufbau der *Suche* und insbes. der Aufteilung der Sozialisierungsphase in Peergroup (*Mädchenblüte*) und Erwachsenenwelt (*Guermantes*) insofern, als sich in der *Gefangenen* das Motiv der gesellschaftlichen Bindung des Ich aus *Guermantes* wiederfindet, hier lediglich auf eine Person reduziert und in ihr Gegenteil als Ablösung verkehrt, und als sich in der *Entflohenen* zahlreiche Motive aus dem Balbec der *Mädchenblüte* wiederfinden, insbesondere das egozentrische Motiv der ›Einsamkeit in Gesellschaft‹. Das altkluge Kind, das mit zehn oder zwölf im Eden von Combray Bergotte liest, findet in der *Wiedergefundenen Zeit* sein Gegenstück in dem König Ödipus der Champs-Élysées, dem Pflegefall Charlus, den Jupien als sein »großes Kind« bezeichnet. Der Vergleich der *Suche* mit einer Kathedrale in *Zeit* regt dazu an, den Teil *Sodom* als die Mittelachse der *Suche* und als den Spiegel zu sehen, in welchem die im Augenblick verhafteten »sukzessiven« und gelegentlich »intermittierenden«, kindhaften, triebhaften bzw. sozialisierten Ichs aus *Swann*, *Mädchenblüte* bzw. *Guermantes* den umgekehrten Weg über den Bindungsverweigerer der *Gefangenen* und den Triebverweigerer der *Flüchtigen* zurück zum naiven ersten Blick in die Erwachsenenwelt der kindischen Greise in *Zeit* zurücklegen, um ein integrales und konstantes Ich außerhalb der Zeit zu finden.

Bd.	Veröffentlichung (zu Lebzeiten)	Vorhaben / Ankündigungen
		1911 – 1. Vorschlag an Grasset: *Die verlorene Zeit* *Die wiedergefundene Zeit*
		1912 – Vorschlag an Gallimard: *Die verlorene Zeit* *Die immerwährende Anbetung* oder *Mädchenblüte* *Die wiedergefundene Zeit* oder *Les colombes poignardées*
		1912 – Vorschlag an Fasquelle: *Die Unstetigkeiten des Herzens* I. *Die verlorene Zeit* II. *Die wiedergefundene Zeit*
		1912 – 2. Vorschlag an Grasset: *Auf der Suche nach der verlorenen Zeit* I. *Swann* II. *Guermantes* I – *Mädchenblüte* III. *Guermantes* II – *Die wiedergefundene Zeit*
		1913 – Vorschlag an Vaudoyer: *Les intermittences du passé* I. *Le Temps perdu* II. *Le Temps retrouvé*
	Vorabdrucke	1912/13 im *Figaro*
I	1913 *Du côté de chez Swann* [Grasset]	II. *Guermantes* (mit den beiden Kap. *Madame* und *Land*, die in etwa *Mädchenblüte* entsprechen) III. *Die wiedergefundene Zeit* (mit dem Kap. *Mädchenblüte* und Kapiteln, die weitgehend *Sodom* entsprechen)

II	1919 *À l'ombre des jeunes filles en fleurs* [Gallimard]	III. *Guermantes* (weitgehend wie später durchgeführt) IV. *Sodom* I (weitgehend wie als *Sodom* ausgeführt) V. *Sodom* II – *Die wiedergefundene Zeit* (weitgehend wie später in den Bänden *Gefangene, Flüchtige* und *Zeit* ausgeführt)
I	1919 *Du côté de chez Swann* [Gallimard]	[ohne Ankündigungen]
III.1	1920 *Le Côté de Guermantes* I	IV. *Guermantes* II – *Sodom* I V. *Sodom* II – *Die wiedergefundene Zeit*
III.2 + IV.1	1921 *Le Côté de Guermantes* II *Sodome et Gomorrhe* I	V. *Sodom* II VI. *Sodom* III VII. *Sodom* IV VIII. *Die wiedergefundene Zeit*
IV.2	1922 *Sodome et Gomorrhe* II	VI. *Sodom* III VII. *Sodom* IV VIII. *Die wiedergefundene Zeit*
	1. Dez. 1922	Verlagsankündigung der NRF: *Sodom* III (*Die Gefangene* gefolgt von *Die Entflohene*)

Zur inneren Struktur

»Der, der ›Ich‹ sagt (und nicht immer ich ist).«
(Proust an Jean de Pierrefeu, Januar 1920; *Corr.* XIX, S. 78.)

Zu dieser häufig zitierten Bemerkung Prousts könnte man verschärfend hinzufügen: derjenige, der »Ich« in der *Suche* sagt, ist niemals Proust selbst, sondern entweder sein Erzähler oder die erzählte Person, nämlich das vom Erzähler erinnerte frühere Ich, das in der Sekundärliteratur im allgemeinen als »Marcel« bezeichnet wird. Die Trennung zwischen den beiden deutet sich zwar schon auf den ersten Seiten in der Traumsequenz des »wachen Schläfers« an, der von sich als Kind träumt, wird jedoch erst mit der berühmten Tasse Tee explizit vollzogen, aus der vor dem inneren Auge des offenbar schon älteren Erzählers die Erinnerung an den jugendlichen Erzähler wiederaufersteht. Mit dieser Zweigleisigkeit der Erzählung – rückblickender älterer Erzähler und jüngere erzählte Person – verbindet sich auch eine chronologische Aufspaltung in eine Erzählerzeit, die bis zum Jetzt des Erzählers reicht, und eine erzählte Zeit, die lediglich bis zum Jetzt »Marcels« reicht. Verwischen sich die Grenzen zwischen diesen beiden Zeitsträngen, so führt dies häufig zu unbestreitbaren Anachronismen, gelegentlich aber auch nur zu vermeintlichen Anachronismen, wenn etwa bei Rückblicken nicht hinreichend deutlich wird, ob es sich um einen Rückblick des Erzählers oder eine Erinnerung der erzählten Person handelt; so wird etwa die Beobachtung in *Mädchenblüte* S. 477, der Vater des 19jährigen Albert Bloch mache sich bei Marcels und Saint-Loups Besuch Umstände wie bei der Gelegenheit, als sein Sohn die Lehrberechtigung erhielt, nur verständlich, wenn man sie nicht als Erinnerung Marcels versteht, sondern als Erinnerung des Erzählers an die sehr viel später erfolgende »agrégation« Blochs. Ob es sich bei Prousts tatsächlichen Anachronismen schlicht um Irrtümer handelt oder nicht vielmehr, wie man bei den vermeintlichen Anachronismen jedenfalls vermuten darf, um eine absichtsvolle Auflösung der Grenze zwischen Erzähler und Marcel, lässt sich aus dem Text heraus nicht entscheiden; die meisten unheilbaren Anachronismen scheinen aber im Zuge der Textüberarbeitung entstanden zu sein, und in den Cahiers finden sich umgekehrt keine Spuren etwa nachträglich eingearbeiteter Anachronismen. (Zu Prousts Anachronismen und zur erzählten Zeit der *Suche* siehe im einzelnen unten, »Zur chronologischen Struktur«.)

Die Verdoppelung »dessen, der ›ich‹ sagt« gibt Proust die Möglichkeit, die objektive Wahrnehmung der Welt durch seinen »mit ungenügender Beobachtungsgabe« (*Swann* S. 196 u. ö.) ausgestatteten jugendlichen Protagonisten von der Warte des erfahrenen älteren Mannes zu beurteilen und zu analysieren; so ist etwa im ›Drama des Zubettgehens‹ die misstrauische Art, in der Françoise den Brief Marcels an seine Mutter betrachtet, auch für einen Zehnjährigen wahrnehmbar, aber die gänzlich subjektive Deutung, dass sie die Schrift auf dem Umschlag so eingehend betrachte, um Aufschluss darüber zu erlangen, auf welchen Artikel ihres Ehrenkodex sie sich in der gegebenen Situation zu beziehen habe, ist nur dem älteren Erzähler im erinnernden Rückblick möglich. Auf der anderen Seite gibt der Zusammenfluss von Erzähler und erzählter Person in einem gemeinsamen Ich dem Autor die Möglichkeit, die Betrachtungen des Erzählers dem betrachteten Protagonisten als eigene Wahrnehmungen zu implantieren. Leo Spitzer beschreibt dieses »geheimnisvolle Doppelspiel« etwas überspitzt als das zwischen einem »überlegen erzählenden« und einem »benommenen, dumpf erlebenden«[65] Ich. Dem Leser, der sich naheliegenderweise mit dem »überlegen erzählenden« Ich identifiziert, braucht deshalb häufig auch nicht mehr gesagt zu werden, was der Erzähler schon weiß und Marcel noch nicht ahnt. Bei der doch ziemlich harmlosen Episode in Balbec etwa, in der Charlus Marcel als »kleinen Schlingel« apostrophiert und seinen Badeanzug bekrittelt, akzeptiert man zwar, dass der 17jährige Marcel dem keine große Bedeutung beimisst, ›weiß‹ aber dennoch Bescheid schon allein deshalb, weil der doch sonst alles analysierende Erzähler diese scheinbar belanglose Episode offenbar für erzählenswert befin-

65 Leo Spitzer, *Stilstudien*, Bd. 2: *Stilsprachen*, München: Hueber, 1928, S. 478.

det – und im Vertrauen auf den Leser diesem wortlos die Analyse selbst überlässt.

Eine Verdoppelung im gesamttextuellen Maßstab bildet die elaborierte Wiederholung des Swann-Romans als Albertine-Roman. Bei Erscheinen des ersten Bandes der *Suche* bemängelten viele Kritiker dessen »schlechte Konstruktion« (s. dazu oben das Kap. »Rezeption«, S. 83–89), bei der der Swann-Roman völlig unmotiviert in der Luft zwischen Combray und dem Bois de Boulogne hänge. Auch Rilke sprach in seiner Empfehlung von WS für Lesungen an Marie von Thurn und Taxis[66] ausdrücklich nur von den Teilen *Combray* und *Ländliche Namen: Der Name*, was sicherlich so zu verstehen ist, dass er *Eine Liebe von Swann* für vernachlässigbar hielt. Proust wies in dem Zusammenhang immer wieder darauf hin, dass man den Rest seines Werkes abwarten müsse, bevor der Gesamtplan sichtbar werde; darauf hatte Proust ja auch schon im Text selbst auf S. 70 etwas verklausuliert mit der Passage vom »ungeheuren Bauwerk der Erinnerung« angespielt. Das bedeutet aber auch, dass Proust schon 1913 bei Erscheinen von WS vorgehabt haben muss, dem Swann-Roman an späterer Stelle seinen Platz in der Gesamtkonstruktion als Präfiguration eines noch zu schreibenden Eifersuchtsromans aus eigenem Erleben des Erzählers zuzuweisen. Dies erklärt dann auch, warum der Erzähler, der sich als heterosexuell darstellt, am Ende von SG darauf insistiert, eine Frau zu heiraten, von der er zu wissen meint, dass sie lesbisch ist:

> Es ist absolut notwendig, und entscheiden wir es besser sofort, weil ich mir jetzt darüber im Klaren bin, weil ich meine Meinung nicht mehr ändern werde und ich ohne das nicht leben

66 Ernst Zinn (Hrsg.), *Rainer Maria Rilke und Marie von Thurn und Taxis. Briefwechsel*, Leipzig: Insel, 1951, S. 348.

> könnte, es ist absolut notwendig, dass ich Albertine heirate. (WS, S. 733.)

Denn dass ›verbotene‹ Lieben vorzüglichen Stoff für Eifersuchtsdramen liefern, hatte er ja schon anhand von Racines *Phädra* eingehend studiert; und dass es dem Erzähler vor allem um die Förderung seiner eigenen Eifersucht geht, um die Möglichkeit, sie am eigenen Fall aus nächster Nähe zu erfahren, wird auch aus dem Eifer ersichtlich, mit dem er Albertine und Andrée allein auf gemeinsame Exkursionen schickt, statt als Albertines Liebhaber oder doch wenigstens als Sittenwächter mitzufahren:

> [Albertine, die] mich zwang – um Vorwände zu finden, die rechtfertigten, dass ich sie nicht begleitete, ohne dass ich allzu krank erschienen wäre, und um andererseits sicherzustellen, dass sie begleitet wurde –, tagtäglich mehr Erfindungsgabe zu entfalten als Scheherezade. (G, S. 174.)

Aber warum sollte Marcel unbedingt die Eifersucht von innen kennenlernen wollen? Die Antwort liegt an unscheinbarer Stelle verborgen:

> Ich hatte einmal Françoise dabei angetroffen, wie sie mit einer großen Brille auf der Nase in meinen Papieren blätterte und eines wieder zwischen sie legte, auf dem ich einen Bericht über Swann und sein Unvermögen, auf Odette zu verzichten, aufgezeichnet hatte. (G, S. 499 f.)

Marcel schreibt demnach gerade den Roman von Swanns Eifersucht und braucht dafür Stoff! Dies wirft dann die Frage auf, inwieweit nicht die Entstehung des Marcelschen Swann-Romans die

Entstehung des Proustschen Albertine-Romans spiegelt. Hat der homosexuelle Proust nicht nur seine Erfahrungen mit dem heterosexuellen Agostinelli in seinem Albertine-Roman verarbeitet, sondern ihn vielmehr von vornherein – man muss hier betonen: mitsamt seiner Verlobten – bei sich aufgenommen, um die Eifersucht auf eine Liebe, die sich seiner Erfahrungsmöglichkeit entzieht, detailliert an sich selbst studieren zu können? Dann ist er damit unumstritten äußerst erfolgreich gewesen.

Zur chronologischen Struktur

»Tief ist der Brunnen der Vergangenheit.«
(Thomas Mann, *Joseph und seine Brüder*.)

Um eine Chronologie aus einem fiktiven Text herauszuschälen, kann man im wesentlichen zwei Wege verfolgen: eine innere Chronologie entwickeln, die sich auf zeitliche Abstände zwischen den berichteten Ereignissen und auf Altersangaben der handelnden Personen stützt, und eine äußere Chronologie, die sich Verweise auf geschichtlich verifizierbare Daten zunutze macht. Bei einer Biographie würde man erwarten, dass beide Chronologien übereinstimmen, bei einem Roman jedoch überrascht es nicht, wenn sich Diskrepanzen ergeben, sogenannte »Anachronismen«. Bei der Überlegung freilich, welches denn diese Anachronismen sind, kommt es sehr darauf an, wie man die historische Zeitachse an die fiktive Zeitachse legt, mit anderen Worten, welche historischen Zeitangaben man für wesentlich für den Text und deshalb für maßgeblich für eine Chronologie ansehen möchte, und welche nur von marginaler Bedeutung zu sein scheinen und deshalb für die Chronologie außer acht gelassen werden können, womit nicht gesagt sein soll, dass sie für den Roman nicht auch funktional sein könnten.

Hachez' Rekonstruktion einer Chronologie für die *Suche* zeigt dieses Problem sehr deutlich auf: in Hachez[67] 1956 nimmt er das Datum der Gründung der Patrie Française am Jahresende 1898 als Anhaltspunkt, um für die Matinee Villeparisis 1899 anzusetzen, da bei dieser Veranstaltung die Patrie Française von Madame de Marsantes erwähnt wird; danach müsste dann aber das Paris-Murcia-Wohltätigkeitsfest 1880 stattgefunden haben, was ein Anachronismus wäre. 1961 korrigiert Hachez[68] deshalb seine Chronologie, da das Wohltätigkeitsfest tatsächlich 1879 stattgefunden hat, womit nun freilich die Erwähnung der Patrie Française bei Madame de Villeparisis' Matinee zum Anachronismus wird. Trotzdem sollte man in diesem Fall wohl Hachez' Korrektur folgen, denn besagtes Fest spielt in *Swann* eine erhebliche Rolle, die Patrie Française dagegen keine nennenswerte. Eine Quelle für mögliche Fehleinschätzungen der zeitlichen Situierung liegt in einer ungenügenden Unterscheidung zwischen Erzähler und erzählter Person (Marcel), die zwar meistens überflüssig ist, gelegentlich dann aber doch notwendig. Ein Beispiel hierfür ist die Erwähnung des Sturzes von Delcassé 1905 in der *Gefangenen*, der Agadir-Affäre von 1911 in *Guermantes* oder des Prozesses gegen Caillaux von 1920 in der *wiedergefundenen Zeit*; in allen drei Fällen ist es nicht etwa eine der handelnden Personen, die sich auf das genannte Ereignis bezieht, sondern der Erzähler, der von einem Zeitpunkt aus zurückblickt, der jedenfalls nach der Matinee der Prinzessin von Guermantes liegt – sogar knapp drei Jahre später, denn bei dem Bericht über diese Matinee nimmt der Erzähler einen vorgreifenden Rückblick auf die inzwi-

67 Willy Hachez, »La Chronologie et l'âge des personnages de ›À la recherche du temps perdu‹«, in: *Bulletin* 6 (1956) S. 198–207.

68 Willy Hachez, »Retouches à une chronologie«, in: *Bulletin* 11 (1961) S. 392–398.

schen senile Odette vor (WZ, S. 366). Ein weiterer rückblickender Vorgriff findet sich übrigens in WZ S. 160–162, wo der Erzähler einen Brief zitiert, den er nach Charlus' Tod erhält, den dieser aber »mindestens zehn Jahre vor seinem Tod geschrieben« haben muss und in dem Charlus auf eine Begegnung mit dem Erzähler im Jahr 1916 Bezug nimmt; dieser kann den Brief also frühestens 1926 erhalten haben. Bei dem Tod der Berma in der *Entflohenen*, die in der *Wiedergefundenen Zeit* zum Tee einlädt, handelt es sich allem Anschein nach einfach um einen Lapsus Marcel oder Robert Prousts.

Auf die Madeleine-Episode, die ja das Paradigma der unwillentlichen Erinnerung darstellt, wird bei den ähnlich beschaffenen Schlüsselerlebnissen in der Bibliothek des Prinzen von Guermantes in keiner Weise angespielt; sie ist dem Erzähler offenbar noch unbekannt. Demnach muss *Combray* I, wo sie ja erinnert wird, und damit auch der implizite Beginn der Niederschrift von »Marcels Roman«, je nach chronologischer Rekonstruktion (s. u.) nach 1919 bzw. nach 1927 angesiedelt werden. Den Brief von Charlus wie auch die Nachricht von Odettes Verfall kann der ›Autor‹ Marcel natürlich auch erst während der Niederschrift erhalten haben.

Nach Hachez' Rekonstruktion und nach diesen Überlegungen ergibt sich folgender abgekürzter Verlauf der Ereignisse, wobei ich die entstehenden »Anachronismen« mit Asterisken markiert habe:

WS (Auf dem Weg zu Swann)

1879 Anfang des Jahres: Swann lernt Odette kennen.
Herbst: Paris-Murcia-Fest.
*Bei den Verdurins wird Dumas' *Francillon* von 1887 erwähnt.

1880 Mitte des Jahres: Geburt Marcels; Albert Bloch zwei Jahre alt.
Juni: Soiree Saint-Euverte.
Ende: Geburt Gilbertes.

Geburt Morels, Albertines.
Jahreswende 1881: Odettes Kreuzfahrt mit den Verdurins.
1885 Marcel besucht Tante Léonie in Paris (Trinkgeld für Françoise).
*Françoise erwähnt die Röntgenstrahlen (1895 entdeckt).
1888 Marcels Besuch bei Onkel Adolphe.
1889 Swann heiratet Odette.
1890 Combray: Marcel muss ohne Gutenachtkuss ins Bett.
1892 Combray: Marcel schreibt den Martinville-Aufsatz.
1894 Combray: Tante Léonie stirbt, Marcel verführt seine Cousine.
1895 Marcel trifft Gilberte in den Champs-Élysées.
1908 oder 1909, Herbst: Spaziergang im Bois; Rückblick auf den Spaziergang 1896.

SJM (Im Schatten junger Mädchenblüte)

1895 Ende des Jahres: Besuch des Königs Théodose, Marcel sieht die Berma, Diner Norpois.
*Norpois erwähnt das Krüger-Telegramm vom 1. 1. 1896.
1896 Spaziergang im Bois, bei dem Marcel Prinzessin Mathilde trifft.
Marcel besucht ein Bordell.
1897 Frühjahr: Marcel gehört zur Entourage von Madame Swann.
Juni/Juli: Beerdigung der Großtante; Marcel bespitzelt Mademoiselle Vinteuil.
Mitte August bis mindestens Mitte Oktober: erster Aufenthalt in Balbec.

WG (Der Weg nach Guermantes)

1897 Oktober/November: Umzug in das Hôtel Guermantes.
Marcel verliebt sich in die Herzogin.
November: zweiter Opernbesuch.
*Marcel sieht den Duc d'Aumale (gest. Mai 1897).
Besuch in Doncières.
um die Jahreswende: Besuch Saint-Loups in Paris.
1898 Frühjahr: Ausflug mit Rachel und Saint-Loup in ein Vorstadtrestaurant.
Matinee Villeparisis.
*Die Patrie Française wird erwähnt (gegr. 31. 12. 1898).

Morel ist achtzehn.
Sommer: Tod der Großmutter.
Herbst (»Sektember«): Fahrt durch den Bois mit Albertine.
Besuch mit Saint-Loup im Nebelrestaurant.
Winter: Diner der Herzogin von Guermantes.
*Erwähnung der Thronbesteigung König Edwards (1901).

1899 Juli: Charlus begegnet Jupien am Tag der Soiree der Prinzessin von Guermantes.

SG (Sodom und Gomorrha)

1899 Juli: Soiree der Prinzessin von Guermantes.
Charlus ist ein Fünfzigjähriger / in den Fünfzigern (S. 43, 45; 703).

1900 Ostern bis 14. September: zweiter Balbec-Besuch; Swann ist gestorben (S. 511).
Charlus (etwa dreimal so alt wie Morel) begegnet Morel (20) (S. 361).
*Erwähnung der Uraufführung von *Pelléas und Melisande* (1902).
*Erwähnung der Marokko-Politik Caillaux' von 1911.
*Erwähnung der Aufführung von *Anna Karenina* 1907.
*Erwähnung der Eulenburg-Affäre 1906/09.
*Erwähnung von Henry Roujons *Au milieu des hommes* (1907).
*Ein Motorflugzeug erschreckt Marcel.
Albertine (20) fährt mit Marcel nach Paris zurück.

G (Die Gefangene)

1900/01 Albertine verbringt den Winter bei Marcel.
*Die Dreyfus-Affäre liegt zwei Jahre zurück (beendet 1906).
*Herzogin Consuelo de Manchester (1858–1909) ist gestorben.

1901 Februar: Soiree Verdurin.
*Madame Verdurin will die »Ballets Russes« lancieren (Mai 1909).
*Charlus hat die sechzig schon hinter sich (S. 395).
*Die Gattin des österreichischen Botschafters Hoyos (verh. 1913) wird vermisst.
Tod Bergottes.
*Erwähnung der Eheschließung Alberts von Belgien (1902).
*Flughöhen von zweitausend Metern werden erwähnt.
Frühjahr: Flucht Albertines.

E (Die Entflohene)

1901 *Marcel will Albertine einen Rolls-Royce bestellen (Produktion ab 1903).
Tod der Berma.
Sommeranfang: Tod Albertines.
Herbst: Spaziergang im Bois; Begegnung mit Mademoiselle de Forcheville.

1902 Frühjahr: Aufenthalt in Venedig.
Saint-Loup heiratet Gilberte.
Ende Sommer: dritter Besuch in Balbec; Gilberte ist schwanger.
Herbst: Marcels Besuch in Tansonville.

WZ (Die wiedergefundene Zeit)

1902 Herbst: Marcels Besuch in Tansonville (Fortsetzung).
*Erwähnung der Schlacht bei Lüleburgaz (Okt./Nov. 1912).
»längerer« Sanatoriumsaufenthalt

1914 Marcels Sanatoriumsurlaub in Paris.

1916 Marcels Rückkehr nach Paris.

1918 Spaziergang mit de Charlus (2 Jahre vor dem Caillaux-Prozess 1920).
Saint-Loup fällt im Krieg; Kriegsende 11. 11. 1918.
neuerlicher Sanatoriumsaufenthalt von »vielen Jahren«

1919 Matinee der Prinzessin von Guermantes (Gilbertes Tochter ist 16).
Réjane (gest. 1920) macht der Berma Konkurrenz.

1922 Odette ist senil.

1928 Der Erzähler empfängt einen postumen Brief von Charlus.

Die Häufung von Anachronismen in *Sodom* und in der *Gefangenen* ist zweifellos besorgniserregend; ein Hiatus von knapp acht Jahren[69] zwischen der Soiree der Prinzessin von Guermantes und der zweiten Balbec-Reise dagegen würde das Problem weitgehend

69 Hans Robert Jauss (*Zeit und Erinnerung in Marcel Prousts »À la recherche du temps perdu«*, Frankfurt a. M.: Suhrkamp, 1986 [Erstausg. 1955]) plant sechs Jahre ein, die die Probleme jedoch in nur geringerem Umfang beheben und zudem kaum motivierbar sind.

beheben und zudem den ersten Sanatoriumsaufenthalt von »langen Jahren« auf ein glaubwürdigeres Maß reduzieren wie auch dem zweiten die »vielen Jahre« ermöglichen, die zu Anfang von Kap. 3 der *Wiedergefundenen Zeit* erwähnt werden:

SG

1899 Juli: Soiree der Prinzessin von Guermantes.
Charlus ist ein Fünfzigjähriger / in den Fünfzigern (S. 43, 45; 703).

1908 Ostern bis 14. September: zweiter Balbec-Besuch; Swann ist gestorben (S. 511).
Charlus (etwa dreimal so alt wie Morel) begegnet Morel (20/28) (S. 361).
*Erwähnung der Marokko-Politik Caillaux' 1911 (S. 214).
Erwähnung der Uraufführung von *Pelléas et Melisande* (1902) (S. 290).
Erwähnung der Aufführung von *Anna Karenina* 1907 (S. 462).
Erwähnung der Eulenburg-Affäre 1906/09 (S. 479).
Henry Roujons *Au milieu des hommes* von 1907 wird erwähnt (S. 617).
Ein Motorflugzeug erschreckt Marcel (S. 602).
Albertine (20/28) fährt mit Marcel nach Paris zurück; Agostinelli ist 20.

G

1908/09 Albertine verbringt den Winter bei Marcel.
Die Dreyfus-Affäre liegt zwei Jahre zurück (beendet 1906).
Herzogin Consuelo de Manchester (1858–1909) ist gestorben.
Charlus hat die sechzig schon hinter sich (S. 395).

1909 Februar: Soiree Verdurin.
Madame Verdurin will die »Ballets Russes« lancieren (Mai 1909).
*Die Gattin des österreichischen Botschafters Hoyos (verh. 1913) wird vermisst.
Tod Bergottes.
Erwähnung der Eheschließung Alberts von Belgien (1902).
*Flughöhen von zweitausend Metern werden erwähnt.
Frühjahr: Flucht Albertines.

E

1909 Marcel will Albertine einen Rolls-Royce bestellen (Produktion ab 1903).
Tod der Berma.
Sommeranfang: Tod Albertines (S. 89).
Herbst: Spaziergang im Bois; Begegnung mit Mademoiselle de Forcheville.

1910 Frühjahr: Aufenthalt in Venedig.
Saint-Loup heiratet Gilberte.
Ende Sommer: dritter Besuch in Balbec; Gilberte ist schwanger.
Herbst: Marcels Besuch in Tansonville.

WZ

1910 Herbst: Marcels Besuch in Tansonville (Fortsetzung).
*Erwähnung der Schlacht bei Lüleburgaz Okt./Nov. 1912.
»längerer« Sanatoriumsaufenthalt

1914 Marcels Sanatoriumsurlaub in Paris.

1916 Marcels Rückkehr nach Paris.

1918 Spaziergang mit de Charlus (2 Jahre vor dem Caillaux-Prozess 1920).
Saint-Loup fällt im Krieg; Kriegsende 11. 11. 1918.
neuerlicher Sanatoriumsaufenthalt von »vielen Jahren«

1927 Matinee der Prinzessin von Guermantes (Gilbertes Tochter ist 16).
*Réjane (gest. 1920) macht der Berma Konkurrenz.

1928 Der Erzähler empfängt einen postumen Brief von Charlus.

1930 Odette ist senil.

Fünf »Anachronismen« in SG und den Folgebänden bleiben aber dennoch ungeheilt. Zudem müsste Morel als wehrpflichtiger Soldat eher um die zwanzig sein und Charlus bei einem 28jährigen Morel bei seinem zweiten Besuch in Balbec 1908 etwa 84 Jahre alt, zur Zeit der Matinee der Prinzessin von Guermantes 1927 sogar 103 Jahre; tatsächlich aber wird gesagt, dass Charlus' älterer Bruder, der Herzog von Guermantes, bei der Matinee der Prinzessin von Guermantes 83 Jahre alt ist. Ein Ausweg, den Hachez 1961 andeutet, bestünde in der Annahme, dass Proust sein gesamtes Personal in einem »Zaubersessel« (*Swann* S. 12) acht Jahre vorwärts katapultiert hat, ohne sie altern zu lassen – insbesondere blieben damit Albertine und Morel 20 Jahre alt; Charlus allerdings würde den Alterungsprozess vom Fünfzigjährigen zum etwa Sechzigjährigen in neun Jahren ordnungsgemäß durchlaufen (»In Paris [...] hatte ich nicht bemerkt, wie sehr er gealtert war«, *Sodom* S. 361). Bei der längeren Chronologie würden sich zudem die Herbstspaziergänge im Bois in *Swann* III aufgrund der Hutmode im Jahr 1908 oder 1909 ansiedeln und derjenige in der *Entflohenen* zu einem Spaziergang im Herbst 1909 zusammenführen lassen. In einem Brief an Benjamin Crémieux (1888–1944, ermordet in Buchenwald), der ein zu großes Zeitintervall zwischen der Soiree der Prinzessin von Guermantes und dem zweiten Balbec-Aufenthalt bemängelt hatte, schrieb Proust am 6. 8. 1922: »wenn Sie wollen, können wir es der Bequemlichkeit halber einsteinisieren« (*Corr.* XXI, S. 403); eine Passage nach der Soiree der Prinzessin und direkt vor dem Szenenwechsel nach Balbec, in der der Aufstieg des Salons Odettes berichtet wird, ist geeignet, eine solche Metamorphose auch des zeitlichen Rahmens in aller Stille vorzunehmen:

> Jede Person wurde beim Besuch bei einer anderen zu etwas ganz Verschiedenem. Ohne von den wundersamen Metamorphosen zu sprechen, die sich so an den Feen im Salon von Madame Swann vollzogen, sei gesagt, dass Monsieur de Bréauté, der plötzlich durch die Abwesenheit der Leute, die ihn für gewöhnlich umgaben, durch die zufriedene Miene, mit der er sich dort aufhielt, als habe er, statt zu einem Fest zu gehen, seine Brille aufgesetzt und sich mit der *Revue des Deux Mondes* eingeschlossen, durch den geheimnisvollen Ritus, dem er zu folgen schien, wenn er Odette besuchte, an Wert gewonnen hatte – Monsieur de Bréauté also schien selbst ein neuer Mensch geworden zu sein. (SG, S. 210.)

Als Grund für die vorgeschlagene ›Einsteinisierung‹ des ›Albertine-Romans‹ (*Sodom und Gomorrha* II–III) und damit dann zwangsläufig auch der *Wiedergefundenen Zeit* bietet sich Prousts Freundschaft mit Alfred Agostinelli an, die 1907/08 ihren Anfang nahm und aus der die Beziehung zwischen Marcel und Albertine zahlreiche Anregungen bezogen hat, nicht zuletzt Gefangenschaft, Flucht, Versöhnungsversuche und Unfalltod. Agostinelli war 1913 als Sekretär bei Proust eingezogen, dann im November nach Nizza zu seinem Vater zurückgekehrt und im Mai 1914 bei einem Flugzeugabsturz zu Tode gekommen. Etwa in dieser Zeit, zwischen 1913 und 1916, fand auch die Erweiterung des Homosexualitätsthemas aus einem Kapitel des ursprünglichen dritten Bandes zu einem eigenständigen Band *Sodom und Gomorrha* statt, der sich in der Folge weiter aufspaltete zu *Sodom* und *Gomorrha* I+II, *Die Gefangene* (*Sodom und Gomorrha* III) und *Die Flüchtige* (*Sodom und Gomorrha* IV).

Der Hiatus zwischen dem dritten und dem vierten Band fügt sich als Extremfall in ein Reihe von chronologischen Diskontinuitäten ein, die den ganzen Text durchziehen und die Jauss unter Hinweis auf Prousts Flaubert-Rezeption als »blancs« (weiße Stellen) bezeichnet. Man sollte dabei jedoch zwei verschiedene Typen unterscheiden; zum einen den Fall, dass ein von der Erzählung vorbereitetes Detail der Erzählung tatsächlich fehlt. Im allgemeinen treten bei Proust an dessen Stelle Überlegungen des Erzählers oder der erzählten Person, die das Vorher und das Nachher des unterdrückten Details verbinden – oft in so geschickter Weise, dass dem Leser die Existenz dieser Leerstelle völlig entgeht. Als Beispiel führt Jauss den Kuss unter der Catleya in *Swann* an, der trotz seiner Berühmtheit nicht wirklich stattfindet:

> Und so hielt Swann es für einen Augenblick, bevor sie es, scheinbar gegen ihren Willen, an seine Lippen sinken ließ, zwischen

> seinen beiden Händen in einem kleinen Abstand. Er hätte seinem Verstand gern die Zeit gelassen, den Traum, dem er so lange nachgehangen und zu seiner Verwirklichung verholfen hatte, herbeizuholen und sich ihm erkenntlich zu zeigen, wie einem Verwandten, den man herbeiruft, um an dem Erfolg eines Kindes Anteil zu haben, das er sehr liebt. Vielleicht aber heftete Swann auch auf das Gesicht dieser Odette, die er noch nicht besessen und noch nicht einmal geküsst hatte, und die er so das letzte Mal sah, jenen Blick, mit dem man am Tage seiner Abreise eine Landschaft mit sich zu nehmen sucht, die man für immer verlässt. Er war so schüchtern ihr gegenüber, dass er – da dieser Abend, der damit begonnen hatte, dass er ihre Catleyas zurechtsteckte, damit endete, dass er sie besaß – [...]. (WS, S. 322f.)

Solche Diskontinuitäten sind in der Gestalt von Erinnerungslücken eine vertraute Erscheinung und verleihen so dem erzählten Text die Authentizität des Erinnerten, auch wenn sie natürlich in Prousts Roman nicht, wie meist im Alltag, von nur marginaler Bedeutung sind, sondern sich gerade durch die Aussparung der Hauptsache auf die Kompetenz des Lesers verlassen, rekonstruieren zu können, was nicht gesagt wurde – weil es eben deshalb auch nicht gesagt zu werden braucht –, und so einen wesentlichen Beitrag zur kommunikativen Bindung zwischen Erzähler und Leser leisten.

Der andere Typus des »blanc« besteht in einem unvermittelten Wechsel der Perspektive des Erzählers. Auch für diese Art chronologischer Diskontinuität sei das prägnante Beispiel nach Jauss zitiert, Marcels Reise nach Doncières:

> [...] mein Wille [reichte] nicht mehr aus, um zu beschließen, nicht nach Paris zurückzufahren und in der Stadt zu bleiben; aber auch nicht, um einen Träger daran zu hindern, meinen

Koffer zu nehmen und ihn zu einer Mietkutsche zu tragen, um nicht, indem ich hinter ihm herging, unversehens von dem Seelenzustand des Reisenden überrascht zu werden, der auf seine Sachen achtgibt und dem keine Großmutter zur Seite steht, um nicht mit der Unbeteiligtheit desjenigen, der nicht mehr weiß, was er will, und also wirkt, als wisse er, was er will, in den Wagen zu steigen, und um nicht dem Kutscher die Adresse der Kavallerie-Kaserne zu nennen. Ich nahm an, dass Saint-Loup diese Nacht in dem Hotel übernachten würde, in dem ich absteigen wollte, damit der erste Kontakt mit dieser unbekannten Stadt weniger beängstigend für mich sein würde. Ein Wachtposten ging los, um ihn zu suchen [...]. (WG, S. 92.)

In dieser Passage wird erst die Reise im Rückblick als Vergangenes erzählt, dann plötzlich zu einem möglichen Verhalten Saint-Loups in der Zukunft gesprungen, bevor die Ebene der erzählten Gegenwart mit dem Wachtposten etabliert wird, der sich auf die Suche nach Saint-Loup macht. Diese Auflösung der verrinnenden Zeit in eine Abfolge von Episoden, die wie Filmbilder Kontinuität erst durch ihre rasche Aufeinanderfolge entstehen lassen beziehungsweise vortäuschen, ist aus der Gedächtnisforschung[70] wie auch aus der Traumanalyse als Grundmuster jeglichen Erinnerns wohlbekannt – und übrigens auch der optischen Wahrnehmung (Fixation und Sakkade). Anders aber als das Alltagserzählen, das zwischen tatsächlich erinnerten Episoden mit Hilfe der Alltagser-

70 Siehe etwa Jean M. Mandler, *Storys, Scripts, and Scenes. Aspects of Schema Theory*, Hillsdale: Erlbaum, 1984. E. Hoerning, »Geschichten erzählen, Geschichten bilden«, in: Jürgen Straub (Hrsg.), *Erzählung, Identität und historisches Bewußtsein. Die psychologische Konstruktion von Zeit und Geschichte*, Frankfurt a. M.: Suhrkamp, 1998, S. 81–169.

fahrung interpoliert, um zu einer stimmigen Narration zu kommen, will Proust die tatsächliche Beschaffenheit des Erinnerns bloßlegen und verzichtet deshalb darauf, die Risse in seinem Bauwerk der Erinnerung zu verfugen. Ortega y Gasset[71] bemerkt dazu: »Es gibt in den Büchern Prousts keine Handlung, keine Dramatik, kein Fortschreiten. Sie setzen sich aus einer Reihe überaus reichhaltiger, aber statischer Bilder zusammen«, und verweist auf das »Ritardando«, das sich als Konsequenz aus diesem Kompositionsprinzip für den Leser ergibt: »Da wir aber von Natur aus Sterbliche, dynamische Wesen sind, interessiert uns nur die Bewegung. [...] Prousts Kunst wirkt auf unseren Drang zu handeln, uns zu bewegen und vorwärts zu streben, wie ein Zaum, der uns ständig zurückhält. Wir leiden wie ein Vogel, der in seinem Käfig immer an das Gitterwerk seines Kerkers stößt.« Vielleicht sollte man besser sagen: der an das Chorgitter in Prousts Kathedrale stößt.

Gegenüber dem langfristigen Hiatus und den kurzfristigen bzw. momentanen »blancs«, die vor allem die Textstruktur prägen, spielen jedoch die mittelfristigen Diskontinuitäten die entscheidende Rolle für das Verständnis des Welt- und Menschenbildes der *Suche*, die Veränderungen der Personen nämlich, die sich ja womöglich für die jeweilige Person selbst kontinuierlich vollziehen, für den Leser – und für Marcel – jedoch hinter unüberschaubaren Zeitsprüngen liegen. Léon Pierre-Quint[72] führt hierfür als besonders markantes Beispiel Swann an, den uns der Autor zu Beginn der *Suche* in einem ersten Tableau als Schoßkind der Aristokratie und Liebling der Frauen vorstellt, der seine jüdische Herkunft zu-

71 »Zeit, Distanz und Form in der Kunst Prousts«, in: José Ortega y Gasset, *Gesammelte Werke*, Bd. 1, Stuttgart: Deutsche Verlags-Anstalt, 1978, S. 530.

72 *Marcel Proust. Sa vie, son œuvre*, Paris: Kra, 1925.

mindest ignoriert und zum Opfer einer Liebes-Manie wird, dem wir dann aber nach einem Sprung von sechzehn Jahren im Umblättern als einem Vater und Gatten in spießigsten Verhältnissen wiederbegegnen, der sich in republikanischen Kreisen bewegt und von Marcels Vater als ein »ordinärer Aufschneider« apostrophiert wird, und den wir schließlich nach einem weiteren Sprung von fünf Jahren und einer längeren Textstrecke in einem finalen Tableau als vom Tod gezeichneten Mann sehen, der esoterischen Hobbies nachgeht und sich im übrigen auf seine jüdische Herkunft besonnen hat. Diese Bruchzonen zeigt auch das folgende Diagramm sehr anschaulich, in dem die Nummer des Vorkommens von »Monsieur Swann« oder von »Swann« ohne weitere Qualifikation gegen die Stelle des Vorkommens (Textlänge normiert auf 2600) aufgetragen ist. Zugleich demonstriert das Diagramm[73] eine weitere Eigenart der Proustschen Erzählweise, dass nämlich niemand abhandenkommt: Swann bleibt auch nach seinem Tod, der in *Sodom* S. 570 beiläufig erwähnt wird, dem Roman als Erinnerung erhalten:

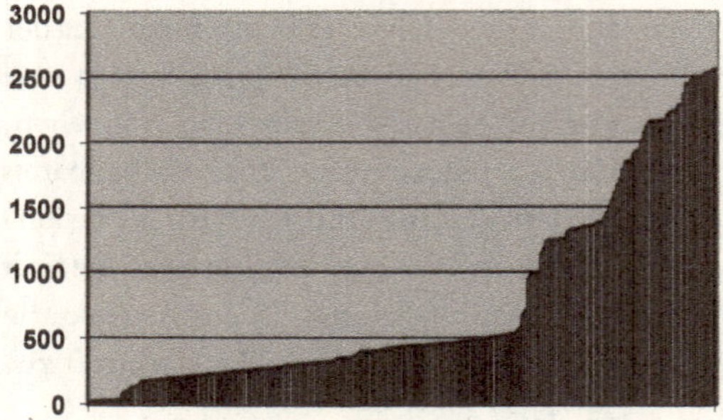

Monsieur Swann / Swann: 1330 Vorkommen

73 Je flacher der Verlauf der Kurve ist, desto häufiger kommt der Name in dem jeweiligen Textabschnitt vor.

Der erste Absatz, bei 500, der Übergang von *Mädchenblüte* I zu *Mädchenblüte* II, markiert das Ende des ›Swann-Romans‹, der zweite Absatz bei 1300 die Wiederbegegnung mit Swann am Ende von *Guermantes* (Besuch beim Herzog von Guermantes) und am Beginn von *Sodom* (Gast bei der Soiree der Prinzessin von Guermantes). Diesen Typus von ›intermittierender Anwesenheit‹, der sich in ähnlicher Weise in entsprechenden Diagrammen ausprägt, weisen fast alle Hauptpersonen auf, so besonders auffällig Odette, Charlus und Albertine, die bei jeder Wiederbegegnung neue überraschende Verhaltensweisen an den Tag legen, so dass der Erzähler aus guten Gründen zum Beispiel von einer »unzählbaren Albertine« spricht:

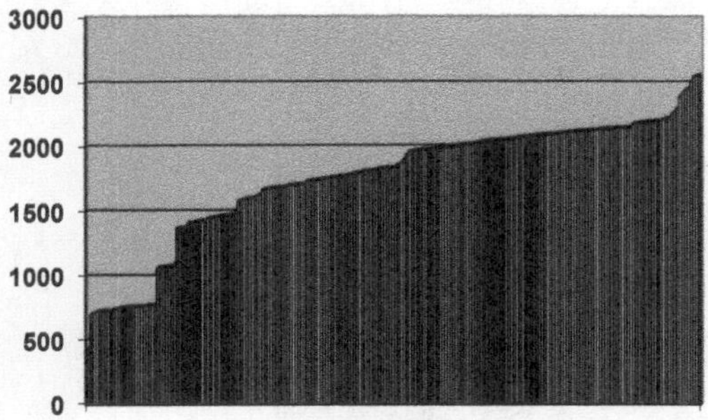

Albertine: 2424 Vorkommen

Das erste Plateau (bei 700) markiert die erste Bekanntschaft mit dem ambivalenten jungen Mädchen beim ersten Besuch in Balbec, das zweite, kürzere Plateau (bei 1100) die Wiederbegegnung mit Albertine als Frau und Geliebter Marcels, bevor (bei 1400) der eigentliche ›Albertine-Roman‹ um das undurchschaubare Objekt der Homosexualitätsobsession des Erzählers beginnt. Odette, die die Namen wechselt wie die Familie Saint-Loups (und sich deshalb auch nicht ohne weiteres in einem Diagramm vom obigen Typus darstellen lässt), beginnt in *Combray* II als Kokotte in Rosa auf Onkel Adolphes Schoß, tritt dann in *Swann* II als Odette de Crécy im bürgerlichen Salon Verdurin auf, hat in *Mädchenblüte* II einen Zwischenauftritt als Mademoiselle Sacripant, verkehrt in *Guermantes* als Madame Swann im Salon der aristokratischen, aber von der Aristokratie gemiedenen Madame de Villeparisis, unterhält in *Sodom* nach dem Tod von Swann als Madame de Forcheville selbst einen der glänzendsten Salons von Paris, den selbst die Herzogin von Guermantes nicht mehr ignorieren kann, und kehrt schließlich in der *Wiedergefundenen Zeit* als Geliebte des Herzogs von Guermantes mehr oder weniger zu ihren Ursprüngen zurück.

Françoise dagegen zieht sich nach anfänglicher Prominenz in den Hintergrund einer unauffälligen, aber zuverlässigen Anwesenheit zurück, die um die statistische Mittellinie pendelt:

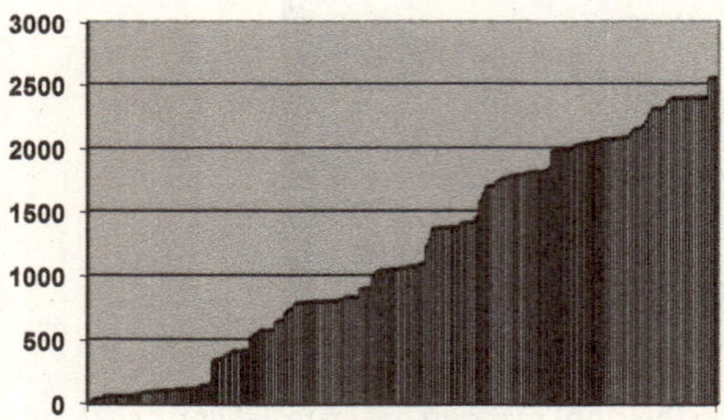

Françoise: 796 Vorkommen

Die psychologischen Entwicklungen, die von einem Zustand der handelnden Personen zum nächsten geführt haben dürften, müssen vom Leser rekonstruiert werden, wobei ihm zwar der Erzähler mit seinen eigenen Analysen zu Hilfe kommt, jedoch auch immer der Zweifel bleibt, ob diese Rekonstruktionen denn auch wirklich zutreffen. Dies führt Proust höchst eindringlich am Beispiel der Inquisitionen durch, denen Marcel Albertine unterwirft, die ja aber auch lügen mag, und der Detektivarbeit, die Marcel in E unternimmt, um der Vergangenheit der nun toten Albertine doch noch auf die Spur zu kommen, wobei ihm aber nie wirklich klar sein kann, inwieweit denn seine Quellen verlässlich sind. Es ist daher kaum überraschend, dass sich das Wort »doute« (»Zweifel«) sowohl alleinstehend wie auch in der adverbialen Fügung »sans doute« (»zweifellos«, »ohne Zweifel« usw.) in der *Suche* (knapp 1 Million Wörter) etwa doppelt so häufig findet (0,3 ‰ bzw. 0,7 ‰ der Wörter) wie bei den beiden großen Vorbildern Prousts, Flaubert und Balzac, deren *Madame Bovary* bzw. *Splendeurs et misères des courtisanes* als Vergleichstexte herangezogen wurden (beide 0,15 ‰ bzw. 0,33 ‰).

Obwohl durch die beschriebene Schnitttechnik Prousts Figuren in eine Fülle von Einzelaspekten zerlegt werden – Ortega y Gasset spricht von psychologischem Pointillismus, naheliegend wäre freilich auch die Assoziation zu Picassos Multiperspektivismus der dreißiger Jahre –, bleibt ihre Identität durch das Band ihrer sprachlichen Idiosynkrasien bewahrt. Dem genauen Gehör Prousts und vor allem seinem Talent zur Nachahmung, der Persiflage oder, in geschriebener Form, dem Pastiche, verdankt die *Suche* eine Reihe ihrer hinreißendsten Passagen, so etwa das Diner Norpois zu Beginn von *Mädchenblüte* I, das Diner Bloch für Marcel und Saint-Loup in *Mädchenblüte* II oder den Goncourt-Pastiche zu Anfang von *Zeit*, der zugleich ein Proust-Pastiche ist, wie übrigens auch Albertines sprachliche Ekstase über Gemüse und Eiscrème zu Beginn der *Gefangenen*. In der Summe aber verleiht diese geradezu psychoanalytische Beobachtung des Sprachverhaltens der *Suche* die Anziehungskraft, die von dem Text ausgeht, denn eben deshalb erscheinen die einzelnen Akteure des Romans schon bald nach ihrer Einführung so vertraut wie alte Freunde, deren Sprachmarotten man kennt, einzuschätzen und zu schätzen weiß – weil eben gerade die wechselseitige Anerkennung von Sprachspielen oder -spielereien, die stillschweigende Vereinbarung, die hinter der Akzeptanz steht, zu den stärksten Faktoren des »Bonding« zählt. Swanns Zitierintonationen, Saint-Loups überbetonte Modeausdrücke, die exaltierte Musikkritik der Madame Verdurin, die Insistenz der Madame de Gallardon auf ihren »Cousins, den Guermantes«, die Schnitzer des Hoteldirektors in Balbec, das verlegene Gemurmel Saniettes, der kindische Sarkasmus übertriebener Anlautung, in dem sich die Antipoden Albert Bloch und Herzogin von Guermantes mit ihrem »LLLLegrandin« bzw. »KKKKultur« einig sind, die Unsicherheit dagegen in Françoise' mehrfacher Anlautung von »Bbboches«, und die Insolenz schließlich in Charlus' geplappertem »B« von »Bourgeois« – das alles kennt man; aber man erkennt es jeweils auch wieder, denn diese scheinbaren Unwesentlichkeiten bilden die eigentlichen Konstanten der Personen in ihrem Wandel nicht nur im Leben, sondern eben auch in der *Suche.* Alte Klassenkameraden erkennt man oft erst wieder, wenn sie den Mund aufmachen.

Die »Suche« und ihre Zeit

»Die Belle Époque ist jetzt; eine Epoche, in der die kleinsten Sachen einen Haufen Geld kosten und in der ein Haufen Geld keine große Sache ist.« (Pierre Dac, *Y'a du mou dans la corde à nœuds!*, S. 859.)

Proust lebte in einer aufregenden Zeit, in der der Fortschritt der Technik die erfahrbare Außenwelt rapide erweiterte; die Fülle neuer Erfahrungen, die damit möglich wurde, führte zunehmend deutlich die Relativität tradierter Positionen vor Augen und ermöglichte so ein neues Denkparadigma, das die Erfahrung der Welt nicht mit Hilfe vorgegebener, allgemeingültiger Gesetzmäßigkeiten zu erklären sucht, sondern umgekehrt solche allgemeingültigen Gesetzmäßigkeiten aus der Erfahrung der Welt zu gewinnen trachtet. Die Erweiterung der erfahrbaren Welt findet wohl ihren prägnantesten Ausdruck im Aufblühen des Kolonialhandels nach der Aufteilung der Welt im Vertrag von Berlin 1885 und des Kolonialtourismus um die Jahrhundertwende – Thomas COOK eröffnete bereits 1872 ein Büro in Kairo, und belgische Reisebüros boten mindestens seit 1910 Vergnügungsreisen in den Kongo an –, dessen bizarre Umkehrung Proust mit seinem Hinweis auf die »Völkerschau« bei der Pariser Weltausstellung 1900 vor Augen führt. Zudem ermöglichten es die verbesserten Kommunikationstechniken den Zeitungen, ihre Berichte und insbesondere ihre Rubrik »Sonstiges« auf »Sonstiges aus aller Welt« zu erweitern und die Leser mit Exotika wie den siamesischen Zwillingen oder der madegassischen Aristokratie zu erfreuen, auf die Proust ebenfalls in Nebensätzen verweist.

Proust am Volant; daneben sein Chauffeur Odilon Albaret

Zeichnung Prousts. »(Pastiche eines Textes von Caran Dache) I[1] Mit den Reifen von Michelin können der unerschrockene Sportsmann und seine zarte Verlobte 50 pro Stunde fahren und die ausgestreckte Position bewahren, die man heute in allen Sanatorien praktiziert.«

Technik

In der folgenden Liste technischer Meilensteine, die die Ablösung einer auf absoluten Wahrheiten insistierenden Weltsicht durch ein relativistisches Denkparadigma begünstigten, gebe ich nur solche Neuerungen an, die in der *Suche* direkt oder indirekt Erwähnung finden. Den rasanten technischen Fortschritt zu Ende des 19. Jahrhunderts verdeutlicht der Historiker Norman Davies[74] am Beispiel von Henry James: 1895 legte er sich elektrische Beleuchtung zu, 1896 ein Fahrrad und 1897 eine (mechanische, alas!) Schreibmaschine.

1855 Erste Pariser Weltausstellung.

1867 Zweite Pariser Weltausstellung. Die Maison MICHAUX verkauft das erste **Fahrrad** mit Pedalantrieb; 1870 wurden die »Penny-Farthing«-Fahrräder mit einem großen Frontrad und einem kleinen Stützrad zu einem teuren Sport der Bourgeoisie, die damit den Bois de Boulogne unsicher machte. 1885 wurde dann das Fahrrad modernen Zuschnitts mit Sitz zwischen zwei gleich großen Rädern und Kettenantrieb erfunden, und 1888 der Luftreifen dazu. Nachdem um 1890 durch die industrielle Produktion die Preise hinreichend gesunken waren, um das Fahrrad zu einem Mobil für alle zu machen, kam es in Frankreich zu einer »folie de la bicyclette«, von der auch Prousts zahlreiche Radfahrerinnengruppen im Bois Zeugnis ablegen und die die Damenmode hin zu einem sportlichen Typus revolutionierte. 1889 wurde das *Vélodrome d'Hiver* in der Nähe des Eiffelturms eröffnet und 1890 zwei Rennstrecken etabliert, Bordeaux–Paris und Paris–Brest–Paris, sowie 1903 die Tour de France. 1890 wurde der Touring-Club de France ausdrücklich als Verein zur Förderung des Fahrradtourismus gegründet. Zu dieser Zeit kam auch der »pédard« auf, der junge Student oder Künstler (Alfred JARRY war anscheinend notorisch), der mit überhöhter Geschwindigkeit Fußgänger in die Flucht schlägt ganz im Geiste

74 *Europe. A History*, London: Pimlico, 1997, S. 781.

Albertines, des Schreckens von Balbec. Den ersten literarischen Auftritt hatte das Fahrrad vermutlich im *Canard sauvage* vom 11. April 1903 mit Alfred JARRYS Passionsparodie über den »Kreuz(es)rahmen« (»cadre à croix«).

1873 untersucht Ernst ABBE die physikalischen Grundlagen des Licht**mikroskops**, durch die die Herstellung von Geräten von bislang ungekannter Präzision und Auflösung ermöglicht wird, denen eine Flut medizinischer Erkenntnisse zu verdanken ist, nicht zuletzt die Entdeckung des Mechanismus der Mitose und der Chromosomen 1875 durch Walther FLEMMING, deren Bedeutung für die Vererbung WEISMANN 1880 und BOVERI 1904 aufzeigten. Weitere medizinische Durchbrüche, die der verbesserten Mikroskopie zu verdanken sind, folgten 1885 mit PASTEURS Entdeckung des Tollwutbazillus und 1894 mit YERSINS Entdeckung des Pestbazillus. Das damit geschärfte Bewusstsein für öffentliche Hygiene, ein Gebiet, auf dem Prousts Vater Adrien Spezialist war, führte zu dem Abwassergesetz von 1894, das die Einleitung von Regenwasser oder Haushaltsabwässern in die Seine verbot.

1876 wurde von G. BELL das **Telefon** erfunden. 1879 erfolgte die Gründung der Société Générale des Téléphones, die 1880 die erste Telefonleitung in Paris installierte und 1890 zehntausend Abonnenten in Frankreich hatte. 1897 wurde die Regelung eingeführt, dass man nach dem Gesprächspartner nicht mehr mit seinem Namen fragt, sondern mit seiner Nummer, was auf eine gewisse Vergrößerung der Teilnehmerzahl deutet. Noch bis 1928 wurde in Paris handvermittelt. Marcel telefoniert 1898 mit seiner Großmutter, als die Prousts allerdings noch keinen Anschluss hatten; Robert Proust jedoch hatte mindestens ab 1901 Telefon in seiner Wohnung. Die Präsentation des »kleinen akustischen Apparats« bei der Weltausstellung von 1889 wird in SG S. 713 erwähnt.

1877 Erfindung des **Grammophons** durch EDISON. Auf der Weltausstellung 1900 gewann die Fa. PATHÉ einen Grand Prix für den mit Wachszylindern gesteuerten Phonographen »Le Gaulois«, der auch für Aufnahmen geeignet war; das Gerät konnte auf Kredit erworben werden, was seiner Popularisierung gewaltigen Auftrieb verschaffte. Die **Schallplatte**, die bereits 1881 patentiert worden war und auf die die Gramophone & Typewriter Company setzte, lief jedoch bald wegen ihrer leichteren Reproduzierbarkeit dem Zylinder den Rang ab. Die Bemerkung des Erzählers in WS über die Stimme der geliebten Mutter, die man vom Grammophon hört, dürfte sich auf ein Zylinder-Gerät beziehen, da die Plattenspieler über keine Aufnahmemöglichkeit mehr verfügten.

1878 Erfindung der elektrischen **Glühbirne** durch EDISON und SWAN. Eine größere Verbreitung fand die Elektrizität allerdings erst ab 1886, nachdem WESTINGHOUSE das Problem ihres Transports über größere Entfernungen gelöst hatte. Im gleichen Jahr installierte die Gemeinde Bourganeuf en Creuse die erste elektrische Straßenbeleuchtung in Europa, und 1888 fuhr die erste »Elektrische« in den Straßen von Paris. Der Durchbruch in den Privatkonsum gelang der elektrischen Beleuchtung allerdings erst, nachdem bereits ein Netz zur Versorgung öffentlicher Einrichtungen, insbesondere auch der Theater, entstanden war; einen Wendepunkt bildete hier die Weltausstellung 1900 mit ihrem »Palais de l'Électricité«. Bereits 1889 war Paris in sechs Versorgungszonen aufgeteilt worden, von denen das Gebiet um die Champs-Élysées an die von Madame Verdurin mit der Elektrifizierung ihres Hauses beauftragte *Société Mildé et Fils* fiel (s. SJM I; ca. 1905).

1879 Das **Rohrpost**system der Pariser Verwaltung wird der Öffentlichkeit zugänglich gemacht (der Betrieb wurde 1984 eingestellt). Die blaugrauen Vordrucke haben den Rohrpostbriefen den Namen »Petit bleu« eingetragen.

1879 begann die industrielle Produktion der fotografischen Trockenplatte, die es erst ermöglichte, die **Fotografie** vom Labor zu trennen. In der Folge entstanden überall in Europa Fotoateliers, darunter in Paris das 1883 gegründete Atelier OTTO, bei dem sich in G Odette fotografieren lässt und aus dem die meisten der bekannten Proust-Porträts stammen, und 1897 in Marseille das Atelier NADAR, dem wir ein Großteil der Aufnahmen vom Paris der Belle Époque verdanken; Nadar veröffentlichte 1900 eine Autobiographie *Quand j'étais photographe*, zu der Léon DAUDET ein Vorwort schrieb. Aber erst die Entwicklung des Rollfilms und der industriell gefertigten Kamera »Kodak Nr. 1« in Verbindung mit dem Aufbau eines Entwicklungsdienstes im Jahr 1888 erschloss breitere Märkte, auch wenn damals 120 Mark für die Kamera noch viel Geld war. 1900 wurde anlässlich der Weltausstellung ein großer Wettbewerb veranstaltet, für den Aufnahmen von der Ballonwettfahrt im Parc d'aérostats bei Vincennes einzureichen waren. 1903 wurde die Farbfotografie von den Brüdern LUMIÈRE entwickelt und ab 1907 vermarktet; diese Technik arbeitete jedoch ohne Negative und ließ damit keine Vervielfältigung zu. Die erste 35-mm-Kleinbildkamera, die »Cent-Vues«, wurde 1910 von dem Franzosen Étienne MOLLIER auf den Markt gebracht, war jedoch kein großer Erfolg. Die hundert Bilder, die die recht handliche Kamera machte, mussten wie Dias projiziert werden.

1884 wurde das erste, allerdings noch mit Dampf betriebene **Automobil** von der französischen Firma DE DION-BOUTON in den Handel gebracht. 1886 baute DAIMLER-BENZ die ersten benzingetriebenen Fahrzeuge, denen in Frankreich 1891 PANHARD & LEVASSOR mit Fahrzeugen mit Lizenzmotoren von DAIMLER folgte und 1895 PEUGEOT mit eigenen Fahrzeugen und Motoren. Der *Tout Paris* von 1909 verzeichnet knapp über 430 Privatkennzeichen für Frankreich, 1918 knapp 2400. Die vom Erzähler bevorzugte Marke ROLLS-ROYCE nahm 1903 die Produktion auf; bis 1906 wurden 49 Exemplare der beiden ersten Typen gebaut. Von dem Nachfolgemodell, dem berühmten Silver-Ghost mit seiner 7-Liter-Maschine, der auch sicherlich Albertines Herz erfreut hätte, wurden 6220 Stück zwischen 1907 und 1910 hergestellt, wobei ROLLS-ROYCE nur die Chassis verkaufte und den Karosseriebau in der Regie des Kunden beließ.

1884 stellten Charles RENARD und Arthur H. C. KREBS in Chalais-Meudon das erste lenkbare **Luftschiff** fertig, »La France«; es wurde mit einem Elektromotor angetrieben. 1899 umrundete Alberto SANTOS-DUMONT mit seinem von einem Benzinmotor angetriebenen Luftschiff den Eiffelturm. Die folgenden Jahre sahen einen regen Luftschiffbau in Frankreich; Adolphe CLÉMENT gelang 1910 die Überquerung des Ärmelkanals mit einem Luftschiff aus seiner eigenen Baureihe, 1919 die Atlantiküberquerung mit einem britischen Nachbau des Zeppelins. Graf ZEPPELIN startete seinen Luftschiffbau 1900, und 1910 begann der Passagiertransport mit seinen Apparaten. Gleichzeitig wurde auf dem Gelände des heutigen Flughafens Berlin-Tegel die Verwendungsfähigkeit der Zeppeline und konkurrierender Modelle auch im Landkrieg erprobt, während andere Nationen die Luftschiffe nur für marinetauglich ansahen. Während des Ersten Weltkrieges kamen insgesamt rund 400 Luftschiffe zum Einsatz; die »Zeppeline«, die Marcel und Saint-Loup über Paris sahen, waren jedoch wahrscheinlich SCHÜTTE-LANZ-Modelle, die vom Militär wegen einiger technischer Neuerungen bevorzugt wurden.

1886 Der »Train Bleu« von Paris (Gare du Nord 23:40) über Ventimiglia (20:36) nach Rom wird eröffnet, eine der ersten internationalen **Eisenbahn**verbindungen, die Norpois für seine Pendelfahrten Paris–Rom in E benutzt haben muss (36 Stunden Fahrtdauer). – »Le Train Bleu« ist auch ein Ballett 1924 von Serge DIAGHILEVs Ballets Russes; Choreographie Bronislava Nijinska, Text Jean Cocteau, Kostüme Coco Chanel, Bühnenbild Pablo Picasso.

1888 nahm KODAK die Produktion des Rollfilms auf, der seinerseits erst die Erfindung des **Kinetoskop**s 1891 ermöglichte, ein Standgerät, in dem kontinuierlich eine Endlosschleife von belichtetem Rollfilm unter einer umlaufenden Schlitzblende vor der Betrachterlinse entlanggeführt wurde. Der Apparat wurde erstmals in Frankreich 1894 in Paris vorgeführt, konnte sich aber nicht mehr im gleichen Maße durchsetzen wie in den USA, denn MAREY hatte bereits 1893 seinen Filmprojektor vorgeführt, dessen Technik 1895 das Feld eroberte, wenn auch in der Variante der Brüder LUMIÈRE, die ein Jahr lang im »Salon Indien« des *Grand Café* am Boulevard des Capucines Filmvorführungen veranstalteten. Nach einer Brandkatastrophe in einem Pariser Kino 1897 kam das Filmgeschäft zum Erliegen, bis es 1908 mit *L'Assassinat du Duc de Guise*, einem eineinhalbstündigen Historienfilm von André Calmettes, neuen Aufschwung nahm und dank seines Sujets auch in den höheren Gesellschaftsschichten Resonanz fand. Kinofilme kommen in der *Suche* nur einmal zur Sprache, als Marcel 1916 durch das verdunkelte Paris läuft.

Einen Vorläufer des Kinetoskops stellt das **Stereoskop** dar, dessen Prinzip zwar schon alt ist, das aber neue Popularität gewann, nachdem David BREWSTER 1849 die Zweiobjektiv-Kamera entwickelt hatte. 1880 entwickelte August FUHRMANN einen Rundlauf-Stereobetrachter, das sogenannte Kaiserpanorama, das um 1900 in öffentlichen Salons vorgeführt wurde und sich zu einem populären Massenmedium in Mitteleuropa entwickelte. Als Marcel und Saint-Loup etwa im Jahr 1897 die Familie Bloch besuchen, ohne jedoch das Stereoskop zu sehen zu bekommen, bot Underwood Serien mit stereoskopischen Aufnahmen aus dem türkisch-griechischen Krieg an sowie Reisefotografie-Serien aus dem Nahen Osten mit Titeln wie *Palestine Through the Stereoscope* oder *Traveling in the Holy Land Through the Stereoscope.*

1889 Vierte Pariser Weltausstellung. Fertigstellung des **Eiffelturms**, der zur Einweihung mit Gaslichterketten erhellt wurde. Im Ersten Weltkrieg wurde er für die Öffentlichkeit gesperrt und militärisch genutzt. Die Anbringung von Flakscheinwerfern, wie sie in WZ erwähnt werden, ließ sich nicht verifizieren.

1890 Erster motorisierter Flug: die dampfgetriebene »Éole III« von Clément ADER, ein fledermausähnlicher Apparat, der sich jedoch nicht steuern ließ, überwand eine Distanz von 50 m und weckte damit in Frankreich ein reges öffentliches Interesse am **Flugzeug**bau: 1898 wurde der *Aéro-Club de France* gegründet. Den ersten erfolgreichen Flug mit einem motorgetriebenen, steuerbaren Flugkörper, der schwerer war als die Luft, unternahmen die Brüder WRIGHT 1903 in den USA, wo sie jedoch auf nur geringes Interesse stießen; in Frankreich war der Boden besser vorbereitet: erst die Demonstrationsflüge der Brüder 1908 in Auvours (Sarthe) verhalfen ihrer Erfindung zum Durchbruch. Dass in SG ein Flugzeug Marcel erschreckt oder dass Marcel und Albertine in G Motorflugzeuge besichtigen, ist bei der oben skizzierten längeren Chronologie der *Suche* immerhin knapp möglich – allerdings bleiben die »stählernen Schwingen« in SG auch dann ein Anachronismus: das erste Metallflugzeug flog der Rumäne Aurel VLAICU 1912, und auch nur 1000 m weit. Der erste organisierte Flughafen wurde 1909 in Viry-Châtillon bei Paris angelegt, dem Vorläufer des heutigen Flughafens Paris-Orly; 1910 wurde das Aérodrome de Vélizy-Villacoublay gegründet mit der ersten Pilotenschule. Prousts Freund und Sekretär Alfred AGOSTINELLI besuchte 1913 als »Marcel Swann« die Pilotenschule der Brüder GARBERO in Antibes und stürzte im Mai 1914 mit seinem Flugzeug ab.

1890 begann die *Société Générale des Téléphones* per Telefonleitung Opernwerke stereophon aus Paris zu übertragen; der Luftfahrtpionier Clément ADER hatte dafür spezielle Aufnahmetechniken wie auch Kopfhörer entwickelt. Proust war Abonnent dieses sog. **Theatrophons**, das ab 1920 von dem sich ausbreitenden Hörfunk (erstes Rundfunkkonzert am Eiffelturm 1921) zunehmend verdrängt und 1932 eingestellt wurde.

1894 Erste drahtlose **Telegraphie**; die Berliner Wellenkonferenz 1903 ermöglichte den Aufbau internationaler Telegraphie-Verbindungen und damit Gilbertes Telegramm an Marcel in Venedig. Saint-Loups Telegrammwechsel mit Rachel zwischen Paris und Doncières mag jedoch noch per Draht erfolgt sein; 1863 verfügte Frankreich über ein Netz von 28 000 km Telegraphieleitungen mit 1022 Ämtern.

1895 baute E. S. VOTEYS »Aeolian Company« (Chicago) die ersten **Pianolas**, die ab 1899 auch in Europa vertrieben wurden. Es handelte sich dabei um mit Blasebälgen angetriebene und mit Lochstreifen gesteuerte Geräte, die an ein normales Klavier gestellt wurden und mit Holzfingern auf der Tastatur spielten (anfangs 65, später 88 Noten). An der Vorderseite befanden sich verschiedene Regler und Pedale, mit denen die »Pianolistin« Albertine unter anderem die Durchlaufgeschwindigkeit der Notenrolle sowie die Laut-und-leise-Funktion für Bass und Diskant steuern konnte. Diese sog. »Handbetonung« erforderte allerdings noch immer erhebliche musikalische Fähigkeiten des Spielers. Bei späteren Geräten war der ganze Mechanismus bereits in ein Klavier eingebaut; Marcel dürfte jedoch ein Anstell-Pianola besitzen, da er in G Noten auf dem Klavier liegen hat. Notenrollen konnten ausgeliehen werden.

1895 Conrad RÖNTGEN weist die nach ihm benannten **Röntgenstrahlen** nach, die in WS erwähnt werden. Sie traten gewissermaßen aus dem Stand einen Siegeszug um die Welt an. Noch im selben Jahr wurde Röntgenfotografie zur Diagnose in der Zahnheilkunde eingesetzt, und 1897 eröffnete Antoine BÉCLÈRE in Paris die erste radiologische Klinik. In seinem Vorwort vom 21. April 1896 zu Prousts *Les Plaisirs et les Jours* vergleicht Anatole France die Einfälle des Dichters mit einem »Blitz, der wie der Strahl des deutschen Arztes die Körper durchdringt«.

1898 Entdeckung des **Radiums**, das in WZ erwähnt wird, durch Pierre und Marie CURIE. Das krebsfördernde, stark radioaktive Metall wurde anfangs als Krebsheilmittel eingesetzt und noch bis in die dreißiger Jahre als Leuchtmittel (in Uhren z.B.) verwendet. Bad Kreuznach, in dem Proust mit seiner Mutter 1895 und 1897 einen Urlaub verbrachte und dessen Umland der Prinz von Faffenheim-Munsterburg-Weinigen seinen Wohlstand verdankt, war vor dem Ersten Weltkrieg eines der führenden Radium-Solbäder. Robert Proust war übrigens Assistent bei Madame Curie.

1900 Fünfte Pariser Weltausstellung, die im Zeichen der Elektrifizierung steht. Mildé gründet seine Elektrofirma in der Rue du Faubourg Saint-Honoré.

Wissenschaft

Nicht minder gravierend war jedoch der Umsturz im wissenschaftlichen Weltbild, den die Relativierung von Erkenntnis auf die Wahrnehmung des Subjekts nach sich zog. Der spektakulärste Fall war hier natürlich EINSTEINS Relativierung 1905 (*Zur Elektrodynamik bewegter Körper*) der NEWTONschen Physik auf den Beobachterstandpunkt (mit anschließender Verallgemeinerung auf alle Beobachterstandpunkte), die der Vorstellung von einem absoluten Raum und einer absoluten Zeit ein Ende setzte. Die mathematische Ausformulierung der speziellen Relativitätstheorie durch MINKOWSKI 1909 zeigte darüber hinaus, dass auch unsere naive Vorstellung vom Raum als euklidisch nicht den physikalischen Gegebenheiten genügen kann. Soweit jedoch Prousts Konzept von der Zeit als einer vierten Dimension überhaupt auf naturwissenschaftliche Anregungen zurückgehen sollte, wäre hier eher der bedeutende französische Physiker und Mathematiker Henri POINCARÉ als Quelle zu vermuten, wobei Paul Valéry als Vermittler fungiert haben dürfte; Valéry hatte bei Poincaré studiert und war mit Proust gut bekannt.

Der Welle-Teilchen-Dualismus schließlich, den EINSTEIN in einem Vortrag von 1909 beschrieb (*Über die Entwicklung unserer*

Anschauungen über das Wesen und die Konstitution der Strahlung), verdeutlichte noch weiter, dass auch die dingliche Natur keine schlichte Vorgegebenheit ist, sondern sich uns in verschiedenen Gestalten je nach der Frage zeigt, die wir ihr stellen. Der Glaube an den festen Boden unter unseren Füßen war jedoch schon 1896 von Henri BECQUEREL durch seine Entdeckung des radioaktiven Zerfalls erschüttert worden und dann weiter erodiert durch EINSTEINs Äquivalenzprinzip 1905, dem zufolge Materie lediglich als eine andere Erscheinungsform von Energie aufzufassen ist, und umgekehrt.

Anfangs zwar weniger spektakulär, aber nicht minder einschneidend war FREUDs Relativierung ab 1899 (*Die Traumdeutung*) geistig-seelischen Geschehens und insbesondere geistig-seelischer Störungen auf die Lebensgeschichte des jeweiligen Individuums. Freuds bahnbrechende Ideen wurden in Frankreich schon früh in der Fachwelt diskutiert, so bezieht sich etwa CHARCOT schon 1896 auf einen Aufsatz seines ehemaligen Hospitanten Freud. Eine zumindest kursorische Zurkenntnisnahme durch Proust dank der Vermittlung über seinen eigenen Vater, der als Arzt mit Charcot gut bekannt war, über den Vater von Prousts engem Bekannten Jacques-Émile BLANCHE, einen berühmten Nervenarzt, sowie über Prousts Therapeuten Paul SOLLIER ist also nicht auszuschließen. Eine erste französische Übersetzung eines Aufsatzes von Freud erschien 1913 (*L'Intérêt de la psychanalyse*); eine breitere Diskussion Freuds begann in Frankreich jedoch erst mit dem systematischen Erscheinen der Übersetzungen des Gesamtwerks ab 1922 und insbesondere der Übersetzung der *Traumdeutung* 1925 (*L'Interprétation du rêve*). Umgekehrt hat aber Freud Proust gelesen: »In einer vertraulichen Mitteilung an Marie Bonaparte vom 4. Januar 1926 berichtet Freud, wie enttäuschend für ihn die Lektüre von *Du côté de chez Swann* gewesen sei: »Ich glaube nicht, dass Prousts Werk von Bestand sein wird. Und dieser Stil! Immer will er in die Tiefen hinabsteigen und beendet niemals seine Sätze.«[75]

Siehe auch weiter unten den Abschnitt zu Bergsons und Einsteins Diskussion der Zeit.

1871 In seiner epochemachenden Schrift *The Descent of Man and Selection in Relation to Sex* aus dem Geburtsjahr Prousts bereitete DARWIN dem Neorelativismus den Boden, indem er die **Evolution** der Arten nicht mehr, wie noch die Theologie, auf ein von außen vorgegebenes Ziel ausrichtet, noch auch, wie der Materialismus, auf einen zwangsläufigen inneren Mechanismus zurückführt, sondern vielmehr als das Ergebnis einer Abfolge von besten Lösungen beschreibt, die aber immer nur »beste« sind relativ zu den jeweils vorhandenen Bedingungen in einer ebenfalls der Evolution unterworfenen Umwelt.

1874 publizierte CANTOR seine **Mengenlehre**, die allerdings zu Anfang noch mit Widersprüchen behaftet war und deshalb erst nach 1908 die gebührende Beachtung fand, nachdem RUSSELL sie axiomatisiert und auf dieser Grundlage die Widersprüche beseitigt hatte. Das Russellsche Vorbild führte zu einer Axiomatisierungswelle in der Mathematik, durch die sich das Verständnis mathematischer Theorien als formalisierter Weltbeschreibungen hin zu einem systemtheoretischen Denken wandelte, dem zufolge mathematische Aussagen stets nur relativ zu den jeweils zugrundeliegenden Axiomen Gültigkeit beanspruchen können. Hierin liegt sicherlich eine weitere Quelle für das Aufblühen eines Neorelativismus im Vorfeld der Jahrhundertwende.

1875 Der Biologe Walther FLEMMING entdeckt die **Chromosomen**, deren genetische Funktion der Begründer der Entwicklungsbiologie August WEISMANN 1887 aufklärt.

1879 Louis PASTEUR entdeckt das Prinzip der **Impfstoffe** und führt 1885 die erste Tollwutimpfung durch.

75 Elisabeth Roudinesco, »Freud et Proust, parallèle impressionniste«, in: *Le Monde*, 8. Juni 2012.

1886 Heinrich HERTZ entdeckt den **photoelektrischen** Effekt und legt damit die Grundlagen für Einsteins Theorie des Lichts.

1892 Hendrik Antoon LORENTZ postuliert das **Elektron**, dessen experimenteller Nachweis 1897 Joseph John THOMPSON gelingt. 1899 entwickelt Henri POINCARÉ auf der Grundlage von HERTZ' und LORENTZ' Arbeiten eine elektrodynamische Theorie (*La Théorie de Maxwell et les oscillations hertziennes*), von der entscheidende Impulse für Einsteins Theorie bewegter Ladungen ausgegangen sind, insbesondere der Ansatz eines vierdimensionalen Bezugssystems. In *La Science et l'hypothèse* (1902) führt Poincaré die Grundlagen der Physik auf die Wahrnehmungsfähigkeit des handelnden Subjekts zurück und bereitet so den Boden für eine physikalische Weltbeschreibung vom Beobachterstandpunkt her vor, wie sie die Relativitätstheorie und die moderne Quantentheorie kennzeichnet. (»Es gibt keinen absoluten Raum, und wir begreifen nur relative Bewegungen« und »Es gibt keine absolute Zeit [...]. Wir haben keine Anschauung von der Gleichzeitigkeit zweier Ereignisse«, S. 91 f. der dt. Übers. von 1904.)

1900 Max PLANCK formuliert die **Quantenhypothese** (*Zur Theorie des Gesetzes der Energieverteilung im Normalspektrum*), der zufolge Energie nur diskrete Werte annehmen kann, ein Ansatz, den EINSTEIN 1905 auf das Licht anwendet und damit die Quantentheorie begründet.

1900 Sigmund FREUD begründet mit der *Traumdeutung* die **Tiefenpsychologie** und zeigt damit einen Weg auf zu einer empirischen Erforschung des Unbewussten.

1903 Iwan Petrowitsch PAWLOW beschreibt den konditionierten Reflex und untersucht die damit zusammenhängenden Prozesse im zentralen Nervensystem. Er schuf damit den Ausgangspunkt für die moderne **Verhaltensforschung** und für bestimmte Lerntheorien.

1905 Annus mirabilis: EINSTEIN publiziert vier wegweisende Arbeiten zur speziellen **Relativitätstheorie** und zur Quantentheorie.

1907 PICASSO schafft das erste **kubistische** Gemälde, die später so genannten *Demoiselles d'Avignon*, in dem sich mehrere Betrachtungsaspekte überlagern, die sich als zeitliche (Bewegung des Modells) und/oder als räumliche (Verlagerung des Betrachterortes) Wahrnehmungsalternativen deuten lassen; Arthur I. MILLER (*Einstein, Picasso. Space, Time, and the Beauty that Causes Havoc*, New York: Basic Books, 2001) sieht es deshalb vor allem als das erste relativistische Gemälde an. Proust charakterisiert die Begegnung Marcels mit der kleinen Mädchenbande in Balbec sowie ihre »Umkehrung« in verwandten Begriffen: »diese Züge hatte ich noch nicht mit irgendeinem dieser jungen Mädchen unlösbarer verknüpft als mit irgendeinem anderen von ihnen; und wenn ich (in der Reihenfolge, in der sich dieses Zusammenspiel entfaltete, das so wundervoll war, weil darin die verschiedensten Aspekte dicht beieinander lagen, die ganze chromatische Skala darin zusammengefasst war, aber doch so unbestimmbar wie ein Musikstück, in dem ich die Phrasen im Augenblick ihres Vorüberrauschens nicht herauszulösen und wiederzuerkennen vermocht, sie wahrgenommen und gleich wieder vergessen hätte)« (SJM, S. 496), und »außer dem Kuss können nur sie [die Techniken der Fotografie] aus dem, was wir für ein Ding mit festgelegtem Aspekt gehalten hatten, die hundert anderen Dinge auftauchen lassen, die es ebenfalls ist, denn jedes davon ergibt sich aus einer gleichermaßen legitimen Perspektive« (WG, S. 493).

1912 Alfred WEGENER vermag mit Hilfe seiner Theorie der **Kontinentalverschiebung** die Ähnlichkeiten zwischen weit voneinander entfernt lebenden Tier- und Pflanzenarten in plausibler Weise als Ausdruck von Verwandtschaften zu erklären.

1913 Nils BOHR stellt sein noch heute maßgebliches quantentheoretisches **Atommodell** vor.

1918 **Atomspaltung** durch Ernest RUTHERFORD.

1922 6. April Henri BERGSON und Albert EINSTEIN führen in der Société française de philosophie ein Streitgespräch über das Problem der **Zeit** aus philosophischer bzw. physikalischer Sicht.

Kunst

Auch in künstlerischer Hinsicht lebte Proust in aufregenden Zeiten. Die **Malerei** entwickelte sich vom Impressionismus, der in der *Suche* hauptsächlich durch MONET vertreten ist, über den Symbolismus und den Jugendstil sowie dessen Spielart, den Japonismus, zur abstrakten Kunst, einer Stilrichtung, die in Frankreich ihre prominenteste Ausprägung im Kubismus fand. Während jedoch der Symbolismus mit Gustave MOREAU, der Jugendstil mit Samuel BING und der Japonismus mit James Abbott WHISTLER starke Vertreter in der *Suche* haben, scheint Proust die Entwicklung hin zur Abstraktion über eine beiläufige Erwähnung DELAUNAYS hinaus nicht zur Kenntnis genommen zu haben.[76]

In der **Musik** wurde die Spätromantik, deren Hauptvertreter Gustav MAHLER zwar keine Erwähnung findet, die aber dennoch mit Richard STRAUSS und Jules MASSENET prominent in der *Suche* vertreten ist, vom (musikalischen) Impressionismus abgelöst, dessen Hauptverteter in Frankreich, Claude DEBUSSY, die Musik zur Oper *Pelléas et Mélisande* schuf, die vor allem in SG eine Rolle spielt; Prousts enger Freund Reynaldo HAHN zählte sich ebenfalls zu dieser Stilrichtung. Mit SCHÖNBERGS atonalen Kompositionen wurde 1906 auch die Musik von der zeitgeistigen Entwicklung hin zur Abstraktion erfasst, die zwar in der Kompromisslosigkeit ihres Urhebers Frankreich so bald nicht erreichte, jedoch deutlich STRAWINSKY beeinflusste, besonders prägnant in *Petruschka*, das die Ballets Russes 1911 in Paris aufführten, das Proust jedoch nicht gesehen zu haben scheint. Der atonale Klangmeister Eric SATIE vertonte 1917 für Jean COCTEAU dessen »Ballet réaliste« *Parade* mit Naturgeräuschen wie Schreibmaschinengeklapper, das freilich, wohl hauptsächlich deshalb, vom Publikum empört abgelehnt wurde. Die Musik zu den beiden Kreationen der Ballets Russes, die

76 Siehe dazu etwa J. Theodore Johnson, »Proust and Painting«, in: Barbara Bucknall (Hrsg.), *Critical Essays on Marcel Proust*, Boston: Hall, 1987, S. 163–165. – Anders dagegen Reinhold Hohl, »Marcel Proust in neuer Sicht. Kubismus und Futurismus in seinem Romanwerk«, in: *Neue Rundschau* 88 (1977) S. 54–72.

Proust in der *Suche* erwähnt, stammte jedoch von den tonalen Komponisten Rimski-Korsakow (*Scheherazade*) und DEBUSSY (*Les Sylphides*).

In der **Literatur** wurde der Naturalismus, wie ihn Émile ZOLA in der *Suche* repräsentiert, durch den Symbolismus abgelöst, dessen wichtigster Vertreter Maurice MAETERLINCK in der *Suche* teils ironisch-ablehnend (*Les Sept Princesses* in WG), teils begeistert (*Pelléas et Mélisande* in SG) diskutiert wird. Prousts guter Bekannter Robert de MONTESQUIOU wird ebenfalls den Symbolisten zugerechnet. 1916 entstand in der Schweiz die Kunstrichtung des Dada, die sich zwar in Frankreich kaum durchsetzen konnte, deren literarische Bemühungen um eine Auflösung sprachlicher Strukturen in sogenannten Lautgedichten sich aber in der französischen Spielart des (literarischen) Surrealismus niederschlug, als dessen wichtigster Vertreter Guillaume APOLLINAIRE gilt; Proust hatte aus dessen kalligraphischem Gedicht *La Colombe poignardée et le jet d'eau* den Titel *Les Colombes poignardées* für den zweiten Band der *Suche* entleihen wollen. Jean COCTEAU, André GIDE und Paul VALÉRY setzten sich 1919 vorübergehend mit Dada auseinander, doch Prousts einzige Berührung mit dieser Form der Moderne scheint in einem Besuch 1922 in COCTEAUs avantgardistischer Bar »Le Bœuf sur le Toit« bestanden zu haben, in der Francis PICABIAs dadaistisches »L'Œil cacodylate« hing.

Im folgenden gebe ich eine Liste der Aufführungen oder Ausstellungen zeitgenössischer Künstler, die Proust nachweislich besucht hat; daraus scheint mir recht deutlich hervorzugehen, dass Proust sich zwar für die Arbeiten seiner Freunde interessierte, insbesondere der von ihm angehimmelten Louisa de MORNAND, aber wenig Anstrengungen unternahm, um sich über neuere Strömungen ins Bild zu setzen. Eine Übersicht, die auch Darbietungen von Werken von Künstlern berücksichtigt, die zu Prousts Zeit bereits verstorben waren, findet sich in Michel-Thiriets *Marcel Proust Lexikon.* Eine eingehendere, aber dennoch konzise Diskussion der künstlerischen Einflüsse, denen Proust sich aussetzte, findet sich in William C. Carters Biographie *Marcel Proust: A Life.*

1889 Der polnische Chopin-Interpret Ignaz Paderewski gibt im Zusammenhang mit der Weltausstellung vor dem Eiffelturm ein öffentliches Konzert am Tag der Bastille (14. Juli).

1900 Émile Blanche malt *André Gide et ses amis au café maure de l'Exposition universelle de 1900* (*André Gide und seine Freunde im maurischen Café der Weltausstellung 1900*; Mus. des Beaux-Arts, Rouen).

1891 27. März: Uraufführung (Premiere 23. März) des »Drame historique en cinq actes« *L'Impératrice Faustine* des ukrainestämmigen Bühnenautors Conte Stanislas (auch: Stanisław) RZEWUSKI (1864–1913) am Théâtre de la Porte-Saint-Martin.

1893 19. Januar: Uraufführung der Komödie in 3 Akten *L'Invitée* von François de CUREL (1854–1928) im Théâtre du Vaudeville. Proust hat dazu einen Essay *Ephémère efficacité du chagrin* für die *Revue blanche* Juli/August 1893 geschrieben (dt. *Kurzlebige Wirksamkeit des Kummers*, in: *Freuden und Tage*, S. 165 f.). – 8. Mai: Eröffnung einer Ausstellung von Porträts von Jacques-Émile BLANCHE, darunter das bekannte Proust-Porträt. – 1. November: Uraufführung (Premiere 27. Oktober) der Komödie in 4 Akten *Madame Sans-Gêne* von Victorien SARDOU und Émile MOREAU im Théâtre du Vaudeville. – 8. November: Generalprobe (Premiere 9. November) zur Uraufführung der Komödie in 4 Akten *Leurs Gigolettes* von Henry MEILHAC (1831–97) und Albert de SAINT-ALBIN (1843–1901).

1894 14. März: Uraufführung (Premiere 12. März) der komischen Oper *L'Amour marmiton* des Grafen Henri du Pont-de-Gault de SAUSSINE (1859–1940) am Théâtre d'Application. Proust verkehrte in Saussines Salon, widmete ihm in der Erstfassung seinen Essay *Éventail* (dt. *Fächer*, in: *Freuden und Tage*, S. 70–73) in der *Revue blanche* Juli/August 1893, und lobte seinen Roman *Le Nez de Cléopatre* überschwenglich (in: *Essays*, S. 70–72).

1895 18. Dezember: Premiere der Oper *Frédégonde*, Text von Ernest

GUIRAUD (1837–92), Komposition von Camille de SAINT-SAËNS (1835–1921) und Louis GALLET (1835–98), in der Opéra. – 5. Februar: Besuch mit Reynaldo Hahn in der Comédie-Française zu einem Abend mit Komödien von Georges de PORTO-RICHE (1849–1930; *La Chance de Françoise*), Catulle MENDÈS (1841–1909; *La Femme de Tabarin*) und Alfred de MUSSET (1810–57; *On ne badine pas avec l'amour*).

1896 31. Januar: Uraufführung im Théâtre du Vaudeville der Komödie in 2 Akten *La Bonne Hélène* von Jules LEMAÎTRE (1853–1914), den Proust wiederholt in seiner Korrespondenz erwähnte und dessen Monographie über RACINE (*Jean Racine*, 1908) er schätzte. – 24. April: Eröffnung einer Ausstellung von Werken der Blumenmalerin Madeleine LEMAIRE, in deren Salon Proust verkehrte.

1897 5. April: Reynaldo-HAHN-Abend in der Salle Pleyel mit unter anderem der Uraufführung einer Suite für Piano *Portraits de peintres* mit den vier Sätzen Albert Cuyp, Paulus Potter, Anton van Dyck und Antoine Watteau zu Texten von Marcel Proust aus *Les Plaisirs et les Jours* (dt. in *Freuden und Tage*, S. 111–113), rezitiert von Marguerite MORENO (d. i. Marguerite Monceau, 1871–1948) von der Comédie-Française zur Begleitung des Beethoven- und Liszt-Interpreten Edouard RISLER (1873–1929). Der Abend wurde dem *Figaro* zufolge mit großem Beifall aufgenommen. – 24. Oktober: Uraufführung des begeistert besprochenen »Poème symphonique« für zwei Klaviere *Nuit d'Amour bergamasque* von Reynaldo HAHN bei den Concerts Colonne im Théâtre du Châtelet. – 21. Dezember: Uraufführung der »Pièce lyrique en cinq actes« *Sapho* nach Texten von Alphonse DAUDET, vertont von Jules MASSENET, im Théâtre du Vaudeville.

1898 23. März: Uraufführung der Oper in 3 Akten *L'Île du rêve* von Reynaldo HAHN, eine »idylle polynésienne« nach Motiven aus Pierre LOTIS (1850–1923) Roman *Le Mariage de Loti* (1880), an der Opéra-Comique.

1900 Besichtigung einer Ausstellung der Seerosen von MONET bei Durand-Ruel.

1901 5. November: Uraufführung von *L'Énigme* von Paul HERVIEU (1857–1915) in der Comédie-Française. Proust kannte Hervieu aus dem Salon der Madame Straus.

1902 24. November: Generalprobe (Premiere 26. November) von Henry BERNSTEINS (1876–1953) Komödie in 3 Akten *Joujou* im Théâtre du

Gymnase; Proust kommentiert in seinen Briefen an seinen Freund Antoine BIBESCO dessen Freundschaft mit BERNSTEIN mit einem unverkennbar eifersüchtigen Unterton.

1903 16. April: Uraufführung der komischen Oper in 3 Akten *Le Sire de Vergy* von Claude TERRASSE im Théâtre des Variétés, zu der Prousts Freunde Robert de FLERS und Gaston ARMAN DE CAILLAVET das Libretto verfassten. – Anfang April: *Les Deux Courtisanes* von Francis de CROISSET (d.i. Franz Wiener; 1877–1937) mit Musik von Reynaldo HAHN im Théâtre des Mathurins (Premiere 10. Oktober 1902). Proust war mit Francis de CROISSET befreundet. – Zweite Aprilhälfte: Ausstellung von Zeichnungen von Maxime DETHOMAS (auch: de Thomas; 1867–1929) in der Galerie Durand-Ruel: »Nachdem man Ihre Ausstellung verlassen hat, kommt es einem vor, als habe man von Ihnen neue Augen erhalten, um das Leben, die Menschen, und bis hin zu jenen kleinen Fenstern am Canal Grande zu sehen, die ich so gern den von Ihnen gemalten gegenüberstellen würde« (Proust im April 1903 an Dethomas; *Corr.* III, S. 306). In E verweist Proust ausdrücklich auf Dethomas' Venedig-Pastelle, und der Vorabdruck *À Venise* aus E für die *Feuillets d'Art* 1919 wurde mit Zeichnungen von Dethomas illustriert. – 23. Mai: Uraufführung der Komödie in einem Akt *On n'a pas le temps!* von Gustave QUILLARDET und MURRAY mit Louisa de MORNAND im Théâtre des Mathurins. – 3. Dezember: Besuch der Uraufführung der antisemitischen Komödie in 4 Akten *Le Retour de Jérusalem* von Maurice DONNAY (1859–1945), in der dieser u.a. Henry BERNSTEIN karikiert und Léon BLUM mit einem Seitenhieb bedenkt, mit dem Proust zusammen an der Zeitschrift *Le Banquet* arbeitete. Donnay wurde 1907 Mitglied der Académie.

1904 6. Februar: Vorbesichtigung der Versteigerung (8.–13. 2.) ostasiatischer Gemälde und Kunstobjekte aus der Sammlung Charles GILLOT (1853–1903) in der Galerie Durand-Ruel; umfangreicher Katalog dazu von Samuel BING. – 8. November: Uraufführung der gesellschaftskritischen Komödie in 4 Akten *Maman Colibri* von Henri BATAILLE (gen. »Henry«; 1872–1922) im Théâtre du Vaudeville; Louisa de MORNAND, die von Proust mit dem Autor bekannt gemacht worden war, spielte darin die Rolle der Louisa.

1905 6. März: Uraufführung (Premiere 18. Februar) von *Le Bon Numéro* von

André BARDE (1874–1945) und Philippe DUQUESNE (1849–1918) mit Louisa de MORNAND als Zézette im Théâtre du Vaudeville. – 15. Juni: WHISTLER-Ausstellung mit 187 Gemälden und Zeichnungen, darunter die in der *Suche* erwähnten »Harmonien« und zahlreiche Impressionen aus Venedig, in der École des Beaux-Arts.

1909 27. November: Uraufführung (Premiere 29. Oktober) der Komödie in 3 Akten *Le Circuit* von Georges FEYDEAU (1862–1921) und Francis de CROISSET im Théâtre des Variétés.

1910 13. Februar: Generalprobe (Premiere 16. Februar) der »Ballet-Pantomime« in 2 Akten *La Fête chez Thérèse* zu einem Text von Catulle MENDÈS (1841–1909) in Anlehnung an Victor HUGOs gleichnamiges Gedicht, vertont von Reynaldo HAHN, an der Opéra. Im Juni Besuch von *Scheherazade*, *Cléopâtre* und *Les Sylphides* der Ballets Russes.

1911 9. Februar: Premiere der Uraufführung der Komödie in 5 Akten *Le Cadet de Coutras* von Abel HERMANT (1862–1950) und Yves MIRANDE (d.i. Charles Anatole Le Querrec; 1876–1957) am Théâtre du Vaudeville. – 21. Februar: Übertragung der Oper *Pelléas et Mélisande* (Uraufführung 30. April 1902) durch das Theatrophon. – 21. Mai 1911: Generalprobe (Premiere 22. Mai) des »Mysteriums in fünf Akten« *Le Martyre de Saint-Sébastien* von Gabriele d'ANNUNZIO in Vertonung durch Claude DEBUSSY am Théâtre du Châtelet. Dass die russische Jüdin Ida RUBINSTEIN den hl. Sebastian in spärlichem Kostüm tanzte, führte zu einem Eklat mit dem Erzbischof von Paris, wie auch die Dauer von fünf Stunden einigen Unmut beim Publikum erregte: »Ich fand das Stück arg langweilig, trotz einiger gelungener Momente, und die Musik gefällig, aber ziemlich dünn und unzulänglich, die Reklame und das Orchester viel zu aufwendig für die paar Fürze« (Brief an Reynaldo Hahn; *Corr.* X, S. 289). – 5. Dezember: Eröffnung einer Ausstellung von Chinoiserien aus der Sammlung Florine LANGWEIL (1861–1958) in der Galerie Durand-Ruel.

1912 24. Mai: Generalprobe (Premiere 25. Mai) des Gastspiels der Berliner Kammerspiele mit *Sumurûn*, einer symbolistischen Pantomime in neun Bildern nach orientalischen Erzählungen von Friedrich FREKSA (1882–1955), vertont von Victor HOLLAENDER (1866–1940) und inszeniert von Max REINHARDT (d.i. Maximilian Goldmann, 1873–1943), am Théâtre du Vaudeville; dt. Uraufführung 1909, verfilmt 1920 von Ernst LUBITSCH. – 4. Juni: Besichtigung der Ausstellung »Claude MONET: Venise« in der Galerie Bernheim-Jeune. – 1. Oktober: hundertste Aufführung von Jules MASSENETS (1842–1912) Oper in 4 Akten *Hérodiade* (Uraufführung Brüssel 1881) in der Gaîté-Lyrique. – 20. November: Besichtigung der Impressionistensammlung des Malers und Industriellen-Erben Henri ROUART (1833–1912). – 26. November: Uraufführung der erfolgreichen Komödie in 4 Akten *L'Habit vert* um die Académie Française von Robert de FLERS und Gaston ARMAN DE CAILLAVET am Théâtre des Variétés. – 17. Dezember: Generalprobe (Premiere 18. Dezember) des Stücks nach einer arabischen Erzählung *Kismet* in 3 Akten und 9 Bildern von Jules LEMAÎTRE (1853–1914) am Théâtre Sarah-Bernhardt. Proust war mit Lemaître bekannt, der auch als eines der Vorbilder für Bergotte gilt.

1913 17. Mai: Aufführung (Uraufführung 1912) von Vaslav NIJINSKYS avantgardistischem Ballett in einem Akt *Prélude à l'après-midi d'un faune* zu Musik von Claude DEBUSSY nach einem Gedicht von Stéphane MALLARMÉ; anschließend Diner mit NIJINSKY. – 29. Mai: Uraufführung im Théâtre des Champs-Élysées durch die Ballets Russes der avantgardistischen »Bilder aus dem heidnischen Russland in zwei Teilen« *Le Sacre du printemps* in der Choreographie von Sergei DIAGHILEV mit Vaslav NIJINSKY und Tamara KARSAWINA und Bühnenbildern von Léon BAKST, in denen der Komponist Igor STRAWINSKY Anregungen aus der atonalen Musik aufnimmt, die, wie auch die explizit erotische Choreographie, das Missfallen des Publikums erregten. Nach der Vorstellung traf sich Proust im Restaurant Larue mit Strawinsky, Diaghilev, Nijinsky und Jean Cocteau. Tadié 2008 (S. 1116, Anm. 107) wundert sich zu Recht, dass dieser denkwürdige Abend keinerlei lesbare Spuren in Prousts Texten oder Briefen hinterlassen hat.

1917 21. Mai: Uraufführung des Balletts in einem Akt *Parade* von Jean COCTEAU mit Musik von Éric SATIE und Bühnenbildern von Pablo PICASSO durch die Ballets Russes im Théâtre du Châtelet.

1921 24. Mai: Besuch der Ausstellung holländischer Malerei im Jeu de Paume, wo u. a. VERMEERS *Ansicht von Delft* gezeigt wird.

1922 18. Mai: Uraufführung am Théâtre de l'Opéra der »gesungenen und gespielten, burlesken Geschichte« *Le Renard* in einem Akt, die STRA-

WINSKY bereits 1916/17 nach russischen Volksmärchen komponiert hatte, durch die Ballets Russes in einer Choreographie von Bronislava NIJINSKA.

Gesellschaftliche und politische Entwicklungen

Die Abtretung der wichtigen Industriegebiete Elsass und Lothringen sowie die Reparationszahlungen an Deutschland nach dem Krieg von 1870/71 bedeuteten zwar eine große wirtschaftliche Belastung für Frankreich, wirkten sich jedoch katastrophal erst im Zusammenhang mit dem Freihandelsabkommen von 1860 mit England aus: der französische Markt wurde mit billigen Getreideimporten überflutet, die ländlichen Gebiete verarmten und fielen damit als Kunden für Industrieprodukte aus, was es der französischen Industrie wiederum unmöglich machte, mit der industriellen Expansion Großbritanniens und Deutschlands Schritt zu halten. Die Folge war eine Massenflucht der verarmten Landbevölkerung in die Städte und damit ein Aufblühen der Prostitution, insbesondere natürlich in Paris: die Malerei des frühen 20. Jahrhunderts legt davon ein lebhaftes Zeugnis ab. 1882 wurde in Reaktion auf diese Entwicklung ein Gesetz gegen die Erregung öffentlichen Ärgernisses (»contre l'outrage public à la pudeur«) erlassen, das allerdings zugleich, womöglich gar in erster Linie, dem Jugendschutz dienen sollte. Das altehrwürdige Wort »Päderastie«, dem auch Proust huldigte, rückte hier insbesondere die homosexuelle Szene in den Fokus, die bis dahin Außenstehende kaum interessiert hatte: der »Schwulenparagraph« des Ancien régime, der noch die Todesstrafe vorsah, war von den revolutionären Verfassern des Code pénal 1791 sang- und klanglos fallengelassen worden. Aber eine Presse, die in den letzten Jahren mit Skandalen mehr als verwöhnt worden war – 1887 der Skandal um Präsident Grévy, der durch seinen Schwiegersohn Orden verhökern ließ, 1892 der Panamakanal-Skandal, der Korruption bis in höchste Kreise offenbarte –, musste sich darum sorgen, dass der Stoff nicht ausging. So hielten auch Vorkommnisse, die es sonst kaum geschafft hätten, über den Polizeireport hinauszugelangen, zur »Affäre« her. 1892 erregte der Prozess gegen 16 Besucher und 2 »Garçons« der Bäder der Rue de Penthièvre die Öffentlichkeit (wobei das Gericht feststellte, dass öffentliche Bäder kein öffentlicher Ort seien), 1903 die Adelswärd-Affäre um den Baron Jacques d'Adelswärd-Fersen (1880–1923), der mit Pariser Schuljungen »rosa Messen« feierte, wobei das Ausmaß erotischer Ausschweifung auch vom Gericht nicht aufgehellt werden konnte, und 1904 die Affaire du 83 boulevard du Montparnasse, als die Polizei in eine homosexuelle Hochzeitsgesellschaft mit zum Teil Sechzehnjährigen hineinplatzte (das Polizeiprotokoll spricht von »l'hymen [...] des jeunes époux«[77]). Wenn keine eigenen Skandale zur Verfügung standen, sorgte das Ausland dafür, dass das Thema im Gespräch blieb, so England 1895 mit dem Prozess gegen Oscar Wilde und Deutschland 1906/07 mit der Eulenburg-Affäre. Kein Wunder also, dass sich schließlich auch Moralisten, Mediziner und Literaten der Sache annahmen.

Die moralische Literatur (vgl. dazu etwa die Liste in Revenin 2005, S. 22) sieht, nicht überraschend, Homosexualität als ein Laster (»vice«), d.h. als eine Entscheidung, die man mit etwas gutem Willen auch anders treffen könnte. Erstaunlicherweise verwendet auch Proust diese Charakterisierung in seinem dem Grundgedanken nach medizinischen Exkurs zur Inversion in SG I, wenn auch

77 Régis Revenin, *Homosexualité et prostitution masculines à Paris*, Paris: L'Harmattan, 2005, S. 67.

mit der etwas schwachen Entschuldigung der »sprachlichen Bequemlichkeit« (S. 24). Der Chronist Ali Coffignon beklagt insbesondere die egalitäre Seite der Homosexualität, auf die auch Proust in SG 1, S. 29 eingeht: »Das gemeinsame Laster verwischt alle Standesunterschiede; Herr und Diener stehen auf dem gleichen Fuß; der Millionär und der Habenichts fraternisieren; der Vollzugsbeamte und der Häftling tauschen ihre verwerflichen Zärtlichkeiten aus«.[78] Dabei dürften Coffignon und Proust an den gleichen Fall gedacht haben, den auch Flaubert genüsslich in seinem Brief vom 14. Dezember 1876 an Turgenjew zur Kenntnis genommen hat (»Was für eine Geschichte, der Sieur de Germiny festgenommen als Analist! So was sind doch tröstliche Anekdoten, die einem helfen, das Leben auszuhalten«[79]): Am Nikolausabend 1876 war der Rektor der katholischen Universität und Partisan des »Ordre morale« Charles-Eugène Le Bègue, comte de Germiny (1841–98), in einer berüchtigten Bedürfnisanstalt an den Champs-Élysées in Begleitung eines achtzehnjährigen Arbeiters wegen Erregung öffentlichen Ärgernisses festgenommen worden. Seine Erklärung, er habe nur gewisse skandalöse Sachverhalte überprüfen wollen, rettete ihn nicht vor zwei Monaten Gefängnis.

Vom allgemeinen Moralismus hatte sich auch ein großer Teil der medizinischen Literatur noch nicht freigemacht. So sieht etwa der Arzt Georges Saint-Paul die Faulheit der Jugend als die Wurzel allen Übels und empfiehlt Ergotherapie: »Nur eines kann ihn [Oscar

78 Ali Coffignon, *Paris vivant. La corruption à Paris*, Paris: Librairie illustrée, 1889, S. 330.

79 »Quelle histoire que celle du sieur de Germiny arrêté comme boulgre! Voilà de ces anecdotes qui consolent et aident à supporter l'existence« (Gustave Flaubert, *Correspondance*, in: *Œuvres Complètes et Annexes*, [E-Book-Edition:] Arvensa, 2014, S. 1710).

Wilde] erretten: die Arbeit«.[80] Die meisten Mediziner begannen jedoch gegen Ende des Jahrhunderts, sich an Karl Heinrich Ulrichs' und Magnus Hirschfelds[81] Forschungsarbeiten zu orientieren und im Homosexuellen einen Angehörigen eines »dritten Geschlechts« zu sehen, der sich aufgrund des Fehlens anderer Identifikationsmuster an den gesellschaftlich vorgegebenen Mann/Frau-Rollen orientiert und auf den die Gesellschaft aus dem gleichen Grund entlang des Mann/Frau-Musters reagiert. Diese Sichtweise findet bei Proust ihren Ausdruck in seiner Entdeckung der Frau im Mann in SG I, S. 11, speziell im Fall des »lady-liken« Charlus in SG II, S. 426. Richard von Krafft-Ebings Hypothese, dass die »wahre«, d. h. triebbedingte Homosexualität erblich sei,[82] findet in SG II ihren Niederschlag in Prousts »Onkel-Theorie« S. 131 f. Bei einer Klasse von Homosexuellen allerdings, den »Androgynen«, sieht Krafft-Ebing eine hormonale Fehlfunktion am Werk und damit auch eine Möglichkeit medikamentösen Eingreifens, ähnlich wie dann 1905 Freuds Deutung, dass es sich bei Homosexualität um eine Entwicklungsstörung im Kindesalter handle,[83] zu Therapieansätzen per Psychoanalyse führte. Die unscharfe Sicht seiner Zeit fasst der Romancier Armand Dubarry 1896 in *Les Invertis. Vice allemand* wie folgt zusammen: »Die Inversion ist eine psychologische Monstrosität,

80 Georges Saint-Paul (= Dr. Laupts), *Tares et poisons. Perversion et perversité sexuelles. Une enquête médical sur l'inversion*, Paris: Carré, 1896, S. 187.

81 Die Arbeiten Ulrichs' wurden in Frankreich vor allem durch Émile Laurent (*Les Bisexués, gynécomastes et hermaphrodites*, 1894) und Marc-André Raffalovich (*Unranisme et unisexualité*, 1896) bekannt. Magnus Hirschfelds *Berlins drittes Geschlecht* (1904) erschien 1908 in frz. Übers. (*Les homosexuels de Berlin. Le troisième sexe*, Paris: Rousset, 1908).

82 Richard von Krafft-Ebing, *Psychopathia sexualis*, Stuttgart: Enke, 1886 (frz. Übers.: Paris: Carré, 1895).

83 Sigmund Freud, *Drei Abhandlungen zur Sexualtheorie*, Kap. 2.

durch die [...] eine Frau physisch eine Frau und psychisch ein Mann ist, ein Mann physisch ein Mann und psychisch eine Frau. Diese Abnormität wird zum Teil durch das Laster erworben. [...] Oft aber ist sie kongenital: weniger abstrakt ausgedrückt, sind diejenigen, die davon betroffen sind, seit Geburt betroffen.« (S. 33f.) In der erzählenden Literatur der Zeit wurde das Thema im wesentlichen unter dem von der fortschrittlicheren Medizin herausgearbeiteten Aspekt einer inhärenten Inkongruenz von biologischem und psychologischem Geschlecht behandelt, wie etwa von Rachilde (Marguerite Eymery) in *Monsieur Vénus* (1895) und *Les Hors-Nature* (1897) oder von Henri d'Argis in *Sodome* (1888). Ein Gegenbeispiel lieferte überraschenderweise Prousts geliebter Freund Lucien Daudet, der in *Le Chemin mort. Roman contemporain* (1908) seinen Helden an seinem »Laster« zugrunde gehen lässt. Ein Bild der homosexuellen Prostitution in der Belle Époque aus der Warte der Unterschicht schließlich liefert Francis Carco 1914 mit *Jésus-la-Caille*.

1890/91 setzte Frankreich das Freihandelsabkommen von 1860 praktisch außer Kraft, indem es wieder Schutzzölle einführte, was eine rapide Verbesserung der wirtschaftlichen Situation auf dem Land und damit schließlich auch in der Industrie zur Folge hatte. Frankreich entwickelte sich zum führenden Automobilbauer in Europa und, nach der Entdeckung großer Bauxit-Vorkommen, auch zum Schrittmacher im Flugzeugbau; die beiden »Schwingen aus funkelndem Stahl« in SG II, S. 602, dürften eher aus Aluminium gewesen sein. Die neuen Geldströme ermöglichten das Glitzerleben der Belle Époque und führten als Sekundäreffekt zu einer Verbesserung der wirtschaftlichen Lage der Bevölkerung und damit auch zu einem Rückgang der Prostitution, was wiederum zu einem Rückgang der Polizeirazzien führte, damit auch zu einem Rückgang der Zahl der wegen Erregung öffentlichen Ärgernisses verhafteten Homosexuellen und schließlich dann auch zu einem verminderten Interesse der Medien am Thema Homosexualität. Als 1913 Prousts *Auf dem Weg zu Swann* mit seiner von Francis Jammes noch als zu skandalträchtig empfundenen lesbischen Szene von Montjouvain erschien, konnte das niemanden mehr aufregen, und tatsächlich nahm keiner der bekannteren Kritiker daran Anstoß.

Mit Ausbruch des Ersten Weltkriegs fand der Tanz auf dem Vulkan sein Ende. Die Umschaltung der Industrie auf Kriegsproduktion führte zu einem erheblichen Preisanstieg für Verbrauchsgüter. Während der Franc in den 44 Friedensjahren von 1870 bis 1914 lediglich 10% seiner Kaufkraft einbüßte, verlor er in den 6 Jahren von Kriegsbeginn bis 1920 70%. Da die ersten sechs Bände der *Suche* vor Ausbruch des Krieges spielen, können die folgenden Angaben zu Einkünften und Preisen von 1890 (teilweise 1906 oder 1912 wie angemerkt) im Département Seine als hinreichend repräsentativ für die Welt der Guermantes und der Morels angesehen werden; dabei ist der Wert des Franc bis 1928 mit 0,29025 g Feingold festgesetzt; das entspricht etwa 9,40 Euro beim Goldpreis von 2015.

- Kutscher, Bus- oder Lastwagenfahrer: 5,75 F pro Tag bei täglich 16 Stunden.
- Verkaufspersonal: 5 F pro Tag bei täglich 15 bis 17 Stunden.
- Kellner: nur Trinkgelder, bei täglich 16 Stunden von 8 Uhr morgens bis Mitternacht.
- Weichensteller bei der Eisenbahn: 900 bis 1000 F pro Jahr bei täglich 15 bis 16 Stunden.
- Industriearbeiter (männl.): 4,85 F pro Tag; (weibl.): 2,46 F pro Tag.
- Briefträger: 600 F pro Jahr bei 300 Diensttagen im Jahr und Fußstrecken von durchschnittlich 28 km (in manchen Fällen 40 km) am Tag; zusätzlich Dienstkleidung und zwei Paar Schuhe.
- Angestellte in der Bekleidungsindustrie: 2 F pro Tag.
- Haushaltshilfe: 1,50 F pro Tag.

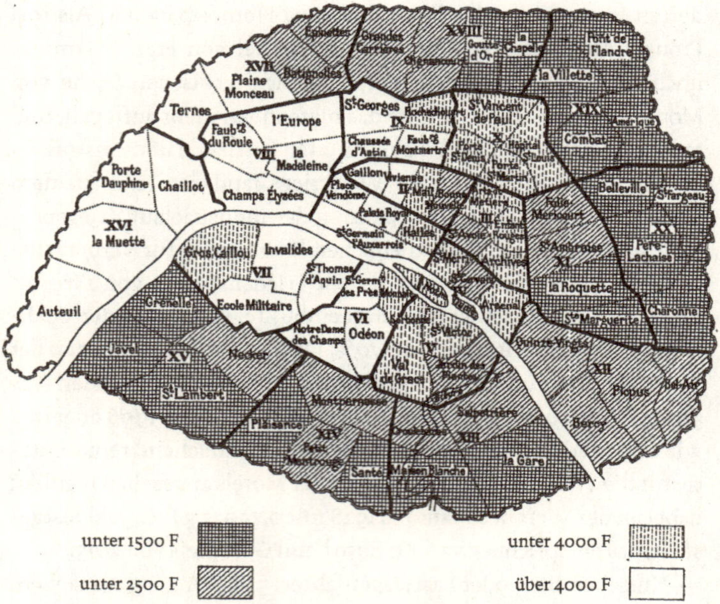

Mittleres Haushaltseinkommen in Paris um 1909, nach Wohnvierteln.

– 1 kg Brot: 0,30 F.
– 1 l Milch: 0,10 F.
– 1 Schweinekotelett: 0,25 F.
– 1 l Wein: 0,10 F.
– 1 kg Kohle: 0,05 F.
– 1 Tüte Pommes frites: 0,10 F.
– Bahnfahrt 1912 Paris–Évian (433 km): 72 / 49 / 32 F (1. / 2. / 3. Klasse).

Im Mittel gab 1906 ein Arbeiter mit 2350 F Jahreseinkommen 1460 F für Ernährung (62%) und 500 F für Miete aus (21%; inkl. Heizung, Beleuchtung).

1909 lag das mittlere Haushaltseinkommen pro Jahr in den südlichen und nordöstlichen Randbereichen von Paris unter 1500 F, im nördlichen und südöstlichen Randbereich zwischen 1500 und 2500 F (östl. 17., westl. 18., 12. Arr.), im östlichen Kernbreich (3.–5., 10. Arr.) zwischen 2500 und 4000 F und in den westlichen Arrondissements (1., 2., 6.–9., 16., 17. Arr.) über 4000 F.

In der folgenden kurzen Übersicht über das politische Geschehen in Frankreich wurden nur solche Ereignisse erfasst, auf die in der *Suche nach der verlorenen Zeit* zumindest angespielt wird. Für einen Abriss der Dreyfus-Affäre s. WG, S. 818–821.

1870 Kapitulation Frankreichs in Sedan. Napoleon III. dankt ab angesichts der Deutschen vor den Toren von Paris. Léon Gambetta ruft die Dritte Republik aus, verlässt Paris in einer Montgolfière und versucht, von den Provinzen aus in einem »Volkskrieg« Paris zu befreien.

1871 Januar: Wilhelm I., König von Preußen, wird in Versailles zum Deutschen Kaiser gekrönt.

1871 Februar: Adolphe Thiers wird zum »Chef der Exekutive« gewählt, im August zum Präsidenten der Republik (bis zum Rücktritt 1873), und handelt mit Bismarck einen Friedensvertrag aus, der u. a. einen Triumphmarsch der deutschen Truppen durch Paris vorsieht. Diese Zumutung führt zum Aufstand der »Kommune« am 18. März 1871, der bürgerkriegsähnliche Zustände in Paris nach sich zieht. Prousts Vater, der zwischen seiner Familie in Auteuil und seinen Patienten in Paris pendelt, gerät in Straßenkämpfe und entrinnt knapp dem Tod. Der Friedensvertrag mit Deutschland wurde am 10. Mai unterzeichnet, der Aufstand der Kommune am 21. Mai blutig niedergeschlagen.

1873–79 Präsidentschaft des monarchistischen Marschalls Patrice de MacMahon, der den Grafen von Chambord zum König machen möchte, doch dieser erweist sich als zu starrsinnig. 1875 wird die Verfassung der Dritten Republik verabschiedet.

1879–87 Präsidentschaft von Jules Grévy. Frankreich schließt 1880 seine überseeischen Besitzungen zur »Französischen Union« zusammen.

1882 »Le Krach de l'Union Générale«: Die erste Finanzierungsblase platzt, und 4 Milliarden Franc lösen sich in Rauch auf, als die überschuldete Union Générale ihre Zahlungen einstellt und zahlreiche kleinere Banken mit in den Abgrund reißt.

1887–94 Präsidentschaft von Sadi Carnot.

1888–89 Die nationalistische Bewegung von General Boulanger greift um sich.

1892/93 Panamaskandal: Die Regierung hatte Lesseps' Gesellschaft 1888 die Genehmigung zur Auflage einer Subskription für den Bau eines schleusenlosen, d.h. nicht ausführbaren, Panamakanals erteilt. Die Gesellschaft brach 1889 zusammen und ruinierte damit zahlreiche Aktionäre. Im Zuge der Abwicklung wurde 1892 das Ausmaß der Bestechung sichtbar, mit der die Genehmigung erlangt wurde.

1894 Dreyfus wird verhaftet und zur Deportation auf die Teufelsinsel verurteilt.

1895–99 Präsidentschaft von Félix Faure. Zolas Schrift »J'accuse« erscheint 1898 in *L'Aurore*; er wird noch im selben Jahr angeklagt und verurteilt.

1899 Dreyfus wird auch in der Berufung für schuldig befunden und zu 10 Jahren Haft verurteilt.

1904 »Entente cordiale« mit England, die zur Explosion der Lebensmittelpreise führt.

1904/05 Frankreich unterstützt Russland politisch im russisch-japanischen Krieg.

1905 Die Regierung Émile Combes setzt unter dem Druck der von Jean Jaurès geführten Sozialisten die Trennung von Staat und Kirche durch. Frankreich versucht, Marokko gegen den Widerstand Deutschlands zu annektieren (Erste Marokko-Krise 1905/06).

1906 Dreyfus wird endgültig rehabilitiert.

1911 Frankreich versucht abermals, Marokko gegen den Widerstand Deutschlands zu annektieren (Zweite Marokko-Krise: »Panthersprung nach Agadir«).

1913 Präsident Raymond Poincaré tritt sein Amt an und baut die gegen Deutschland gerichtete Rüstungs- und Bündnispolitik weiter aus (im Amt bis 1920.)

1914 August: Frankreich tritt als Verbündeter Russlands in den Ersten Weltkrieg ein. Die Regierung verlegt von September bis Dezember ihren Sitz nach Bordeaux.

1915 Bombardierung von Paris durch deutsche Zeppeline; Versenkung der »Lusitania« durch ein deutsches Unterseeboot. Deutsche Truppen beginnen den Einsatz von Giftgasen als Kampfmittel.

1916 Februar bis Dezember: Schlacht um Verdun.

1917 April: Kriegseintritt der USA. – 7. November: »Oktoberrevolution« in Russland.

1918 Ende des Ersten Weltkriegs. Der deutschlandfeindliche »bloc national« bildet bis 1924 die Regierungen.

1920 Februar: Präsidentschaft von Paul Deschanel, der noch im September des gleichen Jahres wegen psychischer Probleme abgelöst werden muss.

Schwere Zeiten: Einstein und Bergson

> »Zeit ist das, was dafür sorgt, dass nicht alles auf einmal passiert.«
> (Ray Cummings 1921 in *The Time Professor*.)

Etwa in derselben Zeit, in der Proust die *Suche nach der verlorenen Zeit* schrieb, tobte an den Universitäten ein Kampf zwischen dem Doyen der Philosophie des frühen 20. Jahrhunderts, Henri Bergson (Nobelpreis für Literatur 1927), und der physikalischen Supernova Albert Einstein (Nobelpreis für Physik 1921) um die Frage, wie der Zeitbegriff zu fassen sei.[84] An dieser Auseinandersetzung nahm auch die Öffentlichkeit so regen Anteil, dass sich etwa ein renom-

84 Eine umfassende Darstellung der Auseinandersetzung zwischen den Positionen Bergsons und Einsteins, die auch über den Zeitraum hinausgeht, der hier von Interesse ist, gibt Jimena Canales in *The Physicist and the Philosopher* (Princeton: Princeton University Press, 2015), der ich zahlreiche Hinweise auf treffende Zitate verdanke.

mierter Geschichtsprofessor der Sorbonne[85] nicht scheute, die Parallele zur Dreyfus-Affäre zu ziehen, insbesondere, als auch die Opposition gegen Einsteins neue Ideen so deutlich von antisemitischen Strömungen genährt wurde, dass Einstein den Widerstand gegen seine Theorie, der in einem antirelativistischen Kongress in der Berliner Philharmonie am 24. August 1920 kulminierte, der *New York Tribune* in der Ausgabe vom 3. April 1921 mit den Worten erklärte: »Weil ich ein Jude bin«. Hier war allerdings der Gegner ebenfalls jüdisch und ähnlichen Anfeindungen ausgesetzt: So wurde Bergsons Wahl 1914 in die Académie française von Charles Maurras in der Zeitung *L'Action française* (Jg. I, Nr. 42) auf eine »jüdische Intrige« zurückgeführt, und im nachfolgenden Heft schrieb Léon Daudet unter dem Titel *Der Angriff auf die Académie – Der Jude Bergson und F. Bourgeois* von Bergsons Wahl als einer »wichtigen Episode im französisch-jüdischen Krieg«.

Henri-Louis Bergson (1859–1941) wurde in Paris geboren und lebte dort auch die meiste Zeit seines Lebens, verbrachte aber seine Kindheit vom ersten bis zum achten Lebensjahr in England und beherrschte daher das Englische fließend; entsprechend wohlvertraut war er mit der angelsächsischen Literatur. Am Lycée Fontane (später umbenannt in Lycée Condorcet) brillierte er im Fach Mathematik und publizierte bereits als 18jähriger in einer mathematischen Fachzeitschrift, studierte dann aber Literaturwissenschaft. 1889 habilitierte er sich an der Sorbonne mit dem *Essai sur les données*

85 Von dem Einstein-Biographen Philipp Frank in *Einstein. His Life and Times* (New York: Knopf, 1947) ohne Namensnennung S. 197 zitiert: »Ich verstehe Einsteins Gleichungen nicht. Ich weiß nur, dass die Dreyfus-Anhänger ihn für ein Genie und die Dreyfus-Gegner ihn für einen Esel halten«, und weiter: »bemerkenswert ist, dass sich dieselben Gruppen, obwohl die Dreyfus-Affäre längst vergessen ist, wieder formieren und bei der geringsten Provokation Front machen.«

immédiates de la conscience, der auf Deutsch 1911 unter dem Titel *Zeit und Freiheit* erschien. 1896 publizierte er seine zweite größere Schrift, *Matière et mémoire*, auf Deutsch 1908 unter dem Titel *Materie und Gedächtnis* erschienen, die ihm eine Professur an der berühmten École Normale Supérieure einbrachte. 1900 wurde er auf den Lehrstuhl für griechische Philosophie am exklusiven Collège de France berufen.

Mit seinem Essay *Le Rire* (dt. *Das Lachen*, 1914) von 1900 in der *Revue de Paris*, in dem er eine Theorie des Komischen entwickelte und sich für die künstlerische Freiheit einsetzte, hatte Bergson sein Debüt auch in der literarischen Szene. Besonders weitgestreute Bekanntheit verschaffte ihm 1907 sein fünftes Buch, *L'Évolution créatrice* (dt. *Die schöpferische Entwicklung*, 1912), die in zwanzig Auflagen erschien. Darin setzt er sich mit der herrschenden Theorie zur Evolution auseinander, die ihm als zu deterministisch erschien.

In seinen Schriften zum Wesen der Zeit betrachtet Bergson die »reale Zeit«[86] als eine unmittelbare Gegebenheit (»donnée immédiate«) des Bewusstseins, die als solche absolut ist und ihre Ausprägung in Wahrnehmung und Erinnerung findet, deren Wesen wiederum durch Handlung bestimmt ist: »Wenn aller Unterschied zwischen Wahrnehmung [»perception«] und Erinnerung [»souvenir«] verwischt wird und wenn man das Wesen der Vergangenheit verkennt, nämlich das zu sein, was nicht mehr handelt [»n'agit plus«], so wird man sie auch nicht mehr von der Gegenwart unter-

86 Bergson schreibt seine »reale« Zeit als »Temps« (mit großem T), die physikalische Zeit dagegen als »temps« mit einem kleinen T. In den letzten beiden Kapiteln von *Die wiedergefundene Zeit*, in denen die Zeit thematisiert wird, findet sich die Schreibung von »temps« mit großem T auffallend häufig (54 von 211 Vorkommen, also etwa 25 %). Allerdings neigt Proust ganz allgemein dazu, Begriffe, die ihm wichtig sind, auch der frz. Orthographie zuwider groß zu schreiben.

scheiden können, nämlich dem Handelnden [»l'agissant«].«[87] Diesen sehr modernen handlungstheoretischen Ansatz verfolgte übrigens Jean Piaget ab 1936 weiter mit seinen Untersuchungen zu Erwerb und Entwicklung des Zeitbegriffs beim Kind. In Bergsons Argumentation führt dieser Ansatz zu der Konsequenz, dass Dauer und Jetzt niemals scharf bestimmt werden können, da einer Handlung ebenso wenig ein präziser Beginn oder Abschluss zugeordnet werden kann wie ein Moment.[88] Damit erweist sich für Bergson dann auch seine »reale« Zeit als verschieden von jener Zeit, »die von Uhren in gleiche Teile geteilt wird, der Zeit, die Astronomen in ihren Formeln verwenden«[89] – oder Einstein in seiner Argumentation. Erst die »Dauer« (»durée«) eröffnet mit ihrem unbestimmten Beginn in einer Ursache und ihrer unbestimmten Fortführung in einer Wirkung die Möglichkeit der Entstehung von Neuem, an der der naturwissenschaftliche Realismus blind vorbeigeht: »In Dauer, als kreative Evolution verstanden, liegt die ständige Erschaffung von Möglichkeiten, und nicht nur von Wirklichkeit.«[90] Hiermit lässt sich dann auch die vielgescholtene Fülle an

87 *Matière et mémoire. Essai sur la relation du corps à l'esprit*, Paris: PUF, 2009, S. 71. Der Text, erschienen 1896, wurde von Proust 1910 rezipiert.

88 Diese Überlegungen fanden 1926 ihren physikalischen Niederschlag in Heisenbergs Unschärferelation, die zeigt, dass in bestimmten Fällen die Messung einer Größe die Messbarkeit einer anderen Größe beeinträchtigt, insbesondere wird die Information über die Energie eines Systems umso ungenauer, je genauer der Zeitpunkt der Betrachtung des Systems bestimmt wird.

89 *Essay sur les données immédiates de la conscience*; Paris: PUF, 2011, S. 80. Der Text, erschienen 1889, wurde von Proust rezipiert.

90 *La Pensée et le mouvant. Essais et conférences*, Paris: PUF, 2009, S. 13. – Diese sehr avantgardistischen Gedankengänge fanden 1927 schließlich auch Eingang in die Physik, als in der sog. Kopenhagener Deutung der Quantenmechanik die Realität von Messwerten als ein Kollaps der Schrö-

Konjunktiven bei Proust verstehen, die gewissermaßen als Shuttles zu alternativen Welten operieren.

1895 fiel Albert Einstein (1879–1955) in Französisch durch, als der immerhin erst 16jährige das Abitur an einer Schule in der Schweiz ablegen wollte. Er holte das ein Jahr später mit im allgemeinen besten Noten nach, schnitt aber im Französischen abermals nur mäßig ab – eine offenbar chronische Malaise: »Es wäre, selbst um meine Beherrschung des Französischen zu verbessern, nicht die Mühe wert, Bergsons Philosophie zu lesen«,[91] schrieb er Ende Dezember 1914 an Heinrich Zangger.

1896 nahm Einstein am Polytechnikum Zürich die Ausbildung zum Fachlehrer in Mathematik und Physik auf, die er 1900 mit dem Diplom abschloss. Bereits am 30. Juni 1905 legte er dann seine revolutionäre Schrift *Zur Elektrodynamik bewegter Körper* vor, in der er die spezielle Relativitätstheorie entwickelte.

Der Grundgedanke, von dem Einstein ausging, war der, dass die Gesetze der Physik für jeden Beobachter dieselben sein müssen, ganz gleich, in welchem physikalischen Zustand er sich befindet. Damit wird das Newtonsche Konzept von einem absoluten Raum über den Haufen geworfen, denn ein Beobachter, der sich im absoluten Raum[92] z. B. in Ruhe befände, befände sich damit in ei-

dingerschen Wellenfunktion, die Wahrscheinlichkeiten beschreibt, durch den Messprozess gedeutet wurde. Von den plötzlich abhandengekommenen Möglichkeiten versicherte Schrödinger 1957 seinem besorgten Publikum, dass sie in parallelen Welten existierten, die genauso real seien wie unsere. Der physikalische Nachweis dürfte schwerfallen. Auf jeden Fall bleiben sie unserer Welt als realisierbare Erzählungen erhalten – zur Not auch ohne Konjunktiv.

91 *Collected Papers of Albert Einstein*, Bd. 10, Brief 41a.

92 Oder im Äther, der seinerseits als im absoluten Raum ruhend vorgestellt wurde.

nem »ausgezeichneten« Zustand, auf den sich die Zustände aller anderen Beobachter in eindeutiger Weise beziehen ließen. Alltägliche Erfahrungen, die Newton allerdings noch nicht machen konnte (aber mutatis mutandis Huckleberry Finn auf dem Mississippi), wie die, dass man glaubt, der Zug, in dem man sitzt, fahre gerade los, bis man bemerkt, dass tatsächlich der Zug neben einem losfährt, demonstrieren den Grundgedanken – wie auch die Feststellung, dass man seinen Fehler nur dadurch bemerkt, dass ein Bezugspunkt, der in der Situation als statisch angenommen werden darf, wie etwa das Bahnhofsgebäude, relativ zu einem selbst in Ruhe verharrt. Dieses leichtverständliche Relativitätsprinzip setzte Einstein auf die Zeit fort, um die Tatsache zu erklären, dass Messungen der Lichtgeschwindigkeit immer denselben Wert ergaben, ganz gleich, ob sich die Lichtquelle in Richtung der Bewegung der Erde um die Sonne befand (merkliche Relativgeschwindigkeit) oder in einer Richtung senkrecht dazu (kaum Relativgeschwindigkeit): Wie oft die Uhr tickt und wie lang der Zollstock ist, mit denen wir Geschwindigkeiten messen, hängt davon ab, wie schnell sich das Messgerät im Verhältnis zum beobachteten Gegenstand bewegt. Diese »Zeitdilatation« und »Längenkontraktion« gleichen gerade die Verschiedenheiten in den Geschwindigkeitsmessungen aus, die man bei einfacher Addition der Einzelgeschwindigkeiten hätte erwarten sollen. Die mathematische Lösung dieses Rätsels hatte zwar Hendrik Lorentz bereits 1892 beschrieben, jedoch den konzeptuellen Umbruch im Gebäude der Physik nicht erkannt, der daraus zwangsläufig folgen musste. Eine naheliegende Konsequenz dieses relativistischen Ansatzes ist, dass es eine absolute Zeit ebenso wenig gibt wie einen absoluten Raum, da es ohne den absoluten Raum auch keinen ruhenden Beobachter geben kann, dessen Uhr eine »ausgezeichnete« Zeit anzeigte.

Diese Theorie verträgt sich offenkundig ganz und gar nicht mit

Bergsons Verständnis von Zeit – der dann auch recht ungnädig darauf hinweist, dass diese Zeit der Physiker (»temps«, klein geschrieben) von mechanischen Geräten abhängig sei, die dumpf vor sich hin ticken. Dass dieses Ticken nun eine Messung von Zeit sei, ist erst eine Interpretation der Physiker – die ja aber erst einmal ein Konzept von Zeit haben müssen, nämlich der realen Zeit Bergsons (»Temps«, groß geschrieben), bevor sie das Ticken der Uhr überhaupt als Zeit-Maß deuten können: »[Uhren] würden andernfalls ihren Daseinsgrund für den Relativitätstheoretiker wie auch für jedermann sonst verlieren, denn auch er zieht sie nur heran, um die Zeit eines Ereignisses zu markieren« (a. a. O.).

Bei einem richtungweisenden Philosophen-Kongress in Bologna 1911 warf dann Einsteins engagierter Mitstreiter Paul Langevin den Bergson-Anhängern und Bergson selbst, der bei diesem Kongress einen Vortrag über seine aller Metrik abholde Methode der Intuition hielt,[93] den Fehdehandschuh hin, indem er das heute allgemein bekannte Zwillings-Paradoxon vorstellte: Der Zwilling, der mit hoher Geschwindigkeit relativ zum Bruder eine weite Raumreise unternimmt, altert langsamer als der Daheimgebliebene in der Stube. Damit war das »mechanistische« Argument hinfällig, es sei denn, man wollte den – ja immerhin mit Intuition begabten – Bruder zu einer Uhr erklären. Die nur für kurze Zeit rettende Lösung lag darin, sich darauf zu berufen, dass der reisende Bruder doch aber abweichende physikalische Erfahrungen mache,[94] so müsse er ja erst beschleunigen und später wieder abbremsen. Diesen Einwand konnte Einstein 1913 durch die Erweiterung der spe-

93 »L'Intuition philosophique«; der zitierten Ausgabe von *Matière et mémoire* beigebunden.

94 In Langevins ursprünglichem Beispiel reist er münchhausenmäßig auf einer Kanonenkugel.

ziellen zur allgemeinen Relativitätstheorie widerlegen, die auch Beschleunigungen berücksichtigt und der zufolge in dem Modellfall die Beschleunigung ohne Einfluss auf den Alterungsprozess bleibt.

Die allgemeine Relativitätstheorie setzt in zwingender Weise die gemeinsame Betrachtung von Raum und Zeit als einer vierdimensionalen Raumzeit voraus, die zwar schon in der speziellen Relativitätstheorie eine Rolle spielte, sich dort aber noch hinwegdiskutieren ließ. Auch diese geometrische Behandlung war ein Ärgernis für Bergson, der sich energisch gegen eine »Verräumlichung der Zeit« verwahrte. Diese ist allerdings schon in der Sprache angelegt; so geht das Wort »Zeitraum« mindestens schon auf das 17. Jahrhundert zurück, und Thibault übersetzt es 1875 im gleichen Geist als »espace de temps« ins Französische. Es ist in diesem Zusammenhang auch ganz interessant zu sehen, dass zumindest im Deutschen, Englischen und Französischen zwar Zeitadverbien eine autonome Existenz führen, zeitliche Präpositionen jedoch, die sich um Uhrzeiten ranken, aus räumlichen Beziehungen abgeleitet sind (vor, nach, um, gegen X Uhr) – was dann auch die Frage nach dem Status des »raumzeitlichen« »longtemps« am Anfang der *Suche* aufwirft; allerdings scheint nach Bloch[95] auch das alleinstehende Adjektiv »long« schon seit langer Zeit auch eine zeitliche Bedeutung zu tragen. Eine Verräumlichung der Zeit nimmt Proust unverkennbar in seiner berühmten Passage vom Zeitenschiff in WS, S. 89 vor:

> [Ein] Bau, der sozusagen einen vierdimensionalen Raum einnahm – mit der Zeit als vierter Dimension –, indem er quer durch die Jahrhunderte mit seinem Schiff segelte, das von Joch

95 Oscar Bloch [u. a.], *Dictionnaire étymologique de la langue française*, Paris: PUF, 1960.

zu Joch, von Kapelle zu Kapelle nicht nur einige Meter zu bezwingen und zu überwinden schien, sondern ganze aufeinanderfolgende Epochen, aus denen er siegreich hervorging;

und abermals überdeutlich ganz am Ende seiner *Suche*, als er die gealterten Gäste des Prinzen von Guermantes auf den »turmhohen Stelzen« ihrer Jahre stehen sieht (WZ, S. 502). Auf der anderen Seite ist Prousts Verfahren, die Vergangenheit nicht nur zu erinnern, sondern als erinnertes Erinnern darzustellen, sicherlich, wenn nicht direkt von Bergson, dann vom Bergson-beeinflussten Zeitgeist beeinflusst – wobei Proust allerdings den blinden Glauben Bergsons an die Verlässlichkeit der Erinnerung vermissen lässt. Eine Passage zu Bergson in SG, S. 528, die ironisch auf dessen *L'Énergie spirituelle* (1919) anspielt, legt die Vermutung nahe, dass der Erinnerer Marcel, der immer wieder an der Wirklichkeit scheitert, Erinnerung nicht für ein hinreichend tragfähiges Fundament für eine Theorie des Subjekts hält:

> [Ich war überrascht] zu erfahren, was Monsieur Bergson über die spezifischen Beeinträchtigungen des Gedächtnisses dachte, die auf Schlafmittel zurückzuführen sind. »Wohlverstanden«, habe Monsieur Bergson dem Zeugnis des norwegischen Philosophen zufolge zu Monsieur Boutroux gesagt, »Schlafmittel, die von Zeit zu Zeit in mäßiger Dosierung genommen werden, haben keinen Einfluss auf unser solides Alltagsgedächtnis, das so fest in uns verankert ist. Doch es gibt andere Gedächtnisinhalte, höhere und zudem weniger stabile. Einer meiner Kollegen veranstaltet Kurse über die Geschichte des Altertums. Er hat mir erzählt, dass er, wenn er am Abend eine Schlaftablette genommen hat, während seiner Veranstaltung Schwierigkeiten habe, sich an die benötigten griechischen Zitate zu erinnern.

Der Arzt, der ihm diese Tabletten verschrieben hatte, versicherte ihm, dass sie ohne Einfluss auf das Gedächtnis seien. ›Das mag richtig sein, wenn Sie keine griechischen Zitate anzuführen brauchen‹, hatte ihm der Historiker nicht ohne spöttischen Hochmut geantwortet.«

1922 hielt Einstein am 31. März am Collège de France einen Vortrag über die Relativitätstheorie, bei dem »Tout Paris« anwesend war, u.a. Anna de Noailles, Prinzessin Edmond de Polignac, die Gräfin Henri Greffulhe und mit großer Wahrscheinlichkeit auch der Physiker Armand de Guiche,[96] also Personen, die mit Proust befreundet waren und ihre frisch gewonnenen Erkenntnisse zu ihm weitergetragen haben dürften.

Einstein am 31. März 1922 im Collège de France; hinter ihm Langevin, der ihm französische Vokabeln vorsagt. Rechts mit der Hand am Kinn Bergson. (Zeichnung von Lucien Jonas in *L'Illustration*, 8. April 1922.)

96 Siehe Thibault Damour, *Once upon Einstein*, Wellesley (Mass.), Peters, 2006, S. 34.

Prousts Interesse an Einsteins Weltsicht wird jedenfalls in einem Brief vom Dezember 1921 an den Physiker Armand de Guiche deutlich, der als Spezialist für die Theorie der Optik ein brennendes Interesse an Einsteins Lichttheorie gehabt haben dürfte und der sicherlich zu dem Zeitpunkt bereits von Einsteins bevorstehendem Besuch wusste:

> Wie gern würde ich mit Ihnen über Einstein sprechen! Man mag mir ruhig schreiben, ich hätte dieses von ihm oder er jenes von mir, ich verstehe trotzdem kein Wort seiner Theorien, da ich von Algebra keine Ahnung habe. Und umgekehrt bezweifle ich, dass er meine Romane gelesen hat. Wir scheinen in ähnlicher Weise die Zeit zu verformen. Aber selbständig kann ich das nicht herausfinden, denn ich bin nur ich, und wir kennen einander nicht einmal, und ich kann es auch ihm nicht darlegen, denn er ist ein großer Geist in Wissenschaften, von denen ich nichts weiß und bei denen ich schon in der ersten Zeile von Zeichen gestoppt werde, die ich nicht kenne.« (*Corr.* XX, S. 578.)[97]

Knapp eine Woche nach Einsteins Vortrag, am 6. April, fand dann am gleichen Ort ein Streitgespräch zwischen ihm und Bergson statt – in diesem Fall ist nichts über das anwesende Publikum überliefert –, bei dem letzterer einen längeren Exkurs über sein im Erscheinen befindliches Buch *Durée et Simultanéité* hielt, den Ein-

97 Einsteins allgemeinverständliche Einführung *Über die spezielle und die allgemeine Relativitätstheorie* (1917) war bereits 1921 im Verlag Gauthier-Villars in der französischen Übersetzung von Jeanne Rouvière unter dem Titel *La Théorie de la relativité restreinte et généralisée (mise à la portée de tout le monde), par Einstein* erschienen.

stein mit den trockenen Worten »Le temps des philosophes donc n'existe pas« (»Die Zeit der Philosophen existiert demnach nicht«) parierte. Dieses harsche Urteil ist sicherlich dann berechtigt, wenn man für die Anerkennung von Existenz den wissenschaftlichen Nachweis der Existenz voraussetzt und für diesen wissenschaftlichen Nachweis nur die Methoden der Naturwissenschaften zulässt – die ja aber Bergson gerade ablehnt, weil sie das Nachzuweisende, die »reale« Zeit, mit ihren Messungen beeinträchtigen, so dass man am Ende doch wieder nur vor dem Scherbenhaufen der physikalischen Zeit steht. Auf der anderen Seite konzediert Einstein die Existenz einer von der physikalischen Zeit verschiedenen psychologischen Zeit, von der aus sich leicht Brücken zu Bergsons Intuition (etwa als einer durch Kommunikation und gemeinsames Handeln erfolgten Intersubjektivierung individueller Wahrnehmungen und Erfahrungen) schlagen ließen. Eine solche sozio-kulturelle Rekonstruktion von »Vorgegebenheit« fasste Bergson selbst, allerdings erst 1932, in *Le deux sources de la morale et de la religion* ins Auge.

IV KORRESPONDENZ

> »Es gab nichts Zärtlicheres als diesen Briefwechsel zwischen zwei Freunden, die sich nicht sehen wollten.« (SJM, S. 284.)

Proust war ein leidenschaftlicher Briefeschreiber. Der Umfang seiner Korrespondenz mit Freunden und Verwandten, mit Lesern und Herausgebern, mit Banken und Finanzberatern wird auf 100 000 Schriftstücke geschätzt, von denen ein großer Teil allerdings verlorengegangen oder vernichtet worden sein dürfte. Über 5000 Briefe sind aber immerhin in der monumentalen einundzwanzigbändigen Gesamtausgabe enthalten, die von dem amerikanischen Proust-Experten Philip Kolb datiert, kommentiert und herausgegeben wurde (1970–93). Die Inhalte weisen eine große Streuungsbreite auf, von Erinnerungen und persönlichen Vertraulichkeiten über politische, literarische und künstlerische Erörterungen bis hin zu Geldsorgen und vor allem – bekanntermaßen berechtigte – Klagen über schlechte Gesundheit. Der weite Bildungshorizont, von dem die *Suche* Zeugnis ablegt, wird auch hier ausgespielt. Einige Passagen aus den Briefen haben zudem Eingang in die *Suche nach der verlorenen Zeit* gefunden, so aus einem Brief an Madame Straus vom Juli 1917 Prousts Eindrücke vom Luftkampf über Paris in *Die wiedergefundene Zeit* oder in *Die Entflohene* aus dem Brief an Alfred Agostinelli, den Proust ihm an dessen Todestag geschrieben hat (*Corr.* XIII, S. 217–221). Berichte über seine Tätigkeiten geben Einblick in die Genese der *Suche* und waren zudem ein wichtiges Hilfsmittel bei der Organisation der hinterlassenen Fragmente des *Jean Santeuil*. In ihrer Summe vermitteln die Briefe der *Correspondance* ein recht lebendiges Bild von Prousts Leben und Zeit und bilden damit das Grundgerüst für jede Proust-Biographie.

Neben der *Bibliothèque nationale de France* (BnF) dürfte das

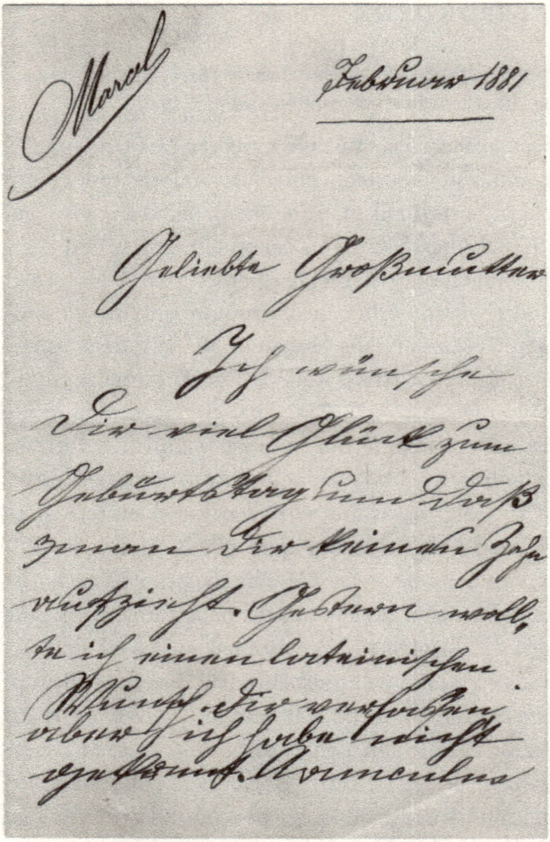

Marcel

Februar 1881

Geliebte Großmutter

Ich wünsche Dir viel Glück zum Geburtstag und daß man Dir keinen Zahn auszieht. Gestern wollte ich einen lateinischen Wunsch Dir verfassen aber ich habe nicht gekonnt. Avunculus

Brief vom Februar 1881 an die Großmutter mütterlicherseits, Adèle Amélie Nathé-Weil geb. Berncastel, in deutscher Schreibschrift; es ist dies der einzige bekannte Brief Prousts auf bedrucktem Briefpapier: »Geliebte Großmutter Ich wünsche Dir viel Glück zum Geburtstag und dass man Dir keinen Zahn auszieht. Gestern wollte ich einen lateinischen Wunsch Dir verfassen aber ich habe nicht gekonnt. Avunculus [ist Onkel und nicht Grossmutter, Du hast immer Recht. Dein herzlich liebender Enkel, Marcel Proust]«. (Wiedergabe mit freundlicher Genehmigung der Bibliotheca Proustiana Reiner Speck.)

Kolb-Proust Archive of the University of Illinois at Urbana-Champaign die umfangreichste Sammlung von Briefen von und an Proust besitzen. In Deutschland befindet sich ein bedeutender Hort im Besitz der *Bibliotheca Proustiana Reiner Speck* in Köln.

Gesamtausgaben und Register

1949 Philip Kolb: La Correspondance de Marcel Proust. Chronologie et commentaire critique. Urbana: University of Illinois Press, 1949.
1970 Philip Kolb (Hrsg.): Correspondance de Marcel Proust. 21 Bde. Paris: Plon, 1970–93.
1998 Index Général de la Correspondance de Marcel Proust. D'après l'édition de Philip Kolb. Établi sous la direction de Kazuyoshi Yoshikawa, avec la collaboration de Koji Abe [u. a.] et les membres de la Société japonaise d'études proustiennes. Préface de Jean-Yves Tadié. Kyoto: Presses de l'Université de Kyoto, 1998.

Allgemeine Auswahlen

1925 Comment débuta Marcel Proust. Lettres inédites. Paris: Gallimard, 1925. (La Nouvelle Revue Française.)
1926 Marcel Proust: Lettres inédites. Préface et appendices par Camille Vettard. Édition Bagnères-de-Bigorre, pour les amis de Marcel Proust. Bagnères-de-Bigorre: Péré, 1926.
1964 Marcel Proust: Briefe zum Werk. Ausgew. und hrsg. von Walter Boehlich. Dt. von Wolfgang A. Peters. Frankfurt a. M.: Suhrkamp, 1964.
1965 Choix de lettres Marcel Proust présentées et datées par Philip Kolb. Préface de Jacques de Lacretelle. Paris: Plon, 1965.
1966 Marcel Proust: Lettres retrouvées. Présentées et annotées par Philip Kolb. Paris: Plon, 1966.
1969 Marcel Proust: Briefe zum Leben. Hrsg. und aus dem Frz. übertr. von Uwe Daube. Frankfurt a. M.: Suhrkamp, 1969.
2004 Marcel Proust: Lettres (1879–1922). Sélection et annotation revue par Françoise Leriche avec le concours de Caroline Szylowicz à partir de

l'édition de la Correspondance de Marcel Proust établie par Philip Kolb. Lettres inédites, sélection et annotation par Françoise Leriche. Préface et postface de Katherine Kolb. Notices biographies des correspondants par Virginie Greene. Paris: Plon, 2004.

2007 Marcel Proust: Correspondance. Choix de lettres et présentation par Jérôme Picon. Paris: Flammarion, 2007.

2009 Jürgen Ritte / Reiner Speck (Hrsg.): Cher ami ... Votre Marcel Proust. Marcel Proust im Spiegel seiner Korrespondenz. Anlässlich der Ausstellung »Marcel Proust im Spiegel seiner Korrespondenz« im Literaturhaus München, 26. März – 7. Juni 2009, und im Museum für Angewandte Kunst, Köln, 28. Juni – 6. September 2009. Köln: Snoeck, 2009. [Ausstellungskatalog.]

2014 Lettres de Marcel Proust. L'enfance et l'adolescence. Hörbuch. Gelesen von Guillaume Gallienne. CD. Paris: Thélème, 2014.

2016 Jürgen Ritte (Hrsg.): Marcel Proust. Briefe 1879–1922. 2 Bde. Aus dem Frz. von J. Ritte, Achim Russer und Bernd Schwibs. Berlin: Suhrkamp, 2016.

Auswahlen nach Adressaten

1926 Robert **Dreyfus**: Souvenirs sur Marcel Proust. Avec des lettres inédites. Paris: Grasset, 1926.

1928 Lettres et vers à Mesdames Laure **Hayman** et Louisa de **Mornand**. Paris: Andrieux/Landry-Brisard, 1928.

1929 Lucien **Daudet**: Autour de soixante lettres de Marcel Proust. Paris: Gallimard, 1929. (La Nouvelle Revue Française.) Neuausg. Paris: Gallimard, 2012.

1930 Robert de **Billy**: Marcel Proust. Lettres et conversations. Paris: Éd. des Portiques, 1930.

1930 Comment parut »Du côté de chez Swann«. Lettres de Marcel Proust à René **Blum**, Bernard **Grasset** et Louis **Brun**. Introduction et commentaires par Léon Pierre-Quint. Paris: Kra, 1930.

1930 Correspondance générale de Marcel Proust. Publiée par Robert Proust et Paul Brach. Bd. 1: Lettres à Robert de **Montesquiou** 1893–1921. Paris: Plon, 1930.

1931 René **Boylesve** & Marcel Proust. Quelques échanges et témoignages. Avec lettres en fac-similé. Textes inédits. Paris: Le Divan, 1931.

1931 Correspondance générale de Marcel Proust. Publiée par Robert Proust et Paul Brach. Bd. II: Lettres à la comtesse de **Noailles** 1901–1919. Présentées par la Comtesse de Noailles. Paris: Plon, 1931.

1932 Correspondance générale de Marcel Proust. Publiée par Robert Proust et Paul Brach. Bd. III: Lettres à M. et Mme Sydney **Schiff**, Paul **Souday**, J. E. **Blanche**, Camille **Vettard**, J. **Boulenger**, Louis **Martin-Chauffier**, E. R. **Curtius**, L. **Gautier-Vignal**. Paris: Plon, 1932.

1932 Marcel Proust. Lettres à la **NRF**. In: Cahiers Marcel Proust. 6. Paris: Gallimard, 1932.

1933 Correspondance générale de Marcel Proust. Publiée par Robert Proust et Paul Brach. Bd. IV: Lettres à P. **Lavallée**, J.-L. **Vaudoyer**, R. de **Flers**, Marquise de **Flers**, G. de **Caillavet**, B. de **Salignac-Fénelon**, Mlle Simone de **Caillavet**, R. **Boylesve**, E. **Bourges**, Henri **Duvernois**, Mme T.-J. **Gueritte** et Robert **Dreyfus**. Paris: Plon, 1933.

1935 Correspondance générale de Marcel Proust. Publiée par Robert Proust et Paul Brach. Bd. V: Lettres à Walter **Berry**, Comte et Comtesse de **Maugny**, Comte V. d'**Oncien de la Batie**, M. Pierre de **Chevilly**, Sir Philip **Sassoon**, Princesse **Bibesco**, Mlle Louisa de **Mornand**, Mme Laure **Hayman**, Mme **Scheikevitch**. Paris: Plon, 1935.

1936 Correspondance générale de Marcel Proust. Publiée par Robert Proust et Paul Brach. Bd. VI: Lettres à Madame et Monsieur Émile **Straus**, suivies de quelques dédicaces. Paris: Plon, 1936.

1942 Lettres à une amie. Recueil de quarante-et-une lettres inédites adressées à Marie **Nordlinger**, 1899–1908. Manchester: Éd. du Calame, 1942.

1945 Quatre lettres de Marcel Proust à ses **concierges**. Genf: Skira, 1945.

1946 Marcel Proust. Lettres à Madame C. [i. e. Marie-Marguerite **Catusse**]. Préface de Lucien Daudet. Paris: Janin, 1946.

1948 Marcel Proust. À un ami [i. e. Georges **Lauris**]. Correspondance inédite 1903–1922. Paris: Amiot-Dumont, 1948.

1949 Le Voyageur voilé Marcel Proust. Lettres au duc de **Guiche** et documents inédits. Paris: Plon, 1949. (La Palatine.)

1949 Lettres de Marcel Proust à **Bibesco**. Lausanne: La Guilde du Livre, 1949.

1949 Paul **Morand**: Le Visiteur du soir, suivi de quarante-cinq lettres inédites de Marcel Proust. Paris: Plon, 1949. (La Palatine.)

1953 Correspondance avec sa **mère** 1887–1905. Hrsg. von Philip Kolb. Paris: Plon, 1953.

1956 Marcel Proust. Lettres à Reynaldo **Hahn**. Préface d'Emmanuel Berl. Hrsg. von Philip Kolb. Paris: Gallimard, 1956. Dt.: Marcel Proust: Der Briefwechsel mit Reynaldo Hahn. Deutsche Erstausg. Übers. und hrsg. von Bernd-Jürgen Fischer. Stuttgart: Reclam, 2018.

1958 Fernand **Gregh**: Mon amitié avec Marcel Proust. Souvenirs et lettres inédites. Paris: Grasset, 1958.

1970 Briefwechsel mit der **Mutter**, 1887–1905. Ausgew. und übers. von Helga Rieger. Mit einem Nachw. und Anm. von Philip Kolb. Frankfurt a. M.: Suhrkamp, 1970.

1974 Correspondance avec Mme **Straus**. Préface par Suzy Mante-Proust. Paris: Plon, 1974.

1976 Marcel Proust – Jacques **Rivière**. Correspondance 1914–1922. Préface de Jean Mouton. Hrsg. von Philip Kolb. Paris: Gallimard, 1976.

1989 Marcel Proust – Gaston **Gallimard**. Correspondance. Hrsg. von Pascal Fouché. Paris: Gallimard, 1989.

1991 Marcel Proust. Mon cher petit. Lettres à Lucien **Daudet**. Hrsg. von Michel Bonduelle. Paris: Gallimard, 1991.

1992 Marcel Proust. Correspondance avec Daniel **Halévy**. Hrsg. von Anne Borrel und Jean-Pierre Halévy. Paris: Editions de Fallois, 1992.

1993 Marcel Proust. Lettres à Madame **Scheikevitch**. Monaco: Sauret, 1993.

2013 Marcel Proust. Lettres à sa **voisine**. Paris: Gallimard, 2013.

Zu Prousts Korrespondenz

1983 Alain Buisine: Proust et ses lettres. Lille: Presses Universitaires de Lille, 1983.

1996 Luc Fraisse: Proust au miroir de sa correspondance. Paris: Sedes, 1996.

1998 Luc Fraisse: La correspondance de Proust. Son statut dans l'œuvre, l'histoire de son édition. Besançon: Presses Université Franche-Comté, 1998.

2003 Martin Robitaille: Proust épistolier. Montréal: Presses Université de Montreal, 2003.

2009 Jürgen Ritte / Reiner Speck (Hrsg.): Cher ami … Votre Marcel Proust.

Marcel Proust im Spiegel seiner Korrespondenz. Anlässlich der Ausstellung »Marcel Proust im Spiegel seiner Korrespondenz« im Literaturhaus München, 26. März – 7. Juni 2009, und im Museum für Angewandte Kunst, Köln, 28. Juni – 6. September 2009. Köln: Snoeck, 2009. [Ausstellungskatalog.]

2010 Marcel Proust und die Korrespondenz. Hrsg. von Karin Westerwelle. Berlin: Insel, 2010. (Publikation der Marcel Proust Gesellschaft. 14.)

V BIBLIOGRAPHIEN

»Jeder träumt auf seine Weise den Traum des Lebens. Ich habe diesen Traum in meiner Bibliothek geträumt.«
(Anatole France, *Le Crime de Sylvestre Bonnard*, 1881.)

Die erste Proust-Bibliographie mit Vollständigkeitsanspruch ist sicherlich die von Léon Pierre-Quint von 1928, die den größten Teil seines Buches *Comment travaillait Marcel Proust* einnimmt und neben einem Abschnitt zu Prousts Werk und einem zur französischen Sekundärliteratur auch einen Abschnitt über ausländische Publikationen zu Proust enthält – ein Aspekt, den man in der 1932 erschienenen Bibliographie von Gustave da Silva Ramos vermisst, die dafür aber einen sehr detaillierten Überblick über die Publikation Proustscher Texte und insbes. seiner Briefe liefert. Es werden jedoch keine in Zeitschriften, Festschriften oder Anthologien erschienenen Aufsätze über Proust erfasst. Diese Arbeit leistet dann Douglas W. Alden 1940 in seiner über 1880 Titel umfassenden, chronologisch geordneten Bibliographie von in französischer Sprache erschienenen Zeitschriftenaufsätzen und Zeitungsartikeln.

Die erfreulich übersichtlich nach Genres gegliederte Bibliographie von René de Chantal von 1967 beschränkt sich hinsichtlich der Sekundärliteratur auf das Notwendigste, liefert jedoch erschöpfende Auskunft über Veröffentlichungen Proustscher Texte. Sie umfasst 1025 Einträge.

Einen gewaltigen Durchbruch in der Erfassung der Literatur zu Proust bedeutete die sprachenübergreifende Bibliographie von Henri Bonnet von 1971 mit ihren über 2000 Titeln, die innerhalb von vier Sachgruppen chronologisch geordnet sind; 1976 erschien dazu ein Ergänzungsband von nahezu dem gleichen Umfang, der zudem mit einem Index, der auch Kernbegriffe von Titeln umfasst, die Orientierung in der Fülle des Materials erleichtert. Zudem liefert dieser Band die Siglen der BnF zu den Beständen des Fonds Marcel Proust, was die Suche im Katalog der BnF erheblich erleichtert.

In den sechziger und siebziger Jahren bemühte sich die Société des Amis de Marcel Proust et des Amis de Combray, die Rezeption Prousts im Ausland sichtbar zu machen, und publizierte dazu in ihrem *Bulletin* Bibliographien zur Proust-Literatur in Deutschland, Slowenien, Jugoslawien, den Niederlanden und in Brasilien. Die Beiträge von George Pistorius zur Proust-Rezeption in Deutschland wurden 2002 in erheblich erweiterter Form als Monographie herausgegeben. Ihr beeindruckender Umfang gibt einen Eindruck von der Beachtung, die Proust in Deutschland findet.

Die vorläufig letzte Bibliographie mit universellem Anspruch ist der 1976 von Victor Ernest Graham unter dem Titel *Bibliographie des études sur Marcel Proust et son œuvre* publizierte Katalog von über 2270 Titeln, der durch ein Namen- und Schlagwortregister erschlossen wird.

Eine nützliche, überschaubare Auswahl aus der französischen Proust-Literatur liefert für Anfänger, die noch ihren Weg suchen, die Wikipedia-Seite fr.wikipedia.org/wiki/Bibliographie_sur_Marcel_Proust. Einen zielorientierten Einstieg in bestimmte Forschungsfelder ermöglicht die *Marcel Proust Enzyklopädie*, die zu einzelnen Stichworten Hinweise auf die grundlegende weiterführende Literatur gibt.

1928 Léon Pierre-Quint: Comment travaillait Proust. Bibliographie, variantes, lettres de Proust. Paris: Éditions des Cahiers libres, 1928. Nachdr. New York: Franklin, 1970. S. 48–114.

1932 Gustave da Silva Ramos: Bibliographie proustienne. In: Cahiers Marcel Proust. 6. Paris: Gallimard, 1932. S. 29–86.

1940 Douglas W. Alden: Marcel Proust and His French Critics. Los Angeles: Lymanhouse, 1940. Nachdr. New York: Russell & Russell, 1973.

1965/1966/1971 George Pistorius: Proust en Allemagne 1922–1959. In: Bulletin de la Société des Amis de Marcel Proust. Jg. 1965 und 1966. Erw. Jg. 1971.

1967 René de Chantal: Marcel Proust. Critique littéraire. Bd. II. Montréal: Les Presses de l'Université de Montréal, 1967. S. 643–744.

1967 Giorgetto Giorgi: Proust en Italie (1926–1966). In: Bulletin de la Société des Amis de Marcel Proust. Jg. 1967.

1970 E. Pierre Chanover: Marcel Proust – A Medical and Psychoanalytical Bibliography. In: The Psychoanalytic Review 56 (1969/70) S. 638–641.

1971 Henri Bonnet: Marcel Proust de 1907 à 1914. Avec une bibliographie générale. Paris: Nizet, 1971. S. 203–323.

1971 Divna Denkovic Bratic: Bibliographie yougoslave. In: Bulletin de la Société des Amis de Marcel Proust. Jg. 1971.

1971 Radoyka Vrancic: Marcel Proust chez les Slovènes. In: Bulletin de la Société des Amis de Marcel Proust. Jg. 1971.

1974 Mathilde Boks: Bibliographie néerlandaise. In: Bulletin de la Société des Amis de Marcel Proust. Jg. 1974.

1975 Ione de Andrade: Proust au Brésil. In: Bulletin de la Société des Amis de Marcel Proust. Jg. 1975.

1975 Larkin B. Price: A Check List of the Proust Holdings at the University of Illinois Library at Urbana-Champaign. Champaign: University of Illinois, 1975.

1976 Henri Bonnet: Marcel Proust de 1907 à 1914. Bibliographie complémentaire (II). Index général des bibliographies (I et II) et une étude: »Du côté de chez Swann« dans »À la recherche du temps perdu«. Paris: Nizet, 1976. S. 13–116 und 153–176.

1976 Victor Ernest Graham: Bibliographie des études sur Marcel Proust et son œuvre. Genf: Droz, 1976.

1982 Reiner Speck (Hrsg.): Marcel Proust – Werk und Wirkung. Frankfurt a. M.: Insel, 1982.

1985 Eva Ahlstedt: La pudeur en crise. Un aspect de l'accueil d'À la recherche du temps perdu de Marcel Proust 1913–1930. Paris: Touzot, 1985. [Zuerst: Göteburg: Acta Universitatis Gothoburgensis, 1985.]

2002 George Pistorius: Marcel Proust und Deutschland. Eine internationale Bibliographie. Heidelberg: Winter, ²2002.

2009 Julie André: Le Cahier 46 de Marcel Proust. Transcription et interprétation. Paris: Université de la Sorbonne nouvelle, 2009. [https://tel.

archives-ouvertes.fr/tel-00713945/document] [Enthält eine Bibliographie zur Text-Genese.]

2009 Luzius Keller (Hrsg.): Marcel Proust Enzyklopädie. Handbuch zu Leben, Werk, Wirkung und Deutung. Hamburg: Hoffmann und Campe, 2009.

Zeitschriften mit regelmäßigen bibliographischen Ergänzungen

Bulletin de la Société des Amis de Marcel Proust et des Amis de Combray. (Seit 1964: Bulletin de la Société des Amis de Marcel Proust, BMP.) 1950 ff.

Bulletin d'informations proustiennes. Paris: Presses de l'École normale supérieure, 1975 ff.

Cahiers Marcel Proust. Nouvelle série. Paris, Gallimard, 1971–87. [Die Nummern 6 bis 14, mit dem Untertitel »Études proustiennes«, enthalten eine Bibliographie von René Rancoeur.]

Proust Research Association Newsletter. University of Kansas. 1969 ff.

Internet

Bibliographie für die Jahre 1995–2011: http://marcelproust.pagesperso-orange.fr/images/bibliographie_complete_1995_2011. (Der Bindestrich gehört zur Adresse.)

VI MARCEL-PROUST-GESELLSCHAFTEN

> »[Saint-Loup] erklärte sich gleich darauf in einer Mischung aus Literatur und Völlerei mit einer Flasche Champagner einverstanden, die er ›in rein symbolischer Weise‹ als Zierde des Gesprächs zu sehen wünschte.« (*Die Entflohene*, S. 376.)

Französischsprachiger Raum Die erste Marcel-Proust-Gesellschaft wurde 1947 in Illiers gegründet mit dem Ziel, Proust-Leser zusammenzuführen und das Werk Prousts bekannt zu machen. Der Name der Gesellschaft, »Société des Amis de Marcel Proust et des Amis de Combray« (SAMP) gibt noch ein zweites Ziel zu erkennen, nämlich, sich um den Erhalt des Hauses von Tante Léonie zu kümmern, das der Gesellschaft gehört, in dem sie ihren Sitz hat und in dem sie ein Proust-Museum unterhält; zudem trägt sie im Erdgeschoss eine Proust-Bibliothek (insbes. mit Briefen und Manuskripten) zusammen, die man in einem angeschlossenen Lesesaal studieren kann. Die Gesellschaft beteiligt sich an kulturellen Veranstaltungen, die einen Proust-Bezug aufweisen, oder organisiert sie sogar in eigener Regie, wie etwa die jährlichen Weißdorntage Mitte Mai in Illiers-Combray oder Konferenzen zu speziellen Aspekten der Proust-Forschung, die zudem in Kongressberichten von der Gesellschaft publiziert werden. Ihre wichtigste Tätigkeit besteht aber sicherlich in der Herausgabe seit 1950 des jährlichen *Bulletin des Amis de Marcel Proust et des Amis de Combray*, das längst zu den unverzichtbaren Quellen der Proust-Forschung zählt.

1988 wurde das *Institut Marcel Proust International* (IMPI) als Koordinationszentrum für Marcel-Proust-Gesellschaften in die Société integriert. Das Institut bemüht sich vor allem darum, Übersetzungen zu fördern, die Proust-Forschung im Ausland zu unterstützen und ausländische Proust-Freundeskreise zu koordinieren. Das Institut veranstaltet Kolloquien und gibt dazu Berichte heraus.

Eine eher geschlossene Gesellschaft von bekannten Proust-Experten ist die »Équipe Proust« am Centre national de la recherche scientifique (CNRS), die sich der Erforschung der Manuskripte Prousts im Besitz der Bibliothèque nationale de France widmet. Sie ist maßgeblich an der Faksimile-Edition der Cahiers 1–75 bei Brepols beteiligt. Seit 1975 gibt sie das *Bulletin d'Informations proustiennes* heraus. Die monatlichen Redaktionssitzungen wie auch die zweimal im Monat stattfindenden Sitzungen der Forschungsgruppe sind öffentlich.

Niederlande Die erste Proust-Gesellschaft außerhalb Frankreichs wurde 1972 unter dem Namen »Nederlandse Vereniging van Vrienden van Marcel Proust« (seit 1983: »Marcel Proust Vereniging Nederland«) mit dem Ziel gegründet, das Werk Marcel Prousts in den Niederlanden zu verbreiten. Zu diesem Zweck organisiert sie Treffen und Konferenzen und publiziert seit 2003 jährlich die französisch-englische Zeitschrift *Marcel Proust Aujourd'hui/Today* sowie seit 2008 zweimal jährlich ein *Bulletin van de Marcel Proust Vereniging* in niederländischer Sprache. Sie zählte im Jahr 2011 etwa 110 Mitglieder.

Deutschsprachiger Raum Die »Marcel Proust Gesellschaft« (MPG) wurde am 18. November 1982 zum 60. Todestag Marcel Prousts von Reiner Speck in Köln gegründet, um den Austausch zwischen Proust-Forschern und -Lesern zu fördern und dabei vor allem jüngere Leser an Proust heranzuführen. Sie veranstaltet regelmäßig internationale Symposien, Matineen, Lesungen, Exkursionen und gibt Materialienbände zu Symposien, die Reihen »Publikationen« mit Monographien zu verschiedenen Proust-Themen und »Sur la lecture« mit Lektüreerfahrungen von Proustianern heraus sowie das Mitteilungsblatt *Proustiana* mit Referaten, Essays, Veranstaltungshinweisen und Rezensionen. Sie fördert wissenschaftliche Originalarbeiten und die Übersetzung französischer Forschungsliteratur ins Deutsche. Im Jahr 2015 zählte die MPG über 450 Mitglieder und bildete damit die mitgliederstärkste literarische Gesellschaft Deutschlands.

Eng verbunden mit der Gesellschaft ist die Bibliotheca Proustiana Reiner Speck (BPRS) in Köln, die neben zahlreichen wichtigen Briefen über eine Fülle von Materialien zu Proust verfügt. Die BPRS veranstaltet zu verschiedenen Gelegenheiten Ausstellungen aus ihrem Fundus und gibt dazu Kataloge heraus.

Japan Die »Japanische Proust Forschungsgesellschaft« wurde 1991 in Tokyo gegründet; sie versteht sich als ein Freundeskreis von Proust-Interessierten zum Informationsaustausch, zur Forschungsplanung und zur Forschungspräsentation. Vorsitzender ist der Proust-Übersetzer Kazuyoshi Yoshikawa. Die Gesellschaft zählte 2015 über 100 Mitglieder.

USA Die »Proust Society of America« wurde 1997 von Harold Augenbraum als Sektion des »Center for Fiction« in New York mit dem Ziel gegründet, die Lektüre und das Studium von Prousts Werk, vor allem aber das Vergnügen daran zu fördern. Die Gesellschaft bietet öffentliche Vorträge an und stellt Diskussionsgruppen einen Ort der Begegnung zur Verfügung. Harold Augenbraum gab 2013 die englische Übersetzung der Gedichte Prousts heraus.

Italien Die »Associazione Amici di Marcel Proust« wurde 1998 von Raffaele Giusti in Neapel gegründet und organisiert Seminare, Konferenzen, Tagungen und Vorträge, die der Verbreitung des Wissens über Proust und sein Werk dienen.

Dänemark Die dänische Proust-Gesellschaft »Det danske Proust-Selskab« wurde 2002 von Louise Svanholm gegründet. Sie gibt seit 2003 ein jährliches Bulletin im Forlag Multivers heraus.

Die Pflege des Proustschen Werks in Großbritannien findet innerhalb der Ruskin Society statt. Bei dem schwedischen »Marcel Proust sällskapet« (»Marcel Proust Verein«) handelt es sich um einen allgemeinen Literatur-Blog; die britische »Proust Ink« und das US-amerikanische »Radio Proust« bieten Kurse zu Proust und seinem Werk an.

VII DIE GEOGRAPHIE DER »SUCHE«

»Ich zog die ›pittoreske Geographie‹ des Sorbets vor.«
(*Die Gefangene*; S. 173.)

Die Bucht von Balbec

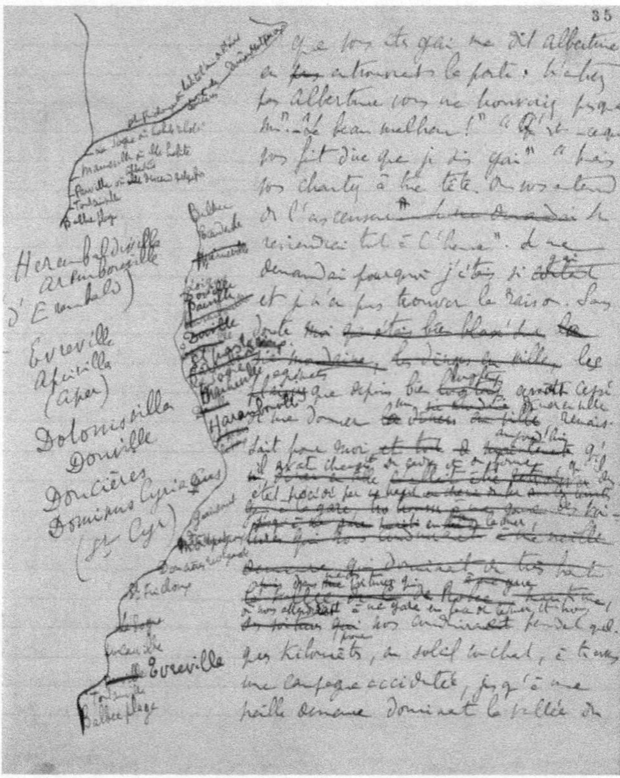

Entwurf der Bahnlinien um Balbec, aus dem Cahier IV (NAF 18322).

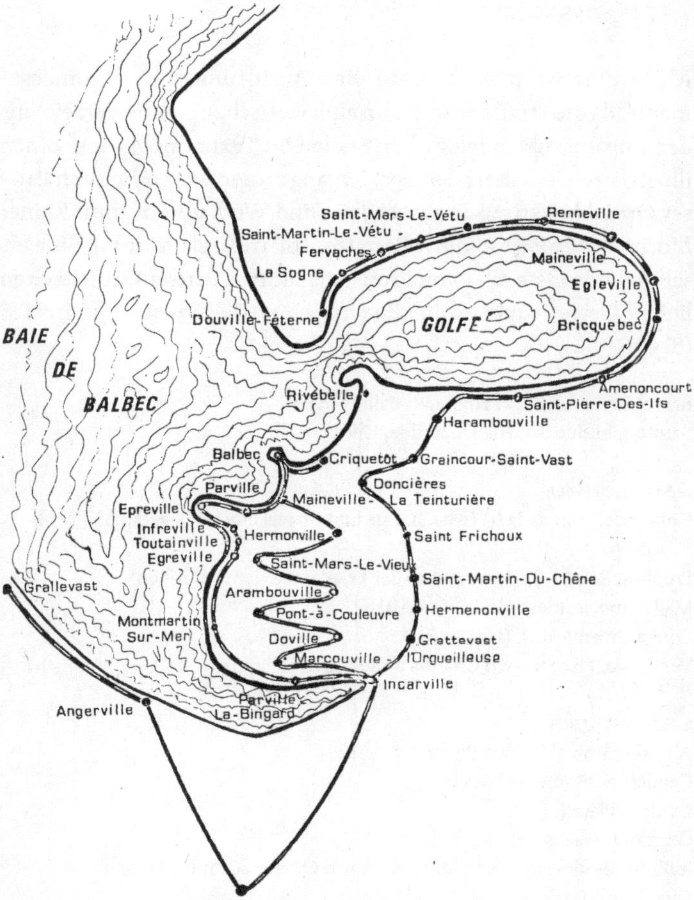

Skizze der Bahnverbindungen um Balbec, rekonstruiert von Hachez 1978.

Les Rues de Paris

Ich beschränke mich hier auf eine Auflistung nach Arrondissements, da die Straßennamen im alphabetischen Namenverzeichnis den Zugang zu den relevanten Stellen im Text ermöglichen. Einen illustrierten, erläuternden Spaziergang zu den wesentlichsten Pariser Örtlichkeiten aus Prousts Leben und Werk unternimmt Rainer Moritz in *Mit Proust durch Paris* (Stuttgart: Reclam, 2015). Eine erschöpfende Liste aller von Proust genannten Pariser Örtlichkeiten liefert Pierre Jaquillard im *Bulletin* Nr. 7 (S. 283–306) und Nr. 8 (S. 506–516).

Barre-du-Bec, Rue *s.* Temple, Rue du (3–4)
Sainte-Clotilde, Rue de *s.* Clotilde, Rue (5)

1. Arr.: LOUVRE
Concorde, Pont de la (1) (wo Charlus und Marcel einen Fliegerangriff beobachten)
Duphot, Rue (1–8) (M wartet an der Ecke, um Swann zu sehen)
Madeleine, Boulevard de la (1–8–9)
Opéra, Avenue de l' (1–2)
Vendôme, Place (1) (wo Charlus und M sich trennen)

2. Arr.: BOURSE
Aboukir, Rue d' (2) (wo Bloch sich wähnt)
Capucines, Boulevard des (2–9)
Gaillon, Place (2)
Gramont, Rue de (2)
Italiens, Boulevard des (2–9) (wo Swann Odette sucht und findet)
Paix, Rue de la (2)

3. Arr.: TEMPLE
Temple, Rue du (3–4)

4. Arr.: HÔTEL DE VILLE

Archevêché, Quai de l' (4)
Ave-Maria, Rue de l' (4)
Blancs-Manteaux, Rue des (4) (Büro von Blochs Vater)
Chanoinesse, Rue (4)
Orléans, Quai d' (4) (Swanns Junggesellenwohnung)
Parvis-Notre-Dame, Place du (4)
Rosiers, Rue des (4) (Charlus' ›Ghetto‹)
Temple, Rue du (3–4)

5. Arr.: PANTHÉON

Clotilde, Rue (5)
Fossés-Saint-Bernhard, Rue des / Saint-Bernhard, Quai (5) (Weindepot, wo Ms Großtante Swann ansiedelt)

6. Arr.: LUXEMBOURG

Bonaparte, Rue (6) (Fahrtziel von Mme Cottard) [Nr. 16: die Académie de Médecine]
Conti, Quai de (6) (der neue Salon Verdurin)
École-de-Médecine, Rue de l' (6)
Garancière, Rue (6)
Malaquais, Quai (6) (Parze Nr. 1, »Marie-Antoinette«)
Saint-Sulpice, Place (6)
Tournon, Rue de (6) (Parze Nr. 2)

7. Arr.: PALAIS BOURBON

Bac, Rue du (7) (Nr. 43: Wohnung der Cottards)
Bellechasse, Rue de (7) (Onkel Adolphe in Swanns jungen Jahren)
Bourgogne, Rue de (7) (Charlus' Pissoir)
Chaise, Rue de la (7) (Parze Nr. 3; ein Zweig der Guermantes; die Chaussepierres)
Grenelle, Rue de (6–7) (das alte Palais des Prinzen von Guermantes, vermutl. Nr. 57 + 59)
Orsay, Quai d' (7) [zum Teil die einstige Île des Cygnes]
Palais-Bourbon, Place du (7)
Vaneau, Rue (7)

Varenne, Rue de (7) (die deutschfreundlichen Guermantes und/bzw. de Charlus, vermutl. Nr. 61) [Nr. 60: Conte d'Hinnisdal]

8. Arr.: Élysée

Abbatucci, Rue (8) (wo man Odette gelegentlich sieht) [heute Teil der Rue La Boëtie]

Arcade, Rue de l' (8) [erste Anschrift von Le Cuziats Bordell]

Berri, Rue de (8)

Boissy-d'Anglas, Rue (8) (durch die Gilberte und ihre Gouvernante gelegentlich kommen) [Cocteaus Bistro; erste Wohnung der Königin von Neapel]

Champs-Élysées, Avenue des (8) (Charlus als King Lear und Ödipus Rex)

Concorde, Place de la (8)

Courcelles, Rue de (8) [Nr. 45: Proust Okt. 1900 bis Aug. 1906]

Cours-la-Reine (8)

Élysée, Rue de l' (8)

Faubourg Saint-Honoré, Rue du (8) (vermutl. das Palais des Herzogs von Guermantes, mit Ms Familie, Mme de Villeparisis und Jupien)

Gabriel, Avenue (8) (Prof. E***; Jagdgrund von Châtellerault und »Anubis«)

Haussmann, Boulevard (8–9) [Nr. 102: Proust Dez. 1906 bis Juni 1919]

Lord-Byron, Rue (8)

Malesherbes, Boulevard (8–17) (40a: Onkel Adolphe in Marcels Kindheit) [Nr. 9: Proust Aug. 1871 bis Okt. 1900]

Messine, Avenue de (8) (wo Albertine öfter Suzanne Delage begegnet)

Monceau, Parc (8) (mehr als 5, weniger als 10 min. vom Palais Guermantes entfernt; in der Nähe von Mme de Saint-Euverte)

Monceau, Rue de (evtl. das Hôtel der Mme de Saint-Euverte) [Nr. 31: Salon von Mme Lemaire]

Montalivet, Rue (8) (der alte Salon Verdurin; vermutl. in Nr. 7)

Rond-Point (8) (bis zu dem Jupien mit M höchstens gehen will)

Royale, Rue (8) (der »Cercle« und der »Thé«)

Saint-Augustin, Place (8)

Washington, Rue (8) (vermutl. die Wohnung der Swanns) [Nr. 13: Frédéric de Madrazo]

9. Arr.: OPÉRA
Bergère, Rue (9) (Morels Konservatorium)
Caumartin, Rue (9) (Rachels Jagdgrund)
Clichy, Boulevard [Grenze 9./18. Arr.]
Godot-de-Mauroy, Rue (9) [zweite Anschrift von Le Cuziats Bordell]
Hippolyte-Lebas, Rue (9)
Parme, Rue de (9)
Pigalle, Place (9)
Rochechouart, Rue (9)
Trévise, Rue de (9) (aus der man den Vormarsch einer Armee hört)

10. Arr.: ENTREPÔT
Porte Saint-Denis
Porte Saint-Martin

15. Arr.: VAUGIRARD
Cygnes, Île des (15) [so genannt; offiziell »Allée des Cygnes«]
Grenelle, Rue de (Adresse der Courvoisiers)

16. Arr.: PASSY (inklusive Auteuil)
Assomption, Rue de l' (Auteuil) (Albertines Freundin)
Belloy, Rue de (16)
Bois [de Boulogne], Avenue du (16) [heute: Avenue Foch] (wo Odette gern spazieren geht; das neue Palais des Prinzen von Guermantes)
Hamelin, Rue (16) [Nr. 44: Proust Okt. 1919 bis zum Tod 18. Nov. 1922]
Impératrice, Avenue de l' (16) [heute: Avenue Foch] (wo Odette sonntagmorgens gern spazieren geht)
La Pérouse, Rue (16) (Odettes Wohnung in ihren jungen Jahren)
Léonce-Reynaud, Rue (16)
Maillot, Boulevard [Grenze 16. Arr. / Neuilly] [zweite Wohnung der Königin von Neapel; R. de Montesquiou]
Montmorency, Boulevard de (16) (Goncourt) [die Brüder Goncourt]
Pompe, Rue de la (16) [Nr. 107: Herzogin de Noailles, geb. Gräfin Molé]
Porte Dauphine (16) (aus der man Odettes Kutsche sich nähern sieht)
Porte Maillot (16–17)
Trocadéro (16) (wo Albertine womöglich Léa trifft)

Bois de Boulogne (Odettes Jagdgrund)
Acacias, Allée des [heute: Allée de Longchamp]
Reine-Marguerite, Allée de la

Die Arrondissements von Paris

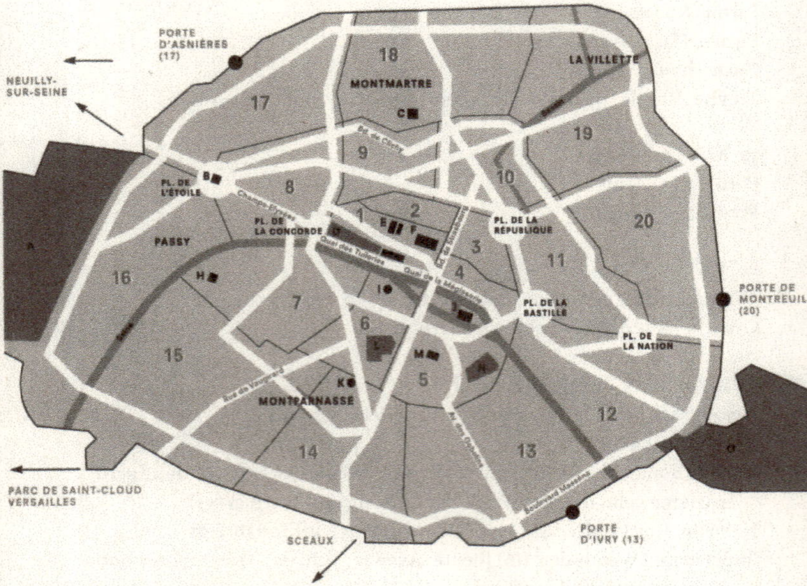

A Bois de Boulogne
B Arc de Triomphe
C Sacré Cœur
D Jardin des Tuileries
E Palais Royal
F Les Halles
G Louvre
H Tour Eiffel
J Notre Dame
L Jardin du Luxembourg
M Le Panthéon
N Jardin des Plantes
O Bois de Vincennes

VIII STAMMBÄUME

»Und der Stammbaum verlieh diesem aus erlesenen Säften komponierten Teint [der Mademoiselle de Stermaria] die Würze einer exotischen Frucht oder eines berühmten Weins.«
(*Im Schatten junger Mädchenblüte*, S. 352.)

Stammbaum Marcel Proust

Ich folge in den Stammbäumen der Familie Weil den Verwandtschaftsverhältnissen, wie Bloch-Dano[98] sie wiedergibt; diese sind jedoch in einem wesentlichen Punkt nicht unumstritten. Während Bloch-Dano Moïse Weil einen Sohn von Baruch Weil aus erster Ehe mit Hélène Schoubach und Nathé Weil einen Sohn aus zweiter Ehe mit Marguerite (Sara) Nathan sein lässt, ordnet Thiriet[99] beide der ersten Ehe zu. Schlimmer noch aber kommt das französische genealogische Portal »Pierfit«, das sich bislang noch immer, wo eine Kontrolle möglich war, als sehr zuverlässig erwiesen hat, zu dem Schluss, dass Sara (Sarah) und Marguerite Nathan zwei verschiedene Personen seien, zwei Schwestern nämlich, mit denen Baruch nacheinander verheiratet war. Moïse und Nathé seien die beiden Kinder aus der zweiten Ehe, der mit Sarah, während sich Marguerite in dritter Ehe mit den restlichen fünf Kindern begnügen muss. Etwas fragwürdig erscheint mir hier jedoch, dass nach dieser Quel-

98 Evelyne Bloch-Dano, *Madame Proust. Biographie*, aus dem Frz. von Eliane Hagedorn und Barbara Reitz, Berlin: Ullstein, 2006 (frz. Originalausg. Paris: Grasset, 2004).

99 Philippe Michel-Thiriet, *Das Marcel Proust Lexikon*, aus dem Frz. von Rolf Wintermeyer, Frankfurt a. M.: Suhrkamp, 1992 (frz. Originalausg. Paris: Laffont, 1987).

le Baruch schon 1808 Sarah geheiratet haben sollte, während Hélène Schoubach erst 1811 gestorben ist. Bei der dritten Ehe passen die Dinge besser zusammen, denn Sarah ist 1814 gestorben, und die Ehe Baruchs mit Marguerite wurde 1815 geschlossen. Merkwürdig ist allerdings, dass für Sarahs Geschwister und Eltern Geburtsdaten vorliegen, nur für Sarah selbst nicht. Andererseits stimmt Sarahs Sterbejahr mit dem Geburtsjahr von Nathé überein, an dessen Geburt sie nach Tadié[100] (S. 31) gestorben sein soll. Wegen dieser Unklarheiten habe ich im Weil-Stammbaum die Namen von Nathé und Moïse kursiv gesetzt, allerdings die Ehe mit Marguerite als dritte Ehe gekennzeichnet.

Bei den Bernkastels und den Weils habe ich mich zudem auf den Kern der Familien beschränkt. Weiterreichende Verbindungen finden sich in den Stammbäumen von Bloch-Dano, die auch die Familien Neuburger und Bloch miteinbezieht.

Das Ehepaar Adèle und Maxime Weil wurde 1944 in Buchenwald ermordet.

100 Jean-Yves Tadié, *Marcel Proust. Biographie*, aus dem Frz. von Max Looser, Frankfurt a. M.: Suhrkamp, 2008 (frz. Originalausg. Paris: Gallimard, 1996).

Marcel Proust: Väterliche Linie

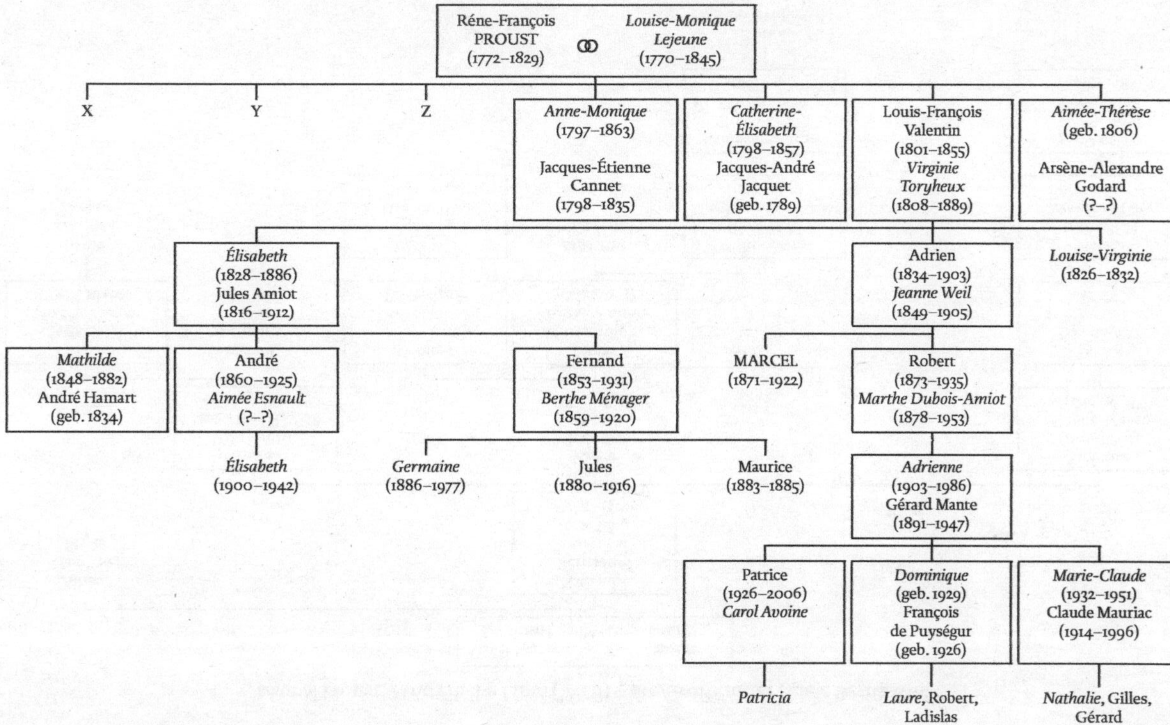

Marcel Proust: Mütterliche Linie (Weil) – die Großmutter Adèle Bernkastel

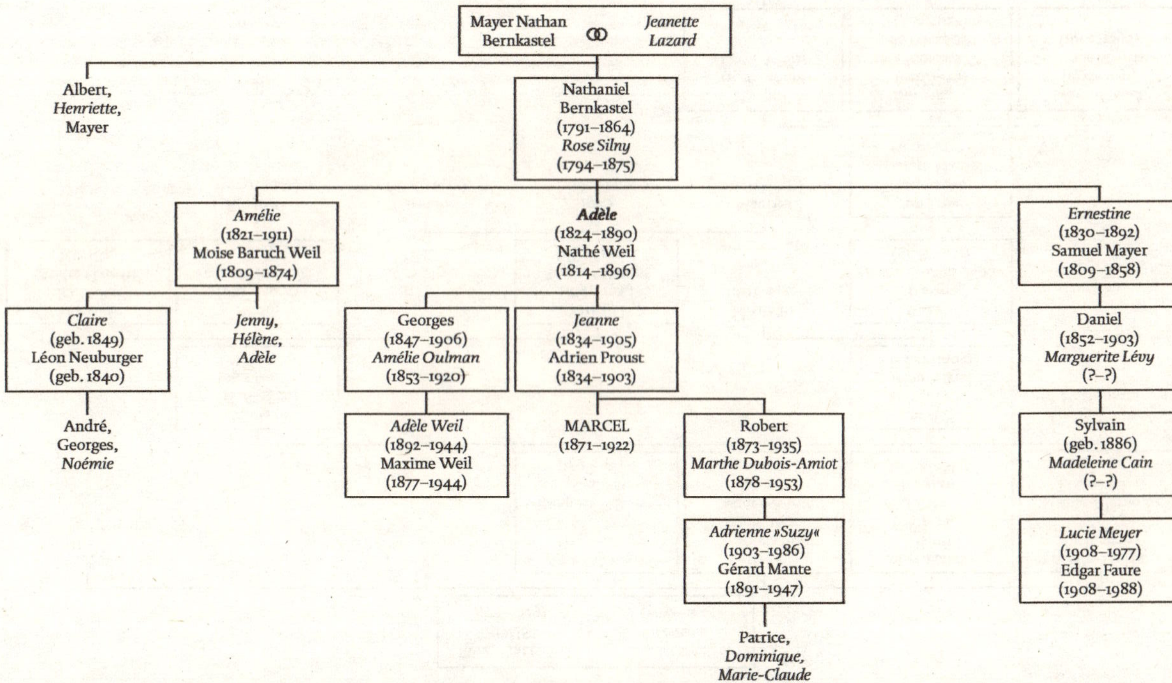

Marcel Proust: Mütterliche Linie (Weil) – der Großvater Nathé Weil
(Die erste Ehe von Baruch Weil)

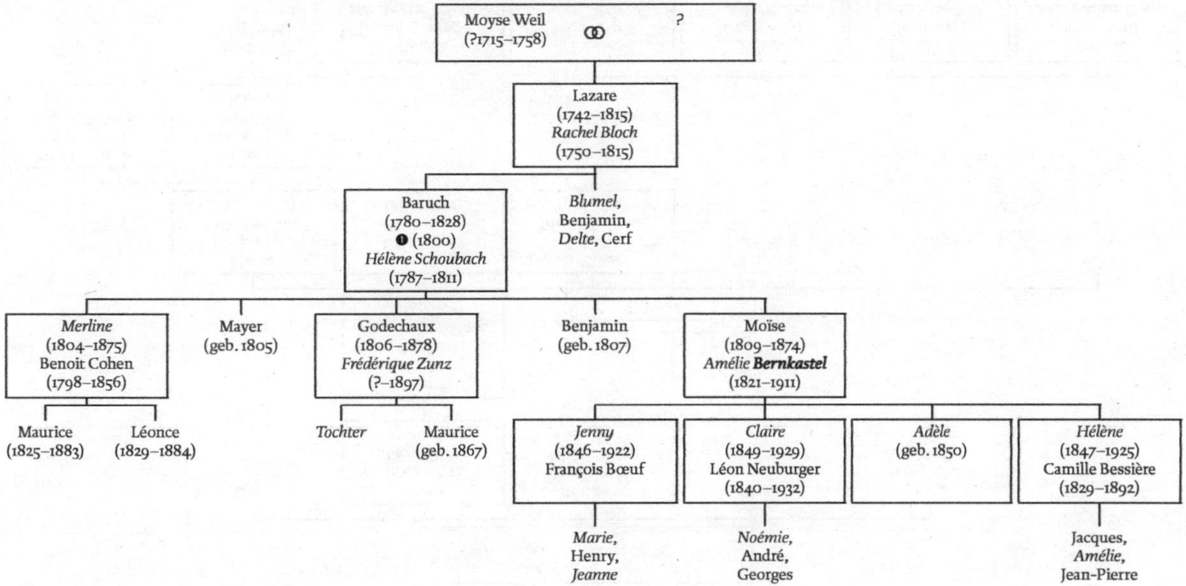

Marcel Proust: Mütterliche Linie (Weil) – der Großvater Nathé Weil
(Die dritte Ehe von Baruch Weil)

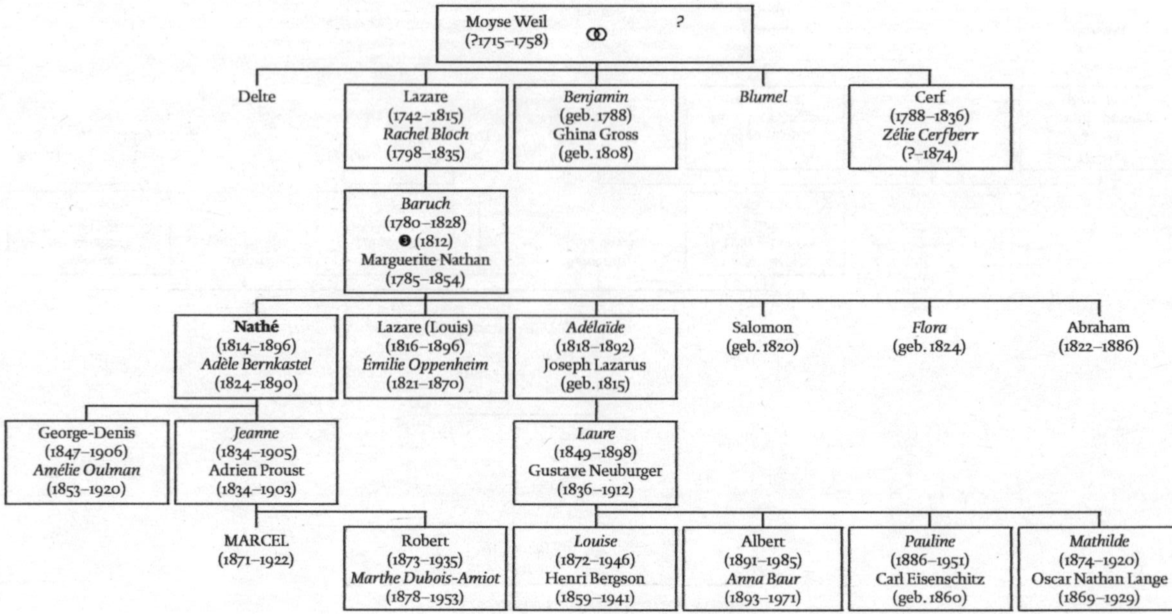

Die Familie Silny/Crémieux

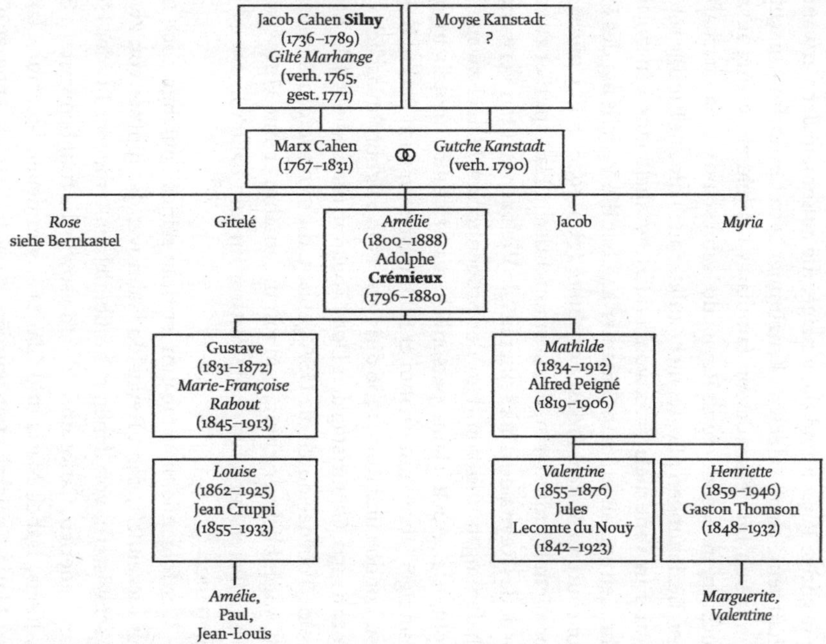

Stammbaum Reynaldo Hahn

Da Reynaldo Hahn ohne Zweifel die wichtigste Person in Prousts Leben nach seiner Mutter war – und nach deren Tod 1905 die einzige wichtige Person und die einzige, die außerhalb der Verwandtschaft sein Schlaf- oder Krankenzimmer betreten durfte –, erschien es mir von Interesse, dessen familiäres Umfeld ein wenig auszuleuchten, insbesondere als Reynaldo Hahn seine verwandtschaftlichen Beziehungen pflegte, nicht zuletzt auch die zur Familie seiner Mutter in Venezuela, was wohl erklärt, weshalb eine venezolanische Zeitung als erste in Südamerika über die Verleihung des Prix Goncourt an Marcel Proust berichtete (23. 1. 1920 in *El Universal*). Vor allem lag mir daran, das kosmopolitische Flair spürbar zu machen, das Reynaldo dank seiner in alle Welt zerstreuten Verwandtschaft umgab und von dem der Stubenhocker Marcel zweifellos profitierte. Auch Hahn persönlich war ziemlich mobil: in den neunziger Jahren unternahm er Bildungsreisen nach Berlin, Bukarest, London und Rom, 1906 dirigierte er in Salzburg anlässlich von Mozarts 150. Geburtstag den *Don Giovanni*, für dasselbe Jahr hatte er eine Tournee durch die USA geplant, die sich allerdings im letzten Augenblick zerschlug, und 1911 unternahm er eine Vortragsreise nach Petersburg, wo er die Partitur für sein Ballett *Le Dieu bleu* vorstellte.

Der folgende Stammbaum ist trotz seines Umfangs noch immer lückenhaft, denn Reynaldo Hahn war das jüngste von zwölf Geschwistern, von denen zehn überlebten – die vier Brüder Herman, Federico, Carlos und Eduardo sowie die fünf Schwestern Elisa, Elena, Isabel, Maria und Clarita –, von denen hier nur Clarita und Maria berücksichtigt wurden, da sich über die anderen Geschwister Reynaldos kaum Informationen gewinnen ließen; das wenige, das sich feststellen ließ, findet sich in der Tabelle nach dem

Stammbaum. Erwähnt werden sollte allerdings, dass Reynaldo Hahns Bruder Carlos eine Tochter Elena Hahn hatte, die 1921 Armando de Vengoechea y de Vengoechea heiratete und mit ihm den Sohn Daniel de Vengoechea (auch: Vengohechea; Bengoechea) y Hahn bekam, der sich als »Presidente de la Asociación de amigos y admiradores de Reynaldo Hahn« bis zu seinem Tod 2009 um die Pflege von Hahns Nachlass kümmerte; seitdem liegen die Rechte bei seiner Witwe Eva. Reynaldo Hahns Vater Carl Salomon war Berater des venezolanischen Präsidenten Antonio Guzmán Blanco (1829–88); nach dessen Sturz 1887 befürchtete Carl Salomon Repressalien durch die politischen Gegner Guzmáns und zog, wie auch Guzmán selbst, mit seiner Familie nach Paris; die Familie Hahn wohnte bis 1898 in der Rue du Cirque Nr. 6, woher sich Reynaldos Kosename »poney« für Marcel und Marcels »elephant« für Reynaldo herleitet. Proust war mit Guzmáns Sohn Roberto bekannt sowie mit der Tochter Carlotta, verh. Herzogin von Morny.

Die Markierungen ★ bzw. ★★ im ersten Teil des Stammbaums verweisen auf die entsprechenden »Anschlussstellen« im zweiten Teil.

Die Hahn-Fortuny-Verbindung

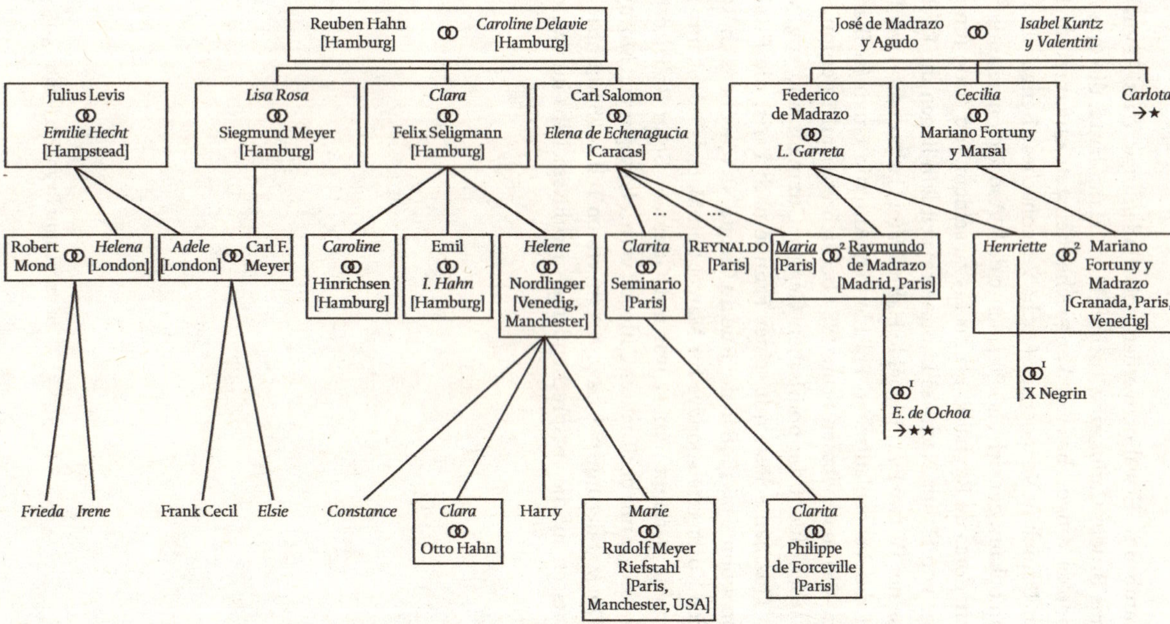

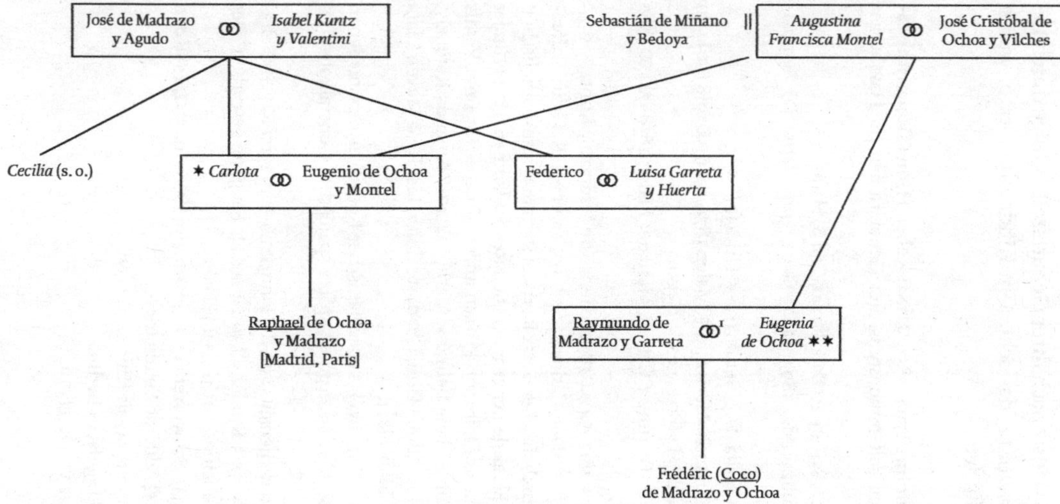

|| außereheliche Verbindung

In der folgenden Übersicht sind elf der zwölf Geschwister Hahn (einschl. Reynaldo selbst) nach ihrer Geburtsreihenfolge durchnumeriert; über das zwölfte, das schon im Kindesalter starb, waren keine Daten aufzufinden.

Delavie (Dellevie), Caroline: 1794–1851; ⚭ 1821 Ruben Hahn (die jüdische Familie Delavie waren seit mindestens drei Generationen im Hamburger Raum ansässig).

Echenagucia, Elena de: 1831–1912; ⚭ nach 1845 Carl S. Hahn.

Forceville, Comte Philippe de: 1897–1984; Gatte von Clarita (2) Seminario.

Forceville, Comtesse Clarita de: *s.* Seminario, Clarita (2).

Fortuny y Madrazo, Mariano (»Marianito«): Maler; 1871–1949; ⚭ 1918 (de facto seit 1896) Henriette de Madrazo, gesch. Negrin.

Fortuny y Marsal (auch: Fortuny y Carbo), Mariano: Maler; 1838–74; ⚭ 1867 Cecilia de Madrazo.

Garreta y Huerta, Luisa: 1813–54; ⚭ 1835 Federico de Madrazo y Kuntz.

Hahn, Carl Salomon (gen. »Don Carlos«): 1822–97; Vater von R. Hahn. Kaffeepflanzer und wissenschaftlicher Botaniker; trat nach 1845 zum katholischen Glauben über, um Elena de Echenagucia heiraten zu können. 1853 gründet er in Caracas ein Theater mit 1200 Plätzen und eröffnet es 1854 mit Verdis *Ernani*. – Bruder von Helene Behrens, Marie Lazarus, Amanda Kennedy, Ernesto (Ernst) Hahn, Adolf Hahn, Charlotte Cohn, Lisa Rosa Meyer, Clara Seligmann und Mathilde Elkan.

(1) Hahn, Carlos (gen. »Charley«): venezolanischer Konsul in verschiedenen Städten Europas (so 1888 Liverpool), später spanischer Generalkonsul in Perpignan.

Hahn, Clara: Tante väterlicherseits von R. Hahn, 1826 – um 1915; ⚭ Felix Seligmann (um 1825 – 1915); 5 Kinder, davon eines als Säugling gestorben. Der Sohn Emil heiratete seine Cousine Isabel Hahn.

(8) Hahn, Clarita (Paris): Schwester von R. Hahn, um 1866–1942; ⚭ 1888 den Ecuadorianer Miguel Eduardo Seminario.

(2) Hahn, German: * um 1854; als Kind gestorben.

(3) Hahn, Édouardo: Linguist in Berlin.

Hahn, Elena (1): Mutter von R. Hahn.

Hahn, Elena (II): Nichte von R. Hahn (Tochter von Carlos), * 1889; Gattin (1921) von Armando de Vengoechea y de Vengoechea.

(9) Hahn, Elena (III): Schwester von R. Hahn; heiratete den Hamburger Geschäftsmann Ferdinand Kugelman.

(7) Hahn, Elisa: * um 1865; ⚭ Ignacio de la Plaza, mit dem sie erst in Caracas, dann in Frankreich lebt.

(4) Hahn, Federico: * um 1855.

(10) Hahn, Herman: Bruder von R. Hahn; venezolanischer Konsul in Marseille.

(5) Hahn, Isabel (auch: Isabelle) (1859–1936): Schwester von R. Hahn; heiratet den Hamburger Bankier Emil Seligman (Sohn von Felix Seligmann und Clara, geb. Hahn); 8 Kinder, darunter Edward † 1907, Leni † 1911, Olga (s. Seligmann).

Hahn, Lisa Rosa (gen. »Elise«): Tante väterlicherseits von R. Hahn, 1824–55; ⚭ 1845 Siegmund Meyer.

(6) Hahn, Maria: um 1865–1948; ⚭ 1899 Raimundo de Madrazo.

Hahn, Otto: Gatte von Clara Nordlinger und entfernter Cousin von R. Hahn; also vermutlich ein Sohn von Ernst oder Adolf Hahn, Söhnen von Ruben Hahn.

Hahn, Reynaldo (gen. »Nano«): 1874–1947; getauft 1876, französische Staatsbürgerschaft 1912; jüngstes von 12 Geschwistern.

Hahn, Ruben (Reuben, Reuban): Großvater von R. Hahn, 1780–1860; Sohn des Rabbis (Simon? Jakob?) Hahn von Altona mit Rosa Marianne Fürst; ⚭ 1821 Caroline Delavie, Vater von Clara Seligman * 1826; Carlos Hahn * 1822; Elise Hahn * 1822; Helene Behrens * 1825; Mathilde Elkan * 1837; Ernst Hahn * 1832, verh. mit Marie Karoline Fronmüller, mindestens ein Sohn Friederich; Adolf (»Adolfo«) Hahn * 1834, gest. in Venezuela, verh. mit Sophie Pretz, eine Tochter Rosa Carolina (1874–1959), verh. mit Alfred Bernhard Cohen; Charlotte Kohn * 1835; Marie Lazarus (keine Daten erhältlich).

Hinrichsen, Albert: 1844–72; geb. in Hamburg. Gatte von Caroline Seligmann.

Hinrichsen, Caro s. Seligmann, Caroline.

Kuntz y Valentini, Isabel [Tochter des schlesischen Malers Tadeusz Kuntz, 1732–93; Bruder Pedro]: ⚭ 1809 José de Madrazo.

Levis, Adele: 1862–1930; ⚭ 1883 Carl Ferdinand Meyer.

Levis, Helena: * 1873; ⚭ 1898 Robert L. Mond.

Levis, Julius: 1832–88; ⚭ Emilie Hecht, * 1837.

Madrazo y Agudo, José: Maler; 1781–1859 [10 Söhne, mindestens 2 Töchter].

Madrazo y Fortuny, Cecilia de: ⚭ 1867 M. Fortuny y Marsal (Porträt von Boldoni 1882).

Madrazo y Garreta, Raimundo de: Maler; 1841–1920; 2. Ehe ⚭ 1899 mit Maria Hahn; (Porträt von Federico de Madrazo y Kuntz im Prado) [Bruder Ricardo 1852–1917].

Madrazo y Kuntz, Federico de: Maler; 1815–94 [Bruder Pedro 1816–98; Maler] [Bruder Luis, 1825–97; Maler].

Madrazo y Ochoa, Frédéric de (»Coco«): Maler; 1875–1934.

Madrazo, Carlota de: keine Daten erhältlich.

Madrazo, Cecilia de: ⚭ 1867 Mariano Fortuny y Marsal.

Madrazo, Henriette de: 1877–1965; gesch. Negrin, in 2. Ehe ⚭ 1918 Mariano Fortuny (de facto seit 1896). Spezialistin für natürliche Farbstoffe.

Meyer, Carl Ferdinand: 1851–1922; ⚭ 1883 Adele Levis; 1st Baron 1910; in der *Correspondance* befindet sich ein Brief Prousts an Madame Adele Meyer.

Meyer, Elsie: 1885–1954.

Meyer, Frank Cecil: 1886–1935.

Meyer, Siegmund: 1815–82; ⚭ 1845 Lisa Rosa Hahn.

Meyer-Riefstahl, Rudolf: *s.* Riefstahl, Rudolf Meyer.

Miñano y Bedoya, Sebastián de: Autor, 1779–1862; außerehelicher Sohn E. de Miñano y Montel = E. de Ochoa y Montel mit A. F. Montel.

Miñano y Montel, Eugenio: *s.* Ochoa y Montel, Eugenio.

Mond, Robert Ludwig: 1867–1938; 1. Ehe ⚭ 1898 Helena Levis (2. Ehe 1922; 1st Baron 1932).

Mond, Frieda Helen: 1899–1963.

Mond, Irene Henriette: 1901–72.

Montel, Augustina Francisca: keine Daten erhältlich.

Negrin, Henriette *s.* Madrazo, Henriette de.

Negrin, X: geschiedener Gatte in 1. Ehe von Henriette, verh. de Madrazo.

Nordlinger, Clara: 1871–1970: ⚭ 1900 Otto Hahn.

Nordlinger, Constance (»Connie«): * um 1881.

Nordlinger, Harry: * um 1880; ertrunken 1900.

Nordlinger, Marie Louise: Malerin; 1876–1961; ⚭ 1911 R. M. Riefstahl; geschieden 1921 [Sohn Albert 1912–41, Tochter Polly, verh. Green 1914–86] (Prousts Freundin M. Nordlinger arbeitete intensiv dem bedeutenden Kunst- und insbes. Whistler-Sammler Charles Lang Freer zu, der seinerseits mit der Förderin und selbsternannten Freundin Thomas Manns, der Journalistin und Frau des *Washington Post*-Herausgebers und Finanziers Eugene Isaak Meyer, Agnes Elizabeth Meyer (geb. Ernst; 1887–1970), befreundet war; Freer wird in Prousts Korrespondenz erwähnt).

Nordlinger, Selmar: um 1832–1918; aus Venedig gebürtig, 1871 in England (Manchester) naturalisiert; ⚭ 1867 Helene Seligmann [7 Kinder].

Ochoa y Madrazo, Raphael de: Maler; 1858–1935 (Schüler von Gérôme).

Ochoa y Montel, Eugenio de: Maler; 1815–72; außerehelicher Sohn von S. de Miñano y Montel, 1830 vom Gatten J. C. de Ochoa y Vilches seiner Mutter A. F. Montel adoptiert.

Ochoa y Vilches, José Cristóbal: keine Daten erhältlich.

Ochoa, Eugenia de: † 1875; Tochter von J. C. de Ochoa y Vilches und A. F. Montel [Bruder José Augusto, 1808–71: Offizier].

Riefstahl, Marie *s.* Nordlinger, Marie.

Riefstahl, Rudolf Meyer: 1880–1936; ⚭ 1911 Marie Nordlinger; geschieden 1921 (deutscher Mediävist an der Sorbonne, bedeutender Kenner und Sammler orientalischer Kunst; Mitarbeiter des Münchner Galeristen Justin Thannhauser; ab etwa 1914 in Manchester, ab etwa 1916 in den USA) [Sohn Albert 1912–41, Tochter Polly, verh. Green 1914–86].

Seligmann, Caroline (»Caro«): 1851–1921; verh. Hinrichsen; 1872 nach 6 Wochen Ehe verwitwet.

Seligmann, Eduard: 1884/85–1907, Sohn von Emil Seligman und Isabel Hahn; durch einen Fahrradunfall zu Tode gekommen.

Seligmann, Felix: um 1825–1915.

Seligmann, Helena (»Leni«): † 1911; Tochter von Emil Seligman und Isabel Hahn; verh. mit dem Hamburger Richter Hermann Falk; der Sohn Harald wurde 1933 auf offener Straße von einem SA-Trupp ermordet, die Tochter Helga (* 1906) rettete sich 1939 nach Australien (dort † 2003).

Seligmann, Helene: * um 1845; ⚭ 1867 Selmar Nordlinger.

Seligmann, Emil: * um 1855; Gatte von Isabel Hahn.

Seligmann, Olga: 1887–1940, im KZ ermordet. Nichte von R. Hahn, verh. 16. 8. 1910 mit Victor Werner (1880–1942, im KZ ermordet); das Paar hatte die 6 Kinder Marion (* 1923, im KZ ermordet 1942), Reinhardt (1913–1988), Isabel (* 1915, † 1944 in Brasilien), Magdalene (1917–1992), Manfred (1919–2004) und Helmut (1925–2006).

Seminario, Miguel Eduardo: 1852–1919; Gatte von Clarita Hahn.
Seminario, Clarita (I): *s.* Hahn, Clarita.
Seminario, Clarita (II): Autorin; 1889–1974; ⚭ Comte Philippe de Forceville.
Vengoechea y Hahn, Daniel de: Sohn von Armando Vengoechea y de Vengoechea und Elena (2) Hahn; † 2009.
Vengoechea, Eva de: Gattin von Daniel de Vengoechea.
Vengoechea y de Vengoechea, Armando: Gatte von Elena (2) Hahn.
Vengohechea *s.* Vengoechea.
Werner, Victor: 1880–1942, im KZ ermordet; Gatte von Olga Seligmann.

Stammbaum der Guermantes

Bei der Erstellung des nachfolgenden Stammbaums bin ich von den Verwandtschaftsbeziehungen ausgegangen, die Hachez 1962 herausgearbeitet hat, und habe diese im Zuge der Arbeit am Text teilweise ergänzt und auch, soweit sie mir nicht plausibel erschienen, »berichtigt« – wenn bei einer fiktiven Familie mit teilweise widersprüchlichen Verbindungen von »richtig« überhaupt die Rede sein kann. So deuten beispielsweise die meisten beschriebenen Verwandtschaftsbeziehungen darauf hin, dass Saint-Loups Großvater mütterlicherseits der 11. Herzog von Guermantes ist, wie dann auch im Stammbaum dargestellt; in SG (S. 118) wird jedoch ausdrücklich gesagt, er sei ein La Rochefoucauld. Dem Stammbaum zufolge ist vielmehr Saint-Loups Ururgroßvater, der Vater der Mutter seines Großvaters mütterlicherseits, ein La Rochefoucauld, der etwa zwischen 1760 und 1850 gelebt haben müsste, zu einer Zeit also, zu der von dem älteren »Großvater« sehr gut eine Daguerreotypie (Blütezeit 1840–50) angefertigt worden sein könnte, wie S. 118 gesagt. Die angebliche Verlobte Saint-Loups, Mademoiselle de Guermantes-Brassac, wird in SG mal als Nichte der Prinzessin von Guermantes bezeichnet (S. 453), mal als Nichte des Prinzen (S. 684). Hier ist sicherlich eine saloppe Redeweise bei der Beschreibung angeheirateter Verwandtschaft anzunehmen; um eine Nichte im engeren Sinn von Geschwisterkind der Prinzessin sein zu können, müsste ein(e) Brassac oder ein(e) Guermantes Schwester bzw. Bruder der Prinzessin sein, die jedoch bayerischer Herkunft ist und also kaum den einen oder anderen Namen tragen dürfte.

Die erste Tafel gibt einen Überblick über den Zusammenhang der einzelnen Zweige und verweist auf die jeweils zuständigen weiteren Tafeln. Bei der Numerierung der Generationen bin ich von der Numerierung der Herzöge von Guermantes ausgegangen. Zugehörigkeit zur selben Generation impliziert keineswegs Gleichaltrigkeit; die Hinweise auf Geburtsjahre in der Generationenspalte sind deshalb nur als äußerst grobe Anhaltspunkte zu verstehen. Als Ausgangspunkt diente hier das ziemlich zuverlässig rekonstruierte Geburtsjahr 1880 für Marcel.

I. Das Haus Guermantes – Überblick

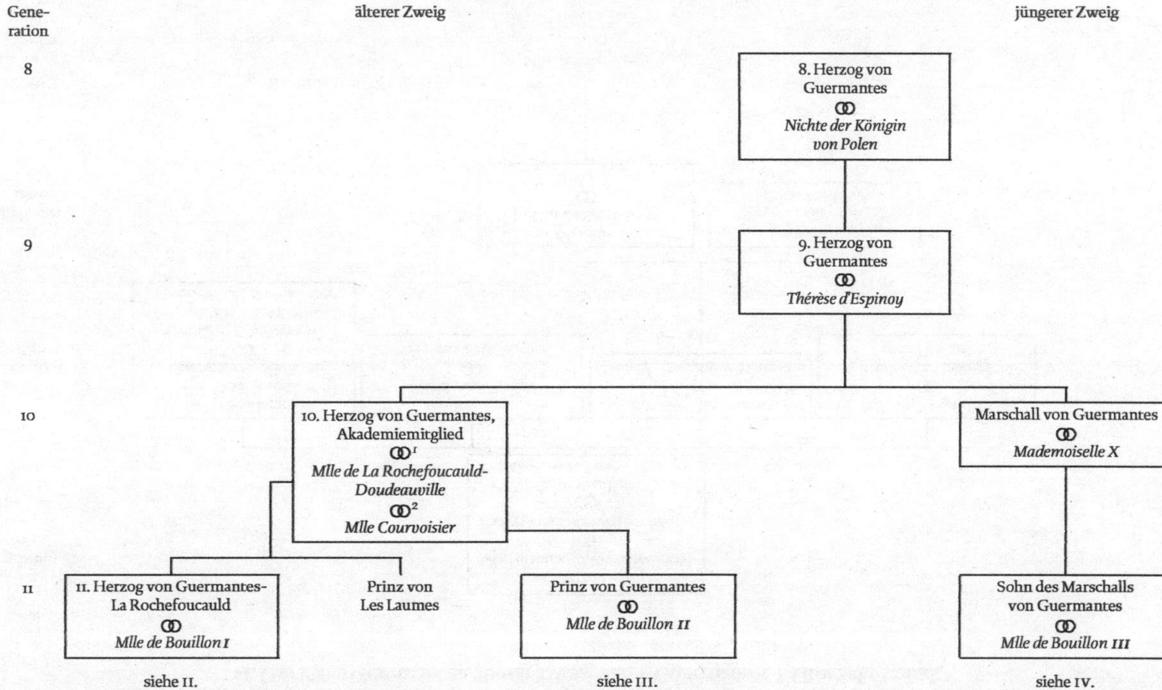

Marcel gehört der 13. Generation an. – Zum Haus Bouillon siehe V.

II. Das Haus Guermantes, älterer Zweig: Linie Guermantes-La Rochefoucauld

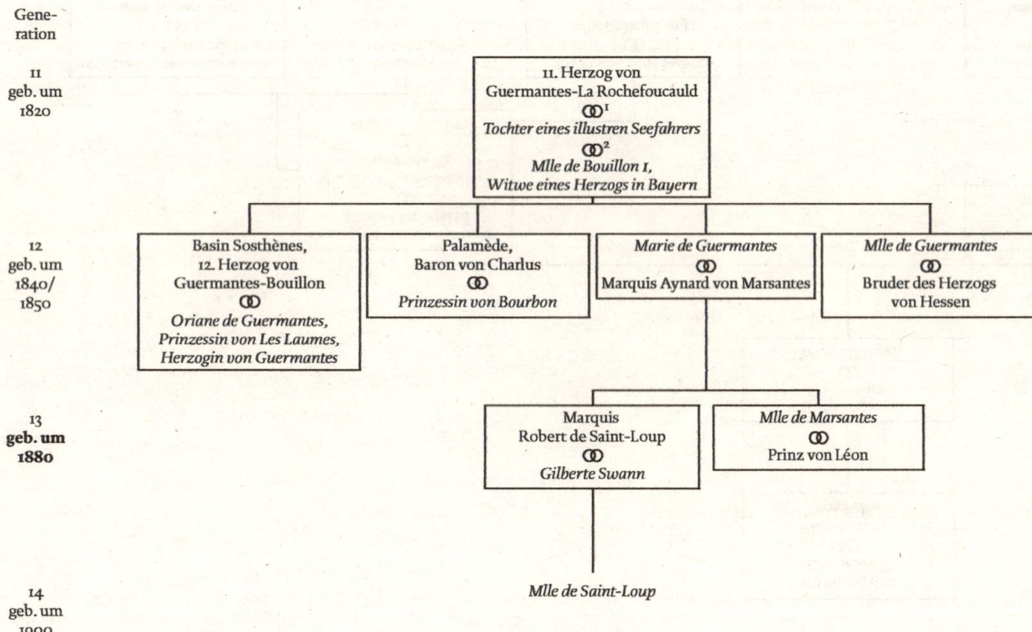

III. Das Haus Guermantes, älterer Zweig: Linie Guermantes-Courvoisier

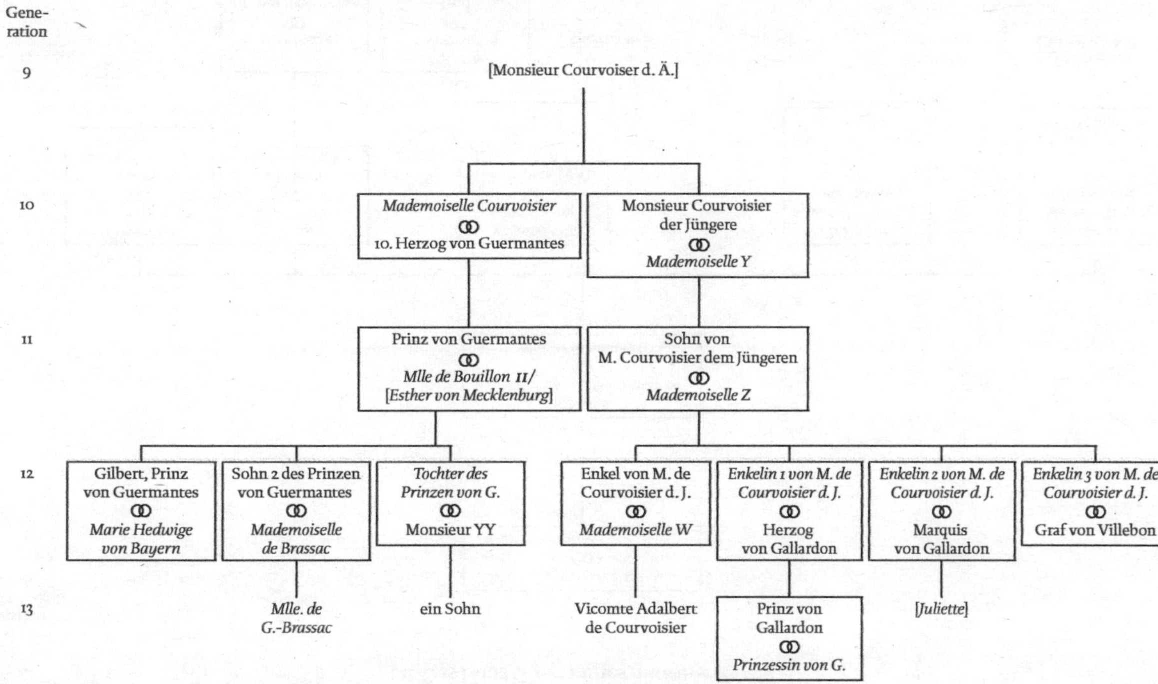

IV. Das Haus Guermantes, jüngerer Zweig

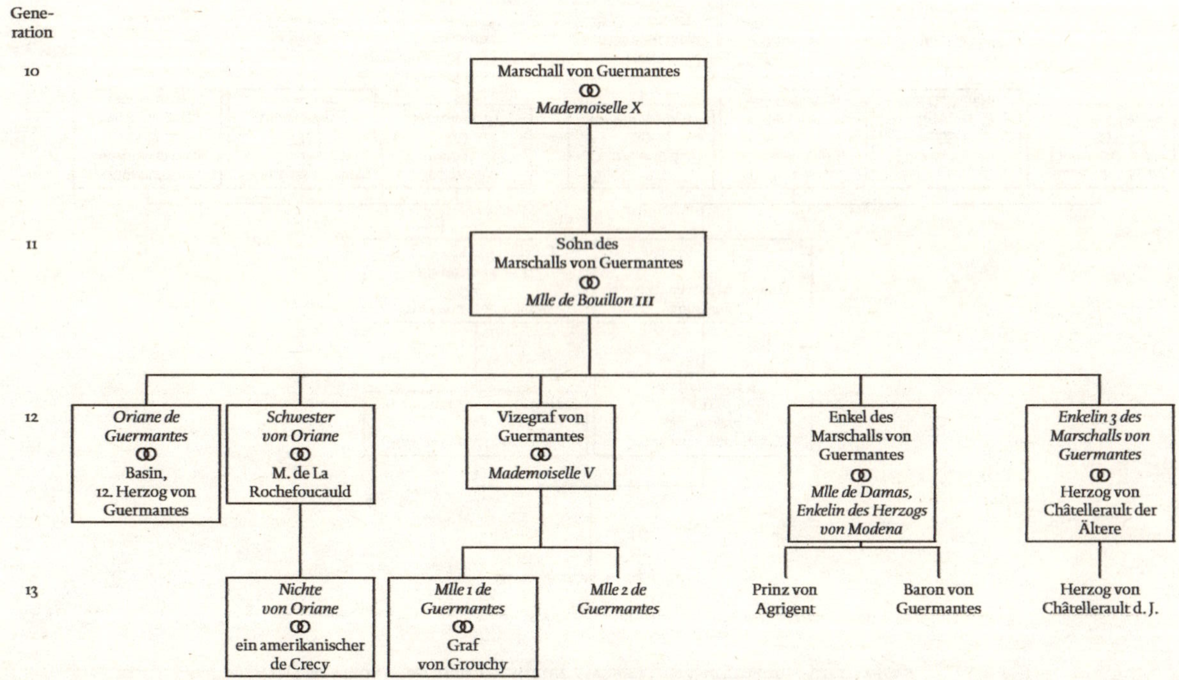

V. Das Haus Bouillon

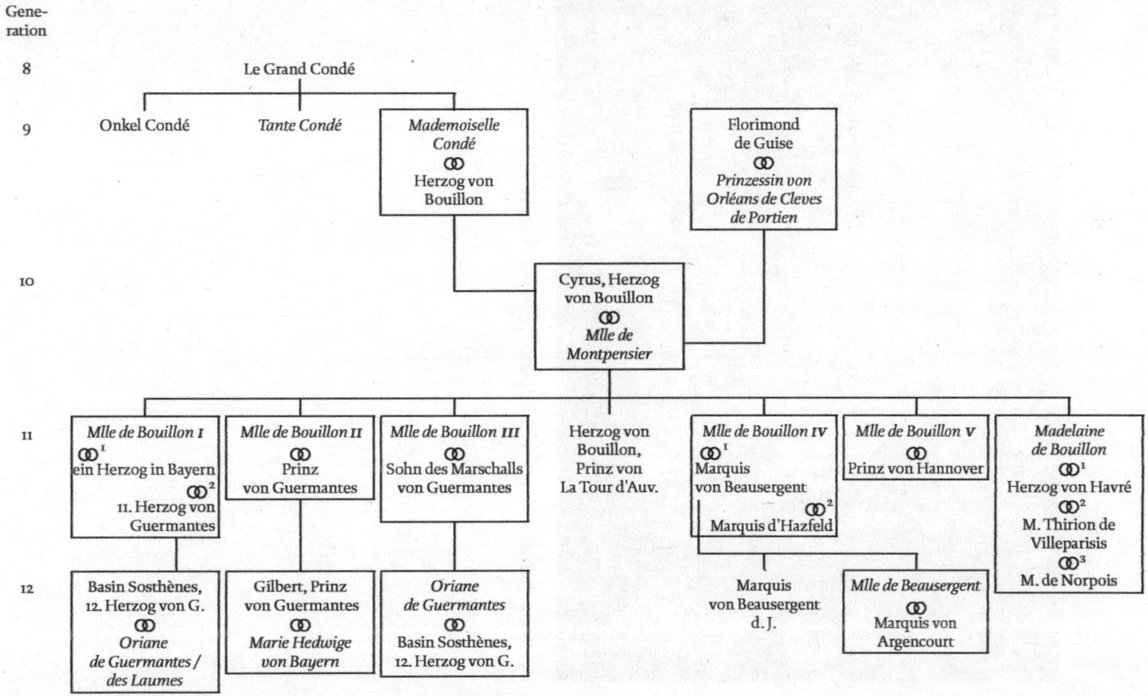

Der Proust-Karteikasten in der *Bibliothèque Carnegie* in Reims.

IX REGISTER ZU DEN BÄNDEN I–VII

> »Wenn Charlus Bücher geschrieben hätte, selbst schlechte, was ich aber nicht glaube, was für ein herrliches Wörterbuch, was für ein unerschöpfliches Repertorium wären sie gewesen!«
> (*Die Gefangene*, S. 281.)

Ein erstes Register der fiktiven Personen der *Recherche* wurde von Charles Daudet erstellt und erschien 1927 bei Gallimard. 1935 folgte ein Themen-Register von Raoul Celly, das auch die Werke *Les Plaisirs et les Jours, Pastiches et mélanges* und *Chroniques* mit einbezog. Die dreibändige Textausgabe von Clarac/Ferré von 1954 enthält als Anhang zum dritten Band ein in Personennamen und Ortsnamen aufgeteiltes Register zum eigentlichen Text der *Recherche.* Die vierbändige Neuausgabe von 1989 des Textes durch Tadié enthält als Anhang zum vierten Band ein in Personennamen, Ortsnamen und Namen von Kunstwerken dreigeteiltes Register, das nicht nur den Haupttext, sondern auch alle in die Tadié-Ausgabe aufgenommenen Textentwürfe und -varianten abdeckt. Einen ähnlichen diachronischen Einblick insbesondere in die Entwicklung der fiktiven Personennamen gewährt Akio Wadas 2009 in Osaka erschienener allgemeiner Index zu Prousts Entwurfsheften.

1952 erschien bei Chatto & Windus ein von P. A. Spalding erstelltes zweiteiliges Register, dessen erster Teil die fiktiven Personen der *Suche* enthält und dessen zweiter Teil sich auf historische Personen, Orte (fiktive wie reale), Motive und Themen bezieht; dieser Ausgabe lag die Scott-Moncrieff-Übersetzung mit dem siebten Band von Stephen Hudson (= Sydney Schiff) zugrunde. Nach der Revision 1970 der Übersetzung des siebten Bandes durch Andreas Mayor wurde Spaldings Register 1975 von R. H. Cortie an die neuen Gegebenheiten angepasst. Auf diesen Vorarbeiten beruht weitgehend der in fiktive Personen, historische Personen, geographische und fiktive Orte sowie Themen gegliederte *Guide to Proust* von Terence Kilmartin von 1983, dessen von Joanna Kilmartin revidierte Fassung dem sechsten Band der sechsbändigen Übersetzung der *Recherche* (in der revidierten Fassung von D. J. Enright) bei The Modern Library, New York 1993, beigebunden ist. Mein eigenes Register stützt sich ganz wesentlich auf Kilmartins überzeugende Auswahl von Stichpunkten und Themen, wobei es mir allerdings angesichts von Prousts Neigung, reale Personen wie fiktive zu behandeln und umgekehrt, sowie Orts- und Personennamen ineinanderfließen zu lassen, ratsam erschien, ein ungeteiltes Namenregister anzubieten und nur die Titel- und Themenregister davon getrennt zu halten.

1968 erschien bei Mouton ein umfangreiches Themenregister zu Prousts Werk (incl. *Sainte-Beuve* und *Jean Santeuil*) von Pauline Newman-Gordon, das sich auf Begriffshäufigkeiten (incl. hist. Namen) stützt und zu den meisten Begriffen und Unterbegriffen Fundstellen in der Clarac/Ferré-Ausgabe anbietet. Das 1981 erschienene nicht minder gewichtige *Proust Dictionary* von Maxine Arnold Vogely ist angesichts der Fülle von Aspekten, die es zu umgreifen sucht, eher als ein Lexikon denn ein Register zu betrachten, insbesondere als Vogely die rein fiktiven Personen unberücksichtigt lässt. Auch dieses streng alphabetisch organisierte Nachschlagwerk basiert auf der Textfassung von Clarac/Ferré. Mit einem detaillierten Register schließlich, das auch die Vorläufertexte und Entwürfe mit einbezieht, wurde, wie schon oben gesagt, die Tadié-Fassung der *Recherche* 1989 bei Gallimard ausgestattet; zu den Indices dieser Ausgabe gehört auch ein Verzeichnis der im Text direkt oder indirekt erwähnten Kunstwerke.

Das Personal der *Suche* lässt sich in drei Gruppen einteilen: im wesentlichen fiktionale Personen, für die nur geringfügige Anleihen bei real existierenden Personen gemacht wurden, wie etwa

Swann, der sein weltmännisches Judentum Charles Haas verdankt; rein historische Personen wie etwa der Herzog von Aumale; und schließlich die fiktionalisierten historischen Personen, wie etwa der französische Präsident Grévy, der nur als Gastgeber des fiktionalen Swann in Erscheinung tritt. Wegen dieser großen dritten Gruppe erschien es mir nicht sinnvoll, getrennte Register für fiktionale und reale Personen zu führen. Auf der anderen Seite muss schon ein gewisser fiktionaler Grundstock gegeben sein, um Fiktionalisierungen historischer Personen erkennen zu können; ich habe deshalb die Namen unzweifelhaft fiktiver Personen im Register durch ein vorangestelltes Sternchen kenntlich gemacht.

Da Proust zudem wiederholt auf das Zusammenfließen von Orts- und Personennamen im Französischen hinweist – Familiennamen, die sich auf Orte oder Regionen beziehen, Gründer- oder Heiligennamen, die Ortsnamen zugrunde liegen –, habe ich es auch vorgezogen, auf eine Trennung des Registers in ein Personen- und ein Ortsnamenregister zu verzichten.

Die Kommentare zu den einzelnen Personen und Orten wurden auf ein Minimum beschränkt; auf die Seiten des Haupttextes, zu denen umfangreichere Erläuterungen in den Anmerkungsteilen gegeben sind, wird durch Kursivierung der Seitenzahl hingewiesen. Bei einigen Einträgen wurden jedoch auch umfangreichere Erläuterungen beigefügt, die in die Anmerkungsteile der Textausgabe nicht mehr eingearbeitet werden konnten.

In das Verzeichnis der erwähnten Kunstwerke wurden natürlich alle Titel aufgenommen, die explizit erwähnt werden oder aus denen zitiert wird. Problematisch waren hier nur die Anspielungen auf Kunstwerke, die manchmal laut und klar sein können, aber eben auch manchmal so zart und leise, dass der Kommentator sich gelegentlich fragen muss, ob er nicht etwa beginnt, das Gras wachsen zu hören. Ich habe in solchen Fällen versucht, mich in einen französischen Leser hineinzuversetzen und zu überlegen, ob Proust in diesem Falle wohl das Verständnis einer eventuellen Anspielung bei seinem Leser würde annehmen dürfen. So könnte man etwa die potentielle Anspielung auf den *Médecin malgré lui* in WG auch als Rekurs auf die schlichte Alltagserfahrung lesen, wenn man eben nicht davon ausgehen dürfte, dass fast jeder Franzose an der fraglichen Stelle sogleich an Molière wird denken müssen.

1927 Charles Daudet: Répertoire des personnages de »À la recherche du temps perdu«. Paris: Gallimard, 1927. (Cahiers Marcel Proust. 2.)

1935 Raoul Celly: Répertoire des thèmes de Marcel Proust. Paris: Gallimard, 1935. (Cahiers Marcel Proust. 7.)

1952 Philip Anthony Spalding: A Reader's Handbook to Proust. An Index-Guide to »Remembrance of Things Past«. London: Chatto & Windus, 1952.

1954 Pierre Clarac / André Ferré: Index. In: À la recherche du temps perdu. Bd. III. S. 1171–1323.

1968 Pauline Newman-Gordon: Dictionnaire des idées dans l'œuvre de Marcel Proust. Den Haag / Paris: Mouton, 1968.

1975 Philip Anthony Spalding / Ronald H. Cortie: A Reader's Handbook to Proust. An Index-Guide to »Remembrance of Things Past«. London: Prior, 1975.

1981 Maxine Arnold Vogely: A Proust Dictionary. New York: Whitston, 1981.

1983 Terence Kilmartin: A Guide to Proust. London: Chatto & Windus, 1983. Neuaufl. London: Penguin, 1985.

1989 Jean-Yves Tadié [u. a.]: Index. In: À la recherche du temps perdu. Bd. IV. S. 1513–1700.

1993 Terence Kilmartin / Joanna Kilmartin: A Guide to Proust. In: In Search of Lost Time. Bd. VI: Time Regained. S. 541–749.

1993 Birgitta Melander: Resuméer och register till Marcel Prousts På spaning efter den tid som flytt. Viborg: Bonnier, 1993.

2001 Michel Erman: Dictionnaire des personnages de »À la recherche du temps perdu«. Paris: A.B.E.L.L., 2001.

2004 Annick Bouillaguet / Brian G. Rogers (Hrsg.): Dictionnaire Marcel Proust. Paris: Champion, 2004.

2007 Patrick Alexander: Who's Who in Proust. Bloomington: Xlibris Self Publishing Company, 2007.

2009 Akio Wada: Index général des cahiers de brouillon de Marcel Proust. Osaka: Matsumotokobo, 2009.

2016 Michel Erman: Bottins proustiens. Personnages et lieux dans »À la recherche du temps perdu«. Paris: La Table Ronde, 2016.

Siglen der einzelnen Bände der »Suche«

WS Auf dem Weg zu Swann
SJM Im Schatten junger Mädchenblüte
WG Der Weg nach Guermantes
SG Sodom und Gomorrha (I und II)
G Die Gefangene (Erster Teil von Sodom und Gomorrha III)
E Die Entflohene (Zweiter Teil von Sodom und Gomorrha III)
WZ Die wiedergefundene Zeit

Namenverzeichnis

Abbaye-aux-Bois, L': ehemaliges Frauenkloster in Paris, wo Madame Récamier 1819 ihren Salon abhielt, in dem u. a. auch Chateaubriand regelmäßig verkehrte.

– IV: Brichot hält sich bei Mme Verdurin für einen Châteaubriand in L'A.: *382* f.; Brichot hält sich für keinen dieser Kanzlisten, die das literarische Gelöbnis nach den Regeln von L'A. ablegen: 625 f.

*Abbé: Gast in Jupiens Bordell.

– VII: wird mit dem Strichjungen Léon beschäftigt sein: *195*

*Abbé Poiré: *s.* Poiré, Abbé.

*Abbé von Montesquiou.

– V: sein Herzogstitel ist vor 80 Jahren ungerechtfertigt an einen Verwandten übergegangen: 314

Abner: biblische Gestalt in Racines *Athalie*.

– IV: erfährt, dass Joad zur Rasse Davids gehört: 94

Abraham: biblische Gestalt.

– I: Ms Vater ähnelt ihm: *56*

Adam: biblische Gestalt.

– III: der neblige Herbstsonntag hat aus M einen frierenden A. auf der Suche nach einer Eva gemacht: 467

– V: M erwacht wie der junge A.: 551

Adam, Adolphe (1803–56): frz. Komponist.

– III: Anspielung auf seine Operette *Le Chalet*: 659

– V: sein *Postillon* und Nietzsche: *212*

*Adam, »Tante«: familiäre Bezeichnung der Marquise von Guermantes.

– III: mit ihr eine gemeinsame Ururgroßmutter zu haben genügt, um »Tante Adam« zur Marquise von Guermantes sagen zu dürfen: 600

*adlige Dame aus Avranches.

– IV: kann Mozart nicht von Wagner unterscheiden: 290

*adlige Freunde: zwei Freunde des »reichen jungen Mannes«.

– II: aus sehr hohem Hause: 347; einer ist schon abgereist: 712

*Adliger aus Méséglise.

– V: soll die Tochter eines Cousins von Mme Sazerat heiraten: 15 f.

*Adolphe, »Onkel«: Bruder von Marcels Großvater mütterlicherseits.

– I: Onkel A.s Kammer in Combray: 104 f.; M begegnet bei ihm der Dame in Rosa: 115; Swann bittet ihm um Rat bzgl. Odettes: 429
– II: der Geruch im Toilettenhäuschen in den Champs-Élysées erinnert M an A.s Kammer: *94*
– VII: ist von dem Neffen der Madame de Villeparisis weit entfernt: 396; ist schon seit vielen Jahren tot: 457
*Advokat: begleitet die beiden Marquisen Cambremer bei ihrem Besuch Marcels im Grand-Hôtel Balbec.
– IV: sammelt Le-Sidaner-Gemälde: 283; lädt M ein, seine Sammlung zu besichtigen: 303
*Advokat, Frau des.
– IV: wartet am Strand; ihr vegetabilisches Gesicht: 302
*Advokat, Sohn des.
– IV: wartet am Strand; sein vegetabilisches Gesicht: 302
Ägypten (Land).
– I: Forcheville will mit Odette eine Reise nach Ä. unternehmen: 488 f.
– II: Norpois war Kontrolleur der ägypt. Schuldenverwaltung: 11
– III: die »Doppel« der Dahingeschiedenen im alten Ä.: 46; das ägyptische Auge der Herzogin von Guermantes: 80; Empire ein Rückfluss der Ägyptischen Expedition: 696; Empire hat nach Ansicht der Herzogin von Guermantes mit Ä. nicht das geringste zu tun: 699
Äolus (Aiolos): griech. Gott der Winde.
– III: die Arzttasche des Spezialisten X ist prallvoll wie der Schlauch des Ä. mit den Katarrhen seiner Patienten: *438*
Agadir: Stadt an der marokkan. Atlantikküste.
– III: Anspielung auf die A.-Affäre: 548
Agrigent: antike Stadt auf Sizilien.
– III: M denkt an A., als ihm der Prinz von Agrigent vorgestellt wird: 583
*Agrigent, Prinz von: Sohn eines Bruders der Herzogin von Guermantes.
– II: besucht Swann: *132* f.; lässt anfragen, ob er in Odettes Salon kommen dürfe: 237; wird Mme Verdurin vorgestellt: 239; widerspricht Odette, sie sei nicht intelligent: 244
– III: macht einen schlechten Eindruck auf M: 583; weiß den Autor von *Salammbô* nicht: 656 f.; trinkt Ms Fruchtsaft: 688 f.; diskutiert mit dem Herzog von Guermantes über Genealogien: 718 f.; ist mit dem Herzog von Modena verwandt: 726 f.; der Herzog von Guermantes über den Titel: 793

– IV: wird zum Gartenfest der Mme de Saint-Euverte eingeladen: 103; zu Gast im Salon der Mme Swann: 207; gilt in den Augen eines Clubpagen als ein »Rasta«: 419
– V: Charlus ist unter anderem auch Prinz von A.: 396
– VI: er ist noch kränker als du Lau: 245 f.
– VII: Frauen, die ihn gar nicht kennen, sprechen gern von ihm als »Grigri«: 53; hat er Mademoiselle X*** geheiratet?: 314 f.; das Alter hat ihn verschönt: 342

Agrigent, Prinzessin von.
– VII: mischt sich in die Diskussion ein: 402

*Agrigent, Schwester des Prinzen Von.
– V: das Vergnügen, das Maspero bei seinen Reisen durch Ä. empfunden hat: 447
– VII: hat womöglich den Bruder von Mademoiselle X*** heiraten sollen: 314

Ahasverus: Figur in Racines Theaterstück *Esther*.
– V: Albertine vergleicht M mit Racines A.: 19; seine drakonischen Gesetze: 166 f.

Ahasverus (Assueros): pers. Königsname in zahlreichen antiken Schriften; meist mit Xerxes I. (um 519 – 465 v. Chr.) identifiziert.
– I: in einem Wandteppich in der Kirche von Combray dargestellt: *88*
– III: Anspielung auf die Gestalt in Racines *Esther*: 510

Aiakos: ein Sohn Zeus', Richter in der Unterwelt.
– II: der strenge Blick eines A. seitens des Rezeptionschefs im Grand-Hôtel Balbec: *324*

Aias (lat.: Ajax): griech. Name zweier Helden in der *Ilias*.
– IV: Ms Vater ruft den Namen in Ms Unterwelt-Traum: *228*

*Aiguillon, Herzog von.
– IV: hatte einst in den heutigen Gärten des Prinzen von Guermantes seltene Tiere aufziehen lassen: *80*

*Aimé: Oberkellner im Grand-Hôtel in Balbec.
– II: der Anwaltsverbandspräsident genießt seinen Namen: 360 f.; sein Taktgefühl: 367 f.; Charlus will ihn bei Nacht kommen lassen: 464, 466; seine Ansichten über den Fall Dreyfus: 518 f.
– III: arbeitet als Oberkellner in einem Pariser Restaurant: 204; Rachel flirtet mit ihm, Saint-Loup ist eifersüchtig, Charlus kreuzt auf: 221–223, 226–228

– IV: M erinnert sich an ihn in Balbec: 242; die Prinzessin von Parma gibt ihm ein reichliches Trinkgeld: 263 f.; schätzt Kundschaft nach ihrem Vermögen ein: 311; Nissim Bernard versucht, sich mit ihm gutzustellen; ist »Regisseur« des Racine-Theaters Grand-Hôtel: 334–336; Nissim Bernard beschwert sich bei ihm über den Tomatensalat: 353; erwittert in dem feingemachten Dienstboten der Chevregnys dennoch den Dienstboten: 536 f.; Charlus macht sich an ihn ran und schreibt ihm einen Brief: 538–544; bewundert Albertine und das neue Auto: 547; schielt auf die Trinkgelder, die M dem Chauffeur gibt: 587; freut sich, wenn M Diners veranstaltet: 669
– V: M schickt ihm Fotos von Esther Lévy: 109–113; er schickt M die Fotos zurück: 498
– VI: M schickt ihn nach Balbec, um Erkundigungen über Albertine einzuziehen: 108, 112, 138; M wartet auf seinen Brief: 140, 142; der Brief: 143; M grübelt über den Inhalt: 145, 147 149, 151; M schickt ihn in die Touraine: 154, 155 (irrtümlich »Nizza«); sein Telegramm: 156; M zweifelt an seiner Glaubwürdigkeit: 163; eine Wendung des Maklers von M ruft eine Erinnerung an A.s Brief herauf: 320; seine Enthüllungen über Saint-Loup: 375, 377, 378
*Aimé, Gattin von.
– II: erwartet ein Kind; die Damen im Grand-Hôtel stricken Babywäsche für sie: 342
Aiolos: *s.* Äolus.
Akademos: mythischer Held. Im Hain um sein Grabmal gründete Plato die erste »Akademie«.
– III: Norpois rät davon ab, im Dickicht des A.-Hains zu stöbern: 302
Akazienallee: Allée des Acacias, Promenade im Bois de Boulogne; heute: Allée de Longchamp.
– I: M sieht Mme Swann hier spazieren gehen: *571*; der Erzähler sieht nur noch die Schatten der Frauen, die einst hier promenierten: 584
*Albaret, Céleste: Schwester von Marie Gineste, Zofe einer älteren Dame, die zu Gast ist im Grand-Hôtel Balbec. Auch Name der Haushälterin, die Proust ab 1914 beschäftigte.
– IV: M hat mit ihr und ihrer Schwester Freundschaft geschlossen: *336–338*; weint bei Ms Abreise: 725
– V: ihr sprachliches Genie: 18 f., 173

*Albaret, Monsieur: Vermutl. ist der Ehemann Odilon von Céleste A. gemeint.
– IV: Brichot erklärt die Etymologie seines Namens: *458*
Albert, Charles d' (1578–1621): Berater Ludwigs XIII.
– V: hat erst unter Ludwig XIII. gelernt, mit Messer und Gabel zu essen: 315
Albert, Maison d': Haus der Herzöge von Luynes.
– III: Joinville und Chevreuse sind rechtmäßig an das Haus d'A. gefallen: *793*
*Albert: vermutl. ein Sohn der Herzogin von Parma.
– III: die Herzogin von Parma glaubt, dass M Albert kenne: 572 f.
Albert, Prinz von Belgien (1875–1934): späterer König Albert I. von Belgien, verh. mit Elisabeth, Herzogin in Bayern.
– V: sollte später die Nichte Elisabeth der (»echten«) Königin von Neapel heiraten: *334*
Alberti, Monsieur: *s.* Albert, Charles d'.
*Albertine: Nichte von Madame Bontemps, Mitglied der kleinen Mädchenbande (*s.* auch diese) in Balbec.
– II: die »berühmte« A.: *119*; die »freche« A.: 236; M verpasst die Gelegenheit, sie kennenzulernen: 274; ihr Auftritt innerhalb der kleinen Mädchenbande: 495–504; der Name »Simonet«: 510–512, 519, 531 f., 549, 568, 569 f.; ist das Mädchen mit Fahrrad, Polo und Gouvernante A.?: 548 f., 570; Elstir kennt A.: 568–572; M verpätzt die Gelegenheit, A. kennenzulernen: 582–585; die verschiedenen Albertinen: 585–588; M begegnet A. bei Elstir: 603–605, 607–611; der wandernde Schönheitsfleck: 611; erster gemeinsamer Spaziergang auf dem Deich: A.s Sprechgewohnheiten; Begegnung mit Octave; A. über Bloch: 611–618; zweiter Spaziergang: Begegnung mit Andrée; die Mesdemoiselles d'Ambresac: 619–624; A.s Diabolo: 625; A.s Einstellung zu Gisèle: 625–629; ihre Frisur: 630; M lernt durch A. die kleine Mädchenbande kennen: 631 f.; A.s Radtouren im Regen: 634; Andrée und A.: 634 f., 637; M macht sich fein für A.: 639; mit M in Elstirs Atelier; Gespräch über Kleidung: 641, 643 f., 645; A. über Blochs Schwestern: 647; Ausflüge mit M zu Landgasthöfen: 648; A.s Stimme und Vokabular: 655 f.; A.s Botschaft »ich mag Sie gern« an M: 658; mit M auf den Klippen; A. über Gisèles Aufsatz: 659–664; beim Ringleinspiel; A.s Hände: 668–672; Ms Gedanken über Andrée und A.: 672–675; M ist verliebt in A.: 677–682; A. wird in Ms Hotel übernachten: 683–685; der verweigerte

Kuss: 686–688; A.s Charme und gesellschaftliche Stellung: 689–697; »Simonet« mit einem *n*: 692; Doppelverwendung einer guten Tat: 694 f.; schenkt M zum Trost einen goldenen Bleistift: 697 f.; A. flößt M moralische Hochachtung ein: 699 f.; Ms Liebe zu A. verteilt sich auf ihre Freundinnen: 700, 702, 704; die vielfältige A.: 705 f.; das Besondere der Freundschaft zu A.: 709; A.s plötzliche Abreise: 710; M bleibt im herbstlichen Hotel und denkt an den Sommer mit A. zurück: 714 f.

– III: Reminiszenzen an Balbec: 78, 432; sie besucht M; ihre veränderte Sprechweise, ihre neue erotische Offenheit: 474–484, 486–490, 493–498, 500; sie begleitet M zum Bois und nach Saint-Cloud: 522 f., 525 f.; ihr missfiel Bloch: 551

– IV: M gibt ihr eine Karte für *Phädra* und will sie nach dem Empfang bei der Prinzessin von Guermantes treffen: 51, 67, 156; M erwartet ungeduldig ihre Rückkehr: 177 f., 181–185; ihr Anruf: 186–189; ihr Besuch: 190–197; M verliert das Interesse an ihr: 199; kommt in einen Badeort in der Nähe von Balbec: 229, 236; Maman fordert M auf, sich mit A. zu treffen: 246; sie besucht ihn, aber er weist sie ab: 247–250; M trifft sich mit ihr: 252 f.; Rückkehr des Verlangens nach ihr: 256; er besucht sie in Incarville: 258; M schickt Françoise, um sie zu holen: 261–263; ihre Freundinnen: 264 f.; M schickt den Liftboy, um sie zu holen: 269–271; ihr Busentanz mit Andrée im Casino von Incarville und Cottards Worte dazu: 271–275; der Liftboy hatte sie nicht gefunden; ihr erklärender Brief: 276 f.; Augenspiele mit Mädchen im Spiegel: 277 f.; M erinnert Zärtlichkeiten zwischen A. und Andrée: 279 f.; M stellt sie den Cambremers vor: 281–283; Gespräch über Kunst und über Chopin: 288, 293 f.; mit M im Lift; die Angst des Liftboys vor ausbleibendem Trinkgeld: 307–309; sie stellt M wegen seiner Kälte zur Rede, der sie belügt: 312–315; M stellt sie wegen ihrer Beziehungen zu Frauen zur Rede: 318–322; Ausflüge mit M und der Mädchenbande: 324, 326 f.; Hypothesen über die Lasterhaftigkeit anderer Frauen am Strand: 329–331; verschiedene Situationen, die Ms Verdacht A. gegenüber bestärken: 343–345; Ms Inquisition über ihren Besuch bei einer Dame in Infreville: 346–352; A. fährt mit M nach Féterne und trifft unterwegs Saint-Loup in Doncières; Ms Eifersucht: 354, 357, 360; wird Zeugin der Begegnung zwischen Charlus und Morel: 361, 362, 365; Liebesspiele mit M bei der Weiterfahrt: 367; schmerzliche Erinnerung Ms an den Busentanz: 380; M befragt sie über das Mädchen mit der Zigarette: 391; Ms entstellte

Erinnerung an ihre Besuchsabsichten in Infreville: 400; Maman diskutiert mit M die Möglichkeit einer Hochzeit mit A.: 451 f.; besucht als Ms Cousine die Verdurins in La Raspelière: 508, 517; bewundert die Kappe und Stola der Prinzessin von Luxemburg: 533 f.; Autoausflüge in der Umgebung: 544–548, 556 f., 561; sie zeichnet die Kirche von Saint-Jean-de-la-Haise; 567–570; sie besucht mit M die Kirche von Marcouville: 571 f.; sie kehrt mit M in einem Landgasthof ein: 572 f.; mit M im Restaurant in Rivebelle: 574 f.; Ms Eifersucht verleidet ihm alle Erinnerungen an A.: 576; Maman macht M Vorwürfe, dass er zu viel Geld für A. ausgibt: 577–579; Nachtspaziergänge und -fahrten mit M: 580–582, 586–588; Fahrt zum Diner in La Raspelière: 593–605; A. kennt Morel: 597; ihr Schminkzeug: 606, 685; Charlus bewundert ihre Toilette: 629–631; Rückfahrt: 642, 668, 675, 685 f.; wie sie sich beim Lügen verrät: 688; M gibt Heiratspläne auf: 689, 708; Eifersucht auf Saint-Loup: 692–695; A. verschweigt M eine Einladung Blochs bei Mme Bontemps: 695–697; weitere Stationen bei der Rückfahrt: 702, 706; M will A. das Ende der Beziehung taktvoll beibringen: 709 f.; A. kennt Vinteuils Tochter und deren Freundin: 711–714; M lässt sie nicht mehr aus den Augen: 715 f.; M lügt ihr von einer anderen Affäre vor, um sie zur Rückreise nach Paris zu bewegen: 716–720, 722; sie soll bei M als seine Cousine wohnen: 724 f.; Ms Erinnerungen an die A. vom ersten Balbec-Besuch: 727; Ms Schmerz bindet A. an ihn: 729; Beschluss, A. zu heiraten: 731–733

– V: lebt mit M in Paris zusammen: 7 f.; singt im Bad: 9 f.; Mamans Missbilligung: 11–14; Françoise erzieht sie: 16; Veränderungen in ihrem Vokabular und ihrem Äußeren: 18 f.; Ausflüge mit Andrée; die Buttes-Chaumont: 21 f.; Ms Gefühle für sie: Eifersucht ohne Liebe: 23–35; hat Gilberte gekannt: ihr Geschmack in Kleidungsfragen: 38 f.; der Zwischenfall mit dem Jasmin: 70 f.; ihre Verstellung: 72–80; ihre elegante Kleidung; die »Galoschen«; der Adlerring: 81 f.; Erinnerungen an die A. in Balbec: 86–89; ihr Schlaf: 90–96; ihr Erwachen: 96 f.; besucht M in seinem Schlafzimmer; Liebesspiele; ihr Gutenachtkuss; sie nimmt M das Versprechen ab, zu arbeiten: 97–106; Aimés doppeldeutige Bemerkungen über sie; erneute Eifersucht Ms auf sie: 109–113; ihr Plan, Mme Verdurin zu besuchen; neue Verdachtsmomente; ein »flüchtiges Wesen«; Lügen ihre zweite Natur: 114–128; Besuch eines Flughafens: 138 f.; ihre Lüge über Infreville kommt heraus: 143; leugnet, Esther Lévy zu kennen: 146; M küsst sie im Schlaf: 147–153; ihr Morgenbesuch in Ms Zimmer; ihr Plan, in den Trocadéro statt zu den Verdurins zu gehen; M warnt sie vor Reitunfällen: 157–159; sie ist hingerissen von den Rufen der Straßenhändler: 167–170; ihre Rhapsodie auf Eiscrème: 171–173; besucht Versailles mit dem Chauffeur: 174–178; fährt mit ihm nach Balbec: 179f.; ihre widersprüchlichen Lügen: 193–196; M lässt sie aus dem Trocadéro zurückholen: 196–206; sie kommt zurück und schickt ihm ein zärtliches Billet voraus: 207–209, 218f.; ihr neuer Ring: 220; ihre Kenntnisse in Architektur und Malerei: 223f.; Ausflug in den Bois de Boulogne: 225–234; fühlt sich als Gefangene; ihr Verlangen, zu fliehen: 235–237; ihre Lügentechnik: 238–240, 253–257; M besucht die Verdurins ohne sie: 258f.; Charlus über ihren Geschmack: 281f.; sie hatte offenbar ein Treffen mit Mlle Vinteuil bei Mme Verdurin verabredet: 301–304; Ms Liebe zu ihr wird durch Vinteuils Musik wiederbelebt: 341f., 350f., 414f.; ihr beleuchtetes Fenster: 450f.; ihre Einstellung zu Ms Eifersucht: 451f.; ihr Ärger über Ms Besuch bei den Verdurins: 453; gibt zu, dass ihr Ausflug nach Balbec eine Lüge war: 454–456; bestreitet, intime Beziehungen mit Mlle Vinteuil oder deren Freundin gehabt zu haben: 457f.; ihre abgebrochene Äußerung, deren Bedeutung M erst später versteht: 459–464; ist am Boden zerstört von Ms vorgetäuschter Trennungsabsicht: 464–466; ihre Beziehung zu Esther Lévy: 466f.; ihre dreiwöchige Reise mit Léa: 477–479; ihr Besuch in Léas Garderobe: 486f.; Versöhnung mit M: 488–491; M betrachtet sie in ihrem Schlaf: 491f.; will sie M verlassen? 493–496; sie versucht, Ms Argwohn zu zerstreuen: 497f.; Ms Angst vor ihrem Auszug: 500f.; ihr Interesse an altem Silber und an Fortuny-Kleidern: 502–506; spielt Vinteuil am Pianola: 507–509; Gespräche über Literatur: 512–520; Enthüllungen über Gilberte: 513f.; 517, spielt Rameau und Borodin am Pianola: 520–522; eine Göttin der Zeit: 527; M betrachtet sie in ihrem Schlaf: 528f.; warum sie mit M nach Paris zurückgekehrt ist; ihre Beziehung zu Andrée; ihre Lüge über die Buttes-Chaumont: 529–535; das Kleid von Fortuny: 537f.; Streit mit M über Andrée; A.s Weigerung, Marcel zu küssen: 539–547; sie reißt mitten in der Nacht das Fenster auf: 548f.; Ausflüge mit M: 550–552; Ausflug mit M nach Versailles: 553f.; sie flirtet mit der Konditorin: 554–556; Rückkehr spät am Abend: 557; M befragt sie über andere Mädchen: 558f.; ihre plötzliche Abreise: 565f.

– VI: (Der Name A.s wird auf 230 der 389 Textseiten von Bd. VI erwähnt,

meist im Zusammenhang mit Grübeleien Ms über sie.) / »Mademoiselle Albertine ist gegangen«: 7 f.; ihr Abschiedsbrief: *9 f.*; ihr Verhalten vor ihrer Flucht: *19*–21; sie soll in die Touraine gefahren sein: 26 *f.*; M beauftragt Saint-Loup, sie zurückzuholen: 28–*40*, 41; M sucht sie bei der Konditorin: 50; ihr Brief aus der Touraine: *56* f.; Ms Antwort: 59–69; ihre vergessenen Adlerringe: 70–*74*; ihr dritter Brief: *78*; Ms Antwort: 79 f.; Saint-Loups Bericht von seinem Besuch bei A.s Tante: 83–86; ihre Todesnachricht: *89*; zwei postume Briefe: *90*–92; sie lebt in M fort; seine Erinnerungen und seine Reue: 93–142; ihr »mythologisches Fahrrad«: *106*; Aimés Enthüllungen über A.s Leben in Balbec: 143–*152*; Aimés Enthüllungen über A.s Leben in der Touraine: 155–165; sie zerfällt für M in mehrere verschiedene Albertinen: *161*–171; M träumt von ihr: 171–178; ihre verdächtigen Ausflüge mit Andrée zu den Buttes-Chaumont: *182*–185; Andrée streitet ab, lesbische Beziehungen mit A. gehabt zu haben: *187*–193; Ms Blick fällt nur noch auf Frauen von A.s Typus und Hintergrund: 193–203; A. wird M etappenweise gleichgültiger: 204–206; Andrées Enthüllungen über ihre Beziehungen zu A., über A.s Beziehungen zu Morel und über den Jasmin-Zwischenfall: 262–265; erneuter Besuch Andrées: A.s Gründe, M zu verlassen, und die wahren Gründe, warum sie zu der Soirée von Mme Verdurin wollte: 282–295; M nähert sich in Venedig der totalen Gleichgültigkeit gegenüber A.: *296*, *300–302*; kurzes Wiedererwachen der Erinnerung an A: *318–320*; ein scheinbar von A. stammendes Telegramm beschleunigt Ms Wiedergewinnung der Gleichgültigkeit: *321*–326; eine Österreicherin im Hotel, die A. ähnelt, rückt in M an ihre Stelle: *331*–333
– VII: Ms reflexartige Erinnerung an sie in Tansonville: 9 f.; M unterhält sich über sie mit Gilberte: 21 f.; M denkt nicht mehr an sie: 112 f.; ihr Ausruf, als sie einmal nackt von Françoise überrascht wurde: 185; die Erinnerung an sie bleibt mit der an Saint-Loup verknüpft: 221 f.; war nützlich für M, indem sie ihm Kummer bereitete: 308 f.; M träumt von ihr und der Wäscherin: 315; hätte nicht verstanden, was M über sie schreiben würde: 318; würde inzwischen so aussehen wie damals Mme Cottard: 418 f.; unergründliche A.: 501

*Albertine, Onkel von.
– IV: ist in Österreich Legationsrat gewesen: 718

*Albon, Monsieur d'.
– VII: erkennt lächelnd den Esprit der Guermantes wieder: *423*

Alceste und Philinte: Freundespaar in Molières *Le Misanthrope* (*Der Menschenfeind*).
– II: ein mögliches Aufsatzthema für Gisèle: *628* f.
Alençon, Émilienne d' (d. i. Émilienne André): berühmte Kokotte der Belle Époque.
– IV: der Herzog von A. kann sich nicht beleidigt fühlen, wenn man sie vor seinen Ohren erwähnt: *672*
Alençon, Herzog von (1844–1910): Philippe Marie d'Orléans, Enkel von Louis-Philippe.
– IV: kann sich nicht beleidigt fühlen, wenn man vor seinen Ohren Émilienne d'A. erwähnt: *672*
Alençon, Herzogin von (1847–97): Sophie Charlotte Augustine von Wittelsbach, Herzogin in Bayern.
– III: ihr Tod in einer Feuersbrunst: *686*
– V: Schwester der Königin von Neapel: 333, 420
Alençon: Kleinstadt mit ca. 25 000 Einwohnern im Dép. Orne (Untere Normandie).
– II: Eiersalat schickt sich nicht für die feine Gesellschaft von A.: *342*
– IV: die Frau des Landgerichtspräsidenten hat Erfahrung mit der höheren Gesellschaft von A.: 432
Alexander: Zar Alexander I. (1777–1825) von Russland, gegen den der Großvater des Rittmeisters von Borodino gekämpft und sich dabei seinen Titel erworben hatte; oder Alexander d. Gr. (356–323 v. Chr.), dessen Pferd ihn der Sage nach immer in Richtung Sonne trug.
– III: der Blick des Rittmeisters von Borodino hätte auch A. hinters Licht führen können: 175
Alexander der Große (356–323 v. Chr.): makedonischer König und Feldherr.
– II: Söhne von Händlern werden durch Reitstunden in Balbec vergöttlicht wie A.: 407
Alfonso XIII, König von Spanien: *s.* Spanien, König von.
Algeciras: Hafenstädtchen an der Südküste Spaniens.
– II: Ms Vater wird auf seiner Spanienreise auf A. verzichten: *375*
Algier: Stadt in Nordafrika.
– III: Françoise spricht von Angers als A.: 28
– IV: der norwegische Philosoph reist über A. nach Kapstadt: 457
Ali Baba: Räuberhauptmann in *Tausendundeine Nacht*.

– I: Swanns Leben ist so mysteriös wie A.s: *30*; A. ist auf Tante Léonies Teller dargestellt: 83
*Alix: die »Marie-Antoinette vom Quai Malaquais«.
– III: eine der drei »Parzen« beim Empfang der Madame de Villeparis: 260–270
Allée des Acacias: *s.* Akazienallee.
Alpen: Proust hielt sich im August 1893 in Sankt Moritz auf.
– III: M machte in den A. die Erfahrung, dass der Akt des Atmens lustvoll sein kann: *109*
Alpheios, Sohn des: Orsilochos, der im V. Gesang der *Ilias* erwähnt wird (Vers 544 ff.).
– III: Bloch verwechselt ihn mit dem trojanischen Weisen Antenor: *294*
Alpilles, Les: kleiner Höhenzug südl. von Avignon.
– II: M sieht in einer Ausstellung das rosafarbene Licht der A.: *162*
altes Erechtheion: ein Vorläufertempel (Pisistratos-Tempel, etwa 525 v. Chr.) des Erechtheion (4. Jh. v. Chr.).
– II: Bergotte vergleicht eine Gebärde der Berma mit den Koren des alten E.: *184*
Amaury (d. i. Ernest-Félix Socquet; 1849–1910): Schauspieler zwischen 1880 und 1900 am Théâtre de l'Odéon; spielte u. a. 1896 den Kapitän Fracasse in einer Theater-Adaption von Émile Bergerat des gleichnamigen, von Proust sehr geschätzten (vgl. *Sur la lecture*) Jugendromans von Th. Gautier.
– III: der Glanz seines noch unverbrauchten Namens: *171*
Ambassadeurs, Les: Konzertcafé, dann Revuetheater, im Park der Champs-Élysées.
– I: M sieht Gilberte vor dem A.: 556
*Ambresac, Daisy d': eine der Ambresac-Töchter.
– III: angebliche Verlobte Bibis: 545 f.
*Ambresac, Madame d'.
– III: hilft in der Oper dem Herzog von Aumale aus dem Mantel: 50
– IV: sie grüßt die Herzogin von Guermantes: 116; ist in keiner Weise verkalkt: 117
*Ambresac, Mademoiselle d': eine der Ambresac-Töchter, vermutl. identisch mit Daisy d'Ambresac.
– III: angeblich mit Saint-Loup verlobt: 44; Saint-Loup dementiert: 138

– IV: Saint-Loup unterhält sich mit ihr bei der Soiree Guermantes: 140; die d'Ambresacs sind reich: 141
*Ambresac, Mesdemoiselles d': Sommergäste in Balbec.
– II: Albertine findet sie schrecklich wohlerzogen; verwandt mit Mme de Villeparisis: 622; hat Saint-Loup M seine Verlobung mit einer d'A. verheimlicht?: 622, 624; M verachtet sie, weil sie das Kasino niemals betreten haben: 634
*Ambresac, Monsieur und Madame d': Sommergäste in Balbec.
– II: reich und anspruchslos: 622
*Amédée: Marcels Großvater mütterlicherseits, verh. mit Bathilde; *s.* Großvater des Erzählers.
*Amédée, Madame: *s.* Großmutter des Erzählers.
Amélie de Bourbon-Orléans: Königin von Portugal 1889–1908, Schwester des Grafen Philippe von Orléans, Nichte von Louis-Philippe.
– II: Françoise spricht von ihr als »Amélie«: *481*
*Amenoncourt, Graf von.
– IV: Trauernder auf der Todesanzeige für Éléonore de Cambremer: *260*
*Amerikanerin: Freundin von Saint-Loup.
– VI: schreibt ihm einen Brief in schlechtem Französisch: *19*
*amerikanische Dame und ihre Töchter.
– II: schließen im verlassenen Grand-Hôtel Balbec Freundschaft mit M und seiner Großmutter: 712
Amfreville oder Amfreville-la-Bigot: Ort in der Umgebung von Balbec; vermutl. identisch mit Infreville; *s.* auch dort.
– IV: Albertine wollte nach Ms Erinnerung nach A. fahren, als er sie besuchte (S. 348–350 jedoch »Infreville«): *400*
*Amfreville, Vicomte und Vicomtesse von.
– IV: Trauernde auf der Todesanzeige für Éléonore de Cambremer: *260*
*Amoncourt, Madame Timoléon d'.
– IV: bietet der Herzogin von Guermantes einige Ibsen-Manuskripte an: *98*
*Amoncourt, Marquise von: Tochter von Monsieur de Montmorency; eventuell identisch mit Madame Timoléon d'Amoncourt.
– III: beklagt, dass ihr der Tod ihres Vaters die Saison vermasselt: *642*
Ampère, André Marie (1775–1836): Mathematiker, Physiker, Chemiker und Philologe.
– I: Vinteuils Genie gleicht für Swann dem eines A.: *482*

Ampère, Jean-Jacques, Historiker, Sohn des Physikers André.
- VII: verkehrte in der eleganten Welt, obwohl er über keinen Adelstitel verfügte: *390*
Amphietes: thebanischer Beiname des Dionysos.
- IV: ihm sind in den *Orphischen Hymnen* alle Düfte außer dem Weihrauch geweiht: *329*
Amphitryon: griech. Feldherr und Titelfigur einer Komödie Molières, in der er als großzügiger Gastgeber dargestellt wird. Zeus nimmt seine Gestalt an und verführt so seine Gattin Alkmene.
- II: Norpois bezeichnet Swann in seiner Rolle als Gastgeber als A.: *69*; reiche Gastgeber spielen den A. im Restaurant in Rivebelle: 523
- IV: Nissim Bernard spielt unwissentlich A., als er die eine »Tomate« mit der anderen, ihrem Bruder, verwechselt: 353
Amsterdam: Stadt in den Niederlanden.
- III: M war früher einmal nach A. gereist: 702
- V: Albertine erzählt von ihren abendlichen Heimfahrten nach A.: 525; M befürchtet, Albertine werde wieder zu Ausschweifungen nach A. fahren: 536
- VI: womöglich ist Albertine ja nach A. gefahren: 25 f.
Anacharsis: skythischer Adliger des 6. Jh.s v. Chr., der in Griechenland griech. Kultur studierte; etwa ab dem 4. Jh. v. Chr. als Musterexemplar des unverdorbenen Naturmenschen verherrlicht.
- II: Norpois legt die liebenswürdige Neugier des jungen A. an den Tag: *36*
Anastasie, Madame: Allegorie der Zensur.
- V: eine Dame mit »Pferden, Wagen und Gemälden«: 18
- VII: Brichot fürchtet, dass Mme A. Morel den heiligen Geist verpassen könnte: *108*
*Andrée: Mitglied der kleinen Mädchenbande (s. auch diese) in Balbec.
- II: war mit Octave beim Golf: *614*; »die Große«, die über den Landgerichtspräsidenten hinweggesprungen war: 620; M wird ihr von Albertine vorgestellt: 620 f.; ihr Charakter; belügt M, streitet mit Gisèle: 624–627; im Kasino; ihre freundliche Art, ihre Freundschaft mit Albertine: 634 f., 637; M macht sich fein, um A. zu treffen: 639; A. über die Creuniers: 645; A. abschätzig über Blochs Schwestern: 648; ihr mädchenhaftes und provinzielles Wesen: 655 f.; A. über Gisèles Aufsatz: 658–664; das Ringleinspiel; A.s Hände: 668, 670, 672; Spaziergang mit M zu den Creuniers; A.

über Albertine: 673–676; M gibt vor, sie mehr zu mögen als Albertine; ihre Eifersucht: 678–682; A. über Mme de Villeparisis' Beschwerde wegen des Diabolo: 683–685; Albertine eifersüchtig auf A.: 697, 699; M findet sie kränklich und neurotisch: 700 f.; das Doppellächeln ihrer Zwillingsaugen; eine Kamelie bei Nacht: 703 f.

– III: Reminiszenzen an Balbec: 432, 477

– IV: ihr Busentanz mit Albertine im Casino von Incarville und Cottards Worte dazu: 272–275; lehnt lesbisches Verhalten entschieden ab: 277, 319; ist mit Albertine bei Elstir eingeladen: 279; M flirtet mit ihr, um Albertine zu kränken: 281; M lügt Albertine vor, in A. verliebt zu sein: 312, 315, 318; A. reist bald ab: 330 f.; hatte womöglich Albertines Charakter falsch verstanden: 347; Ms Erinnerung an ihren Busentanz mit Albertine: 380; ist eifersüchtig auf Albertine: 597; ist eigentlich die, die M wirklich liebt: 709

– V: als Albertines Begleiterin in Paris: 18, 21 f., 26 f.; der Jasmin-Zwischenfall: 70 f.; ihre Mängel werden deutlich; sie denunziert Octave; M verdächtigt sie: 75–80; ihre Stimme am Telefon: 130–134, 136; Albertine murmelt im Schlaf ihren Namen: 150; ihre Lügen stimmen mit denen Albertines überein: 239, 304, 455; ihr geheimes Leben mit Albertine: 530–535; M streitet mit ihr über Albertine: 541–543

– VI: M lädt sie ein, bei ihm zu wohnen, und schreibt das Albertine: 79 f.; sie ist Ms innere Verbindung zu Albertine: 168; ihre verdächtigen Ausflüge mit Albertine zu den Buttes-Chaumont: *182*–185; ihr erster Besuch: sie streitet ab, lesbische Beziehungen mit Albertine gehabt zu haben: *187*–193; das Werk des Vergessens schreitet bei ihr noch schneller voran als bei M: 257; ihr zweiter Besuch: ihre Enthüllungen über ihre Beziehungen zu Albertine, über Albertines Beziehungen zu Morel und über den Jasmin-Zwischenfall: 259–265, 273–275; ihre Verleumdungen Octaves: 268–270; Albertines Lügen über ihre Beziehung zu A.: 279 f.; A.s Erklärung über Albertines Gründe, M zu verlassen, und die wahren Gründe, warum Albertine zu der Soiree von Mme Verdurin wollte: 282–295

– VII: ist M eine aufrichtige Freundin: 56 f.; ihre Freundschaft mit Gilberte: 411 f.

*Andrée, Mutter von.

– II: darf nicht wissen, dass die Tochter das Kasino besucht: 621; ihre Gastfreundschaft für Albertine: 690–693; ihre Haare: 703

Andromeda: griech. Sagengestalt.
– I: Legrandin vergleicht die Strände der Opalbucht mit einer blonden A.: *183*
– IV: der Einzelgänger verweilt am Strand wie eine befremdliche A.: *42*
Ange, Baronin von: Pseudonym der Prostituierten Suzanne in Dumas' d.J. *Le Demi-Monde.*
– II: Mme Poncin vergleicht die Prinzessin von Luxemburg mit einer Baronin von A.: *377*
Angers: Stadt in Westfrankreich, Dép. Maine-et-Loire.
– III: Françoise spricht von A. als Algier: 28
Angerville: Ort an der Lokalbahn; ein Angerville liegt etwas südl. von Cabourg.
– IV: die Lokalbahn fährt von Balbec über Grattevast nach A.: *258*
Anne de Bretagne (1477–1514): Herzogin der Bretagne, 1491–98 und 1499–1514 Königin von Frankreich. Der Hofmaler Jean Bourdichon schuf um 1507/08 ein reich illuminiertes Stundenbuch für sie.
– II: Françoise gemahnt in ihrer Reisekleidung an A.: *305*
Annunzio, Gabriele d': *s.* D'Annunzio, Gabriele.
Antenor: trojanischer Weiser, der im VII. Gesang der *Ilias* erwähnt wird (Vers 345 ff.).
– III: Bloch hält ihn für einen Sohn des Flussgottes Alpheios: *294*
*Antioche: Gast bei der Soiree Guermantes.
– IV: Charlus begrüßt ihn: *85*
*Antoine: Butler des Herzogs von Guermantes.
– III: Françoise abschätzig über ihn: 28 f.; seine Hochnäsigkeit: 34; seine Dreyfus-feindliche Haltung: 400 f.
*Antoinesse: Bezeichnung Françoises für die Frau des Butlers Antoine.
– III: taugt auch nicht mehr als ihr Mann: 29
Antonius: Marcus Antonius (um 83–30 v. Chr.); röm. Politiker und Feldherr, Mitglied des zweiten Triumvirats; Geliebter Kleopatras.
– IV: 397
Antonius von Padua (um 1195–1231): Heiliger. Von Filippino Lippi stammt ein *Sankt Antonius von Padua mit einer Nonne* (Budapest).
– II: Altäre für A. in Swanns Arbeitszimmer: *116*
*Anwaltsverbandspräsident: Gast im Grand-Hôtel Balbec.
– II: stammt aus Cherbourg: 340; bildet mit dem Landgerichtspräsidenten,

einem eminenten Notar, einem angesehenen Anwalt, einem bedeutenden Arzt und den zugehörigen Frauen eine kleine Gruppe: 340 f.; ereifert sich über die »Königin« der Südseeinsel: 342; spottet über eine reiche ältere Dame: 343; lädt die Cambremers zum Essen ein: 356 f.; genießt den Namen »Aimé«: 360; ärgert sich über Mme Blandais: 376; hat Zweifel am Titel der Prinzessin von Luxemburg: 376 f.; macht einen Gegenbesuch bei den Cambremers: 381; stammt aus Caen: 712

– IV: M erfährt von seinem Tod: 213

*Anwaltsverbandspräsident, Frau des.

– II: wüsste zu gern, ob Mme de Villeparisis eine echte Marquise ist: 376

– IV: kondoliert Ms Mutter zum Tod von Ms Großmutter: 239

Aosta, Herzogin von: Hélène de France, Princesse d'Orléans (1871–1951); heiratete 1895 Emanuele, Duc d'Aoste (1869–1931), Enkel des Königs Victor-Emmanuel II. von Italien.

– III: die Ristori war einmal in Begleitung der Herzogin von A. bei Mme de Villeparisis: *271*

Apollon: griech.-röm. Gott.

– I: Bloch schwört bei A.: *130*

Apollonius von Tyana: griech. Philosoph.

– VII: wird gern von Brichot zitiert: *143*

Arambouville: Station der Lokalbahn in der Umgebung von Balbec (*s.* auch Arembouville und Haranbouville).

– II: der Name kommt M fremdartig vor: *322*

– IV: Bekannte kommen in A. zum Zug, um M zu begrüßen: 703, 705

Arbouville, Sophie d' (1810–50): frz. Dichterin; von Sainte-Beuve hoch geschätzt, der zehn Jahre mit ihr korrespondierte.

– VI: würde Sainte-Beuve darüber unterrichten, wie man in der Gesellschaft über seinen *Lundi*-Artikel dachte: *221*

Arc, Jeanne d': *s.* Johanna von Orléans.

*Archivar der Madame de Villeparisis: *s.* Vallenères, Monsieur de.

*Ardonville, Monsieur d': Cousin des dicken Herrn.

– VI: hat öfter Léonor de Cambremer und Robert de Saint-Loup zu Gast: *351*

Arenberg, Herzogin von: die Namenspatronin der Prinzessin von Guermantes, Hedwige de Ligne (1877–1938); heiratete 1897 den Herzog Engelbert-Marie von Arenberg (1872–1949).

– IV: soll nach der Soiree Guermantes noch zum Diner bleiben: *155*

*Argencourt, Geliebte des Marquis d'.
– V: der Marquis umgibt sie mit Homosexuellen als »Haremswächter«: 369
– VII: ihr Gesicht beim »bal de têtes« noch nicht völlig zerstört: 330 f.
*Argencourt, Madame d': Gattin des Marquis (später Grafen) von Argencourt.
– III: Schwester des Marquis von Beausergent: *71*
*Argencourt, Marquis (später: Graf) von: Großcousin der Mme de Villeparisis, belgischer Geschäftsträger.
– III: beim Empfang der Madame de Villeparisis: *285* f., 288, 300 f.; äußert sich zu Mæterlincks *Sieben Prinzessinnen*: 305–310, 335 f.; sein Antisemitismus: 315; Gerüchte über Dreyfus: 319; er ist grob gegenüber Bloch: 321 f., 328, 332, 341; begegnet M und Charlus auf der Straße: 393 f., 514; ein grässlicher Snob: 602
– V: umgibt seine Geliebte mit Homosexuellen als »Haremswächter«: 369
– VII: war ein Nebenbuhler Charlus': 228; zu einem erhabenen Trottel geworden: 325–*331*
*Argencourt, verwitwete Gräfin von, geb. Seineport; Mutter des Marquis (späteren Grafen) von Argencourt.
– III: empfängt alle Welt, weil sie ein Blaustrumpf ist: 602; empfängt insbes. Halbgebildete und Pseudo-Literaten: 603
Aricia: heimliche Verlobte Hippolyts in Racines *Phädra*.
– II: die Berma schwingt sich nicht zu den Höhen auf, die A. gefunden hat: *33*
– III: M durchschaut die theatralischen Absichten in der Interpretation der Rolle: 59, 61
– VI: wird von Hippolyt geliebt: 67
Aristäus: mythologische Figur.
– I: Ms Großtante erschiene der Gedanke, Swann sei ein Mann der Gesellschaft, ebenso unglaublich wie einer beleseneren Dame, mit A. bekannt zu sein: *30*
Aristophanes (450/444–380 v. Chr.): altgriech. Komödiendichter.
– III: die verwitwete Herzogin von Gallardon verwechselt ihn mit Aristoteles: 602
Aristoteles (384–322 v. Chr.): altgriech. Philosoph und Naturwissenschaftler.
– I: Legenden über ihn sind im Portal von Saint-André-des-Champs dargestellt: *210* f.
– III: der Historiker der Fronde versucht, A. zu zitieren: 258; A.s Kapitel

über Hüte: 286; die verw. Herzogin von Gallardon verwechselt ihn mit Aristophanes: 602

Arlincourt, Charles-Victor Prévot, Vicomte d' (1789–1856): Autor von Romanen (*Le Solitaire*, 1821) und historischen Kampfschriften gegen die Julimonarchie (1830–48).

– IV: in den Verhaltensweisen der Freundinnen der Großmutter Ms ist die Erziehung aus der Zeit A.s konserviert: *117*

Armenonville: luxuriöses Restaurant und Ballhaus im Bois de Boulogne.

– I: M sieht das A. bei einem Spaziergang im Bois: *579*

– II: die kleine Phrase begleitet Swann im Geist ins A.: *149*

Ar-mor: Armorica, keltischer Name des Gebiets zwischen Loire und Seine (Bretagne und Normandie).

– I: Legrandin beschreibt Balbec: *183*

Arnauld, Antoine (1612–94): frz. Philosoph, Linguist, Mathematiker und Theologe.

– VI: die Empfindung, wenn man über ein Pflaster wandelt, das aus der Asche von A. gemacht ist: *369*

*Arnulphe: *s.* Surgis-le-Duc, Marquis Victurnien und Marquis Arnulphe von.

– IV: *139–141*, 147 f.

Arouet: bürgerlicher Name Voltaires, *s.* dort

Arpajon, Herzogin von: alte frz. Adelsfamilie, seit dem 18. Jh. erloschen.

– III: der Status einer »Schwester der Mutter der Herzogin von Arpajon« hätte für die Courvoisiers ausgereicht, sie einzuladen: *609*

*Arpajon, Marquise von.

– VII: ist möglicherweise gestorben: *402*, 404 f.

*Arpajon, Vizegräfin von (später: Gräfin): abgelegte Geliebte des Herzogs von Guermantes.

– III: bei der Soiree der Herzogin von Guermantes: 644 f.; die Liaison mit dem Herzog neigt sich ihrem Ende entgegen: 648; über die Archive in ihrem Schloss: *656*; über Victor Hugo: 660–663; zitiert Musset als Hugo: 666; die Herzogin von Guermantes mokiert sich über sie: 671; redet sie als »Phili« an: 677; ist verwandt mit den Guermantes: 719; A. in Ms Einschätzung: 764

– IV: drückt sich darum, M dem Prinzen von Guermantes vorzustellen: 74, 76 f.; eifersüchtig auf ihre Nachfolgerin, Mme de Surgis: 80; wird von der Gartenfontäne durchnässt: 84; pflegt die Bekanntschaft mit Odette:

208 f., 211; der Salon A. für M ein gelber Schmetterling: 482; ihre glänzenden Teegesellschaften: 552
– V: bezweifelt die Existenz von Mme Verdurin: 369
– VII: ist möglicherweise gestorben: 402, 404 f.
*Arrachepel (Familie): Familie der Großmutter des Marquis von Cambremer.
– IV: guter, alter Provinzadel: *286*; ihr Wappen: 500 f.
*Arrachepel, Macé: der erste Arrachepel, im 11. Jh. geadelt.
– IV: hatte den Spitznamen »Pelvilain«: *500*
*Arrachepel, Madame d': Urgroßmutter des Marquis von Cambremer.
– IV: in alten Urkunden auch »Rachepel« genannt: *500*
Artaban: Figur aus dem Roman *Cléopâtre* von Gauthier de la Calprenède (1614–63).
– I: Eulalie sieht Françoise stolz wie A. in einer Kutsche fahren: *166*
Arvède Barine: Pseudonym von Louise-Cécile Vincens geb. Bouffé (1840–1908), Mitarbeiterin des *Journal des débats* und Autorin von Biographien.
– II: Saint-Loup hält A. für einen russ. Autor: *600*
Arvers, Alexis-Félix d' (1806–50): Bühnenautor und Verfasser des Sonetts »Mon âme a son secret« (in: *Mes heures perdues*, 1833), das Proust vermutl. aufgrund eines Hinweises von Sainte-Beuve in *Nouveaux lundis* kannte.
– III: Françoises Laufbursche zitiert in seinem Brief nach Hause A.: *760*
Asti: Stadt und Provinz in Norditalien; bekannt für fruchtige Weine und seit dem Ende des 19. Jh.s auch für Schaumweine.
– I: Swann schenkt Ms Tanten eine Kiste A.: *36*
Athalie: biblische Gestalt in Racines *Athalie*.
– IV: erfährt, dass Joad zur Rasse Davids gehört: 94
Athena Hippía: »Athene als Rosselenkerin«; ihr Beiname auf Kolonos.
– IV: Arnulphe de Surgis ist wie sie eine reine Gottheit des Sports: *148*
Auber, Daniel-François-Esprit (1782–1871): an Rossini orientierter frz. Komponist vor allem leichtgewichtigerer Opern.
– III: greift die gewöhnlichsten Motive auf: *604*; entspricht dem Geschmack des Herzogs von Guermantes: *659*
*Auberjon, Herzogin Gisèle von.
– III: hilft Mme de Villeparisis bei der Vorbereitung ihrer Salon-Aufführung: *289*
Aubusson: Ort nahe Clermont-Ferrand mit berühmter Wandteppich-Manufaktur.

– I: Wandteppiche aus A. hängen vor dem Salon der Mme de Saint-Euverte: *448*

Audiffret-Pasquier, Edme-Armand-Gaston de (1823–1905): Adoptivsohn des Herzogs Pasquier.

– I: Ms Großvater würde gern von Swann über ihn erfahren: *39*

Augier, Guillaume Victor Émile (1820–89): frz. Dramatiker, Lyriker und Librettist.

– III: die Herzogin von Guermantes eine Enkelin von Frauen, die mit A. befreundet waren: *278*; die Herzogin von Guermantes zitiert eine alte Kamelle von A.: 307

August von Polen (1670–1733), gen. »der Starke«.

– VII: hat eines seiner Regimenter gegen eine Sammlung chinesischer Vasen eingetauscht: *145*

Aumale: historisches Herzogtum.

– IV: gehörte lange der Familie Charlus': *484*

Aumale, Herzog von: Henri-Eugène-Philippe-Louis d'Orléans (1822–97), Sohn von König Louis-Philippe, Herzog von Orléans, und Marie-Amélie von Bourbon-Sizilien, Prinzessin von Salerno, Nichte der Königin Marie-Antoinette. Nach dem Tod des letzten Condé erbte er das Schloss Chantilly. Der Titel ist mit seinem Tod erloschen; Bd. III spielt 1897–99.

– I: Cottard will sich mit ihm unterhalten: *362*

– II: Vater Bloch ein zweiter Herzog von A.: *471* f.

– III: die Herzogin von Guermantes besucht ihn in Chantilly: 42; Madame d'Ambresac nimmt ihm in der Oper den Mantel ab: 50; verkehrt im Salon der Madame de Villeparisis: 260; besucht den Empfang der Herzogin von Guermantes für die Prinzessin Mathilde: 631; versöhnt sich mit Prinzessin Mathilde: 695; Onkel des Prinzen Von: 719; Enkel eines Mitglieds des Revolutionstribunals: 785; die Herzöge von Guermantes waren auch Herzöge von A.: 793

– IV: seine Liaison mit der Gräfin Berthe de Clinchamp: 683

– VI: der Prinz von Conti hat sein Testament zugunsten des Herzogs von A. gemacht: *347*

Aumale, Herzogin von: Caroline-Auguste de Bourbon, Prinzessin beider Sizilien (1822–69), Tochter des Prinzen von Salerno und der Erzherzogin Marie-Clémentine. Memoiren sind von ihr nicht bekannt, jedoch Erinnerungen an sie vom Erzieher Alfred-Auguste Cuvillier-Fleury (1802–87)

ihres Sohnes, die 1869 im *Journal des débats* und 1870 als Einzelausgabe bei C. Lahure erschienen.
– III: in ihren Memoiren spielt die Prinzessin von Guermantes eine Rolle: 761
Aumale-Lorraine: der jüngere Zweig des Hauses Guise trug im 16. Jh. die Bezeichnung »Lorraine-Aumale«.
– IV: eine Urgroßmutter des Monsieur de Citri war eine A.: *124*
Aunay, Charles-Marie Le Pelletier d': Botschafter in Bern 1907–11.
– IV: Brichot gibt die Etymologie seines Namens: *458*
Austerlitz: Schlachtfeld in der Nähe von Brünn, mit Sieg Napoleons 1805.
– III: *148* f., 151, 186
– VII: Roussainville und Méséglise sind mit dem gleichen Recht zu Ruhm gelangt wie A.: *91*; Napoleons taktischer Rückzug bei A.: *99*; Goncourt meint, A. sei nichts im Vergleich zu Vauquois: *125*
Auteuil: früher Vorort, seit 1860 Stadtteil von Paris.
– V: Albertine verbringt drei Tage bei einer Freundin in A.: 455 f.
Automedon: der Rosselenker Achills.
– II: Mme Bontemps bezeichnet Chauffeure als A.: *241*
Autriche, Don Juan d': *s.* Don Juan d'Autriche.
Auvergne: zentral-/südfrz. Provinz mit vier Départements.
– I: Cottard will die Osterferien dort verbringen: *264*
Avenel, Vicomte Georges d' (1855–1939): Historiker und Wirtschaftswissenschaftler.
– III: sobald sich ein bekannter Mann wie A. in ihrem Salon befindet, ist die Herzogin von Guermantes stets an seiner Seite: *286*
Avenel: Familie, der im 14. und 15. Jh. das Lehen von Octeville-l'Avenel gehörte.
– IV: laut Brichot im Mittelalter eine bekannte Familie: 691
Avenue de l'Impératrice: Straße im 16. Arr. Unter diesem Namen bis 1870; dann Avenue du Général Uhrich, ab 1875 Avenue du Bois de Boulogne; seit 1929 Avenue Foch.
– I: Odette findet es schick, am Sonntagmorgen in der A. spazierenzugehen: *336*; Odette geht gern in der Avenue du Bois de Boulogne spazieren: 411
Avenue de l'Opéra: Prachtstraße im 1. und 2. Arr.
– I: nach der Meinung von Ms Großtante sollte Swann besser hier wohnen: *29*

Avenue des Champs-Élysées: Prachtstraße im 8. Arr.
– I: M hält nach Gilberte Ausschau: 555
– VI: M hat dort Gilberte mit einem jungen Mann gesehen: 392, 394
Avenue du Bois de Boulogne: *s.* auch Avenue de l'Impératrice.
– VII: der Prinz von Guermantes gibt einen Empfang in seinem neuen Palais in der A.: *234*
Avenue Gabriel: benannt nach dem frz. Architekten Ange Jacques Gabriel. Diesbach, *Proust* (S. 418) zufolge war die A. zu Anfang des 20. Jh.s bekannt als homosexueller Strich; in G spielt die A. eine Rolle als Schauplatz homosexueller Abenteuer. Der Erzengel Gabriel ist zudem der talmudischen Tradition zufolge der »Engel des Verhängnisses«.
– III: ein schlecht gekleideter Herr macht Saint-Loup Avancen: *244*; Ms Großmutter erleidet einen Schlaganfall bei der A.: 417, *422* f., 425
– IV: der Herzog von Châtellerault sagt die ganze A. entlang nur »I do not speak English«: 53; nur Multimillionäre können sich an der A. einen Garten leisten: 553
Avranches: Kleinstadt im Dép. Manche mit der Basilika Saint-Gervais-et-Saint-Protais aus der Mitte des 17. Jh.s.
– IV: in der Hauptkirche von A. stehen die Grabmonumente der Arrachepels: *287*; die Birne »Gute Luise« stammt aus A.: 567
– VII: der verwirrte Charlus glaubt, M zum ersten Mal in A. gesehen zu haben: 241
*Ayen, Herzogin Jane d'.
– V: Charlus ist indigniert über die Gespräche in ihrem Haus: 418 f.
*Aynard: Aynard de Saint-Loup, verstorbener Marquis von Marsantes, Vater von Robert de Saint-Loup.
– III: seine Witwe wird »Marie-Aynard« genannt: 309
*Babal: familiärer Name für Hannibal de Bréauté-Consalvi; *s.* Bréauté-Consalvi.
Bach, Johann Sebastian (1685–1750): dt. Komponist.
– I: Odette kann B. nicht von Clapisson unterscheiden: 414
– IV: das Gespräch zwischen den Bewohnern von Françoises Dorf hat die Solidität einer B.schen Fuge: 181; löst bei Mme Verdurin Neuralgien aus: 423; seine Suiten können heute nicht mehr genau wiedergegeben werden: 472
– V: Morel ein B.-Interpret: 293

– VI: man scheut sich nicht, bei der letzten Note einer Arie von B. laut zu reden: 313
Baden, Prinzessin von: vermutl. denkt Proust an die früh verstorbene Gattin Auguste Marie Jeanne (1704–26) des Herzogs Louis von Orléans (1703–52).
– IV: musste einst einer Herzogin von Guermantes den Vortritt lassen: *485*
Baden-Baden: mondäner Kurort um die Jahrhundertwende, auch nachdem das Casino 1872 geschlossen wurde.
– I: Odette soll dort bestens bekannt gewesen sein: *430*
Badrul Budur, Prinzessin: Tochter des Sultans und Frau Aladdins in *Aladdin und die Wunderlampe* (*Tausendundeine Nacht*).
– III: die Pseudo-Literaten stellen sich die Herzogin von Guermantes als etwas noch Wunderbareres vor als die Prinzessin B.: *603*
Bagard, César (1639–1709, Nancy): Bildhauer, Holzschnitzer und Innendekorateur.
– II: die Tür im Hôtel Bouillon verziert von B.: *407*
– III: von B. stammen die Täfelungen in Charlus' Wohnung: *752*
Bagatelle: fiktiver Landgasthof bei Balbec.
– II: Ausflugsziel für M und die kleine Mädchenbande: *648*
– IV: Ausflug Ms mit Albertine nach B.: 325
Bailleau-l'Exempt: halbfiktiver Ort an der Vivonne. Es gibt ein Bailleau-le-Pin unweit von Illiers.
– I: wurde von den Türmern des Grafen von Combray überwacht: *233*
– IV: Françoises Mutter stammt aus B.: *181*
Bakst, Léon (d.i. Lev Samoilovitsch Rosenberg; 1866–1924): russ. Maler und Bühnenbildner.
– II: Gesichter der Mädchen der kleinen Bande von der Beleuchtung abhängig wie die Bühnenbilder von B.: *704*
– IV: von der Prinzessin Yourbeletieff entdeckt: *202*
– V: Fortuny-Kleider sind von der Art der Bühnenbilder von B.: 503
– VII: Andrée missfällt, wie er das Haus der Marquise von Polignac ausgestattet hat: 56
Balbec: fiktiver Badeort, der teils in der Normandie, teils in der Bretagne angesiedelt wird. Schauplatz von SJM II und SG II.
– I: der schlaflose Erzähler erinnert sich an seinen Aufenthalt dort: *17*; M wird niemals zwei Stadtvillen in der Nähe von B. vergessen: 95; Legran-

dins Schwester ist mit einem Landedelmann in der Nähe von B. verheiratet: 99; M soll mit seiner Großmutter nach B. reisen: 182; Legrandin schwärmt von B.: 183; Legrandin weicht der Frage aus, ob er dort jemanden kennt: 184; Legrandin hält B. für ungeeignet für junge Leute: 186; M verlangt es nach einer Fischerin aus B.: 219; der Erzähler erinnert sich an sein Hotelzimmer in B.: 525; Ms Träumereien über B.: 526, *528*; Swann hat M von der Kirche in B. erzählt: *527*; eine der Stationen des fiktiven 1-Uhr-22-Zuges: *528*, *532 f.*; aus der B.-Reise wird nichts: 539

– II: Ms Wunsch nach einer Reise nach B.: *23*; Norpois über B. und seine Kirche: 53 f.; Pläne für eine Reise: 285; M reist mit seiner Großmutter nach B.: 295, 297, 299–304, 307, 310; die »persische« Kirche von B.: 317–321; der Lokalzug: 321; Ankunft im Grand-Hôtel 323; der Lift: 326; der Hoteldirektor: 327; Ms Zimmer: 328; Meeresansichten: 339, 366; andere Gäste: die Honoratiorengruppe: 340 f.; eine ältere Dame: 344; die Stermarias: 346, 357; die »Vier Genießer«: 347, 349; der Speisesaal als Aquarium: 348; der Schwager von Legrandin: 349 f.; der König der Südseeinsel: 351; Mme de Villeparisis: 353 f., 369, 406; Ausflüge mit Mme de Villeparisis: 379, 381, 383–386, 397, 399–401; das Milchmädchen des Hotels: 392 f.; Bloch und seine Familie in B.; der »Laift«: 425–427; Charlus in B.: 440, 446; bei Bloch senior in B. zu Gast: 478; Saint-Loups Fürsorglichkeit in B.: 485; Saint-Loup verbringt seine Urlaube in B.: 488, 490, 492; die kleine Mädchenbande: 493 f., 504, 506, 508, 510 512; Ausflüge mit Saint-Loup zum Diner nach Rivebelle: 515, 520–522, 524, 531, 535; Erkundigungen nach der Mädchenbande: 540, 548, 550; M lernt Elstir kennen: 543, 546; Fahrt zu Elstir: 554; in Elstirs Atelier: 556, 557, 561, 563, 566, 568, 570; Abschied von Saint-Loup; ein Brief von ihm: 598, 601; M lernt Albertine kennen: 611, 612; das Seebäder-Milieu: 615; Albertine kennt die Lokalhonoratioren und die d'Ambresacs: 620, 622; M kennt die Mädchen der kleinen Bande: 631, 633; Françoise in B.: 638; Ausflüge mit den Mädchen der kleinen Bande: 639, 640, 663; Elstir über die Kirche von B.: 644, 645; Ms veränderter Blick auf B.: 647; M rät Saint-Loup ab, nach B. zu kommen: 652; Mme Bontemps in B.: 680; Mme de Villeparisis beschwert sich beim Bürgermeister von B.: 683; Beziehungen zwischen einer Kleinen, die in B. wohnt, und einer Schauspielerin: 698; Saisonende in B.: 700, 710, 713; Rückblick Ms auf seinen Aufenthalt in B.: 715

– III: Reminiszenzen an B.: 34, 58, 65, 77, 91, 93 f., 106 f., 120, 137 f., 150, 153,

166, 168, 187, 191, 201, 204 f., 221–223, 236, 239 f., 246, 248, 250, 302, 341, 360, 372, 374, 385 f., 444, 449, 470, 474–477, 479 f., 482, 487, 490 f., 493 f., 498, 500, 511, 516, 522 f., 526 f., 532 f., 554, 565, 567, 577, 590, 725, 729, 734, 743 f., 751

– IV: verschiedene Erinnerungen an den ersten Aufenthalt in B.: 42, 51, 133, 188, 190, 200, 204; DER ZWEITE AUFENTHALT IN BALBEC (212–731): die Sprachschnitzer des Hoteldirektors: 214–218, 229 f., 232, 242; Besuch von Zélia de Cambremer: 232–236; Ankunft von Ms Mutter: 236–240; Mme Poussin und ihre Tochter: 240 f.; der Mützenpage: 242; der schielende Page und seine Geschwister: 243 f.; die Empfangshalle als Racinesche Tragödienbühne und Tempel Salomons: 244 f.; Seestücke: 256 f.; Spitznamen der Küstenbahn: 258; die Sprach-Idiosynkrasien des Liftboys: 268–271; Ankunft Cottards: 274; Augenspiele im Spiegel zwischen Albertine und der Schwester und der Cousine Blochs: 277 f.; Besuch der Cambremers mit einem Advokaten: 281–306; die Scheelsucht der Bediensteten: 309–311; Frauen am Strand: 329 f.; Blochs Schwester und eine ehemalige Schauspielerin verursachen einen Skandal im Grand-Hôtel: 331 f., 342 f.; Nissim Bernard und der jünglingshafte Kellner: 332–336; die »Botinnen« Céline und Marie: 336–342; eine junge Frau flirtet mit Albertine und mit Blochs Cousine: 343–345; Etymologie des Namens »Balbec«: 464; Ms Assoziationen zu den Wegen rund um B.: 568–570; Besuche von Freunden am Zug in diesem »allzu geselligen Tal«: 692–707

– V: Rückblick auf die Leiden in B. wegen Albertines Neigungen: 21–26; 39, 60, 67, 68, 74, 75, 76, 77, 78, 80, 84; Albertines Schlaf beschwört für M Mondnächte an der Bucht von B. herauf: 86–91; Albertine fährt mit dem Chauffeur für drei Tage nach B.: 180 f.; die wahren Gründe für Albertines plötzliche Abreise aus B.: 530–533, 540–543

– VI: M und Albertine begleiten sich gegenseitig nach Incarville und zurück nach B.: 97; die Radlerin Albertine verbreitet Schrecken in den Straßen von B.: 106; Aimé soll in B. Nachforschungen über Albertine anstellen: 108, 112; die Duschbäder des Grand-Hôtel: 111; M grübelt über eventuelle lesbische Aktivitäten Albertines in B.: 121–151 passim; Aimés Bericht aus B.: 143 f.; B. ist das Inferno: 147; das Grand-Hôtel von B. die Bühne, auf der sich die Dramen in Ms Leben abspielen: 181 f.; Ms dritter Besuch in B., zusammen mit Saint-Loup und Gilberte; Rückblick auf den Saint-Loup der beiden ersten Besuche: 375–386

– VII: eine gestärkte Serviette erinnert M an den Tag, an dem er sich in B. mit einer Serviette abtrocknen musste: 251 f., 261 f.; weitere prägende Erinnerungen an B.: 292, 316, 317, 318, 373, 394, 410, 417, 418, 476

Balbec-d'Outre-Mer (»Balbec in Übersee«): fiktive engl. Bezeichnung für Balbec, als es (fiktiv) zur Baronie von Dover gehörte.

– IV: identisch mit Balbec-en-Terre; Brichot doziert über den Namen: *464*

Balbec-en-Terre (»Balbec auf dem Festland«): fiktive engl. Bezeichnung für Balbec, als es (fiktiv) zur Baronie von Dover gehörte.

– II: identisch mit Balbec-le-Vieux: 317

– IV: Brichot doziert über den Namen: *464*

Balbec-le-Vieux.

– II: M besichtigt die Kirche: *317*–321

– IV: leicht mit dem Auto zu erreichen: 548

Balbec-Plage.

– II: das eigentliche Reiseziel: 302; mehr als fünf Meilen von Balbec-en-Terre entfernt: *318*; Fahrt mit der Bäderbahn nach B.: 320 f.

– IV: die Bahnstation: 355; der Hafen: 617; die Straße von Loigny nach B. nicht so malerisch wie die von Loigny ins alte Balbec: 690

Balleroy, Albert de la Cour de (1828–72): Tiermaler, der eine Zeitlang ein Atelier mit Manet teilte und im Salon ausstellte.

– III: seine herzlich schlechten Jagdszenen hängen Seite an Seite mit den Wandteppichen von Boucher: 19

*Balleroy, Madame de: Evtl. denkt Proust hier an Marie Adrienne Auguste de Mornay Montchevreuil (1872–1935), Gattin seit 1895 von Jacques de la Cour, Marquis von Balleroy (1870–1948), die Proust bei seinem Besuch des Schlosses Balleroy 1907 kennengelernt haben mag. Der Generation nach käme allerdings eher die Mutter Jacques' in Frage, Marie Roslin d'Ivry (1843–97), Gattin des Tiermalers Albert de Balleroy.

– V: Großtante einer Nichte der Herzogin von Guermantes: 254

Ballplatz (richtiger: Ballhausplatz): Sitz des Außenministeriums der österr.-ungar. Monarchie.

– II: Teil des Zierats in Norpois' Zeitungsartikeln: *50*

Balthy, Louise (1869–1925): Varieté- und Operettensängerin.

– VII: die Herzogin von Guermantes findet sie anbetungswürdig: *425*

Balzac, Honoré de (1799–1850): gesellschaftskritischer frz. Autor.

– I: Sedum ist nach Legrandins Meinung der Lieblingsstrauß der B.schen

Blumenwelt: *177*; Diener der Mme de Saint-Euverte erinnern Swann an die »Tiger« B.s: *444*
– II: Swann wird in einer Anspielung auf B. als »Vetter Dummlack« bezeichnet: 127; Swann besucht eine Dame, weil B. ihrer Großmutter einen Roman gewidmet hat: 130; wurde von den Eltern von Mme de Villeparisis empfangen: *387* f.; maßt sich an, eine Gesellschaft darzustellen, die ihn nicht empfangen würde: 404; Mangel an Takt und Scharfsinn haben einen B. nicht daran gehindert zu werden, was er war: 410; einer der besonders »sichtbaren« Männer, wie B. sagen würde: 442
– III: der Herzog von Guermantes schwärmt für ihn und schreibt ihm eine Erzählung von Dumas zu: 659; Charlus spielt auf einen Roman von B. an: 758
– IV: Charlus redet mit Victurnien über *Le Cabinet des Antiques*: 140 f.; Arnulphe kennt B. nicht einmal dem Namen nach: 147; Charlus liest B. in der Lokalbahn: 608 f.; die von Charlus bevorzugten Teile der *Comédie humaine*: 624–627; Albertine trägt die Toilette der Prinzessin von Cadignan: 629–632, 635; die Cambremers als Figuren aus den *Szenen aus dem Leben in der Provinz*: 679
– V: die Kleidung seiner Heroinen: *40* f.; die nachträgliche Einheit seiner Romane: *214*; über die »gesprochene Zeitung« von Paris: 299
– VI: eine Heirat wie am Ende eines Romans von B.: 345
– VII: Gilberte liest sein *Mädchen mit den Goldaugen*: 20; sein Genie trotz seiner Vulgarität: 43
Bande, kleine: *s.* Mädchenbande in Balbec.
Barante, Césarine d'Houdetot, Baronin von (1794–1877): Gattin von Claude-Ignace de Barante und enge Freundin der Mme de Staël; veröffentlichte zwar einige Bücher, aber keine Briefe der Herzogin Albertine de Broglie.
– III: veröffentlichte die Briefe der Herzogin von Broglie: *370*
Barbedienne, Fernand (1810–92): Hersteller und Verkäufer von (meist verkleinerten) Bronze-Kopien antiker und moderner Skulpturen.
– IV: Mme Verdurin hat die B.-Bronzen der Cambremers in die Rumpelkammer befördert: *440*
– V: Albertine bewundert eine seiner Bronzen: 235
Barbey d'Aurevilly, Jules (1808–89; gen. »le connétable«): zeitkritischer frz. Autor.
– II: Blochs Betrachtung à la B. über einen Landedelmann: *435*

– V: seine »typischen Phrasen«: *512*
Barfleur (Ort).
– IV: Brichots Etymologie: 689
Bargeton, Madame de: Figur aus Balzacs *Verlorenen Illusionen.*
– IV: mögliche Ähnlichkeit zu Mme de Cambremer: *679*
Barine: *s.* Arvède Barine.
Barkas (»der Blitz«): karthagische Familie, zu der u.a. Hamilkar (Feldherr im Ersten Punischen Krieg), Hannibal und die beiden Feldherren Hasdrubal gehörten.
– III: die Schlange ist der Familien-Genius der B.s: *594*
Barnum, Phineas Taylor (1810–91): amerikan. Zirkusdirektor, dessen Memoiren 1881 in frz. Übersetzung erschienen (*Les Mémoires de Barnum*); mit der »frohen Botschaft« (SG, S. 406) dürfte sich Brichot allerdings eher auf *Les Millions de Barnum, amuseur des peuples* beziehen (1899), wo Tips gegeben werden, wie man sehr schnell sehr reich wird.
– IV: Dechambre war keiner seiner Jünger: *406*
Baron jun.: Louis Baron (1870–1939), Sohn des »grand Baron«; Schauspieler an verschiedenen Theatern.
– IV: einer der Schauspieler, die Monsieur de Chevregny in *La Châtelaine* gesehen hat: *673*
Baron Louis: *s.* Louis, Baron.
Barrère, Camille (1851–1940); frz. Botschafter in Rom 1897–1924.
– VI: beschwert sich über Norpois' Einmischung in diplomatische Angelegenheiten: *314*
Barrès, Maurice (1862–1923): frz. Autor teils narzisstischer, teils nationalistischer Romane.
– II: ein bestimmter Nationalismus genügte, ihn seinen Wählern nahezubringen: *13*
– III: Swann revidiert seine Meinung über B.: *781*
– V: seine Voraussagen über parlamentarische Korruption: *404*
– VII: seine Ansichten über Kunst und die Nation: 146–148, 279
Barrière, Théodore (1823–77): Autor des in WS erwähnten Stücks *Die Mädchen aus Marmor* (*Les Filles de marbre*).
– I: Swann fällt bei dem Titel ein Abenteuer Odettes ein: *495*
Barry, Comtesse du (d.i. Jeanne Bécu, 1743–93): Mätresse Ludwigs XV.
– V: ihr Silber: *384*, 502f.

Bartet, Julia (1854–1941): frz. Schauspielerin, u. a. an der Comédie-Française; spielte insbes. 1893 bzw. 1901 die Titelrollen in Racines *Bérénice* bzw. *Andromaque*.
– I: M bewundert sie: *108*
*Basin: Vorname des Herzogs von Guermantes; *s.* Guermantes, Herzog.
Bassigny: Landschaft im Dép. Haute-Marne.
– II: die Choiseul waren die tatsächlichen Herrscher in B.: *408*
*Bathilde: Marcels Großmutter mütterlicherseits; *s.* Großmutter des Erzählers.
Batignolles, Les: Stadtteil von Paris.
– III: Charlus meint, man spricht von der »Prinzessin von Iéna« in ähnlicher Weise wie vom »Panther von Batignolles«: *756*
Baucreux: als Familienname belegt; das Schloss hier dürfte jedoch fiktiv sein.
– IV: gehört der Marquise von Villeparisis: 632
Baudelaire, Charles-Pierre (1821–67): frz. Dichter, Wegbereiter der Moderne.
– I: findet den Klang der Trompeten köstlich: *248*
– II: der Erzähler zitiert Ausdrücke B.s: 338; B.s Meeresstimmungen: 366; geistige Dürftigkeit der Ausführungen bestimmter Gelehrter über B.: 387; seine Überfeinerung hat ihm Verachtung eingetragen: *410*
– III: Saint-Loup vom Weltschmerz B.s verwirrt: 675; mit Mérimée in gegenseitiger Verachtung verbunden: *764*
– IV: ein invertierter Jugendlicher mag bei der Lektüre von B. wiederfinden, was er empfindet: 38; Mme de Cambremer spielt auf einen Vers aus *L'Albatros* an: 293; laut Brichot ein »Ätheromane«: 491
– V: Mérimée hat sich über ihn lustig gemacht: *41*; M zitiert ihn über Mord: *518*; sein Mond ist gelb und metallisch: 557
– VII: wir bedauern, dass wir die Leute nicht kennen, über die B. seine schönsten Gedichte machte: 43; Saint-Loup zitiert B.: *99*, 323; bei B. sind Reminiszenzen zahlreich, aber wenig maßgeblich: *323*
*Baveno, Marquise von.
– III: Gast im Salon der Prinzessin von Épinay; Cousine von Oriane: *626*
Bayern: Königreich innerhalb des Deutschen Reiches.
– IV: die Prinzessin von Guermantes stammt aus B.: 150
– VII: Charlus' Mutter war eine Herzogin in B.: 117
Bayern, Herzog in: zur erzählten Zeit Carl Theodor von Zweibrücken und Birkenfeld (1839–1909).

– III: Schwager des Prinzen von Guermantes: *43*
Bayern, Isabella von (1370–1435): Gattin des frz. Königs Karl VI. (1368–1422).
– III: die Herzogin von Guermantes verkleidet sich für einen Maskenball als Isabella: *766*, 771
Bayern, König von: bis 1886 Ludwig II. (1845–86); nach seiner Entmündigung regierte bis 1912 sein Onkel Luitpold als Prinzregent.
– III: verbindet sich mit dem Namen des Schlosses Fantaisie: 719
*Bayern, Marie-Hedwige, Herzogin in: Schwester des Herzogs in Bayern, verh. Prinzessin von Guermantes; *s.* Guermantes, Prinzessin von.
*Bayern, Schwester des Herzogs in: *s.* Guermantes, Prinzessin von.
Bayeux: Stadt im Dép. Calvados mit berühmter Kathedrale (begonnen 11. Jh.) und dem nicht minder berühmten Wandteppich von Bayeux (11. Jh.).
– I: Station des fiktiven 1-Uhr-22-Zuges: *528*, *532f.*
– IV: in der Kathedrale zeigt ein Bilderfenster das Wappen der Arrachepels: 268
Bayreuth: Stadt in Bayern, berühmt für ihre Richard-Wagner-Festspiele.
– I: Odette möchte an den Festwochen in B. teilnehmen: 413f.; Odette fährt mit Forcheville nach B.: 417
– IV: nach B. zu fahren ist völlig überkandidelt …: 210; … oder überanstrengend: 295
Bayreuth, Markgräfin von: Friederike-Sophie Wilhelmine (1709–58), Tochter Friedrich Wilhelms I. von Preußen.
– III: hat Schloss Fantaisie nie zu Gesicht bekommen: 719
Bazaine, Achille (1811–88): Marschall von Frankreich.
– VI: der Kaiser hat Compiègne verlassen, um mit B. zu konferieren: *317*
*Bazireau: dem Kontext nach der verstorbene Mann Françoises.
– III: Françoises Tochter fürchtet, dass man auf dem Land von ihr als der »Tochter des seligen Bazireau« sprechen würde: *198*
Béarn: frz. Provinz am Fuß der Pyrenäen.
– V: die korrekte Aussprache [be'a:r]: 42
*Beaucerfeuil, General: sicherlich identisch mit General Beauserfeuil.
– III: diskutiert Genealogie mit dem Herzog von Guermantes: *718*
– IV: überhört eine ironisch-antisemitische Bemerkung Swanns: 140; der Prinz von Guermantes hat über B. von Gesetzesverstößen im Dreyfus-Verfahren gehört: 150, 155
*Beaulaincourt, Madame de: Proust war mit der für ihre zahlreichen Lieb-

schaften berühmten Comtesse Charlotte-Sophie de Beaulaincourt-Marles (1818–1904), geb. de Castellane, verw. de Contades bekannt: »ein schlechtes Gewissen ist besser als Reue« (zit. nach Goncourt: *Journal*, 12. 1. 1891).
– III: tuschelt mit Alix, einer der drei Parzen: *271*
Beaulieu: Schloss oder Aufenthaltsort der fiktiven »Großherzogin Jean«.
– III: Prinz Von lädt Mme de Villeparisis nach B. ein: 352
Beaumont (»schöner Berg«): hier dürfte Beaumont-en-Auge gemeint sein (etwa 10 km südl. von Trouville; *Michelin: France* zeichnet einen Aussichtspunkt ein), in dessen Nähe Mme Straus eine Villa gemietet hatte, die Proust in einem Brief von August 1917 an Mme Straus erwähnt (*Corr.* XVI, S. 205).
– IV: Anhöhe in der Nähe von Balbec: *558* f.
*Beausergent, Marquis von: Bruder von Madame d'Argencourt und vermutl. der Sohn einer Marquise von Beausergent, die als Schwester von Mme de Villeparisis zu Beginn von WZ erwähnt wird; eine weitere Bemerkung in WZ, nach der der Herzog von Guermantes ein Neffe der Autorin Beausergent ist, legt dann die Vermutung nahe, dass es sich bei dem Marquis um einen Sohn der Autorin der von Marcels Großmutter so geschätzten Briefe handelt.
– III: begleitet Madame Cambremer in die Oper: *71* f.
– VII: der einstige junge Graf jetzt ein gealterter Oberst: *348*
*Beausergent, Madame de: von Marcels Großmutter geschätzte fiktive Autorin von Memoiren; vermutl. eine Überlagerung der *Récits d'une tante. Mémoires de la Comtesse de Boigne, née d'Osmond* (1781–1866), über die Proust einen Artikel schrieb, der gekürzt im *Figaro* erschien (20. 3. 1907), und der *Mémoires* der Madame de Rémusat (ersch. 1802 ff.), die Prousts Mutter besonders schätzte.
– II: Ms Großmutter liest B. in der Bahn: *309*; sie verbirgt ihren Band B. vor Mme de Villeparisis: 370; sie wünscht für M die geistige Umgebung einer B.: 410; Saint-Loups Ausdrucksweise à la B.: 421
– IV: Ms Großmutter konnte keinen Brief schreiben, ohne B. zu zitieren: 239
– VII: hat ihrem Lieblingsneffen ihre Gemäldesammlung vererbt: 33, 36
Beausoleil: vermutl. fiktiver Ort bzw. Schloss.
– IV: Monsieur de Chevregny lebt das ganze Jahr über in B.: *673*; die Cam-

bremers versuchen, Monsieur de Chevregny schnellstens nach B. zurückzubefördern: 682
Beautreillis, General.
– III: bei der Soiree Guermantes: 661; sein Anti-Dreyfusismus: *668*; die Herzogin von Guermantes will mit ihm über Roberts Versetzung reden: 691
– IV: könnte womöglich den Bediensteten des Grand-Hôtel den Wehrdienst ersparen: 310
Beauvais: Kleinstadt im Dép. Oise, die u. a. für ihre besonders feinen Seidenstickereien mit Darstellungen ländlicher und mythologischer Szenen berühmt wurde. Die *Cathédrale Saint-Pierre* in Beauvais aus dem 13. Jh. gilt als einer der Höhepunkte der frz. Gotik; sie verfügt über eine reiche Sammlung von Gobelins aus dem 17. Jh.
– I: die Sessel im Salon von Mme Verdurin sind aus B.: *287*f.; Swann könnte Odette die Sehenswürdigkeiten von B. zeigen: 402
– II: der Name eine abgekürzte Bezeichnung für ihre wichtigste Kirche: *317*
– III: die Kathedrale von B.: *15*; Hauptmann von Borodino wurde nach B. versetzt: 176; B.-Möbel der Mme de Villeparisis: 253, 276, 364; Charlus' B.-Möbel: 752
– IV: ein B.-Sessel zeigt die *Entführung der Europa*: 200
Bec, Le: kleines Flüsschen, das bei Le-Bec-Hellouin (bekannte Abtei und beliebter Aussichtspunkt) in die Risle mündet (etwa 40 km südöstl. von Honfleur). Wasserfälle werden nirgends erwähnt.
– II: Gäste des Grand-Hôtel Balbec besuchen die Wasserfälle des B.: *381*
Becque, Henry (1837–99): gesellschaftskritischer Dramenautor.
– VII: Dantes Beatrice wurde von ihm auf einen mindestens ebenso hohen Thron gehoben wie die Heldinnen von Henry B.: *151*
Beethoven, Ludwig van (1770–1827): dt. Komponist, dessen Quartette Proust sehr schätzte.
– I: die Verdurins lassen seine Mondscheinsonate im Bois spielen: 394
– II: Schriftsteller, die bei ihren eigentlich schwachen Passagen eine Phrase von B. vor sich hin summen: 76; seine Quartette haben fünfzig Jahre gebraucht, um vom Publikum verstanden zu werden: 145; Charlus lässt sich die Quartette von B. vorspielen: 444
– III: steht für das Schicksal, das anklopft: 463; setzt den Namen des Erzherzogs über ein Lieblingswerk: 567; der Herzog von Guermantes findet

ihn halbwegs erträglich: 659; die Herzogin von Guermantes findet es rührend, dass er sein russisches Thema (d. h. die *Razumovsky-Quartette*, Quartette Nr. 7–9, Opus 59) für russisch hielt: 699 f.; M hört bei Charlus B.s *Pastorale* durch die Wand: 753
– IV: Charlus' Augenspiel mit Jupien ähnelt den fragenden Phrasen B.s: 13; die Prinzessin von Guermantes wirkt so formell, als hätte sie gerade B. gehört: 58; Mme de Citri findet ihn abgestanden: 126; Mme de Cambremer saugt die Meeresluft mit der Erleichterung eines Gefangenen aus *Fidelio* ein: 297; Dechambre starb im Ruch der Hingabe an B.: 410; Mme Verdurin vergräbt den Kopf in den Händen bei seinen Quartetten: 490; Charlus über die Klaviertranskription des 15. Quartetts: 565 f.
– V: Charlus' Blick auf B.: 276; der Meister aus Bonn: 422
– VII: sein verwüstetes Gesicht: 304
Belgien (Land).
– III: Saint-Loup über den Schlieffenplan in B.: 149
– VII: was die Deutschen in B. angerichtet haben: 212, 214 f., 314; ein Manöver, mit dem Napoleon 1796 in den Apenninen Erfolg hatte, schlug 1815 in B. fehl: *408*
Belgien (Thronerbe): Prinz Albert Léopold Clément Marie Meinrad von Belgien (1875–1934), der spätere König Albert I.
– III: wäre betreten, wenn man ihm Charlus als Herzog von Brabant vorstellen würde: 696
Belgien, König von (historisch): Leopold I. (1790–1868).
– III: hat Limburg befreit: 792
Belgien, König von (zur frühen erzählten Zeit): Leopold II. (1835–1909).
– III: dumm vom Prinzen von Guermantes, eine nahe Verwandte des Königs von B. zu heiraten: 790
Belgien, König von (zur späten erzählten Zeit): Albert I., verwandt mit den Häusern Hohenzollern-Sigmaringen und Sachsen-Coburg.
– VII: hat sich der frz. Sache angeschlossen, obwohl er Deutscher ist: *313*
Belgien, Königin von (historisch): vermutl. ist Louise-Marie d'Orléans (1812–50) gemeint, Tochter von Louis-Philippe mit Marie-Amélie, die 1832 Leopold von Sachsen-Coburg heiratete, den späteren König Leopold I. von Belgien.
– III: ihr Porträt hängt im Salon der Mme de Villeparisis: *253*
Belgien, königliche Familie von.

– III: konkurriert mit Charlus um den Titel eines Herzogs von Brabant: 725

Bélise: Sprachpedantin in Molières *Les femmes savantes.*

– IV: der Liftboy des Grand-Hôtel verstößt gegen ihre Regel zur Verneinung im Französischen: *270*

Belleville: Stadtteil von Paris, in dem sich die Schlachthöfe befinden.

– VII: Jupien stellt Charlus den gefährlichsten Apachen und sonstige »Strizzis« von B. vor: *177*, 188; Maurice hat ein Pförtnerweib in B. aufgeschlitzt: 190

Bellini, Gentile (1429–1507): venezian. Maler und Graveur. Sein Porträt Muhammads II. hing zu Anfang des 20. Jh.s in dem venezian. Palazzo der Lady Layard: Proust muss es dort bei seinen Venedigaufenthalten 1900 gesehen haben.

– I: Bloch erinnert Swann an B.s Porträt von Muhammad II.: *139*; man kann in seinen Gemälden nicht mehr vorhandene Zustände sehen: *232*; Swann schätzt sein Porträt von Muhammad II.: 487

Bellini, Giovanni (1430–1516): vermutl. bezieht sich Proust auf seine musizierenden Engel in der *Pala di San Giobbe* (1480; Accademia, Venedig), in der *Thronenden Madonna* (1488; Frarikirche, Venedig) und in der *Pala di San Zaccaria* (1505; San Zaccaria, Venedig); ein besonders reizender Trupp ist in der *Allegorie der Eitelkeit* unterwegs (Accademia).

– II: seine kleinen Musikantenengel: *654*

– V: Vinteuils Musik gemahnt an einen Theorbe spielenden Engel B.s: *352*

Bellini, Vincenzo (1801–35): zu seiner Zeit gefeierter, recht produktiver Opernkomponist; heute im wesentlichen mit *La Sonnambula* und *Norma* im Repertoire vertreten. – Mit der »jesuitischen Architektur« ist das Barock gemeint, das zu Beginn des 20. Jh.s in Frankreich eine Neubewertung erfuhr.

– III: nimmt den Platz von Genies ein, die von ermüdeten Intellektuellen für ermüdet erklärt werden: *633*; wird von chinesischen Malern kopiert: 700

*Bellœuvre, Gilbert de: Gast in Balbec.

– VI: ein Bursche, mit dem man nicht nur Golf spielen, sondern sich auch unterhalten kann: 273

Belloir: Innendekorationsfirma (A. Belloir & Jallot, gegr. 1862) am Boulevard Montparnasse 82, die auch Ausstattungen für Festveranstaltungen vermietete.

– I: Oriane vermutet, Mme de Saint-Euverte habe ihre Gäste bei B. gemietet: 463

Belvédère Casimir-Perier: Aussichtspunkt im Wald von Fontainebleau.

– III: die Freude, wenn man sich im Wald verirrt hat und auf einen Wegweiser zum B. stößt: *715*

Benodet: Ort im Dép. Finistère.

– I: Station des fiktiven 1-Uhr-22-Zuges: *528*, 533

Benois, Alexander Nikolajewitsch (1870–1960): russ. Bühnenbildner für Diaghilevs Ballett (insbes. *Armide, Giselle, Le Rossignol, Petruschka*).

– IV: wurde von der Prinzessin Yourbeletieff entdeckt: *202*

– V: Fortunys Kleider gemahnen an B.s Bühnenbilder: *503*

Benvenuto: *s.* Cellini.

Berenike: Julia Berenike (28–79 n. Chr.), jüdische Königin und Geliebte des röm. Kaisers Titus, der sie nach seiner Thronbesteigung 79 n. Chr. aus Gründen der Staatsraison verstieß; auch Drama von Racine.

– I: Epitheton Orianes für die von ihrem »Prinz« verstoßene Mme Rampillon: 470

*Bergotte: anfangs nur von Kennern bewunderter, später berühmter Schriftsteller.

– I: M liest eines seiner Bücher, das Bloch ihm geliehen hat: *129*, 134 f.; sein Stil: 137–142; Freund Gilbertes: 191; Swann verdächtigt B., Autor des anonymen Briefes zu sein: 492; B. über *Phädra* bzw. Racine: 539, 551, 560 f.

– II: B. über *Phädra*: 23; Norpois' schlechte Meinung von seiner Person und seinem Werk: 64–69; M lernt ihn bei den Swanns kennen; die »Bergottismen« in seiner Familie; Laster des Mannes und Tugenden des Autors: 164–183; über Berma und Racine: 184–187; B. über Norpois: 187 f.; gemeinsamer Aufbruch; B. gibt M medizinische Ratschläge: 197–200; Ms Eltern ändern ihre Meinung über ihn: 201–204, 209–213; Mme Verdurin versucht, ihn »heranzuziehen«: 238; Mme Swann folgt einem Rat B.s: 286; verheißt in seinen Büchern ein Leben nach dem Tod: 334; in Balbec erhält M einen Brief von B.: 393; Charlus leiht M ein Buch von B.: 463 f.; Familie Bloch über B.: 468–475; Ms Liebe zu Gilberte einst überstrahlt vom Glorienschein B.s: 503; B. hat Hoffnungen auf eine Schriftstellerkarriere in M geweckt: 520

– III: M als B.-Leser: 126, 160; Legrandin über B.: 206; die Herzogin von Guermantes bewundert ihn: 282–285, 299; Mme de Marsantes hatte die

große *Eh*-re, B. zu begegnen: 338; du Boulbon spricht mit Ms Großmutter über B.: 405, 407, 410, 413; B.s Besuche bei Ms Großmutter, seine eigene Krankheit, sein zunehmender Ruhm: 439–443; Blochs Vater kennt B., ohne ihn zu kennen: 516; Erinnerung an das Buch von B., das Charlus M geschenkt hat: 744
– IV: würde vor einem Gericht nicht überzeugende, sondern Bergottsche Sätze vorbringen: 20; soll einen ironischen Einakter über den Prinzen von Guermantes geschrieben haben: 109, 145; Erinnerung an die Broschüre von B., die Gilberte M besorgt hatte: 183; Mme Swann organisiert einen Salon um B. herum: 202–207; sein Gesundheitszustand soll desolat sein: 510; Charlus' B.-Bände: 539, 556, 609
– V: M liest ihn noch immer: 71 f.; sein Tod: 244–252; Albertines Lüge über eine Begegnung mit B.: 257; sein Hang zu unterlegenen Frauen: 291; Charlus setzt sich bei ihm für Morel ein: 297–299; M gibt Albertine eines von B.s Manuskripten: 489
– VI: glaubte ans Tischerücken: 162; M liest sein Lieblingsbuch von B.: 179; B. lobt in Ms Traum Ms Artikel im *Figaro*: 251
– VII: sein Einfluss auf Morels Stil: 108 f.; Ms Enttäuschung über seine Werke: 275; sein anspruchsvoller Stil heute nicht mehr gefragt: 281; seine Rolle in Ms Liebe zu Albertine: 421 f.
Bergson, Henri (1859–1941): frz. Philosoph, entfernter Verwandter von Proust.
– IV: seine Theorien über das Gedächtnis: 528 f.
Berlier, Jean-Baptiste (1843–1911): Stadtplaner.
– II: hat Swanns Haus erbaut: *110*
Berlin: Hauptstadt des Deutschen Reiches.
– III: es gibt Richter nicht nur in B.: 330; die Gattin des Prinzen Von steht an der Spitze des exklusivsten Klüngels von B.: 346; des Prinzen Von kunstkritischer »Arschäologe« in B.: 706
– V: eine Gesellschaft wie die bei den Verdurins kann man allezeit ebenso in B. antreffen: 357
– VI: Norpois hat B. verlassen: 317
– VII: der Butler glaubt, man marschiere direkt auf B. zu: 84; Charlus hat dt. Soldaten im Stechschritt Unter den Linden defilieren sehen: 164
Berlioz, Hector (1803–69): frz. Komponist und Musikkritiker.
– V: sein Doppeltalent als Musiker und Schriftsteller: *297*

*Berma: von Marcel bewunderte fiktive Schauspielerin.
– I: ihr Status als Schauspielerin: *108*; von Swann bewundert: 139, 141; Ms Verlangen, sie zu sehen: 539, 551; ihr Nimbus: 575
– II: M sieht sie als Phädra: 17–26; Ms Enttäuschung: 26–35; Norpois über die B.: 42–44; M erkennt sie als große Künstlerin: 75; M kauft ein Foto von ihr; Spekulationen über ihr Liebesleben: 84–86; Bergotte über B.: 184 f.; Swanns Meinung über sie: 194
– III: M sieht sie als Phädra: 45 f., 49, 55, 57 f., 60–67, 70, 73; Rachels anmaßende Kommentare über B.: 224 f.; Unterschiede zwischen der B. und ihren Kolleginnen: 560 f.
– IV: Françoise hätte mit ihrer Kunst, Kleider zum Sprechen zu bringen, konkurrieren können: 191; Erinnerung an Ms Enthusiasmus über B. aus Enttäuschung: 422
– VI: ihre Todesnachricht in der Zeitung: 65
– VII: gibt einen Nachmittagstee zu Ehren ihrer Tochter und ihres Schwiegersohns: 233; keiner kommt, selbst die Tochter und der Schwiegersohn setzen sich ab: *428*–433; die Tochter und der Schwiegersohn betteln um Einlass bei Rachels Party: 453–455; die Erniedrigung versetzt ihr einen tödlichen Schlag: 455
*Berma, Konkurrentin der: Proust dürfte hier an die schärfste Konkurrentin von Sarah Bernhardt denken, die zehn Jahre jüngere, als »die Göttliche« apostrophierte, jedoch bei weitem nicht so erfolgreiche (»nur Seele und Rüschen«, Dumas d. J.) Julia Bartet (bürgerlich: Julie Regnault, 1854–1941).
– III: »keinen Beifall!«: 59 f.
*Berma, Schwiegersohn der.
– VII: setzt sich vom Nachmittagstee seiner Schwiegermutter ab: *428*–433; bettelt um Einlass bei Rachels Party: 453–455
*Berma, Tochter der.
– VII: setzt sich vom Nachmittagstee ihrer Mutter ab: *428*–433; bettelt um Einlass bei Rachels Party: 453–455
*Bernard, Nissim: Bruder der Mutter Blochs.
– II: reicher Erbonkel und Prügelknabe der Familie; seine angeblichen Lügen: *473*–476; kannte angeblich den Grafen von Marsantes: 475
– III: kannte Monsieur de Marsantes tatsächlich: 372; versinkt in Betrübnis über das Unglück der Juden: 390 f.

– IV: seine Beziehung zu einem jungen Kellner des Grand-Hôtel: 332–336; Marie Genestes Einstellung dazu: 342; seine Affäre mit den beiden »Tomaten«: 352 f.; im Zug: 357
– V: leiht Morel eintausend Franc: 68 f.
– VII: der Restaurantchef hat ihn beerbt: 64
Bernard, Samuel (1651–1739): protestantischer, 1685 zum Katholizismus übergetretener Arzt und Bankier.
– II: könnte womöglich zu den Vorfahren eines ganz und gar christlichen Edelmannes gehören: *438*
– III: in einem illustrierten Lexikon unterscheidet sich Leibniz kaum von B.: *354*
Bernardin de Saint-Pierre, Jacques-Henri (1737–1814): frz. Schriftsteller.
– V: sieht überall die Hand der Vorsehung im Spiel: *375*
Berneville (Ort): Ort unweit von Balbec, von dem Balbec aber nur umständlich zu erreichen ist.
– IV: der Liftboy soll Albertine von B. nach Balbec bringen: 270
*Berneville, Graf und Gräfin von.
– IV: Trauernde auf der Todesanzeige für Éléonore de Cambremer: *260*
Bernhardi, General Friedrich von (1849–1930): Autor militärhistorischer Schriften, u. a. zu den friedericianischen Kriegen (in: *Militär-Wochenblatt* 1892, Beiheft 4), *Unsere Kavallerie im nächsten Kriege* (1899), *Der Krieg in der heutigen Zeit* (1910; frz. 1913) und *Deutschland und der nächste Krieg* (1912), das im übrigen Europa als Hinweis auf die Kriegsgelüste Deutschlands verstanden wurde (engl. 1914, frz. 1916).
– III: bevorzugt die schräge Schlachtenordnung Friedrichs d. Gr.: *149*
Bernhardt, Sarah (1844–1923): Schauspielerin, die 1874 die Phädra in Racines *Phèdre* gab (Wiederaufnahme 1898).
– I: M bewundert sie: 108; Cottard hat Mme Verdurin zu einer Darbietung B.s eingeladen: 279
– IV: sie in *L'Aiglon* zu sehen ist laut Charlus Kaka: 651; M hat sie nicht in *Phèdre* gesehen: 670
– V: man kann nicht die Rechenberg und B. zugleich sein wollen: *316*
– VII: verbreitet im Krieg Durchhalteparolen: 189
Bernheim: Alexandre Bernheim-Jeune (1839–1915): Kunsthändler.
– VII: M ist gewillt, das Gemälde, das wahrscheinlich gestern bei B. erworben wurde, für ein Ahnenporträt zu halten: *235*

Berry, George (1855–1915): Abgeordneter für Paris (neben Barrès), Monarchist und Dreyfus-Gegner.
– II: die Wähler machen keinen großen Unterschied zwischen ihm und Barrès: *13*
Berry, Herzog von (1): Charles de Bourbon (1686–1714); Enkel von Ludwig XIV.
– VII: bringt laut Saint-Simon sein Leben mit Lakaien zu: 196
Berry, Herzog von (2): Charles-Ferdinand de Bourbon (1778–1820); wurde von einem Fanatiker erstochen.
– III: M sieht sein Herz in der Brust von Bréauté bluten: *718*; der Prinz von Guermantes hält Swann für einen natürlichen Enkel des Herzogs von B.: 775
– IV: Swanns Großmutter war seine Geliebte gewesen: *99*; Amerikaner dieses Namens haben mit dem Herzog nichts zu tun: *672*
Berry, Herzogin von: Marie-Caroline de Bourbon-Sicile (1798–1870): Frau des zweiten Sohnes von Karl X., Charles Ferdinand de Bourbon, Herzog von Berry (2).
– III: der Vater von Mme de Villeparisis sollte mit ihr tanzen: 257
Berry-au-Bac: Ort im Dép. Aisne.
– VII: ein Neffe von Françoise ist bei B. getötet worden: *217*
Bersot, Pierre-Ernest (1816–80): frz. Philosoph.
– II: Mme de Villeparisis zieht B. einem Hugo oder Balzac vor: *388*
Bert, Paul (1833–86): Arzt und Naturwissenschaftler, Erziehungsminister in der Regierung Gambetta; Autor zahlreicher Schriften insbes. zur Physiologie und Zoologie.
– III: für die Gräfin von Arpajon ein möglicher Autor von Flauberts *Salammbô*: *658*
*Berthe (1): Mitglied der kleinen Mädchenbande.
– VI: M fragt Andrée, ob B. lesbische Neigungen gehabt habe: *190*
*Berthe (2): *s.* Portefin, Herzogin von.
Berthier, Louis Alexandre (1753–1815): Marschall und enger Vertrauter Napoleons I.
– III: seine Adjutanten folgen dem Prinzen von Borodino wie B. und Masséna Napoleon: *175*
Beuzeville: Bréauté-Beuzeville, Ort in der Nähe von Bolbec, unweit von Le Havre.

– I: der Ortsname löst in Swann die Assoziation zu Monsieur de Bréauté aus: 495
Beyle, Marie-Henri: *s.* Stendhal.
*Bibi: Mitglied des Freundeskreises um den Prinzen von Foix.
– III: hat sich angeblich mit Daisy d'Ambresac verlobt: 545 f.
*Biche: »Herr Biche«, Spitzname des Malers Elstir im Kreis Verdurin; *s.* auch Elstir und Tiche. Biches Bemerkung in WS über ein Gemälde, von dem man nicht wisse, ob es mit »Kleister, Rubinen, Seife oder Bronze gemacht [sei], mit Sonne oder mit Kaka«, dürfte auf eine Kritik in der Zeitschrift *Athenaeum* vom 14. Mai 1842 an Turners *Snow Storm – Steam-Boat off a Harbour's Mouth* zurückgehen: »This gentleman has, on former occasions, chosen to paint with cream, or chocolate, yolk of egg, or currant jelly, – here he uses his whole array of kitchen stuff.«
– I: soll ein Porträt Cottards malen: *282*; sein Stil: 295 f., 514; seine Kritik eines Gemäldes in einer Ausstellung: 351 f.
Bidou, Henry (1873–1943): Kriegskommentator des *Journal des débats*.
– VII: Saint-Loup wäre mit seinem Kommentar der Offensive Hindenburgs 1918 nicht einverstanden gewesen: *408*
Billot, Jean-Baptiste (1828–1907): General, Kriegsminister von 1896 bis 1898; wurde von Zola beschuldigt, Beweise für die Unschuld Dreyfus' verfälscht zu haben.
– III: Reinach ersetzt das Kabinett B. durch das Kabinett Clemenceau: *400*
Bing, Siegfried (gen. »Samuel«, 1838–1905): Begründer des »Art nouveau«, treibende Kraft hinter der Japonismus-Mode.
– III: die Herzogin von Guermantes mokiert sich über Saint-Loups B.-Möbel: *739*
Bischof von Bayeux.
– IV: seine alten Karten: 690
Bischof von Mâcon: *s.* Kardinal X.
Bismarck, Otto Fürst von (1815–98): preußischer Politiker, 1871–90 Reichskanzler des Deutschen Reiches.
– II: hatte besondere Hochachtung für Norpois' Scharfsinn: 15; Norpois zu B.: 53; B. hatte Norpois' durchdringenden Blick bewundert: 65
– III: ist verblüfft über die Ähnlichkeit zwischen dem Prinzen von Borodino und Napoleon III.: 172; Norpois hat ihn gekannt: 298; und zitiert ihn: 303

Blacas d'Aulps, Pierre, Herzog von (1771–1839): frz. Gesandter in Neapel, insbes. während der Papstwahl 1829.
- II: nach Meinung von Mme de Villeparisis sollte man sich seine Berichte über das Konklave anhören: *403*

*Blandais, Madame: Gattin des Notars aus Le Mans, Gast im Grand-Hôtel von Balbec.
- II: von aggressiver Bitternis vergiftet: 344; hält den Marquis von Cambremer für einen Mann von höchster Distinktion: 350; geht dem Anwaltsverbandspräsidenten auf die Nerven: *376*; wüsste zu gern, ob Mme de Villeparisis eine echte Marquise ist: 376; sie geht entschieden nicht zu den Cambremers: 381; täuscht leichte Kopfschmerzen vor: 454
- III: M will eine Anekdote über sie erzählen: *137*; ist die Großtante von Suzanne Delage: 496

Blandina: christliche Sklavin, die sprichwörtlich wurde wegen ihrer Gelassenheit unter der Folter 177 in Lyon.
- II: Ms Großmutter bleibt gelassen wie die hl. B.: 340

Blanès, Abbé: Figur in Stendhals *Kartause von Parma*.
- V: der Glockenturm, in den er sich eingeschlossen hat: 514

Blanka von Kastilien (frz.: Blanche de Castille; 1188–1252): Mutter Ludwigs IX. (des »Heiligen«, frz.: Saint-Louis) und lange Zeit Regentin von Frankreich an dessen Stelle).
- I: Cottard macht einen Wortwitz über »Blanca«: *347*; Brichot doziert über B.: 348, 350

*Blatin, Madame: gemeinsame Bekannte von Marcels Mutter und Madame Swann.
- I: liest in den Champs-Élysées das *Journal des débats*: *566*
- II: Mme Swann fürchtet ihre Besuche und schneidet sie: 114, 149; ähnelt Savonarola: 150; Anekdote über Neger/Kamel: 150–151
- VI: Octaves Ansehen bei M ähnlich dem von Mme B.: 273

*Bloch, Albert: älterer Schulkamerad von Marcel.
- I: von M bewundert: *129*; zu Besuch bei Ms Familie: 130–133; erinnert Swann an Muhammad II.: 139; B. als Ms Mentor: 204, 242
- II: eröffnet M unwissentlich den Zugang zu den Swanns: 105 f.; grüßt Mme Swann im Bois: 161; verändert Ms Bild von Frauen: 205–208, 688; nimmt M in ein Bordell mit: 389; Ms Großmutter missbilligt B.s Spottsucht: 410; seine Antisemitismuskarikatur: 425; sein Snobismus: 426;

stellt M seine Schwestern vor: 427; B.s mangelhaftes Englisch: 428; wirft M Snobismus vor: 429; seine schlechte Erziehung und sein schlechtes Einschätzungsvermögen: 434–437; intrigiert gegen Saint-Loup bei M und gegen M bei Saint-Loup: 437f.; Vorbereitung der Einladung B.s zu seiner Familie zum Abendessen: 438–440; M und Saint-Loup bei den Blochs: 466–481, 490 (*s.* im einzelnen Bloch, Salomon); B. spricht vor Saint-Loup abschätzig über dessen Onkel: 478f.; hatte angeblich ein erotisches Abenteuer mit Mme Swann in der Pariser Vorortbahn: 480; die seltsame Wirkung seines Namens auf Françoise: 481; drängt sich Saint-Loup auf: 598f., 616; Albertines abschätzige Meinung über ihn: 616–618; sein Aussehen: 617; Verse von Leconte, die ihm teuer sind: 647

– III: verabscheut Stendhal: 140; sein Dreyfusismus: 142. BEIM EMPFANG DER MADAME DE VILLEPARISIS (254–335): aufstrebender Bühnenautor; sein exotisches Judentum: 254–256; kippt eine Vase um: 289–291; äußert sich in ambivalenter Weise über Saint-Loup: 292–294; will ein Fenster öffnen: 294; äußert sich peinlich über Norpois: 295; unterhält sich mit Norpois über die Dreyfus-Affäre: 297–331; sein neo-homerischer Jargon: 315, 327; d'Argencourt verhöhnt ihn: 331f.; Châtellerault lässt ihn abblitzen: 332f.; der Archivar ebenso: 333; Mme de Villeparisis entlässt ihn ungnädig: 333–335. – Streitereien zwischen B. und seinen Freunden: 362; M zeigt den für B. typischen Mangel an Takt: 368; Saint-Loup hat ihn zum Essen eingeladen: 371–373; Charlus interessiert sich für B.: 387–390, 393; zu B.s Haltung zur Dreyfus-Affäre: 400; ähnelt nach Bergottes Meinung einem neuen Schriftsteller zum Verwechseln: 443; der Herzog von Guermantes zitiert B.: 456; Rückblick auf eine Bemerkung Charlus': 513; Charlus erteilt ihm eine Abfuhr: 515–517; Saint-Loup hat M bei ihm angeschwärzt: 538f.; trifft sich mit seinen politischen Gesinnungsgenossen im Nebelrestaurant: 540; der Herzog von Guermantes über Blo-*ch*: 677f.; vermasselt die Gelegenheit, Madame de Rothschild kennenzulernen: 679; kennt sich mit französischem Brauchtum nicht aus: 738

– IV: hat einst M mit einem Bordell bekannt gemacht: 134; gewinnt als Dreyfusard Swanns Sympathie: 159; verfasst eine Petition zugunsten Dreyfus': 160; seine griechische Orthographie: 323f.; Nissim Bernard erkundigt sich nach dem Stand seiner Arbeiten: 335; Céleste imitiert ihn: 341; seine Verachtung für bestimmte stilistische Effekte: 481; möchte, dass M seinen neuerlich reichen Vater begrüßt: 692–695; hat bei Mme

Bontemps M in ein schlechtes Licht gerückt: 695; Charlus interessiert sich für ihn: 696–699; Morel ist eifersüchtig auf ihn: 701 f.

– V: besucht M in Paris, ohne etwas von Albertines Anwesenheit zu ahnen: 7; verschafft Morel einen Kredit und sich damit dessen Feindschaft: 68 f.; schickt M ein Foto seiner Cousine Esther Lévy: 112 f., 146, 466 f., 498; sein Möbelgeschmack: 235; Charlus möchte seine Dichtungen von Morel vertonen lassen: 295; macht sich gern über Juden lustig: 431; hat die als Mann verkleidete Albertine nicht erkannt: 456; ist Theaterautor und mit Léa befreundet: 476 f.

– VI: besucht M und erregt Ms Wut durch seine Einmischung bei Mme Bontemps: 41 f., 44; ignoriert Ms Artikel im *Figaro*: 219–*221*, 249; spielt sich in einem Balbecer Restaurant auf: 376

– VII: ist erst Chauvinist, aber nachdem er unerwartet für tauglich befunden wurde, Antimilitarist; »Feigling und Angeber zugleich«: 63–73; verheiratet eine seiner Töchter an einen Katholiken: 185 f.; verachtet Gesellschaftsromane: 269; M erkennt in dem gealterten B. den jungen wieder: 334; treibt einen Kult um seinen verstorbenen Vater: 349 f.; M erkennt ihn nur mit Mühe wieder: 367; sein Pseudonym »Jacques du Rozier«: *368*; sein englischer Chic; seine äußerliche Veränderung; seine Fragen über Persönlichkeiten der Vergangenheit: 369–371, 375; sein Ruf als Autor: 376 f.; der Salonlöwe jetzt versus den schmuddeligen B. von einst: 379, 385 f.; sein hyänenhaftes Auftreten: 388; seine neuerworbene Diskretion: 392; Legrandin hofiert ihn neuerdings: 399; besucht lieber die Herzogin von Guermantes als die Berma: 428; gratuliert Rachel überschwenglich: 437 f.; sein Interesse an Monsieur de Bréauté: 444–446; verwendet Ms Ideen für sich: 482

*Bloch, Cousine (1) von Albert Bloch: *s.* Lévy, Esther.

*Bloch, Cousinen von.

– IV: treffen sich womöglich mit Albertine, wenn M nicht aufpasst: 721, 724 f.

*Bloch, Onkel von Salomon Bloch.

– IV: hat Salomon Bloch ein ansehnliches Vermögen vererbt: *693*

*Bloch, Salomon: Vater von Albert Bloch.

– II: ist erfreut über Albert B.s Bekanntschaft mit dem Marquis von Saint-Loup: 439; sein Stereoskop: 439 f.; ist in Albert B. enthalten wie eine Enklave: 466–468; über Bergotte: 469 f.; seine gesellschaftlichen Fehleinschätzungen, sein Spitzname »Herzog von Aumale«: 471f.; grüßt Bergotte nicht: 472; sein Club: 473; weiter über Bergotte: 473f.; schmäht Nissim Bernard: 474–476; seine schäbige Großzügigkeit: 477f.; schätzt die Schauspielerin Léa hoch ein: 648

– III: Sir Rufus Israëls erscheint ihm als eine fast königliche Person: 293; Charlus lehnt entrüstet ab, ihm vorgestellt zu werden: 390; fühlt sich vom Antisemitismus der Madame Sazerat geschmeichelt: 390

– IV: sieht in Nissim Bernards Faible für Balbec die Marotte eines Junggesellen: 334; hat von einem Onkel geerbt und kommt in Kutsche mit Postillon zu Ms Zug: 693; Charlus lästert über seine möglichen Adressen: 699

– VII: seine erstklassigen Verbindungen zur Börse: 68; ist im Krieg vor Kummer über die Invasion Frankreichs gestorben: 334

*Bloch, Schwester, eine, von Albert Bloch (ab SG ist nur noch von *der* Schwester Blochs die Rede).

– IV: erregt Albertines Aufmerksamkeit; führt sich zusammen mit ihrer Cousine (Esther Lévy) ziemlich ungehörig im Casino von Balbec auf: 277f.; führt sich mit einer ehemaligen Schauspielerin skandalös im Grand-Hôtel Balbec auf: 331f., 342f.

*Bloch, Schwester, jüngere, von Albert Bloch (ab SG ist nur noch von *der* Schwester Blochs die Rede).

– II: sie hält Villiers und Catulle für große Nummern: 473

*Bloch, Schwestern von Albert Bloch (ab SG ist nur noch von *der* Schwester Blochs die Rede).

– II: werden M vorgestellt: 427; beim Abendessen mit M und Saint-Loup: 466–481; bewundern Albert B.s Geistreicheleien: 469; M muss sie jetzt grüßen: 647; ihre ordinäre Aufmachung: 647f.

*Bloch, Tochter von Albert Bloch: mit einem Katholiken verheiratet.

– VII: spricht ihren Namen auf deutsche Weise aus: 185

Blois: Stadt an der Loire zwischen Orléans und Tours.

– I: Odette hätte gern Kamine wie im Schloss zu B.: *338*

*Bobbey: Koseform des engl. Kurznamens »Bob« (zu engl. »Robert«).

– III: Rachel nennt Robert de Saint-Loup »Bobbey«: 230

*Bobette: Vorname des Violinisten Santois, den Proust später in Charlie Morel umbenannt hat.

– VI: Jupien zeigt M indigniert B.s Liebesbriefe an Saint-Loup, die Charlus nach dem Tod Saint-Loups an sich genommen hat: *373*

Boieldieu, François-Adrien (1775–1834): frz. Opernkomponist.
– II: ein Sohn B.s hätte eine gewisse Art von Geringschätzung für ihn haben können: *419*
– III: der Herzog von Guermantes lässt sich gern eine seiner Weisen vorspielen: 659

Boigne, Charlotte de, geb. d'Osmond (1781–1866): zu ihren Memoiren *Mémoires de la Comtesse de Boigne, née d'Osmond* (1781–1866) *s.* Beausergent. Ihr Salon galt als ein Treffpunkt der geistigen und künstlerischen Elite, über den Sainte-Beuve in den *Causeries du lundi* bzw. im Nachruf auf Mme de B. schreibt (in: *Nouveaux lundis*).
– III: selbst Sainte-Beuve kann ihren Salon kaum von anderen unterscheiden: *561*
– VI: liest in ihrem Himmelbett einen Artikel im *Constitutionnel*: 220

Boileau, Nicolas (1636–1711): Autor einer in ihrer Zeit einflussreichen *Art poétique* (1669–74).
– II: Claudels Laudatio auf B. in der Akademie: *13*

Bois de Boulogne: Wald- und Parkanlage im westl. Teil von Paris, 16. Arr. (Passy). Zum Bois gehören die in der *Suche* erwähnten Attraktionen Zoologischer Garten (*Jardin d'acclimatation*), Botanischer Garten (*Pré Catelan*), die Pferderennbahnen *Longchamp* (Flachrennen) und *Hippodrome d'Auteuil* (Hindernisrennen), ein Taubenschießstand (*Tir aux Pigeons*) und Seen mit Inseln. Zu Prousts Zeit verfügte der Bois über ca. 95 km Reitwege.
– I: Swann trifft die Verdurins auf der Insel im B.: 372; die Verdurins veranstalten ein Diner im B.: 390–392; Odette wird auf der Insel im B. von einer Dame zu einem erotischen Abenteuer eingeladen: 502 f.; die Swanns wohnen nahe am B.: 565, 569; Mme Swann pflegte im B. spazieren zu gehen, M versuchte sie dort zu treffen: 571–577; der B. im Herbst: 577–581, 584 f.
– II: M geht im B. spazieren in der Hoffnung, Mme Swann zu sehen: 70; die kleine Phrase ist in Swanns Erinnerung mit dem B. verknüpft: 147 f.; M und die Swanns treffen große Damen im B. (Prinzessin Mathilde): 158–162; Mme Swanns »footing« im B.: 290–292; Blochs Vater lässt sich durch den B. kutschieren: 472
– III: M will Mme de Stermaria in ein Restaurant im B. einladen; besichtigt es zusammen mit Albertine: 518–526; ungebührliche Dinge gehen bei

Nacht dort vor: 693 f.; Charlus möchte dort den blauen Mondschein genießen: 754
– V: M macht mit Albertine einen Spaziergang durch den B. und betrachtet die jungen Mädchen: 225–234
– VI: M macht anfang des Winters einen Spaziergang im B., in dem die jungen Mädchen erblüht sind: 205–210
Boisdeffre, Raoul le Mouton de (1839–1919): General und Generalstabschef 1893–98; stemmte sich gegen eine Revision des Dreyfus-Urteils.
– III: ein Kamerad von Saint-Loup hält B. für scharfsinnig und gütig: 139; hat womöglich Monsieur Rochefort eine geheime Botschaft zukommen lassen: 325
– VII: Brichot fand früher sogar seine Unregelmäßigkeiten richtig: 123
Bois-le-Roi: Ort im Dép. Seine-et-Marne.
– IV: Ortsname, mit dem M den Namen »Surgis-le-Duc« in Zusammenhang bringt: *151*
*Boissier: Gemischtwarenladen.
– VII: Ms Mutter gibt dort eine Bestellung auf: 190
Boissier, Gaston (1823–1908): Archäologe und Latinist mit (u.a.) einem sehr proustischen Repertoire: *Promenades archéologiques: Rome et Pompéi* (1880), *Madame de Sévigné* (1887), *Saint-Simon* (1892).
– IV: war bei Mme de Villeparisis eingeladen; laut Morel hat Ms Onkel bei ihm die Einkäufe für Neujahr machen lassen: *632*
– V: ein Kollege Brichots: *449*
Boissier, Madame: Gattin von Gaston Boissier.
– IV: war nicht mit eingeladen: 633
Bonaparte, Prinzessin Marie (1882–1962): Tochter des Prinzen Roland Bonaparte, heiratete 1907 den zweiten Sohn des griech. Königs Georg I.
– III: S. *657*
Bonaventura (d.i. Giovanni di Fidanza, 1221–74, gen. »Bonaventura«): Heiliger, Philosoph und Abt der Franziskaner.
– III: Charlus zitiert eine angebliche Legende über B.: *746*
*Bonbonhändlerin in den Champs-Élysées.
– I: Swann kauft bei ihr Lebkuchen und Gilberte eine Glasmurmel: 550 f.
– II: Gilberte hat für sie eine kleine Handarbeit gemacht: 151; ihr Tod: 284
Bonnétable: Ort im Perche (Landschaft im Norden Frankreichs).
– VI: Norpois war dort mit Prinz Foggi zur Jagd: *309*

*Bontemps, Madame: Tante Albertines; lebt in der Touraine.
– II: B. zu Gast bei den Swanns: *112*, 118–120, 122, 131–133, 160 f., 234 f., 241–248; nimmt ihre Nichte Albertine zu einem Empfang mit: 274; für M ein möglicher Zugang zu Albertine: 607, 680 f.; Albertine fährt sie besuchen: 682, 685
– III: ihr Einfluss auf Albertine: 480, 482, 497; ihr Anti-Dreyfusismus: 780
– IV: lädt zum Verdruss von Ms Familie niemals M ein: 194; hat eine kleine Villa bei Épreville gemietet: 253; beschäftigt nur ein einziges Mädchen für alles: 267; will Albertine im Grand-Hôtel abholen: 318; eine Freundin Albertines »von zweifelhafter Art« ist gelegentlich bei Mme B. zu Gast: 346 f.; Präsident Toureuil und seine Frau waren bei ihr zu Gast: 451; Ms Loblied wird bei einem ihrer Diners gesungen: 696 f.
– V: ihr Einfluss auf Albertines Musikgeschmack: 9 f.; hat nichts gegen Albertines Aufenthalt bei M: 13, 60 f.; ihre Aussprache von »Béarn«: 41; hat Albertine angeblich einen Ring geschenkt: 220; wird von Charlus auf den Index gesetzt: 321; enthüllt unwissentlich eine von Albertines Lügen: 530 f.
– VI: Albertine ist zu ihr geflohen: *10*, 12; Saint-Loup soll sie dazu bringen, Albertine zu M zurückzuschicken: 31–83 passim; ihr Telegramm an M mit Albertines Todesnachricht: *89*; Aimé kundschaftet ihre Umgebung aus: 154 f.; berichtet M, Albertine sei öfter mit Andrée zu den Buttes-Chaumont gefahren: 183; versuchte, Albertine mit Octave zu verkuppeln: 283, 290; ihr Gesicht keimt in Ms Erinnerungsbild an Albertine auf: 324
– VII: eine der Königinnen des Paris der Kriegszeit: 45, 49; fest verwurzelt im Faubourg Saint-Germain: 52 f.
*Bontemps, Monsieur: Onkel Albertines, Gatte von Madame Bontemps.
– II: Direktor des Bauministeriums: 118; aus dem Haus Bontemps-Chenut: 119; würde Albertine gern loswerden: 690; war irgendwie in den Panama-Skandal verwickelt: 691
– IV: war Legationsrat an der Botschaft in Österreich: 718
– V: ein halbherziger Dreyfus-Anhänger: 321
– VII: während des Krieges ein Chauvinist und Militarist: 49–53; Mme Verdurins Telefonate mit ihm: 58–60
Bontemps-Chenut (Haus).
– II: die Herkunft der Bontemps: 119

*Borange: Lebensmittel-, Papier- und Buchhändler in Combray.
– I: M fasziniert von seinen Heftchen und Fortsetzungsromanen: 121
Boreas: griech. Gott des winterlichen Nordwindes.
– II: Bloch empfieht M, einen Schal zum Schutz vor B. mitzunehmen: 478
Borelli: *s.* Borrelli.
Borghèse, Prinz Giovanni (1855–1918): Gatte der Gräfin Marie-Alice von Caraman-Chimay (1868–1953).
– IV: dient bei Mme Swann als Truchsess und Mundschenk: *205*
Bornier, Henri Vicomte de (1825–1901): Bibliothekar und dramatischer Autor, Mitglied der Akademie; sein Hauptwerk ist das patriotische Versdrama *La Fille de Roland* um Gestalten aus dem *Rolandslied,* das mit dem Preis der Akademie ausgezeichnet wurde.
– III: Madame d'Heudicourt besitzt alle seine Manuskripte: *656*; er stinkt: 657 f.
Borodin, Alexander (1833–87): russ. Komponist.
– V: seine *Polowetzer Tänze* aus *Fürst Igor*: *320*; Albertine spielt seine *Steppenskizzen aus Zentralasien* auf dem Pianola: *521*
*Borodino, Großvater des Prinzen von.
– III: vom Kaiser zum Marschall und Prinz-Herzog ernannt: 172
*Borodino, Prinz von: Rittmeister in Doncières; halbfiktive Gestalt in Anlehnung an Charles Walewski, einen außerehelichen Sohn Napoleons I. und Vorgesetzten Prousts während dessen Militärdienstes.
– III: seine soziale Unbeholfenheit: *104*; will erst Saint-Loups Urlaub nicht genehmigen: 166; lässt sich dann aber vom Friseur beschwatzen: 169; Saint-Loup und seine Freunde halten Abstand zu B.; seine kaiserliche Herkunft; seine gesellschaftlichen Einstellungen; der Unterschied zwischen altem und kaiserlichem Adel: 171–176; Wagram ein Neffe von B.: 182; reitet in majestätischer Haltung an M vorbei: 186; Mme de Villeparisis ist nicht gut auf ihn zu sprechen: 292
– IV: lädt M ein: 693
Borrelli, Vicomte Raymond de (1837–1906): dreifacher Akademie-Preisträger für seine Gedichte; Autor u. a. des patriotischen Theaterstücks in Versen *Alain Chartier.*
– I: Odette fürchtet, Swann wolle ihr Werke von der Art B.s nahebringen: *333*
– III: sobald sich ein bekannter Mann wie B. in ihrem Salon befindet, ist die

Herzogin von Guermantes stets an seiner Seite: *286*; manche Leute finden sein neues Stück (vermutl. *Alain Chartier*) schockierend: 355
– V: »justament B. war da«: *115*
*Bosch, Frau.
– VII: Morels Spottname für Charlus: *108*
*Boson: ein Vorfahr der Guermantes. Der altmodische und mindestens seit dem 13. Jh. in der Familie tradierte Vorname zahlreicher Talleyrand-Périgords hat Proust sicherlich zu dem Vornamen »Basin« des Herzogs von Guermantes inspiriert, für den in zahlreichen Zügen Boson de Talleyrand-Périgord (1832–1910), Prince de Sagan, Pate gestanden hat.
– III: der Herzog von Guermantes hält sein schreckliches Porträt für einen Velasquez: 778
Bossuet, Jacques-Bénigne (1627–1704): Bischof von Meaux, Autor zahlreicher antiprotestantischer Schriften und religionsgeschichtlicher Werke.
– I: Swann erkennt die guten Seiten an der Strenge eines B.: *395*
– III: der Herzog von Guermantes spricht von ihm als »Monsieur de Bossuet«: *678*
– V: Brichot zitiert ihn: »den Stoß nicht wert«: *405*
– VII: die Ströme von Charlus' silbernem Haar rieseln mit der Beredsamkeit eines B.: 240
Botha, Louis (1864–1919): Oberbefehlshaber Transvaals im Burenkrieg.
– III: ein Freund des Prinzen Von hat sich mit ihm unterhalten: *706*; M erinnert sich an diese Erzählung: 734 f., 758
Botschaft (österreichische).
– III: der Herzog von Guermantes hat bei einem Empfang in der österr. B. neben Bornier gesessen: 657
Botschafter (deutscher): zur erzählten Zeit (in WG und SG ca. 1899) war Graf Georg zu Münster-Derneburg (1820–1902) dt. Botschafter (1885–1901) in Frankreich. Die Szene in WG dürfte jedoch auf einen Besuch Prousts bei den Murats 1905 zurückgehen, bei dem sich (*Corr.* V, S. 267) Mme Greffulhe »über eine Stunde lang mit dem deutschen Botschafter unterhielt«, zu der Zeit Fürst Hugo von Radolin (1841–1917, Botschafter ab 1901).
– III: die Herzogin von Guermantes hat ihm zum Thema China die Stirn geboten: *287*
– IV: Charlus spielt mit ihm eine Scheinpartie Whist: *80*
*Botschafter (venezianischer).

– VII: die Verdurins wohnen in seinem feuchten Logis: 58
*Botschafter von X in Frankreich:
– IV: ein alter Rückfalltäter: 95
Botschafterin: gemeint ist offenbar die Gattin (verh. 1913) des österr. Botschafters Hoyos, Edmée de Loys-Chandieu (1892–1945).
– V: wurde bei der Soiree Verdurin nicht gesehen: 379
Botschaftersgattin (englische): zur Zeit der Präsidentschaft Carnots waren Robert Edward Bulwer, Count of Lytton (1831–1891; Sohn des Autors Bulwer-Lytton), und dann Frederick Temple Blackwood, Marquis de Dufferin et Ava (1826–1902), engl. Botschafter in Paris (1887–91 bzw. 1891–96). Beide werden namentlich im Saint-Simon-Pastiche erwähnt (in: *Nachgeahmtes*, S. 78). Der Count of Lytton war mit Edith Villiers (1841–1936; Porträt von G. F. Watts) verheiratet, der Marquis de Dufferin mit Harriet Georgina Rowan-Hamilton of Killyleagh-Castlebown (1847–1936). Beide waren als einstige Vizeköniginnen von Indien bekannt für ihre Weltläufigkeit und ihr diplomatisches Geschick.
– III: hat absurderweise das Herzogspaar von Guermantes zusammen mit dem frz. Präsidentenpaar Carnot eingeladen: *784*
– IV: frequentiert den Salon der Mme de Saint-Euverte: 102
Botschaftersgattin (spanische): zur erzählten Zeit von SG (1899) war Fernando de Leon y Castillo, Marqués del Muni (1842–1918), span. Botschafter in Frankreich (1897–1918, mit Unterbrechungen); verh. mit María de las Mercedes Retortillo y Díez, 3. condesa de Almaraz (1853–81).
– IV: flankiert die Prinzessin von Guermantes beim Empfang zu ihrer Soiree: 54
Botschaftersgattin (türkische): zur erzählten Zeit von WG (1897) war Salih Münir Pascha (1857–1939) türk. Botschafter in Paris (1895–1908); über seine Gattin Havva Cemile Hanım ließ sich nichts Näheres herausfinden.
– III: ihr gesellschaftlicher Ehrgeiz: *716* f.; erzählt eine unglaubwürdige Anekdote über den Erbgroßherzog von Luxemburg: 720; warnt M vor dem Herzog von Guermantes: 723
– IV: nervt M mit ihren abseitigen Urteilen: 87–89
Botticelli, Il: Künstlername des florentinischen Malers Alessandro (»Sandro«) di Mariano di Vanni Filipepi (1444–1510).
– I: Swann entdeckt die Ähnlichkeit Odettes mit B.s Zipporah: *309*, 311, 329;

Swann würde gern noch tiefer in die Seele von B.s Primavera, Venus oder Vanna eindringen: 431
– II: die einstmals botticellihafte Anmut Odettes: 262 f.
Bouchard, Charles (1837–1915): Mitglied der Akademie für Medizin, Bekannter von Prousts Vater Adrien.
– IV: Monsieur de Cambremer spricht den Namen Cottard, als handle es sich um B.: *495*; hat Cottard gratuliert: 627
Boucher, François (1703–70): Maler und Graveur, der auch Entwürfe für Gobelins anfertigte; vor allem bekannt für seine Salondekorationen mit bukolischen und mythologischen Szenen.
– II: Charlus besitzt Möbel von B.: *451*
– III: Wandteppiche von B. hängen im Schloss Guermantes: *16*
– V: die modernen B.s sollten eine Szene *Am Telefon* malen: *130*; M wollte den Prinzen von Guermantes über B.s Wandteppiche befragen: 269
Boucheron: hochkarätiger Juwelier an der Place Vendôme (ab 1858), später im Palais-Royal.
– III: Saint-Loup erwirbt bei B. ein Collier für Rachel: *209* f., 239 f., 375
Bouffe de Saint-Blaise, Gabriel (1862 bis mindestens 1929): Frauenarzt, der insbes. über die Plazenta forschte; ein Bekannter von Prousts Vater Adrien.
– IV: Monsieur de Cambremer ist der Name Cottard so wohlbekannt wie der von B.: *496*
Boufflers, Herzog von (1644–1711): Marschall von Frankreich.
– V: Charlus über seine Homosexualität: *411*
*Bouillebœuf, Madame: Nachbarin von Tante Léonie.
– I: M und seine Familie haben den Bruder des Gärtners von Mme B. getroffen: 85
Bouillon (Haus): Adelsgeschlecht, das sich auf Gottfried von Bouillon (ca. 1060–1100) zurückführt; 1678 ging der Titel eines Herzogs von Bouillon an das Haus La Tour d'Auvergne über, 1816 an das Haus Rohan.
– I: Mme de Villeparis stammt aus dem Haus B.: S. *33*
*Bouillon, Graf Cyrus von: Vater von Mme de Villeparisis.
– II: hält die Aufführung von *Hernani* nicht bis zum Ende durch: *404*; wohnt im Hôtel B.: 407
*Bouillon, Gräfin von: Mutter von Mme de Villeparisis.
– II: hat einen Sessel von der Herzogin von Praslin geschenkt bekommen: 408

*Bouillon, Herzog von: Bruder von Mme de Villeparisis und Onkel der Herzogin von Guermantes.
– III: M begegnet ihm vor der Bibliothek des Herzogs von Guermantes: 769
– IV: der letzte echte Nachfahre der Fürsten von La Tour d'Auvergne: *117*
Bouillon, Hôtel de: Stadtpalais am Quai Malaquais, erbaut 1635, 1681 von den Bouillons erworben; 1808 von Napoleon I. an die Familie Tascher de La Pagerie übergeben; seit 1883 Teil der Kunstakademie.
– II: Mme de Villeparisis wohnte im Hôtel B.: *407*
Bouillon, Mademoiselle de: *s.* Villeparisis, Madame de.
*Boulbon, Docteur du: Arzt in Balbec und in Paris.
– I: Bewunderer Bergottes: *135*, 140; ähnelt einem Porträt von Tintoretto: 308
– II: Bergotte rät M zu Dr. du B.: 199
– III: behandelt Ms Großmutter: *405*, 409, 413, 415; ist immun gegen die Verlockungen des gesellschaftlichen Lebens: 617
– IV: erregt Cottards Konkurrenzneid: 274 f., 518
– VII: im Vergleich zu Fagon, dem Arzt Ludwigs XIV.: 439
Boulevard de la Madeleine: Straße vom 1. durch das 8. ins 9. Arr.
– IV: man kann laut Charlus die Juden nicht daran hindern, dort zu wohnen: *700*
Boulevard des Capucines: Straße im 2. Arr., in der sich das *Théâtre du Vaudeville* (Nr. 2), das Kabarett *Olympia* (Nr. 28), das *Théâtre des Capucines* (Nr. 39) und auch das in der *Suche* erwähnte *Café de la Paix* (Nr. 12) befanden.
– III: man benutzt solche Straßennamen, ohne daran zu denken, worauf sie sich ursprünglich beziehen: *523*
Boulevard des Italiens: Prachtstraße in Paris (2. und 9. Arr.) mit zahlreichen Restaurants; benannt nach dem *Théâtre des Italiens* (heute *Opéra comique*).
– I: Swann findet endlich Odette an einer Ecke des B.: 320, 476
Boulevard Haussmann: Prachtstraße in Paris (8. und 9. Arr.); Proust wohnte 1906–19 im Haus Nr. 102.
– I: Swann sollte hier nach Meinung von Ms Großtante wohnen: *29*
Boulevard Malesherbes: Straße im 8. und 17. Arr. Die Familie Proust wohnte von 1873 bis 1900 im Seitenflügel (zur Rue de Surène) am Hof der Nr. 9.
– IV: Onkel Adolphe wohnte früher dort im Haus Nr. 40a: *633*

Boulie, Monsieur de la: Jean-François de la Boulie, Seigneur d'Aigalades (Dép. Vaucluse), ab 1709 Abgeordneter im Parlament der Provence; gest. 1735.
– II: wird in den Briefen der Mme de Sévigné erwähnt: *310*
Boulle, André-Charles (1642–1732): prägte als Möbeltischler und Intarsienkünstler den barocken Repräsentationsstil Ludwigs XIV.
– III: die wundervollen B.-Möbel der Guermantes: *738*
*Bourbon, Prinzessin von.
– IV: verstorbene Gattin von Charlus: 133
Bourbonneux: Konditorei an der Place du Havre.
– II: Mme Cottard kauft ihre Näschereien bei B.: *244*
*Bourbon-Soissons, Gräfin von: fiktiv. Der letzte Graf von Soissons ist 1734 gestorben.
– VI: Unterzeichnerin der Todesanzeige für Mlle d'Oloron: 363
Bourgenolles (Ort): Ort im Dép. Manche.
– IV: Brichots Etymologie: 691
Bourges: Kleinstadt im Dép. Cher mit der hochgotischen Kathedrale Saint-Étienne aus dem 13.–14. Jh., die u. a. durch den Verzicht auf ein Querschiff auffällt.
– II: der Name eine abgekürzte Bezeichnung für ihre wichtigste Kirche: *317*
– VI: die ragende Kirchturmspitze von B. in Stundenbüchern: *241*
Bourg-l'Abbé: einst das befestigte Territorium um die Abtei von Saint-Martin des Champs im Norden des alten Paris; heute nur noch in einem Straßennamen (Rue du B.) im 3. Arr. erhalten.
– IV: Ortsname, mit dem M den Namen »Surgis-le-Duc« in Zusammenhang bringt: *151*
Bouton d'Or.
– I: hübscher Prinzenname frz. Märchenstücke: 234
Boutroux, Émile (1845–1921): Professor für Philosophie an der Sorbonne, Lehrer Bergsons.
– IV: wird über spiritistische Seancen sprechen: *456*; der norweg. Philosoph erzählt, was B. ihm über Bergsons Ansichten über Schlafmittel erzählt hat: 5*28*
Bovary, Madame: Protagonistin des gleichnamigen Romans von Flaubert.
– IV: wäre M außerhalb eines Romans wie ein gewöhnliches Wesen erschienen: 559

Brabant (Haus): historisches Herzogtum, das im wesentlichen den heutigen Westen Belgiens und den Süden der Niederlande umfasste.
– I: der Klang des Namens: *18* f.; Genoveva von B. in der Laterna magica: *72*; die Guermantes sind die einstigen Grafen von B. und Nachfahren der Genoveva von B.: 147 f., 239, 245 f.; die Grabplatten der Grafen von B. in der Kirche von Combray: 243
– II: die Guermantes behaupten, von Genoveva von B. abzustammen: 448
Brabant, Genoveva: *s.* Brabant (Haus).
*Brabant, Herzog von: einer der Titel des Barons von Charlus.
– IV: Charlus verweist Monsieur Verdurin auf seinen Platz: *473*
Brabant, Herzöge von.
– IV: ihr Feldgeschrei: 485
Brancas: alte picardische Adelsfamilie, die wiederholt bei Saint-Simon erwähnt wird.
– III: die Tante B. einer Besucherin der Guermantes besitzt ein Schloss, das von Mansart erbaut wurde: *577*
Brantes, Madame de: vermutl. Louise Lacuée de Cessac, Marquise de Brantes (1842–1914), mit der Proust bekannt war.
– IV: Charlus begrüßt sie bei der Soiree Guermantes: *72*
Braquetuit: Ort im Dép. Seine-Maritime.
– IV: Brichots Etymologie: *401*
Brassac: alte, weitverzweigte frz. Familie.
– IV: Saint-Loup plant angeblich eine Ehe mit einer Mademoiselle Guermantes-Brassac: *684*
Braunschweig: Stadt in Niedersachsen; im dortigen Herzog-Anton-Ullrich-Museum befindet sich *Das Mädchen mit dem Weinglas* (= *Das Mädchen mit zwei Herren*) von Vermeer.
– I: Swann möchte dort den Vermeer besichtigen: *485*
Braunschweig, Herzog Georg-Ludwig von (1624–1705): dt. General und späterer König von England.
– V: Charlus über seine Homosexualität: *411*
Bréau-Chenut, Baron.
– II: war mit dem Großvater von Mme Bontemps gut bekannt: 119
Bréauté-Beuzeville: *s.* Beuzeville.
*Bréauté-Consalvi, Marquis, später Graf Hannibal von; gen. »Babal«. Freund der Guermantes.

– I: Gast bei der Soiree Saint-Euverte; sein Monokel: *449* f.; Swann verdächtigt ihn, Autor des anonymen Briefs zu sein: 489, 495 f.
– III: ist weniger witzig als Bergotte: *283*; seine Neugierde hinsichtlich Ms: 578; seine übertrieben herzlichen Begrüßungen: 581; sein Anerkennungsbedürfnis, sein Ruf als Intellektueller: 608, 659, 677; unterhält sich mit der Herzogin von Guermantes über Botanik: 693 f.; erkundigt sich nach dem Herzog von Guastalla: 698; seine Mutter eine Choiseul und seine Großmutter eine Lucinge: 718
– IV: stellt M dem Prinzen von Guermantes vor: 80; seine »Verbesserung« der Fontäne: 86; die türk. Botschaftersgattin spricht von »Mémé« und »Babal«, als ob sie sie kennen würde: 87 f.; seine Erklärung für den angeblichen Streit zwischen Swann und dem Prinzen von Guermantes: 107, 109, 116; durchschaut die wahren Gründe für die Kulturreise der Herzogin von Guermantes: 120; M soll kein Wort von dem glauben, was Babal erzählt hat: 123; Swann stellt das Missverständnis richtig, das B. verbreitet hatte: 146; der Herzog hat vergessen, ihn wegen der Schnabelschuhe zu befragen: 178; sitzt mit Bergotte im Salon der Mme Swann: 207
– V: regelmäßiger Gast bei der Herzogin von Guermantes: 46; gibt Cartiers Bemerkung über Zola wieder: 50–53
– VI: isst mit M bei der Herzogin von Guermantes: 230; nach seiner Meinung besteht Eleganz darin, Mme Swann nicht zu kennen: 231; hat nichts mit du Lau zu tun: 245; ist für Gilberte wie ein Nachbar; er ist noch kränker als du Lau: *246*
– VII: tritt in Charlus' Totenappell an: *242*; die Herzogin von Guermantes erinnert sich an ihn als Snob: 444–449; Odette hatte einmal eine Affäre mit ihm: 464; sein Provinzialismus: 467 f.
*Bréchot: Forchevilles falsche Aussprache von »Brichot«; s. dort.
*Bréquigny, Graf von: Vater der »Brockenhexen« Madame de Plassac und Madame de Tresmes.
– III: Eigentümer des Palais B.: *768*; Vater der Damen mit den Spazierstöcken, Mesdames de Plassac und de Tresmes: 771
– IV: sein Palais: 7
Bressant, Prosper: Schauspieler (1815–86), spezialisiert auf jugendliche Liebhaberrollen. Bei der Wiederaufnahme 1868 der *Aventurière* von Augier weigerte er sich, die für seine Rolle als Geffroy erforderliche Perücke zu tragen, um seine berühmte Frisur nicht zu verdecken.

– I: Swann frisiert sich nach der Art von B.: *25*
– II: Norpois spricht im Tonfall von B.: 80
– VII: Swann ahmte seine Frisur nach: *97*
Bretagne.
– III: M träumt von der Meer- und Nebelatmosphäre der breton. Insel der Stermarias: 470, 521, 538; die Salzgärten der B.: 675
– V: die Herzogin von Guermantes erzählt breton. Anekdoten: 44; das breton. Postsystem: 180 f.
– VI: der Name »Cambremer« gehört zu einer der vier Baronien der B.: 355
*Bréteuil, Quasimodo de.
– VI: die Herzogin von Guermantes mochte ihn besonders gern: *245*
*Bretonnerie, Madame de la.
– I: verstorbene Arbeitgeberin von Eulalie: *100*
Breughel: Pieter Breughel d. Ä. (1528–69), holl. Maler ländlicher Szenen.
– III: Soldaten in den Straßen von Doncières ähneln B.s Bauern: *129*
Brézé: Renaissanceschloss bei Saumur aus dem 16. Jh., das dem Mann einer Cousine Montesquious gehörte, dem Grafen François von Maillé, der mit Prousts Eltern bekannt war.
– III: Charlus wollte das Schloss seiner Schwester Marsantes schenken, um sie zu foppen: *625*
Briand, Aristide (1862–1932): Journalist und Politiker; engagierter Verfechter der Trennung von Staat und Kirche, der forderte, die Kirchen in Museen umzuwandeln.
– III: die Rede von »Straßen [...], die alle fünf Minuten von B. und Claudel ausgingen« verwirrt M: *440*
*Brichot: Mitglied des Kreises Verdurin, Professor an der Sorbonne.
– I: Vorstellung: *346*; seine akademischen Späße: 348–350; B. über Intelligenz: 359; B. über die Trémouilles: 360; Mme Verdurin über B. und Swann: 364, 366; Swann zu sich über B.: 393
– II: Bergotte spöttelt über B.: 173
– III: Swann hielt B. für einen Pedanten: 620
– IV: bezeichnet die Mitreisenden als »pecus«: 368; seine Halbblindheit: 370; Mme Verdurin hintertreibt seine Affäre mit einer Wäscherin: 371 f., 415; er versäumt fast den Zug: 379; seine Brillengläser: 379; IM ZUG NACH LA RASPELIÈRE (380–407): seine affektierte Redeweise: 381 f.; ist als einziger im Verdurin-Kreis Anti-Dreyfusard: 395; seine Etymologien:

398–403; thematisiert den Tod Dechambres: 406, 409, 413 f.: IN FÉTERNE (409–521): M. Verdurin spricht ironisch von seiner Gelehrsamkeit: 417; »Chantepie«: 444; B. macht einen gewagten Scherz: 445; er erklärt die Herkunft von Redewendungen: 446; weitere Etymologien: 449 f., 455–458, 464–466; schwadroniert über Theater: 462; sein Status bei den Verdurins: 480, 482–484; macht Charlus ein Kompliment: 486; über »Je-men-fou«: 489; seine krause Tirade über moderne Dichtung: 490 f.; M vergleicht ihn mit Swann: 512. WEITERE FAHRTEN NACH LA RASPELIÈRE (611–702): schwadroniert über Balzac: 625–631; kennt Norpois: 632; ist in Mme de Cambremer verliebt: 679; weitere Etymologien: 689–692, 699

– V: M trifft ihn auf dem Weg zu den Verdurins; seine neue Brille: 265 f.; reminisziert über den alten Salon Verdurin: 270–273; seine Einstellung zu Charlus: 274 f.; bei der Soiree Verdurin: 306–308, 322, 330; macht sich zum Komplizen von Mme Verdurin gegen Charlus: 379–387; bringt Charlus auf das Thema Sodomie: 388–420; Charlus preist seine Vorlesungen: 393–396; fasst gegenüber M seine Meinung über Charlus zusammen: 446–448

– VI: diniert weiterhin bei Mme Verdurin: 114 f.

– VII: Gast beim Diner Verdurin-Goncourt: 27; Gast bei Mme Verdurins Empfängen während des Krieges: 59; genießt Morels Pamphlete gegen Charlus: 108; seine Betätigung als Journalist während des Krieges: 122–125, 135; wird als Journalist vom Kreis Verdurin bewundert und belächelt: 138–144; sein Faible für den Ausdruck »mit flotter Feder«: 273

*Brichot, Tochter von.

– IV: Mme Verdurin macht Brichot Vorhaltungen wegen seiner kleinen Tochter: 681

*Brigode: gen. »der gute Brigode«.

– III: zur Zeit seiner Mutter nannte man die Kostüme des Zweiten Kaiserreichs »Louis-Quinze«: *699*

Brillat-Savarin, Anthelme (1775–1826): gerühmter Gastronom und Verfasser einer *Physiologie du goût* (»Physiologie des Geschmacks«; 1825).

– IV: der Dekan von Doville lebt in der Obedienz von B.: *465*

Brillevast: Ort im Dép. Manche.

– IV: Brichots Etymologie: *399*

Briquebœuf: vermutl. fiktiver Ort.

– IV: Brichots Etymologie: 689
Brissac, Henri-Albert de Cossé, Herzog von (1644–99): ein Schwager von Saint-Simon.
– V: Charlus über seine Homosexualität: *411*
Brissac, Madame de: vermutl. denkt Proust an Jeanne Marie Say (1848–1916), Witwe von Roland de Cossé-Brissac (1843–71), die als ausgesprochen intelligent galt.
– III: Gast der Herzogin von Guermantes; sie verurteilt Victor Hugos Realismus: 667
Broceliande: der Wald König Markes von Cornwall, in der Bretagne; mit ihm verbindet sich der Tristan-und-Isolde-Stoff. Wohnort der Fee Viviane und des Zauberers Merlin.
– II: hat womöglich am Ort des heutigen Balbec gestanden: 554
Broglie (Ort): Schloss und Stammsitz der Familie de Broglie seit 1716 im Dép. Eure.
– III: Mme de Villeparisis hat hier Schlegel kennengelernt: 370
Broglie, Herzog Achille-Léon-Victor von (1785–1870): Sohn des Prinzen Victor-Claude, Präsident des Staatsrats während der Juli-Monarchie, verh. mit der Tochter Albertine der Mme de Staël. Mitglied der Académie.
– I: Ms Großvater möchte Swann über B. aushorchen: *34*
– VII: hat die Tochter der Mme de Staël geheiratet: 389*f.*
Broglie, Herzog Albert von (1821–1901): Sohn von Achille Charles Léonce Victor und Albertine de Staël; Publizist und Historiker.
– III: verkehrte im Salon der Mme de Villeparisis: *260*
– VI: der Name »Broglie« führt M assoziativ über den Namen des Schlosses der B.s auf Chaumont: *182*; sein Name steht für eine vorbildliche akademische Ausbildung: *273*
Broglie, Herzogin Albertine von (1818–82): Tochter der Mme de Staël, Gattin von Herzog Achille Charles Léonce Victor.
– III: ihre Briefe waren so schön und gekünstelt wie sie selbst: 370; trug lange Schläfenlocken: *661*; hätte unter der Juli-Monarchie Victor Hugo missbilligen und genießen können: 665
Broglie, Madame de: *s.* Broglie, Herzogin Albertine von.
Broglie, Prinz Victor-Claude von (1757–94).
– VII: seine postume Verwandtschaft mit Mme de Staël: 389*f.*
Broglie, Tochter des Herzogs von: Louise-Albertine de Broglie (1818–82),

Princesse du Saint-Empire, Tochter des Herzogs Achille-Léon-Victor, verh. Comtesse d'Haussonville, Enkelin der Madame de Staël.
– III: heiratete den Grafen von Haussonville: *766*

Brohan, Madeleine (1833–1900): frz. Schauspielerin, u.a. an der Comédie-Française.
– I: M bewundert sie: *108*

Bronzino, Angiolo (1503–63): florentinischer Maler.
– V: Morel so schön wie eine Art B.: *294*

Brou: Ort in der Nähe von Bourg-en-Bresse. Proust besichtigte 1903 die Église Saint-Nicolas-de-Tolentino de Brou, die vor allem für ihre Fenster und ihre Steinmetzarbeiten berühmt ist.
– I: Swanns Tätigkeiten sind so mit den Gedanken an Odette verschlungen wie die Initialen von Philibert und Margarete in der Kirche von B.: *407*

Bruant, Aristide (1851–1925): Montmartre-Chansonnier.
– V: seine Art, in Chansons das Publikum anzupöbeln: 332

*Bruder der Frau, die der Erzähler früher gekannt hat.
– VII: ist sich selbst ähnlich geblieben: 332

*Bruder des Direktors des Grand-Hôtel Balbec.
– VII: steckt im Schützengraben keine 25 m von den Boches entfernt: 78

Bruder des Königs von Bayern: Otto Wilhelm Luitpold (1848–1916) war als Otto I. von 1886 bis zu seinem Tod König von Bayern; sein Bruder Ludwig Otto Friedrich (1845–86) war zur erzählten Zeit jedoch bereits gestorben.
– V: war bei der Soiree Verdurin anwesend: 371

*Bruder des Pfarrers von Combray.
– I: Steuerbeamter in Châteaudun; kommt zu Besuch nach Combray: 84

Brügge: Stadt in Belgien, Schauplatz des Romans *Bruges la Morte* (1892; dt. *Das tote Brügge*, 1903) des um die Jahrhundertwende in Frankreich stark beachteten symbolistischen belgischen Autors Georges Rodenbach (1855–98).
– III: Rachel verbringt jedes Jahr den Totengedenktag in B.: *166*; Saint-Loup fährt mit ihr mit: 168f.; Mme de Villeparisis missbilligt den Ausflug nach B.: 292

Brunetière, Vincent-de-Paul Marie Ferdinand (1849–1906): national-konservativer Literaturkritiker und -historiker, von Proust und Prousts Mutter offenbar sehr bewundert, vgl. *Corr.* VI, S. 314.

– III: Mme de Marsantes besucht seine Vorlesungen: *336*
– IV: Madame de Cambremer bewies Eifer in seinen Vorlesungen: *300*
– VII: glaubt fälschlich, moralischer Anspruch mache den Wert eines Werkes aus: *285*

Bülow, Bernhard Fürst von (1849–1929): dt. Reichskanzler 1900–09, Sonderbotschafter in Rom 1914–15; verh. mit Maria Beccadelli di Bologna, Principessa di Camporeale. Nach Kriegsende lebte er mit seiner Frau, die ein halbes Jahr vor ihm starb, in der Villa di Malta auf dem Monte Pincio.
– IV: ein ehemaliger dt. Kanzler hat eine Italienerin geheiratet und die feine italienische Art angenommen: *69*

Bürgerkönig: *s.* Louis-Philippe.

*Bürgermeister von Combray.
– VI: ein Radikaler, der nicht einmal den Pfarrer grüßt: 370

Bulgarien, Fürst von: Prinz Ferdinand von Coburg-Koháry.
– III: hätte Esterházy nicht in die Arme geschlossen: 327; Vetter der Herzogin von Guermantes und des Prinzen Von: *708*
– VII: beteuerte seine friedlichen Absichten: 112 f.

Burgund (Provinz).
– III: enthält ein Dorf Charlus: 725; ist nicht im Besitz des Königs von Spanien: 793

Burgund, Herzog von (historisch): Louis, Dauphin de France (1682–1712), ältester Sohn des frz. Thronfolgers Louis »Le Grand Dauphin«, Enkel Ludwigs XIV., Vater Ludwigs XV.
– III: Ludwig XIV. will mit ihm eine Runde Brelan spielen: 588
– IV: kommt mit erhobenem Stab zu den Guermantes: *485*

Burgund, Herzog von (Titel): obsoleter Titel des Königs von Spanien.
– III: der König von Spanien besitzt Burgund keineswegs: 793

Burgund, Herzogin von (historisch): Marie-Adelaide von Savoyen, Herzogin von (1685–1714): Enkelin von »Monsieur«.
– III: kann den Schmerz über den Tod von »Monsieur« kaum verhehlen: *588*; eine der möglichen Verkleidungen der Herzogin von Guermantes für einen Maskenball: 640

*Burnier: ein Diener im Dienst von Charlus; der Name ist vermutl. dem Namen des Kellners Émile Burnet des *Ritz* nachempfunden, mit dem Proust 1920 korrespondierte (vgl. *Corr.* XIX, Nr. 333 sowie auch Nr. 89).

– III: bewacht oder belauscht Charlus' Salon: *749*
Bussières, Edmond Renouard de (1804–88): Botschafter in Neapel.
– IV: Brichot erklärt die Etymologie seines Namens: *458*
Bussy d'Amboise, Louis de (1549–79): Haudegen, Raufbold und Frauenheld; Protagonist von A. Dumas' d. Ä. *La Dame de Monsoreau* (1846).
– III: dessen Heldentaten nachvollziehen zu wollen erbrächte nur schlechte Ergebnisse: *630*
*Butler bei Madame Verdurin.
– I: Saniette gibt ihm hastig seinen noch vollen Teller: 360
*Butler der Familie des Erzählers: *s.* Victor.
*Butler der Swanns.
– II: M würde ihm in seinem Überschwang alles schenken: 115; macht M klar, dass die Beziehung zu Gilberte zu Ende ist: 221 f.
– III: führt den Hund aus: 570
*Butler der Verdurins.
– V: hält Charlus für ein wenig »gaga«: 307
Buttes-Chaumont, Parc des: öffentlicher Park am Rand von Paris (19. Arr.).
– V: Andrée will Albertine zu den B. mitnehmen: 21 f.; Mme Bontemps erzählt, dass Albertine früher oft in die B. ging: 530 f.
Cabrières, Monseigneur de: François-Marie-Anatole de Rovérié de Cabrières (1830–1921), Kardinal und Bischof von Montpellier.
– IV: die Etymologie seines Namens: *673*
Cadignan, Prinzessin von: Titelgestalt in Balzacs Erzählung *Die Geheimnisse der Prinzessin[/Fürstin] von Cadignan* (1839; Teil der *Scènes de la vie parisienne* innerhalb der *Comédie humaine*; dt. 1920, 1965).
– IV: Charlus über ihre Toilette, die der Albertines gleicht: *630–632*, 635
Café Anglais: Café am Boulevard des Italiens / Rue Marivaux; gegr. 1815, geschlossen kurz vor 1930. Im Café Anglais spielt der 5. Akt von Offenbachs Operette *Pariser Leben* (Urauff. 1866 in Paris).
– I: Swann sucht dort nach Odette: 320
– II: Françoise spricht vom C. mit Hochmut und Herablassung: *83*; die Entfernung vom Grand-Hôtel Balbec zu ihrem bevorzugten Restaurant für die »Vier Genießer« kaum verschieden von ihrem Weg von ihrer Pariser Wohnung zum C.: 349
Café de la Paix: Café am Boulevard des Capucines (Nr. 12, im Grand-Hôtel).

– III: Saint-Loup wird dort gelegentlich mit dem Herzog von Uzès und dem Prinzen von Orléans gesehen: 122
Cahn.
– IV: ein Name, den Renée von Cambremer nennt, wenn sie vortäuscht, sich an einen anderen nicht erinnern zu können: 437
Caillaux, Joseph (1863–1944): Ratspräsident 1911–12; handelte den Vertrag mit Deutschland über Marokko aus, der von frz. Seite z. T. (so vom *Écho de Paris*, 11. 9. 1911) als zu nachgiebig empfunden wurde.
– IV: seine Politik wird vom *Écho de Paris* gründlich zerpflückt: *214*
– VII: sein Prozess wegen Hochverrats: *129* f.
Californie: fiktiver Landgasthof bei Balbec.
– II: Ausflugsziel der kleinen Mädchenbande: *648*
*Callot, gen. »Mutter Callot«: Gemüsehändlerin in Combray.
– I: ihre dicken Spargel: 81
Callot: Callot sœurs, Damenbekleidungsgeschäft in der Rue Taitbout, spezialisiert in Spitzenblusen.
– II: Elstir über C.s Mode: *643*
– IV: bei Kappe und Schleier der Prinzessin von Luxemburg handelt es sich um Modelle von C.: 532
– V: von der Herzogin von Guermantes empfohlen: 53
Calmette, Gaston (1858–1914): Redakteur, ab 1903 Herausgeber des *Figaro*, der Proust nachhaltig förderte und sich schon ab 1912 mit Vorveröffentlichungen aus dem zukünftigen *Swann* für Prousts Werk einsetzte.
– I: Widmung: 3
Cambremer: Ort im Calvados (Normandie), zwischen Lisieux und Caen.
– VI: eine der vier Baronien der Bretagne: 355
*Cambremer, älterer Marquis von (Gatte von Zélia de Cambremer): lebt noch zu Swanns Zeiten, ist aber zur Zeit von Marcels zweitem Besuch in Balbec bereits gestorben.
– IV: sein Sohn ist ganz nach ihm geraten: 431; war anscheinend ein Knicker: 519
*Cambremer, Ehepaar Cancan und Renée.
– II: ihre Garden-Parties: 349; als Gäste des Anwaltsverbandspräsidenten: 356 f.; lädt Gäste des Grand-Hôtel Balbec auf sein Schloss Féterne ein: 381, 454; schneidet den Kreis der Blochs: 426

*Cambremer, Ehepaar Zélia und der ältere Marquis: entfernte Verwandte der Guermantes, die aber keine Notiz von ihnen nehmen.
– I: ihre Schwiegertochter Renée von C. hält sie für die glänzendsten Vertreter ganz Frankreichs: 472
– IV: ihre Welt war nicht ganz die, die sich Legrandins Schwester Renée bei ihrer Heirat mit dem Sohn Cancan erhofft hatte: 300
*Cambremer, Éléonore-Euphrasie-Humbertine de, Gräfin von Criquetot: verstorbene Cousine der Cambremers.
– IV: M erhält ihre Todesanzeige: *260*
*Cambremer, gen. »Cancan«, jüngerer Marquis von: Sohn der Marquise Zélia und des älteren Marquis von Cambremer, Gatte von Legrandins Tochter Renée.
– I: Schwager von Legrandin: *175*
– II: Mme de Villeparisis kennt ihn nicht: 355
– III: die Herzogin von Guermantes hätte früher den Marquis der Marquise weit überlegen gefunden: 632 f.
– IV: sein Spitzname »Cancan«: 298, 433; EINLADUNG BEI DEN VERDURINS (393–521): seine bäurische Hässlichkeit: 431–433; jagt in der Gemarkung von Chantepie: 444 f.; fragt nach der Bedeutung bestimmter Wendungen: 445 f.; erkennt begeistert in Ms Erstickungsanfällen eine Gemeinsamkeit mit seiner Schwester: 451 f., 687; ist beeindruckt von Brichots Etymologien: 455; will seinen Platz für Charlus freimachen: 473 f.; Charlus gibt vor ihm an: 484; ist beeindruckt von Cottard: 495; Cottard stutzt ihn zurecht: 497 f.; er verbreitet sich über das Wappen der Familie: 500; hält M für einen Dreyfusard: 503; gibt Cottard eine Vorlage für einen Kalauer (*sors bonne*): 515; erwähnt zu Cottars Verdruss den Konkurrenten Boulbon: 518; seine knauserige Großzügigkeit: 519; sein Lachen und sein Monokel: 520 f.; begrüßt M am Zug: 688, 703; ist enttäuscht über Ms vorzeitige Abreise: 726
– V: sein inspirierendes Adverb »justament«: 115; seine Ansichten zur Dreyfus-Affäre: 318 f.; bittet M, seine Abreise noch aufzuschieben: 534
– VII: ist Oberst im Kriegsministerium; Saint-Loups hohe Meinung von ihm: 67 f., 109; hat sich bis zur Unkenntlichkeit verändert; interessiert sich für Ms Erstickungsanfälle: 340 f.
*Cambremer, Léonor de: Sohn des Ehepaars Cambremer.
– VI: ein Brief kündigt seine Hochzeit mit Jupiens Nichte an: 344–346; ist

auch »so einer«: 351 f.; die glänzende Ehe verstärkt seinen Snobismus: 352; Charlus wendet ihm seine Aufmerksamkeit zu: 365 *f.*

– VII: ähnelt seinem Onkel Legrandin: 354, 392

*Cambremer, Marquise Renée de, geb. Legrandin, Schwiegertochter der Marquise Zélia de Cambremer. (An dieser Stelle sind auch Verweise auf »die Cambremers« eingereiht.)

– I: Schwester von Legrandin: 182; die Prinzessin von Les Laumes über sie: 463 f.; Swann begrüßt sie: 467 f.; über den Namen: 468 f.; Swann stellt sie dem General Forcheville vor: 471 f.; Swann will ihr nachreisen: 522 f.

– II: Swann soll in sie verliebt gewesen sein: 149; Ms Tanten würdigen sie keines Wortes mehr: 301

– III: in der Oper; versucht, den Schick der Herzogin von Guermantes nachzuahmen: 70–74; die Herzogin von Guermantes macht sie lächerlich: 272, 311 f.; die Herzogin von Guermantes hätte früher den Marquis der Marquise weit überlegen gefunden: 632 f.

– IV: verfügt über zwei Arten der Höflichkeit: 284; empfiehlt M ein Buch des Pfarrers von Combray: 287, 449; ihr Kunst-Snobismus: 288–297; ihr blasiertes Fallenlassen von Namen: 298 f.; spricht herablassend von der Sévigné: 305; EINLADUNG BEI DEN VERDURINS (393–521): den Verdurins eine unangenehme Pflicht: 393–395, 397; Ankunft der Cambremers: 430; sie gleicht normannischem Dörrobst: 435; ihr Dünkel: 435; sie ist beglückt, Charlus kennenzulernen: 436; täuscht gern vor, sich an Namen nicht zu erinnern, und nennt dann falsche: 437; interessiert sich für den Violonisten Morel: 446; ihr intellektueller Snobismus: 447; erzählt Tratsch über Saint-Loup: 453; ihr modischer Sprachgebrauch (»das Haar«): 454; findet die Veränderungen durch die Verdurins grässlich: 475 f., 482; bemerkt nicht, dass Morel statt Debussy Meyerbeer spielt: 488; ihre Aussprache von »Saint-Loup«: 520; ihre impertinente Art, andere zu necken: 520 f. Mme Verdurin macht sich über ihren Geschmack lustig: 550; die Beziehung zu den Verdurins ist abgekühlt: 675; lädt zu einem Diner nur Morel und Cottard aus dem Kreis der Verdurins ein: 676; Charlus wütet gegen die Cambremers: 678; Morel sagt in letzter Sekunde ab: 678; die Beziehung zum kleinen Clan kühlt ab: 679; Brichot hat sich in sie verliebt: 679; Mme Verdurin erklärt Brichot, dass die Marquise sich über ihn lustig mache: 680 f.; lädt Charlus mit den Férés ein und stößt Monsieur de Chevregny vor den Kopf: 681 f.; als gezielter Affront erscheint Morel statt Charlus: 682; verbreitet neuen Tratsch über Saint-Loup: 684; hat etwas über Charlus und einen ausgehaltenen Monsieur gehört: 685

– VI: ihre Reaktion auf die Heirat ihres Sohnes: 344–346; wird der Herzogin von Guermantes überdrüssig: 358

– VII: Saint-Loup kritisiert sie: 68; bei der Soiree Guermantes: 341 f.; man hat vergessen, dass ihr Vater ein Handwerker war: 425

*Cambremer, Marquise Zélia de: Witwe, Mutter des Marquis von Cambremer, Chopin-Schülerin.

– I: bei der Soiree Saint-Euverte: *451 f.*, 455–457

– II: hat einen Diabolo-Ball abgekriegt und sich nicht beschwert: 684

– IV: geht nicht mehr zu den Gesellschaften der Mme de Saint-Euverte: 101 f.; lädt M auf Saint-Loups Empfehlung hin ein, in ihrem Schloss Féterne zu wohnen: 215 f.; hinterlässt ihre Karte für M im Grand-Hôtel: 232; ihre Ausfahrten: 233–235; M sagt ihre Einladung zu einer Matinée ab: 236; sie schickt M die Todesanzeige für ihre Cousine: *260*; BESUCHT M IM GRAND-HÔTEL (281–306): der Liftboy verwechselt ihren Namen (»Camembert«): 281, *308* f., 356 f.; ihre Aufmachung: 282; ein Advokat in ihrer Begleitung: 283; ihre Speichelproduktion und ihr Schnurrbart: 286; hat La Raspelière an die Verdurins vermietet: 287 f.; ist die letzte lebende Schülerin Chopins: 293 f., 297; lädt M und nicht den Landgerichtspräsidenten zum Mittagessen nach Féterne ein: 303 f., 306; verspricht, Chopin für M zu spielen: 305; sorgt sich um ihre Pferde: 306; redet sich ein, ihr Sohn habe keine Geldheirat gemacht: 306; ihre Kinder: 433; hat ihrer Schwiegertochter einen Brief für M mitgegeben; die Regel der drei Adjektive: 438, 477, 674

– VI: ihr Enkel schlägt nach ihr aus: 365

– VII: lebt immer noch: 342

*Cambremer, Onkel des Marquis von.

– IV: hat ein schönes Haus bei Infreville: 703

Camembert: Dorf in der Unteren Normandie (wie auch Cambremer), unweit von Argentan (Dép. Orne).

– IV: der Liftboy des Grand-Hôtel verwechselt den Namen »Cambremer«: 281, *308*, 356

*Camille: Dienstbote der Swanns.

– II: informiert Swann über die Anzahl der Gäste seiner Frau: 117

Camposanto: Friedhof in Pisa mit berühmten Fresken (1360), die insbes. Francesco Trainis (1321–65) *Triumph des Todes* zeigen, mit Leichen in stark verwestem Zustand in offenen Särgen.
– IV: die alte Rampillon hat etwas von C.: *122*
*Camus: Gemischtwarenhändler in Combray.
– I: Françoise holt Salz und Nachrichten bei ihm: *82* f.; nimmt Rücksicht auf Tante Léonie: 119; M kauft nicht seine Lektüre bei ihm: 121; sein Gebäck: 195; sein Laufbursche Théodore: 211; M holt Salz bei ihm: 240
Canapville, Klippen von: halbfiktive Formation in der Nähe von Balbec; ein Canapville liegt etwa 7 km südöstl. landeinwärts von Deauville am Touques; ein weiteres etwa 60 km südöstl. von Deauville.
– II: Spaziergang Ms mit seiner Großmutter in Richtung der Klippen von C.: *548*; eines der Mädchen der kleinen Bande wohnt in einem Haus bei den Klippen von C.: 570
*Cancan: familiärer Name des Marquis von Cambremer; *s.* Cambremer, Marquis von.
Cannae: Schlachtfeld (216 v. Chr.); Sieg Hannibals über die Römer.
– III: Saint-Loup doziert über Hannibals Taktik bei der Schlacht von C.: *148* f., 562
Cannes: ehemaliges Fischerdorf, heute mondäner Badeort an der Côte-d'Azur.
– III: die Herzogin von Guermantes hält sich ein paar Tage in C. bei der Herzogin von Guise auf: *43*, 760, 765
*Canourgue, Mademoiselle de: die »große Partie« Nr. 2.
– III: der Prinz von Châtellerault will sich auf sie zurückbesinnen: 545
Canteloup: halbfiktiver Ort bei Balbec; ein Canteloup liegt etwa 20 km südl. von Trouville (Calvados), ein Chanteloup etwa 20 km südl. von Coutances, 5 km nördl. von Hudimesnil (Manche).
– II: Fahrt durch die Forsten von C.: *401*
Capel: vermutl. denkt Proust an Arthur Capel, 1st Baron Capel of Hadham (1608–49), den Cornelius Johnson 1641 im Kreis seiner Familie porträtiert hat, und dessen Nachfahren, insbes. den Sohn und Staatsmann Arthur Capel, 1st Earl of Essex (1631–83).
– IV: amerikan. Name, der mit der Familie aus Essex nichts zu tun hat: *672*
Capet, Lucien (1873–1928): frz. Violinist.
– V: kann mit Morel nicht mithalten: *389*

*Caprarola, Prinzessin von: Caprarola ist ein Ort zwischen Rom und Viterbo. Ein(e) Principe(ssa) di Caprarola ließ sich nicht nachweisen.
– IV: hat eine Ausstellung organisiert und besucht Mme Verdurin, um Besucher zu keilen: *203*; besucht Odette und erwähnt die Verdurins: 374 f.; hat Anspruch auf ihre Adelspartikel: 463
Capulet: Julias Familie in Shakespeares *Romeo und Julia*.
– IV: die Hindernisse zwischen Romeo und Julia sind nichts im Vergleich zu den Hindernissen zwischen einem Charlus und einem Jupien: *43*
Capus, Alfred (1858–1922): frz. Bühnenautor.
– IV: Monsieur de Chevregny hat seine *Châtelaine* gesehen: 673
*Carency, Prinz von: einer der Titel des Barons von Charlus.
– IV: Charlus verweist Monsieur Verdurin auf seinen Platz: *473*
Carnot, Lazare Nicolas (1753–1823): Mathematiker, Physiker und Mitglied des Konvents und des Wohlfahrtausschusses.
– III: hat an einem Tag elf Angehörige der Guermantes umbringen lassen: *785*
Carnot, Marie François Sadi-Carnot (1837–94): Präsident von Frankreich 1887–94.
– II: M unterscheidet ihn nicht von Mac-Mahon: *355*
– III: Enkel von Lazare Nicolas Carnot: *785*
Carnot, Marie-Pauline-Cécile, geb. Dupont-White (1843–98): Gattin des Präsidenten François Sadi-Carnot.
– III: die Herzogin von Guermantes hat bei ihr ihre Karte abgegeben: *784*
Caro, Elme-Marie (1826–87): frz. Philosoph.
– IV: Madame de Cambremer bewies Eifer in seinen Vorlesungen: *300*
Carpaccio, Vittore (1455–1526): venezian. Maler, insbes. von Begebenheiten aus den Heiligenlegenden.
– I: das Licht in der Kirche von Combray fügt Mme de Guermantes die Zartheit von manchen Bildern C.s hinzu: *248*
– II: M träumt von den C.s in Venedig: *20* f.; für Elstir sind Segelregatten ein so interessantes Motiv wie religiöse Feste für C.: 641 f.
– III: lässt Freunde und Auftraggeber in seinen Bildern auftreten: *567*; seine Reliquienschreine: 719
– IV: Charlus' Vorstellungen von einem Fest ähneln denen C.s: *72*
– V: Ideenlieferant für Fortuny: 503; seine *Courtisanen*: 515
– VI: ist der Maler, dem M am liebsten einen Besuch abstattet: *328* f.; M fin-

det Albertines Fortuny-Mantel in C.s *Der Patriarch von Grado heilt einen Besessenen* wieder: *329*

– VII: das Paris der Kriegszeit ist so exotisch wie C.s Venedig: *102*

Carquebut: Ort im Dép. Manche.

– IV: Brichots Etymologie: *400*

Carquethuit: fiktiver Ort an der normann. oder breton. Küste.

– II: Elstirs Gemälde des Hafens von C.: *557*, 566; M würde gern C. besuchen: 582; Elstir schenkt M eine Skizze der Küste von C.: 590

– IV: liegt in der Nähe von Néhomme: 400

Carqueville: fiktiver Ort an der normann. oder breton. Küste.

– II: die efeubedeckte Kirche von C.: *384*, 394

Carrière, Eugène (1849–1906): Symbolist, der sich insbes. ab 1885 um die Darstellung traumähnlicher Wahrnehmungsweisen bemühte.

– II: ein Porträt der Herzogin von Guermantes von C. hängt in Guermantes: *449*

– III: Saint-Loup schafft Bilder von C. an: *738*

*Cartier: Bruder von Madame de Villefranche, Freund des Herzogs von La Trémoïlle.

– V: sein Bonmot über Zola: 50 f.; seine spätere gesellschaftliche Bedeutungslosigkeit: 267 f.

Cartier: Schmuckatelier in Paris, gegr. 1847 von Louis-François Cartier.

– IV: M kauft ein Nécessaire für Albertine bei C.: 606

Carvalho: Spitzname der Opernsängerin Marie Caroline Miolan (1825–97), nach dem Namen ihres Mannes, Léon Carvaille.

– III: Oriane wäre selbst schuld gewesen, wenn sie die letzte Vorstellung der C. verpasst hätte: *627*

Castellane (Familie).

– IV: spricht ausnahmsweise kein schlechtes Französisch: *170*; laut Charlus eine der wenigen wirklich adligen Familien Frankreichs: 678

Castellane, Cordelia (1796–1847): geb. Greffulhe, Gattin von Graf Esprit-Victor-Elisabeth-Boniface von Castellane (1788–1862), General, Pair und Marschall von Frankreich.

– III: hat ihre Nichte Mme de Villeparisis zu den de Broglies mitgenommen: *370*

Castellane, Marquis Antoine de (1844–1917): Abgeordneter des Dép. Cantal; Proust war mit seinem Sohn Boniface, gen. »Boni«, befreundet.

– II: vertrauter Freund Odettes: *293*
Castille-Montjeu, Marie de (gest. 1735): Tochter eines reichen Bankiers, die 1705 in einer berühmten »Mesalliance« Anne-Marie-Joseph de Lorraine, Comte d'Harcourt, heiratete.
– III: Frau von Timoléon de Lorraine; ihre Schwester war die Urgroßmutter von Monsieur d'Ornessan: *723*
Castries, Armand de (1756–1842): Pair von Frankreich.
– III: der Großvater von Mme de Villeparisis hatte »Castries« statt »Decazes« verstanden: *257*
Cattley, William (1788–1835): engl. Botaniker, nach dem die berühmte »Cattleya« bzw., in Prousts Schreibweise, »Catleya« benannt ist, eine südamerikan. Orchideengattung.
– I: die Catleyas sind neben den Chrysanthemen Odettes Lieblingsblumen: *306*
Catulle: *s.* Mendès, Catulle.
Cauchon, Pierre (1370–1442): Bischof von Beauvais.
– II: Prinzessin Mathilde spricht »cochon« aus wie »Cauchon«: *159*
Cavaignac, Jacques-Godefroy (1853–1905): Kriegsminister zur Zeit der Dreyfus-Affäre, von Dreyfus' Schuld überzeugt.
– III: hat die Henry-Fälschung aufgedeckt und uminterpretiert: 325
Cavour: Camille Comte Benso di (1810–61): vereinigte 1860/61 Italien (bis auf Rom und Venetien).
– III: Norpois hat C. gekannt: *298*
*Céleste: *s.* Albaret, Céleste.
*Céline: eine der beiden Schwestern von Marcels Großmutter; *s.* auch Schwestern der Großmutter.
– I: beherrscht wie ihre Schwester Flora die Kunst der Andeutung: *39–42*, 53
– II: würdigt Legrandins Tochter keines Wortes: 301
– III: kommt nicht nach Paris, um ihre sterbende Schwester ein letztes Mal zu sehen: 438 f., 463 f.
Cellini, Benvenuto (1500–71): Goldschmied für die Päpste, die Medici und den frz. König Franz I.
– I: ein Diener bei Mme de Saint-Euverte erinnert Swann an einen Wachtposten von C.: *448*
– II: sein *Perseus*: *34*

*Cellist bei der Soiree Verdurin.
– V: beugt sich über seinen Kontrabass: *339*

Cercle Agricole: gegründet 1835. Fusionierte 1865 zum Teil mit dem Cercle de la rue Royale; der verbleibende Teil fusionierte 1916 mit dem Cercle de la rue Royale zum Nouveau Cercle de la rue Royale.
– V: Swann war Mitglied: *267*

Cercle de l'Union artistique: 1860 gegründet; 1946 fusionierte ein Teil mit dem Nouveau Cercle de la rue Royale zum Nouveau Cercle, der andere Teil 1963 mit dem Nouveau Cercle zum Nouveau Cercle de l'Union.
– V: Swann war Mitglied: *267*

Cercle de la rue Royale: exklusiver Klub an der Place de la Concorde Nr. 4. Gegründet 1868; ab 1916 Nouveau Cercle de la rue Royale, ab 1946 Nouveau Cercle, ab 1963 Nouveau Cercle de l'Union.
– II: nicht der Club von Blochs Vater: *472*
– III: Bloch möchte von Mme de Villeparisis für eine Mitgliedschaft empfohlen werden: 328
– V: Swann hat seine Mitgliedschaft kurz vor seinem Tod beendet: *267*; Tissots Gemälde des »Cercle«: *268*

Cercle des Ganaches: Spitzname des »Cercle du Boulevard Montmartre«; gegr. ca. 1830.
– II: der Club von Blochs Vater: *472*

Chabrier, Emmanuel (1841–94): frz. Komponist.
– V: Mme Verdurin zitiert ihn: *426*

Chaix-d'Est-Ange, Gustave-Victor-Charles (1800–76): Politiker und für seine Redegewandtheit gefeierter Advokat unter der Restauration und der Julimonarchie.
– III: fragt den Herzog von Montmorency, ob er seinen Titel in den Gräben von Vincennes aufgelesen habe: *794*

Chalais, Élie de Talleyrand-Périgord, Prinz von (1809–89).
– III: unzertrennlicher Freund von Monsieur d'Haussonville: *766*

Chambord, Graf von (1820–83): Thronprätendent unter dem Namen Heinrich V.
– III: wäre längst König von Frankreich, wenn er jemanden wie Charlus zur Hand gehabt hätte: *386*
– IV: die Familie Orléans hat ihm laut Charlus den Thron geraubt: *701*
– V: Anspielung auf sein Exil in Frohsdorf: *43f.*

Champagne (Provinz).
– III: die Ochsen auf dem Dach der Kathedrale von Laon betrachten die Landschaft der Ch.: 15; der Himmel der Ch. erstreckt sich in den Augen der Herzogin von Guermantes: 665
– IV: Dechambre stammte aus der Ch.: 410; Morels neuhellenische Anmut findet man in den Basiliken der Ch. wieder: 639
Champagne (auch: Champaigne), Philippe de (1602–74): frz. Maler der holl. Schule.
– III: der Herzog hat seinen »Velasquez« als einen Ch. gekauft: *774*
Champieu: fiktives Dorf am Weg nach Méséglise.
– I: »Campus Pagani« nach Ansicht des Pfarrers von Combray: *204*
Champlâtreux, Mademoiselle: spätere Herzogin von Noailles; *s.* auch Noailles, Herzogin von.
– VII: Sainte-Beuve hat ihr ein Gedicht gewidmet: *41*
Champs-Élysées: Parkanlage im Herzen von Paris, heute Prachtboulevard; wörtl. »Elysische Gefilde«, ›Stätte der Seligen‹.
– I: Gilberte wohnt in der Nähe der Ch.: *200*; M wird mit Françoise in die Ch. geschickt: 525, 539; M trifft sich in den Ch. mit Gilberte: 541–547, 549, 554–558; Gilberte wird lange nicht mehr in die Ch. kommen: 560, 562f.; M steht in den Ch. bebend vor ihrem Vater: 568; wenn Gilberte nicht in die Ch. kommt, macht M Spaziergänge zu ihrem Haus: 570
– II: Ms Spiele mit Gilberte in den Ch.: 83–85, 87–92; Ms erotisches Gerangel mit Gilberte hinter dem Lorbeergebüsch: 92–94; das Toilettenhäuschen der »Marquise« in den Ch.: 92–94, 197; ihr schlechter Ruf hinsichtlich der Gesundheit der Kinder: 95f., 101f.; M sieht Gilberte mit einem jungen Mann in den Ch: 270f.
– III: du Boulbon empfiehlt der Großmutter Ms Spaziergänge in den Ch.: 408f.; sie hat dort einen Schlaganfall: 415–421; Legrandin sieht M und seine Großmutter in einer Kutsche aus den Ch. kommen: 424–426; Prinz Von begegnet Rachel wiederholt in den Ch.: 683
– IV: der Türsteher der Prinzessin von Guermantes ist dort dem Herzog von Châtellerault begegnet: 52; M schlug einst das Herz, wenn er Swann dort begegnete: 130; Ms Großmutter hatte dort ihren ersten Schlaganfall erlitten: 219; in Ms Unterweltstraum würde seine Großmutter gern wieder dorthin gehen: 251

Chandos: engl. Familie von Baronen und später Herzögen, die auf das 16. Jh. zurückgeht; seit dem 18. Jh. mit dem Herzogtum Buckingham vereinigt.
– IV: amerikan. Name, der mit der Familie aus Buckingham nichts zu tun hat: *672*
*Chanlivault, Madame, gen. »die alte Madame Chanlivault«: entfernte Verwandte des Herzogs von Guermantes.
– I: wohnt in der Rue La Pérouse: *472*
– IV: Schwester des »alten Chaussepierre«, Tante von Monsieur de Chaussepierre: *106*
*Chanlivault, Neffe der »alten Madame«.
– IV: ist ein Chaussepierre: *106*
Chantepie: ein Landsitz »Cantepie« befindet sich in der Nähe von Cambremer; der *Annuaire des châteaux* 1906/07 weist einen Monsieur Swann als Besitzer aus.
– IV: Brichot zur Etymologie des Namens: *444*; Monsieur de Cambremer jagt dort: 444–448, 497; die Verdurins machen sich über Brichots Ch.-Etymologie lustig: 480 f.; M und Albertine fahren durch den Forst von Ch.: 546, 553
– VI: M erinnert sich an seine Ausfahrten in die Wälder von Ch.: *97*, 106
Chantereine: ein Wald dieses Namens befindet sich bei Rouen.
– II: Fahrt durch die Forsten von Ch.: *401*
– IV: Brichot erklärt, dass hier »reine« nicht ›Königin‹, sondern ›Frosch‹ bedeutet: *448*
Chantilly: Schloss des Herzogs von Aumale (s. die Anm. in Bd. I) im Dép. Oise, wo dieser berühmte Diners für berühmte Zeitgenossen gab.
– III: die Herzogin von Guermantes will zwei Tage in Ch. verbringen: *42*; der Herzog von Guermantes pflegte jede Woche nach Ch. zum Diner zu fahren: 785
– IV: laut Degas gibt es nichts Schöneres als die Poussins in Ch.: *291*
Chaplin, Charles-Joshua (1825–1891): frz. Maler und Kupferstecher.
– VII: die Poesie der eleganten Haushalte ist bei Renoir besser aufgehoben als bei Ch.: *42*
Chaponay, Madame de: Proust war mit der Marquise Alexandra de Chaponay-Morancé (1824–97) bekannt, geb. du Bois de Courvenal.
– III: eine Bekannte von Mme de Villeparisis: *271*
Charcot, Jean-Martin (1825–93): frz. Neurologe, Leiter der psychiatrischen

Anstalt »La Salpetrière«, wo Freud ein Praktikum unter ihm absolvierte. Charcot prägte 1882 den Begriff der »inversion« (des Sexualtriebes), den Proust bevorzugt in *Sodom* verwendet.
– III: hat Dr. du Boulbon eine beherrschende Stellung auf dem Gebiet der Psychiatrie vorausgesagt: *405* f.
– IV: Cottard bezeichnet ihn als Fürsten der Wissenschaft: *388*; Monsieur Cambremer spricht den Namen Cottard so ehrfürchtig aus wie den Namen Ch.: 495; ist angeblich fast völlig vergessen: *626*; der Herzog von Guermantes spricht vom ihm als »Herr Charcot«: 674
Chardin, Jean-Baptiste Siméon (1699–1779): frz. Maler, der den Reiz des Alltäglichen und Häuslichen zu Bewusstsein brachte, insbes. in seinen bürgerlichen Küchenszenen. Zu Françoises Schleifen verweist Tadié: *Recherche* auf Chardins *Autoportrait aux bésicles* und *Autoportrait à l'abat-jour* (beide Louvre), auf denen Chardin mit einer Nachtmütze mit blauer bzw. rosa Schleife zu sehen ist.
– II: Françoises Samtknoten und Bandschleife würden in einem Porträt von Ch. entzücken: *305*
– III: von Elstir bewundert: 566
– VI: in Venedig wird der Lehre von Ch., die M in Combray empfangen hatte, die von Veronese hinzugefügt: *300*
– VII: Vergleich mit Elstir: 496
Charette (Familie): einflussreiche, monarchistische Familie.
– IV: Mitglieder der höheren Gesellschaft sehen Frankreich am Abgrund, falls es den Ch. anvertraut werden sollte: *205*
Charleval, Madame de: Gast bei der Soiree der Prinzessin von Guermantes.
– IV: Mutter von Henriette Montmorency und Schwester des »alten Chaussepierre«: *106*
Charlotte, Kaiserin: Charlotte von Sachsen-Coburg und Gotha (1840–1927), Schwester des belgischen Königs Leopold II., Frau des Kaisers (1864–67) Maximilian von Mexiko (= Erzherzog Ferdinand von Österreich, 1832–67). Winterhalter fertigte eine Miniatur Charlottes als Zweijähriger an.
– III: Mme de Villeparisis will Prinz Von ihre Miniatur der Kaiserin zeigen: *344*
Charlus (Dorf in Burgund): fiktiv; ein Dorf Charlus existiert jedoch in der Auvergne, nahe Bassignac.

– III: zukünftige Besucher des Dorfes werden von der Größe des Barons von Charlus nichts mehr wissen: 725 f.

*Charlus, Baron Palamède von: Schulfreund Swanns, jüngerer Bruder des Herzogs von Guermantes und Onkel von Saint-Loup.

– I: angeblicher Liebhaber von Mme Swann: 52, 141; starrt M in Tansonville an: 198; Freund von Swann: 268, 427 f.; vermittelt zwischen Swann und Odette: 428, 434 f., 441; begleitet Odette auf Bitten Swanns: 443 f., 471; hat nichts bei Odette erreicht: 486; Swann verdächtigt ihn, Autor eines anonymen Briefes zu sein: 489–491; erscheint in Swanns Traum: 521

– II: Mme Swann erkundigt sich nach ihm: 244; wird von Saint-Loup in Balbec erwartet: 440; Saint-Loup erzählt M von Ch.: 442–444; M sieht ihn vor dem Kasino: 444 f.; wird M vorgestellt: 447; sein Name, seine Titel: 449; M erkennt den Freund der Swanns aus Tansonville wieder: 450; seine Einstellung zur Aristokratie: 451; sein Kunstverstand: 452–454; M und die Großmutter zum Tee bei Ch.: 455–462; sein Männlichkeitswahn: 457 f.; Kenner der Mme de Sévigné: 459 f.; über die Israëls: 461 f.; besucht M in seinem Schlafzimmer und leiht ihm ein Buch von Bergotte: 463 f.; zupft M am Strand am Kinn und verlangt das Buch zurück: 464 f.; schickt M ein Buch von Bergotte mit einem Zweig Myositis: 465 f.; Bloch spricht abschätzig über Ch.: 478 f.

– III: M hält den Prinz von Sachsen versehentlich für Ch.: 46; hat mit Swann einen vieldeutigen Jargon gemeinsam: 73; taucht in Aimés Restaurant auf, als Saint-Loup, Rachel und M dort essen: 226; erkundigt sich nach Blochs Vornamen: 255; der Herzog von Châtellerault hat seinen galligen Esprit von Ch. geerbt: 332; bei Mme de Villeparisis' Empfang; hängt sich an Odette; über sein Verhältnis zu seiner Tante: 359–365; nimmt den Hut mit dem »G«; Ms Fauxpas: 373 f.; M will sich von ihm begleiten lassen; Mme de Villeparisis ist darüber besorgt: 382; Heimweg mit M, Gespräch über Bloch und Dreyfus: 384 f., 387, 388–391; Begegnung mit Monsieur d'Argencourt; Angebot an M, ihm die Türen der Gesellschaft zu öffnen: 393–395; über Mme de Villeparisis: 396 f.; M ein »kleiner Schlingel«: 397 f.; der »richtige« Kutscher für Ch.: 398 f.; die Herzogin von Guermantes über Ch.; sie findet ihn ein wenig »verrückt«: 511–514; ist entrüstet, als M ihm Bloch vorstellen will: 516 f.; hat M vor der Herzogin von Guermantes verleugnet: 553; lädt M zu sich ein: 555, 569; seine aristokratischen Gewohnheiten: 560; seine Stimmungen: 574; findet die »Kreuzsprünge« des Monsieur de Fierbois lächerlich: 601; Ch. als »Taquinius superbus«: 625 f., 653; seine Trauer um seine verstorbene Gattin, die Prinzessin von Bourbon: 680 f.; Prinz Von will M alles über den Prinzen von Foix erklären: 684; der Thronerbe von Belgien wäre sehr erstaunt über Ch. als »Herzog von Brabant«: 696; verkehrte mit den Größten auf gleichem Fuß: 726; Ms befremdlicher Besuch bei Ch.: 733 f., 739, 740–745, 748–751; er begleitet M nach Hause: 754, 758; Ch. über die Iénas: 756; M erinnert sich an seine Worte über die Gesellschaft: 760–762; sein Zylinder eine Spezialanfertigung von Delion: 776

– IV: seine Begegnung mit Jupien; sein wahres Wesen tritt plötzlich hervor: 7–26, 32, 38, 43–50; BEI DER SOIREE GUERMANTES: unterhält sich mit dem Herzog von Sidonia: 58–60; Ch. und Vaugoubert: 64–66; Ch. begrüßt andere Gäste: 71 f.; täuscht vor, von einer Partie Whist in Anspruch genommen zu sein: 77–80; spricht mit M über die Fontäne von Hubert Robert: 85; seine Unterhaltung mit Monsieur Vaugoubert: 93–96; geht nicht zu den Empfängen der Mme Saint-Euverte: 103; hält den Esprit der Guermantes hoch: 105; wird eingewickelt vom Rock der Gräfin Molé: 107; mustert die jungen Marquis von Surgis: 127 f.; Saint-Loup beschreibt ihn als Schürzenjäger: 131–133; umgarnt Mme de Surgis: 135 f.; Mme de Surgis stellt ihm ihre Söhne vor: 138–142, 145 f., 148; seine Hasstirade auf Mme de Saint-Euverte: 142–145; unterhält sich mit Mme de Surgis über ihr Porträt: 152 f.; Swann über Ch.' sexuelle Neigungen: 153 f.; die Prinzessin von Guermantes ist heimlich in ihn verliebt: 162–165; brüderliches Gespräch mit dem Herzog von Guermantes auf der Freitreppe: 165–168; BESUCH IN LA RASPELIÈRE (283–521): ist bei der Herzogin von Luxemburg in der Nähe von Balbec zu Besuch: 283; begegnet Morel am Bahnhof von Doncières: 360–365; sein Besuch in La Raspelière wird angekündigt: 417; wird in Künstlerkreisen mit einem anderen Charlus verwechselt: 418 f.; gilt Ski als fragwürdiges Individuum: 420; sein Auftritt »ganz lady-like« in La Raspelière mit Morel: 423–427; wird Cottard vorgestellt; seine »deutsche Manier«, einen am Arm zu packen: 431; Mme de Cambremer ist hingerissen, ihn kennenzulernen: 435 f.; wird unter seinem Stand plaziert: 438; missversteht Cottards Zwinkern: 440–444; Mme Verdurin will ihn für ihren Kreis »keilen«: 446; Mme Verdurin findet es rührend, dass er Morel protegiert: 454; hat ein Haus bei Saint-Martin-du-Chêne gemietet: 458 f.; beeindruckt Mme Verdurin mit seiner Bekanntschaft mit der Gräfin Molé:

462 f., 507; prunkt vor Monsieur Verdurin mit seinen Titeln: 470–472; hindert den Marquis von Cambremer daran, für ihn aufzustehen: 473 f.; hat einen Brief mit der Anrede »Monseigneur« erhalten: 477 f.; verbreitet sich über die Eulenburg-Affäre: 479; gibt vor Morel an: 484 f.; Brichot macht ihm ein Kompliment: 486; begleitet Morel auf dem Klavier: 486 f.; ist ganz und gar ein Guermantes: 487 f.; hat bei der Beerdigung seiner Frau mit einem Ministranten angebändelt: 488; schlägt eine Partie Whist vor: 489; M stellt gegenüber Ski Ch.' Familienbande richtig: 491; Ch. erwägt eine Pilgerreise zum Mont Saint-Michel: 492; schaut beim Kartenspiel Morel über die Schulter: 493, 500 f., 504, 506; zieht das Erdbeerböwlchen vor: 504 f.; erstes Scharmützel mit Mme Verdurin: 506 f.; missversteht die Frage, ob er dazugehöre: 509; M träumt von ihm: 531; M holt seinen Rat ein wegen der Pelzkappe für Albertine: 532 f.; er taucht in Begleitung eines Dienstboten einer Cousine der Cambremers im Grand-Hôtel auf: 534–538; sein Brief an Aimé: 538–544; Autoausflüge mit Morel; ihr Restaurant-Besuch in Saint-Mars-le-Vêtu: 561–568; wird einer der treuesten Gäste der Verdurins: 606; seine eingebildeten Leiden: 608; die Devisen in seinen Büchern: 609 f.; die Getreuen mokieren sich über seine Neigungen: 611 f.; geniert sich nicht, im Abstrakten über Neigungen wie die seinigen zu sprechen: 613–615; übernimmt Aufgaben bei den Verdurins: 616–618; hofiert Morel zuliebe einen bedeutenden Musiker: 620; ahnt nicht, dass jeder »Bescheid weiß«: 620–624; zitiert Balzac zum Thema Inversion: 624–629; vergleicht Albertines Toilette mit der von Balzacs Prinzessin von Cadignan: 630–635, 642–646; die Beziehung zwischen ihm und Morel: 636–642; sein fiktives Duell: 642–655; seine Widmungen in den Büchern für Morel: 645 f.; er kanzelt Morel ab: 648 f.; Cottard als Sekundant: 652–655; seine Illusionen über den »Tobias« Morel: 655–658; spioniert Morel in Maineville nach: 660–666; sein Foto beim Prinzen von Guermantes schlägt Morel in die Flucht: 667; erteilt Morel abstruse Lehren über die feine Gesellschaft: 677 f.; verrät M Brichots Schwäche für Mme de Cambremer: 679 f.; erteilt den Cambremers eine Abfuhr: 681–684; interessiert sich für Brichots Etymologien: 691; interessiert sich für Bloch: 693, 696–697; seine antisemitische Hasstirade: 697–702

– V: »nimmt« mit Morel bei Jupien und seiner Nichte »den Tee ein«: 54–56; hat einen Liebesbrief von einem Pagen »Pierre« erhalten und zeigt ihn Vaugoubert: 56–58; würde eine Ehe zwischen Jupiens Nichte und Morel begrüßen: 59–65; kommt nicht hinter das Geheimnis von Morels Algebra-Stunden: 216–218; seine gelben Hosen in der öffentlichen Toilette in der Rue de Bourgogne: 254; begegnet Brichot und M auf dem Weg zu den Verdurins; seine veränderte Erscheinung, die Ausprägung seiner homosexuellen Persönlichkeit; die zweifelhaften Gestalten in seinem Gefolge; seine aufgetragene Tuntigkeit: 273–286; liest einen verstörenden Brief von Léa an Morel: 289–292, 508 f.; auf dem Weg zu den Verdurins erkundigt er sich über Bloch, preist Morels Schönheit und Talent, erzählt von seiner Freundschaft mit Bergotte und diskutiert Albertines Kleider-Geschmack: 292–305; schäkert mit einem Dienstboten der Verdurins: 306 f.; macht sich zum Impresario der Soiree Verdurin; sein Streit mit Mme Molé: 311–317, 321 f.; sein Wunsch, einen Erben zu adoptieren: 327 f.; Getuschel unter den anwesenden »Charlussen« über Bedienstete: 329 f.; die schlechte Erziehung der Gäste wird ihm zum Verhängnis: 331–335; seine Flammenengel-Attitüde, als Morel aufs Podium steigt: 335 f.; sein indiskretes Verhalten gegenüber den Bediensteten: 350; Gespräche mit Mme de Mortemart und anderen Gästen nach dem Konzert: 360–370; er macht herablassende Bemerkungen zu Mme Verdurin; ist entzückt vom Fächer der Königin von Neapel; zieht über Mme Molé her und bringt Mme Verdurin zum Platzen: 371–378; spricht General Deltour auf das Kreuz der Ehrenlegion für Morel an: 378 f.; unterhält sich im Vorzimmer mit M und Brichot über das Konzert und über Morels Locke: 388–391; seine Teilnahme an Brichots Vorlesungen: 392–396; erzählt von Mme de Villeparisis: 397–399; doziert über Homosexualität: 400–419; Bruch mit Morel und den Verdurins; die Königin von Neapel als sein weißer Ritter; seine Krankheit und vorübergehende moralische Besserung: 429–440; Brichots liebenswürdige Äußerungen über ihn: 446–450

– VI: unterhält sich gern mit den Bauern: 240; zitiert gern eine Bemerkung von Saint-Simon über einen Marquis du Lau: *245*; trägt Morel Gedichte vor: *261*; adoptiert Jupiens Nichte und vererbt ihr den Titel einer Mademoiselle d'Oloron: 344 f.; hat einmal Legrandin im Zug kennengelernt: 354 f.; der Herzog von Guermantes verbreitet das Gerücht, Mlle d'Oloron sei Ch.' »natürliche« Tochter: 356; schließt Léonor de Cambremer in sein Herz: 365; M macht ihm einen Krankenbesuch: 369; Saint-Loup zeigte viele Eigenarten, die M an Ch. und anderen Charlussen wahrgenommen hat: 385 f.

– VII: die Männlichkeitsideale von Homosexuellen wie Ch. und Saint-Loup: 76 f.; Ch.' Ähnlichkeit und Unähnlichkeit mit seinem Neffen Saint-Loup: 97 f.; M begegnet ihm, wie er zwei Soldaten folgt: *102*; seine soziale Isolation und seine fortdauernde Feindschaft mit Morel und den Verdurins: 103–110; hat eine Neigung zu kleinen Jungen entwickelt: 111; unterhält Korrespondenz mit Soldaten an der Front: 112; seine Deutschfreundlichkeit; seine ungewöhnlichen Ansichten über den Krieg: 116–139, 146–160; würde sich gern mit Morel versöhnen: 125; Morels Angst vor ihm: 159; der postume Brief Ch.' an den Erzähler: 160–162; vergleicht das Paris des Krieges mit Pompeji: 163 f.; seine Bewunderung für brit., frz. und besonders dt. Soldaten: 164–*166*; M entdeckt ihn in Jupiens Bordell, wo er sich auspeitschen lässt: 175–179; schäkert mit den Strichjungen: 187–192; der Snobismus des Pöbels: 196; ein Jammer, dass Ch. kein Dichter ist: 197 f.; die Poesie in seinem Wahnsinn: 208–210; Morel veranlasst seine vorübergehende Festnahme: 227 f.; M trifft ihn nach einem Schlaganfall; seine Ähnlichkeit mit Lear; sein Gruß an Mme Saint-Euverte: *238*–240; sein Totenappell: *242*; »ein großes Kind«: 245 f.; seine Ähnlichkeit mit seiner Mutter: 424

Charlus, Madame.

– VI: diejenigen, die sie kannten, sagen: »sie war wundervoll«: 136 f.

*Charmel (1): ein Diener Charlus'; der Hausmeister von Madame Réjane, bei der Proust vier Monate wohnte, hieß Charmel.

– III: bewacht oder belauscht Charlus' Salon: *749*

*Charmel (2): fiktiver Name.

– IV: Charlus möchte, dass Morel sich den Künstlernamen »Charmel« gibt: *640*

Charpentier, Georges (1846–1905): Verleger von u. a. Émile Zola, Gustave Flaubert, Guy de Maupassant, Alphonse Daudet, Edmond de Goncourt und Joris-Karl Huysmans.

– VII: sein Salon in Renoirs Gemälde (*Madame Charpentier et ses enfants*) gibt die Poesie seiner Zeit besser wieder als Porträts von Cot oder Chaplin: *42*

Charron, Ferdinand (1866–1928): zusammen mit Girardot und Voigt Gründer (1901) der Automobilfabrik Charron S.A.R.L. (Name ab 1907) in Puteaux.

– III: *345*

Chartres (Ort): Stadt etwa 90 km südwestlich von Paris im Dép. Eure-et-Loir (in dem auch Illiers liegt) mit der berühmten Cathédrale Notre-Dame de Chartres. – In der Erstausgabe 1913 bei Grasset liegt Combray noch in der Nähe von Chartres; ab den Ausgaben 1919 in der Nähe von Reims. – Corots Gemälde der *Cathédrale* (1830), das in WS erwähnt wird, hängt im Louvre.

– I: Ms Großmutter schenkt ihm eine Fotografie von Corots Gemälde der Kathedrale von Ch.: *61*; die Kirche von Combray lässt M nicht so grübeln wie die Kathedrale von Ch.: 91; Swann über die »Königinnen von Chartres«: *140*; der Pfarrer von Combray über die Fenster von Ch.: 148

– II: die Kathedrale ein »ziseliertes Schmuckstück«: 54; der Name eine abgekürzte Bezeichnung für ihre wichtigste Kirche: *317*

– III: die Kathedrale Notre Dame de Ch.: 15; ein Dorf in der Nähe von Ch.: 167

– IV: die Kathedrale von Ch.: 475

– V: die Fenster der Kathedrale: 224

Chartres, Herzog von: Robert-Philippe d'Orléans (1840–1910), Enkel von Louis-Philippe, Bruder des Thronprätendenten Graf von Paris.

– I: würde Swann zu Hilfe eilen: *427*

– II: nach Odettes Meinung nicht Fürst, sondern Herzog: *128*

– III: seine Haltung in der Dreyfus-Affäre: 326 f.; Bréauté ist zu seinem Mittagsempfang eingeladen: 580

– IV: hat Swann gefördert: 111, 114; ist ein Vetter von Charlus: 701

Chartres, Herzogin von: Françoise Marie Amélie d'Orléans (1844–1925), Gattin von Robert-Philippe d'Orléans, Herzog von Chartres.

– III: Dr. Dieulafois hat sie als Patientin abgewiesen: 454

– VII: hat nach den falschen Erinnerungen der Herzogin von Guermantes Bloch auf den Knien gewiegt: *396*

Charvet: exklusives Herrenbekleidungsgeschäft an der Place Vendôme.

– II: M trägt für seinen Besuch bei den Swanns eine Ch.-Krawatte: *138*

Chat Noir, Le: Galerie-Kabarett-Café, gegr. 1881 am Boulevard Rochechouart, ab 1885 in der Rue de Laval.

– I: Charlus begleitet Odette ins Ch.: *434*

Chateaubriand, François René, Vicomte de (1768–1848): Diplomat, Nordamerikareisender und Dichter der Frühromantik; während der Papstwahl 1829 war Chateaubriand Gesandter in Rom.

– II: gewisse Schriftsteller trösten sich über eine schlechte Passage, indem

sie eine Lobrede auf Ch. lesen: 76; Swann kauft eine Zeichnung, wenn Ch. sie beschrieben hat: 130; Bergotte zieht den Ch. der *Atala* dem Ch. des *Rancé* vor: *178*; M fragt Mme de Villeparisis über Ch. aus: 387; Ch. und der Mondschein: 402–404; Mangel an Takt und Scharfsinn haben Ch. nicht daran gehindert, zu werden, was er war: 410; Albertines Haare gemahnen M an die Haare der Geliebten Ch.s: 670
– IV: Brichot fühlt sich an den Abenden bei Mme Verdurin in Paris wie eine Art Ch. bei Mme Récamier in L'Abbey-aux-Bois: *382 f.*; Charlus zitiert aus einem Brief an Ch.: 598; Brichot bezeichnet ihn als Großmeister der Windbeutelei: 626 f.; M wird sich mit Charlus über Ch. unterhalten können: 703
– V: die Legenden in seinen *Mémoires*: *43*; seine *Mémoires* sind Sainte-Beuve nicht offenherzig genug: *448*; sein blauer Mond: *557*
– VI: der Herzog von Guermantes findet Spuren der »altmodischen Prosa Ch.s« in Ms *Figaro*-Artikel: *248*
– VII: Beispiele für unwillkürliche Erinnerung in seinen *Mémoires*: *51*, *322* f.
Châteaudun: Ort etwa 30 km südl. von Illiers.
– I: der Bruder des Abbé Perdreau kommt aus Ch.: *84*; Mme Goupil hat sich dort ein Seidenkleid machen lassen: 143
– III: die Gräfin G*** gehört nicht einmal zur zweiten Riege der Gesellschaft von Ch.: 596 f.
– IV: Brichot gibt die Etymologie des Namens: 400
Châtelet (Théâtre du): Theater im 1. Arr., 1862 eröffnet. Ab 1874 fanden dort sonntags am Nachmittag Konzerte statt.
– I: Swann soll Odette dort treffen: *298*
Châtelet, Gabrielle-Émilie Le Tonnelier de Breteuil, Marquise du (1706–49): langjährige Gastgeberin Voltaires.
– IV: Brichot fühlt sich an den Abenden bei Mme Verdurin in La Raspelière wie eine Art Voltaire bei Mme du Ch.: *382 f.*
Châtellerault (Ort): Gemeinde im Dép. Vienne, etwa 70 km südl. von Tours.
– VI: Aimé soll bei seiner Fahrt zu Mme Bontemps hier aussteigen: 32
*Châtellerault, Eltern des Herzogs von.
– III: der Vater hat wunderbare Apfelbäume am Meeressaum in der Normandie: 288
*Châtellerault, Freund des Herzogs von: vermutl. identisch mit dem Baron von Guermantes.

– III: beim Empfang von Mme de Villeparisis: 327
– IV: war zehn Jahre lang mit der Prinzessin von Guermantes zerstritten: 52
*Châtellerault, Herzog von: Großneffe der Madame de Villeparisis.
– III: beim Empfang von Mme de Villeparisis: *285*; will eine Kur in Vichy machen: 296; befreundet mit dem Baron von Guermantes: 327; macht eine antisemitische Bemerkung gegenüber Bloch: 332; begrüßt Charlus, der ihn zu ignorieren sucht: 363; eine Reinkarnation der Herzogin von Guermantes: 581; Ellenbogenspiele mit dem liebeskranken Diener bei der Herzogin von Guermantes: 662; der Herzog über Ch.s Kniespiele mit Bloch: 678; er will auch eine Anekdote über den Erbgroßherzog von Luxemburg erzählen: 721
– IV: Jupien beschreibt ihn Charlus: 22; seine Wiederbegegnung mit dem Türsteher des Prinzen von Guermantes: 52 f., 55 f.
– V: wäre laut Charlus fast aus dem Jockey-Club geflogen: 418
– VI: hat um Gilberte angehalten: 349; gedenkt, Mlle d'Entragues zu heiraten: 350
– VII: sein Aussehen im Alter: 324
*Châtellerault, Prinz von: wird nur einmal erwähnt; vermutl. »Prinz« nur irrtümlich statt »Herzog«.
– III: Mitgiftjäger und Mitglied der Clique um den Prinzen von Foix; glaubte, mit Daisy d'Ambresac schon so gut wie verlobt zu sein: 545
*Châtellerault, Vater des Prinzen von: wird nur einmal erwähnt; vermutl. »Prinz« nur irrtümlich statt »Herzog«.
– III: hat den d'Ambresacs geschickt etwas zugunsten der Mutter seines Sohnes eingeflüstert: 545
Chatou: Dorf an der Seine, etwa 15 km von Paris, das von Anglern, Wanderern, leichten Mädchen, aber auch impressionistischen Malern besucht wurde.
– I: Mme Verdurins Kreis unternimmt mit Odette ohne Swann Ausflüge nach Ch.: *390*, 391, 401, 413; Swann ist angewidert: 393; Swann hat einen Weg gefunden, doch eingeladen zu werden: 397
Chattoncourt-l'Orgueilleux: vermutl. fiktiv; es gibt ein Chattancourt weitab im Dép. Meuse (Lothringen); ein Pressagny-l'Orgueilleux befindet sich im Dép. Eure (Obere Normandie). Im weiteren Verlauf des Textes ist nur noch von einem »Marcouville-l'Orgueilleuse« die Rede.

– IV: ein möglicher Wohnort für einen Gastgeber von Mme de Cambremer: *233*
*Chauffeur der Verdurins.
– IV: von M für Ausfahrten mit Albertine bestellt: 547, 559 f.; Charlus gehört ebenfalls zu seinen Kunden: 561 f.; seine Kumpanei mit Morel: 568; der Liftboy spricht von ihm als einem »Herrn«: 588 f.; er wird nach Paris zurückbeordert: 590 f.; Morel verbündet sich mit ihm, damit er den Arbeitsplatz des Kutschers der Verdurins erhält: 591–593, 596
– V: wird M von den Verdurins in Paris geliehen: 18; soll für M auf Albertine aufpassen: 26 f.; rühmt Morel gegenüber Jupiens Nichte: 86; M zweifelt an seiner Wachsamkeit; sein Bericht über einen Ausflug nach Versailles: 174–180; 182, 234; seine Komplizenschaft bei Albertines erfundenem Ausflug nach Balbec: 455 f.; M gibt ihm ein überreiches Trinkgeld: 500
*Chauffeur mit der gestohlenen Uhrkette.
– VII: ist in Jupiens Bordell bestens bekannt; holt Charlus ab: 173 f.
Chaulnes: Ort bei Amiens.
– II: Mme de Sévigné erwähnt Ch. in einem Brief an ihre Tochter: 301
Chaumont: Ort an der Loire, in dem die de Broglies ihren Landsitz haben.
– VI: der Name lässt über die Assoziation Buttes-Chaumont Ms Verdächtigungen hinsichtlich Albertines wieder aufflammen: 175
*Chaussegros, Marquise von.
– III: die Herzogin von Guermantes findet Damen bezaubernd, die sich weigern, der Marquise vorgestellt zu werden: 509; kennt angeblich M aus Schottland: *669*
*Chaussepierre, gen. »der alte Chaussepierre«: entfernter Verwandter des Herzogs von Guermantes.
– I: Bruder der Mme Chanlivault: *472*
– IV: Bruder von Mme de Charleval, Mme de Sennecour und der Vicomtesse du Merlerault: *106*
*Chaussepierre, Madame de: geb. Henriette Montmorency, Tochter von Madame de Charleval, verh. mit dem Neffen der »alten Madame Chanlivault«, entfernte Verwandte des Herzogs von Guermantes.
– IV: die Herzogin von Guermantes erwidert nicht ihren Gruß: *106*
– V: ihre Bescheidenheit, ihre musikalischen Gesellschaften: 48–52

*Chaussepierre, Monsieur de: Gatte von Madame de Chaussepierre.
– IV: Neffe der alten Mme Chanlivault; der Herzog von Guermantes schüttelt ihm die Hand: *106*
– V: besiegt den Herzog von Guermantes bei der Wahl zum Präsidenten des Jockey-Clubs: 48–52
– VI: hat die Präsidentschaft des Jockey-Clubs errungen: *247*
*Chaverny, Gräfin von, geb. d'Aigleville.
– IV: Trauernde auf der Todesanzeige für Éléonore de Cambremer: *260*
Chênedollé, Charles Julien Lioult de (1769–1833): romantischer Dichter.
– III: Ms Butler zitiert ihn in seinem Brief nach Hause: 760
*Chenonceaux (Familie): Verwandte der Cambremers.
– IV: die Marquise Renée von Cambremer spricht den Namen »Ch'nonceaux« aus: *299*
*Chenut senior: mit dem Großvater von Madame Bontemps gut bekannt.
– II: gibt dem Kutscher nur einen Sou Trinkgeld: 119
Cherbuliez, Victor (1829–99): Literaturkritiker und Romanautor, Mitglied der Académie.
– III: Norpois zieht ihn Bergotte vor: *299*
Cheruit: renommiertes Damenbekleidungsgeschäft an der Place Vendôme.
– II: Elstir empfiehlt Ch.: *643*
Chevet: bekanntes Pariser Feinkostgeschäft Ende des 19. Jh.s in der Galerie de Chartres im Palais-Royal.
– I: eine Cousine von Swanns Mutter kauft dort Birnen ein: *426*
*Chevregny (Familie): Ein Cousin der Chevregnys ist auch ein Cousin des Marquis von Cambremer.
– IV: Hauptmann Dreyfus war immer sehr gerecht diesem Cousin gegenüber: *504*
*Chevregny, Monsieur de.
– IV: steigt manchmal in Hermonville zu: 673 f., 693; hat die Bekanntschaft zwischen den Cambremers und den Férés vermittelt: 682
Chevreuse, Charles-Honoré d'Albert, Herzog von (1646–1712): Berater Ludwigs XIV.
– III: der Kurfürst von der Pfalz will ihn nicht an seiner rechten Seite sitzen lassen: 587; das schöne feudalistische Bauwerk des Titels: 724; der Titel ist rechtmäßig an das Haus d'Albert gefallen: 793
*Chevreuse, Madame de: Bekannte der Herzogin von Guermantes; realer An-

lehnungspunkt ist vermutl. Simone de Crussol d'Uzès (1870–1946), Gattin von Honoré-Charles d'Albert (1868–1924), 10. Herzog von Luynes und Chevreuse.
– III: die Herzogin von Guermantes hat sie zu den Iénas mitgenommen: *697*
– IV: soll nach der Soiree Guermantes noch zum Abendessen bleiben: *156*
Chevreuse, Marie Aimée de Rohan-Montbazon, Herzogin von (1600–79): in erster Ehe mit Charles d'Albert, Herzog von Luynes, verheiratet, in zweiter Ehe mit Claude de Lorraine, Herzog von Chevreuse.
– III: Mme de Villeparisis zeigt ihr Porträt: *271*
Chevreuse: Tal von.
– VI: Albertine hat gern Ausfahrten ins Tal von Ch. gemacht: *189*
Chimay, Clara de (1873–1916): Clara Ward, Gattin des Prinzen Joseph de Caraman-Chimay; amerikan. Millionärs-Erbin.
– II: Charlus will von ihr nichts wissen: *461*
Chimay, Prinz von: vermutl. Joseph Prince de Chimay (1858–1937).
– IV: Gast der Soiree Guermantes: *107*
Chimay, Prinzessin von: Schwester des Prinzen von Chimay, also vermutl. Élisabeth Gräfin Greffulhe (1860–1952), der »Schönheitskönigin des Faubourg Saint-Germain«.
– IV: die Schönste bei der Soiree Guermantes: *107*; Tante von Charlus, bei der Chopin spielte: 565
*Chochotte: Spitzname von Brichot; *s.* Brichot.
Choderlos de Laclos, Pierre-Ambroise-François (1741–1803): frz. Autor, insbes. der *Liaisons dangereuses*.
– V: hat das abstoßendste aller perversen Bücher geschrieben: *518*
– VII: nicht die Güte seines Herzens hat Ch. dazu bewegt, die *Gefährlichen Liebschaften* zu schreiben: 279
Choiseul (Familie): altes frz. Adelsgeschlecht, das bis ins 10. Jh. zurückgeht und mehrere bedeutende Marschälle und Bischöfe stellte; wurde 1665 erstmals in den Herzogsstand erhoben und trägt seit 1762 den Titel der Herzöge von Praslin.
– III: eine der drei Parzen ist eine geborene Ch.: *266*; die Mutter von Bréauté ist eine geborene Ch.: 718
*Choiseul (Haus).
– II: stammt von einer Schwester des Königs Ludwig der Dicke ab: 408

*Choiseul, Herzogin.
– II: will sich der Mutter von Mme de Villeparisis nicht vorstellen lassen, da sie eine Herzogin ist: 408
Cholet, Armand Pierre, Graf von: Leutnant und Vorgesetzter Prousts während dessen Militärdienstes.
– IV: Etymologie seines Namens: *457* f.
Chopin, Frédéric (1810–49): poln. Komponist und Pianist.
– I: eines seiner *Préludes* wird bei Mme de Saint-Euverte gespielt: 455–457; ebenso eine Polonaise: 460 f.
– II: hat im Hôtel de Bouillon gespielt: 385; verziert noch die schwermütigste Phrase mit anmutigen Abschweifungen: 498
– IV: Zélia de Cambremer ist seine letzte noch lebende Schülerin: 293 f.; Zélia verehrt ihn, Renée de Cambremer verabscheut ihn: *296*–298, 305, 476, 517; Charlus wurde abgeraten, ihn zu hören: 565
Chorsabad: antike Stadt nördlich von Ninive (heute: Dur Sharrukin, Irak), mit Resten aus der Zeit Sargons II. (Assur, 722–705); geflügelte Stiere (Lamassu) mit gekröntem, bärtigem Menschenkopf aus dem Palast Sargons II. befinden sich im Louvre.
– II: sein Vorname breitet über Nissim Bernard die Flügel eines Stiers aus Ch. aus: *474*
Christian, Prinzessin: vermutl. Gattin des Königs Christian von Dänemark.
– VII: meint, dass Zar Nikolaus eine Schwäche für König Konstantin hatte: *136*
Christus: Jesus von Nazareth, Prophet.
– IV: erklärte, dass derjenige, der seine Mutter oder seinen Vater ebenso liebe wie ihn und nicht bereit sei, diese zu verlassen, um ihm zu folgen, seiner nicht würdig sei: *384*
– V: ein Irrer glaubt, er sei Ch.: 276
– VI: ein Verrückter glaubt, er sei Ch.: 176
Cinq-Cygne, Desmoiselles de: Eine Laurence de Cinq-Cygne spricht in Balzacs *Une ténébreuse affaire* mit Napoleon.
– III: Napoleon hat mit den Desmoiselles de C. gesprochen: *720*
Cinq-Mars: Cinq-Mars-la-Pile, Ort im Dép. Indre-et-Loir.
– IV: Brichots Etymologie: *399*
Circe: griech. Zauberin und Göttin der Zauberkunst, spezialisiert auf Liebestränke.

– IV: Weihrauch ist der ihr zugeordnete Duft: *328*
Cirro: korrekt: Ciro; Restaurant in der Rue Daunou.
– II: Françoise hält das Lokal für fragwürdig: *82*
*Citri, Marquise von: Gast bei der Soiree Guermantes.
– IV: ihr Grauen vor der höheren Gesellschaft: *124* f.; ihre Selbstüberschätzung: 126
Clairefontaine: halbfiktiver Ort an der Vivonne. In der Nähe von Dourdan gibt es ein Clairefontaine-en-Beauce, in der Nähe von Verviers (Aisne) eine Abtei Clairefontaine.
– I: wird vom Türmer der Burg der Grafen von Combray überwacht: 233
Clapisson, Antonin (1808–66): Komponist leichter komischer Opern (*La Figurante*), Mitglied des Institut Français, bekannter Instrumentensammler.
– I: Odette kann C. nicht von Bach unterscheiden: 414
Claudel, Paul (1868–1955): religiös inspirierter frz. Dichter und Dramatiker.
– II: hielt in der Académie die Laudatio auf Boileau: 13; wenn man selbst endlich bei C. angekommen ist, können sich Mitschüler schon nur noch für Musset begeistern: *466*
– III: kommt in einem Pseudo-Zitat von Giraudoux vor: 440
Clausewitz, General Carl von (1780–1831): dt. Militärtheoretiker und Heerführer im Krieg gegen Napoleon.
– VII: wird von Brichot in seinen Zeitungsartikeln zitiert: *143*
Clemenceau, Georges (1841–1929): Abgeordneter der extremen Linken, Chefredakteur des *L'Aurore*, als dieser Zolas *J'accuse!* im Januar 1898 veröffentlichte; einflussreicher Dreyfus-Anhänger, Ministerpräsident 1906–09 und 1917–20.
– III: die Regierung steht nicht unter seinem Befehl: *331*; ersetzt das Kabinett Billot: 400; Swann rühmt ihn: 781
– IV: Dreyfus-Anhänger: *207*
– VII: die jüngere Generation weiß nichts mehr von seinem Dreyfusismus: 375
Clémentine: Prinzessin Marie-Clémentine d'Orléans (1817–1907); Tochter Louis-Philippes, Mutter Ferdinands von Bulgarien mit Prinz August von Sachsen-Coburg und Gotha (1818–81).
– III: Norpois rühmt ihr Gespür für Politik: *326*
Clermont-Gallerande: Marquisat seit 1576, mit reizvollem Schloss im Dép. Sarthe.

– VII: Ludwig XIV. wusste nicht, dass Renel der Familie C. angehörte: *380*

Clermont-Tonnerre, Élisabeth de Gramont, Marquise de (1875–1954): Autorin von Werken über Proust (*Robert de Montesquiou et Marcel Proust*, 1925; *Marcel Proust*, 1948) und eines *Almanach des bonnes choses de France* (Paris 1920).

– III: stellt fest, dass grüner Spargel nicht die Steifigkeit des weißen aufweist: *676*

– IV: hat eine hinreißende Passage über eine Birne geschrieben: *567*

Clinchamp, Gräfin Berthe von: Haushälterin des Herzogs von Aumale.

– IV: pflegte zu erklären, dass der Herzog von Aumale unpässlich sei: *683*

Clitourps: Ort in der Normandie, im Binnenland, etwa 15 km östl. von Cherbourg.

– II: Carquethuit liegt zwischen C. und Nehomme: 582

– IV: Brichots Etymologie: 400

Clodion (d.i. Claude Michel, 1738–1814): Bildhauer, insbes. von Kinderstatuen.

– IV: zwischen einem Kleid von einem Couturier und einem ähnlichen von einem Schneider besteht ein ähnlich großer Unterschied wie zwischen einem zarten Amor von C. und einem ähnlichen aus einer schwerfälligeren Epoche: 533

Cobourg, Monsieur de: Alfred-Ernst-Albert, Herzog von Edinburgh (1844–1900), Bruder des Königs Edward VII von England; Herzog von Sachsen-Coburg und Gotha seit 1863.

– III: man hat ihm Bergotte vorgestellt, der kein einziges Wort zu ihm sagte: *284*

*Coco, Édouard: Enkel väterlicherseits der Großmutter (Mademoiselle de La Rochefoucauld) des Herzogs von Guermantes. Als historisches Vorbild käme evtl. Édouard de La Rochefoucauld (1874–1968) in Frage (»-cauld« wird »co« ausgesprochen; zur Verdoppelung vgl. »Grigri«, »Cancan« u.a.), ein Sohn des Herzogs Sosthène II. de La Rochefoucauld. Seine Großmutter war Élisabeth de Montmorency-Laval (1790–1834).

– III: der weiseste Mann der Familie: 711

*Coignet: Diener von Charlus.

– III: fühlt sich bevorzugt, wenn er den Leuchter bringen darf: 741

Coigny, Aimée de: Anne-Françoise-Aimée de Franquetot de Coigny, geschiedene Herzogin von Fleury, in zweiter Ehe Gräfin von Montrond (1769–

1820); agitierte gegen Napoleon und erhoffte die Rückkehr der Bourbonen.
– VII: irgendeine Aimée de C. wird von der Entwicklung des Krieges, den die Republik führt, das gleiche erwarten wie die Aimée von 1812 von dem Krieg, den das Kaiserreich führte: *149* f.
Colbert, Jean Baptiste (1619–83): die »graue Eminenz« hinter Ludwig XIV., insbes. in Wirtschafts- und Militärpolitik.
– III: der Herzog von Guermantes muss bis zu ihm zurückgehen, wenn er seine Verwandtschaft mit Mme d'Arpajon erklären will: *719*
– VII: bürgerlicher Name, der im Laufe der Jahrhunderte zu einem adligen geworden ist: *377*; die Guermantes hatten sich mit ihnen verbunden: *389*; der Name bleibt mit der Regierungszeit Ludwigs XIV. verknüpft: 445
Colombin: Café in der Rue Cambon, das nachmittags »englischen Tee« servierte.
– II: machen gute Toasts: *113*
– VII: von Mme Swann frequentiert; Swanns Geliebte serviert dort den Tee: 385 f.
Colonne, Édouard (d.i. Judas Collona, 1838–1910): Veranstalter der Concerts Colonne, einer Serie von Konzerten neuerer klassischer frz. Musik im Théâtre du Châtelet (ab 1874).
– IV: Odette besucht die »Concerts Colonne«: *209*
Combes, Émile (1835–1921): frz. Premierminister 1902–05.
– VII: seine antiklerikale Gesetzgebung: *143*
Combray: fiktiver Ort in der Nähe von Chartres (Erstausgabe Grasset) bzw. Laon (spätere Auflagen), in dem der Erzähler in seiner Kindheit die Osterferien verbringt.
– I: COMBRAY: das Schlafzimmer in C.: 17; Swann kommt zu Besuch, das Gutenacht-Ritual: 24–26, 29, 31, 44, 52; die Petite Madeleine ruft die Erinnerungen an C. wach: 65–67, 70; Tante Léonies Zimmer: 71–72, 74, 77–79; die Chronik von C.: 84–85; die Kirche von C.: 86, 90–93, 95 f.; der Wochenendbesucher Legrandin: 98; Eulalies Wirkung auf Tante Léonie: 100; Françoises Kochkünste: 102; Onkel Adolphe kommt nicht mehr nach C.: 105; das Küchenmädchen: 117 f.; Buchläden und Bücher: 121, 123 f.; die Soldaten ziehen durch C.: 126–128; Bloch zu Besuch in C.: 132 f.; Bergottes Bewunderer: 135; der Pfarrer: 146 f., 149; Eulalie und Françoise: 151 f.; Françoise besorgt eine Hebamme: 154; Vinteuil: 158; das Orientierungsver-

mögen von Ms Vater: 161 f.; Gespräch mit Legrandin 169; Françoise in ihrer Küche: 188; Wert von Farben in C.: 195; der Wind in C.: 203; Begegnung mit Vinteuil: 208 f.; die Skulpturen im Portal von Saint-André-des-Champs: 211; Spaziergänge Richtung Méséglise: 213 f.; erotische Bedürfnisse Ms: 221 f.; M bespitzelt Mlle Vinteuil: 222; Spaziergänge Richtung Guermantes: 231–234, 239 f.; die Herzogin von Guermantes in der Kirche von C.: 242 f., 247; Fahrt mit Dr. Percepied nach Martinville: 250, 253 f.; Rückblick des Erzählers auf C.: 259; SWANN: Swann denkt wehmütig an C.: 371 f.; Mme Verdurin benutzt einen Ausdruck Françoises: 392; Swann hatte nicht die glücklichen Tage in C. wie M: 406; 408; Swann denkt an C., wenn er die Herzogin von Guermantes trifft: 467 f.; Swann plant, C. wieder zu besuchen: 522; LÄNDLICHE NAMEN: DER NAME: Erinnerungen an die Zimmer in C.: 525; Gespräch in C. mit Swann über Balbec: 527; der Frühling in C.: 529, 536; der Name »Gilberte« erklingt in den Champs-Élysées wie in C.: 541; Swann in Paris nicht der Swann in C.: 557 f.; M liebt Gilberte seit C.: 561; Ms Familie hat keinen Kontakt mehr mit Swann seit C.: 568
- III: die Riten von C.: 9; der Name »Guermantes« enthält die Luft von C.: 13–15; Françoise erinnert sich sehnsüchtig an C.: 20 f., 26–33; die Sandsteintreppen von C. haben Ms Erinnerung an C. eingefärbt: 107; Françoises Combraysiner Ethos: 433 f., 446 f.; Françoises Tochter spricht abschätzig von C. als »Braywinkel«: 459; das nächtliche Doncières erinnert M an spätabendliche Ankünfte in C.: 536; die Augen und die Stimme der Herzogin von Guermantes enthalten viel von C.: 663, 675; der Name »Saintrailles« erinnert M an die Straßen in C.: 712
- IV: der Pfarrer von C. will ein großes Werk über C. und Umgebung schreiben: 287; sein Buch über die Umgebung von Féterne: 398 f.; der Kasten-Geist von C.: 589 f.
- V: Ms Mutter fährt für einige Monate nach C., um die Großtante zu versorgen: 7, 13; combraysinische Vorstellungen von Anstand und Sitte: 14–16; Charlus ein Graf von C.: 358
- VI: das »Gewohnheitsrecht« von C.: 96; Vergleich zwischen Venedig und C.: 296–299, 326 f.; combraysinischer Klatsch um die Hochzeit von Saint-Loup und Gilberte: 369 f.; Spaziergänge mit Gilberte in der Umgebung von C.; Reminiszenzen an das C. von einst: 387–394
- VII: bedeutet M nicht mehr viel: 21, 61; im Ersten Weltkrieg umkämpft:

84 f., 91 f.; die Kirche ist zerstört worden: 146 f.; die Erinnerung an C. bildet den Ausgangspunkt für Ms Suche nach der verlorenen Zeit: 497 f.
*Combray, Grafen von.
– I: ihre Burg ist nur noch eine Ruine: 233
*Commercy, Damoiseau von: Vater von Theresa von Espinoy.
– IV: Urgroßvater von Charlus: *480*
Compiègne (< lat. »Compendium«): Ort im Dép. Oise mit Schloss von Gabriel und einer weiten Waldfläche, die für ihren alten Baumbestand berühmt ist.
– I: die Verdurins nehmen Odette nach C. mit: *402*; Swann möchte ebenfalls dort spazieren gehen: 403; der Marquis von Forestelle besitzt ein Schloss in der Nähe: 403 f.
– VI: der Kaiser hat C. verlassen, um mit Norpois zu konferieren: 317
– VII: ist bombardiert worden: 172
*Concierge Albertines.
– VI: M zieht Erkundigungen bei ihm ein: 23; sagt M, Albertine sei in die Touraine gefahren: 26, 83
*Concierge der Herzogin von Guermantes.
– VI: gibt M Auskunft über ein junges Mädchen, das die Herzogin besuchen wollte: 210–213; sagt M, dass sie wiederkommen wolle: 214
*Concierge der Swanns.
– I: sagt Swann, Odette sei wohl zu Hause: 382; scheint um Ms Unwürdigkeit zu wissen, das Haus zu betreten: 570
*Concierge eines Hotels.
– V: hat einer jungen Nichte der Herzogin von Guermantes den Spitznamen »alte Fregatte« gegeben: 254
*Concierge Marcels.
– VI: bestätigt der Polizei, dass M öfter junge Mädchen mit nach Haus bringe: 46
Condé (1): Louis Antoine Henri de Bourbon-Condé, Herzog von Enghien (1772–1804).
– III: ein Onkel der Herzogin von Guermantes: *794*
Condé (2): Louis II de Bourbon, Prinz von, gen. »le Grand Condé« (1621–86); Feldherr und Anführer im Kampf der Fronde gegen Kardinal Mazarin.
– III: M stellt sich vor, dass im Palais der Prinzessin von Guermantes der Große C. ein und aus ging: 761

– IV: Mme de Cambremers Herkunft hat so wenig mit der von Charlus zu tun wie die Racines mit der des Grand C.: 492
– V: ein Vorfahr Charlus': *396*; Charlus und Brichot über seine Homosexualität: *411* f.
– VI: hat sein Testament zugunsten des Herzogs von Aumale gemacht: *347*
*Condom, 17. Prinz von.
– V: einer der Titel des Herzogs von Guermantes: 314
Constantin: *s.* Konstantin.
Consulta: Sitz des Außenministeriums in Rom.
– II: Vaugoubert ist der erste Kandidat der C.: *49*
Conti, François Louis de Bourbon, Prinz von (1664–1709): kämpfte auf österr. Seite gegen die Türken und als Oberbefehlshaber auf ital. Seite im span. Erbfolgekrieg.
– III: sein Umgang mit seinem Bediensteten ähnelt dem Charlus': *741*
– V: Charlus über seine Homosexualität: *412*
– VII: Saint-Simon rühmt seinen Verstand: *381*
Conti, Louis-Armand de Bourbon, Prinz von (1661–85). Bruder von François-Louis, Neffe des Grand Condé.
– VI: hat es nicht verschmäht, einen der Bastarde Ludwigs XIV. zu heiraten: *356*
Cook's: kurz für »Thomas Cook and Son«, engl. Reiseunternehmen, das die organisierte Reisegruppe ›erfand‹, insbes. 1855 nach Frankreich zur Weltausstellung.
– II: Ms hohes Zimmer wäre für eine Besichtigung durch eine Reisegruppe von Cook's geeignet: *329*
Coppée, François (1842–1908): Dichter und Romanautor (*Contes en prose*, 1882).
– III: die Herzogin von Guermantes meint, M müsse ihn kennen: 678
Coquelin: die beiden Brüder Constant (1841–1909) und Ernest (1848–1909) waren Schauspieler u. a. an der Comédie-Française. 1890 hatte dort auch der Sohn Jean (1865–1945) von Constant sein Debüt.
– I: der junge M bewundert ihn: *107*; M sieht ihn im Bois im Kreis seiner Freunde: 574
– II: M sieht ihn mit einem Mulatten im Bois: 477
– IV: spielt Anfänger-Rollen in Gala-Aufführungen: 670
– VII: seine Ansichten über Molières *Misanthrope*: *409*

*Cordelia, Tante: *s.* Castellane, Marschallin Cordelia.
Cornaglia, Ernest (1834–1912): Schauspieler am Théâtre du Vaudeville und am Odéon.
– IV: Monsieur de Chevregny sagt einfach »Cornaglia«: *674*
Corneille, Pierre (1606–84): frz. Dramatiker.
– I: Ms Großvater zitiert einen Vers von Lenclos, der in. Bd. I irrtümlich C. zugeschrieben wurde: *42*
– II: Vater Bloch nennt C. ironisch als Gast Nissim Bernards: 476; Zitat aus C.s *Polyeucte*: 617; auch C. hätte seinen Gestalten nicht mehr Profil geben können als Racine in *Athalie*: 659
– III: Françoise gebraucht das Wort *ennui* (Misslichkeit) in dem starken Sinne, den es bei C. hat: 23; politische Erörterungen nehmen sich in Memoiren ebenso gut aus wie in Tragödien C.s: 261; sein verhaltner Romantizismus: 736
Cornély, Jean (1845–1907): Journalist, der sich engagiert für eine Revision im Dreyfus-Prozess einsetzte.
– III: Swann hält ihn für einen Mann von Eisen: *781*
Cornuel: Anne Bigot, Dame Cornuel (1605–94); unterhielt einen Salon in Paris und war berühmt für ihre Bonmots, die z. T. in den Briefen der Madame de Sévigné und in den Memoiren Saint-Simons wiedergegeben werden.
– II: Saint-Simon hätte es verschmäht zu erfinden, was er über C. berichtet: *467*
Corot, Jean-Baptiste Camille (1796–1875): bedeutender frz. Landschaftsmaler; einer der Hauptvertreter der Schule von Barbizon.
– I: ein C. befindet sich in der Sammlung Swanns: *36*, 41; Ms Großmutter schenkt ihm Fotografien von C.s Gemälde der Kathedrale von Chartres: *61*
Costedor: fiktiver Ort an der Bucht von Balbec. Die Formbildung mit »coste« ist eher südfranzösisch; ein Küstenabschnitt zwischen Nizza und Cannes nennt sich zumindest heute gern »coste d'or«.
– II: Gäste ziehen des besseren Wetters wegen von Balbec um nach C.: *341*
Cot, Pierre-Auguste (1837–83): frz. Maler allegorischer und historischer Themen.
– VII: die Poesie der eleganten Haushalte ist bei Renoir besser aufgehoben als bei C.: *42*
Côte-d'Or: Höhenzug westl. der Saône, südl. von Dijon (Burgund).

– III: die Gräfin von Arpajon ist dort (in Pont-le-Duc) zu Hause: 654

*Cottard (Ehepaar).

– II: Swann will sie zusammen mit der Herzogin von Vendôme einladen: 131–133

*Cottard, Doktor: Mitglied des Kreises Verdurin, Arzt, später Professor für Toxikologie an der Sorbonne.

– I: in der Verdurin-Tafelrunde *261–263*; seine Unsicherheit: 277; sein Interesse an Redewendungen: 278 f.; sein Porträt: 282; äußert keine Meinungen: 295; über andere Ärzte: 297; über den Präsidenten Grévy: 299 f.; über Swann: 313; seine Witze: 342, 345–347, 351; 355, 361 f., 363 f.; hört eine Bemerkung Odettes: 373; Swanns Missfallen an C.: 397; geht mit den Verdurins auf Kreuzfahrt: 513–515; erscheint in Swanns Traum: 519

– II: Professor C.: 7 f.; sein Ansehen als Arzt: 9 f.; hat neuerdings ein eisiges Auftreten: 10 f.; wird als Arzt Ms hinzugezogen: 99, 105; Ms Familie erkennt ihn als großartigen Kliniker: 100 f.; spricht lobend über M gegenüber Mme Swann: 106; findet Mme Blatin grässlich: 150; Bergotte hält ihn für einen Ludion, der seine Gleichgewichtslage sucht: 173; Bergotte rät M von C. ab: 198 f.; macht durch eine ungeschickte Bemerkung Ms Bemühung zunichte, Gilberte zu vergessen: 256 f.

– III: Mme de Villeparisis ist liebenswürdig gegenüber C.: 290; ein brasilianischer Wunderarzt kennt C.: 304; C. ein Naivling: 347; er wird ans Krankenbett von Ms Großmutter gerufen: 402 f., 406; sie ist laut E*** bei C. in besten Händen: 428; er setzt das Morphium ab: 435; ist der untreueste und dankbarste aller Ehemänner: 444; setzt bei Ms Großmutter Blutegel an: 450 f.; verkehrt mit den Verdurins: 617

– IV: trifft M in Incarville: 271; seine Bemerkungen über Andrées und Albertines »Busentanz«: 273 f., 279, 318, 329, 715; gibt sich eine medizinische Blöße gegenüber Dr. du Boulbon: 275; soll beim Bahnhof Graincourt zusteigen: 367 f.; sein Filzhut: 370; hat fast den Zug versäumt: 371–373; lässt einen Bauern aus seinem Abteil verweisen: 381; die Bedeutung der Mittwoche der Verdurins für ihn: 382, 387–390; ist ganz aufgeregt, die Cambremers kennenlernen zu dürfen: 393–397; stellt M der Prinzessin Sherbatoff vor: 403 f.; hat sein Billet verloren: 405–408; über den Tod Dechambres: 409; C. als Arzt der Padrona: 415 f.; verkündet die Ankunft der Cambremers: 430; wird Charlus vorgestellt: 431; sein Zwinkern wird von Charlus missverstanden: 440–444; erklärt dem Marquis von Cambremer die Dummheit diverser Redensarten: 445 f.; befragt M zu seiner Atemnot: 450 f.; tuschelt mit Ski über Charlus: 460; gibt einen seiner Kalauer zum Besten (»Mississippi«): 465; über Elstir: 468 f.; spielt mit Morel Karten: 493, 501 f., 515 f.; Mme Verdurin rühmt ihn gegenüber dem Marquis von Cambremer: 495 f., 499 f.; er neckt seine eingenickte Ehefrau und diskutiert Arzneien mit dem Marquis: 496–500; sein Händereiben: 515 f.; kritisiert Dr. du Boulbon: 517 f.; mit Charlus in der »Achterbahn«; Verbrüderung mit Brichot und Ski gegen Charlus: 606–631; weitere Kalauer: 625 f.; wird von Charlus gebeten, als Sekundant bei seinem fingierten Duell zu fungieren: 646 f., 652–655; lehnt auf Anweisung von Mme Verdurin eine Einladung der Cambremers ab: 676 f.

– V: sein (irrtümlicher) Tod: 326; kümmert sich um Saniette und berichtet M von der Großzügigkeit der Verdurins gegenüber Saniette: 441–444

– VII: Gast beim Diner Verdurin-Goncourt: 26, 31–35; in der Uniform eines Obersten der Trauminsel; stirbt an Überanstrengung: *111*; hat Mme Verdurin Croissants verschrieben: 115

*Cottard, Freundin (1) von Madame.

– I: sie kocht das Salatrezept in einem der Stücke von Dumas nach: 354

*Cottard, Freundin (2) von Madame.

– I: sie mag Leloir lieber als Machard: 515

*Cottard, Madame Léontine: Gattin des Doktor Cottard.

– I: hat C.s Porträt bei »Herrn Biche« in Auftrag gegeben: 281; äußert keine Meinungen: 295; ihre Gesellschaftsklasse: 335; sie macht eine geistreiche Bemerkung: 353; im Gespräch mit Forcheville: 354 f., 363; erzählt Swann, wie gut Odette über ihn redet: 517

– II: zu Gast bei Mme Swann: 112, 118; Mme Swanns Motivation für ihre Einladungen und Mme C.s gutmütiges Wesen: 123 f.; kann sich aus dem Salon von Mme Swann gar nicht losreißen: 233 f.; Gespräche über Mode- und Lebensmittelgeschäfte: 236 f., 240–246; ihre Ergebenheit ihrem Mann gegenüber: 247 f.; M hat nach Mme C.s Meinung Mme Verdurin im Sturm erobert: 249; gratuliert Mme Swann zu ihren neuen Möbeln: 259, 261

– III: sie bietet der Familie Ms ihr »Kammerkätzchen« zur Pflege der kranken Großmutter an: 444

– IV: ihr Neffe bereitet seiner Familie Kummer mit seinem Umgang und seinen effeminierten Verhaltensweisen: 424 f.; über Elstirs Porträt ihres

Mannes: 466 f.; wird von ihrem Mann geneckt: 496–500; das Thema Charlus ist noch nichts für sie: 607 f.; glaubt, Charlus müsse ein geschwätziger Israelit sein: 608–610; ihr Mann hält sie für neurotisch: 626; Charlus' Unhöflichkeit ihr gegenüber: 655; ihre Gäste halten das Bordell von Maineville vom Zug aus für ein Palast-Hotel: 658 f.
– VI: erscheint zum Besuchstag von Maman: 281; ist stolz darauf, von Mme de Saint-Loup eingeladen zu werden: 359
– VII: Gast beim Diner Verdurin-Goncourt: 26, 31–35
*Cottard, Neffe von Madame: vermutl. identisch mit Octave.
– IV: hält stets strahlend fröhlich Einzug: 424 f.
Couliville: fiktiver Ort unweit von Balbec.
– IV: lästerliche Darstellungen in den Kapitellen der alten Kirche von C.: *663*
– VI: Morel schleppt Albertine und noch ein Mädchen in das Bordell von C. ab: *263*
*Courgivaux, Monsieur de.
– VII: M hält ihn für seinen Sohn, so gut hat er sich gehalten: *358*
Cours-la-Reine: Avenue entlang der Seine im 8. Arr., von der Place de la Concorde zum Grand-Palais.
– IV: *199*
Courtois-Suffit, Maurice (1861–1947): Allgemeinmediziner, der über Kokain, Syphilis, das Lycée Carnot und Prostitution in Marokko publizierte; ein Bekannter von Prousts Vater Adrien.
– IV: Monsieur de Cambremer ist der Name Cottard ebenso geläufig wie der Name C.: *495*
*Courveau, gen. der »gute alte«: ein Lehrer des Herzogs von Guermantes und des Barons von Charlus.
– IV: fragt, warum Pascal verstörend sei: *167*
*Courvoisier (Familie): Nebenlinie der Guermantes.
– III: ihr Konkurrenzverhalten zu den Guermantes, ihr sozialer Ehrgeiz, ihre Borniertheit: 579, 594, 596, 601–603, 609, 629–631, 640, 649
– IV: der Herzog von Guermantes nimmt einen Hauch C. im Salon der Prinzessin von Guermantes wahr: 53
*Courvoisier, Vicomte Adalbert de: Neffe der Madame de Gallardon und von Charlus.
– IV: wird von Mme de Gallardon zur Soiree Guermantes begleitet: *78*

– VII: ist homosexuell, aber ein guter Ehemann: 17; verkehrt in Jupiens Bordell: 187, 458
*Cousin (1) des Herzogs von Guermantes: evtl. der Bruder des Prinzen von Guermantes, der WG S. 43 ebenfalls als Cousin (eigtl.: Halbcousin) des Herzogs bezeichnet wird.
– III: wohnt im Hôtel de Guermantes: 40
*Cousin (2) des Herzogs von Guermantes: *s.* Guermantes, Prinz Gilbert von.
*Cousin des Erzählers.
– III: drängt sich bei Trauerfällen als Manager auf: 460
*Cousin des Marquis de Cambremer und der Chevregnys.
– IV: wurde von Dreyfus immer fair behandelt: 504
*Cousin von Françoise: *s.* Larivières.
*Cousine (jüngere) Marcels.
– II: weiht M auf Tante Léonies Sofa in die Freuden der Liebe ein: 208
*Cousine Albert Blochs: *s.* Lévy, Esther.
*Cousine der Großmutter Marcels.
– I: Swann war einige Zeit ständiger Gast in ihrer Familie: 270
*Cousine des Herzogs von Guermantes: *s.* Guermantes, Cousine des Herzogs von.
*Cousine von Françoise: *s.* Larivières.
*Cousine von Swanns Mutter.
– I: sie kauft in Swanns Auftrag Obst für einen Früchtekorb: 426
Coutances: Ort in der Unteren Normandie (Dép. Manche).
– I: Station des fiktiven 1-Uhr-22-Zuges: *528*, 532
Coutes, Louis de: *s.* Page von Johanna von Orléans.
Couture, Thomas (1815–79): frz. Maler.
– V: Anspielung auf sein Gemälde *Die Römer der Verfallszeit*: *389*
Cowes: Seebad auf der Isle of Wright; bekannt für seine Regatten.
– II: Albertine wäre gern in C. dabei: *643*
Coysevox, Antoine (1640–1720): bedeutendster Bildhauer der Zeit Ludwigs XIV., der vor allem die Ausgestaltung des Louvre 1667 durchführte.
– III: die Parze vom Quai Malaquais versucht, die Linie einer Göttin von C. beizubehalten: *266*
Crapote (eigtl.: Crapotte): bekanntes Pariser Feinkostgeschäft.
– I: eine Cousine von Swanns Mutter kauft dort Trauben ein: *426*
Crébillon, Claude Prosper Jolyot de (1707–77), gen. »der Jüngere«: Autor ins-

bes. der *Égarements du cœur et de l'esprit ou mémoires de M. de Meilcour* (1736).
– III: seine perverse Nachsicht: *369*

*Crécy, Charles: Amerikaner, den eine Nichte der Madame de Guermantes geheiratet hat.
– IV: hat eine Nichte der Herzogin von Guermantes geheiratet: *672*

*Crécy, Graf von: *s.* Verjus, Pierre de.

*Crécy, Madame de: *s.* Odette.

Cresmays: Ort; es dürfte sich um ein verschriebenes »Cresnays« handeln, ein Ort ebenfalls im Dép. Manche.
– IV: Brichot erklärt die Etymologie des Namens: *403*

Creuniers, Les: Aussichtspunkt am Meer bei Trouville, den Proust in einem Brief an L. de Mornand vom 14. 7. 1905 erwähnt (*Corr.* V, Nr. 152).
– II: die Felsen erinnern an eine Kathedrale: *644* f.; Andrée geht mit M zu den C.: 672, 676; der Weißdorn bei den C.: 672

Criquebec: fiktiver Name, evtl. nach »Cricquebœuf« bei Trouville gebildet.
– II: die Kirchen von C. sind in Elstirs *Hafen von Carquethuit* zu sehen: *558*

Criquetot: Ort in der Umgebung von Balbec; ein Ort Criquetot-l'Esneval befindet sich nordöstl. von Le Havre.
– IV: der Pfarrer von Combray hat hier eine Weile gewirkt und geforscht: 287; die grünen Hügel von C.: 355; die Etymologie des Namens: 401; Ziel nachmittäglicher Spazierfahrten: 568

*Criquetot, Gräfin Éléonore-Euphrasie-Humbertine von: Cousine der Cambremers.
– IV: M erhält ihre Todesanzeige: *260*

*Criquetot, Monsieur.
– IV: kommt zum Zug und begrüßt M mit »wie geht's?«: 708

*Crisenoy, Graf: Bekannter der Cambremers.
– IV: Zélia de Cambremer glaubt fälschlich, M kenne ihn: *304*

Croen: Ort; nicht identifiziert; in Dokumenten aus dem 18. Jh. wird ein Lehen Croen im Cotentin erwähnt.
– IV: Brichot erklärt die Etymologie des Namens: *403*

Croix d'Heuland (auch: Heulan), Le: Landgasthof bei Balbec.
– II: Ausflugsziel der kleinen Mädchenbande: *648*
– IV: M geht allein mit Albertine ins C.: *325*

Croix du Grand-Veneur, Le: Straßenkreuzung im Wald von Fontainebleau.

– III: die Erleichterung, wenn man sich verirrt glaubt und auf den Wegweiser zum C. stößt: 715

Croy, Prinz von: Der Chronologie und der Etikette nach käme hier als Vorbild nur Karl-Alfred Croÿ (1859–1906) in Frage, der 1902 12. Herzog von Croÿ wurde; dem Vater Rudolf Maximilian (1823–1902), der bereits 1861 Herzog wurde, hätte Charlus sicherlich ohne Murren den Vortritt eingeräumt.

– V: man lässt ihm statt Charlus den Vortritt: 63

Croy, Prinzessin von: vermutl. Juliane de Berghes (1638–1714), die 1681 den Prinzen Charles-Eugène de Croy (1651–1702) geheiratet hatte.

– IV: musste sich bei einer Vorfahrin der Guermantes entschuldigen: *485*

Cuignet, Louis: Hauptmann und Attaché beim Kriegsministerium, der erkannte, dass der Brief, der Dreyfus' Schuld beweisen sollte, eine Collage war.

– III: liefert eine abweichende Interpretation des Geständnisses Henrys: 325

*Cyprien: Angestellter im »Nebelrestaurant«.

– III: soll schleunigst einen Tisch für Saint-Loup freimachen: 549

*Cyrus: *s.* Bouillon, Cyrus Graf von.

*Cystria, Prinz von: sardischer Titel, der 1794 an das Haus Faucigny fiel.

– III: ein Gast der Herzogin von Guermantes: *727*

D'Annunzio, Gabriele (1863–1938): bedeutender ital. Dichter, Roman- und Bühnenautor.

– IV: hat der Prinzessin von T*** einen Brief geschrieben, in dem er die Schönheit der Herzogin von Guermantes rühmt: *96*; der Herzog von Guermantes kann mit dem Namen D'A. nichts anfangen: 97 f.

– V: eines Tages wird man auch D'A. nicht mehr bewundern: 358

Da Vinci, Leonardo: *s.* Leonardo da Vinci.

Dagnan-Bouveret, Pascal (1852–1929): Maler religiöser Themen und von Alltagsszenen.

– III: bewundert von Norpois: *300*

Dagobert I.: König der Franken (gest. 639).

– I: hat angeblich ein goldenes Kreuz für die Kirche in Combray gestiftet: *89*

*Daltier, Émilie: Bekannte von Albertine.

– V: hübsche Golfspielerin: 558

Damas: altes burgundisches Adelsgeschlecht, das heute nur noch in Nebenlinien besteht.

– III: die Mutter des Prinzen von Agrigent ist eine D.: *727*

*Dame aus Vichy und ihre Freundin.

– IV: Albertine hat sie in Vichy kennengelernt, sie leben aber in Menton: *688*

*Dame im Bois.

– II: versucht, Odette zu verführen: 502

*Dame in Rosa: Charakterisierung Odettes, als Marcel ihr bei Onkel Adolphe begegnet.

– I: sie isst eine Mandarine: *110*; sie meint, M werde einmal ein kleiner Vaulabelle: 113 f.

*Dame in Weiß: Charakterisierung Odettes, als Marcel sie in Tansonville erblickt.

– I: sie ruft Gilberte: *198*

Dammas: vermutl. identisch mit Damas.

– IV: Brichots Etymologie: *399*

Danaiden: die 50 Töchter des Königs Danaos, die zur Strafe für den Mord an ihren Ehemännern in der Unterwelt Wasser in durchlöcherte Fässer schöpfen müssen.

– III: die Eifersucht ist eine Tortur gleich der der D.: *178*

– V: ihre Tortur, bei der eine Aufgabe immer wieder begonnen werden muss: *201*

Dante Alighieri (1265–1321): ital. Dichter, Autor des Versepos *Die göttliche Komödie* mit den Teilen *Inferno*, *Purgatorium* und *Paradies*. Im innersten Kreis des *Inferno* trifft Dante die Erzverräter Judas, Brutus und Cassius.

– I: die Verrenkungen der Seerosen in der Vivonne erinnern an die Qualen der Verdammten bei D.: 236; der Kreis Verdurin erscheint Swann als der innerste Kreis von D.s *Inferno*: *395*

– II: die Bibliothek im Grand-Hôtel Balbec erinnert M an D.s *Inferno* wie auch an sein *Paradies*: 325

– III: die Ristori hat bei Mme de Villeparisis einen Gesang aus dem *Inferno* vorgetragen: 271

– VII: seine Beatrice wurde von D. auf einen mindestens ebenso hohen Thron gehoben wie die Heldinnen von Monsieur Becque: *151*

Darius: Darius I., pers. König, regierte 522–486 v. Chr.

– II: Gilbertes Torte gebacken wie die Außenwerke des Palastes des D.: *111*;

Nissim Bernards Gesicht scheint direkt vom Palast des D. zu stammen: 474
– III: Bloch hat die assyrischen Züge eines Schreibers von der Palastpforte des D.: 255
– V: sein Sohn Xerxes lässt das Meer mit Ruten peitschen: 59

Darjabâr, Prinzessin von: Gestalt aus *Tausendundeine Nacht*.
– III: eine der möglichen Verkleidungen der Herzogin von Guermantes für einen Maskenball: *640*

Darnetal: 4 km östl. von Rouen befindet sich ein Ort Darnétal; einen Landsitz Darnetal (ohne Akzent) bei Valognes (Manche) erwähnt der *Annuaire des châteaux* 1906.
– IV: die Felsen sind laut Elstir wundervoll: *422*; Brichot erklärt die Etymologie des Namens: 466

Daru, Comte Pierre Bruno (1767–1829): anfangs gemäßigter Revolutionsanhänger, dann Bonapartist, schließlich Mitglied des Oberhauses unter Ludwig XVIII. Autor einer *Histoire de la république de Venise*. Mitglied der Akademie.
– II: hat nach Mme de Villeparisis' Ansicht Balzac und Hugo etwas voraus: *388*

Darwin, Charles (1809–82): brit. Wissenschaftler, ›Vater‹ der Evolutionstheorie.
– III: Albertine benutzt den darwinistischen Begriff der »Selektion«: 479–481; die Prinzessin von Parma ist mit den Arbeiten D.s wenig vertraut: 694
– IV: M vergleicht den Balztanz Charlus' und Jupiens mit Beobachtungen D.s zu Locktechniken in der Pflanzenwelt: 47
– VII: seine Gesetzmäßigkeiten, die Überfülle und Knappheit regeln: 127

Daudet, Alphonse (1840–97): frz. Autor, insbes. der in der *Suche* erwähnten *L'Arlésienne* (Schauspiel, 1872) und *Les Aventures prodigieuses de Tartarin de Tarascon* (Roman, 1872; dt. *Die wundersamen Abenteuer des Tartarin von Tarascon*, 1882). Vater der Proust-Freunde Lucien (1878–1946) und Léon Daudet.
– V: M wollte der Prinzessin von Luxemburg D.s *Tartarin de Tarascon* zu lesen geben: *262*

Daudet, Léon (1867–1942; Sohn von Alphonse Daudet): Royalist, Antisemit, Dreyfus-Gegner und Freund Prousts.

– II: wünscht mittlerweile die Rückkehr des Königs: *14*
– V: hat Ammenmärchen geschrieben, die sich als wahr herausstellten: *404*
– VII: der Abgeordnete Monsieur Eugène hätte keine Zeile von D.s Artikeln verstanden: 176
David, Jacques-Louis (1748–1825): frz. Historienmaler des Klassizismus.
– VII: ist dem Irrtum erlegen, dass moralischer Anspruch ein Kriterium für den Wert eines Werkes sei: *285*; die Herzogin von Guermantes hat sich gar nicht erst mit seiner Malerei aufgehalten: *469* f.
David: biblischer Held um 1000 v. Chr., der als Hirtenjunge den philistinischen Vorkämpfer Goliath besiegte; späterer König von Juda.
– III: Charlus spielt auf die Legende von D. und Goliath an: *389*
– IV: Joad gehört zur Rasse D.s: 94; Morel wirkt wie ein D., der es mit einem Goliath aufnehmen könnte: 364; Cottard spielt den »König David« aus: 516
Davioud, Gabriel (1823–81): frz. Architekt, insbes. des Trocadéro.
– V: Albertine weiß von D.: *223*
De Beers: südafrikan. Diamantenkartell.
– VII: Solomon Bloch weiß über den Kurs der de Beers Bescheid: *69*; sind um tausend Franc angestiegen: *230*
Deauville: mondäner Badeort im Calvados; weitgehend Vorbild für Balbec.
– IV: die Guermantes gehen gern zu den Rennen in D.: *309*
Debac: Blumengeschäft am Boulevard Malesherbes.
– II: der ständige Lieferant der Mme Swann: *242*
Debussy, Claude (1862–1918): frz. Komponist.
– IV: die Herzogin von Guermantes findet ihn todlangweilig: 126; Renée de Cambremer schwärmt für ihn, insbes. für *Pelléas*: 291, 294–298; hat in Sachen Dreyfus schiefgelegen: 395; ruft Neuralgien bei Mme Verdurin hervor: 423; die künstlerische Kultur von Renée de Cambremer findet bei Musik nur Anwendung aus D.: 475; Morel spielt Meyerbeer als D.: 488; lieber D. als Benjamin Godard: 588
– V: die Rufe der Straßenhändler erinnern M an D.s *Pelléas*: 155; die Augen der Mme Verdurin sind von der Gewöhnung an D. umschattet: 309
Decamps, Alexandre (1803–60): Maler, Aquarellist und Graveur; romantischer Orientalist, der durch seine »türkischen Szenen« bekannt wurde.
– III: Bloch sieht so exotisch aus wie ein Jude in D.s Bildern: 255
– VII: das Paris des Krieges erinnert Charlus an den Orient D.s: *166* f.

Decazes, Élie Duc (1780–1860): liberaler Minister unter Ludwig XVIII., der im Gefolge der Ermordung des Herzogs von Berry 1820 abtreten musste.
– III: Mme de Villeparisis' Großvater möchte ihn nicht zu einem Ball einladen: *257*

*Dechambre: vermutl. der Pianist der Verdurins aus WS II.
– IV: Brichot teilt seinen Tod mit: *406*; Wirkung dieser Nachricht auf die Verdurins: 409–416; Mme Verdurin hat ihn entdeckt: 417; Mme Verdurin vergleicht ihn gegenüber Charlus mit Morel: 471; Mme Verdurin beanspruchte Exklusivrechte auf die Musik von D.: 550

Degas, Edgar (1834–1917): frz. Maler, der i. a. dem Impressionismus zugerechnet wird.
– IV: Renée de Cambremer schwärmt für ihn: *290*; er schwärmt für Poussin: 291; der von Nissim Bernard angehimmelte Kellner/Serviertänzer harrt noch seines D.: 333, 335

Dehelly, Émile (1871–1969): Schauspieler an der Comédie-Française.
– IV: Monsieur de Chevregny sagt einfach »Dehelly«: *674*

Delacroix, Eugène (1798–1863): frz. Maler, Wegbereiter des Impressionismus.
– VII: das Paris des Krieges erinnert Charlus an den Orient D.': *166* f.; die Herzogin von Guermantes verabscheut ihn: *470*

*Delage, Suzanne.
– III: nach Überzeugung von Albertine und Mme Bontemps eine einstige Spielgefährtin Ms: *496–498*

Delaroche, Hippolyte, gen. »Paul« (1797–1856): zu seiner Zeit erfolgreicher, nach seinem Tod schnell vergessener Historienmaler.
– III: der Herzog von Guermantes spielt auf seine *Enfants d'Édouard* an: *672*

Delaunay, Louis-Arsène (1826–1903): frz. Schauspieler, u. a. an der Comédie-Française.
– I: wird von M bewundert: *107* f.
– VII: Saint-Loup folgt Charlus nach wie ein Schauspieler, der Rollen von D. wiederaufnimmt: *97*

Delcassé, Théophile (1852–1923): frz. Staatsmann.
– V: wurde gebeten, als Außenminister zurückzutreten: *493*

Delessert, Madame: geb. Valentine de Laborde (1806–94); Frau des Polizeipräfekten von Paris, Geliebte von Mérimée, Maxime du Camp und Charles de Rémusat.

– III: die Freunde von Monsieur d'Haussonville brennen darauf, Zugang zu ihrem Salon zu finden: *766*

Delft: Stadt in Holland.

– I: Heimatstadt Vermeers: 275, 333

– III: Vermeers *Ansicht von Delft*: 702; ein Delfter Tulpengarten über Paris: 767

– IV: der Meister aus D. Swanns Lieblingsmaler: 153

Delion: bekannter Hutmacher mit Läden in der Jouffroy-Passage und am Boulevard des Capucines.

– III: stellt einen bestimmten Typ Zylinder nur noch für Swann und einige wenige andere her: *776*

Delos: nach Vergil, *Aeneis* 3,75, eine schwimmende, kahle Felseninsel, die Apollon nach seiner und Artemis' Geburt im Meer verankerte; bedeutendes Apollon-Heiligtum.

– I: Erinnerungen an Landschaften treiben durch die Gedanken des Erzählers wie eine blumengeschmückte D.: 256

*Deltour, General: Sekretär des Präsidenten der Republik.

– V: Charlus spricht ihn wegen eines Ordens für Morel an: 378 f.

Deltour, Nicolas-Félix (1822–1904): Autor einer Studie *Les Ennemis de Racine au XVIIe siècle* (1859); Lehrer am Condorcet, Prousts Gymnasium.

– II: muss in einem Schulaufsatz angeführt werden: *663*

Demosthenes (384–322 v. Chr.): griech. Staatsmann; trainierte der Legende nach seine Artikulation, indem er seine Reden mit Kieseln im Mund übte.

– IV: Zélia de Cambremer spricht, als hätte sie den Mund voller Kiesel wie D.: *298*

Den Haag: Hauptstadt der Niederlande mit bedeutenden Gemäldesammlungen; insbes. im Mauritshuis befinden sich die *Diana*, die *Ansicht von Delft* und das *Porträt eines Mädchens mit Turban* (= *Mädchen mit dem Perlenohrgehänge*) von Vermeer.

– I: Swann möchte dort die Vermeers besichtigen: 485

– III: M war dort: 702

– V: das Museum von D. hat Vermeers *Ansicht von Delft* für eine Ausstellung in Paris verliehen: 249

*Déporcheville, Mademoiselle.

– VI: der Concierge der Herzogin von Guermantes identifiziert eine der drei Besucherinnen als Mlle D.: *211*

Déroulède, Paul (1864–1914): Vorgänger Barrès' als Präsident der Vaterländischen Liga Frankreichs.
– VII: Barrès hat uns allzu viele Wallfahrten zu seinem Grab machen lassen: 147
Descartes, René (1596–1650): frz. Philosoph, Mathematiker und Naturwissenschaftler.
– V: hält den gesunden Menschenverstand für weit verbreitet: 471
Deschanel, Paul (1855–1922): wiederholt Präsident des Abgeordnetenhauses, Präsident der Republik 1920.
– II: Barrès' Kollegen in der Académie werden D. ihm vorziehen: *13*
– III: die Herzogin von Guermantes bietet ihm zum Thema China die Stirn: *287*
– IV: in der Wolle gefärbter Republikaner: *205*
– VII: Damen, die in die Abgeordnetenkammer eilen, falls D. dort spricht, halten Charlus für schwachsinnig, wenn er für Mme de Montmorency schwärmt: 106
Deshoulières, Antoinette du Ligier de La Garde, Dame Deshoulières (1637–94): Dichterin, die vor allem durch ihre Schäferidyllen in Erinnerung geblieben ist.
– III: der frühe Victor Hugo steht ihr näher als dem späten Victor Hugo: *660*
Desjardins, Paul (1859–1940): frz. Schriftsteller; gründete die Union pour l'action morale, in deren *Bulletin*, das Proust abonniert hatte, er ab 1893 Auszüge aus dem Werk Ruskins veröffentlichte. D. war 1890 Lehrer Prousts an der École libre des sciences politiques; Proust korrespondierte auch später noch mit ihm im Zusammenhang mit seiner eigenen Auseinandersetzung mit Ruskins Werk.
– I: Legrandin zitiert einen Vers von D.: 169
Detaille, Édouard (1848–1912): Mitglied der Kunstakademie, Maler militärhistorischer Themen, den und die der brit. König Eduard VII. sehr schätzte.
– III: die Herzogin von Guermantes lädt ihn zu einem Empfang für das britische Königspaar ein: *579*
– IV: bewundert gerade den Hals von Mme de Villemur: 53
Dethomas, Maxime (1867–1929): frz. Maler.
– VI: seine hervorragenden Skizzen aus Venedig: *300*
deutscher Kaiser: Wilhelm II.

– IV: erklärte, dass derjenige, der seine Mutter oder seinen Vater ebenso liebe wie ihn und nicht bereit sei, diese zu verlassen, um ihm zu folgen, seiner nicht würdig sei: *384*

Deutschland.

– III: wird angeblich von Frankreich, England und Russland »provoziert«: *548*; wird Frankreich angreifen, wenn Frankreich nicht in der Marokko-Affäre nachgibt: 556

– V: Morel angeblich in D., um Musik zu studieren: 292; wird zum Krieg schreiten, falls Delcassé nicht entlassen wird: 492f.

– VI: das Kabinett Rouvier glaubt, dass es zum Krieg zwischen Frankreich und D. kommen werde: *230*; der Posten in Konstantinopel sollte nicht vor Bereinigung der Probleme mit D. besetzt werden: 309

– VII: Monsieur Bontemps will D. wieder so zerstückelt wissen wie im Mittelalter: 52; M glaubt nicht mehr D.s Beteuerungen friedlicher Absichten: 112f.; Charlus' deutschfreundliche Einstellung: 116–122, 130, 137, 145, 148–152, 165; nach Françoises Meinung würde sich Frankreich an D.s Stelle nicht anders verhalten: 217; der maßlos übertriebene Hass der Franzosen auf D.: 313

Diaghilev, Sergei (1872–1929): Kunstkritiker und Direktor der Ballets Russes, die er 1908 in Paris begründete; kehrte nach 1914 nicht mehr nach Russland zurück.

– IV: Mme Verdurin wirkt im Theater, als sei sie ganz frisch mit der Truppe D.s aufgetaucht: *202*; Charlus kann Morels Fähigkeiten so steigern wie D. die eines nur mittelmäßigen Tänzers: 430

Diana von Poitiers (1499/1500–1566): Geliebte Heinrichs II.

– IV: Charlus bewundert ihr Haus vom Bahnsteig aus: 21

Diana: röm. Göttin der Jagd.

– III: die Prinzessin von Guermantes so schön und anmutig wie D.: 72

Dianti, Laura: Geliebte des Herzogs von Ferrara, Alphonse d'Este (1476–1534); sie wird gern als das Modell zu Tizians *Bildnis einer jungen Frau bei der Toilette* angesehen (Louvre), auf dem eine junge Frau mit blondem, vollem, halb aufgelöstem Zopf zu sehen ist.

– II: M vergleicht Albertines Haare mit der Haarpracht von Laura D.: *670*

*dicker Herr: Besucher im Bordell von Maineville.

– VI: trifft Léonor de Cambremer und Robert de Saint-Loup öfter bei seinem Cousin d'Ardonville: 351

Diderot, Denis (1713–84): frz. Schriftsteller, Philosoph, Literatur- und Kunsttheoretiker; einer der wichtigsten Organisatoren und Autoren der *Encyclopédie.*
– VII: Goncourt fühlt sich an die Stimmung in D.s *Briefen an Mademoiselle Volland* erinnert: *30*
Didon, Père: Henri Didon (1840–1900), Theologe und Gymnasialdirektor.
– VII: Charlus will nicht von bemoosten alten Clowns bedient werden, die Père D. ähneln: *144*
*Diener der Verdurins.
– V: Charlus erlaubt sich einen Scherz mit seiner Nase: 307
*Diener des Prinzen von Guermantes.
– VII: teilt Rachel mit, dass Tochter und Schwiegersohn der Berma sie sprechen möchten: 453 f.
*Diener von Madame Swann.
– I: ein Diener auf dem Bock von Mme Swanns Kutsche erinnert M an den »Tiger« des »seligen Baudenord«: *573*
*Diener von Madame de Saint-Euverte.
– I: ein D. trägt einen Haarknust nach dem Vorbild des engl. Generals Cadogan: 447
*Diener von Onkel Adolphe.
– I: serviert Onkel Adolphe: 105
*Dienstbote der Herzogin von Guermantes.
– VI: Saint-Loup erklärt ihm, wie man lästige Kollegen loswird: *82*
*Dienstbote der Madame de Chevrigny.
– IV: Charlus taucht mit ihm im Restaurant des Grand-Hôtel auf: 534–536
*Dienstbote der Prinzessin von Parma.
– VI: fragt an, wann Ms Mutter Besuchstag hat: 281
*Dienstbote der Verdurins.
– V: teilt Monsieur Verdurin mit, dass Saniette vor seiner Haustür der Schlag getroffen hat: 359
*Dienstboten bei den Guermantes.
– III: 81, 84 f., 561, 592, 635, 785, 788
*Dienstboten der Courvoisiers.
– III: wenn sie etwas Lächerliches sagen, ärgern sich die Courvoisiers: 629
*Dienstboten der Familie des Erzählers.
– III: zelebrieren ihre Mahlzeiten: 19, 32–34

*Dienstboten der Madame de Saint-Euverte.
– I: ihre Windhundprofile: 445; erinnern an Gemälde und Statuen: 445–448
*Dienstboten der Swanns.
– II: zu dumm, einen Tisch anzurichten: 112; drei D. in Swanns Salon: 139; wie Statisten bei einer Parade: 140; Gilberte erweist ihnen wohlüberlegte Aufmerksamkeit: 151; räumen den Tee ab: 248
*Dienstboten im Haus der Familie des Erzählers.
– III: Françoise fühlt sich durch ihre Bewegungen belästigt: 9
*Dienstmädchen im Gasthof von Doncières.
– III: wird von M verführt: 538 f.
Dieulafoy, Georges (1839–1911): Professor für Innere Medizin und Arzt am Hôtel-Dieu.
– III: der Herzog von Guermantes empfiehlt D. als Arzt für Ms Großmutter: 454 f.; D. ein »Notar des Todes«: 461–463
Dieulafoy, Jane, geb. Jeanne Magre (1851–1916): entdeckte zusammen mit ihrem Mann Marcel-Auguste 1885 den Palast des Darius und restaurierte für den Louvre die frz. Ausgrabungen in Susa (Louvre, Salle Dieulafoy).
– II: Nissim Bernards Gesicht scheint direkt vom Palast des Darius zu stammen und von D. instand gesetzt worden zu sein: *474*
Dikaiosyne: Personifikation der Rechtsprechung.
– IV: Myrrhe ist ihr als Duft zugeordnet: *328*
Dike: griech. Göttin der Gerechtigkeit.
– IV: Myrrhe ist ihr als Duft zugeordnet: *328*
Dinard: mondäner Badeort im Norden der Bretagne, an der Rance vis-à-vis von Saint-Malo.
– II: der Generaldirektor der Hotelkette reist aus Balbec wieder ab nach D.: 363
– IV: ein Teil des Personals der Hotelkette, zu der auch das Grand-Hôtel in Balbec gehört, wird nach D. verschickt: *309*
Dinarzade: Figur aus *Tausendundeine Nacht*; Tochter des Sultans Schahriar, Schwester von Scheherazade.
– IV: Ms Großmutter hätte Mardrus' Schreibung des Namens missbilligt: *324*
Dino, Herzogin von: Marie Valentine, geb. de Sainte-Adelgonde (1820–91).

– VII: die Herzogin von Guermantes war als junges Mädchen bei ihr zu Gast: *336*
Diogenes von Sinope (vermutl. 405–320 v. Chr.): kynischer Philosoph.
– III: *384*
Diomedes: König von Thrazien, der Fremde seinen vier fleischfressenden Stuten vorwarf, die Herkules schließlich bezwang.
– I: die Pferde vor Mme Swanns Kutsche gleichen denen eines D.: *581*
*Direktor des Grand-Hôtel in Balbec.
– II: empfängt M und seine Großmutter; seine rumänisch-monegassische Herkunft: 323–327; schätzt gutes Obst: 369; M schenkt ihm ein Lächeln: 508; seine Sprachschnitzer: 327, 598; geistert durch das leere Hotel und hat große Pläne für das nächste Jahr: 710–712
– IV: holt M in Pont-à-Couleuvre ab; seine Sprachschnitzer: 212 f.; klagt über seine Angestellten: 218 f.; übergibt M eine Nachricht von Albertine: 229; ist verärgert über das Benehmen von Albertine und ihren Freundinnen: 246; erzählt M vom »Umnachtungsanfall« seiner Großmutter: 250; tranchiert den Truthahn höchstpersönlich: 670
– V: wurde von Albertine energisch zur Seite geschubst: 534
– VII: ist während des Krieges als »Boche« in ein Konzentrationslager gesteckt worden: 77 f.
*Direktor im Handelsministerium.
– V: hat hoffentlich nicht Vaugouberts anzügliche Handbewegung gesehen: 58
Dodona (Epirus): Zeustempel, bei dem aus dem Rauschen der Eichen geweissagt wurde.
– I: die Eichen im Bois de Boulogne gleichen denen von D: *584*
Don Juan d'Autriche: Nach Tadié: *Recherche* und Dezon-Jones: *Guermantes* ist Don Juan d'Austria = Johann von Österreich (1547–78) gemeint, ein unehelicher Sohn Kaiser Karls V. mit der bürgerlichen Barbara Blomberg. Nach Yoshida: *Guermantes* jedoch der jüngere Don Juan de Austria (1629–79), ein unehelicher Sohn Philipps IV. von Spanien mit der Schauspielerin Maria Calderona.
– III: tritt nicht mit der großen Geschichte in Verbindung: *703*
Doncières: fiktive Garnisonsstadt in der Nähe von Balbec, in der Marcels Freund Saint-Loup stationiert ist.
– I: der schlaflose Erzähler erinnert sich an seinen Besuch dort: 17

– II: Robert de Saint-Loup ist dort stationiert: *412*, 469, 492; muss jeden Tag von Balbec dorthin zurückkehren: 519; Saint-Loup muss endgültig zurück nach D.: 598; lädt M ein und Bloch aus, ihn zu besuchen: 599 f.; Bloch will Saint-Loup in D. besuchen: 616; M muss auf dem Weg nach Paris in D. umsteigen: 629; M kommt nicht dazu, Saint-Loup in D. zu besuchen: 633; Saint-Loup hat Urlaub aus D. beantragt, um M zu besuchen: 652
– III: Ort und Umgebung: 91 f.; das Hotel de Flandre: 93, 108–113; die Kaserne; das Haus des napoleonischen Hauptmanns an der Place de la République: 97 f.; Blick aus Saint-Loups Zimmer: 106; Spaziergang durch D.: 125–127; D. bei Nacht: 127–129; das Hotel-Restaurant, in dem sich Saint-Loup und seine Freunde treffen (Le Faisan Doré, *s.* SG): 129–132; militärhistorische Gespräche: 139–156; Telefonverbindung nach Paris: 177, 179–181; Abreise aus D.: 183; Rückkehr in Paris: 190; Erinnerungen an Morgenstimmungen in D.: 467 f., 526; Erinnerungen an Abende in D.: 534–537
– IV: M und Albertine treffen Saint-Loup am Bahnhof von D.: 354 f., 358–360; Charlus lernt Morel am Bahnhof von D. kennen: 361–365; Brichot gibt die Etymologie des Namens: 692; Begegnung mit Bloch am Bahnhof von D.: 692–695; der Zauber von D. ist verflogen: 705
– V: ein Pfeifenspieler in Paris erinnert M an einen Dragoner in D.: 183; Charlus fährt regelmäßig von D. nach Douville: 283
– VI: der Name ist jetzt auch mit Albertine verknüpft: 180; schon während des Besuchs von M in D. hatte Saint-Loup Morel auf eigentümliche Art betrachtet und eine Ähnlichkeit mit Rachel festgestellt: 292
– VII: Reminiszenzen an militärhistorische Gespräche in D.: 72, 86 f., 99, 105, 157, 179, 220 f., 281, 407 f.

Doncières-la-Goupil: große Bahnstation, von der wichtige Züge abgehen.
– IV: gab es noch nicht bei Ms erstem Balbec-Besuch: 355

Doncières-Ouest: Station der Lokalbahn.
– IV: Charlus wartet dort auf den Zug: 606

*Dorothée (Verwandte des Herzogs von Guermantes): *s.* Tresmes, Dorothée de.

*Dorothée, Infantin: Besucherin der Herzogin von Guermantes. Evtl. denkt Proust an Prinzessin Dorothea von Sachsen-Coburg (1881–1967), Großnichte des Königs Ferdinand II. von Portugal, die 1898, also ein Jahr vor

der Erzählzeit, den zum Kühe-Thema gut passenden Herzog Ernst-Günther von Schleswig-Holstein (1863–1921) heiratete.
– III: die Herzogin findet sie reichlich »bovin«: *312*

Dostojewski, Fjodor Michailowitsch (1821–81): russ. Autor von Romanen, Novellen und Erzählungen.
– II: wird von Bergotte verabscheut: *178*
– V: es werden Zeiten kommen, in denen man D. nicht mehr bewundert: 358; Albertine eignet sich Ms Bände D.s an: 437; Gespräch Ms mit Albertine über Morde bei D.: *514*–520; die D.-Seite der Mme de Sévigné: *516f.*
– VII: gewisse Personen, wie Lumpen bei D., können besser sein als diejenigen, die Charlus für Ehrenmänner hält: 121; der Mord an Rasputin ein Ereignis in D.s Leben: *121*; man müsste den Krieg schildern, wie D. einen Lebenslauf beschreiben würde: 410

Doucet: Damenbekleidungsgeschäft in der Rue de la Paix mit einer Neigung zu gedeckten Farben, insbes. Schwarz.
– II: wird von Elstir empfohlen: *643*
– V: entwirft Kleider für die Herzogin von Guermantes: 53, 81

Doudan, Ximénès (1800–72): Schriftsteller, Sekretär des Herzogs von Broglie und Erzieher von dessen Kindern.
– II: Ms Großmutter wünscht für ihn eine Gesellschaft ähnlich der, in der man den Geist eines D. hat blühen sehen: *410*
– III: bringt Schlegel dazu, über Blumen zu sprechen: *370*

Doudeauville: Graf Sosthène II von La Rochefoucauld, 4. Herzog von Doudeauville (1825–1908); frz. Botschafter in London, sowie 1884–1908 Präsident des Jockey-Clubs. Verh. 1848 mit Prinzessin Yolande von Polignac (1830–55) und 1862 mit Prinzessin Marie von Ligne (1843–98).
– III: die Herzogin von Guermantes zu Gast bei den D.s: *286*; die Großmutter des Herzogs von Guermantes ist aus dem Zweig der Herzöge von D.: 711
– V: zog Mme de Villeparisis ihren Schwestern vor: 398 f.
– VII: wird in Charlus' Totenappell aufgerufen: *242*

Doudeauville (Familie).
– IV: bekannt für ihren Monarchismus: *205*

Doudeauville, Herzogin von: Der 3. Herzog von Doudeauville, Auguste Stanislas de La Rochefoucauld (1822–87), war mit Marie de Colbert-Chaba-

nais (1833–1917) verheiratet; die zweite Gattin des 4. Herzogs ist bereits 1898, also vor der erzählten Zeit, verstorben.
– IV: Mme Standish ist mindestens so geistreich wie sie: *89*
*Doudeauville, Madame: Cousine von Madame de Villeparisis.
– VI: Prinz Foggi ist ihr Schwager: 309
Doumer, Paul (1857–1932): ursprünglich Abgeordneter der Radikalen; 1895 Finanzminister, 1896–1902 Generalgouverneur für Indochina.
– IV: in der Wolle gefärbter Republikaner: *205*
Dourakine: Romangestalt der Comtesse de Ségur.
– VII: Monsieur d'Argencourt wirkt wie ein kindisch gewordener General D.: *327*
Douville: fiktiver Ort unweit von Féterne und von La Raspelière.
– IV: Etymologie des Namens: 400 f.; die grüne Umgebung: 408; das Zollhäuschen: 411; umgeben von schönen Aussichtspunkten: 549 f.–551; von La Raspelière aus eine schöne Aussicht auf D.: 555; viele Pariser und besonders Maler verbringen ihren Sommer in D.: 602 f.
– V: Charlus fährt regelmäßig von Doncières nach D.: 283
Douville-Féterne: Station der Lokalbahn, zwischen Douville und Féterne; gelegentlich auch einfach als Douville bezeichnet.
– IV: Besucher auf La Raspelière nehmen den Zug nach bzw. von D.: 258, 370 f., 458, 689; Cottard kann bei der Ankunft sein Billet nicht finden: *407*; ist nicht die nächstgelegene Station zum Schloss Féterne der Cambremers: 519
*Doville, Dekan von.
– IV: hat Brichot mit Etymologien und Pommes frites traktiert: *465*
Doville: halbfiktiv; kleiner Ort etwa 15 km südl. von Cherbourg (Manche) mit Kirchenruine aus dem 14. Jh.
– II: Station der Bäderbahn: *321 f.*
– IV: Brichot erläutert die Etymologie des Namens: 401
Doyle, Sir Arthur Conan (1859–1930): brit. Schriftsteller.
– VI: Albertine führt seine Romanfigur »Sherlock Holmes« an: 62
Dresden: Stadt in Sachsen mit bedeutender Gemäldesammlung; in der Gemäldegalerie befinden sich Vermeers *Bei der Kupplerin* und *Brieflesendes Mädchen.*
– I: Swann möchte die Vermeers in D. besichtigen: *485*
– III: Charlus' Dresdner Porzellan: 749

– IV: M hat das Dresdner Museum nicht gesehen: 670
– V: die Kunstgalerie in D.: *81*

Dreux: Ort im Dép. Eure-et-Loir mit der neogotischen Kapelle Saint-Louis (1816–45).
– I: die Verdurins nehmen Odette mit, um die Gräber zu besichtigen: *402*

Driant, Émile (1855–1916): Offizier und Autor (unter dem Pseudonym »Capitaine Danrit«), der eine politische Rolle unter seinem rechtsradikalen Schwiegervater Boulanger spielte; Anti-Dreyfusard.
– III: die Regierung steht Gott sei Dank nicht unter dem Befehl D.s: *331*

Drumont, Édouard (1844–1917): Gründer der nationalistischen, »antisemitischen und unabhängigen« Zeitschrift *La Libre Parole* (Motto: »Frankreich den Franzosen«), in der er gegen Dreyfus und dessen Anhänger polemisierte.
– III: will die Dreyfus-Anhänger in denselben Sack stecken wie die Protestanten und die Juden: *390*
– V: behauptet, als Jude sei man zwangsläufig anti-französisch: 52

du Barry, Madame: Jeanne Bécu, comtesse du Barry (1743–93), Geliebte Ludwigs XV.
– VI: wollte den König mit dem Porträt Karls I. beeindrucken: *206*

Du Camp, Maxime (1822–94): Romancier und Autor von Reiseberichten, Leitartikler der *Revue des Deux Mondes*, Freund Flauberts.
– II: hielt in der Académie eine Laudatio auf Victor Hugo: *13*

*Du Mesnil La Guichard: Mädchenname der älteren Marquise von Cambremer.
– IV: M sieht ihren Namen auf einer Todesanzeige: *260*

Dubufe, Guillaume Édouard Dubufe (1853–1909): dekorierte zahlreiche öffentliche Gebäude in der Dritten Republik, insbes. die Decke der Comédie-Française.
– VII: Mme Verdurin würde sich ihr Haus lieber von D. als von Bakst ausstatten lassen: 56

*Ducret: Diener von Charlus.
– III: fühlt sich bevorzugt, wenn er das Hemd bringen darf: 741

Duguay-Trouin, René (1673–1736): Freibeuter und Kämpfer gegen England unter Ludwig XIV.; erzählt seine Abenteuer in seinen *Mémoires*; eine Büste befindet sich in Saint-Malo, seiner Geburtsstadt.

– II: seine Statue in Balbec: 325
– IV: seine Statue in Balbec: 241
Dulcinea: Don Quijotes »Dame des Herzens«.
– III: Bezeichnung der Herzogin von Guermantes für die Verlobte ihres Dieners Poullein: 313
Dumas, Alexandre, der Jüngere (1824–95): frz. Roman- und Bühnenautor.
– I: das Salatrezept in einem seiner Stücke wird von einer Freundin von Mme Cottard nachgekocht: 354
– III: wird von der Herzogin von Guermantes bewundert: 666
– IV: die zu schrillen Intonationen einer Anfängerin, die in einem Stück von D. mitspielt: 431
– VII: die Herzogin von Guermantes bewundert ihn: 452
Dumas: Alexandre, der Ältere (1802–70): frz. Romanautor.
– II: Freund der Prinzessin Mathilde: 159
Dumont d'Urville, Jules-Sébastien-César (1790–1842): frz. Weltumsegler, der insbes. den Südpazifik (Ozeanien) erkundete.
– I: General Froberville kommt auf ihn zu sprechen: *472*
*Dumont: Schulfreund von Marcel.
– I: der Name ist Ms Großvater verdächtig: *131*
Dupanloup, Félix (1802–78), gen. »Monseigneur«: Bischof von Orléans, der sich insbes. für die Erhaltung des konfessionellen Schulwesens stark machte; Mitglied der Académie.
– III: verkehrte im Salon der Mme de Villeparisis: *260* f.
– IV: die Generation der Adligen, die durch seine Hände gegangen ist, spricht schlechtes Französisch: *170*
– VII: die Herzogin von Guermantes hat ihn gekannt: 335
*Duras, Herzog von: Cousin des Prinzen von Guermantes, Stellvertreter des halbfiktiven Vizepräsidenten Fezensac des Jockey-Clubs. Der letzte historische Herzog von Duras lebte 1771–1838.
– III: wird mit Saint-Loups Beitritt Schwierigkeiten machen: *321*
– VII: ist ruiniert, heiratet Mme Verdurin und stirbt zwei Jahre später: *371*
*Duras, Herzogin (1) von.
– V: ist von der Soiree Verdurin begeistert: 373–376; Mme Verdurin warnt Morel davor, bei ihr aufzutreten: 422, 425 f.
*Duras, Herzogin (2) von: die wiederverheiratete Witwe Verdurin, spätere Prinzessin von Guermantes.

– VII: Brichot diniert mit ihr: 59

*Durfort, Madame de: Tadié: *Recherche* weist einige weibl. Mitglieder der Familie Durfort nach, mit denen Proust bekannt gewesen sein mochte: die Vicomtesse de D., geb. Anne de Montmorency-Luxembourg; die Comtesse de D., geb. Sybille de Chateaubriand; und die Comtesse de D., geb. Antoinette de Caraman.

– IV: Mme de Saint-Euverte macht sich Sorgen, ob sie wohl zu ihrem Gartenfest kommen wird: *103*

*Durieux, Madame: vermutl. fiktiv; von Renoir stammt ein Porträt von Tilla Durieux aus dem Jahr 1914.

– II: hat Andrée eingeladen: *635*

Duroc: Spitzname des frz. Generals Géraud-Christophe de Michel du Roc, Duc de Friaul (1772–1813), der an den Schlachten von Austerlitz und von Wagram beteiligt war.

– III: von Saint-Loup bewunderter Militärgeschichtler: 103, *140*–142; sein Dreyfusismus: 144

*E***, Monsieur.

– VII: macht dem schönen, uns inzwischen gleichgültigen Mädchen den Hof; hat ein Schloss im Pas-de-Calais: *319*

*E***, Professor: berühmter Arzt, den Marcel mit seiner Großmutter aufsucht nach ihrem Schlaganfall. Die Anonymisierung lässt vermuten, dass Proust hier eine konkrete Person im Auge hatte; evtl. Édouard Brissaud (1852–1909), den Proust 1905 anlässlich der Krankheit seiner Mutter konsultierte.

– III: sein Fahrstuhl-Tick: 423 f.; er ist kurz angebunden und pessimistisch: 427 f.

– IV: trifft M bei der Soiree Guermantes und erkundigt sich nach dem Tod der Großmutter: 60–63

Éden-Théâtre: Ballett- und Opernbühne, wo insbes. 1887 Wagners *Lohengrin* uraufgeführt wurde.

– I: Odette findet es schick, donnerstags ins É. zu gehen: *336*

Edison, Thomas Alva (1847–1931): amerikan. Erfinder.

– IV: hat das Telefon erfunden: *184*

*Edumea, Vizegräfin von.

– VI: Unterzeichnerin der Todesanzeige für Mlle d'Oloron: *363*

Edward VII: König von England; *s.* England, König von.

*Egremont, Vizegräfin von.
– III: spielt gern die Hausdame der Prinzessin von Épinay: 623
Egreville: vermutl. identisch mit Epreville und Épreville; *s.* Epreville.
*Ehepaar, mit Marcels Großeltern befreundet.
– I: Swann versucht, sie vor seinen Karren zu spannen: 269
El Greco (span. »der Grieche«; d. i. Domínikos Theotokópoulos, 1540–1614): aus Griechenland stammender span. Maler hauptsächlich von Porträts und von religiösen Themen; wirkte vor allem in Toledo. Schüler Tizians.
– II: Ms Vaters Vorliebe für El G.: *375*
– V: Charlus ähnelt seinem *Großinquisitor*: *278*
– VII: sein Gemälde *Die Grablegung des Grafen von Orgaz*: *96*
Elbœuf: Ort im Dép. Seine-Maritime (Obere Normandie).
– IV: Brichots Etymologie: 689
Éléonore de Guyenne (= Aliénor d'Aquitaine, 1122–1204): berühmt für ihre schönen Haare.
– II: M vergleicht Albertines Haare mit denen E.s: *670*
Eligius: Schutzheiliger der Goldschmiede, gest. 659.
– I: hat angeblich das goldene Kreuz in der Kirche von Combray angefertigt: 89
Eliot, George: Pseudonym von Mary Ann Evans (1819–80); Spinoza-Übersetzerin; Autorin analytisch-deskriptiver Romane, insbes. der von Proust geschätzten psychologisch scharfsichtigen Kindheitserinnerung *The Mill on the Floss* und des nicht weniger progressiven gesellschaftsanalytischen *Middlemarch*.
– II: verabscheut von Bergotte: *178*; Andrée ist mit der Übersetzung eines Romans von E. beschäftigt: 700
– V: ihr Name taucht in Ms Träumen auf: *162*
Elisabeth: Mutter Johannes' des Täufers (Lukas 1,57); von dem Besuch der schwangeren Maria bei der schwangeren Elisabeth berichtet Lukas 1,41 f.
– II: im Portal der Kirche von Balbec dargestellt: 564
– IV: man sieht sie im Flachrelief der Kirche von Marcouville: 571
Elisabeth, Kaiserin von Österreich.
– V: Schwester der Königin von Neapel: 333 f., 420, 438
Élizabeth, Madame: Élisabeth Philippine Marie Hélène de Bourbon, gen. »Madame« (1764–94); Schwester Ludwigs XVI.
– III: Charlus sammelt ihre Hüte: *753*

*Elstir: Maler, den Marcel in Balbec kennenlernt und der in WS II im Salon Verdurin unter dem Spitznamen »Biche« verkehrte (s. dort).
– II: seine Kunst im Vergleich zu der der Mme de Sévigné: *310*; M lernt ihn im Restaurant in Rivebelle kennen: 543–547; Ms Großmutter ermutigt M zu einem Besuch bei E.: 550; M besucht sein Atelier; seine See-Landschaften als Metaphern; der Hafen von Carquethuit: 554–557; Perspektiven im Vergleich zur Fotografie: 560–562; E. über die Kirche in Balbec: 563–566; E. über Träume: 567; Albertine erscheint am Atelierfenster: 568, 570; E. kennt die kleine Mädchenbande: 572; Porträt der Miss Sacripant: 574f.; Mme Elstir: 575–579; Ms Spaziergang mit E., um die kleine Mädchenbande zu treffen: 581–589; Miss Sacripant ist Odette: 590f., 593; Elstir ist »Herr« Biche: 594, 596; Empfang bei E.; M lernt Albertine kennen: 602–606; Rückblick auf den Empfang: 609–611; Mme E.s Toilette entworfen von E.: 621–624; E. über Andrée: 625; Ms regelmäßige Besuche in E.s Atelier: 633; E. über Pferderennen, Carpaccio, Regatten, venezianische Mode, Fortuny, moderne Mode: 640–643; die Klippen Les Creuniers als Kathedrale: 644, 676; E.s Yachten: 645f.; E.s Bilder haben Ms Blick auf die Wirklichkeit verändert: 647; die Mädchen der kleinen Bande über E.: 656; E.s Studien von Händen: 668; M versucht, Albertines Tante über E. kennenzulernen: 681; Ms Rückblick auf die verpatzte Gelegenheit, bei dem Spaziergang mit E. die Mädchen der kleinen Bande kennenzulernen: 706
– III: sein Einfluss auf Ms Sichtweisen und seine Einschätzung der Berma: 34, 46, 58, 65; Saint-Loups hohe Meinung von seiner Intelligenz: 140; Ms »Lieblingsmaler«; die E.s der Herzogin von Guermantes: 166–168, 190; Norpois über *Das Bund Radieschen*: 299; Madame de Marsantes hatte die große *Eh*-re, E. kennenzulernen: 338; M findet eine Fotografie von E.s Porträt von Odette als Miss Sacripant: 358; die Herzogin hat M nicht angeboten, sich ihre E.s anzusehen: 372; Albertine findet ihn dumm: 479; M bekommt endlich die E.s der Herzogin zu sehen: 564–568; Swanns Meinung über ihn: 620; der Herzog und die Herzogin über seine Kunst: 671–674; E.s *Spargel*: 672f., 676; hat in Ms Beisein eine Orchidee gemalt: 691; sein Porträt der Herzogin; dem Kaiser missfallen seine Werke: 701, 705; Ms Phantasie ähnelt E.s Sichtweise: 761; Ms Vergnügen daran, in einer Landschaft von E. eine Postkutsche oder einen Bergführer zu entdecken: 768
– IV: hat M die Augen geöffnet: 257; Andrée und Albertine wollen ihn besuchen: 279; Zélia de Cambremer und Albertine bewundern ihn: 288f.;

Mme Verdurin vergleicht ihn mit Ski: 377f.; als er und Swann noch bei Mme Verdurin verkehrten, war Dechambre schon eine Berühmtheit: 406; hat die Felsen von Darnetal gerühmt: 421; sein Bruch mit den Verdurins; Mme Verdurin spricht von ihm als »Tiche«: 466–473; der dt. Kaiser hat seine Bilder aus den Museen verbannt: 478; hat die Kappe und den Schleier der Prinzessin von Luxemburg in Auftrag gegeben: 533; Albertine ahmt ihn nach: 570; seine Meinung über die Kirche von Marcouville: 571f.; M erkennt die Landschaft aus zwei Aquarellen E.s wieder: 601f.; sein nüchterner Geschmack bei Damenbekleidung: 630f.; malt einen Jungen nackt am Strand von Saint-Pierre-des-Ifs: 703
– V: seine Schwäche für Veilchen: 184, 188; setzt sich in Widerspruch zu seinem eigenen Impressionismus: 223; berät M hinsichtlich der Einrichtung einer Yacht: 243, 502f.; Brichot erzählt von seinen »Harlekinaden« im alten Salon Verdurin: 271; sein künstlerisches Universum: 345, 348f.; Vergleich mit Dostojewski und Mme de Sévigné: 516; die Prinzessin von Guermantes hat zwei seiner Bilder an das Musée du Luxembourg verkauft: 551f.
– VI: soll Liebhaber Odettes gewesen sein: 38; M hat seinen Rat zur Ausstattung einer Yacht eingeholt: 60; Mme de Cambremer findet seinen geistigen Zauber größer als den Albertines: 116, 118; die Herzogin von Guermantes beginnt, seine Werke zu schätzen, weil er in Mode gekommen ist: 238*f.*
– VII: hat das Blumenmalen angeblich erst von Mme Verdurin gelernt: 31; sein Porträt des Dr. Cottard: 32; er ist der »Herr Tiche«: 39f.; seine Trauer bei Monsieur Verdurins Tod: 111f., 405
*Elstir, Gabrielle: Gattin des Malers Elstir.
– II: M begegnet ihr in Elstirs Atelier; »meine schöne Gabrielle«: 575f.; ihre schlichte Toilette: 576–579; Albertine über ihre gekonnte Toilette: 622–624
– IV: wird von Mme Verdurin als Schlampe denunziert: 469
– VII: die Art schwerblütiger, venezianischer Schönheit, die Elstir in seinen Werken verfolgte: 111, 418
*Eltern der Nichte der Herzogin von Guermantes.
– VI: lassen M einen Antrag machen: 51f.
*Eltern des jungen Adligen aus Méséglise.
– V: schreiben einen hochmütigen Brief: 15f.

*Eltern des kleinen Mädchens.
– VI: wollen Klage gegen M erheben: 42; weisen Schweigegeld zurück: 43
*Eltern von Octave.
– VI: um sie zu ärgern, hat Octave zwei Monate in dem Freudenhaus von Maineville gewohnt: *270*
*Eltern von Rosemonde.
– IV: haben Albertine in Incarville in Pension genommen: *253*
*Eltern von Swann.
– VI: der Herzog von Guermantes hat sie kennengelernt und hätte sie und den Sohn ohne zu zögern für eine Stelle als Gärtner empfohlen: 235
Emerson, Ralph Waldo (1803–82): idealistischer amerikan. Philosoph.
– III: Gesprächsthema bei dem Essen Ms mit Saint-Loup und Rachel: 374
Emmaus: nach Lukas 24,13 ff. erkennen die Jünger auf ihrer Wanderung nach Emmaus nicht den ihnen begegnenden Auferstandenen.
– IV: ein Mitreisender erkennt mit der trüben Scharfsicht der Wanderer von E., dass Cotard oder Ski »wer sein müssen«: *370*
Endymion: von Zeus oder Selene (mit schwankenden Begründungen) in einen Dauerschlaf versetzter schöner Jüngling.
– IV: ein Page des Grand-Hôtel ist so schön wie E.: *268*
Enesco, Georges (eigtl. George Enescu, 1881–1955): rumän. Violinist.
– V: würde von Morel in den Schatten gestellt: *389*
Engally, Speranza: Sängerin an der Opéra-Comique.
– IV: Monsieur de Cambremer hat sie gern in der Rolle der Carmen gehört: *494*
England / Engländer.
– III: E. »provoziert« angeblich Deutschland: 548; Prinz Von kann die Engländer nicht ausstehen: 706; Swann hielt Clemenceau für einen Spion E.s: 781
– IV: laut Françoise müssen Franzosen Eintritt zahlen, wenn sie nach E. wollen: 180
– VII: ist Charlus ein wenig zu sehr die Nation des Schiedsrichters in Ehrensachen: 120 f.
– *s.* auch Themenverzeichnis
England, König von (zur erzählten Zeit): Edward VII (1841–1910).
– III: die Großherzogin Jean und die Prinzessin von Faffenheim-Munsterburg-Weinigen werden ein Diner zu Ehren des Königspaars geben: *352*;

die Herzogin von Guermantes hat das Königspaar zusammen mit dem Maler Detail eingeladen: 579; sie hat den König zusammen mit dem Komponisten Lemaire und dem Dramatiker Grandmougin eingeladen: 608; die Herzogin von Guermantes fand König Edward reizend: 707

– V: der Marquis von Le Lau ist ganz entspannt in seiner Gegenwart: 45; normannische Städte, die den Duft Englands an sich tragen: 512

– VI: du Lau braucht sich seinetwegen keinen Zwang anzutun: 245

– VII: an der Börse gilt er schon für tot: 68

England, König von (zur Lebzeit Mignards): Karl II., Jakob II. oder Wilhelm III.

– III: porträtiert von Mignard: *753*

England, König von (zur Zeit des Camp d'Or): Heinrich VIII. (1491–1547).

– III: fragt den König von Frankreich, wer der edelste unter seinen Edelleuten sei: *629*

England, König von (zur Zeit Ludwigs XIV.): Georg I. von Hannover.

– IV: Onkel einer Herzogin von Guermantes: 486

England, Königin von (zur erzählten Zeit): Alexandra von Dänemark (1844–1925), Tochter Christians IX., Gattin Edwards VII (1841–1910). Sie begleitete Edward zum Staatsbesuch in Frankreich in den Jahren 1907 und 1910.

– III: die Großherzogin Jean und die Prinzessin von Faffenheim-Munsterburg-Weinigen werden ein Diner zu Ehren des Königspaars geben: 352; die Herzogin von Guermantes hat das Königspaar zusammen mit dem Maler Detail eingeladen: 579

– IV: M beweist Lebensart bei einem Empfang für die Königin: 91

Engohomme: fiktiver Ort in Frankreich.

– IV: Brichots Etymologie: *399*

*Entragues, Mademoiselle d': Tochter des Herzogs von Luxemburg. Eine historische Catherine Henriette d'Entragues (1579–1633) aus dem Haus Balzac wurde berühmt als Mätresse Heinrichs IV.

– VI: der Herzog von Châtellerault gedenkt, sie zu heiraten: *349* f.

Eos: Titanin, Göttin der Morgenröte.

– IV: der Weihrauch ist ihr als Duft zugeordnet: *328*

– VI: ihre Finger zeigen sich rosig in den Fenstern: 221

*Épinay, Monsieur d'.

– III: hätte seiner Frau niemals erlaubt, mit der Prinzessin von Parma Umgang zu haben: 628

*Épinay, Prinzessin Victurnienne von: Cousine des Herzogs und der Herzogin von Guermantes. Die *Tout-Paris* listen eine Vicomtesse Prosper d'Épinay in der Avenue de Wagram.

– III: sie drängt den Guermantes Leute auf, nur weil sie gegen Dreyfus sind: 320; empfängt das Herzogspaar von Guermantes und bewundert das Bonmot der Herzogin (»Taquinius Superbus«): *622–624*, 626–628; hat es weitererzählt: 652; die Prinzessin von Parma übernimmt ihren Ausdruck »redigiert«: 655

*Épinoy, Prinzessin von: evtl. identisch mit der Prinzessin von Épinay.

– IV: sammelt Spenden für die Patrie française und ist überwältigt vom Glanz des Salons Odettes: *204* f.

*Éporcheville, Mademoiselle d'.

– VI: M entschlüsselt »Déporcheville« als »d'Éporcheville«: *211*; sie ist die blonde Besucherin der Herzogin von Guermantes: 213; M hält sie für das Mädchen, von dem Saint-Loup ihm erzählt hatte (d'Orgeville): 213; sie will wiederkommen: 214; ihr richtiger Name ist Forcheville: 225

Epreville, Épreville: vermutl. identisch mit Egreville; ein »Épreville« simpliciter (bei Fécamp) und zwei Épreville mit Namenszusätzen liegen in der Normandie.

– IV: Mme Bontemps hat eine Villa bei Epreville gemietet: *253*; M schickt den Liftboy nach Egreville, um nach Albertine suchen zu lassen: *265*, 271; Albertine ist eben erst nach Epreville zurückgekehrt: 277; Saint-Jean-de-la-Haise ist mehr als eine halbe Stunde von der Bahnstation Épreville entfernt: 544; Bekannte kommen zum Bahnhof von Épreville, um Albertine und M zu begrüßen: 692

Eremitani-Kirche (chiesa degli Eremitani): in Padua, erbaut 1276–1306. Die zugehörige Ovetari-Kapelle wurde 1448–57 von Mantegna ausgemalt, jedoch im Zweiten Weltkrieg weitgehend zerstört.

– I: ein Diener der Mme de Saint-Euverte scheint für Swann einer Rasse anzugehören, die nur in den Fresken der E. existiert haben mag: *446*

Escalecliff: alter Name von Doville.

– IV: Brichot gibt die Etymologie: *401*

Escarbagnas, Gräfin von: Figur aus Molières *La Comtesse d'Escarbagnas.*

– IV: hatte die Birne »Guter Christ« (Williams Christ): *566*

Esgrignon, Victurnien d': Figur aus Balzacs *Antiquitätenkabinett.*

– IV: hat den gleichen Vornamen wie einer der Surgis-Söhne: *140*

Espard, Madame d': die Vertraute Dianas von Cadignan in Balzacs Novelle *Les Secrets de la princesse de Cadignan* (1839).
– IV: Charlus kennt den kleinen Garten, in dem Madame d'E. mit Diana von Cadignan lustwandelte: 631
Espinoy, Theresa von: Proust denkt vermutl. an die bei Saint-Simon wiederholt erwähnte Élisabeth-Thérèse de Lorraine, Demoiselle de Commercy (1664–1748), die 1691 Louis I. de Melun, Prince d'Épinoy (1673–1704), heiratete.
– IV: Urgroßmutter von Charlus: *479*
*Essex, Lady.
– VI: Unterzeichnerin der Todesanzeige für Mlle d'Oloron: *363*
Este, Isabella d', Marquise von Mantua (1474–1539): unterhielt einen Salon (»studiolo«) in Mantua, in dem die bedeutendsten Maler der Renaissance verkehrten.
– III: tritt mit der großen Geschichte nicht in Verbindung: *703*
Esterházy: Ferdinand Walsin-Esterhazy (1847–1923), frz. Offizier und dt. Spion, der die Dreyfus-Affäre auslöste, indem er ein Geheimdokument an die deutsche Botschaft in Paris verfasste, das Alfred Dreyfus zugeschrieben wurde und für das man diesen verurteilte.
– III: Saussier betont seine Unschuld: *139*; die Herzogin von Guermantes findet seinen Briefstil besser als den von Dreyfus: 321; seine Mitwisser: 325; der Herzog Henri von Orléans schließt ihn nach seiner Zeugenaussage in die Arme: 326 f.
*Esther (1): Nach einer gestrichenen Textstelle (vgl. Tadié: *Recherche*, Bd. 2, S. 1817) ist die Schwiegermutter der Prinzessin von Guermantes, Esther von Mecklenburg, gemeint.
– III: Charlus rühmt E.s Gärten: *757*
*Esther (2): Cousine von Bloch; *s.* Lévy, Esther.
Esther (3): biblische Heroine, deren Geschichte im Buch Esther wiedergegeben wird.
– I: ihre Darstellung in einem Wandteppich in der Kirche von Combray: *88*–90, 147
– IV: die in Purpur thronende E. hat Itzigs zu Eltern: 94
Esther (4): Figur in Racines Bühnenstück *Esther*.
– V: Françoise vergleicht Albertine mit Racines E.: *130*
Estrées, Herzog von: Charles Vicomte de La Rochefoucauld, Herzog von Es-

trées (1863–1907); ältester Sohn des Herzogs Sosthène de La Rochefoucauld-Doudeauville.
– IV: dient bei Mme Swann als Truchsess und Mundschenk: *205*
*Eudoxia, Königin: Gattin von König Theodosius.
– V: ist für einen längeren Aufenthalt nach Paris zurückgekehrt: 332
*Eudoxia: russ. Großfürstin.
– IV: einzige Freundin der Prinzessin Sherbatoff: *382*, 384, 389
Eugen, Prinz (1663–1736): österr. General.
– V: Charlus über seine Homosexualität: 412
*Eugène, Monsieur: Abgeordneter der »Action libérale«.
– VII: Gast in Jupiens Bordell: 175 f.; wird nach dem Krieg wiedergewählt: 229
Eugène, Prinz: vermutl. ist in WG Prince Eugène de Beauharnais (1781–1824) gemeint, Vizekönig von Italien (1805) unter Napoleon I.
– III: Aimé hatte man wie eine Gravur des Prinzen E. immer am gleichen Platz im Speisesaal eines Provinzrestaurants sehen können: 222
Eugénie, Kaiserin: Eugénie de Montijo de Guzmán (1826–1920), Gattin Napoleons III. und Dreyfus-Anhängerin.
– IV: der Kronprinz von Schweden hat gehört, dass sie Dreyfus-Anhängerin sei: *150*
*Eulalie: Haushälterin im Ruhestand und neben dem Pfarrer einzige Besucherin Tante Léonies.
– I: hinkende Dienstmagd im Ruhestand: *99*; ihr beruhigender Einfluss auf Tante Léonie: 101 f.; ihr Besuch bei Tante Léonie: 143, 145 f., 148, 150; sie erhält zu Françoises Ärger ein Trinkgeld: 151–153; Tante Léonies schwankendes Vertrauen in E.: 164 f.; Tante Léonie bedauert den gleichzeitigen Besuch von E. und Pfarrer: 167
– III: nach ihrem Tod singt Françoise ihr Loblied: 31
– V: Françoises Eifersucht auf Albertine ähnelt ihrer früheren Eifersucht auf E.: 129, 205, 491; E. verpetzte Françoise bei Tante Léonie: 481
– VI: Françoises Kodex kommt von weiter her als ihr Hass auf E.: 95 f.; Tante Léonie soll ihr laut Françoise 4000 Franc zugesteckt haben: 151
– VII: M hat einmal in seiner Kindheit eine Woche in ihrem Zimmer verbracht: 268
Eulenburg: Philipp Fürst zu Eulenburg und Hertefeld (1847–1921; 1894–1902 Botschafter in Wien); der Berater des dt. Kaisers Wilhelm II.

musste 1906 wegen des Vorwurfs homosexueller Kontakte zurücktreten.
– IV: Charlus spielt auf die E.-Affäre an: *479*
Eurynome: eine Okeanide; Mutter der drei Grazien.
– IV: eine der früheren Gattinnen Jupiters: *128*
Fabre, Jean Henri (1823–1915): Autor zahlreicher Schriften zur Entomologie, insbes. des achtbändigen Standardwerks *Souvenirs entomologiques* (1879–1909).
– I: Françoise erfindet so kunstreiche Listen wie die von F. beschriebenen Insekten: *174*
Fabrizio: Fabrizio del Dongo, Protagonist der *Kartause von Parma* von Stendhal.
– III: die veilchenblauen Augen der Herzogin von Guermantes für M wie das Wunder einer Ankunft bei der Tante F.s, als sie ihn zu einem Diner mit der Prinzessin von Parma einlädt: 141; die Prinzessin von Parma erinnert in nichts an die Kartause, in der F. stirbt: 575
– VI: seine Lebensgeschichte wird bei Stendhal von einem Kanonikus aus Padua erzählt: *193*
*Faffenheim-Munsterburg-Weinigen, Prinz von, gen. »Prinz Von«: dt. Ministerpräsident.
– III: Gast bei Mme de Villeparisis; Poesie seines Namens: *344*; seine Bemühungen, Mitglied der Académie zu werden: 347; er macht Norpois ein Angebot: 352, 354; Charlus unterhält sich mit ihm: 373, 383; sein deutscher Händedruck: 582; lebt im Schloss Fantaisie: 719
– IV: scheint ein Dreyfusard zu sein: 112
*Faffenheim-Munsterburg-Weinigen, Prinzessin von.
– III: steht dem exklusivsten Klüngel von Berlin vor: 346; will ein Diner zu Ehren des Königs und der Königin von England geben: 352
Fagon, Guy-Crescent (1638–1718): Leibarzt Ludwigs XIV.
– VII: Boulbon ein ebenso großer Arzt: 439
Faisan Doré, Le: das Restaurant in Doncières, in dem Saint-Loup und seine Kameraden (in WG) verkehren.
– IV: sich mit den Kameraden aus dem F. zu unterhalten wäre M jetzt (in SG) nur noch lästig: 359
Falconet, Étienne-Maurice (1716–91): Bildhauer, gefördert von Madame de Pompadour, befreundet mit Diderot. Sein Hauptwerk ist die Statue Peters

d. Gr. in Petersburg, wo er sich mehrere Jahre aufhielt, sein bekanntestes jedoch die viel kopierte *Baigneuse* von 1757, deren Original sich im Louvre befindet. Daneben wären ein *Drohender Amor* zu erwähnen, ein *Pygmalion*, ein *David* und ein *Moses*.

– IV: eine Statue von F. steht unter dem Eingangsbogen zum Garten der Mme de Montmorency: *212*

Falkenhausen, Baron Philipp Ludwig von (1844–1936): dt. General und Autor militärtheoretischer Schriften.

– III: hat eine Schlacht von Cannae gegen Frankreich vorbereitet: *149*

Fallières, Armand (1841–1931): frz. Senatspräsident 1899, dann Staatspräsident bis 1906.

– III: hat drei Tage nach einem Schlaganfall seine Geschäfte wieder aufgenommen: *428*

Fantaisie: Schloss bei Bayreuth.

– III: Prinz Von vermietet es während der Wagner-Festspiele an den Prinzen von Polignac: *719*

Fantin-Latour, Henri (1836–1904): frz. Maler, insbes. bekannt für seine Blumenstillleben.

– III: reicht nach Meinung Norpois' nicht an Mme de Villeparisis' Blumenstillleben heran: *369*

– VII: Elstir ist ihm überlegen: 31

*Farcy, Graf von: ein obskurer Verwandter der Forchevilles.

– VII: mit einer Amerikanerin verheiratet: *379*

Farnese, Palazzo: Sitz der frz. Botschaft in Rom, mit der von den Brüdern Annibal (1560–1609) und Augustin (1557–1602) Carracci ausgemalten Galleria.

– II: Norpois kann sich Vaugoubert gut im F. vorstellen: *49*

Faubourg Saint-Germain: Pariser Stadtteil im 7. und nördlichen 15. Arr., bevorzugte Hauptstadt-Wohngegend des frz. Adels, sofern nicht verarmt. Siehe den Eintrag im Themenverzeichnis.

– I: Swann ist einer der gefragtesten Männer des F.: 27; die Damen des F. nötigen Swann geradezu die Mitgliedschaft in ihren Kreisen auf: 265; Swann rechnet gemäß den Gepflogenheiten des F. politische Verbindungen zu den schlechteren: 298; der Weitblick im *noli me tangere* des F.: 395; Mme de Cambremer hat fünfzehn Jahre Klavierunterricht durch eine Lehrerin des F. erhalten: 457; bei vielen Frauen des F. genügt die Gegenwart

eines anderen Mitglieds des F., um ihre Aufmerksamkeit völlig in Anspruch zu nehmen: 460
– IV: Mme de Montmorency besitzt im F. ein altes Anwesen: 211; Saint-Loup stammt aus dem F.: 366
– VI: wenn Saint-Loup die Tochter Odettes und eines Juden heiratet, ist es aus mit dem F.: 349; Gilberte erklärt die Leute aus dem F. zu Idioten: 361
Fauré, Gabriel (1845–1924): frz. Komponist.
– IV: Charlus und Morel spielen seine *Erste Sonate für Piano und Violine* in A-Dur (1876), op. 13: *487*
– V: eine Cousine von Charlus hat eine Sonate von F. gehört: 363 f.
– VI: der Titel seiner Komposition *Le Secret* führt M assoziativ zum Namen »Chaumont«: 182
Favart, Charles-Simon (1710–92): frz. Komödien- und Vaudeville-Autor; Direktor der Opéra-Comique. 1781 gründete er im Hôtel de Choiseul das Théâtre Favart.
– IV: Saniette war in der *Chercheuse d'esprit* von F.: *461*
Febvre, Frédéric (1835–1916): frz. Schauspieler, u. a. an der Comédie-Française.
– I: M bewundert ihn: *107*
– III: sein abgegriffener Name wird von dem unverbrauchten Namen Amaurys verdrängt: 171
Fénelon, Comte Bertrand de Salignac-Fénelon (1878–1914): entfernter Nachfahre des *Telemach*-Autors François, mit dem sich Proust 1901 anfreundete und mit dem er 1901 und 1902 Reisen nach Amboise und nach Holland/Belgien unternahm; ging 1902 als Botschaftsattaché nach Konstantinopel. Als Freiwilliger Anfang des Krieges gefallen.
– IV: das klügste, beste und tapferste Wesen: *241*
Fénelon, François de Salignac de la Mothe (1651–1715): Erzbischof von Cambrai, Autor und ab 1689 Erzieher des Herzogs von Burgund.
– I: Brichot über F.s Definition von Intelligenz: 359
– II: Ms Großmutter findet Fürsten vor allem deshalb zu beneiden, weil sie einen F. zum Erzieher haben konnten: 453
– IV: Mme Poussin spricht seinen Namen »Fénélon« aus: 240 f.
*Fenzensac, Madame de.
– V: Großtante der Nichte der Herzogin von Guermantes: 254
Ferdinand, Prinz: Prinz Ferdinand von Coburg-Koháry (1861–1948); als Ferdinand I. 1887 zum Fürsten von Bulgarien gewählt, das unter türk. Oberho-

heit stand; erklärte 1908 die Unabhängigkeit Bulgariens und ernannte sich selbst zum Zaren.
– III: hätte statt Esterházys lieber einen einfachen Soldaten umarmt: *327*
– VII: Ms Instinkt verrät ihm, was F. im Schilde führt: 113; es gibt laut Charlus »fundierte Mutmaßungen«, dass er homosexuell sei: 137
Fère, La: Schlachtenort bei St. Quentin.
– VII: die dt. Truppen haben die frz. bei F. geschlagen: *85*
*Féré, Madame und Monsieur: »wohlgestellte« Bekannte der Cambremers.
– IV: die Cambremers geben den F.s zu Ehren ein Diner, zu dem Morel statt Charlus erscheint: *682* f.; M spielt Schach mit Monsieur F.: 708
*Ferner Liefen: Spitzname von Octave; *s.* auch Octave (2).
– II: er ist von seinen Ergebnissen beim Golf enttäuscht: *614*, 616
– VI: Andrée erinnert an Octaves Spitznamen: 283, 290
Ferney: frz. Ort (Dép. Ain) nahe beim Genfer See.
– IV: Wohnort Voltaires: *627*
Ferrari, François (um 1837 – um 1909): Gesellschaftschronist des *Figaro*.
– VII: sein Nachfolger hätte über das »Vaudeville« der durch Bombenangriffe verängstigten hochgestellten Damen im Nachthemd berichten können: 96
Ferry, Gabriel: Pseudonym von Eugène Louis Gabriel Ferry de Bellemare (1809–52), unter dem er insbes. Abenteuerromane verfasste (*Der Waldläufer*). Sein Sohn (1846 bis mindestens 1909) publizierte weiter unter diesem Pseudonym, u. a. auch Theaterstücke.
– II: M verwechselt den Theaterautor mit dem Staatsmann Jules Ferry: *708*
Ferry, Jules (1832–93): frz. Staatsmann und Ministerpräsident, der insbes. die frz. Kolonisation in Afrika vorantrieb.
– II: M verwechselt ihn mit dem Theaterautor Gabriel Ferry: *708*
Fervaches: Ort im Dép. Manche, etwa 15 km südl. von St.-Lô.
– IV: Brichots Etymologie: *406*
Féterne (Ort): Ort in der Umgebung von Balbec;.
– IV: die Bahnstation Douville-Féterne liegt etwa auf der Mitte zwischen Douville und F.: 407
Féterne (Schloss): Wohnsitz der Cambremers außerhalb des fiktiven Ortes Féterne. Ein Ort Féternes befindet sich in der Nähe von Évian, wo Proust sich wiederholt aufgehalten hat; eine ehemalige Baronie Féterne befindet sich in der Nähe von Orange.

– II: der Notar aus dem Grand-Hôtel Balbec macht dort sonntags Besuche: *357*; Mietdroschken warten vor dem Grand-Hôtel Balbec für Besucher in F.: 381
– IV: seine wundervollen Gärten und seine Lage über dem Meer: *232–235*; Vergleich zwischen F. und La Raspelière: 288; Zélia de Cambremers Rosen und ihr Kräutergarten: 292; Zélia de Cambremer lädt M nach F. ein, aber nicht den Landgerichtspräsidenten: 303 f.; laut Mme Verdurin regieren in F. Hunger und Durst: 512; nächstgelegene Bahnstation ist La Sogne: 519; ein Diner in F.: 674–685
*Féterne, Marquis von. Seine Tochter ist eine Cousine des Herzogs von Guermantes (nicht in den Stammbaum aufgenommen, da zu wenig eindeutig).
– III: spielte eine Rolle im Krieg gegen die Chouans: *725*
Feydeau, George (1862–1921): frz. Bühnenautor.
– II: Zitat aus seiner Komödie *La Dame de chez Maxim*: *469*
– VII: Anspielung auf sein Stück *L'Hôtel du libre échange*: *96*
*Fezensac: Funktionär des Jockey-Clubs. Historisches Vorbild ist vermutl. Herzog Philippe André Aimery Charles de Montesquiou-Fezensac (1843–1913), der von 1908 bis zu seinem Tod Präsident des Clubs war. Evtl. identisch mit dem »kleinen« Fezensac.
– III: ist erkrankt und wird von Duras vertreten: *321*
*Fezensac, »der kleine«: Der Erzähler kannte ihn als jungen Mann; evtl. identisch mit dem Funktionär Fezensac des Jockey-Clubs.
– VII: wirkt stark geschminkt beim »bal de têtes«: 324
*Fezensac, Herzog von: Historisches Vorbild ist evtl. Roger-Aimery de Montesquiou-Fézensac (1809–61), der 1838 die bürgerliche Gasparine-Ursule Finguerlin-Bischingen (1805–46) heiratete. Ein Seefahrer Finguerlin-Bischingen, Finguerlin oder Bischingen war allerdings nicht nachzuweisen.
– III: verbindet sich während der Juli-Monarchie (1830–48) mit der Tochter eines illustren Seefahrers: *724*
*Fierbois, Marquis von: ein Verwandter der Guermantes.
– III: Charlus verspottet seine Begrüßungsrituale: *601*
– IV: seine Krankheit; verfeindet mit Charlus: *8*
Fiesole: Ort bei Florenz in den Auenwiesen des Arno, die für ihre Lilienblüte berühmt sind.
– I: M träumt von einem Frühling wie in F.: *529*
Figuig: Städtchen im Südosten Marokkos, an der Grenze nach Algerien. Die

Oase machte sich Anfang 1903 kurzzeitig durch Grenzzwischenfälle einen Namen; Bombardierung durch frz. Truppen 1. 6. 1903.
– III: man kann auf den Eisenstühlen der Prinzessin von Guermantes ebenso wenig den Hauch des Faubourg Saint-Germain nicht verspüren wie in F. den Afrikas: *39*
Finistère (wörtl. »Ende der Erde«): Département, das den westlichsten Teil der breton. Halbinsel umfasst.
– I: für Legrandin spürt man in Balbec noch mehr als im F. das Ende europäischen Bodens: 527
Fiquefleur: Ort im Dép. Eure (Obere Normandie).
– IV: Brichots Etymologie: 689
Fischermädchen.
– II: M versucht eine Annäherung: 395–397
Flaubert, Gustave (1821–80): frz. Autor.
– II: Freund der Prinzessin Mathilde: 159].
– III: als Feind der Bourgeoisie ein Bourgeois durch und durch: 631; seine Briefe besser als seine Bücher: 657 f.
– IV: Vorausnahmen von F. bei Montesquieu: *296*
– V: Charlus gibt Morel F.s *Éducation sentimentale* zu lesen: *217*
– VII: hat die Goncourts nach Trouville geführt: 29; nicht die Güte seines Herzens hat F. dazu bewegt, *Madame Bovary* oder *Lehrjahre des Gefühls* zu schreiben: 279
Flers: Ort im Dép. Orne (Untere Normandie).
– IV: Brichots Etymologie: 689
Fleurus: Stadt in Belgien. Charlus trägt in frühen Entwürfen noch den Namen »Fleurus«.
– III: *520*
*Flora: eine der beiden Schwestern von Marcels Großmutter; s. auch Schwestern der Großmutter.
– I: beherrscht wie ihre Schwester Céline die Kunst der Andeutung: *39–42*, 53
– II: würdigt Legrandins Tochter keines Wortes: 301
– III: kommt nicht nach Paris, um ihre sterbende Schwester ein letztes Mal zu sehen: 438 f., 463 f.
Florenz: für ihr kunsthistorisches Erbe berühmte Stadt in der Toskana.
– I: Ms Sehnsucht, F. zu besuchen; der Zauber des Namens: 529–539

– II: M denkt mit Freuden an F.: 284
– III: hat für M seit der abgesagten Osterreise etwas Österliches: 190 f.
Florian, Jean Pierre Claris de (1755–94): frz. Fabeldichter in der Nachfolge La Fontaines; Neffe von Voltaire.
– I: Anspielung auf zwei Fabeln F.s (»Frosch vor dem Areopag«): 275
– IV: Autor einer der beiden Fabeln, die Monsieur de Cambremer kennt: *436*
Florida: amerikan. Bundesstaat.
– II: Carquethuit gemahnt Elstir an F.: 582
*Florimond: *s.* Guise, Florimond de.
Foch, Marschall Ferdinand (1851–1929): Oberkommandierender der alliierten Streitkräfte 1918.
– VII: ein neuer Militär, über den M niemals mit Saint-Loup gesprochen hat: 87
*Foggi, Prinz Odon: Schwager der Cousine Doudeauville von Madame de Villeparisis.
– VI: Norpois war mit ihm in Bonnétabel zur Jagd; hat die Schwester des Großherzogs N*** geheiratet: *309*; interessiert sich nicht für Politik: 311; spricht mit Norpois über Politik: 312; Norpois gibt ihm einen politischen Fingerzeig: 313 f.
Foix, Katharina von (1470–1517): Enkelin Karls VII. von Frankreich; heiratete 1484 Jean d'Albret, König von Navarra.
– III: ist eine Vorfahrin des Prinzen von Foix: 559
*Foix, Prinz von jun.: Freund von Saint-Loup.
– III: Stammgast im »Nebelrestaurant«; sein Reichtum, seine Überheblichkeit und seine Homosexualität: 543 f., 546–549; Saint-Loup leiht für M seinen Mantel aus: 552 f.; zu Gast bei den Guermantes: 581, 682–685
– VII: hat mit einem älteren Mann angebandelt: 192 f.
*Foix, Prinz von sen.: Vater des Prinzen von Foix jun.
– VII: ehemaliger Stammgast in Jupiens Bordell, wo man seinen Tod betrauert: S. 192
Folies Bergère, Les: Varieté-Theater im 9. Arr., 1867 gegründet.
– II: die Bildungsministerin glaubt, *Lohengrin* werde in den F. gegeben: *244*
Fonck, René (1894–1953): Flieger-As des Ersten Weltkriegs. Im Manuskript stand noch Roland Garros (1888–1918), ebenfalls gefeierter Kampfflieger des Ersten Weltkriegs, der mit Jean Cocteau befreundet war; Cocteau gab seiner ersten Flugerfahrung mit Garros in dem lyrischen Text *Le Cap de*

Bonne-Espérance (1916–19) Ausdruck, wo er umgekehrt Garros mit seinem Flugzeug als »metallenen Engel« charakterisiert. Proust bezieht sich in seinen den Briefen an Cocteau auf diesen Text, so dass man hier wohl ein intertextuelles Spiel vermuten darf. Garros wurde abgeschossen, weshalb Proust wahrscheinlich den Namen für das Typoskript geändert hat.
– VI: die Loopings der Engel Giottos gemahnen an Flugschüler F.s: 331
Fonfonso: *s.* Alfonso XIII.
Fontainebleau: Kleinstadt ca. 60 km südl. von Paris mit exklusivem Golfclub (gegr. 1909), ausgedehntem Waldgebiet und geschichtsträchtigem Renaissance-Schloss, das eine berühmte Gemäldesammlung beherbergt. Eine Sorte weißer Tafeltrauben ist nach Fontainebleau benannt.
– I: Mme Verdurin erwähnt Trauben-Kuren mit dem »chasselas de Fontainebleau«: 288
– III: Albertine über den vornehme Golfclub von F.: *479*; Wegweiser im Wald von F.: 715
– IV: das Zimmer, in dem Monaldeschi ermordet wurde: 100; Doncières hat zuweilen den falschen Anstrich eines F.: 692
– V: Anbaugebiet des Chasselas: 169
Fontanes, Louis de (1757–1821): anfangs Anhänger der Revolution, später von Ludwig XVIII. zum Staatsminister und Geheimrat berufen sowie in den Grafenstand erhoben; Autor zahlreicher heute vergessener Stücke und Gedichte sowie von Abhandlungen in pompösem, lehrhaft-gelehrtem Stil (*Le Génie du christianisme*).
– II: Mme de Villeparisis zieht ihn einem Balzac oder Hugo vor: *388*
– IV: Morel zitiert aus einen Brief F.' an Chateaubriand: *598*
Fontevrault, Äbtissin von: Marie-Madeleine de Rochechouart (1645–1704), Schwester der Madame de Montespan.
– IV: verlässt ihre Nönnchen, um an der Gastfreundschaft Ludwigs XIV. teilzuhaben: *243*
*Forcheville, Graf von, ab E Baron von: Nebenbuhler Swanns bei Odette; Schwager von Saniette.
– I: wird von Odette bei den Verdurins eingeführt; sein Snobismus und seine Vulgarität: *346*–353, 355 f., 358 f., 361–365; Swann ist eifersüchtig auf ihn: 371; wird einer der »Getreuen« der Verdurins: 373; er brüskiert seinen Schwager: 380 f.; Swann liest Odettes Brief an ihn: 387–389; die Verdu-

rins fördern seine Beziehung zu Odette: 390–393; Swanns Eifersucht: 395 f., 408, 410–417, 434, 437, 439; er macht mit Odette und den Verdurins eine Kreuzfahrt: 488 f.; schon seit längerem Odettes Geliebter: 508, 517, 519; Swann träumt von ihm: 521

– V: wird nichts für Saniette tun: 441

– VI: hat Odette geheiratet: 227; hat Gilberte adoptiert: 238; hat Odettes von Swann ererbtes Vermögen durchgebracht: 381

*Forcheville, Madame de: *s.* Odette.

*Forcheville, Mademoiselle G. S. de: *s.* Gilberte.

*Forestelle, Marquis de: Bekannter Swanns.

– I: Swann will sich von ihm auf sein Landgut bei Chatou einladen lassen, um dort ganz zufällig Odette treffen zu können: *403*, 450

*Forestier, Robert.

– III: angeblicher Spielgefährte Ms in seinen Kindertagen: *496–498*

Fortuny y Madrazo, Mariano (1871–1949): Stoffdesigner, Inneneinrichter, Bühnendekorateur (insbes. für Wagner-Opern) und Maler, der den alten Stil Venedigs wiederzubeleben versuchte.

– II: hat das Geheimnis der Herstellung der alten venezianischen Stoffe wiederentdeckt: *642*

– V: Mme de Guermantes trägt seine Kleider: *40*, 53 f.; M kauft F.-Kleider für Albertine: 209, 243, 282; das Venedig-, Carpaccio- und Tizian-Flair der Kleider F.s: 503–505; M bestellt statt einem gleich sechs F.-Kleider für Albertine: 537 f., 544; Albertine weiß nicht, welches ihrer F.-Kleider sie anziehen soll: 552; die F.-Kleider erwecken Ms Sehnsucht nach Venedig wieder: 562

– VI: M findet Albertines F.-Mantel in Carpaccios *Der Patriarch von Grado heilt einen Besessenen* wieder: *329*

*Foster, Miss: die »große Partie« Nr. 3.

– III: der Prinz von Châtellerault will sich auf sie zurückbesinnen: *545 f.*

Fouché, Joseph (1759–1820): Abgeordneter im Nationalkonvent, später Polizeiminister des Direktoriums, im Ersten Kaiserreich und unter Ludwig XVIII.

– III: Ludwig XVIII. hat ihn zum Minister ernannt, obwohl er für die Hinrichtung seines Bruders gestimmt hatte: *695*

Foucquet, Jean (1420–80): Historienmaler.

– VII: »Bilder-Bücher«, die ein Nachfolger F.s ausgemalt hat: *277*

Fould, Achille (1800–67): jüdischer Bankier, Finanzminister unter Napoleon III.
– III: stammt aus dem großen Reservoir der Bourgeoisie: *175*
Fourier, Charles (1772–1837): Sozialutopist.
– VII: man macht ein schlaues Gesicht, wenn die Rede auf ihn kommt: *22*
Fournier-Salovèze: vermutl. Mortimer Henri-Robert (1869–1937), Bürgermeister von Compiègne und Mitglied von Prousts Polo-Club, für den er 1900 die Bronzemedaille bei den Olympischen Spielen gewann.
– IV: bei der Beerdigung eines Guermantes verwechselt ein Gast den Herzog von Guermantes mit F.: *619*
Fra Angelico (Ordensname: Giovanni da Fiesole, Taufname: Guido di Pietro; ca. 1400–55): Dominikanermönch und -Prior, religiöser Maler der Spätgotik, berühmt für seine Fresken in San Marco (Florenz) und im Vatikan sowie für seine starkfarbigen, reich vergoldeten Altar- und Andachtsbilder.
– I: M träumt von einem Florenz vor einem goldenen Hintergrund ähnlich denen des F.: 529
Fra Bartolommeo (d.i. Baccio della Porta, 1472–1517): Maler von Altar- und Andachtsbildern, mit wesentlichem Einfluss auf Raffael.
– II: Mme Blatin ähnelt seinem Savonarola: *150*
France, Anatole: Pseudonym von Jacques-François-Anatole Thibaut (1844–1924; Nobelpreis 1921); von Proust geschätzter Kritiker und Autor. Einige Bergotte-›Zitate‹ in WS spielen auf Passagen aus Werken von Anatole France an.
– I: Legrandin zitiert ihn in Bezug auf die normannische Küste: *183*
– II: wie sein Name ganz beiläufig von einer Gastgeberin erwähnt wird: 22
– V: verkehrt in Mme Verdurins Salon: 319; Brichot zitiert sein *Sylvestre Bonnard*: *450*
– VII: Brichots »holder Meister eines wohltuenden Skeptizismus«: *143*
Franck, César (1822–90): frz. Komponist, Organist der Basilika Sainte-Clotilde.
– IV: ödet Renée de Cambremer nur an (»so ein Bart«): 126, 488; seine Sonate in A-Dur für Piano und Violine (1886) wird erwähnt: *486* f.
– VI: Norpois' Schweigen wirkt, als könne sich daraus nur ein Gesang wie von Mendelssohn oder F. erheben: 311

*Françoise: Köchin und Haushälterin von Tante Léonie in Combray, nach deren Tod Angestellte der Familie Marcels in Paris.
– I: rettet die Gartenmöbel: 20; hört Klatsch von Swanns Kutscher: 30; sie soll einen Brief Ms an dessen Mutter überbringen; ihr »Kodex von Combray«: 44–49; schnürt das Korsett der Mutter auf: 53; macht das zweite Bett zurecht: 55, 57; erhält ein Trinkgeld; die »Chronik von Combray«: 75, 77–86, 99; wehrt lästige Besucher ab: 101; ihre Kochkünste: 102–104; ihr Küchenmädchen: 115 f., 119; kauft nicht bei Borange: 121; F., der Gärtner und die vorbeiziehenden Soldaten: 125–128; F.s Abbild in der Literatur: 137; F. und Léonie in Erwartung Eulalies: 143–145; ihr Neid auf Eulalie: 151–154; F. und der »schiefe Samstag«: 155–157, 162; Léonie verdächtigt F., F. verdächtigt Eulalie: 164–166; F.s Grausamkeit: Spargel, Hausmädchen und Huhn: 169–172, 174; sie erwartet die Spaziergänger: 187; sie gibt Briefe mit: 189; sie ähnelt den Gestalten im Portal von Saint-André-des-Champs: 210, 211; ihr Kummer über Léonies Tod: 213–215; ihre bäuerliche Weltsicht und ihr Ehrgefühl: 230, 240; Erinnerung an die Huhnschlachtung: 392; ihr Leichentuch: 427; sie begleitet M in die Champs-Élysées: 525, 539, 541, 544 f., 559, 563; sie begleitet ihn bei der Verfolgung der Swanns: 569–571, 573 f.
– II: kocht für den Besuch Norpois'; »Michelangelo der Küche«: 26 f., 44 f.; ihre Meinung über Norpois: 80 f.; über Pariser Restaurants: 81–83; kauft ein Foto von Pius IX.: 84, 355; geht mit M in die Champs-Élysées; die »Marquise«: 91–93; kümmert sich um Ms Erkrankung: 96, 101; erkennt nicht den Schriftzug »Gilberte«: 105; Mme Swann lobt sie als Ms »nurse«: 113 f.; ihr natürlicher Geschmack: 304–306; soll mit M und Ms Großmutter nach Balbec-Plage fahren, fährt aber samt Gepäck nach Bordeaux: 320 f., 325; fraternisiert mit den Bediensteten des Grand-Hôtel Balbec: 363–365; ihr Stolz: 367; missbilligt und vergibt Mme de Villeparisis' Status als Marquise: 368–371; übergibt M einen Brief: 393; ihre Einschätzungen von Bloch und von Saint-Loup: 480–483; über die geplante Foto-Sitzung der Großmutter: 490–492; missbilligt die kleine Mädchenbande: 637–639; hat Balbec satt: 710; nimmt die Abdunklung von Ms Fenster: 714 f.
– III: in der neuen Wohnung in Paris: 9 f.; ihre Gedanken kreisen um die Guermantes: 18 f.; sie hält Hof unter den Dienstleuten: 19–21; ihr Verhältnis zu Jupien (»Julien«): 21–25, 190; die Guermantes und Guermantes bei Combray: 25–28; Reminiszenzen an Combray: 29–32; ihre Erbitterung

über den Toast des Vaters; ihre ausgedehnten Mittagspausen: 32–35; Gespräch mit den Bediensteten der Guermantes; ihr Interesse am Adel: 42–45; sie missbilligt Ms Verfolgung der Herzogin; ihre Launen: 77, 83–87; ihr Schwanken zwischen Jargon und »Saint-Simon«: 89; ihre Verwandtenbesuche: 197 f., 201; ihr Mitleid mit dem liebeskranken Diener: 205; M soll Rachel von ihr erzählen: 230; nennt die Prinzessin von Sagan die »Sagantin«: 278; erzählt M von Maurel: 355; ihre Schlaumeierei: 405; lässt bei Jupien etwas reparieren: 414–417; ihre Hingabe und Taktlosigkeit während der Krankheit von Ms Großmutter: 429–434, 437, 445–447, 450–452, 459, 463, 465; sie stört M und Albertine beim Liebesspiel: 483–487; ihr ländlicher Sinn für Anstand: 496; in verschiedenen Funktionen als Hausangestellte: 469, 474, 500 f., 503, 522, 529–532, 583, 758, 788
– IV: bewundert Charlus und Jupien: 47 f.; bewirtet ihre Tochter in Ms Küche: 178 f.; ihre dialektale Ausdrucksweise: 179, 181; weigert sich, das Telefon zu beantworten: 184 f.; kann Albertine nicht leiden: 191–194; erklärt M die Umstände der Fotografie der Großmutter durch Saint-Loup in Balbec: 247 f.; Ms Mitgefühl für sie und Zuneigung zu ihr: 248 f.; warnt M vor Albertine: 262 f.; hält alle für Beutelschneider: 266; missbilligt Célestes und Maries Unterhaltungen mit M: 340; ist schockiert, Charlus am Arm eines Dienstboten zu sehen: 536 f.
– V: mit M und Albertine in der Wohnung in Paris; sie richtet Albertine ab: 8–12, 15–17; ihr Kummer, dass sie sich nicht von der Haushälterin in Balbec verabschiedet hat: 15–17; ihr Hass auf Albertine: 129 f.; belauscht Ms Telefonate: 132; ruft ein Milchmädchen herbei, das eine Besorgung für M erledigen soll: 184–187; soll Albertine vom Trocadéro zurückholen; ihre korrumpierte Sprechweise; ihre Unfähigkeit, die Uhr abzulesen: 202–210; wie Tante Léonie einmal ihre heimlichen Ausflugspläne durchkreuzte: 481 f.; kann ihre Eifersucht auf Albertine nicht verbergen: 491; ihre spitzen Bemerkungen und ihre Scheelsucht: 498–500; teilt M Albertines Abreise mit: 565 f.
– VI: entdeckt Albertines Ringe: 71–73; glaubt nicht an Albertines Rückkehr, fürchtet sie aber: 76–78; Albertines Tod lässt sie unberührt: 95 f.; ihre sprachlichen Idiosynkrasien: 143, 225; behauptete, Tante Léonie habe eine Million im Monat zur Verfügung: 151; Maman bugsiert sie aus Ms Zimmer: 216 f.; ihre gegen Albertine gerichteten Listen: 290; ihre bösen Einflüsterungen haben Ms Liebe zu Albertine eher wachgehalten: 324

– VII: ihre Einstellung zu homosexuellen Verbindungen: 11f.; der Butler schikaniert sie mit düsteren Prophezeiungen über den Krieg: 80–84, 212–217; bemüht sich um eine Rückstellung des furchtsamen Metzgergesellen: 92; ist von Saint-Loups Heldenmut nicht beeindruckt: 211; die aufopferungsvolle Familie ihres reichen Cousins: 217f.; der Butler schürt ihren Hass auf die Deutschen: 218f.; ihre Trauer über Saint-Loups Tod: 222f.; wird Ms »Papyrollen« flicken wie ihre Handarbeit: 481–483

*Françoise, Enkel von.

– I: Ms Mutter erkundigt sich, ob er wohlerzogen sei, ob er ihr ähneln werde: 79

*Françoise, Nichte von, gen. »die Metzgerin«.

– III: Françoise schaut mal auf einen Sprung bei ihr rein: 197

– IV: schwatzt sich gern fest: 179; ihre Vergesslichkeit und Unbelehrbarkeit: 180

*Françoise, Schwiegersohn von: *s.* Julien.

*Françoise, Tochter von: *s.* Marguerite.

*Françoise, Vettern von, in Südfrankreich.

– III: haben sich mit Kuren für ihre kranke Tochter ruiniert: 447

Frankreich (Haus).

– III: seine Mesalliance mit den Medici: 267; Aumale ist rechtmäßig an das Haus F. gefallen: 793

– IV: Charlus ist von noch reinerem Blut als das Haus F.: 647, 677

Frankreich (Land).

– III: Verehrung des Adels im frz. Volk von der Scholle F.s genährt: 44f.; die schrecklichen Jahre, die F. mit der Dreyfus-Affäre durchmacht: 313; verspürt kein Bedürfnis nach einem *General de pronunciamiento*: 326; man macht sich im lieblichen F. gern selber schlecht: 329; »Frankreich wünscht mit einer überwältigenden Mehrheit Arbeit und Ordnung«: 331f.; F. »provoziert« angeblich Deutschland: 548; in F. gibt man allem, was britisch ist, den Namen, den es in England nicht hat: 647

– IV: der Prinz von Guermantes hat seiner bayerischen Gattin F. in seiner ganzen Schönheit und Herrlichkeit vorgeführt: 154, 158; Françoise will keine Engländer mehr nach F. lassen, wenn sie nicht Eintritt bezahlen: 180

– V: die Dreyfus-Affäre kann schlimme Folgen für F. haben: 52; Albertine machte mit Mlle Vinteuil im Garten von Montjouvain eine Sprudelwasser-Tour durch F.: 173; Allianz zwischen Theodosius II. und F.: 333; die

philosophierenden Journalisten sind überzeugt, dass sich ein Wandel in F. vollziehe: 357; auch wenn F. hart geblieben wäre, hätte Deutschland nicht das Schwert gezogen: 493
– VI: Gilberte eine der reichsten Erbinnen F.s: 227; das Kabinett Rouvier glaubt, dass es zum Krieg zwischen Deutschland und F. kommen werde: 230; »Des Laumes« einer der schönsten Titel F.s: 240; der Herzog von Guermantes der älteste und bedeutendste Herzog F.s: 247; Norpois hat die unveräußerlichen Rechte F.s zu verteidigen gewusst: 316
– VII: Mme Verdurin sagt »wir«, wenn sie F. meint: 53; Saint-Loups Klage, F. sei »montenegrisiert« worden: 97; die mit Polygonen ausgefüllte Gestalt F.s: 113; Charlus über die Beziehung F.s zu Deutschland: 118–152
*Franquetot, Gräfin/Vizegräfin von: Cousine von Zélia de Cambremer, Freundin der Marquise von Gallardon.
– I: bei der Soiree Saint-Euverte: *451* f., 456, 458, 462
– IV: setzt sich bei Mme de Saint-Euverte für ihre Cousine ein: 102; mit ihrem Mann unter der Traueranzeige für Éléonore de Cambremer: *260*; Zélia de Cambremer ist erstaunt, dass M sie kennt: 298
Franz I. (1494–1547): König (1515–47) von Frankreich.
– I: der Erzähler liest ein Buch über F. und Karl V.: *9*
– III: nennt im *Camp du Drap d'or* gegenüber dem engl. König einen Courvoisier als Edelsten in seinem Gefolge: *629*
Franz-Joseph, Kaiser von Österreich-Ungarn.
– VII: Charlus wäre über Schaden für seinen Thron verzweifelt: 98; Charlus missbilligt, dass die Franzosen ihn während des Krieges verdammen: 133–135
Frarikirche: Santa Maria Gloriosa dei Frari; gotische Franziskanerkirche in Venedig, die u. a. zwei Gemälde von Tizian enthält.
– II: M sehnt sich nach den Tizians der F.: *20*
*Frau, die der Erzähler früher gekannt hat.
– VII: ist zu einer boshaften kleinen Alten geschrumpft: 331 f.
*Frécourt, Marquis de.
– III: besitzt eine Remise mit rotgedecktem Türmchen: *768*
– IV: der Campanile an seiner Remise: 7
Fregoli, Leopold (1867–1936): ital. Imitator.
– VII: die Veränderungen durch das Alter gemahnen an die Verwandlungskünste F.s: *360*

*Freundin von Mademoiselle Vinteuil.
– V: wurde samt ihrer Freundin für die Probe am Nachmittag für die Soiree Verdurin erwartet, ist jedoch nicht erschienen: 300–304; hat zusammen mit Vinteuils Tochter dessen hinterlassene Werke transkribiert: 353–358; Albertine streitet ab, mehr oder weniger von ihr aufgebracht worden zu sein: 457–459
– VI: Albertine könnte ein Verhältnis mit ihr gehabt haben: 13; Albertine hat geschworen, dass sie kein Verhältnis mit ihr hatte: 135
*Freundinnen (drei) im Bois.
– VI: erinnern M an Albertine; er folgt ihnen, verliert sie aber aus den Augen: 209; M begegnet ihnen in der Toreinfahrt der Guermantes: 210
*Freundinnen (zwei) von Léa.
– V: M kennt sie aus Balbec; er fürchtet, dass Albertine sie im Trocadéro treffen wird: 192, 196
– VI: frequentierten die Bäder des Hotels in Balbec: 110
Frévalles: vermutl. Simone, die am Théâtre de la Porte Saint-Martin spielte (*L'Imprévu*, 1917).
– IV: einer der Schauspieler, die Monsieur de Chevregny in *La Châtelaine* gesehen hat: *673*
Friedrich der Große (1712–86): König von Preußen.
– III: Bernhardi bevorzugt die schräge Schlachtordnung F.s: 149
Friedrich Karl, Prinz von Preußen (1828–85): Neffe Wilhelms I.
– III: seine Brutalität gegenüber den Besiegten im Krieg 1870/71: *763*
*Friseur (1): in Doncières.
– III: überredet den Prinzen von Borodino, Saint-Loup Urlaub zu geben: 169 f.
*Friseur (2): in Paris.
– VI: kommt zu M, um ihm die Haare zu schneiden: 24
*Froberville, General von: Gast bei der Soiree Saint-Euverte.
– I: Freund Swanns; sein Monokel: *449*; beeindruckt von der jüngeren Marquise de Cambremer: 463 f.; begreift den Witz im Namen »Cambremer« nicht: 469; wird der Marquise vorgestellt: 471 f., 523
– V: hat den Weg für Morels Orden geebnet: 378 f.
– VI: tauscht im Élysée-Palast ironische Blicke mit Swann aus über die Zumutung, einen bürgerlichen Staatspräsidenten zu besuchen: 357
*Froberville, Oberst von: Neffe des Generals von Froberville.

– IV: setzt sich bei der Soiree Guermantes zu M: *107*; weist Bréauté zurecht: 109, 116; wird von Mme de Saint-Euverte unterstützt und zeigt sich undankbar: 110 f.; ist entzückt, dass die Herzogin von Guermantes nicht zum Gartenfest der Mme de Saint-Euverte gehen wird: 119–122; der Herzog von Guermantes hält ihn für einen Trottel: 197

Frœschviller: Schlachtenort im Ersten Weltkrieg.
– III: der beispielhafte Opfermut der Turcos bei F.: 156

Frohsdorf: Schloss in Lanzenkirchen in Österreich.
– V: Residenz des Grafen von Chambord: 43 f.; die Herzogin von Guermantes spricht es gern »Froschdorf« aus: 44

Fromentin, Eugène (1820–76): von Delacroix und Corot beeinflusster Maler, Reiseschriftsteller und Kunstkritiker. Autor der in WZ erwähnten Kunstgeschichte *Maîtres d'autrefois* (1876; dt. *Meister von einst*).
– III: von größerer Klarheit als Renoir: *441*
– VII: Verdurin hat F.s »Madeleine« geheiratet: 24; das Paris des Krieges erinnert Charlus an den Orient F.s: *166* f.

Fulbert (960–1028): Bischof von Chartres; hinterließ eine Sammlung historisch wertvoller Briefe, die in WS erwähnt werden.
– III: für die Gräfin von Arpajon ein möglicher Autor von Flauberts *Salammbô*: 658

Furien: röm. Plagegeister.
– III: die ironischen F. der Telefonvermittlung: *178*

*G (Autor): angesichts der erstaunlich freundlichen Kennzeichnung eines anderen Autors kann eigentlich nur André Gide gemeint sein.
– III: besucht Mme de Villeparisis; häufig von den Guermantes eingeladen: *277*; d'Argencourt hält ihn für Pierre Loti oder Edmond Rostand: 286

*G, Gräfin.
– III: Charles Morel würde gern ein Konzert bei ihr geben: 358; ist reizend, verkehrt bei den Guermantes, wird von den Courvoisiers geschnitten: *596* f.

*G, Tochter der Gräfin.
– III: reich und hübsch, gibt allen Herzögen einen Korb: 597

Gabriel (Erzengel).
– IV: einer von Charlus' Schutzpatronen: 610

Gabriel, Jacques (IV.) Ange (1698–1782): Spross einer Architektendynastie; war als Architekt Ludwigs XVI. für die Renovierung des Louvre zuständig

und erbaute u. a. das Hôtel Crillon, das Petit Trianon und die beiden Paläste an der Place de la Concorde.
– II: M ist von seinen Palästen nicht beeindruckt: *87*; der englische Garten vor dem Petit Trianon verschandelt die Fassade von G.: 462

*Gabrielle: Gattin Elstirs, der von ihr als »meine schöne Gabrielle« spricht; s. Elstir, Madame.

*Gärtner bei Tante Léonie.
– I: bar jeden Gefühls für die Natur: 20, 93; die Großmutter verabscheut ihn: 124; will Françoise reizen: 127; diskutiert mit Françoise den Kriegsfall: 128

*Gärtner bei Vinteuil.
– I: verwahrt seine Geräte in einer Hütte am Rand des Moorsees von Montjouvain: 217

*Gärtner der Cambremers.
– IV: stöhnt unter dem Joch der Verdurins: 395, 439

*Gärtner der Cambremers, Sohn des.
– IV: verschlingt die Motorhaube von Ms Auto mit den Augen: 549

*Gärtner der Cousine Saint-Loups.
– III: Saint-Loup erzählt Anekdoten über ihn: 17

*Gärtner in Combray.
– III: Françoise hat ihm tausendmal erklärt, dass der Krieg ein Verbrechen ist: 446

*Gärtner in der Umgebung von Paris.
– III: hat einen der Parks des 17. oder 18. Jh.s zur Obstplantage umgewandelt: 207

Gaëta: befestigte Küstenstadt auf halbem Weg zwischen Rom und Neapel. Der letzte König von Neapel (= König Beider Sizilien), Franz II., wurde 1860 durch Garibaldi hierher vertrieben und hielt der Belagerung mehrere Monate lang stand.
– V: die Königin von Neapel hat auf den Festungsmauern von G. selbst das Gewehr in die Hand genommen: *334*, 438 f.; die Einnahme von G. das Ende des Königreichs Beider Sizilien: 371 f.

Gaia: Titanin, Personifikation der Erde.
– IV: lehnt nur Bohnen und Gewürzsamen ab: *328*

Galatea (griech. »die Milchweiße«): griech. Sagengestalt, in die sich nach Theokrit der Zyklop verliebt und nach Vergil der Hirtenjunge Corydon;

nach einer weiteren Sage ein Standbild, in das sich dessen Schöpfer Pygmalion verliebt.
– IV: die »Galatea«, die im Körper eines invertierten jungen Mannes eingeschlossen ist: *34*

Galizien: Landschaft in der Westukraine und in Südpolen; zu Goncourts Zeit Kronland der habsburgischen Monarchie.
– VII: Goncourt nimmt in G. eine exzeptionelle Stellung ein: *26*

Galland, Antoine (1646–1715): Übersetzer von *Alf laila wa-laila* (frz. *Les Milles et Une Nuits*; dt. *Tausendundeine Nacht*).
– IV: Ms Mutter schenkt M Gallands Übersetzung: *323*

*Gallardon (Familie).
– III: es wimmelt davon im Faubourg-Saint-Germain: 757

*Gallardon, Marquis von: Gatte der Marquise von Gallardon.
– IV: hätte seiner Frau niemals erlaubt, mit Mme d'Orvilliers zu sprechen: 172

*Gallardon, Marquise von, geb. Courvoisier: Cousine (genauer wohl: Großcousine) von Charlus, Freundin der Gräfin von Franquetot.
– I: Gast bei der Soiree Saint-Euverte; drängt sich den Guermantes auf: 452 f., 457–461, 464
– III: ihr Snobismus und ihre konservative Gesinnung: 595, 641; wird von ihrer Cousine, der Herzogin von Guermantes, verachtet: 674
– IV: stellt ihren Neffen, den Vicomte Adalbert de Courvoisier, bei der Soiree Guermantes Charlus vor: *78*; trifft mit der Herzogin von Guermantes, die sie schneidet, auf der Freitreppe der Prinzessin von Guermantes zusammen: 169–173

*Gallardon, Prinzessin von.
– III: Schwiegertochter der Herzogin von Gallardon: *602*

*Gallardon, verwitwete Herzogin von.
– III: würde Aristoteles nicht in ihrem Hause dulden: *602*

Gallé, Émile (1846–1904): Designer und Hersteller von Gläsern, Keramiken und Möbeln im Stil des Art Nouveau; geschätzt für seinen »poetischen Symbolismus«.
– II: der Meeresschaum in Balbec gemahnt an Gläser von G.: *513*
– III: Eis am Fenster wie auf einem Glas von G.: 530

Galliera, Herzogin Maria Ferrari von (1811–88).
– VII: die Herzogin von Guermantes war mit ihr bekannt: 335

Galliffet, Marquis Gaston Auguste von (1830–1909): General, Kriegsminister im Kabinett Waldeck-Rousseau; befreundet mit Charles Haas.
– III: Saint-Loups Kameraden sprechen kaum noch von ihm: *170*
– V: ist auf Tissots Gemälde *Le Cercle de la rue Royale* zu sehen: 268
– VII: die Generalität war zur Zeit der Dreyfus-Affäre gegen G.: 55; ist zu Beginn des Ersten Weltkriegs bereits tot: 87

Galliffet, Marquise Florence-Georgina von, geb. Laffitte (1842–1901): Gattin des Generals Marquis Gaston von Galliffet.
– III: zur Zeit der Dreyfus-Affäre erloschenes Glanzlicht von einst: *541*
– IV: ihre glänzenden Teegesellschaften: 552

Galli-Marié, Célestine (1840–1905): Sängerin an der Opéra-Comique, insbes. in der Titelrolle von *Carmen* (1875; Abb. z. B. in Lévêque: *Impressionistes*, S. 40) und von Ambroise Thomas' *Mignon*.
– IV: Monsieur de Cambremer hat sie gern in der Rolle der Carmen gehört: *494*

*Galopin: Konditor in Combray.
– I: seine Tochter liefert eine Torte aus: 82; sein Hund: 85

Gambetta, Léon (1838–82): frz. Politiker, der 1870 die Republik ausrief; wurde im November 1881 Ministerpräsident und im Januar 1882 gestürzt.
– I: Mme Verdurin hat keine Eintrittskarte für die Beerdigung von G. erhalten: *298*
– III: die Herzogin von Guermantes bewundert seinen Briefwechsel: 658

*Ganançay, Marquis von.
– III: missverstanden statt »Palancy«: 55

Garnier, Robert (1544–90): Theaterautor; sein Stück *Les Juives* (1583) behandelt die Rache Nebukadnezars II. am abtrünnigen König von Juda, Zedekia, die zur babylonischen Gefangenschaft führt (2. Chronik 36, Jeremias 21).
– II: Gisèle hätte ihn in ihrem Aufsatz erwähnen müssen: *661*

Garros, Roland: *s.* Fonck, René.

Gasc-Desfossés (in der Erstausgabe: Gascq): Die drei Brüder Édouard, Alfred und Léon veröffentlichten Aufsätze zur Kunst des Französisch-Aufsatzes, darunter einen Überblick (von A. und L.) über Abiturthemen, in dem auch Gisèles aufgeführt werden. Léon gab eine Sammlung *Théâtre choisi de Racine* heraus, in deren Vorwort er den im Text zitierten Satz von Voltaire zitiert.

– II: in einem Schulaufsatz muss man auf G. verweisen: *663*
*Gaucourt, Madame de: Schwester des Marquis von Cambremer.
– IV: leidet wie M unter Erstickungsanfällen: 450 f., 517, 519, 687, 704
– VII: ein Heilmittel hat ihr gutgetan gegen ihre Erstickungsanfälle: 341
Gautier, Théophile (1811–82): frz. Autor.
– IV: Saniette beruft sich auf G.s Roman *Le Capitaine Fracasse*: 464
– VII: wusste, dass Verdurins *Salons* Fromentins *Maîtres* überlegen war: 24
*Generaldirektor des Grand-Hôtel Balbec und sieben oder acht weiterer Hotels.
– II: auf Inspektionsbesuch im Grand-Hôtel Balbec: 361–363
Genlis, Madame de: Stéphanie Félicité Du Crest de Saint-Aubin, comtesse de Genlis, marquise de Sillery (1746–1830); Autorin moralischer Geschichten und Gouvernante des zukünftigen Louis-Philippe.
– V: ihr Porträt hängt in Versailles dem von Choderlos de Laclos gegenüber: *518*
Genoveva von Brabant: Sagengestalt, Gattin des Pfalzgrafen Siegfried von Brabant.
– I: M wird die Geschichte von G. mit der Laterna magica vorgeführt: *18* f.; die Düfte aus der Küche des Oiseau Flesché sind so übernatürlich, wie eine Bekanntschaft mit G. zu machen: 72; zwischen Mme de Villeparisis und einer Nachfahrin von G. kann keine Beziehung bestehen: 147 f.; der Anblick der Herzogin von Guermantes ist so unbegreiflich wie das Bild G.s in der Laterna magica: 239; die Herzogin von Guermantes ist eine Nachfahrin G.s: 245
– VII: die Herzogin von Guermantes stammt von ihr ab: 421
Geoffrin, Marie-Thérèse, geb. Rodet (1699–1777): unterhielt einen Salon, in dem u. a. Boucher, Marivaux, La Tour und d'Alembert verkehrten.
– III: selbst Sainte-Beuve kann ihren Salon kaum von anderen unterscheiden: *561*
*Georges: Dienstbote der Herzogin von Guermantes.
– III: Poullein braucht nur mit ihm zu tauschen: 650
Gérault-Richard, Alfred Léon (1860–1911): Abgeordneter von Paris, Journalist, Herausgeber der sozialistischen Zeitschrift *La Petite République française*, Unterstützer Dreyfus'.
– III: Norpois meint, so bald noch nicht unter dem kaudinischen Joch des Herrn G. hindurchziehen zu müssen: 329

*Germaine: Freundin von Rachel.
– III: Rachel soll sie zum Skating begleiten: 216; Saint-Loup ist durch sie etwas ernüchtert: 218 f.

Gérôme, Jean-Léon (1824–1904): akademischer Maler klassischer, biblischer und orientalischer, z. T. voyeuristisch-erotischer Themen in einem heute fast fotorealistisch anmutenden Stil; engagierter Gegner des Impressionismus.
– II: Mme Swanns Besucher reden über ein Bild von G.: *113*

Geslin de Bourgogne, Yves-Marie (1847–1910): General, Kavallerie- und Infanterie-Kommandeur des II. Armeekorps, Autor eines Standardwerks über Kavallerie.
– III: einer der neuen Generäle, die Saint-Loups Kameraden verehren: *171*
– VII: ist bei Beginn des Ersten Weltkriegs bereits gestorben: 87

Ghirlandajo, Domenico (1449–94): florentin. Maler.
– I: die Nase von Monsieur de Palancy hat die Farben eines G.: *308*

*Gibergue: Militärkamerad von Saint-Loup.
– III: Saint-Loup weist ihn zurecht: 141

Gigantentreppe: von Antonio Rizzo 1554 im Hof des Dogenpalastes in Venedig ausgeführt, mit Statuen des Mars und des Neptun von Sansovino.
– I: die Treppe zum Palais der Mme de Saint-Euverte erinnert Swann an die G.: *446*

*Gilbert: s. Guermantes, Gilbert.

*Gilbert der Böse: ein Urahn der Guermantes und Nachfahre Genovevas von Brabant (WS, S. 148); seine Figur befindet sich im Fenster der Kirche von Combray.
– I: ein Künstler will das Fenster mit G. kopieren: *99*; der Pfarrer erzählt die Geschichte G.s: 148 f.; sich wandelnde Farben im Kirchenfenster mit G.: 238 f.; die Herzogin von Guermantes sitzt in der Kapelle G.s: 243; der Blick der Herzogin von Guermantes ist blau wie ein Sonnenstrahl, der durch das Fenster mit G. gefallen ist: 247
– VI: der Name hat den Zauber des Glasfensters von Combray verloren: 173

*Gilberte Swann, später durch Adoption Gilberte de Forcheville, verh. de Saint-Loup: Tochter von Odette de Crécy und vermutl. Swann, vielleicht aber auch Forcheville. Erste Liebe Marcels.
– I: der Erzähler denkt an einen Besuch bei Mme de Saint-Loup zurück: *14*; M sieht sie in Tansonville: *198* f.; sie beherrscht Ms Gedanken: 201; M be-

gegnet ihr in den Champs-Élysées und freundet sich mit ihr an: 540; Liebesschmerzen: 541–567, 569–572; ihre Mutter kennt M nicht, der sie aber trotzdem grüßt: 576
– II: löst besondere Gefühle in M aus: 17, 19; wird von ihrer Mutter benutzt, um Swann zu erpressen: 56 f.; Swann möchte sie der Herzogin von Guermantes vorstellen: 62 f.; Norpois über G.: 69 f.; M schreibt ihr einen Brief zum Neujahrstag: 83–86; sie kommt nicht mehr in die Champs-Élysées: 88 f.; M gibt ihr einen Brief für Swann mit: 90; erotisches Gerangel mit M hinter dem Lorbeergebüsch: 93 f.; sie schickt M eine Einladung zum Tee; ihr Briefpapier und ihre Unterschrift: 101–103, 105, 108; ihre Teegesellschaften: 110–115, 137; ihr Salon in Rembrandt-Licht und die ninivitische Torte: 111; sie schenkt M ihre Aufmerksamkeit: 141; ihre Verehrung für ihren Vater: 152; geht dennoch am Todestag von Swann sen. ins Theater: 163 f.; ihre Ähnlichkeit mit beiden Elternteilen; die beiden Gilberten: 189–193; M zweifelt an ihrem guten Charakter: 196 f.; M zieht es vor, G. nicht zu sich einzuladen: 204 f.; sie löst ihre Freundschaft mit M auf und entzieht sich zunehmend: 213–228, 233, 235; M entwirft im Geist Neujahrsbriefe an G. und G.s Antworten: 249–252; M versucht, seine Liebe zu G. abzutöten: 252–258; sie lässt M durch ihre Mutter zum Tee einladen: 267 f.; M will sich ihr entziehen: 268 f.; sie wird von M in fremder Begleitung gesehen: 270–275; M träumt von ihr: 278–280; M vergisst sie zunehmend: 282–285; Ms Liebe zu ihr flackert noch einmal auf: 297; gelegentliche Erinnerungen Ms an G. während seines Aufenthalts in Balbec: 450, 503, 547, 571, 635, 648, 673, 685
– IV: Swann lädt M ein, sie zu besuchen: 161 f.; M verschenkt die Buchhülle von G. weiter an Albertine: 194 f.; M schreibt an sie, aber ihr Name ist entzaubert: 196 f., 200; sie erbt von einem Onkel ein Vermögen, und der Faubourg wird auf sie und ihre Mutter Odette aufmerksam: 207
– V: M horcht Albertine über sie aus: 26; war seinerzeit, als M sie umwarb, in einen anderen jungen Mann verliebt: 178 f.; Ms Liebesschmerz um Albertine ähnelt dem von damals um G.: 468, 484; Albertine gibt zu, G. einmal geküsst zu haben: 513
– VI: aus der gleichen gesunden Substanz gemacht wie Albertine: *125* f.; wirft M einen verstohlenen Blick zu: 210; sie ist das blonde Mädchen, das M für Mlle d'Orgeville gehalten hatte: 226; sie hat reich geerbt und ist damit das Schoßkind des Faubourg Saint-Germain: *227* f.; auch die Herzogin

von Guermantes umwirbt sie: 232; sie gilt als glänzende Partie: 233; sie fragt die Guermantes über ihren Vater Swann aus, die sich sehr gönnerhaft äußern: 234–236; sie ist »ganz Swann« nach Meinung der Herzogin: 237; bei der Betrachtung von Bildern erkennt sie die Hand Elstirs: 239; hält »Des Laumes« für einen der schönsten Titel Frankreichs: 240; leugnet ihre gute Bekanntschaft mit Lady Israël und vertuscht meistens ihre eigene Herkunft: 241–244; ihr Snobismus: 246; in ihrer Anwesenheit wird nicht von Swann gesprochen in der Annahme, dass ihr das peinlich wäre: 248, 252; teilt M ihre Verlobung mit Robert de Saint-Loup mit: 341, 343; die Prinzessin von Silistria wollte G. für sich reservieren: 349 f.; sie ist bald den Faubourg leid und empfängt lieber in kleinem, bürgerlichen Kreis: 358–363; die Freundinnen von Ms Mutter klatschen über ihre Ehe: 369 f.; sie ist unglücklich, weil Robert sie betrügt: 372; Mme de Marsantes hatte die Ehe Roberts mit G. forciert, um Rachel aus dem Rennen zu werfen: 374; sie ist schwanger: 376; um Robert zu halten, bemüht sie sich, Rachel zu ähneln: 379 f.; Odette war gegen Robert gewesen, macht nun aber eine Kehrtwende, weil sie Geld braucht: 381; da Forcheville alles durchgebracht hatte, ist G. geizig geworden: 381 f.; sie malt nachmittags in der Schlosskapelle: 387; Spaziergänge in der Umgebung von Tansonville; sie erklärt M den Zusammenhang der beiden Wege: 388 f.; sie erklärt M die obszöne Bedeutung der Geste von damals und die Vorgänge in der Turmruine von Roussainville: 390 f.; der junge Mann, mit dem M G. in den Champs-Élysées gesehen hatte, war Léa: 393
– VII: M besucht sie in Tansonville: der Zusammenhang der beiden Wege; die obszöne Geste von einst; ihre Begleitung damals in den Champs-Élysées: 8–11; Saint-Loup liebt und betrügt sie: 13–15; spricht mit M über Albertine: 21–23; ihr Salon ist gefragt: 50; fährt ins belagerte Combray; ihr erster Brief an M: 85 f.; ihr zweiter Brief an M aus Combray: 90–92; ihr Gesicht eine perfekte Replika des einstigen Gesichts ihrer Mutter: 343; M verwechselt sie mit Odette: 361, 407; ist keine Forcheville: 381 f.; Gespräch mit M über Saint-Loup: 407–411; Gespräch mit M über ihre neue Freundin Andrée: 412 f.; verachtet Mme Verdurin und auch ihre Mutter: 413 f.; antwortet Mme de Marienval unwissentlich im Stil ihres Vaters Swann: 437 f.; ist jetzt häufiger Gast der Herzogin von Guermantes: 452 f.; stellt M ihre Tochter vor: 474–479
*Gilberte, Freundin von.

– I: hat eine kurzangebundene Stimme: 540 f., 546
*Gilberte, Freundinnen von.
– I: erscheinen wie zaghafte Spatzen in den Champs-Élysées: 546
*Gilberte, Gouvernante von: *s.* Gouvernante von Gilberte.
*Gineste, Marie: Schwester von Céleste Albaret, Zofe einer älteren Dame zu Gast im Grand-Hôtel Balbec.
– IV: ihre reizende Sprache: *274*; M hat mit ihr und ihrer Schwester Freundschaft geschlossen: 336–338; weint bei Ms Abreise: *725*
Giolitti, Giovanni (1842–1928): wiederholt ital. Ministerpräsident.
– VI: »hat denn niemand seinen Namen erwähnt?«: *313*
– VII: Norpois nennt Caillaux den G. Frankreichs: *130*
Giorgione (d. i. Giorgio da Castelfranco; 1478–1510): venezian. Renaissance-Maler.
– I: M träumt von einem Venedig, das die Schule G.s war: *536*
– III: Parma eine erste Unbekannte auf der Reise in die Stadt G.s: 575
– IV: die Kammerzofe der Baronin Putbus erinnert Saint-Loup an Modelle von G.: *137*, 215
– V: Swann verlieh einer Frau künstlerische Würde, wenn er ihre Toilette in einem Gemälde von G. wiederfand: 524
Giotto di Bondone, gen. »Giotto« (1266–1337): florentin. Maler (in Florenz, Assisi, Rom Padua, Neapel) und Dombaumeister (in Florenz).
– I: die Röcke der schwangeren Küchenhilfe erinnern Swann an die *Karitas* von G.: *116* f.; der »Karitas« geht es nach ihrer Entbindung schlecht: 171, 173; Swann fühlt sich durch Monsieur de Palancy an den »Ungerechten« (den ungerechten Richter der *Iniusticia*) in G.s *Tugenden und Lastern* erinnert: *451*; M identifiziert Florenz mit dem Genie G.s: 534
– II: die Prozession der kleinen Mädchenbande ist eines G. würdig: 519; ihr Diabolo lässt Albertine aussehen wie die *Idolatrie* von G.: 625
– V: M erinnert sich an die Fotografien von G., die er als Kind besaß: 53*8*
– VI: M und seine Mutter bewundern seine Ausmalung der Arena-Kapelle in Padua: *330*
Giroux: eine Konditorei, oder aber die Antiquitätenhandlung am Boulevard des Capucines.
– II: Odettes Bonbonnieren von G. befinden sich im Ruhestand: *259*
*Gisèle (1): Mitglied der kleinen Mädchenbande, Freundin Albertines.
– II: macht in heiserem Ton eine ironische Bemerkung über den Greis, über

den Andrée hinweggesprungen ist: 498; »die Gnadenlose«: 503; gesellt sich am Strand zu M und Albertine: 625–*627*; Albertine kann sie nicht leiden, und Andrée hasst sie angeblich: 627; muss nach Paris zurück und für ihr Examen »büffeln«: 628; M würde sie gern begleiten: 629–631; Andrée mag sie gern: 637; ihr Aufsatz: 658–663
– III: Reminiszenzen an Balbec: 78, 477, 480; angeblich war sie es, die in Balbec über den alten Herrn gesprungen ist: *490* f.
– IV: M findet auch Albertines Verhalten gegenüber G. verdächtig: 280; rügt Ms verändertes Verhalten gegenüber Albertine: 281; geht mit Rosemonde davon und lässt Albertine mit M zurück: 307; reist mit Andrée und Rosemonde fast gleichzeitig aus Balbec ab: 331
– V: M trifft sie in Paris; ihre Lügen: 237–240
– VI: Andrée beschuldigt sie der Heimtücke: 191; ist Andrées beste Freundin: 259
*Gisèle (2): *s.* Auberjon, Herzogin von.
Glaswarenverkäuferin in Venedig.
– VI: M würde sie gern nach Paris mitnehmen: 319
Glaukonome: von Hesiod in der *Theogonie* als Nereide beschrieben, »der heiter lächelnden Glaukonome« (V. 256).
– II: das Meer bietet sich M dar wie eine Nymphe G.: *380*
Gleyre, Marc-Gabriel-Charles (1806–74): zu seiner Zeit anerkannter Schweizer Maler, der vorwiegend in Paris wirkte.
– I: die Schwestern der Großmutter sind entsetzt, wenn M eine Illustration von G. liebt: *205*
Gluck, Christoph Willibald Ritter von (1714–87): an der frz. komischen Oper geschulter dt. Komponist der Vorklassik.
– III: Schwadroneure, die die erquickende Meinung vertreten, die schönste *Iphigenie* sei die von Piccinni und nicht die von G.: *632*
– IV: eine hervorragende Sängerin würde in Féterne den ganzen G. darbieten: 703 f.
– V: ein Zitat aus seiner Oper *Armida* wird Rameau zugeschrieben: *155*
Godard, Benjamin (1849–95): zu seiner Zeit teilweise erfolgreicher Komponist von Opern, Symphonien, Kammermusik und insbes. Salonstücken für Klavier und Gesang.
– IV: man würde lieber Debussy hören als G.: *588*
Goethe, Johann Wolfgang.

– III: die Schilderung der Theaterkulissen in G.s *Wilhelm Meister* hat ihnen für M eine gewisse Schönheit verliehen: 237
– VI: Octave war Klassenletzter, weil er lieber G. las als zuzuhören: 271
– VII: Cottard bescheinigt ihm laut Charlus Mangel an Psychologie: 124
Gogol, Nikolai Wassiljewitsch (1809–52): russischsprachiger, aus der Ukraine stammender Autor von sozialkritischen, religiös inspirierten Romanen und Theaterstücken.
– V: wird häufig mit Dostojewski verglichen: *516*
Goldschmidt: Neville Davison Goldsmid (auch: Goldschmid; 1814–75): Kunstsammler und -händler; seine bedeutende Sammlung wurde nach seinem Tod in mehreren Partien in Paris und Den Haag versteigert.
– I: unter seinen Gemälden befindet sich eines, das Swann für einen Vermeer hält: *485*
Goliath: philistischer Krieger, der nach 1. Samuel 17 von David mit einer Schleuder getötet wurde.
– III: Charlus spielt auf die Legende von David und G. an: *389*
– IV: Morel wirkt wie ein David, der es mit einem G. aufnehmen könnte: 364
Golo: Sagengestalt, die die Gattin Genoveva des Pfalzgrafen Siegfried von Brabant bedrängt, als sich dieser auf Kriegszug befindet.
– I: M wird die Sage mit der Laterna magica vorgeführt: *19*
– VII: Erinnerung an G. auf dem Türknauf von Ms Zimmer: 329
Goncourt, Brüder: Edmond Louis Antoine Huot de Goncourt (1822–96) und Jules Alfred Huot de Goncourt (1830–70); Romanautoren, Autoren von richtungweisenden Biographien und tonangebende Literaturkritiker ihrer Zeit; Begründer des literarischen Naturalismus.
– VII: M liest einen Band der unveröffentlichten Tagebücher der Brüder G.: 23; der »Pastiche Goncourt«: 24–35; ihr Roman *La Faustin* ist in Galizien ein Bestseller: *26*; Ms Überlegungen zu seiner Lektüre: 39–44, 125, 231, 271
Gondi, Paul de (1613–79): *s.* Retz, Kardinal.
*Gonneville, Marquis und Marquise von.
– IV: Trauernde auf der Todesanzeige für Éléonore de Cambremer: *260*
Gorringe, Generalmajor Sir George Frederick (1868–1945): kommandierte die Truppen, denen es 1916 nicht gelang, Kut-al-Amarna zu entsetzen.
– VII: schon vor G. begab man sich nach Basra, um sich einzuschiffen: 411

Got, Edmond (1822–1901): frz. Schauspieler, u. a. an der Comédie-Française.
– I: M bewundert ihn: 107
Gouache: Süßwarengeschäft am Boulevard de la Madeleine.
– II: die Verkäuferinnen bei G. bieten M Bonbons an: 92
– VII: Ms Mutter gibt dort eine Bestellung auf: 190
*Goupil, Madame: Einwohnerin von Combray.
– I: kommt sie rechtzeitig zur Messe?: *80*, 99; hat Gäste: 82 f.; ihr neues Kleid: 143 f.; Geschenke Tante Léonies an reiche Leute wie G. wären für Françoise in Ordnung: 152 f.; M sieht sie in der Kirche: 174
– VI: gratuliert M zu seinem Artikel im *Figaro*: 249 f.
Goupil, Tochter der Madame Goupil.
– VII: spricht nur kichernd von Mme Verdurin als der »Herzogin von Duras«: *371*
Gourville: Ort in der Nähe von Balbec; auch Ort in der Charente mit festungsartigem Schloss aus dem 13. Jh.
– IV: einer der Orte, die man leicht mit dem Auto erreicht: *548*; wird von einer großen Ebene dominiert: 568; das Schloss von G.: 675; Brichots Etymologie: 691
– V: Ausflugsziel Ms: *561*
*Gouvernante Albertines.
– II: »eine ›Miss‹, die mit ihrem roten Teint, als wäre eher Gin denn Tee ihr Lieblingsgetränk, und der Verlängerung eines grauen, aber gut ausgestatteten Schnurrbarts durch den schwarzen Zwirbel eines Rests von Kautabak Hogarths Porträt von Jeffries glich«: 548
– VI: brachte Albertine nach Hause zurück wie ein Wildtier in seinen Käfig: 277
*Gouvernante des Hotels in Balbec.
– V: Françoise hat vergessen, sich von ihr zu verabschieden: 16 f.
*Gouvernante von Gilberte.
– I: ihre blaue Hutfeder: 541; führt Gilberte in die Champs-Élysées spazieren: 542, 555, 652; macht Einkäufe mit Gilberte: 563; Gilberte mag sie gern: 566; ihre Abergläubigkeit: 570
– II: geht mit Gilberte in ein Konzert: 163 f.
Goya, Francisco de (1746–1828): span. Maler und Grafiker.
– I: ein Diener der Mme de Saint-Euverte erinnert Swann an einen Kirchendiener von G.: *447*

Gozzoli, Benozzo (1420–97): Schöpfer eines Bilderzyklus auf dem Friedhof von Pisa mit 23 Szenen aus dem Alten Testament.
– I: Ms Vater macht eine Geste, die an einen Stich von G. erinnert: *56*
– II: bringt seine Zeitgenossen in seinen Bildern unter: 150
– V: Traumgestalten erscheinen zuweilen vor Hintergründen wie denen G.s: *89*
Graincourt (auch: Graincourt-Saint-Vast): Bahnstation zwischen Balbec und Féterne, erste Station nach Doncières.
– IV: Cottard steigt hier zu: 367 f.; auch Saniette steigt hier zu: 375; auch Ski, Cottard und Brichot steigen hier zu: 379; Ski und Cottard verpassen fast den Zug: 379, *445*
*Graincourt, Marquis und Marquise von.
– IV: Trauernde auf der Todesanzeige für Éléonore de Cambremer: *260*
Gramont (Familie): Das Haus Aster übernahm 1534 nach der Ehe des Vicomte Menaud d'Aster mit der Erbin Claire des Hauses Gramont dessen Wappen und Titel.
– III: Saint-Loup findet den Austausch in seiner Familie des Wappens von Brabant gegen das von Guermantes nicht richtig, trotz des Beispiels der G.s: *792*
– VI: die Töchter des Hauses trugen häufig den Namen »Corisande«: *347*
Gramont-Caderousse, Charles-Robert (1808–65): Bonvivant aus bestem Hause, der ein so skandalöses Leben führte, dass er sich in den Orient zurückziehen musste.
– II: Vater Bloch hätte dem Schick eines G. noch etwas vormachen können: *472*
*Grandin: häufiger frz. Familienname.
– III: Mme de Villeparisis hält Legrandin für einen »Grandin von überhaupt nichts«: *311*
*Grandin de l'Éprivier.
– III: die Mutter einer Cousine der Herzogin von Guermantes ist eine geb. G.: *311*
Grandmougin, Charles (1850–1930): patriotischer Dichter und Dramatiker.
– III: die Herzogin von Guermantes hat ihn zum Empfang für das britische Königspaar eingeladen: *608*
Granier, Jeanne (1852–1939): besonders vom Prinzen von Wales geschätzte Komödien- und Boulevardschauspielerin.

– III: hat wie die Herzogin von Guermantes aus ihrer misstönenden Stimme etwas Bewundernswertes und Besonderes gemacht: *664*

Grattevast (auch: Grattevaste): Ort an der Lokalbahn; vermutl. gänzlich fiktiv.

– IV: die Lokalbahn fährt von Balbec über G. nach Angerville: *258*; liegt in der Féterne entgegengesetzten Richtung von Balbec: 544; die Schwester von Pierre de Verjus wohnt in G.: 668

Gregor I., gen. »der Große« (um 540–604): Papst 590–604.

– V: Händlerrufe erinnern an Gregorianische Choräle: 156, *168*, *182*

Grenneville (Ort): im Ort Crasville im Dép. Eure (Obere Normandie) befindet sich ein eingemeindeter Landsitz Grenneville.

– IV: Brichots Etymologie: *402*

Gréville, Henry: Pseudonym von Alice Fleury Durant (1842–1902), Autorin von Erbauungsromanen.

– II: Mme Swanns Kleider wirken, als wäre sie eine Heldin aus einem Roman von G.: *232*

Grévin-Museum (Musée Grévin): Wachsfigurenkabinett und Marionettentheater; gegr. 1882.

– I: Charlus begleitet Mme Swann in das G.: *434*

Grévy, François Paul Jules (1807–91): Staatspräsident vom 30. 1. 1879 bis Dezember 1887; ein Porträt Grévys (1880) von Léon Bonnat hängt im Musée d'Orsay.

– I: Swann kennt G. persönlich: *299* f.

– VI: Froberville empfindet einen Empfang G.s als Zumutung: 357

Gribelin, Félix: Archivar im Kriegsministerium, log bei der Gegenüberstellung mit Picquart.

– III: bietet Picquart die Stirn: *323*

Griechenland (König von): *s.* Konstantin.

Griechenland (Königin von): Großherzogin Olga Konstantinova (1851–1926), als Gattin Georgs I. von 1867 bis 1913 Königin in Griechenland.

– I: nach Swanns Meinung sollte der Bericht über ihre Reise nach Cannes in einem Buch mit Goldschnitt stehen, das man selten anrührt: *41*

Griechenland (Land).

– VII: Mme Bontemps weiß alles über die G.-Politik: 53; M schenkt G.s Beteuerungen friedlicher Absichten keinen Glauben mehr: 112 f.; erfüllt nicht seinen Vertrag mit Serbien: 133, 135 f.; aus Françoises Sicht führt sich Frankreich in G. nicht besser auf als Deutschland in Belgien: 214

Grignan, Gräfin Françoise-Marguerite von (1646–1705): Tochter der Madame de Sévigné.
– II: Mme de Villeparisis kommt die Verzweiflung über die Trennung der Mme de Sévigné von ihrer Tochter etwas literarisch vor: 458
– V: Ms Mutter zitiert aus einem Brief der Mme de Sévigné an Mme de G.: 17
*Grigri: *s.* Agrigent.
Griseldis: Sagengestalt und Paradigma des in Treue duldenden Eheweibes, das sich durch keine noch so harte Prüfung durch seinen Gatten beirren lässt.
– IV: der Einzelgänger träumt wie G. in seinem Turm: *42*
Großfürstin, die: Maria Alexandra, Herzogin von Mecklenburg-Schwerin (1854–1920), gen. »Maria Pawlowna«; heiratete 1874 den Großfürsten Wladimir Alexandrowitsch (1847–1909), Onkel des Zaren Nikolaus II.
– III: die Herzogin von Guermantes hat mit ihr Manets *Olympia* im Louvre besichtigt: *700*
*Großmutter (mütterlicherseits) des Erzählers: Bathilde.
– I: M muss die Nacht fern von ihr zubringen: 17; liebt frische Luft: 20; sie soll aufpassen, dass ihr Mann keinen Cognac trinkt: *21* f.; ihre Sorgen wegen Ms Willensschwäche: 22; sieht nach, wer am Tor ist: 24 f., 31, 37; würde gern Swanns Sammlung besichtigen: 28; besucht Mme de Villeparisis, findet ihren Neffen gewöhnlich und den Westenschneider hinreißend: 32 f.; schätzt Swanns Geschmack: 36; ihre Prinzipientreue und moralische Haltung: 43, 55, 57 f., 63; hat Bücher für Ms Namenstag besorgt: 59, 61 f.; bewundert den Turm der Kirche: 92 f.; ihre Meinung über Legrandin: 98; missbilligt Onkel Adolphes lockeren Lebenswandel: 108; schickt M an die frische Luft: 120; verabscheut die Willkür des Gärtners: 124; Bloch missfällt ihr: 132; ihre Sprache: 137; geht gern im Regen spazieren: 144 f.; wirft angeblich alle Namen durcheinander: 147; über die Tochter Vinteuils: 159, 224; soll mit M nach Balbec fahren: 181, 183, 186; schenkt M gern Reproduktionen bedeutender Kunstwerke: 231; Komplizin im Misstrauen des Großvaters gegenüber Swanns Avancen: 269; M fürchtet ihren Tod, weil er dann Gilberte eine Zeitlang nicht mehr treffen könnte: 547; M liegt ihr mit der Straße in den Ohren, in der Gilberte wohnt: 565
– II: sorgt sich um Ms Gesundheit: 18; begleitet ihn in *Phädra*, um die Berma zu sehen: 26, 32, 43; ist entsetzt über Ms Alkoholgenuss als Medizin:

97f., 308; versorgt ihn trotzdem mit Cognac: 98; macht M Vorhaltungen wegen seiner Arbeitsunlust: 211f.; fährt mit M nach Balbec: 295, 300f.; ihre »geliebte Madame de Sévigné«: 300f., 304–311; besucht unterwegs eine Freundin: 311; trifft M im kleinen Lokalzug wieder: 321; Ankunft im Grand-Hôtel Balbec; sie feilscht mit dem Hoteldirektor: 323–327; verabredet Klopfzeichen mit M: 329–333; öffnet das Fenster des Speisesaals: 338–340; erkennt und meidet Mme de Villeparisis aus Diskretion: 352–355; erneuert ihre Freundschaft mit Mme de Villeparisis: 363–374; wird von der Prinzessin von Luxemburg gefüttert: 374; Ausflüge mit Mme de Villeparisis: 384, 388–406; sie singt ein Loblied auf Mme de Villeparisis: 410; M könnte ohne sie nicht leben: 410f.; sie wird Saint-Loup vorgestellt und von ihm erobert: 417, 420–422; sie wird Charlus vorgestellt und ist von ihm begeistert: 447, 450–464; wird von Saint-Loup fotografiert: 490–492; wacht über Ms moralische und körperliche Gesundheit: 500, 508f., 521; spornt M zu einem Besuch bei Elstir an: 550, 554, 572; ihr Charakter ist dem Ms entgegengesetzt: 579; sie schenkt Saint-Loup zum Abschied einen Band Proudhon: 597f., 600; wird von den d'Ambresacs ehrerbietig gegrüßt: 622; genießt den Regen in Balbec: 712; zwingt M, morgens lange im Bett zu bleiben: 714

– III: zieht ihrer Gesundheit zuliebe in eine Wohnung im Hôtel de Guermantes: 11; Jupien hatte ihr gefallen: 21; hält Jupiens Nichte für seine Tochter: 23; übermittelt eine Einladung von Mme de Villeparisis an M: 42; setzt durch, dass M *Phädra* sehen darf: 46; Gedanken an sie in Doncières: 92, 96, 118, 123; M telefoniert mit ihr: 177, 179–184; ihr verändertes Aussehen bei Ms Rückkehr: 186f., 189; lehnt aus Gesundheitsgründen Einladungen von Mme de Villeparisis ab: 201; schüttelt den Kopf über die Dreyfus-Affäre: 203; Aimé erkundigt sich nach ihr: 222; leidet, wenn ihr Mann Cognac trinkt: 232; war mit M in einem dt. Kurort: 345; ihr wäre das Kalkül des Prinzen Von fremd gewesen: 349f.; Charlus ein alter Freund der G.: 394; ihre Krankheit; Cottard und du Boulbon als ihre Ärzte: 401–404, 406–412; macht mit M einen Spaziergang in den Champs-Élysées und erleidet einen Schlaganfall: 414–417, 419–421; Prof. E*** untersucht sie: 422–429; ihr langsames Sterben: 429–439, 445–455, 457–459, 462–466; fand die letzten Verse von Mallarmé grauenvoll: 661; Charlus hat für M zum Gedenken an G. eine Sévigné-Ausgabe binden lassen: 755; diverse Reminiszenzen: 469f., 501, 553, 560, 573f.

– IV: Professor E*** vergewissert sich ihres Ablebens: 61–63; schmerzliche Erinnerung an ihre Fürsorge bei der Ankunft in Balbec: 219–224; M träumt von ihr: 224–229; verschiedene Reminiszenzen Ms an sie: 237–246; die Hintergründe ihrer Fotografie durch Saint-Loup: 247–252; Nachlassen von Ms Trauer um sie: 255; Erinnerung an ihren Kampf gegen den Alkohol: 258 f.; fürchtete die »Invasion« des Hotels durch die Cambremers: 282; ihr strenges literarisches Urteil: 322–324; hätte Monsieur de Cambremer »sehr schlecht« gefunden: 433; Ms Mutter (Maman) kommt nicht über ihren Tod hinweg: 578 f.; durchlebt in der Vorstellung ihrer Tochter (Maman) eine »reine, unschuldige Kindheit«: 721 f.; Maman wird ihr immer ähnlicher: 730 f., 733
– V: ihr Einfluss auf ihre Tochter: 14, 17; ihr Einfluss auf M: 101 f., 142–144; im Erwachen denkt M an sie: 164; ihr Mangel an Eigenliebe: 394; verschiedene Reminiszenzen: 419, 437, 468, 495 f., 550, 553, 559
– VI: ihr Tod und der Albertines wie ein Doppelmord Ms: 117, 124; erscheint Marcel zusammen mit Albertine im Traum: 177 f.; hätte die schlichte Größe Venedigs geliebt: 303 f.; hätte die Ehen Cambremer–d'Oloron und Saint-Loup–Forcheville nicht missbilligt: *344–349*; wäre darüber erst überrascht, dann bekümmert gewesen: 366 f.; ihre Fotografien dienten Saint-Loup als Vorwand, sich mit dem Liftboy einzuschließen: 377

Großmutter Andrées.
– V: hat die Villa in Balbec bezahlt; Albertine wird sich in ihrer Pariser Wohnung mit Andrée treffen können: 531 f.
– VI: ihr leerstehendes Appartement wurde womöglich für lesbische Orgien genutzt: 275

*Großmutter des Erzählers, Schwestern der (Céline und Flora).
– I: eine singt an manchen Abenden: 31; zwei alte Jungfern: 35; Gespräche während Swanns Besuch: 37, 40; Swann überlässt ihnen seine Konzertkarten: 51; Swann legt ihnen gegenüber einen gekünstelten Ton an den Tag, ihr provinzieller Dogmatismus: 139; Vinteuil war ihr Klavierlehrer: 158, 296; entsetzen sich über Ms Bücher: 204

Großmutter Ludwigs XIV. und von Monsieur: Maria von Medici (Gattin Heinrichs IV. von Frankreich, Mutter von Ludwig XIII.; Porträt von Rubens 1622 im Prado) bzw. Maria Margarete von Österreich (Gattin Philipps III. von Spanien, Mutter Annas von Österreich).
– IV: ist auch Großmutter von Charlus: *678*

Großmutter Swanns.
– IV: der Prinz von Guermantes glaubt, sie sei eine Protestantin gewesen und eine Geliebte des Herzogs von Berry: 99
*Großonkel des Erzählers.
– I: zieht M an den Locken: 11
– III: versucht Ms Großvater dazu zu verleiten, Cognac zu trinken: 232
– VI: Odette, die grausam gegen Swann war, war zuvorkommend zu Ms G.: 36 f.
*Großtante des Erzählers: eine Cousine von Marcels Großvater Amédée, Mutter von Tante Léonie.
– I: bei ihr zu Gast in Combray: 17, 72, 78, 142, 157; liest die Texte zur Laterna magica vor: 18; foppt Ms Großmutter: 21 f.; ermahnt, nicht zu flüstern: 24; unterschätzt Swann: 26, 28–31, 33 f., 426; ist stets anderer Ansicht: 36; ermahnt, nicht zu tuscheln: 38; über Swann nach seinem Besuch: 52; zieht über Ms Großmutter her: 61; vererbt an ihre zerstrittene Nichte: 133; Bloch über ihre stürmische Jugend: 133; versteht Ms Lesehunger nicht: 143; versucht, die kranke Tochter zu ermutigen: 167; glaubt nicht an Legrandins Unhöflichkeit: 176 f.
– II: sagt Leuten gern unerfreuliche Wahrheiten: 200
– V: Ms Mutter fährt nach Combray, um sie zu pflegen: 13 f.; sie war mit Monsieur Verdurin befreundet: 444
*Großvater (mütterlicherseits?) des Erzählers: Amédée; stirbt wortlos irgendwo zwischen der Mitte des 3. und dem Ende des 6. Bandes.
– I: im Rückblick des Erzählers schon seit vielen Jahren tot: 13; seine Cousine animiert ihn, Cognac zu trinken: 21; erinnert sich an Swanns Vater zurück: 25; liest in der Zeitung über Swann: 34; Gespräche im Garten, die Kiste Asti: 35, 37–43, 52 f.; hat angeblich jemanden gesehen, den er nicht kannte: 84; Bruder von Onkel Adolphe: 104; Swann versucht, ihn in seine Liebesaffären einzuspannen: 108, 110, 269 f.; Auseinandersetzung mit Onkel Adolphe wegen der Dame in Rosa: 115; misstraut Ms jüdischen Freunden: 130 f.; auf dem Spaziergang nach Tansonville: 190, 192, 194, 197–199; seine Firma: 201; nur wenn er dabei ist, sieht M hübsche Mädchen: 220; ist Neurastheniker: 235; auf dem Spaziergang auf der Seite von Guermantes: 248; hatte die Verdurins sehr gut gekannt: 276 f.; hatte Swann zur Hochzeit von Ms Mutter eingeladen: 427; wird von Swann verdächtigt, den anonymen Brief geschrieben zu haben:

492; kommt in Swanns Traum vor: 519; wird von Swann von seiner Ankunft in Combray unterrichtet: 522; hätte vor Mme Blatin gewarnt: 566
– III: Reminiszenzen an Combray: 112, 232; ein glühender Verehrer der Armee: 203 f.; mit Prof. E*** befreundet: 423; am Sterbebett seiner Frau: 460–463
– IV: M erinnert sich an seine Vorliebe für Cognac und den Verdruss seiner Frau: 258; das Milieu Verdurin hätte ihm nicht gefallen: 451; sein Kastendenken, das er auf seine Tochter vererbt hat: 589
– V: M erinnert sich abermals an seine Vorliebe für Cognac und den Verdruss seiner Frau: 419
– VI: Swanns Vater wollte ihm immer seinen Teich zeigen: 368
*Großvater der Gattin des Erbgroßherzogs von Luxemburg.
– III: hat sein Geld mit Mehl gemacht: 444; hat angeblich einen beleidigenden Brief vom Erbgroßherzog erhalten: 720 f.
*Großvater mütterlicherseits von Saint-Loup: ein Herzog von La Rochefoucauld.
– IV: auf einer Daguerreotypie zu sehen: 118
*Großvater von Swann: Wechselmakler.
– I: Ms Eltern haben keine Lust, über die Großeltern Swanns zu sprechen: 569
*großwüchsige Frau: s. Orvilliers, Prinzessin Pauline von.
Grouchy, Emmanuel de (1766–1847): Kommandant der napoleonischen Reservetruppen; die Prousts waren mit einem seiner Nachfahren, dem Vicomte de Grouchy, bekannt.
– III: kommt zu spät zum Diner; seine unzulängliche Herkunft: 584 f.; seine Fasane: 649–651
*Grouchy, Madame de: zu Gast bei den Guermantes.
– III: Tochter der Vizegräfin von Guermantes: 584; kommentiert die Verspätung ihres Ehemannes: 649
*Guastalla, Herzog von (1): Sohn der Prinzessin von Parma.
– III: heißt Albert: 572–574; sein Titel wird vom Sohn der Prinzessin von Iéna usurpiert: 695, 756
*Guastalla, Herzog von (2): Sohn des Prinzen und der Prinzessin von Iéna.
– III: usurpiert den Titel des Sohnes der Prinzessin von Parma: 695; sein Bett: 699 f.

Guéménée, Monsieur de: Hercule de Rohan, Prinz von Guéménée (1568–1654).

– III: die Anekdoten Tallemants über Monsieur de G. klingen fast, als erzählte er von den Guermantes: *714*

*Guermantes (Familie).

– I: verwandt mit Mme de Villeparisis: *33*; ihre Zeitentiefe: S. *88*, 147 f., 178–180, 231, 233, 239 f., 243 f., *356* f.; Mme Gallardon rühmt sich ihrer Verwandtschaft mit den G.: 452–454

– II: Odette übernimmt durch Swann einige ihrer Sprachgewohnheiten: 117, 128; Swann hat ihren Geschmack und ihren Snobismus übernommen: 120–124, 194

– III: der Zauber des Namens: 11, 17 f.; ihre Stellung im Faubourg Saint-Germain: 35–42; ihre typischen Eigenschaften: 104, 272–274; ihr Verhalten gegenüber bedeutenden Bürgerlichen: 276 f., 338; Charlus über die einflussreichen G.: 382 f., 393; schwören auf Dr. Dieulafois: 454; ihr Haus »Sperrgebiet« für M; seine Einladung zum Diner: 501–511; vulgäre Arroganz und verflossene Größe: 561 f., 564; ihre äußerlichen Merkmale: 593 f.; der Familiengenius; die Courvoisiers; der Esprit der G.: 602–604, 607–611, 614, 619–621, 623, 625, 627–629, 631 f., 634–637, 639–641; ihre Bodenständigkeit: 665 f.; Familiengeschichte: 702–709, 713–719, 721–726, 729–731, 733–739, 745, 748, 763 f., 767 f., 772, 774; der Stil der G. am Beispiel Swanns: 777, 782

– IV: der Stil der G. am Beispiel von Charlus: 8–10; Feste im Stil der G.: 71 f., 78–81, 89–91; man bewundert die Diskretion in Ms Gruß: 91 f.; Mme de Saint-Euverte versucht, sie nachzuahmen: 100–104, 110 f., 120; verlieren in der Gesellschaft an Bedeutung: 207; Cottard interessiert sich nicht für sie: 388; laut Charlus das edelste Haus Frankreichs: 678; die Cambremers diskutieren die G.: 683 f.

– V: ihre Verachtung für die Meinungen der Spießer: 283; ihre Neigung, von Freundschaften und Gesprächen zu erwarten, was sie nicht geben können: 315; der Ton der G.: 350; ihre Einstellung zu Mme de Villeparisis: 398

– VI: pflegen den Stil der großen deutschen Damen und Höfe: 281 f.; messen Vermögen keinerlei Wert bei: 319; ererbte Merkmale der G. bei Charlus, Saint-Loup und dem Herzog: 385 f.

– VII: erbliche Eigenschaften der G.: *12*, 15–17; Gilberte hat etwas vom Geist der bayerischen Linie der G.: 85 f.; Saint-Loup ein echter G.: 224 f.; der alte

Zauber des Namens G. erwacht wieder in M: 233 f., 272 f., 276 f.; tiefgreifende Veränderungen in der Familie: 372–374, 389–393; sind tief in Ms Vergangenheit verwurzelt: 400 f.; ihr abergläubisches Festhalten an veraltetem Protokoll: 425 f.; Orianes Verfall ein Paradigma für den Niedergang der G.: 441 f., 473 f.; Zeit und der »Weg nach Guermantes«: 475–480

*Guermantes, Aldonce de: Vorfahr der Guermantes im 12. Jh.

– IV: der Thron von Frankreich hätte an ihn fallen müssen, nicht an Ludwig den Dicken: *678*

*Guermantes, Baron von.

– II: Mme de Villeparisis stellt Charlus als Baron von G. vor: 447

– III: erscheint zusammen mit dem Herzog von Châtellerault beim Empfang der Mme de Villeparisis: 285

*Guermantes, Basin, 12. Herzog von, früherer Prinz von Les Laumes: Cousin und Gatte von Oriane de Guermantes.

– I: Neffe von Mme de Villeparisis: 33; Nachfahre der Grafen von Brabant: 147; ist Herr von Schloss G.: 238 f.; besucht die Iénas: 464 f.; seine Untreue: 465; seine Gattin will ihn bei der Prinzessin von Parma treffen: 470; Swann verdächtigt ihn, den anonymen Brief geschrieben zu haben: 489–491

– II: ist Bruder von Charlus und derzeitiger Besitzer des Schlosses von G.: 448 f.

– III: seine aristokratischen Gewohnheiten, seine Pferde, seine Liebenswürdigkeit gegenüber Ms Vater: 39–41; in der Oper: 68; Norpois hat rühmlich von ihm gesprochen: 199 f.; gibt sich als die Königin von Schweden aus: 259 f., 282; sein Auftritt beim Empfang von Mme de Villeparisis: 300 f.; sein bizarres Vokabular: 305; spielt den Stichwortgeber für seine Frau: 311 f., 321 f.; beklagt Saint-Loups Dreyfusismus: 315 f.; macht einen Besuch anlässlich der Krankheit von Ms Großmutter: 454–457; Gerüchte über eine Trennung von seiner Frau: 500, 506; vulgärer Dünkel ob einstiger Größe: 560 f.; M bei ihm zu Gast; seine antiquierte Höflichkeit: 562–565, 569–574, 584–589; schlechter Ehemann, aber bewährter Mitstreiter der Herzogin: 609 f., 622–626, 634–636; als Parlamentarier in seiner Jugend: 636–638; seine Mätressen: 645–650, 666; Tischgespräche: 651–688; seine Ansichten über Literatur und Musik: 659; seine Ansichten über Kunst: 671–74, 702; seine Genealogien; Orianes zahllose Vettern: 710–737; weitere Genealogien; Oranien, Brabant: 792–794; M besucht ihn, um sich hinsichtlich einer Einladung der Prinzessin von G. zu vergewissern; »Mamas« Krankheit; die Vorbereitungen auf ein Kostümfest; sein Velasquez; Swanns Ansichten über ihn; weitere Genealogien; die roten Schuhe der Herzogin: 769–800

– IV: bricht seine Beziehung mit Mme d'Arpajon ab: 76 f.; kommt im Vergleich zum Prinzen von G. nicht gut weg: 81; weiß Ms diskrete Verbeugung zu würdigen: 91 f.; steht Autoren misstrauisch gegenüber: 97; rügt seine Frau, weil sie Mme de Chaussepierre nicht gegrüßt hat: 105 f.; beklagt Swanns Dreyfusismus und seine Ehe: 111 f.; ist verärgert über den aufdringlichen Musiker d'Herweck: 118–120; seine Beziehung zu Mme de Surgis: 123, 151 f.; herzlicher Abschied mit Peinlichkeiten von seinem Bruder Charlus: 165–169; sein schlechtes Französisch: 170, 487; ist ungeduldig, zu seinem Ball zu kommen trotz des Todes seines Vetters Amanien (»man übertreibt«): 176–178; sein Meinungsumschwung in Sachen Dreyfus: 197–199

– V: fällt bei der Wahl des Präsidenten des Jockey-Clubs durch; ist irritiert bei jeder Erwähnung der Dreyfus-Affäre: 48–50; das Universum der Dichter und Musiker ist ihm verschlossen: 276

– VI: ermutigt seine Frau, die Bekanntschaft mit Gilberte zu pflegen: 234–238; liest Ms Artikel im *Figaro*: 239; macht M verhaltene Komplimente: 248; deutet an, dass Mlle d'Oloron eine »natürliche« Tochter Charlus' sei: 356; zeigt Verhaltenweisen, die denen von Charlus ähneln, jedoch anders zu deuten sind: 385

– VII: hat die Gemäldesammlung der Mme de Beausergent geerbt: 33; Lieblingsneffe der Mme de Beausergent: 36; nach Saint-Loups Meinung ein schrecklicher Ehemann: 65 f.; während des Krieges anglophil und gegen Caillaux: 129 f.; beim Empfang des Prinzen von G. so majestätisch wie eh und je: 444; seine Liaison mit Odette: 456–458; eine romantische Ruine: 458 f., 502

*Guermantes, Cousin (1) des Herzogs von: evtl. ein Bruder des Prinzen von Guermantes, der WG, S. 43 ebenfalls als Cousin (eigtl.: Halbcousin) des Herzogs bezeichnet wird.

– III: wohnt mit seiner Frau, einer Cousine des Herzogs von G., im Hôtel de G.: 40

*Guermantes, Cousin (2) des Herzogs von: *s.* Guermantes, Prinz Gilbert von.

*Guermantes, Cousin der Herzogin von.

– III: seine Mutter war eine d'Uzès: 716

*Guermantes, Cousine des Herzogs von.
– III: wohnt mit ihrem Mann, dem Cousin (1) des Herzogs von G., im Hôtel de G.: 40

*Guermantes, Elzéar de: nicht näher identifizierter gemeinsamer Verwandter von Madame de Gallardon und Oriane de Guermantes; evtl. der 11. Herzog von Guermantes.
– I: Mme de Gallardon erkundigt sich gern nach seinem Wohlergehen: 454

*Guermantes, Gräfin von.
– I: ihre Gestalt im Wandteppich der Kirche von Combray: 238

*Guermantes, Großmutter des Herzogs von: eine La Rochefoucauld-Doudeauville.
– III: leibliche Großmutter väterlicherseits von Édouard Coco: 711

*Guermantes, Herzog von (der Genealogie nach 10. Herzog).
– III: verbindet sich während der Juli-Monarchie (1830–48) mit der Tochter (der Genealogie nach Mlle Courvoisier) eines illustren Seefahrers: 724

*Guermantes, Herzogin Oriane von, in Bd. I noch Prinzessin von Les Laumes, geb. Mademoiselle de Guermantes: Cousine und Gattin von Basin de Guermantes.
– I: Nachfahrin der Grafen von Brabant: 147; ist Herrin von Schloss G.: 238 f.; kommt in die Kirche von Combray: 240, 242–247; M tagträumt von ihr: 253; würde von den Verdurins nicht eingeladen werden: 262; Swann bei ihr zu Gast: 372; ihr Kreis: 384; Mme de Gallardon rühmt sich ihrer Verwandtschaft mit ihr: 452; ihre Höflichkeit und ihr Esprit: 459; bei der Soiree Saint-Euverte: 454 f., 457 f., 460 f.; im Gespräch mit Froberville und Swann: 463–467, 469, 471, 495; Odette erinnert sich, dass Swann bei ihr gegessen hat: 502 f., 505 f.; Swann denkt an sie im Bordell: 512
– II: Swann würde ihr gern seine Tochter vorstellen: 60 f.; Swann übernimmt einige ihrer sozialen Verhaltensweisen: 120–122; Nichte von Mme de Villeparisis und Tante von Saint-Loup: 448 f.; ihre Elstirs: 556
– III: Magie und Geheimnis ihres Namens: 11–18; ihre Position im Faubourg Saint-Germain: 37; Ms Spekulationen über ihr Leben: 37–46; in der Oper: 67–75; ihre Morgenspaziergänge; M lauert ihr auf: 75–82; M ist verliebt in sie: 88–91; ihre Fotografie in Saint-Loups Zimmer in Doncières: 97, 104 f.; M bittet Saint-Loup um ihre Fotografie: 132–136; M sehnt sich nach ihr: 158–160; Saint-Loup verspricht sie zu überreden, M ihre Elstirs zu zeigen:

166–169; … was sie aber nicht tut: 189 f.; ihre Kleidung und ihre Erscheinung: 192 f. Beim EMPFANG VILLEPARISIS (268–355): ihre Kälte gegenüber M und dem Historiker der Fronde: 268; macht sich über Mme de Cambremer lustig: 272 f., 311 f.; Ms Betrachtungen über ihre Erscheinung, Stimme und Blicke, ihr Lächeln, ihre Art, Intellektuelle zu behandeln: 274–279; über die Königin von Schweden: 282 f.; spricht begeistert über Bergotte: 283 f., 299; macht sich über Rachel lustig: 300 f., 305–310; über die Dreyfus-Affäre: 317–322; vermeidet, Odette zu treffen: 339 f., 354 f.; wendet sich zum ersten Mal an M: 342; bietet ihm Tee und Gebäck an: 354. Charlus' Meinung über sie: 394 f.; Ms Liebe zu ihr ist gestorben: 501–505; sie beweist ihm jetzt Freundlichkeit und lädt ihn zum Diner ein: 505–515. DINER BEI DER HERZOGIN (561–737): M begleitet sie in den Speisesaal: 585; ihre Umgangsformen, ihre einstudierte Unkonventionalität, ihr Esprit, ihre Imitationen: 589–623; »Taquinius Superbus«: 626–629; ihre widersprüchlichen Werturteile: 631–635; ihr Verhältnis zu ihrem Gatten: 635; »Orianes Neuester«: 640–643; ihre Beziehung zu den Mätressen ihres Gatten: 645–649; ihre Grausamkeit gegenüber dem liebeskranken Diener: 649–651; Tischgespräche: 651–689 (über Wagner: 659; Hugo: 660–668; Zola: 668–671; Elstir: 671–674; Mme de Villeparisis: 677–680; Charlus: 680 f.; Saint-Loup: 682–684); weigert sich, sich bei General Monserfeuil für Saint-Loup zu verwenden: 687 f., 690 f.; über Monserfeuil: 691; über Orchideen und Botanik: 691–694; über den Empire-Stil: 694–699; über Manet und Frans Hals: 700–705; ihre »moments musicaux«: 732. Ihr rotes Kleid samt Rubinkette; ihre Ansichten über Prinz und Prinzessin von G.; ihre ›Visitenkarte‹ für Mme Molé; Swanns Krankheit; die roten Schuhe: 782–800

– IV: ihr künstlicher Gesichtsausdruck für Empfänge: 89 f., 98 f.; ignoriert Mme de Chaussepierre: 105 f.; ihre Weigerung, sich Swanns Frau und Tochter vorstellen zu lassen: 115 f.; hat vor, nicht zum Gartenfest der Mme de Saint-Euverte zu gehen: 119–123; ihre unerwartete Freundlichkeit gegenüber Mme de Gallardon: 169–173; lehnt indigniert Ms Bitte ab, ihn mit der Baronin Putbus bekannt zu machen: 175 f.; ihr Rückzug aus der Gesellschaft lässt die Gräfin Molé aufsteigen: 206; ihre Haltung gegenüber Mme de Montmorency: 210–212

– V: M holt ihren Rat in Fragen der Toilette ein; ist jetzt attraktiver als damals, als M in sie verliebt war; die Reinheit ihrer Aussprache; ihre Anekdoten; ihre Ansichten über die Dreyfus-Affäre: 36–54; gibt M einen Strauß Jasmin mit: 70 f.; ihre Einstellung zur Dreyfus-Affäre unter gesellschaftlichem Gesichtspunkt: 317 f.; erscheint nicht bei der Soiree Verdurin: 375; ihre Fortuny-Kleider: 503 f.

– VI: M besucht sie und trifft Gilberte bei ihr: 224 f.; ihr Gesinnungswechsel bzgl. Odettes und Gilbertes nach Swanns Tod: 228 f., 231–233; sie lädt Gilberte zum Mittagessen ein und spricht mit ihr über Swann: 234–238; erzählt abermals ihre Anekdote über Basin und die Bauern: 240 f.; … und über du Lau und den König von England: 245 f.; freundet sich mit Renée de Cambremer an: 358

– VII: will sich scheiden lassen: 65 f.; ihre Trauer über den Tod von Saint-Loup: 225 f.; ihr Mitgefühl für die Familie des Zaren nach der Revolution: 226 f.; begrüßt M beim Empfang des Prinzen von G. als ihren »ältesten Freund«: 333, 335 f.; färbt ihre Haare: 347; ihre Wangen sind gesprenkelt wie Nougat: 347; ihre veränderte Stellung in der Gesellschaft: 377–379; hätte geschworen, Bloch sei schon als Zweijähriger von der Herzogin von Chartres auf den Knien gewiegt worden: 395 f.; ihre Freundschaft mit Rachel und ihre Abneigung gegen Gilberte: 422–427; der Verfall ihres Geistes und ihrer Stellung: 441–444; spricht mit M und Bloch über die Vergangenheit und die Mätressen ihres Mannes: 444 f.; erzählt von Bréauté und von Varambon: 444–447; ihre roten Schuhe: 450; behauptet, Rachel entdeckt zu haben: 451 f.; ist unglücklich über die Untreue ihres Gatten: 456 f., 466 f.; hat laut Charlus selbst reichlich Affären gehabt: 467; ihre Flatterhaftigkeit und Verlogenheit: 469; ihre Verunglimpfung Gilbertes: 472 f.

*Guermantes, Mademoiselle de: *s.* Guermantes, Herzogin von.

*Guermantes, Marschall von: Großvater der Herzogin von Guermantes.

– III: hat seiner Enkelin einen bestimmten Gesichtsausdruck vererbt: 594

*Guermantes, Mutter der Herzogin von.

– III: die Mutter des Großherzogs von Hessen war eine Cousine der Mutter Orianes: 705

*Guermantes, Prinz Gilbert von.

– III: Cousin des Herzogs von G.: 43; sein Antisemitismus: 315 f.; wird vom Herzog als »Feudalherr« beschrieben: 320; seine Missbilligung Grouchys als Ehemann für eine G.; Anspielung auf seine Ehe in WZ mit Mme Verdurin: 584; seine altmodischen Vorstellungen: 592; seine Großmutter ist eine Courvoisier: 594; sein gewichtiger, gemessener Gang: 601; Mme de Villeparisis mokiert sich über ihn: 605 f.; Oriane hält ihn für »lebendes Urgestein«: 701; seine aristokratischen Vorurteile hinsichtlich Herkunft und Etikette: 710 f., 765; Swann über seinen Antisemitismus: 779

– IV: seine schlicht-zurückhaltende Begrüßung Ms: 81; zieht sich mit Swann zu einem Gespräch zurück: 82, 105, 108 f.; sein Meinungsumschwung in Sachen Dreyfus: 150, 154–159; stellt sich als homosexuell heraus: 535; verbringt eine Nacht mit Morel in Maineville: 660–664; Fehlschlag einer späteren Verabredung: 666 f.

– V: wird von Charlus nicht zu den Verdurins eingeladen: 367; macht naiv-scharfsinnige Bemerkungen über X und den Kutscher Théodore; Charlus über seine Homosexualität: 416

– VI: die Herzogin von G. spricht von ihm als »Voisenon«: 236

– VII: gibt einen Empfang in seinem neuen Palais in der Avenue du Bois: 234 f.; ist ein Büchernarr: 276; durch das Alter bis zur Unkenntlichkeit entstellt: 324; M stellt ihm Bloch vor: 369; hat die Witwe Verdurin geheiratet: *371*

*Guermantes, Prinzessin Marie von, geb. Herzogin in Bayern, gen. »Marie-Gilbert« oder »Marie-Hedwige«.

– III: Schwester eines Herzogs in Bayern: 43; in der Oper; ihre Schönheit und Eleganz: 52–56; verglichen mit der Herzogin: 69–73; ihr Vorname: 309; ihre Einladung an M: 760; Charlus' Lobpreisung ihre Schönheit und Eleganz: 762 f.; die Exklusivität ihres Salons: 765; Oriane beschreibt sie gegenüber M als nett und blöd: 783

– IV: ihr Stil als Gastgeberin: 55; begrüßt M routiniert herzlich: 57 f.; höfliche, nichtssagende Unterhaltung mit M: 86 f.; wird von Mme de Citri sehr geschätzt: 125; ihr heimlicher Dreyfusismus: 154–158; ihre unerwiderte Liebe zu Charlus: 162–165; ihre Soireen sind sich alle gleich: 207

– V: hat dem Musée du Luxembourg zwei Gemälde von Elstir verkauft: 551

– VII: ihr Tod: 371

Guermantes, Schloss von.

– I: Ziel der Spaziergänge von Ms Familie: 187–189, 230–238; Ms Familie gelangt nie bis zum Schloss G.: 239; die Bedeutung der Erinnerung an die Seite von G. für M: 254–258; Swann fühlt sich durch Oriane an die Gegend von G. erinnert: 467; Oriane lädt Swann nach G. ein: 470

– II: Saint-Loup erzählt von G.: 448 f.

– III: M stellt sich das Schloss vor: 14–17; Françoise über G.: 28f., 43; die Herzogin bleibt gern bis spät im Jahr in G.: 73; die schattige, goldene Frische der Wälder von G.: 274; die Junggesellen-Diners der Herzogin von G. auf Schloss G.: 277–281; Charlus und die Herzogin von G. haben dort als Kinder gespielt: 511; Nelken aus G.: 730; das Gästebuch des Schlosses: 736
– IV: Charlus und der Herzog von G. erinnern sich an ihre Jugendtage im Schloss G.: 166f.
– V: der Marquis von Le Lau und der Prinz von Wales sind dort Gäste einer Jagdpartie: 45
*Guermantes, Schwiegermutter der Herzogin Oriane von.
– I: würde verrückt vor Freunde, wenn Swann sie in G. besuchte: 470
*Guermantes, Sosthène de.
– VII: gibt seinen falschen Augenbrauen den letzten Schliff: *162*
*Guermantes-Bouillon, Monsieur de, Prinz von Les Laumes: Basin de Guermantes vor seinem Erbe des Herzogs-Titels; *s.* im übrigen Guermantes, Herzog Basin von.
– III: macht einen Zwischenruf in der Abgeordnetenkammer: 637
*Guermantes-Brassac, Mademoiselle: Nichte der Prinzessin (S. 453) oder des Prinzen (S. 684) von Guermantes.
– IV: soll mit Saint-Loup verlobt sein: 453, *684*
– VII: Saint-Loup streitet ab, mit ihr verlobt gewesen zu sein: 66
Guilbert, Yvette (1867–1944): bekannte Konzertcafé-Sängerin.
– IV: der Herzog von Guermantes spricht von ihr als »Fräulein« G.: *674*
Guillaume: *s.* Wilhelm II., dt. Kaiser.
Guillaumesse, die: *s.* Schleswig-Holstein-Sonderburg-Augustenburg, Prinzessin Auguste Viktoria von (1858–1921).
Guillaumin, Armand (1841–1927): frz. Maler, der den Impressionisten nahestand und sich später in Richtung der Fauves entwickelte.
– II: Saint-Loup hat seine ererbten Kunstwerke gegen G.s eingetauscht: 452
Guiscard, Robert (1015–85): normann. Eroberer.
– IV: M fürchtet das Erscheinen von Monsieur de Crécy noch mehr als das von G.: *726*
Guise (Name): weitverzweigtes Herzogengeschlecht aus dem Haus Lothringen, das in kirchlicher und weltlicher Politik jahrhundertelang eine erhebliche Rolle spielte.

– III: M entdeckt nach und nach in das feudalistische Bauwerk eines Titels weitere Namen hineingeschmiegt, u. a. den Namen »Guise«: 724

*Guise, Florimond de.

– III: Mme de Villeparisis ist seine Tochter (vermutl. ist Enkelin gemeint): *711*

Guise, Herzog von: Henri Duc de Guise (1550–88), Thronprätendent, verantwortlich für die Bartholomäus-Nacht; Henri III. lockte ihn in einen Hinterhalt und ließ ihn ermorden. Gemälde von Paul Delaroche, das den Mord in dem überdimensionierten Zimmer des Königs im Schloss von Blois zeigt.

– II: Bergotte hat nur ein Lächeln übrig, als hätte man auf eine frühere Verkleidung als Herzog von G. angespielt: 168; Ms Zimmer in Balbec wäre geeignet für eine Ermordung des Herzogs von G.: *329*

– VI: in Gilbertes Kind mischt sich das Blut der Mutter Moser mit dem des Herzogs von G.: *346*

Guise, Herzogin von: Isabelle d'Orléans (1878–1961); heiratete 1899 Jean Pierre d'Orléans, Duc de Guise (1874–1940).

– III: die Herzogin von Guermantes will sie in Cannes besuchen: 43; ihre Villa in Paris: 45; ist auch Prinzessin von Kleve, Porcien, Orléans usw.: *714*

Gutenberg: Telefon-Schaltzentrale in Paris an der Rue Gutenberg.

– III: die launischen Botinnen des Wortes beschwören G. vergeblich: *182*

Guys, Constantin (1805–92): frz.-holl. Maler und Zeichner insbes. von Alltagsszenen aus der Zeit Napoleons III.

– I: die Pferde vor Mme Swanns Kutsche sind schlank und sehnig wie in Zeichnungen von G.: 573

Haarlem: Stadt in Holland mit dem berühmten Frans-Hals-Museum, das Proust 1902 besuchte.

– III: M hat versäumt, sich das Hals-Museum in H. anzusehen: 702 f.; ein Haarlemer Tulpengarten über Paris: 767

– VI: die Dachlandschaft über Venedig gemahnt M an ein Haarlemer Tulpenfeld: *333*

Haas, Charles (1833–1902): stadtbekannter Gesellschaftsmensch, Geliebter von Sarah Bernhardt.

– III: trägt den gleichen Hut wie Swann: 776

Hadrian (76–138 n. Chr.): röm. Kaiser.

– IV: seine Villa Adriani in Tivoli: 552

Hahn, Reynaldo (1875–1947): frz. Komponist, Freund von Proust.
– VII: Anspielung auf seine *Île du rêve* (im Text »Trauminsel«): *111*
Haimonskinder: *Les quatre fils Aymon* (um 1200), anonymes frz. Versepos.
– I: in alten Stadtvillen arbeiten Arbeiter zwischen Skulpturen, die die H. darstellen: *45*
Halévy, Fromental (1799–1862): frz. Komponist, u. a. der Oper *Die Jüdin* (s. auch dort).
– II: die Puffmutter kennt die Oper von H. nicht: 207
Halévy, Ludovic (1834–1908): frz. Librettist, der vor allem für Offenbach arbeitete.
– I: der Esprit der Herzogin von Guermantes findet theatralischen Ausdruck bei H.: *459*
– III: bewundert von der Herzogin von Guermantes: 279, 665
Hals, Frans (1580–1666): holl. Maler.
– I: der Maler im Kreis Verdurin kann den Kniff in H.s *Vorsteherinnen* nicht herauskriegen: *351*
– III: Elstir hat die Herzogin von Guermantes wie eine Greisin in den *Vorsteherinnen des Hospitals* von H. gemalt; Diskussion über H. bei den Guermantes: 701–704; wenn man die Höhen des Namens »Guermantes« erklommen hat, stößt man auch auf vertraute Namen wie den von H.: 704; das belehnte Gemälde des Großherzogs von Sachsen von H. in Guermantes: 704 f.; man hätte H.' Gemälde in Haarlem von einer Trambahn aus sehen sollen: 702, 735
Händel, Georg Friedrich (1685–1759): dt. Komponist.
– V: Charlus wäre entsetzt, wenn der H.-Interpret Morel Puccini spielen würde: 293
Hannover, König von: Georg V. (1819–78).
– IV: Cousin von Charlus, der vom dt. Kaiser enteignet wurde: *479*
Hannover, Prinz von: König Georg I. (1660–1727) von England.
– IV: ein Onkel einer Herzogin von Guermantes unter Ludwig XIV.: 485 f.
*Hannover, Prinzessin von.
– VII: eine Schwester der Mme de Beausergent: *33*
Hańska, Gräfin: *s.* Polin.
Harambouville: *s.* Haranbonville.
Haranbonville: Station der Lokalbahn. Tadié: *Recherche* vereinheitlicht die

»Haranbonville«, »Arambouville«, »Harembouville« und »Harambouville« in SG zu »Arembouville« (das so in der Erstausgabe nicht vorkommt).
– IV: ein Bauer im blauen Kittel steigt in Haranbonville zu und wird von Cottard entfernt: *381*; die Verdurins planen einen Ausflug nach Harambouville: 508 f.; ein großer Musiker kommt durch Harembouville: 620; die Cambremers waren in Harambouville bei Freunden zum Mittagessen: 679; in Arambouville kommen Bekannte zum Zug: 703, 705
Harcourt, Alphonse-Henri de Lorraine-Elbeuf, Prinz von (1648–79).
– VII: Saint-Simon missbilligt seinen vertraulichen Umgang mit seinen Lakaien: 196
Harcourt, Louis d' (1424–79): Patriarch von Jerusalem und Bischof von Bayeux.
– IV: erhob Ansprüche auf die Abtei von Balbec: *465*; Ortsnamen in seinen Karten: 690
Harcourt, Marquis Georges von (1808–83): Diplomat.
– III: unzertrennlicher Freund von Monsieur d'Haussonville: *766*
Hardy, Thomas (1840–1928): engl. Dichter und Romanautor.
– V: die Geometrie des Steinmetzen in seinen Romanen: *512* f.
Harembouville: *s.* Haranbonville.
Harfleur: Ort im Dép. Seine-Maritime (Obere Normandie).
– IV: Brichots Etymologie: 689
Harpagon: der Geizige in Molières *Der Geizige*, den sein dinglicher Schatz alle menschlichen Beziehungen vergessen lässt.
– IV: der ältere Liebhaber muss über seinen jüngeren Liebhaber wachen wie H. über seine Schätze: *443*
Harun al-Raschid: Kalif von Bagdad 786–809.
– VII: M kommt sich bei seinem Gang durchs verdunkelte Paris vor wie H. auf Suche nach Abenteuern im nächtlichen Bagdad: *167*
Haussonville, Louis-Bernhard, Graf von (1770–1840).
– VII: lässt sich nichts von seiner späteren Verwandtschaft mit Mme de Staël träumen, deren Vater zu kennen er leugnet: 52, 389 *f.*
Haussonville, Monsieur d': Joseph Othenin Bernard de Cléron, Graf von Haussonville (1809–84).
– III: brennt darauf, Zugang zum Salon der Mme Delessert zu bekommen: *766*
Havas: bedeutende Presseagentur, von Charles Havas 1835 gegründet.

– II: Swanns Cousinen sind von keiner Agence H. über seinen Umgang in Kenntnis gesetzt worden: *127*
Hazay, Monsieur du: vermutl. François-Gaston Odoard du Hazay de Versainville (1833–1921), dessen Tochter Marie-Gildippe 1888 den Herzog Pierre von La Rochefoucauld heiratete.
– IV: Charlus begrüßt ihn bei der Soiree Guermantes: *72*
Hébert, Ernest Antoine (1817–1908): Maler vor allem italienischer ländlicher Szenen, offizieller Porträts, aber auch biblischer Themen, insbes. der Hl. Jungfrau.
– III: bewundert von Norpois: *300*
Hegel, Georg Wilhelm Friedrich (1770–1831): dt. Philosoph.
– VII: sein Gesetz des unaufhörlichen Werdens: 86
Hegeso: Tochter des Atheners Proxenos; ihre berühmte Grabstele wird auf 417 v. Chr. datiert.
– II: Bergotte vergleicht eine Gebärde der Berma mit der der H. auf ihrer Stele: 184
Heilige Scham (»Pudeur«, im frz. Text groß geschrieben): griech.: Aidós, wird von Hesiod in *Werke und Tage* als Schwester der Rachegöttin Nemesis und damit indirekt als Tochter Zeus' beschrieben.
– IV: die »Tochter des Kroniden« ließ Bloch verstummen: *696*
Heinrich II. (1519–59): König von Frankreich 1547–59.
– II: Details in Mme Swanns Kleidung gemahnen an die Schlitze aus der Zeit H.s: 266
– IV: ein Vorfahr von Charlus: 21
Heinrich IV. (1553–1610): König von Frankreich 1589–1610.
– III: sein Profil auf einem Medaillon: 50; sein gewähltes Französisch: 675
Heinrich IV., Vater von: Antoine de Bourbon (1518–62), Herzog von Vendôme, König von Navarra.
– III: sein Gesicht eines weisen Königs: 727
Heinrich V.: *s.* auch Chambord, Graf von.
– IV: die Familie Orléans hat ihm laut Charlus den Thron geraubt: *701*
Heinrich VIII. (1491–1547): König (1509–47) von England.
– III: seine Begegnung mit Franz I. im *Camp du Drap d'or*: *629*
Hélène: vermutl. Hélène Standish, deren Schwester Émilie mit dem Grafen Bertrand de Montesquiou verheiratet war, einem Vetter von Robert de Montesquiou.

– V: Schwester von Mme de Montesquiou; ist nicht bei der Soiree Verdurin erschienen: 368

Helikon: Bergkette in Böotien, Wohnort der Musen; in der griech. Dichtung symbolischer Aufenthaltsort der Dichter.

– III: Guermantes benachbarte Ortschaften erscheinen M, als lägen sie am Fuße des Helikon: *15*

Helleu, Paul (1859–1927): Maler aus dem Kreis um Robert de Montesquiou.

– IV: Saniette bezeichnet ihn als einen »Dampf-Watteau«: *467*

Helvétius, Claude Adrien (1715–71): frz. Philosoph.

– V: die Diners der Mme Verdurin verglichen mit den Soupers der Mme H.: *320*

Henrietta von England, Herzogin von Orléans (1644–70): Schwägerin Ludwigs XIV.

– VII: hat Mme de La Fayette ein Perlencollier geschenkt: 32 f., 71, 120, 186

Henry: gehobenes Restaurant an der Place Gaillon.

– II: nach Françoises Meinung eine Suppenküche: *82*

Henry, Hubert (1848–98): Major der frz. Armee, während der Dreyfus-Affäre zum Oberstleutnant befördert; fälschte einen Brief des ital. an den dt. Militärattaché, der im ersten Revisionsverfahren als Beweis für Dreyfus' Schuld angesehen wurde. Henry beging Selbstmord, nachdem Cuignet 1898 die Fälschung nachgewiesen hatte; *s.* auch Dreyfus-Affäre im Themenverzeichnis.

– III: Norpois erwähnt seine Verwicklung in die Dreyfus-Affäre: *315*; Bloch glaubt, Norpois wisse alles über H.: 324 f.

– IV: die Akte H. erweist sich als Fälschung: 155

– VII: Brichot fand früher sogar seine Fälschungen richtig: 123

Hera: Gattin und Schwester von Zeus.

– III: Bloch charakterisiert Rachel als »schön wie Hera«: 292

*Herbinger: Angestellter eines Arbitrageurs.

– I: Odette hält ihn für den Hahn im Pariser Korb: 336

Herculaneum: antike Stadt am Golf von Neapel, die 79 n. Chr. beim Ausbruch des Vesuv verschüttet wurde.

– III: die Amoretten in einer Wandmalerei in H.: *479*

Heredia, José Maria de (1842–1905; frz.: Hérédia): frz. Dichter span. Abstammung, als »Meister des Sonetts« apostrophiert; Mitglied der Akademie.

– II: Bloch ist voller Bewunderung für H.: *439*
Hereford: Stadt in England.
– IV: Brichots Etymologie: 399
Herimbald: nicht identifiziert.
– IV: Namensgeber für Arambouville: 703
Herimund: normann. Raubritter des 10. Jh.s.
– IV: Namensgeber für Hermonville: 690, 703
Herkules: griech. Sagenheld.
– II: ein dicker Arthritiker ist nicht zwangsläufig ein H.: 701; M spielt ähnlich H. unter lauter Nymphen: *710*
– III: die Nymphen, die ihn ernährten: *116*; aus verschiedenen weniger bemerkenswerten Männern komponiert: 264; H. am Scheidewege: 399; der Herzog von Guermantes als H. im Smoking: 647; General de Beautreillis als H., der sich sanft gibt: 668
– VII: hat nicht Paris gegründet: 163
Hermenonville (Ort): Station an der Lokalbahn; vermutl. identisch mit Hermonville; *s.* auch dort.
– IV: Schatten am Bahnhof hält Brichot womöglich für den Geist von Herimund: 703
Herminie: vermutl. Marie-Marguerite-Herminie de La Brousse de Verteillac, Prinzessin von Léon (1872–93), verh. Herzogin von Rohan-Chabot (1893–1926); frz. Dichterin und Veranstalterin berühmter Bälle.
– IV: Charlus begrüßt sie bei der Soiree Guermantes: *85*
Hermonville (Ort): Station an der Lokalbahn; vermutl. identisch mit Hermenonville; *s.* auch dort.
– II: Station der Bäderbahn: 322
– IV: Monsieur de Chevregny steigt hier zu: 673; Brichots Etymologie: 690; Monsieur de Chevregny holt hier Gäste ab: 692; beschwört nicht mehr die stolze Größe normannischer Eroberer herauf: 705
Herodot (um 490 – um 424 v. Chr.): griech. Geschichtsschreiber.
– III: Ortsnamen wie eine vorchristliche Sage, die schon zu H.s Zeiten unverständlich war: 564
Hérold, Louis Joseph Ferdinand (1791–1833): frz. Opernkomponist.
– III: Zitat aus seiner komischen Oper *Pré-aux-Clercs*: 659
Herrera, Carlos: span. Abt; Verkleidung des Schurken Vautrin in Balzacs Romanzyklus *Die menschliche Komödie*.

– IV: Charlus erinnert sich gerührt an die Stelle in den *Verlorenen Illusionen*, als Carlos am Schloss Rastignac vorbeikommt: *624*, 629

Hervey de Saint-Denis, Marquis Léon de (1823–92): Schriftsteller und Professor für Sinologie.

– IV: hat dem Schüler Charlus eine chinesische Vase mitgebracht: *167*

Hervieu, Paul (1857–1915): frz. Dramatiker und enragierter Dreyfus-Gegner.

– V: steckt laut Renée de Cambremer mit dem Dreyfus-Verteidiger Reinach unter einer Decke: *318*

*Herweck, Monsieur d': Musiker.

– IV: drängt sich bei der Soiree Guermantes dem Herzog von Guermantes auf: *119*

Hesperiden: eine Gruppe von Nymphen, die den Baum mit den goldenen Äpfeln pflegen, die den Göttern ewiges Leben bescheren.

– II: eine Hesperide auf einer Metope aus Olympia führt die Gebärde der Berma aus: *184*

Hessen (Kurfürstentum).

– III: überall in H. hat man den Guermantes den Vortritt gelassen: 790

*Hessen, Bruder des Großherzogs von: Ludwig IV. von Hessen hatte zwei Brüder, Heinrich-Ludwig und Wilhelm-Ludwig, die aber beide nicht nach Frankreich heirateten.

– III: hat die Schwester des Herzogs von Guermantes geheiratet: 705

*Hessen, Großherzog von: zur erzählten Zeit war Ludwig IV. (1837–92) Großherzog von Hessen.

– IV: ist ein Schwager der Prinzessin von Guermantes und Dreyfusard: *150*

Hessen, Landgrafen von: der Sohn Heinrichs II. von Brabant und Sophies von Thüringen, Heinrich das Kind, wurde 1265 erster Landgraf von Hessen.

– III: die Landgrafen von H. haben dem Herzogspaar von Guermantes überall die größte Ehre erwiesen: *790*; ein Herzog von Brabant heiratete 1241 die Tochter des letzten Landgrafen von H.: *792*

*Hessen, Mutter des Großherzogs von: Mutter von Ludwig IV. von Hessen war Elisabeth von Preußen (1815–85).

– III: ist eine Cousine der Mutter der Herzogin von Guermantes: *705*

Hessen, Prinz von: Die Großherzöge von Hessen und bei Rhein (Linie Hessen-Darmstadt) trugen den Titel »Prinz von Hessen und bei Rhein«; ihre Linie wird dem Haus Brabant zugerechnet. Zur Erzählzeit (1898/99)

war Ernst Ludwig Karl Albrecht Wilhelm (1868–1937) Oberhaupt des Hauses.
– III: besitzt trotzdem nicht Brabant: 793
Hessen, Prinzessin von: Victoria-Melita (1876–1936), geb. Prinzessin von Sachsen-Coburg und Gotha.
– IV: bleibt nach der Soiree Guermantes noch zum Diner: *155*
Hessen-Darmstadt: Die Landgrafschaft Hessen-Darmstadt ging 1567 aus der Landgrafschaft Hessen hervor und ging 1806 im neuen Großherzogtum Hessen auf. Die Hauptstadt der Landgrafschaft war Darmstadt.
– III: die Prinzessin von Guermantes ist ein wenig »Hessen-Darmstadt«: 784
*Heudicourt, Zénaïde d': Cousine der Herzogin von Guermantes.
– III: ihr Geiz: *649*, 651, 653 f.; besitzt alle Manuskripte von de Bornier: 656
Hindenburg, Paul von (1847–1934): Feldmarschall, dt. Generalstabschef 1916–18.
– VII: erscheint M als eine Offenbarung: 97; ist vom Geist Napoleons durchdrungen: 99 f., 408
Hinnisdal, Monsieur d': Graf Marie-Joseph Henri von Hinnisdal (auch: Hinnisdael, Hinnisdaël; 1841–1922). Nach ihm wurde das Hôtel Duprat (= Du Prat) in der Rue de Varenne Nr. 60 (erbaut 1728) benannt, das seine Frau Charlotte de Béthune-Sully 1872 mit in die Ehe gebracht hatte.
– III: in seinem Palais gibt es die gleiche Art von Bagard-Täfelung wie in Charlus' Hôtel: *752*
Hippodrom: in WS vermutl. das Hippodrome de Paris = Hippodrome de l'Alma an der Avenue Marceau mit 6000 Plätzen; 1877 eröffnet, 1892 abgerissen.
– I: Odette findet es schick, freitags ins H. zu gehen: *336*; Odette geht mit ihrer Freundin ins H.: 437 f.; gehört zu Swanns kostbarsten Erinnerungen: 510
Hippolyt: in Racines *Phädra* Theseus' Sohn und Phädras Stiefsohn, in den sich Phädra verliebt.
– III: in der *Phädra*-Aufführung mit Berma: 59, 61
– VI: weist Phädra zurecht, mit weitreichenden Konsequenzen: 66–*68*
– VII: nach ihrer Liebeserklärung an H. wird die Berma eine unerträgliche Nacht durchleben: 430

Hirsch, Baron: vermutl. Maurice de Hirsch, geb. Moritz Baron von Hirsch auf Gereuth (1831–96), ein bayerischer Bankier jüdischer Abstammung.
– IV: der Prinz von Wales hat ihn zur Herzogin von Guermantes mitgebracht: *99*
*Historiker der Fronde: *s.* Pierre, Monsieur.
Hogarth, William (1697–1764): sozialkritischer engl. Maler und Grafiker.
– II: Albertines engl. Gouvernante gleicht H.s Porträt des Advokaten Jeffries: *548*
Hohenfelsen, Gräfin Olga Karnowitsch von (1866–1929): morganatische, vom Zaren nicht anerkannte Ehefrau des Großfürsten Paul Alexandrowitsch Romanow.
– VII: die Herzogin von Guermantes hatte Großfürst Wladimir verstimmt, weil sie von der Fürstin als der »Großfürstin Paul« sprach: *227*
Holland (Land).
– I: Swann hat eine Neigung für H., das Odette sich hässlich vorstellt: 341
– II: das holländische Licht in Elstirs Rennplatzbildern: 640
– III: M war dort: 702
– IV: Albertine war dort: 293 f.
– V: Albertine erzählt von ihren Ausflügen mit Freundinnen nach H.: 525; M will aufpassen, dass Albertine nicht wieder nach H. fährt: 564
Holmes, Sherlock: Romanfigur von A. C. Doyle.
– VI: Albertine verweist auf ihn in einem Brief an M: 62
Homer (vermutl. 8./7. Jh. v. Chr.): griech. Ependichter.
– III: eine Gesellschaftsschicht, die sich seit H.s Zeiten nicht geändert hat: 261; H.s Helden-Epitheta: 345; die Kunst ist seit H.s Zeiten nicht weitergekommen: 442; wir sind überrascht, wenn wir bei H.s Helden auf Gefühle stoßen, die unseren gleichen: 562; Zola ein H. der Kloake: 670
– IV: Bloch bezeichnet die Götter H.s in der archaischen Weise Leconte de Lisles: 323
– VII: Goncourt stellte Diderot über H.: 124 f.; Anspielungen auf seine *Odyssee*: 357, 365
Honfleur (Ort).
– IV: Brichots Etymologie: 689
Hooch (Hoogh), Pieter de (1629–77): holl. Maler insbes. häuslicher Szenen.
– I: die Klänge der kleinen Phrase verlieren sich in der Ferne wie das Licht bei H.: *302*

Horaz (65–8 v. Chr.): röm. Dichter.
- I: Proust schließt Bd. I mit einem Zitat von H.: 585
- II: Vergnügen an Werken von H. beeinflusst durch das Wissen, dass sie antik sind: 452
- IV: laut Brichot Speichellecker des Mäzenas: 486; ein alter Latinist fände nach dem Ende aller Kultur das Vertrauen wieder, wenn er jemanden H. zitieren hörte: 671
- V: Brichot zitiert bei sich aus einer Horazschen Ode: 449

Hortense, Königin: Hortense de Beauharnais (1783–1837); als Gattin Louis Bonapartes 1806–10 Königin von Holland; Mutter Napoleons III.
- III: nach ihr benannte Lampenschirme: 698

Hôtel Chimay: bekanntes Palais am Quai Malaquais Nr. 15 + 17 (1640 von Mansart erbaut). In WG kommt auch noch das Hôtel in der Rue de Varenne 61 des Prinzen François-Joseph von Chimay (1770–1843) in Frage.
- III: war für Charlus passend zur Stelle: 752

Hôtel des Réservoires: Hotel und Restaurant bei Versailles.
- V: Albertine hat bei Vatel gegessen, und nicht im H.: 174 f.

Houssaye, Henry (1848–1911): Historiker und Kritiker; Mitglied der Akademie.
- IV: Brichots Etymologie des Namens: 457

Howland, Madame: Adelaide Torrance (1848–1932), Gattin des amerikan. Historikers Meredith Howland.
- VII: versuchte, alle Männer in ihren Salon zu locken: 472

*Howsler d. Ä.: älterer Bruder des Ersten Kutschers der Verdurins.
- IV: sein Bruder hat ihm einen Job bei den Verdurins verschafft: 408; soll Morels Geige tragen, damit er aus dem Weg ist: 592

*Howsler d. J.: Erster Kutscher der Verdurins.
- IV: sein melancholischer Gesichtsausdruck: 408; Monsieur de Cambremer gibt ihm huldvoll ein Trinkgeld: 519; wird ein Opfer der Verschwörung zwischen Morel und dem Chauffeur: 592–596

Hoyos: Graf Ladislaus Hoyos-Sprinzenstein (1834–1901), österr.-ungar. Botschafter in Paris 1883–94.
- III: hat bei einem Diner den stinkenden Bornier neben die Herzogin von Guermantes plaziert: 657
- V: war entzückt von der Soiree Verdurin: 379

Hudimesnil: kleiner Ort etwa 25 km südl. von Coutances (Manche).

– II: die drei Bäume von H.: *397–400*
Hugo, Victor (1802–85): vielseitiger und produktiver frz. Dichter und Romanautor.
– I: M wird vielleicht einmal ein kleiner H.: 114
– II: Maxime du Camp hat in der Académie die Laudatio auf ihn gehalten: 13; durch einen historischen Verschmelzungsprozess findet sich H. Seite an Seite mit Molière wieder: 146; Mme de Villeparisis über H.: *387* f., 402, 404; Mangel an Takt und Scharfsinn hat H. nicht daran gehindert zu werden, was er war: 410; nach Ansicht von Charlus liegt in einer Tragödie von Racine mehr Wahrheit als in allen Dramen H.s zusammen: 460
– III: ein Vetter von Saint-Loup hat eine orientalische Prinzessin geheiratet, die fast so schöne Verse macht wie H.: 142; kann nach Ansicht der Prinzessin von Parma nicht das Hässliche vom Schönen unterscheiden: 660; Salongespräch bei der Herzogin von Guermantes über H.: 662 f., 665–668; Mme d'Arpajon sagt einen Vers von Musset als H. auf: 666; die Prinzessin von Parma findet H. nicht ganz so realistisch wie Zola: 668; wenn man die Höhen des Namens »Guermantes« erklommen hat, stößt man auch auf vertraute Namen wie den von H.: 704; die Herzogin von Guermantes wendet einen Vers aus *Booz* auf Norpois an: 709; in seinen frühen Gedichten denkt H. noch, statt zu denken zu geben: 735 f.; Charlus wendet einen Vers aus *Booz* auf sich selbst an: 752
– IV: Mme d'Arpajon bewundert ihn: 74; Anspielung auf *La Tristesse d'Olympio*: 624, 628
– V: Paul-Louis Courier hat sich über ihn lustig gemacht: *41*; Zitat aus den *Contemplations*: 155; wäre ohne die *Légende* und die *Contemplations* bedeutungslos geblieben: *356*; Anspielung auf *Hernani*: *389*; hat sich im Alter vor allem mit seinen Schülern umgeben: *393*; sein blauer Mond: *557*
– VI: Gespräche mit M über H. dürften für Albertine nur wenig Gewicht gehabt haben: 186
– VII: Zitat aus »?« der *Contemplations*: 36; Anspielung auf *Booz endormi*: 94; eine Schauspielerin soll Gedichte von H. bei dem Empfang des Prinzen von Guermantes rezitieren: 422; M muss an einen Vers aus »15 février 1843« der *Contemplations* denken: 443; Zitat eines Verses aus »À Villequier« der *Contemplations*: *488*
einzelne Werke:
Booz endormi: II: 387, 402; III: 709, 752; VII: 94

Contemplations, Les: III: 663; VII: 36, 443, 488
Feuilles d'automne, Les: III: 663
Hernani: V: 389
Légende des siècles, La: III: 660
Lorsque l'enfant paraît: III: 660
Tristesse d'Olympio, La: IV: 624, 628
Ultima verba: III: 596

Hulst, Monseigneur Maurice d': Gründer und Rektor des Institut catholique de Paris.
– V: Charlus drückt sich aus wie er: *447*

*Hungerbauch: *s.* L'Éclin, Madame de.

Hunolstein, Madame d': zur erzählten Zeit Hélène Géraldine Sophie Vogt d'Hunolstein (1859–1904), die mit Arthur de Rochechouart (1856–1926), Herzog von Mortemart und von Vivonne, verheiratet war.
– III: wird »Kleinchen« genannt: *710*

Huxelles, Nicolas de Laye du Blé, Marquis d' (1652–1730).
– IV: Charlus gefällt sich in seiner Rolle: *506*
– V: Charlus über seine Homosexualität: *413*

Huxley, »der illustre«: Thomas Huxley (1825–95), Arzt, Professor für vergleichende Anatomie sowie für Biologie.
– IV: eine Anekdote über einen seiner Patienten: *57*

Huxley, »der Neffe«: Aldous Huxley (1894–1963), der Enkel (nicht Neffe) von Thomas Huxley, hatte 1919 eine Besprechung von *Mädchenblüte* geschrieben; sein Erstlingsroman *Crome Yellow* ist 1921 erschienen.
– IV: nimmt zur Zeit einen beherrschenden Platz in der engl. Literatur ein: *57*

Huysum, Jan Van (1682–1749): holl. Maler, insbes. von Stillleben und Blumenarrangements.
– III: Mme de Villeparisis lässt H. weit hinter sich: *287*

Hypatia: alexandrinische Philosophin mit politischem Einfluss, im Zusammenhang mit der Judenvertreibung 415 n. Chr. ermordet.
– II: Mme Swann sieht wie H. die Welt zu ihren Füßen rollen: *292*

Hypnos: griech. Gott des Schlafes.
– IV: Bloch hat, als man Ms Lob sang, geschwiegen, als hätte er vom Mohn gekostet, der dem H. heilig ist: *696*

Ibsen, Henrik Johan (1828–1906): norweg. Schriftsteller und Dramatiker.

– II: Bergotte verachtet I.: 178
– III: Thema beim Restaurantgespräch mit Rachel: *374*
– IV: Mme d'Amoncourt will der Herzogin von Guermantes zwei seiner Manuskripte schenken: *97*f.; Favart hat nach Brichots Meinung nicht das Temperament I.s: 462
– V: eines Tages wird man selbst I. nicht mehr bewundern: 358; selbst ein Kolumnist vermag den Inhalt eines Stücks von I. wiederzugeben: 497
*Iéna (Familie).
– I: die Familie heißt wie eine Brücke: *464*
– III: die Herzogin von Guermantes preist ihren Sohn und ihre Empire-Möbel: 694–701; Charlus verhöhnt ihren angemaßten Adel: 756
*Iéna, Prinzessin von.
– I: Basin de Guermantes besucht sie: *464*
*Iéna, Sohn der Prinzessin von: *s.* Guastalla, Herzog von (2).
Ikarus: griech. Sagenheld.
– III: aus verschiedenen weniger bemerkenswerten Männern komponiert: *264*
*Imbert, Madame: Einwohnerin von Combray.
– I: hat noch dickere Spargel als Mutter Callot: 81
Incarville: Ort in der Umgebung von Balbec an der Lokalbahn; auch Ort in der Oberen Normandie; heute Teil von Louviers (Eure). Es scheint, dass Proust stellenweise Incarville und Parville verwechselt; *s.* deshalb auch Parville.
– II: Station der Bäderbahn: *321f.*; M bringt Saint-Loups Depeschen nach I.: 440
– IV: die Eltern von Rosemonde haben Albertine in I. in Pension genommen: 253; M sucht Albertine in I. auf: 258; M sieht mit Cottard im Casino von I. Albertine mit Andrée tanzen: 271–279; eine Freundin von Mme Bontemps von »zweifelhafter Art« kommt nach I.: 346f.; Albertine und M kommen mit dem Auto durch I.: 559; Brichot verwechselt I. und Balbec: 629f.; das Schloss des Grafen von Verjus liegt oberhalb von I.: 672; Brichots Etymologie des Ortsnamens: 690; ein Onkel von Monsieur des Cambremer hat ein Haus hinter der Klippe von I.: 703; der Marquis von Montpeyroux kommt hier an die Bahn, um Bekannte zu begrüßen: 704; die letzte Station vor Parville: 710
– V: Brichot spricht von Balbec als I.: 308

– VI: bei der Einfahrt nach I. hatte Albertine gestanden, dass sie Mlle Vinteuil und ihre Freundin kennt: 13; Albertine hatte M in den Arkaden von I. erwartet: 38; wenn M an I. denken muss, durchzuckt ihn ein Strom des Leidens: 74; M und Albertine begleiten sich gegenseitig nach Incarville und zurück nach Balbec: 97

Indien.

– IV: M war nie in irgendeinem der Indien: 670

– VI: M wäre es egal, ob auf ein Zeichen hin fünfzig Frauen nicht aus dem Trocadéro, sondern aus I. zu ihm kämen: 103

Indy, Vincent d' (1851–1931): frz. Komponist.

– IV: hat in der Dreyfus-Affäre schiefgelegen: *395*; wird eines Tages Mme Verdurins Gästen nicht mehr kühn genug sein: 453

Infreville: fiktiver Ort; vermutl. identisch mit Amfreville bzw. Amfreville-la-Bigot; *s.* auch Amfreville.

– IV: Albertine will eine Dame in I. besuchen: *348–350*

– V: Albertine leugnet, je dort gewesen zu sein: 144

Ingres, Dominique (1780–1867): frz. Maler.

– III: man hat die unüberbrückbare Kluft zwischen I. und Manet dahinschwinden sehen: 566, 700; der Herzog von Guermantes stellt I.' *La Source* über die Werke Elstirs: 672

– V: Charlus zitiert den »Federkiel eines Ingres«: *298*

– VII: das Paris des Krieges erinnert Charlus an den Orient I.': *166* f.; die Herzogin von Guermantes hielt ihn in ihrer Jugend für einen öden Kleckser: *470*

Ionathan: vermutl. eine Verballhornung von »Iaokanann« (zu hebr. »Jochanan«), dem Namen Johannes' des Täufers in Flauberts *Hérodias*.

– IV: Anspielung auf die apokryphe Geschichte von Johannes und Salome: *232*

Irving, Sir (d. i. John Henry Brodribb; 1838–1905): bedeutender engl. Darsteller von Shakespeare-Rollen.

– III: Françoises Bühneneffekte verraten die Meisterschaft eines I.: *486*

Isaak: Sohn Abrahams, den dieser auf Befehl Gottes zu schlachten bereit ist.

– I: eine Geste von Ms Vater wirkt wie jene, mit der Abraham Sarah befiehlt, von I.s Seite zu weichen: *56*

Isabella: *s.* Bayern, Isabella, und Este, Isabella d'.

Ismene: in Racines *Phädra* die Vertraute Aricias.

– III: in der *Phädra*-Aufführung mit Berma: 59, 61
*Israël, Lady: Gattin von Sir Rufus Israël (bis II, S. 461 »Israëls«).
– II: ist eine Tante Swanns: 126; verfügt über großen Einfluss: 127; ihre Gesellschaftsklasse vermischt sich mit der Aristokratie: 291
– III: Mme de Marsantes wendet sich wegen der Dreyfus-Affäre gegen sie: 340 f.; ihr Neffe Moses: 512
– VI: Gilberte leugnet, sie zu kennen: *241*; die Beziehungen des Herzogs von Guermantes zu den Israëls haben ihn womöglich die Präsidentschaft des Jockey-Clubs gekostet: 246 f.
*Israël, Sir Rufus: jüdischer Bankier (bis II, S. 461 »Israëls«).
– II: kümmert sich um die Finanzen des Prinzen von Orléans: 127; hat ein Schloss der Familie Charlus' gekauft: 461 f.; Vater Bloch lässt den Namen gern fallen: *468*, 473, 477
– III: angeblich ein Freund von Blochs Vater: 293
*Israel, Sohn von Sir Rufus.
– III: Bloch erzählt eine Anekdote über ihn: 293
Isvolski: Alexander Petrowitsch Iswolski (1856–1919); russ. Botschafter in Paris 1910–17. Zur erzählten Zeit (vermutl. August 1899) russ. Gesandter in München, zum Jahreswechsel dann Tokio.
– IV: wird zu einem Empfang bei Mme d'Amoncourt kommen: *96*
Italien (Land).
– I: Swann bringt M Fotos von seinen Reisen in I. mit: 30; die Verdurins wollen nach I.: 513; Ms Eltern versprechen ihm eine Reise nach Norditalien: 529 f.; Träume über italien. Städtenamen (Florenz, Venedig, Parma): 530–532
– III: die kostbaren Straßen in den alten Städten I.s: 194 f.; die Herzogin von Guermantes lädt Swann zu einer Italienreise ein: 796 f.
– VI: während M beim Einschlafen von stürmischen Küsten träumt, befindet er sich beim Erwachen im Aufbruch nach I.: 105; Norpois möchte sich nur scheinbar nicht zu den Angelegenheiten I.s äußern: 311, 315
– VII: Saint-Loup fordert größere Zugeständnisse an I.: 97; muss selbst entscheiden, wann es in den Krieg eingreift: 132; verletzt seine Vertragsverpflichtungen nicht weniger als andere: 135
s. auch Florenz, Mailand, Orvieto, Padua, Parma, Pisa, Rom, Siena, Triest, Venedig
Italien, König von: Victor Emmanuel III. (1869–1947).

– VI: beauftragt Giolitti mit der Regierungsbildung: *314*

Italien, Königin von: zur Erzählzeit ca. 1899 Margarethe Maria Therese Johanna von Savoyen (1851–1926), deren Gatte König Umberto I. 1900 starb. – Die italien. Botschaft befand sich in der Rue de Grenelle 73.

– IV: M soll mit der Herzogin und der Prinzessin von Guermantes bei der Königin dinieren: *86*

Italien, Königin von: zur Erzählzeit 1902 oder 1910 Prinzessin Elena von Montenegro (1873–1952).

– VI: Prinz Foggi soll ihr Norpois' Huldigung zu Füßen legen: *313*

Ivanhoe: Name einer südafrikan. Minengesellschaft.

– III: ein Bankier ist froh, ihre Aktien zu besitzen: 584

Ixion: griech. mythologische Figur, die zur Strafe für missbrauchte Gastfreundschaft an ein Feuerrad gebunden und an den Himmel versetzt wurde, wo er in ewiger Umdrehung wiederholen muss: »Du sollst Wohltaten mit Dank vergelten.«

– V: seine Tortur, bei der eine Aufgabe immer wieder begonnen werden muss: *201*

Jacquet, Gustave-Jean (1846–1909): produktiver Porträtmaler vorwiegend junger, jedoch meist nicht namentlich identifizierter Frauen.

– IV: sein Porträt von Mme Surgis-le-Duc: *135*

Jammes, Francis (1868–1938): mit Proust persönlich bekannter Schriftsteller.

– IV: sein Name kommt in Ms Unterweltstraum vor: *227*f.

Jardin de Paris: ein Vergnügungspark an den Champs-Élysées.

– III: der Trinker glaubt in seinem Rausch, dass er über etwas herrsche, das sich weiter erstreckt als eine Allee im J.: 230

Jauret: Joret, bekanntes Pariser Feinkostgeschäft Ende des 19. Jh.s an der Place du Marché-Saint-Honoré, gegr. 1795.

– I: eine Cousine der Mutter Swanns kauft Erdbeeren bei J.: *426*

*Jean, Großherzogin: befreundet mit Prinz Von.

– III: wird einige Diners für die Königin von England geben: 352

Jean d'Heurs: ehemaliges Kloster an der Meuse, das einem Vetter der Goncourts gehörte und in dem Edmond wiederholt zu Gast war.

– VII: Goncourt fühlt sich beim Diner Verdurin an die Cordons bleus in J. erinnert: *28*

Jean sans Peur (1371–1419): Johann I., Herzog von Burgund.

– IV: hat Louis von Orléans ermordet: 701

*Jeanette: Verlobte Théodores.
– VII: Françoise rühmt ihr die Güte Legrandins: *12*
Jeanne d'Arc: *s.* Johanna von Orléans.
*Jeanne die Algerierin.
– VII: der große Julot ist oder ist nicht ihr Zuhälter: 173
*Jehan de Villeparisis: Neffe der Madame de Villeparisis.
– V: Marcel erhält einen Brief von ihm und bewundert das »H« in »Jehan«: 45
Je-Men-Fou (= »je m'en fou«, ›ist mir wurscht‹).
– IV: »chinesische Gottheit« laut Brichot; hat mehr Anhänger in Frankreich als Brahma oder Christus: *489*
Jerusalem: biblische Stadt.
– IV: das Gebäude der Gesandtschaft von X*** wirkt so geheimnisvoll wie der Tempel von J.: *94*
– VII: Carpaccios jerusalemitische Hintergründe: 137
Jethro: biblischer Schafhirte und Priester in Midian, Vater von Zipporah, der Gattin Mosis. Gestalt in Botticellis *Szenen aus dem Leben Mose* in der Sixtinischen Kapelle.
– I: Odette erinnert Swann an J.s Tochter in den *Szenen aus dem Leben Mose* von Botticelli: *308*, 311
Joad: biblische Gestalt in 2. Könige 11, Sohn des judäischen Königs Ahasver; Figur in Racines Tragödie *Athalie*.
– II: die Pagen im Grand-Hôtel Balbec sind wie die jungen Israeliten in *Athalie*, die jedesmal ein Zwischenspiel geben, wenn Esther oder J. die Bühne verlassen: 382; Sophokles gratuliert Racine zu seiner Figur des J.: 659; der Gott J.s hat nichts zu tun mit dem Gott Sophokles': 662
– IV: gehört zur Rasse Davids: 94
Jockey-Club: Drehscheibe des gehobenen gesellschaftlichen Lebens im Paris der Jahrhundertwende. 1832 gegründet als »Gesellschaft zur Förderung des Fortschritts der Pferdezucht in Frankreich«; heute in der Rue Rabelais ansässig. Bei der längeren Chronologie, der zufolge G 1908/09 spielt, stand nur *eine* Präsidentenwahl an, und zwar 1908 die von Herzog Aymeri Montesquiou-Fezensac (1843–1912), der formal bis 1914 Präsident blieb.
– I: Swann ist eines der vornehmsten Mitglieder des J.: *27*; Froberville und Bréauté haben Swann in den J. eingeführt: 449
– III: Saint-Loup wird trotz seines Dreyfusismus aufgenommen: 780–782

– v: die Wahl seines neuen Präsidenten: *48*–50; Swann war eines der ältesten und angesehensten Mitglieder: 267; Châtellerault jun. wäre beinahe rausgeflogen: 419
– vi: die umkämpfte Präsidentschaft: *247*f.
– vii: eine über die Form popularisierte Kunst wäre eher etwas für Mitglieder des J.: 278; der Snobismus könnte nach dem Krieg ganz aus dem J. verschwinden: 377; der Herzog von Guermantes verpatzt zum zweiten Mal die Präsidentschaft: 458
Joffre, Joseph (1852–1931): General, im Ersten Weltkrieg Befehlshaber der frz. Armee; empfahl im Gegensatz zu Pétain eine aggressive Kriegsführung.
– vii: plant, einen Kometen bei den Deutschen einschlagen zu lassen: *84*; M hat mit Saint-Loup niemals über J. gesprochen: 87; einer der Strichjungen bei Jupien hält nicht viel von ihm: 170
Johanna die Wahnsinnige (1479–1555): Königin von Kastilien, Mutter von Karl v.
– iii: der Titel eines Prinzen von Agrigent ist von J. auf die Guermantes gekommen: *793*
Johanna von Orléans (frz.: Jeanne d'Arc; 1412–31): frz. Freiheitsheldin und Märtyrerin der katholischen Kirche.
– ii: Prinzessin Mathilde spricht »cochon« aus wie den Namen des Zeitgenossen Cauchon der J.: 159
– iii: ihr Gefährte Saintrailles hat eine Guermantes geheiratet: 712
– v: ein Verrückter erklärt einen älteren Herrn für J.: 330; ihr Page: 372
Joinville (Herzogtum).
– iii: ist rechtmäßig an das Haus d'Albert gefallen: 793
Joinville, Prinz von: François d'Orléans, Prince de Joinville (1818–1900). Admiral, dritter Sohn von Louis-Philippe und Marie-Amélie.
– iii: in Mme de Villeparisis' Salon hängt ein Porträt des Prinzen: 253; er ist ein Onkel des Königs Ferdinand von Bulgarien: 327; seine Herkunft: 512
Jojotte: familiäre Bezeichnung des Malers Georges Clairin (1843–1919).
– iv: man ruft einem Künstler »He da, Jojotte« zu, weil man ihn so hat nennen hören: *198*
Jomini, Baron Henri de (1779–1869): General Napoleons, Autor eines militärhistorischen Standardwerks.
– vii: Brichot zitiert ihn gern in seinen Artikeln: *143*
Josselin: Ort im Dép. Morbihan.

– v: Residenz der Rohans in der Bretagne: 44
Joubert, Joseph (1754–1824): Autor zeitkritischer Studien (*Pensées* und *Carnets*).
– II: Ms Großmutter wünscht für M die geistige Umgebung eines J.: *410*
– III: Legrandin will Mme de Villeparisis J.s Werke schicken: *270*; wir überbewerten einen Aufenthalt auf einem Schloss, nur weil wir dort unveröffentlichte Briefe J.s gefunden haben: 737
*Journalisten (drei) im Theater.
– III: wollen erfahren, warum Saint-Loup so zornig ist: 238; Saint-Loup fordert einen von ihnen auf, das Rauchen zu unterlassen, und ohrfeigt ihn: 241–243
Jouville, Monsieur de: als frz. Familienname belegt. Namensträger konnten für die Erzählzeit nicht nachgewiesen werden.
– IV: will den Herzog von Guermantes daran hindern, an der Soiree Guermantes teilzunehmen, weil dessen Cousin im Sterben liegt: *90*
Jouy-le-Vicomte: halbfiktiver Ort. Ein Jouy-le-Comte befindet sich bei Pontoise; ein Jouy bei Chartres, ein Fresnay-le-Comte bei Illiers.
– I: Ms Großmutter bringt Bücher zurück zum Händler in J.: *60*; die jüngere Tochter von Monsieur Pupin ist in J. in Pension: 82; man sieht vom Kirchturm aus die Kanäle von J.: 150 f.
– VII: militärische Operationen in der Nachbarschaft: *84*
Judet, Ernest (1851–1943): Journalist, Herausgeber der Tageszeitung *Le Petit Journal* (ersch. 1863–1944).
– III: Mme de Villeparisis' Archivar liest ihr jeden Morgen die Artikel von J. im *Petit Journal* vor: *333*
*Julien (1): Françoises missverstandener Name für »Jupien«; s. Jupien.
*Julien (2): Schwiegersohn von Françoise.
– I: lebt in der Nähe von Combray: 79
Juliette.
– VII: der Name war aus Albertines Erinnerung emporgestiegen wie eine Blume: 56
Julius II. (1443–1513): Papst von 1503 bis 1513. Das in SJM erwähnte Grabmal wurde nicht vollendet.
– II: Michelangelo sucht Marmorblöcke für J.' Grabmal aus: *27*
*Julot, der große: ehemaliger Strichjunge in Jupiens Bordell, jetzt an der Front.
– VII: man hört nichts von ihm; ist doch kein Zuhälter!: *172*

*Julot, der kleine: Strichjunge in Jupiens Bordell.
– VII: M hört, dass er sich an die Front melden will: 170
*junge Frau im Landhaus an der Vivonne.
– I: trauert einer verflossenen Liebe nach: 238
*junge Frau, in die man sich verliebt hatte.
– VII: schon ein Blick in den *Annuaire des châteaux* kann die Eifersucht entfesseln: *319*
*junger Mann beim Empfang des Prinzen von Guermantes.
– VII: hat einen Namen, der M einst sehr interessierte: *470*
Juno: röm. Göttin des heimischen Herdes, Mutter von Hebe, Mars und Vulkan.
– III: der Pfau untrennbar mit ihr verbunden: 74
– IV: sie ist nur die letzte in einer ganzen Reihe von Jupiter-Gattinnen: *128*
*Jupien: Westenschneider mit Werkstatt im Hof des Hôtel Guermantes, Geliebter von Charlus, später Betreiber eines Männerbordells.
– I: näht einen Riss am Rock von Ms Großmutter, die ihn für den vornehmsten Menschen hält: 33
– III: Françoise freundet sich mit ihm an: *22*–25; sie missversteht seinen Namen als »Julien«: 23; Ms anfängliches Misstrauen; seine Erscheinung und seine gepflegte Ausdrucksweise: 24 f.; verlangt vom Herzog von Guermantes Schadensersatz für seine beschädigte Ladenfront: 40 f.; enthüllt M abschätzige Bemerkungen Françoises über ihn: 86 f.; seine Anfälle schlechter Laune: 190; seine Beherrschung der Grammatik: 415 f.; Françoise kann ein Gläschen von ihm nicht ablehnen: 446, 496; Françoise belegt ihn mit Beschlag, um sich mit ihm über die Begräbnisfeierlichkeiten für Ms Großmutter zu unterhalten: 460; er will sich vergrößern: 501–503
– IV: seine Begegnung mit Charlus im Hof des Palais Guermantes: 8–24, 45–47; Charlus stellt ihn als Sekretär ein: 47; begleitet Charlus nach Maineville, um Morel zu ertappen: 662–666
– V: Charlus und Morel »nehmen« bei ihm »ihren Tee ein«; Morel lässt bei ihm um die Hand seiner Nichte anhalten: 65 f.; laut Mme Verdurin ein ehemaliger Sträfling: 380; erzählt Charlus von der schlechten Behandlung seiner Nichte durch Morel: 423
– VI: leiblicher Cousin von Odette: 365; zeigt M höchst indigniert die Briefe Morels an Saint-Loup: 373
– VII: M trifft ihn in einem Bordell, das er für Charlus erworben hat: 175–

179; ist verblüfft, M bei sich zu sehen: 186; ermutigt seine »Strizzis«, sich perverser zu geben: 188–192; erklärt M seine Rolle: 195–198; seine Bildung und Intelligenz: 207; kümmert sich wie eine Mutter um den greisen Charlus: 237–240, 243–246

*Jupien, Marie Antoinette: Näherin, Nichte des Westenschneiders Jupien.
– I: Ms Großmutter ist von ihr entzückt und hält sie für Jupiens Tochter: 33
– III: Näherin in Paris: 23 f.; wechselseitige Anziehung zwischen ihr und Morel: 358 f.
– V: Charlus' Einstellung ihr gegenüber; ihr Ausdruck »den Tee bezahlen«; wird von der Gesellschaft hofiert; war früher einmal »in Schwierigkeiten«: 55–65; Morel lässt bei Jupien um ihre Hand anhalten: 65 f.; ändert ihre Meinung über Morel und Charlus: 85 f.; wird von Morel übel beleidigt: 218 f.; Morel bricht mit ihr: 261–264; Charlus adoptiert sie unter dem Titel »d'Oloron«: 423
– VI: heiratet Léonor de Cambremer: 344–349; stirbt wenige Wochen nach ihrer Hochzeit: *363* f.

*Jupien, Nichte von: *s.* Jupien, Marie-Antoinette.

Jupiter (röm. Gottheit).
– VII: in einem gewissen Alter verwandelt sich J. unweigerlich in einen lächerlichen Géronte (Figur in Molières *Les Fourberies de Scapin*): *463*

Jurien de La Gravière, Jean-Pierre-Edmond (1812–92): Vizeadmiral, Kommandant des Mittelmeergeschwaders.
– III: Mme de Varambon beharrt darauf, dass M mit J. verwandt sei: *668*, 670, 733

Jussieu: Familie von Botanisten; der bekannteste ist Antoine de Jussieu (1686–1758).
– III: Kellner überprüfen Birnen mit dem Interesse eines Monsieur de J.: *225*

Kaiser Wilhelm: *s.* Wilhelm II.

Kalidasa: ind. Autor des 4./5. Jh.s n. Chr. Sein Drama *Sakuntala* wurde 1803 ins Frz. übersetzt (dt. 1791 *Schakuntala*).
– II: Bloch nennt K. ironisch als Gast Nissim Bernards: *476*

Kalif: Harûn ar-Raschîd (arab. »der Gerechte«) aus *Tausendundeine Nacht*; Kalif von Bagdad 786–809. Siehe auch Harum al-Raschid.
– IV: Charlus lässt sich wie H. dazu herab, sich für eine einfache Person halten zu lassen: *19*; Ms Mutter missbilligt Mardrus' Schreibung des Titels als »Kalifat«: *324*

Kalypso: Okeanide, die auf der sagenhaften Insel Ogygia lebte.
– II: die Geographen führen uns auf die Insel der K.: *709*
Kamerad (1) von Saint-Loup.
– III: freundet sich mit M an: 138 f.
Kamerad (2) von Saint-Loup.
– III: sein Dreyfusismus: 139
*Kammerdiener der Familie des Erzählers: *s.* Victor.
*Kammerdiener der Verdurins.
– VII: ist durch die Schrecknisse einer Feuersbrunst ein völlig anderer Mensch geworden: *33*
*Kammerdiener des Barons von Charlus.
– III: hält M bei seinem Besuch Charlus' davon ab, wieder zu gehen: 740
*Kammerdiener des Prinzen von Agrigent.
– III: bringt Briefe für die Herzogin von Guermantes: 44
*Kammerdiener des Prinzen von Guermantes.
– VII: hat sich trotz Alters kaum verändert: 347 f.
*Kammerdiener von Andrées Großmutter.
– V: hütet ihr leeres Appartement: 534
*Kammerdiener von Onkel Adolphe.
– I: fragt an, wann angespannt werden soll: 105
– III: seine Verehrung für seinen verstorbenen Dienstherrn: 356–358
– IV: M beschreibt ihn den Verdurins gegenüber auf Morels Bitte hin als »Gutsverweser«: 434 f.; hielt Onkel Adolphe in hohen Ehren: 633
*Kammerzofe (Erste, Zweite und Dritte) von Madame Swann.
– II: sie bereiten die wundervollsten Toiletten vor: 116
*Kammerzofe der Baronin Putbus: Schwester von Théodore, dem Küster und Laufburschen in Combray.
– IV: frequentiert laut Saint-Loup Bordells: 135; ist »giorgionesk« und liebt die Frauen: *137*; Ms Verlangen nach ihr: 174 f., 214–217; M fürchtet ihre Ankunft bei den Verdurins Albertines wegen: 330, 354 f.
– V: ist die Schwester von Théodore aus Combray: 417
– VI: M musste sehr viel öfter an sie denken als an Albertine, als sie noch lebte: 87; M muss sie unbedingt kennenlernen: 141
– VII: Ms willkürliches Begehren nach der K., die er doch nie gesehen hat: 419
*Kammerzofe von Gilberte.

– V: erzählt M, dass Gilberte in einen anderen jungen Mann verliebt war, als M sie damals umworben hat: 178 f.
Kant, Immanuel (1724–1804): dt. Philosoph.
– II: die Gedeckanordnung um Gilbertes Torte scheint wie das notwendige Universum K.s von einem höchsten Akt der Freiheit abzuhängen: 110
– III: das unkonventionelle Verhalten der Herzogin von Guermantes gemahnt an K.s Worte über Freiheit und Notwendigkeit: 642
– V: Brichot lässt eine Breitseite über ihn ab: *382*
Kanzler, Der: *s.* Pasquier, Herzog von.
Kapstadt: Stadt in Südafrika.
– IV: der norweg. Philosoph reist überAlgier nach Kapstadt: 457
*Kardinal X, Bischof von Mâcon: Die Diözese Mâcon ging 1790 in der von Autun auf. Bischof von Autun war ab 1871 Adolphe Perraud (1828–1906), der 1895 zum Kardinal ernannt wurde.
– III: die Herzogin von Guermantes schreibt ihm einen Brief: *643*
Karitas: *s.* Küchenmädchen.
*Karl der Stammler: fiktive Figur.
– I: Bruder von Gilbert dem Bösen: *149*
Karl V. (1337–80): König von Frankreich 1364–80.
– III: laut Saint-Simon ist Ludwig XIV. ein geringerer König als K.: 587
Karl V. (1500–58): Kaiser des Römischen Reiches Deutscher Nation 1520–55.
– I: der Erzähler liest ein Buch über Franz I. und K.: *9*
Karl VI. (1368–1422), gen. »der Vielgeliebte« oder »der Wahnsinnige«: König von Frankreich 1380–1422.
– I: eines der Fenster in der Kirche von Combray ähnelt einem der Kartenspiele für K.: *88*
Karl X. (1757–1836): König von Frankreich 1824–30.
– IV: hat das Marquisat von Surgis-le-Duc geschaffen: *151*; ihm wurde der Thron von der Familie Orléans geraubt: *701*
– V: die Ultras in seinem Umkreis: *49*
Karlsbad: für seine Wasserkuren berühmter Kurort in Tschechien.
– II: eine Kur in K. wird für Norpois nach dem Essen bei Ms Eltern notwendig sein: 55
Kartause von Pavia.

– V: der Trocadéro erinnert daran: *224*
Karyatiden: allg. seit dem 4. Jh. v. Chr. »weibl. Stützfiguren«; speziell die des Erechtheion. Im Louvre befinden sich »Karyatiden« von Jean Goujon (um 1510–66).
– II: Swann vergleicht eine Gebärde der Berma mit den K.: *184*
*Kassiererin eines Hotels.
– V: wird bei all ihrer Hässlichkeit vom Personal für eine schöne Frau gehalten: 254
*Kassiererin im Grand-Hôtel.
– IV: thront neben ihrer Palme: 333
*Kassiererinnen im Restaurant Rivebelle.
– II: zwei greuliche Hexen: 524
Keine Blumen bitte: *s.* Mönch.
*Kellner (1) im Rivebelle.
– II: hat ein Haargefieder wie ein Ara: 523
– IV: wurde vom Hilfskellner zum Servierkellner befördert; seine Bewegungen sind wie aufeinanderfolgende Statuen eines jungen Gottes im Lauf; Albertine flirtet mit ihm: *574* f.
*Kellner (2) und (3) im Rivebelle.
– IV: jetzt im Grand-Hôtel beschäftigt; M erkennt sie nicht wieder: 537 f.
*Kellner (mehrere) im Restaurant in Doncières.
– III: ihre atemberaubende Geschwindigkeit; ein Personal von »Cherubim und Seraphim«: 130 f.
*Kellner (mehrere) in Aimés Restaurant.
– III: abgehalfterte Komödianten: 221 f., 225
*Kellner (zwei) in einem Restaurant in Venedig.
– VI: unterhalten sich in einem Italienisch, das man übersetzen muss: 305 f.; einer sagt M Bescheid, dass seine Mutter auf ihn wartet: 310
*Kellner beim Empfang des Prinzen von Guermantes.
– VII: hat mit einem Löffel versehentlich an einen Teller gestoßen: 250
*Kellner in einem Pariser Restaurant.
– VI: Saint-Loup wirft ihm einen raschen, forschenden Blick zu: 376 f.
*Kellner, jugendlicher, im Grand-Hôtel Balbec.
– IV: »Chorknabe«, der von Monsieur Nissim Bernard ausgehalten und gefördert wird: 332–334; wird von Nissim Bernard betrogen: 352
– VII: ist jetzt Restaurantchef und lässt Saint-Loup abblitzen: 64

Kellnerin.
– v: Geliebte von Théodore: 416
Ker: bei Homer Führerin in den Hades.
– ii: Bloch schwört bei Ker: *436*
Keramikos: allg. das Töpferviertel in Athen, in dem sich auch Platons Schule befand; speziell der Friedhof dort als Fundstelle antiker Artefakte.
– ii: Bergotte vergleicht eine Gebärde der Berma mit der Stele der Hegeso vom K.: *184*
Kessler, Harry Graf (1868–1937): dt. Schriftsteller, Kunstkenner und Diplomat, der wesentlich auch in Frankreich und Großbritannien aufwuchs und sich dort zu Hause fühlte; gerüchteweise außerehelicher Sohn von Wilhelm I.
– vi: die Aufführung der *Josephslegende* von K., Strauss und Sert beschwor die Erinnerung an Carpaccio herauf: *328*
Kimmerier: in der *Odyssee* Volk am Eingang zum Hades, das in ewiger Dunkelheit lebt; Odysseus beschwört hier die Seelen der Toten.
– i: laut Legrandin gleicht die normannische Küste nach Anatole France der Küste der K.: *183*
*Kleinchen (»Petite«) (1): Spitzname der Madame d'Hunolstein.
– iii: wird so genannt, weil sie so riesig ist: 710
*Kleinchen (»Petite«) (2): Spitzname der Gräfin von Montpeyroux.
– iii: wird so genannt, weil sie so dick ist: 582
Kleinmichel, Graf Nikolai Petrovich (1836–78): Zeremonienmeister des Zaren; seine Gattin, Gräfin Marie, geb. Keller (1846–1931), die in Petersburg einen bedeutenden Salon unterhielt, floh nach der Revolution nach Paris.
– vii: einst großer Name, heute verschwunden: *374*
Kleopatra (69–30 v. Chr.): ägypt. Königin.
– iv: laut Brichot auch nur das gedankenlose, schreckliche Frauchen aus Meilhacs Operettentexten: 397
Kleve (Fürstenhaus).
– ii: M geht die Wendung »Prinzessin von Troizen und von Kleve« aus Bergottes Broschüre im Kopf herum: *23*
– iii: die Prinzessin von Parma hat Vorfahren aus dem Haus K.: 576; die Herzogin von Guise ist eine Prinzessin von K.: 714
Klingsor: Zauberer in Wagners *Parsifal*.
– ii: M fühlt sich im Vorzimmer der Mme Swann wie in K.s Werkstatt: *139*

Kock, Paul de (1793–1871): frz. Romanautor.
- V: M hält Vergleiche zwischen Dostojewski und de K. für fehlgeleitet: *516*

Kohn.
- IV: ein Name, den die Herzogin nennt, wenn sie vorgibt, sich an einen anderen nicht erinnern zu können: 437

*Konditorin in einem Ausflugscafé.
- V: Albertine macht ihr schöne Augen, wird aber ignoriert: 554–556
- VI: M vermutet, dass Albertine sich bei ihr versteckt: 50

*König der Südseeinsel: mit seiner Mätresse Gast im Grand-Hôtel Balbec.
- II: wird von den Honoratioren im Hotel geschnitten: 342; M hätte gern sein Wohlwollen gewonnen: 351; der Anwaltspräsident schickt Aimé »zum König«: 360

König von Bayern: *s.* Ludwig II. von Bayern.

König von England: *s.* England, König von.

König von Italien: *s.* Italien, König von.

Königin, die: Marie-Antoinette (1755–93), Frau Ludwigs XVI.
- III: Charlus zeigt M ihren Hut: *753*

Königin Beider Sizilien: *s.* Neapel, Königin von.

Königin von Italien: *s.* Italien, Königin von.

Königin-Marguerite-Allee: Allée de la Reine Marguerite, Promenade im Bois de Boulogne.
- I: Mme Swann geht hier gern spazieren: *571*

*Konnetabel de Guermantes: berühmter Vorfahr Charlus'.
- IV: Charlus hält sich für gleichermaßen tapfer: *651*

Konstantin, König von Griechenland.
- VII: wird als »Tino« bezeichnet: 53; Charlus kannte ihn schon als Thronfolger: 136; Françoise hat ein Faible für ihn: 216

Konstantinopel.
- VII: Carpaccios konstantinopolitanische Hintergründe: 137

Koren: weibl. Stützfiguren in griech. Bauwerken aus der Zeit vor dem 4. Jh. v. Chr.
- II: Bergotte vergleicht eine Gebärde der Berma mit den K. des alten Erechtheion: *184*

Kout-el-Amara: Kut-al-Amara, im Ersten Weltkrieg umkämpfte Stadt in Mesopotamien.

– VII: der Pfarrer von Combray hätte sich auf die Etymologie von K. gestürzt: *410*
Kreutzer, Rodolphe (1766–1831): frz. Violinist, Dirigent und Komponist. Beethoven widmete ihm seine sog. Kreutzersonate.
– I: Forcheville macht einen Kalauer über den Namen: *363*
Kriegsminister: Am Vorabend des Deutsch-Französischen Krieges (Erklärung 19. 7. 1870) war Edmond Lebœuf (1809–88) Kriegsminister von Frankreich (21. 8. 1869 – 20. 7. 1870).
– VI: der Kaiser hat Compiègne verlassen, um mit dem K. zu konferieren: 317
*Kriegspatin des großen Julot.
– VII: hat das Klo unterhalb vom Olympia: 172
Kronide (»Sohn des Kronos«): Zeus oder Poseidon, i. a. ist jedoch Zeus gemeint.
– IV: Bloch ruft seine Tochter an, die Heilige Scham: *696*
*Küchenmädchen: Françoises Küchenhilfe.
– I: eine juristische Person: 115; muss die Spargel »rüsten«; ähnelt der Karitas von Giotto: 116; ihre Schwangerschaft: 118; ihre Niederkunft: 154 f., 169, 172; Françoises Eifersucht auf sie: 173; ihre Spargel-Allergie: 174; Françoise lässt sie nicht in die Nähe von Tante Léonie kommen: 211
– V: Françoise sollte mit ihr ein Trinkgeld teilen: 15
Kuhn.
– IV: ein Name, den die Herzogin nennt, wennt sie vorgibt, sich an einen anderen nicht erinnern zu können: 437
*Kutscher der Berma.
– I: trägt eine rote Nelke im Knopfloch: 109
*Kutscher der Familie Marcels.
– I: Françoise hat von ihm gehört, dass Swann bei einer Prinzessin gespeist habe: 30
*Kutscher der Marquise Zélia von Cambremer.
– IV: wird von der Marquise nach dem Wohlergehen der Pferde gefragt: 306
*Kutscher einer Dame in Combray.
– I: die Dame bittet Legrandin, ihrem K. etwas auszurichten: 175
*Kutscher einer Mietdroschke.
– V: hat M zu den Verdurins gefahren: 270; soll Brichot nach Hause bringen: 450, 476

*Kutscher von Dr. Percepied.
– I: M steigt neben ihn auf den Bock und verfasst sein erstes Prosagedicht: 250 f.
*Kutscher von Madame Swann.
– I: M sieht ihn auf dem Bock von Mme Swanns Kutsche im Bois: 573 f., 581
*Kutscher von Onkel Adolphe.
– I: lässt fragen, wann er anspannen soll: 106
*Kutscher von Swann: *s.* Rémi.
*L'Éclin, Madame de: Bekannte der Herzogin von Guermantes. Ihre ohrbedeckende Frisur à la Cléo de Mérode trägt ihr, wie dieser, den Spitznamen »ventre affamé« ein (wörtl. »Hungerbauch«, im Text als »Taubchen« wiedergegeben), unter Anspielung auf die Redensart »ein hungriger Bauch hat keine Ohren«.
– III: ihre Frisur und ihr Spitzname: *582*
L'Orgeville, Mademoiselle de.
– VI: das leichte Mädchen, von dem Saint-Loup M erzählt hatte, heißt de L'O.: *216*; M verwechselt den Namen mit d'Éporcheville: 225; auch wenn Gilberte nicht Mlle de L'O. war, war ihr Blick doch einschlägig: 395
L'Orient: veraltete Schreibweise der Madame de Sévigné für »Lorient«, eine Stadt in der südlichen Bretagne; vgl. Brief an die Tochter vom 27. 4. 1689.
– II: der Erzähler zitiert ironisch diese Schreibweise: *300*
La Balue, Jean (1421–91): Premierminister Ludwigs XI. und von diesem wegen Verrats 1469–80 gefangen gesetzt, der Überlieferung nach in einem Käfig, in dem er weder stehen noch sitzen konnte.
– II: M fühlt sich in seinem Körper wie La B. in seinem Käfig: *328*
La Boulaye, Antoine de (1833–1905): frz. Botschafter in Russland 1886–91.
– IV: Brichots Etymologie des Namens: *458*
La Boulie: kleiner Ort nahe Versailles mit Prousts Klub »Golf de Paris«.
– III: Leute, die La B. besuchen, verdienen nach Blochs Meinung den Strick: 306 f.
La Bruyère, Jean de (1645–96): frz. Schriftsteller, Erzieher des Herzogs von Bourbon.
– II: Ms Großmutter findet Fürsten vor allem deshalb zu beneiden, weil sie einen La B. zum Erzieher haben konnten: *453*
– III: Françoise benutzt das Wort *plaindre* (klagen) im gleichen Sinne wie La B. (›mit etwas geizen‹): 32

– V: der Erzähler zitiert aus *De la Mode*: *275*
– VII: der Literaturliebhaber mag einen Gedanken von La B. bis zum Bersten mit Bedeutung aufladen, es bleibt trotzdem ein Gedanke von La B.: 288
La Chaise-Baudoin: Ort im Dép. Manche.
– IV: Brichots Etymologie: 691
*La Croix l'Évêque: Mädchenname der Mutter von Mademoiselle d'Orgeville. Auch Name eines Dorfes im Dép. Aveyron (Midi-Pyrenées).
– IV: laut Saint-Loup Leute vom Feinsten: *134*
La Fayette, Madame de (d. i. Marie-Madeleine Pioche de la Vergne, Gräfin von La Fayette; 1634–93): Autorin, insbes. des psychologischen Gesellschaftsromans *La Princesse de Clèves* (1678; dt. *Die Prinzessin von Kleve*).
– II: ein mögliches Aufsatzthema für Gisèle: 658
– III: Ms Großmutter zitiert Mme de Sévigné über den Tod der Mme de La F.: 406
– IV: ein invertierter Jugendlicher mag bei der Lektüre von La F. wiedererkennen, was er empfindet: 38
– VII: Madame Verdurin hat ihr Halsband bei einer Auktion erworben: 32 f.
La Fontaine, Jean de (1621–95): frz. Autor, insbes. der *Fables* (1668, 1677, 1679).
– II: Charlus verweist auf die Fabeln *Die beiden Freunde* und *Die beiden Tauben* von La F.: 459
– III: die Gattin des türk. Botschafters spielt auf die Fabel *Der Müller und sein Sohn* von La F. an: 721
– IV: Ms Mutter kann es nicht ertragen, wenn man La F. den »Biedermann« nennt: 240; der Marquis von Cambremer kennt nur eine der Fabeln von La F.: 436; nämlich *Der Mann und die Natter*: 450; die »schwimmenden Stöcke« des guten La F.: *501*
– V: Charlus spielt auf zwei seiner Fabeln an: *316*; der Marquis von Cambremer kennt bestenfalls einige seiner Fabeln: 318; Brichot spielt auf ihn an: *449*
– VII: Rachel rezitiert beim Empfang des Prinzen von Guermantes seine Fabel *Die beiden Tauben*: 437
La Houlme: fiktiver Ort in der Umgebung von Balbec; auch realer Ort im Dép. Seine-Maritime (Obere Normandie).
– IV: Brichots Etymologie: *399*
*La Pommelière, Marquise von: Bekannte der Prinzessin von Guermantes.

– IV: wird »la Pomme« genannt: 86

La Pommeraye, Henri Berdalle de (1839–91; Pseudonym von Henri d'Alleber): Kritiker, Professor für Geschichte und Literatur am Musikkonservatorium, Molière-Experte.

– IV: Brichot gibt die Etymologie seines Namens: *458*

La Raspelière: Landsitz der Cambremers, von den Verdurins für die Saison gemietet; auch Name eines heute nicht mehr vorhandenen Anwesens an der Straße von Illiers nach Méréglise.

– II: wir werden Cottard dort sehr viel später wiedersehen: 9

– IV: Lage und Aussicht; Bedeutung des Namens: 285–288; Vergleich mit Féterne: 288, 292; Mme Verdurins Mittwoche: 355 f.; M fährt mit der Lokalbahn und dem kleinen Clan zum Diner nach La R. 368 f.; Morel kommt dreimal die Woche nach La R.: 393 f.; ein Büchlein in La R. löst bei Brichot einen Etymologien-Erguss aus: 398 f., 402 f.; DAS DINER (414–524): die Begeisterung der Verdurins über La R.: 421–423; die Veränderungen, die die Verdurins vorgenommen haben, und die Reaktion der Cambremers darauf: 435, 438–440, 446 f., 474 f., 482. Albertine und M machen einen Überraschungsbesuch; der Garten, die Aussichten; Ausfahrten in die Umgebung: 547–558

– V: Ähnlichkeiten zwischen den Verdurin-Wohnungen in La R. und am Quai Conti: 384–386

La Rochefoucauld (Familie): bedeutende, weitverzweigte frz. Familie von Grafen und Herzögen, mit der Proust bekannt war, insbes. auch mit den Comtessen Aimery und Odile.

– II: eine alte serbische Dame isst im Speisesaal des Grand-Hôtel Balbec ihren Salat wie eine La R.: *348*; Mme de Villeparisis erzählt eine Anekdote über die Herzogin von La R.: 408 f.

– IV: Cousins von Charlus: 650; laut Charlus akzeptabler Adel: 678

– V: haben Charlus zu einem Tanztee eingeladen: 362

La Rochefoucauld, François VI, Herzog von, Prince de Marcillac (1613–80): Autor der *Maximes*.

– III: Legrandin findet, Mme de Villeparisis' klare Diktion ähnelt der La R.s: 270

– IV: M würde den Kontakt zu La R.s Nachfahren Saint-Loup vermitteln: 366; der Herzog von Guermantes spricht von ihm als dem »Herrn Herzog von La R.«: 381; Brichot bezeichnet ihn als »Boulangisten«: 382

– V: Charlus zitiert eine seiner Maximen: 413
La Rochefoucauld, François VII, Herzog von (1634–1714).
– VII: Saint-Simon missbilligt seine Fraternisiererei mit den Lakaien: 196
La Rochefoucauld, Gräfin Henriette Adolphine Humbertine, Herzogin von Mailly (1852–1913): Die Gattin von Aimery Marie François Anatole de La Rochefoucauld (1843–1920) führte einen bedeutenden Salon.
– VII: in ihrem Porträt von Chaplin findet die Nachwelt nicht den Reiz ihrer Zeit wieder: *42*
La Rochefoucauld, Herzogin von: vermutl. Andrée de Vivonne (1614–70), Gattin von François VI de La Rochefoucauld (1613–80).
– III: Mme de Villeparisis zeigt ihr Porträt: *267*–269
La Rochefoucauld, Madame de.
– III: Norpois war mit einer La R. aus der herzoglichen Linie verheiratet: 711
La Rochefoucauld, Madame de (d.i. Catherine-Gillone Guyon de Matignon; 1601–61): verh. Herzogin von La Roche-Guyon, ein Zweig des Hauses La Rochefoucauld.
– V: ist der Ansicht, dass es keine schönen Gefängnisse gebe: 235, 502
*La Rochefoucauld, Monsieur de: Großvater Saint-Loups mütterlicherseits.
– IV: ist auf einer Daguerreotypie zu sehen: 118
La Sogne: Ort in der Umgebung von Balbec; auch kleiner Weiler im Dép. Eure, heute Ortsteil von Thomer-la-Sôgne, ca. 15 km südl. von Évreux.
– II: die kleine Mädchenbande war zum Rennen in La S.: *612*
– IV: M lässt Albertine dort suchen: *266*; die Etymologie des Namens: *407*; nächstgelegene Bahnstation beim Schloss Féterne: 519
La Tour d'Auvergne (Familie): zur Erzählzeit erloschenes Haus. Eine Nebenlinie von La Tour erlosch erst 1896.
– III: Monsieur Thirion hätte womöglich gar den Namen La T. usurpiert: *396*; die heutigen La Tours sind keine echten La Tours: 712
La Tour d'Auvergne, Prinz von: Vermutl. steht Henri Prince de La Tour d'Auvergne-Lauraguais dahinter, Marquis de La Tour-Lauraguais (1876–1914) aus dem Haus La Tour de la Roche, das sich 1802 nach dem Erlöschen der Hauptlinie der La Tour d'Auvergnes deren Titel und Namen auf zweifelhafter Rechtsgrundlage aneignete.
– IV: nach Ansicht des Herzogs von Guermantes gibt es keinen »Prince de La Tour d'Auvergne«: *116*

La Tour du Pin-Gouvernet, Madame de: Vermutl. steht die Marquise Gabrielle de La Tour du Pin-Gouvernet (1860–1931) dahinter, Tochter des Grafen Aynard von Clermont-Tonnerre.

– IV: Charlus begrüßt sie bei der Soiree Guermantes: *72*

La Tour du Pin-Verclause, Madame de: Vermutl. steht Gräfin Marie-Louise Mélanie de La Tour du Pin-Verclause (1858–1918) dahinter, Tochter des Grafen Geoffroy von Châteaubriand.

– IV: Charlus begrüßt sie bei der Soiree Guermantes: *72*

La Tour, Quentin de (1704–88): frz. Porträtmaler.

– V: Albertine ähnelt einem seiner Porträts: 476

– VII: seine Werke wurden von den Revolutionären verachtet oder gar zerstört: 279

La Trémoïlle (Familie): eine der ältesten (1096) Adelsfamilien Frankreichs und verwandt mit praktisch jeder anderen Adelsfamilie Frankreichs. Louis-Charles, 8. Herzog von La Trémoïlle (1838–1911), war mit Charles Haas (1832–1902) befreundet. Die Gattin des Herzogs war Marguerite-Jeanne Tanneguy de Duchâtel (1840–1913), Herzogin von La Trémoïlle.

– I: Swann ist mit ihr befreundet: 356–358; Brichots Aussprache »Trémouaille«: 360

– IV: der Prinz von Tarent wird bei Erbantritt Herzog von La T.: 237; halbwegs passabler Adel laut Charlus: 677; die Férés halten sich aber für Besseres: 682

La Trémoïlle, Charles de: Der Chronologie nach käme als Vorbild am ehesten Louis Charles (1838–1911) in Frage, 9. Herzog von Thouars, dessen »gelehrte« Gattin Marguerite-Jeanne Tanneguy-Duchâtel bereits in WS II von Swann erwähnt wurde.

– I: Saniette erzählt eine Anekdote über ihn: 360

– V: ist zum Befremden der Herzogin von Guermantes mit Cartier befreundet: 50 f.

La Trémoïlle, Madame de: Herzogin Marguerite-Jeanne Tanneguy de Duchâtel (1840–1913), Herzogin von; Gattin von Louis IV. Charles, Herzog von La Trémoïlle.

– I: man braucht sich vor ihr nicht zu fürchten: 358, 365

– IV: Charlus begrüßt sie bei der Soiree Guermantes: 85; Freundin von Mme de Rothschild: 99; Gast im Salon Saint-Euverte; 102; Mme Verdurin lässt aus Nichtachtung das »de« weg: 462; Swann hat Mme Verdurin angeödet, weil er bei den La T.s verkehrte: 512

Labiche, Eugène-Marin (1815–88): Bühnenautor, der in seinen Komödien Karikaturen des Kleinbürgertums des Zweiten Kaiserreichs zeichnet.

– I: für Swann scheint der Kreis Verdurin einem Stück von L. entsprungen zu sein: *393*

– II: ein Sohn L.s hätte eine gewisse Art von Geringschätzung für ihn haben können: *419*; war angeblich bei Nissim Bernard zu Gast: 476

– IV: Personennamen, die aus Stücken von L. stammen könnten: 106; Getränke, die aus Stücken von L. stammen könnten: 654

– VII: Argencourt wirkt im Alter wie eine Figur aus einer Farce von Regnard, die L. umgeschrieben hat: *326*

Labiche, Sohn von: über den Sohn von Labiche war nur festzustellen, dass er 1882 heiratete.

– II: hätte eine gewisse Art von Geringschätzung für Labiche haben können: *419*

Labori, Fernand (1860–1917): Anwalt, Verteidiger Zolas, Picquarts und Lemoines.

– III: sein Plädoyerstil: *513*

– IV: verkehrt in Mme Verdurins Salon: *207*; kann Leute aus der Gesellschaft nur dem kleinen Clan entfremden: 394 f.

– V: verkehrt bei Mme Verdurin: *320* f.

Lachaume: Blumengeschäft in der Rue Royale.

– II: Mme Cottard kauft gelegentlich bei L.: *242*

Lachelier, Jules (1832–1918): frz. Philosoph, in seiner Zeit stark beachteter Gegner des Empirismus (*Les Fondements de l'induction*, 1871).

– IV: Renée de Cambremer studiert ihn eifrig: *447*

Laclos, Choderlos de: *s.* Choderlos de Laclos.

Lafenestre, Georges Édouard (1837–1919): Romancier und anerkannter Kunsthistoriker, Professor an der École du Louvre, Chefkonservator der Gemäldeabteilung des Louvre.

– III: hat keine Ahnung von der Malerei Mantegnas: *704*

Laghetto (frz.: Laghette): Marien-Pilgerort in der Nähe von Nizza.

– I: Odette verehrt die Madonna von L.: *306*, 498

Lagny: vermutl. Lagny-sur-Marne, Ort im Dép. Seine-et-Marne.

– IV: Brichots Etymologie: 691

*Lakai in Kniebundhosen der Swanns.
– II: überbringt an M die Aufforderung, Mme Swann in ihrem Salon aufzusuchen: 116
Lamartine, Alphonse de Prat de (1790–1869): Autor von Geschichtswerken, Jugend- und Reiseerinnerungen und vor allem der Sammlung *Méditations poétiques* (1820; dt. *Poetische Betrachtungen*, 1826) von Oden und Elegien.
– II: hat im Hôtel Bouillon Verse vorgetragen: *385*
– III: etwas für aristokratische Damen mit literarischen Ambitionen: *265*; die Herzogin von Guermantes zitiert ihn gelegentlich: 280; Norpois vergleicht Blochs gestelzten Stil mit L.: 327; Françoises Küchengehilfe streut gern ein paar Verse von L. in seine Briefe ein: 434
– IV: Bloch lacht höhnisch bei Erwähnung seines Namens: 324
*Lamarzelle, Mademoiselle: Mädchenname der Vizegräfin von Tours.
– III: eine kleine Dame mit einem rosa Hut: *623*
*Lamarzelle, Monsieur: Onkel der Vizegräfin von Tours.
– III: hielt in der Kammer eine Rede: *623*
Lamballe (Ort): Ort in der Bretagne, Dép. Côtes-d'Armor.
– I: Station des fiktiven 1-Uhr-22-Zuges: *528*, 532
Lamballe, Fürsten von: Titel der Enkel der Grafen von Toulouse.
– II: Charlus ein Nachfahre der Fürsten von L.: *451*
Lamballe, Marie-Thérèse Louise de Savoie-Carignan, Prinzessin von (1749–92): Vertraute Marie-Antoinettes.
– III: Charlus sammelt ihre Hüte: *753*
*Lambresac, Herzogin von: Gast bei der Soiree Guermantes.
– IV: ihre Art, Leute zu grüßen: *116* f.
Landerneau: Ort im Dép. Finistère; entspricht redensartlich dem dt. Krähwinkel.
– III: die Ansichten Saint-Loups können nach Meinung des Herzogs von Guermantes bestenfalls in L. Getöse auslösen: 321
Landgerichtspräsident, Frau des.
– II: von aggressiver Bitternis vergiftet: 344; beneidet den Anwaltsverbandspräsidenten um seinen Umgang mit den Cambremers: 356; wüsste zu gern, ob Mme de Villeparisis eine echte Marquise ist: 376; wittert überall Unrat: 377; inspiziert die Spaziergänger durch ihr Lorgnon: 494; entsetzt sich über den Baccarat-Spieler: 614

– IV: ihr instinktsicher-provinzielles Urteil: 432
*Landgerichtspräsident: Gast im Grand-Hôtel Balbec; seine Frau wird als Madame Poncin benannt.
– II: kommt aus Caen: 340 f.; missbilligt die »Südsee-Königin«, einen Baccarat-Spieler, eine ältere Dame: 342 f., 345; bezweifelt die Echtheit der Prinzessin von Luxemburg: 376 f.; Andrée springt über ihn hinweg: 620; kommt aus Rennes: 712
– IV: hat das Kreuz der Ehrenlegion erhalten: 213; ist erfreut über Ms Ankunft in Balbec: 218, 231 f.; kondoliert Ms Mutter: 239; verwechselt die Prinzessin von Parma: 261; möchte erst nicht mit M gesehen werden, grüßt dann aber doch die Marquise von Cambremer: 281; ist vergrätzt, weil die Marquise von Cambremer ihn nicht auch eingeladen hat: 304–306; Céleste imitiert ihn: 341; ist neidisch auf Ms Einladung nach La Raspelière: 604 f.
Landru, Henri Désiré (1869–1922): Serienmörder.
– V: könnte freigesprochen werden, wenn er aus Eigennutz gehandelt hätte: *275*
Lannes, Marschall Jean, Duc de Montebello, Prince de Siévers (1769–1809): von Napoleon über allen anderen geschätzter Heerführer.
– III: Napoleons Anweisung an Lannes 1806: *151*
Lannion: Ort in der Bretagne, Dép. Côtes-d'Armor.
– I: Station des fiktiven 1-Uhr-22-Zuges: 528, 532
Laon: Stadt mit berühmter Kathedrale im Dép. Aisne.
– I: Mademoiselle Swann fährt öfter nach L.: 203
– III: das Schiff der Kathedrale von L.: 15
Lapérouse: Restaurant am Quai des Grands-Augustins; nach seinem Gründer benannt. (Zum Seefahrer La Pérouse *s.* Rue La Pérouse.)
– I: der Name erinnert Swann an die Straße, in der Odette wohnt: *407*
*Larivière, Ehepaar: Cousins von Françoise, ehemalige Café-Inhaber und Millionäre.
– VII: sie helfen der Witwe eines gefallenen Neffen in ihrem kleinen Café: 217 f.; sind als einzige Figuren der *Suche* nicht fiktiv: 218
– VII: ihr aufopferungsvolles Verhalten während des Krieges: *218–220*
Lavallière: Françoise-Louise Gräfin de La Vallière, Geliebte Ludwigs XIV., nach der eine Krawatte benannt wurde. Den sechzehnjährigen Proust mit einer Lavallière zeigt die Abb. auf S. 8.

– I: Legrandin trägt eine L.: *98*

Lavoisier, Antoine Laurent (1743–94): Begründer der modernen (quantitativen) Chemie, der vor allem den Mechanismus der Verbrennung als Oxidation erkannte und damit die herrschende Phlogiston-Theorie erledigte.

– I: Swann vergleicht Vinteuils Wagemut mit dem L.s: *482*

Lawrence O'Toole (1124–80): Patron von Dublin und von Eu, der in der Normandie unter dem Namen »Saint-Laurent« verehrt wurde und dort auch starb.

– IV: Namensgeber der (fiktiven) Abtei Saint-Laurent: *402*

Lawrence, Sir Thomas (1769–1830): engl. Porträtist, der gern Parkhintergründe verwendete.

– VII: der Wohlgeruch der Hochwälder à la L.: 29

Le Batteux, Abbé Charles (1713–80): frz. Grammatiker.

– V: Saniette beruft sich auf ihn: *307*

Le Bec (Flüsschen): Le Ruisseau du Bec; mündet bei Pont-Authou in die Risle.

– IV: die Sümpfe des Bec mit ihren »mauligen« Gewässern: 604

Le Bec, Abtei von: L'abbaye Notre-Dame du Bec, beim Dorf Le Bec-Hellouin am Bec bei Brionne (Dép. Eure).

– IV: Brichots Etymologie: 466; hatte in Paris ihre Gerichtsbarkeit: *699*

*Le Hault de Pressagny: vermutl. fiktiver Name.

– II: Präsident des Reit- und Springturniers: *124*

Le Lau d'Allemans, Marquis Alfred Thérèse Armand de (1833–1919): Mitglied des Jockey-Clubs, befreundet mit Charles Haas, Louis de Turenne und dem Prinzen von Wales (dem späteren Edward VII).

– IV: dient bei Mme Swann als Truchsess und Mundschenk: *205*

– V: sein tragisches Ende; sein saloppe Umgang mit dem Prinzen von Wales: 45

– VI: Gilberte würde ihn gern kennenlernen: 244 f.

Le Mans: Stadt im Nordwesten Frankreichs, Dép. Sarthe.

– II: der Notar im Grand-Hôtel Balbec stammt aus Le M.: 340

– V: Albertine kauft in einem Hotel in Le M. einen Ring: 220

Le Pelletier d'Aunay: *s.* Aunay, Charles-Marie Le Pelletier d'.

Le Pont-Audemer: veraltete Bezeichnung nach Madame de Sévigné für Pont-Audemer, einen Ort etwa 25 km östl. von Honfleur. Im Brief der Madame de Sévigné an ihre Tochter vom 12. 8. 1689 allerdings »au Ponteau-demer«.

– II: der Erzähler zitiert diese Schreibweise ironisch: *301*
Le Sidaner, Henri (1862–1939): impressionistischer frz. Maler.
– IV: der Advokat (ein Freund der Cambremers) sammelt Le S.: *283*, 288 f., 291, 303
Le Thuit: Ort im Dép. Eure (Obere Normandie).
– IV: Brichots Etymologie: *401*
*Léa, Freundinnen von: *s.* Bloch, Schwester von, und Lévy, Esther.
*Léa, Mademoiselle: Schauspielerin (5).
– II: trägt beim Pferderennen einen kleinen weißen Sonnenschirm: *643*; eine Cousine der Blochs bewundert sie in skandalöser Weise: 648; Albertine und ihre Freundinnen sind über sie und Blochs Cousine hergezogen: 698
– IV: lebt mit Albert Blochs Cousine (Esther Lévi) zusammen: 277; Mme de Cambremer hat gehört, dass Blochs Cousine mit jemandem zusammenlebt, der so ähnlich heißt: 687
– V: soll im Trocadéro auftreten; Ms Ängste über ihre mögliche Bekanntschaft mit Albertine: 192–202, 208; ihr Brief an Morel: 289–292, 508 f.; Albertine hat eine dreiwöchige Reise mit ihr unternommen: 476–479; Albertine hat sie in ihrer Garderobe besucht: 486 f.
– VI: Albertine wollte sich womöglich mit ihr im Trocadéro treffen: 102; ihre Freundinnen benutzen die Duschen des Hotels: 110; sie war der junge Mann, mit dem M Gilberte gesehen hatte: 393
Lear, König: Titelgestalt in Shakespeares Tragödie *The Tragedy of King Lear* (um 1605).
– VII: seine Locken prägen Charlus die Majestät eines Königs L. auf: *238*, 326
*Leblois de Charlus: Graf, mit dem der Baron von Charlus verwechselt wird.
– IV: wurde bei einer berüchtigten Polizei-Razzia festgenommen: *419*
Lebourg, Albert (1849–1928): impressionistisch beeinflusster akademischer Maler.
– II: Saint-Loup tauscht seine ererbten Gemälde gegen L.s ein: *452*
*Lebrun: fiktiver Name.
– VII: »lässt sich Lebrun nennen, ist aber in Wirklichkeit Großfürst von Russland«: *177*
Lebrun, Pierre-Antoine (1785–1873): Politiker und Autor von Gedichten und Tragödien; Mitglied der Akademie.
– II: Mme de Villeparisis zieht L. einem Hugo oder Balzac vor: *388*

– III: brachte Schlegel dazu, über Blumen zu sprechen: 370
– VII: verkehrte wie Swann als Bürgerlicher mit den de Broglies: *390*
Leconte, Charles-Marie, gen. »Leconte de Lisle« (1818–94): Dichter, Vertreter einer formalen Poetik; Übersetzer der *Ilias* und der *Odyssee*. Werkausgabe Leconte de Lisle: *Œuvres*, Paris 1976–78 (Les Belles Lettres).
– I: Bloch schätzt ihn: *129*
– II: Bloch ist voller Bewunderung für L.: *384*
– IV: Bloch ahmt seine authentisch griechische Orthographie nach: 323 f.
– V: sein gelber Mond: 557
Leduc: *s.* Surgis-le-Duc.
Léger, Saint-Léger: frühes Pseudonym (nach seinem Geburtsort Saint-Léger auf La Guadeloupe) von Alexis Léger (1887–1975), der später, nach seiner Emigration in die USA 1940, unter dem bekannteren Pseudonym »Saint-John Perse« publizierte (Nobelpreis 1960).
– IV: Céleste empfindet seine Gedichte als Ratespiele: *341*
Legouvé, Ernest (1807–1903): Dramatiker (*Adrienne Lecouvreur*) und Romancier, Mitglied der Akademie seit 1854.
– II: hätte der Laudatio Maxime du Camps auf Victor Hugo applaudiert: *13*
*Legrandin, Mademoiselle, verh. de Cambremer: *s.* Cambremer, Renée de.
*Legrandin, Mutter von.
– V: ist eine Freundin der Großtante Marcels: 14
*Legrandin: Ingenieur, Pariser Liebhaber der Literatur und des Landlebens, mit Haus in Combray; befreundet mit Marcels Familie.
– I: sein schülerhaftes Äußeres, seine Verdammung von Snobismus und Aristokratie: 97–99; sein Abbild in der Literatur: 138; Françoise über ihn: 152; sein Snobismus, seine blumige Redeweise: 167 f., 171–175; M bei ihm zu Gast: 176–181; gibt M keine Empfehlung an die Tochter in Balbec mit: 181–186; M erinnert sich an L.s Beschreibung von Balbec: 526
– III: macht M Vorwürfe wegen seines sozialen Geltungsbedürfnisses: 205 f., 228; unerwünschter Besucher bei Mme de Villeparisis; fühlt sich von M ertappt: 269–274, 287; »Grandin von überhaupt nichts«: 311; Mme de Villeparisis macht sich über ihn lustig: 369; grüßt Ms Großmutter, als sie nach ihrem Schlaganfall nach Hause gefahren wird: 425–427
– IV: seiner Schwester Renée de Cambremer ist peinlich, dass M ihn kennt: 301; nimmt den Namen »Legrandin de Méséglise« an: 671

– V: seine Fürsorge für Ms Großtante in Combray: 13 f.
– VI: die anscheinend glänzende Hochzeit seines Neffen Léonor de Cambremer mit einer Nachfahrin der Herzöge von Oloron: 344; sein Snobismus: 352 f.; seine homosexuellen Neigungen: 354 f.; nennt sich jetzt »Graf von Méséglise«: 364 f.
– VII: seine Beziehung zu Théodore: 12 f.; während des Krieges als Journalist tätig: 120; schminkt sich nicht mehr, ist leb- und lustlos geworden: 344 f.; Ähnlichkeit mit seinem Neffen Léonor de Cambremer: 354; ist neuerdings höflich zu Bloch: 399

Leibniz, Gottfried Wilhelm (1646–1716): dt. Philosoph, Mathematiker, Diplomat, Historiker und politischer Berater der frühen Aufklärung.
– III: sein Lexikonporträt unterscheidet sich kaum von dem Marivaux' oder Samuel Bernards: 354; die Salons des Faubourg fügen wie L.' Monaden dem Universum etwas Besonderes hinzu: 644
– IV: ist Renée de Cambremer nicht modern genug: 447

Leipzig: Schlachtenort 16.–19. 10. 1813; Niederlage Napoleons.
– III: die Schlacht von L. eine Blaupause für andere Schlachten: 148

Leloir: (1) Jean-Baptiste (1809–92), Maler religiöser und historischer Themen; 3. Preis des Prix de Rome 1835 für sein Gemälde *Tobias gibt seinem Vater das Augenlicht zurück*. – (2) Maurice (1853–1940), Sohn von (1), der vor allem für seine Buchillustrationen gerühmt wird. – (3) Alexandre-Louis (1843–84), Bruder von (2), 2. Preis des Prix de Rome 1861 für seinen *Tod des Priamos*.
– I: eine Freundin von Mme Cottard mag L. lieber als Machard: 515

Lemaire, Gaston (1854–1928): Operettenkomponist.
– III: die Herzogin von Guermantes hat ihn zum Empfang für das britische Königspaar eingeladen: *608*

Lemaître: Blumengeschäft am Boulevard Haussmann.
– II: Mme Cottard hat bei L. teuer eingekauft: *242*

Lenclos, Anne »Ninon« de (1620–1705): Kurtisane und Salonnière. Ihr Ausspruch »Seigneur, que de vertues vous me faites haïr!« wird von Saint-Simon im *Journal* berichtet (Saint-Simon: *Mémoires*, éd. Chéruel, 1885, Bd. IV; S. 316) und von Corneille in ähnlicher, aber anderer Form in *La Mort de Pompée* (1643, V. 1072) verwendet.
– I: Ms Großvater zitiert einen Vers von L., der in Bd. I irrtümlich Corneille zugeschrieben wurde: *42*

Lengronne: Ort im Dép. Manche.
– IV: Brichots Etymologie: *402*
Lenin, Wladimir Iljitsch (1870–1924): russ. Revolutionär und Staatsmann.
– VII: Brichot äußert sich über L.: 140
Lenôtre, André (1613–1700): Gartenarchitekt, der u.a. die Gärten von Versailles und von Chantilly umgestaltete.
– II: der Park eines Schlosses, das der Familie Charlus' gehörte, wurde von L. gestaltet: *461* f.
Lens: Stadt im Dép. Pas-de-Calais.
– VII: eine Schlacht fand in der Nähe von L. statt: *84*
Lenthéric, Guillaume Louis: Friseur (seit 1875) und Parfumeur (seit 1885).
– V: Odette lässt sich bei ihm die Haare ondulieren: 272
Leo X. (d.i. Giovanni di Lorenzo de' Medici; 1475–1521): Papst 1513–21.
– V: ein Freund Michelangelos: 401
*Léon: Strichjunge in Jupiens Bordell.
– VII: ein Mann im Smoking bestellt L. vor: *195*, 218
*Léon, Prinz von: ein Schwager von Robert de Saint-Loup.
– V: die Herzogin von Guermantes erzählt eine Anekdote über »d' kl' Éon«: 44
Léon, Prinzessin von: Marquise Herminie de la Brousse de Verteillac (1853–1926), Gattin von Alain de Léon (1844–1914), der 1893 Herzog von Rohan-Chabot wurde.
– I: hat ein Kostümfest gegeben: *41*; Swann hält die Bälle der Prinzessin von L. für völlig unwichtig: 140; die Herzogin von Guermantes ist in einem Kostüm abgebildet, das sie auf einem der Bälle der Prinzessin von L. getragen hat: 243
Leonardo da Vinci (1452–1519): Universalgenie aus Vinci (bei Empoli); arbeitete insbes. als Maler, Bildhauer und Baumeister in Florenz und Mailand.
– I: man sieht sein Hauptwerk in Gemälden von Bellini: *232*
– II: Ms Glück durch Gilberte ist eine *cosa mentale*, wie L. von der Malerei sagte: 103; Elstirs Lasur so schön wie die eines L.: 676
– V: Albertines Hakennase erinnert an eine seiner Karikaturen: *103*
*Léonie, Tante: Tochter »der« Großtante, einer Cousine von Marcels Großvater Amédée.
– I: gibt M ein Stück Madeleine in Tee: *70*; ihr Schlafzimmer, ihre Lebensweise: 72, 235; ihre Stirnwirbel: 77; L. und die Röntgenstrahlen: 79; erhält

einen Gutenmorgenkuss von M: 94; L. und Eulalie: 100; Gespräche mit Françoise: 81–83, 85 f., 143, 153; Gespräch mit Eulalie: 101; Françoise kümmert sich um sie: 115; ihre »Chronik von Combray«: 145; Besuch des Pfarrers und Eulalies: 148, 151, 153; Françoise verdächtigt sie, Eulalie eine Kutsche geschenkt zu haben: 165; Besucher kommen alle gleichzeitig: 167; kennt Françoises Härte: 171; macht sich Sorgen um ihre Gäste: 186–187; wird Tansonville nicht mehr wiedersehen: 200–202; Théodore hilft, sie zu pflegen: 211; ihre Hinterlassenschaft wird geregelt: 214; ihre Haushälterin tritt in die Dienste der Familie Ms: 539

– II: hat M Barvermögen und ihre Möbel hinterlassen: 38 f.; M schenkt ihr Kanapee einem Bordell: 208; M verkauft ihr Tafelsilber, um Blumen an Mme Swann zu schicken: 209; M verkauft ihre chinesische Vase, um Blumen an Gilberte zu schicken: 269

– III: Françoise rühmt ihre Fürsorge für ihre Angestellten: 32 f.

– V: M wird ihr immer ähnlicher: 101 f.; Ms Tricks gegenüber Albertine ähneln L.s Tricks gegenüber Françoise: 481–483

– VI: hatte laut Françoise »eine Million im Monat zur Verfügung«: 151; wünschte sich einen Apparat, der den Arzt alle Leiden seines Patienten spüren lassen würde: 186

– VII: Dr. Percepied fürchtete, sie habe Typhus: 268

*Léonie, Tochter des Gärtners bei.

– I: sie meldet das Herannahen der Garnisonstruppen: 126

*Leroi, Blanche: unterhält einen beneideten Salon.

– III: ein Snob; schneidet Mme de Villeparisis: 249, 252; ihre überlegene soziale Stellung: 253; … verglichen mit der von Mme de Villeparisis: 260–262; ihr Bonmot über die Liebe: 261; hatte die Königin von Schweden zu Gast: 282; die Herzogin von Guermantes ist bei ihr eingeladen: 355; Tochter reicher Holzhändler; Mme de Villeparisis gibt vor, sie ihrerseits zu schneiden: 368 f.

– VI: die Prinzessin von Les Laumes fühlte sich nach einem Besuch eines heruntergekommenen Salons im Salon L. wie in Freundesland: 360 f.

– VII: ihr Name ist nach dem Krieg so gut wie vergessen: 383 f.

Leroy-Beaulieu, Pierre-Paul (1843–1916): Wirtschaftswissenschaftler, Verwalter der Öllager- und Metallgesellschaft von Pennaroya, Begründer der Zeitschrift *L'Économiste français*.

– III: rät Ms Vater, für das Institut zu kandidieren: *202*; sein assyrisches Pro-

fil: *302*; Norpois sucht seine Unterstützung für die Kandidatur des Prinzen Von: 353
Les Andelys: Hauptstadt des Dép. Eure, etwa 40 km südöstl. von Rouen.
– III: in einem Haus dort hängt eine der schönsten Landschaften Elstirs: *167*
Les Aubrais = Fleury-les-Aubrais: Eisenbahnknotenpunkt am Nordrand von Orléans.
– IV: Charlus steigt bei Verfolgung einer jungen Person in Les A. aus: *21*
Les Baux.
– VII: Geburtsname von Mme Verdurin: *371*
Les Chantiers: Bahnstation von Versailles.
– V: ein Irrer, der eine Postkarte mit dem Foto der Bahnstation aussucht: 180
Les Charmes: fiktiver Besitz, auf dem sich Charlus und Morel treffen.
– IV: wegen des Namens »Les Charmes« möchte Charlus, dass Morel sich den Künstlernamen »Charmel« gibt: *640*
*Les Dunes, Prinz von: einer der Titel des Barons von Charlus.
– IV: Charlus verweist Monsieur Verdurin auf seinen Platz: *473*
Les Écorres (1): allem Anschein nach fiktiver Ort.
– III: Heimatdorf von Françoises Laufburschen Joseph Périgot: 759
Les Écorres (2): fiktiver Landgasthof bei Balbec.
– II: Ausflugsziel der kleinen Mädchenbande: *648*
– VI: der Name weckt Ms Verdacht über Albertines Ausflüge: 94
Les Jardies: Haus Balzacs in Ville-d'Avray (Sèvres), am Rand von Paris.
– IV: Balzac in Les J. von Sbirren gehetzt und unter der Fuchtel seiner Polin: *627*
Les Laumes: Ort in Burgund.
– VI: der Herzog von Guermantes ist der Fürst von Les L.: 240*f.*
*Les Laumes, Prinz von: früherer Name von Basin von Guermantes.
– VI: die Herzogin von Guermantes erzählt eine Anekdote über ihn: *240*
*Les Laumes, Prinz von (Titel): Titel des Erben des Herzogtums Guermantes; *s.* auch Guermantes, Basin, und Guermantes, Oriane.
– VI: für Gilberte einer der schönsten Titel Frankreichs: 240
*Les Laumes, Prinzessin von: früherer Name von Oriane von Guermantes.
– VI: fühlte sich nach einem Besuch eines heruntergekommenen Salons im Salon Leroi wie in Freundesland: 360 f.
Lespinasse, Julie-Jeanne-Éléonore de (1732–76): Gesellschafterin der Marquise Marie du Deffand (1697–1780), die einen bedeutenden Salon

für Schriftsteller und Philosophen unterhielt; später (1764) begründete sie ihren eigenen Salon, in den ihr insbes. die »Enzyklopädisten« folgten.
– II: Mme Swann hält sich für eine L.: *231*

Lethe: Fluss und Göttin des Vergessens.
– IV: Schwester von Hypnos (Schlaf) und Thanatos (Tod): *696*

Leto: Titanin und Geliebte des Zeus; Mutter der Zwillinge Apollon und Artemis.
– IV: nur eine in der langen Reihe von Jupiter-Gattinnen: *128*; die Myrrhe ist ihr als Duft zugeordnet: *328*

*Létourville, Herzogin von.
– VII: begegnet dem kranken Charlus auf der Straße und empfiehlt ihm, wieder nach Hause zu gehen: 242

*Létourville, junger Absolvent von Saint-Cyr.
– VII: behandelt M als älteren Herrn: 333 f.

Leukothea (griech. »die helle/weiße Göttin«): Göttin der Gischt, die Odysseus (*Odyssee* 5, V. 333–335) den rettenden Schleier schenkt; bei Vergil »Ino« (*Bucolica*).
– II: Ms Erinnerungsbild der kleinen Mädchenbande so undurchsichtig und sanft wie die L. Vergils: *707*

Leuthen: Schlachtenort bei Breslau; Sieg Friedrichs II. von Preußen über Österreich 1757.
– III: die schräge Schlachtordnung Friedrichs bei L.: 149

Levi: Sohn Jakobs im 1. Buch Mose, der als einziger der zwölf Söhne kein eigenes Territorium hatte.
– III: die Mirepoix' behaupten, ihre Linie bis zum Stamm L. zurückverfolgen zu können: 321

Lévy (Haus): frz. Adelsfamilie, die in das 12. Jh. zurückgeht; ihr bekanntester Zweig sind die Lévy-Mirepoix'.
– II: behaupten, von der Hl. Jungfrau abzustammen: *438*

*Lévy, Esther: Cousine von Albert Bloch.
– II: ihr skandalöser Umgang mit der Schauspielerin Léa: 648, 698
– IV: lebt mit Léa zusammen: 277; erregt mit Blochs Schwester zusammen Albertines Aufmerksamkeit im Spiegel des Casinos in Balbec: 277 f.; ihr Techtelmechtel mit einer verheirateten jungen Frau im Grand-Hôtel: 345

– V: M bittet Bloch um ihre Fotografie: 111–113; Albertine bestreitet, sie zu kennen: 146; Albertine hat ihr eine Fotografie von sich gegeben: 466 f.; sie ist nicht die Freundin Albertines, an die Aimé sich erinnert: 498

Lévy, Sylvain: vermutl. denkt Proust an den Sinologen und Orientalisten am Collège de France (1863–1935); Lévy war Hauslehrer der Kinder des Großrabbiners Zadoc Kahn (1839–1905).

– IV: Renée de Cambremer täuscht vor, sich nicht an seinen Namen zu erinnern: *437*

Lévy-Mirepoix (nach *Gotha* und nach Morlet: *Noms* korrekt: Lévis-Mirepoix): auf Philippe de Lévis (gest. 1203) zurückgehendes frz. Adelsgeschlecht, dessen Name sich dem Ort Lévis-Saint-Nom (Seine-et-Oise) verdankt.

– III: Mme de Marsantes hat nichts Jüdischeres an sich als ihre Verwandtschaft mit den L.: *240*

*Lia: möglicherweise Frau eines Bankiers.

– IV: Mme Cottard meint Albertine mit einer Lia oder so ähnlich gesehen zu haben: 687

*Liebhaber der Schauspielerin vom Odéon: *s.* Vaudémont, Marquis Maurice de.

*Liftboy im Grand-Hôtel Balbec, in SJM »der Lift« genannt.

– II: eine für M noch unbekannte Persönlichkeit: *326*; sein eigenwilliger Sprachgebrauch: 509 f.; weiß alles: 512

– IV: der Manager findet ihn noch zu jung für eine gehobenere Position: 218; wird rot vor Freude, M wiederzusehen: 230; macht den Liebesboten zwischen M und Albertine; seine Unfähigkeit, die Tür zu schließen, seine anmaßende, ungebildete Redeweise (Regel von Bélise), sein Gleichheitsdünkel, seine Selbstüberschätzung (Endymion): 265–271; meldet die Marquise von »Camembert«: 281, 308, 356; seine Angst um sein gewohntes Trinkgeld: 308–310; kommt zum Bahnhof von Doncières geradelt, um M eine Nachricht zu überbringen: 353 f.; sein Keuchhusten: 587

– V: hatte Albertine nicht herbeizaubern können: 87

– VI: Saint-Loup hat sich mit ihm unter einem Vorwand im Zimmer eingeschlossen: 377 f.; Saint-Loups Charlus-ähnliche Art, mit dem L. zu sprechen: 384

– VII: M unterhält sich mit ihm über »Charlismus«: 79 f.; seine neuerworbene Tugend: 127

Ligne (Haus): bedeutendes belg. Adelsgeschlecht, das sich bis ins 11. Jh. zurückverfolgt.

– III: die Herzogin von Guermantes hat zahlreiche Cousins aus der Familie L.: *335*; wird von der Herzogin von Guermantes als ernstzunehmender Adel anerkannt: 595

Ligne, Prinz Charles Joseph von (1735–1814): belg. Diplomat, Freund des Kaisers Joseph II. und Günstling Marie-Antoinettes; Autor von Memoiren *Mélanges militaires, littéraires et sentimentaires* (34 Bde., 1795–1811).

– III: gewisse nervöse Züge erregen das beunruhigte Interesse seiner Briefpartner: *726*

Ligne, Prinzessin Hedwige de: Cousine der Herzogin von Guermantes. Historisches Vorbild ist vermutl. Élisabeth de La Rochefoucauld (1865–1946), verh. mit Prinz Louis IX von Ligne (1854–1918).

– III: die Herzogin von Guermantes will kurz bei ihr reinschauen: *514*; die Vizegräfin von Tours erinnert den Herzog von Guermantes an Hedwige: *623*; die Herzogin von Guermantes sorgt bei ihr für eine Sensation: 641

– IV: bleibt nach der Soiree Guermantes noch zum Diner: *156*

Ligne, Schwester der Prinzessin von: Historisches Vorbild ist vermutl. Marie de La Rochefoucauld (1871–1952), Schwester von Élisabeth de La Rochefoucauld (1865–1946), die mit Prinz Louis IX von Ligne (1854–1918) verheiratet war.

– III: eine von Titeln strotzende Dame wird M vorgestellt, deren Schwester einen Prinzen von Ligne o. ä. geheiratet hat: 264

*Limoges, Herzog von: fiktiv; der letzte nachweisbare Herzog von Limoges war Henri Plantagenêt (1133–89) ab 1166.

– III: die Herzogin von Guermantes »imitiert« ihn: *621*

*Lina: möglicherweise Frau eines Bankiers.

– IV: Mme Cottard meint Albertine mit einer Lina oder so ähnlich gesehen zu haben: 687

*Linette: möglicherweise Frau eines Bankiers.

– IV: Mme Cottard meint Albertine mit einer Linette oder so ähnlich gesehen zu haben: 687

Liselotte von der Pfalz: *s.* Pfalz, Liselotte von der.

*Lisette: möglicherweise Frau eines Bankiers.

– IV: Mme Cottard meint Albertine mit einer Lisette oder so ähnlich gesehen zu haben: 687

Lisieux: Stadt im Westen Frankreichs (etwa 30 km südl. von Le Havre).
– I: Monsieur Galopin hat einen neuen Hund aus L. mitgebracht: 85
Liszt, Franz (1811–86): österr.-ungar. Komponist und Pianist.
– I: Mme de Cambremer wiegt sich im Takt zu L.: 455
– II: Swann interessiert sich für eine Dame, weil sie die Geliebte L.s gewesen war: 130; hat im Hôtel Bouillon gespielt: 385
– III: Mme de Villeparisis und Alix behaupten, mit ihm bekannt gewesen zu sein: 267
Loctudy: Ortschaft im Dép. Finistère (Bretagne).
– IV: Brichots Etymologie: 399
Lodi (österr. Lombardei): Schlachtfeld (10. 5. 1796), Sieg Napoleons.
– III: Schlacht von L. eine strategische Blaupause für zukünftige Schlachten: 148
Lohengrin: Gralsritter und literarische Figur im mittelalterlichen Versepos *Parzival*, an das sich Wagners Oper *Lohengrin* anlehnt.
– III: unbekannte Offiziere tauchen in der Dreyfus-Affäre auf wie ein L. mit seinem Nachen: 314
Loigny: Ort in der Umgebung von Balbec; ein Loigny-la-Bataille befindet sich zwischen Chartres und Orléans.
– IV: die Straße von L. nach Balbec-le-Vieux ist viel malerischer als die von L. nach Balbec-Plage: 690
*Loiseau, Madame: Einwohnerin von Combray.
– I: ihre Fuchsien wachsen über das Kirchenportal: 91
Loménie, Louis Léonard de (1815–78): Autor einer *Galerie illustrer Zeitgenossen von einem Habenichts* sowie von kunstkritischen Werken (u. a. *Beaumarchais et son temps*); Mitglied der Akademie.
– II: berichtet, Vigny habe durch eine orakelpriesterhafte Art abgestoßen: 67; besaß Takt und Scharfsinn in hohem Maße: 410
London: Hauptstadt Englands.
– II: die Verdurins halten sich in L. auf: 120
– III: Mme de Cambremer war im Britischen Museum: 272; Prinz Von hat ein Haus in London: 346
– V: die Herzogin von Guermantes geht in L. shoppen: 54
*Longepierre, Monsieur de.
– IV: der dümmste Mensch, den Monsieur Verdurin kennt: 464
*Longpont, Madame Barbe de.

– IV: Hauptattraktion bei Mme Verdurins Mittwochen in La Raspelière: *510*

Longueville, Anne-Geneviève de Bourbon-Condé, Herzogin von (1619–79): Tochter Heinrichs III. mit Charlotte de Montmorency, Schwester des »Großen Condé«, Geliebte La Rochefoucaulds, zentrale Figur der ersten Fronde (1649); unterhielt einen literarischen Salon.

– III: ihr Gesicht einer durchlauchten Prinzessin: *727*; M stellt sich vor, dass sie im Palais der Prinzessin von Guermantes ein und aus ging: *761*

Loredan, Doge: *s.* Rizzo.

*Lorédan: Spitzname von Swanns Kutscher; *s.* Rémi.

*Lorraine, Timoléon de: Historisches Vorbild ist vermutl. Anne-Marie-Joseph de Lorraine (1679–1739), Comte d'Harcourt, der 1705 Marie-Louise de Castille (1679–1736), Marquise de Montjeu, heiratete.

– III: die Urgroßmutter von Monsieur d'Ornessan war die Schwester von Marie de Castille Montjeu, der Frau von Timoléon de L.: *723*

Loti, Pierre: Pseudonym von Julien Viaud (1850–1923); Marineoffizier, Autor des von Proust geschätzten Naturromans *Pêcheur d'Islande.*

– III: Monsieur d'Argencourt hält den Dichter G. für L. oder Rostand: *286*

– V: M wollte der Prinzessin von Luxemburg L.s *Pêcheur d'Islande* zu lesen geben: *262*

Loubet, Émile (1838–1929): Präsident der Republik (1899–1906); nach der neuerlichen Verurteilung Dreyfus' 1899 begnadigte er ihn und setzte sich für ein Revisionsverfahren (1902) ein.

– IV: ist Dreyfusard: *140*

– V: Gesprächsthema bei Mme Verdurin: *320*

– VII: je nach Zeitung glauben die Leute, L. sei ein Strauchdieb oder ein verdienter Bürger: 383

Louis, Baron: Finanzminister unter Napoleon I., Ludwig XVIII. und während der Regierung 1830.

– II: Norpois zitiert ein Bonmot von Baron L.: *50*

– VII: wird von Norpois zitiert: 128

Louis, Prinz: Napoleon Louis Bonaparte, gen. »Prince Louis« (1864–1932); Enkel von Jérôme Bonaparte, Neffe Mathildes, General der Garde des Zaren.

– II: ist laut Mme Swann in die russ. Armee eingetreten: *161*

Louis-Philippe (1773–1850): »König der Franzosen« 1830–48; gen. »der Bürgerkönig«.

– I: Ms Großvater ist an den Politikern seiner Regentschaftszeit interessiert: 34; sein (fiktiver) »Einzug in Combray« in einem Fenster der Kirche von Roussainville: 148; Swann über seine »architektonischen Absonderungen«: 402
– III: das pompöse Zeitalter L.s: 703; genealogische Verbindungen L.s mit den Guermantes: 719 f.; indische Anmut à la L.: 724
– IV: ein Edelmann der Zeit L.s unterscheidet sich weniger von einem Bürger seiner Zeit als von einem Edelmann unter Ludwig XV.: 118
– V: die Herzogin von *** hatte nicht mit diesem »Bürgerkönig« verkehren wollen: *398*
*Louis-René: Gast bei der Soiree Guermantes.
– IV: Charlus begrüßt ihn: *85*
Louvois: François-Michel Le Tellier, Marquis de Louvois (1639–91): Heeresreformator und Bauminister unter Ludwig XIV.
– III: irgendeine amerikan. Milliardärin heiratet einen Prinzen, dessen Urgroßvater, wie auch der der Herzogin von Guermantes, eine Tochter von L. geheiratet hatte: *718*
Lozé, Henri (1850–1915): frz. Diplomat, Botschafter in Wien 1893–95.
– VI: wird womöglich Paléologue in Serbien ersetzen: *308*
*Lucienne: Freundin von Rachel.
– III: Saint-Loup und Rachel sollen zu ihr in den Wagen steigen: 216, 218 f.
Lucinge, Madame de (1808–86): Tochter des Herzogs von Berry aus der nicht anerkannten Ehe mit Mistress Amy Brown; verh. mit dem Prinzen Ferdinand von Lucinge (1789–1866).
– III: die Großmutter von Bréauté war eine L.: 718
– VI: für Mesalliancen braucht man nicht bis zu den L. zurückzugehen: *345*
Lucullus (um 114 – um 57 v. Chr.): röm. Freiherr, Feinschmecker und großzügiger Gastgeber.
– II: Norpois muss sich von dem L.-Schmaus erholen: *56*
Ludwig der Deutsche (804–876): Enkel Karls d. Gr., König des Ostfrankenreiches 843–876.
– III: eine Burg im Kurfürstentum des Prinzen Von bewahrt die Erinnerung an L.: 345
Ludwig der Deutsche, Söhne von.
– I: ihr Grab befindet sich in der Kirche von Combray: *89*
Ludwig der Dicke: *s.* Ludwig VI.

Ludwig der Heilige: *s.* Ludwig IX.
Ludwig II. von Bayern (1845–86): Erbauer des Schlosses Neuschwanstein und des Wagner-Festspielhauses in Bayreuth.
– I: Swann will ein Schloss von ihm mieten: *413*
Ludwig IX. (1214–70), gen. »der Heilige«: König von Frankreich 1226–70.
– I: der Frühling in Combray wie ein Frühling in der Nachfolge des hl. L.: *88*; der Turm der Kirche von Combray hat auch schon über L. nachgesonnen: 90; Françoise spricht über ihn, als hätte sie ihn persönlich gekannt: 211
– III: spricht unter einer Eiche Recht: 709
– IV: hat die Serviten der Hl. Jungfrau in der Rue des Blancs-Manteaux ansässig gemacht: *699f.*
Ludwig VI. (1081–1137), gen. »der Dicke«: König von Frankreich 1108–37.
– II: die Choiseuls stammen von einer Schwester L.s ab: *408*
– III: Charlus beruft sich ständig darauf, was man unter L. gedacht hätte: 701
– IV: der Thron von Frankreich hätte an Aldonce de Guermantes fallen müssen, nicht an L.: 677
Ludwig von Baden (1655–1707): Patensohn Ludwigs XIV.
– V: figuriert in Charlus' Katalog der Homosexuellen am Hof Ludwigs XIV.: *411*f.
Ludwig XI. (1423–83): König von Frankreich 1461–83.
– III: der Herzog von Guermantes geht als L. zum Maskenball: *766*, 711, 775
Ludwig XIII. (1601–43): König von Frankreich 1610–43.
– III: *600*; Saint-Loup hat Briefe L.s verkauft: 738; 761
– IV: ein unwillkürlicher Reflex gibt Charlus das Aussehen eines Musketiers unter L.: *700*
– V: Monsieur Alberti, der erst unter L. gelernt hat, mit Messer und Gabel zu essen: 315
Ludwig XIV. (1638–1715): König von Frankreich und Navarra von 1643 bis zu seinem Tod.
– I: Tante Léonies Routinen ähneln den Mechanismen am Hofe L.s: 167
– II: M wäre verblüfft zu erfahren, dass die Bauten aus der Zeit L.s nicht aus der gleichen Zeit sind wie moderne Wohnbauten: 87; eine Anekdote über Racine und L.: 188; über die richtige Verwendung von »Monseigneur« am Hofe L.s: 205; Saint-Simon hätte es verschmäht zu erfinden, was er über L. berichtet: 467

– III: 388, 562, 571; die sozialen Regeln des Herzogs von Guermantes und die L.s; Anekdoten von Saint-Simon: 587–590; 703, 711, 724, 761, 765
– IV: die Princesse Palatine prangert die Zustände an seinem Hof an: 69; wenn er nicht in Versailles weilt, finden sich mehr Leute bei seinem Bruder ein: 85; gewährt Mme de Montespan Gastfreundschaft: 243; hielt nichts von den holländischen Meistern: 478; die Guermantes haben beim Tod seines Bruders Trauer geflaggt: 677
– V: Charlus zählt die Homosexuellen an seinem Hof auf: 411 f.
– VI: seine weiblichen Bastarde wurden nicht verschmäht: 356
– VII: laut Saint-Simon ein Ignorant: *380*; unter L. nahmen die Guermantes fast königlichen Rang ein: 389

Ludwig XV. (1710–74): König von Frankreich und Navarra von 1715 bis zu seinem Tod.
– II: Details in Mme Swanns Kleidung gemahnen an die »Körbe« aus der Zeit L.s: 266
– III: die Herzogin von Guermantes sagt »liebe Tante« zu Leuten, zu denen sie gemeinsame Vorfahren frühestens unter L. gefunden hätte: 717
– IV: ein Edelmann der Zeit Louis-Philippes unterscheidet sich weniger von einem Bürger seiner Zeit als von einem Edelmann unter L.: 118
– VI: die Pompadour hat ihm kleine Mädchen zugeführt: 198; Mme du Barry will ihn mit einem Porträt des geköpften Karl I. beeindrucken: *206*
– VII: die Rechnungen zu seiner Zeit waren kleine grafische Meisterwerke: *26*

Ludwig XVI. (1754–93): König von Frankreich und Navarra von 1774 bis 1792.
– II: manche Leute können nicht nach Trianon fahren, ohne dort ein Fest im Stil L.s zu geben: 670
– III: neben Ms Hotel in Doncières befindet sich die ehemalige Orangerie L.s, jetzt eine Sparkasse: 126
– IV: die Familie Orléans hat ihn ermorden lassen: *701*

Ludwig XVII.: Louis Charles de Bourbon (1785–1795); Herzog der Normandie und nach dem Tod seines älteren Bruders Louis Joseph ab 1789 Dauphin de France und damit Kronprinz von Frankreich. Wurde 1794 im Temple gefangen gesetzt und starb dort ein Jahr später unter ungeklärten Umständen. Da er niemals König wurde, ist die Numerierung »XVII« eine Fiktion der monarchistischen Partei.

– VII: die Herzogin von Guermantes erscheint ihren Verwandten so heilig und rein wie ein aus dem Temple entflohener L.: 411

Ludwig XVIII. (1755–1824): König von Frankreich 1814–24.

– III: seine Gabe, Vergangenes zu vergessen: 695

Luini, Bernardino (d.i. Bernardino de Scapis; 1480–1532): mailändischer Maler.

– II: man hat Swann früher einem der Könige in L.s Fresko *Anbetung der hl. drei Könige* ähnlich gefunden: *202*

– V: Swann verglich gern eine Frau mit einem Porträt von L.: *524*

Lüleburgaz: Stadt in der europäischen Türkei, Schlachtenort im Ersten Balkankrieg 1912.

– VII: L. ist abermals Ulm: *18*

Lulli (Lully), Jean-Baptiste (1632–87): ital., in Frankreich wirkender Komponist.

– I: Swann hat Spaß an Saint-Simons Schilderungen vom Geiz und Pomp L.s: *425*

Lusignan: frz. Adelsgeschlecht; regierte Zypern 1192–1489.

– III: der Name soll in dem Augenblick erlöschen, in dem die Fee Melusine endgültig verschwindet: 12; die Guermantes stammen in direkter Linie von ihnen ab: 770

Luther, Martin (1483–1546): dt. Religionsreformator.

– III: eine Burg im Kurfürstentum des Prinzen Von bewahrt die Erinnerung an L.: 345

Luxemburg (Land).

– III: für eine Zauberkarosse wird in L. nicht genug Platz sein: 722

Luxemburg, »andere« Prinzessin von: Bei einer historischen Lesart müsste dies die Mutter der ersten oder zweiten Gattin des Erbgroßherzogs von Luxemburg sein, also die Großfürstin Elena Pawlowna, geb. Prinzessin Friederike Charlotte Marie von Württemberg (1807–73), bzw. Prinzessin Marie Luise Charlotte von Hessen-Kassel (1814–95). Der Vater von Prinzessin Friederike war Prinz Paul von Württemberg (1785–1852), der ab 1817 in Paris lebte; der Vater von Prinzessin Marie Luise war Prinz Wilhelm von Hessen-Kassel (1787–1867). Bei beiden war über Mehlgeschäfte nichts in Erfahrung zu bringen; Prinz Wilhelm immerhin führte 1813 die gepuderten Perücken bei Hof und beim Militär wieder ein.

– III: Tochter eines Prinzen, dem ein riesiges Mehlunternehmen gehört; ihre Tochter heiratet den Erbgroßherzog von L.: 444
Luxemburg, Erbgroßherzog von: Neffe der Prinzessin von Luxemburg und der Herzogin von Guermantes. Historisches Vorbild ist hier vermutl. Graf (später: Herzog) Adolph von Nassau-Weilburg (1817–1905).
– III: sein Mitgefühl während der Krankheit von Ms Großmutter: *444*; der Prinz von Foix erzählt herabsetzende Geschichten über ihn: 553; ebenso die Herzogin von Guermantes: 715; ebenso die türkische Botschaftersgattin: 720–722
Luxemburg, Großherzog von: Historisches Vorbild ist hier vermutl. Wilhelm von Oranien-Nassau (1817–90), als Wilhelm III. ab 1849 König der Niederlande und Großherzog von Luxemburg. Nach dessen Tod ohne männliche Erben ging das Königtum der Niederlande an seine Tochter Wilhelmine über, das Großherzogtum Luxemburg jedoch an Adolph von Nassau-Weilburg (1817–1905).
– III: bewirkt die Erklärung des Grafen von Nassau zum Erbgroßherzog von L.: 444
Luxemburg, Großherzogin von: Gattin des Erbgroßherzogs von Luxemburg. Dessen vermutliches historisches Vorbild, Graf Adolph von Nassau, war mit der Großfürstin Elisabeth Michailowna Romanowa von Russland (1826–45) verheiratet; deren Mutter war die Großfürstin Elena Pawlowna, geb. Prinzessin Friederike Charlotte Marie von Württemberg (1807–73).
– III: Tochter der »anderen« Prinzessin von L.: 444
*Luxemburg, Herzog von: Freund Swanns.
– I: würde Swann zu Hilfe eilen: 427
– VI: Saint-Loup hat sich um seine Tochter bemüht: *349* f.
*Luxemburg, Herzogin von: *s.* Montmorency-Luxemburg, Herzogin von.
*Luxemburg, Prinzessin von: Freundin von Madame de Villeparisis.
– II: begegnet am Strand Mme de Villeparisis, M und seiner Großmutter: *374*; eine Nichte des Königs von England und des Kaisers von Österreich: 378; ist mit den d'Ambresacs bekannt: 622
– III: Tante des Erbgroßherzogs von L.: *444*; ihre Sprache ist wie die der Prinzessin von Parma die Sprache einer Hoheit: 573; sie schenkt ihren kleinen Neger ihrem Neffen: 715
– IV: Aimé vermutet, dass viel Geld hinter dem Titel steckt: 311; ihre Toilet-

te für Fahrten mit dem Automobil: 532 f.; Mme de Villeparisis will einige Wochen bei ihr (in der Umgebung von Balbec) verbringen: 618
– V: hatte ihr »Buch« nicht dabei: 262
– VI: hatte für die Frau des Gerichtspräsidenten den Status einer Kokotte: 226, 349, 350
Luxemburg, Tochter der »anderen« Prinzessin von: Zu einer historischen Lesart s. Luxemburg, »andere« Prinzessin von.
– III: hat den Grafen von Nassau, den späteren Erbgroßherzog von L., geheiratet: 444; der Erbgroßherzog von L. will sie der Herzogin von Guermantes als »Großherzogin« vorstellen: 721 f.
Macette: Name einer Kupplerin in der Satire Nr. 13 »Macette ou l'Hypocrisie déconcertée« der *Satires* von Mathurin Régnier (1573–1613).
– II: der Anwaltsverbandspräsident verweist im Zusammenhang mit der Prinzessin von Luxemburg auf M.: *377*
Machard, Jules-Louis (1839–1900): vorwiegend als Porträtist tätiger frz. Künstler; Prix de Rome 1865 für sein Gemälde *Orpheus in der Unterwelt.*
– I: Mme Cottard hat bei Mirlitons ein Porträt von M. gesehen: *514* f.
Machiavelli, Niccolò (1469–1527): florentin. Philosoph, Politiker und Schriftsteller, Autor des staatsphilosophischen Werkes *Il Principe* (verfasst 1513, ersch. 1532; dt. *Der Fürst*, 1692).
– VI: typischer Leserbriefschreiber: 312
Mack von Leiberich, Karl (1752–1828): österr. Feldmarschall.
– III: seine Niederlage bei Ulm: *153*
Mac-Mahon, Patrice, Comte de Mac-Mahon, Duc de Magenta (1808–93): General, royalistischer Staatsmann, Marschall von Frankreich und zweiter Präsident (1873–79) der Dritten Republik; Rücktritt am 30. 1. 1879.
– I: Mme de Villeparisis soll eine Verwandte M.s sein: *34*; ein Spaziergänger im Bois hat an dem Tag mit Odette geschlafen, an dem M. zurückgetreten ist: 575
– II: ein Vetter von Mme de Villeparisis: *355*
Mâcon: Stadt im Dép. Saône-et-Loire (Burgund).
– III: der Herzog von Guermantes spricht den Namen »Mascon« aus: *643*
Mâcon, Bischof von: *s.* Kardinal X.
Madame Élizabeth: *s.* Élizabeth, Madame.
Madame Paquin: Damenbekleidungsgeschäft an der Place Vendôme, spezialisiert auf Ballkleider.

– II: nach Elstirs Meinung gelegentlich nicht schlecht: *643*
Madame: *s.* Pfalz, Herzogin Liselotte von der.
Madeleine: Jugendgeliebte Fromentins, die er in seinem Roman *Dominique* verewigt hat.
– VII: Monsieur Verdurin hat sie geheiratet: 24
Madeleine: Kirche in Paris.
– I: M kommt auf dem Weg zu Swanns Haus an der M. vorbei: 570
Madrid: Hauptstadt Spaniens.
– V: eine Gesellschaft wie die bei den Verdurins kann man alle Zeit ebenso in M. antreffen: 357
Madrid: die Orangerie du Château de Madrid, luxuriöses Restaurant im Bois de Boulogne; ein Gemälde von Abel Truchet aus der Zeit mit dem Gartenrestaurant *Chalet du château de Madrid* befindet sich in der Sammlung Seligmann (Mus. Carnavalet; Abb. im Ausstellungskatalog *Au temps de Marcel Proust*).
– I: M kann auf einem Spaziergang im Bois das M. sehen: 579
Maecenas, Gaius Cilnius (69–8 v. Chr.): Berater von Kaiser Augustus, Förderer der Künste und Künstler, insbes. von Horaz und Vergil.
– IV: Brichot vergleicht Charlus' Stammbaum mit dem M.': *486*; erster Apostel des Gottes »Je-Men-Fou«: 489
*Mädchen (blond) im Bois: ist Mlle Déporcheville, nein, d'Éporcheville, verwechselt mit d'Orgeville, in Wirklichkeit Forcheville, also Gilberte; *s.* auch Gilberte.
– VI: ist eines der drei Mädchen, denen M schon im Bois gefolgt war; wirft M einen verstohlenen Blick zu: 210; sitzt im Salon der Herzogin von Guermantes: 225
*Mädchen (blond) im Restaurant in Rivebelle.
– II: schaut M träumerisch an: 532; M hofft auf eine Nachricht von ihr: 539
*Mädchen (brünett) im Restaurant in Rivebelle.
– II: fällt M auf: 532
*Mädchen, drei »unsterbliche«, im Bois.
– V: sitzen neben dem Bogen ihrer abgestellten Fahrräder: 226
*Mädchen, junges, im Bois.
– VI: erinnert M an Albertine; steigt in ein Auto und ist verschwunden: 209
*Mädchen, kleines.
– VI: M trifft sie vor Albertines Tür und nimmt sie mit nach Hause: 26; die

Eltern haben Anzeige gegen M erstattet: *42*; die Polizeiaffäre macht es in Zukunft unmöglich, kleine Mädchen mit nach Hause zu nehmen: 46 f.
*Mädchen, schönes, uns inzwischen gleichgültiges.
– VII: muss ihre Schwester im Pas-de-Calais besuchen: 319
*Mädchen mit den blauen Augen.
– I: Swann lernt sie in einem Bordell kennen: 512 f.
*Mädchen mit der Zigarette.
– IV: steigt in Saint-Pierre-des-Ifs in den Zug zu: 391 f.
*Mädchen mit Fahrrad, die »junge Rennfahrerin«, im Bois.
– V: segelt davon wie ein Engel oder eine Peri: 230
*Mädchenbande in Balbec (*s.* auch Albertine, Andrée, Gisèle, Rosemonde, Berthe).
– II: ihr Erscheinen auf der Promenade: 493–507, 510 f., 519; M sieht eine Fotografie der M., die ihn an eine Madrepore gemahnt: 540–542; M ist begierig darauf, sie kennenzulernen: 548–552; Elstir kennt sie; ihr sozialer Hintergrund: 567–571; M begegnet ihr bei einem Spaziergang mit Elstir: 572, 582–585; M ist enttäuscht, ihr nicht vorgestellt worden zu sein: 596 f.; M hofft, sie durch Albertine kennenzulernen, die jedoch wenig Enthusiasmus zeigt: 611–614; Albertine abschätzig zu M über einzelne Mädchen der Bande: 625–629; M lernt sie alle kennen; ihre Blütezeit: 631–634; führt sich unbändig im Kasino auf: 634; Ausflüge und Picknicks: 637–639, 648; ihre Gesichter: 649–651; ihre Stimmen und Sprachgewohnheiten: 655–657; diskutiert einen Schulaufsatz: 658–663; M liebt sie kollektiv: 663–664; spielt das Ringleinspiel: 668–672; die einzelnen Miglieder beginnen, sich für M zu differenzieren: 702–705; sie werden von mythologischen Wesen zu gewöhnlichen Mädchen: 707–710
– IV: M sehnt sich danach, die Mädchen aus der kleinen Bande wiederzusehen: 252 f.; M hat in seiner späteren Erinnerung in diesem Sommer die Gunst von vierzehn von ihnen genossen: 265
– V: für M nur noch junge Mädchen in Blüte: 88 f.; decken wechselseitig ihre Lügen: 239 f.
Maes (auch: Maas), Nicolaes (1634–93): holl. Maler, dessen frühe Werke häufig für Werke seines Meisters Rembrandt gehalten wurden, die späteren dagegen für solche Van Dycks.
– I: das Mauritshuis hat ein Gemälde als einen M. erworben, das Swann für einen Vermeer hält: *485*

Maeterlinck, Maurice (1862–1949, geb. in Gent, Belgien): Autor u. a. des lyrischen Dramas *Les Sept Princesses* (1891), dt. in M. Maeterlinck: *Drei mystische Spiele*, Leipzig 1900 (Diederichs). Maeterlinck verkehrte wie Proust im Salon Bibesco.
– III: die Herzogin von Guermantes zu dumm, um M. zu verstehen: *308* f.; Monsieur d'Argencourt und die Herzogin über M.: 335 f.
– V: die Herzogin von Guermantes bewundert ihn neuerdings: 41; der Ruf des Schneckenhändlers gemahnt an einen von Debussy vertonten M.: 155
– VII: Rachel hat einst bei der Herzogin von Guermantes etwas von M. vorgetragen: 453
*Mätresse des Erzählers.
– VI: wohnt in einer Absteigewohnung, die der Erzähler gemietet hat: 371
*Mätresse des Königs der Südseeinsel.
– II: streut Fünfzigcentimesstücke unter die jubelnden Straßenjungen: 342; betritt nach ihrem Bad unter großem Gelärm den Speisesaal: 376
Magdalena: nach Johannes 20,15 sucht Magdalena am Ostermorgen nach der Leiche Jesu und hält den Auferstandenen für den Gärtner.
– III: als M die Kirschbäume für lachende Fremde hielt, hat er sich ebenso getäuscht wie M.: *215*
*Magelone: Einwohnerin von Combray.
– I: holt Dr. Piperaud in Combray ab, weil wohl ein Kind krank geworden ist: 81
Magnier, Marie (1870–1913): spielte an verschiedenen Theatern und Boulevard-Theatern.
– IV: einer der Schauspieler, die Monsieur de Chevregny in *La Châtelaine* gesehen hat: *673*
Mailand: Stadt in Oberitalien.
– I: der Pfarrer von Combray verweist auf die Anzahl der Stufen im Dom von M.: 150
– V: die Ambrosianische Bibliothek in M.: *538*
– VI: Maman hat sich die Neuigkeiten bis hinter M. aufgespart: 366
– VII: M erzählt Françoise von einer Kirche in M.: 208
Maillol, Aristide (1861–1944): frz. Bildhauer.
– VII: könnte ein Meisterwerk aus abscheulichem Stoff schaffen: 87
Mailly-Nesle (Haus): Zweig der alten picardischen Familie Mailly, die sich von

den Grafen von Chalon herleitet, denen im 14. Jh. auch die Grafschaft Orange (Rhônetal) gehörte.
– III: der Thronerbe der Niederlande wäre wohl etwas betreten, wenn man ihm einen Monsieur de M. als Prinzen von Oranien vorstellte: *696*, *724* f.
Mailly-Nesle, Monsieur de: Ferry-Alexandre de Mailly, Marquis von Nesle, Prinz von Oranien (1821–72); heiratete 1851 Joséphine Odoard du Hazey.
– III: bei seiner Hochzeit wurde ein Bahrtuch ausgespannt: *738*
Maineville, auch: Maineville-la-Teinturière: Station der Lokalbahn; es gibt ein Mainneville östl. von Rouen (Dép. Eure).
– II: Station der Bäderbahn *322*; M treibt in M. zwei Kutschen auf: 678; M erblickt die Klippen von M. von seinem Fenster aus: 687
– IV: das Luxus-Bordell von M.: 259 f.; Prinzessin Sherbatoff steigt hier zu bzw. aus: 380, 390, 403 f.; Ortsfremde halten das Bordell von M. leicht für ein Luxushotel: 658 f.; die Verabredung des Prinzen von Guermantes mit Morel im Bordell von M.: 660–662; Charlus und Jupien bespitzeln Morel im Bordell von M.: 662–666; Albertine steigt hier gelegentlich aus: 706; Albertines Tante scheint jetzt in M. zu wohnen (S. 253 noch Epreville): 725
– VI: Octave hat zwei Monate im Freudenhaus von M. gewohnt: 270
*Maineville, Gräfin von.
– IV: Trauernde auf der Todesanzeige für Éléonore de Cambremer: *260*
Maintenon, Madame de: Françoise d'Aubigné, Marquise de Maintenon (1635–1719); Geliebte und spätere zweite Ehegattin Ludwigs XIV. Veranstaltete die Uraufführung 1689 bzw. 1691 von Racines *Esther* bzw. *Athalie* vor dem königl. Hof im Mädcheninternat Saint-Cyr, das sie 1685 zusammen mit Ludwig XIV. gegründet hatte.
– I: Swann hat Spaß an Saint-Simons Schilderungen der Speisenfolge bei Mme de M.: *425*
– II: ein mögliches Aufsatzthema für Gisèle: *382*
Maison Dorée (= Maison d'Or): Restaurant Ecke Rue Laffitte und Boulevard des Italiens, gegr. 1841, geschlossen kurz vor 1910.
– I: Odette hat Swann einen Brief aus der Maison D. geschickt: *312*, 474, 476; Swann findet Odette nahe der Maison D.: 320; Odette war nicht in der Maison D., sondern bei Forcheville: 508 f.
Malherbe, François de (1555–1628): frz. Dichter.
– IV: die Prinzessin von Guermantes beweist die Anmut einer Strophe von M.: 57

Mallarmé, Stéphane (1842–98): frz. symbolistischer Dichter. Bei den »letzten Versen« (WG, S. 661) dürfte Proust an das avantgardistische typographische Gedicht *Un coup de dés jamais n'abolira le hasard* (»ein Würfelwurf wird niemals den Zufall auslöschen«) gedacht haben.
– III: seine letzten Verse lösen bei Ms Großmutter Grauen und Gähnen aus: *661*
– IV: laut Brichot ein verderblicher Einfluss: 490 f.
– V: Meilhac hat sich über ihn lustig gemacht: *41*
– VI: M wollte in die Yacht für Albertine Verse aus *Le Cygne* von M. gravieren lassen: *60* f.; M zitiert zwei Strophen aus seinem Gedicht *M'introduire dans ton histoire* . . .: *62*
*Mama: familiärer Name von Amanien d'Osmond; *s.* Osmond, Amanien d'.
*Maman (1): Mutter Gilbertes; *s.* Odette.
*Maman (2): Mutter Marcels.
– I: (allgemeine Erwähnungen): 33, 42, 187; ihr Gutenachtkuss, Ms Liebe zu ihr: 13, 19, 23 f., 37, 43, 140, 254, 558; M lässt ihr einen Brief überbringen: 45–49; M erwartet sie mit Bangen: 52, 54 f.; sie liest M vor: 56–64; bange Erwartung des gleichen Zubettgehdramas am nächsten Tag: 64 f.; sie erkundigt sich nach Françoises Familie: 78–80; kauft Taschentücher: 94; hört das Küchenmädchen jammern: 172; amüsiert sich über Legrandin: 181 f.; Morgentoilette und Frühstück: 554, 558
– II: missbilligt Lippenstift: 9 f.; ihre Einschätzung von Norpois: 15–17; erlaubt M, ins Theater zu gehen: 24; hat Norpois zu Gast: 26, 41, 43–45, 53–55, 64 f.; hat Zweifel an Ms literarischer Karriere: 77; diskutiert Norpois mit ihrem Mann: 79 f.; diskutiert Küche und Restaurants mit Françoise: 81–83; schickt M fürsorglich nicht mehr in die Champs-Élysées: 95; zweifelt Cottards Therapie an: 99 f.; fragt M nach seinem Kummer: 101; mokiert sich über Mme Swann und ihren Kreis: 123; ist erfreut über Bergottes Lob für M: 203 f.; regt eine Gegeneinladung an Gilberte an, will aber Mme Swann nicht kennen: 204 f.; hält sich in Montretout (Saint-Cloud) während Ms Balbec-Urlaub auf: 299, 303, 306; verabschiedet M und seine Großmutter am Bahnhof: 303–307; ihr untadeliges Wesen: 437
– III: wird von Françoise frisiert: 19; verbietet Françoise, in den Hof zu schauen: 22, 26; Erinnerung an Combray: 160; an Balbec: 187; lädt einmal im Jahr Mme Sazerat ein: 202; befolgt Dr. Boulbons Anweisungen: 414; am Krankenbett ihrer Mutter: 429–432, 436–439, 445, 453, 455, 460,

463 f.; Mme Bontemps verknüpft sie hartnäckig mit den Delages und den Foerstiers: 497
– IV: kommt nach Balbec; ihr unverminderter Kummer um den Tod ihrer Mutter; ihr Kult um sie: 236–240, 245 f., 251 f.; geht Ms Besuchern aus dem Weg: 284; schenkt M die beiden frz. Ausgaben von *Tausendundeine Nacht*: 322–324; ihre Ansichten zu einer Ehe Ms mit Albertine: 451 f.; ist beunruhigt über Ms verschwenderisches Leben mit Albertine: 577 f.; ihr Kastendenken: 589 f.; ist froh, dass M nun doch Albertine nicht heiraten will: 709; fährt nach Combray, um eine ihrer Tanten (Flora oder Céline) zu pflegen: 721; M hält sie für seine Großmutter: 730 f.; M sagt ihr, dass er Albertine nun doch heiraten werde: 733
– V: fährt nach Combray, um die Großtante zu pflegen: 8; schreibt M täglich aus Combray; missbilligt Ms Zusammenleben mit Albertine; zitiert Mme de Sévigné: 12–17, 186 f., 496; lehrt M den Unterschied zwischen Empfindung und Empfindelei: 141 f.; reserviert die Schätze ihrer Liebe und Großmut für diejenigen, die ihr nahe sind: 437
– VI: findet es lächerlich, wie M die Ehe mit Albertine aufschiebt: 13; sie bringt M den *Figaro* mit seinem Artikel: 216; hat ihren Empfangstag: 258 f.; warum die Prinzessin von Parma zuvor nicht mit ihr gesprochen hatte: 281; sitzt in Venedig hinter einer Balustrade und wartet auf M: 298 f.; sieht Venedig nur mit den Augen ihrer Mutter: 303; hat Mme Sazerat zum Essen eingeladen: 305; ähnelt in ihrer Trauerkleidung der älteren Frau in Carpaccios Ursula-Zyklus: 328; macht mit M einen Ausflug nach Padua: 330; weigert sich, die Abreise aus Venedig aufzuschieben: 335; M eilt ihr nach: 339; spricht mit M über die Eheschließungen Saint-Loup/Gilberte und Cambremer/Oloron: 346 f., 367 f.

*Maman, Schwester der Mutter von (Céline oder Flora).
– IV: Maman steht ihr in ihrer letzten Krankheit bei: 709, 721

Manchester, Consuelo, Herzogin von: Consuelo Yznaga del Valle (1858–1909), Gattin von George Victor Drogo Montagu (1853–92), 8. Herzog von Manchester.
– V: war mit der Herzogin von Guermantes in London zum Einkaufsbummel; ist inzwischen gestorben: 54

Manet, Édouard (1832–83): impressionistischer Maler und Graveur; berühmt insbes. für die auch im Laufe der *Suche* erwähnten *Le Déjeuner sur l'herbe* (1863, Mus. d'Orsay) und *Olympia* (1865, Louvre).

– II: Elstirs Porträt der Miss Sacripant ist im Stil M.s gehalten: *593*
– III: man beginnt, sich an seine *Olympia* zu gewöhnen: 566; Elstir eiferte ihm einst nach: 671; die Herzogin von Guermantes findet seine *Olympia* fast einen Ingres: 700
– IV: Renée de Cambremer bewundert M., zieht aber Monet vor: *290*
Mangin, Charles Marie Emmanuel (1866–1925): frz. General in den Kolonialkriegen und im Ersten Weltkrieg.
– III: Saint-Loup hält ihn für ein Genie: *149*
– VII: nach Saint-Loup hätte man ihn Deutschland schlagen lassen müssen: 97
*Mann im Smoking.
– VII: bestellt bei Jupien den Strichjungen Léon vor: *195*; ein übler Drückeberger: 218
Manon: Titelgestalt der gleichnamigen Oper von H. Meilhac und Ph. Gille nach dem Liebesroman *Histoire du Chevalier Des Grieux et de Manon Lescaut* (1731) des Abbé Prévost; Musik von Jules Massenet (1842–1912); Urauff. 1884 in der Opéra-Comique.
– IV: die Erschütterungen von Debussys Mélisande wurden für einige Zeit auf das Niveau derer von M. herabgesetzt: 295
Mansart (auch: Mansard), François (1598–1666): frz. Architekt; erbaute zahlreiche Kirchen in Paris, das heutige Haus der Banque de France in Paris sowie zahlreiche Schlösser in der Provinz (u. a. Choisy, Berny, Balleroy).
– III: das Schloss von Tante Brancas wurde von ihm erbaut: 577
Mantegna, Andrea (1431–1506): vorwiegend in Mantua und Padua tätiger Maler und Kupferstecher, der durch seine Untersichten und seine stark verkürzenden Perspektiven auffällt. Im Louvre befindet sich eine von Mantegna gemalte Kreuzigungsszene (*Kalvarienberg*, 1457–60).
– II: ohne die illustrierten Kunstgeschichtsausgaben könnten wir uns die Lockungen M.s nur ohne Inbrunst vorstellen: 206; ein M.-Himmel über der Gare Saint-Lazare: 299
– III: Isabelle d'Este verstand nicht viel von seiner Malerei: 704
– V: der Trocadéro erinnert Albertine an den Hintergrund in M.s *Heiligem Sebastian*: *224*; Vinteuils Sextett/Septett lässt an einen Erzengel M.s denken, der in eine Bucina stößt: 352
– VII: der alte Marquis von Beausergent ähnelt einem Porträt von M.: *348*

Marcel.
– V: hypothetischer Name des Protagonisten: 96; tatsächlicher Name des Protagonisten: 209
Marcillac: *s.* La Rochefoucauld, Fürst von Marcillac.
Marcouville, auch: Marcouville-l'Orgueilleuse: Kombination aus Marcouville, das sowohl auf einen Ort bei Illiers als auch einen Ort in der Haute Normandie verweist, und Bretteville-l'Orgueilleuse, einem Ort zwischen Caen und Bayeux, dessen Kirche Proust 1907 besichtigte.
– II: Station der Bäderbahn: *321f.*; man sieht M. von Rivebelle aus: 379
– IV: Albertine mag die Kirche nicht, weil sie restauriert ist: *571*f.; Brichots Etymologie: 690
– V: Albertine gefällt die Kirche nicht: 223
Mardochai: biblische Gestalt aus der Esther-Legende.
– III: die Herzogin von Guermantes sieht M allein wie M. an der Pforte zum Palast: 510
– IV: lässt nur Mädchen in die Nähe der Königin, die zu seinem Glauben gehören: 95
Mardrus, Joseph-Charles (geb. 1868 Kairo, gest. 1949 Paris): Arzt, Dichter und Orientalist, der in der Pariser Kulturszene eine herausragende Stellung einnahm (»Muselman von Geburt und Pariser durch Zufall«), insbes. gemeinsam mit seinem Freund, dem Couturier Paul Poiret, bei der Kreierung des Orientalismus, die ihren Punkt ohne Wiederkehr in der »Mille et Deuxième Nuit« fand, einer von Poiret und Mardrus ausgerichteten Party im Juni 1911, bei der Poirets Frau Denise mit Turban und Aigrette erschien.
– IV: Ms Mutter schenkt ihm M.' Übersetzung von *Alf laila wa-laila* (dt. meist *Tausendundeine Nacht*): *323*
Margarete von Österreich (1480–1530): Statthalterin der habsburgischen Niederlande, Tochter von Maximilian I., Ehefrau von Fürst Juan von Asturien und von Herzog Philibert II. von Savoyen.
– I: ihre Initialen sind in der Kirche von Brou mit denen Philiberts des Schönen verschlungen: *407*
*Marguerite: Tochter von Françoise und Ehefrau von Julien (2).
– I: lebt in der Nähe von Combray: 79
– III: ist nach Paris gezogen; ihre modisch-städtische Ausdrucksweise und ihre Verachtung des flachen Landes: 197f., 459; empfiehlt eine »Radikalkur« für Ms Großmutter: 447

– IV: wird von ihrer Mutter in Ms Küche bewirtet: 178 f.; schwatzt sich gern fest: 179; ihre Vergesslichkeit: 180; spricht Argot: 181
– V: ihr korrumpierender Einfluss auf Françoises Sprache: 205 f.
– VII: ihr verderblicher Einfluss auf Françoises Vokabular: 83
Maria Stuart (1542–67): Königin von Schottland von 1542 bis zu ihrem Tod; durch ihre Ehe mit Franz II. auch Königin von Frankreich 1559–60.
– II: hat im Schloss von Blois gebetet: 461
*Maria: Bekannte des Erzählers.
– VI: M sieht vor seinem geistigen Auge, wie sie seinen Artikel im *Figaro* liest: *221*
Marie de Castille Montjeu: *s.* Lorraine, Timoléon de.
Marie-Amélie: Marie-Amélie de Bourbon (1782–1866); Tochter von Ferdinand I. de Bourbon und Gattin von Louis-Philippe.
– III: liebte Mme de Villeparisis »wie eine Tochter«: 252; ihr Porträt: 253, 512, 720
– VI: ist bei Ms Großmutter unten durch: *347*
*Marie-Antoinette: *s.* Marquise vom Quai Malaquais.
Marie-Antoinette: halbfiktiver Landgasthof bei Balbec; ein Landgasthof Le Carrefour Marie-Antoinette befindet sich etwa 5 km östl. von Houlgate.
– II: Ausflugsziel der kleinen Mädchenbande: *648*
– IV: M, Albertine und ihre Freundinnen gehen wie früher in den Gasthof: 325
– VI: M wartet dort vergeblich auf Albertine: 94
Marie-Antoinette (1755–93): Erzherzogin in Österreich, als Gattin Ludwigs XVI. von 1774 bis 1792 Königin von Frankreich.
– II: hat in einem Wohnsitz der Familie Charlus' übernachtet: 462
– III: Charlus sammelt ihre Hüte: *753*
– VII: erscheint uns heutigen nicht erniedrigt, weil man sie enthauptet hat: 154
*Marie-Aynard: *s.* Marsantes, Vizegräfin Marie von.
Marie-Conception: evtl. die portug. Infantin Maria-Thérèse de l'immaculée Conception (1855–96), aus dem Haus Braganza; oder auch die Prinzessin Blanche de Castille, Marie de la Concepcion (1868–1949), aus dem Haus Bourbon-Anjou.
– III: steht auf der Gästeliste der Mme de Saint-Euverte: *771*
*Marie-Hedwige: *s.* Guermantes, Prinzessin von.

Marie-Louise (1791–1847): Tochter des österr. Kaisers Franz II. und zweite Frau Napoleons I., Kaiserin der Franzosen und Großherzogin von Parma.
– III: der Herzog von Guermantes muss bis zu ihr zurückgehen, wenn er seine Verwandtschaft mit Mme d'Arpajon erklären will: *719*
Marie-Thérèse: fiktiver Landgasthof bei Balbec.
– II: Ausflugsziel der kleinen Mädchenbande: 648
Marivaux, Pierre Carlet de Chamblain de (1688–1763): Autor sentimentaler Lustspiele, wesentlichster Vertreter der frz. Empfindsamkeit.
– I: Odette spricht im gezierten Ton M.': 265
– III: sein Lexikonporträt unterscheidet sich kaum von dem Leibniz': 354
– IV: Figuren bei M., die nur mit ihren Titeln benannt werden: *390*
Marke, König: König von Cornwall im frühen 6. Jh.; bekannt aus der Artuslegende.
– II: M befindet sich im Neubaugebiet von Balbec womöglich in der Heimat von König M.: 554
Marlborough, Madame: Consuelo Vanderbilt (1877–1964), Gattin von Charles Spencer-Churchill (1871–1934), 9. Herzog von M.
– V: Bekannte der Herzogin von Guermantes: 54
Marokko: Land in Nordafrika.
– III: Saint-Loup nach M. geschickt, damit er Rachel vergisst: 470; er hat aus M. an M geschrieben: 472; und kommt auf Urlaub nach Paris: 532; Saint-Loup möchte aus M. versetzt werden: 556, 683, 686; wie er über M. redet, ist nicht auszuhalten: 682; General Saint-Joseph hat drei Söhne in M. stehen: 691
*Marquise (sogenannte) »aus besserem Hause«: Wärterin des Toilettenhäuschens in den Champs-Élysées.
– II: bietet M gratis einen Sitzplatz an: *92* f.
*Marquise vom Quai Malaquais: Freundin von Madame de Villeparisis.
– III: ihre gefärbten Haare im Stil von Marie-Antoinette: 262 f.; ein kleiner Schlagabtausch mit Mme de Villeparisis: 265–267
*Marsantes (Haus): gänzlich fiktiv.
– II: Saint-Loups Briefpapier trägt das Wappen der M.: 600
*Marsantes, Aynard de Saint-Loup, Graf oder Marquis von: Vater von Robert de Saint-Loup.
– II: M liest Memoiren über ihn: 418 f.; Nissim Bernard kennt ihn angeblich: 475

– IV: ist im Krieg 1870/71 gefallen: 684
*Marsantes, Gräfin oder Vizegräfin Marie von, gen. »Marie-Aynard«: Saint-Loups Mutter, Witwe des Grafen Aynard von Marsantes, Schwester des Herzogs von Guermantes und von Charlus.
– II: trotz aller Intrigen gegen Odette empfängt sie sie heimlich: *127* f.
– III: Rachels antisemitische Deutung des Namens: *239* f.; ihr Vorname: 309; der Herzog von Guermantes möchte von ihr keine Bekanntschaften aufgedrängt bekommen: 320; beim Empfang von Mme de Villeparisis; ihr Aussehen und ihr Charakter: 336–339; ist mit Lady Israëls bekannt: 340; ihre Freude, Robert zu sehen: 341–344, 363 f.; spielt die Ehrendame der Marquise: 368; ihre Liebe zu und Sorge um Robert: 372 f., 377 f., 381 f.; ihre Unterwürfigkeit gegenüber Charlus: 381 f.; Charlus wollte ihr das Schloss Brézé schenken: 625; die altmodische Reinheit ihres Vokabulars: 665
– IV: hat keine eigentlichen Besuchstage: 8; lobt Diskretion: 92; wünscht eine Ehe zwischen Saint-Loup und Mlle d'Ambresacs: 141; fördert den gesellschaftlichen Aufstieg Odettes: 206–208; ihre Ähnlichkeit mit Charlus: 425
– VI: beginnt, sich mit Mme Swann anzufreunden: 229 f.; hat die Ehe zwischen Saint-Loup und Gilberte eingefädelt: 349 f.; lässt sich dazu herab, mit den Bontemps und Cottards bei Gilberte zu dinieren: 359; ihre Empfänge waren die glänzendsten in ganz Paris: 362 f.; führt eine Aussöhnung zwischen Gilberte und Saint-Loup herbei: 374
– VII: Robert de Saint-Loup wird ihr immer ähnlicher: 16 f.
Martinville, auch: Martinville-le-Sec: halbfiktiver Ort in der Nähe von Combray. Ein Martinville befindet sich etwa 30 km von Illiers entfernt.
– I: auf beiden Seiten der Vivonne befinden sich die Verteidigungslinien der Äbte von M.: 233; M schreibt sein Prosagedicht über die Türme von M.: 250–254
– III: M hat seinen M.-Aufsatz an den *Figaro* geschickt: 536; M denkt in Charlus' Kutsche an die Kutschfahrt nach M. zurück: 734
– V: symbolische Bedeutung der Kirchtürme von M.: 352, 511
– VII: Rückblick auf den Eindruck der Türme von M. auf den jungen M: 248, 265
Mascarille: Typus des »schlauen Dieners« in der klassischen Komödie, insbes. bei Molière.
– III: Blochs Nase erinnert mehr an die von M. als an die von Salomon: 255

Mascon: Aussprache der Herzogs von Guermantes von »Mâcon«.

– III: klingt für den Herzog nach altem Frankreich: *643*

Maspéro, Gaston (1846–1916): Leiter des frz. archäologischen Instituts in Kairo, Autor zahlreicher ägyptologischer Standardwerke, insbes. von *Au Temps de Ramsès et d'Assourbanipal*, in dem fünf Jagdbegleiter Assurbanipals benannt werden.

– II: M von Norpois' Erinnerungen ebenso überrascht wie bei der Lektüre M.s: *72*

– V: Brichot findet in den Gesprächen mit Charlus den exotischen Reiz, den M. bei seinen Reisen in Ägypten empfunden hat: *447*

Masséna, André (1756–1817): Marschall und enger Vertrauter Napoleons I.

– III: seine Adjutanten folgen dem Prinz von Borodino wie Berthier und M. Napoleon: *175*

Massenet, Jules (1842–1912): frz. Komponist.

– V: Albertine singt Melodien aus M.s *Poème d'amour*: *10*

– VI: eine Nachbarin von M spielt Melodien aus M.s *Manon*, deren Worte M zitiert und auf Albertine bezieht: 55 f.

Materna, Amalie (1847–1918): dramatische Sängerin der Hofoper Wien und in Bayreuth die Brünnhilde in der Uraufführung von Wagners *Ring* 1876; trat 1890 in Paris auf.

– I: ein Nachbar von Monsieur Vinteuil kann stundenlang über M. reden: *40*

Mathilde, Prinzessin: Mathilde Letizia Wilhelmine Bonaparte (1820–1904), verh. Prinzessin Demidoff, Tochter von Jérôme Bonaparte und damit Nichte von Napoleon I. sowie Cousine von Napoleon III.; geboren in Triest, aufgewachsen in Rom und Florenz. Nach dem Tod 1870 ihres Gatten Prinz Anatole Demidoff de San Donato unterhielt sie als einigermaßen erfolgreiche Malerin einen Künstler- und Literatensalon.

– I: Mme Gallardon will ihr nicht begegnen: 453, 458

– II: Swann stellt M der Prinzessin M. vor: 159; war in ihrem Gebaren keine Hoheit: 374

– III: ihre Beziehungen im Faubourg Saint-Germain: 630 f.; die Herzogin von Guermantes lädt sie zusammen mit dem Herzog von Aumale ein: 695

Maubant, Henri (1821–1902): Schauspieler am Odéon und an der Comédie-Française; Spezialist für die Rolle des gütigen Vaters.

– I: ein Nachbar von Monsieur Vinteuil kann erzählen, wie M. eine Rolle anpackt: 39 f.; M ist ergriffen vom Anblick M.s: 108
Maulévrier: Graf von Maulévrier-Langeron (1677–1754), frz. Botschafter in Madrid 1721.
– I: Swann erzählt eine Anekdote Saint-Simons über ihn: *42*
Maurel, Victor (1848–1923): gefeierter Bariton, spezialisiert auf Verdi und Wagner; interpretierte insbes. den Telramund des *Lohengrin*.
– III: die Metternich bildet sich ein, Wagner lanciert zu haben, weil sie M. kennt: *757*
Mauretania: im antiken Sprachgebrauch das heutige Marokko und Westalgerien.
– IV: Brichot erklärt die Etymologie von »Mortagne«: *691*
Maurice: Strichjunge in Jupiens Bordell.
– VII: flagelliert Charlus: 171, 174 f.; ähnelt Morel: 178; sein gutes Herz: 182; seine tugendhaften Prinzipien enttäuschen Charlus: 190 f.
Mauritshuis: Museum in Den Haag mit einzigartiger Sammlung fläm. und holl. Gemälde insbes. aus dem 17. Jh.
– I: das M. hat ein Gemälde als einen Maes erworben, das Swann für einen Vermeer hält: *485*
Maurras, Charles (1868–1952): Monarchist und Dreyfus-Gegner; zusammen mit Léon Daudet Gründer (1908) und Herausgeber der *Action française*, die unter ihm zu einem nationalistischen, neo-monarchistischen, antiparlamentaristischen Blatt wurde; Maurras veröffentlichte eine äußerst lobende Kritik zu Prousts *Les Plaisirs et les Jours* in der *Revue encyclopédique*.
– II: wünscht mittlerweile die Rückkehr des Königs: *14*
– VII: M hat Charlus M.' *Aimée de Coigny* zu lesen gegeben: *149* f.; der Abgeordnete Monsieur Eugène wäre außerstande gewesen, auch nur eine Zeile von M. zu verstehen: 176
Mayol, Félix (1876–1941): Chansonsänger und -dichter.
– IV: Morel singt einen Vers aus seinem *Viens poupoule*: *644*
Mazarin, Jules (1602–61): Kardinal und Bibliophiler.
– IV: M mag die Erinnerung an seine Liebeserlebnisse so wenig missen wie M. seine Bücher: *147*
Mecklembourg, Madame de: vermutl. Anastasia Michailowna (1860–1922), die 1879 den Großherzog Friedrich-Franz III. von Mecklenburg-Schwerin

heiratete; die 1897 verwitwete Anastasia verbrachte einen Großteil ihres Lebens in Frankreich, meist in ihrer Villa Fantasia in Èze bei Cannes. Reynaldo Hahn hatte sie in Heiligendamm kennengelernt.

– III: Madame Leroi hat bei ihr diniert: *283*

– IV: Charlus begrüßt sie bei der Soiree Guermantes: *72*

Mecklembourg, Tochter der Madame de: die einzige Tochter der Großfürstin Madame de Mecklembourg (Maria Pawlowna) ist Helene-Wladimirowna, Großfürstin von Russland (1882–1957; verh. 1902 mit Nicolas, Prinz von Griechenland).

– IV: Charlus erkundigt sich nach ihr bei ihrer Mutter: *72*

Medici: Henri II. und Henri IV. heirateten 1533 bzw. 1600 die nicht dem alten Adel angehörigen Katharina bzw. Maria aus dem florentin. Hause Medici (reich, aber bürgerlich bis 1532).

– III: die Verbindung des Hauses Frankreich mit den M. war nach Meinung von Mme de Villeparisis eine Mesalliance: *267*

Medusa: griech. Sagengestalt mit Schlangen als Haaren.

– III: die Blutegel im Haar der Großmutter erinnern an M.: 451

Meilhac, Henri (1831–97): Librettist vor allem Offenbachs, meist gemeinsam mit Ludovic Halévy (1834–1908).

– I: der Esprit der Herzogin von Guermantes findet theatralischen Ausdruck bei M.: *459*

– III: Abwesenheit hoher Gedanken erschien M. als der Höhepunkt der Eleganz: 55; ein der Herzogin von Guermantes kongenialer Autor: *279*, 665

– IV: Anspielung auf sein Frauenbild: 397

– V: hat sich über Mallarmé lustig gemacht: *41*

– VII: wird von der Herzogin von Guermantes bewundert: 448

einzelne Werke:

Barbe-bleue (1866): I: 270

belle Hélène, La (1864): II: 420; VI: 361

Mari de la Débutante, Le (1879): III: 55

Meißen: Stadt in Sachsen, die für ihre Porzellanmanufaktur berühmt ist.

– III: die Meißner Porzellanfiguren der Herzogin von Guermantes: 17

Méline, Jules (1838–1925): gemäßigter Republikaner, Ministerpräsident 1896–98, Gegner einer Revision des Urteils gegen Dreyfus; wurde bekannt für den Ausspruch »Es gibt keine Affäre Dreyfus« auf deren Höhepunkt. Méline war mit Prousts Vater befreundet.

– III: mit Ms Vater befreundet: *203*
Mélisande: Titelgestalt von Debussys Oper *Pelléas et Mélisande*.
– IV: die Erschütterungen M.s wurden für einige Zeit auf das Niveau derer von Massenets Manon herabgesetzt: *295*
– V: selbst M. hatte keine Freude in Arkels Palast bringen können: 155
Melusine: Fee, Tochter der Fee Pressine und des Königs von Albanien, die sich, als Strafe für ihre Grausamkeit gegenüber ihrem Vater, jeden Samstag in eine Schlange verwandelt.
– II: in Gilbertes Körper einer M. sieht man die Naturen von Mutter und Vater sich abwechseln: *191*
– III: das Haus Lusignan erlischt, wenn sie verschwindet: 12
Mémé: familiäre Abkürzung von »Palamède«, dem Vornamen Charlus'; *s.* Charlus, Baron Palamède von.
Memling, Jan (ca. 1433–94): fläm. Maler.
– III: Anspielung auf seinen Ursula-Schrein in Brügge: *719*
*Ménager de Mirougrain.
– VI: seine Frau trägt den echten Titel der Grafen von Méséglise: *364* f.
Menander (342/341–291/290 v. Chr.): griech. Komödiendichter.
– II: Bloch nennt M. ironisch als Gast Nissim Bernards: 476
Mendelssohn, Felix (1809–47): dt. Komponist.
– IV: Charlus bezeichnet ihn als den »Berliner Virtuosen«: 566
– VI: Norpois' Schweigen wirkt, als könne sich daraus nur ein Gesang wie von M. oder Franck erheben: 311
Mendès, Catulle (1841–1909): einer der Begründer der »parnassischen« Schule; Raynaldo Hahn vertonte seine *Vierge d'Avila*.
– II: Blochs jüngste Schwester hält ihn für eine große Nummer: *473*
Menier.
– II: von Bloch vermutl. nach *Ilias*, II. Gesang, V. 511, erwähnter griech. Volksstamm: *438*
Menton: Stadt in der Nähe von Monte Carlo.
– IV: Albertine hat in Vichy zwei Damen aus M. kennengelernt: *688*
Mentor: Greisengestalt der Athene, in der sie Telemach in der *Odyssee* (I.–IV. Gesang) oder in Fénelons *Die Abenteuer des Telemach* oder in Barthélemys *Telemach* auf der Suche nach seinem Vater Odysseus leitet.
– II: Norpois strahlt die erhabene Liebenswürdigkeit des weisen M. aus: *36*

– V: der zweite Mann, zu dem M geworden ist, ist vielleicht ein weiser M. gegenüber anderen: 143

Mercier, General Auguste (1833–1921): Kriegsminister während des ersten Dreyfus-Prozesses, bei dem er eine ziemlich zwielichtige Rolle spielte.

– III: die Herzogin von Guermantes sorgt für eine Sensation, indem sie bei seinem Eintritt sitzen bleibt: *641*

Merculph: St. Merculf (490–558), normann. Heiliger.

– IV: Namensgeber für Marcouville: 690

Mérimée, Prosper (1803–70): Asthmatiker, Schriftsteller und *Ossian*-Übersetzer (ca. 1820).

– I: der Esprit der Herzogin von Guermantes stammt von M. ab: 459

– II: Mme de Villeparisis' Vater hat M. bei Stendhal getroffen: *388*

– III: M hätte auch in einer absichtlichen Schroffheit M.s noch Verfeinerung gesehen: *278* f.; bevorzugter Autor der Herzogin von Guermantes: 665; mit Baudelaire in gegenseitiger Verachtung verbunden: 764

– V: hat sich über Baudelaire lustig gemacht: 41; Brichot findet in den Gesprächen mit Charlus den exotischen Reiz, den M. bei seinen Reisen in Spanien empfunden hat: *447*

*Merlerault, Vicomtesse du.

– IV: Schwester des »alten« Chaussepierre: *106*

Merlet, Gustave (1828–91): Autor diverser literaturkritischer Studien, inbes. der *Études littéraires sur les classiques français de la rhétorique des classes superieures et du baccalauréat ès lettres* (1875).

– II: seine Erwähnung in einem Schulaufsatz kann nicht schaden: *663*

Mérovée (412–457; dt.: Merowech): König der salischen Franken.

– IV: Ms Großmutter missfällt, dass Thierry ihn als »Merowig« bezeichnet: 323

Merowig: *s.* Mérovée.

Méséglise, auch: Méséglise-la-Vineuse: halbfiktiver Ort bei Combray in Richtung Swann. In der Nähe von Illiers befindet sich ein Ort »Méréglise«.

– I: die Soldaten kommen aus der Richtung M.: *128*; Familien-Spaziergänge in Richtung M.: 188 f.; 203–205, 209; einsame Spaziergänge Ms in Richtung M.: 213 f., 216, 219, 230, 255; Ms Erinnerung an die Seite von M. unauslöschlich: 257–259; Swann denkt wehmütig an den Wind, der von M. herüberkam: 372

– III: Françoise singt ein Loblied auf M.: 30 f.; M denkt an die Spaziergänge

nach M. zurück: 77, 112, 128, 159, 521; Françoises Tochter graut es vor einer Rückkehr nach M.: 197 f.; der Prinz von Les Laumes war Abgeordneter für M.: 637; die Seiten von M. und von Guermantes treten nicht miteinander in Verbindung: 703
- IV: der Dialekt von M.: 181; M erinnert sich daran, wie ihn auf dem Weg nach M. nach einem Bauernmädchen verlangt hat: 216
- V: der Pfarrer von Combray zeigt einem Adligen aus M. den rechten Weg: 15 f.
- VI: Legrandin nennt sich jetzt Legrandin de M.: 354; Legrandin nennt sich nunmehr sogar Graf von M.: 364 f.; Gilberte will über Guermantes nach M. gehen: 389 f.; Gilberte gehörte ganz und gar zur Seite von M.: 395
- VII: die Schlacht um M.: 91 f.

Messalina (um 15 – 48 n. Chr.): dritte Frau des Kaisers Claudius, Mutter von Britannicus; berühmt-berüchtigt für ihre Morde und Ausschweifungen, von Claudius zum Tode verurteilt.
- II: man kann leicht in einem jungen Mädchen ohne Vorurteile eine M. vermuten: *701*
- III: die vollkommenen Messalinen liefern den Anblick einer hochmütigen Dame von mindestens siebzig: *265*

Metis: eine Okeanide; Göttin der List und der Zauberei, Mutter der Athena.
- IV: die erste Gattin Jupiters: *128*

Metope aus Olympia: vom Zeustempel in Olympia, 4. Jh. Darstellung der elften Arbeit Herkules', der Raub der Äpfel der Hesperiden; die Frauenfigur in der Metope ist nach Hamann Athene.
- II: eine Gebärde der Berma gemahnt an die einer Hesperide auf einer M. aus Olympia: *184*

Métra, Olivier (1830–89): Dirigent und Komponist, u. a. des *Rosenwalzers*.
- I: Swann hält nach Gelegenheiten Ausschau, M. dirigieren zu sehen, um sich in Odettes Vorstellungswelt versetzen zu können: *341*

Metternich, Fürstin von (1836–1921): Prinzessin Pauline Sándor, Gattin von Richard Clemens Hermann Fürst von Metternich (1829–95), dem österr. Botschafter in Paris von 1852 bis 1870. Proust ist ihr 1898 bei einem Empfang begegnet.
- II: Bergotte wurde Norpois durch die Fürstin von M. vorgestellt: *68*
- III: glaubt, sie hätte Wagner lanciert, weil sie Victor Maurel kennt: *757*
- V: leidenschaftliche Wagner-Anhängerin: *371*

*Metzgergeselle in einer Schlachterei in der Nachbarschaft des Erzählers.
– V: wie ein schöner Engel am Tage des Jüngsten Gerichts: 183 f.
– VII: ist zu Françoises Erleichterung noch nicht im einzugsfähigen Alter: 84
*Metzgerin, die: s. Françoise, Nichte von.
Meudon: Ort bei Paris, berühmt für seine Aussicht und sein Schloss von Mansart. Pfründe, die Rabelais zugewiesen wurde, wo er aber tatsächlich nie gelebt hat.
– III: der Übergang vom angelegten Park des Bois zu den natürlichen Höhen von M.: 519
– IV: Anspielung auf Rabelais: *627*
Meulan: Meulan-en-Yveline, Festungsstadt am Unterlauf der Seine, etwa 40 km westl. von Paris, mit Kirche und Brücke aus dem 12. Jh.
– I: die Verdurins nehmen Odette nach M. mit: *401*
Meulen, Adam Frans van der (1632–90): Schlachtenmaler Ludwigs XIV.
– III: Wolken und blauer Himmel wie in Bildern van der M.s: *520*
Meyer, Arthur (1844–1924): nationalistischer Journalist und Anti-Dreyfusard; Herausgeber des *Gaulois*.
– VII: selbst Charlus könnte einen Hecht wie M. schlucken, wenn er à la Chambord angerichtet würde: *98*; eine Wahl Saint-Loups ins Abgeordnetenhaus hätte M. Fluten von Tränen entlockt: 229
Meyerbeer, Giacomo (1791–1864): dt.-frz. Komponist.
– IV: Morel spielt ihn als Debussy: *488*
Mézières, Alfred (1826–1915): Professor an der Sorbonne, Literaturwissenschaftler (Shakespeare, Goethe, Dante), Mitglied der Académie.
– II: hielt in der Académie eine Laudatio auf Victor Hugo: *13*
Michael: Erzengel.
– IV: einer von Charlus' Schutzpatronen: 492 f., 610
– VII: hat Charlus vor Unheil bewahrt: 161
Michelangelo Buonarroti (1475–1564): ital. Maler, Bildhauer und Architekt.
– II: Françoise ein M. der Küche: 26, 44
– V: Vinteuil malt sein musikalisches Fresko mit der Verve eines M.: *344*; Brichot relativiert die Gerüchte um M.s Homosexualität: *401*
– VII: die grimassenhafte Klarheit der Züge in Porträtstudien M.s: 348
Michelet, Jules (1798–1874): frz. Historiker und Naturhistoriker.
– III: Charlus zitiert seine Bemerkung über die Guermantes: 386 f.

– IV: Quallen von M.s Standpunkt aus betrachtet sind eher wie Geschmeide: *42*
– V: seine größten Schönheiten findet man in den Vorworten zu seinen Werken: 213
– VII: Mme Molé stellt Brichot auf eine Stufe mit M.: 142
Mignard, Nicolas (1606–68) und Pierre (1612–95): Brüder; frz. Porträtmaler.
– III: seine Porträts der Onkel von Charlus: *753*; der »Mignard« des Herzogs von Guermantes: 778 f.
Milchkaffeeverkäuferin am Zug.
– II: wird von M bewundert: 313–316
– VI: M erinnert sich an das Milchmädchen in den Bergen am Zug nach Balbec: 217, 303
*Milchmädchen des Grand-Hôtel Balbec.
– II: bringt Sahne ins Grand-Hôtel: 393
*Milchmädchen in der Nähe des Ministers.
– VII: hat gehört, wie die Menge einem Minister »Monsieur Bakschisch« zurief, bevor er in die grüne Minna stieg: 363
*Milchmädchen von gegenüber: *s.* Rotkittelchen.
Mildé: Elektrofachgeschäft in der Rue du Faubourg-Saint-Honoré, gegr. 1900.
– II: die Verdurins lassen von M. elektrisches Licht in ihrem neuen Haus verlegen: *248*
Mill, John Stuart (1806–73): engl. Philosoph, Vertreter des Empirismus: die Wahrnehmung gibt Aufschluss über eine objektiv gegebene (oder äußere) Wirklichkeit.
– IV: Renée de Cambremer studiert ihn eifrig: *447*
Millet, Jean-François (1814–75): frz. Maler vorwiegend von Szenen aus der bäuerlichen Arbeitswelt.
– IV: für Renée de Cambremer ist ein Bauer von M. die äußerste soziale Grenze, bis zu der sie einen Künstler gehen lassen würde: *447*
Minerva: bewaffnete röm. Schützerin der Künste und Wissenschaften, der griech. Athene entsprechend.
– III: ihr fransenverzierter Schild: *74*; ihr authentisches Porträt im Lexikon: 354
– IV: die beiden Surgis-Söhne verkörpern ausschließlich die Schönheit der M.: 124
Minos: mythologischer König von Kreta, Sohn von Zeus, Richter in der Un-

terwelt. Der Minos zugeschriebene Palast in Knossos wurde ab 1900 von Arthur Evans ausgegraben.
– II: die Rezeptionisten im Grand-Hôtel Balbec werfen den strengen Blick eines M. auf M: 324; Archäologen graben den Palast des M. aus: *709*

Mirandole, Pic de la: Giovanni Pico della Mirandola (1463–94), ital. Wunderkind und Philosoph.
– IV: die Herzogin von Guermantes verwechselt absichtlich den Namen Julien de Monchâteau mit dem von P.: *437*

Miribel, General Marie-François Joseph de (1831–93): förderte als Generalstabschef sowohl Picquart als auch dessen Widersacher Henry.
– III: Norpois setzt großes Vertrauen in sein Urteil: *315*

Mirlitons: Club des Mirlitons, Spitzname des Cercle de l'Union Artistique, einer akademischen Künstlergruppe in der Rue de Choiseul (dort gegr. 1860) und später an der Place Vendôme.
– I: Mme Cottard hat dort ein Porträt von Machard gesehen: *514*

Mirougrain: Landsitz von Tante Léonie und kleine Siedlung etwa 1 km nordwestl. von Illiers.
– I: Tante Léonie könnte einen Sommer auf ihrem Gut M. verbringen: *164*
– VI: der Bauer, dem Tante Léonie M. abgekauft hat, nennt sich jetzt Ménager von M.: 364 f.

Mistinguett: Künstlername von Jeanne Bourgeois (1875–1956); Varieté-Sängerin.
– VII: die Herzogin von Guermantes findet sie anbetungswürdig: *425*

Mithridates: König Mithridates Eupator von Pontos (um 120 – 63 v. Chr.), der sich einer Sage nach durch Einnahme kleiner Giftdosen gegen Giftanschläge gefeit haben soll, so dass es ihm nicht gelang, sich zu vergiften, als er besiegt wurde.
– IV: gegen die Fehler einer Zufallsbekanntschaft sind wir »mithridatiert«: *88*

Mnemosyne: Titanin, Göttin der Erinnerung und des Gedächtnisses, Mutter der neun Musen.
– IV: eine in der Reihe der Jupiter-Gattinnen: *128*; ihr ist der Weihrauch als Duft zugeordnet: *328*

Modell Manets: Victorine Louise Meurent (1844–1927), frz. Malerin.
– III: der Prinzessin von Parma ist die Tante des Zaren unendlich viel vetrauter als das M.: *700*

Modena, Herzog von: ital. Herzogengeschlecht aus dem Haus d'Este; 1452 begründet, 1875 in der männl. Linie erloschen.
– III: die Mutter des Prinzen von Agrigent war eine Enkelin des Herzogs von M.: *727*
Modena-Este, Graf von.
– VI: Unterzeichner der Todesanzeige für Mlle d'Oloron: 363
Modène, Marquis von: Bekannter von Charles Haas, den Proust 1897 kennenlernte.
– III: Delion stellt für ihn eine spezielle Art von Zylinder her: *776*
– VI: Oriane trifft ihn im Salon der Mme Leroi: 361
*Mönch: Schwager von Marcels Großmutter.
– III: beobachtet M heimlich, während er am Krankenbett der Großmutter betet: 457 f.; wird »keine Blumen bitte« genannt: 460
Moira: das Schicksal des einzelnen, zur Göttin personalisiert.
– III: seine M. hat Picquart auf eine Seite geführt, die nicht die seinige war: 315
*Molé, Gräfin: Als historisches Vorbild diente vermutl. die Schwiegermutter von Prousts bewunderter Freundin Anna von Noailles, Clotilde-Caroline-Antoinette de la Ferté-Meung, Gräfin Molé de Champlâtreux (1831–1931), verh. Herzogin von Noailles (verw. seit 1895).
– III: hinterlässt bei der Herzogin von Guermantes einen Briefumschlag anstelle einer Visitenkarte: *789–791*; die Herzogin antwortet entsprechend: 796
– IV: wickelt Charlus in ihren ausladenden Rock ein: 107; war bei einer Aufführung Bergottes bei den Swanns: 109, 123; Charlus hängt sich an sie dran: 130 f.; in der Theaterloge mit Mme Swann und Mme de Marsantes; ist dabei, die »Löwin« ihrer Zeit zu werden: 206; Mme Verdurin ist an ihr interessiert: 462 f., 507
– V: Morel verfasst in Charlus' Auftrag verleumderische Zeitungsartikel über sie: 299; Charlus wütet wider sie gegenüber Mme Verdurin: 315–317, 373–375
– VI: beginnt, sich mit Mme Swann anzufreunden: 229 f.; Gilberte hat Monsieur de Bréauté erst durch die Gräfin M. kennengelernt: 246; Charlus umgibt sich mit dem Putz der Mme M. im Dienste einer gynophilen Sache, die nicht die seine ist: 382
– VII: selbst Charlus könnte einen Karpfen wie Mme M. schlucken, wenn er

à la Chambord angerichtet würde: *98*; verteidigt Charlus gegenüber Mme Verdurin: *104*; bewundert, aber verleugnet Brichot: 141 f.; M nimmt ihre Einladung nicht wahr: 491

Molé: Louis Mathieu, Comte Molé (1781–1855); Führer der konservativen Partei unter Louis-Philippe, Präsident der Académie, der 1845 die Aufnahmefeier für Vigny organisierte.

– I: Ms Großvater ist am Leben von Männern wie M interessiert: *34*

– II: Mme de Villeparisis zieht M einem Hugo oder Balzac vor: *388*; verfügte über Geist und Takt: 404, 410

– III: Mme de Villeparisis erinnert sich sehr gut an ihn; sein Hut: *258*, 286

Môles, Baudoin de: Lehensherr im 11. Jh.

– IV: Brichot führt einen Ortsnamen auf Baudoins Namen zurück: 692

Molière: Künstlername von Jean-Baptiste Poquelin (auch: Pocquelin; 1622–73), Autor zahlreicher Komödien, auf die Proust wiederholt anspielt.

– I: bei Schlaflosigkeit sagt man sich ohne Unterlass z. B. einen Vers von M. auf: *44*

– II: Norpois belegt Swann mit einem unausgesprochenen Wort von M.: 57; durch die Verkürzung des historischen Blicks befindet sich M. auf einmal Seite an Seite mit Victor Hugo: 146; Mme de Villeparisis und Ms Großmutter verhalten sich wie zwei Figuren in manchen Stücken von M.: 365; Vater Bloch nennt M. ironisch als Gast Nissim Bernards: 476

– III: Ms Großmutter machte Anspielungen auf M.: 422 f.; bei der Ankündigung des Arztes »Dieulafoy« glaubt man bei M. zu sein: 462; das »Veto« der medizinischen Fakultät klingt ebenso lächerlich und schrecklich wie das »Juro« bei M.: 618; die abwegige Kritik gibt den ganzen M. hin für einen Vers aus dem *Étourdi*: 634

– IV: die Unterhaltung zwischen Charlus und dem Herzog von Sidonia gemahnt an eine M.-Komödie: 59; die Medizin hat seit M. kleine Fortschritte gemacht: 63; Charlus als Scapin: 138; Céleste beruft sich auf M.: 339; Anspielung auf *Le Malade imaginaire* (Monsieur Purgon): 403; Brichot spricht von M. als seinem »guten Meister Pocquelin«: *403*; Anspielung auf *L'Avare* (Harpagon): 443; Cottard vermeidet sein Wort *cocu*: 501; Anspielung auf *La Comtesse d'Escarbagnas*: 566; Morel hat nicht einmal M. gelesen: 567; Charlus führt Scheingefechte wie bei M.: 651

– V: Charlus zufolge homosexuell: *411*

– VII: verschiedene Meinungen über Molières *Misanthrope*: *409*

einzelne Werke:
Amphitryon: IV: 353
Avare, L': IV: 443
Bourgeois gentilhomme, Le: IV: 651
Comtesse d'Escarbagnas, La: IV: 566
Étourdi, L': III: 634
Femmes savantes, Les: IV: 139, 270
Fourberies de Scapin, Les: IV: 138
Malade imaginaire, Le: IV: 403
Mariage forcé, Le: III: 286
Misanthrope, Le: II: 628 f.; VII: 409

Moltke, Helmuth von (1800–91): dt. Generalfeldmarschall.
– VII: Saint-Loup entnimmt den Vorhersagen M.s, dass der Krieg kurz sein wird: *74*

*Momo: familiärer Name des Neffen Moses der Lady Israël.
– III: auch das Judentum neigt zu albernen Koseformen wie z. B. »Momo«: 512

Monaco, Fürst von: Albert I. (1848–1922) aus dem Haus Grimaldi; regierte von 1889 bis zu seinem Tod.
– III: Saint-Loup hält ihn für einen Handlanger Wilhelms II.: 556
– V: hat der frz. Regierung eingeflüstert, Deutschland werde seine Drohung wahr machen: 492

Monaldeschi, Marquis Jean de: Geliebter der Königin Christina von Schweden; auf deren Geheiß 1657 im Schloss von Fontainebleau ermordet.
– IV: im Palais der Prinzessin von Guermantes zu übernachten erschiene der Herzogin von Guermantes so anheimelnd wie in dem Zimmer zu übernachten, in dem M. ermordet wurde: *100*

Monchâteau, Julien de: Dem Kontext nach hat Proust eventuell François Chastelet de Beauchâteau (*1645) im Auge, frz. Wunderkind und Dichter (1661 verschollen in Persien).
– IV: die Herzogin von Guermantes verwechselt absichtlich den Namen Julien de M. mit dem von Pic de la Mirandole: *437*

Monet, Claude (1840–1926): frz. Maler, der i. a. dem Impressionismus zugerechnet wird.
– IV: Renée de Cambremer schwärmt von seinen *Seerosen*: *288*; sie bewundert Manet, zieht aber M. vor: *290*

– V: Charlus spricht im Ton eines Schülers von M., der sich über die Kubisten äußert: 417
– VII: die jungen Leute haben nicht, wie Swann oder Verdurin, Lehren über die Wahrheit von M. empfangen: 112
Monomotapa: ein vorkoloniales Königreich im südlichen Ostafrika, etwa das heutige zentrale Mozambique und östliche Zimbabwe umfassend. Schauplatz von La Fontaines Fabel *Die beiden Freunde* (8. Buch, Nr. 11 der *Fabeln*).
– II: Charlus verweist auf die starken Gefühle in La Fontaines Fabel: 459
Monseigneur: Anrede für den frz. Thronfolger im Ancien régime, hier: Louis de France (1661–1711), gen. »le Grand Dauphin«, ältester Sohn Ludwigs XIV.
– III: empfing ausländische Herrscher im Freien, um das Problem des Vortritts zu umgehen: 587
– VII: die Herzogin von Guermantes hat ihn gekannt: 335
*Monserfeuil, General de.
– III: die Herzogin von Guermantes weigert sich, sich bei ihm für Saint-Loup zu verwenden; sein Versagen bei den Kreiswahlen: *686* f., 690 f.; stellt dem Herzog eine genealogische Frage: 725; hat die Herzogin gefragt, ob ihre Steine echt seien: 782
Monsieur: *s.* Orléans, Herzog Philippe I von.
Monsieur le Duc (1668–1710): Louis III de Bourbon-Condé, Enkel des Grand Condé.
– III: will sich nicht zu Kammerdiensten für »Monsieur« einteilen lassen: *587* f.
Mont Valérien: Hügel und Ausflugsgebiet im Osten von Paris.
– III: der Übergang vom angelegten Park des Bois zu den natürlichen Höhen des M.: 519
Montague: Romeos Familie in Shakespeares *Romeo und Julia*.
– IV: die Hindernisse zwischen Romeo und Julia sind nichts im Vergleich zu den Hindernissen zwischen einem Charlus und einem Jupien: *43*
Montalembert, Charles Forbes de Tryon, Comte de (1810–70): Politiker und Schriftsteller, Vorkämpfer für einen liberalen Katholizismus. Mitglied der Académie.
– III: verkehrte in Mme de Villeparisis' Salon: *260*
*Montargis, Damoiseau von: einer der Titel des Barons von Charlus.
– IV: Charlus verweist Monsieur Verdurin auf seinen Platz: *473*

Montchrestien, Antoine de (1575–1621): Theaterautor; sein Stück *Aman* (»Haman«) behandelt die Esther-Geschichte, die während der babylonischen Gefangenschaft spielt.
– II: Gisèle hätte ihn in ihrem Aufsatz erwähnen müssen: *661*
Monte-Carlo: Hauptstadt von Monaco.
– I: Odette bewundert M.: 341
– IV: Féterne wie ein Park in M.: 291; Paris muss noch toller sein als M., meint der Liftboy: 588
Monte Rosa: Gebirgsmassiv an der Grenze zwischen der Schweiz und Italien.
– V: die Speiseeis-Gipfel aus dem Ritz sehen aus wie der M.: 172
Montecitorio, Palazzo: Sitz des ital. Abgeordnetenhauses.
– II: Teil des Zierats in Norpois' Zeitungsartikeln: *50*
*Monteriender, Gräfin von: Gast bei der Soiree Saint-Euverte.
– I: findet Vinteuils Sonate »das Stärkste seit dem Tischrücken«: *484*
Montespan, Madame de (d. i. Françoise-Athénaïs de Rochechouart, Marquise de Montespan; 1641–1707): ihr Vater war der 1. Herzog von Mortemart, ihr Bruder der Herzog von Vivonne.
– IV: genießt die Gastfreundschaft Ludwigs XIV.: *243*
Montesquieu, Charles de Secondat, Baron von (1689–1755): frz. Autor und Philosoph.
– IV: hat Flaubert vorausgenommen: *296*; der Herzog von Guermantes spricht von ihm nur als »der Herr Präsident Secondat de Montesquieu«: 382; Monsieur de Chevregny sagt einfach »Montesquieu«: 674
Montesquiou: vermutl. Robert de Montesquiou (1855–1921).
– IV: wüsste durchaus, wer Victurnien d'Esgrignon ist: *142*; jemand, der von ihm als Monsieur de »Montesquiou-Fezensac« spricht, beweist, dass er nicht zur besseren Gesellschaft gehört: 461
Montesquiou (Familie).
– IV: sind auch nach Charlus' Standards von gutem Adel: 678
– V: alte Familie, deren Herzogstitel jedoch erst aus dem 19. Jh. stammt: *314*
Montesquiou, Madame de: vermutl. Émilie Gabrielle de Pérusse de Cars (1844–1910), Gattin des Grafen Bertrand de Montesquiou, einem Vetter von Robert de Montesquiou.
– V: Charlus begrüßt sie bei der Soiree Verdurin: 368
Montfort, Charles-Honoré de Luynes, Herzog von (1669–1704): Sohn des Herzogs von Chevreuse.

– III: Saint-Simon zitiert ihn: *588*
Montfort-l'Amaury: Ort im Dép. Seine-et-Oise, bei Rambouillet, mit Kirchenfenstern aus dem 16. Jh.
– IV: die Herzogin von Guermantes gibt vor, nach M. zu reisen: *120–122*
Montgommery: amerikan. Name.
– IV: hat mit der Familie aus Pembroke nichts zu tun: *672*
Montgommery (Familien): auch: Montgomery, Montgomerie. (1) normann. Adelsfamilie, die auf Roger I. (um 1005–94) zurückgeht; heute erloschen. (2) schott. Adelsfamilie, die auf Arnulf (1079–1119), Count of Pembroke, zurückgeht. Arnulf, ein Sohn Rogers, wurde aus England verbannt und ging nach Schottland.
– IV: die Frage der beiden Familien M. muss noch geklärt werden: 705
*Montjeu, Marie de Castille: Urgroßmutter von Monsieur d'Ornessan, Frau von Timoléon de Lorraine. Historisches Vorbild ist sicherlich Marie Jeannin de Castille (1680–1736), Marquise de Monjeu, die mit Anne Marie Joseph de Lorraine (1679–1739), Prince de Guise, verheiratet war; soweit sich die Genealogie verfolgen lässt, hatte sie keine Urenkel.
– III: M. ist der Mädchenname der Mutter von Monsieur d'Ornessan: *723*
Montjouvain: Landsitz am Weg nach Méséglise. Vermutl. nach einem gleichlautenden Gehöft (»Montjouvin«) etwa 2 km südl. von Illiers benannt, nahe der Thironne.
– I: Landsitz von Monsieur Vinteuil: *159*; Vater und Tochter Vinteuil fahren nach der Kirche nach M. zurück: 161; man trifft die Tochter jetzt dort öfter zusammen mit einer älteren Freundin: 205; Ms Familie und Swann tun so, als wüssten sie nichts von den Vorgängen in M.: 209; M geht bei M. spazieren: 216 f.; M belauscht Vinteuils Tochter und ihre Freundin in M.: 222
– IV: Rückerinnerung an die beobachtete Szene in M.: 16, 712, 715, 718; in Ms Phantasie nimmt Albertine den Platz der Freundin von Mlle Vinteuil ein: 731 f.
– V: Ms Reminiszenzen an die Ereignisse in M.: 23, 100, 110, 173, 358, 457; Albertine will nicht in der Nähe von M. Urlaub machen: 508; M will verhindern, dass Albertine nach M. fährt: 564
– VI: evtl. ist Albertine nach M. geflohen: 25 f.; die Pietät, die das Werk Vinteuils wieder zum Leben erweckt hat, ist aus dem fragwürdigen Milieu von M. hervorgegangen: 272 f.; Ms Liebe zu Albertine führt über Assoziationen immer wieder auf die lesbische Szene von M.: 323

Montmartin-en-Graignes: Station der Lokalbahn in der Nähe von La Raspelière; auch Ort im Dép. Manche (Untere Normandie, Arr. Saint-Lô).
– IV: Brichot über die Etymologie: *402*

Montmartin-sur-Mer: Station der Lokalbahn in der Nähe von La Raspelière; auch Ort an der Westküste des Cotentin, im Dép. Manche.
– IV: die Dame im Zug, die wie eine Puffmutter aussieht, steigt auch hier nicht aus: *358*; Brichot über die Etymologie: *402*

Montmorency (Haus): bedeutendes frz. Adelsgeschlecht, von Heinrich IV. zum »ersten Haus Europas« erklärt. Die Mitglieder tragen seit 1327 den Titel »erste Barone von Frankreich«.
– I: die Gespanne der Herzoginnen von M. rollten einst über den Hof des »Oiseau Flesché« in Combray: 232
– II: nennen sich nach Charlus' Meinung fälschlich die ersten Barone von Frankreich: 449; nennen sich die ersten Barone von Frankreich: 570
– III: Monsieur Thirion hat geschwankt, ob er sich nicht den Namen »de Montmorency« anmaßen sollte: *396*; die heutigen M. sind laut Charlus keine echten M.: 712; Titel von Napoleon III. verliehen: 794

*Montmorency, Henriette: Tochter von Madame de Charleval.
– IV: M besucht ihren Empfang für die Königin von England: 91; grüßt zu deren Verwunderung die Herzogin von Guermantes: *106*

Montmorency, Herzog Adalbert von: Adalbert de Talleyrand-Périgord, Duc de Montmorency (1837–1915); Mitglied des Jockey-Clubs. Der Titel »Duc de Montmorency« war ihm 1862 nach dem Tod seiner Mutter Alice, der letzten echten Trägerin des Titels, durch Napoleon III. verliehen worden; auf diesen Sachverhalt dürfte sich Charlus' Bemerkung beziehen, die Montmorencys trügen den Titel »erste Barone von Frankreich« zu Unrecht.
– II: grüßt Mme Swann im Bois: *294*
– III: der Herzog von Guermantes spricht von ihm als »Périgord«: 794
– VII: tritt bei Charlus' Totenappell an: *242*

*Montmorency, Herzog von, der Ältere: Historisches Vorbild ist sicherlich Herzog Napoléon Louis von Talleyrand-Périgord (1811–98), der in erster Ehe die Schwester des letzten Herzogs und Titel-Erbin, Anne Louise Alix de Montmorency (1810–58), der Linie Montmorency-Fosseux geheiratet hatte und deshalb – wenn auch ohne Rechtsgrundlage – »Herzog von

Montmorency« genannt wurde. Er starb am 21. 3. 1898, also passend zur Rekonstruktion der erzählten Zeit durch Hachez: *Chronologie* als vor Mitte 1898.

– III: kürzlich verstorbener Cousin der Madame de Marsantes: 337; Vater der Marquise von Amoncourt: 642

Montmorency, Herzogin von (1): Witwe des Herzogs von Montmorency. Historisches Vorbild ist vermutl. Pauline de Castellane (1823–95), die zweite Gattin des Herzogs Napoléon Louis von Talleyrand-Périgord.

– II: Swann grüßt sie im Bois: 158

– III: sagt M gern unangenehme Dinge: 763 f.; ist mit Swann in Venedig und Vicenza gewesen: 796 f.

Montmorency, Herzogin von (2): vermutl. Cécilia Ulman (1863–1927), zweite Gattin des letzten Herzogs von Montmorency, Louis de Talleyrand-Montmorency (1867–1951).

– VII: jemand, der mit ihr Umgang hat, kann nicht verkehrt sein: 50; Charlus berauscht sich an ihren Äußerungen und ihren Toiletten: 106; geht kaum noch aus: 376

Montmorency, Herzogin von (historisch): Wegen der Nähe zur Fronde wäre hier als historisches Vorbild an Charlotte-Marguerite (1594–1650) zu denken, Gattin von Henri II de Bourbon-Condé, die 1610 von Rubens (oder einem Schüler Rubens') porträtiert wurde (Frick Art Mus.). – Wegen des Hinweises auf den Rückzug ins Kloster wäre an Marie-Felice Orsini (1601–66) zu denken, die sich nach der Hinrichtung ihres Gatten Henri II de Montmorency 1632 in das Kloster zurückzog, das sie in Moulins (Dép. Allier; etwa 300 km südl. von Paris) gegründet hatte, das allerdings nicht im Osten liegt, wie in WG gesagt wird. Ihr Schicksal wird von Saint-Simon in den *Mémoires* beschrieben. Die Kinder aus dieser Ehe mit Henri II de Bourbon-Condé spielten eine große Rolle in der Fronde. Sie wurde zudem 1610 von Rubens (oder einem Schüler Rubens') sehr reizvoll porträtiert (Frick Art Mus.).

– III: ihr Gemälde; das Interesse des Historikers der Fronde daran: 254, 266 f., 271, 298

Montmorency, Mademoiselle de: Vermutl. steht als historisches Vorbild Dorothée (gen. »Dolly«) von Talleyrand-Périgord (1862–1948) dahinter, die 1881 den Prinzen Karl-Egon IV. von und zu Fürstenberg (1852–96) heiratete, und in zweiter Ehe 1898 Jean de Castellane (1868–1965).

– II: begehrte Verbindung: 60
Montmorency, Schwester des Herzogs von: Historisches Vorbild ist sicherlich die Schwester des Herzogs Napoléon Louis von Talleyrand-Périgord, gen. »von Montmorency«, Joséphine Pauline (1820–90). Sie heiratete Henri de Castellane (1814–47); ihr einziger Sohn war Antoine de Castellane, der Vater des Proust-Bekannten Boniface de Castellane.
– III: ist die Mutter von Norpois: 711 f.
Montmorency, Vizegräfin und Vizegraf.
– VI: Unterzeichner der Todesanzeige für Mlle d'Oloron: 363
Montmorency-Luxembourg, Herzogin von: Der »kurzen« bzw. der »langen« Chronologie nach kämen hier die erste bzw. die zweite Gattin von Napoléon Louis Eugène de Talleyrand-Périgord (1867–1951) in Frage, der allerdings erst 1915 8. (und letzter) Herzog von Montmorency-Luxembourg wurde; er war in erster Ehe mit Anne de Rohan-Chabot (1873–1903) verheiratet, in zweiter mit Cecilia Ulman (1863–1927) und in dritter mit Gabrielle Ida Lefaivre (1896–1985). Die 7. Herzogin, Ida Marie Carmen Aguado y Mac Donnel, starb bereits 1880.
– III: in der Oper: 53
– IV: M erhält bei ihrer Matinee für die Königin von England eine Lektion in höfischer Liebenswürdigkeit: 91; ihre Ansichten über die Herzogin von Guermantes, und umgekehrt: *210* f.; Ms Vergnügen, ihr Anwesen zu besuchen: 211 f.; der Prinz von Guermantes besucht sie für einige Tage (in der Umgebung von Balbec): 661; ihre Fotografie lässt Morel vor Schreck erstarren: 667
– V: Charlus spöttelt über ihre Einladung, »an sie zu denken«: 361
Montmorin, François-Gaspard de Montmorin, Marquis de Saint-Hérem (1621–1701): Großwolfsjägermeister von Frankreich.
– VII: Ludwig XIV. wusste nicht, dass Saint-Hérem ein M. war: *380*
*Montpensier, Herzoginnen von.
– I: ihre Wagen rollten im 17. Jh. über den Hof des Gasthofes »L'Oiseau Flesché« in Combray: *232*
*Montpensier, Mademoiselle de.
– III: die Großmutter der Herzogin von Guermantes ist eine M.: *603*
*Montpeyroux, Gräfin von: Schwester der Vizegräfin von Vélude.
– III: wird »Kleinchen« genannt, weil sie so dick ist: *582*
*Montpeyroux, Marquis von.

– IV: kommt in Jägermontur an die Bahn; bittet M, seinen Sohn zum Lesen anzuhalten: 704

Montretout: Stadtteil von Saint-Cloud.

– II: Ms Mutter verbringt dort den Sommer: *306*

*Montrose, Herzogin von: Titel der schott. Adelsfamilie Graham. Douglas Graham, Herzog von Montrose (1852–1925), heiratete 1876 Violet-Hermione Baronin von Graham (1854–1940).

– III: Verwandte oder Freundin des Herzogs von Guermantes: *770*

*Montsurvent, Monsieur de: vermutl. gänzlich fiktiv; auch als Familienname nicht bei Morlet: *Noms* gelistet.

– IV: erklärt M, dass die Saylors eine bedeutende Familie waren: *672*

Montsurvent: Ort in der Manche (bei Coutances).

– IV: drückt seine Häuser fest an sich, als M mit dem Auto durchbraust: 549; Monsieur de Chevregny fragt M, ob er am nächsten Tag mit ihm in M. essen wolle: 692

Morand, Paul (1888–1976): frz. Autor, der noch zu Prousts Lebzeiten eine längere Ode auf Proust schrieb.

– VII: Anspielung auf seine Novelle *Clarisse*: *145*

*Moreau, A. J.: Kollege von Marcels Vater.

– III: überlässt M seine Opernkarten: 45

*Moreau: von Madame de Cambremer missverstandener Name Morels.

– IV: man sagt, Charlus halte einen M. oder so ähnlich aus: *685*

Moreau, Gustave (1826–98): frz. Maler.

– I: Swann erscheint das Konzept der ausgehaltenen Frau so schillernd wie eine Erscheinung in einem Bild von M.: *368*

– II: die übermenschliche Statur seines Jupiter: 376; die Prinzessin von Guermantes besitzt Gemälde von M.: 449

– III: die Herzogin von Guermantes über sein Gemälde *Der junge Mann und der Tod*: 697 f.

*Morel, Charles: Geiger, Sohn des Kammerdieners von Onkel Adolphe.

– III: besucht M auf Bitten seines Vaters hin; ist eingebildet und ehrgeizig; wirft ein Auge auf Jupiens Nichte: 355–359

– IV: seine Begegnung mit Charlus am Bahnhof von Doncières: 361–365; Mme Verdurins musikalische Neuentdeckung: 416 f., 420; erscheint zusammen mit Charlus bei den Verdurins in La Raspelière: 423 f.; bittet M, seinen Onkel, den Kammerdiener, als »Gutsverweser« auszugeben; seine anschließende Unverschämtheit M gegenüber: 426–428, 434; seine sexuelle Vielseitigkeit: 429; Charlus breitet für seine Ohren seine ganze Feudalpracht aus: 480, 484; spielt Fauré, Debussy und Meyerbeer: 487–489; spielt Écarté mit Cottard: 493f., 500–506, 515f.; Autopartien mit Charlus: 561f.; sein sadistisches Gespräch mit Charlus in einem Restaurant in Saint-Mars-le-Vêtu: 561–565; Charlus belehrt ihn über Musikaufführungen und Lebensart: 565–567; geht mit dem Chauffeur auf Mädchenjagd: 568; seine Freundschaft mit dem Chauffeur: 591f.; konspiriert mit dem Chauffeur, um ihn an die Stelle des Kutschers der Verdurins zu setzen: 591–595; seine Scheinheiligkeit: 596; ist er mit Albertine besser bekannt?: 597; sein widersprüchlicher Charakter: 597–600; die Widmungen in Charlus' Buchgeschenken an ihn: 610; Charlus' Beziehung zu ihm: 613–615, 620–624, 629, 635–642; schwärmt M vom Haushalt seines Onkels Adolphe vor (»die 40a«): 633f.; seine Rolle in Charlus' fiktivem Duell: 642–657; seine Bitten um Geld: 657; seine Algebra-Lektionen: 660f.; sein Abenteuer mit dem Prinzen von Guermantes im Bordell von Maineville: 661–666; flieht vor dem Foto Charlus' im Ferienhaus des Prinzen von Guermantes: 666f.; nimmt Charlus' gesellschaftliche Lehren allzu wörtlich: 677f.; lehnt eine Einladung der Cambremers im letzten Augenblick ab: 678; taucht bei den Cambremers uneingeladen anstelle von Charlus auf: 681–683; ist nach Ansicht von Mme Verdurin nicht derjenige, den Charlus aushält: 685; seine Eifersucht auf Albert Bloch: 701

– V: geht mit Charlus zum Tee zu Jupien: 54–59; seine Gefühle für Jupiens Tochter und seine zynischen Absichten: 60–66; lässt durch Charlus bei Jupien um die Hand der Nichte Jupiens anhalten: 65–67; leiht durch Bloch Geld bei Nissim Bernard und zahlt es nicht zurück; sein Antisemitismus: 67–69; Jupiens Nichte wird sein schlechter Charakter klar: 86; seine Algebra-Stunden: 216f.; pöbelt seine Verlobte unflätig an: 218f.; sein Irrsinn: 242f.; seine Reue und sein Entschluss, mit den Jupiens zu brechen: 259–264; seine Beziehung zu Léa: 289–292; Charlus bewundert seinen Erfolg bei Frauen und sein Talent als Autor: 293–298; schreibt Hass-Artikel gegen Mme Molé: 299; lehnt in Charlus' Auftrag eine Einladung von Freunden der Verdurins ab, bei ihnen zu spielen: 309–311; Mme Verdurin beschließt, ihn von Charlus zu trennen: 330–332; er spielt das Sextett/Septett von Vinteuil: 334–340, 347; seine Beziehung zu Charlus: 357f.; Reaktionen auf seine Darbietung: 358f., 364, 368f., 373; weigert

sich, Bizet zu spielen: 391; die Verdurins manipulieren ihn dahingehend, mit Charlus zu brechen: 419–438; Charlus wartet sehnsüchtig auf seinen Besuch: 440
– VI: Charlus rezitiert Lyrik für ihn: 260 f.; hat laut Andrée eine Affäre mit Albertine gehabt: 263; seine Affäre mit Saint-Loup: 373–386
– VII: seine Beziehung mit Saint-Loup: *12*–18, 94; ist desertiert: 54; verfolgt Charlus mit seinem Hass in Zeitungsartikeln im Stil von Bergotte: 107–109; meldet sich schließlich doch noch freiwillig: 109; begegnet Charlus auf der Straße und verspottet ihn: 125; ist heterosexuell geworden: 126 f.; seine Angst vor Charlus: 159 f.; Charlus' postumer Brief an M über M.: 160–162; wird als Deserteur festgenommen, an die Front geschickt und mit einem Tapferkeitsorden ausgezeichnet: 227 f.; nach dem Krieg eine allg. respektierte Figur in der Gesellschaft: 373; die Herzogin von Guermantes behandelt ihn mit der größten Herzlichkeit: 424

*Moreul: von Madame de Cambremer missverstandener Name Morels.
– II: Alias von Bloch, das er gegenüber Mme Swann benutzt hat: 161

Morghen, Raphael (1758–1833; in der Erstausgabe: Morgan): florentin. Kupferstecher, spezialisiert auf die Wiedergabe berühmter Gemälde.
– I: wir können bei M. da Vincis *Abendmahl* in einem Zustand sehen, der heute nicht mehr besteht: *61*

*Morienval, Baronin von.
– III: in der Oper; schneidet schlecht ab beim Vergleich mit den Damen Guermantes: 53, 70
– VII: ist sich mit La Fontaine nicht ganz so sicher: 437 f.

*Morille: Madame Cambremers ungenaue Erinnerung des Namens »Morel«.
– IV: man sagt, Charlus halte einen M. oder so ähnlich aus: *685*

Mortagne: vermutl. Mortagne-au-Perche, Ort im Dép. Orne.
– IV: Brichots Etymologie: 691

Mortemart (Familie): Der in Saint-Simons *Mémoires* erwähnte (aber leider nicht illustrierte) »Esprit des Mortemarts« bildet das Vorbild für den »Esprit der Guermantes«.
– III: der Esprit der M. eine gewisse noch feinere Qualität aus der Zeit vor Ludwig XIV.: 590

Mortemart, »jene andere«: die Äbtissin von Fontevrault, Marie-Madeleine de Rochechouart (1645–1704), Schwester der Madame de Montespan.
– IV: Ludwig XIV. gewährt ihr Gastfreundschaft: *243*

Mortemart, der kleine: Von den Lebensdaten her könnte Proust am ehesten an Charles Louis Arthur Victurnien de Rochechouart (1908–1961) denken, 14. Herzog von Mortemart.

– VII: unterhält sich beim Empfang des Prinzen von Guermantes mit Gilbertes Tochter: 474

Mortemart, Herzog von (zur Zeit Ludwigs XIV.): Entweder Louis-Victor (1636–88), Duc de Vivonne, der am Hof Ludwigs XIV. (1638–1715) eine große Rolle spielte und fünf Töchter hatte; oder Louis (1663–1688), der ebenfalls am Hof Ludwigs zu Ehren kam und drei Töchter hatte. Keine der acht Mortemart-Töchter hat einen Norpois geheiratet.

– III: seine Tochter hat einen Norpois geheiratet: 724; die Poesie des Namens: 727

Mortemart, Herzogin Marie-Thérèse von: Zur erzählten Zeit war ab 1893 Arthur Casimir (1856–1926), Prinz von Tonnay-Charente, 10. Herzog von Mortemart; er war verheiratet mit Hélène Géraldine Sophie Vogt d'Hunolstein (1859–1904).

– III: eine geborene Guermantes; empfiehlt für ernste Fälle Dr. Dieulafoy: 455

– V: unterhält sich bei den Verdurins mit Charlus, aber nicht mit Mme Verdurin: 361–367; Cousine von Charlus: 364

Mortemart, Mademoiselle de: Antoinette de Rochechouart-Mortemart (1893–1972), über deren Vermählung am 3. 8. 1916 mit Louis-René de Gramont (1883–1963) der *Figaro* vom 4. 8. 1916 in derselben Rubrik berichtete, in der auch am 12. 9. 1916 zu Prousts Befremden über die Beerdigung des Prinzen Murat berichtet wurde; *s. Corr.* XV, S. 292–294.

– VI: ein Leser auf der Suche nach Kriegsnachrichten mag an deren Stelle auf eine Liste der Leute stoßen, die Mlle de M. ein Hochzeitsgeschenk gemacht haben: 230

Mortsauf, Madame de: Figur aus Balzacs *Szenen aus dem Leben in der Provinz* (*Die Lilie im Tal*).

– IV: Charlus vergleicht sie mit Renée de Cambremer: *679*

*Morue: von Madame de Cambremer missverstandener Name Morels.

– IV: man sagt, Charlus halte einen M. oder so ähnlich aus: *685*

Mosca, Graf: macchiavellistischer Staatsmann am Hof von Parma in der *Kartause von Parma* von Stendhal.

– III: hat etwas von Monsieur de Norpois an sich: 141; die Einladung Ms durch Herzogin von Guermantes zusammen mit der Prinzessin von Parma wie das Wunder, beim Grafen M. vorgestellt zu werden: *507*

Moses: biblische Gestalt.

– III: Empire-Betten in Form von Booten, bei denen man jeden Augenblick erwartet, dass M. ihnen entsteigt: 696

*Moses: Neffe von Lady Israël.

– III: wird »Momo« genannt: 512

Motteville, Françoise Bertaud Dame de (1615/21–1689): Kammerfrau Annas von Österreich (der Gattin Ludwigs XIII.), Autorin von *Mémoires*, insbes. die Jahre 1621–66 betreffend (postum publ. 1723).

– III: gewisse nervöse Züge erregen das beunruhigte Interesse ihrer Briefpartner: *726*

Mouchy, Anna de: Anna de Murat (1841–1924); heiratete 1865 Antoine de Noailles, Herzog von Mouchy.

– III: in ihrer Jugendzeit nannte man gewisse Kostüme »Louis-Quinze«: 699

– VII: geht kaum noch aus: 376

Mouchy, Antoine de: Antoine-Just-Léon-Marie de Noailles, Prinz von Poix, Herzog von Mouchy (1841–1909).

– VII: tritt in Charlus' Totenappell an: *242*

Mouchy, Herzog von: vermutl. Antoine Just Léon Marie de Noailles (1841–1909), 5. frz. Herzog von Mouchy, 6. span. Herzog von Mouchy und Herzog von Poix, der mit dem Gatten von Prousts enger Bekannten Anna de Noailles verwandt war.

– III: Swann sollte ihn bitten, für die Aufnahme Saint-Loups in den Jockey zu stimmen: 781

– V: M hätte gern Swann über Monsieur de M. befragt: *269*

Mounet-Sully (d. i. Jean-Sully Mounet; 1841–1916): spielte ab 1892 an der Comédie-Française die Titelrolle des *Ödipus Rex*, der im Sommer auch im antiken Theater von Orange (nicht Nîmes) aufgeführt wurde.

– IV: ihn im *Ödipus* zu sehen ist laut Charlus nur Kaka: *651*

– V: Charlus hätte sich nicht gescheut, zur allgemeinen Erheiterung M. zu imitieren: *285*

– VII: seine Auffassung von Molières *Misanthrope*: *409*

Mozart, Wolfgang Amadeus (1756–91): österr. Komponist.

– I: sein Quintett mit Klarinette: 458

– II: in Vinteuils Sonate sind manche Passagen von der kristallinen Klarheit M.s: 41
– IV: eine Dame aus Avranche, die M. nicht von Wagner unterscheiden kann: 290; Mme Verdurin nennt Morel ihren »kleinen Mozart«: 503
Muhammad (Mohammed, Mehmed) II. (1430–81), gen. »der Eroberer«: Sultan (1444–46 und 1451–81) des Osmanischen Reiches. Sein Porträt (1480) von Gentile Bellini (1429–1507) hängt heute in der National Gallery, London (bis 1916 in Venedig).
– I: Bloch erinnert Swann an M. in Bellinis Porträt: *139*, 487 f.
Murat (Familie): Vermutl. sind in WG die Nachkommen von Joachim Murat (1767–1815) gemeint, Marschall von Frankreich, König von Neapel 1808–15, insbes. Joachim-Joseph-Napoleon (1834–1901).
– III: der Prinz von Borodino speist bei den M.s: *176*
Murat, Prinz: vermutl. Joachim Joseph Napoléon (1834–1901), 4. Prinz von Murat, der den Titel von 1878 bis zu seinem Tod trug.
– V: Charlus würde sich weigern, ihm den Vortritt zu lassen: *63*
Murat, Prinzessin: *s.* Neapel, Königin (2) von.
Murcia: Stadt in Spanien. Ein Wohltätigkeitsfest für die Geschädigten der Hochwasserkatastrophe vom Oktober 1879 fand am 18. Dezember 1879 in Paris statt.
– I: Odette schreibt Swann einen Brief am Tag des Wohltätigkeitsfestes für die Hochwassergeschädigten von M.: *312*
Muse des Départements: Figur aus Balzacs *Szenen aus dem Leben in der Provinz* (*Dinah Piéderfer oder Die Muse des Départements*).
– IV: M will sie nicht mit Renée de Cambremer vergleichen: *679*
*Musiker, »ein großer«: Freund von Ski, zu Gast in La Raspelière. Jean-Christophe Branger vermutet in der *Revue d'histoire littéraire de la France*, 2014/2, S. 452, hinter dem großen Musiker Reynaldo Hahns Lehrer Jules Massenet, der der Beziehung zwischen Proust und Reynaldo Hahn mit großer Offenheit gegenübergestanden hat.
– IV: fördert Morels Karriere und dessen Beziehung zu Charlus: 620 f.
Musset, Alfred de (1810–57): Hauptvertreter der frz. Romantik; unglücklicher Liebhaber von George Sand.
– I: Ms Großmutter hatte einen Band M. für ihn ausgesucht: 59; Bloch verlacht Ms Begeisterung für M.: *129*
– II: Prinzessin Mathilde erzählt eine Anekdote über M.: 160; Mme de Ville-

parisis über M.s Pathos und Talent: 404; Mitschüler, die den M. der *Hoffnung in Gott* schon verachten, während wir ihn noch schätzen: 466
– III: die Herzogin von Guermantes schreibt einen Ausspruch von ihm Augier zu: 307 f.; wurde wegen seiner Verse abgelehnt, aber als Erzähler hoch gelobt: *633*; Mme d'Arpajon schreibt einen Vers aus *La Nuit d'Octobre* Hugo zu: 666
– VI: Zitat aus seinem *Sonnet au lecteur*: *222*; spricht in den *Poésies nouvelles* von der Hoffnung in Gott: *243*; Zitat aus *La Nuit d'Octobre*: *260* f.
– VII: trauert in *La Nuit d'Octobre* und in *Le Souvenir* der »Ungetreuen« nach: *310*; Rachel rezitiert beim Empfang des Prinzen von Guermantes M.s *Le Souvenir*: 413
Mussorgski, Modest (1839–81): russ. Komponist, insbes. der Oper *Boris Godunow*.
– V: Händlerrufe gemahnen an lyrische Deklamationen bei M.: *154* f.
*Mutter Moser: Swanns Mutter.
– VI: sagt immer »kuttn Tach, tie Häärn«; hätte sich nicht träumen lassen, dass er jemals Nachfahren haben würde, in deren Adern das Blut des Herzogs von Guise fließt: *346*
Myrtenallee in der *Aeneis*: Im VI. Gesang, V. 442–444, der *Aeneis* trifft Aeneas in einem Wald von Myrten auf die Seelen der Frauen, die aus Liebe gestorben sind.
– I: ein Teil des Bois ist wie die M. nur mit Bäumen eines einzigen Typus bepflanzt: 571
*N***, Großherzog.
– VI: Prinz Foggi hat seine Schwester geheiratet: *309*
*Nachbar von Monsieur Vinteuil: ein alter Gelehrter.
– I: er kann von Maubant und Mme Materna erzählen: 40
Napoleon I. Bonaparte (d.i. Napoleone Buonaparte; 1769–1821): Kaiser der Franzosen.
– II: Prinzessin Mathilde ist seine Nichte: 159; Prinzessin Mathilde spielt auf ihn als einen »Militär in der Familie« an: 162
– III: Gespräche in Doncières über N.s Strategie und Taktik: 151 f., 156; Prinz Borodinos Abstammung von und Ähnlichkeit mit N.: 171 f., 175 f.; seine Niederlage bei Waterloo: 584; seine unbedeutende Rolle im Werk Balzacs: 720; seine freigiebige Verfügung über Adelstitel: 793 f.
– IV: ist ein schlichter Bonaparte: 150

– VII: Flecken auf seinen Büchern beweisen, dass er Primtabak kaute: *34* f.; lässt vor dem Gegner nur eine ausgedünnte Mannschaft, um an anderer Stelle mit größerer Wucht angreifen zu können: *99*; Kaiser Wilhelm hat nichts anderes getan als N.: 150; lud die russ. Obrigkeit ein, die aber nicht kam: 182

Napoleon III. (d.i. Charles Louis Napoléon Bonaparte; 1808–73): Neffe Napoleons I., 1848–52 frz. Staatspräsident, 1852–70 Kaiser der Franzosen.

– II: hat um die Hand der Prinzessin Mathilde angehalten: 159

– III: der Coiffeur von Doncières ist ein früherer Gehilfe des Coiffeurs N.s: 169; Prinz Borodinos Abstammung von und Ähnlichkeit mit N.: 172 f.; 175 f.; Prinzessin Mathilde findet bei den Courvoisiers nur Gäste vor, die für ihre Treue zu N. bekannt sind: 630 f.; seine freigiebige Verfügung über Adelstitel: 793 f.

– VI: Norpois hat sein Ohr: 309; hat Compiègne verlassen, um mit Norpois zu konferieren: 317

Nassau, Graf von: *s.* Luxemburg, Erbgroßherzog von.

*Nassau, Prinzessin von: die »große Gesellschafts-Kokotte, die ich einst gekannt hatte«; daher evtl. identisch mit der Prinzessin von Orvillers.

– VII: verlässt die Matinee der Prinzessin von Guermantes, weil sie noch mit zwei Königinnen Tee trinken muss: *405*

nationalistischer Redner.

– III: die Herzogin von Guermantes sorgt für eine Sensation, indem sie bei seiner Rede den Saal verlässt: *641*

Nattier, Jean-Marc (1685–1766): Hofmaler Ludwigs XV.

– IV: Charlus vergleicht Jacquets Porträt von Mme de Surgis mit dem Porträt der *Duchesse de Châteauroux* von N.: *152*

– VI: Gilberte interessiert sich für irgendeine elegante Frau, weil sie Bilder von N. besitzt: 246

Neapel, Könige von.

– IV: Vorfahren der La Trémoïlles: 677

Neapel, Königin (1) von, »die echte«: Marie-Sophie-Amélie aus dem Haus Wittelsbach (1841–1925), Herzogin in Bayern, die 1859 König Franz II. (1836–94) Beider Sizilien heiratete und nach der Kapitulation vor Garibaldi 1859 erst in Rom, dann von 1870 bis mindestens 1918 in Paris und anschließend bis zu ihrem Tod in München lebte.

– III: trauert um den Tod ihrer Schwester: 685 f.; die Herzogin von Guermantes will sie mit der »falschen« Königin versöhnen: 695 f.

– V: ihre Liebenswürdigkeit gegenüber Mme Verdurin: 333, *334*, 382, 424 f.; vergisst ihren Fächer: 371 f.; Charlus will ihr Morel vorstellen: 409 f., 420; Morel wäre ihr gern vorgestellt worden: 424 f.; sie kehrt zurück, um ihren Fächer zu holen, und geleitet Charlus aus dem Haus: 435–438

– VII: Mme Verdurin beschuldigt sie während des Krieges der Spionage: 105

Neapel, Königin (2) von, »die falsche«: Caroline Bonaparte Murat (1782–1839), Gattin des von Napoleon I. als König von Neapel eingesetzten Joachim Murat.

– II: man fragt, ob mit »Prinzessin Murat« die Königin von N. gemeint sei: *472*

– III: die Herzogin von Guermantes will sie mit der »echten« Königin versöhnen: 695 f.

– V: die echte: 371; die falsche: 372

Neapel, Prinz von: Zur Erzählzeit war Alfonso von Bourbon, Prinz von Neapel-Sizilien, Graf von Caserta (1841–1934), »echter« Thronanwärter.

– III: Streit um den Titel: 725, 794

*Neffe des Prinzen von Guermantes.

– VII: bezeichnet den Erzähler als »alten Pariser«: 333

*Neffe von Françoise.

– VII: ist bei Berry-au-Bac getötet worden: 217

Négrier, François Oscar de (1839–1913): General, der sich vor allem in Algerien und Tonkin auszeichnete.

– III: wird in Doncières diskutiert: *171*

– VII: ist bei Beginn des Ersten Weltkriegs bereits tot: 87

Néhomme: halbfiktiver Ort in der Nähe von Carquethuit und Clitourps; vermutl. in Anlehnung an »Néhou« (Manche), das in alten Quellen als »[castello] Nigelli-humo« bezeichnet wird.

– II: Carquethuit liegt unweit von N.: *582*

– IV: Brichot führt den Ortsnamen auf den Personennamen »Nigel« zurück: *400*

Nemours (Herzogstitel).

– III: das schöne feudalistische Bauwerk des Titels: 724

Nemours, Herzog von: zur erzählten Zeit (Lebzeit des Vaters von Madame de

Villeparisis) Louis d'Orléans (1814–96), zweiter Sohn des Königs Louis-Philippe; Herzog von Nemours 1830–96.
– II: bringt Monsieur de Bouillon die Zeitungen: *407*; Charlus ist ein Nachfahre der Herzöge von N.: 451
– III: seine Verwandtschaft spricht von ihm als »Nemours«: 512

Neptun: röm. Gott der fließenden Gewässer, später auch des Meeres.
– II: die *Phädra*-Inszenierung, die M sieht, wäre besser geeignet für ein Stück, das sich bei N. abspielt: 186
– IV: in der Wohnung der Herzogin von Guermantes fühlt sich M wie im Palast N.s: 200; ihm ist die Myrrhe als Duft zugeordnet: *328*

Nereus: griech. Meeresgott, insbes. für die Ägäis zuständig.
– IV: ihm ist die Myrrhe als Duft zugeordnet: *328*

Nero: Nero Claudius Caesar Augustus Germanicus (37–68 n. Chr.), röm. Kaiser.
– IV: Brichot zitiert ihn: 410
– V: war vielleicht ein »Nervöser«, aber deshalb noch kein besserer Mensch: 141

Nerval, Gérard de: Künstlername von Gérard Labrunie (1808–55); wichtiger Repräsentant der frz. Romantik, Übersetzer von Goethes *Faust*.
– II: seine Werke hingen im Kolonialwarenladen von Combray aus: *40*
– VII: die Lektüre seines Romans *Sylvie* löst eine ähnliche Empfindung aus wie der Geschmack der Madeleine: *323*

Nesselrode, Graf Charles-Robert von (1780–1862): russ. Außenminister, nach dem ein Fruchtpudding benannt ist.
– II: Norpois ist begeistert über den Pudding à la N.: 55

Neuilly: Neuilly-sur-Seine, Vorort westl. von Paris im Dép. Hauts-de-Seine.
– V: die Königin von Neapel kommt eigens aus N.: 371

Néville (Ort): ein Néville befindet sich im Dép. Seine-Maritime (Obere Normandie), ein Néville-sur-Mer im Dép. Manche (Untere Normandie).
– IV: Brichot führt den Ortsnamen auf den Personennamen »Nigel« zurück: *400*

New York: Stadt und Staat der USA.
– II: Françoises Aussprache »Nev York«: 27

*Nichte der Herzogin von Guermantes.
– V: wird von einem Hotel-Concierge als »alte Fregatte« apostrophiert: 254
– VI: gilt als hübschestes junges Mädchen von Paris: 51

*Nichte des »großen« Musikers.
– IV: wohnt in Harembouville: 620
Niederlande, Thronerbe der: der Prinz von Oranien, ein Titel, den auch das Haus Mailly-Nesle für sich in Anspruch nimmt.
– III: wäre wohl verblüfft, wenn man ihm Monsieur Mailly-Nesle als Prinz von Oranien vorstellte: 696; die königliche Familie der N. wetteifert mit den Mailly-Nesles um den Titel eines Prinzen von Oranien: 724
Niel, Adolphe (1802–69): Marschall und Kriegsminister; zeichnete sich vor allem im Krimkrieg aus.
– IV: Charlus erwähnt eine Rose namens »Marschallin Niel«: 562
Nietzsche, Friedrich (1844–1900): dt. klassischer Philologe und Philosoph; die Werke Nietzsches lagen schon früh in der Übersetzung von Henri Albert (*Œuvres complètes de Frédéric Nietzsche*, 1899–1909) in Frankreich vor.
– II: die Cottards bevorzugen den Umgang mit Chefärzten, mit denen sie sich über N. unterhalten können: 10; Saint-Loup verbringt Stunden mit dem Studium von N.: *418*
– III: M kann nicht verstehen, wie N. der Freundschaft einen intellektuellen Wert beimessen kann: 532
– V: die Pflicht schrieb ihm vor, die Schönheit zu fliehen: *211*
– VII: Saint-Loup zitiert ihn: 89; Charlus verspottet Cottards Geringschätzung N.s: 124
*Nièvre, Prinzessin von: eine Cousine der Herzogin von Guermantes.
– VI: hat Gilberte für ihren Sohn vorgesehen: *233*
Nigel, Vicomte: Vermutl. denkt Proust an Néel I. (auch: Nigel I.) oder Néel II. de Saint-Sauveur, Vicomtes du Cotentin im 11. Jh.
– IV: Brichot führt die geographischen Bezeichnungen »Néhomme« und »Néville« auf den Eigennamen »Nigel« zurück: *400*
Nijinsky, Vaclav (poln.: Wacław Niżyński; 1890–1950; Grabmal im Cimetière Montmartre): gefeierter russ. Tänzer poln. Herkunft.
– IV: wurde von der Prinzessin Yourbeletieff entdeckt: *202*
Nikolaus II. (1868–1918): Kaiser von Russland 1894–1917.
– II: will dem Invalidendom einen Besuch abstatten: 160
– III: steht auf freundschaftlichem Fuß mit dem Herzog von Guermantes: 199; Françoise findet es beschämend, dass Frankreich ihm nicht im russ.-jap. Krieg zur Seite steht: 446
– IV: sähe es gern, wenn Ms Vater nach Petersburg entsandt würde: 96

– VII: hatte laut Charlus eine Schwäche für Konstantin: 136; hat die Konferenz von Den Haag zustande gebracht: *151*

Nimrod: der »gewaltige Jäger vor dem Herrn« nach 1. Mose 10,9. Nach Flavius Josephus der Erbauer des Turms zu Babel.

– III: der Jäger Grouchy wird mit N. verglichen: *650*

Nimwegen (niederländ: Nijmegen; frz.: Nimègue): Stadt in Holland.

– III: das Staunen, wenn man von der Terrasse von Versailles aus N. sähe: *520*

Ninive: antike Stadt am Tigris und Zentrum des assyr. Reiches, die nach der Weissagung Zephanias »durch unreine Tiere« verwüstet werden soll.

– I: Odettes Lügen lassen Swann das Grauen von N. empfinden: *510*

Nizza: mondäner Badeort am Mittelmeer. In Bd. VI vermutl. irrtümlich statt Touraine.

– I: Odette wohnte einst in N.: *306*; es gibt Gerüchte über Odettes leichtes Leben in N.: 430–432; Odette wurde in N. einem reichen Engländer zugeführt: 504

– V: Swanns in N. aufgenommenes Lieblings-Foto von Odette: 272

– VI: auch die unverdächtigsten Zeilen über N. führen M unverzüglich Albertines Bild vor Augen: *153*; M bittet Aimé, nach N. zu fahren, um Albertine nachzuforschen: *155*

Noah: biblische Gestalt.

– III: die Vertraulichkeit, die in seiner Arche geherrscht haben dürfte: 549

Noailles (Familie).

– IV: laut Charlus akzeptabler Adel: 678

Noailles, Gräfin Anna von (1876–1933): Anna Élisabeth Bibesco de Brancovan, verh. Gräfin von Noailles; von Proust sehr geschätzte Dichterin. Siehe auch orientalische Prinzessin.

– VII: eine geniale Poetin: *41*

Noailles, Herzogin von, geb. Champlâtreux.

– VII: Sainte-Beuves Gedicht über sie: *41*

Noailles, Paul, Herzog von (1802–85): Historiker und Politiker, Autor einer *Histoire de Madame de Maintenon*, wurde als Freund und Nachfolger von Chateaubriand 1849 mit 25 Stimmen gegen vier für Balzac in die Académie gewählt.

– VI: würde Sainte-Beuve darüber unterrichten, wie man in der Gesellschaft über seinen *Lundi*-Artikel dachte: *221*

*Noémie, Mademoiselle: Dienstleisterin im Bordell von Maineville.
– IV: lässt Jupien und Charlus gründlich warten: *663–665*
*Noirmoutiers, Marquis von.
– III: Rechtstitel, der einst den Guermantes gehörte, jetzt den La Trémouïlles: *793*
Normandie: historische Provinz Frankreichs; ab 2016 Region.
– III: Apfelblüte später als in der Umgebung von Paris: 288
– V: kettet M an Albertine: 143
– VI: wird jetzt von M sofort mit Albertine assoziiert: 153
– VII: Mme Verdurin schwärmt von der N. als einer immensen Parkanlage: 29
*Norpois, Baron von: Nachbar des Erzählers im Hôtel Guermantes.
– III: Neffe von Monsieur de Norpois: 40 f.
*Norpois, Baronin von: Nachbarin des Erzählers im Hôtel Guermantes.
– III: Nichte von Monsieur de Norpois: 40 f.
*Norpois, Marquis de: ehemaliger Botschafter, Freund und Kollege von Marcels Vater, Lebensgefährte der Madame de Villeparisis.
– II: wird bei Ms Familie zum Abendessen erwartet: *7*, 24, 26; seine Karriere als Botschafter, sein Charakter: 11–17; sein Einfluss auf Ms Vater: 18 f.; M versucht vergeblich, einen Beweis seines literarischen Talents für ihn zu schreiben: 20; DAS DINER (35–81): N. gibt M Karriereratschläge: 36–38; gibt Ms Vater Investmentratschläge: 39 f.; über die Berma: 42–44; über Françoises Rinderbraten *en daube*: 44 f.; über König Theodosius, Vaugoubert und den dt. Kaiser: 46–53; über Balbec: 53 f.; über Mme und Monsieur Swann: 54–60; über den Grafen von Paris: 63 f.; über Bergotte und Ms Prosagedicht: 64–69; über Gilberte: 69; er verspricht, Ms Absichten zu fördern; fast ein Handkuss: 70; Gründe, warum er es nicht tut: 71 f.; M wäre ihm lebenslang dankbar: 72–75; Unterhaltung von Ms Eltern über das Diner; Lob für Françoise: 79–81; Bergotte und die Swanns über N. und seine Geliebte: 187–189; macht durch ungeschickte Äußerungen Ms Bemühung zunichte, Gilberte zu vergessen: 256; fährt mit Ms Vater nach Spanien: 300, 375; schlägt gern zwei Fliegen mit einer Klappe: 696
– III: M vergleicht ihn mit Graf Mosca aus der *Kartause von Parma*: 141; Ms Vater entdeckt, wen N. besucht: 199 f.; hält den Herzog von Guermantes für einen bemerkenswerten Mann: 200; Ms Vater hofft, dass N. seine Kandidatur fürs *Institut* unterstützen wird: 201 f.; seine Liaison mit Mme

de Villeparisis: 246f., 290, 292; hat zu einem Besuch Ms bei Mme de Villeparisis geraten: 253; führt Mme de Villeparisis' Salon ausländische Staatsmänner zu: 261; beim Empfang von Mme de Villeparisis; wird Bloch vorgestellt; seine Auffassungen über Kunst: 294–299; lehnt eine Unterstützung der Kandidatur von Ms Vater ab: 302–304; seine Diskussion der Dreyfus-Affäre mit Bloch: 312–315, 318, 322–328, 330 333f., 387, 400; Prinz Von versucht, N. zu einer Unterstützung seiner eigenen Kandidatur zu bewegen: 344, 346–354; Rückblick auf Ms Versuch, N. in Sachen Gilberte einzuspannen: 365, 367; über Mme Leroi und über Legrandin: 368–370, 379; nimmt am Begräbnis von Ms Großmutter teil: 463; trifft M auf der Straße und gibt vor, ihn nicht zu kennen: 503; nimmt sich heldenhaft von Mme de Villeparisis' missratenem Fisch nach: 677; war bei einem Diner des Prinzen von Guermantes: 701; befürwortet eine engl.-frz. Annäherung: 706–708; sagt nur Gutes über M: 708f.; der Prinz von Guermantes würde sich über eine Ehe zwischen N. und Mme de Villeparisis zu Tode grämen: 710f.; war mit einer La Rochefoucauld verheiratet: 711f.; Mme de Villeparisis sagt trotz langjähriger Liaison noch immer »Monsieur« zu ihm; der Name N. gewinnt historische Tiefe für M: 723f.
- IV: hat M mit Vaugoubert bekannt gemacht: 63; verbringt jedes Jahr einen Teil seiner Ferien im Schloss Baucreux der Marquise von Villeparisis; hat keinen seiner Kollegen vom *Institut* der Marquise vorgestellt: 632
- V: hat ein schlechtes Gedächtnis für seine falschen Prognosen: 47
- VI: in Venedig mit Mme de Villeparisis; Gespräch mit dem Prinzen von Foggi: 306–318
- VII: seine Zeitungsartikel während des Krieges: 58, 120; Charlus macht sich über seine Artikel lustig: 124–129, 165f.

Norwegen.
- III: die Herzogin von Guermantes begibt sich auf eine Kreuzfahrt nach N.: 642f.

*Notar: Gast im Grand-Hôtel Balbec, Gatte der Madame Blandais.
- II: aus Le Mans: 340; missbilligt die »Königin« der Südsee und eine reiche ältere Dame: 342–344; verkehrt angeblich bei den Cambremers: 357

*Notar, Frau des: *s.* Blandais, Madame.

Novepont: fiktiver Ort an der Vivonne.
- I: der Türmer der Grafen von Combray überwacht N.: 233

Noyon: Stadt im Dép. Oise.
– VII: abwechselnd befreit und besetzt: 145
Nuntius: zur Erzählzeit (1899, vermutl. August) entweder Mgr. Domenico Ferrata (1847–1914; Nuntius in Paris 1891–99); oder Mgr. Benoît Lorenzelli (1853–1915; Nuntius in Paris 1899–1904). Der genauere Termin der Ablösung ließ sich nicht ermitteln.
– IV: spielt mit Charlus eine Schein-Partie Whist: *80*
*Ober (1) im Landgasthof *Aux Cerisiers*, gen. »Tomate Nr. 1«.
– IV: Nissim Bernard bändelt mit ihm an: 352 f.
*Ober (2) im Landgasthof *Aux Cerisiers*, gen. »Tomate Nr. 2«: Zwillingsbruder von Ober (1).
– IV: Nissim Bernard verwechselt ihn mit seinem Zwillingsbruder und bezieht eine Abreibung: 353
*Octave (1), Monsieur: Onkel des Erzählers.
– I: verstorbener Gatte von Tante Léonie: 72, 82; Léonie zitiert O.: 145; Léonie träumt, O. sei wiederauferstanden: 155
*Octave (2): »Fin de siècle«-Jüngling im Kasino von Balbec. (Der Octave des 2. Bandes ist Marcel Plantevignes, der des 6. Bandes Jean Cocteau nachgebildet.)
– II: schwindsüchtiger Sohn eines Industriellen und glückloser Baccarat-Spieler: 343, 351; Bekannter der kleinen Mädchenbande und unzufriedener Golfspieler: »Ferner Liefen«: *614* f.; entfernt verwandt mit den Verdurins: 621; seine Ansichten über Mme de Villeparisis und Mme de Cambremer: 682–684
– V: Andrée zieht über ihn her: 77
– VI: lebte mit Rachel zusammen; wird von Andrée diffamiert: 268; heiratet Andrée; sein künstlerisches Genie: *270*–272; Mme Verdurin wollte ihn mit Albertine verkuppeln: 283
– VII: einer der neuen Stars in Mme Verdurins Salon; seine Krankheit; ist ein schlechter Freund: 55 f.
*Octave, Golfspieler: *s.* Octave (2).
*Octave, Madame: *s.* Léonie, Tante.
*Octave, Tante: *s.* Léonie, Tante.
Octeville-la-Venelle (Ort): älterer Name der Ortschaft Octeville-l'Avenel (Manche).
– IV: Brichots Etymologie: 691

*Odette: Geliebte, später Gattin von Charles Swann. In erster Ehe »de Crécy«, in dritter Ehe »de Forcheville«, schließlich Geliebte des Herzogs von Guermantes.

– 1: M begegnet ihr als »Dame in Rosa« bei Onkel Adolphe: 110, 113 f.; als Mme Swann angebliche Geliebte Charlus': 141; M sieht sie als »Dame in Weiß« in Tansonville: 197; Swann begegnet ihr in Mme Verdurins Salon: *261 f.*, 265; er erinnert sie von früherer Gelegenheit: 271; sie besucht Swann: 273 f.; sie beherrscht Swanns Träume: 276; O. wird im Salon Verdurin mit Swann verkuppelt: 277, 280, 287; die kleine Phrase wird zur Hymne ihrer und Swanns Liebe 294, 298, 301, 303; Swann zu Besuch zum Tee: 304, 306; ihre Nachricht an Swann: 307; sie ähnelt Botticellis Zipporah: 309–311; Swanns Suche nach O. im nächtlichen Paris: 313–320; Catleya-Spiele: 323 f.; sie beherrscht Swanns Gedanken: 325–327, 329; tägliche Besuche: 331 f.; sie beginnt, Swann auf Distanz zu bringen: 334; ihre kleine ›große‹ Welt: 340–342; Swann dankbar, dass die Verdurins ihm weiterhin Treffen mit O. ermöglichen: 343–345; Flirt mit Forcheville bei den Verdurins: 346, 350, 353, 355, 359; Forcheville über O.: 361 f.; sie hat weniger Zeit für Swann: 364 f.; Swann schickt ihr Geld und Geschenke: 367–370; Swanns Eifersucht auf O. wegen Forcheville: 371; O. wiegt Swann in Sicherheit: 372–374; Swann bespitzelt sie: 375–379; O.s Tücke: 380 f.; ein Überraschungsbesuch Swanns: 381–384; O.s Lügen: 385 f.; erwartete O. einen anderen Besucher?: 387; O.s Brief an Forcheville: 388–390; O. lässt Swann abblitzen: 390–392; Swann verabscheut O.: 393–398; Swann macht O. Vorwürfe: 400; ihre Verlogenheit: 401; sie macht einen Ausflug mit den Verdurins ohne Swann: 402–408; Swann trifft noch gelegentlich O.: 409 f.; Swanns bittere Gedanken über O.: 412–414; O. fährt mit Forcheville nach Bayreuth: 415–425; Swann sucht Vorwände, sie zu treffen: 428; Swann sucht Rat bei Onkel Adolphe über O.: 429; O.s fragwürdige Vergangenheit: 430–432; O. geht mit anderen aus, aber nicht mit Swann: 433–435; sie hat andere soziale Verpflichtungen: 437–439; O. macht Swann Vorschriften: 442; Swann schickt Charlus zu O.: 443 f.; Swanns Gedanken an O., während er die kleine Phrase im Salon Saint-Euverte hört: 446, 448, 467, 470, 472–475, 478; O.s Gefühle für Swann werden nicht wiedererstehen: 485–488; ein anonymer Brief über O.: 489, 491, 493; Swann versucht, O. auszuhorchen: 494–505; ihre unfreiwilligen Geständnisse: 506–511; Swann versucht, O.s lesbische Vergangenheit zu erforschen: 513; Mme Cottard berichtet Swann von O.s Verhalten während der Kreuzfahrt mit den Verdurins: 515 f.; Forcheville war O.s Liebhaber: 518; O. in Swanns Traum: 519–521; O. war nie Swanns Fall: 523 f.; verkörpert als Mme Swann für M das Unbekannte: 556; sie beherrscht Ms Gedanken: 565 f., 568, 570; M begegnet Mme Swann in der Akazienallee: 571–576; sie fährt in ihrer Kutsche durch den Bois: 581–584

– II: ihre soziale Stellung als Swanns Gattin: 7 f.; Norpois über ein Diner bei den Swanns: 54–60; O. vor und nach der Eheschließung: 57–60; O.s und Swanns sozialer Ehrgeiz: 61–63; M gewinnt Zugang zu ihrem Haus: 106; ihre Geltungssucht: 120; Lady Israëls versucht, sie gesellschaftlich zu isolieren: 127; ihre Geistlosigkeit: 128; Entstehung ihres Salons: 129 f.; sie ist Swann gleichgültig geworden: 133–137; spielt Vinteuils Sonate: 148; Spaziergänge im Zoologischen Garten: 150–158; ihre Anglophilie: 165; lädt M zusammen mit Bergotte ein: 184–196; weist Gilberte zurecht: 215; lädt M zum Tee ein: 230–232; ihre Chrysanthemen: 233; ihre Besucherinnen: 234–241; Salongespräche: 242–248; ihre neue Inneneinrichtung: 258–261; ihr neuer Modegeschmack: 262 f.; sie ist »eine ganze Epoche«: 264; geht im Bois spazieren: 287–293; hatte angeblich mit Alfred Bloch ein erotisches Abenteuer in der Pariser Vorortbahn: 480; hatte ein erotisches Abenteuer mit einer Dame im Bois: 502; ihr Porträt als Miss Sacripant: 591, 593 f.

– III: die Herzogin von Guermantes über sie: 307; gewinnt durch Anti-Dreyfusismus Zugang zur höheren Gesellschaft: 339 f.; bei Mme de Villeparisis: 355 f.; Charlus bemüht sich um sie: 359–364; sie und die Herzogin von Guermantes ignorieren einander: 367 f.

– IV: ihr sozialer Aufstieg und ihr Salon um Bergotte: 200–210; ihre Beziehung zu Swann ist M eine Warnung 320 f.; kennt die Verdurins »ohne sie zu kennen«: 374 f.; M weiß nicht, ob er sie vor dem Grafen Verjus de Crécy erwähnen sollte: 672

– V: Swann fordert M auf, sie zu besuchen: 131; ihre retouchierten Fotografien: 272; ihr Leben vor Swann; Charlus' Beziehung zu ihr; ihre Liebhaber; ihre Entführung durch Amanien d'Osmond; ihre Ehe mit Monsieur de Crécy: 406–408

– VI: soll Elstir zum Liebhaber gehabt haben: 38; betrauert Swann aufrichtig; heiratet Forcheville: 227–229; ihr Salon erstrahlt in Luxus: 362; leibliche Cousine von Jupien: 365; fördert Saint-Loups Doppelleben und lässt sich dafür belohnen: 381 f.

– VII: Mme Verdurin hat sie aus den Augen verloren: 57 f.; spielt den kriegspolitischen Guru: 137 f.; ihre Bewunderung für die brit. Truppen: 138; wirkt wie für die Ewigkeit präpariert: 361; ihre Erscheinung nach dem Krieg spricht den Gesetzen der Chronologie Hohn: 361–365; M verwechselt sie mit Gilberte: 361, 407; »ich bin die Akazienallee von 1892«: 364; ist drei Jahre nach dem Empfang des Prinzen von Guermantes kindisch und zum Gespött geworden: 366 f.; wird für uralten Adel gehalten: 378–382; lauscht dem Vortrag Rachels: 434 f.; lebt jetzt auf Schloss Guermantes, von wo man die Herzogin so gut wie vertrieben hat: 435; ist die Geliebte des Herzogs von Guermantes: 456–458; unterhält M mit Anekdoten über ihre Liebhaber; war wirklich zutiefst verliebt in Swann: 463–467

*Odette, Freundin (1) von.

– I: alles bei ihr ist »aus der Epoche«: 337 f.

*Odette, Freundin (2) von.

– I: wurde von ihrem Liebhaber um 300 000 F betrogen: 333

*Odette, Freundin (3) von.

– I: Odette geht mit ihr ins Hippodrom: 438

*Odettes Schwester.

– V: war Swanns Geliebte oder Scheingeliebte: 408

Odysseus: mythologischer König von Ithaka.

– VII: wie O. in der *Odyssee* seine tote Mutter, so erkennt M einen ehemaligen Schulkameraden nicht wieder: 357

Ödipus: mythologischer König von Theben, Titelgestalt zweier Tragödien von Sophokles.

– VII: Charlus' Hochmut ist gebrochen wie der von Sophokles' Ö.: *239*

Oenone: Amme und Vertraute Phädras bei Racine (namenlos bei Euripides).

– II: Berma als Phädra erreicht nicht die Betonungen der Oe.: *33*; Bergotte über Bermas Gestik in der Szene, in der Phädra ihre Leidenschaft gegenüber Oe. gesteht: 184; Swann über Bermas Tonfall in der gleichen Szene: 194

– VI: Phädra folgt zu ihrem eigenen Verderben ihren Ratschlägen: 67 f.

Österreich (Land).

– III: ein Schwager von Ms Großmutter gehört zu einem Orden in Ö.: 457

– IV: das Land, aus dem Albertine kam (da ihr Onkel dort Legationsrat gewesen war): 718
– VII: hätte man schlagen müssen: 97; Mme Verdurin hält Charlus für einen Österreicher: 104
Österreich, Kaiser von: zur Erzählzeit Franz-Joseph I. (1830–1916), Kaiser 1848–1916.
– III: sein Neffe, der Prinz von Sachsen, hält sich in Paris auf: 47; der Herzog von Guermantes steht mit ihm auf freundschaftlichem Fuß: *199*; Charlus ebenfalls: 386; hält den Titel eines Königs von Jerusalem: 793
Österreich, Kaiserin von: Elisabeth Amalie Eugenie von Wittelsbach, gen. »Sisi«, Herzogin in Bayern (1837–98), die 1854 Franz-Joseph II., Kaiser von Österreich, heiratete.
– III: ihr Porträt hängt im Salon von Mme de Villeparisis: 253; ihr Tod und ihre Marotten: *684*
Österreich, Neffe des Kaisers von: *s.* Sachsen, Prinz von.
Österreicherin im Grand-Hôtel Balbec.
– VI: gefällt M wegen des lachenden Blicks Albertines: 331
Oettinger (Familie): in Bayern geläufige Bezeichnung für die Mitglieder des Hauses Oettingen; zur erzählten Zeit war Albrecht-Johann-Aloys-Notger Fürst zu Oettingen-Oettingen und Oettingen-Spielberg (1847–1916).
– II: Norpois erinnert den prägnanten Blick der Oe.: 52
Offenbach, Jacques (1819–80): dt.-frz. Komponist.
– II: Saint-Loups Vater hat für O. geschwärmt: 419
– IV: Anspielung auf seine Operette *Les Brigands*: 336; Brichot erklärt die Etymologie des Namens: 466
– VI: Zitat aus seiner Operette *Die schöne Helena*: 453
einzelne Werke:
Barbe-Bleue: I: 270
Brigands, Les: IV: 336
Orpheus in der Unterwelt: II: 88
schöne Helena, Die (*La Belle Hélène*): II: 420; VI: 361
Ohnet, Georges (1848–1918): Autor von Romanen und deren Bühnenadaptionen; *s.* auch *Serge Panine* im Titelverzeichnis.
– I: Mme Cottard findet alles aus der Feder O.s ausgezeichnet geschrieben: 355

Oiseau Flesché, L': historischer Gasthof in Illiers.
– I: die Düfte aus den Küchenfenstern des O.: *72*; auf den Hof des O. rollten einst die Gespanne von Edelleuten: 232
*Oléron, Prinz von: Titel des jeweils jüngsten Sohnes der Herzöge von Guermantes und damit auch des Barons von Charlus.
– III: Françoise ist bezaubert von diesem Sachverhalt: *44*
– IV: Charlus verweist Monsieur Verdurin auf seinen Platz: *473*
Olida: »Haus des Yorker Schinkens« in der Rue Drouot.
– II: das Küchenmädchen soll Schinken bei O. kaufen: *27*
Ollivier, Émile (1825–1913): Anwalt und Politiker; Ministerpräsident von Dezember 1869 bis August 1870. Ollivier verfasste im Ruhestand eine Geschichte des *Empire libéral* (13 Bde., 1895–1918).
– III: der Historiker der Fronde hat beim Diner bei O. das Wort »Talentiertheit« gehört: *319*
*Oloron, Mademoiselle d': von Charlus adoptierte Nichte Jupiens; *s.* auch Jupien, Marie-Antoinette.
– VI: heiratet Léonor de Cambremer: 344–346; ihre Schwiegermutter intrigiert gegen sie: 352; die Prinzessin von Parma hat ihre Ehe eingefädelt: 354, 356; stirbt kurz nach der Hochzeit; der halbe europäische Hochadel ist in Trauer: 363–365
Olympia (Stadt): Stadt in Griechenland.
– III: Phidias' Jupiter-Statue in Tempel zu Olympia: 383
Olympia (Taverne): Nachtlokal mit Theatersaal, 1893 am Boulevard des Capucines eröffnet.
– III: Rachel trifft sich hier gern mit ihren Freundinnen: 219
– VII: die Kriegspatin des großen Julot hat das Klo unterhalb vom O.: 172; Charlus hat einen von Jupiens Strichjungen mit zwei Frauen beim O. gesehen: 189
Omnibusschaffner.
– IV: Charlus lässt sich für ein Rendezvous mit ihm die Haare brennen: 164
– VII: seine Rolle für Charlus: 312
*Onkel von Swann.
– VI: hinterlässt sein enormes Vermögen Gilberte: *227*
Orangerie du Château de Madrid: *s.* Madrid.
Orgeville: Ort im Dép. Eure.
– IV: Charlus war dort; Brichots Etymologie: 691

*Orgeville, Mademoiselle d'.
– IV: frequentiert nach Saint-Loups Erzählung Bordells: *134*
– V: M hat Verlangen nach ihr: 112
– VII: Ms Liebessehnsucht nach ihr, obwohl er sie niemals gesehen hat: 419
*Oriane: *s.* Guermantes, Herzogin von.
*orientalische Prinzessin: Dichterin, Frau eines Vetters von Saint-Loup. Kaum verhülltes historisches Vorbild ist die von Proust äußerst geschätzte rumänienstämmige Dichterin Prinzessin Anna-Élisabeth von Noailles (1876–1933). Proust besprach 1907 ihren Gedichtband *Les Éblouissements* im *Figaro*.
– III: hat einen Vetter von Saint-Loup geheiratet und schreibt ebenso schöne Verse wie Hugo oder Vigny: *142*
Orléans (Haus).
– II: die Bankiers Israël kümmern sich seit Generationen um die finanziellen Angelegenheiten der Fürsten von O.: 127
– III: M findet den Namen hineingeschmiegt in andere Adelstitel: 724; sind perfekte Stoffel: 785
Orléans (Kathedrale): Sainte-Croix d'Orléans, Kathedrale im nachgotischen Stil, begonnen 1601, geweiht 1829. Die Türme stammen aus dem Anfang bzw. der Mitte des 19. Jh.s.
– IV: laut Charlus die hässlichste in ganz Frankreich: *21*
Orléans, Amélie von (1865–1951): Schwester von Louis Philippe Robert d'Orléans (1869–1926); durch Heirat mit Karl I. Königin von Portugal 1889–1908.
– II: Françoise spricht von der Königin von Portugal als »Amélie, die Schwester von Philippe«: 481
Orléans, Herzog Ferdinand Philippe (1810–42): erster Sohn von Louis-Philippe und Marie-Amélie.
– III: seine Verwandtschaft spricht von ihm als »Orléans«: 512; seine Schwester erscheint bei seiner Hochzeit in einem schlichten Gartenkleid: 719
Orléans, Herzog Louis von (1372–1407): jüngerer Bruder von Karl VI.; von seinem Cousin Jean sans Peur, Herzog von Burgund, ermordet.
– IV: in der Kirche der Blanc-Manteaux beigesetzt: 701
Orléans, Herzog Louis Philippe Robert von (1869–1926).

– II: Françoise spricht von der Königin von Portugal als »Amélie, die Schwester von Philippe«: 481
Orléans, Herzog Philippe I. von (1640–1701), gen. »Monsieur«: Bruder Ludwigs XIV.; stand in dem Ruf, homosexuell zu sein.
– III: versucht, Monsieur le Duc zu Kammerdiensten heranzuziehen: *587* f.
– IV: hatte mehr Besucher, wenn Ludwig XIV. nicht in Versailles weilte: *85*
– V: Charlus über seine Homosexualität: *411*, 413
Orléans, Herzog Philippe II. von (1674–1723), gen. »Le Régent«: übte von 1715 bis 1723 im Namen des noch unmündigen Ludwig XV. die Regentschaft aus.
– IV: laut Charlus ein Thronräuber: 701
– VI: verschmäht nicht einen der weiblichen Bastarde Ludwigs XIV.: *356*
Orléans, Herzogin Charlotte-Elisabeth: *s.* Pfalz, Herzogin Liselotte von der.
Orléans, Johanna von: *s.* Johanna von Orléans.
Orléans, Louise Henriette de Bourbon, Herzogin von (1726–59): Gattin von Louis-Philippe I., Mutter von »Philippe Égalité«.
– V: wurde von Mme de Genlis betrogen: *518*
Orléans, Prinz Henri von (1867–1901): Sohn des Herzogs von Chartres, Forschungsreisender in Ostafrika und Ostasien.
– II: ist nach Mme Swanns Meinung mehr als sein Vater, der Graf von Paris: 128; eine Dame im Restaurant in Rivebelle ist früher mit ihm gegangen: 533
– III: wird mit Saint-Loup im Café de la Paix gesehen: 122; Norpois missbilligt seine Meinungsbekundungen in der Dreyfus-Affäre: 326
Orléans, Prinzessin von: Isabelle d'Orléans, Herzogin von Guise (1878–1961).
– III: ist auch Prinzessin von Kleve und von Porcien: 714
Orléans, Schwester des Herzogs von: Prinzessin Marie Christine von Orléans (1813–39), verh. mit Herzog Alexander von Württemberg (1804–81), dem Erbauer von Schloss Fantaisie.
– III: erscheint bei der Hochzeit ihres Bruders in einem schlichten Gartenkleid: 719
Ormesson, Wladimir d' (1888–1973): Diplomat und Autor.
– IV: Brichot erklärt die Etymologie seines Namens: *457*
*Ornessan, Monsieur d': Onkel des Erbgroßherzogs von Luxemburg. Das Gascogner Haus d'Ornessan ist bereits Mitte des 16. Jh.s erloschen.
– III: er steckt voller Witz: 722 f.; die Urgroßmutter von Monsieur d'O. war

die Schwester von Marie de Castille Montjeu, der Frau von Timoléon de Lorraine: *723*

*Ornessan, Urgroßmutter von Monsieur d'.
– III: eine Schwester von Marie de Castille Montjeu: 723

Orosmane: Gestalt aus Voltaires Tragödie *Zaïre* (1732), deren namengebende Rolle Sarah Bernhardt 1873 spielte.
– III: die Prinzessin von Guermantes hat sich anscheinend als O. kostümiert: 56

Orpheus: griech. mythologischer Held, der in das Totenreich hinabsteigt, um seine Geliebte Euridike zurückzuholen.
– V: M atmet wie O. die frische Luft der Elysischen Gefilde: *36*; *s.* auch *Orpheus* im Titelverzeichnis.

*Orsan, Monsieur d': Bekannter Swanns.
– I: Swann verdächtigt ihn, Autor des anonymen Briefes zu sein: 489–491

Orvieto: Stadt in Italien (Umbrien) mit berühmter Kathedrale.
– V: die Erschaffung des Weibes ist eine der Skulpturen von O.: 519

*Orvillers, Prinzessin Paulette von: angeblich eine uneheliche Tochter des Herzogs von Parma; evtl. identisch mit der Prinzessin von Nassau in WZ.
– III: macht M auf der Straße Avancen: 503 f.
– IV: erscheint zu spät zur Soiree Guermantes; ihr fragwürdiger Ruf: *171* f.; ist nach Ansicht des Herzogs und der Herzogin von Guermantes eher prüde: 176

Oskar, König: Oskar II. von Schweden (1829–1907).
– III: Monsieur de Bréauté will sich bei M nach dem Befinden König O.s erkundigen: 580

*Osmond, Marquis Amanien von: Cousin des Herzogs von Guermantes, gen. »Mama«. Proust kannte einen Marquis von Osmond, Großneffe der Gräfin von Boigne, geb. Adélaïde d'Osmond.
– III: der Herzog will einer Einladung folgen, obwohl Amanien im Sterben liegt: *770* f., 775, 786, 788
– IV: liegt in den letzten Zügen: 90; »Er ist tot! Aber nein, man übertreibt!«: 177

*Osmond, Monsieur d'; vermutl. identisch mit Amanien d'Osmond.
– V: hat Odette entführt und sich mit Swann duelliert: 408

Ossian: Pseudonym des Schotten James MacPherson (1736–96) der Sammlungen von Gedichten in engl. Sprache veröffentlichte, die er als Übersetzun-

gen der Werke eines gälischen Barden »Ossian Sohn Fingals« des 3. Jh.s ausgab.
– III: ein mittelmäßiger Mystifikator: 563
Otto (d. i. Otto Wegener; 1849–1922), Gesellschaftsfotograf.
– V: Odette lässt sich bei ihm fotografieren: *272*
Ovid: Publius Ovidius Naso (43 v. Chr. bis 14 n. Chr.), röm. Dichter, insbes. der *Metamorphosen.*
– II: die Veränderungen der Jugend sind so zahlreich wie die Metamorphosen bei O.: 448
– IV: Brichot spielt in Bezug auf Balzac auf ihn an: *627*
– VII: Brichot zitiert ihn: *143*
Oxford: Stadt in England.
– IV: Brichots Etymologie: *399*
Ozeaniden: griech.-mythologische Töchter des Okeanos und der Thetys, Gott bzw. Göttin des Meeres.
– II: M lauscht den Vögeln wie Prometheus den O.: 401
– IV: M vergleicht Vogelgezwitscher mit dem Gesang von O.: 545
Ozeanien: die pazifische Inselwelt nördl. und östl. von Australien.
– II: Swann empfiehlt M eine Reise zu den Inseln O.s: *334*; ein Gast im Grand-Hôtel Balbec hat sich zum König einer von Wilden bevölkerten Insel in O. ausgerufen: 342; dito, hat sich zum König einer menschenleeren Insel in O. ausgerufen: 351
– III: Reminiszenz an das »Königspaar« von O. in Balbec: 150
Paderewski, Ignaz (1860–1941): poln. Pianist, der insbes. Chopin interpretierte; trat 1888 in Paris auf.
– IV: Dechambre wird mit ihm verglichen: *410*, 417
*Padrona: Spitzname der Madame Verdurin; *s.* Verdurin, Madame.
*Padrona des Bordells von Maineville.
– VI: erklärt M, dass Saint-Loup und auch der kleine Cambremer »so einer« sei: 351
*Padrone: Spitzname von Monsieur Verdurin; *s.* Verdurin, Monsieur.
Padua: Stadt in Oberitalien.
– I: die *Tugenden und Laster* von Giotto in der Arena-Kapelle in P.: 116, 118, 170, 451; die Altarbilder in San Zeno: 446; die Fresken in der Eremitani-Kirche: 446
– II: der hl. Antonius von P.: 116; P. in einem Sonett von Musset: 466

– VI: das Leben Fabrizios wurde Stendhal von einem Kanonikus aus P. erzählt: *193*; M und seine Mutter machen einen Ausflug nach P.: *330*; bei der Abreise aus Venedig sehen M und seine Mutter P. vom Zug aus: *340*
*Page (1) im Grand-Hôtel Balbec: der pflanzenhafte.
– II: seine pflanzenhafte Epidermis: 381; sein älterer Bruder hat ihn allein gelassen: 382; er wird am Abend hereingeholt: 405
– IV: ist einer poln. Gräfin gefolgt: 243
*Page (2) im Grand-Hôtel Balbec: der schielende, Bruder von Page (1).
– II: Charlus schickt ihn, Aimé zu holen: 464
– IV: ihn will keiner haben: 243; seine ordinäre Schwester: 522 f.
*Page (3) im Grand-Hôtel Balbec: der Mützenzieher.
– IV: sein Talent, die Mütze zu ziehen, trägt ihm Sympathie und Anerkennung ein: 242
*Page (4) im Grand-Hôtel Balbec: schön wie Endymion.
– IV: der Liftboy glaubt, ihm zu ähneln: 268
*Page bei den Verdurins.
– V: Charlus treibt Schabernack mit seiner Nase: 306 f.
Page der Johanna von Orléans: Louis de Coutes (1414–83), gen. »Minguet«.
– V: die Geschichte hat seinen Namen bewahrt: *372*
*Pagen (Chorus) im Grand-Hôtel Balbec.
– II: füllen die Lücken in der Handlung aus: 382
– IV: 244 f., 534
Paillard, Monsieur: Begründer eines Restaurants am Boulevard des Italiens (seit 1880), das von Reynaldo Hahn geschätzt wurde.
– IV: der Direktor des Grand-Hôtel hat seine ersten Sporen bei P. erworben: *218* f.
Pailleron, Édouard Jules Henri (1834–99): erfolgreicher Autor leichtgewichtiger Komödien, jedoch auch von scharfsinnigen satirischen Prosawerken.
– III: der »Pailleronismus« der Herzogin von Guermantes: *666*
Palais d'Hinnisdal: s. Hinnisdal, Monsieur d'.
Palais de l'Industrie: Gebäude für die Weltausstellung 1855 an den Champs-Élysées (ab 1896 zugunsten des Grand und des Petit Palais abgerissen).
– I: Mme Verdurins Gesicht wirkt wie eine Gipsmaske für eine Büste für das P.: *357*; Odette hat es einst mit Mme Verdurin besucht: 495

– II: M findet ihn nicht unbedingt stilvoller als die Paläste Gabriels: *87*
Palais des venezianischen Botschafters.
– V: angeblich das Haus der Verdurins am Quai Conti: 271
Palais du Trocadéro: 1878 von Davioud erbaut (1937 abgerissen).
– II: M findet ihn stilvoller als die Paläste Gabriels: *87*; M erkennt in der Kirche von Balbec die Apostelfiguren wieder, deren Abgüsse er im Tracadéromuseum gesehen hat: 318
Palais-Royal: kleines Vaudeville-Theater an einer Ecke des (Palastes) Palais-Royal.
– II: ein Schauspieler des P. erklärt, wie er die Wirkung des Altmodischen erzeugt: *15*; Andrée wird die Wendungen der Erwachsenen übernehmen, sobald sie die Erlaubnis hat, ins P. zu gehen: 656
– III: die Kellner im »Vorstadtrestaurant« wirken wie einst eine Schauspieler-Truppe des P.: 225
*Palamède: Vorname des Barons von Charlus; *s.* Charlus, Baron von.
*Palancy, Marquis von: Gast bei der Soiree Saint-Euverte.
– I: ähnelt einem Porträt von Ghirlandajo: 308; sein Monokel: 450
– III: sein fischartiges Äußeres in der Oper: 55, 68
Palatine, Princesse: *s.* Pfalz, Prinzessin Liselotte von der.
Paléologue, Maurice (1859–1944): Schriftsteller und Politiker.
– IV: sein Name einer der glanzvollsten des Orients: *69*
– VI: wird der erste Sündenbock bei der diplomatischen Neuordnung sein: *308*
– VII: die Herzogin von Guermantes nervt ihn nach der Revolution mit Telegrammen: *227*
Palestrina: Giovanni Pierluigi da Palestrina (1525–94): ital. Komponist.
– IV: Charlus stellt sich vor, wie Morel im Kloster Mont Saint-Michel P. spielt: 492
– V: die von ihm reformierte Deklamation: *182*
– VII: die *Kreutzersonate* soll so schön sein wie von P.: *470*
Palissy, Bernard (1510–89): Keramikkünstler, der seine Geschirre mit Meerestieren und -pflanzen dekorierte.
– III: eine Vorspeisenplatte im Restaurant in Doncières wirkt wie ein Teller von P.: *157*
Pallas Tritogeneia: häufiger Beiname Athenes, von ungeklärter Bedeutung.
– IV: Arnulphe de Surgis ist so geschwind wie sie: *148*

*Pamela: Deckname für Charlus in Jupiens Bordell.
– VII: ein Chauffeur soll sie/ihn abholen: *174*
Pampille: Pseudonym von Marthe Allard (1878–1960), der späteren Frau Léon Daudets, die u. a. in *L'Action française* Haushaltstips und Rezepte veröffentlichte.
– III: die Sprache der Herzogin von Guermantes so würzig wie die Gerichte von P.: 674
– IV: Mme Verdurin hat Demoiselle de Caen nach einem unvergleichlichen Rezept von P. gegrillt: 416
– V: diese »wahre Dichterin«: *44*
Panther von Batignolles (La Panthère des Batignolles): anarchistische Gruppe, gegründet 1882 von Clément Duval (1850–1935), der 1886 das Haus in der Rue Monceau der von Proust geschätzten Blumenmalerin Madeleine Lemaire anzündete.
– III: Charlus meint, man spricht von der »Prinzessin von Iéna« in ähnlicher Weise wie vom P.: *756*
Paquin, Jeanne (1869–1936): eine der ersten Modeschöpferinnen, bekannt insbes. für ihre mit Pelz besetzten Kostüme und Mäntel.
– V: von der Herzogin von Guermantes empfohlen: 53
Parc Monceau: Park im 8. Arr. an der Grenze zum 17. Arr. Madeleine Lemaire wohnte nahe beim Parc Monceau.
– III: Mme de Saint-Euverte wohnt nahe beim P.: 799
Paris (Hauptstadt von Frankreich); *s.* auch die Einträge unter Boulevard, Rue, Pont, Champs-Élysées, Bois de Boulogne.
– I: ein piranesihafter Anblick von P.: 96 f.; Odettes Vorstellungen von Pariser Schick: 336; Ms Stadtplan von P.: 565
– II: das dunkle P. von einst und seine »Wintergärten«: 228 f.; Mme Swanns Spaziergänge im frühlingshaften P.: 286–294; der Bahnhof Saint-Lazare: 299
– III: das Hôtel Guermantes: 15–17; die Straßen von P. sind voller unbekannter Schönheiten: 77; Vororte von P.: 207 f., 210 f.; das unbekannte halbseidene P. inmitten des bekannten: 218; das P. des späten Nachmittags: 276 f.; das Europa-Viertel: 575; venezian. Armenviertel und Dachlandschaften in P.: 767
– IV: die Place de la Concorde an einem Sommerabend: 51; ein belebtes, nächtliches P. wird wie ein Wunder durch das Telefon an M herangetra-

gen: 185 f., 190; Monsieur de Chevergny hat in P. alles gesehen, »was es zu sehen gab«: 673 f.; Charlus hält Vortrag über die religiösen Hintergründe Pariser Straßennamen und die jüdischen Wohngegenden: 698–701
– v: bietet Albertine ebenso viele Gelegenheiten, ihre Wollust auszuleben, wie Balbec: 24–26; die Händlerrufe von P. (»les cris de Paris«): 153–157, 166–169, 181–183; der Reiz der alten aristokratischen Viertel liegt auch darin, dass sie zugleich plebejisch sind: 154; Fahrt mit Albertine durch das abendliche P.: 222–235; verfrühter Vollmond über P.: 234; M trifft Gisèle in Passy: 237; die »gesprochene Zeitung« von P.: 299; Albertine verbringt drei Tage bei einer Freundin in Auteuil: 455 f.; P. im Mondschein von der Porte Maillot aus: 557; M träumt von Autofahrten durch das noch schlafende P.: 561 f.
– vi: die langen Sommerabende von P.: 96 f.
– vii: das P. der Kriegszeiten erinnert an die Zeiten des Direktoriums: *45–60*; das verdunkelte P.: 60–63; Angriffe durch Zeppeline: *94–96*; Vergleich mit 1815: 101–103; P. als Pompeji: 162 f.; P. als Harun al-Raschids Bagdad: *167*; Hotels und Geschäfte sind geschlossen: 168; M spaziert während eines Luftangriffs durch P.: *200* f., 211; die Katakomben der Métro: 201 f.; das neue Palais des Prinzen von Guermantes in der Avenue du Bois: *234* f.; die Straßen in der Umgebung der Champs-Élysées: 236
Paris, Graf von: Prinz Louis-Philippe-Albert von Orléans (1838–94), Enkel des 1848 exilierten frz. Königs Louis-Philippe und späterer sog. »Philippe vii« der Royalisten. Sohn von Ferdinand d'Orléans und Helene von Mecklenburg-Schwerin; verh. mit Marie-Isabelle d'Orléans (1848–1919), Infantin von Spanien. 1886 wurde der Graf samt Familie aus Frankreich verbannt und zog sich nach Twickenham bei London zurück.
– i: hat häufig Swann zu Gast: 27; hat Gilberte schon oft die Hand geschüttelt: 558
– ii: hat stets mit großem Wohlwollen die Ergebenheit Swanns aufgenommen: *64*
– iii: seine Verwandten sprechen von ihm als »Paris«: 512
*Parkwächter in den Champs-Élysées.
– ii: besucht die »Marquise« in ihrem Toilettenhäuschen: 93
Parma: Stadt in der südwestlichen Po-Ebene. Im Frz. ist der Name einsilbig, [parm].
– i: M träumt über dem Namen: *531 f.*; M träumt von einer Reise nach P.: 534

– III: 191; M wird an seine Vorstellungen von P. erinnert, als er die Prinzessin von P. kennenlernt: 574 f.; der Herzog von Guermantes musste einmal einen Winter in P. verbringen: 645
– IV: der Palast der Prinzessin von P. in P.: 264
Parma, Herzog von: 1801 fiel Parma an Napoleon, der seine eigenen Günstlinge als Herzöge von Parma einsetzte. 1814 ging das Herzogtum an Napoleons Ehefrau Marie-Louise von Österreich über, 1847 wurde mit Karl II. Ludwig Ferdinand von Bourbon-Parma (1799–1883) die bourbonische Herrschaftslinie wieder aufgenommen. Robert I. Karl Ludwig Maria von Parma (1848–1907) war der letzte regierende Herzog von Parma, Piacenza und Guastalla.
– III: begehrter und umstrittener Titel: 725
*Parma, Mutter der Prinzessin von. Historisches Vorbild ist vermutl. die Gattin von Miguel I. von Braganza, Prinzessin Adelaide von Löwenstein-Wertheim-Rochefort (1831–1909).
– III: ihre status- und vermögengestützte, evangelienfromme Liebenswürdigkeit: 575
*Parma, Prinz von: Vater der Prinzessin von Parma. Historisches Vorbild ist vermutl. Miguel I. von Braganza (1802–66).
– III: seine Tochter hat als Tochter eines Fürsten einen ebenfalls fürstlichen Vetter geheiratet: 573
*Parma, Prinzessin von: Freundin der Herzogin Oriane von Guermantes.
– I: veranstaltete die schönsten Feste: *371*; Swann will ihr einen Fruchtkorb schicken: 425; Swann soll Oriane zu ihr begleiten: 470 f.
– III: ihr Schattentheater, ihre Opernloge: 42 f., 45, 49; mildtätig und frei von Snobismus: 71; Gast bei der Herzogin von Guermantes: 278; M wird mir ihr zusammen zu den Guermantes eingeladen: 508; sie soll sich bei General Saint-Joseph für Saint-Loup verwenden: 556; M wird ihr vorgestellt; sie findet ihn charmant: 571–573; ihr Reichtum, ihre verwandtschaftlichen Verbindungen; hat als Tochter des Prinzen von P. einen ebenfalls fürstlichen Vetter geheiratet: 573; Poesie des Namens: 574 f., 726; die Gründe für ihre Liebenswürdigkeit: 575–578, 589; wird bei den Guermantes als Herrin des Hauses behandelt: 585; vermittelt Einladungen zu den Guermantes: 596; ihr Salon: 609, 611, 613, 615; ihre Verwunderung und Neugierde über alles, was die Herzogin von Guermantes betrifft: 627 f., 631, 636, 640, 643 f.; beim Diner Guerman-

tes; die Herzogin von Guermantes gibt vor ihr an; ihre Naivität: 649, 651, 653, 659–661, 666–668, 670, 673 f., 677, 679, 682, 685–687, 690 f., 694–696, 698–700; über den Prinzen von Guermantes: 710; man darf nicht vor ihr das Diner verlassen: 729 f.; die Dummheit ihrer Ehrendame: 733; ihr Sohn, der Herzog von Guastalla, ist ein Vetter von Charlus: 756

– IV: würde sich freuen, M kennenzulernen: 176; hat im Grand-Hôtel Balbec ein Zimmer reserviert: 261; M sieht sie im Speisesaal; ihre herrschaftsgewohnte Haltung: 263 f.

– VI: Ms Mutter besucht sie, wird aber ignoriert: 259; macht einen Buß-Gegenbesuch: *281*; hat die Ehe von Léonor de Cambremer eingefädelt: 354 f.; lässt gegenüber Legrandin durchblicken, dass Mlle d'Oloron eine »natürliche« Tochter Charlus' sei: 356

– VII: nahm einst bei den Kleinmichels und Tossizzas einen Ehrenplatz ein: *374*

Parnass: Berg bei Delphi, Dionysos und den Nymphen geweiht; übernahm später in der röm. Dichtung die Funktion des Helikon als symbolischer Aufenthaltsort der Dichter.

– III: Guermantes benachbarte Ortschaften erscheinen M, als lägen sie am Fuße des P.: *15*

Parny, Évariste Désiré de Forges, Vicomte de (1753–1814): Autor insbes. der *Poésies érotiques* (1778), die für ihre »sinnliche Anmut und Aufrichtigkeit des Gefühls« (*Larousse*) geschätzt werden; Freund Voltaires, Lehrer Lamartines.

– III: eine reiche Amerikanerin, die noch nie ein anderes Buch besessen hatte als einen Gedichtband von P.: *607*

Parville, auch Parville-La-Bingard: Station der Lokalbahn; auch Ort bei Evreux (Eure), also weit im Binnenland. Es scheint, dass Proust stellenweise Incarville und Parville verwechselt; s. deshalb auch Incarville.

– IV: P. und Incarville zwei verschiedene Stationen: 357; der Blick auf P. von La Raspelière: 551; Etymologie des Namens: 559; M setzt Albertine nach Ausflügen in P. ab: 576, 580; die Klippen von P.: 583, 732; die nächstgelegene Bahnstation für Albertine: 706; Albertines Enthüllung über ihre Beziehung zu Mlle Vinteuil, als der Zug in P. einläuft: 710–713; Cottards Hinweise im Kasino von P. (S. 271–279: Incarville): 715

Pascal, Blaise (1623–62): Mathematiker, Physiker und Philosoph, der sich nach

einem Schlüsselerlebnis der Religion zuwandte; seine *Pensées* sind eine nicht vollendete Verteidigung des Christentums.
– I: nach Swanns Meinung sollte man P.s *Pensées* in die Zeitung setzen: *41*
– III: gründet die Wahrheit der Religion auf die Vernunft und auf die Autorität der Heiligen Schrift: *27*
– IV: Charlus und der Herzog von Guermantes erinnern sich an ihren Unterricht über P.: *167*
– VI: man kann in einer Seifenreklame ebenso kostbare Entdeckungen machen wie in den *Pensées* von P.: 183; die Empfindung, wenn man über ein Pflaster wandelt, das aus der Asche von P. gemacht ist: *369*
– VII: ein P.-Zitat (»das Ich ist hassenswert«) wird von Brichot Anatole France zugeschrieben: *143*
Pasquier: Baron Étienne Denis Herzog Pasquier (1767–1862), Polizeipräfekt von Paris unter dem späten Napoleon, von Ludwig XVIII. zum Mitglied des Oberhauses ernannt (»pair«), von Louis-Philippe zum Herzog erhoben. Mitglied der Académie.
– I: Ms Großvater möchte Swann über P. befragen: *34*
– II: Mme de Villeparisis zieht P. einem Hugo oder Balzac vor: *388*
– VI: würde Sainte-Beuves *Lundi*-Beitrag lesen und sich mit Mme de Boigne darüber unterhalten: 220*f.*
Passy: großbürgerlicher Stadtteil von Paris, 16. Arr.
– V: M trifft Gisèle in P.: 237
Paty de Clam, Major Armand Mercier du (1853–1916): Offizier im Generalstab, leitete die erste Dreyfus-Untersuchung und sagte im Zola-Prozess aus; wurde 1899 wegen des Vorwurfs verhaftet, gegen Dreyfus sprechende Unterlagen fabriziert zu haben.
– III: Norpois' Meinung über ihn: *324* f., 328, 333
– VII: zitiert aus Quillards *Fille aux mains coupées*, während er an ihm im Zeugenstand beim Zola-Prozess vorbeigeht: *90*; Brichot fand früher sogar seine Machenschaften richtig: 123
Pau (Stadt): Stadt in Südfrankreich (Aquitanien), Heimatstadt u.a. des Generals und späteren schwed. Königs Jean-Baptiste Bernadotte.
– III: der Großvater des Königs von Schweden bestellte noch in P. den Boden: 790
Pau, Paul (1848–1932): frz. General.
– VII: die Kriegserklärung war der schönste Tag in seinem Leben: 150

Pau, Paul Marie César Gérald (1848–1932): General, Veteran von Froeschwiller, Mitglied des obersten Kriegsrats 1909, Kommandeur der Armee im Elsass 1914.

– III: wird in Doncières diskutiert: *171*

Pauillac: Ort bei Bordeaux, bekannt für gute Lämmer und Weine.

– II: P.-Lamm wird im Restaurant in Rivebelle serviert: *523*

Paul, Großfürst: Pawel Alexandrowitsch Romanow (1860–1919), Sohn von Zar Alexander II. (1818–81).

– VII: die Herzogin von Guermantes spricht von seiner morganatischen Ehefrau als der »Großfürstin Paul«: *227*

Paulus von Tarsus (5–67 n. Chr.): Apostel. Seine Reisen im Orient rekonstruiert Renan in *Histoire des origines du christianisme*.

– III: der Reisende findet die erdbedeckten Häuser noch fast so vor, wie sie auch P. gesehen haben könnte: *588*

Pawlowna, Maria: Marie von Mecklenburg-Schwerin, gen. *»Maria Pawlowna« (1854–1920): Gattin des russ. Großfürsten Wladimir Romanow.

– VII: nach der Revolution erkundigt sich die Herzogin von Guermantes bei Paléologue nach ihrem Wohlergehen: *227*

Péladan, Joseph (gen. »Joséphin«, auch »Sâr Péladan«, 1858–1918): mystizistischer Autor einer 29bändigen Romanfolge *Décadence latine*; zusammen mit einigen antiklerikalistischen Autoren Gründer eines okkulten »Ordre de la Rose-Croix«.

– III: der Historiker der Fronde schreibt ihm geistreicherweise die *Sieben Prinzessinnen* zu: *308*

Pembroke: Ort in Wales mit dem von Arnulf de Montgomery errichteten Pembroke Castle.

– IV: der amerikan. Name »Montgommery« hat mit der Familie aus P. nichts zu tun: *672*

Penguern-Stereden: fiktiver Ort in der Bretagne.

– III: ein Kamerad Saint-Loups stammt von dort: 185

Penmarch: Ort im Dép. Finistère.

– IV: Brichots Etymologie: 690

Pennedepie: Ort im Dép. Calvados.

– IV: Brichots Etymologie: 690

*Percepied, Bruder des Doktors.

– I: ein Kenner von Kirchenfenstern: 148

*Percepied, Doktor: Arzt in Combray.
– I: der Pfarrer von Combray trifft P.s Bruder: *148*; P. mokiert sich über Vinteuils Tochter: 206; seine gnadenlose Gutmütigkeit: 215; hat M von Schloss Guermantes erzählt: 240; M sieht bei der Trauung seiner Tochter die Herzogin von Guermantes: 242f.; M schreibt in seiner Kutsche ein Prosagedicht: 250
*Percepied, Madame: Gattin des Doktors Percepied.
– I: bemerkt Ms verspätetes Erscheinen in der Kirche: 174
*Percepied, Tochter des Doktors.
– I: die Herzogin von Guermantes kommt zu ihrer Trauung: 242
Perche, Le: Region bei Chartres, zwischen der Normandie und Maine.
– III: die Courvoisiers wollen nicht auf Leute stoßen, mit deren Eltern ihre Eltern im P. nicht zu tun haben wollten: 596
*Perdreau, Abbé: Einwohner von Combray.
– I: seine Nichte hat das Kloster verlassen: 84
Père-Lachaise: bekannter Friedhof in Paris (benannt nach einem Beichtvater Ludwigs XIV.), auf dem auch Proust beerdigt ist (Section 85).
– IV: ein Arzt wird den Gruß eines Patienten, den er im P. vermutet, als Spott empfinden: *62*
Peri: Gestalt aus der 271. Geschichte von *Tausendundeine Nacht*, »Prinz Ahmed und die Fee Perî Banû«, die das Vorrecht genießt, selbst um einen Mann werben zu dürfen, sehr zur Freude Ahmeds. Allgemein sind nach der pers. Mythologie Perîs gefallene Engel, die die Gestalt von Elfen annehmen können.
– II: die kleine P. Albertine würde M auf dem Fahrrad mitnehmen: *502*
Périer, Jean-Alexis (1869–1954): Bariton; sang den Pelléas bei der Uraufführung von *Pelléas et Mélisande* an der Opéra-Comique 1902.
– IV: sollte man laut Monsieur de Chevregny besser in einer anderen Aufführung sehen: *673*
Périgord: Nicolas Raoul de Talleyrand-Périgord (1837–1915).
– III: erhielt von Napoleon III. den Titel eines Duc de Montmorency verliehen: 794
– VI: du Lau ein Landmann des P.: *245*
Périgord, Pauline de: Joséphine Pauline de Talleyrand-Périgord (1820–90), Großmutter von Boni de Castellane.
– VII: die Herzogin von Guermantes hat sie gekannt: *335*

*Périgot, Joseph: Françoises Küchengehilfe. Als Vorbild für seine Person wie auch seinen zitatgespickten Brief wird Robert Ulrich (geb. um 1881) angesehen, den Proust in den Jahren 1906–10 gelegentlich als Hausdiener und Sekretär beschäftigte.

– III: beglückt über den Umzug: 9 f.; seine Ergebenheit Françoise gegenüber: 20, 29–34; darf Françoise nicht am Krankenbett von Ms Großmutter vertreten: 433; schleppt Gedichtbände aus Ms Bibliothek ab: 434, 736 f.; schreibt einen Brief an seinen Cousin: 759 f.

Perronneau, Jean-Baptiste (1715–1783): frz. Porträtmaler.

– III: von Elstir bewundert: *566*

Persien, Schah von: Nasser ed-Din Shah Qajar (= Nasreddin, 1831–96), Schah von Persien 1848–96, besuchte die Weltausstellungen 1878 und 1889 in Paris.

– II: der Hoteldirektor macht Ms Großmutter in der Weise auf Mme de Villeparisis aufmerksam, wie man einen Zuschauer auf den Schah aufmerksam machen würde: *352*

Persigny, Jean Fialin, Herzog von (1802–72): Innenminister unter Napoleon III.

– IV: hat angeblich dafür gesorgt, dass Ms Urgroßvater kostenlos Bus fahren darf: *428*

*Peruaner: Gast bei der Soiree Verdurin.

– V: missversteht einen Blickwechsel und fasst einen Hass auf Mme de Mortemart: 366 f.

Pétain, Philippe (1856–1951): Marschall; empfahl im Ersten Weltkrieg im Gegensatz zu Joffre eine defensive Kriegsführung.

– VII: war in Saint-Loups militärkundlichen Gesprächen nie vorgekommen: 87

Petersburg, Sankt: Stadt in Russland.

– IV: die homosexuelle Szene gibt es auch dort: *50*

– V: eine Gesellschaft wie die bei den Verdurins kann man allezeit ebenso in P. antreffen: 357

– VII: Monsieur Paléologue ist frz. Botschafter in P.: 227

Petrograd: Name von St. Petersburg 1914–24; *s.* Petersburg, Sankt.

Petronius, Titus, gen. »Arbiter« (gest. 66 n. Chr.): röm. Autor, insbes. des *Satyricon.*

– V: Charlus erscheint Brichot wie eine Figur bei P.: *383*

*Pfalz, Kurfürst von der (fiktiv).
- IV: ein Onkel der Herzogin von Guermantes: 485 f.
Pfalz, Kurfürst von der (historisch): Karl-Ludwig I. von Bayern (1617–80).
- III: empfing im Bett liegend den Herzog von Chevreuse zum Diner: *587*
Pfalz, Kurfürst von der (Titel).
- III: einer der Titel des Prinzen von Faffenheim-Munsterburg-Weinigen: 345
Pfalz, Prinzessin Liselotte von der: Charlotte-Elisabeth von Bayern (1652–1722), Herzogin von Orléans, die »Princesse Palatine«; als Gattin von »Monsieur«, dem Bruder Ludwigs XIV., am frz. Hof bekannt als »Madame«.
- II: M empfindet bei den Erzählungen der Prinzessin Mathilde die gleiche Überraschung, wie wenn man den Briefwechsel der Prinzessin von der Pf. aufschlägt: *159*
- III: gewisse nervöse Züge erregen das beunruhigte Interesse ihrer Briefpartner: *726*
- IV: ihr maskulines Auftreten: 69
- V: die Frau einer »Tante«: 413
*Pfarrer von Combray.
- I: sein Spargel: 81; Eulalie kümmert sich um seine Wäsche: 100; er besucht Tante Léonie und unterhält sie mit Etymologien: 145 f., 148–151, 153; seine Etymologie von »Champieu«: 203; Dr. Percepied erregt seine Heiterkeit: 205; geht die Prinzessin von Les Laumes um 100 Franc an: 468
- IV: hat eine Weile in Criquetot gewirkt und Etymologien erforscht: 287; Brichot bekrittelt seine Ergebnisse: 398–403, 449 f., 544–546
- V: hat Tochter protestantischer Cousins der Mme Sazerat zum Katholizismus bekehrt: 15 f.
- VI: der Bürgermeister grüßt nicht einmal ihn: 370
Phädra: mythologische Gestalt, zweite Gattin des Königs Theseus von Athen.
- VII: Racine sah sich gezwungen, aus der antiken Phädra eine Jansenistin zu machen: 310
Phädra: Protagonistin des Bühnenstücks *Phädra* von Racine.
- VI: würde Hippolyt verzeihen, wenn er nicht Aricia lieben würde: 67 f.
Phidias (480–430 v. Chr.): griech. Bildhauer.
- III: Ph.' Jupiter-Statue im Tempel zu Olympia: 383

– V: schrieb den Namen seines Geliebten in den Ring seines Olympischen Jupiter: *448*
– VII: Charlus sieht die angelsächsischen Soldaten wie Statuen von Ph.: 121
*Phili: familiärer Name der Vizegräfin oder Gräfin von Arpajon; *s.* Arpajon, Gräfin von.
*Philibert: Vermutl. steht der Marquis Philibert de Clermont-Tonnerre dahinter, der mit R. de Montesquiou befreundet und mit Proust zumindest bekannt war.
– IV: wird von Charlus bei der Soiree Guermantes begrüßt: *72*
Philibert der Schöne: Herzog Philibert II. von Savoyen (1480–1504), der 1501 Margarete von Österreich (1480–1530) heiratete.
– I: in der Kirche von Brou sind seine Initialen innig mit denen von Margarete verschlungen: *407*
Philinte: *s.* Alceste und Philinte.
Philipp der Kühne: *s.* Philippe III.
Philippe de Valois: *s.* Philippe VI.
Philippe II Auguste (1165–1223): König von Frankreich 1180–1223.
– VII: eine historische Arbeit über Ph. stammt nach Mme Sazerats Überzeugung von M: 399
Philippe III, gen. »le Hardi«, »der Kühne« (1245–85): König von Frankreich 1270–85.
– III: Charlus beruft sich ständig darauf, was man unter Ph. dem Kühnen gedacht hätte: 701
Philippe VI (1293–1350): König von Frankreich 1328–50, erster König aus dem Haus Valois.
– III: Saint-Simon schätzt Ludwig XIV. gering im Vergleich zu Ph. de Valois: 587
Philippe VII: Bezeichnung des Grafen von Paris in seiner Eigenschaft als Kronprätendent 1883. Siehe Paris, Graf von.
– I: hat Swanns Hand oft in der seinigen gehalten: 558
Philippe Égalité: Louis Philippe Joseph, Herzog von Orléans, gen. »Philippe Égalité« (1747–93), war Konventsmitglied und stimmte 1772 für den Tod seines Vetters Ludwig XVI.; Vater von Louis-Philippe, dem »Bürgerkönig«.
– III: eine abscheuliche Kanaille, im Unterschied zu Carnot: 785

*Philosoph, norwegischer: Gast der Verdurins in La Raspelière.
- I V: seine zögerliche und fehlerhafte Sprechweise: 455–457; sein Interesse an Brichots Etymologien: 462 f.; sein spurloses Verschwinden: 517; sein Bericht über Bergson und Schlafmittel: 528 f.; glaubt an die Unsterblichkeit der Seele: 530

*Pianist bei den Verdurins im alten Salon (möglicherweise identisch mit dem Pianisten Dechambre in SG).
- I: wird von den Verdurins gefördert: 261–263, 277; spielt das Andante der Sonate in Fis: 286, 289, 293–295, 302 f., 357; spielt die kleine Phrase: 363; fährt mit nach Chatou: 390, 395, 401; überschlägt Passagen aus der Sonate: 482; braucht angeblich die Tante nicht: 513

*Pianist bei der Madame de Saint-Euverte.
- I: spielt Liszt und Chopin: 456 f., 460, 462 f.

*Pianist bei der Soiree Verdurin im neuen Salon.
- V: nimmt auf dem Podium neben Morel Platz: 336

Piccinni, Niccolò (1728–1800): ital. Komponist, insbes. einer *Iphigénie en Tauride* (1781), die wenig Anklang fand.
- III: die erquickende Meinung mancher Kritiker, die wahre *Iphigenie* sei die von P.: *632*

Picquart, Georges-Marie (1854–1914): Oberst, später General und Kriegsminister; einer der wesentlichsten Akteure in der Dreyfus-Affäre; *s.* auch im Themenverzeichnis unter Dreyfus-Affäre.
- III: 144, 315, 322 f., 400
- IV: Bloch unterstützt eine Petition zugunsten P.s: 160, 162; Gast im Salon der Mme Verdurin: *207*; Mme Verdurin distanziert sich wieder: 395
- V: verkehrt im Salon der Mme Verdurin: *320*
- VII: ist Kriegsminister geworden: 149

*Pierre, Monsieur: Historiker der Fronde.
- III: gravitätisch und gehemmt: 254; zitiert Aristoteles: *258*; seine Schlaflosigkeit: 258 f., 289; will wohl etwas über die Herzogin von Montmorency schreiben: 266; wird der Herzogin von Guermantes vorgestellt: 268; seine Ahnungslosigkeit von gesellschaftlichen Regeln und von Botanik: 285–288; »Pierre von was?«: 286; kennt sich aus mit den Brotpreisen während der Fronde: 304; der Herzog von Guermantes mokiert sich über ihn: 318 f., 321

*Pierre: Page eines Spielclubs.

– V: hat Charlus einen Liebesbrief geschrieben: 57

Pierrefonds: Ort im Dép. Oise unweit von Compiègne mit Schloss aus dem 15. Jh., das im 17. Jh. verfiel und von Viollet-le-Duc im 19. Jh. restauriert wurde.

– I: die Verdurins planen einen Ausflug mit Odette nach P.: *402* f.

*Pierrot: einer der jungen Männer in Jupiens Bordell; auch Figur der Commedia dell'arte; im Argot ›Weißwein‹.

– VII: soll den Cassis für M aus dem Keller holen: *174*

Pietrasanta (ital. »heiliger Stein«): Zentrum der Steinmetzerei nördl. von Pisa in der Nähe der Marmorbrüche von Carrara.

– II: wo Michelangelo seine Marmorblöcke ausgesucht hat: *27*

Pincio, Monte: der nördlichste der Hügel Roms; insbes. ein Park mit der Villa Borghese. Die von Bülows wohnten in der Villa di Malta auf dem Monte Pincio.

– IV: man merkt auf dem Monte P., dass die germanische Rasse die feine italienische Art angenommen hat: *69*

Pindar: boiotischer Dichter (geb. vermutl. 518, gest. nach 446).

– III: eine Gesellschaftsschicht, die sich seit P.s Zeiten nicht geändert hat: *261*

*Piperaud, Doktor: Arzt in Combray.

– I: eilt zu einem kranken Kind: 81

*Pippin der Wahnsinnige: fiktiv, vermutl. in Anlehnung an Pippin I. von Aquitanien († 838), dem Wahnsinn nachgesagt wurde.

– I: Karl der Stammler ist ein Sohn von P.: *149*

Piranesi, Giambattista (1720–78): ital. Kupferstecher; als seine Hauptwerke werden die beiden Zyklen *Vedute di Roma*, Ansichten antiker und barocker Bauwerke und Ruinen, sowie die *Carceri*, fiktive Gefängnisarchitektur-Visionen, angesehen.

– I: die Kuppel von Saint-Augustin gibt einer Pariser Straße den Charakter einer Straße in P.s Rom: *96*

Pisa: Stadt in der Toskana.

– I: M träumt davon, P. zu besichtigen: 534 f.

Pisanello: Antonio de Puccio Pisano, gen. »Vittore Pisanello« (1395–1456): ital. Maler, insbes. der Fresken in Verona.

– II: der Meeresschaum in Balbec hat die feine Linienführung eines P.: *513*

– III: Mme de Villeparisis lässt P. weit hinter sich: *287*

– VII: Königin Victorias Profil auf den engl. Pennies könnte von ihm stammen: 45
Pius IX. (1792–1878): Giovanni Maria Graf von Mastaï-Ferretti; wurde 1846 als Nachfolger Gregorius' XVI. von liberalen und nationalistischen Kräften zum Papst gewählt, wendete sich aber später gegen Garibaldi und dessen Bewegung. 1848 floh P. vor den österr. Truppen nach Gaëta unter den Schutz des Königs von Neapel.
– II: Françoise kauft Fotografien von P.: *84*, 355
Place d'Armes: Platz vor dem Schloss von Versailles.
– V: der Chauffeur soll Albertine hier treffen: 175
Place de la Concorde: der größte Platz von Paris im Zentrum der Stadt im 8. Arr.; mit einer Fläche von 68470 m² der zweitgrößte Platz Frankreichs.
– I: der See der Baronin Putbus ist zehnmal so groß wie die P.: *363*
– VII: die Flakscheinwerfer wirken wie die Fontänen auf der P.: 157
Place du Palais-Bourbon: Platz im 7. Arr.
– VII: Charlus' Cousinen leben im Dreieck zwischen der Rue de la Chaise, der P. und der Rue Garancière: *104*
Place du Parvis-Notre-Dame: Platz im 4. Arr.
– IV: laut Charlus des Namens wegen nicht für Juden geeignet: *700*
Place Saint-Augustin: Platz im 8. Arr.
– IV: man kann laut Charlus die Juden nicht daran hindern, dort zu wohnen: *700*
Place Saint-Sulpice: Platz im 6. Arr., in dessen Umgebung sich etlich Devotionaliengeschäfte befanden.
– IV: Holzschnitzereien landen im Gerümpel, weil ein Geistlicher die Ornamente von der P. vorzieht: *439*
Place Vendôme: Platz im 1. Arr.
– VII: ein besonders schönes Ensemble: 157
Planté, Francis (1839–1934): gefeierter Pianist der ›alten Schule‹.
– I: der Pianist der Verdurins würde P. in die Tasche stecken: *261*
– IV: Dechambre wird mit ihm verglichen: *410*
*Plassac, Marquise Walpurga von: Cousine der Herzogin von Guermantes, Schwester von Madame de Tresmes.
– III: teilt dem Herzog von Guermantes den kritischen Gesundheitszustand seines Vetters Osmond mit: *767* f., 771

– IV: informiert den Herzog von Guermantes vom Tod seines Cousins Amanien: 177

Platon (428–348 v. Chr.): altgriech. Philosoph.
– I: Swann erkennt die guten Seiten an der Strenge eines P.: *395*
– II: Françoise entstellt die Worte der Mme de Villeparisis nicht weniger als P. die des Sokrates: 370
– III: Françoises Irrtümer gehen wie die Fabeln, an die P. glaubte, auf ein falsches Weltbild zurück: 484
– V: sein entspanntes Verhältnis zur Homosexualität: 275; Charlus' Laster besteht für Bergotte in Erinnerungen an P. und Sodoma: *299*; sein *Gastmahl* in Königsberg angerichtet: *382*; Brichot fühlt sich in Charlus' Gegenwart wie P. bei Aspasia: *449*
– VII: ähnliche Ideen können ganz verschieden aussehen, je nachdem, ob P. oder Xenophon sie erörtert: 77; seine jungen Männer: *164*

Plautus: Titus Maccius Plautus (254–148 v. Chr.): röm. Komödiendichter.
– II: Bloch nennt P. ironisch als Gast Nissim Bernards: 476

Plinius der Jüngere: Gaius Plinius Caecilius Secundus (62 – um 114): Autor, insbes. von Briefen; röm. Konsul und Gouverneur.
– III: Briefe, die nicht mehr Vertrautheit zwischen Verfasser und Empfänger herstellen, als wenn sie von P. wären: *600*

Plotin: Plōtínos, lat. Plotinus (202–270): neuplatonischer Philosoph.
– IV: sein System wird in der Erinnerung Ms nicht durch den Schlaf ausgelöscht: *529*

Po(c)quelin, Jean-Baptiste: der bürgerliche Name Molières; *s.* Molière.

Poe, Edgar Allan (1809–49): amerikan. Autor von phantastisch-unheimlichen Abenteuer- und Kriminalerzählungen, mit denen er das Muster der Kurzgeschichte lieferte und damit auch erheblichen Einfluss auf die europäische Literatur ausübte, nicht zuletzt auf seinen Übersetzer Baudelaire.
– II: Ms Großmutter will ihn vor der Überfeinerung bewahren, die P. nur Leid eingebracht hat: *410*

*Poictiers, Herzog von: Gatte von Madame Poictiers.
– III: Vetter von Saint-Loup, »kein übler Bursche«: 196

*Poictiers, Madame: Cousine von Saint-Loup. Poictiers ist der Name eines erloschenen Grafengeschlechts aus Lüttich.
– III: Saint-Loup empfiehlt sie M als Ersatz für die Herzogin von Guermantes, »jemand ganz Nettes«: *196*

Poincaré, Jules Henri (1854–1912): frz. Mathematiker und Wissenschaftsphilosoph.
– III: ist sich nicht sicher, ob Mathematik im strengen Sinne exakt ist: *154*
Poincaré, Raymond (1860–1934): Präsident der frz. Republik 1913–20.
– VII: Ms Butler hält ihn für unredlich: *83*; Charlus weiß nicht, ob bestimmte abgedroschene Phrasen nun von P. oder von Kaiser Wilhelm stammen: 152
Point-du-Jour: Bahnstation in Auteuil.
– II: Mme Swann hat sich angeblich Bloch auf der Strecke zwischen Paris und dem P. hingegeben: *480*
Pointe du Raz: Felsformation an der Küste der Bretagne, etwa 50 km südl. von Brest.
– II: einer der Orte, die M am liebsten besuchen würde: *582*
Poiré Blanche: Eiskonditorei am Boulevard Saint-Germain.
– III: die Herzogin von Mortemart empfiehlt den Arzt Dieulafoy in der gleichen Weise wie P., wenn man eine Eiskonditorei braucht: 455
– V: M könnte dort Eis für Albertine bestellen: 170
*Poiré, Abbé: Dreyfus-freundlicher Priester.
– IV: Prinz und Prinzessin von Guermantes ziehen ihn ins Vertrauen: 155–157
Poitiers, Diana von (1499–1566): Tochter des Grafen von Saint-Vallier und Witwe von Louis de Brézé.
– IV: Geliebte Heinrichs II.: *21*
Poitiers, Grafen von (= Grafen von Poitou): Adelsgeschlecht, das bis ins 7. Jh. zurückgeht; seit dem 13. Jh. der Krone zugehörig. Das Haus La Trémoïlle geht bis ins 11. Jh. zurück, jedoch liegen seine Ursprünge im Dunkeln.
– IV: Vorfahren der La Trémoïlles: 677
*Poix, Prinzessin von: Freundin der Herzogin von Guermantes; historisches Vorbild ist vermutl. Madeleine du Bois de Courval, Princesse de Poix (1870–1944).
– III: besucht zuverlässig Alix' Freitagsempfänge: *263*
– VI: gehört zu den Gästen Gilbertes: 359
Polen (Land).
– V: ein langer Kerl mit spitzenmäßigem Teint ist ab nach P.: 329
– VII: Goncourt nimmt im nördlichen P. eine exzeptionelle Stellung ein: *26*

Polen, Königin von.
– IV: eine Tante der Herzogin von Guermantes: 485 f.
Polignac, Marquis Melchior von (1880–1950).
– VII: hat sich laut Mme Verdurin sein Haus von Bakst ausstatten lassen (nicht verifiziert): 56
Polignac, Prinz Edmond von (1834–1901): Komponist, den Proust durch Reynaldo Hahn kennengelernt hatte und durch den Proust Charles Haas kennenlernte.
– III: mietet während der Wagner-Festspiele das Schloss Fantaisie bei Bayreuth: *719*
– IV: wüsste, wer Victurnien d'Esgrignon ist: *142*
– V: Figur in Tissots *Le Cercle de la Rue Royale*: *268*
Polin: Gräfin Ewelina Hańska, geb. Rzewuska (1801–82), gen. »L'Étrangère«, mit der Balzac lange korrespondierte, bevor er sie 1850 heiratete. Gräfin Ewelina war ukrain. Abstammung, aber mit dem russ.-poln. Baron Hańska (gest. 1841) verheiratet.
– IV: Balzac hat nach Brichots Meinung der P. zuliebe etwas zusammengeklittert: *627*
Polizeichef.
– VI: lädt M vor wegen Verführung einer Minderjährigen; gibt M einen Rat unter Gesinnungsgenossen: *42 f.*
Pompadour, Madame de (d. i. Jeanne Antoinette Poisson; 1721–64): Mätresse Ludwigs XV.
– III: wir hätten sie gern gekannt und uns doch bei ihr ebenso gelangweilt wie bei ihren modernen Schwestern: 763
– VII: wäre M womöglich als eine unbedeutende Person erschienen: 43
Pompeji: im Jahr 79 n. Chr. durch einen Ausbruch des Vesuvs zerstörte antike Stadt am Golf von Neapel.
– II: unsere Züge sind erstarrte Gebärden, wie man sie in den Verschütteten von P. sieht: 655
– III: der Schatten der Kutsche mit M und seiner Großmutter wirkt vor dem rötlichen Licht der untergehenden Sonne wie eine pompejan. Terracotta: 429; die pompejan. Lampen des Empire bei den Iénas: 696
– VII: Vergleich des Paris in Kriegszeiten mit P.: 162 f.
*Poncin, Madame: *s.* Landgerichtspräsident, Frau des.
*Poncin, Monsieur: *s.* Landgerichtspräsident.

Pont d'Iéna: Brücke (gebaut 1809–13) über die Seine bei Chaillot, die an den Sieg Napoleons über Preußen bei Jena 1806 erinnert. Siehe auch Gauguins *Die Seine beim Pont d'Iéna*, 1875 (Mus. d'Orsay).
– I: die Familie Iéna heißt wie die Brücke: *464*
Pont de la Concorde: Brücke über die Seine im Zentrum von Paris.
– I: M betrachtet mit Françoise die gefrorene Seine vom P. aus: 545
– VII: Luftkampf über dem P.: 157
Pont des Invalides: Brücke über die Seine im Zentrum von Paris.
– VII: M verirrt sich im verdunkelten Paris in der Nähe des P.: 100 f.
Pont-à-Couleuvre: fiktiver Ort unweit von Balbec. Ein realer Ort dieses Namens befindet sich bei Salency (Oisne, Picardie).
– II: Station der Lokalbahn: *321 f.*
– IV: der Direktor des Grand-Hôtel holt M dort vom Zug ab: *212*, 219; Brichots Etymologie: 449 f.
Pont-Aven: Ort in der Bretagne, Dép. Finistère.
– I: Station des fiktiven 1-Uhr-22-Zuges: *528*, *533*
– VI: M hätte mit Albertine bis P. fahren können: *181*
Pont-l'Abbé: Ort im Dép. Finistère (Bretagne).
– IV: ein jüdischer Beamter wohnte zu Charlus' Entrüstung in P.: *699*
Pont-l'Évêque: Ort im Dép. Calvados (Untere Normandie).
– IV: ein jüdischer Beamter wohnte zu Charlus' Entrüstung in P.: *699*
Pont-le-Duc: fiktiver Ort in der Côte d'Or, in dem die Gräfin von Arpajon zu Hause ist.
– III: die Gräfin würde M gern dort empfangen: *656*
Pontorson: Stadt in der Unteren Normandie (Dép. Manche).
– I: Station des fiktiven 1-Uhr-22-Zuges: *528*, *533*
Porel: Désiré-Paul Parfouru, gen. »Porel« (1843–1917); Schauspieler, Leiter des Odéon 1884–92, verh. mit Réjane 1893–1905.
– IV: hat man laut Brichot ans Ende der Welt geschickt: *457*, 462
Porphyrius (232–304): Schüler Plotins, Herausgeber seiner Schriften, Autor zahlreicher antichristlicher und philosophischer Werke.
– IV: sein System wird in der Erinnerung Ms nicht durch den Schlaf ausgelöscht: 529
Porte Dauphine (16. Arr.): Tor in der Pariser Stadtmauer und Torbogen auf der Place du Maréchal de Lattre de Tassigny davor, am Zugang zum Bois de Boulogne.

– I: M sieht Mme Swanns Kutsche aus Richtung der P. nahen: *573*

Porte Saint-Denis (10. Arr.): 1672 von François Blondel erbaut; Triumphbogen zu Siegen Ludwigs XIV. in den holl. Kriegen.

– II: M wäre verblüfft zu erfahren, dass die P. nicht aus der gleichen Zeit stammt wie die modernen Wohnbauten: *87*

Porte Saint-Martin (10. Arr.): 1674 von Pierre Boullet erbaut; Triumphbogen zu Siegen Ludwigs XIV. in den holl. Kriegen.

– II: M wäre verblüfft zu erfahren, dass die P. nicht aus der gleichen Zeit stammt wie die modernen Wohnbauten: *87*

*Portefin, Herzogin Berthe von: Freundin von Madame de Villeparisis.

– III: hilft Mme de Villeparisis bei der Vorbereitung ihrer Theateraufführungen: *289*

– V: Morel bewundert sie: 429

Port-Royal: Port Royal des Champs, Frauenkloster bei Versailles, im 17. Jh. Hochburg des Jansenismus.

– II: nach Bergotte braucht man bei der Inszenierung von *Phädra* nicht ständig an P. zu denken: *186*; Sophokles würde in seinen Brief an Racine ein paar Worte von Racines Lehrer in P. einfließen lassen: 662

– IV: die Ernsthaftigkeit eines von P. beeinflussten Christen: *512*

Potain, Pierre (1825–1901): Internist, Mitglied der Medizinischen Akademie seit 1882. Potain arbeitete insbes. auf dem Gebiet der Diagnostik von Erkrankungen des Herzens und der Atemwege.

– I: Mme Verdurin hält Cottard für einen besseren Arzt als P.: *261*, 297

– IV: sein Epitheton »Fürst der Wissenschaft« wird auf Cottard angewendet: *388*

Potel et Chabot: Cateringunternehmen.

– VII: der alte Diener, der wirkt, als sei seine Familie schon seit Generationen im Dienst der Guermantes, ist wahrscheinlich den Tag zuvor von P. zur Verfügung gestellt worden: 235

*Poullein: Diener der Herzogin von Guermantes.

– III: kann seine Verlobte nicht besuchen; Françoises Mitleid mit ihm: 197, 205, 414; der Concierge will ihm vermutl. eine Falle stellen: 503; freut sich auf einen Tag Ausgang: 569; das böse Spiel der Herzogin mit seinem Ausgangstag: 650 f., 661 f., 786 f.

Pourtalès, Gräfin Mélanie von, geb. Renouard de Bussière (1836–1914): Gattin

von Edmond de Pourtalès, Ehrendame der Kaiserin Eugénie; gab auf dem Schloss der Pourtalès bei Straßburg hochkarätige Feste.
– III: Prinz von Borodino speist bei Mme de P., wenn er nach Paris fährt: *176*; die Söhne der heutigen Aristokraten werden über die Dreyfus-Affäre ebenso wenig wissen wie etwa die Gräfin von P.: 541
– IV: ihre Soireen waren besser organisiert als die der Prinzessin von Guermantes: *105*
*Poussin, Madame: Dame aus Combray, mit ihren Töchtern auf Urlaub in Balbec.
– IV: ihr Spitzname »Dann weißt du Bescheid«; ihr untergetauchter Schwiegersohn: *240* f.
Poussin, Nicolas (1593–1665): an Raffael und Tizian geschulter frz. Maler. Proust kannte Desjardins Poussin-Biographie.
– I: eine kleine Wolke erinnert M an einen Garten von P.: *541*
– II: einen Park von Lenôtre zu ruinieren ist ebenso unverzeihlich, wie ein Gemälde von P. zu zerfetzen: *462*
– IV: Renée de Cambremer findet ihn einen Sonntagsmaler, aber Degas' Bewunderung für ihn stimmt sie nachdenklich: *289–292*, *296*
*Poussin, Schwiegersohn der Madame.
– IV: Notar in Combray; ist mit der Kasse durchgebrannt: 240
*Poussin, Töchter der Madame.
– IV: bewegen sich im Schlepptau ihrer Mutter: 240 f.
Prado, El: bedeutende Gemäldesammlung in Madrid.
– IV: M war nie dort: 670
Pradon, Nicolas (1632–98): Bühnenautor, insbes. einer *Phèdre*, mit der er im Streit der »Anciens« und der »Modernes« von den konservativen Racine-Gegnern ins Feld geschickt wurde.
– III: die erquickende Meinung mancher Kritiker, die wahre *Phädra* sei die von P.: *632*
Praslin, Herzogin Altaria Rosalba von, geb. Sébastiani de la Porta (1807–47): wurde von ihrem Ehemann Herzog Charles-Laure von Choiseul-Praslin (1805–47) mit dreißig Messerstichen ermordet.
– II: Mme de Villeparisis' Mutter hat einen Sessel von Mme P. geschenkt bekommen: 408 f.
– III: M sieht ihr Herz in der Brust von Bréauté bluten: *718*
Pratzen: Ebene bei Austerlitz, wo Napoleon einen entscheidenden Sieg erziel-

te (2. 12. 1805; Waffenstillstand mit Österreich und Abzug der russ. Truppen 6. 12. 1805).
– III: Beauconseil kennt jedes Detail des Angriffs von P.: *149*
Praxiteles von Athen: griech. Bildhauer des 4. Jh.s v. Chr.
– V: Charlus verwechselt seine Athleten mit willfährigen Boxern: *275*
Pré Catelan: englischer Garten im Bois de Boulogne und Restaurant (gebaut 1905); ein Gemälde *Ein Abend im* [*Restaurant*] *Pré Catelan* von Gervex von 1909 mit der Herzogin Greffulhe befindet sich in der Sammlung Seligmann (Mus. Carnavalet; Abb. im Ausstellungskatalog *Au temps de Marcel Proust*).
– I: der Erzähler sieht bei einem Spaziergang im Bois den P.: *579*
*Priester, liederlicher: Gast in Jupiens Bordell.
– VII: er ist keine »Engelin«: *194*
Primerose: Name einer südafrikan. Goldminen-Gesellschaft.
– III: ein Bankier freut sich, Aktien dieser Mine zu besitzen: *584*
Princesse Palatine: *s.* Pfalz, Prinzessin Liselotte von der.
*Prinz Von: *s.* Faffenheim-Munsterburg-Weinigen, Prinz von.
Prinzessin von Kleve: Hauptfigur des Gesellschaftsromans *La Princesse de Clèves* (1678) von Marie-Madeleine de la Fayette.
– II: M geht die Wendung »Prinzessin von Troizen und von Kleve« aus Bergottes Broschüre im Kopf herum: *23*
Prinzessin von Troizen: Phädra in Racines *Phädra*.
– II: M geht die Wendung »Prinzessin von Troizen und von Kleve« aus Bergottes Broschüre im Kopf herum: *23*
Prometheus: griech. Sagenfigur, die von Zeus an einen Felsen geschmiedet wurde.
– VII: Charlus ist auf ein Bett gekettet wie P.: *175*
*Prosper: Bruder des Gärtners von Madame Bouillebœuf.
– I: ein vermeintlich Unbekannter: *85*
Prothyreia: Artemis als Hüterin der Pforten.
– IV: ist als Duft Styrax zugeordnet: *328*
Protogonos: aus dem Weltei geborener, doppelgeschlechtlicher Gott des Äthers und des Kosmos.
– IV: ist als Duft Myrrhe zugeordnet: *328*
Proudhon, Pierre-Joseph (1809–65): anarchistischer Gesellschaftstheoretiker, Ideenlieferant für Marx, Autor zahlloser Schriften, der Sentenz »Eigentum ist Diebstahl« und des Begriffs »Klassenkampf«.

– II: Saint-Loup verbringt Stunden mit dem Studium von P.: *418*
– III: Saint-Loup hat den P. stets bei sich, den ihm Ms Großmutter geschenkt hat: 96

Prudhomme, Joseph: Spießbürgergestalt von Henri Monnier (1799–1877; Karikaturen *Scènes populaires dessinées à la plume*, 1830; Komödie *Grandeur et décadence de M. Joseph Prudhomme*, 1852; *Mémoires de Monsieur Joseph Prudhomme*, 1857), die sich vor allem durch wichtigtuerische, in ihrer Dümmlichkeit recht amüsante Äußerungen auszeichnet.
– II: Nissim Bernard verzapft einen Blödsinn à la P.: *475*
– III: der Herzog von Guermantes soll nicht den P. spielen: 322

Psyche: Gestalt aus Apuleius' *Goldenem Esel*.
– III: die Herzogin von Guermantes geht womöglich als P. zum Kostümball: *640*

Puccini, Giacomo (1858–1924): ital. Komponist.
– V: Charlus wäre indigniert, wenn Morel P. spielen würde: *293*

*Püppchen (Mignonne): Spitzname der Vizegräfin von Vélude; *s.* Vélude, Vizegräfin von.

Puffmutter (1).
– I: wird von Swann über Odette befragt: 512

Puffmutter (2).
– II: »Padrona« des Hauses, in das Bloch M führt: 206

Puffmutter (3).
– VI: »Padrona« des Bordells von Maineville: 351

Puget, Louise-Françoise, gen. »Loïsa« (1810–89): Sängerin und Komponistin erfolgreicher Romanzen.
– IV: in den Verhaltensweisen der Freundinnen der Großmutter Ms ist die Erziehung aus der Zeit P.s konserviert: *117*

Pulcinella: schadenfroher, egoistischer Narr der Commedia dell'arte, mit weißen Pluderhosen und hölzerner Schnabelmaske; häufig als Wüstling interpretiert.
– III: das Telefon in Doncières spricht wie P.: *179*

*Pupin, Monsieur: Einwohner von Combray.
– I: erhält den Besuch seiner Tochter aus Jouy-le-Vicomte: *82–84*

*Pupin, Tochter (1), »der Wildfang«, von Monsieur.
– I: besucht vermutl. ihren Vater: *82–84*

*Pupin, Tochter (2), »die große«, von Monsieur.
– I: besucht vermutl. nicht ihren Vater: *82–84*

Purgon, Monsieur: ein schwadronierender Arzt in Molières *Eingebildetem Kranken*.
– IV: drückt sich in einem griech.-lat. Kauderwelsch aus: *403*

*Putbus, Baronin: Bekannte der Verdurins.
– I: Patientin von Dr. Cottard: *363*
– IV: von Saint-Loup erwähnt: *137*; von der Herzogin von Guermantes als Abschaum bezeichnet: 176; wird in La Raspelière erwartet: 214 f., 330, 354, 452; Freundin der Prinzessin Sherbatoff: 384 f.; kommt Gott sei Dank nicht mehr: 458
– V: ist äußerst prüde: 271; ist eine Freundin von Mme Verdurin: 417
– VI: wird samt Gefolge in Ms Hotel in Venedig erwartet: 335
– VII: Ms unverständliche Liebessehnsucht nach der Kammerzofe der Baronin P.: 419

Python: in Delphi hausender Drache, der das Orakel der Erdmutter Gaia hütet.
– III: die Quecksilbersäule im Thermometer der kranken Großmutter Ms: *404*

Quai Conti: Straße am linken Seine-Ufer im 6. Arr.
– VII: neues Domizil der Verdurins: 25

Quai d'Orléans: kurze Straße im 4. Arr., auf der geschichtsträchtigen Île Saint-Louis, damals bevorzugter Wohnort von Künstlern und Bohémiens. Das Geburts- und langjährige Wohnhaus des im Laufe der *Suche* wiederholt erwähnten Dichters Arvers befindet sich Nr. 12.
– I: Swann wohnt als Junggeselle in der Nähe: 28; Odette kann nicht verstehen, dass er dort wohnt: 337 f.

Quai d'Orsay: Sitz des frz. Außenministeriums.
– VI: Norpois bittet den Qu. um ein offizielles Dementi: *314*

Quai de l'Archevêché: Straße im 4. Arr.
– IV: laut Charlus des Namens wegen nicht für Juden geeignet: *700*

Quai Malaquais: Straße im 6. Arr. am linken Seine-Ufer.
– III: eine der Freundinnen von Mme de Villeparisis wohnt am Qu.: *263*, 265, 269

Questambert (eigtl.: Questembert): Ort in der Bretagne, Dép. Morbihan.
– I: Station des fiktiven 1-Uhr-22-Zuges: *528*, *533*

Quetteholme: fiktiver Ort unweit von Balbec, wohl an das Quettehou in der Manche angelehnt.
– II: ein mögliches Ausflugsziel für Mme de Villeparisis: *381*
– IV: von Qu. ist die Kirchenruine Saint-Jean-de-la-Haise mühselig zu Fuß zu erreichen: 544f., 570; Albertine hat eine Postkarte aus Qu. geschrieben: 580
Quettehou: Ort im Dép. Manche (Untere Normandie).
– IV: Brichots Etymologie: *400*
Quijote, Don: Titelfigur des parodistischen Ritterromans *El ingenioso hidalgo Don Quijote de la Mancha* (1605/15) von Miguel de Cervantes.
– IV: Charlus hat in den letzten Jahren gegen Windmühlen gekämpft wie ein Don Qu.: *78*
Quillard, Pierre (1864–1912): symbolistischer Dichter.
– VII: Oberst Paty du Clam zitiert aus Qu.s *Fille aux mains coupées*, während er an Qu. im Zeugenstand beim Zola-Prozess vorbeigeht: *90*
Quimperlé: Ort in der Bretagne, Dép. Finistère.
– I: Station des fiktiven 1-Uhr-22-Zuges: 52*8*, 5*33*
– VI: M hätte mit Albertine bis Qu. fahren können: *181*
Rabelais, François (1494–1553): frz. Autor, insbes. des stilbildenden und sprachschöpferischen Romans *Gargantua et Pantagruel* (1532–64).
– I: Cottard möchte wissen, was »die Viertelstunde des Rabelais« bedeutet: 278
– III: Norpois zitiert die »Moutons de Panurge«: 331
– IV: Brichot zitiert sein »sorbonnistisch, sorbonnifizistisch und sorborniert«, und Cottard bringt »die Viertelstunde des Rabelais« an: 625
*Rachel: jüdische Prostituierte und Geliebte Saint-Loups (die Identität stellt sich erst in WG heraus); von Marcel »Rachel-als-vom-Herrn« genannt.
– II: M trifft sie im Bordell und nennt sie »Rachel-als-vom-Herrn«: *206*f.; Mme de Villeparisis beklagt Saint-Loups Beziehung mit ihr: 412f.; seine Liebe zu ihr: 422; sie erhält täglich Telegramme von ihm: 440; der Faubourg zerreißt sich das Maul über sie: 483; Saint-Loups Überfürsorglichkeit für sie; ihr Einfluss auf ihn: 484f.; verreist nie ohne ihren Hund, ihre Kanarienvögel und ihre Papageien: 485; sie beginnt, Saint-Loup auf Distanz zu halten: 486–488; ihr Auftritt als *Ancilla Domini*: 488f.
– III: Bruch und Versöhnung mit Saint-Loup: 161–167; IM RESTAURANT

(204–230): Saint-Loup lädt M ein, sie kennenzulernen; ihr Haus am Stadtrand von Paris; M erkennt sie als »Rachel-als-vom-Herrn« wieder: 211 f., 214, 216; ihre zwei Seiten; ihre fragwürdigen Freundinnen: 216–220; redet über Theater und flirtet mit dem Oberkellner: 220–223, 226. Im Theater; ihr Bühnenauftritt: 231–235; der Balletttänzer; Saint-Loups Eifersucht; Streit um ein Collier: 237–241; Saint-Loups Liebe zu ihr beruht auf einer Illusion: 244; Gespräche über R. beim Empfang Villeparisis: 292–322; Saint-Loup überreicht ihr das Collier; »Ausbeuter«, die von R. ruiniert wurden: 379 f.; endgültiger Bruch mit Saint-Loup: 470–472; Saint-Loups Standpunkt weniger verlogen als der der Fräulein de Guermantes: 606 f.; Prinz Von spricht zu M über R.: 682–684

– IV: sie und ihre Freunde verspotten Saint-Loup: 137; Saint-Loup hat ihre Redeweise übernommen: 300

– VI: lebte mit Octave zusammen: 268; Mme de Marsantes hat die Ehe Gilbertes mit Saint-Loup forciert, um R. auszubooten: 374; ihr Einfluss noch immer an Saint-Loup bemerkbar: 376 f.; Saint-Loup bemerkt Ähnlichkeiten zwischen ihr und Morel; Gilberte bemüht sich, R. zu ähneln: 379; Saint-Loup setzt ihr eine Rente aus: 380; der Schliff, den Saint-Loup durch seine Liaison mit R. erfahren hat: 383 f.

– VII: Gilberte versucht, ihr möglichst ähnlich zu sehen: 13 f.; lebte mit Octave zusammen: 411 f.; ist inzwischen eine berühmte Schauspielerin und eine Freundin der Herzogin von Guermantes: 422–427; ihr Hass auf die Berma: *428*, 439; gibt Rezitationen bei der Prinzessin von Guermantes: 435–440; die Herzogin von Guermantes hat ihre Erinnerung an die R. von einst umgestülpt: 451; sie empfängt die Tochter und den Schwiegersohn der Berma: 453–455

*Rachepel, de: *s.* Arrachepel.

Racine, Jean Baptiste (1639–99): Autor zahlreicher Tragödien und Komödien, geistlicher Lyrik und einer Geschichte des jansenistischen Zentrums Port-Royal.

– I: hat nach Blochs Meinung den einen oder anderen rhythmischen Vers hingekriegt: *129*; Bergottes Bändchen über R. ist vergriffen; 141; Gilberte besorgt M den vergriffenen Band über R.: 551; M liest in dem Band über R.: 561

– II: seine *Phädra*: 75, 184, 186; eine Anekdote über R.: 188; Charlus vergleicht R. und die Sévigné: 460; Vater Bloch nennt R. ironisch als Gast

Nissim Bernards: 476; der Liftboy im Grand-Hôtel Balbec verwendet den Singular in der Weise R.s: 510; ein Brief Sophokles' an R.: 658f., 661f.
– III: Berma in R.s *Phädra*: 59, 64, 66; Onkel Adolphe zufolge wird aus M einmal ein R.: 357; Aufführung von Szenen in Saint-Cyr, die R. den Psalmen entnommen hatte: 388; Erinnerung an Sophokles' Brief an R.: 477
– IV: ein invertierter Jugendlicher mag bei der Lektüre von R. wiederfinden, was er empfindet: 38; Monsieur de Vaugouberts Verhalten bei der Soiree Guermantes lässt an Passagen aus *Esther* denken: 94f.; die Pagen des Grand-Hôtel lassen an den Chor junger Israeliten aus *Athalie* denken: 244f.; Nissim Bernards junger Kellner wird mit einem Israeliten in *Athalie* verglichen: 332–334; Charlus zitiert aus *Esther*: 534
– V: die drakonischen Gesetze von R.s Ahasverus: 167; Wandel des Geistes seiner *Andromaque* in den seiner *Esther*: 439
– VII: hatte sich gezwungen gesehen, aus der antiken Phädra eine Jansenistin zu machen: 310
Zitate aus *Phädra*
– I: 129, 203
– II: 20, 23
Zitate aus *Athalie*
– I: 153
– IV: 244f., 332, 333
Zitate aus *Esther*
– II: 356
– III: 510, 531, 757
– IV: 94, 95, 96, 244, 534
– V: 20, 158f., 539, 562
Zitate aus *Andromaque*
– III: 597

*Radlerinnen (drei) im Bois.
– V: sitzen wie Unsterbliche neben dem weiten Bogen ihrer Fahrräder; Albertine mustert sie: 226

*Radziwill, Madame: Tante des Herzogs von Guermantes. Radziwill ist ein altes litauisches Fürstenhaus mit Zweigen in fast allen europäischen Ländern und den USA; Proust kannte den Prinzen Léon Radziwill (1880–1927).

– III: die Herzogin von Guermantes hat mit dem dt. Kaiser bei Tante R. diniert: *705*

Raffael (frz.: Raphaël): Raffaello Sanzio da Urbino (1483–1520); ital. Maler meist biblischer Sujets, deren Modelle mit ihrem jugendlich-heiteren Liebreiz in oft eigentümlichem Kontrast zur Bedeutungsschwere der Bildthematiken stehen. Raffael mischte sich gelegentlich unter die Figuren seiner Bilder, so in der *Schule von Athen* und in *Der hl. Lukas malt die hl. Jungfrau.*

– II: Charlus besitzt Porträts seiner Ahnen von R.: *451*

– VII: Goncourt stellt Watteau über R.: 125

Rambuteau, Claude-Philibert Barthelot, Graf von (1781–1869): frz. Politiker, der die öffentlichen Toiletten in Paris einführte.

– V: war entsetzt, als der Herzog von Guermantes von einem Pissoir als einer »Ädikula Rambuteau« sprach: 253

– VII: hat sich über die Bezeichnung der Pariser Pissoirs als »Rambuteau-Häuschen« geärgert: *83*

Rameau, Jean-Philippe (1683–1764): frz. Komponist.

– V: ein Zitat aus Glucks *Armide* wird ihm zugeschrieben: *155*; Albertine spielt etwas von R. auf dem Pianola: *521*

*Rampillon, Berenike de: Gast bei der Soiree Saint-Euverte.

– I: Oriane findet sie schrecklich: 470

– IV: die Herzogin von Guermantes beschreibt sie als Skelett in einer offenen Robe: *122*

Ranavalo: Thronname der Königinnen Manjaka I.–III. von Madagaskar bis zur Annexion der Insel durch Frankreich. Die letzte Königin der Dynastie (1862–1917) wurde 1897 nach Réunion deportiert und 1899 weiter nach Algier exiliert, von wo aus sie gelegentlich Besuche in Paris machen durfte.

– II: der Hoteldirektor macht Ms Großmutter in der Weise auf Mme de Villeparisis aufmerksam, wie man einen Zuschauer auf die Königin aufmerksam machen würde: *352*

Raphael: Erzengel.

– IV: einer von Charlus' Schutzpatronen: 610; Gott schickt ihn dem jungen Tobias: 656

– V: Charlus bittet ihn, ihm Morel zurückzuführen wie den jungen Tobias: *440*

*Raphael: Vorname eines Einwohners des Faubourg Saint-Germain.
– III: der geizigste, finsterste, hartherzigste Mann des Faubourg: 582
*Rapin, Monsieur: Apotheker in Combray.
– I: wohnt gleich neben der Kirche: 91
Raspail: François-Vincent Raspail (1794–1878), eine Gegenfigur zum späten Pius IX. Botaniker, Chemiker und Mediziner (Erfinder einer Kampfer-Zigarette als Arznei), Politiker und engagierter Demokrat.
– II: Françoise kauft Fotografien von R.: 84, *355*
Rasputin, Grigori (1872–1916): Günstling der Zarina.
– VII: der Mord an R. war ein Ereignis in Dostojewskis Leben: *121*
Rastignac (Schloss): im Stil des Weißen Hauses zwischen 1811 und 1817 erbautes Schloss in der Dordogne.
– IV: Charlus erinnert sich an die Stelle in den *Verlorenen Illusionen*, als Carlos Herrera (Vautrin) am Schloss R. vorbeikommt: *624*
Rastignac, Baron, später: Graf, Eugène von: die erfolgreiche Gegenfigur zu Lucien de Rubempré in Balzacs Romanzyklus *Die menschliche Komödie.*
– IV: Carlos Herrera (Vautrin) hat ihn zu Charlus' Entzücken geliebt: *624*
Raudnitz: Modehaus mit Filialen in der Rue Royale und an der Place Vendôme.
– II: Mme Cottard kauft bei R.: *237*
Ravel, Maurice (1875–1937): impressionistischer Komponist.
– VII: der »Junge Mann« beim Empfang des Prinzen von Guermantes glaubt, die *Kreutzersonate* sei etwas von R.: *470*
Rebattet: Konditorei in der Rue du Faubourg Saint-Honoré.
– II: Mme Swann lässt alles von R. kommen: *244*
– III: die Herzogin von Mortemart empfiehlt den Arzt Dieulafoy in der gleichen Weise wie R., wenn man Petits fours braucht: 455
– V: M könnte dort Eis für Albertine bestellen: 170
Récamier, Jeanne, geb. Bernard (1777–1848): Freundin Chateaubriands, B. Constants und der Madame de Staël; unterhielt einen bedeutenden Salon (Porträt von David im Louvre).
– III: selbst Sainte-Beuve kann ihren Salon kaum von anderen unterscheiden: *561*
– IV: ihr Salon in L'Abbey-aux-Bois: 382 f., 625
– VII: wäre M womöglich als eine unbedeutende Person erschienen: 43; die junge Mme de Saint-Euverte über eine Chaiselongue hingestreckt à la R. und lauscht der Musik: *469* f.

Redfern: engl. Couturier in der Rue de Rivoli.
– II: Mme Swann vermutet, Mme Cottards Kleidung sei von R.: *237*
Redon, Odilon (1840–1916): symbolistischer frz. Maler; in SJM wird insbes. auf seine Lithographienfolge *Apokalypse des hl. Johannes* von 1899 angespielt.
– II: Elstir vergleicht die Fassade der Kirche in Balbec mit Werken von R.: 565
Regent, der: *s.* Orléans, Herzog Philippe II.
Reggio, Herzog von: seit 1290 zum Haus d'Este gehörig; von Napoleon nach der Schlacht von Wagram 1809 dem Marschall Nicolas-Charles Oudinot verliehen.
– III: umstrittener und begehrter Titel: *725*
Regnard, Jean-François (1655–1709): Autor von Komödien in der Tradition Molières, jedoch in einer volksnäheren Sprache.
– VII: der greise d'Argencourt wirkt wie ein Possenreißer von R.: *326*
Regnetuit: Ort im Dép. Seine-Maritime (Obere Normandie).
– IV: Brichots Etymologie: *401*
Régnier, Mathurin (1573–1613): frz. Dichter; seine 16 Satiren (*Les Satyres*, 1608–12) behandeln im Stil von Horaz und Juvenal das alltägliche Leben und typische Figuren seiner Zeit; die bekannteste ist wohl die 13. Satire *Macette* um eine Kupplerin dieses im Text erwähnten Namens.
– II: der Anwaltsverbandspräsident verweist im Zusammenhang mit der Prinzessin von Luxembourg auf R.: *377*
Reichenberg, Suzanne (1853–1924), verh. Baronin von Bourgoing: Schauspielerin an der Comédie-Française, die auch privat zu Lesungen auftrat.
– III: der Herzog von Guermantes überredet sie, für Edward VII vorzutragen: *579*
– V: man kann nicht zugleich R. und Sarah Bernhardt sein: *316*
*reicher junger Mann: *s.* Vaudémont, Marquis.
Reims: Stadt im Nordosten Frankreichs mit der Kathedrale Notre-Dame de Reims, die als eine der architektonisch bedeutendsten gotischen Kirchen Frankreichs gilt.
– I: M grübelt vor der Kirche von Combray nicht wie vor der von R.: 91; Mme Swann und ihre Tochter sind nach R. gefahren: *190*
– II: die Kathedrale ein »ziseliertes Schmuckstück«: 54

– III: Biskuits aus R.: 616
– VII: Zerstörung der Kathedrale: 146–148; M erzählt Françoise von der Kathedrale von R.: 208; bei der Gesellschaft der Freunde von R. verkostet man Genealogien: *382*
Reinach, Joseph (1856–1921): Rechtsanwalt, Minister unter Gambetta, engagierter Vertreter einer Revision des Dreyfus-Prozesses als Abgeordneter für Digne; Autor der *Histoire de l'affaire Dreyfus* (7 Bde., 1901–11). Proust korrespondierte mit Reinach.
– III: sein Einsatz für Dreyfus: *325*, 333; sein schließlicher Sieg in der Dreyfus-Affäre: 400
– IV: frequentiert Mme Verdurins Salon: *207*; Mme Verdurin geht wieder auf Distanz: 394 f.
– V: steckt laut Renée de Cambremer mit dem Dreyfus-Gegner Hervieu unter einer Decke: *318*
– VII: wurde zur Zeit der Dreyfus-Affäre für einen Verräter gehalten: 313; je nach Zeitung glauben die Leute, R. sei ein Strauchdieb oder ein verdienter Bürger: 383
Réjane: Gabrielle Réju, gen. »Réjane« (1856–1920): gefeierte Interpretin tragischer wie komischer Rollen. Proust wohnte 1919 für drei Monate in ihrem Haus in der Rue Laurent-Pichat 8a.
– III: hat wie die Herzogin von Guermantes aus ihrer misstönenden Stimme etwas Bewundernswertes und Besonderes gemacht: *664*
– VII: beginnt, die Berma in den Schatten zu stellen: *431*
Rembrandt Harmenszoon van Rijn (1606–69): niederländ. Maler.
– II: das Esszimmer der Swanns ist dunkel wie das Innere eines Tempels von R.: *111*; das Grand-Hôtel Balbec entfaltet sein Gezweig von Gängen in dem Bernsteinlicht, aus dem R. zuweilen einen Fenstersims herausschneidet: 510
– III: ein Antiquitätenladen in Doncières wirkt wie ein Gemälde von R.: 128; Charlus' R.s: 753
– IV: der salbungsvolle, großmütige Charme mancher seiner Modelle: 114; Charlus bewundert seine jüdischen Szenerien: 700
– V: seine Frauenporträts im Vergleich zu denen Dostojewskis: 515; der phantastische Aufzug in seiner *Nachtwache*: *518*
– VII: Lichtstrahlen erreichen uns noch immer aus der Welt R.s: 289; sein zerklüftetes Altersgesicht: 304

*Rémi: Swanns Kutscher.
– I: kennt die Straßenecke, wo die kleine Arbeiterin auf Swann wartet: *301*; ähnelt Rizzos »der Doge Lorédan«: 308, 317; sucht mit Swann nach Odette: 317f.; Odette mag ihn nicht: 442; Swann verdächtigt ihn, den anonymen Brief geschrieben zu haben: 491
Rémusat, Comte Charles de (1797–1875): Politiker und Autor zahlreicher philosophischer Schriften. Mitglied der Akademie.
– II: Ms Großmutter wünscht für M die geistige Umgebung eines R.: *410*
Rémusat, Madame: Claire-Élizabeth Gravier de Vergennes, Gräfin von (1780–1821). Ehrendame der Kaiserin Joséphine, Autorin von Romanen, Memoiren (publ. 1880) und Briefen.
– III: zitiert so sachkundig in ihren Briefen Sophokles, Schiller, die *Imitatio*: *661*
Renan, Ernest (1823–92): Hebraist am Collège de France, Autor zahlreicher religionsgeschichtlicher Werke. Im Vorwort zu *La Bible d'Amiens* beschreibt Proust Renans Werk als genial, aber zum Teil am Wesentlichen vorbeigehend.
– II: M weist zersetzende Gedanken von sich wie ein Gläubiger die Gedanken R.s: *110*
– V: man wird ihn eines Tages nicht mehr bewundern: 358; das Vergnügen, das er bei seinen Reisen durch Palästina empfunden hatte: *447*
Renel: Jean-Baptiste-Louis de Clermont d'Amboise, Marquis von Renel und von Montglat (1702–61); Generalleutnant.
– VII: Ludwig XIV. wusste nicht, dass R. der Familie Clermont-Gallerande angehörte: *380*
Renneville: Station an der Lokalbahn; ein Renneville befindet sich im Dép. Eure.
– IV: der Zug ist anscheinend durchgefahren: *403*; Brichots Etymologie: 448
Rennplatz: Mit »dem« Rennplatz im Bois de Boulogne dürfte Proust den bedeutenderen der beiden im Bois meinen, den »Hippodrome de Longchamp« (im Unterschied zum »Hippodrome d'Auteuil«).
– I: der Erzähler kann bei einem Spaziergang im Bois den R. sehen: *579*
Renoir, Auguste (1841–1919): frz. Maler.
– III: es dauerte lange, bis er anerkannt wurde: 441
– VII: die Poesie der eleganten Haushalte ist bei R. besser aufgehoben als bei

Cot oder bei Chaplin: *42*; hätte das Verschwinden von Montmartre oder des Moulin de la Galette bekümmert: 112
*Restaurantwirt: Wirt des »Nebelrestaurants«, in dem Marcel mit Saint-Loup zu Abend isst.
– III: seine Grobheit und Unterwürfigkeit: 541–543, 548–550, 552f.
Retz, Kardinal von: Jean-François Paul de Gondi (1613–79); zentrale Figur der Fronde, Autor von Memoiren, die er einer adligen Dame widmete, vermutl. Madame de Sévigné.
– IV: Brichot bezeichnet ihn als »struggle for lifer«: 381
*Reuss, Prinz von: Bekannter Swanns.
– I: würde Swann zu Hilfe eilen: *427*
Rhadamantis: ein Sohn Zeus', Richter in der Unterwelt.
– II: die Rezeptionisten im Grand-Hôtel Balbec werfen den strengen Blick eines Rh. auf M: *324*
Ribot, Alexandre Félix Joseph (1842–1923): Chef der gemäßigten Republikaner, Außenminister, Ministerpräsident, Architekt der frz.-russ. Allianz, Mitglied der Akademie.
– II: Barrès' Kollegen in der Académie würden ihm einen R. vorziehen: *13*
– III: soll ebenfalls bei dem Empfang der Herzogin von Guermantes für das brit. Königspaar eingeladen gewesen sein: 579
Rigaud, Hyacinthe (1659–1743): Hofporträtist; malte u.a. Ludwig XIV., Ludwig XV. und Bossuet.
– III: der »Rigaud« des Herzogs von Guermantes: *778*
Rigi: Bergzug und Ort bei Luzern; mondänes Touristenziel, insbes. des englischen Tourismus.
– I: ein Traumziel Odettes: *341*
Rimbaud, Arthur (1854–91): frz. Weltenbummler, Elfenbein- und Waffenhändler, der in seiner Jugend stilistisch richtungweisende, mystisch-zergrübelte Gedichte und Prosagedichte verfasste, die bereits die Unbehaustheit seines späteren Lebens vorwegnehmen.
– II: Ms Großmutter will ihn vor der Überfeinerung bewahren, die R. nur Leid eingebracht hat: *410*
– VI: Octave war Klassenletzter, weil er lieber R. las als zuzuhören: 271
Rimski-Korsakow, Nikolai (1844–1908): russ. Komponist.
– V: Begeisterung über sein Ballett *Scheherazade*: *320*
Risler, Édouard (1873–1929): frz. Pianist.

– IV: Dechambre wird mit ihm verglichen: 410
Ristori, Adelaïde (1822–1906): ital. Schauspielerin, die 1855 in Frankreich durch eine Tournee berühmt wurde und bis 1866 in Paris spielte.
– III: trägt bei Alix vor: *265*, 271
Ritz: Luxushotel an der Place Vendôme; Proust genoss es, im Restaurant des Ritz mit Trinkgeldern um sich zu werfen.
– V: M könnte dort Eis für Albertine bestellen: 170
– VII: muss in Bombennächten einer Warenbörse gleichen: *96*; wenn man keinen Chic hat, nützt es einem auch nichts, ins R. zu gehen: 385
Rivebelle: fiktiver Ort unweit von Balbec; in der Nähe von Cabourg befindet sich ein Riva-Bella.
– II: der Sommer dauert in R. länger als in Balbec: *341*; die Pracht von R. bleibt von Marcouville aus unsichtbar: 379; Ms Diners mit Saint-Loup im Restaurant von R.: 508, 514 f., 517 f., 520 f., 525, 529 f.; Frauen im Restaurant von R.: 532, 539; M lernt Elstir im Restaurant von R. kennen: 543–545; Anblick von R. über die Bucht hinüber: 715
– III: Reminiszenzen an Besuche mit Saint-Loup in R.: 120, 229, 488, 527, 533, 536 f.
– IV: Blick während der Kutschfahrt nach La Raspelière auf die Küste von R.: 408; Mme Verdurin macht R. schlecht: 509 f.; Kellner vom R. jetzt im Grand-Hôtel: 538; die Aussicht auf R. von La Raspelière: 552; M und Albertine fahren zum Mittagessen nach R.; Albertine flirtet mit dem Kellner (1): 574 f.; M fährt gelegentlich allein nach R., um sich zu betrinken: 575
– V: M sah einmal eine lesbische Tafelrunde dort: 117
– VI: so mancher Hochgeist mag wie ein Schwachkopf erscheinen, wenn man ihm im R. begegnet: 272
Rivoli: Ort bei Turin, wo Napoleon Österreich 1797 entscheidend schlug.
– III: der Durchbruch durch das Zentrum bei R. wird sich in späteren Schlachten wiederholen: *149*
Rizzo, Antonio (um 1430–1499/1500): Bildhauer, der ab 1485 in Venedig arbeitete.
– I: Swann erkennt in R.s Büste des Dogen Loredan seinen Kutscher Rémi: *308*, 317
Rob Roy McGregor: Figur aus Walter Scotts Roman *Rob Roy*.
– IV: ein Jugendlicher weiß vielleicht nicht so recht, ob er bei der Lektüre von Scott eher Dianan Vernon oder R. begehrt: *38*

Robehomme: Ort im Dép. Calvados.
– IV: Brichots Etymologie: *400*
Robert I. (866–923): König des Westfrankenreiches.
– IV: seine alten Urkunden: 691
Robert, Hubert (1733–1808): frz. Maler von Landschaften, Gärten, Fontänen, pittoresken Ruinen und Genreszenen.
– I: Ms Großmutter schenkt ihm Fotografien des Gemäldes der Wasserspiele von Saint-Cloud von R.: *61*; der Mondschein sät wie in Bildern von R. seine Stufen, Fontänen, Gartenpforten aus: 161
– IV: der Hubert-Robert-Brunnen im Garten des Prinzen von Guermantes: *82*; Mme d'Arpajon wird von der Fontäne durchnässt: 84
Robinson: Gartenlokal in einem Vorort von Paris.
– III: die Gäste der Herzogin von Guermantes bewegen sich auf den Speisesaal zu wie im Sommer im R.: 585
*Rochechouart, Madame: Der Graf Julien von Rochechouart ist in Tissots *Le Balcon du Cercle de la Rue Royale* zu sehen; über seine Gattin war nichts herauszufinden.
– IV: unter ihren Augen mag man keine Frau grüßen, die so überkandidelt ist, nach Bayreuth zu fahren: 210
Rochefort, Henri (1831–1913): Journalist, Begründer des Dreyfus-feindlichen *Intransigeant*.
– III: hat womöglich von General Boisdeffre eine geheime Botschaft erhalten: 325
Rodez, Bischof von.
– IV: ein Bruder von Céleste hat eine Verwandte des Bischofs geheiratet: *341*
Rodin, Auguste (1840–1917): frz. Bildhauer.
– VII: könnte ein Meisterwerk aus abscheulichem Stoff schaffen: 87
römische Kaiserin: Agrippina oder Theodora.
– IV: sagte, sie sei der einzige General, dem ihre Legionen gehorchen dürften: *383*
Roettiers, Jacques (1707–84): Silberschmied am Hof Ludwigs XIV.
– V: hat das Tafelsilber für Mme du Barry angefertigt: 502
Rohan (Haus).
– III: Tallemands R.s wirken wie die Guermantes: 714
Rohan, Chevalier de (1635–74): Louis de Rohan-Guémené, gen. »le Chevalier

de Rohan«; Sohn von Louis VIII de Rohan, Duc de Montbazon, und Anne de Rohan, Princesse de Guéméné.
– III: »zumindest ist er ein Prinz«: 715
Rohan, Marie de: *s.* Chevreuse, Marie-Aimée.
Rolland, Romain (1866–1944): frz. Romanautor, Nobelpreis für Literatur 1915.
– VII: Saint-Loup spielt in seinen Briefen an M auf eine Passage von R. an: *89*
Rom: Hauptstadt Italiens.
– I: Paris ähnelt dem R. Piranesis: 96
– II: Vaugoubert soll evtl. nach R. entsandt werden: 49; Norpois war Botschaftssekretär in R.: 188
– IV: M war nie dort: 670
– VI: Norpois plant, das Kabinett in R. für seine Pläne einzuspannen: 312–*314*
Rond-Point: Platz an den Champs-Élysées.
– VII: M trifft Jupien und den kranken Charlus in der Nähe des R.: 244
Ronsard, Pierre de (1524–85): frz. Dichter; mit du Bellay Begründer der Literaturschule »La Pléiade«.
– IV: sein Name ist im rumän. Volk als der eines hohen Herrn geläufig: *418*
– VI: Zitat aus seinen *Sonnets pour Hélène*: 35
Roques, Pierre (1856–1920): General, Kriegsminister 1916.
– VII: man braucht ihn nicht für eine Untersuchung der Lage vor Ort zu schicken, da man ja *weiß*: 315 f.
*Rosemonde: Mitglied der kleinen Mädchenbande (*s.* auch dort) in Balbec.
– II: M würde sich auch gern in sie verlieben: *629*; M sieht unter ihrem Blütenflor die künftige Matrone: 623; mit von der Partie bei Ausflügen: 639; ihr Gesicht und ihre Stimme aus dem Norden: 656; auf den Klippen: 658, 662–664, 678; ihre Mutter: 690; ahmt Albertines Verhaltensweisen nach: 701; ihr Aussehen, »eine Geranie am sonnigen Meeressaum«: 703 f.
– IV: ihre Eltern haben Albertine in Incarville in Pension genommen: 253; kritisiert Ms kühles Verhalten gegenüber Albertine: 281; geht mit Gisèle davon und lässt Albertine mit M zurück: 307; reist mit Andrée und Gisèle fast gleichzeitig aus Balbec ab: 331; Erinnerung an eine verdächtige Zärtlichkeit zwischen R. und Albertine: 715
– VI: M fragt Andrée, ob R. lesbische Neigungen gehabt habe: 190

Rossbach (Sachsen): Schlachtenort des Siebenjährigen Krieges mit Sieg (5. 11. 1757) der Truppen Friedrichs II. von Preußen über die frz. Truppen unter Charles de Rohan und die Reichsarmee unter Joseph von Sachsen.

– III: wird auch in späteren Kriegen wieder Schauplatz von Schlachten werden: 148

Rostand, Edmond (1868–1918): Autor der äußerst erfolgreichen Bühnenstücke *Cyrano de Bergerac* (Urauff. 1897) und *L'Aiglon* (Urauff. 1900 mit Sarah Bernhardt; dt. *Der junge Aar*, 1925).

– III: Monsieur d'Argencourt hält den Dichter G. für Loti oder R.: *286*

– IV: Sarah Bernhardt in seinem Stück *L'Aiglon* zu sehen ist laut Charlus nur Kaka: 651

Rothschild (Familie): Zur Erzählzeit besaßen die Rothschilds zwei Schlösser in Frankreich, Schloss Ferrières (en Brie) und Schloss Boulogne (Billancourt), von James bzw. Jakob de Rothschild im 19. Jh. in der Umgebung von Paris errichtet.

– III: der Prinz von Guermantes hat einen Flügel seines Schlosses lieber in Flammen aufgehen lassen, als die R.s um Hilfe zu bitten: 779

– VI: die Gesellschaft, die Monsieur de Chaussepierre repräsentiert, hatte niemals eine Visitenkarte mit irgendeinem R. getauscht: 248

Rothschild, Baron Alphonse de (1827–1905): Direktor der Banque de France, Präsident der Nordfrz. Eisenbahn, Mitglied der Kunstakademie; verh. mit Léonora de Rothschild (1837–1911).

– II: Vater Bloch versucht den Eindruck zu erwecken, er kenne R.: *468*

Rothschild, Edmond de (1845–1934): Bankier, Bruder des Direktors der frz. Staatsbank, Alphonse de Rothschild. Edmond beriet Proust gelegentlich bei seinen Aktienkäufen.

– III: die Prinzessin von Parma besitzt dreimal so viele Royal-Dutch-Aktien wie Edmond de R.: *576*

Rothschild, Léonora de (1837–1911): Tochter von Lionel Nathan Rothschild (aus der engl. Linie der Familie) und Gattin des Barons Alphonse de Rothschild (1827–1905).

– III: Gräfin M*** schlägt einen Rat der Mme de R. in den Wind: *396*; Bloch verpatzt die Gelegenheit, als er Mme de R. vorgestellt wird: 679

– IV: die Prinzessin von Guermantes hätte sie niemals eingeladen: *99*; eine Rose ist nach ihr benannt: 562

Rothschild, Madame Alphonse de: *s.* Rothschild, Léonora de.

Rotkittelchen.
– V: ein Milchmädchen und blonde Extravaganza: 185 f.; soll für M einen Botengang erledigen: 187–191; M schickt sie weg: 196 f., 202
Rouen: Hafenstadt mit berühmter Kathedrale im Norden Frankreichs im Dép. Seine-Maritime (Obere Normandie).
– V: das Portal der Buchhändler an der Kathedrale: 153 f.
– VII: die Schönheit der ausgemergelten Heiligen in der Kathedrale: 164
Rouher, Eugène (1814–84): Justizminister 1851, dann 1855 Minister für Handel, Landwirtschaft und Öffentliche Arbeiten unter Napoleon III., Ministerpräsident 1863–69, Senatspräsident 1870.
– III: die Bourgeoisie ein Reservoir, in dem Napoleon III. einen R. gefunden hatte: *175*
Roujon, Henry (1853–1914): Literaturkritiker, Autor und Direktor der Kunstakademie.
– IV: Mme Verdurin empfiehlt Charlus sein Buch *Parmi les hommes*: *617*
Roussainville, auch Roussainville-le-Pin: halbfiktiver Ort bei Combray; ein »Roussainville« ohne »Pin« und auch ohne Wehrturm befindet sich in der Nähe von Illiers.
– I: M onaniert im Anblick des Wehrturms von R.: *22*; Françoise hat einen Truthahn vom Markt in R. mitgebracht: 103; der Pfarrer über den Namen und die Vergangenheit von R.: 148; Françoise geht samstags zum Markt in R.: 155; Eulalie hat Françoise auf dem Weg zum Markt in R. in einer Kutsche gesehen: 166; über R. geht ein Unwetter nieder: 209 f., 212; M geht im Wald von R. spazieren: 216, 218–221
– VI: die Turmruine von R. war der Darkroom der anliegenden Landjugend: 390, *394*
– VII: im Ersten Weltkrieg umkämpft: 91
Rousseau, Jean-Baptiste (1671–1741): frz. Lyriker, satirischer Bühnenautor und Autor scharfzüngiger Epigramme.
– III: Bloch redet so antiquiert wie R.: *327*
Rousseau, Jean-Jacques (1712–78): frz. Schriftsteller, Philosoph, Pädagoge, Naturforscher und Komponist der Aufklärung; zudem ein wichtiger Wegbereiter der Französischen Revolution.
– I: Ms Großmutter hat einen Band R. für ihn ausgesucht: 59
*Rousseau, Madame: Einwohnerin von Combray.
– I: Tante Léonie hört die Totenglocke für sie läuten: *81* f.

Rousseau, Théodore (1812–67): frz. Maler.
– V: erzählt von Dingen, die nicht denken, aber zu denken geben: *389*
Rouvier, Maurice (1842–1911): frz. Politiker.
– VI: das Kabinett R. glaubt, dass es zum Krieg zwischen Frankreich und Deutschland kommen werde: *230*
Roy, Rob: *s.* Rob Roy McGregor.
Rozier, Jacques du.
– VII: Name, den Albert Bloch angenommen hat: *368*
Rubempré, Lucien de: die gescheiterte Gegenfigur zu Eugène de Rastignac in Balzacs Romanzyklus *Die menschliche Komödie*.
– IV: jemand hat gesagt, das Ereignis, das ihn am tiefsten getroffen habe in seinem Leben, sei der Tod Luciens gewesen: 624 f.
Rubens, Peter Paul (1577–1640): fläm. Diplomat und Maler religiöser, geschichtlicher und mythologischer Bilder, die er mit sinnlich bewegtem, farbenfrohem Leben erfüllte.
– II: ein Gemälde von R. hängt über Swanns Kamin: *157*; Vater Bloch besitzt angeblich einen R.: 478; die Mädchen der kleinen Bande sind wie die Göttinnen, die R. aus seinen Bekannten geschaffen hat: 710
Rubinstein, Antonin (1829–94): russ. Komponist (u. a. *Mélodies persanes*) und Pianist, der zahlreiche Gastspiele im übrigen Europa gab, besonders häufig in Paris; gründete 1862 das Konservatorium in St. Petersburg.
– I: der Pianist der Verdurins würde R. in die Tasche stecken: *261*
– II: Ms Großmutter übt Nachsicht mit den Patzern R.s: *420*
Rudolf, Erzherzog (1788–1831): Sohn Kaiser Leopolds II., Freund und Schüler Beethovens (1770–1827).
– III: Beethoven hat ihm eine Sonate gewidmet: 567
– VII: Mme Sherbatoff soll aus nächster Nähe auf ihn geschossen haben: *26*
Rudolph von Habsburg, Erzherzog (1858–89): einziger Sohn Franz-Josephs I., zusammen mit seiner Geliebten Marie Vetsera durch Mord oder Selbstmord umgekommen.
– II: würde man Françoise erzählen, R. sei gar nicht tot, würde sie nur mit »Ja« antworten: *367*
Rue Abbatucci (8. Arr.): Straße zwischen der Rue du Faubourg Saint-Honoré und der Place Saint-Augustin; nach den Unterlagen des Pariser Katasteramtes bildet sie seit dem 16. 8. 1879 einen Teil der heutigen Rue La

Boëtie, Hausnummern 1–65 bzw. 2–66; in der heutigen Nr. 45 befindet sich die Salle Gaveau, in der ab 1907 die Concerts Lamoureux stattfanden.
– I: Odette wurde hier gesehen: *332*
Rue Barre-du-Bec (heute: Rue du Temple): Straße zwischen dem 3. und 4. Arr.
– IV: Brichot über das Benennungsmotiv: *699*
Rue Bergère: Straße im 9. Arr.
– IV: Adresse des Konservatoriums (bis 1913): *599*
Rue Boissy-d'Anglas: Straße im 8. Arr., die bei den Champs-Elysées auf die Avenue Gabriel mündet.
– I: M sieht die blaue Hutfeder von Gilbertes Gouvernante in der Rue B.: *556*
Rue Bonaparte: Straße im 6. Arr., die beim Quai Malaquais beginnt und beim Jardin du Luxembourg auf die Rue de Vaugirard stößt.
– I: Mme Cottard steigt hier aus dem Bus aus: *515* f.
– V: Brichot steigt an der Ecke Rue B. aus der Trambahn: *265*
– VII: Straßen in der Nähe erinnern im verdunkelten Paris an den Treidelpfad in Combray: *62*
Rue Caumartin: Straße im 9. Arr. Das Kapuzinerkloster Nr. 63–65 beherbergt seit 1883 das Lycée Condorcet; an der Ecke Nr. 30 befand sich 1882–92 das Éden-Théâtre, an dessen Stelle 1893 das Théâtre de l'Athenée-Comique errichtet wurde.
– III: Rachel geht hier womöglich auf den Strich: *219*
Rue Chanoinesse: Straße am rechten Seine-Ufer, im 4. Arr. Nach der Säkularisierung eine Hochburg des Adels, der hier klösterliche Privilegien weiter genoss.
– III: Vorbild für Françoises Feminin-Bildungen von Namen: *29*
– IV: laut Charlus des Namens wegen nicht für Juden geeignet: *699*
Rue d'Aboukir: Straße im 2. Arr. von Paris mit zahlreichen jüdischen Geschäften.
– II: Bloch findet Balbec so jüdisch wie die Rue d'A.: *425*
Rue de Bellechasse: Straße im Faubourg Saint-Germain (7. Arr.).
– I: Ms Onkel Adolphe hat hier seine kleine Wohnung: *429*
Rue de Belloy: Straße im 16. Arr.
– VI: der Kutscher aus der Rue de B. wird aufgerufen: *313*

Rue de Berri: Seitenstraße der Champs-Élysées (8. Arr.); die Schauspielerin Réjane wohnte eine Zeitlang in Nr. 12.
– II: M sieht Gilberte mit einem jungen Mann an der Ecke Rue de B.: *270*
– V: ob eine Frau durch die Rue de B. oder die Rue Washington gegangen ist, kann das ganze Leben verändern: 239
Rue de Gramont: Straße im 2. Arr., benannt nach dem Marschall aus der historisch bedeutenden Familie de Gramont (15. Jh.); im Palais Levis (Nr. 30) befanden sich der Cercle du Jockey, der Cercle des Deux Mondes und der Cercle républicain.
– II: man sieht in der Rue de G. trotz des Namens nichts Vornehmeres als etwa in der Rue Léonce-Reynaud: 355
Rue de Grenelle: eine der hochherrschaftlichsten Straßen des Faubourg Saint-Germain (6. und 7. Arr.).
– III: Adresse der Courvoisiers: *597*
Rue de l'Arcade: Straße im 8. Arr., wo Albert Le Cuziat sein Männerbordell »Hotel Marigny« unterhielt, in dem auch Proust einmal bei einer Razzia aufgegriffen wurde.
– VII: manche Gäste beim Empfang des Prinzen von Guermantes sind ihrem Wohnviertel ähnlich geworden und tragen einen Widerschein der Rue de l'A.: *365f.*
Rue de l'Assomption: Straße in Auteuil.
– V: eine Freundin Albertines wohnt hier: 455
Rue de l'Ave-Maria: Straße im 4. Arr.
– IV: laut Charlus des Namens wegen nicht für Juden geeignet: 699
Rue de l'École-de-Médecine: Straße in Paris im 6. Arr. mit der Medizinischen Fakultät; in Nr. 9 wurde Sarah Bernhardt geboren.
– II: auf dem Weg zu Neujahrsbesuchen biegt M in die Rue de l'É. ein: 83
Rue de l'Élysée: Straße im 8. Arr., die am Élysée-Palast entlangführt.
– VII: manche Gäste beim Empfang des Prinzen von Guermantes sind ihrem Wohnviertel ähnlich geworden und tragen einen Widerschein der Rue de l'É.: 365 f.
Rue de l'Oiseau: Straße in Combray und in Illiers; dort die Verlängerung der Rue du Saint-Esprit, heute: Rue du Docteur Proust.
– I: der Erzähler würde gern wieder ein Zimmer in der Rue de l'O. nehmen können: 72; Dr. Percepied ist in die Rue de l'O. eingebogen: 81; in der Rue de l'O. kommt man am Gasthof L'Oiseau Flesché vorbei: *232*

– III: die Rue de Saintrailles führt in Combray von der Rue de las Bretonnerie zur Rue de l'O.: 712
– VI: Reminiszenzen an die Rue de l'O.: 297f.

Rue de la Bretonnerie: Straße in Combray und in Orléans.
– III: die Rue de Saintrailles führt in Combray von der Rue de la B. zur Rue de l'Oiseau: 712

Rue de la Chaise: Straße am linken Seine-Ufer, im 7. Arr.
– III: ein Zweig der Guermantes wohnt hier: 27; eine der drei Parzen wohnt hier: *263*
– V: Einladungen der Chaussepierres finden im Dunkel der Rue de la Ch. statt: 48f.
– VI: die Gesellschaft, die Monsieur de Chaussepierre repräsentiert, bleibt auf die Gegend zwischen der Rue de la Ch. und der Rue du Bac beschränkt: 248
– VII: Charlus' Cousinen leben im Dreieck zwischen der Rue de la Ch., der Place du Palais-Bourbon und der Rue Garancière: *104*

Rue de la Cure: Straße in Combray; auch eine Wohnstraße in Auteuil (16. Arr.).
– I: Camus wohnt in der Rue de la C. in Combray: *119*

Rue de la Plage: Straße in Balbec.
– II: M fährt mit der Trambahn durch die Rue de la P.: 554

Rue de Monceau: Straße im 8. Arr., in der Madeleine Lemaire wohnte und ihren berühmten Salon unterhielt.
– IV: nur Multimillionäre können sich dort einen Garten leisten: 553

Rue de Rochechouart (im Text nur: Rue Rochechouart): Straße im eher ärmlichen 9. Arr., benannt nach der Äbtissin aus der alten Familie de Rochechouart (frühes 11. Jh.). Hier wurde 1849 von Prince Napoleon (dem späteren Napoleon III.) die erste Massenwohnanlage errichtet.
– II: man sieht in der Rue de R. trotz des Namens nichts Vornehmeres als etwa in der Rue Léonce-Reynaud: 355

Rue de Sainte-Clotilde: in Paris unbekannt. Eventuell denkt Proust an die Straße, an der die Basilika Sainte-Clotilde liegt (Rue las Cases, 7. Arr.), in der César Franck zu spielen pflegte.
– VII: Straßen in der Nähe erinnern im verdunkelten Paris an den Treidelpfad in Combray: *62*

Rue de Tournon: Straße am linken Seine-Ufer, im 6. Arr.
– III: eine der drei Parzen wohnt hier: *263*

Rue de Trévise: Straße in Paris, in der Prousts Mutter aufgewachsen ist; das Konservatorium befand sich Ecke Rue Bergère (9. Arr.) und Rue du Conservatoire, die parallel zur Rue de T. verläuft.
– I: in der Rue de T. hört man entfernt die Klänge aus dem Konservatorium: *51*
Rue de Varenne: hochherrschaftliche Straße im 7. Arr.
– IV: ein Zweig der Guermantes wohnt dort: *684*
Rue de Xaintrailles/Saintrailles: Straße in Combray und in Orléans.
– III: der Name »Saintrailles« löst wehmütige Erinnerungen an Combray in M aus: 712
Rue des Blancs-Manteaux: Straße im 4. Arr.
– IV: die Geschäftsräume von Blochs Vater befinden sich dort: *699*
Rue des Perchamps: Straße in Combray, aber auch in Auteuil und in Paris (wo die Rue des P. zudem auf die Rue d'Auteuil stößt).
– I: die Pappeln in der Rue des P. während eines Gewitters: *213*; führt zur Seite von Guermantes: 231
Rue du Bac (»Fährstraße«): Straße am linken Seine-Ufer, im 7. Arr., in der Whistler wohnte (Nr. 110) und Cottard residiert (Nr. 43, *s.* SG). In der Rue du Bac befindet sich zudem das Hôtel der mit Proust befreundeten Clermont-Tonnerres.
– III: man benutzt Straßennamen, ohne daran zu denken, was hinter ihnen steht: *523*
– IV: Cottard wohnt Nr. 43: *496*
– VI: die Gesellschaft, die Monsieur de Chaussepierre repräsentiert, bleibt auf die Gegend zwischen der Rue du B. und der Rue de la Chaise beschränkt: 248
– VII: Monsieur Verdurin erklärt die Herkunft des Namens: 25
Rue du Faubourg Saint-Honoré: Straße am rechten Seine-Ufer im 8. Arr., in der sich vermutl. das Hôtel Guermantes befindet.
– III: vermutl. die Adresse von Mme de Villeparisis: *263*
– IV: man kann laut Charlus die Juden nicht daran hindern, dort zu wohnen: 699
Rue du Saint-Esprit: Straße in Combray und in Illiers.
– I: die Seitenpforte im Garten von Tante Léonie geht zur Rue du S.: *72*, 104; ein Unbekannter auf der Rue du S. würde zu eingehenden Recherchen führen: 84; Tante Léonie ist entsetzt, wenn sie in der Rue

du S. einen potentiellen Besucher erspäht: 101; Ms Vater führt die Familie sicher zurück in die Rue du S.: 162; Eindrücke bei der Rückkehr in die Rue du S.: 186 f.; die Seite für Spaziergänge Richtung Méséglise: 189

Rue du Temple: Straße zwischen dem 3. und dem 4. Arr.

– IV: laut Brichot einst die Rue Barre-du-Bec: *699*

Rue Duphot: Straße im 1. Arr.

– I: M wartet Ecke Rue D., um Swann zu sehen: *570*

Rue Garancière: Straße im 6. Arr. in der Nähe des Odéon.

– VII: Charlus' Cousinen leben im Dreieck zwischen der Rue de la Chaise, der Place du Palais-Bourbon und der Rue G.: *104*

Rue Hippolyte-Lebas: kleine Straße im 9. Arr.; benannt nach dem Architekten, der sie bebaute.

– II: man sieht etwa in der Rue de Gramont trotz des Namens nichts Vornehmeres als etwa in der Rue H.: 355

Rue La Pérouse (in Stadtplänen auch: Lapérouse; 16. Arr.): im von Haussmann errichteten Neubauviertel in der Nähe der Place de l'Étoile, wo sie in die Avenue d'Iéna einmündet. Nach dem Pazifikfahrer Jean-François de Galaup, Comte de La Pérouse (1741–88), der u. a. die Osterinseln entdeckte.

– I: Swann begleitet Odette zu ihrer Wohnung in der Rue L.: *303*; Swann lässt Geschenke in die Rue L. schicken: 367; Swann kann sich nicht von Rémi in die Rue L. fahren lassen: 442; Charlus verbringt einen Abend in der Rue L.: 444; bei Erwähnung des Seefahrers La Pérouse muss Swann sofort an die Rue L. denken: 472; Swann denkt wehmütig an die Zeiten zurück, als er sich in die Rue L. fahren ließ: 500; Swann hatte seine schönsten Abende dort verbracht: 510

Rue Léonce-Reynaud: Straße im 16. Arr., benannt nach dem Ingenieur, der um 1850 den frz. Leuchtturmdienst leitete.

– II: man sieht etwa in der Rue de Gramont trotz des Namens nichts Vornehmeres als etwa in der Rue L.: 355

Rue Lord-Byron: kleine Straße im vornehmen 8. Arr.

– II: man sieht in der Rue L. trotz des Namens nichts Vornehmeres als etwa in der Rue Léonce-Reynaud: 355

Rue Royale: kurze Straße in Paris (8. Arr.), mit dem Restaurant »Maxim«.

– I: Odette geht zum Tee in die Rue R.: 329

Rue Sainte-Hildegarde: Straßenname in Combray, nicht jedoch in Illiers oder Auteuil.
– I: das Gittertor von Léonies Haus geht auf die Rue S.: *72*; die Garnisonstruppen kommen durch die Rue S.: 126 f.
Rue Saint-Jacques: Straßenname in Combray, nicht jedoch in Illiers oder Auteuil. Die Kirche am Hauptplatz von Illiers heißt »Saint-Jacques«, liegt aber an der Rue Florent d'Illiers.
– I: Léonies Haus steht in der Rue S.: *72*; Léonies Wohnung geht auf die Rue S. hinaus: 73
Rue Vaneau: äußerst vornehme Straße am linken Seine-Ufer, im 7. Arr. In Nr. 24 wohnte Madame Tallien, spätere Prinzessin von Chimay.
– III: ein Vetter der Herzogin von Guermantes wohnt hier: *716*
Rue Washington: Straße im 8. Arr.; verläuft parallel zur Rue de Berri.
– V: ob eine Frau durch die Rue de Berri oder die Rue W. gegangen ist, kann das ganze Leben verändern: 239
Rumänien (Land).
– II: Status der Juden in R.: 426
– IV: Ronsards Name ist in R. als der eines hohen Herrn geläufig: *418*
– VII: muss selbst den richtigen Zeitpunkt für seinen Kriegseintritt entscheiden: 132 f.; glaubt, seine Verträge verletzen zu dürfen: 135
Rumänien, König von: Ferdinand I. von Hohenzollern-Sigmaringen.
– VII: hat sich der französischen Sache angeschlossen, obwohl er Deutscher ist: *313*
Ruskin, John (1819–1900): engl. Kunsthistoriker, Industrieller und Sozialreformer, Autor zahlreicher Schriften insbes. zur Kunst des Mittelalters und Italiens, engagierter Förderer der Präraffaeliten und der Werke Turners.
– I: Zitate aus R.s *Modern Painters*: *536*, *537*; aus R.s *Stones of Venice*: 538
– II: spricht vom verzückten Reisenden: *304*; Bloch zufolge ein geschwätziger Trottel: 428
– VI: M macht sich in Venedig Notizen für eine Arbeit über R.: *326*
– VII: Jupien spielt auf Ms Übersetzung von R.s *Sesame and Lilies* an: 199
Russland (Land).
– II: Status der Juden in R.: 426
– III: die Massaker an Juden in R.: *144*; Norpois und Prinz Von waren Botschafter in R.: 346; R. »provoziert« angeblich Deutschland: 548
– VII: jetzt, wo man das freie R. feiert, vergisst man den Anspruch des Za-

ren auf Ruhm: *151*; Napoleon lud die Obrigkeit R.s ein, die aber nicht kam: 182

Russland, Großfürst von.

– III: die junge Oriane (Mlle de Guermantes) fragt ihn, ob er Tolstoi umbringen lassen wolle: 602

Russland, Kaiser von (in der Jugend von Prinzessin Mathilde): Den Lebensdaten der Prinzessin Mathilde zufolge (1820–1904) kommen in SJM Nikolaus I. (1796–1855) und Alexander II. (1818–81) in Frage. Nikolaus heiratete jedoch schon 1817; Alexander heiratete 1841, ein Jahr, nachdem Mathilde geheiratet hatte.

– II: hat um die Hand der Prinzessin Mathilde angehalten: 159

Russland, Kaiser von (zur erzählten Zeit): *s.* Nikolaus II.

Russland, Kaiserin von: Alix von Hessen-Darmstadt (1872–1918).

– VII: hat sich der französischen Sache angeschlossen, obwohl sie Deutsche ist: *313*

Sabran, Madame de: Madeleine de Poix, Comtesse de Sabran (1693–1768); Mätresse Philipps von Orléans.

– III: bei manchen Adelsnamen muss M an die langen Haare von Mme de S. denken: *718*

*Sabran, Marquise von.

– VII: die Allerexklusivste erscheint bei einem Fest Gilbertes: *367*

Sachsen, Marschall von: Hermann Moritz Graf von Sachsen (1696–1750); General unter Ludwig XIV.

– III: die Galanterie des Herzogs von Guermantes wäre seiner würdig gewesen: 579

Sachsen, Prinz von: zur erzählten Zeit Friedrich August III. (1865–1932), König 1904–18, der 1891 eine Verwandte Franz-Josephs heiratete.

– III: vermutl. der blonde junge Mann in der Loge der Prinzessin von Guermantes: 47 f., 68

Sacré Cœur: Frauenorden (»Ordensfrauen vom heiligsten Herzen Jesu«; gegr. um 1800).

– I: Ms Großmutter hat hier Mme de Villeparisis kennengelernt: *33*

*Sacripant, Miss: Modell Elstirs; *s.* auch Odette. Prousts Vater Adrien besaß ein äußerst knabenhaftes, ihm gewidmetes Foto der Schauspielerin Marie Van Zandt.

– II: M findet unter den Bildern Elstirs eine Zeichnung von Miss S.: 575, 590

– III: eine Fotografie von Elstirs Porträt Odettes als Miss S. findet sich unter den Fotos Onkel Adolphes, die Morel M überbringt: 358
Sängerbrücke: Brücke über einen Arm der Newa in Petersburg, beim ehemaligen Außenministerium (heute: Wirtschaftsakademie).
– II: Versatzstück in Norpois' sprachlichem Zierat: *50*
Sagan (Familie).
– III: Bloch hält sie für snobistisch: 328
Sagan, Herzog von: Napoléon-Louis de Talleyrand-Périgord (1811–98), Herzog von Talleyrand und von Sagan, der 1829 Anne-Louise-Charlotte de Montmorency (1810–58) in erster Ehe heiratete. In zweiter Ehe heiratete er 1861 Rachel-Élisabeth-Pauline de Castellane (1823–95), deren Schwester und Proust-Vertraute Sophie de Castellane (1818–1904) in erster Ehe 1836 den Marquis de Contades (1814–58) und in zweiter Ehe 1859 den Grafen von Beaulaincourt (1820–60) heiratete.
– III: M wird bei Mme de Villeparisis einer Dame vorgestellt, deren Schwester einen Herzog von S. geheiratet hatte: 263
– IV: die Soiree bei der Prinzessin von Guermantes dürfte seine letzte weltliche Soiree gewesen sein: *170*
Sagan, Herzogin von: Gemeint sein könnte Valentine (1830–1913), die Schwester von Boson de Talleyrand-Périgord, Herzog von Sagan, gen. »Prinz von Sagan«.
– VII: geht kaum noch aus: 376
Sagan, Prinz von: Charles-Guillaume Boson de Talleyrand-Périgord, Prince de Sagan (1832–1910); galt als die »letzte Instanz« in Sachen Eleganz. Proust lernte den Prinzen und seine Gattin 1891 in Trouville kennen.
– II: er grüßt Mme Swann im Bois: *293*
– III: die Herzogin von Guermantes hätte eine seiner Geliebten werden können: 675; Delion stellt für ihn spezielle Zylinder her: *776*
– IV: die Soiree Guermantes dürfte seine letzte weltliche gewesen sein: 170
– VII: M hatte ihn früher kaum von Monsieur de Bréauté oder Monsieur de Guermantes unterschieden: 467 f.
Sagan, Prinzessin von: Tante der Herzogin von Guermantes, befreundet mit Swann. Historisches Vorbild in WG ist sicherlich die reiche Erbin Jeanne-Alexandrine-Marguerite de Seillière (1839–1905), Gattin von Boson de Talleyrand-Périgord, Prince de Sagan, mit der Proust bekannt war.

– I: muss angeblich Gäste für ihre Gesellschaften anheuern: *262*; Swann findet sie nicht lächerlich: 345
– III: zu Gast bei der Herzogin von Guermantes; Françoise spricht von ihr als der »Sagantin«: 278; Mme de Villeparisis geht nicht zu ihrem Ball: *327* f.; die Herzogin von Guermantes hat bei ihr zusammen mit dem dt. Kaiser diniert: 705
– VII: in ihrem Porträt von Cot findet die Nachwelt nicht den Reiz ihrer Zeit wieder: *42*
*Sagantin: Françoises feminine Formbildung zu »Sagan«; s. Sagan.
Saint-André-des-Champs: fiktive Kirche, nach verschiedenen Vorbildern beschrieben.
– I: Kirche am Weg nach Méséglise: *204*; Zuflucht bei Regen: 210; M erkennt in ihren Skulpturen Bürger aus Combray wieder: 211; Françoises Vorstellung von Trauer nach Art des Portals von S.: 215; M trifft niemals auf dem Weg nach S. das erhoffte Bauernmädchen: 221; der Erzähler denkt an S. zurück: 257
– III: Françoises Ethos von S.: 197; Albertine eine Inkarnation der frz. Bäuerin am Portal von S.: 496, 500; die steinernen Engel von S. sind nicht so sehr das wahre *opus francigenum* wie die jungen Franzosen: 552
– VI: die S.-Seite an Françoise: 226; und die an Andrée: 267
– VII: das Ethos von S., exemplifiziert durch Saint-Loup: 66; durch Ms Butler: 213; durch Françoises Verwandte: 217 f.
Saint-Aubin, Gabriel de (1724–80): Zeichner und Kupferstecher.
– VII: das »Petit Dunkerque« ist einer der wenigen Läden, die noch außerhalb der Vignetten von S. überleben: 25
Saint-Augustin: Kirche in Paris, 1860 von Baltard erbaut, der sich an der ital. Architektur orientierte.
– I: verleiht ihrer Straße das Flair einer Straße aus Piranesis Rom: *96*
Saint-Aulaire, Madame de: Gräfin Louise-Charlotte-Victorine de Beaupoil de Sainte-Aulaire, geb. de Grimoard de Beauvoir du Roure-Brison (1791–1874); Autorin von Memoiren (*Souvenirs*, Périgueux 1875), die einen berühmten literarischen Salon unterhielt.
– III: Mme d'Arpajon erinnert M an Mme de S.: *661*
Saint Barnasore: vermutl. eine Verzerrung von Saint Barsonor, sagenhafter Abt in der Diözese Evreux im 8. Jh.
– IV: hat versucht, die Gegend um Douville zu christianisieren: *402*

*Saint-Candé, Monsieur de: Gast bei der Soiree Saint-Euverte.
– I: sein Monokel: 450

Saint-Clair-sur-Epte: Ort, an dem 911 der frz. König Karl III. (»der Einfältige«) die Gebiete um die Seine-Mündung an den Exil-Norweger und Ex-Piraten Rollo(n) (Hrolf) als erstes normann. Herzogtum übergab.
– IV: seit dem Kapitular von S. wird auf dem Mont Saint-Michel ein skandalöses Leben geführt: *401*; Brichots Etymologie: *401*

Saint-Cloud: königliche Residenz bei Versailles.
– I: Ms Großmutter schenkt ihm Fotografien von Gemälden der Wasserspiele von S.: *61*; die Verdurins frequentieren mit Odette Sommerlokale in S.: 370, 372
– III: M fährt mit Albertine nach S.: 525
– V: M empfiehlt Albertine, lieber nach S. zu fahren: 22; vom Bois de Boulogne aus gesehen: 233
– VI: Herzog und Herzogin von Guermantes machen einen Ausflug nach S.: 233

Saint-Cyr: Kadettenschule in der Bretagne.
– VII: der junge Létourville hat gerade S. absolviert: 333

Saint-Denis: Stadt am Nordrand von Paris mit bedeutender frühgotischer Kathedrale, in der sich die Gräber der meisten frz. Könige befinden.
– II: M wird gefragt, ob er mit den Swanns die Grabstätten in S. besichtigen möchte: *137*

Saint-Denis-du-Désert: fiktiver Ort unweit von Balbec.
– II: Nachbargemeinde der Creuniers: *673*

*Saint-Euverte, Diane, Marquise von: Bekannte der Guermantes; gibt musikalische Soireen.
– I: Swann geht zu ihrer Soiree: *443* f.; Swann lauscht einer Arie aus *Orpheus*: 451; Oriane im Gespräch mit Gästen und Gastgeberin: 454 f., 460 f.–463, 467 f., 471; Swann denkt an die Soiree zurück: 499, 511, 523
– III: in der Oper: 53; gibt eine Abendgesellschaft, an der auch Herzog und Herzogin von Guermantes teilnehmen wollen: 785, 798
– IV: versucht bei der Soiree Guermantes, Gäste für ihre eigene »Garden-Party« zu rekrutieren: 100–104; unterstützt den undankbaren Oberst de Froberville: 110 f.; wird nicht zu Mme de S.s Gartenfest gehen: 119–123; hört die gehässigen Bemerkungen Charlus' über sie: 142–145; ein Porträt

der Mme de Surgis hängt in ihrem Haus: 153; Mme d'Arpajon will ihr Odette nicht vorstellen: 208 f.

– VII: ihr Salon während des Krieges ein »vergilbtes Etikett«: 49; nach dem Krieg grüßt Charlus sie überschwenglich: 238–240; die Herzogin von Guermantes findet sie zu dumm, um ihre Empfänge zu besuchen: 426; die Herzogin von Guermantes bestreitet, sie je gekannt zu haben: 468; ihr Salon ist ziemlich heruntergekommen: 469

*Saint-Euverte, Madame de: Frau eines Großneffen der Marquise von Saint-Euverte, geb. La Rochefoucauld.

– VII: gibt beim Empfang des Prinzen von Guermantes Erklärungen über Todesfälle (dies mag auch die Marquise sein, die jedoch kaum bei diesem Empfang anwesend sein dürfte): 404; liegt über eine Chaiselongue hingestreckt à la Récamier und lauscht der Musik: *469* f.

*Saint-Euverte, Marquis von: verstorbener Gatte der Marquise von Saint-Euverte.

– VII: M ist ihm überall begegnet; lebte von seiner Gattin getrennt: 469

Saint-Fargeau (1): Ort im Dép. Yonne (Burgund); ein Saint-Fargeau-Ponthierry befindet sich im Dép. Seine-et-Marne (Île de France).

– IV: Brichot gibt die Etymologie des Ortsnamens: *458*

Saint-Fargeau (2): Vermutl. ist hier der Stadtteil von Paris im 20. Arr. gemeint, benannt nach dem Park des Schlosses des Marquis und Revolutionshelden Louis-Michel Lepeletier de Saint-Fargeau (1760–93).

– IV: M hat dort ein Automobil bestellt: *547*

*Saint-Ferréol (Familie): heute erloschene Adelsfamilie aus der Dauphiné.

– II: die Marquise vom Toilettenhäuschen ist angeblich eine S.: *92*

*Saint-Ferréol, Madame de: Schwester von Vermandois.

– III: die Herzogin von Guermantes schlägt vor, sie zu besuchen; Saint-Loup gibt vor, nicht zu wissen, wer sie ist: *343* f., 355

*Saint-Fiacre, Vizegräfin von: Schwiegertochter einer Freundin der Guermantes.

– VII: durch Drogenmissbrauch vorzeitig gealtert: *357*

Saint-Frichoux: ein Ort dieses Namens findet sich im Languedoc, also weitab von Bretagne oder Normandie.

– IV: M schickt den Liftboy nach S., um Albertine zu holen: *265*; die letzte Station vor Doncières: 357 f.; die Etymologie des Namens: 458

Saint-Géran: altes Grafengeschlecht. Der Titel gehört seit dem 17. Jh. zum

Hause La Guiche; so bezeichnet Madame de Sévigné z. B. Bernard de La Guiche als »Saint-Géran«. Zur erzählten Zeit lebte der General Marquis Pierre de La Guiche (1859–1941), verh. mit der Prinzessin Aline d'Arenberg, in Paris.
– IV: Charlus begrüßt einen »Saint-Géran« bei der Soiree Guermantes: *72*
Saint-Germain: Saint-Germain-en-Laye, Gemeinde am Westrand von Paris, mit geschichtsträchtigem Schloss aus dem 14. Jh.
– I: die Verdurins nehmen Odette mit nach S.: 401
Saint Gofroi: vermutl. eine Verzerrung von Saint Geoffroy de Savigny, Abt in Coutances im 12. Jh.
– IV: hat versucht, die Gegend um Douville zu christianisieren: *402*
Saint-Hérem, Marquis von: Joseph-Gaspard de Montmorin de Saint-Hérem (1657–1715), Generaloberst.
– VII: Ludwig XIV. wusste nicht, dass S. ein Montmorin war: *380*
Saint-Hilaire: fiktive Kirche in Combray; am Stadtrand von Illiers befindet sich die zerstörte Kirche Saint-Hilaire, die Proust offenbar gegen die Kirche Saint-Jacques am Marktplatz von Illiers ›ausgetauscht‹ hat.
– I: ihre Krypta, Fenster und Wandteppiche: 86–90; die Apotheke und das Haus von Mme Loiseau sind ihre Nachbarn: *91*; ihr Glockenturm: 91–94, 102, 125; der Pfarrer über ihre Geschichte und ihren Bauzustand: 147, 149; der Ausblick vom Turm: 150 f.; die Glockenklänge: 156, 232, 238; das Apsisfenster mit Gilbert dem Bösen: 240
Saint-James: früherer Sitz des engl. Königshauses, Anfang des 20. Jh.s nur noch des Außenministeriums.
– II: Norpois' vollmundige Wendungen, u. a. bezüglich S.: 50
Saint-Jean-de-la-Haise: Kirche bei Quetteholme. Eine Kirche »Saint-Jean-de-la-Haye« befindet sich in der Nähe von Avranche (Manche); in einer Liste der Gemeinden der Manche von 1884 findet sich hierfür die Schreibweise »Haise«.
– IV: Albertine will sie zeichnen: 544–547; unter Laub begraben: 568; das Tympanon: 570
*Saint-Joseph, General: Vetter des Prinzen von Guermantes.
– III: Saint-Loup hofft, die Herzogin von Guermantes werde sich bei dem General für eine Versetzung Saint-Loups aus Marokko einsetzen: 556, *691*; nimmt an, dass der Prinz von Guermantes eine Ehe zwischen Norpois und Mme de Villeparisis missbilligen wird: 710 f.

– VII: erweist sich nicht als hilfreich, um Françoises Neffen zurückstellen zu lassen: *80 f.*

Saint Laurent de Brèvedent: Ein Saint-Laurent-de-Brèvedent befindet sich im Dép. Seine-Maritime; diese Abtei ist dem röm. Sankt Lauretius geweiht.

– IV: hat versucht, die Gegend um Douville zu christianisieren: *402*

Saint-Laurent en Bray: fiktive Abtei.

– IV: der Name kommt nicht von »Sankt Laurentius«, sondern von »Lawrence O'Toole«: *402*

Saint-Laurent: Sankt Laurentius, röm. Märtyrer (gest. 258); *s.* auch Lawrence O'Toole.

– IV: ist nicht der Namensgeber der (fiktiven) Abtei S.: *402*

Saint-Lô: Hauptstadt des Dép. Manche, also jenes Gebiets »zwischen Bretagne und Normandie«, in dem sich nach Legrandin (*Combray* II) Balbec befindet.

– II: M stellt sich von einem Mitreisenden vor, dass er ihn nach S. begleiten würde: *302*

*Saint-Loup, Mademoiselle de: Tochter von Robert de Saint-Loup und Gilberte.

– VII: ihre Bedeutung für Ms Erinnerungsgefüge: 475–478; Gilberte stellt sie M vor; ihre Ähnlichkeit mit ihren Eltern und ihren Großeltern: 479 f.

Saint-Loup-de-Naud: Ort im Dép. Seine-et-Marne, nahe beim wirklichen Guermantes.

– I: Odette könnte mit Swann wirkliche Denkmäler wie S. besichtigen: *402*

*Saint-Loup-en-Bray, Aynard de: Graf (auch: Marquis) von Marsantes, Vater von Robert de Saint-Loup.

– III: seine Witwe Marie wird »Marie-Aynard« genannt: 309

*Saint-Loup-en-Bray, Madame de: *s.* Gilberte.

*Saint-Loup-en-Bray, Marquis Robert von: Sohn des Grafen und der Gräfin von Marsantes, Neffe der Madame de Villeparisis und des Barons de Charlus, späterer Gatte von Gilberte, mit dem sich Marcel in Balbec anfreundet.

– II: kommt nach Balbec, um seine Tante Mme de Villeparisis zu besuchen; seine Eleganz: *413*; seine Eleganz, seine Kühle, seine Arroganz, seine Freundschaft mit M: 413–423; seine fortschrittlichen sozialen Einstellungen: 423–425; sein taktvolles Verhalten gegenüber Bloch: 426–428; wird mit M von Bloch zum Essen eingeladen: 438 f.; erzählt M von seinem Onkel Charlus: 440–444; seine Neigung zu modischen Redewendungen: 443; erzählt M von den Guermantes: 448–450; Ms Großmutter ist von ihm begeistert: 450; zieht moderne Möbel dem ererbten Mobiliar vor: 451; mit M zum Tee bei Charlus: 458–463; zum Diner bei den Blochs: 468–479; Françoise erfährt, dass er Republikaner ist: 481 f.; der Einfluss seiner Geliebten auf ihn: 484–490; er will Ms Großmutter fotografieren: 490–492; er muss vorübergehend in die Garnison zurück: 492 f.; mit M ins Restaurant in Rivebelle: 508, 518, 520–522, 528, 532–534; kennt die blonde Frau aus dem Rivebelle nicht: 539; lernt Elstir kennen: 543–546; Abreise aus Balbec; er schreibt an M: 597–602; hat die Lokalbahn »Achterbahn« getauft: 612; Bloch will ihn unbedingt besuchen: 616 f.; ist angeblich mit einer der Töchter d'Ambresac verlobt: 622, 624; M hat keine Zeit, ihn zu besuchen: 633; M hat keine Lust, seinen Besuch zu empfangen: 652 f.

– III: hat M aus der Geschichte des Schlosses Guermantes erzählt: 16 f.; über den Teilungsartikel: 26; es wird über seine Hochzeit mit Mlle d'Ambresac getuschelt: 44; Ms BESUCH IN DONCIÈRES (90–186): seine idiomatischen Wendungen; seine Geringschätzung des Prinzen von Borodino, seine Ähnlichkeit mit der Herzogin von Guermantes: 90–97; M übernachtet in seiner Stube; die Fotografie seiner Tante: 102–106, 113; seine Fürsorglichkeit für M: 118–120; M in seinem Kameradenkreis: 122–125, 127, 132, 134–136; er verweigert M das Foto seiner Tante; sein Dreyfusismus: 136–144; Gespräche über Militärstrategie: 145, 149 f., 154–159; sein Liebeskummer wegen Rachel: 161–163; sein Eifersuchtstraum: 164 f.; seine Beziehung zum Prinzen von Borodino; die beiden Aristokratien: 166–174, 177; sein befremdlicher Gruß bei der Abreise Ms: 182–186. Er hat seine Tante nicht gebeten, M ihre Elstirs zu zeigen: 189 f.; empfiehlt M seine Cousine Mme de Poictiers als Ersatz für Oriane: 196; lädt M zum Essen zusammen mit Rachel ein: 204 f., 207; seine Gefühle für und Illusionen über Rachel: 211–221; im Restaurant; seine Eifersucht; Streit und Versöhnung: 223 f., 226–231; im Theater; erneute Eifersucht: 233–236; Eifersucht auf einen Tänzer: 237–239; er schlägt einen Journalisten und später einen Passanten: 241–245; Gespräche über ihn und Rachel bei Mme de Villeparisis: 292–294, 300, 305–309, 315 f., 318, 320; 332, 337, 339; seine Ankunft bei Mme de Villeparisis: 341–343; will sich nicht Mme Swann vorstellen lassen: 355; ist irritiert über seine Mutter: 364 f., 377–379; seine Freundschaft mit Bloch: 371; nennt Männer Ausbeuter, weil sie von Rachel ruiniert wurden: 381; schreibt M einen vorwurfsvollen Brief: 414; besucht Ms Familie während der Krankheit der Großmutter: 456; nach Marokko versetzt; schreibt M wegen Mme de Stermaria; endgültiger Bruch mit Rachel: 468, 470, 472; besucht M in Paris und lädt ihn ins »Nebelrestaurant« ein: 532–535, 537 f., 541, 546 f.; seine taktlose Bemerkung über Bloch und M: 538; er leiht den Mantel des Prinzen von Foix für M; seine körperliche und soziale Gewandtheit: 549–555, 557–560; sein distanzierter Guermantes-Gruß: 601; steckt voller neuer Ideen und Ausdrücke: 675; Oriane will sich nicht bei General de Monserfeuil für ihn verwenden; sie mokiert sich über seine Ausdrucksweise: 682, 684, 686, 691; hat seine alten Gemälde und Möbel verkauft, um sich neue anzuschaffen: 738 f.; wird trotz seines Dreyfusismus in den Jockey gewählt: 780–782

– IV: erzählt von Charlus als Schürzenjäger: 130 f.; fast beim Jockey durchgefallen; Gespött der Familie wegen der Summen, die er für Rachel ausgibt: 132 f.; lobt Freudenhäuser und empfiehlt M die Mlle d'Orgeville und die Kammerzofe der Baronin Putbus: 133–135; kein Dreyfusard mehr: 140, 159; hat M den Cambremers empfohlen: 215 f.; seine Fotografie von Ms Großmutter: 223 f., 246 f., 251; kommt nach Balbec, um Besuche zu machen: 283; Renée de Cambremer übernimmt Ausdrücke von ihm, die ursprünglich von Rachel stammen; er soll ihr Liebhaber gewesen sein: 300 f.; kommt zum Bahnhof von Doncières, um M zu begrüßen; ignoriert Albertines Annäherungsversuche: 358, 360, 380 f., 719; M spricht mit Albertine über sein Wesen: 365–367; soll mit der Nichte der Prinzessin von Guermantes verlobt sein: 453, 684; Renée de Cambremer spricht seinen Namen falsch aus: 520; M verhindert, dass er Albertine in Balbec oder in La Raspelière begegnet: 581–583; möchte die Verdurins auf keinen Fall kennenlernen: 582; die Cambremers diskutieren seinen Dreyfusismus: 684; kommt zum Zug, um M zu begrüßen; Albertine ignoriert ihn: 692 f., 695, 702

– VI: eine Amerikanerin schreibt ihm einen fehlerhaften Brief: 18 f.; M schickt ihn in die Touraine, um Erkundigungen über Albertine einzuziehen: 30–50, 54–57; er gibt einem Bediensteten der Guermantes einen Tip, wie man unliebsame Kollegen loswird: 81 f.; sein Bericht über seinen Besuch in der Touraine: 83–88; M befragt ihn hinsichtlich der Identität von Mlle d'Éporcheville: 214–216; seine Ehe mit Gilberte: 341 f., 349–355,

368–370; ist auch »so einer«: 351; er betrügt Gilberte; Jupiens Enthüllungen über Bobette (Morel): 372–375; Aimés Enthüllungen über seine Affäre mit dem Liftboy; die Entwicklung seiner Inversion; Rachels Einfluss auf ihn noch immer spürbar; Morels Ähnlichkeit mit Rachel; lässt Rachel eine enorme Rente zukommen: 376–380; besticht Odette, damit sie sein Doppelleben unterstützt: 380–382; knausert im Alltag, um Morel finanzieren zu können: 382 f.; wann ist aus dem alten S. der neue geworden?: 384–386

– VII: seine Beziehung zu seiner Frau und seine Liebe zu Morel: *11–18*; diniert mit M, als er Ausgang hat: 50 f.; täuscht Feigheit vor und drängt an die Front; Vergleich mit Blochs großmäuligem und feigem Verhalten; sein Mut und Patriotismus: 61–78; seine Beziehung zu dem Liftboy des Grand-Hôtel Balbec: 79; sein Brief von der Front: 86–90; besucht M während eines Fronturlaubs; diskutiert Luftkampf und den Krieg; Vergleich mit Charlus: 92–100; M sieht ihn Jupiens Bordell verlassen: 168; sein Kriegsverdienstkreuz: 182, 211 f., 228; sein Tod; Ms Erinnerungen an ihn, Françoises Trauer: *219–224*; seine Beerdigung in Combray: 225 f.; was er alles hätte werden können: 228 f.; M unterhält sich mit Gilberte über ihn: 408–411

Saint-Loup-en-Bray, Vetter von.

– III: hat eine orientalische Prinzessin geheiratet, die fast so schöne Verse macht wie Victor Hugo: 142

Saint-Mard: Name mehrerer Ortschaften in Frankreich.

– IV: Brichots Etymologie: *399*

Saint-Mars: Vermutl. ist jeweils Saint-Mars-le-Vêtu oder Saint-Mars-le-Vieux gemeint; das lässt sich aber aus dem Text heraus nicht entscheiden.

– IV: Mme Verdurin hat Dinge dort zu erledigen: *380*; Brichots Etymologie: 399; S.' lachsrote Glockentürme: 572

Saint-Mars-le-Vêtu: Station der Lokalbahn bei Balbec; vermutl. in Anlehnung an Saint-Denis-le-Vêtu bei Coutance gebildet.

– II: Ausflüge mit Mme de Villeparisis nach S.: *381*

– IV: ein Ausflugsziel für M: 548; Charlus und Morel essen in einem Restaurant in S. keine Birnen: 561 f.; Albertine fragt nach dem Benennungsmotiv hinter »le-Vêtu«, ›der Bekleidete‹: 572; viele Getreue steigen hier aus: 709

Saint-Mars-le-Vieux: vermutl. in Anlehnung an Saint-Martin-le-Vieux im Calvados gebildet.

– II: Station der Lokalbahn bei Balbec: *322*

– IV: fast alle Passagiere steigen hier aus: 403; ein Ausflugsziel für M: 548, 568
Saint-Martin-du-Chêne: Bahnstation in der Nähe von Doncières; auch ein Gestüt etwa 10 km von Cambremer entfernt (in Lessard-et-le-Chêne).
– IV: Charlus hat ein Häuschen zwischen S. und Saint-Pierre-des-Ifs gemietet: *458*; Brichots Etymologie: 459; Charlus steigt hier zu: 613; an der nächsten Station (vermutl. Doncières-Ouest) steigen junge Männer zu, die von Charlus beäugt werden: 628
Saint-Martin-du-Gast, Saint-Martin-de-Terregate: frühere Namen von Saint-Martin-le-Vieux.
– IV: Brichots Etymologie: *399*
Saint-Martin-le-Vêtu: Bahnstation gleich bei La Raspelière.
– IV: Brichots Etymologie: *398*
Saint-Médard: Name mehrerer Ortschaften in Frankreich.
– IV: Brichots Etymologie: 399
Saint-Mégrin, Paul de Stuer de Caussade, Graf von (1554–78): duellfreudiger Geliebter Heinrichs III.
– VII: Charlus erscheint so nobel wie eine Art S.: *154*
Saint-Paul, Marquise Diane de (1848–1944): Pianistin; *s.* dazu die Anm. Bd. I zu S. 363.
– I: Forcheville spielt auf sie als die »Sonatenschlange« an: *363*
Saint-Pierre-de-Chaillot: Kirche im 16. Arr., in der die Totenfeiern für Maupassant und für Proust stattfanden.
– VII: ein Gast in Jupiens Bordell hat zur Mittagsstunde in S. seine Tochter verheiratet: *176*
Saint-Pierre-des-Ifs: Station der Lokalbahn; auch Ort bei Lisieux (etwa 8 km von Cambremer entfernt).
– IV: das Mädchen mit der Zigarette steigt hier zu: *391*; Charlus hat ein Häuschen zwischen S. und Saint-Martin-du-Chêne gemietet: *458*; der Name verbindet sich für M mit Charlus: 702 f.; einige der Getreuen steigen hier aus: 709
Saint-Privat-la-Montagne: Schlachtenort (18. 8. 1870) in der Nähe von Metz mit Sieg der Deutschen unter schweren Verlusten.
– III: *156*
Saint-Saëns, Camille (1835–1921): frz. Komponist; 1858–77 Organist an der Madeleine.
– I: Ms Großvater summt eine Melodie aus S.' Oper *Samson und Dalila*: *130*

Saint-Simon, Claude-Henri de Rouvroy, Graf von (1760–1825; Enkel des Memoirenautors): begründete um 1820 eine sozialistische Bewegung (insbes. Entlohnung nach Leistung, Abschaffung des privaten Erbrechts), die bis etwa 1850 virulent war.
– IV: Invertierte predigen die Homosexualität mit dem gleichen Eifer wie andere den Saint-Simonismus: *34*

Saint-Simon, Louis de Rouvroy, Herzog von (1675–1755): die Schilderungen des höfischen Lebens in den *Mémoires* Saint-Simons bilden neben *Tausendundeine Nacht* einen literarischen Bezugspunkt der *Suche*, der sich in der »Welt der Guermantes« abbildet.
– I: Swann erzählt eine Anekdote aus S.s Memoiren: *40–42*; S. spricht von den »Mechanismen« des Lebens in Versailles: 167; Swann vergleicht gern seinen Tagesablauf mit den bei S. geschilderten: 425
– II: Françoise hält einen »jungen Mann von Stand« für noch verschiedener von einem Arbeiter als S. einen Herzog von einem Mann »aus der Hefe des Volkes«: 92; ein mäßiger Autor, der sich an S. anlehnen möchte, könnte zur Not noch dessen erste Zeile seines Porträts von Villars hinbekommen: 172; seine Porträts sind bewundernswert: *467*
– III: Françoise spricht wie S. (*balançais*): 89; M zitiert S. (*qualifier*): 358; im Landhaus der Mme de Villeparisis hängt sein Porträt: 397; der Herzog von Guermantes erweist höfische Ehren wie von seinen Vorfahren von S. berichtet: 564; missbilligt das Nachlassen der Etikette unter Ludwig XIV.: 587; der herausragende, doch furchterregende Herzog von S.: 618
– IV: behauptet, die Guermantes hätten sich ihren Rang als »Hoheiten« zu Unrecht angeeignet: 479; Charlus führt eine Art von Tableaux vivants nach S. auf: 506
– V: sein Euphemismus für Homosexualität: *290*; laut Brichot ein altes Schandmaul: *411*; seine Mitteilungen über Marschall d'Huxelles werden zitiert: *413*
– VI: Albertine unterhält sich gern über ihn: 163; Charlus zitiert gern eine Stelle aus seinen *Mémoires*: 245; Swann war ein großer Bewunderer S.s: 246
– VII: zeigt, wie sich große Herren mit Lakaien gemein machen: 196, 199; berichtet von Ludwigs XIV. Unkenntnis der Genealogie: *380*; rühmt die Intelligenz des Prinzen von Conti: *381*; seine Memoiren ein Vorbild für Ms Buch: 496

*Saint-Simon, Nichte von.
– III: hat in erster Ehe einen Monsieur de Villeparisis geheiratet: 397

Saint Ursal: vermutl. eine Verzerrung von Saint Ursus, Abt von Jumièges im 12. Jh.
– IV: hat versucht, die Gegend um Douville zu christianisieren: *402*

Saint-Vallier, Jean de Poitiers, Graf von (um 1475–1539): Haudegen und Hauptmann der Leibgarde Franz' I.; Vater von Diane de Poitiers.
– VII: Charlus erscheint so nobel wie eine Art S.: *154*

Sainte-Beuve, Charles-Augustin (1804–69): zu seinen Lebzeiten vor allem als Literaturkritiker gefeierter Autor. Nach seinem Tod betonten insbes. A. France und F. Brunetière den Wert seiner Lyrik; Proust folgt dieser Auffassung andeutungsweise im Entwurf zum *Contre Sainte-Beuve.*
– II: Mme de Villeparisis zitiert S.: *388*; seine Erwähnung in einem Schulaufsatz kann nicht schaden: 663
– III: vermag die verschiedenen Salons kaum auseinanderzuhalten: 561; zuweilen wird der Kritiker, dann wieder der Dichter in ihm bevorzugt: *633*
– IV: der Verfall des Geschmacks wird in seinem Stil spürbar: 674
– VI: dürfte sich montags vorgestellt haben, wie Madame de Boigne Sätze aus seinem *Lundi*-Beitrag genießt: *220*
– VII: Anspielung auf seine Ode *La Fontaine de Boileau*: *41*, 43; die Grimassen, die seine direkte Rede begleiten und entstellen: *292*

*Sainte-Croix, Monsieur de: Bezirksabgeordneter, der sich in Balbec aufhält.
– II: soll Geld unterschlagen haben: *620*

*Saintine, Madame.
– V: die Herzogin von Guermantes will sich nicht mit ihr belasten: 311

*Saintine, Monsieur.
– V: ehemals ständiger Gast der Herzogin von Guermantes, mit dem Charlus noch befreundet ist; von der Herzogin von Guermantes wegen seiner Frau verbannt: 311–313

Saintine: Joseph-Xavier Boniface Saintine (1798–1865), frz. Autor, u.a. von *Picciola* (1836), der Geschichte eines politischen Gefangenen, und *Seul* (1857), der angeblichen Geschichte des gestrandeten Alexander Selkirk (der auch Robinson Crusoe zugrunde liegt). *Picciola* gehörte in Prousts Jugend zu seinen Lieblingsbüchern.
– I: die Schwestern der Großmutter sind entsetzt, wenn M einen Roman von S. liebt: *205*

Saintrailles: Jean Poton, Seigneur de Xaintrailles (ca. 1400–62): Held aus dem Krieg gegen England; insbes. befreite er zusammen mit Jeanne d'Arc Orléans.
– III: die Guermantes stammen von ihm in direkter Linie ab, und Norpois angeblich auch: *712* f.
Salerno: Küstenstadt ca. 70 km südl. von Neapel.
– IV: Anspielung auf die Sage von den scheelsüchtigen Ärzten von S. im Zusammenhang mit der Konkurrenz zwischen Cottard und du Boulbon: *518*
Salomo (Prediger): legendärer Autor der alttestamentlichen Bücher *Sprüche Salomos* und *Prediger Salomo*, der traditionell mit König Salomon identifiziert wird.
– I: Françoise gibt allgemeine Weisheiten von sich wie der Prediger S.: *153*
Salomon: biblischer König Israels aus dem 10. Jh. v. Chr., dessen kostbare Kleidung in Lukas 12,27 gerühmt wird: »sehet die Lilie an [...] auch König Salomo [ist] nicht bekleidet gewesen wie deren eine«. Die Rede von Seide freilich, die im Dt. durch Paul Gerhards Lied »Geh aus mein Herz und suche Freud'« sehr vertraut ist, aber aus Legrandins Mund etwas überrascht, findet in der Bibel nur eine schwache Grundlage in Hesekiel 16 und in Offenbarung 18, wo Seide als besonders kostbarer Stoff genannt wird.
– I: Legrandin schwärmt von Lilienseide (»soie du lis«), würdig eines S.: *177*
Salvandy, Comte Narcisse-Achille de (1795–1856): anfangs Bonapartist, dann Anhänger Ludwigs XVIII., Karls X. und Louis-Philippes.
– II: Mme de Villeparisis zieht S. einem Hugo oder Balzac vor: *388*
– III: brachte Schlegel dazu, über Blumen zu sprechen: *370*
Salvati: venezian. Spezialgeschäft für Gläser.
– VI: Norpois hat hier einige Einkäufe getätigt: *307*
Samary, Jeanne (1857–90): frz. Schauspielerin, u. a. an der Comédie-Française; wiederholt porträtiert von Renoir.
– I: von M bewundert: *108*
Samary: in SG vermutl. Marie Samary (1848–1941), Mitglied der Truppe des Odéon 1870–80; ein Engagement für die *Chercheuse d'esprit* ließ sich jedoch nicht nachweisen.
– IV: hat in der *Chercheuse* die Zerbina gespielt: *464*
Sammarcoles: Gemeinde im Dép. Vienne.
– IV: Brichots Etymologie: *399*

Samson: biblischer Held.
– IV: der invertierte Dichter musste den Mühlstein wälzen wie Samson: *27*

San Giorgio dei Schiavoni: Gemeint ist die Scuola der Bruderschaft der Dalmatiner, ein Gebäude im Stil Sansovinos aus dem frühen 16. Jh. in Venedig, mit Gemälden von Carpaccio, insbes. der Georgslegende.
– II: M möchte die Carpaccios von S. sehen: *20*

San Marco: Dom in Venedig.
– V: Inschrift der Gewölbe von S.: *503*; Reliquie im Schrein von S.: 504

San Zeno: bedeutende Kirche in Verona aus dem 12.–13. Jh. mit von Mantegna geschaffenem Altar-Triptychon (heute Kopien; die Originale befinden sich im Louvre).
– I: ein Diener von Mme de Saint-Euverte erinnert Swann an Altarbilder in S.: *446*

Sand, George: Pseudonym von Aurore Baronne Dudevant, geb. Dupin; 1804–76); Autorin zahlreicher Romane, die das ländliche Leben des Berry (Zentralfrankreich) verherrlichen.
– I: Ms Großmutter schenkt ihm die vier Heimatromane von S.: *60*, 62; Ms Mutter liest daraus vor: 64; der Herzog von La Trémouille wusste angeblich nicht, dass S. eine Frau ist: 360
– V: von Ms Großmutter bewundert: 14; der gelungene Kompromiss zwischen dem Provinziellen und dem Literarischen in der *Petite Fadette*: 43
– VI: eine Heirat wie am Ende eines Romans von S.: 345
– VII: der Blick in der Bibliothek des Prinzen von Guermantes in ihr *François le Champi* gibt M seine Kindheit zurück: 271–273

Sandro: *s.* Botticelli.

*Saniette: Archivar, Mitglied des Kreises Verdurin.
– I: seine Schüchternheit und Gutmütigkeit: *282*; reizt die Verdurins etwas: 283; ist ein Schwager von Forcheville: 346; wird von den Verdurins schlecht behandelt: 359; will mit einer erfundenen Anekdote brillieren: 360; wird von Forcheville verspottet: 380; wird bei den Verdurins die Tür gewiesen: 381, 413
– III: Dreyfusard trotz seines Katholizismus: 781
– IV: seine soziale Ungelenkheit: 375–377; verstört von Cottards anmaßendem Benehmen im Zug: 381; Prügelknabe der Verdurins: 415 f., 455, 457; wird von Monsieur Verdurin zusammengestaucht (»La Chercheuse«): 460–464; seine fehlschlagenden Scherze: 465–467; kann nicht Whist

spielen: 493; Mme Verdurin zu M über S. und ihren Mann: 514f.; Mme Verdurin ist besonders herzlich zu ihm, damit er wiederkommt: 516–518; M hat ein schlechtes Gewissen, dass er sich nicht mehr um S. gekümmert hat: 583–585

– V: seine sprachliche Pedanterie: 304, 307f., 359f.; sein finanzieller Ruin, sein Schlaganfall und die Großzügigkeit der Verdurins ihm gegenüber: 441–444; seine Beerdigung Jahre später: 443

– VII: war die Schießbudenfigur des Kreises Verdurin: 139

*Sanilon: Tadiés Lesung und die der Erstausgabe von »Sautton«; s. dort.

Sankt Bernhard: Bernhard von Clairveaux (1090–1153), Abt des Zisterzienserklosters Clairvaux.

– I: Brichot bezieht sich auf S.s Bericht über Blanka von Kastilien: 349

Sanseverina: in Parma lebende Herzogin und Tante Fabrizios, des Protagonisten der *Kartause von Parma* von Stendhal.

– III: M hatte in der Prinzessin von Parma mindestens eine S. erwartet: 575

– IV: wäre M außerhalb eines Romans wie ein gewöhnliches Wesen erschienen: 559

Sansovino, Il: entweder Jacopo Tatti (1486–1570), florentin Bildhauer; oder Andrea Contucci (1460–1529), der in Volterra wirkte.

– VII: die Brunneneinfassung der Verdurins soll von S. stammen: 25

Santa Maria del Fiore: gotische Kathedrale in Florenz.

– I: der Name »Florenz« löst bei M die Sehnsucht nach S. aus: 530

Sappho: griech. Dichterin, die etwa 600 v. Chr. auf Lesbos lebte. Sie begründete eine dem Eros geweihte Künstlerinnengemeinschaft und soll sich wegen ihrer unerwiderten Liebe zu dem Jüngling Phaon vom Leukadischen Felsen gestürzt haben. Wie weit diese Gemeinschaft tatsächlich vom lesbischen Eros beflügelt war, ist umstritten.

– IV: M vergleicht Albertine mit ihr: *351*

Sarah: Lieblingsfrau des alttestamentlichen Abraham, die ihm noch in hohem Alter den Sohn Isaak gebiert.

– I: eine Geste von Ms Vater wirkt wie jene, mit der Abraham S. befiehlt, von Isaaks Seite zu weichen: 56

Sarcey, Francisque (1827–99): Theaterkritiker; in *Die Satire und der französische Geist* (in: *Essays*) macht Proust sich über dessen onkelhaften Stil lustig.

– IV: Onkel von Brichot und Nationalgut: *403*

Sardou, Victorien (1831–1908): frz. Autor von Komödien, Libretti und historischen Dramen (*Tosca*, 1887, mit S. Bernhardt in der Titelrolle; 1900 von Puccini vertont).
– II: in einem seiner Stücke spielten alle möglichen Zelebritäten mit: 150; war angeblich bei Nissim Bernard zu Gast: 476
– III: Königinnen, die sprechen wie Königinnen bei S.: *574*
– VII: Anspielung auf sein Theaterstück *Théodora*: *14*
Sargon: Sargon II. von Assur (721–705), von dessen Palast in Chorsabad sich umfangreiche Teile im Louvre befinden.
– II: Nissim Bernards Ringelbart gleicht dem S.s: *475*
Sarrail, Maurice (1856–1929): General des Expeditionscorps in Griechenland.
– VII: man weiß nicht, ob S. die Mittel hat, gleichzeitig mit den Russen loszumarschieren: *315* f.
Sarsina-La Rochefoucauld, Prinzessin von: Françoise de La Rochefoucauld (1844–1921), die nach dem Tod ihres Gatten Pietro Aldobrandini, Principe di Sarsina (1845–85), in Rom und Paris lebte.
– III: Bekannte der Marquise von Baveno: *626*
Sassenage (Ehepaar). Adelsfamilie aus der Dauphiné, die ins 10. Jh. zurückgeht.
– III: werden auch zu dem Diner bei Mme de Saint-Euverte kommen: *799*
Saulces de Freycinet, Charles-Louis de (1828–1923): Mitarbeiter Gambettas, Senator 1876–1920, Ratspräsident 1879–92, Minister 1915–16; Mitglied der Akademie.
– IV: Brichot gibt die Etymologie des Namens: 455
*Saumoy, Guy: Freund der kleinen Mädchenbande.
– VI: hat zwei junge Mädchen entführt und war total verrückt: *273* f.
Saumur: Standort einer Eliteschule der Kavallerie.
– II: Saint-Loup bereitet sich für S. vor: *412*
Saussier, Félix Gustave (1828–1905): General und Abgeordneter; 1884–98 Militärgouverneur von Paris.
– III: betont die Unschuld Esterházys: 139
*Sauton, Madame: Einwohnerin von Combray.
– I: ihr Sohn kommt vom Militärdienst zu Besuch: 84
*Sautton: ein unbekannter Briefschreiber (bei Tadié in Bd. VI »Sanilon«).
– VI: gratuliert M zu seiner Veröffentlichung im *Figaro*: *250* f.

Savonarola: reformatorischer florentin. Dominikanermönch (1452–98); sein berühmt gewordenes Profilporträt hängt im Museum von San Marco, Florenz.

– II: Mme Blatin ist dem S. Bartolommeos aus dem Gesicht geschnitten: *150*

Savoyen-Carignan, Prinz von.

– IV: ein Onkel der Herzogin von Guermantes: 485 f.

*Saylor: Familienname des Grafen Verjus de Crécy.

– IV: altes angesehenes Geschlecht: *672*

Sayn-Wittgenstein, Prinzessin zu: Karoline-Elisabeth, geb. Iwanowska (1819–87), mit der Liszt befreundet war.

– III: Mme de Villeparisis hat schon zwanzigmal zusammen mit Liszt bei ihr diniert: *267*

*Sazerat, Madame: Einwohnerin von Combray.

– I: besucht ihre Schwester zum Essen: 83; ihr Hund: 85; in der Kirche mit einem Päckchen Gebäck: 87; wohnt in der Nähe der Kirche: 96; Eulalie nennt sie »Madame Sazerin«: 102; hat gehört, dass sich Mme Swann schminkt: 141; nach Françoises Meinung vermögend genug, um Geschenke erhalten zu dürfen: 152; Ms Vater soll für ihren Sohn eine Vorverlegung der Abitursprüfung bewirken: 241; hat ein malvenfarbenes Halstuch: 244; Oriane sieht besser aus als sie: 246

– III: ihre Einstellung zu Dienstboten: 84 f.; ihr Dreyfusismus entfremdet sie von Ms Familie: 202–204, 439; Vater Bloch fühlt sich von ihrem Antisemitismus geschmeichelt: 390 f.

– V: Ms Mutter über eine Einladung bei Mme S.: 17

– VI: Françoise spricht von ihr als Mme Sazerin: 225 f.; ihr Vater hat sich für die Herzogin von X*** ruiniert: *258*; M trifft sie in Venedig, und Maman lädt sie zum Essen ein: 305; sie sieht im Restaurant Mme de Villeparisis, die fatale Herzogin von X*** = Havré: *310* f.

– VII: ihr Sohn ist gestorben: 491

*Sazerat, Schwiegertochter der Madame.

– VII: spricht nur kichernd von Mme Verdurin als der »Herzogin von Duras«: *371*

*Sazerat, Vetter der Madame.

– VI: wenn er noch Erster Stellvertreter wäre, würde er schon herausfinden, was es mit dieser Ehe zwischen Saint-Loup und Gilberte auf sich hat: 370

*Sazerin, Madame: irrtümlicher Name für Madame Sazerat; *s.* auch Sazerat.
- I: Eulalie ist fest davon überzeugt, dass Mme Sazerat Mme Sazerin heiße: 102
- VI: Françoise kann sich nicht abgewöhnen, von Mme Sazerat als Mme Sazerin zu sprechen: 225 f.

Scapin: Figur in Molières *Les Fourberies de Scapin.*
- IV: macht sich die Verkleidung seines Herrn zunutze, um ihn zu verprügeln: *138*

Scarlatti: (1) Alessandro (1658–1725): ital. Komponist, der zu Ende des 19. Jh.s wiederentdeckt wurde. (2) Domenico (1685–1751): Sohn von Alessandro; ital. Komponist pädagogischer Etüden.
- IV: Renée de Cambremer bittet Morel, dieses »göttliche« Stück von S. (vermutl. Alessandro) zu spielen, bei dem es sich aber um eine entnervende Etüde (vermutl. von Domenico) handelt: *489*

Scarron, Paul (1610–60): frz. Autor von humoristischen Texten und Komödien unter dem Einfluss der span. Abenteuerliteratur; verh. mit Françoise d'Aubigné, einer Enkelin der Madame de Maintenon, und damit nicht ohne Einfluss am Hof Ludwigs XIV.
- II: eine Anekdote über S.: 188

*Schauspielerin (1): ehemalige Mätresse Saint-Loups.
- II: hat ihm Fürsorglichkeit beigebracht: 485

*Schauspielerin (2), womöglich am Odéon: Gast im Grand-Hôtel Balbec, Mitglied der »Viererbande«, Geliebte des »reichen jungen Mannes«.
- II: besser bekannt für ihr deutsches Porzellan als für ihre Rollen: 347; M macht ihre Bekanntschaft: 712
- V: ihr Liebhaber ist laut Charlus invertiert: 417

*Schauspielerin (3): *s.* Rachel.

*Schauspielerin (4): *s.* Odette.

*Schauspielerin (5), Lebensgefährtin von Blochs jüngerer Cousine: *s.* Léa.

*Schauspielerin (6), ehemalige.
- IV: führt sich mit Blochs Schwester skandalös auf: 331

*Schauspielerin (7).
- V: Geliebte von Théodore: 416

*Schauspielerin (8): Freundin von Rachel.
- VI: Saint-Loup trifft sie in der Umgebung des Hauses der Bontemps: 87

Scheherazade: die Erzählerin von *Tausendundeine Nacht.*
– III: die dichtende, orientalische Prinzessin, die ein Vetter von Saint-Loup geheiratet hat, ist eher vom Schlage eines Victor Hugo als dem einer Sch.: *142*
– IV: Ms Großmutter hätte Mardrus' Schreibung des Namens missbilligt: *324*
– V: M muss mehr Einfallsreichtum als Sch. aufbieten, um Albertine bei Laune zu halten: 174
Scheherijar: Sultan, dem Scheherazade die Märchen von *Tausendundeiner Nacht* erzählt.
– VII: M fürchtet, als Autor ein mit sich weniger nachsichtiger Herr zu werden als Sch.: *495*
Schiller, Johann Friedrich von (1759–1805): dt. Dichter.
– III: wird sachkundig in den Briefen der Salondamen zitiert: 663
– IV: Anspielung auf sein Stück *Onkel und Neffe*: *136*
– VII: sein Name kann nur noch unter Entschuldigungen genannt werden: 206
*Schlachthofarbeiter.
– VII: löst Maurice ab; ähnelt diesem wie auch Morel: 178
Schlegel, August Wilhelm von (1767–1845): dt. Literaturhistoriker, Indologe und Philosoph, der 1803–17 als Hausfreund der Madame de Staël und als Erzieher von deren Tochter Albertine wirkte.
– III: unterhält sich mit Mme de Villeparisis über Blumen: *370* f.
Schleswig-Holstein-Sonderburg-Augustenburg, Prinzessin Auguste Viktoria von (1858–1921): Gattin Wilhelms II.
– VII: Françoise spricht von ihr als der »Guillaumesse«: 218
Schlieffen, Graf Alfred von (1833–1913): Chef des Generalstabs der dt. Armee von 1891 bis 1905, Generalfeldmarschall 1911.
– III: Saint-Loup erwähnt seinen berühmten Plan: *149*
Schlumberger, Gustave (1844–1929): Historiker und Archäologe, spezialisiert auf Kreuzzüge und Byzanz; verkehrte im Salon der Madame Straus, brach aber zu Beginn der Dreyfus-Affäre die Beziehung ab.
– III: sobald sich ein bekannter Mann wie Sch. in ihrem Salon befindet, ist die Herzogin von Guermantes stets an seiner Seite: *286*
*Schneiderin, ehemalige.
– I: Freundin Odettes: 335, 439; Odette besucht sie: 443; Swann würde sie auch gern besuchen: 446 f., 510

Schönbrunn: Sommersitz der österr.-ungar. Kaiser bei Wien; erbaut im 17. Jh.
– III: nicht einmal für einen Besuch in Sch. hätte die Prinzessin von Parma die Abende bei der Herzogin von Guermantes eingetauscht: *670*
Schopenhauer, Arthur (1788–1860): dt. Philosoph in der Nachfolge Platons und Kants, der jedoch in seinem Hauptwerk *Die Welt als Wille und Vorstellung* (1819), das die europäische Philosophie entscheidend beeinflusste, der Irrationalität eine wichtige Funktion in der Welt einräumte. Die beiden großen Zeit-Theoretiker Albert Einstein und Henri Bergson beriefen sich gleichermaßen auf ihn.
– VII: Renée de Cambremer kennt ihren Sch. von Grund auf: 67; Sch. »*wieder*lesen« ist ja wohl der Gipfel!, der Herzogin von Guermantes zufolge: 423
Schubert, Franz (1797–1828): österr. Komponist; das Lied *Lebe wohl!* wird ihm fälschlich zugeschrieben.
– III: M sagt seiner Liebe zur Herzogin von Guermantes Lebewohl und singt weinend Sch.s *Lebe wohl!*: *501*
*Schulkamerad, ehemaliger.
– VII: M erkennt seine Stimme wieder, aber nicht ihn selbst: 356 f.
Schumann, Robert (1810–56): dt. Komponist.
– IV: M hört in seinem Hotelzimmer, wie jemand Sch. spielt: 264; Charlus begleitet Morel bei der schumannhaften Sonate von Fauré: 486 f.
– VI: wie schnell in bestimmten seiner Balladen die Lösung erfolgt: *123*
– VII: Saint-Loup erwähnt seine Titel nur auf Deutsch: 90; die letzten Worte, die M von Saint-Loup gehört hat, waren aus einem Lied von Sch.: 219
*Schwager von Marcels Großmutter: *s.* Mönch.
Schwaneninsel: Die eigentliche »Île des Cygnes«, auf der Colbert Schwäne aussetzen ließ, in Höhe des Quai d'Orsay Nr. 63, gibt es bereits seit 1780 nicht mehr. Die Bezeichnung hat sich aber für die 1825–27 aufgeschüttete und offiziell »Allée des Cygnes« genannte künstliche Seine-Insel im 15. Arr. gehalten.
– I: Swann kann den Frühlingszauber zwar nicht in Combray, aber doch wenigstens auf der Sch. erleben: *372*
*schwarze Herzogin: Gast bei der Soiree Guermantes.
– IV: in jeder Hinsicht makelbehaftet: *104*
Schweden, Großvater des Königs von: Karl XIV. Johann von Schweden, der

ehemalige frz. Marschall Jean-Baptiste Bernadotte (1764–1844) aus Pau; Bernadottes Vater war Anwalt, er selbst machte eine Anwaltslehre, bevor er zum Militär ging.
– III: bestellte noch in Pau den Boden: *790*

Schweden, König von: Oscar Fredrik Bernadotte von Schweden (1829–1907; regierte ab 1872).
– III: sein Großvater hat noch in Pau den Boden bestellt: 790

Schweden, Königin von: Sophie von Nassau (1836–1913), eine Halbschwester des Großherzogs von Luxemburg, die 1857 Oskar II. von Schweden heiratete.
– III: der Herzog von Guermantes lässt sich bei Mme de Villeparisis als Königin von Sch. melden: 259 f., 282, 310; Mme de Cambremer hat dieselbe Wamme wie die Königin von Sch.: 312; ist nicht Gast bei den Mittwochabenden der Herzogin von Guermantes: 685

Schweden, Kronprinz von: Oskar Gustaf Adolf (1858–1950; ab 1907 König Gustaf V.); verh. mit der Prinzessin Viktoria von Baden (1862–1930).
– IV: hat gehört, dass Kaiserin Eugénie Dreyfus-Anhängerin sei: *150*

*Schwester der jungen Frau, in die man sich verliebt hatte.
– VII: ist womöglich Zimmermädchen bei Monsieur E***: *319*

*Schwester des schielenden Pagen.
– IV: ist mit einem reichen Herrn zusammen und schikaniert die Bediensteten: 522 f.

*Schwester des schönen, uns inzwischen gleichgültigen Mädchens.
– VII: ist womöglich Zimmermädchenbei Monsieur E***: 319

*Schwester von Odette.
– V: Swann hat sie zur Scheingeliebten genommen: 408

Scott, Sir Walter (1771–1832): schott. Autor.
– IV: ein invertierter Jugendlicher mag bei der Lektüre von S.s *Rob Roy* wiederfinden, was er empfindet: *38*

Scribe, Eugène (1791–1861): Bühnenautor und Librettist. Wird nicht namentlich im Text erwähnt.
erwähnte Stücke:
Chalet, Le: III: 659
Diamants de la Couronne, Les (*Die Kronjuwelen*): I: 106; III: 604, 659
Domino noir, Le (*Der schwarze Domino*): I: 106; VII, 237
Fra Diavolo: III: 659

Juive, La (*Die Jüdin*): II: 207 (Zitat); IV: 336 (Zitat)
Robert le Diable: IV: 489
*Seineport: Mädchenname der Gräfin von Argencourt; *s.* Argencourt, verwitwete Gräfin von.
Selves, Justin de (1848–1934): Senator 1909, Außenminister 1911–12; Mitglied der Akademie.
– IV: Brichot gibt die Etymologie seines Namens: 455
*Sennecour, Madame de: Schwester des »alten Chaussepierre«.
– IV: anständige Leute: *106*
Sens: Ort im Dép. Yonne mit einer Kathedrale aus dem 12. Jh., in der sich ein Bildteppich aus dem 15. Jh. mit der Krönung Esthers befindet.
– I: der Wandteppich in der Kirche von Combray wird von Kennern gleich nach dem von S. eingestuft: *147*
Serbien: 1878 als unabhängiges Fürstentum anerkannt, 1882 als Königreich; 1912 und 1913 in Territorialkriege um Makedonien verwickelt, die durch wacklige Friedensverträge zwischen Griechenland, Serbien, Bulgarien und Rumänien beendet wurden. Im Ersten Weltkrieg stand Serbien auf der Seite der Entente.
– VII: Griechenland erfüllt nicht seinen Vertrag mit S.: 133, 135
Sert y Badia, José-Maria (1876–1945): katalan. Maler.
– V: Bühnenbildner für die Ballet Russes: *503*
– VI: die Aufführung der *Josephslegende* von Kessler, Strauss und S. beschwor die Erinnerung an Carpaccio herauf: *328*
Sévigné, Baron Charles de (1647–1713): Sohn der Marquise von Sévigné; hatte u. a. Ninon de Lenclos, die frühere Mätresse seines Vaters, zur Mätresse.
– II: unterhielt eine banale Beziehung zu seiner Mätresse: *460*
– IV: M soll nicht so verschwenderisch werden wie Charles de S.: *577* f.
Sévigné, Madame de (d. i. Marie de Rabutin-Chantal, Marquise de Sévigné; 1626–96): frz. Autorin, deren *Lettres*, vorwiegend an ihre Tochter Madame de Grignan, mit ihrem lebhaften, gesprächsnahen Ton stilbildend wirkten.
– I: die S. selbst hätte es nach Meinung von Ms Großmutter nicht besser sagen können: 33; Brichot hält sie für einen Snob: 360
– II: Ms Großmutter will zum Teil die Route abfahren, die S. genommen hatte: *300* f.; Ms Mutter wird wie die S. ständig eine Landkarte vor Augen haben: 304; Ms Mutter zitiert die S. hinsichtlich Tapferkeit: 306; die Briefe

der S. als Bahnlektüre: 308–311; Ms Großmutter zitiert die S. hinsichtlich der Verpflegung im Hotel: 366; Zitat der S. hinsichtlich Postempfang: 369 f.; Ms Großmutter wünscht für M die geistige Umgebung einer S.: 410; Saint-Loup findet so zartfühlende Worte wie die S.: 421; Charlus über die Gefühle der S.: 458–460; Teil eines möglichen Schulaufsatzthemas: 658

– III: Françoises Ausdrucksweise à la S. (*faire réponse*): 28; ihre Bemerkung zum Tod der Mme de La Fayette: 406; Ms Großmutter zitiert die Marquise von S. im Zusammenhang mit der Marquise von den Champs-Élysées: 420; »die Sévigné hätte es nicht besser sagen können«: 445; Charlus hat eine Ausgabe der Briefe der S. für M binden lassen: 755

– IV: Ms Mutter hat den Hang der Großmutter geerbt, ständig die S. zu zitieren: 238–240, 261, 284, 305, 323, 452, 577 f.

– V: in Mamans Briefen fehlt niemals ein S.-Zitat: 17; diverse Zitate: 17, 186 f., 496; die Dostojewski-Seite der Mme de S.: 516 f.

– VI: platte S.-Zitate erbosten Ms Großmutter: *343* f.

Shakespeare, William (1564–1616): engl. Dichter und Bühnenautor.

– I: Anspielung auf den *Sommernachtstraum*: 170

– IV: Transvestitismus in seinen Komödien: 35; Jupien und Charlus als Romeo und Julia: 44; Saint-Loup zitiert Hamlets »Sein oder Nichtsein«: 583; Geschäftsleute verachten Leute, die *Hamlet* schreiben oder lesen: 605

*Sherbatoff, Prinzessin: Freundin von Madame Verdurin. Proust hat den Namen 1915 in der Zeitung gelesen, als der Zar den Prinzen »Scherbatof« (im *Journal des débats* »Tcherbatof«, in *Le Temps* »Tscherbatof«) zum Innenminister ernannte (Brief an Lucien Daudet vom 8. August 1915, in: *Corr.* XIV, S. 202). Ein Brief vom 21. 3. 1912 an Robert de Montesquiou (in: *Corr.* XI, S. 63) scheint darauf hinzudeuten, dass ursprünglich der Name »Gortchakof« nach der Prinzessin Constantin Gortchakow, geb. Maria Mikhailovna Stourdza (1849–1905), vorgesehen war, die in der Rue de Varenne lebte; ihr Gatte starb 1926 in Paris. Eine Prinzessin »Scherbatow« wohnte 1909 im gleichen Haus in der Rue Lincoln wie der mit Proust befreundete Comte Gustave de Waru.

– IV: M sieht sie im Zug und hält sie für eine Puffmutter: 357; Freundin von Ski, den Verdurins und der Großfürstin Eudoxia: *382*–384; ihre soziale Isolation: 385 f.; M erkennt in ihr die vermeintliche Puffmutter wieder: 404; ihre gerollten Rs: 405; ihre Zuvorkommenheit: 407; sie macht sich Sorgen wegen der Wirkung der Todesnachricht von Dechambre auf Mme

Verdurin: 408 f.; wird Charlus vorgestellt: 438; Mme Verdurin versteckt an ihrer Schulter ihre vorgetäuschte Heiterkeit: 489; Cottard fährt ihr über den Mund: 612; ist über Kreuz mit M; ihr Snobismus ein Resultat verletzter Eitelkeit: 618 f.; genießt einen von Cottards Kalauern: 626; 629, 706
– V: Saniette teilt ihren Tod mit: 307 f.; Mme Verdurin bleibt von dieser Nachricht unberührt: 322 f.; die Verdurins wollen vorgeben, ihre Hilfen für Saniette seien in Wirklichkeit ein Legat der Prinzessin: 442
– VII: möglicherweise die Mörderin des Erzherzogs Rudolph: *26*
*Sidonia, Herzog von: span. Edelmann mit Neigung zum Monologisieren.
– IV: versucht, gegen Charlus anzureden: 59
Siena: Stadt in der Toskana.
– II: ohne die Buchreihe *Städte der Kunst* könnten wir uns die Lockungen S.s nur ohne Inbrunst vorstellen: 206; Balbec ist ebenso schön wie S.: 320
– IV: M war nie dort: 670
– V: wurde eine Zeitlang als abgeschmackt empfunden: 180
Sigebert I. (535–575): König des ostfrz.-dt. Merowinger-Reiches Austrasien.
– I: das Grab seiner Tochter befindet sich in der Krypta der Kirche von Combray: *90*
*Silistria, Herzog von.
– VI: hat um Gilberte angehalten: 349
*Silistria, Prinzessin von: Cousine der Herzogin und des Herzogs von Guermantes.
– III: die Prinzessin von Guermantes hat sich geweigert, sich ihr vorstellen zu lassen: 509; M sieht vom Hôtel de Guermantes aus ihr Palais: *767*; besucht den Herzog von Guermantes, um mit ihm die Krankheit des Vetters Amanien d'Osmond zu diskutieren: 770
Silvestre, Armand (1837–1901): frz. Autor von Gedichten und Theaterstücken.
– VI: Charlus trällert Morel aus S.s *Fleur de chimère* vor: *260*
Simiane, Pauline de (1674–1737): Enkelin von Madame de Sévigné, Tochter der Gräfin von Grignan. Ihre Briefe sind in Bd. XI der *Lettres de Madame de Sévigné* bei Hachette 1862 enthalten.
– II: sie glaubt, in ihren Briefen ihrer Großmutter zu gleichen: *310*
– III: Zitat aus ihren Briefen: *600*
*Simonet: Familienname Albertines; *s.* Albertine.
*Simonnet.
– II: ganz entschieden nicht der Familienname Albertines: 569 f.

– III: Albertine gehört zur Familie derer, die sich mit nur einem N schreiben: 498
Sissonne: Ziel für Madame Verdurins Spazierfahrten. Auch Ort im Dép. Aisne.
– IV: Brichots Etymologie: 691
Six, Bürgermeister: Modell des *Porträt des Jan Six* (Six Collectie, Amsterdam) von Rembrandt.
– IV: der Herzog von Guermantes spricht mit dem milden Ernst des Bürgermeisters S.: *114*
Sizilien: ital. Insel.
– II: Charlus' Vorfahren waren Fürsten von S.: 441
– III: die Guermantes wollen das nächste Frühjahr auf S. verbringen: 794
– VI: Prinz Foggi besitzt diverse Landgüter auf S.: 314
Skaramuz: der Typus des Aufschneiders in der Commedia dell'arte.
– III: eine grundlegende Rolle: *461*
*Ski (Abk. von »Viradobetski«): Bildhauer, Freund der Verdurins.
– IV: in der Lokalbahn: *370*; sein Wesen und Aussehen, seine oberflächliche Begabung, seine Selbstgefälligkeit: 377–379; seine Einschätzung von Renée de Cambremer: 397; warnt die Verdurins vor Charlus: 418–420; foppt Brichot als »flotten Burschen«: 445; macht gegenüber Cottard Andeutungen über Charlus: 460; schwadroniert über die Farben des Essens: 468; erzählt Mme Verdurin Unsinn über Charlus' Herkunft: 489–491; macht einen Witz auf Charlus' Kosten: 612
– V: diskutiert Bizet mit Morel; sein affektiertes Lachen: 391 f.; Brichot spekuliert zu Charlus' Amüsement, dass S. homosexuell sei: 409 f.; er ist beeindruckt von Morels Tränen: 434 f.
– VII: ist bei dem Diner Verdurin-Goncourt zugegen: *26*; hat sich im Alter kaum mehr verändert als eine Frucht durchs Trocknen: 344
Sodoma (d. i. Giovanni Antonio Bazzi; 1477–1549): ital. Maler.
– V: Charlus' Laster besteht für Bergotte in Erinnerungen an Platon und S.: *299*
Sohn von Boieldieu: *s.* Boieldieu, François-Adrien.
Sokrates: altgriech. Philosoph.
– II: Françoise entstellt die Worte der Mme de Villeparisis nicht weniger als Platon die des S.: 370
– IV: Invertierte berufen sich gern auf ihn: 29; Homosexuelle zu S.' Zeiten völlg normale Männer: 487 f.; Cottard zitiert sein »Γνῶθι σεαυτόν«: 626

– V: seine Scherze über junge Männer: 275
– VII: nahm kein Geld für seinen Unterricht: *198*
*Soléon, Madame de.
– III: würde den Herzog von Châtellerault mit Mlle d'Ambresac als Gattin vorgeblich nicht empfangen: *546*
Sophokles: altgriech. Tragödiendichter.
– II: schreibt in Gisèles Schulaufsatz einen Brief an Racine: 658 f.; was er nach Andrées Meinung eigentlich hätte schreiben müssen: 661 f.
– III: Erinnerung an seinen Brief an Racine: 477; wird sachkundig in den Briefen der Salondamen zitiert: 661
– VII: Charlus' Hochmut ist gebrochen wie der von S.' Ödipus: *239*
Sottevast: Ort in der weiteren Umgebung von Balbec; auch Ort in der Manche (Untere Normandie).
– IV: Brichots Etymologie: *399*
*Souvré, Marquise von: Freundin der Prinzessin von Parma.
– III: wird von der Herzogin von Guermantes nicht empfangen: *610* f.
– IV: vermeidet es kunstvoll, M dem Prinzen von Guermantes vorzustellen: *73* f.; unterhält sich mit Odette über Mme Verdurin: 375
– VII: M erinnert sich an sie bei dem Empfang des Prinzen von Guermantes, wie sie ihn dem Prinzen nicht vorstellen mochte: *398*
Spanien (Land).
– I: Saint-Simon war Botschafter in S.: 41
– II: Norpois will mit Ms Vater nach S. reisen: 53, 300; »Spanien ist in Mode«: 100; Vertreibung der Jesuiten aus S.: 386
– III: Mme de Villeparisis wusste alles über Norpois' Reise mit Ms Vater nach S.: 246; Bloch nicht durch eine Einkreuzung mit S. veredelt: 255
– V: das Vergnügen, das Mérimée empfunden hat, als er S. bereiste: 447
Spanien, König von: Alfonso XIII (1886–1941); hielt sich 1905, 1907, 1908 und 1910 in Frankreich auf. Bei seinem ersten Besuch wurde ein Bombenattentat auf ihn verübt.
– III: glänzende Jagdpartien werden für ihn veranstaltet: 689; erklärt sich zum Herzog von Brabant und zum König von Jerusalem: 793
– VII: Ms Butler spricht von ihm als »Fonfonso«: 53
Spanien, Königin von: vermutl. Marie Christine von Habsburg-Lothringen (1858–1929), Witwe des span. Königs Alfonso XII; Regentin nach dessen Tod 1885 bis zur ›Volljährigkeit‹ ihres Sohnes Alfonso XIII (geb. 1886) 1902.

– III: dass jemand drei Monate im Jahr bei der K. verbringt, ist für eine Courvoisier Grund genug, ihn einzuladen: 609
– IV: in ihren Augen ist es elegant, den Einfluss der Medien zu verachten: 102f.
*spanischer Minister: ein gepuderter Diener der Guermantes.
– III: geleitet M vom Elstir-Kabinett zum Salon: 569
Spartakus (gest. 71 v. Chr.): Anführer eines Sklavenaufstandes in Rom.
– I: Oriane legt keinen Wert auf Helden wie S.: *466*
Spinoza, Baruch (1632–77): niederländ. Philosoph.
– IV: Charlus bewundert ihn, obwohl er Jude ist: *700*
Spitteler, Carl (1845–1924): Schweizer deutschsprachiger Autor, insbes. des Romans *Die Mädchenfeinde*.
– VII: Brichot lobt den Antimilitarismus in seinem Roman: *122* f.
St. *s.* Saint
Staël, Enkelin der Madame de: Louise-Albertine de Broglie (1818–82; Tochter von Albertine de Broglie), die 1836 den Grafen Joseph-Othenin-Bernard d'Haussonville (1809–84) heiratete.
– VII: wird einen d'Haussonville heiraten: 389*f.*
Staël, Madame de (1766–1817): frz. Literatin, die das Deutschlandbild der Franzosen für lange Zeit prägte.
– VII: die Familie d'Haussonville leitet sich von ihr her: 389*f.*
Staël, Tochter der Madame de: Albertine (1797–1838), die 1816 den Herzog Achille-Victor de Broglie heiratete.
– VII: wird einen de Broglie heiraten: 389*f.*
Stahl: Pseudonym von Pierre-Jules Hetzel (1814–86): Verleger von Billigausgaben großer Autoren (Hugo, Sand) sowie Jules Vernes, eines illustrierten Jugendmagazins und einer Jugendbuchreihe *Bibliothèque de Mademoiselle Lili* (1865–1911), in der insbes. der Titel *Mademoiselle Lili aux Champs-Élysées* erschien.
– II: die Wintergärten in Paris sind heute nur noch in den Heliogravüren zu S.s *Mademoiselle Lili* zu sehen: *228* f.
Stahlkönig, der: Andrew Carnegie (1835–1919).
– III: Charlus hält den Titel einer Prinzessin von Iéna für einen Übernamen wie etwa »Stahlkönig«: *756*
Stamati, Camille (1811–70): frz.-griech. Pianist und Komponist.
– IV: Klavierlehrer von Charlus: 565

Standish, Madame (1847–1933): geb. Hélène de Pérusse, Tochter des frz. Comte des Cars, heiratete 1870 Henry Noailles Widdrington-Standish (1847–1920). Angeblich war sie die Geliebte des Prinzen von Wales, dem späteren brit. König Edward VII.
– IV: die jungen Leute wissen heute nicht mehr, mit wem sie es zu tun haben: *89*
Stendhal: Künstlername von Marie-Henri Beyle (1783–1842); frz. Schriftsteller, Autor insbes. der wiederholt erwähnten *Chartreuse de Parme* (1839; dt. *Die Kartause von Parma*). Siehe auch Fabrizio, Mosca, Sanseverina.
– I: der Name Parma ist von St.scher Anmut: 532
– II: Mme de Villeparisis' Vater hat ihn bei Mérimée getroffen: 388
– III: Balzac der größte Romancier dieses Jahrhunderts neben St.: 140; die Prinzessin von Parma hat so wenig von St. an sich wie die Rue de Parme in Paris: 575
– IV: Anspielung auf seine *Kartause von Parma*: 559
– V: hat sich über Balzac lustig gemacht: *41*; der erhöhte Ort bei St.: *514*
– VI: Gespräche mit M über St. dürften für Albertine nur wenig Gewicht gehabt haben: 186; die Lebensgeschichte Fabrizios wurde ihm von einem Kanonikus aus Padua erzählt: *193*
*Stermaria, Mademoiselle Alix de (spätere Madame, dann Vizegräfin): Gast im Grand-Hôtel Balbec, Tochter des Vizegrafen von Stermaria.
– I: M träumt von bretonischen Insel-Abenteuern mit ihr: 352–354; ihr Aussehen: 358; kein Weg, sich ihr anzunähern: 359 f.
– III: Saint-Loup trifft sie in Tanger und arrangiert ein Treffen mit ihr für M: 470, 473; ihre Zusage: 499 f.; M lehnt eine Einladung von Mme de Villeparisis ab, um sich mit der Vizegräfin treffen zu können: 505 f.; Ms freudige Erwartung: 515, 517–523, 525–528; sie sagt im letzten Moment ab: 528 f.; Ms Kummer darüber: 529–531, 533, 538; nicht die Sorte Gesellschaft, die beim Prinzen von Guermantes verkehrt: 774
– IV: hat nach Meinung der kleinen Mädchenbande eine anrüchige Art gehabt: 360; Ms Erinnerungen an seine Liebe zu ihr: 569, 603, 719, 726
– VI: sie hat mit ihrer Weigerung, M zu treffen, bewirkt, dass er sich in Albertine statt in sie verliebt hat: 124–129
*Stermaria, Vizegraf von: Gast im Grand-Hôtel Balbec.
– II: pikiert, dass man M seinen Tisch im Restaurant gegeben hat: *346*; seine Missachtung trifft M schmerzlich: 351; die Bekanntschaft mit Mme de

Villeparisis könnte M Ansehen bei St. verschaffen: 354; er ist nicht der einzige Adlige im Speisesaal: 357, 358, 359, 360
*Stermaria, Vizegräfin Alix von: *s.* Stermaria, Mademoiselle Alix de.
Stevenson, Robert Louis (1850–94): schott. Romanautor, insbes. von *Die Schatzinsel* und *Der seltsame Fall des Dr. Jekyll und Mr. Hyde*, denen im Rahmen des Pastiche Goncourt ein eigener Stellenwert zukommen mag.
– VII: laut Swann ein sehr guter Schriftsteller: *34*
*Stift (1): Begleiter von Lucienne.
– III: Lucienne will ihn M und Saint-Loup vorstellen: 216
*Stift (2): Begleiter von Germaine.
– III: Germaine will ihn M und Saint-Loup vorstellen: 216
Stockholm: Hauptstadt von Schweden.
– IV: Brichots Etymologie: *399*
Strauss, Richard (1864–1949): dt. Opernkomponist und Dirigent; befreundet mit Romain Rolland, Offizier der Ehrenlegion.
– V: Gast bei Mme Verdurin: 320; wird eines Tages nicht mehr bewundert werden: 438
– VI: die Aufführung der *Josephslegende* von Kessler, St. und Sert beschwor die Erinnerung an Carpaccio herauf: *328*
Strawinsky, Igor (1882–1972): russ. Komponist; lebte seit 1910 vorwiegend in Frankreich.
– IV: wurde von der Prinzessin Yourbeletieff entdeckt: *202*
– V: Gast bei Mme Verdurin: 320
Styx: Unterweltsfluss der griech. Mythologie.
– IV: kommt in Ms Unterweltstraum vor: *226*
Suger (1081–1151): Abt von Saint-Denis, Regent von Frankreich während des zweiten Kreuzzugs, Verfasser historischer und theologischer Schriften.
– I: Brichot bezieht sich auf S.s Berichte: *349*
Sully-Prudhomme (d. i. René François Armand Prudhomme; 1839–1907): frz. Dichter.
– IV: Céleste und Marie kennen einen Vers aus seinem Gedicht *Ici-bas*: *341*, 726
– VI: Charlus trägt Morel aus S.s *Aux Tuileries* vor: *261*
*Surgis-le-Duc, Marquis Victurnien und Marquis Arnulphe von: Söhne der Marquise von Surgis-le-Duc.
– IV: ihre große Schönheit stammt von ihrer Mutter: 123; Charlus ist von

ihnen hingerissen: 127 f.; werden Charlus vorgestellt: 140; Charlus unterhält sich mit ihnen: 140–145, 148 f.
– V: rücken von Charlus wegen des Übermaßes seiner Einladungen und seiner Kinnzupferei ab: 277

*Surgis-le-Duc, Marquise von: Gast bei der Soiree Guermantes; Marcel hält sie anfangs ihres Namens wegen für eine Herzogin.
– III: neueste Geliebte des Herzogs von Guermantes: 662
– IV: ihre skulpturenhafte Schönheit: *77*; ihre Schönheit findet sich in ihren beiden Söhnen wieder: 123, 127 f.; Charlus umgarnt sie; ihr Porträt von Jacquet; sie stellt Charlus ihre Söhne vor: 135–146; Swann schaut ihr in den Ausschnitt: 149, 153; Herkunft des Namens: 151; ihr sozialer Abstieg: 151 f.; ihr Porträt, das jetzt bei Mme de Saint-Euverte hängt: 153
– V: verbietet ihren Söhnen den Umgang mit Charlus: 274

Susa: antike Stadt in Mesopotamien. *Esther* spielt im Festsaal des Palastes zu Susa.
– II: Nissim Bernard eine Gestalt aus S.: *474*
– III: die Juden sind jener Rasse gleich geblieben, die in einem Fries in S. den Palast des Darius verteidigt: 255 f.
– IV: das Gebäude der Gesandtschaft von X*** wirkt so geheimnisvoll wie der Thronsaal von S.: *94*

*Swann, Charles: Sohn eines jüdischen Börsenmaklers und mit Marcels Familie befreundeter Mann von Welt.
– I, COMBRAY: zu Besuch bei Ms Eltern: 24–42, 45, 46–48, 51–53, 56, 60 f.; S. in Ms Erinnerungen an Combray: 65, 71, 103, 116 f., 128, 130, 138–142, 152, 158, 170; der Weg bei S. entlang: 187, 189–192, 198–201, 203, 207–209; M erfährt über S.s Liebesaffäre: 258; EINE LIEBE VON SWANN: S. im Salon Verdurin, seine Verliebtheit in Odette: 264–266, 268–274, 276 f., 280–283, 285, 286–310, 313–328, 330, 332–340, 342 f.; die Verdurins verkuppeln Odette mit Forcheville: 345 f., 348–366, 369–373, 376 f., 379–384, 386–393, 396; S.s Eifersucht: 398, 400–410, 412 f., 415 f., 418, 420, 422–430, 432–435, 437–440, 442; er hört die kleine Phrase bei Mme Saint-Euverte: 443–451, 460 f., 467–474, 476–484; S.s Entsagung: 485–487; S. forscht Odettes sexuelle Beziehungen aus: 488–493, 496–512; S. hört von Odettes Kreuzfahrt: 513–516; S.s prophetischer Traum: 517; er fährt Mme de Cambremer besuchen: 519–523; LÄNDLICHE NAMEN: erzählt M von der Kirche in Balbec: 527; braucht Pfefferkuchen für seine Verdauung: 550; holt

seine Tochter in den Champs-Élysées ab: 555–558, 561; der Name »Swann« ein Fetisch für M: 565–570
– II: seine neue Persönlichkeit als Odettes Gatte: 7 f.; Norpois über die Swanns: 54–57; wie es zu der Ehe kam: 57–63; sein Misstrauen gegenüber M: 88–91; M wird zum regelmäßigen Besucher: 106 f.; seine Bibliothek: 115 f.; seine veränderte gesellschaftliche Sicht: 119–131, 247; seine sozialen Experimente: 131–133; seine Gleichgültigkeit gegenüber Odette: 133–135; sein Drang, ihre Vergangenheit zu erforschen: 135–137; seine Liebe zu seiner Tochter: 191 f.; Bergotte über S.: 199 f.; Mme Verdurin und der neue S.: 238 f.; seine Daguerreotypie der Zipporah-Odette: 262
– III: empfiehlt den Guermantes, Elstirs zu kaufen: 672–674; seine botanischen Exkursionen mit Oriane: 693 f.; weckt in Oriane den Sinn für Empire-Möbel: 696, 698 f.; seine Forschungen über den Templerorden: 769 f.; M trifft ihn bei den Guermantes; sein verändertes Aussehen, seine Krankheit, sein Dreyfusismus, über den »Velasquez« des Herzogs; seine geringe Lebenserwartung: 774–800
– IV: bei der Soiree Guermantes: 82; zieht sich mit dem Prinzen zu einem Gespräch zurück: 85; der Prinz schreibt ihm aus Antisemitismus eine protestantische Großmutter zu, die die Geliebte des Herzogs von Berry gewesen sei: 99 f.; die Herzogin fürchtet, ihm in dem antisemitischen Milieu der Soiree die Hand geben zu müssen: 105; angeblich hat er einen Streit mit dem Prinzen: 105; Gerüchte um die Natur dieses Streites: 109 f.; der Herzog und die Herzogin von Guermantes beklagen S.s Ehe und seinen Dreyfusismus als doppelten Verrat am Faubourg Saint-Germain: 111–115; sein sehnlicher Wunsch, vor seinem Tod noch seine Frau und seine Tochter der Herzogin vorstellen zu können: 116; sein von Krankheit ausgezehrtes Gesicht, das zunehmend jüdische Züge zu erkennen gibt: 128 f., 142; seine Haare: 130; sein Dreyfusismus: 139 f., 158–162; spricht mit M über Eifersucht: 146 f.; schielt in den Ausschnitt der Mme de Surgis: 149, 153; berichtet M von seiner Unterhaltung mit dem Prinzen: 149–159; wünscht, mit militärischen Ehren beerdigt zu werden: 160; Auswirkung seines Dreyfusismus auf den Status Odettes: 204–207; Kondolenzbesuche nach seinem Tod: 374; Mme Verdurin macht ihn nachträglich schlecht: 511 f.; Charlus zitiert seine Ansichten über Balzac: 624, 627, 635
– VI: Odette trauert aufrichtig um ihn: 227; sein sehnlicher Wunsch, Odette

und Gilberte der Herzogin von Guermantes vorzustellen, geht postum in Erfüllung: 228–232; die Guermantes erzählen Gilberte höchst gönnerhaft von S.: 234–238; seine Tochter schämt sich ihres Vaters: 244, 248 f.; seine Hoffnung auf ein Überleben in seiner Tochter ist enttäuscht worden: 251 f.; wäre glücklich gewesen zu erleben, wie seine Tochter eine Guermantes wurde: 368
– VII: wird im Pastiche Goncourt erwähnt: 26, 32–34; ist die Quelle von Ms Inspiration und Erfahrungen: 316–318
*Swann, Vater von.
– I: denkt oft an seine Frau: 26; seine Geschäftsbeziehungen: 27; seine Angewohnheit, sich die Augen zu wischen: 52; ihm hat die Firma gehört: 201
– VI: hätte sich nicht träumen lassen, dass er jemals Nachfahren haben würde, in deren Adern das Blut des Herzogs von Guise fließt: 346; hätte sich nicht träumen lassen, dass der Herzog von Guermantes seinen Teich nun so oft zu sehen bekommen würde: 368
Sylph: ein Luftgeist.
– III: ein Tänzer bemüht sich, ein S. zu sein: *238*
Sylva, Carmen: Pseudonym der Prinzessin Elisabeth zu Wied (1843–1916), unter dem sie auf Deutsch, Französisch oder Rumänisch eigene Gedichte, Novellen und Betrachtungen veröffentlichte.
– III: die Ristori hat bei Mme de Villeparisis Gedichte von ihr vorgetragen: *271*
Syveton, Gabriel (1864–1904): nationalistischer Abgeordneter, der unter mysteriösen Umständen zu Tode kam.
– VII: eine Verrückte hat versucht, Charlus S. vorzustellen: 150
*T***, Prinzessin von: vermutl. gänzlich fiktiv.
– IV: D'Annunzio hat ihr einen Brief geschrieben, in dem er die Schönheit der Herzogin von Guermantes rühmt: *96*
Tacitus, Cornelius (55–120): Autor der *Annales* und der *Historiae*, in denen er unter anderem den Sittenverfall an den Höfen der röm. Kaiser geißelt.
– III: Françoise hätte wie er geschrieben: *486*
*Tänzer hinter der Bühne.
– III: Rachel bewundert seine Figuren: 237 f.; besonders seine Hände: 241 f.; Saint-Loup ist auf ihn eifersüchtig: 243
Tagliafico, Joseph (1821–1900): frz. Bassist und Komponist.
– I: Swann findet Noten von ihm auf Odettes Klavier: *327*

Tahoume: anscheinend fiktiver Ort.

– IV: Brichots Etymologie: *400*

Taine, Hippolyte-Adolphe (1828–93): (Kunst-)Philosoph und Historiker; sein letztes Werk, *Origines de la France contemporaine* (1871–94), war wegen seiner scharfen Kritik an Napoleon I. und an der jakobinischen Bewegung stark umstritten.

– II: hat sich laut Prinzessin Mathilde aufgeführt wie ein Schwein: *159*

– IV: er und Charlus sind der gleichen Meinung über Balzac: *627* f.

– V: sein Name schwebt durch Ms Träume: *162*

Tallemant des Réaux (d. i. Gédéon Tallemant; 1619–92): Autor der *Historiettes* (1834/35), einer Sammlung teils deftiger Anekdoten aus den meist höheren Schichten.

– III: spricht über die Rohans, als wären es die Guermantes: *714*

Talleyrand, Boson de: Boson de Talleyrand-Périgord, gen. »Prinz von Sagan« (1832–1910). Siehe auch Sagan, Prinz von.

– VII: tritt in Charlus' Totenappell an: *242*

Talleyrand, Madame.

– V: Cousine der Herzogin von Guermantes: 54

Talleyrand-Périgord, Herzog Charles Maurice von (1754–1838): Bischof von Autun; schloss sich 1789 der Revolution an, wurde vom Papst verurteilt und 1792 verbannt.

– III: Monsieur de Borodinos Blick hätte selbst T. in seine Schranken verweisen können: *175*; du Boulbon zitiert T.s Wort vom »eingebildeten Gesunden« (*bien portant imaginaire*): 413

– IV: Brichot erklärt ihn zum Erfinder des Dilettantismus und Mir-Egalismus: 381 f.; Brichot beschreibt ihn als den »Abt von Périgord«: *390* f.

– VII: der Papst behauptet, in der Tradition T.s zu stehen: 97

Talleyrand-Périgord, Herzog von: *s.* auch Sagan, Herzog von.

Tallien, Madame (1773–1835): Thérésa Cabarrus, verh. Marquise von Fontenay, in zweiter Ehe Madame Tallien, in dritter mit dem Grafen von Caraman und späteren 16. Prinzen von Chimay, François-Joseph de Riquet (1770–1843), Gräfin von Caraman und Prinzessin von Chimay.

– III: bei manchen Adelsnamen muss M an die langen Haare von Mme T. denken: *718*

– VII: im Krieg setzt sich wieder ein Bekleidungsstil à la T. durch: *45*; Mme

Verdurin und Mme Bontemps sind alte, hässliche Versionen der Mme T.: 49

Talma, François-Joseph (1763–1826): Schauspieler.

– VII: Mme Verdurin trägt Kothurne à la T.: 45

Tanagra: Ort bei Theben, in dessen Nähe 1872–80 Tonstatuetten aus dem 4. Jh. v. Chr. mit besonders deutlichem, fließendem Faltenwurf gefunden wurden.

– I: Mme Swann trat einst noch in Röcken mit dem Faltenwurf der Figuren von T. auf: *581*

Tansonville: Landsitz an der Thironne, 3–4 km südl. von Illiers. Vorbild für den Park von Tansonville ist zum Teil auch der »Pré Catelan« bei Illiers, ein Park im Besitz von Prousts Onkel Jules Amiot (vgl. Tadié, *Marcel Proust*, 1996, S. 27). Noch in den Fahnen trug der Landsitz Swanns einen fiktiven Namen (»La Frapelière«).

– I: der Erzähler denkt an seinen Aufenthalt in T. zurück: *14*; seit Swanns Heirat besuchen Ms Eltern T. nicht mehr: 190; die Abwesenheit von Mlle Swann lässt M den Anblick von T. gleichgültig sein: 191; Ms Großvater weist ihn auf den Rotdorn in der Hecke von T. hin: 195; Léonie würde T. gern wiedersehen: 200–202; Swann lädt Vinteuils Tochter nach T. ein: 208 f.; M denkt an die Hecke von T.: 213; M macht Spaziergänge bei T.: 216

– VI: Saint-Loup und Gilberte lassen sich in T. nieder: 371–373

– VII: M besucht Gilberte in T.: 7–15; Erinnerung an Saint-Loups Unaufrichtigkeit, seinen Kokainmissbrauch: 62, 64, 73; Gilbertes Berichte aus dem belagerten T.: 85, 90 f.; Gerüchte, woher Gilberte T. hat: 380, 448 f.

*Tante Adam: *s.* Guermantes, Marquise von.

*Tante des Pianisten der Verdurins.

– I: bei den Verdurins zu Gast: 262 f., 277, 283, 298; fährt nicht mit nach Chatou: 401; wird angeblich vom Neffen nicht gebraucht: 513

*Taormina, Prinzessin von.

– V: hat begriffen, dass man bei der Soiree Verdurin Musik spielt und nicht Poker: 390

*Taquinius Superbus: geistreiche Charakterisierung Charlus' durch die Herzogin von Guermantes unter Anspielung auf den röm. König Tarquinius Superbus.

– III: Charlus wollte seiner Schwester Marsantes das Schloss Brézé schenken, um sie zu »taquinieren«: *625–628*, 652 f.

Tarent, Herzog von: Jacques-Étienne Macdonald (1765–40), von Napoleon I. 1810 zum Herzog von Tarent erhoben.
– III: Napoleon hat den Titel an einen Soldaten verliehen: 793
Tarent, Prinz von (Titel): Titel des Erbanwärters des Herzogtums La Trémoïlle. Der Anspruch der La Trémoïlles auf den Titel gründet sich auf die Ehe 1521 zwischen François II. de La Trémoïlle (1505–51) und Anne de Laval, Prinzessin von Tarent (1505–54).
– III: der Titel ist von Johanna der Wahnsinnigen auf die La Trémoïlles gekommen: *793* f.
– IV: Titel des Erbanwärters der La Trémoïlles: *237*
*Tarente, Madame de: Gast bei der Soiree Guermantes. Vermutl. Marguerite Églé Jeanne Caroline Duchâtel (1840–1913), Gattin von Louis Charles de La Trémoille (1838–1911), Prinz von Tarent; oder – eine Generation später – Hélène Marie Léonie Pillet-Will (1875–1964), Gattin von Louis V Charles Marie de La Trémoille (1863–1921), Prinz von Tarent.
– IV: bleibt nach der Soiree noch zum Essen: *155*
Tarn: Fluss in Südfrankreich.
– V: die korrekte Aussprache [ta:r]: 42
Tarquinius Superbus: Lucius Tarquinius Superbus (gest. 494 v. Chr.), der Sage nach letzter König (534–510 v. Chr.) Roms.
– III: Oriane macht ein Wortspiel mit seinem Namen: 626, 629
*Taubchen: Spitzname der Madame de l'Éclin.
– III: ihre von Haarlocken verdeckten Ohren: *582*
*Telegrafist (= Telegrammbote).
– V: Schützling eines Kollegen Brichots, dann Charlus', der ihm eine Stelle in den Kolonien verschafft: 448
Telemach: Sohn Odysseus', der sich in der *Odyssee* auf die Suche nach seinem Vater macht. In Fénelons *Telemach* landet Telemach wie zuvor Odysseus auf Ogygia, der Insel Kalypsos.
– II: M spielt ähnlich wie T. unter lauter Nymphen: *710*
Terregate: Saint-Aubin-de-Terregate oder Saint-Laurent-de-Terregate, beide Dép. Manche.
– IV: Brichots Etymologie: *399*
*Testis (»Zeuge«): Der Publizist Gabriel Hanotaux, mit dem Prousts Vater bekannt war, signierte seine Artikel mit »Testis«.
– VI: typischer Leserbriefschreiber: *312*

Teufelsinsel: kleine Insel vor der Küste von Französisch-Guyana (Südamerika). Dreyfus war hier von 1895 bis 1899 gefangen gesetzt.
– III: Rachel beklagt das Los des Märtyrers auf der T.: *196*, 220; Roberts Mutter meint, Dreyfus müsse auf der T. bleiben, selbst wenn er unschuldig ist: 220; die Sozialisten fordern die sofortige Freilassung des Gefangenen von der T.: 329

Thanatos: griech. Gottheit des Todes.
– IV: Bruder des Schlafes (Hypnos) und des Vergessens (Lethe): *696*

Thé de la Rue Royale: Teestube in Nr. 3 und Nr. 12, heute nicht mehr vorhanden; zu Anfang des 20. Jh.s ein anglophiler Treffpunkt.
– I: Odette hat Angst, den Tee im T. zu versäumen: *339*

Théâtre du Gymnase: am Boulevard Bonne-Nouvelle; spezialisiert auf Komödien, insbes. von Dumas und von Augier.
– III: einer Beziehung fürs Leben geht oft eine zufällige Begegnung im Th. voraus: *349*

Théâtre-Français: geläufige Bezeichnung für die Comédie-Française.
– I: M ist ergriffen vom Anblick Maubants, wie er das Th. verlässt: *108*; Mme Cottard braucht niemals zu bereuen, ins Th. gegangen zu sein: 354

Thèbes, Madame A. de: Künstlername von Anne Victorine Savigny Thèbes (1865–1916); Wahrsagerin, bei der Proust sich 1894 die Hand lesen ließ.
– III: große Generäle haben die Hellsichtigkeit einer Madame de Th.: *151*

Themis: griech. Göttin der Gerechtigkeit, der Ordnung und der Philosophie, Mutter der Dike, der Moiren, der Horen und nach Aischylos auch des Prometheus.
– IV: *128*, *329*

Théodebert I. (504–547) von Austrasien: merowingischer König; eroberte 534 Burgund.
– I: hat die ursprüngliche Kirche von Combray gestiftet: *149*

Théodora: byzantinische Schauspielerin und Kaiserin (527–548).
– VII: M sieht in der Schauspielerin Rachel eine Art Th. *14*

*Théodore (griech.-frz. »Gabe Gottes«): Laufbursche des Gemischtwarenhändlers Camus und Küster in Combray; hilft Tante Léonie gelegentlich.
– I: weiß über alles in Combray Bescheid: *82*, 85; er und seine Schwester machen Führungen durch die Krypta von Saint-Hilaire: 90, 149; Verkäu-

fer bei Camus: 94, 189; sein Doppelberuf: 99 f.; ähnelt einer der Skulpturen von Saint-André-des-Champs: 211 f.
– V: Kutscher von Monsieur X; der Prinz von Guermantes meint, X solle mit ihm schlafen; Charlus über seine Aktivitäten in der homosexuellen Szene; er ist ein Bruder der Kammerzofe der Baronin Putbus: 416
– VI: ist jetzt Apotheker in Méséglise: 390 f.
– VII: ist der Sautton, der M zu seinem Artikel im *Figaro* gratuliert hat; seine Beziehung zu Legrandin: *12*
*Theodosius II., König: Herrscher eines mit Frankreich befreundeten osteuropäischen Landes.
– I: Gilberte will seinen Einzug in Paris ansehen: 559; Ms Vater spricht über die politischen Konsequenzen dieses Staatsbesuchs: 567 f.
– II: hat Norpois ein Gespräch gewährt: 15, 46; Norpois über Th.s Rede im Élysée: 47–53; kann man auf Th. im Kriegsfall zählen?: 119; die Swanns waren beim Galaempfang für Th.: 124
– IV: Charlus und Vaugoubert diskutieren seine eventuelle Homosexualität: 64 f., 95
– V: kommt mit seiner Gattin Eudoxia nach Paris zurück: 332 f.
Theokrit: griech. Dichter aus Syrakus, etwa 300–260 v. Chr.; Begründer der bukolischen Dichtung auf der Grundlage sizilian. Volksweisen.
– IV: Brichot zitiert ihn: *416*
– V: sein Schäfer schmachtet nach einem jungen Burschen: *276*
Thermopylen: Pass in Griechenland; Ort der entscheidenden Schlacht 480 v. Chr. zwischen dem antiken Griechenland und den Persern.
– VII: die Th. oder Austerlitz sind Brichot zufolge nichts gegen die Schlacht von Vauquois: *125*
Theseus: sagenhafter griech. Held und König von Athen.
– III: aus verschiedenen weniger bemerkenswerten Männern komponiert: *264*
– VI: Phädra hat anscheinend vergessen, dass Th. ihr Gatte und Hippolyts Vater ist: 66 f.
Thetis: das Meer als Urmutter in der griech. Mythologie, in WS anstelle von Kyrene eingesetzt, einer Quellnymphe und Mutter Aristäus', zu der dieser sich aus Angst vor der Strafe der Götter flüchtet.
– I: Aristäus würde nach einem Gespräch mit Ms Tante wieder in das Meer der Th. eintauchen: *30*

Thibaud, Jacques (1880–1953): frz. Violinist.
– V: spielt nach Nissim Bernards Meinung ebenso gut wie Morel: *69*; Morel spielt nach Charlus' Meinung noch besser als Th.: *389*

Thibaudier, Monsieur: Figur aus Molières *La Comtesse d'Escarbagnas.*
– IV: schickte der Gräfin von Escarbagnas Birnen: *566*

Thiberzy: alte Bezeichnung eines Ortes, der heute in Fontenay-le-Comte (Vendée) aufgegangen ist.
– I: Vettern aus Th. kommen bei Ms Familie zu Besuch: *94*; die Garnisonssoldaten kommen aus der Richtung Th.: 128; Théodebert hatte seinen Landsitz in Th.: 149; Françoise muss eine Hebamme aus Th. holen: 154

Thierry, Augustin (1795–1856): frz. Historiker.
– IV: M hat ihn seinerzeit in Combray gelesen: 323

Thiers, Adolphe (1797–1877): Präsident der Republik 1871–73, Gegner der Politik Napoleons III., bedeutender Historiker der neueren frz. Geschichte. Mitglied der Académie.
– III: verkehrte im Salon der Mme de Villeparisis: *260*; die Herzogin von Guermantes eine Enkelin von Frauen, die mit Th. befreundet waren: 278
– VI: glaubte, die Eisenbahn werde niemals ein Erfolg werden: *318*

*Thirion, Monsieur: zweiter Ehemann von Madame de Villeparisis.
– III: hat den Namen »de Villeparisis« ohne Rechtsgrundlage angenommen: *396* f.

Thiron, Charles Joseph Jean (1830–91): frz. Schauspieler, u. a. an der Comédie-Française.
– I: M bewundert ihn: *107*
– II: Ms Eltern ahmen den Tonfall von Th. nach: 80
– III: sein abgegriffener Name wird von dem unverbrauchten Namen Amaurys verdrängt: 171

Thorpehomme: fiktiver Ort.
– IV: Brichots Etymologie: 691

Thureau-Dangin, Paul (1837–1913): Historiker (Hauptwerk zur Geschichte der Julimonarchie), ständiger Sekretär der Académie Française.
– IV: ist mit Mme de Villeparisis familiär verbunden: *632*

*Tiche: neuer Name Madame Verdurins für Elstir, den einstigen »Biche«; *s.* Elstir und auch Biche. In seinem Gedicht *Ici demeure Armand de Gramont, Duc de Guiche* vergleicht Proust die Mimik des Herzogs mit »Little Tiche« (so im frz. Text) unter Anspielung auf den brit. Komödianten und Pantomimen »Little Tich« (d.i. Harry Relph, 1867–1928), der für seine vielfältigen Charakterdarstellungen berühmt war. Zwischen 1896 und 1902 trat Tich wiederholt mit großem Erfolg in den *Folies Bergère* und der *Olympia Music Hall* in Paris auf. Wegen seines kleinen Wuchses wurde er gelegentlich von der Kritik mit Velasquez' Zwerg Don Antonio in *Las Meninas* verglichen. In G, S. 271, erwähnt Brichot die Neigung des ehemaligen Verdurin-Getreuen zu »Harlekinaden«, so insbes. seine Charakterdarstellung als Butler.

– IV: Mme Verdurin ist verblüfft, dass M T. kennt: *466*; sie hält ihn für überaus dumm: 469

– VII: der neue Spitzname der Mme Verdurin für Elstir: 31, *39*

Tiepolo, Giambattista (1696–1770): venezian. Maler und Graveur, dessen Gemälde sich durch feinste farbliche Abstufungen auszeichnen, insbes. in den helleren Tönen. Sein berühmtes Rosa gemahnt an das von Wolken im frühen Sonnenuntergang.

– II: Mme Swann trägt Hauskleider im Rosa T.s: *157*

– IV: die Herzogin von Guermantes erscheint in einem wunderbaren, T.-roten Abendmantel: 90

– V: sein spezifisches Rosa: *538*

Tiger des sel. Baudenord (eigtl.: Beaudenord): Figur in Balzacs *Die Geheimnisse der Prinzessin von Cadignan* und *Das Haus Nucingen*. Mit dem »tigre de feu Beaudenord« ist dessen Diener Toby gemeint.

– I: ein Diener auf dem Bock von Mme Swanns Kutsche erinnert M an den T.: *573*

Tino: *s.* Konstantin.

Tintoretto: Jacopo Robusti, gen. »(il) Tintoretto« (1518–94): ital. Maler.

– I: du Boulbon ähnelt einem Porträt von T.: 308

Tir aux Pigeons: vornehmer Sportclub zwischen der Allée des Acacias und der Porte de Madrid.

– I: Mme Swann lässt dort anhalten: *574*; der Erzähler geht im Bois bis zum T.: 581

Tiresias: blinder thebanischer Seher der griech. Mythologie und der griech. Tragödien.

– III: Françoise spricht in dunklen Andeutungen wie T.: *486*

Tissot, James (1836–1902): frz. Maler.

– V: sein Gemälde des *Balcon du Cercle de la Rue Royale*: *268*

Tizian: Tiziano Vecellio (1477–1576); ital. Maler, der vor allem in Venedig und Rom wirkte; Schüler Bellinis, Mitarbeiter Giorgiones.
– I: M macht sich seine Vorstellungen von Venedig nach einer Zeichnung T.s: *61*; M träumt von Venedig als dem Wohnort T.s: 536
– II: M würde gern die T.s in der Frari-Kirche sehen: 20; Ms Vater möchte in Toledo die Werke eines Schülers T.s besichtigen: *375*
– V: M erinnert sich an die Stiche von T., die er als Kind besaß: *538*
– VI: ihre Schönheit macht die venezian. Glaswarenverkäuferin zu einem wahren T.: 320
– VII: hat Barrès zufolge seinem Vaterland Ruhm gebracht: *279*
Tobias: biblische Gestalt; zum Text vgl. insbes. Tobias 11. Prousts besaßen das Gemälde *Tobias und der Engel* von Govaert Flinck (1615–60).
– IV: Charlus will der Raphael für den T. Morel sein: *656*
– V: Charlus bittet den Erzengel Raphael, ihm Morel zurückzuführen wie den jungen T.: *440*
Tobolsk: Stadt in Sibirien.
– VII: man setzt ein schlaues Gesicht auf, wenn die Rede auf T. kommt: *22*
*Tochter der »Marquise aus besserem Hause«.
– II: hat gerade geheiratet: 92
*Tochter des Prinzen von Guermantes: wohl irrtümlich statt »Nichte« (Guermantes-Brissac; *s.* diese).
– VI: Saint-Loups Plan, sie zu heiraten: 41
*Tochter des Zeichenlehrers von Marcels Großmutter.
– II: ihre schönen Haare: 588
*Tochter protestantischer Cousins der Madame Sazerat.
– V: der Pfarrer von Combray hat sie zum Katholizismus bekehrt: 15
*Tochter von Jupien: wohl irrtümlich statt »Nichte«; *s.* Jupien, Marie-Antoinette.
– VI: die große Anzahl von Verwandten in ihrer Todesanzeige: 363 f.
Tochter von Sigebert: Ingund (567–585), gest. in Karthago.
– I: ihr Grab befindet sich in der Krypta der Kirche von Combray: *90*
Toledo: maurisch und gotisch geprägte Stadt in Spanien, mit bedeutendem Greco-Museum. In der Kirche Santo Tomé hängt El Grecos *Die Beerdigung des Grafen Orgaz*, in dem der Maler sich selbst, seinen Sohn und einen Förderer unter den Trauergästen abbildet.
– II: Ms Vater möchte in T. die Werke eines Schülers Tizians besichtigen: *375*

Tolstoi, Leo (1828–1910): russ. Schriftsteller, insbes. Autor des Romans *Krieg und Frieden*, der in G erwähnt wird.
- II: Bergotte verabscheut T.: *178*
- III: ist Gesprächsthema im »Vorstadtrestaurant«: *374*; der Großfürst von Russland will ihn anscheinend umbringen lassen: *602* f.
- IV: für Renée de Cambremer ist ein Muschik von T. die äußerste soziale Grenze, bis zu der sie einen Künstler gehen lassen würde: *447*
- V: eines Tages wird man auch ihn nicht mehr bewundern: 358; hat vieles von Dostojewski nachgeahmt: 520

Tortoni: Café am Boulevard des Italiens / Rue Taitbout, gegr. 1798, geschlossen 1893. Tortonis Café wird schon in Stendhals *Le Rouge et le noir* erwähnt (Kap. 16).
- I: Swann sucht im T. nach Odette: *320*

Tossizza, Barone von: griech. Kaufmannsfamilie aus Ägypten, in Italien geadelt, zum Teil in Paris ansässig.
- VII: einst tonangebend in der Pariser Gesellschaft, heute verschwunden: *374*

Toulouse (Haus): zur erzählten Zeit erloschen; Ende des 19. Jh.s existierte noch die Nebenlinie Toulouse-Lautrec.
- III: Monsieur Thirion hat geschwankt, ob er sich nicht den Namen de Montmorency anmaßen sollte: *396*

Toulouse, Graf von (1678–1737): Louis Alexandre de Bourbon, unehelicher Sohn Ludwigs XIV. mit Madame de Montespan ; ging 1723 eine Liebesheirat mit der Herzogin Marie-Victoire-Sophie de Noailles ein.
- IV: laut Charlus sind die Noailles passabler Adel, trotz des Grafen von T.: *678*

Tour d'Argent, La: berühmtes Restaurant am Quai de la Tournelle; noch in Betrieb.
- II: die Entfernung vom Grand-Hôtel Balbec zu ihrem bevorzugten Restaurant ist für die »Vier Genießer« kaum verschieden von ihrem Weg von ihrer Pariser Wohnung zur T.: *349*

Tour Élisabeth: vermutl. fiktive Villa in Infreville.
- IV: Albertine will dort zu Ms Schrecken eine Dame besuchen: 349

Touraine: historische Provinz, der »Garten Frankreichs«, mit der Hauptstadt Tours.
- V: Albertine will vielleicht zu ihrer Tante in der T. gehen: *488*

– VI: hoffentlich ist Albertine in die T. zu ihrer Tante gefahren: 25 f.; Saint-Loup wird in die T. geschickt, um Albertine nachzuforschen: 32, 40, 82–87; Albertines Tod in der T.: *89–92*; Aimée stellt Nachforschungen über Albertines Umtriebe in der T. an: 154–157

*Toureuil, Präsident: war bei Madame Bontemps zum Essen.

– IV: erzählte Ms Mutter, dass eine Ehe zwischen M und Albertine der Traum von Mme Bontemps sei: *451*

Tours (Stadt).

– VI: der Name scheint jetzt eine giftige Substanz zu enthalten: 180

Tours, Erzbischof von: Albert Nègre (1853–1931), Bischof von Tulle, ab 1913 Erzbischof von Tours.

– IV: einer der Brüder von Marie und Céleste hat eine Nichte des Erzbischofs geheiratet: *341*

Tours, Nichte des Erzbischofs von: Proust hat ein Gedicht auf sie verfasst: »Grande, fine, belle et maigre, / Tantôt lasse, tantôt allègre, / Charmant les princes comme la pègre, / Lançant à Marcel un mot aigre, / Lui rendant pour le miel le vinaigre, / Spirituelle, agile, intègre, / Telle est la nièce de Nègre.«

– IV: einer der Brüder von Marie und Céleste Gineste hat sie geheiratet: *341*

*Tours, Vizegräfin von, geb. Lamarzelle: im *Tout-Paris* nicht verzeichnet; auch der *Annuaire des châteaux* kennt nur Barone von Tours.

– III: Gast im Salon der Prinzessin von Épinay; fällt dem Herzog von Guermantes angenehm auf: *623* f.

Tourville, Anne-Hilarion de Cotentin, Comte de (1642–1701): Admiral, der sich in zahlreichen Kriegen gegen die Türken (Kreta), Mauren (Algier) und Engländer (Tingmouth) auszeichnete. Tourville wurde zwar in der Manche geboren, sein Grab befindet sich jedoch auf dem Friedhof von Saint-Eustache in Paris.

– II: in der Kirche von Balbec kann man das Grab von T. besichtigen: 54

Tourville: Ort in der Nähe von Balbec; viermal in der Normandie vertreten.

– IV: einer der Orte, die man leicht mit dem Auto erreicht: *548*; Brichots Etymologie: 690

Toutainville: Station der Lokalbahn von Balbec; auch Ort im Dép. Eure, etwa 30 km von Le Havre.

– IV: M hofft, dass die vermeintliche Puffmutter in T. aussteigt: *357*

Townshend, Generalmajor Sir Charles (1861–1924): Kommandeur der brit. Truppen in Mesopotamien.
– VII: schon vor T. begab man sich nach Basra, um sich einzuschiffen: 411
*Trania, Prinzessin von.
– VII: besuchte Odette während ihrer Zeit der Freundschaft mit der Herzogin von Guermantes: 458
Trémouaille.
– I: Brichots falsche Aussprache des Namens »Trémouïlle«: 360
*Tresmes, Dorothée de: Cousine des Herzogs von Guermantes, Schwester von Madame de Plassac.
– III: besucht den Herzog von Guermantes mit Nachrichten über die Gesundheit des Vetters Amanien d'Osmond: 768, 771
– IV: informiert den Herzog von Guermantes vom Tod seines Cousins Amanien: 177
Trianon: die Trianons, zwei von Ludwig XIV. (Grand Trianon) bzw. Ludwig XV. (Petit Trianon) erbaute Lustschlösschen im Park von Versailles.
– I: der Erzähler ist im Bois auf dem Weg zum T.: 577; die Schönheit der Flieder des T.: *580*
– VI: Liebesspiele zwischen Andrée und Albertine in der Grotte des Petit T.: 275
Triest: Stadt in Norditalien.
– IV: Albertine hat ihre schönsten Jahre dort verbracht: *711*; Albertine will mit der Freundin von Mlle Vinteuil in die »verfluchte Stadt« T. reisen: 717, 719 f.
Trocadéro, Le: Gebäude auf dem gleichnamigen Hügel an der Seine im Pariser Stadtteil Passy, von Davioud und Bourdais für die Weltausstellung 1878 errichtet; nach der Weltausstellung als Konzertsaal und Museum genutzt (1937 abgerissen).
– II: M findet das T. stilvoller als Gabriels Paläste: *87*
– V: M überredet Albertine, zu einer Matinee im T. statt zu den Verdurins zu gehen: 140, 158; Léa soll dort auftreten: 192; Albertine könnte dort Léas Freundinnen treffen: 194–198; M lässt Albertine von Françoise zurückholen: 202–208; Albertine kennt den Architekten des T.: 223 f.
– VI: Erinnerungen an den Tag, an dem Albertine im T. war und sich hatte nach Hause beordern lassen: 102–104; 205
– VII: die Türme des T.: 24, 101

Trocaderomuseum: »Musée des Monuments Français« im Palais de Chaillot an der Place du Trocadéro; eine Sammlung von Kopien frz. Architekturteile, Glasmalereien und Fresken vom Mittelalter bis zur Neuzeit.

– II: M hat die Abgüsse der Apostelfiguren der Kirche von Balbec im T. gesehen: *318*

Troizen: Stadtstaat im antiken Griechenland, Schauplatz der *Phädra*.

– II: Bergotte charakterisiert Phädra als »Prinzessin von Troizen und von Kleve«: *23*

*Trombert, Madame.

– II: zu Besuch bei Mme Swann: *112*; Ms Mutter mokiert sich über die T.: 123; hat einen zu großen Hut: 244

Tschudi, Hugo von (1851–1911): Direktor der Nationalgalerie Berlin.

– IV: der Kaiser hat ihn gezwungen, die Gemälde von Elstir aus den Museen zu entfernen: 478

*Türsteher bei der Prinzessin von Guermantes, gen. »Kläffer«.

– IV: kündigt erst den Prinzen von Châtellerault an und dann M: 52, 55 f.

*Türsteher der Prinzessin von Parma.

– VI: hat ihr vermutl. nach einem Empfang mitgeteilt, dass Ms Mutter anwesend war: 282

Turenne d'Aynac, Graf Gabriel-Louis von (1843–1907): Mitglied des Freundeskreises um Ch. Haas und damit des weiteren Bekanntenkreises Prousts.

– III: Delion stellt für ihn spezielle Zylinder her: *776*

– IV: dient bei Mme Swann als Truchsess und Mundschenk: *205*

Turner, Joseph Mallord William (1775–1851): brit. Maler, einer der führenden Vertreter der Romantik und Vorläufer des Impressionismus.

– I: Ms Großmutter schenkt ihm eine Fotografie eines Bildes von T. mit dem Vesuv: *61*

– III: im Regenbogen von T. im Haus Charlus': 753; Ms Vergnügen daran, in einer Landschaft von T. einen Reisenden in einer Postkutsche zu entdecken: 768

– IV: teilweise von Poussin vorweggenommen: *296*

– VI: das Wasser von Venedig weiß nichts von T.: 336

Twickenham: Ort bei London und seit der Flucht des frz. Königs Louis-Philippe, seiner Familie und seiner Anhänger nach der Revolution von 1848 das bevorzugte Exil unliebsam gewordener frz. Aristokraten.

– I: Swann trägt womöglich einen Brief aus T. in der Tasche: *31*

– VII: Swann erinnerte sich sehr gut seiner Einladungen nach T: 385 f.

Ulm: Schauplatz des Sieges (20. 10. 1805) der napoleonischen Truppen über die österreichischen im dritten Koalitionskrieg.

– III: die Schlacht eine Art Blaupause für zukünftige Schlachten: 148; Mack wurde dort vom Norden her eingekesselt: 153

– IV: laut Brichot benannt nach der Ulme (lat. *ulmus*): 457

– VII: Lüleburgaz ist abermals U.: *18*

Undine: Wasserfee, die eine unsterbliche Seele nur durch die Liebe eines Menschenmannes erlangen kann; Friedrich de La Motte-Fouqué fasste die dt. Variante der Sage in die seinerzeit äußerst populäre, romantisch-naturphilosophische Novelle *Undine* (1811; frz. Übers. vor 1832; Vertonungen von E. T. A. Hoffmann 1816, Lortzing 1845).

– II: Gilberte entschlüpft M wie eine U.: *89*

Ungarn, Königin von: Kaiserin Elisabeth von Österreich-Ungarn (1837–98).

– IV: eine Tante der Herzogin von Guermantes: 485 f.

Union: Cercle de l'Union, exklusiver Klub am Boulevard de la Madeleine. 1905 bemühte sich Proust um die Aufnahme, wurde jedoch abgewiesen, vermutl. wegen seiner halbjüdischen Abkunft.

– III: der Herzog von Guermantes ist nur im U.- und im Jockey-Club: *319*

*Urgroßvater des Erzählers: Vater des Großvaters mütterlicherseits.

– IV: Mme Verdurin erzählt verächtlich von seinem exorbitanten Geiz: 428

Uxelles: Gemeint ist sicherlich Nicolas de Laye du Blé, Marquis d'Huxelles; *s.* Huxelles, Nicolas de Laye du Blé, Marquis d'.

Uzès (Familie): alte frz. Familie, die auf das 11. Jh. zurückgeht. Die Vizegrafschaft, ab dem 16. Jh. Herzogtum, Uzès gehört seit dem 15. Jh. zum Haus Crussol. Die Herzöge von Uzès waren Erste Pairs des Königreichs.

– IV: die Herzoginnen von U. verkehren im Salon der Mme de Saint-Euverte: 102; Renée de Cambremer spricht sie »Uzai« aus: 299; laut Charlus nicht alt und weit unter den Guermantes angesiedelt: 677

Uzès, Herzog von: vermutl. Louis-Emmanuel de Crussol (1871–1943), 14. Herzog von Uzès ab 1893, Leutnant des 18. Jägerregiments.

– II: hat Saint-Loup als Sekundant gedient: *413*

– III: man sieht ihn mit Saint-Loup im Café: *122*; die Mutter eines Vetters der Herzogin von Guermantes war eine d'U.: 716

Vacquerie, Auguste (1819–95): Schriftsteller und Freund Victor Hugos.

– V: Hugo umgibt sich im Alter nur noch mit Gefolgsleuten wie V.: 393

Val Richer: Abtei zwischen Lisieux und Cambremer (Calvados), die ein Freund des Herzogs von Broglie und Minister Louis-Philippes, François Guizot (1787–1874), zu seinem Wohnsitz ausgebaut hatte.
– III: Mme de Villeparisis hat mit Fr. Schlegel eine Kutschfahrt dorthin unternommen: *370*
*Valcourt, Édith de: Gast bei der Soiree Verdurin.
– V: Mme de Mortemart wird sie nicht zu ihrer eigenen Soiree einladen: 364 f.
Valentinois: altes frz. Herzogtum. Der Titel eines »Duc de Valentinois« fiel 1692 an die Prinzen von Monaco und wurde von Louis II für Charlotte, die Gattin von Pierre de Polignac, wiedererrichtet.
– VII: die Gattin von Léonor de Cambremer ist in Wirklichkeit keine V.: 381
Valérien, Mont: kleiner Berg bei Paris, der im Krieg 1870/71 eine strategische Rolle spielte.
– III: der Übergang vom angelegten Park des Bois zu den natürlichen Höhen des Mont V.: 519
Vallée-aux-Loups: Gut René Chateaubriands, bei Sceaux (Dép. Hauts-de-Seine).
– IV: Chateaubriand ging dort laut Brichot »aufs Hoffärtigste den Aufgaben eines Pontifikats ohne jede Nachsicht« nach: *627*
*Vallenères, Monsieur: Archivar der Madame de Villeparisis.
– III: sichtet mit Mme de Villeparisis Dokumente für ihre Memoiren: 254, 258–260; hilft ihr bei der Verwaltung ihrer Liegenschaften: 288 f.; Nationalist und Dreyfus-Gegner: 295 f., 318; spielt Hausmädchen: 310; erklärt das Wort »Mentalität«: 318; warnt Mme de Villeparisis vor einem bevorstehenden Klassenkampf; sein Einfluss auf sie: 333–335
Valmy: Ort einer Schlacht in den napoleonischen Kriegen.
– VII: Roussainville und Méséglise sind mit dem gleichen Recht zu Ruhm gelangt wie V.: *91*
Valois, Chevalier de: Figur aus Balzacs *La Vieille Fille* (1836; dt. *Die alte Jungfer*).
– IV: die Nase Swanns gleicht eher der eines alten Hebräers als der eines bemerkenswerten V.: *129*
Valois, Philippe de: *s.* Philippe VI.
Vanna (d. i. Giovanna Tornabuoni): Gestalt in Botticellis *Venus und die drei Grazien beschenken ein junges Mädchen* (1483, Louvre).

– I: Swann würde gern tiefer in das Geheimnis der Vanna von Botticelli eindringen: *431*
*Varambon, Madame de: Ehrendame der Prinzessin von Parma.
– III: zu Gast bei der Herzogin von Guermantes: *668*; sollte nicht so viele Trankopfer darbringen: 670; nervt die Prinzessin mit ihrer Dümmlichkeit: 730 f.; »man hat Salz gestreut«: 732 f.
– VII: die Herzogin von Guermantes erzählt über sie eine Anekdote: 447 f.
Vast de Berold: vermutl. fiktiver Ort.
– IV: Brichots Etymologie: *399*
Vast de Setold: vermutl. fiktiver Ort.
– IV: Brichots Etymologie: *399*
Vatel, François (1631–71): Chefkoch des Grand Condé; idiomatisch für »Meisterkoch«.
– II: Norpois lobt Françoise als einen V.: 45; Mme Cottard hat ihren V. wegschicken müssen: 234
Vatel: Restaurant-Kette der gehobenen Kategorie.
– V: Albertine hat bei V. gegessen, und nicht im Hôtel des Réservoires: 174 f.
*Vater des Erzählers.
– I: seine Schwäche für Meteorologie: 20 f., 38, 230, 537; verärgert über das Gutenacht-Ritual: 23, 42; verärgert über die Intervention seiner Frau zugunsten von Swanns Tochter: 36 f.; achtet nicht sehr auf Vertragstreue: 43; Gespräche nach Swanns Besuch: 52–54; seine unerwartete Nachsicht, seine Ähnlichkeit mit dem Abraham von Gozzoli: 55–58; ist fassungslos über die Bücherwahl der Großmutter für M: 59; entdeckt bei der Anreise als erster den Glockenturm: 91; liebt Crème au chocolat: 103; über die Freundinnen von Onkel Adolphe: 108; M ähnelt ihm nach Meinung von Onkel Adolphe: 110; die Dame in Rosa findet ihn exquisit: 112; hat Streit mit Onkel Adolphe: 115; ist verärgert über Bloch: 131; sieht Hindernisse im Umgang mit den Swanns: 141; Besucher des Vaters sind ratlos wegen des »schiefen Samstags«: 157; zwingt die Familie zu langen Wanderungen: 160; sein Stolz auf seinen Orientierungssinn: 161; über den Zwischenfall mit Legrandin: 167 f., 170, 174; erneuter Zwischenfall mit Legrandin: 175, 177; er treibt Legrandin mit dem Wunsch nach einer Empfehlung in die Enge: 181–185; über die Seiten von Méséglise und von Guermantes: 188; bei Swanns Grundstück: 190–192, 197; M versucht ihn dazu zu bringen, über Swann und sein

Haus zu sprechen: 201, 565, 567–569; zerschlägt Spinnfäden mit dem Spazierstock: 204; Ms Erinnerung an den Besuch des V.s bei Vinteuil: 222, 226; seine weitreichenden Beziehungen: 240; plant Reisen für M nach Florenz und Venedig: 533, 537f.; M erinnert sich an ihn im Garten bei Swanns Besuch: 558
– II: findet Swann unerträglich: 7; seine kollegiale Freundschaft mit Norpois: 12–17; seine Auffassung über Ms Karriere: 18f.; erlaubt M, die Berma zu sehen: 24–26; stellt M Monsieur Norpois vor: 35; erfreut über Norpois' Karriere-Empfehlungen für M: 38; seine Anlagestrategien: 39f.; weiter im Tischgespräch mit Norpois über Politik und Theater: 41–46, 51–54; über die Swanns: 63; über Bergotte: 65, 67f.; über die Zeitungsnotiz über die Berma: 75; seine gewandelte Meinung über Ms Karriere: 77f.; über Norpois: 78f.; über Pariser Restaurants: 82; kennt die Häuser in Swanns Gegend: 110; wundert sich über die Freundschaft der Mme Swann mit Mme Cottard: 123; findet »Christmas« absolut lächerlich: 139; soll sich auf Ms Drängen Karten mit »Mr.« drucken lassen: 165; über Bergotte: 202–204; kennt einen Händler für Chinoiserien: 270; M weigert sich, ihn zu einem Diner zu begleiten: 274; plant Reise mit Norpois nach Spanien: 300–303; Mme de Villeparisis weiß alles über seine Reise: 375; seine Naivität: 696
– III: seine Vorliebe für Toast erbittert Françoise: 33; sein Verhältnis zum Herzog von Guermantes: 41f., 200f.; er kandidiert für das Institut und hofft auf Norpois' Unterstützung: 201f.; Mme Sazerat schneidet ihn wegen seines Anti-Dreyfusismus: 202f.; Norpois spricht mit M über die Kandidatur des V.s: 301f.; sein Verhalten während der Krankheit der Großmutter: 454–461
– IV: erscheint M in seinen Träumen von seiner (Ms) Großmutter: 226–228, 250f.
– V: M wird ihm immer ähnlicher: 101f., 119, 142; verabscheut die Deutschen: 141; seine Kälte nur der äußerliche Ausdruck seiner Empfindsamkeit: 143
*Vater von Morel: Kammerdiener von Onkel Adolphe.
– III: hat seine Sicht der Familie Ms an seinen Sohn weitergegeben: 355
*Vatry, Baron von: Mieter von Onkel Adolphe. Evtl. denkt Proust an Marc Joseph Edgard Bourdon, Baron de Vatry (1828–91), Kavallerie-Hauptmann, Clausewitz-Übersetzer und Offizier der Ehrenlegion.

– IV: raucht jeden Tag eine Zigarre mit Onkel Adolphe: *634*

*Vaudémont, Marquis Maurice von: Gast im Grand-Hôtel Balbec, Mitglied der »Viererbande« in Balbec, Liebhaber der Schauspielerin am Odéon.

– II: seine Geliebte hat sich ihm zuliebe etwas Bildung zugelegt: 347; lädt M zum Essen ein: *712* f.

– V: M und Charlus diskutieren seine Homosexualität: 417

– VII: hat versucht, mit dem Liftboy des Grand-Hôtel Balbec anzubändeln: 79

*Vaugoubert, Madame de.

– IV: ihr maskulines Auftreten und ihre beträchtliche Intelligenz: 68–70

– V: verursacht unwissentlich die Demissionierung ihres Mannes: 332 f.

*Vaugoubert, Marquis von: frz. Botschafter am Hof Theodosius' II.

– II: Norpois hält große Stücke auf ihn: *48* f.; sein diplomatischer Erfolg: 51 f.

– IV: teilt Charlus' Neigungen: 63 f.; zwar ein mittelmäßiger Geist, aber dennoch einer der besten Repräsentanten Frankreichs im Ausland: 64–66; stellt M seiner Frau und der Prinzessin von Guermantes vor: 67; Gespräche zwischen Charlus und V. über Männer: 93–96, 107 f.; seine übergroße Höflichkeit: 110 f.

– V: tuschelt mit Charlus über homosexuelle Affären: 57; wurde wegen eines Fauxpas seiner Gattin demissioniert: 332 f.

– VII: sein Schmerz über seinen gefallenen Sohn: 88 f.

Vaulabelle, Achille Tenaille de (1799–1879): Journalist, Historiker, Politiker, Autor des Standardwerks *Histoire des deux Restaurations* (Paris 1846, 8 Bde.) über die Zeit 1813–30.

– I: die Dame in Rosa sieht in M einen zukünftigen V.: *114*

– III: Onkel Adolphe meinte, aus M werde einmal ein V.: 357

Vauquois: Kriegsschauplatz im Ersten Weltkrieg bei Verdun.

– VII: die Thermopylen oder Austerlitz sind Brichot zufolge nichts gegen die Schlacht von V.: *125*

Velasquez: Diego Rodríguez de Silva y Velázquez (1599–1660); span. Maler von Volksszenen, Stillleben und Porträts der Familie Philipps IV. und dessen Hofs. Der Name tritt in verschiedenen Schreibungen auf; hier wurde jener Variante der Vorzug gegeben, mit der er selbst signierte.

– II: das Porträt der Herzogin von Guermantes von Carrière ist so schön wie ein V.: *449*; Charlus besitzt Porträts von V.: 451

– III: seine *Lanzen*: 744; der »Velasques« des Herzogs von Guermantes: 774, 777 f.
– V: Albertines Frisur erinnert an die einer Infantin von V.: *507*
*Vélude, Vizegräfin von: Schwester der Gräfin von Montpeyroux.
– III: wird wegen ihrer Leibesfülle »Püppchen« genannt: *582*
Vendôme, Herzog (1) und Herzogin von: zur erzählten Zeit in SJM Emmanuel d'Orléans (1872–1931), verh. mit Sophie-Charlotte von Bayern, einer Schwester der Kaiserin Elisabeth von Österreich (»Sisi«) und der Königin Beider Sizilien (»die Heldin von Gaëta«; hier im Text: Königin von Neapel).
– II: Swann lädt sie zusammen mit den Cottards zum Diner ein: 131–133
Vendôme, Herzog (2) von: in G Louis-Joseph (1654–1712), General unter Ludwig XIV.
– V: Charlus über seine Homosexualität: *411* f.
Venedig: Stadt in Norditalien.
– II: Tizians und Carpaccios in V.: 20; M wünscht sich sich eine Reise nach V.: 23, 162, 428, 611; über den Markusdom: 144; eine Reise nach V. ist für M nicht möglich: 284 f.; Blochs englische Aussprache des Namens: 428; V. in einem Gedicht Mussets: 467; Carpaccios kleines V. inmitten des anderen: 641 f.
– III: M tagträumt von V.: 190 f.; vorgreifende Erinnerung an V.: 194; Tüllvorhänge von der Zartheit und Sprödigkeit venezian. Gläser: 469 f.; fotografische Ansichten von V.: 492; ähnliche Ausblicke in V. wie in Paris: 767; Swann ist mit Mme de Montmorency in V. gewesen: 796
– IV: Renée de Cambremer verabscheut den Canal Grande: 291; M war nie dort: 670
– V: M sehnt sich nach V.: 33, 143, 225–*228*, 235; die Fortuny-Kleider beschwören das V. der Dogen herauf: 504–506; Träume von V. im Frühjahr: 562–565
– VI: Maman nimmt M für einige Wochen nach V. mit; erste Eindrücke von der Stadt: *296*–300; Rundgang mit Maman; San Marco: *304* f.; die Bleikammern: *318*; Carpaccio und Fortuny: *328* f.; ein desorientierender Abendspaziergang: 334 f.; ein Sänger singt »O sole mio«; M sieht plötzlich V. entzaubert: *336*
– VII: Mme Verdurin besucht V. während des Kriegs: 49; Ms unbefriedigende »Momentaufnahmen« von V.: 246, 249, 252, 254, 260, 262

Venizelos, Eleutherios (1864–1936): griech. Premierminister während des Ersten Weltkriegs.
– VII: Brichot sieht V.s Stunde noch kommen: *135*

Venus: röm. Göttin der Liebe und der Schönheit.
– I: Swann würde gern tiefer in das Geheimnis der V. von Botticelli eindringen: *431*
– V: Maler lassen Mädchen aus dem Volk für V. Modell stehen: 222; jedes Ladenmädchen erscheint M als eine dienstfertige V.: 224
– VI: ist das Verlangen Jupiters: 187; die Literatur der Zeitungsberichte ist eine kollektive V., von der man nur ein verstümmeltes Glied besitzt: 220

Venus Androgyne: offenbar in Parallele zu »Venus Anadyomene« (›die schaumgeborene Venus‹) gebildet.
– IV: Charlus steht ganz unter dem Einfluss ihres Durchgangs (in Gestalt von Morel): *444*

Vercingetorix (72–46 v. Chr.): Anführer eines gallischen Aufstandes gegen Rom.
– I: Oriane würde ihn nicht als dreizehnten zu Tisch laden: *466*

*Verdurin (Eheleute): wohlhabendes Ehepaar, das sich als Kunst-Mäzene geriert.
– I: ihr Salon, der »kleine Clan«: S. *261*–264; Ms Großvater kennt die V.s von früher: 276 f.; Salongespräche: 282–287; Aufführung der Sonate: 293–298; Swann lässt zu ihrem Verdruss seine Verbindungen durchblicken: 300 f.; fördern die Beziehung zwischen Swann und Odette: 313–317; ihr Salon ein Treffpunkt für Swann und Odette: 324, 326, 329, 367, 370, 500; Swann beginnt, sie zu schätzen: 341–343, 345; sie geben ein Essen mit u. a. Forcheville und Brichot: 346–353, 355 f., 358 f., 361–364; sie verurteilen Swann: 365 f.; sie fördern Odettes Beziehung zu Forcheville: 370–373, 381; ihr Diner im Bois: 390–394, 506; Swann wütet in seinem Herzen gegen sie: 395 f., 413 f.; sie veranstalten Ausflüge mit Odette ohne Swann: 396–398, 401–406; Odette will sie in Bayreuth bewirten: 417; Swann wendet sich von ihnen ab: 428; Swann denkt wehmütig an die guten Zeiten bei ihnen zurück: 475, 479 f.; ihr Pianist überschlug immer eine Stelle aus der Sonate: 482; Swann verdächtigt sie, den anonymen Brief geschrieben zu haben: 492; sie machen eine Kreuzfahrt mit Odette, Forcheville, dem Maler und den Cottards: 513; Mme Cottard erzählt Swann von Odettes Verhalten auf dieser Kreuzfahrt: 515–517

*Verdurin, Madame: Sidonie Verdurin, geb. Les Beaux, in zweiter Ehe Herzogin von Duras, in dritter Ehe Prinzessin von Guermantes.
– I: ist über Cottard ernüchtert: 279; ihre Heiterkeitsausbrüche: 284; ihre Reaktion auf Musik: 285; ihr Spitzname »Padrona«: 286; Odette hat sie belogen: 331, 386, 510; Odette ist für sie »nicht aus Marmor«: 495–497; Swann träumt von ihr: 519 f.
– II: rivalisiert mit dem Salon Odettes: 238–247; hat elektrisches Licht in ihrem Haus installiert: 247 f.; M hat Mme V. erobert: 249; M verfolgt sie versehentlich in Paris: 392
– III: ihr latenter Antisemitismus kommt durch die Dreyfus-Affäre zum Ausbruch: 340; gebärdet sich als wildgewordene Radikale: 781
– IV: erfolgreiche Entwicklung ihres Salons; in der Proszeniumsloge bei den »Russen«: 202 f.; ihr kleiner Kreis ein Zentrum des Dreyfusismus: 203 f., 207; hat La Raspelière von den Cambremers gemietet: 214 f., 287; erwartet die Baronin Putbus zu Besuch: 217; erwartet den Besuch Ms: 330; EIN MITTWOCHABEND IN LA RASPELIÈRE (354–518): ihre »Mittwoche«: 354–357; behütet eifersüchtig den kleinen Clan; sät Zwietracht zwischen Brichot und dessen Wäscherin: 371 f.; ihr Salon wird gesellschaftsfähig und entwickelt sich zu einem Tempel der neuen Musik: 373–375; ihr neuer Vorzeigekünstler Ski: 377 f.; ihre neue Busenfreundin, die Prinzessin Sherbatoff: 380–386; ihr neuer Lieblingsviolinist Morel hat sie versetzt: 393; ihre zwiespältige Haltung gegenüber den Cambremers: 393–396; ihre Reaktion auf den Tod ihres einstigen Pianisten Dechambre: 406–410; der ewige Bund zwischen ihr und ihrem Mann: 414; erklärt M die Reize von La Raspelière: 421 f.; Auswirkungen des Musikhörens auf ihr Gesicht: 422 f., 494 f.; empfängt Charlus: 425; M schwindelt ihr auf Morels Wunsch hin etwas über die Stellung von Morels Vater vor: 427 f.; erzählt eine Anekdote über Ms Urgroßvater: 428; die Veränderungen, die sie in La Raspelière vorgenommen hat: 438–440; ist beeindruckt von Mme Molé und verleiht ihr eine Adelspartikel: 462 f., 506; macht Elstir schlecht und zieht ihm Helleu und Ski vor: 466–469; zeigt M Elstirs Blumengemälde: 470 f.; die Cambremers kritisieren die Veränderungen, die sie in La Raspelière vorgenommen hat: 474–476; macht Brichot schlecht: 480–484; macht Saniette schlecht: 484 f.; ihre neue Technik, ihr Vergnügen zu demonstrieren: 489; versucht, Charlus für den kleinen Clan zu keilen, und unterdrückt ihren Antiklerikalismus: 491 f.; rühmt Cottard: 499 f.; erstes

Scharmützel mit Charlus: 506f.; versucht, M von den Cambremers fernzuhalten und an den Clan zu binden; macht die Cambremers schlecht: 507–511; macht Swann schlecht: 511; verhöhnt Saniette: 514f.; ermutigt beim Abschied Saniette, wiederzukommen: 518. Ms Überraschungsbesuch mit Albertine: 549; sie kennt sich in der Gegend besser aus als die Cambremers: 551; ihre Montagstees; ihre Gastfreundschaft, ihre Ausfahrten: 553–555; sie versucht, sich an M und Albertine zu hängen: 556–558; toleriert die Beziehung zwischen Charlus und Morel: 605; Charlus ist zu ihrem Stammgast geworden: 606; ihre Beziehung zu den Cambremers friert ein: 675f.; nimmt Brichot ins Gebet wegen Mme de Cambremer: 680

– V: M geht zu ihrer Soiree am Quai de Conti; Brichot beschreibt M ihren früheren Salon: 265f., 271–273; beschließt, einen Keil zwischen Morel und Charlus zu treiben: 310–318; ihre Liebe zur Kunst, insbes. den Ballets Russes: 319–321; ihre gefühlskalte Reaktion auf den Tod der Prinzessin Sherbatoff: 322f.; nimmt Rhino-Goménol als Gegengift gegen Vinteuils Musik: 325; die Unhöflichkeit von Charlus' Gästen ihr gegenüber, mit Ausnahme der Königin von Neapel: 331–335, 360–371; ihre Art, der Musik zu lauschen: 336, 339; sie kocht vor Wut über Charlus' Unverschämtheit: 370–378; überredet Brichot, sich an ihrem Rachefeldzug zu beteiligen: 379–382; ihre Verleumdungen Charlus' überzeugen Morel: 420–429; wird von der Königin von Neapel auf ihren Platz verwiesen: 435f.; unterstützt der Hilfsplan ihres Mannes für Saniette: 441–444

– VI: Brichot erscheint immer noch bei ihren Diners: 114f.; Albertine hat bei ihr Morel kennengelernt: 263; ihre Machenschaften mit Albertine hatten zum Ziel, Albertine mit Octave zusammenzuführen: 283, 289f.

– VII: ihr Salon in den Augen Goncourts: 24–35; Goncourt beschreibt sie als Fromentins »Madeleine«: 24; während des Krieges eine der »Königinnen« von Paris: 45; fährt im Krieg nach Venedig: 49; fürchtet die Langweiler nicht mehr; führt ständig das GHQ im Mund; Herzoginnen gehen bei ihr ein und aus: 52–54; versucht, Odette für ihren Salon zu keilen: 57f.; ihre Telefonate und Empfänge: 58–60; ihre Verleumdungen Charlus': 103–105; versucht, die Getreuen davon abzubringen, sich zum Kriegsdienst zu melden: 110; ihre Croissants und die *Lusitania*: 115; verspottet Brichots Artikel: 138–144; heiratet nach dem Krieg erst den Herzog von Duras und dann den Prinzen von Guermantes: *371*f.; ihr Monokel und ihre falschen Zähne: 412; ihre Reaktion auf Rachels Rezitation: 435

*Verdurin, Monsieur.

– I: seine untergeordnete Rolle: 264; sein Hustenanfall: 285, 362; sein Spitzname »Padrone«: 286

– II: ein Onkel von Octave, den Octave als »Dorfnotar« charakterisiert: 621

– IV: seine Reaktion auf den Tod Dechambres: 409, 414, 416 f.; der ewige Bund zwischen ihm und seiner Frau: 414; Saniette als sein Prügelknabe: 415 f.; macht sich über Brichot lustig: 417; seine Liebe zu La Raspelière: 422; versteht nichts von adliger Rangordnung: 437 f., 470–472; schikaniert Saniette: 460–464, 467, 493; seine unglückliche Wortwahl »dazugehören«: 471; ist stolz auf seine Freundschaft mit Cottard: 495 f.; kann Saniette nicht ertragen: 514 f.

– V: benimmt sich abscheulich gegen Saniette: 307 f.; unterstützt Mme V.s autoritäre Attitüde im Kreis der Getreuen: 310 f.; seine Reaktion auf den Tod der Prinzessin Sherbatoff: 324; putzt Saniette herunter: 359 f.; nimmt Morel beiseite, um ihn vor Charlus zu warnen: 419 f.; heißt »Gustave«: 429; seine Großzügigkeit gegenüber Saniette; seine widersprüchliche Natur: 441–444

– VII: Kunstkritiker und Autor eines Buches über Whistler: 24–27; lobt Morels Pamphlete gegen Charlus: 108; nur Elstir betrauert seinen Tod: 111

*Verdurin, Salon: *s.* Verdurin, Sidonie.

Vergil (frz.: Virgile): Publius Vergilius Maro (70–19 v. Chr.); sagenumwobener lat. Dichter (*Eklogen*), Epiker (*Aeneis*) und praktischer Landmann (*Georgica*). Der Legende nach entdeckte er die heißen Quellen von Pozzuoli (lat.: Puteoli, ›kleine Brunnen‹) und richtete dort Badeanlagen ein.

– I: nach V. würde Aristäus im Reich der Thetis mit offenen Armen empfangen: 30; Geschichten über V. sind im Portal von Saint-André-des-Champs dargestellt: *210 f.*; M muss seine Eltern einholen wie V. Dante: 236; der Erzähler sieht Frauen im Bois umherirren wie in den virgilischen Wäldchen: 584

– II: Ms Erinnerungsbild der kleinen Mädchenbande so undurchsichtig und sanft wie die Leukothea V.s: 707

– IV: Brichot spielt auf seine Vorliebe für Ulmen an: 457; war ein Freund Mäzenas': 486 f.; die eifersüchtigen Doctores von Salerno, die seine Heilbäder zerstört haben: *518*

– V: Brichot hat öfter die 2. Ekloge V.s erläutert: 275; der Dichter, der ohne V.s Geleit das Inferno zu durchschreiten hat, ist zu bedauern: 277

verheiratete Frau im Casino.

– IV: flirtet mit Blochs Cousine (Esther Lévy): 344 f.

*Verjus, Pierre de, Graf von Crécy, erster Ehemann Odettes.

– IV: verarmter Edelmann mit einer Neigung zu gutem Wein und Essen: *668–672*; sein Familienname ist Saylor: 672 f.; macht M einen Anstandsbesuch: 704 f.

– V: ein Verwandter von Charlus; trägt den Namen zu Unrecht; lebt von einer Rente Swanns: 408

*Verjus, Schwester des Grafen Pierre de.

– IV: wohnt in Grattevast: 668

Verlaine, Paul-Marie (1844–96): an Baudelaire geschulter, symbolistischer frz. Dichter, Freund Rimbauds.

– II: Ms Großmutter will ihn vor der Überfeinerung bewahren, die V. nur Leid eingebracht hat: *410*

– IV: laut Brichot ein verderblicher Einfluss: 491

– VII: die Herzogin von Guermantes bietet M an, einen V.-Rezitationsabend mit Rachel zu veranstalten: 471

*Verleger aus Paris: Compagnion: *Recherche* vermutet den Verleger Eugène Fasquelle, Tadié: *Biographie*, S. 691 den Verleger Bernard Grasset hinter diesem erst nachträglich eingefügten Porträt.

– IV: wirkt wie ein Papiermesser aus Ebenholz: *420*

Vermandois.

– III: Geschwister von Mme de Saint-Ferréol: *343*

Vermandois, »der kleine«: Louis de Bourbon, Graf von Vermandois (1667–83), ein legitimierter Sohn Ludwigs XIV. mit der Herzogin Louise de la Vallière.

– V: figuriert in Charlus' Liste der Homosexuellen am Hof Ludwigs XIV.: 411

Vermeer, Johannes, gen. »Vermeer van Delft« (1632–75): neben Rembrandt und Hals der bedeutendste holl. Maler, der allerdings erst im 19. Jh. die gebührende Anerkennung fand.

– I: Swann plant eine Studie über V.: *275*, 331; Odette befragt Swann über V.: 333; Odette will Swann zum Arbeiten an seiner Studie bringen: 410; jetzt, wo Swann Odette entsagt hat, hat er sich wieder an seine V.-Studie gemacht: 485

– II: der Name wurde Odette bald so vertraut wie der ihres Schneiders: 149

– III: der Herzog von Guermantes ist sich nicht sicher, ob er die *Ansicht von Delft* in Den Haag gesehen hat: 702
– IV: Swanns Lieblingsmaler; Charlus vergleicht ihn mit Jacquet: 152 f.
– V: Bergotte bewundert das »kleine gelbe Mauerstück« in seiner *Ansicht von Delft*: *249* f.; M hätte gern noch Swann über V. befragt: 269; seine Gemälde Fragmente ein und derselben Welt: 514 f.
– VII: die einzigartige Ausstrahlung seiner Bilder erreicht uns noch immer: 289
Verne, Jules (1828–1905): frz. Autor von utopischen Abenteuerromanen.
– I: Gilberte wird sich sein Stück *Michel Strogoff* ansehen: 559
– III: Anspielung auf seinen Roman *Zwanzigtausend Meilen unter den Meeren*: *643*
– IV: Aimé hat den gespannten Ausdruck eines Kindes, das Romane von Jules V. liest: 587
Verneuil: Ort etwa 60 km nörd. von Illiers mit einer Kirche »La Madeleine«.
– I: blei klarem Wetter kann man vom Kirchturm von Combray bis V. blicken: *150*
Vernon, Diana: Figur aus Walter Scotts Roman *Rob Roy*.
– IV: ein Jugendlicher weiß vielleicht gar nicht, ob er bei der Lektüre von Scott eher Diana V. oder Rob Roy begehrt: *38*
Verona: Stadt in Oberitalien.
– VI: bei der Abreise aus Venedig sehen M und seine Mutter V. vom Zug aus: *340*
Veronese: Paolo Caliari, gen. »Veronese« (1528–88); vorwiegend in Venedig tätiger Maler farben- und lebensfroher Großgemälde, insbes. biblischer Gastmähler. Zu seinen Festen s. insbes. die *Hochzeit zu Kana* (Louvre) und das *Gastmahl im Hause des Levi* (Accademia).
– II: der Himmel über der Gare Saint-Lazare ist so dramatisch wie ein Himmel bei V.: 299; das Profil Albertines sicherlich weniger schön als die Frauen bei V.: 587; Regatten sind für Elstir ein ebenso interessantes Motiv wie Feste für V.: *641* f.
– IV: Charlus' Vorstellungen von einem Fest ähneln denen Carpaccios: *72*; Ski stellt sich ein Stillleben von der Üppigkeit V.s vor: 468
– V: Charlus' Blick auf V.: 276
– VI: in Venedig wird der Lehre von Chardin, die M in Combray empfangen hatte, die von V. hinzugefügt: *300*

Verrückter.
– VI: hält sich für Christus: 178
Versailles: königliche Residenz bei Paris mit berühmten Gärten und Schloss (erbaut 1668 bis ca. 1698) Ludwigs XIV.
– I: Saint-Simon spricht vom Mechanismus des Lebens in V.: 167; Odette findet V. trübselig: 341
– III: Rachel hat einen kleinen Besitz in der Umgebung von V. gemietet: 164; der Blick von der Terrasse des Schlosses von V.: 520; der Garten der Prinzessin von Guermantes ist wie V. in Paris: 783
– IV: die Fontäne im Garten der Prinzessin von Guermantes lässt ihn wie ein V. in Paris wirken: 82 f.; Doncières hat zuweilen den falschen Anstrich eines V.: 692
– V: Albertine besichtigt V. mit dem Chauffeur: 174, *175–181*; M fährt mit Albertine nach V.: 552 f.
– VI: die nackten Statuen in den Büschen von V.: *160*; M erkennt den Mantel wieder, den Albertine auf der Fahrt nach V. getragen hatte: 329
– VII: 60, 190
Vézelay: Kleinstadt im Dép. Yonne (Burgund) am Jakobsweg, mit der baugeschichtlich bedeutenden romanischen Église de la Madeleine (ca. 1100–1200). Die Krypta aus dem 10. Jh. mit dem angeblichen Grab der Maria Magdalena machte Vézelay zum Zentrum des Magdalenen-Kults.
– II: der Name eine abgekürzte Bezeichnung für ihre wichtigste Kirche: *317*
*Viareggio, Prinz von: einer der Titel des Barons von Charlus.
– IV: Charlus verweist Monsieur Verdurin auf seinen Platz: *473*
Vibert, Jehan Georges (1840–1902): Maler komischer, aber auch religiöser Szenen; Begründer der Aquarellisten-Vereinigung.
– III: der Herzog von Guermantes zieht ein Aquarell von V. allen Elstirs vor: *673*; wenn man die Höhen des Namens Guermantes erklommen hat, stößt man leider auch auf Namen wie den von V.: 704
Vichy: Kurort in der Auvergne für Bade- und Trinkkuren; von Madame de Sévigné wiederholt für ihr Rheuma aufgesucht.
– III: Bloch soll in V. eine Kur für seine Gallenblase machen: 296
– IV: ist Mme Cottard zu stickig: 502; Albertine hat in V. zwei Damen aus Menton kennengelernt: *688*
– V: Albertine über V.-Wasser: 173

*Victoire: Tante des Erzählers, die nur an einer Stelle erwähnt wird, vermutl. irrtümlich statt »Flora«.
– II: Legrandins Zurückhaltung wäre nicht von ihr gewürdigt worden: *301*
*Victor (1): Kammerdiener/Butler von Marcels Familie.
– III: hat immer die neuesten Sprüche drauf: 26; hält Politiker sowieso für korrupt: 33; organisiert sich Schreibpapier aus Ms Zimmer: 34; ein überzeugter Dreyfusist: 400 f.
– V: streitet sich mit Françoise: 165 f.; hat Charlus im »pistoire« in der Rue de Bourgogne gesehen: 253
– VI: liest Françoise tendenziös abgeänderte Nachrichten aus der Zeitung vor: 77
– VII: redet von Staatsoberhäuptern mit Spitznamen (»Tino«, »Fonfonso«): 53; schikaniert Françoise mit Horrormeldungen und -visionen über den Krieg: 80–84, 211–219, 223 f.
*Victor (2): ehemaliger Page im Grand-Hôtel von Balbec.
– VII: die Geliebte des reichen jungen Mannes [Vaudémont] hat versucht, mit ihm anzubändeln: 80, *177*, 422, 443, 488
*Victor, Monsieur: Gast in Jupiens Bordell.
– VII: man wird nicht herausfinden, wer er wirklich war: *177*
*Victurnien: *s.* Surgis-le-Duc, Marquis Victurnien und Marquis Arnulphe von.
Vieuxvicq: halbfiktiver Ort unweit von Combray. Ein Ort »Vieuvicq« befindet sich in der Nähe von Illiers.
– I: der Turm von V. wechselt seinen Platz, bis er den Türmen von Martinville benachbart ist: *251*; der Turm von V. in Ms Prosagedicht: 252 f.
Vigny, Alfred Comte de (1797–1863): Dichter und Dramatiker, insbes. Autor des Romans *Cinq-Mars* und der Trilogie *Servitude et grandeur militaires* (1835; dt. *Soldatenschicksal*, 1878), deren erster Teil den Untertitel *Laurette ou Le Cachet rouge* (»Laurette oder das rote Siegel«) trägt.
– I: Swann erinnert sich an eine Zeile aus V.s *Tagebuch eines Dichters*: 504
– II: hat nach Norpois' Meinung die gleiche Unart wie Bergotte: *67*; Mme de Villeparisis zieht andere Männer V. vor: 388; M trägt Mme de Villeparisis Verse V.s über den Mond vor: 402; Mme de Villeparisis erzählt eine Anekdote über V.: 404; Mangel an Takt und Scharfsinn hat V. nicht daran gehindert zu werden, was er war: 410

– III: die orientalische Prinzessin macht ebenso schöne Verse wie V.: 142; wird von Monsieur Molé in der Académie begrüßt: 258
– IV: Motto aus *La Colère de Samson*: *7*; M zitiert für Albertine aus *La Maison du berger*: 367; Zitat aus *Éloa*, auf die Prinzessin Sherbatoff bezogen: 384
– VII: der Erzähler verwendet den Begriff der »männlichen Schamhaftigkeit« aus V.s *Servitude et grandeur militaires*: 75; manche Wörter waren schon von Größe erfüllt, bevor sich Dichter wie V. ihrer bedienten: 88
Villars, Herzog Claude Louis Hector von (1653–1734), Marschall von Frankreich.
– II: ein mäßiger Autor, der sich an Saint-Simon anlehnen möchte, könnte zur Not noch dessen erste Zeile seines Porträts von V. hinbekommen: 172
– V: Charlus über seine Homosexualität: *412*
Ville d'Avray: Ortschaft im Südwesten von Paris, nahe Versailles, im Waldgebiet der »Fausses-Reposes« gelegen, Wohnort u.a. von Balzac und Corot (vgl. dessen *Die Lichtung, Erinnerung an Ville d'Avray*, 1872, Mus. d'Orsay).
– III: M wird wegen des Schlaganfalls seiner Großmutter zu spät zu einer Verabredung in V. kommen: *416*
*Villebon, Madame de: eine Verwandte der Guermantes aus dem Zweig Courvoisier.
– III: legt Wert auf Standesunterschiede: 596 f.
Villemain, Abel (1790–1870): Literaturprofessor an der Sorbonne; agitierte als Mitglied der Akademie gegen die Aufnahme Baudelaires.
– IV: Brichot zitiert eine Redensart des verstorbenen V.: *380*
*Villemandois, Marquis von.
– VII: hatte sich einst unverschämt gegen M benommen und ist jetzt handzahm: *387*
*Villemur, Madame de.
– IV: wird bei der Soiree Guermantes dem Maler Detaille vorgestellt: 54 f.
*Villeparisis, Großvater der Madame de.
– III: der König hat ihn gebeten, Monsieur Descazes einzuladen: 257 f.
*Villeparisis, Marquise von: geb. Mademoiselle de Bouillon, Tante des Herzogs und der Herzogin von Guermantes; *s.* auch X***, Herzogin von; *s.* auch Havré, Herzogin von.

– I: eine Freundin der Großmutter: 33; M glaubt nicht, dass sie mit den Guermantes verwandt ist: 147; sie sieht für Odette wie eine Arbeiterin aus: 337
– II: Norpois spielt auf sie an: 53f.; Swann spielt auf ihre Liaison mit Norpois an: 188; logiert sich mit ihrer ganzen Dienerschaft im Grand-Hôtel Balbec ein: 343; Sarkasmen der Frauen der Honoratiorenrunde über sie: 343, 377; Wiedererkennen mit Ms Großmutter: 353; die Fiktion eines gegenseitigen Inkognito: 354–356; zufälliges Aufeinandertreffen, Wiederaufnahme der Freundschaft; ihre Liebenswürdigkeit gegenüber M und seiner Großmutter: 365–371; sie stellt M und seine Großmutter der Prinzessin von Luxemburg vor: 372–375; weiß über die Reise von Ms Vater Bescheid: 375; Ausflüge mit M und seiner Großmutter: 383–405; ihre Bewandertheit in Kunst und Literatur; ihre fortschrittlichen Ansichten: 383–388; ihre glänzende Herkunft und bedeutenden Bekanntschaften: 402–405, 407–409; kündigt den Besuch ihres Neffen (tatsächlich: Großneffe) an: 412; beklagt dessen Liaison mit einer Schauspielerin: 413; stellt M ihrem (Groß-)Neffen Saint-Loup vor: 416; stellt M und seiner Großmutter den Baron von Charlus vor, einen Guermantes: 447; dass sie mit den Guermantes verwandt ist, lässt M sie in einem ganz neuen Licht sehen: 448; Tee mit Charlus, M und seiner Großmutter in ihrem Hotelzimmer: 454–462; sie äußert sich kritisch über Mme de Sévigné: 458–460; ihre Beschwerde über das Diabolo: 683f.
– III: Nachbarin von Ms Familie: 18; lässt M um einen Besuch bitten: 42; Norpois' Besuche; er spricht über sie mit Ms Vater: 199f.; ihr *bureau d'esprit*: 200f.; IHR NACHMITTAGSEMPFANG (245–383): ihre Beziehung mit Norpois: 245–247, 294–298; ihre soziale Stellung; ihr Salon; ihre Memoiren: 245–262; ihre Blumenmalerei: 253, 273, 287f., 370f.; ihre Rivalität mit den drei »Parzen«: 262–268; der Besuch Legrandins: 268–272; sie verweist Bloch auf seinen Platz: 333f.; empfängt Mme Swann: 339–341; ihr Verhältnis zu ihrem Neffen Charlus: 360–362; über Mme Leroi: 368f.; ist alarmiert durch Charlus' Interesse an M: 382f. Charlus erklärt die Herkunft ihres Namens: 395–397; ihre Soiree; M kommt zu spät: 500, 505f., 508f., 516; der Herzog von Châtellerault hält sie für ein »schlaues Weib«: 581; ist beeinflusst vom Familiengenius der Guermantes: 594f., 605f.; »Tante Madeleine«; ihre schlechte Küche: 677; stellt Bloch der Mme de Rothschild vor: 679; die Herzogin von Guermantes

mokiert sich über eine eventuelle Ehe Norpois' mit ihr: 709 f.; »der echte Typus der großen Dame von einst«: 723
– IV: Charlus besucht sie zu ungewöhnlicher Stunde: 8–11; M unterhält sich mit ihr in der Lokalbahn, zum Ärger der Prinzessin Sherbatoff: 618 f.
– V: M erwähnt gegenüber Charlus ihren Tod: 397; ihr unvermutet glänzender gesellschaftlicher Status: 398 f.
– VI: mit Norpois in Venedig: 306–313; war in erster Ehe Herzogin von Havré, die Frau, die Mme Sazerats Vater ruiniert hat: *310*; Mme Sazerat nimmt sie in Augenschein: *311*
– VII: stirbt in gesellschaftlicher Isolation: 104; ihr Tod beschert Norpois eine zweite Jugend: 128 f.; in ihren *Nachgelassenen Erinnerungen* taucht der Name der Madame Leroi nicht auf: 383
*Villeparisis, Neffen der Marquise de.
– I: sind »des Laumes«; die Großmutter findet den einen »gewöhnlich«: *33*
*Villeparisis, Vater der Marquise de.
– II: Cyrus de Bouillon: 407
– III: Florimond de Guise: 257
Villiers: Philippe Auguste Villiers de L'Isle-Adam (1838–89), symbolistischer Dichter, der bei den Autoren des *Parnasse contemporain* großen Anklang fand; befreundet mit Baudelaire und mit Wagner; Autor der *Contes cruels*.
– II: Blochs jüngere Schwester hält ihn für eine große Nummer: *473*
Vincennes: Stadt südl. von Paris mit bedeutender Burg aus dem 12. Jh. Der Herzog von Enghien wurde in den Gräben von Vincennes erschossen.
– III: Chaix d'Est-Ange fragt den Herzog von Montmorency, ob er seinen Titel in den Gräben von V. aufgelesen habe: 794
*Vinteuil, Freundin von Mademoiselle.
– I: V. rühmt ihre musikalische Begabung: 205; ihre Liebesspiele mit V.s Tochter: 222–227; spuckt auf V.s Porträt: 227
– IV: war wie eine Mutter oder Schwester für Albertine: 711–713, 717–722, 732 f.
– V: wurde für die Probe am Nachmittag für die Soiree Verdurin erwartet, ist jedoch nicht erschienen: 300–304; M verhört Albertine, die abstreitet, besondere Beziehungen zu der Freundin von Mlle V. gehabt zu haben: 453, 457–459
*Vinteuil, Mademoiselle: Tochter des Komponisten Vinteuil.
– I: M trifft sie in der Kirche: 158; der vermutliche Geschmack ihrer Wan-

gen: 160; Dr. Percepied lästert über ihre Beziehung zu ihrer Freundin: 205 f.; ist kürzlich gestorben: 222; M beobachtet ihr Liebesspiel mit ihrer Freundin: 223–227; M macht sich Gedanken über ihren Sadismus: 227–229; die Herzogin von Guermantes sieht angeblich besser aus als sie: 246
– II: Gilberte will nichts von ihr wissen: 152
– IV: erschütternde Enthüllung über Albertines Bekanntschaft mit ihr und ihrer Freundin: 711–724
– V: wurde samt ihrer Freundin für die Probe am Nachmittag für die Soiree Verdurin erwartet, ist jedoch nicht erschienen: 300–304; M fragt Mme Verdurin und Morel über sie aus: 326 f.; ihre Verehrung für ihren Vater und ihre Reue über ihre früheren Schändungen seines Gedenkens: 353 f.; M verhört Albertine, die abstreitet, dass sie besondere Beziehungen zu ihr oder ihrer Freundin gehabt habe: 453, 457–459
– VI: die Wahrheit über die Beziehung zwischen Albertine und Mlle V. nach Darstellung von Andrée: 283–292, 294
*Vinteuil, Monsieur: Einwohner von Combray, Klavierlehrer und Komponist. Siehe auch Vinteuil, Mademoiselle.
– I: Céline trifft einen Gelehrten bei V.: 39; M trifft V. beim Marienfest: 157, 160; er würde gern seine Kompositionen hören lassen, traut sich dann aber nicht: 158–159; sein Wohnsitz Montjouvain: 205; zieht sich von der Welt zurück aus Scham über seine Tochter: 206; Swann lädt seine Tochter zu sich ein: 207–209; M macht einen Spaziergang zu V.s Haus: 216; Swann hört seine Sonate bei Mme de Saint-Euverte: 293–297; seine kleine Phrase: 302, 315, 327, 332, 474, 478, 480–482, 484
– II: Odette spielt V.s Sonate für M; Ms Überlegungen und Swanns Kommentare dazu: 142–149
– III: sein Genie als Pianist: 60 f.
– IV: das außerordentliche Prestige seines Namens: 373 f.; M erwähnt seinen Namen gegenüber Albertine: 711
– V: M spielt seine Sonate; V. und Wagner: 210–215; die Wirkung seiner Musik auf Mme Verdurin: 325 f.; sein Sextett/Septett wird bei den Verdurins zur Aufführung gebracht: 336–353; seine Tochter und ihre Freundin haben seine hinterlassenen Werke transkribiert: 353–358; Albertine spielt V.s Werke auf dem Pianola: 508–512; seine Musik ein Ausdruck des nicht Ausdrückbaren: 508–512, 520 f.

– VI: Albertine spielte M Kompositionen von V. vor: 198, 201; Albertine war fast so etwas wie ein Schützling von V. gewesen: 319

Viollet-le-Duc, Eugène (1814–79): Kunsthistoriker und Gebäude-Restaurator, dessen ›ursprüngliche‹ Zustände vielfach für unfundierte Romantisierungen angesehen wurden.

– I: Ms Phantasie ähnelt der der Schule von V.: *231*; der Kreis Verdurin gerät nach Swanns Meinung vor Werken von V. in Verzückung: 402 f.

– IV: Gebäude »aus alter Zeit« oft nur moderne Rekonstruktionen durch Schüler V.s: *390*

Viradobetski: *s.* Ski.

*Virelef, Madame de.

– VI: hat Herzog und Herzogin von Guermantes zusammen mit Gilberte in die Oper eingeladen: *233* f.

Visconti-Venosta, Emilio (1829–1914): ital. Politiker.

– VI: Monsieur Barrère hat sich mit ihm unterhalten: *314*

Vitré: Ort in der Bretagne, Dép. Ille-et-Vilaine.

– I: Station des fiktiven 1-Uhr-22-Zuges: 528, 533

Vitrolles: Eugène d'Artaud, Baron de Vitrolles (1774–1854): aktiv in der konterrevolutionären Armee des Condé, dann im Ersten Kaiserreich; später überzeugter Royalist, Sekretär des königlichen Rats unter Ludwig XVIII., Staatsrat unter Karl X.; Autor seiner *Mémoires et relations politiques*.

– II: Mme de Villeparisis zieht V. einem Hugo oder Balzac vor: *388*

Viviane: Fee, die Lancelot am Grund eines Sees »der Welt entrückt« erzieht.

– IV: man erwartet bei einem Rendezvous eine Fee V. und begegnet einem gestiefelten Kater: *328*

Viviani, René (1863–1925): Premierminister von Mitte 1914 bis Ende 1915; ursprünglich Sozialist.

– VII: die jungen Leute glauben, V. sei schon immer konservativ gewesen: *375*

Vivonne: fiktiver Fluss bei Combray; durch Illiers fließt der Loir, der 3–4 km nördlich bei Saint-Éman, einem der Vorbilder für das »Guermantes bei Combray«, entspringt. Eine »Thironne« mündet südl. bei Tansonville, Swanns Landsitz, in den Loir; eine »Vilaine« fließt nördl. von Illiers.

– I: der Weg Richtung Guermantes führt an der V. entlang: 71, 97, 150, 182, 232–237, 239, 254, 257

– VI: Spaziergänge mit Gilberte an der V.: 387–390

Voisenon: Claude Henri du Fuzée, Abt von Voisenon (1708–75); Autor von Komödien, Gedichten und Erzählungen, deren Freizügigkeit kaum den Abt vermuten lässt (insbes. *Zulmis et Zelmaïde*, 1745; *Le sultan Misapouf*, 1746); Freund von Voltaire, Mitglied der Académie.
– III: die perverse Nachsicht eines V.: *369*
Voisenon: Landsitz des Prinzen von Guermantes.
– VI: die Herzogin von Guermantes spricht vom Prinzen von Guermantes als »Voisenon«: *236*
Volland, Louise-Henriette (1716–84): Geliebte Diderots.
– VII: Diderots Briefe an sie sind laut Goncourt ein Meisterwerk: *30*
Volney: Literaten- und Künstlerclub an der Rue Volney, gegründet 1874.
– III: der Herzog von Guermantes hat nicht die Ehre, dem V. anzugehören: 319
Voltaire: Künstlername von François-Marie Arouet (1694–1778); frz. Philosoph; er lebte 1734–40 auf dem Schloss Cirey (Haute-Marne) der Madame du Châtelet.
– II: Bloch zitiert Verse von ihm: *617*; V. hält Racines *Athalie* für das Meisterwerk des menschlichen Geistes: 662
– III: Anspielung auf seine *Zaïre*: 320
– IV: Brichot fühlt sich an den Abenden bei Mme Verdurin in La Raspelière wie eine Art »Monsieur de Voltaire« bei Mme du Châtelet: *382f.*; Monsieur de Chevregny sagt einfach »Voltaire«: 674
– VII: Monsieur Verdurin erklärt, selbst V. habe nicht besser geschrieben als Morel: 108
Vouillemont: Hotel in der Rue Boissy-d'Anglas Nr. 15; u. a. wohnte hier 1894 bis mindestens 1910 die ehemalige Königin von Neapel, die in G eine wesentliche Rolle spielt.
– I: Odette hat Swann einen Brief aus dem V. geschrieben: *476*
W***: Pariser Modehaus.
– VI: Mme de Villeparisis kleidet sich hier ein: *306*
*Wäscherin (1): Geliebte von Brichot.
– IV: Mme Verdurin setzt sie vor Brichots Tür: 371f.; lebt mit Brichot zusammen und hat eine Tochter von ihm: 681
– V: Mme Verdurin hat es fertiggebracht, die beiden zu entzweien: 380
*Wäscherin (2) in der Touraine.
– VI: Albertine soll mit ihr sexuelle Beziehungen gehabt haben: 155–163

– VII: M träumt von Albertine und der Wäscherin: 315
*Wäscherinnen, zwei.
– VI: M lässt sie in ein Stundenhotel kommen, um an ihnen die Freuden Albertines kennenzulernen: 192f.
Wagner, Richard (1813–83): dt. Opernkomponist.
– I: es gehört verboten, W. so spielen zu können wie der Pianist von Mme Verdurin: 261; es graut Swann davor, zwei Wochen lang mit Odette W. anzuhören: 413
– II: die Cottards bevorzugen den Umgang mit Chefärzten, mit denen sie sich über Nietzsche oder W. unterhalten können: 10; ohne die Sinfoniekonzerte könnten wir uns die Lockungen W.s nur ohne Inbrunst vorstellen: 206; Saint-Loups Vater pflegte bei W. zu gähnen: 419
– III: das klagende Geräusch einer sich schließenden Tür erinnert M an die Ouvertüre zum *Tannhäuser*: 528; Nietzsche und W.: 532; viel italien. Musik bei W. eingeflossen: 631; die Herzogin von Guermantes findet W.s *Tristan* todlangweilig: 634; der Herzog von Guermantes schläft bei W. ein: 659; in der zweiten Periode W.s gibt es keine »Arien« oder »Melodien«: 736; die Metternich bildet sich ein, W. lanciert zu haben: 757
– IV: Renée de Cambremer findet ihn abgestanden: 126; die feinen Damen finden es spaßig, dass sich jemand (Odette) zu W. bekennt: 209; eine Dame aus Avranche, die Mozart nicht von W. unterscheiden kann: 290; Renée de Cambremer findet Debussy einen Super-W. 294; verursacht Mme Verdurin Neuralgien: 423; wird eines Tages den Gästen in Mme Verdurins Salon nicht mehr fortschrittlich genug sein: 453
– V: Vinteuils Sonate und *Tristan*; das Geheimnis der Kreativität; die nachträgliche Einheit des *Ring*: *211*–215; wird eines Tages auch nicht mehr bewundert werden: 358; sein *Tannhäuser* wurde in Paris ausgepfiffen: *371*
– VI: wer von W. nur das Duett aus dem *Lohengrin* kennt, könnte das Vorspiel zum *Tristan* schwerlich vorhersagen: *378*
– VII: Saint-Loup fühlt sich an der Front durch Vogelgezwitscher an *Siegfried* erinnert: 90; Saint-Loup fühlt sich durch den nächtlichen Luftkampf über Paris an die *Walküre* erinnert: 95; heimliche Homosexuelle gefallen sich darin, W. Homosexualität anzukreiden: 120
s. auch im Titelverzeichnis *Lohengrin*, *Parsifal*, *Ring*, *Tannhäuser*, *Tristan*

Wagram: Telefon-Schaltzentrale in Paris an der Avenue de Wagram, nach dem napoleonischen Schlachtenort; die Avenue de Wagram befindet sich in der Nähe von Prousts Wohnung am Boulevard Malesherbes.
– III: die launischen Botinnen des Wortes beschwören W. vergeblich: *182*
Wales, Prinz von: Titel des brit. Thronfolgers.
– I: mit Swann befreundet: *27*, 299, 341, 575
– II: Söhne von Möbelhändlern mit einem Hofstaat wie der Prinz von W.: 511
– III: als Prinzessin hatte die Herzogin von Guermantes Regen und Sonnenschein für den Prinzen von W. bedeutet: 664; wäre der Prinz von W. nur eine Privatperson gewesen, hätte jeder Zirkel ihn ausgeschlossen: 707
– IV: hat den Baron Hirsch zur Herzogin von Guermantes mitgebracht: *99*
*Walpurga: *s.* Plassac, Marquise Walpurga von.
Warwick, Madame: Frances Evelyn Maynard (1861–1938), Gattin des Count of Warwick.
– V: eine engl. Freundin der Herzogin von Guermantes: 54
Waterloo: Ort bei Brüssel (damals Niederlande) und Schauplatz der Niederlage Napoleons 1815.
– III: als Schlachtenort prädestiniert: *148*; das Fehlen von Monsieur de Grouchy war der Hauptgrund für Napoleons Niederlage bei W.: 584, 650
Watteau, Jean-Antoine (1684–1721): bedeutender frz. Maler, der vorzugsweise heiter verklärte höfische Feste in Parklandschaften darstellte sowie Szenen aus ital. Komödien und aus dem Soldaten- und Bauernleben.
– I: das Leben Odettes mit seinem farblosen Hintergrund erscheint Swann mit Studien von W. vergleichbar: 332
– III: der Tänzer in Rachels Theater erinnert an ein Albumblatt von W.: *237*
– IV: Saniette nennt Elstir einen »Dampf-Watteau«: *467*
– VII: Goncourt stellt ihn über Raffael: 125; die Revolutionäre haben seine Werke vernichtet: 279
Weber: Café in der Rue Royale; Treffpunkt von Proust und Léon Daudet, der in seinen *Souvenirs littéraires* dem Café ein Kapitel widmete.
– II: nach Françoises Meinung ein Wirtshaus: *82*
Weindepot: Erweiterung der historischen Halle aux Vins (1656) an der Ecke Rue des Fossés-Saint-Bernard und Quai Saint-Bernard (5. Arr.).
– I: Swann wohnt in dessen Nähe: 29

Wells, Herbert George (1866–1946): Autor utopischer Romane. In WG wird auf *The Invisible Man* angespielt (1897; frz. *L'Homme invisible*, 1901; dt. *Der Unsichtbare*, 1911), der sich, um sichtbar zu sein, einen Gehrock anzieht.
– III: Monsieur Pierre zwängt sich manchmal in einen Gehrock wie der unsichtbare Mann von W.: 259
Westenschneider: *s.* Jupien.
Whistler, James Abbott Mc Neill (1834–1903): amerikan. Maler mit Ateliers in Paris und in London. Proust besuchte die Whistler-Ausstellung in der École des Beaux-Arts 1905, in der u.a. die drei »Opal-Stücke« *Composition en bleu et opale, Nocturne en opale et argent* und *Crépuscule en opale: Trouville* zu sehen waren. In Prousts Schlafzimmer hing eine Kopie von Whistlers *Thomas Carlyle*.
– II: Françoises Reisekleidung würde W. entzücken: *305*; das Porträt der Herzogin von Guermantes von Carrière ist so schön wie ein W.: 449; ein Schmetterling unter dem Fenster signiert nach Art W.s das Fensterbild: 517; Elstirs Stil macht das Porträt der Miss Sacripant zum Zeitgenossen der Porträts W.s: 593
– III: die Bucht von Balbec gleicht W.s opalenem Golf: *35*; Charlus zitiert W.: 755
– IV: Charlus' Abendanzug wie eine »Harmonie in Schwarz und Weiß« von W.: *77*
– V: laut Charlus ein Exponent des guten Geschmacks: 409
– VI: die Schornsteine in Carpaccios *Der Patriarch von Grado* erinnern an das Venedig W.s: 328
– VII: Monsieur Verdurin hat ein Buch über ihn geschrieben: 24; die jungen Leute haben nicht, wie Swann oder Verdurin, Lehren über den Geschmack von W. empfangen: 112
Widal, Fernand (1862–1907): Professor für Medizin; entdeckte die Schädlichkeit von Salz bei Nierenentzündung 1903.
– III: W. hatte die nachteilige Wirkung von Salz noch nicht entdeckt, als Ms Großmutter krank war: *402*
Widor, Charles (1844–1937): Organist an Saint-Sulpice, Komponist, Professor für Orgel am Konservatorium.
– III: Monsieur de Bréauté überlegt, ob M W. sein könnte: *580*
Wien: Hauptstadt Österreichs.
– V: die Kunstgalerie in W.: *81*

– VII: Charlus hält es zur Zeit für nicht geboten, privat an den Kaiser zu schreiben: 134

Wilde, Oscar (1854–1900): irischer Schriftsteller.

– IV: Anspielung auf seinen Niedergang nach einer Homosexualitäts-Affäre: 27

Wilhelm der Eroberer (1027–87): Herzog Wilhelm II. der Normandie, nach der Eroberung Englands 1066 König Wilhelm I. von England.

– I: Gilbert der Böse schlug Karl mit Hilfe W.s: *149*

Wilhelm II.: dt. Kaiser.

– III: der Fürst von Monaco sein Handlanger: 556; mag Elstir nicht: 701; Prinz Von über seine zielsicheren künstlerischen Fehlurteile: 705 f.; wünscht, dass Frankreich sich Deutschland annähert: 708

– IV: der Pedantismus einer gewissen Kaste, die dem »Wilhelm« ein »Kaiser« vorangehen lässt: 382; Mme Verdurin verlangt vom kleinen Clan die gleiche Gefolgstreue wie W. von seinen Untertanen: 383; redete Charlus in Kiel nur mit »Monseigneur« an: *478*; Anspielung im Zusammenhang mit der Eulenburg-Affäre: 479

– VII: Monsieur Bontemps möchte ihn erschießen lassen: 52 f.; Gerücht, er sei erkrankt; die Guermantes sprechen von ihm als »Kaiser Wilhelm«: 68 f.; M lässt sich von seinen Worten nicht mehr täuschen: 113; Charlus hält ihn für einen Emporkömmling: *134*; Charlus über seine mutmaßliche Homosexualität: 137; Charlus nimmt ihn gegen die französischen Chauvinisten in Schutz: 150, 152; der Butler des Erzählers spricht von ihm als »Guillaume«: 218; Saint-Loup glaubte, W. habe versucht, den Krieg zu verhindern: 219

Wilhelmstraße: Sitz des Außenministeriums in Berlin zur erzählten Zeit.

– II: Bestandteil des sprachlichen Zierats Norpois': 49

Winterhalter, Franz Xaver (François Xavier) (1806–73): dt. Hofmaler Louis-Philippes und Napoleons III., der ab 1834 in Paris lebte und u. a. die Kaiserin Eugénie porträtierte (*Napoleon III.*, 1852, Mus. Napoleonico Rom; *L'Impératrice Eugénie et ses dames d'honneur*, 1855, Château de Compiègne). Der Verbleib seines Porträts der *Prinzessin Mathilde Bonaparte* (1860) ist nicht bekannt.

– II: Prinzessin Mathilde ähnelt einem Porträt W.s: *159*

– III: nimmt den Platz von Genies ein, die von ermüdeten Intellektuellen für ermüdet erklärt werden: 633

Wiscar: nicht identifiziert; vermutl. eine Namensvariante zu »Guiscard«; *s.* auch dort.
– IV: Namensgeber für Incarville: 690
Wissembourg: Schlachtenort im nördlichen Elsass; Siege der Deutschen 4. 8. 1870. Auf frz. Seite zeichnete sich die »Turcos«-Division Abel Douai durch besonderen Heldenmut aus, die bis aufs Bajonett kämpfte, jedoch schließlich aufgerieben wurde. (»Turcos«: russ. Bezeichnung aus dem Krimkrieg für die afrikan., insbes. alger. Truppen in der frz. Armee.)
– III: die Aufopferungsbereitschaft der Turcos bei W.: *156*
Wladimir, Großfürst: Wladimir Alexandrowitsch Romanow (1847–1909), dritter Sohn des Zaren Alexander II.; als »Bonvivant« bekannt.
– IV: amüsiert sich über die durchnässte Mme d'Arpajon: *84* f.
Wladimir, Großfürstin.
– VII: die Herzogin von Guermantes hat sie verstimmt, weil sie von der morganatischen, nicht anerkannten Ehefrau des Großherzogs Paul als der »Großherzogin Paul« sprach: *227*
Wohlinformierter, Ein.
– VI: typischer Leserbriefschreiber: 312
Wolf, Friedrich August (1759–1824): dt. Philologe, der die Auffassung vertrat, *Ilias* und *Odyssee* seien Kompilationen von Texten verschiedener Epochen.
– II: eine Redensart, die entgegen den Theorien W.s einen Ursprung gehabt hat: *115*
– V: Gattin von Saintine: 312
*X, Gräfin von.
– VI: eine Prinzessin aus dem Haus Frankreich, deren Salon völlig heruntergekommen ist: 360 f.
X, Kardinal: *s.* Kardinal X.
*X, Monsieur: ein Arzt Bergottes.
– V: hat Bergotte verboten, was ein anderer Arzt ihm verschreibt: 248, 312, 416, 448, 552
*X, Monsieur: ein Freund von Charlus.
– V: der Prinz von Guermantes meint, er solle mit seinem Kutscher Théodore schlafen: 416
*X, Monsieur: ein Kollege Brichots.
– V: wurde durch einen Telegrammboten zu einer Abhandlung über Ethik angeregt: 448

*X…, Bruder von Mademoiselle.
– VII: hat womöglich die Schwester des Prinzen von Agrigent heiraten sollen: 314
*X…, Herzog von.
– I: lädt Swann zu seinen Empfängen ein: *34*
*X…, Mademoiselle.
– VII: hat womöglich den Prinzen von Agrigent geheiratet: 314
*X…, Onkel des Herzogs von.
– I: bedeutender Staatsmann unter Louis-Philippe: 34
*X…, Vater des Herzogs von.
– I: bedeutender Staatsmann unter Louis-Philippe: 34
*X***, Abbé: vermutl. Abbé Henry Bolo (1858–1921).
– VI: glaubt, wir könnten den Toten in einem anderen Leben begegnen: 162
*X***, Herzogin von; an späterer Stelle Herzogin von Havré = Madame de Villeparisis.
– VI: Mme Sazerats Vater hat sich für sie ruiniert: *258*
*X***, Mademoiselle.
– V: ist mit Saintine verheiratet: *312*
Xaintrailles: *s.* Saintrailles.
Xenophon (um 427 – um 355 v. Chr.): antiker Chronist, insbes. des Peleponnesischen Krieges; seine Reise durch den Orient beschreibt er in der *Anabasis*, Paulus' Reise wird von Renan in *Histoire des origines du christianisme* beschrieben.
– III: der Reisende findet die erdbedeckten Häuser noch fast so vor, wie sie auch X. gesehen haben könnte: *588*
– V: Brichot zitiert ihn vorgeblich: *383*
– VII: ähnliche Ideen können ganz verschieden aussehen, je nachdem, ob Platon oder X. sie erörtert: 77; die Mesopotamienexpedition gleicht bis aufs Haar dem Rückzug bei X.: *409*
Xerxes (519–465 v. Chr.): pers. König und ägypt. Pharao.
– V: ließ das Meer mit Ruten peitschen: 59, 137
*Yourbeletieff, Prinzessin.
– IV: unterstützt die Ballets Russes; teilt ihre Loge mit Mme Verdurin: 202
– V: Sponsorin der Ballets Russes; erscheint im Theater in Gesellschaft von Mme Verdurin: 320

Yung-Tsching: fiktiver Kaiser von China.
– VII: beim Diner Verdurin-Goncourt wird auf Y.-Tellern serviert: *27*
Yvetot, König von: der gutmütige König aus dem populären Chanson *Le Roi d'Yvetot* (1813) von Béranger.
– III: der Herzog von Guermantes zeigt das unauslöschliche Lächeln eines Königs von Y.: *300*
– IV: Brichots Etymologie: *401*
Zaire: Gestalt aus Voltaires Tragödie *Zaïre* (1732), deren namengebende Rolle Sarah Bernhardt 1873 spielte.
– III: die Prinzessin von Guermantes hat sich anscheinend als Z. kostümiert: 56
*Zeichenlehrer von Marcels Großmutter.
– II: seine Tochter: 588; hat seine Frau immer nur mit Hut gesehen: 589
*Zélia, Tante: *s.* Cambremer, Marquise Zélia von.
*Zénaïde (1): *s.* Guermantes, Herzogin Oriane-Zénaïde von.
*Zénaïde (2): *s.* Heudicourt, Zénaïde d'.
Zephyros: griech. Gott des frühlingshaften Westwindes.
– II: Bloch empfiehlt M, einen Schal mitzunehmen, da Z. weht: 478
*Zézette: *s.* Rachel.
Zimmer 43: Zimmer in Jupiens Bordell.
– VII: M geht hinauf in das Zimmer: 174; Jupien muss für Charlus das Holzbett durch ein Eisenbett ersetzen: *211*
Zipporah: biblische Gestalt; Tochter des midianitischen Priesters Jethro und Ehefrau Mosis. Botticellis *Szenen aus dem Leben Mose* in der Sixtinischen Kapelle stellen u. a. nach 2. Mose 2,17 ff. dar, wie Moses Wasser in einen Trog schöpft, um die Schafe der Töchter Jethros zu tränken.
– I: Swann ist von der Ähnlichkeit Odettes mit Z. verblüfft: *308* f.; eine Reproduktion der Z. ist für Swann wie ein Foto von Odette: 311
Zola, Alexandrine (1839–1925): Gattin von Émile Zola.
– V: man sieht sie in Begleitung von Mme Verdurin zu Füßen des Tribunals und des Schwurgerichts: *320*
Zola, Émile (1840–1902): frz. Romanautor.
– III: der Z.-Prozess innerhalb des Dreyfus-Prozesses: 314, 540; ist Victor Hugo so realistisch wie Z.?: 668; kein Realist, sondern ein Dichter; der Homer der Kloake: 670; hat eine Studie über Elstir geschrieben: 671

– IV: verkehrt in Mme Verdurins Salon: *207*; Mme Verdurin geht wieder auf Abstand zu ihm: 395; laut Brichot ein verderblicher Einfluss: 491
– V: Cartier gibt ein idiotisches Bonmot über Z. von sich: *51*
– VII: Oberst Paty du Clam zitiert aus Quillards *Fille aux mains coupées*, während er an Quillard im Zeugenstand beim Z.-Prozess vorbeigeht: *90*; Brichot kann gar nicht genug Sarkasmen über Z. finden: 124
*Zweiundzwanzigjähriger: Strichjunge in Jupiens Bordell.
– VII: glaubt, sein junges Alter schütze ihn im Krieg vor dem Tod: 170; macht M Platz auf dem Sofa: 171; nimmt den großen Julot in Schutz: *172* f.; ist gerührt, als er vom Tod eines Offiziers hört: 183

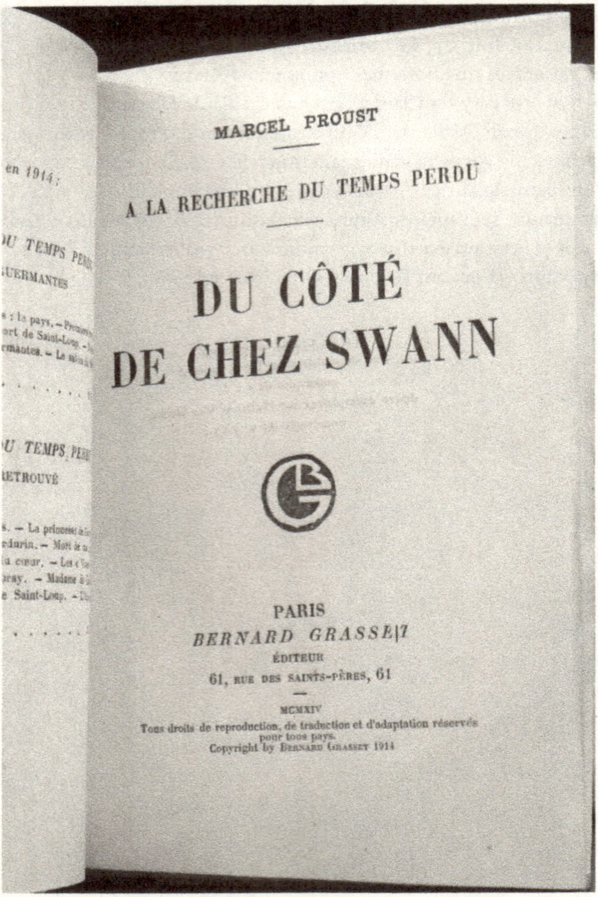

Titelseite der Vorausausgabe für Journalisten und den Autor (Auflage geschätzt 56 Stück), mit der von Sammlern heiß begehrten Druckzufälligkeit »*GRASSE|T*«.

Titelverzeichnis

Abendmahl, Das (1494–98): Gemälde von Leonardo da Vinci.

– I: wir können bei Morghen da Vincis *A.* in einem Zustand sehen, der heute nicht mehr besteht: *61*; alte Stiche, in denen man da Vincis *A.* in einem Zustand sehen kann, der heute nicht mehr besteht: 232

Abenteurerin, Die: *L'Aventurière* (1848), Komödie in 5 Akten von Émile Augier (dt. 1877, Reclams UB 856). Eine vieraktige Version wurde 1860 an der Comédie-Française gegeben; Wiederaufnahme 1868 mit Bressant als Geffroy/Fabrice.

– II: Ms Eltern ahmen den Tonfall Norpois' nach, wie sie es auch mit Schauspielern in der *A.* getan hätten: *80*

Action française, L': von Charles Maurras herausgegebene nationalistische Zeitung, gegr. 1898.

– VII: der Abgeordnete Monsieur Eugène lehnt ihre Übertreibungen ab: 176

Advokat Jeffreys im Kreis seiner Familie, Der (1730): Porträt von Hogarth (Barnes, London). In einer Fassung des Bildes ist statt des Anwalts John Jeffreys der General H. B. Jeffreys zu sehen (National Gallery, Washington).

– II: die Gouvernante Albertines ähnelt dem Porträt von Jeffries: *548*

Aiglon, L' (1900): Versdrama von Edmond Rostand; Urauff. mit Sarah Bernhardt in der Titelrolle.

– IV: Sarah Bernhardt in *L'A.* zu sehen ist laut Charlus Kaka: *651*

Aimée de Coigny: Vermutl. ist Charles Maurras' *Mademoiselle Monk* (1902) gemeint, das das Leben der Aimée de Coigny zum Thema hat.

– VII: M hat das Buch Charlus zu lesen gegeben: *149* f.

Aladdin und die Wunderlampe: Erzählung aus *Tausendundeine Nacht.*

– III: Erwähnung der Prinzessin Badrul Budur: *603*

Albatros, L': Gedicht aus den *Fleurs du Mal* von Baudelaire.

– IV: Mme de Cambremer spielt auf einen Vers aus dem *A.* an: 293

Alzire ou les Américains (1736): Roman von Voltaire, der in Peru spielt.

– III: das Erstaunen des Reisenden, der im Dschungel auf einen Eingeborenen trifft, der gerade *A.* liest: *704*

Am Telefon: fiktives Gemälde.

– V: die modernen Bouchers sollten eine Szene *Am T.* malen: *130*

Aman (1601): Theaterstück von Antoine de Montchrestien.
- II: wurde von Gisèles Lehrer durchgenommen: *661*

Amphitryon (1668): Komödie Molières nach der gleichnamigen Komödie Hesiods um den griech. Feldherrn Amphitryon. Seine Gattin Alkmene wurde in einem Betrugsmanöver durch Zeus Mutter des Herakles. Amphitryon wird von Molière als großzügiger Gastgeber dargestellt: »Der ist der wirkliche Amphitryon, / Bei dem zu Mittag jetzt gegessen wird« (III,5, Sosias).
- II: Norpois bezeichnet Swann in seiner Rolle als Gastgeber als Amphitryon: *69*; reiche Gastgeber spielen den Amphitryon im Restaurant in Rivebelle: 523
- IV: Nissim Bernard spielt unwissentlich Amphitryon, als er die eine »Tomate« mit der anderen, ihrem Bruder, verwechselt: *353*

Amphitryon (1786): komische Oper von André-Ernest-Modeste Grétry (1741–1813) nach der gleichnamigen Komödie Molières.
- I: Ms Großvater zitiert aus der Oper: *270*

Anbetung der hl. drei Könige (um 1505): Fresko für San Pietro di Luino von Bernardino Luini; heute im Louvre.
- II: man hat Swann früher einem der Könige in Luinis Fresko ähnlich gefunden: *202*

Andromache: *Andromaque* (1667), Tragödie von Racine.
- II: eine der berühmten Aufführungen der Berma: *20*; Charlus verweist auf die Leidenschaften, die Racine in *A.* darstellt: 460
- V: Wandel des Geistes von Racines *A.* in den seiner *Esther*: *439*

Annuaire des châteaux: eine Erweiterung (publ. ab 1886) zu *Tout-Paris. Annuaire de la société parisienne* (publ. ab 1885).
- IV: M forscht im *A.* nach, wo bestimmte junge Mädchen ihren Sommer verbringen: *174*; die Ortsnamen im *A.* erregen M ähnlich wie die im Kursbuch: 707

Ansicht von Delft, Die (1660/61): Gemälde von Johannes Vermeer.
- III: der Herzog von Guermantes ist sich nicht sicher, ob er die *A.* in Den Haag gesehen hat: 702
- V: das Museum von Den Haag hat Vermeers *A.* für eine Ausstellung in Paris verliehen; Brichot entdeckt darin das »kleine gelbe Mauerstück« und stirbt: *249* f.

Arlésienne, L' (1872): musikalisches Drama von A. Daudet (dt. *Das Mädchen*

von Arles) mit Musik von G. Bizet, nach der Erzählung in Daudets *Lettres de mon Moulin* (1869; dt. *Briefe aus meiner Mühle*).
– III: die Herzogin von Guermantes hält ihre Cousine d'Heudicourt für eine Schwachsinnige wie in der *A.*: *652*
Armer Tor: *Pauvre fou* (1889; korrekt: *Pauvres fous*, »arme Toren«) eine düstere Ballade des Opernsängers Joseph Tagliafico.
– I: ein Lieblingsstück Odettes: *327*
Armida (1777): Oper von Christoph Willibald Gluck um eine Figur aus Torquato Tassos *Das befreite Jerusalem*.
– V: ein Zitat aus *A.* wird Rameau zugeschrieben: 155
Art poétique, L' (1669–74): einflussreiche klassizistische Poetik von Nicolas Boileau.
– II: Gisèle zitiert in ihrem Aufsatz aus der *A.*: 659
Atala (1801): ein romantisches Jugendwerk Chateaubriands.
– II: Bergotte schätzt *A.* mehr als *Rancé*: *178*
Athalie (1691): Bühnenstück von Racine um die jüdische Königsmutter Athalie (2. Könige 11).
– I: Zitat aus dem Stück: *153*
– IV: Zitate aus dem Stück: 244 f., 332 f., 333
Au milieu des hommes. Les grandes institutions de la France (1907): Aufsatzsammlung von Henry Roujon.
– IV: wird Charlus von Mme Verdurin als *Parmi les hommes* empfohlen: *617*
Aux Tuileries (1875): Gedicht von Sully Prudhomme aus dem Zyklus *Les Vaines Tendresses*.
– VI: Charlus trägt Morel daraus vor: 261
Avare, L' (1668): Komödie von Molière; dt. *Der Geizige*.
– IV: Anspielung auf die Figur Harpagon: 443
Aventures de Télémaque, Les s. *Telemach*.
Bär und die Trauben, Der: fiktive Fabel; vermutl. eine Kombination aus *Der Fuchs und die Weintrauben* und *Der Bär und der Gartenliebhaber* von La Fontaine.
– I: auf Mme Verdurins Beauvais-Sesseln abgebildet: *288*
Bal de Sceaux, Le (1830): Erzählung von Balzac.
– III: gefällt dem Herzog von Guermantes: *659*
Bal du moulin de la Galette, Le (1876): Gemälde von Pierre-Auguste Renoir.

– VII: Renoir hätte des Verschwinden des Moulin de la Galette sehr betrübt: *112*

Balcon, Le: Gedicht aus den *Fleurs du Mal* von Baudelaire.

– VII: Saint-Loup zitiert daraus: 99

Balcon du Cercle de la Rue Royale, Le (1868): Gemälde von Jacques Tissot.

– V: man findet einige Züge der Personen in dem Gemälde in Swann wieder: *268*

Barbe-Bleue (1866): Operette von Jacques Offenbach; Text von Henri Meilhac und Ludovic Halévy.

– I: Ms Großvater zitiert aus dem 3. Akt: *270*

beiden Freunde, Die: Fabel von La Fontaine.

– II: Charlus verweist auf die Fabel *Die b.*: 459

beiden Tauben, Die: Fabel von La Fontaine.

– II: Charlus verweist auf die Fabel *Die b.*: 459

– VII: Rachel rezitiert die Fabel beim Empfang des Prinzen von Guermantes: 437

Belle Hélène, La s. *Schöne Helena, Die.*

Bhagavat (1852; Sanskrit »der Erhabene«): Gedicht von Leconte de Lisle, in: *Poèmes antiques*.

– I: Bloch empfiehlt M die Lektüre: 130

Bildnis einer jungen Frau bei der Toilette (1514): Gemälde von Tizian.

– II: M vergleicht Albertines Haare mit der Haarpracht von Laura Dianti, dem Modell für Tizians Gemälde: *670*

Blaubart: *Barbe-Bleue*, Märchen von Charles Perrault um einen reichen Mann mit blauem Bart, der seine Frauen ermordet, falls sie ein ihnen verbotenes Zimmer betreten; vielfach literarisch bearbeitet, auch als Operette (*Barbe-Bleue*) von Jacques Offenbach.

– I: Figur in Ms Laterna magica: 19

Bonnet rouge, Le: nach der Kopfbedeckung der Jakobiner benannte revolutionäre, antimilitaristische Satire-Zeitung, gegr. 1913.

– VII: Charlus würde sich aus Hass auf die Trikolore sogar noch beim *B.* einreihen: *98*

Booz endormi: Gedicht aus der Sammlung *La Légende des siècles* (1860) von Victor Hugo (dt. *Der Schlaf des Boas*).

– II: M zitiert aus *B.*: 387, 402

– III: Charlus zitiert aus *B.*: 709, 752

– V: das Bild der Mondsichel in *B.*: *557*
– VII: Anspielung auf *B.*: *94*
Boris Godunow (1872): Oper von Modest Mussorgski.
– V: Händlerrufe werden vorgetragen, als gehörten sie zu der populären Musik des *B.*: *154*
Bourgeois gentilhomme, Le (1670): Komödie von Molière; dt. *Der Bürger als Edelmann.*
– IV: Charlus macht Fechtbewegungen wie aus Molières Stück: 651
Briefe an Mademoiselle Volland (1830): Sammlung von Briefen von Denis Diderot an Sophie Volland aus den Jahren 1759–74.
– VII: ein kleines Meisterwerk: *30*
Brigands, Les (1869): Operette von Jacques Offenbach.
– IV: Zitat aus der Operette: 336
Brüder Karamasow, Die (1880): Roman von F. Dostojewski.
– V: M zählt etliche Figuren aus dem Roman auf: *514*
Bund Spargel, Das (1880): Gemälde von Manet bzw. von Elstir.
– III: Swann rät dem Herzog von Guermantes zum Kauf, der das von sich weist: 672 f., 676
Cabinet des Antiques, Le (1839): Roman von Balzac; dt. *Das Antiquitätenkabinett.* Der schöne Held Victurnien wird Opfer weiblicher Intrigen, aber auch von seiner als Mann verkleideten Geliebten vor der Galeere bewahrt.
– IV: Charlus ist entzückt, dass Victurnien (Surgis-Leduc) wie eine Figur aus dem *C.* heißt: *140*
Capitaine Fracasse, Le (1863): Mantel-und-Degen-Roman von Théophile Gautier.
– IV: Saniette verweist darauf, dass die Figur der Zerbina in *Le C.* vorkommt: 464
Caractères ou les Mœurs de ce siècle, Les (1688–94): Sammlung von Maximen und Reflexionen von La Bruyère.
– V: der Erzähler zitiert ungenau aus *De la Mode*, Nr. 21: *275*
– VII: Zitat aus *Du Cœur*, Nr. 16: 287
Causeries du lundi (»Montagsgespräche«): Serie von 640 Zeitungsessays von Sainte-Beuve über Fragen der Literatur, die von 1849 bis 1869 montags in diversen frz. Zeitungen erschienen. In 15 Bänden gesammelt und ab Bd. 5 mit biographischen Anhängen versehen 1851–62 bei Garnier erschienen.

– V: Charlus könnte mit seinem Klatsch alle nur denkbaren Anhänge zu den C. mit Stoff versorgen: *448*

Cavalleria rusticana (1890): Oper (dt. auch: *Sizilianische Bauernehre*) in 1 Akt von Pietro Mascagni; 1892 an der Opéra-Comique gegeben.

– II: Albertine findet sie »ideal«: *620*

Chalet, Le (1834): komische Oper von Adolphe Adam.

– III: für den Herzog von Guermantes wirklich noch Musik: *659*

Chants du Crépuscule, Les (1835): Gedichtsammlung von Victor Hugo.

– III: 662f., 736

Chat botté, Le: Erzählung aus der Sammlung *Contes de ma mère l'Oye* (1697) von Charles Perrault (dt. *Der gestiefelte Kater*).

– IV: man erwartet bei einem Rendezvous eine Fee Viviane und begegnet einem gestiefelten Kater: *328*

Châtelaine, La (1902): Komödie von Alfred Capus (1858–1922), Mitglied der Akademie und politischer Direktor des *Figaro*.

– IV: Monsieur de Chevregny hat das Stück in Paris gesehen: *673*

Chercheuse d'esprit, La (1741): einaktige Posse mit Gesang und Tanz in 21 Szenen (dt. *Die Verstandforscherin oder der gesuchte Verstand*, in: *Neue Schaubühne oder ausgesuchte Lustpiele der Ausländer*, Frankfurt a. M. / Leipzig 1750). Eine Neueinrichtung wurde 1888 im Théâtre de l'Alcazar und 1900 in der Opéra-Comique gegeben; im Théâtre de l'Odéon, wo Saniette das Stück gesehen hat, lief es 1917.

– IV: Saniette hat das Stück gesehen; Monsieur Verdurin putzt ihn damit runter: *460–463*

Chevelure, La: Gedicht aus den *Fleurs du Mal* von Baudelaire.

– VII: Saint-Loup zitiert daraus: *323*

Chronique de Saint-Denis, La: frz. Königsgeschichte von ca. 970 bis ca. 1450 (kompiliert 12.–15. Jh.), bekannter unter der Bezeichnung *Grandes Chroniques de France*.

– I: Brichot beruft sich auf die C.: 348

Cid, Der: *Le Cid* (1636/37); Tragikomödie von Corneille um einen span. Heerführer des 11. Jh.s, gen. »El Cid«, im Kampf gegen die Mauren.

– I: Swann über die Berma im C.: 139

– III: Essayisten, die den Straßenkatalog aus dem *Menteur* über die berühmtesten Szenen aus *Polyeucte* stellen: *633*

Clarisse (1917): Novelle von Paul Morand.

– VII: Morand berichtet in *C.*, wie August von Polen ein Regiment für eine Sammlung chinesischer Vasen eintauscht: *145*

Colère de Samson, La (publ. 1864): Gedicht von Alfred de Vigny.

– IV: Motto von SG und weiteres Zitat aus *C.*: 7 f.

Comédie humaine, La s. *menschliche Komödie, Die.*

Comtesse d'Escarbagnas, La (1682): Komödie von Molière.

– IV: Charlus verweist auf ihre Birnen: 566

Contemplations, Les (1856): Gedichtsammlung von Victor Hugo.

– III: die Herzogin von Guermantes zitiert daraus: 663

– V: ohne die *C.* und die *Légende* wäre Hugo bedeutungslos geblieben: 356

– VII: Zitat aus »?« der *C.*: 36; M muss an einen Vers aus »15 février 1843« der *C.* denken: 443; Zitat eines Verses aus »À Villequier« der *C.*: *488*

Courtisanen, Die (um 1490): Gemälde von Vittore Carpaccio.

– V: so geheimnisvolle Gestalten wie die Personen Dostojewskis: 515

Cousine Bette, La (1846): Roman von Honoré de Balzac; Teil der *Scènes de la vie parisienne* des Romanzyklus *La Comédie humaine* (dt. unter verschiedenen Titeln wie *Die Cousine Bette, Tante Bette, Tante Lisbeth*).

– VII: Swann wäre außerstande gewesen, *La C.* zu schreiben: 40

Crime de Sylvestre Bonnard, Le (1881): Roman von Anatole France (dt. *Professor Bonnards Schuld*) um einen Philologen, der auf der Jagd nach dem frz. Äquivalent der *Legenda aurea* ist.

– V: Brichot zitiert daraus: *450*

Cygne, Le: Gedicht von Stéphane Mallarmé, in: *Poésies* (1887).

– VI: M wollte in die Yacht für Albertine Verse aus *Le C.* gravieren lassen: *60* f.

Dame de chez Maxim, La (1899): Bühnenstück von Georges Feydeau.

– II: Bloch zitiert aus dem Stück (»Schließlich ist das nicht mein Vater!«): 469

– III: der Kammerdiener der Guermantes zitiert die gleiche Stelle: *26*

Danicheffs, Die (1876): *Les Danicheff*, Komödie von Pierre Corvin de Krukowskoi (unter dem Pseudonym »Pierre Newski«) und Alexandre Dumas d. J.; Urauff. Feb. 1876 im Odéon, publ. 1879 bei Calmann-Lévy, Wiederaufnahme Herbst 1884 im Théâtre de la Porte Saint-Martin.

– I: Swann will für Mme Verdurin Karten für die Wiederaufnahme der *D.* besorgen: 299

Débats roses, Les: Abendausgabe des *Journal des débats*, ab 1893 auf rosa Papier; konservativ-republikanisches Blatt.

– I: der Erzähler macht sich ein Nest mit Hilfe der *D.*: *15*; Mme Blatin liest die *D.* in den Champs-Élysées: 544 f., 555 f., 566

Diamants de la couronne, Les s. *Kronjuwelen, Die.*

Diana mit den Nymphen (1655/56): Gemälde, das lange Zeit Nicholaes Maes zugeschrieben wurde. Bei dem Verkauf durch den Kunsthändler Neville D. Goldsmid am 4. 5. 1876 in Paris jedoch bereits mit der Qualifikation »Vermeer zugeschrieben« versehen (Ph. L. Hale: *Vermeer*, 1937); diese Zuschreibung wird seit 1907 allgemein anerkannt.

– I: Swann hält die *D.* für einen Vermeer: 485

Domino Noir, Le (1837): komische Oper von Daniel Auber; Text Eugène Scribe.

– I: M sieht das Stück auf der Litfaßsäule angekündigt: *106*

– VII: wie M früher die Anschläge für die Aufführung studiert hat: 237

Dornauszieher, Der: röm. Plastik ungeklärten Alters, jedoch seit 1160 belegt; heute im Palazzo dei Conservatori (Rom).

– II: die Mädchen der kleinen Bande in edlen Haltungen wie der *D.*: *709*

Drei Musketiere, Die: *Les Trois Mousquetaires* (1844–47), Roman von Alexandre Dumas d. Ä., in 3 Teilen erschienen.

– III: was man nicht allein vollbringen kann, kann man vielleicht zu viert, wie in den *D.*: 758

Du Cœur: Kap. 22 von La Bruyères *Caractères* (1688).

– II: der Erz. zitiert aus *Du C.*: 271; Charlus zitiert aus *Du C.*: 459

Duchesse de Châteauroux, La (1743): Gemälde von Jean-Marc Nattier.

– IV: Charlus vergleicht Jacquets (fiktives) Porträt der Marquise von Surgis-le-Duc mit dem Porträt der *D.* von Nattier: *152*

Éducation sentimentale, L' s. *Lehrjahre des Gefühls.*

eingebildete Kranke, Der s. *Malade imaginaire, Le.*

Einschiffung nach Kythera, Die (1717): Gemälde von Watteau.

– VII: ein ganzes Tableau zärtlicher Gefühle, wie eine Einschiffung nach Kythera, verschwindet beim Erwachen: *311*

Einzug Louis-Philippes in Combray, Der: fiktives Bildfenster in der Kirche von Roussainville.

– I: wäre nach Ansicht des Pfarrers in Combray besser aufgehoben: 148

Elisabeths Gebet: Publikumsliebling aus Wagners *Tannhäuser*.
– v: mit den *Meistersingern* verglichen ist *E.* nur eine fade Armseligkeit: 355 f.
Éloa oder die Schwester der Engel: *Éloa ou la sœur des anges* (1823), Gedichtzyklus von Alfred de Vigny.
– iv: ein Zitat aus dem »Sündenfall« wird auf die Prinzessin Sherbatoff bezogen: 384
En revenant de la revue (1866): pseudo-patriotisches Lied des von Proust geschätzten Chansonniers Jean-Paul Habas, gen. »Paulus« (1845–1908).
– i: M erkennt am Klang einer Drehorgel, die *E.* spielt, dass der Frühling naht: 554
Enfance du Christ, L' s. *Kindheit Christi, Die.*
Enfants d'Édouard, Les (1830): inoffizieller Titel des Gemäldes *Les Princes dans la tour* (= *King Edward v and the Duke of York in the Tower of London*; Louvre) von Paul Delaroche.
– iii: der Herzog von Guermantes spielt auf das Gemälde an: *672*
Entführung der Europa, Die (1747): Tapisserie von Boucher, die sich samt einer Kopie, die als Vorlage für Stoffentwürfe diente, im Louvre befindet.
– iv: ein Beauvais-Sessel der Herzogin von Guermantes stellt die *E.* dar: *200*
Espoir en Dieu, L' s. *Hoffnung in Gott, Die.*
Esther (1689): Bühnenstück von Racine um die biblische Gestalt Esther.
– ii: Ahasvers leichte Ironie, als er Esther die Hälfte seines Reiches anbietet: 356; die Pagen im Grand-Hôtel Balbec sind wie die jungen Israeliten in *E.*, die jedesmal ein Zwischenspiel geben, wenn Esther die Bühne verlässt: 382; *E.* als Schulaufsatz-Thema: 658; Gisèle hätte in ihrem Aufsatz *E.* berücksichtigen müssen: 661
– iv: Zitate aus dem Stück: 94–96, 244, 270, 534, 625
– v: Zitate aus *E.*: *20*, *158 f.*, 539, 562; Albertine erinnert sich an Schulaufsätze über *E.* 520
– vi: das einzige, was Albertine gelesen hatte, bevor sie M kennenlernte: 78
Étourdi ou les contretemps, L' (1655): Molières erste Komödie (dt. *Der Tolpatsch oder die Rückschläge*, in: *Werke*, Insel-Verlag 1968).
– iii: eine abwegige Kritik gibt den ganzen Molière hin für einen Vers aus dem *É.*: 634

Éviradnus: Gedicht aus der Sammlung *La Légende des siècles* von Victor Hugo.
– V: hier ist der Mond blau: 557

Femmes savantes, Les (1672): Komödie von Molière (dt. *Die gelehrten Frauen*).
– IV: Saint-Loup spottet über Charlus mit einem Zitat aus den *F.*: 139; die Regel von Bélise: 270

Fest bei Thérèse, Das s. *Fête chez Thérèse, La.*

Fête chez Thérèse, La: Gedicht aus der Sammlung *Les Contemplations* (1856) von Victor Hugo.
– III: Charlus zitiert den blauen Mond aus der *Fête*: 754
– V: M weist Albertine auf den blauen Mond in der *Fête* hin: 557

Fêtes: Nr. 2 der drei *Nocturnes* (1899) von Debussy.
– IV: *489*

Feuilles d'automne, Les: Sammlung von Gedichten Victor Hugos aus der Zeit um 1831.
– III: die Herzogin von Guermantes spricht über die *F.*: *662*; Françoises Laufbursche hat Ms Exemplar der *F.* seinem Heimatdorf zum Geschenk gemacht: 736 f.

Fidelio (1805): Oper von Ludwig van Beethoven. Der Text des Gefangenenchors am Ende des 1. Aktes von *F.* lautet im Dt.: »O welche Lust, in freier Luft den Atem leicht zu heben.«
– IV: jene Erleichterung, die Beethoven so schön im *Fidelio* verdeutlicht, wenn seine Gefangenen endlich »diese Luft, die uns belebt«, einatmen: *298*

Figaros Hochzeit (1786): komische Oper von Wolfgang Amadeus Mozart.
– III: für den Herzog von Guermantes wirklich noch Musik: *659*

Fille aux mains coupées, La (1886): Versdrama des symbolistischen Dichters Pierre Quillard.
– VII: Oberst Paty du Clam zitiert aus der *F.*, während er an Quillard im Zeugenstand beim Zola-Prozess vorbeigeht: 90

Fille de Roland, La (1875): Versdrama in 4 Aufzügen von Henri de Bornier, das sich auf das *Rolandslied* stützt (dt. *Die Tochter Rolands*, 1880, Reclams UB 1282).
– III: wenn man mit Zénaide über die *F.* spricht, glaubt sie, man meine die Prinzessin [Marie] Bonaparte: *657–659*

Fleur de chimère: Gedicht von Armand Silvestre, in: *Les Tendresses* (1898).
– VI: Charlus trällert Morel einen Vers daraus vor: 260

Fliegende Holländer, Der (1843): Oper von Richard Wagner mit dem berühmten »Chor der Spinnerinnen« (II,1, V. 212–349).
– III: 659
Fontaine de Boileau, La (1843): Ode von Saint-Beuve auf Mademoiselle de Champlâtreux.
– VII: Anspielung auf *La F.*: *41*, 43
Fourberies de Scapin, Les (1671): Komödie von Molière (dt. *Scapins Streiche / Die Streiche des Scapin*).
– IV: Charlus in der Rolle des Scapin: 138
Fra Diavolo (1830): Operette von Daniel Auber.
– III: für den Herzog von Guermantes wirklich noch Musik: 659
Francillon (1887): Theaterstück von Alexandre Dumas d. J., in dem u. a. ein Salatrezept zum Besten gegeben wird.
– I: Mme Cottard hat das Stück noch nicht gesehen: *353*–355
François le Champi (1847): Roman von George Sand (dt. *François das Findelkind*).
– I: Ms Mutter liest M daraus vor: 59
– VII: M stößt in der Bibliothek des Prinzen von Guermantes auf ein Exemplar; es gibt M seine Kindheit zurück: 271–273; die Rolle dieses Buches für Ms zukünftiges Werk: 274–278, 497
Frühling (Gemälde von Botticelli): s. *Primavera, La*.
Frühstück im Grünen, Das: *Le Déjeuner sur l'herbe* (1862/63); Gemälde von Édouard Manet.
– VII: spätere Generationen sollen ihr Frühstück im grünen Gras genießen, ohne an jene zu denken, die darunter liegen: *489*
Fürst Igor (1890): Oper von Alexander Borodin.
– V: nach der Aufregung der *Polowetzer Tänze* aus *Fürst Igor* geht man zu Mme Verdurin: 320
Gastmahl, Das: philosophische Schrift von Platon.
– V: wurde von Kant in Königsberg angerichtet: *382*
Geburt der Venus, Die (1484–86): Gemälde von Sandro Botticelli.
– I: Swann würde gern tiefer in das Geheimnis der Venus von Botticelli eindringen: *431*
Gefährliche Liebschaften s. *Liaisons dangereuses, Les*
Gerechtigkeit, die das Verbrechen erhellt, Die (*La Justice éclairant le Crime*): Gemeint ist sicherlich das Gemälde *Die Gerechtigkeit und die göttliche Rache*

verfolgen das Verbrechen (*La Justice et la vengeance divine poursuivant le crime* (1808, Louvre) von Pierre-Paul Prud'hon (1758–1823).
– III: Françoise wirkt mit ihrer Lampe an Ms Bett wie die *G.*: *486*
Geschichte der französischen Revolution: *Histoire de la révolution française* (1847–1853), Werk von Jules Michelet.
– V: das Vorwort ist das Beste: 214
Geschichte Frankreichs: *Historie de France* (1833–1841), Werk von Jules Michelet.
– V: das Vorwort ist das Beste: 214
Glanz und Elend der Kurtisanen: *Splendeurs et misères des courtisanes* (1838), Roman von Balzac, Fortsetzung der *Verlorenen Illusionen* und Teil des Romanzyklus *Die menschliche Komödie*.
– IV: der Tod Lucien de Rubemprés in *G.*: 625
Götterdämmerung, Die (1848): vierter und letzter Teil des Opernzyklus *Der Ring des Nibelungen* von Richard Wagner.
– III: ein Krieg wäre noch »katastrophischer« als die *G.*: 556
Göttliche Komödie, Die (ca. 1307–21): Dichtung von Dante Alighieri, mit den Teilen *Inferno*, *Purgatorio* und *Paradiso*; s. auch *Inferno* und *Paradies*.
– VII: die Beatrice der *G.* wurde von Dante auf einen mindestens ebenso hohen Thron gehoben wie die Heldinnen von Monsieur Becque: *151*
Grablegung des Grafen von Orgaz, Die (1586): Gemälde von El Greco.
– VII: Saint-Loup hätte in der Bombennacht auf Erden ein reines Vaudeville erleben können, während sich, wie in der *G.*, am Himmel die Apokalypse vollzog: *96*
Großinquisitor, Der (um 1600): Gemälde von El Greco.
– V: Charlus ähnelt El Grecos *G.*: *278*
Halbwelt, Die: *Le demi-monde* (1855), Komödie von Alexandre Dumas d. J.
– II: wird auf der Litfaßsäule angekündigt, die M inspiziert: 22
Hamlet (1603): Bühnenstück von William Shakespeare.
– IV: Saint-Loup zitiert Hamlets »Sein oder Nichtsein«: 583; Geschäftsleute verachten Leute, die *H.* schreiben oder lesen: 605
– VI: trotz des Kostüms weiß M von einem Schauspieler, dass er nicht Hamlet ist: 337
Heilige Sebastian, Der (1486, Louvre): Gemälde von Andrea Mantegna.
– V: der Trocadéro erinnert Albertine an den Hintergrund in Mantegnas *H.*: 224

Hernani oder die kastilische Ehre: *Hernani, ou l'Honneur castillan* (1830), Drama von Victor Hugo.
– II: Monsieur de Bouillon hat es nicht bis zum Ende ausgehalten: *404*
– III: die Erquickung eines Kritikers, der nach langer Bewunderung für *H.* verkündet, eigentlich den *Lion amoureux* vorzuziehen: 633
– V: die Stunde der Doña Sol: *389*
Hérodiade (1881): Oper von Massenet nach Flauberts gleichnamiger Erzählung.
– I: Ms Großvater summt eine Melodie daraus: *270*
Himmelfahrt Mariens, Die (1519–26; gen. die *Madonna Pesaro*): Gemälde von Tizian in der Frari-Kirche in Venedig.
– II: M würde die Gemälde Tizians in der Frari-Kirche gern besichtigen: 20
Historiettes (1834): Anekdotensammlung von Tallemant des Réaux.
– III: Anspielung auf die *H.*: *714*
Hoffnung in Gott, Die: *L'Espoir en Dieu*, Gedicht aus Mussets *Poésies nouvelles* (1850).
– II: Mitschüler, die den Musset der *H.* schon verachten, während wir ihn noch schätzen: 466
Hôtel du libre échange (1894): Verwechslungskomödie von Georges Feydeau.
– VII: das Ritz muss während eines Bombenangriffs wie das »Hôtel du libre échange« (»Warenbörse«) wirken: *96*
Ici-bas: Gedicht von Sully-Prudhomme, in: *Stances et Poèmes* (1866).
– IV: Céleste und Marie kennen einen Vers daraus: *341*, 726
Idiot, Der (1868): Roman von F. Dostojewski.
– V: M zählt etliche Figuren aus dem Roman auf: *514*
Idolatrie (*Infidelitas*): Laster aus Giottos Zyklus der *Tugenden und Laster*.
– II: Albertine sieht mit ihrem Diabolo aus wie die *I.* Giottos: 625
Île du rêve, L' (1898): Oper von Reynaldo Hahn nach Pierre Lotis Novelle (1880) *Le Mariage de Pierre Loti*.
– VII: Cottard erscheint in der Uniform eines Obersten der *Î.* (im Text »Trauminsel«): *111*
Illusions perdues s. *Verlorene Illusionen*.
Imitatio Christi (um 1418): geistliches Werk von Thomas a Kempis.
– III: wird sachkundig in den Briefen der Salondamen zitiert: 663

Imprévu, L': Gedicht aus den *Fleurs du Mal* (1857) von Baudelaire.
– I: Anspielung auf die »köstliche Trompete« im *I.*: 248
Indiana (1832): Liebesroman von George Sand (dt. *Indiana*, 1833).
– I: hatte die Großmutter für M ausgesucht: 59
Inferno (um 1307): Erster Teil von Dantes *Göttlicher Komödie*.
– I: der Kreis Verdurin erscheint Swann als der innerste Kreis von Dantes *I.*: 395
– II: die Bibliothek im Grand-Hôtel Balbec erinnert M an Dantes *I.* wie auch an sein *Paradies*: 325
– III: die Ristori hat bei Mme de Villeparisis Verse aus dem *I.* vorgetragen: *271*
Iniusticia: Laster aus Giottos Zyklus der *Tugenden und Laster*.
– I: Swann fühlt sich durch Monsieur de Palancy an Giottos ungerechten Richter der *I.* erinnert: *451*
Invidia: Laster aus Giottos Zyklus der *Tugenden und Laster*.
– VI: ihre Gesten vermitteln den Eindruck wirklichen Handelns: 330
Invisible Man, The s. *Unsichtbare, Der*.
Iphigenie (1779): Oper von Christoph Willibald Gluck.
– III: Schwadroneure, die die erquickende Meinung verteten, die schönste *I.* sei die von Piccinni und nicht die von Gluck: *632*
Iphigénie en Tauride (1781): Oper von Niccolò Piccinni.
– III: die erquickende Meinung mancher Kritiker, die wahre *I.* sei die von Piccinni: *632*
Joseph (1807): Oper von Étienne Méhul.
– I: Ms Großvater summt eine Melodie aus *J.*: *131*
Josephs Legende (1914): Ballett zu einem Text von Harry Graf Kessler und Hugo von Hofmannsthal zu Musik von Richard Strauss. Die Uraufführung fand in Paris unter dem Titel *La Légende de Joseph* in einer Ausstattung von Joseph Maria Sert mit Kostümen von Léon Bakst statt.
– VI: die Aufführung von *J.* beschwor die Erinnerung an Carpaccio herauf: *328*
Journal, Le: Tagebuch von 1851 bis zu Edmond de Goncourts Tod 1896 der Brüder Edmond und Jules de Goncourt. Der 1851 bis 1895 umfassende Teil erschien in den Jahren 1886 bis 1896 in 9 Bänden. Das Tagebuch für 1896 erschien erst 1954 nach einer Reihe von Prozessen. Eine dt. Übers. von Cornelia Hasting, Petra-Susanne Räbel und Caroline Vollmann erschien

2013 in 11 Bänden unter dem Titel *Journal – Erinnerungen aus dem literarischen Leben 1851–1896* im Haffmans Verlag.
– VII: durch das *J.* hat M herausgefunden, dass Elstir der sog. »Tiche« ist: 39 f.
Journal d'un poète s. *Tagebuch eines Dichters.*
Journal officiel: Verlautbarungsblatt des Innenministeriums, das neben Gesetzestexten auch Parlamentsdebatten abdruckte.
– II: Vater Blochs unerlässliche Lektüre: *478*
Jüdin, Die (Oper) s. *Juive, La.*
Juive, La (1835): Oper von Fromental Halévy (dt. *Die Jüdin*).
– I: Ms Großvater trällert eine Melodie aus der *J.*: *130*
– II: M gibt Rachel den Beinamen »als vom Herrn« als Zitat nach der Arie des Eleazar: *207*
– IV: weiteres Zitat aus der *J.*: 336
Juives, Les (1583): Theaterstück von Robert Garnier, das die Rache Nebukadnezars II. am abtrünnigen König von Juda, Zedekia, behandelt, die zur babylonischen Gefangenschaft führt.
– II: hätte Gisèle in ihrem Schulaufsatz erwähnen müssen: *661*
junge Mann und der Tod, Der: *Le Jeune Homme et la Mort* (Urfassung Salon 1865, heute Fogg Art Museum, Harvard; zahlreiche spätere geringfügig veränderte Fassungen), Gemälde von Gustave Moreau.
– III: der Herzog von Guastalla wirkt in seinem Empire-Bett wie Moreaus Gemälde: *697* f.
Jupiter: legendäre goldene Statue von Phidias in Olympia.
– III: der Herzog von Guermantes wird mit Phidias' *J.* verglichen: 383
Jupiter und Semele (1895): Gemälde von Gustave Moreau.
– II: Anspielung auf den Jupiter in dem Gemälde: 376
Justice éclairant le Crime, La s. *Gerechtigkeit, die das Verbrechen erhellt.*
Kamel und die schwimmenden Stöcke, Das: Fabel von La Fontaine.
– IV: der Marquis von Cambremer scheint auch diese Fabel zu kennen: *501*
Karitas: Tugend aus Giottos Zyklus der *Tugenden und Laster*.
– I: die schwangere Küchenhilfe in Combray erinnert Swann an Giottos *K.*: *116* f., 170 f., 173
– VI: ihre Gesten vermitteln den Eindruck wirklichen Handelns: 330
Kartause von Parma, Die: *La chartreuse de Parme* (1839), Roman von Stendhal.

– I: M geht der Name »Parma« nicht aus dem Kopf, seit er die *K.* gelesen hat: *531*
– III: Saint-Loup findet die *K.* auch großartig: *141*; die Rue de Parme in Paris erinnert eher an einen Wartesaal als an die *K.*: 575; wir überbewerten einen Aufenthalt auf einem Schloss, nur weil wir dort Balzacs Vorwort zur *K.* gefunden haben: 737
– V: der Glockenturm, in den Abbé Blanès sich eingeschlossen hat: 514
s. auch im Namenregister *Sanseverina, Fabrizio, Mosca.*
– VI: Anspielung auf die Einleitung zur *K.*: 193
Kinderszenen (1838): Folge von dreizehn Stücken von Robert Schumann (op. 15).
– V: der wohlige Hintergrund von Stille in den *K.*: 342
Kindheit Christi, Die: *L'Enfance du Christ* (1854), Oratorium von Berlioz (op. 25), das zusammen mit Bachs *Osterkantante* und Wagners »Karfreitagszauber« (aus *Parsifal*) bei den Concerts Colonne am Karfreitag 1902 aufgeführt wurde.
– IV: Charlus hat es beim Concert Lamoureux mit einem Juden zum Nachbarn gehört: *698*
König Lear: *The Tragedy of King Lear* (1606), Schauspiel von William Shakespeare.
– VII: seine Locken prägen Charlus die Majestät eines König Lear auf: *238*, 326
Kreutzersonate, Die (1802): Komposition für Violine von Ludwig van Beethoven.
– VII: wird beim Empfang des Prinzen von Guermantes gespielt: *470* f.
Krieg und Frieden (1869): Roman von Leo Tolstoi.
– V: es tauchen immer wieder die gleichen Szenen auf: *516*
Kronjuwelen, Die: *Les Diamants de la Couronne* (1841), komische Oper von Daniel Auber; Text Eugène Scribe.
– I: M stellt sich darunter eine funkelnde Aigrette vor: *106*
– III: das Publikum ist begeistert, wenn es in *Salome* hört, was ihm in den *K.* nicht hatte gefallen dürfen: *604*; für den Herzog von Guermantes wirklich noch Musik: *659*
Lanzen, Die (1635): Gemälde von Diego Velasquez (= *Die Übergabe von Breda / Las lanzas*; Prado).
– III: wie in den *L.* sollte der Sieger auf den Besiegten zugehen: 744

Laster, Die: Freskenzyklus von Giotto in der Arena Kapelle in Padua.
– VI: M freut sich darauf, in Padua die *L.* zu sehen, von denen Swann ihm eine Reproduktion geschenkt hatte: 330

Latude oder fünfunddreißig Jahre der Gefangenschaft: *Latude, ou trente-cinq ans de captivité* (1834), Melodram von G. de Pixerécourt und A. Bourgeois (Musik von A. Picinni), das das Leben des Abenteurers Jean-Henri de Latude (1725–1805) beschreibt.
– IV: die Augen der Witwe Cambremer glänzen vor Dankbarkeit wie die von Latude in dem Stück *L.*: *298*

Launische Marianne, Die: *Les caprices de Marianne*, Komödie (1833; revidiert 1851) von Musset. In dem Stück spielen enge Mutterbeziehungen eine wesentliche Rolle.
– II: die Berma trat darin auf: *20*; eine Aufführung wird auf der Anschlagsäule angekündigt: 22

Lebe wohl! (1824): Liedkomposition von August Heinrich von Weyrauch, die früher Schubert zugeschrieben wurde.
– III: M sagt seiner Liebe zur Herzogin von Guermantes Lebewohl und singt weinend Schuberts *L.*: *501*

Legenda aurea (um 1264): lat. Sammlung von Heiligenlegenden von Jacobus de Voragine (1228/29–1298).
– IV: das wenig beweiskräftige Beispiel aus der *L.* von Schwangerschaft durch homosexuellen Geschlechtsverkehr: *18*
– VII: es sind nicht unbedingt die Frommen, die sich mit der *L.* am besten auskennen: *382*

Legende der heiligen Ursula (1490–95): neunteiliger Gemäldezyklus von Carpaccio für die Ursula-Kapelle der Basilica dei Santi Giovanni e Paolo im Auftrag der Scuola Sant'Orsola, einer venezian. Bruderschaft; seit Anfang des 19. Jh.s in der Accademia (Venedig).
– II: Elstir über die Schiffe in der *L.*: *641*

Légende des siècles, La: Versepos von Victor Hugo aus den Jahren 1859, 1877 und 1883. Proust sah die *L.* als Hugos Hauptwerk an.
– III: die Herzogin von Guermantes findet sie abscheulich: 660, 662; enthält nicht die »Gedanken«, die die Herzogin von Guermantes am Frühwerk Hugos so schätzt: 736
– V: Hugo wäre ohne die *L.* und die *Contemplations* bedeutungslos geblieben: *356*

Lehrjahre des Gefühls: *L'Éducation sentimentale* (1869), Roman von Gustave Flaubert.
– V: Morel hat eine Sprachmarotte aus *L.* übernommen: *217*
– VII: nicht die Güte seines Herzens hat Flaubert dazu bewegt, *L.* zu schreiben: 279
Lettres de Madame de Sévigné: Sammlung von Briefen ab 1671 der Marquise de Sévigné vorwiegend an ihre Tochter (diverse, fortlaufend erweiterte Ausgaben ab 1738; Publikation abgeschlossen nach einem Manuskriptfund 1878).
– II: Ms Mutter zitiert aus den *L.* zum Thema Tapferkeit: 306; Ms Großmutter zitiert aus den *L.* hinsichtlich der Verpflegung im Hotel: 366; Zitat aus den *L.* hinsichtlich Postempfang: 369 f.
– III: Françoises Ausdrucksweise à la Sévigné (*faire réponse*): 28; Ms Großmutter zitiert aus den *L.* im Zusammenhang mit der Marquise von den Champs-Élysées: 420
– IV: Zitate aus den *L.* in den Briefen von Ms Mutter an M: 238–240, 261, 284, 305, 323, 452, 577 f.
– V: Zitate aus den *L.* in den Briefen von Ms Mutter an M: 17, 186 f., 496
Lévrier de Magnus, Le (»Der Windhund des Magnus«): Gedicht von Leconte de Lisle, in *Poèmes tragiques* (1884).
– I: Bloch empfiehlt M die Lektüre: *130*
Liaisons dangereuses, Les (1741–1803): Roman von Choderlos de Laclos (dt. *Gefährliche Liebschaften*).
– V: das abstoßendste aller perversen Bücher: *518*
– VII: nicht die Güte seines Herzens hat Choderlos dazu bewegt, die *L.* zu schreiben: 279
Lied an den Abendstern: Publikumsliebling aus Wagners *Tannhäuser*.
– V: mit den *Meistersingern* verglichen ist das *L.* nur eine fade Armseligkeit: 355 f.
Lion amoureux, Le (1866): Komödie von François Ponsard (1814–67).
– III: die Erquickung eines Kritikers, der nach langer Bewunderung für *Hernani* verkündet, eigentlich den *L.* vorzuziehen: 633
Lohengrin (1850): Oper von Richard Wagner.
– I: das Licht in der Kirche von Combray fügt der Herzogin von Guermantes die Zartheit mancher Stellen aus dem *L.* hinzu: *248*
– III: die Herzogin von Guermantes hält *L.* für ein Meisterwerk: 659

– v: Vögel, die nicht seinem Schwan gleichen: 216
– vi: für jemanden, der nur das Duett aus dem *L.* kennt, wäre das Vorspiel zum *Tristan* schwerlich vorhersagbar: *378*

Lorsque l'enfant paraît: Gedicht aus den *Feuilles d'automne* (1831) von Victor Hugo.
– iii: Anspielung auf: 660

M'introduire dans ton histoire ... (1886): Gedicht von Stéphane Mallarmé.
– vi: M zitiert zwei Strophen aus dem Gedicht: *62*

Madame Bovary (1856): Roman von Gustave Flaubert.
– vii: nicht die Güte seines Herzens hat Flaubert dazu bewegt, *M.* zu schreiben: 279

Madame Charpentier et ses enfants (1878): Gemälde von Renoir.
– vii: die Poesie eines eleganten Haushalts ist darin besser aufgehoben als in einem Porträt von Cot oder Chaplin: *42*

Mademoiselle Lili: Heldin der Jugendbuchreihe *Bibliothèque de Mademoiselle Lili* (1865–1911) von Pierre-Jules Hetzel, erschienen unter dem Pseudonym P.-J. Stahl.
– iii: der Wintergarten der Mlle Lili tröstet über die Nacktheit des Winters hinweg: 582

Madonna della Melagrana (1485): Gemälde von Botticelli.
– i: eventuelle Anspielung auf die *M.*: *385*

Madonna del Magnificat (1480): Gemälde von Botticelli.
– i: eventuelle Anspielung auf die *M.*: *385*
– ii: Swann kauft eine Stola, die genau wie die der Madonna in dem Gemälde aussieht: *262*

Mädchen aus Marmor, Die: *Les Filles de marbre* (1853), Stück in 5 Akten von Théodore Barrière, das die kalte Liebe der Kurtisanen behandelt, und wie diese die Künstler von ihrem Werk abhalten.
– i: der Titel erinnert Swann an ein Abenteuer Odettes: 495

Mädchen mit dem Weinglas, Das (1659): Gemälde von J. Vermeer.
– i: Swann möchte das Gemälde in Braunschweig besichtigen: *485*

Mädchen mit den Goldaugen, Das: *La Fille aux yeux d'or* (1835); Novelle von Honoré de Balzac.
– vii: Gilberte liest die Novelle: 20

Mädchenfeinde, Die (1907): Roman von Carl Spitteler.
– vii: Charlus spielt auf den Antimilitarismus in dem Roman an: *122*

Maison du berger, La (1844): Gedicht von Alfred de Vigny.
– IV: M zitiert für Albertine aus dem *M.*: 367
Maître de Forges, Le (1884): Schauspiel (dt. *Der Hüttenbesitzer*, 1888, Reclams UB 2471) nach dem gleichnamigen Teil II (1882; dt. Stuttgart 1889, Engelhorn) des Romanzyklus *Les Batailles de la vie* von Ohnet.
– I: Mme Cottard zieht den *M.* noch *Serge Panine* vor: 355
Maîtres sonneurs, Les (1853): Roman von George Sand, dt. *Die Musikanten-Zunft* (1856).
– I: M bekommt das Buch von seiner Großmutter zum Namenstag geschenkt: 59
Malade imaginaire, Le (1673): Komödie von Molière (dt. *Der eingebildete Kranke*).
– III: das »makkaronische Latein« der Ärzte: 684
– IV: Anspielung auf die Figur Purgon: 403
Mann und die Natter, Der: Fabel von La Fontaine.
– IV: der Marquis von Cambremer kennt nur diese Fabel von La Fontaine: 450
Manon (1884): Oper von Massenet, Libretto von Henri Meilhac und Philippe Gille nach dem Roman *Histoire du Chevalier Des Grieux et de Manon Lescaut* des Abbé Prévost.
– VI: eine Nachbarin von M spielt Melodien aus *M.*, deren Worte M zitiert und auf Albertine bezieht: 55 f.
Mare au Diable, La (1846): Roman von George Sand (dt. unter variierenden Titeln, u. a. *Der Teufelssumpf*, 1865).
– I: M bekommt das Buch von seiner Großmutter zum Namenstag geschenkt: 59
Mari de la Débutante, Le (1879): Komödie in 4 Akten von Henri Meilhac und Ludovic Halévy (dt. *Der Mann der Debutantin*, 1879, Reclams UB 1216).
– III: die Abwesenheit hoher Gedanken in einer Szene des Stücks erschien M als lehrreich und von höchster Eleganz: 55
Mariage forcé, Le (1664): Komödie von Molière; als Ballettkomödie mit Musik von Jean-Baptiste Lully im Louvre uraufgeführt.
– III: Brichot spielt auf Sganarelles Verweis auf Aristoteles' Kapitel über Hüte an: 286

Martyrium des hl. Jakobus (1450–54): Fresko von Andrea Mantegna in der Eremitani-Kirche in Padua (heute zerstört).

– I: ein Diener von Mme de Saint-Euverte wirkt so unbeteiligt wie ein Soldat in Mantegnas *M.*: *445 f.*

Maximes et Réflexions morales (1664): Sammlung von Aphorismen von François de La Rochefoucauld.

– III: Legrandin findet, Mme de Villeparisis' klare Diktion ähnelt der La Rochefoucaulds: 270

– V: Charlus zitiert eine seiner Maximen: 413

Médecin malgré lui, Le (1666): Komödie von Molière; dt. *Der Arzt wider Willen.*

– IV: Anspielung auf das Stück im Zusammenhang mit Prof. E***: 63

Meistersinger von Nürnberg, Die (1868): Oper von Richard Wagner, die selbst das Komponieren und den Kunstgesang zum Gegenstand hat.

– I: Mme Verdurin fände es unpassend, nur das Vorspiel zu spielen: *286*

– II: selbst in den *M.* ist es schwierig zu verstehen, wie ein Künstler Musik erfinden kann, indem er dem Gezwitscher der Vögel lauscht: *175*

– V: mit den *M.* verglichen sind das *Lied an den Abendstern* oder *Elisabeths Gebet* nur fade Armseligkeiten: 355 f.

Mémoires complets et authentiques du duc de Saint-Simon sur le siècle de Louis XIV et la Régence: Memoiren des Herzogs von Saint-Simon; erste vollständige Publikation 1856–58. (Dt. *Erinnerungen von Louis de Rouvroy, duc de Saint-Simon, an seine Zeit 1691–1723 am Hof Ludwigs XIV.*; erstmals 1829/30 herausgegeben.)

– I: Swann erzählt eine Anekdote aus Saint-Simons *M.*: *40–42*

– VI: Charlus zitiert gern eine Stelle aus den *M.*: 245

– VII: M maßt sich nicht an, so etwas wie Saint-Simons *M.* erschaffen zu wollen, obwohl diese ebenfalls hauptsächlich bei Nacht geschrieben wurden: 496

Mémoires d'Outre-tombe: 42bändiges Memoiren-Werk von François-René de Chateaubriand, publiziert 1849/50; dt. *Erinnerungen von jenseits des Grabes.*

– V: die Legenden in seinen *M.*: 43; seine *M.* sind Sainte-Beuve nicht offenherzig genug: *448*; der blaue Mond in seinen *M.*: 557

– VII: Beispiele für unwillkürliche Erinnerung in den *M.*: 51, *322* f.

Menechmes: Komödie von Plautus, die die extreme Ähnlichkeit zweier Brüder nutzt.

– II: Gilberte ist zuweilen so verändert, dass man glaubt, einer Täuschung jener Art erlegen zu sein, wie sie *M.* zugrunde liegt: *193*

menschliche Komödie, Die: *La Comédie humaine*, Romanzyklus von Honoré de Balzac. Den zusammenfassenden Titel gab Balzac seiner Folge ursprünglich als voneinander unabhängig konzipierter Romane 1842.

– IV: Charlus schwärmt von der *M.*: *624*

– V: der Titel eine von Balzac nachträglich gefundene Klammer für seine Romane: *213 f.*

Menteur, Le (1644): *Der Lügner*, Stück von Corneille, in dem er (2. Akt, 5. Szene) die Neubauten von Paris aufzählt.

– III: Essayisten, die den Straßenkatalog aus dem *M.* über die berühmtesten Szenen aus *Polyeucte* oder *Le Cid* stellen: *633*

Mérope (1713): Tragödie von Scipione Maffei um eine Königin von Messina; bekannter in der Bearbeitung durch Voltaire (1743).

– III: das Erstaunen des Reisenden, der im Dschungel auf einen Eingeborenen trifft, der gerade *M.* liest: *704*

Michel Strogoff (1880): Stück von Jules Verne nach seinem gleichnamigen Roman.

– I: Gilberte wird sich das Stück ansehen: 559

Milchmädchen und die Milchkanne, Das: Fabel von La Fontaine.

– II: Anspielung auf den »Gros-Jean« der Fabel: 416

Milles et Une Nuits, Les (Galland) s. *Tausendundeine Nacht*.

Milles Nuits et Une Nuit, Les (Mardrus) s. *Tausendundeine Nacht*.

Miracle de Théophile, Le (um 1260): Versspiel von Rutebeuf um einen Teufelspakt. Eine Darstellung der Legende in mehreren Bildern findet sich im Tympanon des Nordportals von Nôtre Dame, Paris (Abb. bei É. Mâle, *L'Art religieux du XIIIe siècle en France*, [6]1925).

– I: in alten Stadtvillen arbeiten Arbeiter zwischen Skulpturen, die das *M.* darstellen: 45

Misanthrope, Le (1666): *Der Menschenfeind*, Komödie von Molière.

– II: ein vorzügliches Aufsatz-Thema: *628* f.

– VII: Mounet-Sullys und Coquelins Auffassung vom *Le M.*: *409*

Modern Painters (1843): kunsthistorisches Werk von John Ruskin.

– I: Zitate zu Venedig: 536, 537

Mohicans de Paris, Les (1854): vollst. Titel *Salvator et les Mohicans de Paris* (dt. *Salvator: Die Mohicaner von Paris*); Roman von A. Dumas d. Ä.

– III: der Herzog von Guermantes schwärmt für die *M.*: *659*

Moments musicaux (zwischen 1823 und 1828): Titel von Schuberts op. 94 (»musikalische Augenblicke«).

– III: der vorübergehende Überschwang, den Frauen wie die Herzogin von Guermantes als einen Moment musical genießen: *732*

Mona Lisa (*La Gioconda*, um 1503): Gemälde von Leonardo da Vinci (Louvre).

– II: die Überlegenheit der *M.* wird nicht durch den bewundernden Ausruf eines Bauern erklärt: *34*

Müller und sein Sohn, Der: Fabel von La Fontaine.

– III: die Gattin des türkischen Botschafters spielt auf die Fabel an: 721

Muhammad II. (1480): Porträt des Sultans Muhammad II. von Gentile Bellini.

– I: Bloch erinnert Swann an Muhammad II. in Bellinis Porträt: *139*, 487 f.

Nacht der Kleopatra, Die: *Une Nuit de Cléopâtre* (1885), Oper von Victor Massé (gest. 1884), postum an der Opéra-Comique uraufgeführt; nach der gleichnamigen Novelle von Th. Gautier.

– I: die Verdurins wollen Odette zu einer Vorstellung der *N.* mitnehmen: *397*

Nachtwache, Die (1642): Gemälde von Rembrandt, das Proust 1902 im Rijksmuseum Amsterdam besichtigte.

– I: der Maler bei den Verdurins kann den Kniff der *N.* nicht herausfinden: *351*

– V: der phantastische Aufzug in Rembrandts *N.*: *518*

Neunte Symphonie, Die (1824): Symphonie in d-Moll, op. 125, von Ludwig van Beethoven.

– I: Mme Verdurin fände es unpassend, nur das Finale zu spielen: *286*

Nike von Samothrake: griechische Statue von ca. 190 v. Chr. der Siegesgöttin Nike; heute im Louvre.

– III: Der Herzog von Guermantes neigt zu Frauen irgendwo zwischen *Venus von Milo* und *N.*: 644

Nuit d'octobre, La (1837): Gedichtzyklus von Alfred de Musset.

– III: Mme d'Arpajon schreibt einen Vers aus der *N.* Victor Hugo zu: 666

– VI: Charlus trägt Morel daraus vor: *260* f.

– VII: Musset trauert in *La N.* und in *Le Souvenir* der »Ungetreuen« nach: *310*

Nuit de Cléopâtre, Une s. *Nacht der Kleopatra, Die*

O sole mio: neapolitan. Volkslied, bekannt geworden in der Komposition (1898) von Eduardo di Capua auf ein Gedicht von Giovanni Capurro in neapolitan. Sprache.

– VI: Marcel hört in Venedig einen Gondoliere das Lied vortragen, während er seine Einsamkeit (*so*litude) beklagt: 336–339

Oden: zwei Sammlungen von Gedichten (23 und 13 v. Chr.) von Horaz nach altgriechischem Vorbild.

– V: Brichot zitiert bei sich aus einer (vermutl. der 3. oder 4.) Horazschen Ode: *449*

Odyssee, Die: altgriechisches Versepos, das die hindernisreiche Rückkehr des Helden Odysseus vom Trojanischen Krieg zu seiner Heimatinsel Ithaka erzählt.

– I: die normannische Küste erinnert Legrandin an das Land der Kimmerier in der *O.*: *183*

– VII: wie Odysseus in der *O.* seine tote Mutter, so erkennt M einen ehemaligen Schulkameraden nicht wieder: 357; Odettes Stimme klingt so flehend wie die der Toten in der *O.*: 365

Ödipus: *Ödipus Rex* (*König Ödipus*) oder *Ödipus auf Kolonos*, zwei Tragödien von Sophokles.

– VII: Charlus' Hochmut ist gebrochen wie der von Sophokles' Ödipus: 239

Ödipus Rex: *König Ödipus*, Tragödie von Sophokles; in einer neuen Übers. von Jules Lacroix 1892 an der Comédie-Française aufgeführt.

– I: eines der Stücke, deren Ankündigung M auf der Litfaßsäule liest: *106*

– IV: Mounet-Sully im *Ö.* zu sehen ist laut Charlus nur Kaka: *651*

Olympia (1865): Gemälde von Édouard Manet; hängt seit 1907 neben Ingres' *Grande Odaliske* (1814) im Louvre.

– III: die Älteren glaubten, sie werde für immer ein Greuel bleiben: *566*; die Herzogin von Guermantes ist mit der Großfürstin an ihr vorbeigekommen: *700*

Olympios Trauer s. *Tristesse d'Olympio, La.*

Oncle et neveu: vermutl. ist das Theaterstück *Oncle ou neveu?* (1892) von Paul Desfeuilles nach Schillers *Der Neffe als Onkel* (1803) gemeint.

– IV: über die Ähnlichkeiten zwischen Onkeln und Neffen: *136*

Orpheus: entweder *Orpheus in der Unterwelt* von Offenbach, 1858 und 1874 in Paris aufgeführt, oder *Orpheus und Euridike* von Gluck (1762); letzteres 1859 durch Berlioz in Paris aufgeführt.

– I: Swann lauscht bei Mme de Saint-Euverte einer Arie aus *Orpheus*: 451

Orpheus in der Unterwelt: *Orphée aux enfers* (1858), Operette von Jacques Offenbach, Text Hector Crémieux.

– II: einer der Palais von Gabriel erinnert M an ein Bühnenbild in *O.*: 88

Orphische Hymnen: Eine Sammlung von 83 kurzen Gedichten Hesiods, mit den Überschriften »Der Duft des/der [Gottheit]« und Untertiteln, die den jeweiligen Duft benennen.

– IV: das Begehren nach einer Frau ist ebenso unbestimmt wie das Begehren bestimmter Götter nach bestimmten Düften in den Hymnen: 328

Paradies: dritter Teil von Dantes *Göttlicher Komödie*.

– II: die Bibliothek im Grand-Hôtel Balbec erinnert M an Dantes *Inferno* wie auch an sein *P.*: 325

Parfum exotique: Gedicht in *Les Fleurs du Mal* von Baudelaire.

– VII: Saint-Loup zitiert daraus: 323

Parmi les hommes: Madame Verdurins Wiedergabe des Titels *Au milieu des hommes* gegenüber Charlus; siehe *Au milieu des hommes*.

Parsifal (1882): Oper von Richard Wagner.

– IV: Mme de Cambremer findet *Pelléas* noch schöner als *P.*: 293

Pastorale, Die (1807/08): Beiname der 6. Symphonie von Beethoven.

– III: M hört bei Charlus die *P.* durch die Wand: 753

Patriarch von Grado heilt einen Besessenen, Der (1494): Gemälde von Carpaccio.

– VI: die Schornsteine in Carpaccios *P.* erinnern an das Venedig Whistlers: 328; M findet Albertines Fortuny-Mantel in Carpaccios Gemälde wieder: 329

Pauvre fou s. *Armer Tor*.

Pêcheur d'Islande (1886): Roman von Pierre Loti; dt. *Islandfischer*.

– V: M wollte der Prinzessin von Luxemburg den Roman zu lesen geben: 262

Pelléas et Mélisande: Drama von Maurice Maeterlinck, als Oper vertont von Claude Debussy. Urauff. der Oper 1902 an der Opéra-Comique, Urauff. des Dramas 1893 am Théâtre des Bouffes-Parisiens, mit S. Bernhardt als Pelléas.

– IV: eine adlige Dame aus Avranches fand es schrecklich: *290*; Renée de Cambremer schwärmt dafür: 292 f., 296 f.; Glockenläuten erinnert M an *P.*: 304; Monsieur de Chevregny fand es unbedeutend: 673
– V: Händlerrufe erinnern M an Stellen in *P.*: 154 f.
Pensée d'automne (1887): Komposition von Jules Massenet.
– V: Albertine singt einen Vers daraus: *10*
Pensées, Les (1669): Werk von Blaise Pascal; dt. *Gedanken*.
– I: man sollte die *P.* in die Zeitung setzen und den Bericht über die Hochzeit der Königin von Griechenland in einen Band mit Goldschnitt binden: 41
– VI: man kann in einer Seifenreklame ebenso kostbare Entdeckungen machen wie in den *P.* von Pascal: 183
Perseus (1554): Statue von Benvenuto Cellini (*Perseus enthauptet Medusa*) in der Loggia dei Lanzi in Florenz.
– II: der bewundernde Ausruf eines Bauern kann nicht die Überlegenheit des *P.* erklären: *34*
Peter Schlemihls wundersame Geschichte (1814): Märchen von Adalbert von Chamisso, d. i. Louis Charles Adelaide de Chamisso (1781–1838).
– II: Nissim Bernard spielt auf den *Sch.* an: *473*
Petite Fadette, La (1849): Roman von George Sand, dt. *Die kleine Fadette* (1889, Reclams UB 2517).
– I: M erhält das Buch von seiner Großmutter zum Namenstag: 59
– V: der gelungene Kompromiss zwischen dem Provinziellen und dem Literarischen in der *P.*: 43
Pfarrer von Tours, Der: *Le curé de Tours* (1832), Roman von Balzac; Teil des Zyklus *Die menschliche Komödie*.
– IV: Charlus schwärmt von den kleinen Fresken aus dem *Pf.*: *624*
– VII: Swann wäre außerstande gewesen, *Der Pf.* zu schreiben: 40
Phädra: *Phèdre* (1677), Bühnenstück von Racine um die zweite Gattin des athenischen Königs Theseus, die sich in ihren Stiefsohn Hippolyt verliebt, von diesem abgewiesen wird und grausame Rache nimmt.
– I: M ist begeistert von Bergottes Ausführungen über *Ph.*: 136; Swann ist begeistert von der Berma in *Ph.*: 139
– II: M darf in die Matinee mit der Berma als Phädra gehen: *17*, 20; Ms innere Vorbereitung auf den Theaterbesuch: 22–26; die Vorstellung: 30–35; Ge-

spräch mit Norpois über die Vorstellung: 42–44; die Zeitungsrezension der Vorstellung: 75; Gespräch mit Bergotte und Swann über die Berma als Phädra: 184–186; Charlus vergleicht die Leidenschaftlichkeit der Sévigné mit der, die Racine in *Ph.* darstellt: 460
– III: M sieht *Ph.* in der Oper: 46, 48, 55, 57, 60 f., 64 f., 73 f.; M hat Bergotte am Abend der *Ph.* gemieden: 284; die erquickende Meinung mancher Kritiker, die wahre *Ph.* sei die von Pradon: 632
– IV: M hat Albertine in *Ph.* geschickt: *67*, 178, 187
– VI: die Handlung von *Ph.* vereinigt die beiden Fälle Gilberte und Albertine in sich: 65–68
– VII: Charlus will *Ph.* oder *Les Saltimbanques*, aber nichts dazwischen: *196*; die *Ph.*-Aufführungen sind angeblich nicht gefährlich für die hinfällige Berma: 429

Poème d'amour (1879): Zyklus von 6 Melodien von Jules Massenet zu Gedichten von Paul Robiquet (1848–1928).
– V: Albertine singt diesen »alten Gassenhauer«: *10*

Polowetzer Tänze s. *Fürst Igor*.

Polyeucte (1642): Tragödie von Corneille um den Märtyrer Polyeucte von Melitene (gest. 259).
– II: Bloch schreibt zwei Verse aus *P.* Voltaire zu: 617
– III: Essayisten, die den Straßenkatalog aus dem *Menteur* über die berühmtesten Szenen aus *P.* stellen: *633*

Portrait de Madame Récamier (1800): Gemälde von Jacques-Louis David.
– VII: Madame de Saint-Euvertes hingestreckte Haltung auf der Chaiselongue erzeugt eine Art Récamier-Effekt: *469*

Postillon de Longjumeau, Le (1836): Oper von Adolphe Adam (dt. *Der Postillon von Lonjumeau*).
– V: der *P.* und Nietzsche: 212

Pré-aux-Clercs, Le (1832): komische Oper von Louis Joseph Ferdinand Herold (dt. u. d. T. *Der Zweikampf*).
– III: für den Herzog von Guermantes wirklich noch Musik: *659*

Primavera, La (um 1482/87): Gemälde von Botticelli (Uffizien); Allegorie des Frühlings.
– I: Swann möchte noch tiefer in das Geheimnis der Seele der Primavera Botticellis eindringen: *431*

Princesse de Clèves, La (1678): Gesellschaftsroman von Madame de La Fayette (dt. *Die Prinzessin von Kleve*).
– I: Swann ist der Bezug der Grundkonzeption von Liebe und Glück ebenso klar wie der des Namens der P.: *480*
– II: ein mögliches Aufsatzthema für Gisèle: 658
– IV: ein invertierter Jugendlicher mag bei der Lektüre von *La P.* wiedererkennen, was er empfindet: 38
Prinzessin von Kleve, Die s. *Princesse de Clèves, La.*
Raskolnikow (1866): Roman von F. Dostojewski.
– V: M spielt auf die Ermordung eines Geldverleihers durch R. in dem Roman an: *514*
Réflexions (La Rochefoucauld) s. *Maximes et Réflexions morales.*
Reine Topaze, La (1856): komische Oper von Victor Massé.
– I: Odette sieht glücklich aus, weil sie in die *R.* gehen kann: *339*
René (1802): Prosaepos von François-René de Chateaubriand.
– I: Swann ist der Bezug der Grundkonzeption von Liebe und Glück ebenso klar wie der des Namens R.: *480*
Rêve, Le (1888): patriotisches Gemälde von Édouard Detaille.
– IV: Mme de Villemur macht Platz für den Schöpfer des *R.*: 54
Revue des Deux Mondes, La: 1829 gegründet, 1893–1906 von Ferdinand Brunetière geleitet; akademisch-klassizistisch; machte sich für eine frz.-russ. Allianz stark.
– II: Norpois ist mit dem Herausgeber der *R.* bekannt: *19*, 36
– VII: Verdurin war Kritiker der *R.*: 24
Ring des Nibelungen, Der: Opernzyklus von Richard Wagner; erste komplette Aufführung in Bayreuth 1876.
– V: die nachträgliche Einheit des *R.*: 211–215
Rob Roy (1817): Roman von Walter Scott.
– IV: ein Jugendlicher weiß vielleicht gar nicht, ob er bei der Lektüre von *R.* eher Diana Vernon oder Rob Roy begehrt: *38*
Robert le Diable (1831): Oper von G. Meyerbeer nach einem Libretto von E. Scribe (dt. *Robert der Teufel*).
– IV: Morel spielt statt Debussy etwas vom Schöpfer des *R.*: *488*
Römer der Verfallszeit, Die (1847): Gemälde von Thomas Couture.
– V: Charlus spielt auf die Philosophengruppe in dem Gemälde an: *389*

Rolandslied: *La Chanson de Roland*, zwischen 1075 und 1110 entstandenes altfrz. Versepos, das im ersten Teil den Tod des Heerführers Roland bei Ronceval im Kampf der Truppen Karls d. Gr. gegen die Sarazenen besingt. Verschiedene deutsche Städte reklamieren Roland für sich, wahrscheinlich aber war er ein bretonischer Markgraf.
– I: Françoises Vorstellungen von Trauer gleichen denen des *R.*: *215*

Romeo und Julia: *Romeo and Juliet* (1597); Bühnenstück von William Shakespeare.
– IV: Jupien und Charlus als Romeo und Julia: 44

Rosenwalzer: *Valse des Roses* (1863) von Olivier Métra (1830–89), dem Orchesterchef am Châtelet und an den Folies-Bergères.
– I: eines der Lieblingsstücke Odettes: *326*

Salammbô (1862): historischer Roman von Flaubert aus der Zeit der Herrscherfamilie Barkas in Karthago.
– III: der belesenen Gräfin von Arpajon fällt nicht der Name des Autors ein: 657

Salome (1905): Oper von R. Strauss, nach einem Stück von Oscar Wilde; Urauff. in Dresden, Pariser Erstauff. 1907.
– III: die vornehme Welt ist dankbar, wenn sie in *S.* hören darf, was ihr in *Les Diamants de la Couronne* nicht hatte gefallen dürfen: *604*

Saltimbanques, Les (1899): Operette (»Die Gaukler«) von Maurice Ordonneau, Musik von Louis Ganne.
– VII: Charlus will *Phädra* oder *Les S.*, aber nichts dazwischen: *196*; 237, 310, 433

Samson und Dalila: Oper von Saint-Saëns zu einem Text von F. Lemaire. Urauff. in Weimar 1877; die Uraufführung einer erweiterten Fassung fand 1890 in Paris am Théâtre des Arts statt.
– I: Ms Großvater trällert eine Melodie aus *S.* (»Israel, brich deine Ketten«): *130*

Sankt Georgs Legende, Die (1502–07): Triptychon von Carpaccio in San Giorgio degli Schiavoni, Venedig.
– II: M würde gern die Carpaccios in San Giorgio besichtigen: 20

Sankt Hieronymus Legende, Die (1502–07): Triptychon von Carpaccio in San Giorgio degli Schiavoni, Venedig.
– II: M würde gern die Carpaccios in San Giorgio besichtigen: 20

Scheherazade (1910): Ballett der Ballets Russes in der Choreographie von Michel Fokine (Michail Fokin) nach der 1. Geschichte aus *Tausendundeine Nacht* zu einer Komposition (1888) von Nikolai Rimski-Korsakow.

– V: Schlaflosigkeit nach der Begeisterung über eine Aufführung: *320*; der afrikanische Einfluss darin: *321*

Schlafende Boas, Der s. *Booz endormi.*

Schöne Helena, Die: *La Belle Hélène* (1864), Operette von H. Meilhac und L. Halévy, Musik J. Offenbach.

– II: in der Epoche der *Sch.* gelebt zu haben erscheint Saint-Loup als eine existentielle Katastrophe: *420*

– VI: der Erzähler zitiert einen Vers aus der Operette: *361*

Schöpfung, Die: Folge von fünf Deckenfresken von Michelangelo in der Sixtinischen Kapelle.

– I: die Mistelkugeln im Bois sind so rund wie Sonne und Mond in Michelangelos *Sch.*: *580*

Schuld und Sühne s. *Raskolnikow.*

Schwarze Domino, Der s. *Domino Noir, Le.*

Schwiegersohn des Herrn Poirier, Der: *Le Gendre de M. Poirier* (1854), Komödie von Émile Augier und Jules Sandeau (1864 mit Bressant, 1880 mit Thiron; dt. 1913, Reclams UB 1499).

– II: Ms Eltern ahmen den Tonfall Norpois' nach, wie sie es auch mit Schauspielern im *Sch.* getan hätten: *80*

Secret, Le (1881): Komposition von Fauré zu einem Text von Paul Silvestre.

– VI: der Titel der Komposition führt M assoziativ zum Namen Chaumont: *182*

Secret du roi, Le. Correspondance sécrète de Louis XV avec ses agents diplomatiques, 1752–74 (hrsg. von Albert Duc de Broglie, Paris 1878): Das Buch enthält die Geheimkorrespondenz der Könige Ludwig XV. und Ludwig VI., die diese mit Informationsquellen im Ausland und insbes. in Polen in den vierziger und fünfziger Jahren des 18. Jh.s führten, deren Netz heute als ein Vorläufer eines Auslandsgeheimdienstes angesehen wird. Es wurde vom Prince de Conti und danach vom Comte Charles-François de Broglie geleitet, einem Großonkel des Herausgebers.

– VI: das Lied *Le Secret* führt M assoziativ über *Le S.* und Broglie auf Chaumont: *182*

Serge Panine (1886): Theaterstück von Georges Ohnet nach dem gleichnamigen Teil I (1881; Preis der Akademie) seines Romanzyklus *Les Batailles de la vie* (1882).

– I: Swann geht ein zweites Mal in S., um sich in Odettes Vorstellungswelt versetzen zu können: *341*; Mme Cottard zieht S. dem *Maître de Forges* sogar noch vor: 355

Servitude et grandeur militaires (1835): Novellensammlung von Alfred de Vigny; dt. *Soldatenschicksal.*

– VII: der Erzähler verwendet den Begriff der »männlichen Schamhaftigkeit« aus Vignys S.: 75

Sesame and Lilies (1868): kunsthistorisches Werk von Ruskin, ins Französische übersetzt von Proust unter dem Titel *Sésame et les lys* (1906).

– VII: Jupien spielt auf Ms Übersetzung von Ruskins S. an: *199*

Sieben Prinzessinnen, Die: *Les Sept Princesses* (1891), lyrisches Drama von Maurice Maeterlinck, *s.* dort.

– III: die Herzogin von Guermantes findet nur Hohn und Spott für die S.: 308, 335 f.

Siegfried (1876): Oper von Richard Wagner.

– VII: Saint-Loup fühlt sich an der Front durch Vogelgezwitscher an S. erinnert: 90

Sintflut, Die: *Le Déluge* (1876), Oratorium von Camille Saint-Saëns; Wiederauff. 1905.

– III: ein Krieg wäre noch »katastrophischer« als die S.: 556

Sommernachtstraum, Ein: *A Midsummer Night's Dream* (1605), Komödie von William Shakespeare.

– I: Elfen aus dem S. haben Ms Nachttopf in ein Duftgefäß verwandelt: 170

Sonnet au lecteur (1850): Gedicht von Alfred de Musset.

– VI: der Erzähler zitiert daraus: *222*

Sonnets pour Hélène (1578): Gedichtzyklus von Pierre de Ronsard.

– VI: Robert zeigt beim Anblick von Albertines Fotografie nicht die Ergriffenheit der trojanischen Greise, die Helena vorübergehen sehen: *35*

Source, La (1856): Gemälde von Ingres (Mus. d'Orsay).
– III: nach Meinung des Herzogs von Guermantes lohnt es nicht, sich über Elstirs Bilder den Kopf zu zerbrechen, als ob es um *La S.* ginge: 672
Souvenir, Le (1841): Gedicht von Alfred de Musset.
– VII: Musset trauert in *La Nuit d'octobre* und in *Le S.* der »Ungetreuen« nach: 310; Rachel rezitiert beim Empfang des Prinzen von Guermantes *Le S.*: 413
Steppenskizzen aus Zentralasien (1880): Komposition von Alexander Borodin.
– V: Albertine spielt die *S.* auf dem Pianola: *521*
Stones of Venice, The (1851): kunsthistorisches Werk von John Ruskin; dt. *Die Steine von Venedig.*
– I: Zitat: 538
Sylvestre Bonnard s. *Crime de Sylvestre Bonnard, Le.*
Sylvie (1853): Roman von Gérard de Nerval.
– VII: seine Lektüre löst eine ähnliche Empfindung aus wie der Geschmack der Madeleine: *323*
Symposion, Das s. *Gastmahl, Das.*
Szenen aus dem Leben in der Provinz: *Scènes de la vie de province* (1834, 1842, 1843), dreiteiliger Teilzyklus von Balzacs *Die menschliche Komödie.*
– IV: die Cambremers erscheinen Charlus wie Figuren aus den *Sz.*: *679*
Szenen aus dem Leben des Mose (1481/82): Fresko von Botticelli in der Sixtinischen Kapelle; darin ist neben anderen die Szene enthalten, wie Moses Wasser in einen Trog schüttet, um die Schafe der Töchter Jethros zu tränken.
– I: Zipporah, eine Tochter Jethros, erinnert Swann an Odette: *386*
Tagebuch eines Dichters: *Journal d'un poète* (1867), Aufzeichnungen von Alfred de Vigny.
– I: Swann erinnert sich schmerzlich an eine Zeile aus Vignys *T.*: *504*
Tannhäuser und der Sängerkrieg auf Wartburg (1845): Oper von Richard Wagner.
– IV: Charlus sieht sich als der Markgraf, der im *T.* die Gäste auf der Wartburg begrüßt: *72*
– V: wurde in Paris ausgepfiffen: *371*
Tartarin de Tarascon (1872): Roman von Alphonse Daudet.
– V: M wollte der Prinzessin von Luxemburg den *T.* zu lesen geben: *262*

Tausendundeine Nacht: dt. Übersetzung der arabischen Märchensammlung *Alf laila wa-laila*. Frz. *Les Milles et Une Nuits* (1704–17, 12 Bde.), eine auf Jugendfreiheit gekürzte Übersetzung durch Antoine Galland (1646–1715), aber immerhin die erste europäische, und *Les Milles Nuits et Une Nuit* (1899–1904, 16 Bde.), vollständige und originalgetreue Übersetzung durch Joseph-Charles Mardrus (1868–1949).
– IV: seine Mutter schenkt M die Übersetzung *Les Milles Nuits et Une Nuit* von Mardrus und die Übersetzung *Les Milles et Une Nuits* von Galland, sähe es jedoch lieber, er würde sich an die von Galland halten: 323
– V: in *T.* entzücken uns Lügengeschichten: 194; M wäre gern eine Figur aus *T.*: 326; ein symphonisches Blatt Vinteuils enthüllt alle Geschmeide aus *T.*: 343
– VI: M findet sich in Venedig in immer neuen, unbekannten Vierteln wieder, wie eine Person aus *T.*: 333
– VII: M hatte wie der Kalif in *T.* jemandem zu Hilfe eilen wollen: *199*; ist eines der Vorbilder für Ms geplantes Buch: 496
s. auch *Tausendundeine Nacht* im Themenverzeichnis
Telemach: *Les Aventures de Télémaque, fils d'Ulysse* (1694–96), Abenteuer-, Reise- und Bildungsroman von François de Salignac de La Mothe-Fénelon; dt. *Die seltsamen Begebenheiten des Telemach*, 1733.
– IV: Mme Poussin sagt »Fénélon«, um den sanften Sänger des *T.* nicht zu brüskieren: 240 f.
ténébreuse affaire, Une (1841): Roman von Honoré de Balzac, in dem Napoleon sich mit einer Mademoiselle de Cinq-Cygne unterhält; dt. *Eine dunkle Affäre*.
– III: Napoleon hat mit den Desmoiselles de Cinq-Cygne gesprochen: *720*
Théodora (1884): Theaterstück von Victorien Sardou um die namengebende byzantinische Kaiserin.
– VII: M sieht in der Schauspielerin Rachel eine Art *Th. 14*
Trauminsel, Die s. *Île du rêve, L'.*
Tristan und Isolde (1865): Oper von Richard Wagner.
– III: die abwegige Kritik findet den *T.* todlangweilig, findet aber doch immerhin eine hübsche Note des Horns darin: *634*; die Herzogin von

Guermantes findet selbst im *T.* hier und da eine bemerkenswerte Passage: 659
– IV: das schließliche Klingeln des Telefons ist für M wie das winkende Tuch oder die Hirtenschalmei im *T.*: 185 f.
– V: M legt die *T.*-Partitur über die von Vinteuil: *211*; die Hirtenschalmei des *T.*: 213; M hört die Hammerschläge Siegfrieds im *T.*: 215; das *Lied an den Abendstern* und *Elisabeths Gebet* sind armselige Sachen im Vergleich mit *T.*: 356
– VI: für jemanden, der nur das Duett aus dem *Lohengrin* kennt, wäre das Vorspiel zum *T.* schwerlich vorhersagbar: *378*
Tristesse d'Olympio: episches Gedicht aus der Sammlung *Les Rayons et les Ombres* (1840) von Victor Hugo.
– IV: Swann hätte Herreras Träumerei als *Olympios Trauer* der Päderastie bezeichnet: 624, 628
Tugenden und Laster, Die (1304–13): Freskenzyklus von Giotto in der Arena-Kapelle in Padua, darunter die *Karitas*, die *Iniusticia* und die *Idolatrie*; s. auch *Karitas*, *Injusticia* bzw. *Idolatrie*.
– I: Françoises schwangere Haushaltshilfe ähnelt den Matronen aus dem Zyklus: *116*
– III: Giottos allegorische Figuren erscheinen M im Schlaf: 196
– VI: M freut sich darauf, in Padua die *T.* zu sehen, von denen Swann ihm eine Reproduktion geschenkt hatte: 330
Übergabe von Breda, Die s. *Lanzen, Die*.
Ultima verba: Gedicht aus der Sammlung *Les Châtiments* (1852) von Victor Hugo.
– III: Zitat: 596
Unsichtbare, Der: *The Invisible Man* (1897), Roman von H. G. Wells.
– III: Monsieur Pierre zwängt sich manchmal in einen Gehrock wie der unsichtbare Mann von Wells: 259
Ursula-Zyklus (1490–95): Zyklus aus einem Altarbild und acht Leinwandgemälden von Vittore Carpaccio für die Scuola Sant'Orsola in Venedig, der die Legende um die hl. Ursula von Köln in transponierter Form wiedergibt: die christliche Bretagne und das (im 4. Jh.) heidnische England werden durch Venedig bzw. das türkische Byzanz repräsentiert. Der Zyklus befindet sich heute in der Galleria dell'Accademia.

– VI: Ms Mutter ähnelt in ihrer Trauerkleidung der älteren Frau in Carpaccios *U.*: *328*

Venus von Milo: hellenische Statue von ca. 100 v. Chr. der Liebesgöttin Aphrodite; heute im Louvre.

– III: der Herzog von Guermantes neigt zu Frauen irgendwo zwischen *V.* und *Nike von Samothrake*: 644

Verbrechen und Strafe s. *Raskolnikow.*

verlassene Frau, Die: *La Femme abandonnée* (1832), Roman von Balzac; Teil des Zyklus *Die menschliche Komödie.*

– IV: Charlus schwärmt von dem Roman: *624*

Verlorene Illusionen: *Illusions perdues* (1843), Roman aus dem Zyklus *Die menschliche Komödie* von Balzac (Teil 3 des Teilzyklus *Scènes de la vie de province*).

– IV: Charlus schwärmt in der Lokalbahn nach La Raspelière von den homoerotischen Passagen des Romans: *624–627*

s. auch im Namenverzeichnis Herrera, Rastignac, Rubempré

Vermächtnis des César Girodot, Das: *Le Testament de César Girodot* (1859), Komödie von Adolphe Belot und Edmond Villetard.

– I: M sieht das Stück auf der Litfaßsäule angekündigt: *106*

Vie de Rancé, La (1844): ein schwieriges Alterswerk Chateaubriands über den Gründer Rancé des Trappistenordens, sein letztes Werk, voller Reflexionen über Tod und Buße.

– II: Bergotte liebt den Chateaubriand des *Rancé* weniger als den der *Atala*: *178*

Viens poupoule (1902): Chanson, besonders in der Interpretation von Félix Mayol bekannt.

– IV: M hört Morel einen Vers aus *V.* singen: *644*

Vierge, La: Von Ernest Antoine Hébert (1817–1908) stammt eine ganze Reihe von Gemälden mit einem Titel vom Typus *La vierge [...].*

– III: nach Norpois' Meinung kann eine Zeichnung von Elstir der *V.* nicht das Wasser reichen: 300

Vingt mille lieues sous les mers s. *Zwanzigtausend Meilen unter den Meeren.*

Vision des heiligen Augustinus, Die (um 1502): Gemälde von Carpaccio in San Giorgio degli Schiavoni; Venedig.

– II: M würde gern die Carpaccios in San Giorgio besichtigen: 20

Vogelpredigt des heiligen Franziskus, Die: *La prédication aux oiseaux* (1863); Komposition von Franz Liszt.
– I: Swann hört sie bei Mme de Saint-Euverte: 451

Vorsteherinnen des Hospitals Sankt Elisabeth, Die (um 1664): Gemälde von Frans Hals.
– I: Der Maler Biche kann den Kniff in den *V.* nicht herauskriegen: *351*
– III: Elstir hat die Herzogin von Guermantes wie eine Greisin in den *V.* gemalt: 701–704

Wahlverwandtschaften, Die (1809): Roman von J. W. von Goethe, der das Auseinanderbrechen einer Ehe durch das Auftreten jeweils eines neuen Objekts des Begehrens beschreibt.
– VI: die Gesellschaft wird nicht durch eine profunde Kenntnis der *Wahlverwandtschaften* geblendet, sondern durch die Kunst, vierspännig zu fahren: 272

Walküre, Die (1856): zweiter Teil von Richard Wagners vierteiligem Opernzyklus *Der Ring des Nibelungen*, mit dem aus *Apocalypse Now* bekannten »Walkürenritt« beim Erscheinen der Walküren. (Die Walküren sind Töchter Wotans und führen auf der »Walstatt« gefallene Helden nach Walhall.)
– VII: Saint-Loup fühlt sich durch den nächtlichen Luftkampf über Paris an die *W.* erinnert: 95

weiße Dame, Die: *La Dame blanche* (1825), komische Oper von François-Adrien Boieldieu, Text E. Scribe, nach Walter Scotts *The Monastery* und *Guy Mannering*; diverse dt. Übersetzungen.
– I: Ms Großvater zitiert eine Zeile aus der *W.*: *270*

Wilhelm Meister: Sammelbezeichnung für die beiden Romane Goethes *Wilhelm Meisters Lehrjahre* (1795/96) und *Wilhelm Meisters Wanderjahre* (1821 und verändert 1829). In WG denkt Proust dem Kontext nach zu urteilen eher an die *Wanderjahre*, die von Goethes naturkundlichen Interessen geprägt sind.
– III: die Schilderung des Theaters in *W.* hat für M den Kulissen eine gewisse Schönheit verliehen: 237

Zaïre (1732): Tragödie von Voltaire.
– III: die Prinzessin von Guermantes hat sich anscheinend als Zaire kostümiert: 56

Zauberflöte, Die (1791): komische Oper von Wolfgang Amadeus Mozart.
– III: für den Herzog von Guermantes wirklich noch Musik: 659
Zwanzigtausend Meilen unter den Meeren: *Vingt mille lieues sous les mers* (1869), Roman von Jules Verne.
– III: die Courvoisiers finden den Titel unverständlich: 643

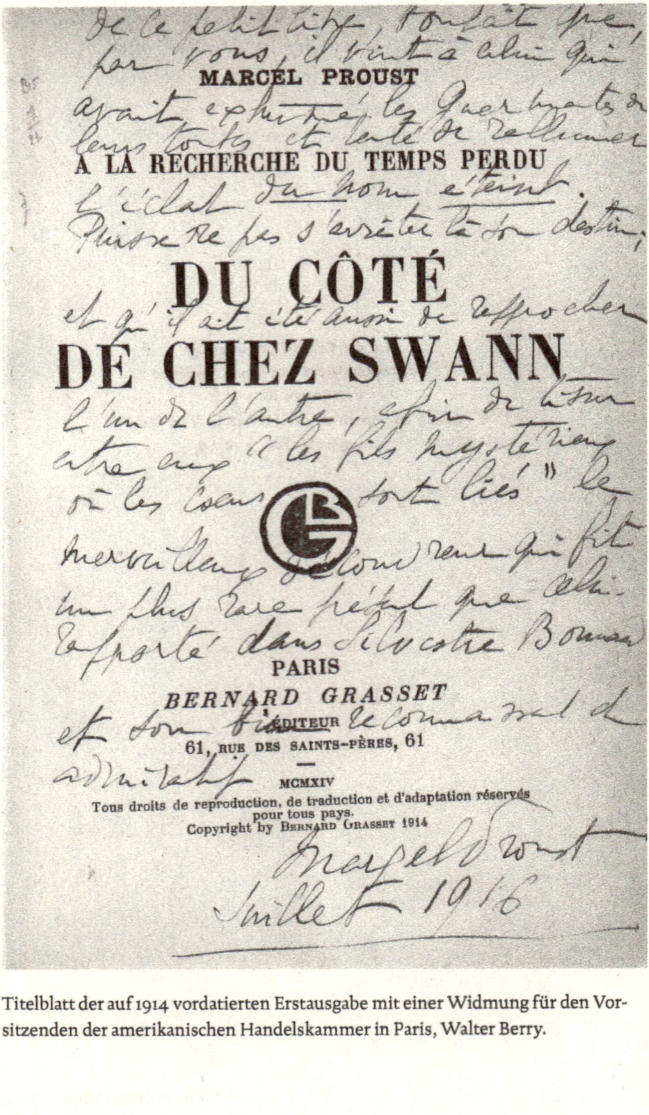

MARCEL PROUST

A LA RECHERCHE DU TEMPS PERDU

DU CÔTÉ DE CHEZ SWANN

PARIS
BERNARD GRASSET
ÉDITEUR
61, RUE DES SAINTS-PÈRES, 61

MCMXIV

Titelblatt der auf 1914 vordatierten Erstausgabe mit einer Widmung für den Vorsitzenden der amerikanischen Handelskammer in Paris, Walter Berry.

Themenverzeichnis

Alkohol
– II: ein Arzt hat M zum Entsetzen der Großmutter A. als Medizin verschrieben: 97; Dr. Cottard verbietet ihn: 99; Ms betrunkene Hochstimmung im Zug nach Balbec: 307–310; Ms alkoholisierte Wahrnehmung seiner Umgebung im Restaurant in Rivebelle: 522–526; Trunkenheit verleiht dem Augenblick Zauber, verwirklicht »den subjektiven Idealismus, den reinen Phänomenalismus«: 529–532; berauschter Halbschlaf: 535–538
– III: M betrunken in Aimés Restaurant; verschiedene Arten des Rausches: 229
– IV: M trinkt sieben oder acht Glas Portwein, um seine Gleichgültigkeit gegenüber Mädchen zu überwinden: 326; die Wirkung des Cidre auf Albertine: 572 f.; M fährt nach Rivebelle, um sich zu betrinken: 575
Alter
– I: die Entsagung des A. als Vorbereitung auf den Tod: 200
– II: Desillusionierung im A.: 86
– IV: der Tag, an dem man spürt, dass die Liebe eine zu große Unternehmung ist für die wenigen Kräfte, die man noch hat: 392
– VI: das A. macht uns unfähig, etwas zu unternehmen, nicht aber, es zu wünschen: 312
Amerikaner
– I: Swanns Affäre mit einer Amerikanerin: 271
– II: eine Amerikanerin und ihre Tochter im Grand-Hôtel Balbec: 712
– III: Amerikanerin, die als einziges Buch eine Ausgabe von Parnys Gedichten besitzt: 607; amerikan. Milliardärin, die einen frz. Prinzen geheiratet hat: 717 f.
– IV: eine Amerikanerin platzt versehentlich in Ms Zimmer: 269; eine Nichte der Herzogin von Guermantes hat einen Amerikaner namens Charles Crécy geheiratet: 672
– VII: amerikan. Jüdinnen bei Bombenangriffen im Ritz: 96; Charlus über die Rolle der A. im Ersten Weltkrieg: 146; Amerikanerinnen als Gastgeberinnen: 235, 239; eine amerikan. Bekannte Blochs: 379 f., 385, 444
Anglizismen (im Französischen)
– II: 91 (*water closet*), 260 (*tub*, *footing*), 349 (*garden-party*)
– III: 541 (*porte revolver* [< engl. *revolver*]), 647 ([*le*] *smoking*)

– IV: 100 u. ö. (*garden-party*), 562, 566 (*cup*)
– V: 267 (*great event*), 482, 493 f. (*bluff*)
– VI: 231 (*self government*)
– VII: 50 (*shocking*)

Anglizismen (spezifischer Personen)

Bloch:
– VI: 250 (*five o'clock tea*)

Brichot:
– IV: 381 (*struggle-for-lifers*)

Châtellerault:
– IV: 53 (*I do not speak French*)

Cottard:
– IV: 381 (*waters*)

Elstir:
– II: 640 (*paddock*)

Der Erzähler:
– II: 324 (*home*), 669 (*shake-hands*)
– III: 732 (*snow-boots*)
– IV: 235 (*high life*), 413 (*shake-hand*), 426 (*lady-like*)

Gilberte:
– II: 119 (*fast*)

Odette:
– I: 113 (*a cup of tea*), 265 (*fishing for compliments*), 272 (*home, smart*), 280 (*smart*), 337 (*darling*), 410 (*my love*)
– II: 113 (*studio, nurse*), 128 (*royalties*), 138 (*Christmas*), 149 (*pushing*), 150 (*patronizing*), 162 (*Bristols*), 165 (*to meet, Hansom cab, Mr., Cartons*), 187 (*dopen*), 212 (*leader article, the right man in the right place*), 231 (*five o'clock tea*), 236 (*home*), 248 (*good bye*), 271 (*good evening*), 290 (*good morning*), 293 (*to drop*), 374 (*baby*)
– III: 368 (*réalisé* [< engl. *realized*])
– V: 80 (*tea gowns*)
– VII: 138 (*fair play, tommies, dominions, private*), 365 (*my dear*), 377 (*royalties*), 378 (*season*)

Prinz von Paffenheim:
– III: 352 (*the happy few*)

Rachel:

– III: 230 (*Bobbey*)
Saint-Loup:
– IV: 216 (*up to date*)
Antisemitismus *s.* Dreyfus-Affäre
Apfelbäume
– I: ihre Schatten auf dem Weg nach Méséglise: 204
– II: von Apfelbäumen gesäumte Allee bei Balbec: 349; in Paris betrachtet M. Nächte hindurch Apfelblüten: 383 f.
– III: Mme de Villeparisis malt Apfelblüten: 287–289; Charlus' Sympathie hat wie A. einem vorzeitigen Frost nicht standzuhalten vermocht: 751 f.
– IV: der hinreißende Anblick blühender A.: 253 f.; Apfelblüte im Vergleich zur Weißdornblüte: 260
Aquarium
– I: M. de Palancys Monokel ein symbolisches Stück seines A.: 450
– II: die Berma in *Phädra* wie ein Korallenzweig in einem A.: 186; das elektrische Licht macht den Speisesaal im Grand-Hôtel zu einem A.: 348; ebenso den Garten des Restaurants in Rivebelle: 527
– III: die Loge der Prinzessin von Guermantes als Tiefsee-A.: 47–55; der Verliebte nimmt die Außenwelt so wenig wahr, als befände er sich in einem A.: 380
– IV: Charlus lebt wie ein Fisch im A., ohne sich seiner Sichtbarkeit bewusst zu sein: 623
Ärzte *s.* Medizin
Autoren *s.* im Namenverzeichnis unter Augier; Balzac; Barbey d'Aurevilly; Baudelaire; Beausergent (fiktiv); Bergson; Bornier; Chateaubriand; Corneille; Desjardins; Dostojewski; Doyle; Dumas; Eliot; Flaubert; Goethe; Goncourt; Hardy; Hugo; Joubert; La Bruyère; Laclos; La Fontaine; La Rochefoucauld; Leconte de Lisle; Maeterlinck; Malherbe; Mallarmé; Meilhac; Michelet; Musset; Nerval; Nietzsche; Pascal; Prévost; Proudhon; Racine; Rimbaud; Ruskin; Sainte-Beuve; Saint-Simon; Sand; Sévigné; Shakespeare; Stendhal; Tolstoi; Verlaine; Vigny; Voltaire; Zola
Autos
– IV: M mietet in Balbec ein A. für Albertine: 545 f.; M bestellt in Saint-Fargeau ein A. für Albertine: 546 f.; Veränderung der Wahrnehmung von Distanzen und damit räumlicher und zeitlicher Dimensionen durch das A.: 547 f.; der Reiz von Autofahrten; Unterschied zwischen der Ankunft

per Bahn und per A.: 558–561; erlaubt uns, »das schöne Maß der Erde zu erfühlen«: 561
– V: Eine Fahrt im A. durch Paris: 222–232; M genießt die Geräusche und den Benzinduft von A.: 560 f.

Ballett
– II: manche Gesichter sind von der Beleuchtung abhängig wie die Requisiten der Ballets Russes: 704
– III: die Herzogin von Guermantes nimmt wie eine Primaballerina die verschiedenen Positionen ihrer sozialen Mittänzerinnen ein: 45, 54; Rachel bewundert einen Tänzer: 237 f.
– IV: die Wirkung der *Ballets Russes*: 202 f.
– V: die *Ballets Russes* haben uns die Möglichkeiten der Bühnenbeleuchtung gezeigt: 9; Mme Verdurin als Balletttruppen-Betreuerin: 320 f.; die Bühnenbilder von Sert, Bakst und Benois: 503 f.
– VI: Anspielung auf die *Josephslegende*: 328

Bäume
– I: Akazien im Bois de Boulogne: 572 f.; herbstliche B. im Bois: 577–580
– II: die drei B. von Hudimesnil: 397–400
– VII: eine sonnenbeschienene Reihe von Bäumen am Bahndamm: 231 f., 246

Blumen
– I: Lindenblüten in der Bahnhofstraße und in Léonies Tee: 69, 76; die Fuchsien der Mme Loiseau: 91; Legrandins Eloge auf die Frühlingsblumen: 177; die Flieder in Tansonville: 190, 257; der Weißdorn in der Kirche von Combray: 158, 160; Weißdornblüte bei Tansonville: 193–196, 257; M verabschiedet sich vom Weißdorn: 203; Bl. in Swanns Park: 190 f., 196 f.; Korn- und Mohnblumen am Weg hinter Tansonville: 194, 257; Kuckucksblumen, Primeln, Veilchen, Haselsträucher an der Vivonne: 233; »Bouton d'Or«: 234, 257; Seerosen: 235–237, 257; Odette pflückt eine Chrysantheme für Swann in ihrem Garten: 303; Chrysanthemen in Odettes Wohnung: 304; Chrysanthemen und Catleyas sind Odettes Lieblingsblumen: 306; die Catleyas: 321–324; »Catleya machen«: 323 f., 375, 511; Odette trägt Veilchen im Ausschnitt: 332, 573, 583
– II: Orchideen, Rosen und Veilchen in Odettes Vorzimmer: 139; Gilberte neben Odette wie ein weißer Flieder neben einem violetten: 190; M schickt Odette ein Gesteck Orchideen: 209; Wintergärten einst und

jetzt: 229; Parmaveilchen, Margueriten oder Schneebälle in Odettes Salon: 230, 285; Gänseblümchen, Kornblumen, Vergissmeinnicht und Glockenblumen auf Odettes Robe: 262; M könnte Gilberte mit Rosen und Flieder überschütten: 270; Odette im Bois üppig wie eine Blume: 287; Tamarisken und Rosen des Bahnhofsvorstehers in Balbec: 322; Kornblumen bei Balbec: 388; Mme de Villeparisis schickt Rosen: 406; Güte erblüht wie eine einsame Mohnblume: 429; das Rosa der Wangen eines Mädchens der kleinen Bande erinnert M an Geranien: 496, 549, 704; Albertines Teint wie Alpenveilchen oder wie dunkle Rosen: 705; die kleine Mädchenbande wie ein Gebüsch von (Pennsylvania-)Rosen: 507, 631, 650, 657, 701; Rosenstrauch an der Mauer des Restaurants in Rivebelle: 520; Weißdorn, Rotdorn und Apfelblüte auf Elstirs Blumenstück: 572; Rosen in Elstirs Porträt der Miss Sacripant: 573; Léonies Teller sind in Ms Gedächtnis eingegraben wie die indischen Butterblumen und der persische Flieder von Combray: 649; der Weißdorn von Les Creuniers: 672

- III: Kirsch-, Birnen- und Fliederblüte in Pariser Vororten: 207–211; Mme de Villeparisis' gemalte Bl.: 287f. (Apfelblüten), 369f.; Albertine eine Rose am Meeressaum: 475; Geranien auf der Insel im Bois: 520; botanische Diskussion bei der Herzogin von Guermantes: 691–694 (Orchideen, Vanille); Nelken aus Guermantes: 730
- IV: die Befruchtung von Bl.: 8; die Hummel und die Orchidee; Analogie zur Vereinigung von Invertierten: 12–15, 42–48; Apfelbaumblüte bei Sonne und bei Regen: 253f.; Weißdornblüte im Vergleich zur Apfelbaumblüte: 260; Albertines Lachen wie der Duft von Geranien: 272f.; der Bauerngarten der Verdurins in La Raspelière: 439; Elstirs Rosen: 473; die Rosen *Baronin von Rothschild* und *Marschallin Niel*: 562
- V: Albertines Haare eine gelockte Krone dunkler Veilchen: 20; der Jasmin-Zwischenfall: 70f.: Elstirs Schwäche für Veilchen: 184, 188; die Laube aus Geißblatt und weißen Geranien in Vinteuils Sonate: 338; das unglaubliche Veilchen auf dem Fächer der Königin von Neapel: 371; der Geraniendufts in Vinteuils Sonate: 511

Bordelle
- I: Odettes Umgang mit Kupplerinnen: 507f.; Swann trifft im Bordell das Mädchen mit den blauen Augen: 512f.
- II: Bloch nimmt M in ein Bordell mit: 205–208

– III: Frauen in Freudenhäusern erscheinen ohne jegliche Individualität: 212 f., 489
– IV: Saint-Loup singt ein Loblied auf Freudenhäuser: 133; Mlle d'Orgeville und die Kammerzofe der Baronin Putbus frequentieren B.: 134, 174; Albertine gehört zu jener Sorte Person, von der sich eines Tages herausstellt, dass sie Concierge eines Bordells ist: 188 f.; das Luxus-Bordell in Maineville: 259; eine Mitreisende wirkt auf M wie die Wirtin eines großen Freudenhauses: 357; Jupien und Charlus lauern Morel im Bordell von Maineville auf: 662–666
– V: Frauen in »geschlossenen« Häusern: 188–190, 228 f.
– VI: Morel schleppt Albertine und eine Fischerin in das Bordell von Couliville: 263
– VII: Jupiens Bordell: 169–208; die Métro ein pompejanisches Bordell: 201–203

Börse
– II: Norpois berät Ms Vater hinsichtlich seiner Anlagen: 39 f.
– VII: die B. als Gerüchtebörse: 68 f.

Briefe (mit Asterisk: der Brief ist wiedergegeben)
– I: aus Twickenham an Swann: 31; M an seine Mutter in Combray: 44–49; Swann an Ms Großvater: 53, 269, 277; Swann an die Köchin: 270; Odette an Swann aus der Maison Dorée: 272, 307, 312; Odette an Swann aus dem Hotel Vouillemont: 476; Swann an Odette: 312; Odette an Forcheville: 387–389; anonym an Swann: 489 f.; M an Gilberte: 551 f.
– II: Norpois' Pünktlichkeit bei der Beantwortung von Briefen: 16 f.; Swanns persönliche Züge werden in seinen Briefen erkennbar: 59 f.; Ms Neujahrsbrief an Gilberte: 83 f.; hat Swann Ms Brief abgefangen?: 89; Ms Rechtfertigungsbrief an Swann: 90, 93 f., 114, 279; Gilbertes Einladung an M, ihre Unterschrift: 101–103, 105; Gilbertes Briefpapier: 102, 108; Odettes Brief an Forcheville: 134; Ms widersprüchliche Briefe an Gilberte: 218–221, 249, 257 f.; Gilbertes ungeschriebene Briefe an M: 226, 250 f., 278; der Schmerz feindseliger Briefe von einer Geliebten: 275 f.; Briefwechsel zwischen M und Gilberte über das angebliche Missverständnis zwischen ihnen: 282–284; Briefe der Mme de Sévigné: 310 f., 369 f., 459; ein Brief von Ms Mutter über die Reise des Vaters: 375; Brief von Bergotte an M: 393; Ms imaginärer Brief von Saint-Loup: 415; Nissim Bernard besitzt angeblich Briefe von Saint-Loups Vater: 476; Saint-Loup schickt seiner Mä-

tresse Briefe: 490; M und Saint-Loup schicken Elstir einen Brief: 544 f.; Ms Großmutter schenkt Saint-Loup Briefe Proudhons: 597; ein Brief Saint-Loups aus seiner Garnison an M: 600 f.; ein Brief Gisèles an Albertine über einen Brief Sophokles' an Racine: 637, 658–661
– III: Charlus' wütender Brief an Mme de Villeparisis: 360–362; Saint-Loups vorwurfsvoller Brief an M: 414; die Briefe des Laufburschen: 434; ein Beispiel dafür: 758–760; Saint-Loups Brief aus Marokko: 470, 472; Françoise schnüffelt in Ms Briefen: 486; Brief von Mme de Stermaria: 500; der Briefstil der Guermantes: 599 f., 643; der berühmte Brief des Herzogs von Aumale an den Bruder der Prinzessin Mathilde: 695; der Briefumschlag der Gräfin Molé: 790 f.; der Briefumschlag der Antwort: 795
– IV: Brief der Prinzessin von Guermantes an Charlus: 165; Ms emotionsloser Brief an Gilberte: 196, 200; Saint-Loups Brief über M an die Cambremers: 215; das geheimnisvolle Flair eines ersten Briefes von einer begehrten Frau: 328; Brief von Zélia de Cambremer an M; die Regel der drei Adjektive: 476 f.; ein Herr hat Charlus einen Brief mit der Anrede »Monseigneur« geschickt: 477 f.; ein Brief von Charlus an Aimé: 540–543; Charlus hat einen Brief an einen Dienstboten der Chevregnys geschrieben: 535; Saniette kann der Anziehungskraft eines Briefes auf Ms Tisch nicht widerstehen: 585 f.; Charlus' Brief an Morel wegen des angeblichen Duells: 643–646
– V: naiver Liebesbrief des Pagen Pierre an Charlus: 56; Brief von Mme Swann an M bzgl. ihrer »tea gowns«: 80; Brief von Maman an M: 186; Brief Albertines an M aus dem Trocadéro: 208 f.; anspielungsreicher Brief von Léa an Morel: 289 f.; fiktiver Brief von Mme de Mortemart an Mme de Valcourt: 366; zweiter Brief von Maman an M: 496
– VI: *Albertines Abschiedsbrief: 9 f.; M hat einmal versehentlich einen Brief an seine Geliebte geöffnet: 18 f.; ein Telegramm von Saint-Loup aus der Touraine: 50; eine Nichte der Herzogin von Guermantes macht M brieflich einen Antrag: 51; *Albertine verbittet sich in einem Telegramm die Ausspähung durch Saint-Loup: 56; Briefe von einer geliebten Person erscheinen immer ungenügend: 58; *Ms Antwort auf Albertines Telegramm: 59–62; M bereut seinen Brief an Albertine: 65; als Françoise ihn zurückbringt, schickt er ihn trotzdem ab: 65–68; *Albertines Antwort darauf: 78; *M beantwortet Albertines Antwortbrief, als hätte er ihn nicht

bekommen: 79 f.; M bittet Albertine in einem Telegramm, zurückzukommen: 89; *Mme Bontemps telegrafiert M die Nachricht von Albertines Tod: 89; *erster postumer Brief Albertines: sie unterstützt Ms Plan, Andrée bei sich einziehen zu lassen: 91; *zweiter postumer Brief (Depesche): Albertine würde gern zu M zurückkehren: 92; *Aimé berichtet aus Balbec die Erzählungen der Aufseherin der Duschbäder; seine orthographischen Idiosynkrasien: 143–145; Aimés Telegramm aus der Touraine: 156; Aimé berichtet (1. Brief aus der Touraine) von seinen Kontaktaufnahmen in Mme Bontemps' Umgebung 155; *Aimé berichtet (2. Brief aus der Touraine) von einer Wäscherin, mit der Albertine ein Verhältnis gehabt habe: 156 f.; Andrée hat von Gisèle einen empörenden Brief erhalten: 191; M liest einen alten Brief von Albertine, in dem sie ihren Besuch ankündigt: 204; M will einen Beschwerdebrief an den *Figaro* schreiben: 217; Gilberte zeichnet ihre Br. mit »G. S. Forcheville«: 244; M erhält zwei Glückwunschbriefe zu seinem Artikel im *Figaro*: 249; M hat ein Briefchen von Mme Verdurin in Albertines Zimmer gefunden: 289; ein Brief von Ms Börsenmakler: 318, 320; *eine Depesche von Gilberte, die scheinbar von Albertine stammt: 321, 341; Gilberte teilt M ihre Vermählung mit Saint-Loup mit: 341; ein Brief an Ms Mutter teilt ihr die Vermählung von Léonor de Cambremer mit Mlle d'Oloron mit: 343 f.
- VII: erster Brief Gilbertes aus (dem besetzten) Tansonville (1914): 85 f.; *Saint-Loups Brief von der Front: 86–89; *zweiter Brief Gilbertes aus (dem geräumten) Tansonville 1916: 90–92; *postumer Brief Charlus' an den Erzähler: 160–162

Catleya *s.* Blumen
Chrysantheme *s.* Blumen
Deutschland / Deutsche
- II: die ehrenwerte Grobheit der Prinzessin Mathilde ein deutsches Erbe: 160
- III: ein deutscher Prinz; ein deutscher Kurort; die schwerfälligen »Feinheiten« des Germanischen: 344 f.; viele deutsche Kaffeehauswirte haben der Agadir-Affäre Auftrieb gegeben: 548; der Schraubstock eines deutschen Händedrucks: 581; die germanische Arroganz der Prinzessin von Guermantes: 783; die Gepflogenheit an deutschen Höfen, nur so zu tun, als spiele man Karten: 611; die deutsche Aussprache des Herzogs von Guermantes des Namens »Bloch«: 677 f.

– IV: Charlus' deutsche Manier, Ms Armmuskeln zu kneten: 431
– V: Ms Mutter bewundert die deutsche Sprache trotz des Abscheus des Vaters gegen die Deutschen: 141
– VII: Gilberte ist von der vollendeten Erziehung der deutschen Besatzer beeindruckt: 85 f.; Charlus' progermanische Einstellung: 116–122; er findet die Deutschen zwar hässlich: 121; … aber prachtvolle Kerls: 165; Saint-Loup rühmt die Tapferkeit der deutschen Soldaten: 212; Françoise findet es unglaublich, dass die Deutschen Boches sein sollten: 216; Saint-Loups Hochachtung vor der deutschen Kultur: 219 f.; Ms eigene gemischte Einstellung zu den Deutschen: 313 f.

Dienstboten
– I: Françoises Schreckensherrschaft über andere D.: 171–174; unsere D. werden von anderen Motiven bestimmt als wir selbst: 491 f.
– II: ziehen falsche Folgerungen über ihre Herrschaften so wie der Mensch über das Leben der Tiere: 368
– III: Françoise speist und hält Hof; Dienstbotentratsch: 19–35; Françoise weniger Dienstbote als alle anderen: 83; das monströs fremdartige Dasein der D.: 84; ihr Charakter ein Negativabzug von Ms eigenem: 84 f.
– IV: Ms Mitleid mit D.: 248 f.; hellseherische Fähigkeiten der D.: 307; Charlus geht mit einem D. der Chevregnys aus: 534 f.; D. erwittern einander wie Sträflinge oder wie Tiere: 536
– VII: je mehr sie glauben, in unsere Schicht einzudringen, desto deutlicher machen sie ihre Grenzen: 82; Klischees gibt es in der Küche ebenso wie in Künstlerkreisen: 223

Dreyfus-Affäre (eine sorgfältig recherchierte Darstellung in Romanform aus der Perspektive des Obersten Picquart gibt Robert Harris in *An Officer and a Spy*, London: Arrow Books, 2014)
– II: Auswirkungen der D. auf die Gesellschaft: 125–127; Aimé hält Dreyfus für schuldig: 518
– III: Saint-Loup ein Dreyfusard; Diskussion der D. in Doncières: 139–144, 157 f.; Mme Sazerat eine Dreyfusardin: 203; M und sein Vater sind entgegengesetzter Meinung zu Dreyfus: 203; Rachel hat Mitleid mit Dreyfus: 220; Mme de Villeparisis steht der ganzen Affäre verständnislos gegenüber: 254; Bloch und Norpois diskutieren Dreyfus: 298, 312–315, 322 f.; Ansichten des Herzogs und der Herzogin von Guermantes zu Dreyfus: 315–322; Mme Swann und Mme Verdurin geben sich ihrem Sa-

lon zuliebe als Dreyfus-Gegnerinnen: 339 f.; der Antisemitismus der Mme de Marsantes: 340 f.; dito, des Prinzen Von: 344; Mme Swann war früher von Dreyfus' Unschuld überzeugt: 355; der Antisemitismus des Barons von Charlus: 387–391; Disput zwischen dem Butler Ms (Dreyfus-Anhänger) und dem Butler der Guermantes (Dreyfus-Gegner): 400 f.; Reinachs rationalistische Lösung der D.: 400; Dreyfusismus unter den jungen Adligen in den Pariser Cafés: 540 f.; der Wirt des »Nebelrestaurants« rezitiert Versatzstücke zu Dreyfus aus Zeitungen und Gäste-Gesprächen: 548; die ambivalente Haltung der Herzogin von Guermantes zu Dreyfus: 641; Swanns Dreyfusismus: 778–782; Saniette ein Dreyfusard: 781
– IV: der Herzog von Guermantes beklagt Swanns »Verrat«: 111–115; Saint-Loups Gesinnungswechsel: 140, 159; der Prinz und die Prinzessin konvertieren zum Dreyfusismus: 149–163; der Herzog von Guermantes wird durch drei Italienerinnen vorübergehend zum Dreyfusismus bekehrt: 197–199; Einfluss der D. auf die Salons der Mesdames Swann und Verdurin: 203–207; Brichots Anti-Dreyfusismus: 394 f.; Monsieur de Cambremers Anti-Dreyfusismus: 503 f.
– V: der Herzog von Guermantes, der Jockey-Club und die D.: *48*–52; die gesellschaftlichen Auswirkungen der D.: 317, *318* f., *320* f.
– VI: Antisemitismus in der Gesellschaft im Gefolge der D.: 227 f.
– VII: die Affäre im Rückblick: 50–52; nach dem Krieg eine verhasste Erinnerung: 375

Ehe
– I: Swanns unstandesgemäße E.: 27, 34
– II: Swanns E.: 7 f., 55–63, 128–137; entehrende Heiraten i. a. die ehrenvollsten von allen: 61; Unterwerfung der Elite unter das Vulgäre in vielen Ehen der Normalfall: 129
– III: Pläne des Prinzen von Foix und seiner Freunde: 545 f.; die Verherrlichung des Christentums läuft bei den Guermantes immer auf eine kolossale Geldheirat hinaus: 551
– IV: Invertierte sorgen aus Zuneigung zu ihrer Nichte dafür, dass sie einen Invertierten heiratet: 136
– VI: Gedanken über die E. zwischen Gilberte und Saint-Loup sowie die zwischen Jupiens Nichte und Léonor de Cambremer: 343–356; Auswirkungen dieser Ehen: 356–371; die »Dummheit« seiner Eheschließung ist

womöglich die einzige poetische Handlung im Leben eines Mannes: 374; ein junger Ehemann, der eine Geliebte hatte, ist klar im Vorteil: 375 f.; Homosexuelle wären die besten Ehemänner von der Welt, wenn sie nicht die Komödie spielen würden, Frauen zu lieben: 380 f.

Eifersucht

– I: Swanns E.: 374–443 passim, 488–524 passim; Neugier des Eifersüchtigen im Vergleich zu wissenschaftlichen Untersuchungen: 377 f., 431; E. und körperlicher Schmerz: 380; E. hat unendlich viele Aspekte: 511
– II: Swann denkt an die Zeit seiner E. auf Odette zurück: 133–137; sinnliche Melodien sind die Hölle für den unglücklichen Eifersüchtigen: 525 f.
– III: Saint-Loups Eifersucht auf Rachel: 161–165, 220–234, 238–241, 471; E. enthält auch nicht mehr Vorstellungen als andere Formen der Einbildung: 471
– IV: zwischen Invertierten: 36 f.; über Swanns frühere E. und Ms Unfähigkeit zur E.: 133, 146 f., 184; gehört zu jener Familie krankhafter Zweifel, die eher durch die Nachdrücklichkeit als die Wahrscheinlichkeit einer Behauptung beschwichtigt werden: 319 f.; ein Hebelpunkt, der niemals versagt: 350; jede Regung der E. trägt den Stempel dessen, der sie ausgelöst hat: 718 f.; die Lokalisierung der E. ist nur willkürlich: 720
– V: Ms E.: 24–36, 72–264 passim, 452–566 passim; eine dieser launischen, immer wieder aufbrechenden Krankheiten: 34–36; von ihrem Gegenstand als Misstrauen angesehen, das Täuschungsmanöver rechtfertigt: 79 f., 117 f.; verzögerte E.: 112 f.; E. eine Form der Tyrannei: 118 f.; die Zwänge unserer E. sind größer, als ihr Gegenstand annehmen könnte: 126; E. ein Dämon, der nicht ausgetrieben werden kann: 136; E. mag aus Mangel an Nahrung versiegen: 137 f.; E. orientierungslos wie ein Historiker ohne Dokumente: 195; E. eine Tortur, bei der man immer wieder die gleichen Handlungen vollziehen muss: 201; Mme Verdurins gesellschaftliche Form der E.: 376–378; Blindheit des eifersüchtigen Liebhabers: 407 f.; Albertine über Ms E.: 451–454
– VI: hat wenig Phantasie: 30; es gibt weder Vergangenheit noch Zukunft für sie: 109; für den Eifersüchtigen ist die Welt ein schwindelerregendes Kaleidoskop: 148 f.; Ms rückwärtsgewandter E. liegt derselbe Irrtum in der Betrachtungsweise zugrunde wie bei anderen Menschen der Wunsch nach postumer Anerkennung: 150; bei der E. müssen wir Leiden jeglicher Art und Größe ausprobieren, bis wir das passende finden: 186; fortbeste-

hende E. ist eine körperliche Krankheit wie Tuberkulose oder Leukämie: 324
– VII: ist ein guter Anwerber: 318

Einsamkeit
– I: M genießt E. in der Iris-Kammer: 22; Legrandins entschlossene E.: 176; Einsamkeitsstimmung im Park von Tansonville: 191 f.; Léonies E.: 201; Ms E. bei Spaziergängen in der Umgebung von Combray: 218–222
– II: M ist lieber allein: 423; Gründe für Elstirs E.: 546 f.; ein Künstler muss allein sein, um in seinem Werk aufgehen zu können: 594; die einsame Arbeit des künstlerischen Schaffens: 652
– III: »jeder Mensch ist ganz allein«: 429; Gedanken sind Göttinnen, die sich gelegentlich einem einsamen Sterblichen zeigen: 537
– V: die erhebenden Kräfte der E.: 28 f., 271; M fürchtet, durch eine Ehe den Freuden der E. entsagen zu müssen: 32 f.; E. wäre wertvoller, fruchtbarer und weniger schmerzlich gewesen als das Zusammenleben mit Albertine: 528
– VI: Ms Gefühl von E. nach dem Aufbruch seiner Mutter zum Bahnhof in Venedig: 336, 339
– VII: kann auch mitten im gesellschaftlichen Leben gepflegt werden: 320 f.; M plant in E. zu leben für sein Buch: 414–416

Eisenbahn (allgemein)
– I: Pfiffe der E. in der Ferne: 9; Ankunft mit der E. in Combray: 71, 91 f.; der Bahnhof von Combray: 159; Swann macht eine Bekanntschaft in der E.: 268; die Romantik des Kursbuches: 402 f., 405; Swann plant Reise mit der E.: 518, 523; der 1-Uhr-22-Zug: 528 f.; das Kursbuch nährt Ms Verlangen nach künstlerischem Genuss: 536 f.; Ms Vater plant Italienreise per E.: 537
– II: Bahnhöfe sind wunderbare und tragische Orte zugleich (Gare Saint-Lazare): 299 f.; der 1-Uhr-22-Zug: 301 f.; Bahnfahrt nach Balbec: 307–320; Begleiterscheinungen langer Bahnfahrten: 312
– III: Pfeifen der Lokomotiven in Doncières: 182
– IV: Unterschied zwischen der Ankunft per Bahn und per Automobil: 560 f.

Eisenbahn (die Lokalbahn)
– II: Stationsnamen: 321; »die Tram«, »der Flitzer« (Albertine): 512; »die Achterbahn« (Saint-Loup): 598; die »B.C.B.« stellt zum Saisonende den Betrieb ein: 711

– IV: weitere Spitznamen: 258; Panne in Incarville: 272; ihre gemächliche Ankunft in Balbec-Plage: 355; Fahrten mit den Gästen der Verdurins nach Douville: 367–408; dito, mit Albertine: 604–635; Saint-Loup und Bloch besuchen M am Zug: 692–696; weitere Besucher am Zug: 702–709; Albertines Enthüllungen bei der Einfahrt nach Parville: 712 f.
– VI: Bahnreise von M und Maman von Venedig nach Paris: 339 f.
– VII: Fahrtunterbrechung bei sonnendurchglänzten Bäumen auf dem Weg vom Sanatorium nach Paris: 231 f.; das Heulen der Züge in Combray: 268
England / Engländer
– I: Odettes »Nachbarn« jenseits des Kanals: 113; engl. Besucher in Combray: 149; Odette täuscht britische Strenge in ihrer Handschrift vor: 307; Odette wurde in ihrer Jugend einem reichen Engländer zugeführt: 504
– II: französische Anglomanie: 91; Gilbertes Briefpapier mit engl. Inschrift: 108; M kann kein Englisch: 113, 163; Odettes Anglomanie: sie spricht Englisch mit M: 163; sie spricht Englisch mit Gilberte: 215; ihr engl. Akzent: 230, 260; Blochs falsche Aussprache: 426; durchreisende E. sind begierig nach Informationen über Elstir: 544 f.
– III: das Kleid der Herzogin von Guermantes schmiegt sich mit geradezu britischer Genauigkeit ihrem Körper an: 69; in Frankreich gibt man allem, das mehr oder weniger britisch ist, den Namen, den es in England nicht hat: 647; Bothas Meinung über die britische Armee: 706 f.
– IV: der Herzog von Châtellerault gibt sich als Engländer aus: 53, 55
– VII: Angelsachsen sind für Charlus lebendige Phidias-Statuen: 121, 164
s. auch *Anglizismen*
Erblichkeit
– II: Prinzessin Mathilde hat ihre ehrenwerte Grobheit von ihrer württembergischen Mutter geerbt: 160; Familienähnlichkeiten und deren Unberechenbarkeit zwischen Gilberte und ihren Eltern: 191–193; der ererbte Sperrhebel bei Mlle de Stermaria: 358; die ererbte Gewandtheit des großen Jägers bei Saint-Loup: 424; M erblich unfähig zum Groll: 437; Aussehen und Sprachgewohnheiten der Mädchen der kleinen Bande ein Erbe von ihren Eltern und ihrer Region: 654–657; das Individuum ist von etwas umgeben, das allgemeiner ist als es selbst: 655; Andrées Haare ererbt von ihrer Mutter: 703
– IV: E. von Gewohnheiten von Onkel zu Neffe: 131 f., 136 f.; Familienähnlichkeit zwischen Ms Mutter und Großmutter: 236–239, 721 f., 730 f.

– V: M wird seinen Verwandten immer ähnlicher: 101 f., 141 f., 481–483; Vererblichkeit schlechter Angewohnheiten: 208 f.
– VI: gegenseitige Verstärkung ererbter Egoismen: 241 f.; atavistische Laster und Kompromisse der Mme de Marsantes: 374
– VII: die seelischen Zellen, aus denen sich ein Individuum zusammensetzt, sind dauerhafter als das Individuum selbst: 349; die Tochter der Berma hat die Mängel der Berma geerbt: 430; das Bedürfnis der Herzogin von Guermantes nach geistiger Nahrung ist zweifellos erblich: 441

Erinnerung
– I: E. des Körpers nachhaltiger als E. des Geistes: 14–17; willkürliche E. bewahrt nicht die eigentliche Vergangenheit: 66; Geschmack und Geruch allein transportieren das Gebäude der E.: 68–70; die drei Schichten des Gedächtnisses: 259–261; die wiedererschaffende Kraft der E.: 505 f.; Gedächtnisbilder sind nicht mit der Wirklichkeit zu vergleichen: 585
– II: Rolle der E. bei der Wahrnehmung von Musik: 142 f.; das Gedächtnis liefert Erinnerungen in einer gespiegelten Anordnung: 208; das Gedächtnis liefert widersprüchliche Aufnahmen (Albertines wandernder Schönheitsfleck): 610 f.; das Gedächtnis stellt mal die eine, mal die andere Fotografie in den Vordergrund: 630
– III: Versuch, sich einen Vers in E. zu rufen: 48; die Wiederauferstehung als Gedächtnisphänomen: 116 f.; Schlaf und E.: 120 f.; die Atmosphäre als Stimulanz der E.: 190
– IV: Prozess des Erinnerns eines Namens: 74 f.; schlechtes Gedächtnis und dessen Vorzüge: 75 f.; Einfluss der E. ähnlicher Situationen auf die eigene Befindlichkeit: 148 f.; die Finsternis im grammatischen Gedächtnis des Hoteldirektors: 212; Zufälligkeit der Bilderauswahl des Gedächtnisses: 214; mit den Trübungen der E. sind die Unstetigkeiten des Herzens verbunden: 219–221; Schlafmittel und E.: 527–530
– VI: E. an Albertine: 92–119 passim, 182–185; eine zufällige E. fällt bei uns auf fruchtbareren Boden als eine willentlich herbeigeführte: 183; die E. ist nicht einfallsreich: 199; die Grausamkeit der E.: 204 f.
– VII: die ungleichen Pflastersteine im Hof des Prinzen von Guermantes geben M die unwillentliche E. als Schlüssel zu seinem Werk an die Hand: 248 f.; Löffel, der an einen Teller schlägt, ein weiterer Hinweis: 250; George Sands Buch *François le Champi* ein dritter Hinweis: 272; Beispiel

für unwillentliche E. bei Chateaubriand, Nerval und Baudelaire: 322 f.; verschiedene Personen erinnern sich verschieden: 386, 393–396, 399 f.; während unser Leben zum Vagabundieren neigt, ist unsere E. sesshaft: 418–420
s. auch *Zeit*

Essen

– I: Rinderschmorbraten in Combray: 19; Mokka- und Pistazieneis: 52; Françoises überreiche Bewirtung: 103 f.; Mandelkuchen: 160; Françoises Kochvorbereitungen: 169–171; Spargel: 169 f.; Françoises gebackenes Huhn: 171; Swanns Pfefferkuchen: 550 f.

– II: Diner für Norpois: Françoises Rinderbraten in Aspik (*Bœuf en daube*): 26, 45; Ananassalat mit Trüffeln: 46; Pudding à la Nesselrode: 55; Schokoladentorte bei Gilberte: 110 f., 204; Hummer *à l'américaine* bei den Swanns: 154; Kaviar bei den Swanns: 169; Seezunge im Restaurant des Grand-Hôtel Balbec: 338; Mme de Villeparisis schickt Ms Großmutter Früchte: 368 f.; M isst nie Austern: 369; der Hoteldirektor ist versessen auf Obst: 369 f.; Mme de Villeparisis bestellt Herrentoast (*croque-monsieur*) und *Œufs à la Crème*: 372; Mme de Villeparisis hat dem kleinen M Schokolade geschenkt: 448; Schokoladensoufflés, Salzkartoffeln und Pauillac-Lamm im Restaurant in Rivebelle: 523; Sandwiches, Schokoladenkuchen und Aprikosentörtchen beim Picknick in Balbec: 648; die Mädchen der kleinen Bande gewinnen ihre Süßigkeit wie Trauben ihren Zucker an der Sonne: 657

– III: flämische Überfülle im Gasthof in Doncières: 129 f.; exquisites Abendessen dort: 157; Schmalhans ist Küchenmeister bei Zénaïde: 654; getrüffeltes Huhn bei den Guermantes und »verrottete Ortolan-Eier« in China: 676; »Butt in Karbolsäure« bei Mme de Villeparisis: 677; der Herzog von Guermantes hat sich mit Hammelkeule an Sauce béarnaise den Appetit verdorben: 789

– IV: Bouillabaisse in La Raspelière: 414; »Demoiselle de Caen« in La Raspelière: 416; Galetten, normannische Blätterteigkuchen, Tortenschiffchen voller Kirschen und »Diplomatencrème« in La Raspelière: 554

– V: Strandschnecken: 154; Weinbergschnecken: 155; Pflaumen (im Frz. Artischocken, *s.* Anm. dazu): 156; Krabben, Rochen, Merlan, Makreel, Muscheln: 167; Feigen, Spargel: 168; Orangen, Lauch, Zwiebeln, Möhren, Kohl, Bohnen: 169; Rahmkäse, Chasselas: 169; Albertines Rhapsodie auf

Eiscrème: 170–173; der Metzgergeselle des Jüngsten Gerichts mit seinen Filet- und Schwanzstücken: 183
– VI: Mme de Villeparisis und Norpois essen Rotbarbe bzw. Risotto in Venedig: 308
– VII: Goncourt beschreibt das Diner bei den Verdurins: 28 f.
Etymologien *s.* Namen; *s.* auch im Namenverzeichnis unter Brichot; Chaumont; La Raspelière; Marsantes; Pfarrer
Fahrrad / Radfahren
– II: Albertine schiebt ihr F. auf der Promenade: 494, 500 f.; Albertine in Begleitung ihrer Gouvernante schiebt ihr F.: 548; Albertine fährt bei schlechtem Wetter mit ihrem F.: 634; Fahrten mit dem F. zu den Klippen: 637, 639
– IV: der Liftboy und sein F.: 268
– V: buntgefiederte Hotelpagen sausen auf ihren Fahrrädern herum: 182; Rotkittelchen will mit ihrem F. los: 191; der Bogen der Fahrräder der drei »unsterblichen« Mädchen im Bois: 226; ein Mädchen im Bois repariert sein F.: 230; Albertine tritt die Pedalen des Pianola wie die eines F.: 522
– VI: Albertine, über das mythologische Rad ihres F. gebeugt, ist der Schrecken von Balbec: 106
Fahrstuhl
– II: der F. in Swanns Haus (Abwärtsfahren verboten): 109; der F. im Grand-Hôtel Balbec; Ms Gefühle bei seiner Benutzung: 326 f.; Ms Gespräch im F. mit dem Liftboy: 508
– III: Professor E*** als Liftboy: 423; schmerzliche Geräusche von Ms F.: 473
Faubourg Saint-Germain (Gesellschaftsschicht)
– I: Swanns Status im F.: 26 f., 265 f., 298 f.; das *noli me tangere* des F.: 395; Psychologie der Frauen des F.: 459
– II: Odettes Desinteresse am F.: 127–130; der F. hat mit dem Geist eines Bergotte nicht mehr zu tun als mit dem Kausalitätsprinzip oder dem Gottesgedanken: 180; seine Barrieren: 291 f.; der größte Teil der Männer des F. erscheint dem Mittelstand als abgerissene Habenichtse; ist knauserig mit Trinkgeldern: 382 f.; übertriebene Höflichkeit eine professionelle Routine: 406
– III: die Stellung der Guermantes im F. und Ms romantische Vorstellungen davon; der Fußabtreter: 35–39; seine Einstellung zum »Frontadel«: 171 f.;

Juden im F.: 254 f.; der Einfluss der Mme de Marsantes auf den F.: 336 f.; Spitznamen im F.: 582; Prinzessin Mathilde und der F.: 631; Rituale bei Empfängen im F.: 689 f.; seine Dummheit und Niedertracht: 720–723; sein geheimnisvolles Leben: 731; Alpenstöcke im F.: 771 f.
- IV: Mme Swanns Salon gilt plötzlich als schick im F.: 204–210; Gilberte Swann ist für den F. interessant, seit sie geerbt hat: 207; Mme de Montmorencys altes Anwesen im F.: 211 f.; Mme Verdurin und der F.: 373–375; der F. ist sich im Unklaren über Charlus' Lebenswandel: 417–419
- VI: wie der F. mit Bourgeois über andere Bourgeois spricht: 235 f.
- VII: mit Beginn des Krieges etablieren sich Mme Verdurin und Mme Bontemps im F.: 52–55; Brichots Artikel sind ein Erfolg im F.: 140–144; Mme Verdurin nimmt als Prinzessin von Guermantes eine großartige Stellung im F. ein: 371 f.; hat aufgehört zu funktionieren: 373 f.

Flugzeug
- IV: M sieht zum ersten Mal ein F.: 602
- V: M und Albertine besichtigen Flughäfen: 138 f.; die »Mystère«: 216; die Schönheit des kleinen Insekts dort oben: 553 f.
- VI: Albertines Lüge, sie habe mit Andrée einen Fliegerhorst besucht: 280
- VII: Flugzeuge am Himmel über Paris: 60; Saint-Loup über den Einsatz von Flugzeugen im Krieg: 78, 409; Gilberte verlässt Paris, um den deutschen Flugzeugen zu entgehen: 85; Saint-Loup und M diskutieren die Schönheit des Luftkampfes: 95 f.; Angriffe der Gothas: 122; Fliegerstaffeln wie Sternschnuppen: 155–157; Angriff eines Bombers auf M: 200

Fotografie
- I: Swann bringt M Fotografien aus Italien mit: 30, 116; Ms Großmutter schenkt ihm Fotografien von Kunstwerken: 60 f.; Fotografien von Ms Familie auf Onkel Adolphes Schreibtisch: 109; M wird für den Fotografen frisiert: 202; F. Vinteuils: 224, 228 f.; F. Zipporahs: 311; F. Odettes: 401, 424; F. von Pierrefond: 405; F. von San Marco: 538
- II: Françoise kauft Fotografien von Pius IX. und von Raspail: 84; M kauft eine F. der Berma und betrachtet sie im Bett: 84, 86 f.; Swann zieht seine Daguerreotypie von Odette ihren Fotografien vor: 262; M kennt Fotografien der Kirche von Balbec: 319; Charlus schätzt die F., wenn sie zeigt, was nicht mehr vorhanden ist: 462; Saint-Loup fotografiert Ms Großmutter: 490 f.; M betrachtet eine alte F. der kleinen Mädchenbande: 540; Einfluss der F. auf die Malerei: 560 f.

– III: Saint-Loups F. seiner Tante: 104 f., 132 f.; M sieht seine Großmutter als eine F.: 187; Onkel Adolphes Fotografien berühmter Kokotten: 356–358; die neuesten Techniken der F. erzeugen ähnliche Wirkungen wie ein Kuss: 492 f.; Swanns F. der Malteser-Münzen: 769, 784 f., 789, 796
– IV: Ms bzw. Françoises Erinnerungen an den Tag, an dem Saint-Loup Ms Großmutter fotografiert hatte: 223 bzw. 247
– V: Frauen sehen auf Fotografien umso älter aus, je älter die Fotografien sind: 272

Freundschaft
– I: im Bürgertum ist F. untrennbar mit Achtung verbunden: 427
– II: Norpois steht mit Ms Vater auf freundschaftlichem Fuß: 65; Ms neue F. mit Gilberte: 83–85, 191, 213, 221, 253; F. der Swanns mit Bergotte: 164, 503; nichts pflegt man so sehr in Paris wie Freundschaften aus Seebädern: 351; Ms F. mit Saint-Loup: 412, 422–424, 519, 601; Ms F. mit Bloch: 429; M im Gegensatz zu Saint-Loup unfähig zur F.: 482; Ms Sehnsucht nach F. mit der kleinen Mädchenbande: 503, 506; Ms F. mit Elstir: 550, 590; F. eine Abdankung vom Ich: 652; M zieht das Vergnügen des Umgangs mit der Mädchenbande der F. vor: 652–654
– III: ihr Wesen: 137; instinktive Zuneigung: 138; F. so ewig und wandelbar wie das Meer: 362; verhängnisvoll für das geistige Leben: 532–537; die Tugenden der F. versammelt in Saint-Loup: 556–560
– V: über F. und Liebe: 485 f.
– VI: zwei Freunde belügen einander zwangsläufig, wenn der eine dem anderen, der verliebt ist, helfen will: 40; F. und Verrat: 292 f.; Wiederaufleben alter Freundschaften: 371; Ms lädierte F. mit Saint-Loup: 385 f.
– VII: Rückblick Ms nach Saint-Loups Tod auf ihre F.: 220; F. in der Gesellschaft eine belanglose Angelegenheit: 226; eine Täuschung: 261; führt nirgendwohin: 416

Freundeskreise:

der alte Kreis Verdurin in WS: Brichot, die Cottards, der Pianist und seine Tante, Biche, Odette, Swann/Forcheville.

die Honoratiorenrunde in SJM: der Anwaltsverbandspräsident aus Cherbourg und seine Frau; der Landgerichtspräsident aus Caen und seine Frau; der Notar aus Le Mans.

die kleine Mädchenbande in SJM: Albertine, Andrée, Gisèle, Rosemonde; in E wird noch eine Berthe erinnert.

die Viererbande in SJM: der Marquis Maurice de Vaudémont; eine Schauspielerin am Odéon; zwei adlige Freunde.
die drei Grazien in SJM: Charlus und zwei Studienfreunde.
der neue Kreis Verdurin in SG: Brichot, die Cottards, Morel und Charlus, Ski, die Prinzessin Sherbatoff, der Erzähler.
die vier Gigolos in WG: der Prinz von Foix; Robert de Saint-Loup; zwei weitere; ein fünfter.
die drei Parzen in WG: Alix, geb. Choiseul, die »Marie Antoinette vom Quai Malaquais«; die Expertin für die Jugend Lamartines aus der Rue de Tournon; eine dritte aus der Rue de la Chaise.
Gedächtnis *s.* Erinnerung
Geranie *s.* Blumen
Geruch (allgemein)
– I: Geschmack und G. allein transportieren das Gebäude der Erinnerung: 68–70
Geruch (evokative Gerüche)
– I: Flieder in Tansonville: 189 f., 259; Weißdorn in der Kirche: 160; Weißdorn bei Tansonville: 193, 256
– II: der dumpfe Feuchtigkeitsgeruch im Toilettenhäuschen der Marquise erinnert M an Onkel Adolphes Kammer in Combray: 91 f., 94; der beste Teil des Gedächtnisses liegt außerhalb unserer selbst, im stickigen G. eines Zimmers oder im G. des ersten Aufflackerns eines Feuers: 296; der G. von Holzfeuer oder vom Papier der Bücher Bergottes erinnert M an Ortsnamen aus der Umgebung von Combray (Roussainville, Martinville): 322; der G. von Laub erinnert den Erzähler an Szenen in Balbec: 402; Ms Verlangen hat Düfte über die Mädchen der kleinen Bande verteilt: 709 f.
– III: Individualität von Geruchswahrnehmungen: 435 f.
– V: brennende Zweige im Kamin erinnern M an Combray und an Doncières: 30 f.; der G. nach altem Holz in den Champs-Élysées vermittelt ein Gefühl von Glück: 520; der Benzingeruch eines Automobils erinnert M an Balbec: 560 f.
Geruch (spezifische Gerüche)
– I: Vetiver im Hotelzimmer in Balbec: 16; Iriswurzel in der Dachkammer in Combray: 22, 221; Firnis im Treppenhaus in Combray: 44; Küchendünste aus dem Restaurant in Combray: 72; ländliche Gerüche in Léonies Zimmer: 72–74; rohes Leinen im Tuchladen in Combray: 94; Duft der Linden

bei Abendspaziergängen: 161; Ms Nachttopf nach dem Spargelessen: 170; Duft von Françoises gebratenem Hühnchen: 170 f.; Ausdünstungen des Spargels verursachen Asthmaanfälle bei dem Küchenmädchen: 174; Odettes Chrysanthemen: 304; Akazien im Bois: 572
– II: Odettes Parfums durchziehen ihre Wohnung: 106, 116, 138, 147; der Zitronenduft der Schneebälle: 285; Odettes Salon durchweht von Blumenduft: 286; Geruch des Vetiver in Ms Hotelzimmer: 329; der Mikrokosmos der Mme de Villeparisis ist von einem feinen, ältlichen Duft durchzogen: 344; Charlus liebt den Duft der Rosen: 463; der Duft von Albertines Wangen: 627; Duft des Weißdorns bei den Creuniers: 673
– III: der muffige Geruch in der Kaserne in Doncières: 97
– IV: Swann gibt einen G. von Experimentiersaal von sich: 142; der G. der überparfümierten Seife im Grand-Hôtel: 231; der G. des »Kalyptus«: 231; das Begehren nach irgendeinem anderen Wesen ist so vage wie die Düfte, die den antiken Göttern zugeordnet sind (Styrax, Safran, Gewürzsamen, Myrrhe, Manna, Weihrauch): 328 f.
– V: der betäubende G. des Jasmins und der Nachthyazinthe: 70; der fade G. von Marmelade: 108; Mme Verdurins unangenehmer G. nach Rhino-Gomenol: 325; G. der Säuberlichkeit in Ms Zimmer: 560; Gerüche in einem ländlichen Esszimmer: 650; der G. der Weißdornhecken: 561
– VII: das frische Aroma einer Schonung: 250
Geschichte
– I: das Interesse des Großvaters an G.: 34, 40; Swanns Neugier hat dieselbe Quelle wie sein Interesse an G.: 376 f.
– II: de Chalus' aristokratische Voreingenommenheit wird durch sein historisches Interesse noch verstärkt: 450–453
– III: die historisch verwurzelte Höflichkeit des Herzogs von Guermantes: 562 f.; die Namen des Adels erwecken die G. zu neuem Leben: 722–728
– VI: die Weisheit von Familien und Nationen wird inspiriert durch die Muse der G.: 369
– VII: G. und Gesellschaft: 385–390
Geschmack (metaphorisch)
– I: Swann hat viel G.: 36; der besondere G. Bergottes: 136 f., 139; Swanns unmögliche Ehe im G. der Zeit: 159; Odettes Körper entspricht mehr oder weniger Swanns G.: 276; Odettes schlechter G.: 332, 339
– II: Ms Vaters Depot von »sicherem, feinen G.«: 39; der vorzügliche G. der

Berma bei der Wahl ihrer Rollen: 43 f.; eine Schokoladentorte im orientalischen G.: 111; der verfeinerte G. der Guermantes: 121; der abwegige G. Swanns: 131 f.; der strenge G. Bergottes: 179; Françoises unbefangener G.: 305; der G. des Glücks: 314; der G. der Mme de Villeparisis an Architektur: 385; Charlus' lebendiger, gebändigter G.: 447; Mme Elstirs sicherer, nüchterner G. in Sachen Bekleidung: 623
- IV: ein Meisterwerk hat den schlechten G., bei Mme de Saint-Euverte zu hängen: 153; Elstirs exquisiter G. in Kleiderfragen: 533; Albertines sicherer G. in Architekturfragen: 572
- V: Albertines schlechter Musikgeschmack: 9; Albertines schwieriger G. in Sachen Kleidung: 38; der geradezu künstlerische G. der Herzogin von Guermantes hinsichtlich Kleidung: 42; Albertines Worte beweisen den latenten G., den sie seit Balbec entwickelt hat: 170; der ausgezeichnete G. des Chauffeurs: 177; der erlesene G. Swanns: 267; Charlus beweist bei seiner Inneneinrichtung den G. einer Nippes sammelnden Hausfrau: 276; Charlus' angeborener G. für weibliche Toiletten: 279–281; der G. des französischen Publikums hat sich von der Kunst eines Bergotte ab- und sich der exotischen Musik zugewandt: 319; Elstirs erlesener G. bei der Einrichtung einer Yacht: 502
- VI: Françoises guter G. in Hinblick auf Schmuck ist zugleich auch der G., den sie in der Küche beweist: 72
- VII: Elstir fand anders als Balzac zu einem überlegenen G.: 40; Lektionen von Whistler über den G.: 112; Schwankungen im G. der Kunstkritik: 470

Geschmack (sinnlich)
- I: der Madeleine: 67, 69 f., 259; G. und Geruch allein transportieren das Gebäude der Erinnerung: 68–70; von Léonies Tee: 71, 77, 259; von Mandelkuchen: 160; der Wangen von Mlle Vinteuil: 160; Farbtöne von Gebäck fügen dem G. nichts hinzu: 195; der G. von Salz in Swanns Traum: 522
- II: der G. von Albertines Wangen: 627, 669, 686; der G. junger Mädchen: 633
- V: von Eiscrème: 171 f.; kann lichtvolle Empfindungen ins Gedächtnis rufen: 511
- VII: von Monsieur de Cambremer hat M nur die Rinde verkostet, seine besondere Geschmacksnote ist ihm unbekannt geblieben: 68; der G. von Croissants zaubert auf Mme Verdurins Gesicht einen Ausdruck des Beha-

gens: 115 f.; Erinnerung an den G. der teegetränkten Madeleine: 248–265, 288, 323; der G. des morgendlichen Milchkaffees bringt die Hoffnung auf schönes Wetter: 280
Gesellschaften
– I: Abend bei den Verdurins, als Swann Vinteuils Sonate hört: 277–297; Abend bei den Verdurins mit Forcheville: 346–365; Soiree bei Mme de Saint-Euverte: 443–484
– II: Elstirs Empfang mit M und Albertine: 603–609
– III: Nachmittagsempfang bei Mme de Villeparisis: 246–382; Soiree bei Mme de Villeparisis: 500–515; Diner bei den Guermantes: 561–732
– IV: Soiree bei der Prinzessin von Guermantes: 51–171; Diner bei den Verdurins in La Raspelière: 411–521
– V: musikalische Soiree der Verdurins: 305–438
– VII: Empfang beim Prinzen von Guermantes: 320–480
Gesellschaftsschichten
– I: das Kastensystem von Combray: 26 f.; für Ms Großmutter ist Vornehmheit unabhängig von der sozialen Stellung 33; Ms Großtante missbilligt Swanns Umgang »über seinem Stand«: 34; für Tante Céline ist jeder Mensch so gut wie der andere: 42
– II: Françoises Klassenpessimismus: 101; Swanns soziale Mobilität: 120 f.; die »Zwischenklasse« des reichen Bürgertums: 290–294; wechselseitige Missverständnisse zwischen Bürgertum und Aristokratie: 377–379; »Stand« im Bürgertum ein noch unsinnigerer Begriff als im Adel: 472 f.; physiognomische Vielfalt des französischen Bürgertums: 569
– IV: Ähnlichkeiten zwischen Leuten derselben Generation springen mehr ins Auge als die zwischen Leuten derselben Gesellschaftsschicht: 116–118; M macht keine Klassenunterschiede: 588 f.; Ms Mutter ist erfüllt vom Klassengeist von Combray: 589
– V: jede soziale Schicht hat ihre eigene Pathologie: 17
– VII: geistiges Niveau weiß nichts von Geburt: 58
Gewohnheit
– I: der langsame, aber geschickte Inneneinrichter: 16; die betäubende Wirkung der G.: 19
– II: Gewöhnung stumpft die Empfindsamkeit für ein musikalisches Kunstwerk ab: 142–145; G. formt den Stil des Schriftstellers ebenso wie den Charakter des Menschen: 180; G. füllt die Zeit aus: 254 f.; Resignation

eine Abart der G.: 268; die G. weiß, was sie zu tun hat, ist aber auf Ms Reise ausgefallen: 314f.; schafft Platz in unseren Räumen: 328, 334–336; ohne die G. müsste das Leben jederzeit und jedermann hinreißend erscheinen: 391; es ist tröstlich, sich in Leuten reflektiert zu fühlen, die zum Spiegel unserer Gewohnheiten geworden sind: 405; die Züge unseres Gesichts sind durch die G. endgültig gewordene Gebärden: 655

– III: Gewohnheiten ersparen uns Mühen: 109; Veränderungen in unseren Gewohnheiten verleihen der Wahrnehmung Poesie: 112; sprießen auch unter den kärglichsten Bedingungen: 163

– IV: die zahlreichen Sekretäre, die die G. beschäftigt: 196f.; eine zweite Natur, die uns daran hindert, die erste kennenzulernen: 217; Ms Gewöhnung an das Grand-Hôtel: 230f.; Schlaf und G.: 525f.

– V: ihre Hartnäckigkeit direkt proportional zu ihrem Aberwitz: 54; hindert uns daran, den Wert des Lebens zu erkennen: 107f.; in der Liebe ist es leichter, auf ein Gefühl zu verzichten, als auf eine G.: 484

– VI: ein neues Gesicht der G.: eine furchteinflößende Gottheit: 8f.; Ms Liebe zu Gilberte wie auch zu Mme de Guermantes fehlte die immense Kraft der G.: 22f.; G. erzeugt die Illusion der Notwendigkeit einer Liebe: 127f.; die schmerzliche Herrschaft der Schuld würde durch die G. aus M vertrieben werden: 173f.; die verdummende G., die uns nahezu die ganze Welt verbirgt: 184; manche Romane durchbrechen die G., aber nur sehr vorübergehend: 208; die Gewohnheiten unserer Liebe überdauern sogar die Erinnerung an die geliebte Person: 371

– VII: führt dazu, schließlich jemanden zu lieben, der gar nicht unser Fall ist: 465

Homosexualität *s.* Inversion

Ich

– I: das soziale Ich ein Produkt der Gedanken anderer: 30f.; Mysterium der Persönlichkeit: 424

– II: die Wiedererstehung eines alten Ich kann uns längst gleichgültig gewordene Gefühle wieder durchleben lassen: 296f.; der stückweise, unablässig erfolgende Tod unserer aufeinanderfolgenden Ichs: 335; die Sicht von sich selbst stimmt niemals mit der anderer überein: 432f.; Vorteile der Selbstüberschätzung: 473; Metamorphose des eigenen Ich in gesellschaftlichem Kontext: 604; Freundschaft eine Abdankung vom Ich: 652

– III: Ms Ich muss an jedem Ort erneut mit den Dingen bekannt gemacht

werden: 107; Wiedererlangung des eigenen Ich durch Schlaf: 115 f.; die Kluft zwischen Schauspieler und Rolle gibt Anlass, die Wirklichkeit des Ich anzuzweifeln: 231; die Diskrepanz zwischen dem eigenen Bild vom eigenen Ich und dem, das andere von ihm haben: 365–367
– IV: unser Körper ein Gefäß, in das unsere Geistigkeit eingeschlossen ist: 220–222; wir werden schnell dem Ich untreu, das wir doch bis in alle Ewigkeit hatten bleiben wollen: 359; die Erfahrung des eigenen Ich die einzige wahre Erfahrung: 443
– V: Ms verschiedene Ichs, insbes. der Philosoph und das Barometermännchen: 11 f.; wir lehnen ab, was uns ähnelt: 142; wir sehen unseren Körper nicht, wie die anderen ihn sehen, und wir folgen in unserem Denken Gegenständen, die für andere unsichtbar sind: 243 f.
– VI: unsere Unkenntnis unserer selbst: 7 f.; die unzähligen, demütigen Ichs, aus denen wir zusammengesetzt sind: 23 f.; Eigenplagiat das am schwierigsten zu vermeidende Plagiat: 31 f.; »der Mensch ist ein Wesen, das nicht aus sich herausgehen kann, das die anderen nur in sich kennt und, wenn er das Gegenteil behauptet, lügt«: 53; unser Ich besteht aus der Überlagerung einander ablösender Zustände: 185; Austausch-Ichs als Ersatz für Ichs, die zu sehr verletzt wurden: 255–257; der Tod eines früheren Ich stimmt nicht traurig, da dieses frühere Ich nicht mehr da ist, um das neue Ich zu beklagen: 322
– VII: nur mittels der Kunst können wir aus uns heraustreten: 289
Inversion
– I: lesbische Szene zwischen Mlle Vinteuil und ihrer Freundin in Montjouvain: 224–228; Swann verdächtigt Odette einer lesbischen Beziehung mit Mme Verdurin: 495; Odette hatte zwei- oder dreimal ein Abenteuer mit einer Dame im Bois: 502
– IV: was meist ganz unzulänglich als Homosexualität bezeichnet wird: 15; DIE RASSE DER INVERTIERTEN (26–50): ihre Zwangslage; eine Rasse, auf der ein Fluch liegt: 26; ihr Freimaurertum: 27–30; Typen von Invertierten: 30–38; typische Karriere von einsamen Invertierten: 38–43; Invertierte, die sich nur für ältere interessieren; das Wunder ihrer Vereinigung: 43–45; botanische Analogien; der ursprüngliche Hermaphroditismus: 44–47; die Bürger von Sodom sind über die ganze Welt verstreut: 48 f.; Rollentausch zwischen Monsieur und Mme de Vaugoubert: 66–70; die charakteristische Stimme von Invertierten: 92 f.; Gespräch zwischen

zwei Kennern, Charlus und Vaugoubert: 93–96; ein »diplomatisches Sodom«: 107f.; Blochs Schwester und eine ehemalige Schauspielerin verursachen einen Skandal im Grand-Hôtel: 331f., 342f.; eine junge Frau flirtet mit Albertine und mit Blochs Cousine: 343–345; Nissim Bernard und der jünglingshafte Kellner: 332–336; Nissim Bernards Affäre mit den beiden »Tomaten«: 352f.; die unwillkürlichen Signale zwischen Invertierten: 343–345; das Verhalten von Invertierten, wenn sie einen ihnen unbekannten Salon betreten: 423–426; wenn man zärtlich an Männer denkt, wird man zur Frau: 426, Ablehnung und Rivalität zwischen Invertierten: 440–442; Zusammenhang zwischen I. und künstlerischer Sensibilität: 486f.; verräterische Zeichen in Laut- und Körpersprache: 504–506; der Reiz des Ungewöhnlichen in der Konversation von Invertierten: 611f.
– V: Gomorrha ist in alle vier Winde verstreut: 26; das moderne Gomorrha ist ein Puzzle: 117; der Unterschied zwischen der klassischen Homosexualität und der »unfreiwilligen, nervös bedingten« von heute: 274–278; Charlus' Kokettieren mit seiner Homosexualität: 284–286; der Ausdruck »dazugehören«: 290; Eifersucht unter Homosexuellen; ihre Einstellung zu Beziehungen mit Frauen: 292–295; väterliche Gefühle von Homosexuellen: 327f.; Party-Getuschel unter Kennern: 329f.; Brichot stachelt Charlus an, über Homosexualität zu dozieren; seine »Register-Arie« historischer Beispiele; Homosexualität als Salongespräch: 401–419; das wechselseitige Erkennen von Gomorrhanerinnen in einer Menschenmenge; eine typischer Ablauf einer Begegnung: 478f.
– VI: Saint-Loups überraschende »physiologische« Entwicklung: 372–386
– VII: das so unnötig geschmähte Phänomen der sexuellen I.: 309; Invertierte als Leser: 310
s. auch im Personenverzeichnis Albertine; Andrée; Argencourt; Bernard, Nissim; Blochs Schwestern; Blochs Cousinen; Cambremer, Léonor; Charlus; Châtellerault; Foix; Gilberte; Guermantes, Prinz von; Jupien; Léa; Legrandin; Lévy, Esther; Morel; Odette; Saint-Loup; Théodore; Vaugoubert; Verdurin, Mme; Vinteuil, Mlle
Jasmin *s.* Blumen
Juden
– I: der Großvater misstraut Ms jüdischen Freunden: 130f.; Mme de Gallardon über Swann als Jude: 460f.
– II: Swanns Verhalten repräsentiert die Stadien, durch die die Angehöri-

gen seiner Rasse hindurchgegangen sind: 8 f.; J. in der Gesellschaft: 125–127, 130; die Bordellwirtin bietet M eine Jüdin als besonderen Leckerbissen an: 206 f.; Bloch gebärdet sich als Antisemit: 425; Auftreten der J. in Balbec: 426 f.; Blochs Snobismus eine Folge seines jüdischen Erbes: 433 f.; Blochs »verschwindende Menge jüdischen Blutes«: 437; die Familie Bloch: 467–480; Albertines Antisemitismus: 618, 647 f.

– III: »Mater semita«: 239; J. in französischen Salons; frühhistorische Spuren in jüdischen Verhaltensformen: 254–257; das »Syndikat«: 318; Dreyfus-Affäre und Judentum: 331–333; Mme de Marsantes' Antisemitismus: 340 f.; Charlus hasserfüllt über die Blochs: 387–391; Mme Sazerat zugleich antisemitisch und Dreyfus-freundlich: 390; Gedanken über J. in einem französischen Restaurant: 550 f.; Swanns Rückkehr zu seinem jüdischen Erbe: 780 f.

– IV: Vergleich zwischen J. und Invertierten: 27 f., 39; der Prinz von Guermantes bereinigt Swanns jüdische Herkunft: 99 f.; der Herzog von Guermantes über J.: 111–115; Swanns äußerliche und innerliche Rückkehr zum Judentum: 129 f.; Charlus' antisemitische und prohebräische Tirade: 698–702

– V: Herzog und Herzogin von Guermantes über J.: 51 f.; Morels Antisemitismus: 68 f.

– VI: Gilberte verleugnet ihre jüdische Herkunft: 227–229

– VII: das starke Familiengefühl unter J.; Bloch wie sein Vater: 349 f.

Kirchen *s.* im Namenverzeichnis Balbec; Carqueville; Combray; Marcouville l'Orgueilleuse; Martinville-le-Sec; Saint-André-des-Champs; Saint-Jean de la Haise; Saint-Mars le Vêtu

Kleidung

– I: Legrandins Krawatten und Sakkos: 97 f., 167 f.; unschöne Mode zu der Zeit, da Swann Odette kennenlernt: 274; Odettes »Visite« und ihr Rembrandt-Hut: 332; Kopfschmuck Orianes: 455, 467; Mme Cottard in großer Aufmachung: 513 f.; der Gummimantel und die Hutfeder der Gouvernante Gilbertes: 541; Gilbertes Pelzmütze: 545; Odettes K. einstmals im Bois: 581–584; der Erzähler bedauert die neuen Moden: 581–584

– II: Ms Lackstiefel und Charvet-Krawatte: 138; Odettes Ottermantel: 140; Odettes Hauskleider: 141, 157, 232; Swanns Schnürstiefel und Pelerine: 157; Mme Cottards Kleid von Raudnitz: 237; Swanns *Magnificat*-Stola für Odette und Odettes *Primavera*-Kleid: 262; Odette passt sich dem Modewandel an: 263–265; Odettes Eleganz im Bois: 287–290; Swanns grüngefütterter Zylinder: 292; Reisekleidung von Ms Mutter: 306; Françoises natürliches Gespür für K.: 305; Saint-Loups weißer Anzug; seine lässige Eleganz: 412f., 420; Charlus' bewusste Nüchternheit: 446f.; Mme Elstirs aufwendige Schlichtheit: 576, 622f.; Elstirs sicherer Geschmack hinsichtlich Damenbekleidung: 623; Rennplatz-, Segel- und Automobilbekleidung: 640–644; altvenezianische K. bei Veronese und Carpaccio; ihre Wiederentdeckung durch Fortuny: 641f.; Mlle Léas weißer Hut und weißer Schirm: 643; Elstir über Pariser Couturiers: 643f.; die Kunst der Modistinnen: 647

– III: die K. der Prinzessin und der Herzogin von Guermantes in der Oper: 52–56, 67–70, 74f.; Mme de Cambremers relative Schäbigkeit: 70; die Straßenkleidung der Herzogin von Guermantes: 79f., 192f.; Saint-Loups Bekleidungsstil als Soldat: 122–125; der Herzogin von Guermantes' kornblumengeschmückter Bootshut: 276; Mme de Marsantes' Kleid aus weißen Surah: 337; Françoises Trauerkleidung: 452; Rolle der K. in der Liebe: 520f.; die Dekolletés der »Blumenmädchen«: 570; Swanns Eleganz: 776f.; das rotseidene Abendkleid der Herzogin von Guermantes: 782; ihre roten Schuhe: 799

– IV: Albertines Tiepolo-roter Abendmantel: 90, 169; der elegant ausstaffierte Liftboy: 266f.; Pelzkappe und Schleier für Albertine: 532–534, 546, 556, 571–573; Albertines Cadignan-Toilette, inspiriert von Elstir: 630–632

– V: Albertines Freude an schöner K.: 38, 80–82; die Eleganz der Herzogin von Guermantes: 37f.; ihre Fortuny-Kleider: 40; M diskutiert mit ihr über K.: 45f., 52–54; Albertines Kleid aus schwarzem Satin: 134; der »Golf« des Milchmädchens: 191; Charlus über Albertines Kleidungsstil: 281f.; Albertine und Fortunys venezianische Kleider: 503–505, 537f., 544, 552, 562

– VI: M erkennt Albertines Mantel von Fortuny in Carpaccios *Der Patriarch von Grado* wieder: 329

– VII: die Mode während der Kriegszeit: 46f.; das Empire-Kleid der jüngeren Mme de Saint-Euverte: 468

Komponisten *s.* im Namenverzeichnis Bach; Beethoven; Chopin; Clapisson; Debussy; Fauré; Liszt; Mascagni; Massé; Mozart; Schubert; Tagliafico; Wagner

Körper

– I: die Erinnerung des K. ist nachhaltiger als die des Geistes: 13f.

– III: wir suchen alle Möglichkeiten einer Person an ihrer körperlichen Erscheinung festzumachen: 45; Frauen erraten, was dem K. des Mannes Lust bereitet: 224; erst Krankheit macht uns unseren K. bewusst: 401
– V: Albertines nackter K.: 102 f.
– VI: diese schreckliche Registrierfähigkeit des K., die aus dem Schmerz etwas macht, was allen Abschnitten unseres Lebens zugehört: 16
– VII: der Besitz eines K. ist die größte Gefahr für den Geist: 485

Krieg
– I: Françoise und der Gärtner über K.: 127 f.
– III: Diskussionen in Doncières über Kriegskunst: 144–156; Norpois hat angeblich einen Sieg Japans über Russland vorhergesagt: 295; Françoise ist die Neutralität Frankreichs im russ.-japan. K. peinlich vor den »armen Russen«: 446; Saint-Loup über die Möglichkeit eines dt.-frz. K.; ein moderner K. wäre ein »kosmisches Ereignis«: 556
– IV: Ms Interesse am Burenkrieg: 17
– V: Vorbereitungen zum K. können Kriege auslösen: 493 f.
– VII: DER ERSTE WELTKRIEG (45–100): die geistigen Veränderungen, die der K. bringt, stehen im umgekehrten Verhältnis zur Qualität der Geister: 51 f.; das Elend der Soldaten: 60 f.; Mut und Feigheit von Soldaten; das soldatische Ethos: 66–74, 88 f.; der Butler terrorisiert Françoise mit Stammtischparolen über den K.: 81; der Erste Weltkrieg im Vergleich zu früheren Kriegen: 99 f.; der K. als Kampf zwischen zwei Körpern: 113 f.; seine Hinterlassenschaft von Schaumschlägerei und Ruhmesglanz: 228; Saint-Loups Theorien über den K. haben sich bestätigt: 409 f.; könnte erzählt werden wie ein Roman: 410

Lachen (allgemein)
– II: L. ist keine hinreichend festgelegte Sprache: 217
– IV: das L. eines Mann kann ihn als einen »Charlus« enthüllen: 93; wir sollten nicht wütend sein auf die, die lachen, wenn man sie bei einem Versagen ertappt: 271; zu einer Personenbeschreibung müsste man noch eine phonetische Imitation ihres L. hinzufügen: 471 f.

Lachen (spezifischer Personen)

Albertine:
– II: schamlos wie ein Gurren oder wie bestimmte Schreie: 669
– IV: M sehnt sich danach, ihr L. wiederzuhören: 252 f.; herb, sinnlich und verräterisch wie der Duft von Geranien: 272 f.; durchdringend und uner-

gründlich: 273; verführerisch im Umgang mit Saint-Loup: 358; ihr L., in dem sie so etwas wie den unbekannten Klang ihrer Wollust hören lässt: 715; ihr fremdartiges, kehliges L.: 719
– V: ihr bewegendes L.: 158; ihr schönes und zugleich grausames L.: 171; ihr unverschämtes L. am Strand in Balbec: 231 f.; ihr zärtliches L. beim Erwachen: 529
Bloch:
– I: sein brüllendes Gelächter: 129
– II: sein schallendes L.: 468
– IV: sein höhnisches L. beim Namen Lamartine: 324
Charlus:
– II: sein ordinäres L.: 465
– IV: seine überbordende Ironie als Ausdruck seiner lehensherrlichen Anmaßung und hysterischen Heiterkeit: 85; sein breites, ironisches L.: 145; ein kleines L., das womöglich von irgendeiner bayerischen oder lothringischen Großmutter auf ihn gekommen war: 471 f.
Dr. Cottard:
– IV: sein breites, beruhigendes Lachen für seine Patienten: 275
Françoise:
– IV: ihr verächtliches, spöttisches L.: 192
Gilberte:
– II: ihr L. scheint wie Musik eine Figur auf einer unsichtbaren Ebene zu umreißen: 89
Madame Cottard:
– I: ihr jungmädchenhaftes L.: 353
Madame Verdurin:
– I: renkt sich vor L. den Kiefer aus: 262; ihre Lach-Pantomime: 285
– IV: ihr neues Heiterkeits-Ritual: 490
Marquis von Cambremer:
– IV: sein selbstgefälliges L.: 497; lacht über anderer Leid, aber ohne Bosheit: 704
Marquise von Citri:
– IV: ihr mokantes Lachen: 124
Monsieur Verdurin:
– I: erstickt fast vor L.: 362
– V: sein ersticktes Raucher-L.: 391

Oberst de Froberville:
– IV: sein schadenfrohes Lachen: 121
Odette:
– I: ihr selbstgefälliges L.: 305
Oriane:
– I: ihr herausfordernd-kokettes L.: 458, 461
Ski:
– V: sein heiteres L. wie Angelus-Läuten: 391

Laster
– II: die L. eines Schriftstellers sind nicht inkompatibel mit der Moralität seiner Bücher: 181 f.; die Vielfalt der Fehler ist nicht weniger staunenswert als die Ähnlichkeit der Tugenden: 430; die schlechte Angewohnheit, gerade die Fehler zu kritisieren, die den eigenen entsprechen: 433; jedes L. erfordert ein Spezialwissen: 433
– IV: Homosexualität wird unzutreffenderweise ein L. genannt: 30; Leute mit dem gleichen L. erkennen einander instinktiv: 58 f.
– V: isoliert gesellschaftlich wie nichts anderes: 284 f.; wir schätzen niemanden höher als denjenigen, der seine Tugenden in den Dienst unserer L. stellt: 293
– VII: nichts ist begrenzter als Lust und L.: 192; die äußeren Anzeichen des L.: 203; das größte L. von allen ist der Mangel an Willen: 204

Liebe
– I: sollte uns Zugang zu einem unbekannten Leben verschaffen: 143; L. kann auch ohne Verlangen entstehen: 272 f.; das schmerzliche Bedürfnis nach Alleinbesitz: 319; die Illusion objektiver L.: 547 f.
– II: schafft eine andere Person: 59; in der L. liegt ein ständiges Leiden: 213 f.; strahlt auf die andere Person aus und kehrt zu einem zurück: 251 f.; anders als im Krieg gestaltet man in der L. die Bedingungen umso härter, je gründlicher man besiegt ist: 273; die am Liebesschmerz leiden, sind ihr eigener Arzt: 280–284; L. zu einer bestimmten Person vielleicht etwas gar nicht so Wirkliches: 295; Einfluss der Gewöhnung auf die L.: 297; unsere späteren Lieben sind von der ersten geprägt: 552; L. zu einer Person ist immer L. zu etwas anderem: 553 f.; Frauen, die wir lieben, sind eine seitenverkehrte Projektion unserer eigenen Sensibilität: 636; zu lieben hilft zu differenzieren: 654
– III: die Tortur des Schweigens von einem Wesen, das man liebt: 162 f.; die

Illusion, auf der der Liebesschmerz beruht: 212 f.; Mme Leroi betreibt die L. oft, aber redet nicht darüber: 261; nach einem bezaubernden Naturgesetz lebt man in völliger Unkenntnis derjenigen, die man liebt: 380; Erinnerungen als Brandbeschleuniger des Begehrens: 488–490; der Augenblick, der der Lust vorangeht, verleiht Albertines Zügen eine kindliche Unschuld: 495; Selbstbetrug in der L.: 500; Rolle der Kleidung in der L.: 521; Intimität schafft soziale Bindungen, die die L. überdauern: 522
– IV: dieses schmerzliche Bedürfnis nach einem Menschen: 188; M empfindet für Albertine tiefes Mitleid, das weniger tief gewesen wäre, hätte er sie nicht geliebt: 317; L. macht uns zugleich misstrauisch und leichtgläubig: 319; ein Mensch, der uns liebt und den wir nicht lieben, erscheint uns unerträglich: 441; in unseren Lieben wenden wir uns wie an obskure Gottheiten unter dem Erscheinungsbild der Frau an diese unsichtbaren Mächte (Schönheit, Intelligenz, Güte) in ihr: 727–729
– V: der Besitz dessen, was man liebt, ist eine noch größere Freude als die L. selbst: 64; um Mädchen zu verstehen, müssen wir unser sexuelles Interesse hintanstellen: 83–86; »O edle Attitüden von Mann und Frau«: 103; unter aller Süße des Fleisches liegt die stete Gegenwart einer Gefahr: 105 f.; L. ist eine unheilbare Krankheit: 111; flüchtige Wesen induzieren mehr noch als andere L.: 119 f.; der Gegenstand der L. ist »die ganze Erstreckung dieses Wesens über alle Punkte in Raum und Zeit, die es eingenommen hat oder einnehmen wird«: 131; L. wird später nur von schmerzlichem Bangen aufrechterhalten; ist stets ein Streben nach einem Ganzen: 140; die gegenseitige Folter der L.: 144; »hart und gemein zu sein zu dem, was man liebt, ist natürlich«: 146; alle L. entwickelt sich rasant auf einen Abschied zu: 480; in der L. ist es leichter, auf ein Gefühl zu verzichten, als auf eine Gewohnheit: 484; »Die Liebe besteht aus dem Raum und der Zeit, die dem Herzen fühlbar gemacht wurden«: 526
– VI: das Unbekannte in Albertine bildet das Substrat von Ms L.: 26; es gibt keine Frau, deren Besitz wertvoller wäre als die Wahrheiten, die sie für uns offenlegt, indem sie uns leiden lässt: 117; man wünscht, verstanden zu werden, weil man wünscht, geliebt zu werden: 118; man liebt einen bestimmten Typus von Frauen: 125; einzigartig, glauben wir? Sie ist zahllos: 127; der Tod ändert nicht viel an den Dingen: 155; man liebt wegen eines Lächelns, eines Blicks, einer Schulter: 164; die L. ist ein schlagender Beweis dafür, wie wenig die Realität uns bedeutet: 215; man kann in der L.

nur zu Unrecht von einer schlechten Wahl sprechen, denn sobald es eine Wahl gibt, kann es nur eine schlechte sein: 279
– VII: Gründe, aus denen eine L. platonisch bleiben kann: 179 f.; ist ein Teil unserer Seele, der dauerhafter ist als die verschiedenen Ichs, die sukzessive in uns sterben: 291; Wert von L. und Schmerz für einen Autor; die L. enthüllt uns, aus welchem Stoff wir gemacht sind: 303–308

Literatur (allgemein)
– I: Gedanken über das Lesen und die Kunst des Schriftstellers: 60–62, 120–126; Stil und Genie Bergottes: 129 f., 134–141
– II: Stil und Genie Bergottes: 166–181; Zusammenhang zwischen Bergottes Sprechweise und seinem literar. Stil: 170–176; dito, zwischen seinem Charakter und seinem literar. Stil: 177–181; ein schönes Buch ist etwas Einzigartiges: 314; Mme de Villeparisis' literar. Urteile: 387 f.; Erfindungsgabe ist wichtiger als Beobachtungsgabe für Schriftsteller: 467
– III: L. in der eleganten Welt; die Memoiren der Mme de Villeparisis: 248–254; Bergottes später Ruhm; das schwer verständliche Werk eines neuen Autors; schreitet die Kunst fort wie die Wissenschaft?: 439–443; die Beliebigkeit der Literaturkritik: 632–634; der Gewinn, den ein Autor aus Gesprächen mit Aristokraten ziehen kann: 734-738; dieselben Leute können in einem Buch interessant und in der Wirklichkeit langweilig sein: 763
– IV: Männer aus dem Geschäftsleben tun unrecht daran, Literaten zu verachten: 605
– V: Unvollständigkeit eine Charakteristik der großen Werke des 19. Jh.s; ihre nachträgliche Einheit; die Bedeutung von Vorworten: 213 f.; sinnliches Vergnügen förderlich für die literar. Arbeit: 244 f.; L. und Musik (Gelenkbegriff »Phrase«): 509–512; M über Dostojewski, Barbey d'Aurevilly, Hardy, Tolstoi, Baudelaire: 513–520
– VI: die fast hypnotische Suggestion eines schönen Buches: 208 f.; Kluft zwischen den Gedanken von Autor und Leser; grundlegende Schwächen des Journalismus: 218–222
– VII: Einwände gegen die L., die die Lektüre der Goncourts hervorgerufen hat: 36–41; Beziehung zwischen L. und Leben: 121; Absurdität von Realismus, Populismus oder Patriotismus in der L.: 269–279; Ms Vision seiner Bibliothek: 276–278; die Aufgabe eines Schriftstellers ist die eines Übersetzers: 282; Irrwege der literar. Kritik: 284–287; »richtige Bücher sind nicht Kinder des hellen Tages und des Geplauders, sondern der Dunkel-

heit und des Schweigens«: 292; Vorstellungs- und Empfindungsvermögen evtl. austauschbare Eigenschaften: 296; Schreiben für den Schriftsteller eine gesunde und unverzichtbare Tätigkeit: 298; »ein Buch ist ein großer Friedhof«: 299; »unsere Leidenschaften entwerfen unsere Bücher«: 306; die Sinnlosigkeit, eventuellen Vorbildern des Autors nachspüren zu wollen: 306; das Werk eines Autors ist wie Wasser in einem artesischen Brunnen: 307; der Leser eines Buches ist eigentlich ein Leser seiner selbst: 310; das literar. Werk ermöglicht wie eine Linse dem Leser, klarer zu sehen: 310 f., 356

Literatur (der Erzähler und sein Werk)

- I: Ms erste Versuche zu schreiben und der Einfluss Bergottes: 137 f.; Ms Verlangen, seine Empfindungen umzusetzen: 216 f.; Ms Wunsch, Schriftsteller zu werden, und sein vermeintlicher Mangel an Talent: 241 f., 248 f.; Ms Prosagedicht über Martinville: 250–254
- II: Norpois befürwortet eine literar. Karriere für M: 18 f.; Norpois spricht über L. in einer Weise, die M beschließen lässt, auf diese Karriere zu verzichten (das bulgarische Repetiergewehr): 36–38; Norpois ist von Ms Prosagedicht nicht beeindruckt: 40; er sieht darin Bergottes verderblichen Einfluss: 66 f.; Bergotte ermutigt M: 197 f.; M zieht Zerstreuungen der Arbeit am Schreibtisch vor: 209–212; seine schwache Gesundheit hindert M am Schreiben: 520 f.
- III: M wird durch die Schönheiten in den Pariser Straßen von seinem Werk abgelenkt: 75 f.; wie auch durch seine Verfolgung der Herzogin von Guermantes: 88 f.; »wenn ich wenigstens hätte anfangen können zu schreiben!«: 199; Ms Artikel für den *Figaro*: 469, 536; Ms unsichtbare Berufung, deren Geschichte »dieses« Werk ist: 536
- IV: Bäume bei Balbec mahnen M, sich an die Arbeit zu machen, bevor es zu spät ist: 570
- V: M sucht vergeblich im *Figaro* nach seinem Artikel: 12, 157; Wetterumschwung als Entschuldigung für Ms Untätigkeit: 106–108; M spielt Wagner und denkt nach über Kunst und L.: 211–216, 264 f.; Vinteuils Sextett/Septett gibt M den Glauben an die Kunst und an seine Berufung zurück: 352–356
- VI: Ms Artikel im *Figaro*: 217–222
- VII: Lektüre des Journals der Goncourts überzeugt M vom Mangel an eigenem Talent: 35; hatte schon seit langem den Plan aufgegeben, zu schrei-

ben: 44; die ungleichen Pflastersteine im Hof des Prinzen von Guermantes geben M die unwillentliche Erinnerung als Schlüssel zu seinem Werk an die Hand: 248 f.; Löffel, der an einen Teller schlägt, ein weiterer Hinweis: 250; George Sands Buch *François le Champi* ein dritter Hinweis: 272; Überlegungen zu dem Werk, das M nun in Angriff nehmen will: 255–323, 478–502; »das innere Buch aus unbekannten Zeichen« zu entziffern: 266; das Kunstwerk ist »das einzige Mittel, die verlorene Zeit wiederzufinden«: 294; Ms Leben eine Berufung: 294; indem Albertine ihm Kummer bereitete, war sie ihm nützlicher als ein Sekretär, der Ordnung in seine Papyrollen bringt: 308; der Stoff für Ms Buch ist von Swann auf ihn gekommen: 316; M entdeckt die zerstörerische Wirkung der Zeit in dem Augenblick, in dem er außerzeitliche Wirklichkeiten erhellen will: 337, 340; die Verpflichtung gegenüber seinem Werk ist für M wichtiger als gesellschaftliche Verpflichtungen: 414 f.; sein Buch soll ein Vergrößerungsglas werden, durch das dem Leser die Mittel an die Hand gegeben werden, in sich selbst zu lesen: 481; soll das Bauwerk des Buches eine Kirche werden oder eine druidische Weihestätte?: 492; soll es etwas wie *Tausendundeine Nacht* oder wie Saint-Simons *Mémoires* einer anderen Zeit werden?: 496; die Dimension der Zeit: 497–501; »In diesem Buch, in dem keine Tatsache vorkommt, die nicht fiktiv wäre, in dem es nicht eine einzige ›Schlüsselfigur‹ gibt, in dem alles von mir nur entsprechend den Erfordernissen meiner Darstellung erfunden wurde, muss ich zum Ruhm meines Landes sagen, dass einzig die Millionärsverwandten von Françoise, die ihren Ruhesitz verlassen haben, um ihrer alleinstehenden Nichte zu helfen, dass einzig diese Leute real sind, dass sie tatsächlich existieren«: 218

Lüge
- I: die verräterischen Körnchen Wahrheit in Odettes Lügen: 383–385; Odettes Nervosität beim Lügen: 386 f., 400 f., 407 f.
- II: Blochs krankhafte Lust am Lügen: 437 f.; Bloch gibt seinem Vater Gelegenheit, eine ehrenvolle L. anzubringen: 473; Nissim Bernards ständige Lügen: 475 f.; Andrées L.; wenn Leute erst einmal mit dem Lügen angefangen haben, werden sie es ständig wieder tun: 625; Albertines lügenhafte Doppelverwertung einer guten Tat: 693
- III: unbewusste Lügen und verräterische Körpersprache: 86
- IV: die Invertierten müssen in L. und Meineid leben: 26; die Sodomiter

konnten ihre Stadt nur dank einer L. verlassen: 49; eine komplette L. wird leichter geglaubt als eine Halbwahrheit: 164; M verwendet eine alte Gilberte-L. neu gegenüber Albertine: 312; Albertines Infreville-Lügengeschichte: 348–351; Odette lügt über die Verdurins: 374; Charlus' Duell-L.: 646 f.; wie Albertine sich verrät, wenn sie lügt: 688
– V: die Schwierigkeit, Lügen zu entschlüsseln; Eifersucht verstärkt in einer geliebten Person die Neigung zu lügen: 75–77, 117 f.; Albertine eine Lügnerin von Natur aus: 128 f.; wir bemerken nicht die ersten Lügen, auf denen die anderen aufbauen; Albertines widersprüchliche L.: 192–204; ein unverzichtbares Instrument der Selbsterhaltung: 227; das selbsttragende Lügengewebe der kleinen Mädchenbande und von Verlagen: 237–240; Lügen florieren in Gesprächen mit Dritten über eine geliebte Person: 287; die perfekte L. ist eines der wenigen Dinge auf der Welt, die uns den Blick auf das Unbekannte eröffnen können: 291 f.; die Kluft zwischen der Wahrheit, die eine Lügnerin verdreht hat, und der Vorstellung, die sich derjenige, der die Lügnerin liebt, aufgrund ihrer Lügen von dieser Wahrheit gemacht hat: 455; die Unbeirrbarkeit in der L. bei all denen, die uns betrügen: 524
– VI: manche Lügen entpuppen sich als Prophezeiungen: 64 f., 132; Lügen ist zutiefst menschlich; wir belügen vor allem jene, die uns lieben: 275 f.; Lügen ist ein Charakterzug, aber auch eine natürliche Verteidigung: 285
– VII: aus dem Gesteinsmantel, der die L. umhüllt, kann man auch ein wenig Wahrheit gewinnen: 309

Maler *s.* im Namenverzeichnis Bellini; Botticelli; Breughel; Carpaccio; Fra Bartolommeo; Ghirlandajo; Giotto; Goya; Gozzoli; Greco; Guys; Hals; Hogarth; Hooch; Leonardo; Le Sidanier; Luini; Manet; Mantegna; Michelangelo; Monet; Moreau; Poussin; Rembrandt; Renoir; Rizzo; Robert; Tintoretto; Turner; Velasquez; Vermeer; Veronese; Watteau; Whistler

Malerei
– I: Swanns Neigung, Ähnlichkeiten zwischen lebenden Personen und den Personen in Gemälden zu entdecken: die Küchenhilfe als Giottos Karitas: 116 f., 170 f., 173; Bloch als Bellinis Muhammad II.: 139; der Kutscher Rémi als Rizzos Loredan: 308; Monsieur de Palancy als der alte Mann in Ghirlandajos Gemälde: 308; Dr. du Boulbon als ein Porträt Tintorettos: 308; Odette als Botticellis Zipporah: 308–311; die Dienstboten der Mme de

Saint-Euverte aus Werken Mantegnas, Dürers, Rizzos, Goyas, Cellinis: 445–448
– II: Swann findet Zeitgenossen in alten Gemälden: 150; Elstir bei der Arbeit: 555–579; die Metaphorik seiner Bilder: 556 f.; der *Hafen von Carquethuit*: 557–563; M. und Fotografie: 560 f.; über Porträt-M. (Mlle Sacripant): 590–593; Stillleben bei Tisch: 602; Pferderennen und Regatten als Sujets: 639–647
– III: der originelle Maler geht in der Art und Weise von Augenärzten vor: 441; Ms Überlegungen über M. vor den Elstirs der Guermantes: 563–569; Elstirs »Volksfest am Ufer«: 566 f.; seine mythologische Phase: 568 f.
– IV: Gespräche über Le Sidaner, Monet, Poussin, Degas und Manet mit Renée de Cambremer: 288–292
– V: Vermeers *Ansicht von Delft*; das kleine gelbe Mauerstück: 249 f.
– VII: ästhetische vs. dokumentarische Wahrheit bei Porträts: 37 f.; der Künstler kann seine Inspiration auch in durchschnittlichen Modellen finden: 41–44
Medizin
– II: der Einfaltspinsel Cottard ein großer Kliniker: 101; Bergotte über die richtigen Ärzte für Künstler: 198 f.
– III: Cottards und du Boulbons konkurrierende Verschreibungen für Ms Großmutter: 401–413; der Nasen-Experte: 437 f.; Professor E***s Untersuchung und Diagnose: 427 f.; Dr. Dieulafoy als Notar des Todes: 461 f.; M. ein Kompendium von Irrtümern: 402; laut du Boulbon reden Ärzte ihren Patienten ihre Krankheiten ein: 407–409; vieles von dem, was Ärzte wissen, wird ihnen von ihren Patienten beigebracht: 409; du Boulbon über Nervenkrankheiten: 410–413; Ärzte reden gern in der ersten Person: 550
– IV: die M. hat seit Molière Fortschritte in ihren Kenntnissen, aber nicht in ihrem Vokabular gemacht: 63; Cottard und sein Rivale du Boulbon in Balbec: 274 f.; die Toxikologie eine gefährliche Neuerung in der M.: 274; wo die M. nicht heilen kann, beschäftigt sie sich damit, den Sinn der Wörter zu verändern: 415; Cottard schulmeistert über Schlafmittel und Verdauung: 497 f.
– V: Medikamente heilen vielleicht die ursprüngliche Krankheit, niemals aber die sekundäre, die sie selbst erzeugen: 244; Bergotte und seine Ärzte: 247–249

Meer / See, die
– I: Spiegelungen des Meeres in den Verglasungen des Bücherschranks in Balbec: 525; Ms Verlangen nach einer stürmischen See: 526–528
– II: Meereslandschaften in den Scheiben der Bücherschränke: 336; Meeresansichten aus Ms Fenster: 336–338, 513–517; dito, aus dem Speisesaal: 338–340, 412 f.; das M. hinter dem Laubwerk der Bäume: 384; die Mädchen der kleinen Bande als Prozession vor dem Hintergrund des Meeres: 497, 499, 503, 540, 571, 587, 596, 613 f., 709; sie sind unablösbar mit dem M. verknüpft: 553 f., 610; das M. in Elstirs Bildern: 557–563, 644 f., 676; M bemüht sich, das M. mit Elstirs Augen zu sehen: 646 f.; Anblick des Meeres lädt ein zur Meditation: 651; M hört das Rollen des Meeres bei Nacht: 713
– IV: Ms Vorfreude auf das alpine M.: 231; das melodiöse M.: 252; das ländliche M.: 256 f.; das M. mit Möwen zwischen Bäumen wie ein bemalter Fächer: 285 f.; Anblick des Meeres von einer Bergkuppe nahe Douville: 408; Anblick und Getöse des Meeres beim Zollhäuschen: 410–412; Anblick des Meeres von La Raspelière aus: 551; die See die »klagende Ahnin der Erde«: 569
– V: die schlafende Albertine erinnert M an das M.: 89–91
Möbel
– I: Léonies Gebetsschemel und Schonbezüge: 74; Mme Verdurins Nippes und schwedischer Hochsitz: 284; ihre Beauvais-Sitzgruppe: 287 f.; die Einrichtung in Odettes Wohnung: 304–306; Odettes Einrichtungs-Geschmack: 337 f.; die Empire-M. der Iénas: 465 f.
– II: das Henri-Deux-Treppenhaus im Haus der Swanns: 109; M in Odettes Salon: 156 f., 258 f.; Léonies Kanapee für das Bordell: 208; der Sessel der Mme Praslin: 409; das antike Mobiliar Charlus': 451 f.; Saints-Loups modernes Mobiliar: 452
– III: das Bett im Hotel in Doncières: 109; Mme de Villeparisis' Beauvais-Stühle: 253, 276, 364; die Herzogin von Guermantes über Empire: 694–699; die Boulle-M. der Guermantes: 738; Saint-Loups Bing-M.: 739; Charlus' Louis-Quatorze-Liege und Direktoriums-Sessel: 742; seine Täfelungen von Bagard und seine Beauvais-Sessel: 752
– IV: die Einrichtung in La Raspelière: 440, 446, 475 f.
– V: Ms Barbedienne-Bronze: 235; Verdurins Einrichtung aus La Raspelière in der Wohnung am Quai Conti: 385–388
Mond / Mondlicht / Mondschein

– I: M. im Schlafzimmer im Sommer: 15; M. im Garten in Combray: 50; Spaziergänge bei M. in Combray: 161 f.; M. auf Legrandins Terrasse: 178–180; M. in der Opalbucht: 185; Streifen von M. auf dem Teich in Combray: 187; weißer M. am Nachmittagshimmel: 204; der M. in Bildern: 205; M. in der Sonate: 289; Odettes Gesicht wie heller Mondschein in klaren, kalten Nächten: 326; M. bei Swanns Fahrten durch Paris: 330, 474, 500; M. bei dem Versuch einer Dame, Odette zu verführen: 502 f.; Misteln im Bois so rund wie Michelangelos M.: 580
– II: raubt den Säulen am Palais von Gabriel die Substanz: 87; hindert die Blätter daran, sich zu bewegen: 147; M liest bei Mme de Sévigné eine Stelle über den Mondschein: 311; Mondschein verleiht einem Dorf blaue Dächer: 312; M zitiert Chateaubriand, Vigny, Hugo über den M.: 402; Mme de Villeparisis' Anekdote über Chateaubriand und den Mondschein: 403 f.
– III: das vom Mondlicht blaue Ochsenauge eines Kämmerchens im Hotel de Flandre: 111; opalisierendes Mondlicht im Brunnen in Doncières: 125; Charlus will den blauen Mondschein im Bois genießen: 754, 758
– IV: die Mondsichel in der Dämmerung über Paris: 51, 68; der M. ein orangefarbener Lampion im Gewölbe der Eichen …: 502 f.; … und über dem Tal von La Raspelière: 515; die Mondsichel bei Spaziergängen mit Albertine: 579
– V: verfrühter Vollmond über Paris: 234; Albertines Schlaf bei Mondlicht: 528 f.; Albertine betrachtet den Mondschein, und M trägt ihr Verse über den M. vor: 557
– VI: ein venezianischer *campo* im Mondlicht: 334 f.
– VII: besondere Effekte im Paris der Kriegszeit: 62 f.; grausam-geheimnisvoll heiter: 155; ein mildes, anhaltendes Magnesiumlicht: 157; schmal und gekrümmt wie eine Zechine: 166

Monokel
– I: Swanns M. entzückt Odette: 340, 440; Swann nimmt es ab wie einen lästigen Gedanken: 476 f.; M. bei Mme de Saint-Euvertes Soiree: 449 f., 464
– II: Saint-Loups flatterndes M.: 413 f.
– III: der Herzog von Guermantes mit kritischem M. im Anschlag: 40; das Blitzen seines M.: 68; die Aquariumsscheibe des Marquis von Palancy: 55; Saint-Loups flatterndes M.: 92, 96, 124, 186; Charlus' vom M. angehobene Braue: 363; Bréautés forschendes M.: 578 f.

– IV: Porträt eines Unbekannten mit M.: 22; Bréautés M.: 81; Charlus' M.: 149; das M. des Marquis von Cambremer: 521
– VII: Mme Verdurin trägt als Prinzessin von Guermantes ein großes M.: 412
Musik
– I: unauslöschlicher erster Eindruck von der ersten Begegnung mit der kleinen Phrase: 289–293; Vinteuils Sonate bei den Verdurins: 293–295; Vinteuils geistige Umnachtung in seiner Sonate erkennbar: 297; die kleine Phrase wird die Hymne von Swanns und Odettes Liebe: 302; ihre Wirkung auf Swann: 327–329, 363 f., 473–475, 477–485; der Violin-Part: 477; große Komponisten enthüllen uns eine neue Welt: 480; die Sprache der M.: 483
– II: Rolle der Erinnerung bei der Wahrnehmung von M.: 142 f.; Vinteuils Originalität: 143–145; große Werke wie Beethovens Quartette müssen sich ihre Nachwelt selbst schaffen: 145 f.; Vinteuils Sonate ruft bei Swann konkrete Erinnerungsbilder auf: 149; M versucht die Wahrheiten zu erfassen, die durch M. zum Ausdruck kommen: 372; die Sinnlichkeit bestimmter Melodien wird durch Alkohol noch verstärkt: 525 f.
– III: das Spiel eines großen Pianisten ein Fenster, das sich auf ein Meisterwerk öffnet: 60 f.; die Leute lieben es, wenn sie gewöhnliche Motive im Werk eines Komponisten wie Richard Strauss wiederfinden können: 604
– IV: Gespräch mit Renée de Cambremer über Debussy, Wagner, Chopin, und über verschiedene Theorien, Schulen, Moden und Geschmacksrichtungen: 292–298
Vinteuils Sonate
– V: Pariser Händlerrufe erinnern an *Boris Godunow*, *Pelléas et Mélisande*, an Palestrina und an Gregorianische Choräle: 153–158, 167 f., 182 f.; Schlaf- und musikalischer Rhythmus: 160, 166 f.; hilft M, sich in sich selbst zu versenken: 212; Vinteuils Sextett/Septett: 340–363; Farben der Klänge Vinteuils: 343–345; die einzigartige Intonation eines Komponisten ist der Beweis für die individuelle Existenz der Seele: 346 f.; M. ein einzigartiges Beispiel dessen, was die Kommunikation der Seelen hätte sein können: 349; auch mindere Werke können den Weg zu großen Kompositionen ebnen: 356; Albertine am Pianola; Ms Versuche, die Struktur einer Komposition zu erkennen: dann gibt es für ihn zwar ein Musikstück weniger, aber eine Wahrheit mehr auf der Welt: 507 f.; M. erscheint M als wahrer als

alle bekannten Bücher: 510 f.; es ist unmöglich, dass ein Musikstück, das man als erhaben, rein und wahr empfindet, nicht einer bestimmten geistigen Wirklichkeit entsprechen sollte, wie auch die Empfindung beim Kosten der Madeleine in Tee: 511 f., 520 f.; Vögel, die in der lydischen Tonart singen: 529; das Gurren der Tauben erinnert an die Phrase Vinteuils: 546
– VI: die kleine Phrase und Ms Liebe zu Albertine: 206 f.

Namen
– I: Klang des Namens »Brabant«: 18; die lichtvollen Silben des Namens »Bergotte«: 142; der Name verleiht eine Art von Macht: 178; »Gilberte« in Tansonville: 198 f.; der fast mythische Name »Swann«: 201 f.; Verdurin – schon der Name!: 396; ein Name wie eine Brücke: 464; der merkwürdige Name »Cambremer«: 469, der Name »La Pérouse«: 472; Poesie der Ortsnamen: 526–540; Unterschied zwischen Begriffen und N.: 531 f.; Bilder, die von normann. und breton. Ortsnamen aufgerufen werden: 532 f.; »Gilberte« in den Champs-Élysées: 540 f.; Wirkung auf M, als Gilberte ihn zum ersten Mal bei seinem Namen nennt: 552 f. – zu Namen, mit denen sich besondere assoziative Gedankengänge verbinden, *s.* auch im Namenverzeichnis Agrigente; Balbec; Bayeux; Benodet; Chaumont; Coutances; Faffenheim; Florenz; François le Champi; Gilberte; Guermantes; Lamballe; Lannion; Parma; Pont-Aven; Pontorson; Questambert; Quimperlé; Simonet; Swann; Trieste; Vitré
– II: eine gewisse aristokratische Schicht betrachtet ihren Namen als ein Verdienst: 12; N. sind einfallsreiche Zeichenkünstler: 168; der Name »Balbec«: 320; Ortsnamen am Weg nach Balbec-Plage: 321; Assoziationen zwischen N. bei Balbec und bei Combray: 322; das Vergnügen, alten Ortsnamen nachzuspüren: 441; der Name »Simonet«: 511, 519; seine Schreibung: 569 f.; Elstir erschafft die Dinge neu, indem er ihnen neue N. gibt: 556
– III: die Seele, die wir in die N. legen, und ihr Zerfall: 11–13; wechselnde Konnotationen des Namens »Guermantes«: 13–18; M kann seine Vorstellungen zum Namen »Guermantes« nicht in Einklang mit der wirklichen Herzogin bringen: 35 f.; poetische deutsche Landschaft aufgerufen vom Namen »Faffenheim-Munsterburg-Weinigen«: 344 f.; wir verabscheuen Menschen, die den gleichen Namen tragen wie wir: 497; Spitznamen in der Gesellschaft: 582 f.; Poesie des Namens »Isabella d'Este«: 703 f.; N. verändern ihre Bedeutung für uns innerhalb weniger Jahre mehr als

Wörter in Jahrhunderten: 712 f.; der Adel kennt die Etymologie der N., nicht aber ihren Zauber: 714; Ms ästhetisches Vergnügen an historischen N.: 726 f.
– IV: der Name »Surgis-le-Duc« ist seiner Poesie beraubt: 151; die N. normannischen Adels: 260 f.; religiös motivierte Straßennamen in Paris: 699 f.; die Ortsnamen rund um Balbec ihres Geheimnisses beraubt: 703–708
– V: die Kraft, die in einem Vornamen steckt: 131
– VI: Albertines Name schreibt sich unaufhörlich in Ms Hirn ein: 26 f.; die N. der Bahnstationen um Balbec haben sich mit Albertines Geheimnis vollgesogen: 148; N. verlieren durch Gewöhnung ihren Charme und ihre Bedeutung: 173; die giftigen Substanzen des Namens »Tours«: 180
– VII: die Nachfolge im Namen ist eine ebenso traurige Angelegenheit wie jede Nachfolge: 371 f.; der Name ist oft alles, was von einem Menschen bleibt: 388

Politik
– II: Diplomatie und P. (Norpois): 12 f.; in der P. ist es ein Merkmal der Überlegenheit, wenn man wiederholt, was alle sagen: 46; Mme de Villeparisis' fortschrittliche Meinungen, die nicht bis zum Sozialismus gehen: 386 f.; Saint-Loups »sozialistisches Wortgeklingel«: 418; Saint-Loup ist Republikaner: 481 f.
– III: Ungreifbarkeit der Wahrheit in der P.: 323 f.

Radfahren *s.* Fahrrad

Restaurants
Restaurant im Bois:
– I: Swann trifft sich mit Odette und den Verdurins; Odette gibt Forcheville den Vorzug: 390 f.
Maison Dorée = Maison d'Or:
– I: Swann trifft sich hier mit Odette: 312, 508 u. ö.
Lapérouse:
– I: der Name erinnert Swann an Odette: 407
Henry:
– II: von Ms Vater häufiger besucht: 82
Restaurant des Grand-Hôtel Balbec:
– II: 382 u. ö.
– IV: Nissim Bernard blickt aufs Meer: 355

Restaurant in Rivebelle:
- II: Ms Besuch mit Saint-Loup; sie lernen Elstir kennen: 522–543
- IV: Mittagessen mit Albertine; sie flirtet mit dem Kellner: 574 f.

Vorstadtrestaurant:
- III: Aimé ist hier beschäftigt; M isst mit Saint-Loup und Rachel, die eine Szene um ein Collier veranstaltet; Charlus kreuzt auf: 204–230

Inselrestaurant:
- III: M plant Mme de Stermaria auszuführen: 522–524

Nebelrestaurant:
- III: Besuch von M mit Saint-Loup; Mantel-Episode: 539–560

Aux Cérisiers, Landgasthof in der Umgebung von Balbec:
- IV: Nissim Bernard steigt den beiden »Tomaten« nach: 352 f.

Restaurant in Saint-Mars-le-Vêtu:
- IV: Charlus und Morel kehren hier ein: 561

Landgasthof bei Marcouville:
- IV: M besorgt dort Cidre und Calvados: 572 f.

Le Coq-Hardi, Offiziersmesse in Doncières:
- IV: M erhält Einladungen in den *Coq-Hardi*: 682

Le Faisan Doré, Unteroffiziersmesse in Doncières:
- IV: M erhält Einladungen in den *Faisan Doré*: 682

Guillaume-le-Conquerant:
- V: jedermann in Dives kennt den Gastwirt: 42

Hôtel des Réservoires:
- V: Albertine hat hier angeblich zu Mittag gegessen: 174

Vatel:
- V: der Chauffeur hat hier zu Mittag gegessen: 175

Restaurant in Venedig:
- VI: Mme de Villeparisis und Norpois essen hier Rotbarbe bzw. Risotto: 308–311

Sadismus
- I: »sadistische« Szene in Montjouvain: 222–230; Mlle Vinteuils »Sadismus« sentimental und im Grunde nicht lasterhaft: 228–230
- IV: Charlus vorübergehend vom Geist des S. besessen: 565; dass Bloch in einer Komturei wohnt, erscheint Charlus als ein S.: 698; bei den Juden vermengen sich laut Charlus Instinkt und Begehrlichkeit mit S.: 700

– V: Verbrechen aus unbezwingbarem S. können nicht begnadigt werden: 275
– VII: sado-masochist. Szene in Jupiens Bordell: 175 f.; Ms Gedanken darüber: 188

Schlaf
– I: Desorientierung in Zeit und Raum durch S.: 9–17; Verzerrung von Wahrnehmungen im S.: 522 f.
– II: Jugend wie ein unruhiger S.: 87; Schlaflosigkeit im Zug: 311 f.; S. nach Trunkenheit; zweifelhafte Halluzinationen; langer S. ein starkes Narkotikum: 535–538; Sekundenschlaf: 538
– III: neue Umgebungen verleihen den Träumen neue Poesie: 111–113; Handlungen im S. folgen einer anderen Richtung: 113; der geheime Garten der Schlafblumen: 114; der Steinbruch der Albträume: 115; bleierner S.: 116; Wahrnehmung des eigenen Körpers nach großer Anstrengung kann uns im S. früheste Jugenderinnerungen zurückbringen: 120 f.; Träume wie Feenmärchen: 121; Fortsetzung von Wachgedanken im Traum: 194 f.; Stationen des Erwachens: 452 f.
– IV: Schlaflosigkeit lässt uns den S. erst würdigen: 76; die Welt des S. ein innerer Fluss des Vergessens (Lethe/Styx): 225; Mme Cottard hält ein Nickerchen; Dr. Cottard über Schlafmittel: 496–498; S. wie ein zweites Zuhause; Zeitverzerrung durch S.; im S. erfahrene sinnliche Lust die reinste Vergeudung: 523–527; das wirksamste Schlafmittel ist der S.; Bergson über Schlafmittel; S. und Erinnerung: 527–531
– V: Albertines S.: 89–97, 149–153, 490–492, 528 f.; Erfrischung durch tiefen S.; wechselnde Schlafrhythmen; verschiedene Arten von S.: 160–166; Bergottes Schlaflosigkeit und seine Narkotika: 246–249; der S. des Unterbewusstseins: 462
– VI: ein Geschwader von Erinnerungen an Albertine beim Erwachen: 106
– VII: wir wissen nicht viel über den S.: 35

Schönheit
– II: der Palast von Gabriel vermittelt M erstmals einen Eindruck von S.: 88; Kontextabhängigkeit von S.: 116; in die Bilanz der S. geht der Faktor Zeit mit ein: 146; plastische S. des Gesagten unabhängig von der Bedeutung in Bergottes Sätzen: 170 f.; Besitz der S. kein unerreichbares Ding: 205; S. das wahrhaft göttliche Geschenk: 206; S. der Lebewesen eine andere als die

der Dinge: 390; S. das ergänzende Fragment, das die Phantasie einer Vorübereilenden hinzufügt: 391; S. eine Folge von Hypothesen, die von der Hässlichkeit beschränkt werden: 392; die müßige Frau empfänglicher für S. des Gefühls und der Kunst: 484; Jugend begehrt in allem die S.: 492f.; die schwebende, gemeinsame S. der kleinen Mädchenbande: 495–497; Elstirs Schönheitsideal: 576–578
– III: wahrhaft schöne Werke enttäuschen, weil sie keine Entsprechung in unserer Vorstellung finden: 63f.; S. ist geordnete Vielfalt: 66; wahre S. ist etwas so Besonderes, so Neues, dass man sie nicht als S. erkennt: 339
– V: entspringt aus geheimnisvollen Ungereimtheiten: 164; die alberne Mode, Bahnwaggons schöner als Siena etc. zu finden: 180; Möglichkeit der Lust ein Anfang von S. und S. ein Versprechen von Glück: 186; Dostojewski hat der Welt eine neue, komplexe Art von S. gebracht: 515–520; die S. einer musikalischen Phrase: 521; Albertines mehrschichtige S.: 527; die S. technischer Neuerungen: 554
– VI: die Identität einer Frau ist unvergleichlich wichtiger als ihre S.: 39
Snobismus
– I: Legrandins Tiraden wider den S.: 98; sein eigener S.: 180–182; Liebenswürdigkeit der vornehmen Gesellschaft ist fern von S.: 280; Herbinger ein Snob: 336; Forcheville ein Snob: 346; Mme de Sévigné nach Brichots Meinung ein Snob: 360; hängt Odette aus S. an Swann?: 367
– II: einfältigster S. bei Juden: 8; S. bei den Guermantes: 121; Fürsten wissen, dass sie Fürsten sind, sie sind keine Snobs: 131; Mme Verdurin fehlen die Grundzutaten zum S.: 240; Bloch wirft M S. vor: 429, 435; der Snob sieht überall Snobs: 433; Bloch ein Snob: 434; die Snobs machen nach, was Charlus macht: 443; Saint-Loups Geliebte hat ihn vor S. bewahrt: 485; der S. klammert sich an Nichtigkeiten (»Simonet« mit einem *n*): 569
– III: überspitzter Kasten-S. des Prinzen von Foix und seiner Freunde: 544; evangelienfrommer S. der Prinzessin von Parma: 576; Bréautés snobist. Hass auf Snobs: 676f.
– IV: ein snobist. Reflex von Mme de Saint-Euverte, der all ihre Wut auslöscht: 144f.; der S. von Mme Surgis-le-Duc: 152; Ms vermuteter S.: 206; künstlerischer S. von Renée de Cambremer: 294f.; der angeborene, krankhafte S. von Renée de Cambremer, der sie gegen andere Untugenden immunisiert: 447f.
– V: S. eine ernsthafte Erkrankung der Seele: 14

– VI: Gilbertes S., in dem etwas von Swanns intelligenter Neugier liegt: 241–244; bei gewissen Personen einem angenehmen Getränk vergleichbar, in das sich nützliche Zutaten mischen: 246
– VII: der S. des Pöbels: 196; einen Achtungsbeweis von Charlus zu erhalten war für Mme de Saint-Euverte der Höhepunkt des S.: 239 f.; der S. ändert seine Form: 377–379
Sonne / Sonnenlicht / Sonnenschein
– I: Nachmittagssonne hinter geschlossenen Läden in Combray: 120; abendliches Sonnenlicht in Léonies Zimmer: 186 f.; in der Kirche: 245, 247; Sonnenstrahlen auf dem Balkon: 542 f.; auf dem Schnee in den Champs-Élysées: 547; in Ms Esszimmer und im Klassenzimmer: 554; im Bois: 578–580
– II: Sonnenlicht im Zugabteil: 308; Sonnenaufgang vom Zug aus: 312 f.; die S. hat sich auf dem Dach des Nebengebäudes des Hotels niedergelassen als *Introitus* des Tages: 332 f.; S. auf dem Meer: 337–339; in Ms Hotelzimmer: 338; im Hotelzimmer der Großmutter: 379 f.; Sonnenuntergänge in Balbec: 513–517; Françoise enthüllt den Sonnenschein wie eine Mumie in einer Robe von Gold: 716
– III: Sonnenaufgang in Doncières: 107; Sonnenuntergang in Venedig: 195; Morgensonne auf den Hügeln von Fiesole: 198; das träge, satte Gold einer Provinzsonne: 275; die Sechsuhrsonne Ostfrankens: 345; zeichnet Muster auf den Balkon: 415; pompejanische Sonnenprojektion: 429
– IV: hinter dem Sonnenaufgang in Balbec sieht M die Szene von Montjouvain: 731 f.
– V: Spiel des Sonnenlichts auf den Badezimmerfenstern: 9 f.
– VI: ein Sonnenuntergang erinnert M schmerzlich an Marcouville-l'Orgueilleuse bei Sonnenuntergang: 93; Abendsonne in Venedig; »o sole mio«: 336–340
Spargel
– I: Gespräch zwischen Léonie und Françoise über S.: 81; M ist hingerissen von ihren irisierenden Farben: 170; das Küchenmädchen ist allergisch gegen ihre Ausdünstungen: 174
– III: Elstirs *Bund Spargel*: 671–673; der Herzog von Guermantes über grünen S. und E. de Clermont-Tonnerre: 676
Spiele
– I: Gilberte und eine Freundin spielen Federball in den Champs-Élysées:

540 f.; M, Gilberte und ihre Freundinnen spielen Barlauf in den Champs-Élysées: 541
– II: Tennisspieler mit weißen Mützen in Balbec: 322, 339; Albertines Golfschläger: 494, 548 f.; M beginnt, sich für Golf und Tennis zu interessieren: 554; Albertine, die orgiastische Muse des Golfs: 570, 608; man sieht M nie beim Golf: 612 f.; Octave mit mehreren Tennisschlägern: 614; der unzufriedene Golfchampion Octave: 614, 616, 621, 682; Andrées Rekord beim Golf: 614; »Du ahnst es nicht« (*devinette*) auf den Klippen: 651; Ringleinspiel (*furet*) auf den Klippen: 651, 668 f., 676–682; Albertine spielt Diabolo: 682 f.; Golf gewöhnt an einsame Freuden: 683
– IV: Cottard und Morel spielen Écarté in La Raspelière: 493, 506
Sprache (allgemein)
– II: unbewusste Vererbung von Sprechgewohnheiten: 655
– III: zwei Sprachgesetze: man soll sich gemäß seiner geistigen Klasse und nicht gemäß seiner sozialen Kaste ausdrücken; Sprachmoden kommen und gehen wie Unkraut: 316 f.; »Mentalität«, »Talentiertheit«: 318
– IV: die Erlesenheit des Ausdrucks ermöglicht, den gesamten geistigen Horizont des Sprechers zu umreißen: 448, 454
– V: Familienjargon: 442
– VII: verräterischer Sprachgebrauch bei Gefühlsaufwallungen: 185; die Qualität der S. ist eher ein Kriterium zur Beurteilung eines Werkes als eine ästhetische Theorie: 269 f.
Sprache (der Hotels)
– IV: »Botinnen«: 336
Sprache (der Invertierten)
– IV: ihre charakteristische Stimme: 92 f.; verräterische Zeichen in ihrer Laut- und Körpersprache: 504–506; der Reiz des Ungewöhnlichen in ihrer Konversation: 611 f.
Sprache (spezifischer Personen)
Albertine:
– II: ihr lümmelhafter Jargon: 500; 620–622
Bergotte:
– II: die »Bergotte-Manier«: 170–180
Bloch:
– I: sein homerischer Jargon: 129 f.

– II: seine affektierte, »homerische« Redeweise: 437 f., 469, 480
– III: sein neo-homerischer Jargon: 327;
– IV: seine gräzisierte Orthographie: 324; sein archaisierender Stil: 682
Bréauté:
– V: sein Schmollmündchen beim Sprechen; seine Schwierigkeit mit dem *sch*: 50
Brichot:
– I: seine Pedanterie: 348–350
– IV: seine »wunderlich-krausen Tiraden«: 381 f., 390 f., 486, 489–491, 625–627
Céleste:
– V: ihr sonderbares Sprachgenie: 18 f., 173
Céleste und Marie:
– IV: ihre bilderreiche S.: 337–340
Dr. Cottard:
– I: seine Unsicherheit: 278 f.
– II: seine Wortspiele: 11
– IV: sein mit Latein und Griechisch vermengtes Französisch: 403
Herzog von Guermantes:
– III: seine Mischung aus »ancien régime« und Volkssprache: 305 (*trollatisch*); 316 f. (*wenn man soundso heißt*); 561 (*Klamotten*)
– IV: sein schlechtes Französisch: 170
Herzogin von Guermantes:
– V: ihre Sprache voller altfranzösischer Anmut: 41
die Guermantes:
– I: ihre Affektiertheiten: 460, 463–470
– II: Odette übernimmt ihre Lieblingswendungen und -ausdrücke: 117, 132
die Swanns:
– II: ihre gezierte Aussprache: 107
Françoise:
– I: ihre Schnitzer: 215; ihre ländlichen Wendungen: 230
– III: ihre S. mit Fehlern durchsetzt wie das Französische überhaupt: 27–29; spricht manchmal wie die Sévigné (*Antwort erteilen*): 28; manchmal wie La Bruyère (*beklagen*): 32; manchmal wie Saint-Simon (*schwank*): 89; ihre Äußerungen von einem traditionellen, bodenständigen Empfinden erfüllt: 82

– IV: ihr volkstümliches, auch ein wenig individuelles Französisch: 179; »Gängerinnen«: 336
– V: ihr Vokabular korrumpiert vom Slang ihrer Tochter: 205 f.
– VII: ihr nervtötendes *patati patata*: 83
Françoises Tochter:
– III: ihr Hang zum Straßen-Jargon: 447 (*radikal*)
Jupien:
– III: seine kultivierte Ausdrucksweise: 24 f., 415 f.
Legrandin:
– I: seine blumige Redeweise: 99, 177 f.
Renée de Cambremer:
– III: ihre hochgestochene Redeweise (*Federheld*): 272
– IV: ihre prätentiöse Aussprache: 298–302, 520, 685; ihr Hang zu hochgestochenen Formulierungen: 446, 448
Madame Cottard:
– II: ihre geschwollene Redeweise: 234 f., 241–249
Madame Swann:
– II: ihre linguistische Mimikri: 117; ihre Anglizismen *s.* dort
Madame Verdurin:
– II: ihr Ton gezierter Tyrannei: 113
Madame de Villeparisis:
– III: ihre Nachahmung des fast bäuerlichen Tons der alten Aristokratie: 264
Mädchenbande:
– II: ihre verschiedenen Stimmen und Sprechgewohnheiten: 654–657
Norpois:
– II: sein Verlautbarungsstil: 13, 37–72
– III: sein Kanzleistil: 303 (*farà da sé, grosso modo, principiis obsta, arcades ambo*)
Rachel:
– III: ihr Jargon der Dichter- und Künstlerkreise: 223 (*entschieden gut*)
Saint-Loup:
– II: sein Hang zu modischen Wendungen: 443, 460
– III: sein Gemisch aus Straßen- und Salon-Jargon: 93 (*auf etw. machen*); 166, 338, 678 (*sublim*)
– IV: »letztgültig« ist an die Stelle von »sublim« getreten: 215
Saniette:

– V: sein antiquierter Sprachgebrauch: 304 f., 307 f.
Swann:
– I: seine Zitier-Intonationen: 139 f.
s. auch *Anglizismen*
Tausendundeine Nacht
– I: Swanns Leben so geheimnisvoll wie das Ali Babas: 30; Léonies Teller mit Motiven aus *T.*: 83, 103
– II: M muss beim Picknick an Léonies Teller mit Motiven aus *T.* denken: 649; die jüdische Gruppe erinnert auf ihrem Weg ins Kasino von Balbec an Illustrationen zu *T.*: 427
– III: ein Vetter von Saint-Loup hat eine orientalische Prinzessin geheiratet, in der man den Geist einer Prinzessin aus *T.* erwarten würde: 142; der Wirt des Nebelrestaurants zitiert *T.*: 548; M stellt sich die Herzogin von Guermantes als etwas noch Wunderbareres vor als die Prinzessin Badrul Budur: 603
– IV: Ms Mutter schenkt ihm die *T.*-Übersetzungen von Mardrus und von Galland: 322 f.
– V: lügenhafte, aber charmante Geschichten: 194; M wäre gern eine Person aus *T.* gewesen: 336; ein symphonisches Blatt von Vinteuil enthüllt alle Geschmeide aus *T.*: 343
– VI: die Stadtviertel von Venedig wie eine Stadt in *T.*: 333
– VII: der Brunnen der Verdurins ist nach *T.*-Manier herbeigeschafft worden: 25; das Paris der Kriegszeit erinnert an den alten Orient von *T.*: 167; M vergleicht die Flagellation Charlus' mit einer Geschichte aus *T.*: 199; das Gefühl der gestärkten Serviette führt eine Vision herbei wie ein Geist aus *T.*: 251; der Name »Basra« führt *T.* und Sindbad vor Ms inneres Auge: 410; Ms Buch wird vielleicht das *T.*, das ja ebenfalls bei Nacht erzählt wurde, einer neuen Zeit: 496
Telefon
– II: Mme Cottard zeigt sich fasziniert vom T.: 248
– III: Saint-Loup hat mit Rachel nur noch Kontakt per T.: 164; Ms Eltern haben seit kurzem T.: 165; M telefoniert mit seiner Großmutter: 177, 183 f.
– IV: Françoises Weigerung, das T. zu benutzen: 184 f.; das Brummkreiselgeräusch des T.: 186; Hintergrundgeräusche, die das T. vermittelt: 186
– V: einst bestaunt, heute Alltag: 38 f.; M beschwört die unerbittlichen Göttinnen der Vermittlung: 130; »Am Telefon« wäre doch ein Sujet für mo-

derne Maler: 130; Françoise will zwar das Telefonieren nicht lernen, aber gern mithören: 132; um das T. haben sich bereits spezielle Phrasen gerankt: 133; ein Fluggeschwader von Tönen am T.: 207
– VII: Mme Bontemps als Telefontante über das Kriegsgeschehen: 53

Theater
– I: Ms platonische Liebe zum Th. in der Kindheit: 106–109; Swann rät M, die Berma zu sehen: 139
– II: Ms innere Vorbereitung auf den Theaterbesuch: 19–26; Eindrücke vor dem Th.: 27–29; der »Aufwärmer«: 29–30; die Berma als Phädra; Ms Enttäuschung: 30–34; Norpois über (insbes. die Kostüme) der Berma: 42–44; Ms Sinneswandel: 44; die euphorische Zeitungskritik zu der Aufführung: 75 f.; M ist jetzt begeistert: 76; Bergotte über (insbes.) eine Geste der Berma in *Phädra*: 184–187; Swann über (insbes. einen Tonfall) der Berma in *Phädra*: 194
– III: Ms nachlassendes Interesse am Th.: 46, 57–59; Operngala mit der Berma: 46–75; M erkennt die Genialität ihres Spiels und warum er das vorher nicht hat erkennen können; Überlegungen zur Bühnenkunst; geniale Interpretation adelt selbst durchschnittliche Texte: 59–67; Rachel über Th.: 221–224; Gedanken über Schauspieler; 230 f.; Debakel einer Debütantin: 231–233; Saint-Loup verliebt in Rachel als Schauspielerin: 231–235; Besuch hinter der Bühne; ein Tänzer, ein Raucher: 237–242
– VII: die Attraktivität der Welt des Th.: 439–441; die weniger schönen Seiten (Rachel und Berma): 454–456

Tod
– I: das Verhalten von Swanns Vater beim T. seiner Frau: 25 f.; der keltische Glaube an Seelenwanderung: 66; die schäbige Seite des T. im Gegensatz zu unserer abstrakten Vorstellung: 117 f.; Françoises Reaktion auf Léonies T.: 213–215; die Gemeinsamkeit zwischen Liebe und T.: 424
– II: unser zäher Widerstand gegen den T., der sich in unser ganzes Leben einschaltet: 334–336
– III: Wiederauferstehung ein Gedächtnisphänomen: 117; Stunde des T. ungewiss; der T. als »geselliger« Mieter: 424–426; Todeskampf der Großmutter: 463–465; der T. als mittelalterlicher Bildhauer: 466
– IV: Professor E*** erkundigt sich nach dem T. von Ms Großmutter: 61 f.; hoffen wir, dass das Leben nach dem T. besser organisiert sein wird!: 122; Vorzeichen von Swanns T.: 128; der T. existiert nur in uns: 224 f.; richtiger

und falscher Sinn, in dem wir sagen, der T. ist nicht unnötig: 237 f.; verschiedene Formen des T.: 369; Reaktion der Verdurins auf den T. eines Getreuen: 409 f., 414–417; das Phänomen von Erinnerung und Leben nach dem T.: 530 f.
– V: die Nähe des T. lässt uns das Leben würdigen: 107 f.; Bergottes T.: »tot für immer?«: 250 f.; Swanns T.: »es gibt fast ebenso viele Tode wie Personen«: 266–269; »der Tod der anderen ist wie eine Reise, die man selbst unternimmt«: 269; Todesahnungen: 545, 547, 550
– VI: wir glauben, wir würden den T. nicht fürchten, wenn wir bei bester Gesundheit sind: 15; Albertines T.: 88 f.; »Die Vorstellung, dass man sterben wird, ist grausamer, als zu sterben, doch weniger grausam als die Vorstellung, dass ein anderer gestorben ist«: 134; unsere Angst vor den Toten als unseren Richtern: 137; Marcel stellt sich seine Wiedervereinigung mit Albertine im T. vor: 138–141; unsere Unfähigkeit, uns die Realität des T. vorzustellen: 149 f.; der T. wenig verschieden von Abwesenheit: 155, 323; »unsere Zuneigung zu anderen verblasst nicht, weil sie tot sind, sondern weil wir selbst sterben«: 257; im Grunde glaubt niemand an ein Weiterleben: 287; der T. heilt uns von dem Wunsch nach Unsterblichkeit: 326
– VII: Saint-Loups Todesahnungen: 11; sein T.: 219–228; Charlus' Totenappell: 242; unwillentliche Erinnerungen machen den T. für M bedeutungslos: 249 f.; der T. fast eine Erlösung: 308; wer das Alter oder den T. nicht fürchtet, hat lediglich nicht genügend Phantasie: 336 f.; Allgegenwart und Vertrautheit des T.: 402–405; Bermas Zwiesprache mit dem T.: 431–433; die letzten und wenig beneidenswerten Formen des Nachlebens: 451; M fürchtet den T. um seines geplanten Buches willen: 486 f.; der Gedanke an den T. ist nichts Neues für M: 488; … und hat sich vielmehr endgültig bei ihm eingenistet: 494 f.

Tränen / Trauer / Weinen
– I: Ms T. in der Kindheit: 22, 58 f.; Françoises T. über dem Gesundheitsratgeber: 172 f.; Ms T. beim Abschied vom Weißdorn: 202 f.
– III: die Hälfte der Menschheit weint: 502; M weint in die aufgerollten Teppiche: 531
– IV: Wirkung von T. auf Françoise: 248 f.; die höhere Gesellschaft sieht T. nicht, das Volk ist beunruhigt, wenn es sie sieht: 488
– V: Sensible treibt der Anblick zurückgehaltener T. bei anderen zur Ver-

zweiflung: 143; »man erträgt die Tränen, die um einen vergossen werden, nicht immer gut«: 423

Träume

- I: M träumt von einer Frau: 11; Swann träumt, Odette zu verlassen: 487; Swann träumt von Odette und Forcheville: 519–523
- II: M träumt von einem unbekannten Freund mit span. Namen: 278; M deutet seinen Traum als Traum von Gilberte: 279; wirre T. Ms nach seinem Alkoholexzess im Restaurant in Rivebelle: 536 f.
- III: Eindringen der Wirklichkeit in den Traum: 112 f.; drogeninduzierte T.: 114; die phantastischen Bilderalben der Albträume: 115–117; Saint-Loup träumt von einem Verhältnis Rachels mit einem Feldwebel: 164; M träumt von Venedig: 194 f.
- IV: M träumt von seiner gestorbenen Großmutter: 223–229, 250 f., 255; Freuden und Leiden, die wir im Traum erleben: 523–527; ein Traum kann die Klarheit des Bewusstseins haben: 530 f.
- V: der Stoff, aus dem die T. sind: 161–166; Bergottes Albträume: 246 f.
- VI: Ms Albträume: 111; die Wiederaufnahmen und Dacapos des Traumes; Ms Großmutter und Albertine erscheinen ihm im Traum: 175–178;
- VII: die Bedeutung von Träumen; Tricks, die sie mit der Zeit spielen: 311–315; der Traum, die »nächtliche Muse«: 315

Tugend

- I: das unbeteiligte Antlitz wirklicher Güte: 115
- II: unsere Tugenden sind keine freischwebende Angelegenheit: 8 f.; die Häufigkeit gemeinsamer Tugenden ist nicht merkwürdiger als die Vielfalt der Mängel: 429; Güte ist die am meisten verbreitete Sache der Welt: 429
- V: wir schätzen niemanden höher als denjenigen, der seine Tugenden in den Dienst unserer Laster stellt: 293; Vinteuils Tugenden; die anderen sind oft zu mehr Güte imstande, als wir i. a. annehmen: 443 f.
- VII: Güte ein simpler Reifungsprozess. 392

Überzeugungen / Glaube / Einstellungen

- I: unsere Ü. sind immun gegen Tatsachen: 206 f.; eine götzendienerische Anhänglichkeit überlebt unseren Glauben an Dinge: 582
- II: das Bild, das man sich von einer Person macht, hängt davon ab, was man glaubt: 585 f.; unsere Einstellungen sind wichtiger für unser Glück als die Person, auf die sie sich beziehen, da wir diese nur durch jene wahrnehmen können: 706

– III: Einbildungskraft und Glaube können eine Atmosphäre schaffen: 39; unser Glaube verleiht in unserer Jugend der Kleidung einer Frau eine irreduzible Essenz: 521 f.
– V: die unsichtbare und veränderliche Atmosphäre, die unsere Ü. um uns her erzeugen: 197 f.
– VI: »Das Bauwerk unserer Empfindungswelt wird immer von einer unsichtbaren Überzeugung gestützt«: 45; Ü., die durch Verlangen hervorgerufen werden: 138 f., 140 f., 275 f.; Ungewissheit im Glauben, die kein Zweifel ist, sondern nur die Möglichkeit einräumt für das, was man wünscht: 243; ein großer Teil dessen, was wir glauben, entspringt missverstandenen Prämissen: 342

Veilchen *s.* Blumen

Vögel
– I: M baut sich eine Nest wie eine Schwalbe: 15; Tauben in den Champs-Élysées: 555, 558
– II: M. lauscht den Vögeln wie Prometheus den Ozeaniden: 401; die kleine Mädchenbande wie eine Schar Möwen: 493; dito, wie eine Vogelversammlung, die sich für den Abflug bereitmacht: 499
– III: Gurren der Tauben: 20, 190, Birk-und Auerhähne, Bekassinen und Tauben in der flandrischen Malerei: 130
– IV: Blaumeisen in den blühenden Apfelbäumen: 253; Möwen schwimmen wie Blütenblätter auf dem Meer: 285, 289; Albertine bewundert die Möwen: 293, 312
– V: ein unbekannter Vogel singt die Morgenmesse in lydischer Tonart: 529; das Taubengurren der Sonate von Vinteuil: 338; das melancholische Taubengurren verrät M und Albertine den nahenden Morgen: 546

Wahrheit
– I: die Suche nach W. ist das unklare, aber beständige Ziel von Ms Denken: 121
– II: die W., die man in Worte kleidet, bahnt sich ihren Weg nicht direkt: 255; zufällige Begegnungen mit der W. stützen die Theorie der Vorahnung: 590 f.
– III: braucht nicht gesagt zu werden, um offenkundig zu werden: 86; Ungreifbarkeit der politischen W.: 324; W. in der Diplomatie: 349 f.; unter dem Einfluss ungewöhnlicher Gefühlsbewegungen sagen Leute manchmal, was sie denken: 679

– IV: W. eher eine Strömung, die von dem ausgeht, was man uns sagt: 688; sie versetzt uns von außen ihren schrecklichen Stich: 711
– VI: eine einzelne Tatsache kann die W. über Tausende ähnlich gelagerte Tatsachen enthüllen: 141; wie schwierig es doch ist, im Leben die W. herauszufinden: 291; die W. und das Leben sind beide mühselig: 295
– VII: intellektuelle W. weniger profund und notwendig als intuitive: 264–267, 293 f.; die W. des Künstlers: 279–281; drei von vier Leuten bleibt die W. unbekannt: 466 f.

Weißdorn *s.* Blumen

Wetter
– I: das meteorologische Hobby von Ms Vater: 20, 132; die klangvolle Atmosphäre bei heißem Wetter: 119; klimatische Schwankungen beeinflussen Ms Empfindsamkeit: 529; vom W. ist abhängig, ob M Gilberte treffen kann: 543 f.
– III: Winterstimmung in Doncières: 129; Einwirkung der zufälligen Atmosphäre auf den Organismus: 190
– IV: ein sonniger und plötzlich eiskalter Frühlingstag: 253 f.; der Einfluss des heißen W. auf Ms Liebesaffären: 324 f.; Wetterumschwünge kündigen Veränderungen in Ms Leben an: 516 f.
– V: M erkennt an den Straßengeräuschen, was für ein W. herrscht: 7; das Barometermännchen: 11 f.; die innere Melodie, die sich auf das W. einstimmt: 29; verschiedene Arten von W. und ihr Interesse für Untätige: 106–108; ein Frühlingstag mitten im Winter: 153; Frühlingswetter erweckt Reiselust in M: 551 f., 560–565
– VI: atmosphärische Veränderungen rufen im Menschen andere Veränderungen hervor: 110

Zeit
– I: Verzerrung der Z. im Schlaf: 11–17; die vierte Dimension der Kirche in Combray: 89; imaginäre Z. imaginierter Reisen: 537 f.
– II: M ist den Gesetzen der Z. unterworfen: 78; in die Bilanz der Schönheit eines Kunstwerks geht der Faktor Z. mit ein: 146; die Z. ist elastisch, unsere Leidenschaften dehnen sie, jene, die wir erwecken, schrumpfen sie: 254 f.; da das Leben wenig chronologisch verläuft, lebt M in der zurückliegenden Z., in der er Gilberte geliebt hatte: 295; der Körper versteht die Z. auszurechnen: 537 f.
– III: selbst die »arithmetischen Bruchteile der Zeit« gewinnen für M einen

schmerzlichen und poetischen Aspekt: 160; Streckung der Z. durch Warten: 473; oder durch Erwartung: 517; Albertine als Zauberin, die M einen Spiegel der Z. vorhält: 474
– IV: bruchlose Anknüpfung der Erinnerung an frühere Zustände, als ob es in der Z. mehrere und parallele Abläufe gäbe: 221; für die Römer existierte das Konzept der Minute und sogar der Stunde kaum: 308; man kann manchmal jemanden wiederfinden, doch nicht die inzwischen vergangene Z. auslöschen: 392; der Schlaf hat seine eigene Zeitskala, oder ist womöglich außerhalb der Z.: 523–526
– V: Albertine eine Göttin der Z.: 527
– VI: die Z. hatte in der Beziehung Ms und Albertines ihre Rolle gespielt: 23; die Z. vergeht, und nach und nach wird alles wahr, was man erlogen hatte: 64; um in uns einzutreten, muss ein Mensch die Gestalt der Z. annehmen: 92; wie es eine Geometrie des Raumes gibt, so gibt es eine Psychologie der Z.: 202; zieht allmählich das Vergessen nach sich; es gibt optische Täuschungen in der Z. nicht minder als im Raum: 254; M möchte die verlorene Z. einholen: 254; der Mensch ist eine zeitlose Kreatur, die innerhalb der Wandungen der Z. schwimmt wie in einem Bassin, dessen Niveau sich ständig ändert: 282
– VII: die verlorene Z. wiederfinden; außerzeitliche Wahrnehmung; ein Fragment der Z. im Reinzustand; der von der Ordnung der Z. befreite Mensch: 254–257; das Kunstwerk die einzige Möglichkeit, die verlorene Z. wiederzugewinnen: 294; bei all den Effekten, die Träume mit der Z. erreichen, können sie uns doch nicht helfen, sie wiederzuentdecken: 311 f.; die Gäste beim Empfang des Prinzen von Guermantes Puppen, die die Z. nach außen kehrten; Monsieur d'Argencourt als sichtbar gemachte Z.; die verzerrende Perspektive der Z.: 328–330; das schöpferische Potential der Z.: 343 f.; die Z. als kubistischer Künstler: 352 f.; die Z. läuft mit verschiedenen Geschwindigkeiten ab: 357–359; die einebnenden Mechanismen der Z.: 362 f.; die Wandlungskraft der Z. in ihrem Wirken auf die Gesellschaft: 373–392, 424 f.; die junge Mme de Saint-Euverte ein Symbol für die Kontinuität der Z.: 469; Z. die Dimension, in der sich das Leben verwirklicht: 479; die farblose, ungreifbare Z. ist in Mademoiselle de Saint-Loup Materie geworden: 479; die Idee der Z. ein Ansporn für M: 480–485; die gewichtige Rolle der Z. in Ms Buch; M wird den Menschen als ein

Wesen beschreiben, das in der Z. eine viel größere Ausdehnung hat als im Raum: 497–502
s. auch *Erinnerung*

Zimmer
– I: M. erinnert diverse Schlafzimmer: 13–16, 259 f.; Ms Schlafzimmer in Combray: 17–19; die Iris-Kammer unter dem Dach: 22, 221; Léonies Räume: 72 f.; Onkel Adolphes Refugium: 104 f., 115; Ms Z. in Combray im Sommer: 120; Odettes Räume: 304–306; Ms Hotelzimmer in Balbec: 525
– II: das Vorzimmer zu Mme Swanns Salon: 107; das Treppenhaus der Swanns: 109; Swanns Bibliothek: 115; der duftende Flur in Swanns Haus: 116; Mme Swanns Salon: 155–157, 229–234, 259 f., 285 f.; Ms feindseliges Z. im Grand-Hôtel Balbec: 299, 328–30, 335–338, 405 f.; der Speisesaal im Grand-Hôtel Balbec: 338 f., 346 f., 357 f., 412; Z. der Großmutter im Grand-Hôtel Balbec: 379 f.; Charlus' »unvergleichliche Bibliothek«: 451; Maria Stuarts Z. im Schloss von Bois: 461; der Flur im Grand-Hôtel Balbec: 512 f.; der Speisesaal des Restaurants in Rivebelle: 520, 522, 527; die Glasgalerie im Restaurant in Rivebelle: 526; Ms Z. in Paris: 557; Ms nunmehr vertrautes Z. im Grand-Hôtel Balbec: 677 f., 713–715; Albertines Z. im Grand-Hôtel Balbec: 686
– III: Saint-Loups Z. in Doncières: 97 f., 106; das erstickende Aroma, das jedes neue Z. ausströmt: 107; ruhige und freundliche Z. im Hotel de Flandre in Doncières: 108–118; der Speisesaal im Hotel de Flandre: 130–132; der Salon der Mme de Villeparisis: 251 f.; Ms Z. in Paris: 467 f., 527 f.
– IV: der Spiel- oder Rauchsalon des Prinzen von Guermantes ein »Zaubergemach«: 126 f.; der Salon der Mme Verdurin in La Raspelière: 420 f.
– V: Ms Z. in Paris: 7–10, 488, 507, 521 f., 560 f.
– VII: Eulalies Z. in Combray: 268

Konkordanz

Um eine Seitenzahl s(A) der Ausgabe A in die entsprechende Seitenzahl s(B) der Ausgabe B umzurechnen, entnehme man die Werte E(A), E(B), L(A) und L(B) für die ersten (minus eins) bzw. letzten Text-Seitenzahlen der unten stehenden Tabelle und gehe wie folgt vor:

$$[s(A) - E(A)] \times \frac{L(B) - E(B)}{L(A) - E(A)} + E(B) \approx s(B)$$

Die Ergebnisse sind meist seitengenau, gelegentlich treten aber Abweichungen von bis zu drei Seiten auf, da die Textmenge pro Seite stark schwanken kann. Bei häufigeren Umrechnungen empfiehlt es sich, den Quotienten aus den Textlängen abzuspeichern. Bei der Pléiade-Ausgabe (Tadié) wurden zur besseren Orientierung in der Spalte E die Bandnummern hinzugefügt; diese spielen für die obige Formel keine Rolle. Bei der Umrechnung zwischen zwei Ausgaben, die beide keine Aufspaltung der Romanteile I, II oder III in verschiedene Bände vornehmen, können die in Klammern gesetzten Zäsuren ignoriert werden; die Partitionierung führt jedoch zu besseren Ergebnissen. S–B/H steht für Schottlaender–Benjamin/Hessel.

	Fischer		Keller		S–B/H		Kleeberg		Tadié	
	E	L	E	L	E	L	E	L	E	L
I.1	8	(260)	6	(273)	6	263	4	287	I-3	(184)
I.2	(260)	585	(273)	617	6	346	4	304	I-(184)	420
II.1	6	(293)	6	(308)	6	(273)			I-422	630
II.2	(293)	716	(308)	760	(273)	683			II-2	306
III.1	8	(421)	6	(438)	6	432			II-309	(608)
III.2	(421)	800	(438)	837	6	398			II-(608)	884
IV	6	733	6	779					III-2	515
V	6	566	6	594					III-518	915
VI	6	395	6	419					IV-2	272
VII	6	502	6	528					IV-274	625

Abbildungsnachweis

Foto S. 51: B.-J. Fischer; Reproduktion S. 70, 136, 159, 166, 172, 180, 200 nach Exemplaren im Besitz des Autors; S. 80 www.CartoonStock.com; S. 157, 244 (unten) nach: Ph. Sollers: L'Œil de Proust (vgl. S. 63); S. 206 https://lefoudeproust.fr; S. 214 https://recherchestravaux.revues.org/103; S. 244 (oben) https://santiagonzalez.wordpress.com; S. 270 A. Beauvy: Tuberculose et vie urbaine. In: La Revue de Paris, Jan./Febr. 1909; S. 282 L'Illustration. Nr. 4127. 8. April 1992; S. 286 Bibliotheca Proustiana Reiner Speck, Köln; S. 300, 821 Bibliothèque nationale de France; S. 301 W. Hachez: Balbec et ses environs dans La Recherche. In: Bulletin de la Société des amis de Marcel Proust et des amis de Combray 28, 1978; S. 330 beach-combingmagpie.blogspot.com; S. 724 www.edition-originale.com; S. 762 http://www.sothebys.com. Alle anderen Abbildungen: Verlagsarchiv.

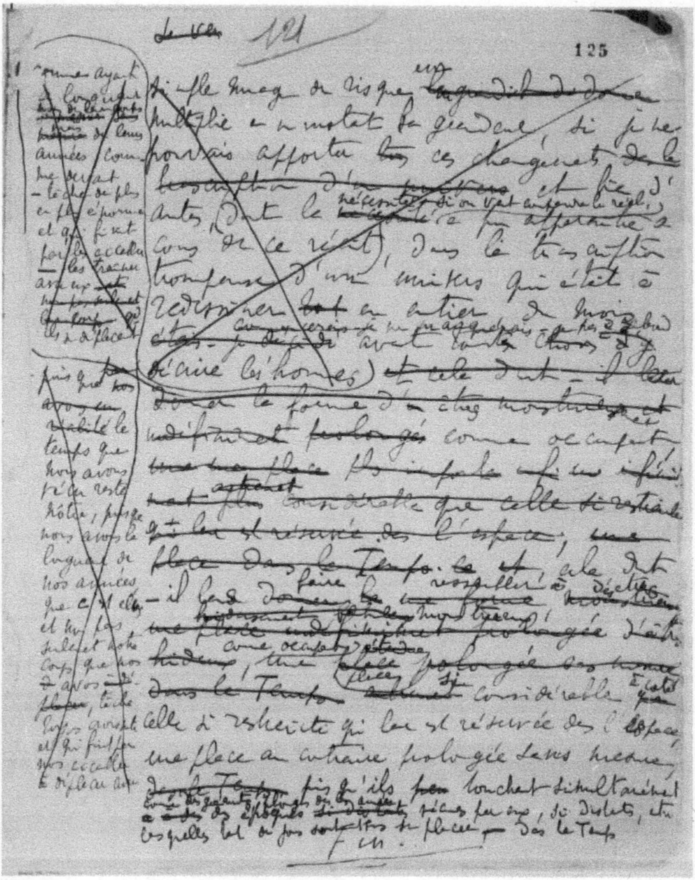

Die letzte Seite des Manuskripts der *Suche nach der verlorenen Zeit*.

2017, 2022 Philipp Reclam jun. Verlag GmbH,
Siemensstraße 32, 71254 Ditzingen
Durchgesehene Ausgabe 2022
Umschlaggestaltung: Philipp Reclam jun. Verlag GmbH
Umschlagabbildung: © iStock.com/naqiewei
Druck und buchbinderische Verarbeitung: GGP Media GmbH,
Karl-Marx-Straße 24, 07381 Pößneck
Printed in Germany 2023
RECLAM ist eine eingetragene Marke
der Philipp Reclam jun. GmbH & Co. KG, Stuttgart
ISBN 978-3-15-020659-1

Auch als E-Book erhältlich

www.reclam.de

MIX
Papier aus verantwortungsvollen Quellen
FSC® C014496